Handbuch der Java-Programmierung

3. Auflage

**Unser Online-Tipp
für noch mehr Wissen ...**

... aktuelles Fachwissen rund
um die Uhr – zum Probelesen,
Downloaden oder auch auf Papier.

www.InformIT.de

Guido Krüger

Handbuch der Java-Programmierung

3. Auflage

 ADDISON-WESLEY

An imprint of Pearson Education

München • Boston • San Francisco • Harlow, England
Don Mills, Ontario • Sydney • Mexico City
Madrid • Amsterdam

Bibliografische Information Der Deutschen Bibliothek
Die Deutsche Bibliothek verzeichnet diese Publikation in der Deutschen
Nationalbibliografie; detaillierte bibliografische Daten sind im Internet
über http://dnb.ddb.de abrufbar.

Die Informationen in diesem Buch werden ohne Rücksicht auf einen
eventuellen Patentschutz veröffentlicht.
Warennamen werden ohne Gewährleistung der freien Verwendbarkeit benutzt.
Bei der Zusammenstellung von Texten und Abbildungen wurde mit größter
Sorgfalt vorgegangen. Trotzdem können Fehler nicht vollständig ausgeschlossen werden.
Verlag, Herausgeber und Autoren können für fehlerhafte Angaben
und deren Folgen weder eine juristische Verantwortung noch
irgendeine Haftung übernehmen.
Für Verbesserungsvorschläge und Hinweise auf Fehler sind Verlag und
Herausgeber dankbar.

Alle Rechte vorbehalten, auch die der fotomechanischen Wiedergabe und der
Speicherung in elektronischen Medien.
Die gewerbliche Nutzung der in diesem Produkt gezeigten Modelle und Arbeiten
ist nicht zulässig.

Fast alle Hardware- und Softwarebezeichnungen, die in diesem Buch erwähnt werden,
sind gleichzeitig auch eingetragene Warenzeichen oder sollten als solche betrachtet werden.

Umwelthinweis:
Dieses Buch wurde auf chlorfrei gebleichtem Papier gedruckt.
Die Einschrumpffolie – zum Schutz vor Verschmutzung – ist aus umweltverträglichem
und recyclingfähigem PE-Material.

10 9 8 7 6 5 4 3

05 04 03

ISBN 3-8273-1949-8

© 2002 by Addison Wesley Verlag,
ein Imprint der Pearson Education Deutschland GmbH
Martin-Kollar-Straße 10–12, D-81829 München/Germany
Alle Rechte vorbehalten
Einbandgestaltung: Thomas Jarzina, Köln
Lektorat: Christiane Auf, cauf@pearson.de
Korrektorat: Simone Meißner, Fürstenfeldbruck
Satz: reemers publishing services gmbh, Krefeld, www.reemers.de
Druck und Verarbeitung: Kösel, Kempten (www.koeselbuch.de)
Printed in Germany

Inhaltsverzeichnis

	Vorwort		25
	Die Icons in diesem Buch		28
Teil I	**Einleitung**		**29**
1	Was ist Java?		31
	1.1	Historie	31
	1.2	Eigenschaften von Java	37
		1.2.1 Sprachmerkmale	37
		1.2.2 Applets: Eine neue Klasse von Programmen	39
		1.2.3 Grafikprogrammierung	40
		1.2.4 Umfangreiche Klassenbibliothek	42
	1.3	Bewertung	44
		1.3.1 Einige weitverbreitete Mißverständnisse ...	44
		1.3.2 Ausblick	47
	1.4	Zusammenfassung	48
2	Schnelleinstieg		49
	2.1	Installation des JDK	49
		2.1.1 Hardware-Voraussetzungen	49
		2.1.2 Installation	49
	2.2	Erste Gehversuche	52
		2.2.1 Quelltext erstellen, übersetzen und ausführen	52
		2.2.2 Die Beispielprogramme	56
	2.3	Tips für eigene Experimente	58
		2.3.1 Der Entwicklungszyklus in Kurzform	58
		2.3.2 Einfache Ausgaben	59
		2.3.3 Einfache Eingaben	60
		2.3.4 Formatierung der Quelltexte	61
		2.3.5 Namenskonventionen	63
		2.3.6 Aufruf von Java-Programmen unter Windows	63
		2.3.7 Troubleshooting	65
	2.4	Zusammenfassung	68
3	Wie geht es weiter?		69
	3.1	Wie sollte man dieses Buch lesen?	69
		3.1.1 Zu welchem Typ Leser gehören Sie?	69
		3.1.2 Was ist der Inhalt der einzelnen Kapitel?	71
		3.1.3 Wie geht es nun weiter?	73
	3.2	Weiterführende Informationen	73

		3.2.1 Die Dokumentation des JDK	73
		3.2.2 Informationen im Internet	76
		3.2.3 Die HTML-Ausgabe	79
		3.2.4 Die im Buch verwendete UML-Notation	82
	3.3	Zusammenfassung	84

Teil II Grundlagen der Sprache — 85

4 Datentypen — 87

- 4.1 Lexikalische Elemente eines Java-Programms — 87
  - 4.1.1 Eingabezeichen — 87
  - 4.1.2 Kommentare — 87
  - 4.1.3 Bezeichner — 88
  - 4.1.4 Weitere Unterschiede zu C — 89
- 4.2 Primitive Datentypen — 89
  - 4.2.1 Der logische Typ — 90
  - 4.2.2 Der Zeichentyp — 90
  - 4.2.3 Die integralen Typen — 92
  - 4.2.4 Die Fließkommazahlen — 92
- 4.3 Variablen — 93
  - 4.3.1 Grundeigenschaften — 93
  - 4.3.2 Deklaration von Variablen — 94
  - 4.3.3 Lebensdauer/Sichtbarkeit — 95
- 4.4 Arrays — 95
  - 4.4.1 Deklaration und Initialisierung — 96
  - 4.4.2 Zugriff auf Array-Elemente — 97
  - 4.4.3 Mehrdimensionale Arrays — 98
- 4.5 Referenztypen — 100
  - 4.5.1 Beschreibung — 100
  - 4.5.2 Speichermanagement — 101
- 4.6 Typkonvertierungen — 101
  - 4.6.1 Standardkonvertierungen — 101
  - 4.6.2 Vorzeichenlose Bytes — 103
- 4.7 Zusammenfassung — 105

5 Ausdrücke — 107

- 5.1 Eigenschaften von Ausdrücken — 107
- 5.2 Arithmetische Operatoren — 109
- 5.3 Relationale Operatoren — 110
- 5.4 Logische Operatoren — 110
- 5.5 Bitweise Operatoren — 111
- 5.6 Zuweisungsoperatoren — 112
- 5.7 Sonstige Operatoren — 113
  - 5.7.1 Weitere Operatoren für primitive Typen — 114
  - 5.7.2 Operatoren für Objekte — 114
  - 5.7.3 Welche Operatoren es nicht gibt — 118

| | 5.8 | Operator-Vorrangregeln | 119 |
| | 5.9 | Zusammenfassung | 121 |

6 Anweisungen 123

	6.1	Elementare Anweisungen	123
		6.1.1 Die leere Anweisung	123
		6.1.2 Der Block	123
		6.1.3 Variablendeklarationen	123
		6.1.4 Ausdrucksanweisungen	124
	6.2	Verzweigungen	125
		6.2.1 Die if-Anweisung	125
		6.2.2 Die switch-Anweisung	127
	6.3	Schleifen	128
		6.3.1 Die while-Schleife	129
		6.3.2 Die do-Schleife	129
		6.3.3 Die for-Schleife	129
	6.4	Sonstige Anweisungen	132
		6.4.1 Die assert-Anweisung	132
	6.5	Zusammenfassung	140

Teil III Objektorientierte Programmierung 141

7 OOP I: Grundlagen 143

	7.1	Konzepte objektorientierter Programmiersprachen	143
		7.1.1 Einführung	143
		7.1.2 Abstraktion	143
		7.1.3 Kapselung	144
		7.1.4 Wiederverwendung	145
		7.1.5 Beziehungen	145
		7.1.6 Polymorphismus	149
		7.1.7 Fazit	150
	7.2	Klassen und Objekte in Java	150
		7.2.1 Klassen	150
		7.2.2 Objekte	151
	7.3	Methoden	152
		7.3.1 Definition	152
		7.3.2 Aufruf	153
		7.3.3 Parameter	154
		7.3.4 Rückgabewert	155
		7.3.5 Überladen von Methoden	156
		7.3.6 Konstruktoren	157
		7.3.7 Destruktoren	160
	7.4	Zusammenfassung	161

8	**OOP II: Vererbung, Polymorphismus und statische Elemente**		**163**
	8.1 Vererbung		163
		8.1.1 Ableiten einer Klasse	163
		8.1.2 Die Klasse Object	164
		8.1.3 Überlagern von Methoden	165
		8.1.4 Vererbung von Konstruktoren	167
	8.2 Modifier		168
		8.2.1 Sichtbarkeit	168
		8.2.2 Die Attribute im Überblick	169
	8.3 Statische Methoden und Membervariablen		172
		8.3.1 Klassenvariablen	172
		8.3.2 Konstanten	174
		8.3.3 Klassenmethoden	174
		8.3.4 Statische Konstruktoren	176
	8.4 Abstrakte Klassen und Polymorphismus		177
		8.4.1 Abstrakte Klassen	177
		8.4.2 Ein Beispiel für Polymorphismus	177
		8.4.3 Polymorphe Methodenaufrufe in Konstruktoren	180
	8.5 Zusammenfassung		182
9	**OOP III: Interfaces**		**183**
	9.1 Grundlagen		183
		9.1.1 Definition eines Interfaces	183
		9.1.2 Implementierung eines Interfaces	183
		9.1.3 Verwenden eines Interfaces	186
	9.2 Das Interface Comparable		188
	9.3 Mehrfachimplementierung und Vererbung		190
		9.3.1 Mehrfachimplementierung	190
		9.3.2 Vererbung von Interfaces	191
		9.3.3 Ableiten von Interfaces	192
	9.4 Weitere Anwendungen von Interfaces		193
		9.4.1 Konstanten in Interfaces	193
		9.4.2 Implementierung von Flags	194
		9.4.3 Nachbildung von Funktionszeigern	195
	9.5 Interfaces und Hilfsklassen		197
		9.5.1 Die Default-Implementierung	198
		9.5.2 Delegation an die Default-Implementierung	199
		9.5.3 Die leere Implementierung	200
	9.6 Zusammenfassung		201
10	**OOP IV: Verschiedenes**		**203**
	10.1 Lokale und anonyme Klassen		203
		10.1.1 Grundlagen	203
		10.1.2 Nicht-statische lokale Klassen	203
		10.1.3 Anonyme Klassen	207
		10.1.4 Statische lokale Klassen	208

Inhaltsverzeichnis

10.2	Wrapper-Klassen	209
	10.2.1 Vordefinierte Wrapper-Klassen	209
	10.2.2 Call by Reference	212
10.3	Design-Patterns	213
	10.3.1 Singleton	214
	10.3.2 Immutable	215
	10.3.3 Interface	217
	10.3.4 Factory	217
	10.3.5 Iterator	224
	10.3.6 Delegate	227
	10.3.7 Composite	230
	10.3.8 Visitor	233
	10.3.9 Observer	238
10.4	Zusammenfassung	242

Teil IV Weiterführende Spracheigenschaften 243

11 Strings 245

11.1	Grundlegende Eigenschaften	245
11.2	Methoden der Klasse String	246
	11.2.1 Konstruktoren	246
	11.2.2 Zeichenextraktion	246
	11.2.3 Die Länge der Zeichenkette	247
	11.2.4 Vergleichen von Zeichenketten	248
	11.2.5 Suchen in Zeichenketten	250
	11.2.6 Ersetzen von Zeichenketten	251
	11.2.7 Konvertierungsfunktionen	251
11.3	Weitere Eigenschaften	252
	11.3.1 Die Klasse String ist final	252
	11.3.2 Was ist ein String für den Compiler?	252
	11.3.3 String-Objekte sind nicht dynamisch	253
11.4	Die Klasse StringBuffer	254
	11.4.1 Konstruktoren	254
	11.4.2 Einfügen von Elementen	254
	11.4.3 Löschen von Elementen	255
	11.4.4 Verändern von Elementen	255
	11.4.5 Längeninformationen	255
	11.4.6 Konvertierung in einen String	256
11.5	Zusammenfassung	256

12 Exceptions 257

12.1	Grundlagen und Begriffe	257
12.2	Behandlung von Exceptions	258
	12.2.1 Die try-catch-Anweisung	258
	12.2.2 Das Fehlerobjekt	260

	12.2.3	Die Fehlerklassen von Java	261
	12.2.4	Fortfahren nach Fehlern	261
	12.2.5	Mehr als eine catch-Klausel	262
	12.2.6	Die finally-Klausel	264
12.3	Weitergabe von Exceptions		265
	12.3.1	Die catch-or-throw-Regel	265
	12.3.2	Weitergabe einer Exception	266
	12.3.3	Auslösen von Ausnahmen	266
12.4	Zusammenfassung		268

13 Strukturierung von Java-Programmen — 269

13.1	Programmelemente		269
	13.1.1	Anweisungen	269
	13.1.2	Blöcke	269
	13.1.3	Methoden	271
	13.1.4	Klassen	272
	13.1.5	Pakete	272
	13.1.6	Applikationen	273
	13.1.7	Applets	273
13.2	Pakete		274
	13.2.1	Verwendung von Paketen	274
	13.2.2	Die Bedeutung der Paketnamen	277
	13.2.3	Einbinden zusätzlicher Pakete	280
	13.2.4	Erstellen eigener Pakete	281
13.3	Der Entwicklungszyklus		284
	13.3.1	Schematische Darstellung	284
	13.3.2	Projektverwaltung	286
13.4	Auslieferung von Java-Programmen		288
	13.4.1	Weitergabe des Bytecodes	288
	13.4.2	Einbinden von Ressourcen-Dateien	291
13.5	Java Web Start		294
	13.5.1	Einleitung und Funktionsweise	294
	13.5.2	Erstellen einer WebStart-Applikation	296
	13.5.3	Das jnlp-API	301
13.6	Zusammenfassung		305

14 Collections I — 307

14.1	Grundlagen und Konzepte		307
14.2	Die Klasse Vector		308
	14.2.1	Einfügen von Elementen	308
	14.2.2	Zugriff auf Elemente	309
	14.2.3	Der Vektor als Iterator	309
14.3	Die Klasse Stack		311
14.4	Die Klasse Hashtable		312
	14.4.1	Einfügen von Elementen	313
	14.4.2	Zugriff auf Elemente	313

Inhaltsverzeichnis

		14.4.3	Hashtable als Iterator	314
		14.4.4	Die Klasse Properties	315
	14.5	Die Klasse BitSet		317
		14.5.1	Elementweise Operationen	317
		14.5.2	Mengenorientierte Operationen	317
	14.6	Zusammenfassung		319

15 Collections II — 321

	15.1	Grundlagen und Konzepte		321
	15.2	Die Collection des Typs List		324
		15.2.1	Abstrakte Eigenschaften	324
		15.2.2	Implementierungen	325
	15.3	Iteratoren		327
		15.3.1	Das Interface Iterator	327
		15.3.2	Das Interface ListIterator	329
	15.4	Eine eigene Queue-Klasse		330
		15.4.1	Anforderungen	330
		15.4.2	Implementierung	330
	15.5	Die Collection des Typs Set		336
		15.5.1	Abstrakte Eigenschaften	336
		15.5.2	Implementierungen	336
	15.6	Die Collection des Typs Map		338
		15.6.1	Abstrakte Eigenschaften	338
		15.6.2	Implementierungen	340
	15.7	Sortierte Collections		341
		15.7.1	Comparable und Comparator	341
		15.7.2	SortedSet und TreeSet	342
		15.7.3	SortedMap und TreeMap	346
	15.8	Die Klasse Collections		346
		15.8.1	Sortieren und Suchen	346
		15.8.2	Synchronisieren von Collections	348
		15.8.3	Erzeugen unveränderlicher Collections	348
	15.9	Zusammenfassung		349

16 Utility-Klassen I — 351

	16.1	Die Klasse Random		351
		16.1.1	Initialisierung des Zufallszahlengenerators	351
		16.1.2	Erzeugen von Zufallszahlen	351
	16.2	Die Klassen Date, Calendar und GregorianCalendar		353
		16.2.1	Konstruktoren	354
		16.2.2	Abfragen und Setzen von Datumsbestandteilen	355
		16.2.3	Vergleiche und Datums-/Zeitarithmetik	359
		16.2.4	Umwandlung zwischen Date und Calendar	362
	16.3	Die Klasse System		362
		16.3.1	System-Properties	362
		16.3.2	in, err und out	364

		16.3.3	exit	365
		16.3.4	gc	365
		16.3.5	currentTimeMillis	366
		16.3.6	arraycopy	369
	16.4	Die Klasse RunTime		370
		16.4.1	Grundlagen	370
		16.4.2	Interaktion mit dem externen Programm	371
	16.5	Die Klasse Arrays		376
	16.6	Zusammenfassung		377
17	**Utility-Klassen II**			**379**
	17.1	Die Klasse StringTokenizer		379
		17.1.1	Anlegen eines StringTokenizers	379
		17.1.2	Zugriff auf Tokens	379
	17.2	Die Klasse Math		381
		17.2.1	Winkelfunktionen	381
		17.2.2	Minimum und Maximum	381
		17.2.3	Arithmetik	382
		17.2.4	Runden und Abschneiden	382
	17.3	Die Klassen BigInteger und BigDecimal		382
		17.3.1	Die Klasse BigInteger	383
		17.3.2	Die Klasse BigDecimal	385
	17.4	Internationalisierung und Lokalisierung		388
		17.4.1	Die Klasse Locale	389
		17.4.2	Zahlen formatieren	391
		17.4.3	Datum und Uhrzeit formatieren	394
		17.4.4	Laden von Ressourcen	396
	17.5	Zusammenfassung		403
18	**Character-Streams**			**405**
	18.1	Allgemeine Konzepte		405
	18.2	Ausgabe-Streams		406
		18.2.1	Die abstrakte Klasse Writer	406
		18.2.2	Auswahl des Ausgabegerätes	407
		18.2.3	Schachteln von Ausgabe-Streams	411
	18.3	Eingabe-Streams		418
		18.3.1	Die abstrakte Klasse Reader	418
		18.3.2	Auswahl des Eingabegerätes	419
		18.3.3	Schachteln von Eingabe-Streams	422
	18.4	Zusammenfassung		426
19	**Byte-Streams**			**427**
	19.1	Architektur und Vergleich mit Character-Streams		427
	19.2	Ausgabe-Streams		427
		19.2.1	Die Basisklasse OutputStream	427
		19.2.2	Aus OutputStream direkt abgeleitete Klassen	428
		19.2.3	Aus FilterOutputStream abgeleitete Klassen	429

Inhaltsverzeichnis

19.3	Eingabe-Streams	435
	19.3.1 Die Basisklasse InputStream	435
	19.3.2 Aus InputStream direkt abgeleitete Klassen	436
	19.3.3 Aus FilterInputStream abgeleitete Klassen	438
19.4	Zusammenfassung	443
20	**Random-Access-I/O**	**445**
20.1	Grundlegende Operationen	445
20.2	Navigation in der Datei	446
	20.2.1 Positionierung des Dateizeigers	446
	20.2.2 Die Länge der Datei	447
20.3	Lesezugriffe	447
20.4	Schreibzugriffe	450
20.5	Zusammenfassung	452
21	**Datei- und Verzeichnis-Handling**	**453**
21.1	Konstruktion eines File-Objekts	453
21.2	Zugriff auf Teile des Pfadnamens	454
21.3	Informationen über die Datei	454
21.4	Zugriff auf Verzeichniseinträge	456
	21.4.1 Lesen von Verzeichniseinträgen	456
	21.4.2 Ändern von Verzeichniseinträgen	459
21.5	Temporäre Dateien und Lockdateien	462
	21.5.1 Temporäre Dateien	462
	21.5.2 Lockdateien	463
21.6	Zusammenfassung	464
22	**Multithreading**	**465**
22.1	Grundlagen und Begriffe	465
22.2	Die Klasse Thread	466
	22.2.1 Erzeugen eines neuen Threads	466
	22.2.2 Abbrechen eines Threads	467
	22.2.3 Anhalten eines Threads	471
	22.2.4 Weitere Methoden	471
22.3	Das Interface Runnable	472
	22.3.1 Implementieren von Runnable	473
	22.3.2 Multithreading durch Wrapper-Klassen	474
22.4	Synchronisation	479
	22.4.1 Synchronisationsprobleme	479
	22.4.2 Monitore	481
	22.4.3 wait und notify	485
	22.4.4 PipedInputStream und PipedOutputStream	488
22.5	Verwalten von Threads	491
	22.5.1 Priorität und Name	491
	22.5.2 Thread-Gruppen	491
22.6	Zusammenfassung	492

Teil V Grafikprogrammierung mit dem AWT — 495

23 Grafikausgabe — 497

- 23.1 Das Abstract Windowing Toolkit — 497
  - 23.1.1 Grundlegende Eigenschaften — 497
  - 23.1.2 Von AWT nach Swing — 497
- 23.2 Grundlagen der Grafikausgabe — 498
  - 23.2.1 Anlegen eines Fensters — 498
  - 23.2.2 Die Methode paint — 500
  - 23.2.3 Das grafische Koordinatensystem — 500
  - 23.2.4 Schließen eines Fensters — 501
- 23.3 Elementare Grafikroutinen — 503
  - 23.3.1 Linie — 505
  - 23.3.2 Rechteck — 506
  - 23.3.3 Polygon — 507
  - 23.3.4 Kreis — 508
  - 23.3.5 Kreisbogen — 510
- 23.4 Weiterführende Funktionen — 511
  - 23.4.1 Linien- oder Füllmodus — 511
  - 23.4.2 Kopieren und Löschen von Flächen — 512
  - 23.4.3 Die Clipping-Region — 514
- 23.5 Zusammenfassung — 516

24 Textausgabe — 517

- 24.1 Ausgabefunktionen — 517
- 24.2 Unterschiedliche Schriftarten — 519
  - 24.2.1 Font-Objekte — 519
  - 24.2.2 Standardschriftarten — 521
- 24.3 Eigenschaften von Schriftarten — 523
  - 24.3.1 Font-Informationen — 523
  - 24.3.2 Font-Metriken — 524
- 24.4 Zusammenfassung — 528

25 Farben — 529

- 25.1 Das Java-Farbmodell — 529
- 25.2 Erzeugen von Farben — 529
- 25.3 Verwenden von Farben — 530
- 25.4 Systemfarben — 532
- 25.5 Zusammenfassung — 535

26 Drucken — 537

- 26.1 Einleitung — 537
- 26.2 Drucken mit dem JDK 1.1 — 537
  - 26.2.1 Grundlagen — 537
  - 26.2.2 Seitenweise Ausgabe — 538
  - 26.2.3 Plazierung des Codes zur Druckausgabe — 539

Inhaltsverzeichnis

26.3	Drucken seit dem JDK 1.2	542
	26.3.1 Überblick	542
	26.3.2 Zusammenspiel der Klassen	543
	26.3.3 Ausdrucken einer Textdatei	549
26.4	Zugriff auf serielle und parallele Schnittstellen	555
	26.4.1 Das Java Communications API	555
	26.4.2 Ein einfaches Beispielprogramm	557
26.5	Zusammenfassung	558

27 Fenster — 561

27.1	Die verschiedenen Fensterklassen	561
27.2	Aufrufen und Schließen eines Fensters	563
27.3	Visuelle Eigenschaften	565
27.4	Anzeigezustand	567
27.5	Fensterelemente	568
	27.5.1 Der Fenstertitel	568
	27.5.2 Das Icon des Fensters	569
	27.5.3 Der Mauscursor	569
	27.5.4 Die Vorder- und Hintergrundfarbe	570
	27.5.5 Der Standard-Font	570
27.6	Zusammenfassung	573

28 Event-Handling — 575

28.1	Das Event-Handling im JDK 1.1	575
	28.1.1 Grundlagen	575
	28.1.2 Ereignistypen	576
	28.1.3 Ereignisempfänger	578
	28.1.4 Ereignisquellen	579
	28.1.5 Adapterklassen	580
	28.1.6 Zusammenfassung	580
28.2	Entwurfsmuster für den Nachrichtenverkehr	584
	28.2.1 Variante 1: Implementierung eines EventListener-Interfaces	586
	28.2.2 Variante 2: Lokale und anonyme Klassen	588
	28.2.3 Variante 3: Trennung von GUI- und Anwendungscode	591
	28.2.4 Variante 4: Überlagern der Event-Handler in den Komponenten	593
	28.2.5 Ausblick	595
28.3	Zusammenfassung	596

29 Low-Level-Events — 597

29.1	Window-Events	597
29.2	Component-Events	599
29.3	Mouse-Events	602
29.4	MouseMotion-Events	606
29.5	Focus-Events	610
29.6	Key-Events	613
29.7	Zusammenfassung	618

30 Menüs — 621

- 30.1 Grundlagen — 621
- 30.2 Menüleiste — 621
- 30.3 Menüs — 622
- 30.4 Menüeinträge — 623
    - 30.4.1 Einfache Menüeinträge — 623
    - 30.4.2 CheckboxMenuItem — 624
    - 30.4.3 Beschleunigertasten — 626
    - 30.4.4 Untermenüs — 630
- 30.5 Action-Events — 632
- 30.6 Kontextmenüs — 637
- 30.7 Datenaustausch mit der Zwischenablage — 640
    - 30.7.1 Überblick — 640
    - 30.7.2 Kommunikation mit der Zwischenablage — 640
- 30.8 Zusammenfassung — 643

31 GUI-Dialoge — 645

- 31.1 Erstellen eines Dialogs — 645
    - 31.1.1 Anlegen eines Dialogfensters — 645
    - 31.1.2 Zuordnen eines Layoutmanagers — 646
    - 31.1.3 Einfügen von Dialogelementen — 646
    - 31.1.4 Anzeigen des Dialogfensters — 647
- 31.2 Die Layoutmanager — 648
    - 31.2.1 FlowLayout — 649
    - 31.2.2 GridLayout — 651
    - 31.2.3 BorderLayout — 653
    - 31.2.4 GridBagLayout — 656
    - 31.2.5 NULL-Layout — 661
    - 31.2.6 Schachteln von Layoutmanagern — 663
- 31.3 Modale Dialoge — 665
- 31.4 Zusammenfassung — 674

32 AWT-Dialogelemente — 675

- 32.1 Rahmenprogramm — 675
- 32.2 Label — 678
- 32.3 Button — 679
- 32.4 Checkbox — 680
- 32.5 CheckboxGroup — 682
- 32.6 TextField — 683
- 32.7 TextArea — 687
- 32.8 Choice — 689
- 32.9 List — 691
- 32.10 Scrollbar — 694
- 32.11 ScrollPane — 697
- 32.12 Zusammenfassung — 704

33 Eigene Dialogelemente — 705
- 33.1 Die Klasse Canvas — 705
- 33.2 Entwicklung einer 7-Segment-Anzeige — 706
  - 33.2.1 Anforderungen — 706
  - 33.2.2 Bildschirmanzeige — 706
  - 33.2.3 Ereignisbehandlung — 708
- 33.3 Einbinden der Komponente — 713
- 33.4 Zusammenfassung — 716

34 Bitmaps und Animationen — 717
- 34.1 Bitmaps — 717
  - 34.1.1 Laden und Anzeigen einer Bitmap — 717
  - 34.1.2 Entwicklung einer eigenen Bitmap-Komponente — 721
- 34.2 Animation — 723
  - 34.2.1 Prinzipielle Vorgehensweise — 723
  - 34.2.2 Abspielen einer Folge von Bitmaps — 727
  - 34.2.3 Animation mit Grafikprimitiven — 730
  - 34.2.4 Reduktion des Bildschirmflackerns — 736
- 34.3 Zusammenfassung — 745

Teil VI Grafikprogrammierung mit Swing — 747

35 Swing: Grundlagen — 749
- 35.1 Eigenschaften und Architektur von Swing — 749
  - 35.1.1 Einleitung — 749
  - 35.1.2 Eigenschaften von Swing — 749
  - 35.1.3 Wie geht es weiter? — 752
- 35.2 Ein einführendes Beispiel — 753
  - 35.2.1 Das Beispielprogramm — 753
  - 35.2.2 Beschreibung des Beispielprogramms — 754
- 35.3 Zusammenfassung — 760

36 Swing: Container und Menüs — 763
- 36.1 Hauptfenster — 763
  - 36.1.1 JFrame — 763
  - 36.1.2 JWindow — 767
  - 36.1.3 JDialog — 769
  - 36.1.4 JOptionPane — 770
  - 36.1.5 JApplet — 774
  - 36.1.6 JInternalFrame — 776
- 36.2 Menüs — 780
  - 36.2.1 Einfache Menüs — 780
  - 36.2.2 Grundlagen von Swing-Menüs — 780
  - 36.2.3 Weitere Möglichkeiten — 784
  - 36.2.4 Kontextmenüs — 789

	36.3	Weitere Swing-Container	791
		36.3.1 JComponent	791
		36.3.2 JPanel und JLayeredPane	801
	36.4	Zusammenfassung	802
37	**Swing: Komponenten I**		**805**
	37.1	Label und Textfelder	805
		37.1.1 JLabel	805
		37.1.2 JTextField	807
		37.1.3 JPasswordField	810
		37.1.4 JTextArea	810
		37.1.5 JSpinner	813
	37.2	Buttons	815
		37.2.1 JButton	815
		37.2.2 JCheckBox	818
		37.2.3 JRadioButton	820
	37.3	Listen und Comboboxen	822
		37.3.1 JList	822
		37.3.2 JComboBox	826
	37.4	Quasi-analoge Komponenten	829
		37.4.1 JScrollBar	829
		37.4.2 JSlider	832
		37.4.3 JProgressBar	836
	37.5	Zusammenfassung	838
38	**Swing: Komponenten II**		**841**
	38.1	Spezielle Panels	841
		38.1.1 JScrollPane	841
		38.1.2 JSplitPane	845
		38.1.3 JTabbedPane	848
	38.2	JTable	852
		38.2.1 Erzeugen von Tabellen	852
		38.2.2 Konfiguration der Tabelle	855
		38.2.3 Selektieren von Elementen	856
		38.2.4 Zugriff auf den Inhalt der Tabelle	858
		38.2.5 Das Tabellenmodell	859
		38.2.6 Das Spaltenmodell	864
		38.2.7 Rendering der Zellen	866
		38.2.8 Reaktion auf Ereignisse	870
	38.3	JTree	871
		38.3.1 Erzeugen eines Baums	871
		38.3.2 Selektieren von Knoten	874
		38.3.3 Öffnen und Schließen der Knoten	878
		38.3.4 Verändern der Baumstruktur	878
	38.4	Zusammenfassung	882

Inhaltsverzeichnis

Teil VII Applets — 885

39 Applets I — 887

- 39.1 Die Architektur eines Applets — 887
  - 39.1.1 Grundlagen — 887
  - 39.1.2 Die Klasse java.awt.Applet — 888
  - 39.1.3 Initialisierung und Endebehandlung — 889
  - 39.1.4 Weitere Methoden der Klasse Applet — 890
- 39.2 Einbinden eines Applets — 892
  - 39.2.1 Das APPLET-Tag — 892
  - 39.2.2 Die Parameter des Applet-Tags — 893
  - 39.2.3 Parameterübergabe an Applets — 894
- 39.3 Die Ausgabe von Sound — 897
  - 39.3.1 Soundausgabe in Applets — 897
  - 39.3.2 Soundausgabe in Applikationen — 899
- 39.4 Animation in Applets — 900
- 39.5 Zusammenfassung — 906

40 Applets II — 909

- 40.1 Verweise auf andere Seiten — 909
  - 40.1.1 Die Klasse URL — 909
  - 40.1.2 Der Applet-Kontext — 910
  - 40.1.3 Die Methode showDocument — 911
- 40.2 Kommunikation zwischen Applets — 915
- 40.3 Umwandlung einer Applikation in ein Applet — 917
  - 40.3.1 Die Beispiel-Applikation — 918
  - 40.3.2 Variante 1: Das Programm als Popup-Fenster — 919
  - 40.3.3 Variante 2: Erstellen eines gleichwertigen Applets — 920
- 40.4 Das Java-Plugin — 922
  - 40.4.1 Funktionsweise — 922
  - 40.4.2 Verwendung des Plugins — 924
- 40.5 Zusammenfassung — 925

Teil VIII Spezielle APIs — 927

41 Serialisierung — 929

- 41.1 Grundlagen — 929
  - 41.1.1 Begriffsbestimmung — 929
  - 41.1.2 Schreiben von Objekten — 929
  - 41.1.3 Lesen von Objekten — 933
- 41.2 Weitere Aspekte der Serialisierung — 937
  - 41.2.1 Versionierung — 937
  - 41.2.2 Nicht-serialisierte Membervariablen — 939
  - 41.2.3 Objektreferenzen — 940
  - 41.2.4 Serialisieren von Collections — 944

	41.3	Anwendungen	944
		41.3.1 Ein einfacher Objektspeicher	944
		41.3.2 Kopieren von Objekten	948
	41.4	Zusammenfassung	952
42	**Datenbankzugriffe mit JDBC**		**953**
	42.1	Einleitung	953
		42.1.1 Grundsätzliche Arbeitsweise	953
		42.1.2 Die Architektur von JDBC	954
	42.2	Grundlagen von JDBC	955
		42.2.1 Öffnen einer Verbindung	955
		42.2.2 Erzeugen von Anweisungsobjekten	957
		42.2.3 Datenbankabfragen	958
		42.2.4 Datenbankänderungen	960
		42.2.5 Die Klasse SQLException	960
	42.3	Die DirDB-Beispieldatenbank	961
		42.3.1 Anforderungen und Design	961
		42.3.2 Das Rahmenprogramm	962
		42.3.3 Die Verbindung zur Datenbank herstellen	965
		42.3.4 Anlegen und Füllen der Tabellen	967
		42.3.5 Zählen der Verzeichnisse und Dateien	971
		42.3.6 Suchen von Dateien und Verzeichnissen	971
		42.3.7 Die zehn größten Dateien	974
		42.3.8 Speicherverschwendung durch Clustering	975
	42.4	Weiterführende Themen	976
		42.4.1 Metadaten	976
		42.4.2 Escape-Kommandos	977
		42.4.3 Transaktionen	977
		42.4.4 JDBC-Datentypen	978
		42.4.5 Umgang mit JDBC-Objekten	979
		42.4.6 Prepared Statements	981
		42.4.7 SQL-Kurzreferenz	982
	42.5	Zusammenfassung	987
43	**Reflection**		**989**
	43.1	Einleitung	989
	43.2	Die Klassen Object und Class	989
		43.2.1 Die Klasse Object	989
		43.2.2 Die Klasse Class	990
	43.3	Methoden- und Konstruktorenaufrufe	993
		43.3.1 Parameterlose Methoden	993
		43.3.2 Parametrisierte Methoden	998
		43.3.3 Parametrisierte Konstruktoren	1002
	43.4	Zugriff auf Membervariablen	1004

Inhaltsverzeichnis

43.5	Arrays	1007
43.5.1	Erzeugen von Arrays	1007
43.5.2	Zugriff auf Array-Elemente	1009
43.6	Zusammenfassung	1013

44 Beans — 1015

44.1	Grundlagen und Begriffe	1015
44.2	Entwurf einer einfachen Bean	1017
44.2.1	Grundsätzliche Architektur	1017
44.2.2	Grafische Darstellung	1017
44.2.3	Eigenschaften	1019
44.2.4	Implementierung	1020
44.2.5	Verwendung der Bean	1023
44.3	Die Beanbox	1024
44.3.1	Beschreibung und Installation	1024
44.3.2	Grundlagen der Bedienung	1025
44.3.3	Integration eigener Beans	1027
44.3.4	Serialisierte Beans	1029
44.4	Bean-Ereignisse	1031
44.4.1	Bound Properties	1031
44.4.2	Constrained Properties	1036
44.4.3	Anwendungsbeispiel	1040
44.5	Panel-Beans	1042
44.6	BeanInfo-Klassen und Property-Editoren	1047
44.6.1	BeanInfo-Klassen	1047
44.6.2	Property-Editoren	1051
44.7	Zusammenfassung	1057

45 Netzwerkprogrammierung — 1059

45.1	Grundlagen der Netzwerkprogrammierung	1059
45.1.1	Was ist ein Netzwerk?	1059
45.1.2	Protokolle	1060
45.1.3	Adressierung von Daten	1061
45.1.4	Ports und Applikationen	1063
45.1.5	Request for Comments	1064
45.1.6	Firewalls und Proxys	1066
45.2	Client-Sockets	1066
45.2.1	Adressierung	1066
45.2.2	Aufbau einer einfachen Socket-Verbindung	1068
45.2.3	Lesen und Schreiben von Daten	1071
45.2.4	Zugriff auf einen Web-Server	1074
45.3	Server-Sockets	1077
45.3.1	Die Klasse ServerSocket	1077
45.3.2	Verbindungen zu mehreren Clients	1078
45.3.3	Entwicklung eines einfachen Web-Servers	1080

	45.4	Daten mit Hilfe der Klasse URL lesen	1088
	45.5	Zusammenfassung	1090

46 Remote Method Invocation — 1091

	46.1	Einleitung	1091
		46.1.1 Prinzipielle Arbeitsweise	1091
		46.1.2 Einzelheiten der Kommunikation	1092
	46.2	Aufbau eines einfachen Uhrzeit-Services	1094
		46.2.1 Vorgehensweise	1094
		46.2.2 Das Remote-Interface	1095
		46.2.3 Implementierung des Remote-Interfaces	1096
		46.2.4 Registrieren der Objekte	1098
		46.2.5 Zugriff auf den Uhrzeit-Service	1101
		46.2.6 Ausblick	1104
	46.3	Zusammenfassung	1105

47 Sicherheit und Kryptographie — 1107

	47.1	Kryptographische Grundlagen	1107
		47.1.1 Wichtige Begriffe	1107
		47.1.2 Einfache Verschlüsselungen	1108
		47.1.3 Message Digests	1110
		47.1.4 Kryptographische Zufallszahlen	1115
		47.1.5 Public-Key-Verschlüsselung	1117
		47.1.6 Digitale Unterschriften	1118
		47.1.7 Zertifikate	1126
	47.2	Sicherheitsmechanismen in Java	1127
		47.2.1 Sprachsicherheit	1127
		47.2.2 Das Sandbox-Konzept	1128
		47.2.3 Veränderungen im JDK 1.1 und 1.2	1129
	47.3	Signierte Applets	1129
		47.3.1 Ein »unerlaubtes« Applet	1129
		47.3.2 Signieren des Applets	1132
		47.3.3 Ex- und Import von Zertifikaten	1133
		47.3.4 Anpassen der Policy-Datei	1134
		47.3.5 Die Klasse SecurityManager	1137
	47.4	Zusammenfassung	1139

48 Sound — 1141

	48.1	Grundlagen und Konzepte	1141
	48.2	Gesampelter Sound	1142
		48.2.1 Was ist Sampling?	1142
		48.2.2 Das Sampling-API	1143
		48.2.3 Abspielen einer Sample-Datei	1147
	48.3	Midi	1149
		48.3.1 Was ist Midi?	1149
		48.3.2 Grundlegende Klassen des Midi-APIs	1150

Inhaltsverzeichnis

	48.3.3 Alle meine Entchen - Erster Versuch	1151
	48.3.4 Alle meine Entchen mit dem Sequenzer	1155
	48.3.5 Zugriff auf Midi-Dateien	1159
48.4	Zusammenfassung	1161

Teil IX Verschiedenes 1163

49 Performance-Tuning 1165

49.1	Einleitung	1165
49.2	Tuning-Tips	1166
	49.2.1 String und StringBuffer	1166
	49.2.2 Methodenaufrufe	1170
	49.2.3 Vektoren und Listen	1172
	49.2.4 Dateizugriffe	1174
	49.2.5 Speicher-Optimierung	1177
49.3	Einsatz eines Profilers	1178
	49.3.1 Grundlagen	1178
	49.3.2 Eine Beispielsitzung mit dem Profiler	1180
	49.3.3 Ausblick	1186
49.4	Zusammenfassung	1187

50 Hilfsprogramme des JDK 1189

50.1	javac – Der Compiler	1189
	50.1.1 Aufruf	1189
	50.1.2 Beschreibung	1189
	50.1.3 Optionen	1190
50.2	java – Der Interpreter	1191
	50.2.1 Aufruf	1191
	50.2.2 Beschreibung	1191
	50.2.3 Optionen	1192
50.3	appletviewer – Der Appletviewer	1193
	50.3.1 Aufruf	1193
	50.3.2 Beschreibung	1193
	50.3.3 Optionen	1193
50.4	jdb – Der Debugger	1193
	50.4.1 Aufruf	1193
	50.4.2 Beschreibung	1193
	50.4.3 Vorbereitungen	1194
50.5	javadoc – Der Dokumentationsgenerator	1196
	50.5.1 Aufruf	1196
	50.5.2 Beschreibung	1196
	50.5.3 Dokumentationskommentare	1196
	50.5.4 Aufruf von javadoc	1197
	50.5.5 Optionen	1199

50.6	jar – Das Archivierungswerkzeug	1199
	50.6.1 Aufruf	1199
	50.6.2 Beschreibung	1199
	50.6.3 Kommandos	1200
	50.6.4 Verwendung von jar-Dateien in Applets	1201
50.7	javap – Der Disassembler	1202
	50.7.1 Aufruf	1202
	50.7.2 Beschreibung	1202
	50.7.3 Optionen	1202
50.8	serialver – Zugriff auf die serialVersionUID	1202
	50.8.1 Aufruf	1202
	50.8.2 Beschreibung	1203
	50.8.3 Optionen	1203
50.9	keytool – Verwaltung von kryptografischen Schlüsseln	1203
	50.9.1 Aufruf	1203
	50.9.2 Beschreibung	1203
50.10	policytool – Bearbeiten von Policy-Dateien	1203
	50.10.1 Aufruf	1203
	50.10.2 Beschreibung	1203
50.11	jarsigner – Signieren von Archiven	1204
	50.11.1 Aufruf	1204
	50.11.2 Beschreibung	1204
	50.11.3 Optionen	1204
50.12	rmic – Erzeugen von RMI-Stubs und -Skeletons	1205
	50.12.1 Aufruf	1205
	50.12.2 Beschreibung	1205
	50.12.3 Optionen	1205
50.13	rmiregistry – Der RMI-Namensservice	1205
	50.13.1 Aufruf	1205
	50.13.2 Beschreibung	1205
50.14	Zusammenfassung	1206
Stichwortverzeichnis		**1207**
Sun Microsystems, Inc. Binary Code License Agreement		**1239**

Vorwort

Das »Handbuch der Java-Programmierung« ist der Nachfolger von »Go To Java 2« und seiner im Spätsommer 2000 erschienenen zweiten Auflage. Somit verläßt das Buch die GoTo-Reihe, in die es, vor allem auf Grund des erneut gestiegenen Umfangs, nicht mehr recht hineinpaßte. Dennoch ist das Handbuch der Java-Programmierung nicht mehr und nicht weniger als die konsequente Fortführung seiner erfolgreichen Vorgänger, die bis auf »Java 1.1 lernen« und »Symantec Visual Cafe« zurückgeführt werden können. Um diese Kontinuität deutlich zu machen, haben wir die Numerierung der Auflagen beibehalten und der aktuellen Auflage die Nummer »3.0« zugeordnet.

Unterstützt durch die große Zahl an Leserzuschriften und die Diskussion mit Kollegen, Freunden und anderen Java-Enthusiasten wurde das Buch mit vielen Erweiterungen und Ergänzungen versehen. Alle für Java-Einsteiger und Fortgeschrittene wichtigen Themen werden ausführlich behandelt. Der bewährte Aufbau wurde beibehalten, und das Buch kann sowohl als Lehr- wie auch als Nachschlagewerk eingesetzt werden.

Das Handbuch der Java-Programmierung besteht aus 50 Kapiteln, die alle wesentlichen Aspekte der Programmiersprache Java und seiner umfangreichen Klassenbibliothek erläutern. Mit über 170 Abbildungen, 80 Tabellen, 440 Beispielprogrammen und 600 Querverweisen ist es für die Verwendung im Unterricht und zum Selbststudium bestens geeignet.

Gegenüber der zweiten Auflage wurden folgende Abschnitte neu aufgenommen:

- Zugriff auf Arrays per Reflection (Abschnitt 43.5 auf Seite 1007)
- Java WebStart (Abschnitt 13.5 auf Seite 294)
- Assertions (Abschnitt 6.4.1 auf Seite 132)
- Das Sound-API (Kapitel 48 auf Seite 1141)

Zudem wurde das Buch an die Version 1.4 des JDK angepaßt und viele kleine Fehler aus der vorigen Auflage korrigiert. Die Linkliste wurde ebenso angepaßt wie die Java-Historie, die Beschreibung der Standardpakete oder die Syntax der JDK-Werkzeuge. Für Anfänger wurden die Kapitel 2 und 3 erneut erweitert, es gibt detaillierte Erklärungen zum Aufruf von Java-Programmen unter Windows, und Abschnitt 2.3.7 auf Seite 65 beschreibt häufig gemachte Fehler und wie man sie umgeht. Weitere Verbesserungen gab es bei den Abschnitten über die Swing-Komponenten, die jetzt auch die neuen 1.4-Komponenten `JFormattedTextField` und `JSpinner` sowie animierte Fortschrittsanzeigen umfassen und auf das neue Focus-Subsystem eingehen. Der JDBC-Teil wurde um Hinweise zur Konfiguration von MS Access, InstantDB und HSQLDB erweitert, und der `ExperimentalWebServer` beherrscht jetzt das HEAD-Kommando und eignet sich für den Betrieb von Java WebStart. Nicht zuletzt gab es Verbesserungen bei der HTML-Ausgabe, die jetzt noch umfangreicher und leichter zu bedienen ist.

Gegenüber der ersten Auflage wurden in der zweiten die einleitenden Kapitel vereinfacht, um Anfängern den Einstieg zu erleichtern. Zudem wurden weiterführende Themen aufgenommen, um auch dem fortgeschrittenen Leser genügend Lesestoff zu bieten.

Die wichtigsten Änderungen der zweiten Auflage waren:

- Die ersten Schritte werden ausführlicher erklärt, und das für viele Anfänger zu schwierige Kapitel 2 wurde entfernt.
- Es gibt eine Einführung in die objektorientierte Programmierung sowie ein Kapitel über objektorientiertes Design und Design-Patterns.
- Bei vielen Themenkomplexen werden in einer Einleitung zunächst die wichtigsten fachlichen Grundlagen vermittelt, bevor auf die Umsetzung in Java eingegangen wird (Objektorientierte Programmierung, Netzwerkprogrammierung, SQL, Kryptographie etc.).
- Viele neue Kapitel oder Abschnitte sind hinzugekommen, beispielsweise
    - Java Beans (Kapitel 44 auf Seite 1015)
    - Sicherheit und Kryptographie (Kapitel 47 auf Seite 1107)
    - Remote Methode Invocation (Kapitel 46 auf Seite 1091)
    - Byte-Streams (Kapitel 19 auf Seite 427)
    - Beliebig genaue Arithmetik (Abschnitt 17.3 auf Seite 382)
    - Internationalisierung und Ressourcen-Management (Abschnitt 17.4 auf Seite 388)
    - Drucken und Zugriff auf serielle und parallele Schnittstelle (Kapitel 26 auf Seite 537)
    - Fortgeschrittene Applet-Programmierung (Kapitel 40 auf Seite 909)
- Zudem gibt es eine komplette Einführung in die Swing-Programmierung, die folgende Themen behandelt:
    - Grundlagen und Abgrenzung zwischen Swing und AWT (Kapitel 35 auf Seite 749)
    - Swing-Container und Menüs (Kapitel 36 auf Seite 763)
    - Alle elementaren Swing-Komponenten (Kapitel 37 auf Seite 805)
    - Komplexe Komponenten und Panels, Tables und Trees (Kapitel 38 auf Seite 841)

Vorwort

Ebenso wie zu den Vorgängerversionen wurde auch zu diesem Buch eine HTML-Ausgabe erstellt. Sie ist auf der beigefügten CD-ROM enthalten und stellt das komplette Buch im Hypertext-Format dar. Mit ihren Navigationshilfen und der großen Zahl an Querverweisen (es sind inkl. Index über 20000) ist sie ausgezeichnet als Referenz verwendbar. Daneben enthält die CD-ROM die Beispiele aus dem Buch sowie das Java Development Kit und weitere nützliche Werkzeuge und Hilfsmittel.

Wie bisher kann die HTML-Ausgabe frei aus dem Internet geladen werden. Studenten und Leser mit eingeschränkten finanziellen Möglichkeiten können so Java lernen, ohne das Buch kaufen zu müssen, oder können es vor dem Kauf eingehend studieren. Auch Universitäten und vergleichbare Einrichtungen werden die Möglichkeit zur Installation einer gespiegelten Version erhalten, um das Buch effizient in der Java-Ausbildung nutzen zu können.

Um weitere Informationen zum Handbuch der Java-Programmierung zu erhalten, können Sie seine Homepage unter http://www.javabuch.de besuchen. Dort können Sie auch die freie HTML-Ausgabe herunterladen, und Sie finden eine Liste aller bekannten Fehler und Ungenauigkeiten. Teilen Sie mir Ihre Kritik und Anregungen mit, oder schreiben Sie mir, wenn Sie Fehler gefunden haben. Natürlich können Sie auch schreiben, daß Ihnen das Buch gefallen hat! Verständnisfragen zu einzelnen Aspekten der Java-Programmierung kann ich aus Zeitgründen leider nicht mehr beantworten. Sie sind besser in einer der zahlreichen Java-Newsgroups aufgehoben (siehe Abschnitt 3.2.2 auf Seite 76).

Wie die Vorversionen wurde auch die dritte Auflage vollständig in SGML geschrieben (der »Mutter« von HTML und XML). Alle Werkzeuge zum Erstellen der verschiedenen Ausgaben wurden vom Autor selbst entwickelt und sind in Java geschrieben. Die ohne zusätzlichen Aufwand erstellbare HTML-Ausgabe kann bei Fehlern oder Erweiterungen sehr schnell aktualisiert und unabhängig von den Nachdruckzyklen der Papierversion gepflegt werden. Alle Änderungen werden versioniert, der Erstdruck des Buchs entspricht der HTML-Ausgabe 3.0.

Ich wünsche allen Lesern, daß ihnen dieses Buch beim Erlernen und Anwenden von Java ein unentbehrlicher Helfer sein wird und daß sie nach seiner Lektüre über umfassende Kenntnisse in der Java-Programmierung verfügen mögen.

Mein Dank gilt allen, die bei der Entstehung mitgewirkt haben. Besonders möchte ich Kollegen und Bekannten danken, die sich der Mühe unterzogen haben, einzelne Kapitel zu lesen, und mit ihren Hinweisen und Anregungen zu seiner jetzigen Form beigetragen haben. Hier sind vor allem Ilona Brinkmeier, Holger Jödicke, Boris Gruschko, Thomas Backens, Goetz Perry, Stefan Stark, Andi Müller, Jacques Nietsch und Carsten Leutzinger zu nennen. Den vielen Lesern der Vorversionen, die Fehler gefunden oder Anregungen gegeben haben, möchte ich ebenso danken wie Christiane Auf und Christina Gibbs, die das Buch als Lektorinnen bei Addison-Wesley betreut haben.

Wie immer geht ein besonderer Dank an Sabine, Jana und Jasmin, ohne deren Unterstützung und Geduld auch dieses Buch nicht möglich gewesen wäre.

Guido Krüger, Februar 2002

Die Icons in diesem Buch

Um Ihnen die Orientierung in diesem Buch zu erleichtern, haben wir den Text in bestimmte Funktionsabschnitte gegliedert und diese durch entsprechende Symbole oder Icons gekennzeichnet. Folgende Icons finden Verwendung:

Manches ist von besonderer Bedeutung und verdient darum auch, besonders hervorgehoben zu werden. Solche **Hinweise** sind sehr nützlich, sie bringen einen schneller ans Ziel.

Manches geht ganz leicht. Wenn man nur weiß, wie. **Praxistips** finden Sie in den Abschnitten mit diesem Icon.

Beim Erlernen einer Programmiersprache gibt es immer wieder Fallen, in die man als Ahnungsloser hineintreten kann. Die **Warnungen** im Buch führen Sie sicher an ihnen vorbei.

Zwischen den unterschiedlichen **Java-Versionen** gibt es teilweise beträchtliche Differenzen. Mit diesem Icon markieren wir die wichtigsten Unterschiede zwischen den Versio7nen 1.1, 1.2, 1.3 und 1.4 des JDK.

Teil I
Einleitung

1 Was ist Java?

1.1 Historie

Als offizieller Geburtstag der Programmiersprache Java gilt der 23. Mai 1995.

Mit dem Erscheinen dieses Buchs wird Java also fast sieben Jahre alt sein. Nach einer wechselhaften Vorgeschichte, dem darauffolgenden Enthusiasmus und fast ebenso vielen technischen Schwierigkeiten wie Errungenschaften hat sich Java heute vollständig etabliert. Nach wie vor verzeichnet die Sprache ein steigendes Interesse in breiten Kreisen der Entwicklergemeinschaft und wird in Kürze C++ als am häufigsten genutzte Programmiersprache abgelöst haben. Bevor wir uns in den nachfolgenden Kapiteln mit den technischen Details der Sprache beschäftigen, wollen wir einen kurzen Blick auf die Entstehungsgeschichte von Java werfen.

Nach einschlägigen Berichten fing alles mit einer Mail des damals 25jährigen Programmierers Patrick Naughton an den SUN-Chef Scott McNealy an. Naughton hatte angekündigt, das Unternehmen zu verlassen, um zu *Next Computer, Inc.* zu gehen. Er war der Meinung, daß manches bei SUN nicht gut funktionierte, und die weitaus moderneren Technologien von Next reizten ihn sehr. McNealy, mit dem Naughton zusammen Eishockey spielte, forderte ihn auf, seine Kritik samt möglicher Lösungsvorschläge niederzuschreiben, ganz gleich, wie radikal sie auch sein mögen.

Naughtons Mail hat seine Wirkung nicht verfehlt! In einer für SUN schwierigen Periode mit internen Diskussionen um den Kurs des Unternehmens und seiner Produkte rannte Naughton offene Türen ein. Seine Hauptkritikpunkte betrafen die nicht zeitgemäßen grafischen Oberflächen, die unübersehbare Anzahl an Programmierwerkzeugen, die hohen Kosten der Workstations und die komplizierte Anwendung der Programme. Kurz, er warf SUN vor, auf dem besten Wege zu sein, sich mehr und mehr von seinen potentiellen Kunden und Anwendern zu entfernen. Er forderte Hard- und Software, die nicht nur von Akademikern und hochspezialisierten Profis, sondern von normalen Menschen angewendet werden konnte.

Naughtons Klagen wurden erhört, und innerhalb weniger Tage wurde ein Projekt aufgesetzt, dessen Ziel es sein sollte, die nächsten großen Trends der Computer- und Softwareindustrie aufzuspüren. Naughton zog seine angedrohte Kündigung zurück und begann 1991 zusammen mit James Gosling und Mike Sheridan die Arbeit an einem geheimen, zunächst für ein Jahr finanzierten und außerhalb des regulären Unternehmens angesiedelten Vorhabens, das später den Namen *Green-Projekt* erhielt.

Nach anfänglichen Schwierigkeiten, seine eigene Aufgabe zu definieren, entschied sich das Team dafür, einen Prototyp zur Steuerung und Integration von Geräten zu bauen, wie sie in normalen Haushalten in großer Zahl verwendet wurden (Toaster, Videorecorder, Fernseher etc.). Bestandteile dieses Projekts waren ein Betriebssystem (Green-OS), ein portabler Interpreter (Oak), ein Grafiksubsystem und diverse Hardwarekomponenten. Bis Mitte 1992 entwickelte Naughton mit seinen Kollegen ein Gerät, das etwa heutigen Palm-Computern glich und mit einer tastaturlosen grafischen Oberfläche per drahtloser Datenübertragung zur Bedienung unterschiedlichster Geräte der Konsumelektronik verwendet werden konnte.

Das als »★7« (*Star Seven*) bezeichnete Gerät wurde im Herbst 1992 firmenintern präsentiert. Diese Vorstellung konnte einige der Manager – unter ihnen SUN-Mitbegründer Bill Joy und Scott McNealy – so beeindrucken, daß im November 1992 aus dem lockeren Team die Firma *First Person, Inc.* gegründet wurde. Mit zuletzt etwa 70 Mitarbeitern versuchte das junge Unternehmen, den Prototypen zur Serienreife zu bringen und zu vermarkten. Trotz großer Anstrengungen scheiterten aber alle Versuche, Verträge und Partnerschaften zur kommerziellen Verwendung von Star Seven unter Dach und Fach zu bringen. Nach vielen Mühen wurde die Arbeit von *First Person, Inc.* im April 1994 praktisch beendet.

Fast wäre die Geschichte von Java nun bereits zu Ende gewesen, ehe sie richtig begonnen hatte.

Bei aller Euphorie über interaktives Fernsehen und Heimelektronik hatten die Entwickler nämlich eine andere, sehr viel realere Entwicklung übersehen. Mittlerweile hatte das World Wide Web eine kritische Größe erreicht! Nachdem NCSA Mosaic als erster grafischer Web-Browser im April 1993 verfügbar war, konnte jedermann ansprechend aufbereitete Informationen im Internet ansehen und auf einfache Weise zwischen unterschiedlichen Diensten, Medien und Anbietern wechseln. Vor allem Bill Joy, der sich gelegentlich über den Stand des Green-Projekts informierte, erkannte das Potential des World Wide Web und die Bedeutung einer plattformunabhängigen Programmiersprache, mit der neben textuellen Inhalten auch Programme transportiert und ohne Installations- oder Portierungsaufwand auf einem beliebigen Zielrechner ausgeführt werden konnten.

In der Annahme, damit die Bedeutung des Internet zu stärken und auf diese Weise indirekte Verkaufsförderung für SUN-Produkte zu betreiben, beauftragte Joy die Kollegen Gosling und Naughton mit der Entwicklung einer »Killer-Applikation«, die dieses Potential offenlegen sollte. Während ★7 dabei keine Rolle mehr spielte, wurde die Programmiersprache Oak zur Entwicklung einer ganz neuen Art von Programm verwendet. Im Herbst 1994 wurde mit ihrer Hilfe die erste Version von *WebRunner* fertiggestellt, einem Web-Browser, der neben der Darstellung von HTML-Seiten auch kleine Java-Programme, *Applets* genannt, aus dem World Wide Web laden und innerhalb des Browserfensters ausführen konnte.

Zu diesem Zeitpunkt war Oak, das später in Java umbenannt wurde, bereits eine recht stabile Sprache. Sie wurde nicht nur dazu benutzt, WebRunner zu entwickeln, sondern von Arthur van Hoff, der Ende 1993 zum Team kam, zur Entwicklung des Java-Compilers selbst verwendet. Ende 1994 stand WebRunner einer kleinen Anzahl von Entwicklern zum Test zur Verfügung und konnte nicht nur diese, sondern auch die Verantwortlichen bei SUN überzeugen. Das Programm wurde nach der Umbenennung in *HotJava* in den nächsten Monaten stabilisiert und konnte im Mai auf der *SunWorld '95* der Öffentlichkeit vorgestellt werden.

Trotz des technologischen Durchbruchs und großen Presserummels mochten sich zunächst nur wenige Anwender mit HotJava anfreunden. Der überlegene Netscape Navigator war zu diesem Zeitpunkt bereits zu stark verbreitet. So war es ein großes Glück, daß Netscape sich entschied, die Java-Technologie von SUN zu lizenzieren und in der Version 2.0 des Navigators, die im Dezember 1995 auf den Markt kam, einem breiten Publikum zur Verfügung zu stellen. Die Ankündigung dieser Fortentwicklung, die Netscape-Gründer Marc Andreessen am 23. Mai 1995 zusammen mit der öffentlichen Vorstellung von Java vortrug, wird von SUN als offizielle Geburtsstunde von Java angesehen.

Nach einigen Monaten des Betatests für Java und HotJava wurde im Januar 1996 das *JDK 1.0*, die erste Version des *Java Development Kit*, freigegeben. Bereits während der Betatests wurden hunderte von frei verfügbaren Applets geschrieben, die schon früh einen Eindruck von den Möglichkeiten der Sprache vermittelten. Kurz vor der Fertigstellung des JDK 1.0 wurde aus den verbliebenen Mitgliedern des Green-Teams die Firma *JavaSoft* gegründet, die von SUN mit der Weiterentwicklung von Java betraut wurde. Unter ihrem Präsidenten Alan Baratz entwickelte und pflegte JavaSoft das JDK und seine Werkzeuge und sollte fortan maßgeblich den weiteren Weg von Java bestimmen.

Tatsächlich stand die Entwicklung nun keinesfalls still, sondern nahm an Dynamik noch zu. In den folgenden Monaten bildeten sich eine Reihe von strategischen Allianzen zwischen SUN bzw. JavaSoft und vielen Großen der Branche. So wurde beispielsweise die im Mai 1996 angekündigte Komponentenarchitektur *JavaBeans* von so prominenten Firmen wie Borland, Lotus, Oracle, IBM, Netscape und Symantec unterstützt.

Im Laufe der nächsten Monate kam der »Hype« dann richtig in Fahrt, und Java wurde mit Lorbeeren überhäuft. In welcher Weise das Interesse an Java anstieg, mögen einige Kennzahlen verdeutlichen:

▶ Gamelan ist ein Verzeichnis von Java-Ressourcen, das Verweise auf Java-Applets oder -Applikationen verwaltet. Während die Zahl der Einträge im Januar 1996 noch deutlich unter 1000 lag, sollte sie sich innerhalb der nächsten 6 Monate vervierfachen.

- Eine ähnliche Entwicklung nahmen die Java-Newsgroups im Internet. Während im Januar 1996 lediglich eine einzige Gruppe `comp.lang.java` existierte, gibt es heute 12 weitere Newsgroups innerhalb der `comp.lang.java`-Hierarchie mit insgesamt etwa 15000 Nachrichten pro Monat. Zudem gibt es unzählige nationale Newsgroups, Listserver und nicht-öffentliche Diskussionsforen.

- Ein weiteres Beispiel für die rasante Verbreitung ist die Anzahl der bei SUN offiziell registrierten Java-Usergruppen. Sie lag im Februar 1996 bei 17, stieg bis Ende 1998 auf 140 an und liegt heute bei fast 900. Weitere 2600 befinden sich in Gründung.

- Die Ende 1996 von SUN ins Leben gerufene *Java Developer's Connection*, die als Download- und Service-Plattform für die Java-Entwicklungswerkzeuge von SUN dient, verzeichnet heute mehrere Millionen registrierte Entwickler.

Nach einer Reihe von Ankündigungen im ersten Halbjahr wurden bis Ende 1996 zahlreiche Neuerungen vorgestellt. Unter ihnen waren die Datenbank-Spezifikation JDBC, die Komponentenarchitektur Beans, das Card API, HotJava Views, die »100 % Pure Java Initiative« und eine Reihe weiterer APIs. Zusätzlich kamen die ersten integrierten Entwicklungssysteme, wie *Cafe* und *Visual Cafe* von Symantec oder *J++* von Microsoft, auf den Markt.

Im Dezember 1996 wurde die Version 1.1 des Java Development Kit angekündigt. Sie sollte eine Reihe von Bugs der Vorgängerversion beheben und weitere Funktionalitäten hinzufügen. Im Februar 1997 standen die ersten Betaversionen des JDK 1.1 zur Verfügung und konnten von interessierten Entwicklern heruntergeladen werden. Im März 1997 wurde dann HotJava 1.0 herausgegeben (alle vorigen Versionen hatten lediglich Betacharakter), und auch das Java-Betriebssystem *JavaOS 1.0* wurde in diesem Monat der Öffentlichkeit vorgestellt.

Etwa zeitgleich konnte man auf der Cebit 1997 den ersten Prototypen der *JavaStation*, einer diskettenlosen Workstation, die ausschließlich auf Java basierte, bewundern. Mit der Ankündigung von Java-Prozessoren wie dem *PicoJava* eröffnete SUN die Perspektive, daß Java-Programme mittelfristig ebenso schnell laufen werden wie kompilierter C- oder C++-Code. Das für Java-Entwickler herausragende Ereignis des Jahres war die *JavaOne* im April 1997, die erste Konferenz, die sich ausschließlich um Java drehte. Sie brachte eine Vielzahl von Ankündigungen, Prototypen und neuen Produkten hervor. Die JavaOne findet seither jedes Frühjahr in San Francisco statt und ist nach wie vor eines der wichtigsten Ereignisse der weltweiten Java-Gemeinde.

Die folgenden Monate standen für viele Entwickler und Tool-Hersteller im Zeichen der Umstellung auf die Version 1.1 des JDK. Zwar gab es bereits Ende 1997 mehr als ein Dutzend integrierte Entwicklungsumgebungen, doch Support für die Version 1.1 war längst nicht überall vorhanden. Auch die Browser-Hersteller taten sich schwer und stellten erst zum Jahreswechsel 1997/98 mit den 4er Versionen ihrer Browser erste Implementierungen des JDK 1.1 vor. Bis diese einigermaßen stabil waren, vergingen weitere Monate.

Während sich 1998 die meisten Entwickler mit der Version 1.1 beschäftigten, wurde bei SUN bereits am neuen JDK 1.2 gearbeitet. Im Frühjahr 1998 stand dessen erste öffentliche Version, das JDK 1.2 Beta 2, der Öffentlichkeit zur Verfügung. Wichtige Neuerungen waren die *Java Foundation Classes* mit dem *Swing Toolset*, dem *Java 2D API* und dem *Drag-and-Drop API*, das *Collection-API* und das *Extension Framework*. Daneben gab es viele weitere Verbesserungen bestehender Pakete. Nach zwei weiteren Betas, die bis zum Juli erschienen, brachte SUN im Oktober und November die »Release Candidates« 1 und 2 heraus. Anfang Dezember 1998 wurde dann schließlich die erste finale Version des JDK 1.2 zur Verfügung gestellt und im Januar 1999 in *Java 2 Platform* umbenannt.

Mit der Version 1.2 hatte sich der Anspruch SUNs an das JDK geändert. Während es zuvor darum ging, möglichst viele Features in das JDK einzubauen, stand seit dem JDK 1.2 offiziell die Stabilität und Performance im Vordergrund. Ersteres sollte mit einem rigorosen Qualitätssicherungsprogramm erreicht werden, letzteres durch Verbesserung der virtuellen Maschine. Im März 1999 wurde der lange angekündigte *HotSpot*-Compiler ausgeliefert. Zwar brachte er mit seiner adaptiven Compilertechnologie, bei der interpretierte Programmteile zur Ausführungszeit genau dann in direkt ausführbaren Maschinencode übersetzt werden, wenn sie wesentlich zur Laufzeit des Programms beitragen, für einige Anwendungen Geschwindigkeitsvorteile. In vielen Fällen reichte den Entwicklern und Anwendern die Performance der Java-Programme jedoch nicht aus. Insbesondere das Swing-Toolkit, die neue Grafikplattform, galt auf durchschnittlichen Arbeitsplätzen als zu träge und trug sehr zu dem Ruf Javas bei, für »echte« Anwendungen zu langsam zu sein.

Zudem wurde das JDK 1.2 nur zögernd von der Industrie angenommen. Zwar gab es auf dem PC bald 1.2-kompatible Entwicklungswerkzeuge, doch auf anderen Betriebssystemen (Macintosh, UNIX, LINUX) blieben die Portierungen bei den 1.1er Versionen stehen. Die großen Browser-Hersteller haben bis heute keine brauchbaren 1.2er Java-Implementierungen vorgestellt. Dies mag einerseits durch technische Schwierigkeiten begründet gewesen sein, lag aber auch an der damals kaum akzeptierten *Community Source Licence* von SUN. Mit dieser sollte ein offener Java-Standard etabliert werden, ohne daß SUN die Kontrolle über die Weiterentwicklung von Java verlor. Durch diese Vereinbarung waren Unternehmen, die Weiterentwicklungen des JDK vornahmen, unter Umständen dazu verpflichtet, diese offenzulegen bzw. unentgeltlich an SUN zu übergeben.

Nach den fehlerbereinigten Versionen 1.2.1 und 1.2.2 des JDK betrieb SUN die Weiterentwicklung des JDK unter dem Codenamen *Kestrel*. Mit einem neuen Garbage Collector, verbessertem Speichermanagement und einem neuen HotSpot-Compiler sollte diese Version stabiler und performanter werden als alle vorherigen. Viele kleine Verbesserungen sollten zudem bei der Swing-Oberfläche deutliche Geschwindigkeitsgewinne bringen. Die intensive Arbeit an dieser Version äußerte sich auch darin, daß alle Bugfixes des JDK 1.2.2 auf die neue Version verschoben wurden.

Im August 1999 gab es dann die erste öffentliche Betaversion des JDK 1.3. Tatsächlich schienen sich die Versprechen zu erfüllen. Bereits das Beta lief recht stabil und brachte bei der grafischen Oberfläche deutliche Geschwindigkeitsgewinne. Durch eine geänderte Initialisierung der virtuellen Maschine reduzierte sich die Startzeit von Java-Applikationen deutlich, und mit dem neuentwickelten Compiler gab es große Verbesserungen bei den Turnaround-Zeiten. Auch subjektiv lieferte das JDK 1.3 den Eindruck erheblich besserer Performance. Nach drei weiteren Vorabversionen wurde im Mai 2000 die endgültige Version des JDK 1.3 für Windows ausgeliefert. Versionen für andere Betriebssysteme (namentlich SOLARIS und LINUX) sollten etwa drei Monate später folgen. Selbst Apple, dessen Java-Implementierungen lange Zeit bei der Version 1.1 stehen geblieben waren, liefert mit dem Mac OS X mittlerweile ein aktuelles JDK als integralen Bestandteil des Betriebssystems aus.

2001 folgte dann das Bug-Fix-Release 1.3.1, zu dem es mittlerweile ein Update 1.3.1_02 gibt. Nach einigen Betas und einem »Release Candidate« brachte SUN Mitte Februar 2002 schließlich das JDK 1.4 heraus – diesmal zeitgleich für alle unterstützen Plattformen. Neben vielen Detailverbesserungen und umfangreichen Erweiterungen der Klassenbibliotheken soll das JDK 1.4 weitere Performance-Verbesserungen bringen. Sie werden unter anderem auch das zuvor schlechte Laufzeitverhalten von Swing-Anwendungen auf UNIX-Betriebssystemen beseitigen. Zu den wichtigsten funktionalen Erweiterungen der Version 1.4 zählen die `assert`-Anweisung, XML-Unterstützung, neue Bibliotheken für schnelle I/O-Zugriffe, Benutzer-Voreinstellungen, Logging oder reguläre Ausdrücke sowie viele Erweiterungen bestehender Bibliotheken. Zudem gibt es Unterstützung für Solaris 64-Bit-Systeme und IPv6-Support.

Das Committment der Softwareentwickler zu den aktuellen Java-Versionen ist beträchtlich. Neben vielen Partnerschaften, bei denen Spezialisten aus der ganzen Welt durch die Mitarbeit im *Java Community Process* entscheidend zu den Neuerungen und Erweiterungen der aktuellen Versionen beigetragen haben, gibt es mittlerweile auch eine große Zahl an Applikationen, die in Java geschrieben wurden oder bei deren Entwicklung Java eine wichtige Rolle gespielt hat. Zusammenfassend läßt sich feststellen, daß Java nach der ersten (Applet-)Euphorie der Versionen 1.0 und 1.1 und einer dezenten Zurückhaltung während der 1.2er Versionen mit dem JDK 1.3 auch bei den meisten Skeptikern den Durchbruch geschafft hat. Es gibt heute keinen Grund anzunehmen, daß dieser sich mit dem JDK 1.4 und weiteren Version nicht weiter festigen wird.

Seit der Version 1.2 firmieren alle Java-Versionen unter dem offiziellen Oberbegriff *Java 2 Platform*. Seit einiger Zeit werden zudem die Entwicklungssysteme von SUN nicht mehr JDK, sondern *Java 2 SDK* genannt (SDK steht für *Software Development Kit*). Wir werden in diesem Buch meist vom JDK 1.4 sprechen, wenn die aktuelle Version gemeint ist. Das entspricht weitgehend dem üblichen Sprachgebrauch und harmoniert mit großen Teilen der offiziellen Dokumentation zum JDK.

Auf die Unterschiede zwischen den drei unterschiedlichen Java 2-Plattformen, der *J2SE* (*Java 2 Standard Edition*), der *J2ME* (*Java 2 Micro Edition*) und der *J2EE* (*Java 2 Enterprise Edition*), werden wir dagegen nicht weiter eingehen. Wenn nicht anders erwähnt, beziehen sich alle Ausführungen in diesem Buch auf die Standard Edition. Die Micro Edition beschreibt einen eingeschränkten Sprachstandard, mit dem Java auf Geräten wie Mobiltelefonen oder PDAs betrieben werden kann, und die Enterprise Edition enthält eine Reihe zusätzlicher Elemente, die das Entwickeln verteilter, unternehmensweiter Applikationen unterstützen.

1.2 Eigenschaften von Java

1.2.1 Sprachmerkmale

Java wurde vollständig neu entworfen. Die Designer versuchten, die Syntax der Sprachen C und C++ soweit wie möglich nachzuahmen, verzichteten aber auf einen Großteil der komplexen und fehlerträchtigen Merkmale beider Sprachen. Das Ergebnis ihrer Bemühungen haben sie wie folgt zusammengefaßt:

»*Java soll eine einfache, objektorientierte, verteilte, interpretierte, robuste, sichere, architekturneutrale, portable, performante, nebenläufige, dynamische Programmiersprache sein.*«

Der Erfolg von Java hängt eng damit zusammen, daß ein wesentlicher Teil dieser Forderungen tatsächlich in einer für viele Programmierer akzeptablen Weise erfüllt wurde – obgleich wir am Ende dieses Kapitels auch einige kritische Anmerkungen dazu geben werden.

Java ist sowohl eine objektorientierte Programmiersprache in der Tradition von Smalltalk als auch eine klassische imperative Programmiersprache nach dem Vorbild von C. Im Detail unterscheidet sich Java aber recht deutlich von C++, das denselben Anspruch erhebt. Durch die Integration einer großen Anzahl anspruchsvoller Features wie Multithreading, strukturiertem Exceptionhandling oder eingebauten grafischen Fähigkeiten implementiert Java eine Reihe interessanter Neuerungen auf dem Gebiet der Programmiersprachen.

Zudem profitiert Java davon, daß viele der Features von C++ *nicht* realisiert wurden und die Sprache dadurch schlank und übersichtlich wurde. So gibt es beispielsweise keine expliziten Pointer, keine separaten Header-Dateien, keine Mehrfachvererbung und keine Templates in Java. Wer allerdings glaubt, Java sei eine Programmiersprache, die nur das Allernötigste bietet, irrt. Tatsächlich ist Java eine elegante Sprache, die auch für größere Projekte und anspruchsvolle Aufgaben alle erforderlichen Reserven besitzt.

In Java gibt es die meisten elementaren Datentypen, die auch C besitzt. Arrays und Strings sind als Objekte implementiert und sowohl im Compiler als auch im Laufzeitsystem verankert. Methodenlose Strukturtypen wie `struct` oder `union` gibt es in Java nicht. Alle primitiven Datentypen sind vorzeichenbehaftet und in ihrer Größe exakt spezifiziert. Java besitzt einen eingebauten logischen Datentyp `boolean`.

Java bietet semidynamische Arrays, deren initiale Größe zur Laufzeit festgelegt werden kann. Arrays werden als Objekte angesehen, die einige wohldefinierte Eigenschaften haben. Mehrdimensionale Arrays werden wie in C dadurch realisiert, daß einfache Arrays ineinandergeschachtelt werden. Dabei können auch nicht-rechteckige Arrays erzeugt werden. Alle Array-Zugriffe werden zur Laufzeit auf Einhaltung der Bereichsgrenzen geprüft.

Die Ausdrücke in Java entsprechen weitgehend denen von C und C++. Java besitzt eine `if`-Anweisung, eine `while`-, `do`- und `for`-Schleife und ein `switch`-Statement. Es gibt die von C bekannten `break`- und `continue`-Anweisungen in normaler und gelabelter Form. Letztere ermöglicht es, mehr als eine Schleifengrenze zu überspringen. Java besitzt kein `goto`-Statement (obgleich es sich um ein reserviertes Wort handelt). Variablendeklarationen werden wie in C++ als Anweisungen angesehen und können an beliebiger Stelle innerhalb des Codes auftauchen. Seit der Version 1.4 besitzt Java eine `assert`-Anweisung, die zur Laufzeit an- und abgeschaltet werden kann.

Als OOP-Sprache besitzt Java alle Eigenschaften moderner objektorientierter Sprachen. Wie C++ erlaubt Java die Definition von Klassen, aus denen Objekte erzeugt werden können. Objekte werden dabei stets als Referenzdatentypen behandelt, die wie Variablen angelegt und verwendet werden können. Zur Initialisierung gibt es Konstruktoren, und es kann eine optionale *Finalizer*-Methode definiert werden, die bei der Zerstörung des Objekt aufgerufen wird. Seit der Version 1.1 gibt es lokale Klassen, die innerhalb einer anderen Klasse definiert werden.

Alle Methodenaufrufe in Java sind dynamisch. Methoden können überladen werden, Operatoren allerdings nicht. Anders als in C++ ist das Late-Binding standardmäßig aktiviert, kann aber per Methode deaktiviert werden. Java erlaubt Einfach-, aber keine Mehrfachvererbung von Implementierungen. Mit Hilfe von *Interfaces* (das sind abstrakte Klassendefinitionen, die nur aus Methoden bestehen) ist eine restriktive Form der Mehrfachvererbung möglich, die einen Kompromiß zwischen beiden Alternativen darstellt. Java erlaubt die Definition abstrakter Basisklassen, die neben konkreten auch abstrakte Methoden enthalten.

Neben Instanzvariablen und -methoden können auch Klassenvariablen und -methoden definiert werden. Alle Elemente einer Klassendefinition können mit Hilfe der aus C++ bekannten Schlüsselwörter `public`, `private` und `protected` in ihrer Sichtbarkeit eingeschränkt werden. Es gibt zwar keine `friends`, aber die Sichtbarkeit von Methoden oder Klassen kann auf das eigene Paket beschränkt werden. Objektvariablen werden als Referenzen implementiert. Mit ihrer Hilfe ist eine gegenüber C/C++ eingeschränkte Zeigerverarbeitung möglich, die das Erstellen dynamischer Datenstrukturen ermöglicht.

Das Speichermanagement in Java erfolgt automatisch. Während das Erzeugen von Objekten (von wenigen Ausnahmen abgesehen) immer einen expliziten Aufruf des `new`-Operators erfordert, erfolgt die Rückgabe von nicht mehr benötigtem Speicher automatisch. Ein Garbage-Collector, der als niedrigpriorisierter Hintergrundprozeß läuft, sucht in regelmäßigen Abständen nach nicht mehr referenzierten Objekten und gibt den durch sie belegten Speicher an das Laufzeitsystem zurück. Viele der Fehler, die bei der Programmierung in C oder C++ dadurch entstehen, daß der Entwickler selbst für das Speichermanagement verantwortlich ist, können in Java nicht mehr auftreten.

In Java gibt es ein strukturiertes Exceptionhandling. Damit ist es möglich, Laufzeitfehler zu erkennen und in strukturierter Weise zu behandeln. Eine Methode muß jeden Laufzeitfehler, der während ihrer Abarbeitung auftreten kann, entweder abfangen oder durch eine geeignete Deklaration an den Aufrufer weitergeben. Dieser hat dann seinerseits die Pflicht, sich um den Fehler zu kümmern. Exceptions sind normale Objekte, und die zugehörigen Klassen können erweitert und als Grundlage für anwendungsspezifische Fehler-Objekte verwendet werden.

1.2.2 Applets: Eine neue Klasse von Programmen

Eine der am meisten gebrauchten Erklärungen für den überraschenden Erfolg von Java ist die enge Verbindung der Sprache zum Internet und zum World Wide Web. Mit Hilfe von Java ist es möglich, Programme zu entwickeln, die über das Web verbreitet und innerhalb eines Browsers wie Netscape Navigator, SUN HotJava oder Microsoft Internet Explorer ausgeführt werden können. Dazu wurde die Sprache HTML um das APPLET-Tag erweitert. Sie bietet so die Möglichkeit, kompilierten Java-Code in normale Web-Seiten einzubinden.

Ein Java-fähiger Browser enthält einen Java-Interpreter (die virtuelle Java-Maschine, auch kurz *VM* genannt) und die Laufzeitbibliothek, die benötigt wird, um die Ausführung des Programms zu unterstützen. Die genaue Beschreibung der virtuellen Maschine ist Bestandteil der Java-Spezifikation, und Java-VMs sind auf praktisch alle bedeutenden Betriebssystem-Plattformen portiert worden. Ein Applet kann damit als eine neue Art von Binärprogramm angesehen werden, das über verschiedene Hardware- und Betriebssystemplattformen hinweg portabel ist und auf einfache Weise im Internet verteilt werden kann.

Im Gegensatz zu den eingeschränkten Möglichkeiten, die Script-Sprachen wie JavaScript bieten, sind Applets vollständige Java-Programme, die alle Merkmale der Sprache nutzen können. Insbesondere besitzt ein Applet alle Eigenschaften eines grafischen Ausgabefensters und kann zur Anzeige von Text, Grafik und Dialogelementen verwendet werden. Einer der großen Vorteile von Applets gegenüber herkömmlichen Programmen ist ihre einfache Verteilbarkeit. Anstelle explizit auszuführender Installationsroutinen lädt der *Classloader* des Browsers die Bestandteile eines Applets einfach aus dem Netz und führt sie direkt aus. Das ist vor allem bei kleineren und mittelgroßen Anwendungen in einer lokalen Netzwerkumgebung sehr hilfreich, insbesondere wenn diese sich häufig ändern.

> Sicherheit war eines der wichtigsten Designziele bei der Entwicklung von Java, und es gibt eine ganze Reihe von Sicherheitsmechanismen, die verhindern sollen, daß Java-Applets während ihrer Ausführung Schaden anrichten. So ist es einem Applet, das in einem Web-Browser läuft, beispielsweise nicht erlaubt, Dateioperationen auf dem lokalen Rechner durchzuführen oder externe Programme zu starten.
>
> Es soll allerdings nicht verschwiegen werden, daß die Applet-Euphorie im Laufe der Zeit deutlich abgeklungen ist. Dies lag einerseits an den Java-Implementierungen der Browser, die mit den JDKs nicht Schritt halten konnten. Zudem legten die Sicherheitsfeatures den Entwicklern oft so große Beschränkungen auf, daß sie den echten Nutzen der Applets einschränkten. Der große Erfolg von Java in der Post-1.1-Ära ist eher in der Entwicklung von Applikationen als von Applets zu sehen. Mit der Veröffentlichung der *WebStart*-Technologie während des JDK 1.3 wurden dann die Vorteile beider Technologien wieder miteinander verbunden.

1.2.3 Grafikprogrammierung

Die Java-Laufzeitbibliothek bietet umfassende grafische Fähigkeiten. Diese sind im wesentlichen plattformunabhängig und können dazu verwendet werden, portable Programme mit GUI-Fähigkeiten auszustatten. Seit der Version 1.2 des JDK werden diese Fähigkeiten unter dem Begriff *Java Foundation Classes* (kurz *JFC*) zusammengefaßt, deren drei wichtigste Komponenten die folgenden sind:

- Das *Abstract Windowing Toolkit* (kurz *AWT*) bietet elementare Grafik- und Fensterfunktionen auf der Basis der auf der jeweiligen Zielmaschine verfügbaren Fähigkeiten.

- Das *Swing Toolset* stellt darüber hinaus eine Reihe zusätzlicher Dialogelemente zur Verfügung und ermöglicht die Konstruktion sehr komplexer grafischer Oberflächen. Mit seinem *Pluggable Look-and-Feel* bietet es die Möglichkeit, das Look-and-Feel eines Programmes zur Laufzeit umzuschalten und den Bedürfnissen des jeweiligen Benutzers und den Fähigkeiten der Systemumgebung anzupassen.

Eigenschaften von Java

- Die dritte wichtige Komponente ist das *Java 2D API*, das komplexe Grafikoperationen und Bildbearbeitungsroutinen zur Verfügung stellt.

> Es ist eine bemerkenswerte Innovation, daß Elemente für die GUI-Programmierung in einer Programmiersprache *portabel* zur Verfügung gestellt werden. Zwar gab es im Prinzip auch früher schon Programmiersprachen, die grafische Fähigkeiten hatten, aber wer einmal die Aufgabe hatte, eine grafische Benutzeroberfläche unter Windows, OS/2, UNIX und auf dem MAC zur Verfügung zu stellen, hatte meistens dennoch erheblichen Portierungsaufwand. Mit Standardmitteln der Sprachen C oder C++ und ihren Laufzeitbibliotheken war dies jedenfalls nicht möglich. Mit Java und ihren Klassenbibliotheken steht nun erstmals eine einfach zu verwendende Sprache zur Verfügung, die das Erstellen von GUI-Programmen bereits als Kernfunktionalität bietet.

Das AWT stellt eine Reihe von elementaren Operationen zur Verfügung, um grafische Ausgabeelemente, wie Linien, Polygone, Kreise, Ellipsen, Kreisabschnitte oder Rechtecke, zu erzeugen. Diese Methoden können auch in einem Füllmodus verwendet werden, der dafür sorgt, daß die gezeichneten Flächen mit Farbe ausgefüllt werden. Wie in den meisten Grafik-Libraries realisiert auch Java die Bildschirmausgabe mit Hilfe des Konzepts eines *Grafikkontexts*, der eine Abstraktion des tatsächlichen Ausgabegerätes bildet.

Neben grafischen Elementen kann natürlich auch Text ausgegeben und an beliebiger Stelle innerhalb der Fenster plaziert werden. Text kann skaliert werden, und es ist möglich, mit unterschiedlichen Fonts zu arbeiten. Das AWT bemüht sich, einen portablen Weg zur Font-Auswahl anzubieten, indem eine Reihe von elementaren Schriftarten auch über Plattformgrenzen hinweg angeboten werden. Mit Hilfe von Font-Metriken können numerische Eigenschaften der verwendeten Schriftarten bestimmt und bei der Ausgabe berücksichtigt werden.

Das Farbmodell von Java basiert auf dem RGB-Modell, das seine Farben additiv auf der Basis der enthaltenen Rot-, Grün- und Blauanteile bestimmt. Daneben wird auch das HSB-Modell unterstützt (*hue, saturation, brightness*), und es gibt Methoden zur Konvertierung zwischen beiden. Das Farbsystem unterstützt eine Reihe von vordefinierten Farben, die plattformübergreifend zur Verfügung stehen.

Neben Grafik kann auch Sound ausgegeben werden. Java unterstützt die Wiedergabe von *au-Dateien* (ein von SUN eingeführtes Format zur Speicherung von digitalen Sound-Samples) und seit der Version 1.2 auch *wav-* und *aiff-Dateien*, die entweder über das Internet oder aus einer lokalen Datei geladen werden können. Die Samples können einmalig abgespielt oder in einer Schleife wiederholt werden. Daneben ist es möglich, zwei oder mehr Sound-Dateien gleichzeitig abzuspielen. Seit dem JDK 1.2 gibt es ein eigenes Sound-API, das neben Wave-Dateien auch *Midi-Dateien* wiedergeben und bearbeiten kann.

Das AWT erlaubt die Anzeige und Manipulation von Bilddaten. Mit Hilfe von Standardmethoden können Grafiken in elementaren Formaten wie GIF oder JPEG geladen, skaliert und auf dem Bildschirm angezeigt werden. Zusätzlich gibt es das Paket `java.awt.image`, das für die Manipulation von Bilddaten entworfen wurde und ausgefeilte Funktionen zur Bild- und Farbmanipulation zur Verfügung stellt.

> Wie in den meisten grafischen Entwicklungsumgebungen wird auch beim AWT der Programmfluß durch Nachrichten gesteuert. Sie werden beim Auftreten bestimmter Ereignisse an das Programm gesendet und von diesem in geeigneter Weise behandelt. Java stellt Nachrichten zur Bearbeitung von Maus-, Tastatur-, Fenster-, Dialog- und vielen anderen Ereignissen zur Verfügung. Das Event-Handling seit dem JDK 1.1 erlaubt es, Nachrichten an jedes beliebige Objekt zu senden, das die Schnittstelle eines Nachrichtenempfängers implementiert.

Die zweite graphische Oberfläche des JDK, das Swing-Toolkit, bietet noch weitreichendere Fähigkeiten als das AWT. Dazu wurde eine vollkommen neue Architektur entworfen, und es stehen viele zusätzliche Dialogelemente, wie Tabellen, Trees oder Karteikarten, zur Verfügung. Anstatt wie im AWT auf die Eigenschaften vorgefertigter GUI-Elemente zu vertrauen, verwendet Swing lediglich einen sehr eingeschränkten Satz an plattformspezifischen Grafikoperationen. Alle Dialogelemente werden unter Verwendung einfacher und portabler Grafikprimitive selbst dargestellt. Die Anzahl der Unterschiede zwischen den verschiedenen Plattformen wird auf diese Weise drastisch reduziert, und die Swing-Dialogelemente lassen sich wesentlich einfacher und konsistenter auf unterschiedliche Grafiksysteme portieren.

1.2.4 Umfangreiche Klassenbibliothek

Die Java-Klassenbibliothek bietet mit einer ganzen Reihe nützlicher Klassen und Interfaces die Möglichkeit, sehr problemnah zu programmieren. Einige dieser Features sind von Anfang an nützlich, andere erschließen sich erst nach einer gewissen Einarbeitung.

Neben grafischen Ausgabemöglichkeiten stellt Java auch einfache Textausgaben zur Verfügung, ähnlich den entsprechenden Funktionen in C oder C++. Damit ist es möglich, Programme mit einfachen, zeilenorientierten Ein-/Ausgabemöglichkeiten auszustatten, wenn keine aufwendige Benutzerschnittstelle benötigt wird. Einfache Textausgaben werden mit den Methoden der Klasse `PrintStream` erzeugt. Diese erlauben es, alle gängigen Datentypen in ein Terminalfenster auszugeben. Die Klassenvariable `System.out` bietet einen vordefinierten `PrintStream`, der vom Laufzeitsystem initialisiert wird. In ähnlicher Weise steht mit `System.in` die Möglichkeit zur Verfügung, einfache Texteingaben von der Tastatur einzulesen.

Eines der wichtigsten Elemente der Klassenbibliothek ist die Klasse `String`, die Java-Implementierung von Zeichenketten. `String` bietet eine Vielzahl wichtiger Methoden zur Manipulation und zum Zugriff auf Zeichenketten, wie beispielsweise Operationen für numerische Konvertierungen, Zeichen- und Teilstringextraktion sowie für Textsuche und Stringvergleich.

Interessanterweise kann sich ein String-Objekt nach seiner Initialisierung nicht mehr verändern, sondern behält stets seinen ursprünglichen Wert. Was zunächst wie eine schwerwiegende Restriktion aussieht, ist in der Praxis meist bedeutungslos. Denn in Zusammenarbeit mit der Klasse `StringBuffer` (die variabel lange Strings repräsentiert) und der Fähigkeit des Compilers, selbige automatisch bei der String-Initialisierung, -Zuweisung und -Verkettung zu verwenden, bleibt diese Tatsache für den Programmierer normalerweise verborgen. Dank des automatischen Speichermanagements und der effizienten Konvertierung von `StringBuffer` nach `String` ähnelt der Umgang mit Strings aus der Sicht des Programmierers dem mit variabel langen Zeichenketten in anderen Programmiersprachen. Wegen des automatischen Speichermanagements sind Java-Strings sehr viel sicherer als nullterminierte Strings in C oder C++.

Ein `Vector` in Java ist eine lineare Liste, die jede Art von Objekt aufnehmen kann und auf deren Elemente sowohl sequentiell als auch wahlfrei zugegriffen werden kann. Die Länge eines Vektors ist veränderlich, und Elemente können am Ende oder an einer beliebigen anderen Stelle eingefügt werden. Aufgrund dieser Flexibilität kann ein `Vector` oft da verwendet werden, wo ansonsten eine lineare Liste durch Verkettung von Objektreferenzen manuell erstellt werden müßte. Wie gewöhnlich erfolgt auch das Speichermanagement eines Vektors vollkommen automatisch. Neben `Vector` gibt es weitere Container-Klassen. So bietet beispielsweise `Hashtable` die Möglichkeit, Schlüssel-Wert-Paare zusammenhängend zu speichern und bei gegebenem Schlüssel den zugehörigen Wert effizient wieder aufzufinden.

Ein nützlicher Mechanismus zum Durchlaufen von Container-Klassen ist das `Enumeration`-Interface, das die Methoden `hasMoreElements` und `nextElement` zur Verfügung stellt. Diese können verwendet werden, um in einer Schleife alle Elemente des Containers sukkzessive zu durchlaufen. Alle vordefinierten Container-Klassen stellen Methoden zur Verfügung, die Enumeration-Objekte zum Durchlaufen der eigenen Elemente zurückgeben.

Seit dem JDK 1.2 gibt es in Java eine eigene Bibliothek für Container-Klassen, das *Collection-API*. Sie stellt eine umfassende Sammlung an Interfaces für Container-Klassen zur Verfügung und bietet unterschiedliche Implementierungen für verschiedene Anwendungsfälle. Die zuvor erwähnte Klasse `Enumeration` wird hier durch das Interface `Iterator` ersetzt, das einfacher zu bedienen ist. Das Collection-API stellt daneben einige Algorithmen zur Verarbeitung von Containern zur Verfügung (z.B. Sortieren), die es in den älteren Container-Klassen nicht gab.

Java stellt auch Zufallszahlen zur Verfügung. Das Paket `java.util` bietet eine Klasse `Random`, die das Initialisieren von Zufallszahlengeneratoren und den Zugriff auf ganzzahlige oder Fließkomma-Zufallszahlen ermöglicht. Neben *gleichverteilten* stellt die Klasse `Random` auch *normalverteilte* Zufallszahlen zur Verfügung.

Seit dem JDK 1.1 werden darüber hinaus mit jedem Release weitere hochspezialisierte (und teilweise sehr aufwendige) Bibliotheken zur Verfügung gestellt. So bietet beispielsweise JDBC (*Java Database Connectivity*) den Zugriff auf relationale Datenbanken, *JavaBeans* stellt eine portable Komponentenarchitektur zur Verfügung, und mit dem *Networking-API*, RMI (*Remote Method Invocation*) und der Java-eigenen CORBA-Implementierung *javaidl* kann unternehmensweit auf Netzwerkressourcen und verteilte Objekte zugegriffen werden. Per *Serialisierung* können Objekte persistent gemacht werden, und mit dem *Reflection-API* kann der Aufbau von Objekten und Klassen zur Laufzeit untersucht und dynamisch darauf zugegriffen werden. Wir werden in diesem Buch die wichtigsten dieser Bibliotheken ausführlich erläutern.

1.3 Bewertung

1.3.1 Einige weitverbreitete Mißverständnisse ...

Wie bereits im Vorwort erwähnt, wollen wir uns der Java-Euphorie gerne anschließen, sie aber nicht vollkommen kritiklos übernehmen. In diesem Abschnitt soll der Versuch unternommen werden, eine kurze Bewertung zu geben und einige der häufigsten Mißverständnisse auszuräumen. Wir wollen dabei zunächst zu einigen Thesen Stellung nehmen, die immer wieder artikuliert werden und häufig zu überzogenen oder falschen Annahmen über das Wesen von Java führen.

These 1: Java == JavaScript

Das ist vollkommen falsch, denn JavaScript ist eine von Netscape entwickelte Script-Sprache zur Erweiterung von HTML-Seiten. Sie ist syntaktisch an Java angelehnt, bietet aber bei weitem nicht so viele Features. Sie wird nicht in Bytecode kompiliert, sondern vom Browser interpretiert und erlaubt weder die Konstruktion von Applets noch von eigenständigen Applikationen. Als Script-Sprache ist sie vorwiegend für einfache Manipulationen am Layout und der Interaktionsfähigkeit von HTML-Seiten gedacht.

These 2: Java ist einfach zu erlernen

Diese gern wiederholte These aus der Sprachbeschreibung ist nur bedingt richtig. Java ist eine objektorientierte Programmiersprache mit fortschrittlichen Eigenschaften und muß wie eine solche erlernt werden. Sie ist einfacher zu beherrschen als C oder C++, und es gibt weniger Raum für Anfängerfehler. Auch die Klassenbibliothek ist leichter zu verwenden, denn sie wurde neu entworfen und kommt ohne die Altlasten nicht-objektorientierter Vorgänger daher. Die Kompatibilitätsanforderungen von mittlerweile vier JDK-Folgeversionen (1.1, 1.2, 1.3 und 1.4) merkt man ihr aber durchaus an. Vor allem wegen des großen Umfangs der Klassenbibliotheken erfordert der Umgang mit Java ein nicht zu unterschätzendes Maß an Einarbeitungszeit, bevor man als Entwickler zu produktiven Ergebnissen kommt.

These 3: Java ist portabel

Die Quellcode-Portabilität von Java-Programmen ist auf der reinen Sprachebene etwas höher als die von C- oder C++-Programmen. Das ist hauptsächlich dem Verzicht auf explizite Pointer sowie maschinennahe Datentypen und Operatoren zu verdanken. Auch die genaue Spezifikation der elementaren Datentypen trägt zu dieser Tatsache bei.

Bezieht man dagegen die riesige Klassenbibliothek mit ihren auf allen Plattformen standardmäßig vorhandenen Funktionen in die Betrachtung ein, fallen C und C++ im Portabilitätsvergleich um Lichtjahre zurück. Funktionalitäten wie *Datenbankzugriffe, Netzwerkprogrammierung, Multithreading, Serialisierung, Grafikprogrammierung* und viele andere mehr sind in Java bereits in der Grundversion enthalten und stehen auf allen Plattformen in derselben Weise zur Verfügung.

Ein weiterer Portabilitätsvorteil von Java besteht zudem darin, daß die kompilierten Programme *binärkompatibel* sind. Ein einmal übersetztes Programm wird auf jeder Plattform laufen, die eine Java-VM und die erforderliche Laufzeitumgebung zur Verfügung stellt. Ein Rekompilieren, wie es bei C- oder C++-Programmen erforderlich ist, benötigen Java-Programme daher nicht.

These 4: Java-Programme sind langsam

Da Java-Programme in Bytecode übersetzt werden, der nicht direkt vom Prozessor ausgeführt werden kann, muß ein Interpreter diese Aufgabe übernehmen. Dadurch können CPU-lastige Java-Programme um den Faktor 10 bis 20 langsamer sein als vergleichbare C/C++-Programme.

Dieses Argument wird auch heute noch gern von der C-/C++-Fraktion angeführt. In der Praxis relativiert es sich durch mehrere Faktoren. Einerseits sind nur wenige Programme ausgesprochen CPU-intensiv. Die meisten interaktiven Programme verbringen nämlich einen Großteil ihrer Zeit damit, auf Eingaben des Benutzers oder langsame Datenbank- oder Festplattenzugriffe zu warten. Zudem wurde das Laufzeitverhalten von Java-Programmen durch die Entwicklung von Just-In-Time-Compilern, Native-Code-Compilern oder Java-Prozessoren in den letzten Jahren stetig verbessert und nähert sich zunehmend der von kompiliertem C/C++-Code an. Die seit dem JDK 1.3 zum Umfang des JDK gehörenden HotSpot-Compiler analysieren zur Laufzeit des Programmes den interpretierten Bytecode und übersetzen besonders rechenintensive Teile in direkt ausführbaren Maschinencode.

Das Performance-Problem kann daher als temporäres Problem angesehen werden – falls es für den speziellen Typ Anwendung überhaupt noch existiert. Viele Beobachter gehen heute davon aus, daß Java-Programme bald mit derselben Geschwindigkeit laufen werden wie kompilierte C/C++-Programme. Benchmarks zeigen diese Ergebnisse in Teilbereichen schon heute. Auch die anfänglichen Performance-Probleme von Swing-Oberflächen wurden mit dem JDK 1.3 und den aktuellen Entwicklungen auf dem Prozessormarkt weitgehend unschädlich gemacht.

Allerdings kann der unachtsame Entwickler in Java sehr leicht zu einer schlechten Performance beitragen. Wer die abstrakten Designmöglichkeiten von Strings, Readern oder Writern, Collection-Klassen und vielen anderen Bestandteilen der Klassenbibliothek bedenkenlos verwendet, kann das Laufzeitverhalten seines Programmes stark beeinträchtigen. Schon mit der Kenntnis einiger Details über den Aufbau wichtiger JDK-Klassen lassen sich die vorhandenen Bibliotheken weit effizienter nutzen, und die Performance der Programme steigt an. In Kapitel 49 auf Seite 1165 gehen wir auf einige dieser Details ein und zeigen, wie man Java-Programme schreibt, deren Performance für viele Anwendungen adäquat ist.

These 5: Java ist nicht für ernsthafte Anwendungen geeignet

Diese Behauptung resultiert vor allem aus drei Beobachtungen. Zum einen hatten viele der zunächst in Java entwickelten Anwendungen Spielzeug- oder Democharakter. Meist als Applet realisiert, hatten sie lediglich die Aufgabe, eine Homepage zu verschönern oder die Java-Kentnisse ihrer Entwickler zu demonstrieren. Echten Nutzwert boten dagegen nur wenige, und größere Applikationen, die komplett in Java geschrieben wurden, waren zunächst kaum auf dem Markt. Dies hat sich mittlerweile vollständig geändert. Es gibt hunderte, wahrscheinlich tausende von ausgewachsenen Java-Applikationen aus allen nur erdenklichen Anwendungsgebieten.

Zweitens war das Look-and-Feel von Java-Programmen nicht ausgereift. Tatsächlich bildet das AWT nur einen geringen Anteil der in den jeweiligen plattformspezifischen Fenstersystemen verfügbaren Möglichkeiten ab. Die wenigen Dialogelemente stehen allerdings portabel zur Verfügung. Mit Hilfe des Swing-Toolsets kann dieses Problem als gelöst angesehen werden. Swing bietet einen umfassenden Satz komplexer Dialogelemente und stellt ihn plattformübergreifend zur Verfügung. Dabei ist es möglich, das Look-and-Feel der jeweiligen Anwendung zur Laufzeit umzustellen und so dem Geschmack und den Kenntnissen des jeweiligen Benutzers anzupassen.

Die dritte Beobachtung besagt, daß Java voller Fehler steckt. Während dies weniger für die Sprache selbst, ihre Werkzeuge oder die elementaren Eigenschaften der Klassenbibliothek gilt, konnten die frühen Grafikbibliotheken ein gewisses Maß an Fehlerhaftigkeit nicht verhehlen. Zwar gibt es nach wie vor Fehler im JDK (alle bekannten Bugs sind in der als *Bug*

Parade bezeichneten Fehlerdatenbank gespeichert), doch sind diese in aller Regel nicht so schwerwiegend, daß nicht ein Workaround gefunden werden könnte. Zudem stecken die Fehler meist in den Klassenbibliotheken. Der Compiler und die virtuelle Maschine, auf der die ausführbaren Programme laufen, können für die meisten Anwendungen als hinreichend stabil angesehen werden. Auch hier gibt es Ausnahmen, insbesondere bei JDK-Portierungen auf weniger gebräuchliche Betriebssysteme. Auf den meisten Systemen ist das JDK in der täglichen Praxis jedoch ein ausgesprochen stabiles, zuverlässiges und hinreichend schnelles Entwicklungswerkzeug.

1.3.2 Ausblick

Wenn man das Anwenderinteresse zugrunde legt, ist Java schon jetzt die mit Abstand erfolgreichste Programmiersprache der letzten Jahre. Wie oben gezeigt, hat die Sprache in den wenigen Jahren seit Ausgabe der Version 1.0 eine immense Verbreitung erfahren. Java war Anlaß für Tausende von Büchern und Zeitschriftenartikeln, und es entstanden eine Reihe von stark frequentierten Newsgroups, die das Interesse an Java deutlich machen. Alle größeren Softwarehersteller unterstützen die Sprache und haben konkrete Produkte realisiert. In den meisten einschlägigen Stellenanzeigen werden Java-Kenntnisse verlangt.

Zeitgleich zur Diskussion um die Eignung Javas als Entwicklungswerkzeug für grafische Oberflächen hat sich ein Wandel auf der Serverseite vollzogen. Mit dem *Servlet-API* und den *Java Server Pages* haben sich beispielsweise im Bereich der Generierung dynamischer Web-Seiten Techniken etabliert, die dem traditionellen CGI-Scripting Konkurrenz machen. Daneben setzen große Softwarehersteller auf mehrschichtige Client-Server-Architekturen mit Java-Unterstützung (Oracle Financials, Star Office) oder statten ihre Datenbank- oder Web-Server mit Java-Fähigkeiten aus (Oracle 8, Lotus Domino, SUN Java Web Server, Apache jserv). In vielen Unternehmen gibt es bereits verteilte Anwendungen, die auf die plattformübergreifenden Fähigkeiten und die Binärkompatibilität von Java-Anwendungen setzen.

Auch auf der Client-Seite ist seit einiger Zeit ein Trend zu Java zu beobachten. So gibt es »kleine« Java-Anwendungen, die auf dem Palm Pilot, dem Psion 5 oder in Mobiltelefonen laufen. Aber auch komplexe Standalone-Programme wie – beispielsweise aus dem Bereich der Entwicklungswerkzeuge – JBuilder, NetBeans (Forte), Together/J oder OptimizeIt werden mittlerweile in Java entwickelt. Viele Unternehmen setzen Java ein, um die Produktivität bei der Entwicklung graphischer Oberflächen zu erhöhen, oder verbinden in Java geschriebene Frontends mit den vorhandenen batchorientierten Applikations- und Datenbankservern. Nicht selten führt der Umstieg von C/C++ auf Java zu drastischen Effizienzsteigerungen bei der Entwicklung und Portierung komplexer Anwendungssysteme.

Neben der plattformübergreifenden Portabilität von Bytecode und grafischer Oberfläche bietet Java Dinge wie Datenbankanbindung, Multithreading oder Netzwerkprogrammierung ohne architektonische Brüche. Mit der »Pflicht«, objektorientiert zu programmieren (im Gegensatz zu C++ gibt es in Java keine *legitimierte* Möglichkeit, rein prozedurale Programme zu schreiben), muß der Entwickler einen weiteren Schritt in der Evolution seiner eigenen Fähigkeiten vollziehen. Applets, Servlets und der Austausch von Bytecode zwischen Anwendungen wurde erst mit Java salonfähig. Mit weltweit mehreren Millionen Java-Entwicklern ist die kritische Masse zur (irreversiblen) Etablierung dieser neuen Techniken sicher erreicht.

Natürlich kann heute niemand sagen, ob Java auch langfristig erfolgreich sein und als Programmiersprache auch in zehn oder zwanzig Jahren eine Rolle spielen wird. Das derzeitige und nach mittlerweile 7 Jahren immer noch steigende Entwicklerinteresse spricht allerdings sehr dafür. Programmiersprachen und -methoden werden nicht von heute auf morgen ausgewechselt, denn Paradigmenwechsel brauchen ihre Zeit. Vorhandener, mit viel Mühe erstellter Quellcode wird nicht einfach weggeworfen. Auch 20 Jahre alte COBOL-, RPG- und FORTRAN-Programme werden heute noch gewartet, wenn auch mit sinkender Tendenz. Java hat seinen Zenit noch nicht einmal erreicht, und *neuer* Code auf Basis von Java wird in nach wie vor zunehmendem Maße entwickelt. So kann die Prognose gewagt werden, daß Java auch im Jahre 2010 und darüber hinaus nennenswerte Bedeutung haben wird.

Wer heute auf Erfahrungen in Java-Programmierung zurückgreifen kann, hat morgen möglicherweise den entscheidenden Vorteil im Wettbewerb mit der Konkurrenz.

1.4 Zusammenfassung

In diesem Kapitel wurden folgende Themen behandelt:

▶ Die Historie von Java

▶ Grundlegende Eigenschaften der Sprache

▶ Aufklärung einiger weitverbreiteter Mißverständnisse

▶ Die Bedeutung von Applets

▶ Bewertung der Eigenschaften und Prognose über die Zukunft von Java

2 Schnelleinstieg

2.1 Installation des JDK

2.1.1 Hardware-Voraussetzungen

Zur Installation des JDK ist ein vernünftig ausgestatteter PC mit Windows oder Linux oder eine Solaris-Workstation erforderlich. Alternativ kann auch eine der vielen anderen Plattformen verwendet werden, auf die das JDK portiert wurde, beispielsweise OS/2, Mac OS X oder eines der anderen Unix-Derivate. Die meisten Beispiele in diesem Buch wurden auf Rechnern unterschiedlicher Konfiguration und Ausstattung mit Windows 95, 98 oder NT entwickelt. Einige von ihnen auch unter LINUX. Als eben noch brauchbares Minimalsystem kann ein PC folgender Konfiguration angesehen werden:

- Pentium-166
- 48 MB RAM
- Grafik mit 800 * 600 Pixeln, 8 Bit Farbtiefe

Diese Ausstattung liegt etwas über den von SUN angegebenen Mindestanforderungen und erlaubt ein einigermaßen flüssiges Arbeiten. 128 MB RAM und ein zeitgemäßer Prozessor machen die Arbeit deutlich angenehmer. Soll viel mit den AWT- oder JFC-Klassen gearbeitet werden, ist eine bessere Grafikausstattung empfehlenswert. Der Java-Compiler von SUN war in den frühen JDK-Versionen immer etwas langsam, aber seit der Version 1.3 ist seine Geschwindigkeit akzeptabel. Sollen integrierte Entwicklungssysteme anderer Hersteller verwendet werden, liegen die Hardwareanforderungen meist deutlich über der oben angegebenen Konfiguration.

Die Installation des JDK 1.1 erfordert inklusive Dokumentation etwa 30 MB Plattenspeicher, die des JDK 1.2 und 1.3 etwa 150 MB und die des JDK 1.4 etwa 250 MB. Insbesondere nach der (optionalen) Installation der Quelltexte und vor allem der Dokumentation sind sehr viele kleine Dateien vorhanden. Auf einem FAT-Dateisystem mit großer Clustergröße kann effektiv also noch erheblich mehr Plattenplatz verbraucht werden.

2.1.2 Installation

Wir wollen hier nur die Installation unter Windows beschreiben, die mit Hilfe eines InstallShield-Scripts menügesteuert erfolgt. Anschließend muß die Dokumentation des JDK installiert werden. Dies geschieht per Hand und erfordert ein Programm zum Entpacken der HTML-Dateien.

Installation des JDK

Das JDK 1.4 befindet sich auf der CD-ROM im Unterverzeichnis \install\jdk14. Falls die CD-ROM nicht vorhanden ist, kann das JDK von SUNs Java-Server http://java.sun.com geladen werden (ca. 40 MB Download zzgl. Dokumentation). Die Installation unter Windows ist sehr einfach und erfolgt in folgenden Schritten:

- Zunächst muß in das Verzeichnis \install\jdk14 der CD-ROM gewechselt werden.
- Nun wird das Installationsprogramm j2sdk-1_4_0-win.exe gestartet.
- Nach Aufruf des InstallShield-Wizards wird mit »Next« die nächste Seite aufgerufen, um die Lizenzbedingungen anzuzeigen. Diese sollten bis zum Ende durchgelesen werden und ggfs. mit »Yes« bestätigt werden
- Nun kann das Installationsverzeichnis ausgewählt werden. Wann immer nötig, gehen wir in diesem Buch davon aus, daß das JDK in das Verzeichnis \jdk1.4 installiert wurde. Die Vorgabe des Installers ist \j2sdk1.4.0, aber mit dem Button »Browse« kann ein anderes Verzeichnis ausgewählt werden. Nach Auswahle von »Next« wird mit der Installation fortgefahren.
- Die nachfolgende Auswahl der Komponenten erlaubt eine Konfiguration der Installation. Anfangs ist es sinnvoll, alle Komponenten zu installieren, um auch auf die Beispielprogramme und den Quelltext zugreifen zu können. Dazu werden etwa 100 MB Plattenspeicher benötigt.
- Nach Betätigen des »Next«-Buttons kann eingestellt werden, in welchem der installierten Web-Browser die aktuelle Version als Standard-Java-Runtime installiert werden soll. Soll weiterhin die beim Browser mitgelieferte Java-Unterstützung zum Ausführen von Java-Applets verwendet werden, ist das entsprechende Kreuzchen zu deaktivieren.
- Nach einem weiteren »Next« werden die ausgewählten Komponenten installiert.
- Nach erfolgter Installation kann die README-Datei gelesen und mit Hilfe des »Finish«-Buttons das Installationsprogramm beendet werden.

> Mit dem JDK wird auch die Laufzeitumgebung *JRE* (*Java Runtime Environment*) installiert. Sie besitzt einen eigenen Deinstallationseintrag und befindet sich im Verzeichnis c:\programme\java\j2re1.4.0 (bis zur Version 1.3 war das Basisverzeichnis c:\programme\javasoft\). In der Installationsroutine des JDK 1.2 hatte das JRE einen separaten Lizenztext und konnte wahlweise in ein anderes Verzeichnis installiert werden. Seit dem JDK 1.3 gibt es diese zusätzlichen Schritte nicht mehr. Für Arbeitsplätze, die nur das JRE benötigen (auf denen Java-Programme lediglich ausgeführt, nicht aber entwickelt werden sollen), kann das JRE auch alleine installiert werden. Es befindet sich ebenfalls auf der CD-ROM zum Buch.

Installation des JDK

Alle Dateien befinden sich nun im ausgewählten Installationsverzeichnis, und die Installation des JDK ist abgeschlossen. Um mit dem JDK arbeiten zu können, muß noch das Verzeichnis \jdk1.4\bin in den Suchpfad für ausführbare Dateien eingetragen werden. Das kann direkt in der autoexec.bat durch Modifikation des PATH-Statements erfolgen oder bei jedem Aufruf einer DOS-Box mit Hilfe einer Batchdatei erledigt werden:

PATH=c:\jdk1.4\BIN;%PATH%

Unter Windows NT, 2000 und XP ist der entsprechende Eintrag in den Umgebungsparametern der Systemkonfiguration vorzunehmen. Informationen zu anderen Betriebssystemen und weitere Hinweise finden sich in den »Installation Notes« des JDK.

> Anders als die Vorgängerversionen benötigen die JDKs 1.2, 1.3 und 1.4 bei einer Standardinstallation unter Windows keine Umgebungsvariable CLASSPATH mehr, denn die entsprechenden Informationen werden bei der Installation in die Registry geschrieben (sie liegen in unterschiedlichen Abschnitten, eine Suche nach »javasoft« hilft weiter). Ist jedoch eine CLASSPATH-Variable vorhanden, wird sie auch verwendet. Wird das JDK 1.2, 1.3 oder 1.4 also über eine 1.0er oder 1.1er Version installiert, muß dafür gesorgt werden, daß eine eventuell gesetzte CLASSPATH-Variable modifiziert oder entfernt wird. Weitere Informationen zum Setzen der CLASSPATH-Umgebungsvariable finden sich ab Abschnitt 13.2.2 auf Seite 277.

Installation der Dokumentation

Die Dokumentation des JDK besteht aus einer Sammlung von HTML-Dateien, die auf der CD-ROM im Verzeichnis \install\jdk14 zu finden sind. Um sie zu installieren, muß die Datei j2sdk-1_4_0-doc.zip ausgepackt werden. Da lange Dateinamen darin enthalten sind, muß zum Auspacken ein geeigneter Entpacker verwendet werden. Auf der CD-ROM befindet sich im Verzeichnis \misc eine Version von *WinZip95*, die dazu verwendet werden kann. Bitte beachten Sie vor der Verwendung dieses Programms die Lizenz- und Registrierungshinweise. Die Dokumentation belegt etwa weitere 100 MB Plattenspeicher.

Die Dokumentation wurde bereits in das Unterverzeichnis docs verpackt. Falls das Installationsverzeichnis nicht geändert wurde, können die Dateien also ohne weitere Änderungen im Verzeichnis c:\jdk1.4 ausgepackt werden. Alle erforderlichen Unterverzeichnisse werden dann automatisch angelegt. Zur Anzeige der Dokumentation ist ein Browser wie Netscape Navigator oder Microsoft Internet Explorer erforderlich. Um leichter auf die Dokumentation zugreifen zu können, ist es sinnvoll, innerhalb des Browsers einen Verweis (Lesezeichen) auf das Hauptdokument \jdk1.4\docs\index.html anzulegen. Diese Datei kann zur Navigation auf alle Teile der Dokumentation verwendet werden und enthält zusätzlich eine Reihe von Verweisen auf externe Dokumente. Alternativ kann ein Icon auf dem Desktop angelegt werden, das den Browser mit dem Namen dieser Datei als Argument aufruft (die korrekte Schreibweise ist `file:///C|/jdk1.4/docs/index.html`). Auf dieselbe Weise kann ein Verweis auf die Datei `\jdk1.4\docs\api\index.html` angelegt werden, mit dem direkt in die API-Dokumentation gesprungen werden kann.

Installation der Quelltexte

Das JDK 1.4 wird mit den vollständigen Java-Quelltexten ausgeliefert. Nicht enthalten sind dagegen die Quelltexte der Native Methods und der Entwicklungswerkzeuge. Nach der Installation des JDK liegen die Quelltexte im Archiv `src.jar` im Installationsverzeichnis. Sie sind zur Arbeit mit dem JDK nicht unbedingt nötig, können aber hilfreich sein, um weitergehende Fragen zu beantworten. Die Datei `src.jar` kann beispielsweise mit `WinZip` geöffnet und ihr Inhalt nach `\jdk1.4` ausgepackt werden (jar-Archive sind formatkompatibel zu ZIP-Archiven). Dadurch wird ein Unterverzeichnis `\jdk1.4\src` angelegt, in dem die Quelltexte zu finden sind. Alternativ kann natürlich auch das JDK-Werkzeug `jar` zur Extraktion verwendet werden. Seine Bedienung wird in Abschnitt 50.6 auf Seite 1199 erklärt.

Deinstallation

Die Deinstallation des JDK ist denkbar einfach und kann über die Systemsteuerung erledigt werden. Der zu entfernende Eintrag hat die Bezeichnung »Java 2 SDK, SE v1.4.0«. Bis auf die separat installierte Dokumentation und einige kleinere Dateien entfernt die Deinstallationsroutine die Bestandteile des JDK vollständig vom Rechner. Über den Eintrag »Java 2 Runtime Environment, SE v1.4.0« kann auch das JRE deinstalliert werden.

2.2 Erste Gehversuche

Falls Sie die ersten Gehversuche in Java machen wollen, ohne erst viele Grundlagen lernen zu müssen, oder wenn Sie einfach nur daran interessiert sind, möglichst schnell Ihr erstes Java-Programm auszuführen, dann sollten Sie den vorliegenden Abschnitt lesen. Sie erfahren hier in komprimierter Form, wie Sie ein einfaches Programm erstellen und mit den Werkzeugen des JDK übersetzen und ausführen. Zusätzlich gibt es einige Hinweise, um einfache Ein- und Ausgaben durchzuführen.

2.2.1 Quelltext erstellen, übersetzen und ausführen

1. Vorbereitung

Installieren Sie das JDK wie in Abschnitt 2.1 auf Seite 49 beschrieben, und sorgen Sie dafür, daß in Ihrer Pfadangabe das Verzeichnis `\jdk1.4\bin` enthalten ist. Falls Sie das JDK nicht nach `c:\jdk1.4` installiert haben, passen Sie die Pfadangaben entsprechend an. Ein Aufruf von `PATH` zeigt an, ob der Pfad korrekt gesetzt ist, durch Eingabe von `java -version` können Sie die installierte JDK-Version überprüfen:

Erste Gehversuche — Kapitel 2

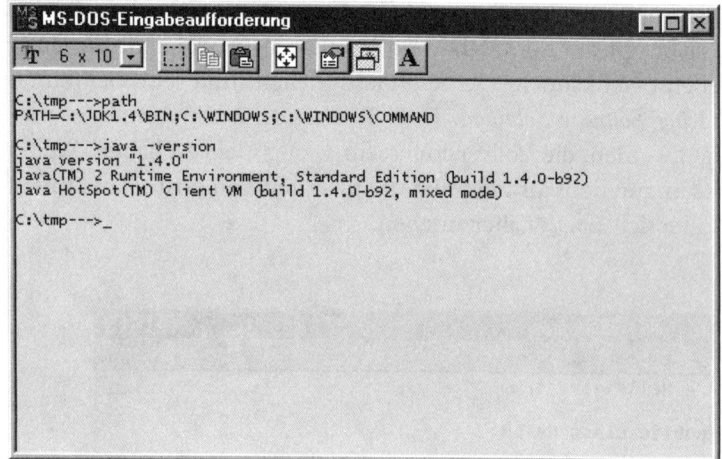

Abbildung 2.1:
Ist das JDK korrekt installiert?

2. Erstellen des Quelltextes

Erstellen Sie mit einem beliebigen Texteditor die folgende Datei `Hello.java`:

```
001 /* Hello.java */
002
003 public class Hello
004 {
005   public static void main(String[] args)
006   {
007     System.out.println("Hello, world");
008   }
009 }
```

Listing 2.1:
Hello, world

Die korrekt erstellte Datei enthält die Definition der Klasse `Hello` mit der Methode `main`, die das Hauptprogramm unserer Applikation enthält. Bitte geben Sie die am Anfang jeder Zeile stehenden Zeilennummern *nicht* mit ein. Sie dienen lediglich dazu, auf Teile des Listings verweisen zu können und werden beim Erstellen des Buchs automatisch generiert. Der Java-Compiler kann damit nichts anfangen.

Achten Sie bei der Vergabe der Datei- und Klassennamen auf korrekte Groß-/Kleinschreibung. Sowohl der Compiler als auch das Laufzeitsystem erwarten, daß die Hauptklasse einer Quelldatei genauso geschrieben wird wie der Name der Datei, in der sie sich befindet. Der Dateiname unserer Beispielklasse `Hello` lautet daher `Hello.java` und nicht `hello.java`, `HELLO.JAVA` oder `HELLO.JAV`. Erstellen Sie die Datei nicht auf Systemen oder Laufwerken (beispielsweise im Netz), die keine langen Dateinamen unterstützen. Der Compiler würde die Datei in diesem Fall nicht finden.

Kapitel 2　　　　　　　　　　　　　　　　　　　　Schnelleinstieg

Sie können zum Editieren beispielsweise *notepad* oder *edit* (unter Windows) oder *vi* oder *Emacs* (gibt es für UNIX und Windows) verwenden. Ein guter Windows-Editor, der fast ebensoviel kann wie seine professionellen (und sehr viel teureren) Brüder, ist *TextPad* von *Helios Software Solutions*. Eine Testversion kann von http://www.textpad.com heruntergeladen werden, die Vollversion ist für wenig Geld zu haben. Wer ein wenig Einarbeitungszeit, Konfigurationsaufwand und das Erlernen von Grundkenntnissen in LISP nicht scheut, der sollte sich *Emacs* näher ansehen.

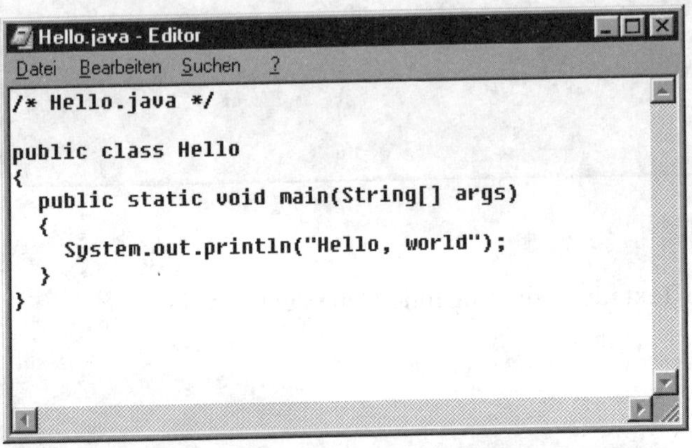

Abbildung 2.2:
Hello.java im
Windows-
Notepad

```
/* Hello.java */

public class Hello
{
  public static void main(String[] args)
  {
    System.out.println("Hello, world");
  }
}
```

Werden die (wenig empfehlenswerten) Windows-Editoren *notepad* oder *edit* verwendet, kann man als Anfänger unter Umständen einige Überraschungen erleben:

▶ *notepad* hängt beim ersten Speichern einer Datei die Erweiterung .txt an den Dateinamen an. Aus Test1.java wird also Test1.java.txt. Eine solche Datei wird von javac natürlich nicht mehr akzeptiert. Nach dem ersten Speichern muß also zunächst durch Umbenennen im Explorer der korrekte Dateiname hergestellt werden. Wird die Datei wiederholt geöffnet und gespeichert, treten diese Probleme nicht mehr auf. Alternativ kann beim ersten Speichern der Dateiname in Anführungszeichen gesetzt werden, also "Test1.java" geschrieben werden.

▶ Wird *edit* verwendet, kann es zwei Probleme geben. Erstens verwendet das Programm den MS-DOS-Zeichensatz und versieht so Programme mit Windows-Oberfläche mit unbrauchbaren Umlauten (sie wären dann nur für Windows-Konsolenanwendungen korrekt). Zweitens unterstützt *edit* unter NT 4 keine langen Dateinamen. Das Programm würde beispielsweise die Datei Test1.java als TEST1.JAV abspeichern und somit ebenfalls für den Compiler unerreichbar machen.

54

Erste Gehversuche   Kapitel 2

3. Übersetzen des Quelltextes

Übersetzen Sie die Datei mit dem Kommando `javac` (so heißt der Java-Compiler des JDK). Wenn Sie keinen Fehler gemacht haben, wird der Compileraufruf kommentarlos akzeptiert, und Sie sehen wieder den DOS-Prompt:

Abbildung 2.3: Übersetzen von Hello.java

Alle wichtigen Werkzeuge des JDK arbeiten kommandozeilenorientiert. Sie haben also keine grafische Oberfläche, sondern werden in einer DOS-Box aufgerufen und durch Aufrufparameter gesteuert. Eine integrierte Entwicklungsumgebung mit integriertem Editor, Compiler und Debugger bietet das JDK nicht. Eine DOS-Box wird unter Windows 9x über den Eintrag "MS-DOS-Eingabeaufforderung" aufgerufen, der im Startmenü unter "Programme" liegt. Eine Übersicht über die JDK-Werkzeuge und ihre Bedienung finden Sie in Kapitel 50 auf Seite 1189.

4. Ausführen des erzeugten Programms

Sie haben nun eine Datei `Hello.class` erzeugt, die mit dem Java-Interpreter ausgeführt werden kann. Das Programm wird aufgerufen und gibt die gewünschte Meldung auf dem Bildschirm aus.

Wenn der Interpreter den Bytecode zur angegebenen Klassendatei nicht finden kann, gibt er eine Fehlermeldung `NoClassDefFoundError` aus. Wenn die `.class`-Datei tatsächlich vorhanden ist, liegt das fast immer daran, daß der Name der Klasse falsch geschrieben wurde oder daß darin keine oder eine falsch deklarierte `main`-Methode vorhanden ist. Beachten Sie, daß die Erweiterung `.class` beim Aufruf des Interpreters nicht an den Namen der auszuführenden Klasse angehängt werden darf.

Abbildung 2.4:
Ausführen von
Hello

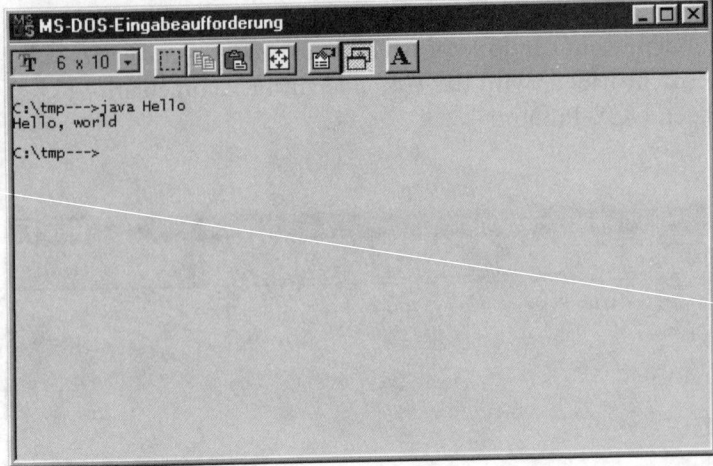

5. Beenden des Programms

Ein einfaches Java-Programm wird automatisch beendet, wenn seine `main`-Methode beendet wurde (in welchen Fällen das nicht so ist, wird am Ende von Abschnitt 22.2.1 auf Seite 466 beschrieben). Unser Programm wird also nach der Ausgabe von »Hello, world« beendet. Es gibt natürlich auch Fälle, bei denen ein gestartetes Programm nicht ordnungsgemäß zum Ende kommt und auch auf Benutzereingaben nicht mehr reagiert – meistens ist dafür eine Endlosschleife verantwortlich. Glücklicherweise läßt sich die virtuelle Maschine, in der das Java-Programm läuft, fast immer durch Drücken von [STRG]+[C] abbrechen. Diese »Notbremse« sollte allerdings nur im Notfall gezogen werden, denn sie beendet das Programm augenblicklich und hinterläßt dessen Daten möglicherweise in einem inkonsistenten Zustand.

> Falls Sie es trotz aller Bemühungen bis zu diesem Punkt noch nicht geschafft haben, das Beispiel zu übersetzen und zu starten, kann Ihnen möglicherweise Abschnitt 2.3.7 auf Seite 65 weiterhelfen. Er beschreibt einige häufig vorkommende Fehler, gibt Tips zu ihrer Diagnose und zeigt, wie man sie behebt.

2.2.2 Die Beispielprogramme

Starten der Beispielprogramme

Auf die im vorigen Abschnitt beschriebene Weise können nun beliebige Java-Programme angelegt, übersetzt und ausgeführt werden. Die im Buch abgedruckten Beispielprogramme befinden sich auf der CD-ROM im Verzeichnis \examples. Kopieren Sie diese einschließlich der darin enthaltenen Unterverzeichnisse in ein beliebiges Verzeichnis auf Ihrer Festplatte. Benutzen Sie einen beliebigen Editor zur Eingabe oder Veränderung von .java-Dateien, übersetzen Sie die Datei mit dem Kommando `javac`, und starten Sie das fertige

Programm mit dem Kommando java. Falls Sie ein Applet geschrieben haben, erstellen Sie zusätzlich eine passende HTML-Datei, und starten Sie das Programm mit dem Kommando appletviewer anstatt mit java. Die Originalversionen der Beispielprogramme wurden bereits vorkompiliert und können direkt mit dem Java-Interpreter ausgeführt werden.

Als Entwicklungssysteme für dieses Buch wurden die Versionen 1.1 bis 1.4 des JDK verwendet. Die meisten Beispiele wurden unter Windows 95 bzw. 98 entwickelt und getestet, einige wenige auch unter NT, SUSE Linux oder Solaris. In die Beispiellistings aus dem AWT sind einige Hinweise von Lesern mit SUN-Solaris-Plattformen eingeflossen. Keines der Programme wurde vom Autor auf einem Macintosh getestet (mangels Verfügbarkeit). Bei Verwendung anderer Plattformen könnte es zu leichten Abweichungen bei der Installation, der Funktionalität der Entwicklungswerkzeuge oder den Eigenschaften der Standardbibliothek kommen.

> Die .class-Dateien im \examples-Verzeichnis der CD-ROM wurden mit dem JDK-1.4-Compiler erzeugt. Falls es Probleme geben sollte, ein bestimmtes Beispielprogramm mit einem älteren Java-Interpreter zu starten, hilft eventuell Neukompilieren dieses Programmes mit dem älteren Compiler. Nur eine Handvoll Beispielprogramme verwenden Code, der mindestens das JDK 1.4 erfordert, die meisten können auch mit älteren JDKs kompiliert und ausgeführt werden.

> **Zusätzlich erforderliche Dateien**
>
> Der mit Abstand häufigste Fehler beim Starten der Beispielprogramme passiert dadurch, daß nicht alle benötigten .class-Dateien im aktuellen Verzeichnis liegen. Denn neben der kompilierten Klassendatei benötigen die Beispielprogramme mitunter weitere .class-Dateien. Werden die Beispiele direkt aus dem examples-Verzeichnis der CD-ROM (oder einer vollständigen Kopie davon) gestartet, treten keine Probleme auf. Werden jedoch nur einzelne Klassendateien kopiert, kann es beim Aufruf von java zu Fehlern des Typs NoClassDefFoundError kommen. Der häufigste weist auf einen fehlenden WindowClosingAdapter hin, der von den meisten GUI-Beispielen benötigt wird. In diesem Fall müssen lediglich die fehlenden Dateien WindowsClosingAdapter.java und WindowsClosingAdapter.class aus dem examples-Verzeichnis in das aktuelle Verzeichnis kopiert werden.

Mitunter werden neben den .class-Dateien noch weitere Dateien benötigt, damit das Beispiel korrekt läuft. So erfordert etwa Listing 27.4 auf Seite 571 zusätzlich die Datei testicon.gif, damit das Fenster-Icon korrekt angezeigt wird. Und um das Beispiel zum Abspielen von Midi-Dateien in Abschnitt 48.3.5 auf Seite 1159 wie angegeben ausführen zu können, wird die Datei ame.mid benötigt. Diese Dateien liegen in aller Regel ebenfalls im examples-Verzeichnis und sollten bei Bedarf auch in das Startverzeichnis des Beispielprogramms kopiert werden.

In einigen Kapiteln werden Themen behandelt, die zusätzliche jar-Archive fordern, weil die entsprechende Funktionalität nicht im Standardumfang des JDK enthalten ist oder weil herstellerspezifische Treiber erforderlich sind. Hierzu zählen insbesondere Abschnitt 13.5.3 auf Seite 301, Abschnitt 26.4.1 auf Seite 555 und Kapitel 42 auf Seite 953. Wo die entsprechenden jar-Archive zu finden sind, wird in den jeweiligen Abschnitten erläutert. Wie sie in den CLASSPATH eingebunden werden, damit Compiler und Interpreter sie finden, wird in Abschnitt 13.2.3 auf Seite 280 erklärt.

2.3 Tips für eigene Experimente

2.3.1 Der Entwicklungszyklus in Kurzform

Eine neue Programmiersprache lernt man nur, wenn man selbst Programme in dieser Sprache schreibt. Je mehr, desto besser. Bei der Lektüre des Buchs ist es daher sinnvoll, von Anfang an eigene Experimente durchzuführen und so viele Beispielprogramme wie möglich auszuprobieren, abzuändern, zu übersetzen und auszuführen. In diesem Abschnitt wollen wir ein paar informelle Tips geben, die das erleichtern sollen.

Hier noch einmal in Kurzform die Schritte vom Quellcode bis zum lauffähigen Programm:

- ▶ Erstellen Sie die Quelldatei mit einem ASCII-Editor. Verwenden Sie keine Textverarbeitung, denn die würde dem Code unverständliche Steuerzeichen hinzufügen.

- ▶ Achten Sie darauf, daß die Datei die Erweiterung .java trägt, und geben Sie ihr exakt denselben Namen wie der Hauptklasse.

- ▶ Übersetzen Sie das Programm mit dem Compiler javac, und geben Sie dabei den Dateinamen als Argument an. Um alle Java-Dateien in einem Verzeichnis zu übersetzen, können Sie auch *.java als Argument verwenden.

- ▶ Falls im Quelltext syntaktische Fehler enthalten sind, meldet der Compiler sie zusammen mit der Zeilennummer und der Quelldatei, in der sie aufgetreten sind. Am Anfang passieren leicht Fehler wie vergessene oder überflüssige Klammern oder Semikolons. Bedenken Sie auch, daß alle Schlüsselwörter kleingeschrieben werden und bei Bezeichnern streng zwischen Groß- und Kleinschreibung unterschieden wird.

- ▶ Mitunter gibt es Fehlermeldungen, weil Code nicht erreicht werden kann oder Variablen nicht initialisiert werden. Das ist in Java nicht erlaubt und wird vom Compiler mittels Datenflußanalyse überprüft. Stellen Sie den Code in einem solchen Fall geeignet um.

- ▶ Ignorieren Sie zunächst Warnungen, bei denen der Compiler die Verwendung von Klassen oder Methoden, die als deprecated markiert wurden, kritisiert. Derartige Programmteile funktionieren zwar meist noch, sind aber veraltet und sollten eigentlich nicht mehr verwendet werden.

- Gibt der Compiler gar keine Meldung aus, wurde das Programm erfolgreich übersetzt.
- Sie können das Programm nun mit dem Java-Interpreter `java` starten. Geben Sie als Argument nur den Klassennamen ohne die Erweiterung `.java` oder `.class` an.
- Wenn es beim Aufruf des Interpreters eine Fehlermeldung der Art `NoClassDefFoundError` gibt, liegt das fast immer daran, daß der Name der Klasse falsch geschrieben wurde oder daß keine oder eine falsch benannte `main`-Methode vorhanden ist. Beachten Sie, daß `main` genauso deklariert wird wie beispielsweise in Listing 2.1 auf Seite 53.

2.3.2 Einfache Ausgaben

Für die ersten Schritte in einer neuen Sprache benötigt man immer auch I/O-Routinen, um einfache Ein- und Ausgaben vornehmen zu können. Glücklicherweise kann man in Java nicht nur grafikorientierte Programme schreiben, sondern auch auf die Standardein- und -ausgabe zugreifen. Damit stehen für kleine Programme einfache I/O-Routinen zur Verfügung, die wie in den meisten konventionellen Programmiersprachen verwendet werden können.

Mit Hilfe des Kommandos `System.out.println` können einfache Ausgaben auf den Bildschirm geschrieben werden. Nach jedem Aufruf wird eine Zeilenschaltung ausgegeben. Mit `System.out.print` kann diese auch unterdrückt werden. Beide Methoden erwarten ein einziges Argument, das von beliebigem Typ sein kann. Zwar sind `print` und `println` nicht so flexibel wie etwa `printf` in C. Mit Hilfe des Plus-Operators können aber immerhin Zeichenketten und numerische Argumente miteinander verknüpft werden, so daß man neben Text auch Zahlen ausgeben kann:

```
001  /* Listing0202.java */
002
003  public class Listing0202
004  {
005    public static void main(String[] args)
006    {
007      System.out.println("1+2=" + (1+2));
008    }
009  }
```

Listing 2.2: Einfache Ausgaben

Die Ausgabe des Programms ist:

1+2=3

> Der erste String enthält den Wert "1+2=" und wird mit dem Ergebnis des Ausdrucks
> *(1+2)* verkettet (also mit dem Wert 3). Ohne die Klammern würde der Compiler das
> zweite Plus ebenfalls als String-Verkettungsoperator ansehen und die Ausgabe des Programms wäre 1+2=12 gewesen.

2.3.3 Einfache Eingaben

Leider ist es etwas komplizierter, Daten zeichenweise von der Tastatur zu lesen. Zwar steht ein vordefinierter Eingabe-Stream `System.in` zur Verfügung. Er ist aber nicht in der Lage, die eingelesenen Zeichen in primitive Datentypen zu konvertieren. Statt dessen muß zunächst eine Instanz der Klasse `InputStreamReader` und daraus ein `BufferedReader` erzeugt werden. Dieser kann dann dazu verwendet werden, die Eingabe zeilenweise zu lesen und das Ergebnis in einen primitiven Typ umzuwandeln. Weitere Informationen zur streambasierten Ein-/Ausgabe sind in Kapitel 18 auf Seite 405 und Kapitel 19 auf Seite 427 zu finden.

Das folgende Listing zeigt ein Programm, das zwei Ganzzahlen einliest, sie zusammenzählt und das Ergebnis auf dem Bildschirm ausgibt:

Listing 2.3:
Einfache
Eingaben

```
001 /* Listing0203.java */
002
003 import java.io.*;
004
005 public class Listing0203
006 {
007   public static void main(String[] args)
008   throws IOException
009   {
010     int a, b, c;
011     BufferedReader din = new BufferedReader(
012                          new InputStreamReader(System.in));
013
014     System.out.println("Bitte a eingeben: ");
015     a = Integer.parseInt(din.readLine());
016     System.out.println("Bitte b eingeben: ");
017     b = Integer.parseInt(din.readLine());
018     c = a + b;
019     System.out.println("a+b="+c);
020   }
021 }
```

Die `import`-Anweisung am Anfang des Listings dient dazu, die Klassen des Pakets `java.io` bekanntzumachen. Ohne diese Anweisung würden sowohl `BufferedReader` als auch `InputStreamReader` vom Compiler nicht gefunden und es gäbe eine entsprechende Fehlermeldung. Auch in nachfolgenden Beispielprogrammen tauchen von Zeit zu Zeit `import`-Anweisungen auf, die `java.lang` oder andere Pakete einbinden. In Kapitel 13 auf Seite 269 werden wir ausführlich auf die Verwendung und das Erstellen von Paketen eingehen.

Werden die Zahlen 10 und 20 eingegeben, so lautet die Ausgabe des Programms:

```
Bitte a eingeben:
10
Bitte b eingeben:
20
a+b=30
```

Das Ergebnis von `din.readLine` ist ein `String`, der den Inhalt der Eingabezeile enthält. Sollen keine numerischen Datenwerte, sondern Zeichenketten eingelesen werden, kann der Rückgabewert auch direkt verwendet werden.

2.3.4 Formatierung der Quelltexte

Es ist bekannt, daß man sich über die Formatierung von Quelltexten und die Einrückung von Deklarationen und Anweisungen streiten kann. Jeder Entwickler hat seinen eigenen Stil und kennt gute Argumente, genau diesen zu verwenden. Bei Java-Programmen gibt es einige große Lager, denen man sich anschließen kann. Im professionellen Umfeld ist man sogar meist gezwungen, sich einem vorgegebenen Stil anzupassen. Wir wollen uns diesen fruchtlosen Diskussionen nicht anschließen und keinesfalls behaupten, die in diesem Buch verwendete Art der Quelltextformatierung wäre die einzig richtige. Wir haben jedoch versucht, die Beispielprogramme konsistent zu formatieren und dabei einige wenige, leicht verständliche Regeln einzuhalten.

Bei Klassen- und Methodendefinitionen stehen die geschweiften Klammern unterhalb der Deklarationsanweisung, und die eigentliche Deklaration ist eingerückt:

```
001  import java.io.*;
002
003  public class Listing0204
004  {
005    public static void main(String[] args)
006    {
007      //Hier steht der Methodenrumpf
008    }
009  }
```

Listing 2.4: Einrücken von Klassen und Methoden

Bei Kontrollanweisungen innerhalb einer Methode schreiben wir die öffnende Klammer dagegen in dieselbe Zeile wie die einleitende Anweisung:

Listing 2.5: Einrücken von Kontrollanweisungen

```
001 for (int i = 0; i < aNeighbours.length; ++i) {
002   if (p1.x + aNeighbours[i][0] == p2.x) {
003     if (p1.y + aNeighbours[i][1] == p2.y) {
004       return true;
005     }
006   }
007 }
```

Dies gilt auch für fortgesetzte Anweisungen wie beispielsweise else oder else if:

Listing 2.6: Einrücken fortgesetzter Anweisungen

```
001 if (cmd.equals("Größer")) {
002   d.height *= 1.05;
003   d.width *= 1.05;
004 } else if (cmd.equals("Kleiner")) {
005   d.height *= 0.95;
006   d.width *= 0.95;
007 } else {
008   x = 10;
009 }
```

Diese Technik verwenden wir meist auch, wenn bei einem Methodenaufruf nicht alle Argumente in eine Zeile passen:

Listing 2.7: Einrücken langer Methodenaufrufe

```
001 System.out.println(
002   "Grüße aus Hamburg".regionMatches(
003     8,
004     "Greetings from Australia",
005     8,
006     2
007   )
008 );
```

Diese einfachen Regeln lassen sich in den meisten Fällen anwenden, es gibt aber auch Fälle, in denen sie versagen. So zum Beispiel, wenn der Testausdruck einer if-Anweisung über mehrere Zeilen geht, wenn die Parameterdeklaration einer Methode nicht in eine Zeile paßt oder schlicht, wenn die Verschachtelung bereits sehr tief ist und keine weitere Einrückung zuläßt. In diesem Fall sei der Leser um Nachsicht gebeten und aufgefordert, den ästhetischen Anspruch an das Programm den jeweiligen pragmatischen Erwägungen unterzuordnen.

2.3.5 Namenskonventionen

Wie in allen Programmiersprachen, gibt es auch in Java Konventionen für die Vergabe von Namen. Sie sind zwar nicht zwingend erforderlich, erleichtern aber das Verständnis der Quelltexte ungemein und sollten daher unbedingt eingehalten werden. Die wichtigsten sind:

- Klassennamen beginnen stets mit einem Großbuchstaben. Beispiele sind `String`, `Vector` oder `Hello`. Besteht ein Klassenname aus mehreren Silben, können zur Steigerung der Übersichtlichkeit auch die Folgesilben mit einem Großbuchstaben beginnen. Beispiele dafür wären `HelloWorld`, `KeyAdapter` oder `NoSuchMethodException`. Klassennamen, die nur aus Großbuchstaben bestehen, sind unüblich.

- Methodennamen beginnen mit einem Kleinbuchstaben. Haben sie mehrere Silben, ist die erste oft ein Verb. Weitere beginnen mit einem Großbuchstaben. Beispiele sind `println`, `hasMoreElements` oder `isEnabled`.

- Paketnamen bestehen ausschließlich aus Kleinbuchstaben. Beispiele sind `java.lang`, `javax.swing.event` oder `com.solution42.util` (mehrteilige Paketnamen werden durch Punkte separiert).

- Für Variablennamen gelten dieselben Konventionen wie für Methoden. Es ist unüblich, Membervariablen mit einem Präfix wie z.B. "m_" zu versehen. Auch die Verwendung der ungarischen Notation, bei der Variablen datentypbezogene Namenspräfixe erhalten, ist in Java nicht üblich.

Weitere Konventionen werden, wenn erforderlich, im Buch beschrieben.

2.3.6 Aufruf von Java-Programmen unter Windows

Immer wieder wird gefragt, wie man Java-Programme möglichst einfach unter Windows aufrufen kann. Das Starten aus der DOS-Box erscheint vielen Lesern zu umständlich, und bei einem Java-Programm mit grafischer Oberfläche stört das überflüssige Konsolenfenster. Im Gegensatz zu `com`- oder `exe`-Dateien ist ein kompiliertes Java-Programm zwar nicht direkt ausführbar, aber es gibt doch einige Möglichkeiten, das Starten unter Windows zu vereinfachen.

Erstellen einer Batchdatei

Eine erste Vereinfachung besteht darin, eine Batchdatei zu erstellen, aus der der java-Interpreter mit dem Java-Programm als Argument aufgerufen wird. Soll beispielsweise das Java-Programm `Listing3701`, dessen Bytecode `Listing3701.class` im Verzeichnis `c:\tmp` liegt, mit dem java-Interpreter, der in das Verzeichnis `c:\jdk1.4` installiert wurde, gestartet werden, kann dazu folgende Batch-Datei verwendet werden:

```
@echo off
c:
cd \tmp
c:\jdk1.4\bin\java Listing3701
```

Wird diese beispielsweise go3701.bat genannt und in ein Verzeichnis gelegt, das über die PATH-Angabe zu erreichen ist, kann unser Java-Programm durch einfache Eingabe des Kommandos go3701 aus jedem Verzeichnis heraus oder aus dem »Ausführen«-Dialog des Startmenüs gestartet werden.

Erstellen einer Verknüpfung auf dem Desktop

Ebenso leicht ist es möglich, ein Java-Programm durch einen Doppelklick auf ein Desktop-Symbol zu starten. Dazu wird eine Verknüpfung angelegt, die den java-Interpreter mit dem Programmnamen als Argument aufruft. Nach einem rechten Mausklick auf den Windows-Desktop ist dazu zunächst der Menüpunkt »Neu.Verknüpfung« aufzurufen. Anschließend sind die Angaben für Programm, Arbeitsverzeichnis und Icon so zu machen, daß der spätere Eigenschaften-Dialog des neu angelegten Symbols wie folgt aussieht (beispielhaft für Windows 98):

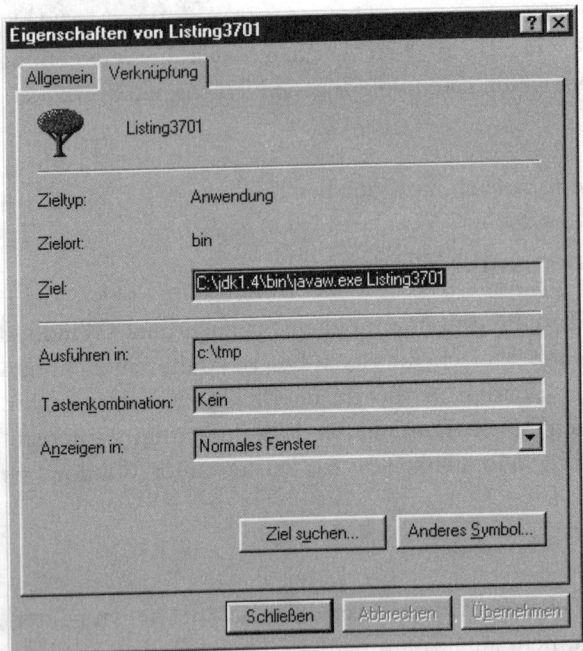

Abbildung 2.5: Eine Verknüpfung auf dem Windows-Desktop

Das Java-Programm kann nun wie jedes andere Windows-Programm per Doppelklick vom Desktop aus gestartet werden.

Verwenden von javaw anstelle von java

Soll ein java-Programm, das eine grafische Oberfläche hat, ohne Konsolenfenster gestartet werden, kann anstelle des Standard-Interpreters `java` der alternative Interpreter `javaw` verwendet werden. Er arbeitet genauso wie `java` und akzeptiert dieselben Optionen (siehe Abschnitt 50.2 auf Seite 1189), stellt der Anwendung aber kein Konsolenfenster zur Verfügung. Zu beachten ist allerdings, daß alle Ausgaben auf `System.out` und `System.err` ins Leere gehen.

2.3.7 Troubleshooting

Nachfolgend noch einmal eine kurze Zusammenfassung der häufigsten Probleme beim Erstellen, Übersetzen und Starten eines Java-Programms, inklusive Beschreibung, wie man sie behebt oder umgeht.

Was ist eine DOS-Box und wie startet man sie?

Alle Werkzeuge des JDK arbeiten kommandozeilenorientiert. Anders als typische GUI-Programme wie Adobe Photoshop, Microsoft Excel oder Netscape Navigator besitzen sie also keine grafische Oberfläche, sondern werden aus einer »DOS-Box« (bzw. einer UNIX-Shell) heraus aufgerufen. Diese wird unter Windows-Betriebssystemen als »MS-DOS-Eingabeaufforderung« bezeichnet und ist meist im Startmenü (unter »Programme«) zu finden. In der DOS-Box werden Befehle und ihre Parameter über die Tastatur eingegeben und starten so die zugehörigen Programme. Um in einer DOS-Box zurecht zu kommen, sollte man deren Kommandosyntax und die wichtigsten Befehle zum Starten von Programmen und für Datei- und Verzeichnisoperationen kennen. Beides wird in unzähligen Büchern und (zum Teil) in den Hilfedateien des Betriebssystems beschrieben.

Das UNIX-Pendant zu einer DOS-Box ist die *Shell*. Auch sie dient primär dazu, Benutzerkommandos zu empfangen und auszuführen. UNIX-Shells sind wesentlich mächtiger als DOS-Boxen unter Windows, und im Laufe der Jahre haben sich verschiedene Varianten entwickelt (Bourne-Shell, C-Shell, Korn-Shell, BASH etc.). Obwohl viele der elementaren Shell-Kommandos den DOS-Box-Pendants gleichen oder ihnen recht ähnlich sind, lassen sich mit ihrer detaillierten Beschreibung leicht ganze Bücher füllen. Das Kommando `man` liefert eine Beschreibung der Shell und aller zugehörigen UNIX-Kommandos.

Wer nicht kommandozeilenorientiert arbeiten will, kann statt der im Buch beschriebenen JDK-Werkzeuge natürlich auch eine integrierte Entwicklungsumgebung zum Erlernen der Java-Programmierung verwenden (z.B. Borland JBuilder). In diesem Fall stehen Editor, Compiler, Interpreter und alle anderen Werkzeuge unter einer gemeinsamen und einheitlichen grafischen Oberfläche zur Verfügung und können auf Knopfdruck gestartet werden.

Der Nachteil dieser integrierten Werkzeuge ist allerdings eine etwas höhere Einarbeitungszeit, denn von der Vielzahl der Möglichkeiten wird man zunächst erschlagen. Zudem sind wichtige Techniken und Arbeitsschritte oftmals hinter Hilfsprogrammen und Assistenten verborgen und erschweren so das Verständnis grundlegender Konzepte.

java läuft, javac aber nicht

Wenn unter Windows der Java-Interpreter java gestartet werden kann, beim Aufruf des Compilers javac aber eine Fehlermeldung kommt, liegt das meist daran, daß der PATH nicht korrekt gesetzt wurde. Während die JDK-Installation den Interpreter unter anderem auch in Verzeichnisse kopiert, auf die der PATH bereits verweist (so daß dieser ohne weiteres Zutun aus jedem Verzeichnis aufgerufen werden kann), ist das für den Compiler und die übrigen JDK-Werkzeuge nicht der Fall. Diese können nur dann ohne vorangestellten Pfad aufgerufen werden, wenn der PATH auf das Unterverzeichnis bin des Installationsverzeichnisses verweist. Bei der in diesem Buch angenommen Standard-Installation muß die PATH-Variable also das Verzeichnis c:\jdk1.4\bin enthalten.

Was sind eigentlich Umgebungsvariablen?

Einer der Standardmechanismen zur Konfiguration von Programmen besteht darin, Umgebungsvariablen zu setzen. Diese werden vom Anwender (meist innerhalb einer DOS-Box bzw. Shell mit Hilfe des set-Kommandos) gesetzt und vom Programm gelesen und zur Konfiguration verwendet. Die beiden für das JDK wichtigsten Umgebungsvariablen sind PATH und CLASSPATH. Über erstere wird dem Betriebssystem mitgeteilt, wo es nach ausführbaren Programmen suchen soll, also etwa nach dem Compiler oder Interpreter des JDK. Die Umgebungsvariable CLASSPATH (umgangssprachlich »der CLASSPATH« genannt) ist JDK-spezifisch. Sie zeigt dem Compiler und Interpreter an, in welchen Verzeichnissen er nach Klassendateien suchen soll. Im Gegensatz zu PATH kann der CLASSPATH bei der Standardinstallation eines aktuellen JDKs (Version 1.3 oder später) ungesetzt bleiben. Compiler und Interpreter finden ihr eigenes Laufzeitsystem automatisch, und die selbst geschriebenen Klassen werden im aktuellen Verzeichnis gesucht.

Da es zu umständlich ist, häufig benötigte Umgebungsvariablen nach jedem Aufruf einer DOS-Box neu zu setzen, bieten alle Betriebssysteme die Möglichkeit, sie permanent festzulegen. Abschnitt 2.1.2 auf Seite 49 erläutert dies am Beispiel der PATH-Variable.

Der Compiler javac arbeitet nicht

Wenn der Compiler javac die .java-Datei nicht findet, liegt dies in aller Regel daran, daß sie nicht existiert. Der Compiler unterscheidet zwischen Groß- und Kleinschreibung; die Datei Test1.java ist somit streng von test1.java oder TEST1.JAVA zu unterscheiden. Zudem *muß* die Dateierweiterung .java lauten, denn andere Erweiterungen werden nicht akzeptiert. Hat der Editor fälschlicherweise die Erweiterung .txt angehängt, wird die Datei vom Compiler nicht gefunden. Mitunter kommt es auch vor, daß Beispieldateien beim Kopieren oder Entpacken in das MS-DOS-8.3-Format konvertiert werden. Die Datei `Test1.java` würde dann `TEST1.JAV` heißen und vom Compiler nicht akzeptiert werden.

Wichtig ist auch, daß der Compiler korrekt aufgerufen wird. Anders als beim Interpreter wird die Dateierweiterung stets angegeben. Ein Aufruf von `javac Test1` wird also nicht funktionieren, `javac Test1.java` dagegen sehr wohl. Schließlich ist zu beachten, daß die zu übersetzende Klasse denselben Basisnamen hat wie die Datei, in der sie definiert wurde. In der Datei `Test1.java` muß also eine öffentliche Klasse mit dem Namen `Test1` definiert worden sein.

Der Interpreter java arbeitet nicht korrekt

Der häufigste Fehler beim Aufruf des Interpreters ist ein »NoClassDefFoundError«. Ein trivialer Fehler besteht darin, daß der Interpreter falsch aufgerufen wurde. Im Gegensatz zum Compiler möchte er keinen *Dateinamen* als Argument übergeben bekommen, sondern einen *Klassennamen*. Folglich darf die Erweiterung `.java` oder `.class` nicht angegeben werden. Die in die Datei `Test1.class` übersetzte Klasse `Test1` wird also durch Aufruf von `java Test1` gestartet, und nicht durch `java Test1.class`.

Das funktioniert allerdings nur, und das ist auch schon die zweite Fehlerquelle, wenn `Test1` auch tatsächlich eine Methode `public static void main` enthält. Diese versucht nämlich der Interpreter zu starten, und wenn sie nicht vorhanden ist, gibt es obige Fehlermeldung.

Ist der Aufruf korrekt und die `main`-Methode ebenso vorhanden wie die nötige Klassendatei, kann es trotzdem vorkommen, daß der Interpreter die Klasse nicht starten kann. Das liegt dann meist daran, daß etwas mit dem `CLASSPATH` nicht stimmt. Der `CLASSPATH` ist eine Umgebungsvariable, die eine Liste von Verzeichnissen und Archivdateien enthält, die vom Interpreter der Reihe nach durchsucht werden, um die auszuführenden Klassen zu finden. Die genaue Interpretation des `CLASSPATH` hat sich über die Jahre etwas geändert, aber bei aktuellen JDK-Versionen kann sie wie folgt zusammengefaßt werden:

Ist gar kein `CLASSPATH` angegeben, sucht der Interpreter im *aktuellen* Verzeichnis (bzw. bei Klassen in Unterpaketen in darin befindlichen Unterverzeichnissen) nach der Klassendatei. Ist dagegen eine Umgebungsvariable `CLASSPATH` vorhanden, durchsucht der Interpreter dessen Elemente der Reihe nach. Befindet sich darin nicht das *aktuelle* Verzeichnis (entweder absolut oder als ».« angegeben), so werden auch keine Klassen gefunden, die im aktuellen Verzeichnis liegen. Für unsere ersten Versuche ist es bei aktuellen JDKs also am besten, den `CLASSPATH` gar nicht zu setzen und alle Klassen in das aktuelle Verzeichnis zu legen.

Mitunter wird der `CLASSPATH` von anderen installierten Java-Programmen verändert und sorgt so unbeabsichtigt dafür, daß die eigenen Klassen nicht mehr gefunden werden. Das ist zwar kein guter Stil, kommt in der Praxis aber dennoch manchmal vor. In einem solchen

Fall muß der CLASSPATH während der eigenen Experimente zurückgesetzt oder so geändert werden, daß das aktuelle Verzeichnis (bzw. das mit den eigenen Klassendateien) darin enthalten ist.

> Neben der CLASSPATH-Umgebungsvariable kann der Klassenpfad dem Compiler und Interpreter auch direkt beim Aufruf über Kommandozeilenschalter bekanntgemacht werden (die entsprechenden Argumente lauten -cp bzw. -classpath). Werden also beispielsweise Compiler und Interpreter über Batch-Dateien bzw. Shell-Scripte aufgerufen, könnten darin entsprechende Parameter enthalten sein und das Auffinden der eigenen Klassen erfolgreich verhindern. Auch dies ist eine Fehlerquelle, die in der Praxis mitunter eine Rolle spielt.

Zusätzlich benötigte Klassen werden nicht gefunden

Gibt es beim Ausführen eines Beispielprogramms die Fehlermeldung, daß eine andere als die aufgerufene Klasse nicht gefunden werden kann, liegt das meist daran, daß deren .class-Datei nicht mit aus dem Verzeichnis mit den Beispieldateien in das aktuelle Verzeichnis kopiert wurde. Prominentester Kandidat ist der WindowClosingAdapter, der von fast allen Beispielprogrammen benötigt wird, die eine grafische Oberfläche haben. Weitere Hinweise sind in Abschnitt 2.2.2 auf Seite 56 zu finden.

2.4 Zusammenfassung

In diesem Kapitel wurden folgende Themen behandelt:

- Installation des JDK und seiner Dokumentation sowie der mitgelieferten Quelltexte
- Ein Schnelleinstieg
- Starten der Beispielprogramme
- Der Entwicklungszyklus
- Einfache Ein-/Ausgaben
- Hinweise zur Formatierung des Beispielprogramme
- Namenskonventionen
- Aufruf von Java-Programmen unter Windows
- Häufige Fehler und wie man sie behebt

3 Wie geht es weiter?

3.1 Wie sollte man dieses Buch lesen?

3.1.1 Zu welchem Typ Leser gehören Sie?

Sie haben nun einen ersten Eindruck von Java gewonnen und wollen Ihr Wissen vervollständigen. Natürlich können Sie das Buch einfach Seite für Seite weiterlesen und dabei die Sprache Java und den Umgang mit ihrer umfassenden Klassenbibliothek erlernen. Vielleicht wollen Sie aber gar nicht bis Kapitel 39 auf Seite 887 warten, um zu erfahren, wie man ein Applet schreibt? Vermutlich wollen Sie auch nicht bis Kapitel 50 auf Seite 1189 warten, um den Umgang mit dem Debugger kennenzulernen? Auch kann es sein, daß Sie nicht an der Dateiein-/-ausgabe interessiert sind und die Kapitel 18 auf Seite 405, 19 auf Seite 427 und 20 auf Seite 445 daher zunächst überspringen wollen. Je nach Ihren Vorkenntnissen und Absichten wird eine ganz bestimmte Vorgehensweise sinnvoll sein. Wir wollen in den nächsten Abschnitten ein paar Tips zum Lesen des Buchs und einige Hinweise zum Inhalt der einzelnen Kapitel geben.

Falls Sie zu dem Leserkreis gehören, der bereits einige Erfahrungen mit der Entwicklung von Programmen in einer konventionellen Hochsprache wie Pascal oder C hat, und Sie dieses Buch vor allem lesen, um auf den Java-Zug aufzuspringen, sind Sie hier goldrichtig. Lesen Sie das Buch einfach von vorne nach hinten und lernen Sie in jedem Kapitel ein wenig dazu. Einige Dinge – insbesondere in den vorderen Kapiteln – werden Ihnen vertraut vorkommen. Aber bereits ab Kapitel 7 auf Seite 143 werden Sie mit vielen Neuigkeiten konfrontiert, die den Reiz der Sprache ausmachen. Lesen Sie das Buch in aller Ruhe, nehmen Sie sich Zeit, die Beispiele nachzuvollziehen, und machen Sie eigene Experimente. Einige der Kapitel behandeln Spezialthemen, die nicht von jedem benötigt werden, und können beim ersten Lesen übersprungen werden. Sie werden am Ende des Buchs ein sicheres Verständnis für alle grundlegenden Belange der Java-Programmierung haben und können sich leicht in komplexere Themengebiete einarbeiten.

Falls Sie bereits weitreichende Programmiererfahrung in einer objektorientierten Sprache wie C++ oder SmallTalk haben, werden Sie sich am Anfang unterfordert fühlen. Die in Kapitel 4 auf Seite 87 bis Kapitel 6 auf Seite 123 eingeführten Grundlagen kommen Ihnen bekannt vor, die ab Kapitel 7 auf Seite 143 behandelte objektorientierte Programmierung kennen Sie im Schlaf, und die in Kapitel 13 auf Seite 269 vorgestellten Techniken zur Entwicklung größerer Programme sind ebenfalls nichts Neues für Sie. Aber kennen Sie sich auch mit Multithreading, Kryptographie, dem Abstract Windowing Toolkit und den Java Foundation Classes aus? Wissen Sie, wie grafische Animationen entwickelt werden, wie man Objekte im Netz verteilt oder auf SQL-Datenbanken zugreift? Kennen Sie Java-Konzepte wie Serialisierung, Reflection oder Beans? Wenn nicht, dann werden auch Sie in diesem Buch interessante und wissenswerte Neuigkeiten finden.

Falls Sie zu dem Leserkreis gehören, der hauptsächlich Applets entwickeln will, verspüren Sie wahrscheinlich keine Lust, viele Kapitel darauf zu warten, das erste Applet vorgesetzt zu bekommen. Natürlich müssen Sie die Grundlagen der Sprache kennen, um Applets entwickeln zu können. Es spricht aber nichts dagegen, daß Sie sich bereits während der Lektüre der Grafikgrundlagen in den Kapiteln 23 auf Seite 497 bis 29 auf Seite 597 mit der Applet-Programmierung, die in Kapitel 39 auf Seite 887 und 40 auf Seite 909 beschrieben wird, vertraut machen. Die Unterschiede zwischen Applikationen und Applets halten sich in Grenzen, und sie werden genau erklärt.

Auch wenn Sie zu dem Typ Leser gehören, der Bücher nie am Stück liest, sondern nur dann zur Hand nimmt, wenn er nach einer Lösung für ein spezielles Problem sucht, kann dieses Buch für Sie nützlich sein. Die Gliederung erleichtert auch das Wiederfinden spezieller Themen. Verwenden Sie einfach das Inhaltsverzeichnis oder den umfassenden Index, um das Thema zu finden, an dem Sie gerade besonders interessiert sind. Zögern Sie nicht, die Beispielprogramme in die Tat umzusetzen und eigene Experimente durchzuführen. Es gibt viele Leser, die auf diese Weise am besten lernen.

Wenn Sie dagegen überhaupt keine Programmiererfahrung haben, wird die Lektüre des Buchs nicht einfach werden. An vielen Stellen werden Grundkenntnisse in Datenstrukturen, Algorithmen und der Entwicklung von Computerprogrammen vorausgesetzt. Die Kapitel mit den fortgeschrittenen Themen setzen darüber hinaus ein gutes Verständnis der einführenden Kapitel voraus. Sollten Ihnen diese Kenntnisse fehlen, versuchen Sie unbedingt, sie sich anzueignen. In Abschnitt 3.2 auf Seite 73 finden Sie Hinweise auf weiterführende Dokumentationen und Online-Ressourcen, die Ihnen dabei helfen können.

Einigen Zuschriften entnahm ich, daß es den Lesern mitunter an elementaren Grundkenntnissen im Umgang mit dem Computer und seinem Betriebssystem mangelt. Die Leser dieser Gruppe sind dann gleich zu Beginn frustriert, weil etwa die Installation des JDK nicht klappt, der PATH nicht gesetzt wurde oder sie noch nie einen Editor gesehen haben. Falls Sie zu dieser Gruppe gehören, sollten Sie sich das fehlende Wissen unbedingt aneignen, sonst sind Mißerfolgserlebnisse vorprogrammiert. In Abschnitt 2.3.7 auf Seite 65 werden einige Hinweise zu diesen elementaren Themen gegeben, aber ausreichend ist das nur, wenn schon gewisse Grundkenntnisse vorhanden sind.

Wie sollte man dieses Buch lesen?

Dieses Buch enthält an vielen Stellen Vorwärtsverweise auf Themen, die noch nicht behandelt wurden. Dadurch wird den Verflechtungen innerhalb der Themenbereiche Rechnung getragen, und man findet beim Nachschlagen schnell alle relevanten Textstellen. Wenn Sie beim Lesen auf einen Vorwärtsverweis stoßen, können Sie normalerweise zunächst warten, bis die Erklärung nachgereicht wird (oftmals schon kurze Zeit später). Sie können den Begriff natürlich auch sofort nachschlagen, aber aus didaktischen Gründen ist das meist nicht unbedingt notwendig.

3.1.2 Was ist der Inhalt der einzelnen Kapitel?

Die Kapitel 1 auf Seite 31 und 2 auf Seite 49 haben Sie bereits gelesen, Sie kennen also die wichtigsten Schlagworte zu Java und haben ein lauffähiges Entwicklungssystem. In diesem Kapitel erhalten Sie Informationen zum Inhalt des Buchs und bekommen Tips, wie Sie es am besten verwenden können. Auch Hinweise auf weiterführende Informationen finden Sie hier.

Die Kapitel 4 auf Seite 87, 5 auf Seite 107 und 6 auf Seite 123 beschäftigen sich mit den elementaren Eigenschaften der Sprache. Sie erklären die lexikalische Struktur von Java-Programmen und stellen Datentypen, Ausdrücke und Anweisungen vor. Wenn Sie bereits mit C oder C++ vertraut sind, werden Ihnen viele Dinge bekannt vorkommen. Dennoch gibt es einige elementare, aber wichtige Unterschiede, und auch als erfahrener C/C++-Programmierer sollten Sie nicht vollständig auf die Lektüre dieser Kapitel verzichten.

Kapitel 7 auf Seite 143 erklärt wichtige Grundlagen der objektorientierten Programmierung und erläutert Klassen und Objekte in Java. Auch die Definition und Verwendung von Methoden wird in diesem Kapitel behandelt. Kapitel 8 auf Seite 163 ist ebenfalls essentiell. Es beschreibt die Prinzipien der Vererbung, erläutert Attribute von Klassen und erklärt statische Membervariablen und Methoden. Schließlich werden abstrakte Klassen und Polymorphismus behandelt. Zu den wichtigsten Techniken der objektorientierten Programmierung in Java gehören Interfaces, die in Kapitel 9 auf Seite 183 beschrieben werden. Mit der Vorstellung einiger weiterführender Themen bildet Kapitel 10 auf Seite 203 den Abschluß der objektorientierten Programmierung. Während lokale und anonyme Klassen ebenso wie Wrapper-Klassen zum Handwerkszeug jedes Java-Programmierers gehören sollten, ist der ausführliche Teil über Design-Patterns optional und kann beim ersten Lesen ausgelassen werden.

Im nächsten Teil des Buchs werden weiterführende Spracheigenschaften und Grundlagen der Klassenbibliothek behandelt. Die Kapitel 11 auf Seite 245 bis 17 auf Seite 379 sind ebenso wichtig wie die Grundlagen der Sprache. Sie behandeln Strings, Exceptions und Packages, erklären die Collections und stellen die wichtigsten Utility-Klassen vor. Einzig Kapitel 15 auf Seite 321 könnte beim ersten Lesen übersprungen werden, denn dort wird das mit dem JDK 1.2 eingeführte Collection-API vorgestellt. Die seit der Version 1.0 vorhandenen Collections sind dagegen Pflicht und werden in Kapitel 14 auf Seite 307 behandelt. Die nächsten vier Kapitel 18 auf Seite 405 bis 21 auf Seite 453 beschäftigen sich mit Dateizugriffen. Sie erläutern zeichen- und byteorientierte Streams, Random-Access-Dateien und den Zugriff auf Verzeichnisse. Den Abschluß des vierten Teils bildet Kapitel 22 auf Seite 465 mit der Behandlung des Multithreadings.

Die darauffolgenden Kapitel beschäftigen sich mit dem Abstract Windowing Toolkit und zeigen, wie man Java-Programme mit grafischer Oberfläche schreibt. Während Kapitel 23 auf Seite 497 bis 29 auf Seite 597 Grundlagen behandelt, die auch dann wichtig sind, wenn nur Swing-Programme geschrieben werden sollen, werden in den Kapiteln 30 auf Seite 621 und 32 auf Seite 675 ausschließlich AWT-Menüs und -Dialogelemente vorgestellt. Kapitel 31 auf Seite 645 erklärt den Umgang mit Layoutmanagern und ist sowohl für AWT- als auch für Swing-Programme wichtig. Den Abschluß dieses Teils bilden zwei Kapitel, in denen gezeigt wird, wie eigene Dialogelemente entwickelt werden können und wie man Bitmaps und Animationen einsetzt. Zwar sind sie weitgehend AWT-spezifisch, doch ist ihr Inhalt auch für entsprechende Swing-Programme und zum Verständnis der Java-Beans-Architektur vonnöten.

Teil 6 des Buchs befaßt sich mit der Programmierung von grafischen Oberflächen mit Swing. Während in Kapitel 35 auf Seite 749 Grundlagen erklärt und Unterschiede bzw. Parallelen zum AWT aufgezeigt werden, behandeln die nächsten drei Kapitel alle wichtigen Dialogelemente des Swing-Toolkits. Zusammen mit den im vorigen Teil vermittelten Grundlagen stehen nach Ende dieses Teils ausreichend Kenntnisse zur Entwicklung eigener Swing-Applikationen zur Verfügung.

In den nachfolgenden Kapiteln 39 auf Seite 887 und 40 auf Seite 909 wird die Applet-Programmierung erläutert. Diese Kapitel können bei Bedarf auch vorgezogen werden, insbesondere Swing-Kenntnisse sind zu ihrem Verständnis nicht nötig. Die Grundlagen der Grafikprogrammierung aus Kapitel 5 sollten Sie allerdings gelesen haben.

Die beiden letzten Teile des Buchs behandeln eine Reihe weiterführender Themen. Die Kapitel 41 auf Seite 929 und 42 auf Seite 953 erweitern die Möglichkeiten, Daten persistent zu speichern. Sie erläutern das Serialisieren von Objekten und beschreiben den Zugriff auf relationale Datenbanken. In Kapitel 43 auf Seite 989 wird gezeigt, wie mit Hilfe des Reflection-APIs zur Laufzeit auf die Interna von Klassen und Objekten zugegriffen werden kann. In Kapitel 44 auf Seite 1015 wird die zum Erstellen eigenständiger Komponenten wichtige Java-Beans-Architektur vorgestellt.

Die nächsten beiden Kapitel 45 auf Seite 1059 und 46 auf Seite 1091 beschäftigen sich mit der Netzwerkprogrammierung. Während das erste die Grundlagen vorstellt und zeigt, wie

TCP/IP-Clients und -Server geschrieben werden, stellt das zweite verteilte Objektarchitekturen mit RMI vor. Den Abschluß dieses Teils bildet Kapitel 47 auf Seite 1107 mit der Vorstellung des Sicherheitskonzepts von Java und der Beschreibung signierter Applets. Hier werden auch wichtige kryptografische Grundlagen erläutert. In Kapitel 48 auf Seite 1141 wird das Sound-API vorgestellt, und in den letzten beiden Kapiteln des Buchs werden Hinweise zur Steigerung der Performance von Java-Programmen und zum Umgang mit den Hilfsprogrammen des JDK gegeben.

3.1.3 Wie geht es nun weiter?

Daß man Bücher unterschiedlich gliedern kann, ist kein Geheimnis. Daß die Beschreibung einer Programmiersprache mehr Aufwand erfordert als die eines Mobiltelefons oder Videorecorders, ist ebenfalls bekannt. Ist es nun besser, eine umfangreiche Programmiersprache zunächst aus der Vogelperspektive zu betrachten und nur die jeweils benötigten Themen rezeptartig nachzuschlagen? Um so mit geringstem Mitteleinsatz frühzeitig lauffähige (aber nicht notwendigerweise verstandene) Ergebnisse zu produzieren? Oder sollte man zunächst die Grundlagen der Sprache studieren und erst später die komplexeren Hilfsmittel auf der Basis eines soliden Grundlagenwissens einsetzen?

Wie die Kapitelaufteilung zeigt, wurde dieses Buch unter der Annahme geschrieben, daß der zweite Ansatz der sinnvollere ist. Platt ausgedrückt, stehen die einfachen Dinge weiter vorne und die schwierigen weiter hinten, und im Zweifelsfall ist diese Leserichtung durchaus sinnvoll. Das soll allerdings keinesfalls heißen, daß unter allen Umständen und für alle Leser das sequentielle Durchlesen die richtige Vorgehensweise ist. Wie erwähnt, mag es durchaus sinnvoll sein, zu einem anderen Ablauf zu kommen. Gerade beim Einsatz im geschäftlichen Umfeld hat man durch Termin- und Projektdruck nicht immer die Zeit, die Anwendung neuer Werkzeuge mit der nötigen Ruhe zu erlernen.

Letztendlich müssen Sie selbst entscheiden, welche der Kapitel Sie durchlesen wollen und in welcher Reihenfolge Sie das tun. Die vorgegebene Kapitelaufteilung und -reihenfolge mag Ihnen dabei ein Leitfaden sein. Wählen Sie die Technik, die Ihren Neigungen und Erwartungen am meisten entgegenkommt und am besten mit Ihren Beweggründen in Einklang zu bringen ist. Dann werden Sie den größtmöglichen Nutzen aus dem Buch ziehen.

3.2 Weiterführende Informationen

3.2.1 Die Dokumentation des JDK

Die Dokumentation zum JDK befindet sich auf der beigefügten CD-ROM. Sie liegt im Verzeichnis `\install\jdk14` und kann wie in Abschnitt 2.1 auf Seite 49 beschrieben installiert werden. Zusätzlich befinden sich diverse weiterführende Informationen, Dokumentationen und Spezifikationen zu verschiedenen Aspekten der Java-Programmierung im Verzeichnis `\java` der CD-ROM. Es empfiehlt sich, die Datei `\readme.txt` zu lesen, um einen Überblick über den Inhalt der CD-ROM zu bekommen.

Wird die JDK-Dokumentation in das vorgeschlagene Installationsverzeichnis extrahiert, kann sie durch Aufruf der Datei `c:\jdk1.4\docs\index.html` mit einem HTML-Browser gelesen werden. Diese Einstiegsseite enthält Verweise auf alle anderen Teile der Dokumentation. Ein Großteil von ihnen wird zusammen mit dem JDK ausgeliefert, es gibt aber auch Online-Ressourcen, die auf dem JavaSoft-Server liegen. Die folgenden Hauptthemen sind als Verweise am oberen Rand der Startseite angeordnet und können direkt angesprungen werden:

Name	Beschreibung
General Info	Allgemeine Infos zur Installation des JDK, Lizenzbestimmungen, Versionen, Fehlerhinweise
API & Language	Verweis auf die API-Dokumentation des JDK
Guide To Features	Überblick über alle großen Pakete des JDK, mit Hinweisen zur Architektur, Erläuterungen und teilweise Spezifikationen
Tool Docs	Dokumentation der Hilfsprogramme des JDK
J2RE & Plug-In	Verweis auf die Online-Dokumentation zum JRE und zum Java-PlugIn (siehe Abschnitt 40.4 auf Seite 922)
Demos/Tutorials	Aufruf der beigefügten Demo-Applets sowie Verweis auf eine Vielzahl von Online-Ressourcen zu Java

Tabelle 3.1: Inhalt der JDK-Dokumentation

Die bei der täglichen Arbeit wichtigste Dokumentation ist die API-Dokumentation des JDK. Sie kann über den Link »API & Language« oder durch direkten Aufruf der Datei `c:\jdk1.4\docs\api\index.html` gestartet werden. Als *API* bezeichnet man das *Application Programming Interface*, also die Programmierschnittstelle einer Klasse, eines Pakets oder einer ganzen Bibliothek. Die API-Dokumentation des JDK gibt detaillierte Auskunft zu allen öffentlichen Paketen, Klassen, Methoden und Variablen. Sie wurde von den JDK-Entwicklern mit `javadoc` generiert und sieht seit dem JDK 1.2 etwa so aus.

Die drei Fenster haben folgende Bedeutung:

▶ Im linken oberen Fenster findet sich eine Liste aller Pakete des JDK. Ein Klick auf eines der Pakete stellt die Liste der zugehörigen Klassen im linken unteren Fenster dar.

▶ Das linke untere Fenster zeigt alle Klassen, Interfaces und Exceptions des aktuellen Pakets. Wird ein Element angeklickt, so erscheint auf der rechten Seite seine Beschreibung.

Weiterführende Informationen Kapitel 3

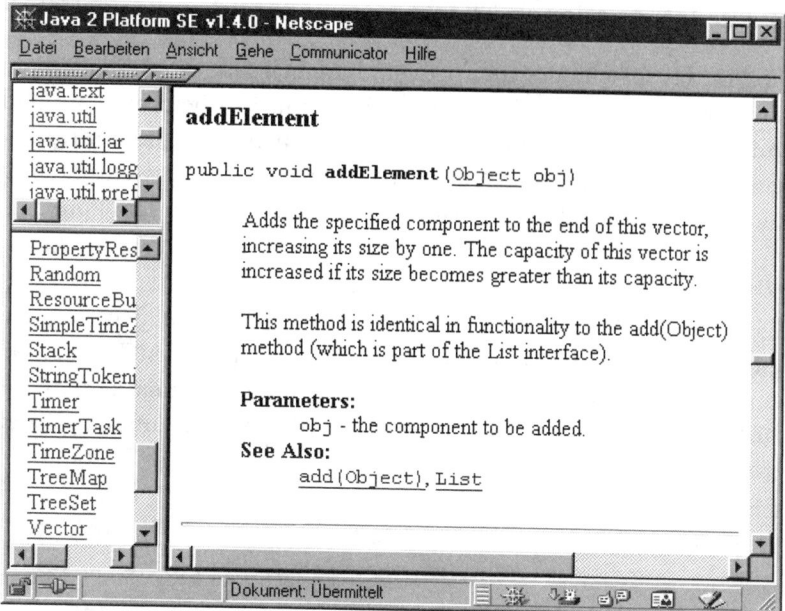

Abbildung 3.1: Die API-Dokumentation des JDK

▶ Auf der rechten Seite wird eine einzelne Klasse oder ein Interface beschrieben. Am oberen Rand werden Vererbungsinformationen angezeigt, darunter folgt die allgemeine Klassenbeschreibung. Anschließend kommt eine Linkleiste für Konstanten, Variablen, Konstruktoren und Methoden. Ein Klick auf eines dieser Elemente verzweigt zu dessen detaillierter Beschreibung. Abbildung 3.1 zeigt die Beschreibung der Methode addElement der Klasse Vector des Pakets java.util.

Die API-Dokumentation ersetzt zwar nicht die konzeptionelle Beschreibung der Java-Themen (das ist Aufgabe dieses Buchs), als Nachschlagewerk zu Details der Klassenbibliothek ist sie jedoch unentbehrlich. Der Umgang mit ihr sollte jedem Java-Entwickler in Fleisch und Blut übergehen. Manchmal bieten die Hilfesysteme der integrierten Entwicklungsumgebungen sogar noch komfortablere Möglichkeiten, auf die Dokumentation von Klassen und Methoden zuzugreifen.

Durch die alphabetische Anordnung der Pakete muß im linken oberen Fenster sehr häufig gescrollt werden. Einfacher wird es, wenn die wichtigsten und am häufigsten benötigten Pakete in der Liste nach oben verschoben werden. Wer rudimentäre HTML-Kenntnisse hat, kann dazu die Datei *c:\jdk1.4\docs\api\overview-frame.html* mit einem Texteditor öffnen und die gewünschten Zeilen editieren. Nützlich wäre es beispielsweise, die Pakete java.lang, java.io, java.util, java.awt, java.awt.event, javax.swing, java.sql und java.net an den Anfang der Liste zu setzen.

3.2.2 Informationen im Internet

Java ist die Sprache des Internets, und folglich gibt es unzählige Ressourcen im Internet, die sich in der einen oder anderen Weise mit Java beschäftigen. Leider veralten viele der Adressen fast ebenso schnell, wie sie erschienen sind, und ein Buch ist daher nur bedingt geeignet, sie aufzuzählen. Wir wollen uns auf einige der wichtigsten Adressen beschränken, die bei der Entwicklung von Java-Programmen nützlich sein können.

Usenet

Die offiziellen Usenet-Newsgroups zu Java beginnen mit dem Namen `comp.lang.java`. Hier gibt es eine ganze Reihe von Untergruppen zu speziellen Themen. Leider ist die Abgrenzung zwischen den einzelnen Untergruppen nicht immer klar, und es kommt regelmäßig zu Überschneidungen und Crosspostings. Tabelle 3.2 auf Seite 76 listet die Gruppen der `comp.lang.java`-Hierarchie auf.

Tabelle 3.2: Die comp.lang.java-Hierarchie im Usenet

Newsgroup	Inhalt
news:comp.lang.java.3d	Diskussionen über das Java-3D-API (Homepage auf http://www.j3d.org/)
news:comp.lang.java.advocacy	Allgemeine Diskussionen über Java
news:comp.lang.java.announce	Moderierte Newsgroup mit Ankündigungen und Vorstellungen von Neuentwicklungen. Wird kaum noch verwendet.
news:comp.lang.java.api	Das Application Programming Interface und die Klassenbibliothek. Die Gruppe ist veraltet und sollte nicht mehr verwendet werden.
news:comp.lang.java.beans	Die Komponentenarchitektur Beans
news:comp.lang.java.corba	Java, CORBA und Objektverteilung im Netz
news:comp.lang.java.databases	Datenbankprogrammierung mit JDBC. Die kurze Zeit vorhandene Gruppe `comp.lang.java.database` wird nicht verwendet.
news:comp.lang.java.gui	Programmierung von grafischen Oberflächen und Diskussion von GUI-Buildern
news:comp.lang.java.help	Allgemeine Quelle für Fragen aller Art, von der Installation bis zu Programmierproblemen
news:comp.lang.java.machine	Diskussionen um VMs und alles, was sich unterhalb der Sprachebene abspielt. Ersetzt die Gruppe *comp.lang.java.tech*.
news:comp.lang.java.misc	Veraltete Gruppe mit Diskussionen zu unterschiedlichen Themen. Sollte eigentlich nicht mehr verwendet werden.
news:comp.lang.java.programmer	Stark frequentierte Newsgroup zu allen möglichen Aspekten der Java-Programmierung
news:comp.lang.java.security	Diskussion von Sicherheitsaspekten
news:comp.lang.java.setup	Diskussion von Installationsaspekten. Ist veraltet und sollte durch *comp.lang.java.help* ersetzt werden.

Newsgroup	Inhalt
news:comp.lang.java.softwaretools	Diskussionen zu Tools, Werkzeugen und Entwicklungsumgebungen rund um Java
news:comp.lang.java.tech	Veraltete Gruppe zu technischen Fragestellungen. Wurde durch news:comp.lang.java.machine ersetzt.
news:comp.lang.javascript	Hier dreht sich alles um die Script-Sprache JavaScript. Diese Gruppe hat daher keinen direkten Bezug zu Java, soll aber der Vollständigkeit halber erwähnt werden.
news:de.comp.lang.java	Es gibt auch eine mittlerweile sehr stark frequentierte deutsche Newsgroup, in der alle Aspekte von Java diskutiert werden. Diese besitzt zudem eine Homepage http://www.dclj.de, auf der wichtige Dokumente direkt zur Verfügung gestellt werden.

Tabelle 3.2: Die comp.lang.java-Hierarchie im Usenet (Forts.)

Meta-Ressourcen

Unter http://java.sun.com/ oder http://www.javasoft.com/ finden Sie den Java-Server von SUN bzw. SUNs JavaSoft Division. Hier sind Informationen aus erster Hand von den Entwicklern der Sprache zu finden. Dieser Server ist die erste Adresse, wenn es um Neuigkeiten, aktuelle Entwicklungen und Dokumentationen geht. Hier gibt es auch Links zu weiteren Meta-Ressourcen, die hier nicht erwähnt werden. Ein direkter Link auf die von SUN für Java zur Verfügung gestellten Entwicklungsumgebungen ist http://java.sun.com/products/. Unter der Adresse http://java.sun.com/j2se/1.4/ gibt es alles rund um die aktuelle Java-Version 1.4.

Eine wichtige Adresse für Entwickler ist auch die der *Java Developer's Connection (JDC)* unter http://developer.java.sun.com/. Diese Seiten werden von SUN gepflegt, um eine zentrale Anlaufstelle für Java-Entwickler zur Verfügung zu stellen. Es gibt dort Diskussionsforen, Schulungsangebote, weitere Software und jede Menge nützliche Informationen. Wichtiges »Organ« der JDC ist der *JDC-Newsletter*. Dabei handelt es sich um einen Newsletter, der per E-Mail regelmäßig über aktuelle Neuerungen informiert. Der Zutritt zur JDC ist kostenlos, erfordert aber das Ausfüllen einer Registrierungsseite.

Mitunter ebenfalls wichtig ist die – etwas euphemistisch als *Bug Parade* bezeichnete – Fehlerdatenbank des Java Development Kit. Hier werden alle bekannten Fehler gelistet und mit Beschreibung, Behebungs-Status und möglichen Workarounds beschrieben. Die Bug Parade kann unter http://developer.java.sun.com/developer/bugParade/index.jshtml erreicht und online nach Fehlern durchsucht werden. Registrierte Entwickler können neue Fehler eintragen oder zu bekannten Fehlern ihre Stimme abgegeben – in der Hoffnung, dadurch die Behebung zu beschleunigen.

Auch in den großen Web-Verzeichnissen gibt es meist eigene Rubriken für die Programmiersprache Java. Yahoo stellt diese beispielsweise unter `http://www.yahoo.com/Computers_and_Internet/Programming_Languages/Java` zur Verfügung, und bei Google lautet die Adresse `http://directory.google.com/Top/Computers/Programming/Languages/Java/`.

In der Anfangszeit der Java-Entwicklung gab es eine ganze Reihe von Sites, die Unmengen an freien Java-Tools, -Applets und -Programmen oder frei zugänglichen Quellcode anboten. Viele von ihnen sind mittlerweile verschwunden, in einem anderen Dienst aufgegangen oder wurden kommerzialisiert. Einige Anlaufstellen sind `http://www.componentsource.com/`, `http://www.jguru.com/`, `http://www.sunsource.net/`, `http://www.jars.com/` oder das von SUN verwaltete Verzeichnis von Java-Lösungen `http://industry.java.sun.com/solutions/`. Frei zugängliche Java-Software und -Projekte gibt es unter anderem auf `http://www.gnu.org/software/software.html#Java`, `http://jakarta.apache.org/`, `http://sourceforge.net/` oder `http://freshmeat.net/`.

JavaLobby ist ein Zusammenschluß von Java-Enthusiasten, die das Ziel verfolgen, die Sprache zu verbreiten und für ein »100 % Pure Java« einzutreten. Die Homepage unter `http://www.javalobby.org/` bietet auch eine ganze Menge Verweise zu Java-Ressourcen und interessante Artikel rund um Java. Unter der Adresse `http://www.apl.jhu.edu/~hall/java/` verwaltet Marty Hall von der Johns Hopkins University eine interessante Liste von Java-Ressourcen mit Links zu FAQs, weiteren Dokumentationen, Beispielanwendungen, Entwicklungsumgebungen, Klassenbibliotheken und vielem anderen mehr.

FAQs

Eine Liste von Java-FAQs gibt es unter `http://www.faqs.org/faqs/computer-lang/java/`. Dort wird auch auf das sehr umfangreiche, aber nicht mehr ganz aktuelle FAQ von Peter van der Linden verwiesen, das unter `http://www.afu.com/javafaq.html` gefunden werden kann. Eine weitere Liste von Java-FAQs gibt es unter `http://www.links2go.com/topic/java_faqs`.

Von Roedy Green gibt es unter `http://mindprod.com/jgloss.html` ein Glossar, in dem viele Begriffe und Konzepte rund um Java erläutert werden.

Von SUN selbst gibt es ebenfalls ein FAQ, das unter `http://www.javasoft.com/products/jdk/faq.html` zu finden ist. Dort sind auch einige Metainformationen und firmenbezogene Informationen über Java zu finden.

Einige FAQs zur deutschen Java-Newsgroup sind unter `http://www.dclj.de/faq.html` zu finden.

Weiterführende Informationen   Kapitel 3

Online-Magazine und Dokumentationen

Unter `http://www.sys-con.com/java/` ist die Onlineversion des *Java Developer's Journal* zu finden. Unter `http://www.javaworld.com/` findet sich die *Java World*, und die Adresse für den *Java Report Online* ist `http://www.javareport.com/`. Auch das nicht sprachgebundene *Dr. Dobb's Journal* hat eine Java-Rubrik unter `http://www.ddj.com/topics/java/`. Das auch in deutscher Sprache erhältliche *Java Spektrum* ist unter `http://www.sigs-datacom.de/sd/publications/js/index.htm` zu finden. Online steht es allerdings nur in Auszügen zur Verfügung.

Auf dem SUN-Server gibt es weitere Dokumentationen zu Java. Auf `http://java.sun.com/docs/books/` wird die *Java Series* vorgestellt, in der SUN zusammen mit Addison-Wesley eine große Zahl von Java-Büchern publiziert hat. Unter `http://java.sun.com/docs/books/jls/index.html` ist die Sprachspezifikation zu finden, und die Beschreibung der virtuellen Maschine findet sich unter `http://java.sun.com/docs/books/vmspec/index.html`.

3.2.3 Die HTML-Ausgabe

Beschreibung

Auf der CD-ROM befindet sich im Verzeichnis \html die HTML-Ausgabe des Buchs. Alternativ kann sie auch von `http://www.javabuch.de` oder `http://www.gkrueger.com` heruntergeladen werden. Sie enthält den kompletten Buchtext und eignet sich mit ihren Querverweisen und Navigationshilfen ausgezeichnet als Nachschlagewerk. Die HTML-Ausgabe kann direkt von der CD-ROM aufgerufen oder lokal installiert werden. Beides ist in der beigefügten Dokumentation beschrieben.

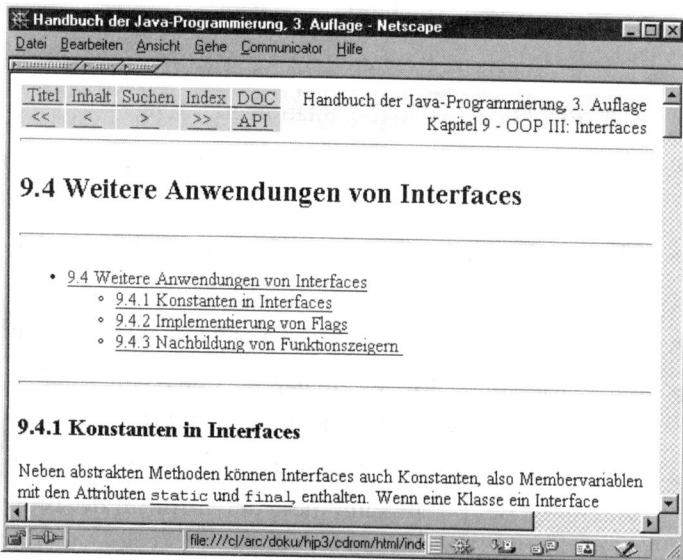

Abbildung 3.2: Die HTML-Ausgabe des Buchs

Die HTML-Ausgabe sollte mit den gängigen aktuellen Browsern gelesen werden können. Getestet wurde sie mit den 4er und 6er Versionen des Netscape Navigator, mit Internet Explorer 4, 5 und 6 und mit Opera 3.5 (wegen fehlender JavaScript-Unterstützung und leicht abweichender Tabellenformatierung gibt es hier einige Einschränkungen). Die im Text verwendeten Farben wurden Web-konform gewählt und sollten auch auf LCD-Bildschirmen und 256-Farben-Displays gut lesbar sein. Als sinnvolle Mindestauflösung kann 800 * 600 Pixel angesehen werden, wenn die Schriftgröße im Browser nicht zu groß eingestellt ist.

Navigation mit der Maus

Es gibt eine Vielzahl von Navigationshilfen:

- Alle Seiten enthalten am oberen und unteren Ende eine Navigationsleiste, mit der folgende Seiten direkt angesprungen werden können:
    - "Titel": Titelseite
    - "Inhalt": Globales Inhaltsverzeichnis
    - "Suchen": Suchfunktion
    - "Index": Index
    - "DOC": Die Hauptseite der JDK-Dokumentation
    - "<<": Voriges Kapitel
    - "<": Voriger Abschnitt
    - ">": Nächster Abschnitt
    - ">>": Nächstes Kapitel
    - "API": Die API-Dokumentation zum JDK

- Das Inhaltsverzeichnis paßt normalerweise auf eine Seite und kann ohne Scrollen bedient werden.

- Alle Java-Bezeichner, Klassen-, Interface- und Methodennamen sind als Links realisiert und führen direkt in den Index.

- Internet-Links führen direkt zu der abgedruckten Ressource.

- Syntaxdiagramme haben auf der rechten Seite einen Link, der direkt auf die API-Dokumentation der betreffenden Klasse führt.

- Listings haben auf der rechten Seite einen Link, der direkt zu der abgedruckten Quelldatei führt. Bei Bedarf kann diese durch Aufruf des Browser-Menüs »Speichern unter« (meist durch [STRG]+[S] zu erreichen) direkt als Datei gespeichert werden.

Weiterführende Informationen

- Am Anfang jedes Kapitels und Abschnitts findet sich ein lokales Inhaltsverzeichnis.
- Verweise auf Abbildungen, Listings und Tabellen können als Links direkt angesprungen werden.
- Der Index enthält neben den Textverweisen bei Klassen-, Interface- und Methodennamen auch einen Verweis auf die zugehörige API-Dokumentation.
- Die Hauptseite des Index enthält nicht nur einen einzelnen Verweis auf den Anfang jedes Indexbuchstabens, sondern – je nach Anzahl der Einträge – auch auf Unterteilungen davon. Diese erleichtern das Auffinden von Fundstellen insbesondere bei Buchstaben wie »G« oder »S« mit Hunderten von Einträgen.

Navigation über die Tastatur

Es gibt eine limitierte Form der Tastaturbedienung, mit der wichtige Seiten ohne Zuhilfenahme der Maus angesprungen werden können. Auf den meisten Seiten stehen folgende Tastaturbefehle zur Verfügung:

- `T`: Titelseite
- `Z`: Globales Inhaltsverzeichnis
- `S`: Suchfunktion
- `I`: Index
- `P`: API-Dokumentation
- `D`: JDK-Dokumentation
- `H`: Voriges Kapitel
- `J`: Voriger Abschnitt
- `K`: Nächster Abschnitt
- `L`: Nächstes Kapitel
- `A`: Seitenanfang
- `E`: Seitenende

Auf der Hauptseite des Index kann der gewünschte Indexbuchstabe auch über die Tastatur eingegeben werden. Die zuvor beschriebenen Kürzel sind auf dieser Seite außer Kraft.

Einsatz von JavaScript

Die HTML-Ausgabe enthält hauptsächlich HTML-3.2-Code. Cascading Style Sheets oder ähnliche Erweiterungen wurden nicht verwendet. Ein Java-Applet wird nur für die Suchfunktion verwendet, und der Einsatz von JavaScript wurde so gering wie möglich gehalten. Die HTML-Ausgabe ist auch verwendbar, wenn JavaScript im Browser deaktiviert ist oder nicht unterstützt wird. In diesem Fall gibt es einige kleine Einschränkungen:

▶ Die Tastaturbedienung ist außer Kraft.

▶ Die eingebetteten Verweise auf die JDK- und API-Dokumentation lassen sich nicht konfigurieren. Sie funktionieren nur dann korrekt, wenn die JDK-Dokumentation im Unterverzeichnis jdkdocs\ und die API-Dokumentation im Unterverzeichnis jdkdocs\api\ innerhalb des Installationsverzeichnisses liegt.

Ist JavaScript aktiviert, kann die JDK-Dokumentation an einer beliebigen Stelle liegen. Damit die Links der HTML-Ausgabe korrekt funktionieren, muß in diesem Fall an der im Unterverzeichnis *html* liegenden JavaScript-Datei *hjp3lib.js* eine kleine Änderung vorgenommen werden. In den Variablen jdkdocs und apidocs in den Zeilen 27 und 28 muß nämlich der JDK-Dokumentationspfad korrekt gesetzt sein. Er ist standardmäßig auf *c:\jdk1.4\docs* bzw. *c:\jdk1.4\docs\api* eingestellt (passend für eine Windows-Standardinstallation) und sollte der eigenen Installation entsprechend verändert werden. Wenn alles korrekt eingestellt ist, müßten die Schaltflächen "DOC" und "API" am Anfang und Ende jeder Seite auf die Startseite der JDK- und API-Dokumentation verzweigen.

3.2.4 Die im Buch verwendete UML-Notation

Im Buch werden mitunter Grafiken verwendet, um die Beziehungen zwischen Klassen darzustellen. Wir wenden dazu eine leicht modifizierte Form von Klassendiagrammen an, wie sie auch in der *Unified Modeling Language* (kurz *UML*) verwendet werden. UML ist eine verbreitete Notation und Methodik für objektorientierte Analyse und Design. Mit ihrer Darstellung alleine könnte man leicht mehrere Bücher füllen. Wir wollen uns in diesem Buch auf die Basisnotation, die *Klassendiagramme*, beschränken.

Eine Klasse wird als graues Rechteck dargestellt, das in seinem Inneren den Namen der Klasse trägt. Mitunter hat es weitere Unterteilungen, in denen Methoden untergebracht sind, wenn diese für das Verständnis der Zusammenhänge von Bedeutung sind. Interfaces werden ebenfalls als Rechteck dargestellt (worum es sich dabei handelt, wird in Kapitel 9 auf Seite 183 erläutert), haben aber einen weißen Hintergrund. Zusätzlich wird über den Namen der Text »interface« geschrieben.

Abbildung 3.3 auf Seite 83 zeigt drei Klassen Vector, String und MyOwnClass und zwei Interfaces Enumeration und Serializable:

Weiterführende Informationen — Kapitel 3

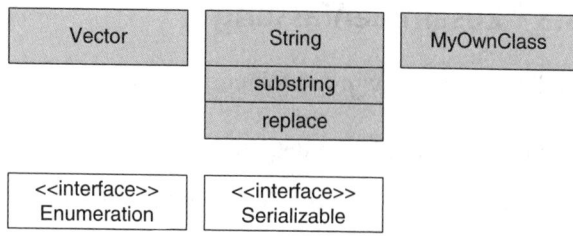

Abbildung 3.3: UML-Notation für Klassen und Interfaces

Klassen und Methoden können in Beziehungen zueinander stehen. Diese werden durch Verbindungslinien grafisch dargestellt. Bei einer Vererbungsbeziehung wird ein Pfeil von der abgeleiteten zur Basisklasse gezogen. Die Basisklasse steht in aller Regel über der abgeleiteten Klasse. Erben mehrere Klassen von einer Basisklasse, werden die Pfeile zur besseren Übersichtlichkeit zusammengefaßt. Die Implementierung eines Interfaces wird analog dargestellt, allerdings mit gestrichelten Linien.

Aggregation und Komposition wird durch eine Verbindungslininie dargestellt, die auf der Seite mit dem Container eine kleine Raute trägt. Wir unterscheiden dabei nicht zwischen den beiden Varianten. Aufrufbeziehungen werden als gestrichelte Pfeile mit Beschriftung dargestellt. Der Text beschreibt die Bedeutung des Aufrufs.

Abbildung 3.4 zeigt eine Basisklasse `AbstractComponent`, die das Interface `Component` implementiert. Aus `AbstractComponent` sind die drei Klassen `ConcreteComponent1`, `ConcreteComponent2` und `Container` abgeleitet. `Container` ist Besitzer einer Sammlung von `AbstractComponent`-Objekten. `ConcreteComponent2` verwendet die Klasse `Cache`:

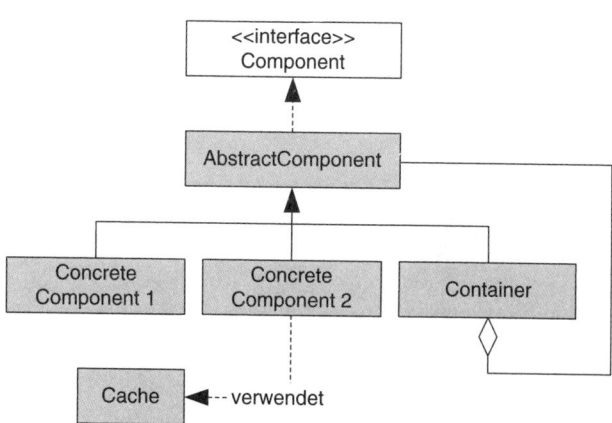

Abbildung 3.4: UML-Notation für Beziehungen zwischen Klassen und Interfaces

3.3 Zusammenfassung

In diesem Kapitel wurden folgende Themen behandelt:

- Hinweise zum Lesen des Buchs
- Übersicht über den Inhalt der einzelnen Kapitel
- Weiterführende Informationen
- Java-Ressourcen im Internet
- Die HTML-Ausgabe des Buchs
- Die im Buch verwendete UML-Notation

TEIL II
Grundlagen der Sprache

4 Datentypen

4.1 Lexikalische Elemente eines Java-Programms

Bevor wir uns in diesem Kapitel mit den Datentypen von Java befassen, sollen zunächst einmal die wichtigsten lexikalischen Eigenschaften der Sprache vorgestellt werden. Hierzu zählen der Eingabezeichensatz, die Kommentare und die Struktur von Bezeichnern.

4.1.1 Eingabezeichen

Ein Java-Programm besteht aus einer Folge von Unicode-Zeichen. Der Unicode-Zeichensatz faßt eine große Zahl internationaler Zeichensätze zusammen und integriert sie in einem einheitlichen Darstellungsmodell. Da die 256 verfügbaren Zeichen eines 8-Bit-Wortes bei weitem nicht ausreichen, um die über 30.000 unterschiedlichen Zeichen des Unicode-Zeichensatzes darzustellen, ist ein Unicode-Zeichen 2 Byte, also 16 Bit, lang. Der Unicode ist mit den ersten 128 Zeichen des ASCII- und mit den ersten 256 Zeichen des ISO-8859-1-Zeichensatzes kompatibel.

> Die Integration des Unicode-Zeichensatzes geht in Java so weit, daß neben String- und char-Typen auch die literalen Symbole und Bezeichner der Programmiersprache im Unicode realisiert sind. Es ist daher ohne weiteres möglich, Variablen- oder Klassennamen mit nationalen Sonderzeichen oder anderen Symbolen zu versehen.

4.1.2 Kommentare

Es gibt in Java drei Arten von Kommentaren:

- *Einzeilige Kommentare* beginnen mit // und enden am Ende der aktuellen Zeile.
- *Mehrzeilige Kommentare* beginnen mit /* und enden mit */. Sie können sich über mehrere Zeilen erstrekken.
- *Dokumentationskommentare* beginnen mit /** und enden mit */ und können sich ebenfalls über mehrere Zeilen erstrecken.

Kommentare derselben Art sind nicht schachtelbar. Ein Java-Compiler akzeptiert aber einen einzeiligen innerhalb eines mehrzeiligen Kommentars und umgekehrt.

Dokumentationskommentare dienen dazu, Programme im Quelltext zu dokumentieren. Mit Hilfe des Tools javadoc werden sie aus der Quelle extrahiert und in ein HTML-Dokument umgewandelt (siehe Kapitel 50 auf Seite 1189). Kapitel 18 der Sprachspezifikation erklärt die Verwendung von Dokumentationskommentaren ausführlich. Wir wollen uns hier lediglich auf ein kleines Beispiel beschränken, das besagter Beschreibung entnommen wurde:

Listing 4.1: Verwendung eines Dokumentationskommentars im Java-API

```
001 /**
002  * Compares two Objects for equality.
003  * Returns a boolean that indicates whether this Object
004  * is equivalent to the specified Object. This method is
005  * used when an Object is stored in a hashtable.
006  * @param obj     the Object to compare with
007  * @return        true if these Objects are equal;
008  *                false otherwise.
009  * @see           java.util.Hashtable
010  */
011 public boolean equals(Object obj)
012 {
013   return (this == obj);
014 }
```

Dokumentationskommentare stehen immer *vor* dem Element, das sie beschreiben sollen. In diesem Fall ist das die Methode equals der Klasse Object. Der erste Satz ist eine Überschrift, dann folgt eine längere Beschreibung der Funktionsweise. Die durch @ eingeleiteten Elemente sind Makros, die eine besondere Bedeutung haben. @param spezifiziert Methodenparameter, @return den Rückgabewert und @see einen Verweis. Daneben gibt es noch die Makros @exception, @version und @author, die hier aber nicht auftauchen.

Weitere Informationen zu javadoc und den anderen Hilfsprogrammen des JDK finden Sie in Kapitel 50 auf Seite 1189.

4.1.3 Bezeichner

Ein Bezeichner ist eine Sequenz von Zeichen, die dazu dient, die Namen von Variablen, Klassen oder Methoden zu spezifizieren. Ein Bezeichner in Java kann beliebig lang sein, und alle Stellen sind signifikant. Bezeichner müssen mit einem *Unicode-Buchstaben* beginnen (das sind die Zeichen 'A' bis 'Z', 'a' bis 'z', '_' und '$') und dürfen dann weitere Buchstaben oder Ziffern enthalten. Unterstrich und Dollarzeichen sollen nur aus historischen Gründen bzw. bei maschinell generiertem Java-Code verwendet werden.

Ein Buchstabe im Sinne des Unicode-Zeichensatzes muß nicht zwangsläufig aus dem lateinischen Alphabet stammen. Es ist auch zulässig, Buchstaben aus anderen Landessprachen zu verwenden. Java-Programme können daher ohne weiteres Bezeichner enthalten, die nationalen Konventionen folgen. Java-Bezeichner dürfen jedoch nicht mit Schlüsselwörtern, den booleschen Literalen true und false oder dem Literal null kollidieren.

4.1.4 Weitere Unterschiede zu C

Nachfolgend seien noch einige weitere Unterschiede zu C und C++ aufgelistet, die auf der lexikalischen Ebene von Bedeutung sind:

- Es gibt keinen Präprozessor in Java und damit auch keine `#define`-, `#include`- und `#ifdef`-Anweisungen.
- Der Backslash \ darf nicht zur Verkettung von zwei aufeinanderfolgenden Zeilen verwendet werden.
- Konstante Strings, die mit + verkettet werden, faßt der Compiler zu einem einzigen String zusammen.

4.2 Primitive Datentypen

Java kennt acht elementare Datentypen, die gemäß Sprachspezifikation als *primitive Datentypen* bezeichnet werden. Daneben gibt es die Möglichkeit, Arrays zu definieren (die eingeschränkte Objekttypen sind), und als objektorientierte Sprache erlaubt Java natürlich die Definition von Objekttypen.

> Im Gegensatz zu C und C++ gibt es die folgenden Elemente in Java jedoch nicht:
> - explizite Zeiger
> - Typdefinitionen (typedef)
> - Aufzählungen (enum)
> - Recordtypen (struct und union)
> - Bitfelder

Was auf den ersten Blick wie eine Designschwäche aussieht, entpuppt sich bei näherem Hinsehen als Stärke von Java. Der konsequente Verzicht auf zusätzliche Datentypen macht die Sprache leicht erlernbar und verständlich. Die Vergangenheit hat mehrfach gezeigt, daß Programmiersprachen mit einem überladenen Typkonzept (zum Beispiel PL/I oder ADA) auf Dauer keine Akzeptanz finden.

Tatsächlich ist es ohne weiteres möglich, die unverzichtbaren Datentypen mit den in Java eingebauten Hilfsmitteln nachzubilden. So lassen sich beispielsweise Zeiger zur Konstruktion dynamischer Datenstrukturen mit Hilfe von Referenzvariablen simulieren, und Recordtypen sind nichts anderes als Klassen ohne Methoden. Der Verzicht auf Low-Level-Datenstrukturen, wie beispielsweise Zeigern zur Manipulation von Speicherstellen oder Bitfeldern zur Repräsentation von Hardwareelementen, ist dagegen gewollt.

Alle primitiven Datentypen in Java haben eine feste Länge, die von den Designern der Sprache ein für allemal verbindlich festgelegt wurde. Ein `sizeof`-Operator, wie er in C vorhanden ist, wird in Java daher nicht benötigt und ist auch nicht vorhanden.

Ein weiterer Unterschied zu C und den meisten anderen Programmiersprachen besteht darin, daß Variablen in Java immer einen definierten Wert haben. Bei Membervariablen (also Variablen innerhalb von Klassen, siehe Kapitel 7 auf Seite 143) bekommt eine Variable einen Standardwert zugewiesen, wenn dieser nicht durch eine explizite Initialisierung geändert wird. Bei *lokalen* Variablen sorgt der Compiler durch eine Datenflußanalyse dafür, daß diese vor ihrer Verwendung explizit initialisiert werden. Eine Erläuterung dieses Konzepts, das unter dem Namen *Definite Assignment* in der Sprachdefinition beschrieben wird, ist Bestandteil von Kapitel 5 auf Seite 107. Tabelle 4.1 listet die in Java verfügbaren Basistypen und ihre Standardwerte auf:

Tabelle 4.1: Primitive Datentypen

Typname	Länge	Wertebereich	Standardwert
boolean	1	true, false	false
char	2	Alle Unicode-Zeichen	\u0000
byte	1	$-2^7 ... 2^7-1$	0
short	2	$-2^{15} ... 2^{15}-1$	0
int	4	$-2^{31} ... 2^{31}-1$	0
long	8	$-2^{63} ... 2^{63}-1$	0
float	4	$+/- 3.40282347 * 10^{38}$	0.0
double	8	$+/- 1.79769313486231570 * 10^{308}$	0.0

4.2.1 Der logische Typ

Mit `boolean` besitzt Java einen eigenen logischen Datentyp und beseitigt damit eine oft diskutierte Schwäche von C und C++. Der `boolean`-Typ muß zwangsweise dort verwendet werden, wo ein logischer Operand erforderlich ist. Ganzzahlige Typen mit den Werten 0 oder 1 dürfen nicht als Ersatz für einen logischen Typen verwendet werden.

Literale

Der Datentyp `boolean` kennt zwei verschiedene Werte, nämlich `true` und `false`. Neben den vordefinierten Konstanten gibt es keine weiteren Literale für logische Datentypen.

4.2.2 Der Zeichentyp

Java wurde mit dem Anspruch entworfen, bekannte Schwächen bestehender Programmiersprachen zu vermeiden, und der Wunsch nach Portabilität stand ganz oben auf der Liste der Designziele. Konsequenterweise wurde der Typ `char` in Java daher bereits von Anfang an 2

Byte groß gemacht und speichert seine Zeichen auf der Basis des Unicode-Zeichensatzes. Als einziger integraler Datentyp ist char nicht vorzeichenbehaftet.

Da das Sprachdesign und das Java-API so gestaltet wurden, daß die Verwendung des Unicode-Zeichensatzes weitgehend transparent bleibt, ergeben sich für die meisten Entwickler zunächst kaum Umstellungsprobleme. Ein char oder String kann in Java genauso intuitiv benutzt werden wie in Sprachen, die auf dem ASCII-Zeichensatz aufbauen. Unterschiede werden vor allem dann deutlich, wenn Berührungspunkte zwischen der internen Unicode-Darstellung und der Repräsentation auf Systemebene entstehen, beispielsweise beim Lesen oder Schreiben von Textdateien.

Literale

char-Literale werden grundsätzlich in einfache Hochkommata gesetzt. Daneben gibt es String-Literale, die in doppelten Hochkommata stehen. Ähnlich wie C stellt Java eine ganze Reihe von Standard-Escape-Sequenzen zur Verfügung, die zur Darstellung von Sonderzeichen verwendet werden können:

Zeichen	Bedeutung
\b	Rückschritt (Backspace)
\t	Horizontaler Tabulator
\n	Zeilenschaltung (Newline)
\f	Seitenumbruch (Formfeed)
\r	Wagenrücklauf (Carriage return)
\"	Doppeltes Anführungszeichen
\'	Einfaches Anführungszeichen
\\	Backslash
\nnn	Oktalzahl nnn (kann auch kürzer als 3 Zeichen sein, darf nicht größer als oktal 377 sein)

Tabelle 4.2: Standard-Escape-Sequenzen

Weiterhin können beliebige Unicode-Escape-Sequenzen der Form \uxxxx angegeben werden, wobei xxxx eine Folge von bis zu 4 hexadezimalen Ziffern ist. So steht beispielsweise \u000a für die Zeilenschaltung und \u0020 für das Leerzeichen.

Eine wichtiger Unterschied zu Standard-Escape-Sequenzen besteht darin, daß Unicode-Escape-Sequenzen an beliebiger Stelle im Programm auftauchen dürfen, also auch außerhalb von char- oder String-Literalen. Wichtig ist außerdem, daß diese bereits *vor* der eigentlichen Interpretation des Quelltextes ausgetauscht werden. Es ist also beispielsweise nicht möglich, ein char-Literal, das ein Anführungszeichen darstellen soll, in der Form "\u0027" zu schreiben. Da die Unicode-Sequenzen bereits vor dem eigentlichen Compiler-Lauf ausgetauscht werden, würde der Compiler die Sequenz '''' vorfinden und einen Fehler melden.

4.2.3 Die integralen Typen

Java stellt vier ganzzahlige Datentypen zur Verfügung, und zwar `byte`, `short`, `int` und `long`, mit jeweils 1, 2, 4 und 8 Byte Länge. Alle ganzzahligen Typen sind vorzeichenbehaftet, und ihre Länge ist auf allen Plattformen gleich.

Anders als in C sind die Schlüsselwörter `long` und `short` bereits Typenbezeichner und nicht nur Modifier. Es ist daher nicht erlaubt, `long int` oder `short int` anstelle von `long` bzw. `short` zu schreiben. Auch den Modifier `unsigned` gibt es in Java nicht.

Literale

Ganzzahlige Literale können in Dezimal-, Oktal- oder Hexadezimalform geschrieben werden. Ein oktaler Wert beginnt mit dem Präfix 0, ein hexadezimaler Wert mit 0x. Dezimale Literale dürfen nur aus den Ziffern 0 bis 9, oktale aus den Ziffern 0 bis 7 und hexadezimale aus den Ziffern 0 bis 9 und den Buchstaben a bis f und A bis F bestehen.

Durch Voranstellen eines - können negative Zahlen dargestellt werden, positive können wahlweise durch ein + eingeleitet werden. Ganzzahlige Literale sind grundsätzlich vom Typ `int`, wenn nicht der Suffix L oder l hinten angehängt wird. In diesem Fall sind sie vom Typ `long`.

4.2.4 Die Fließkommazahlen

Java kennt die beiden IEEE-754-Fließkommatypen `float` (einfache Genauigkeit) und `double` (doppelte Genauigkeit). Die Länge beträgt 4 Byte für `float` und 8 Byte für `double`.

Literale

Fließkommaliterale werden immer in Dezimalnotation aufgeschrieben. Sie bestehen aus einem Vorkommateil, einem Dezimalpunkt, einem Nachkommateil, einem Exponenten und einem Suffix. Um ein Fließkommaliteral von einem integralen Literal unterscheiden zu können, muß mindestens der Dezimalpunkt, der Exponent oder der Suffix vorhanden sein. Entweder der Vorkomma- oder der Nachkommateil darf ausgelassen werden, aber nicht beide. Vorkommateil und Exponent können wahlweise durch das Vorzeichen + oder - eingeleitet werden. Weiterhin ist der Exponent, der durch ein e oder E eingeleitet wird, optional. Auch der Suffix kann weggelassen werden, wenn durch die anderen Merkmale klar ist, daß es sich um eine Fließkommazahl handelt. Der Suffix kann entweder f oder F sein, um anzuzeigen, daß es sich um ein `float` handelt, oder d oder D, um ein `double` anzuzeigen. Fehlt er, so ist das Literal (unabhängig von seiner Größe) vom Typ `double`.

Gültige Fließkommazahlen sind:

- 3.14
- 2f
- 1e1
- .5f
- 6.

Neben diesen numerischen Literalen gibt es noch einige symbolische in den Klassen `Float` und `Double` des Pakets `java.lang`. Tabelle 4.3 gibt eine Übersicht dieser vordefinierten Konstanten. NaN entsteht beispielsweise bei der Division durch 0, POSITIVE_INFINITY bzw. NEGATIVE_INFINITY sind Zahlen, die größer bzw. kleiner als der darstellbare Bereich sind.

Name	Verfügbar für	Bedeutung
MAX_VALUE	Float, Double	Größter darstellbarer positiver Wert
MIN_VALUE	Float, Double	Kleinster darstellbarer positiver Wert
NaN	Float, Double	Not-A-Number
NEGATIVE_INFINITY	Float, Double	Negativ unendlich
POSITIVE_INFINITY	Float, Double	Positiv unendlich

Tabelle 4.3: Symbolische Fließkommaliterale

4.3 Variablen

4.3.1 Grundeigenschaften

Variablen dienen dazu, Daten im Hauptspeicher eines Programms abzulegen und gegebenenfalls zu lesen oder zu verändern. In Java gibt es drei Typen von Variablen:

- *Instanzvariablen*, die im Rahmen einer Klassendefinition definiert und zusammen mit dem Objekt angelegt werden.

- *Klassenvariablen*, die ebenfalls im Rahmen einer Klassendefinition definiert werden, aber unabhängig von einem konkreten Objekt existieren.

- *Lokale Variablen*, die innerhalb einer Methode oder eines Blocks definiert werden und nur dort existieren.

Daneben betrachtet die Sprachdefinition auch Array-Komponenten und die Parameter von Methoden und Exception-Handlern als Variablen.

> Eine Variable in Java ist immer typisiert. Sie ist entweder von einem primitiven Typen oder von einem Referenztypen. Mit Ausnahme eines Spezialfalls bei Array-Variablen, auf den wir später zurückkommen, werden alle Typüberprüfungen zur Compile-Zeit vorgenommen. Java ist damit im klassischen Sinne eine typsichere Sprache.

Um einer Variablen vom Typ T einen Wert X zuzuweisen, müssen T und X zuweisungskompatibel sein. Welche Typen zuweisungskompatibel sind, wird am Ende dieses Kapitels in Abschnitt 4.6 auf Seite 101 erklärt.

Variablen können auf zwei unterschiedliche Arten verändert werden:

- durch eine Zuweisung
- durch einen Inkrement- oder Dekrement-Operator

Beide Möglichkeiten werden in Kapitel 5 auf Seite 107 ausführlich erklärt.

4.3.2 Deklaration von Variablen

Die Deklaration einer Variable erfolgt in der Form

`Typname Variablenname;`

Dabei wird eine Variable des Typs Typname mit dem Namen Variablenname angelegt. Variablendeklarationen dürfen in Java an beliebiger Stelle im Programmcode erfolgen. Das folgende Beispielprogramm legt die Variablen a, b, c und d an und gibt ihren Inhalt auf dem Bildschirm aus:

Listing 4.2:
Einfache Variablen ausgeben

```
001 /* Listing0402.java */
002
003 public class Listing0402
004 {
005   public static void main(String[] args)
006   {
007     int a;
008     a = 1;
009     char b = 'x';
010     System.out.println(a);
011     double c = 3.1415;
012     System.out.println(b);
013     System.out.println(c);
014     boolean d = false;
015     System.out.println(d);
016   }
017 }
```

Die Ausgabe des Programms ist:

```
1
x
3.1415
false
```

Wie in diesem Beispiel zu sehen ist, dürfen Variablen gleich bei der Deklaration initialisiert werden. Dazu ist einfach der gewünschte Wert hinter einem Zuweisungsoperator an die Deklaration anzuhängen:

```
char b = 'x';
double c = 3.1415;
boolean d = false;
```

Listing 4.3: Initialisieren von Variablen

4.3.3 Lebensdauer/Sichtbarkeit

Die Sichtbarkeit lokaler Variablen erstreckt sich von der Stelle ihrer Deklaration bis zum Ende der Methode, in der sie deklariert wurden. Falls innerhalb eines Blocks lokale Variablen angelegt wurden, sind sie bis zum Ende des Blocks sichtbar. Die Lebensdauer einer lokalen Variable beginnt, wenn die zugehörige Deklarationsanweisung ausgeführt wird. Sie endet mit dem Ende des Methodenaufrufs. Falls innerhalb eines Blocks lokale Variablen angelegt wurden, endet ihre Lebensdauer mit dem Verlassen des Blocks. Es ist in Java nicht erlaubt, lokale Variablen zu deklarieren, die gleichnamige lokale Variablen eines weiter außen liegenden Blocks verdecken. Das Verdecken von Klassen- oder Instanzvariablen ist dagegen zulässig.

Instanzvariablen werden zum Zeitpunkt des Erzeugens einer neuen Instanz einer Klasse angelegt. Sie sind innerhalb der ganzen Klasse sichtbar, solange sie nicht von gleichnamigen lokalen Variablen verdeckt werden. In diesem Fall ist aber der Zugriff mit Hilfe des this-Zeigers möglich: this.name greift immer auf die Instanz- oder Klassenvariable name zu, selbst wenn eine gleichnamige lokale Variable existiert. Mit dem Zerstören des zugehörigen Objektes werden auch alle Instanzvariablen zerstört.

Klassenvariablen leben während der kompletten Laufzeit des Programms. Die Regeln für ihre Sichtbarkeit entsprechen denen von Instanzvariablen.

4.4 Arrays

Arrays in Java unterscheiden sich dadurch von Arrays in anderen Programmiersprachen, daß sie *Objekte* sind. Obwohl dieser Umstand in vielen Fällen vernachlässigt werden kann, bedeutet er dennoch:

- daß Array-Variablen *Referenzen* sind.
- daß Arrays Methoden und Instanz-Variablen besitzen.
- daß Arrays zur Laufzeit erzeugt werden.

> Dennoch bleibt ein Array immer eine (möglicherweise mehrdimensionale) Reihung von Elementen eines festen Grundtyps. Arrays in Java sind *semidynamisch*, d.h. ihre Größe kann zur Laufzeit festgelegt, später aber nicht mehr verändert werden.

4.4.1 Deklaration und Initialisierung

Die Deklaration eines Arrays in Java erfolgt in zwei Schritten:

- Deklaration einer Array-Variablen
- Erzeugen eines Arrays und Zuweisung an die Array-Variable

Die Deklaration eines Arrays entspricht syntaktisch der einer einfachen Variablen, mit dem Unterschied, daß an den Typnamen eckige Klammern angehängt werden:

Listing 4.4: Deklaration von Arrays
```
001 int[] a;
002 double[] b;
003 boolean[] c;
```

> Wahlweise können die eckigen Klammern auch hinter den Variablennamen geschrieben werden, aber das ist ein Tribut an die Kompatibilität zu C/C++ und sollte in neuen Java-Programmen vermieden werden.

Zum Zeitpunkt der Deklaration wird noch nicht festgelegt, wie viele Elemente das Array haben soll. Dies geschieht erst später bei seiner Initialisierung, die mit Hilfe des new-Operators oder durch Zuweisung eines Array-Literals ausgeführt wird. Sollen also beispielsweise die oben deklarierten Arrays 5, 10 und 15 Elemente haben, würden wir das Beispiel wie folgt erweitern:

Listing 4.5: Erzeugen von Arrays
```
001 a = new int[5];
002 b = new double[10];
003 c = new boolean[15];
```

Arrays

Ist bereits zum Deklarationszeitpunkt klar, wie viele Elemente das Array haben soll, können Deklaration und Initialisierung zusammen geschrieben werden:

```
001  int[] a = new int[5];
002  double[] b = new double[10];
003  boolean[] c = new boolean[15];
```

Listing 4.6: Deklaration und Initialisierung von Arrays

Alternativ zur Verwendung des new-Operators kann ein Array auch *literal* initialisiert werden. Dazu werden die Elemente des Arrays in geschweifte Klammern gesetzt und nach einem Zuweisungsoperator zur Initialisierung verwendet. Die Größe des Arrays ergibt sich aus der Anzahl der zugewiesenen Elemente:

```
001  int[] x = {1,2,3,4,5};
002  boolean[] y = {true, true};
```

Listing 4.7: Initialisierung mit literalen Arrays

Das Beispiel generiert ein int-Array x mit fünf Elementen und ein boolean-Array y mit zwei Elementen. Anders als bei der expliziten Initialisierung mit new muß die Initialisierung in diesem Fall unmittelbar bei der Deklaration erfolgen.

4.4.2 Zugriff auf Array-Elemente

Bei der Initialisierung eines Arrays von n Elementen werden die einzelnen Elemente von 0 bis n-1 durchnumeriert. Der Zugriff auf jedes einzelne Element erfolgt über seinen numerischen Index, der nach dem Array-Namen in eckigen Klammern geschrieben wird. Das nachfolgende Beispiel deklariert zwei Arrays mit Elementen des Typs int bzw. boolean, die dann ausgegeben werden:

```
001  /* Listing0408.java */
002
003  public class Listing0408
004  {
005    public static void main(String[] args)
006    {
007      int[] prim = new int[5];
008      boolean[] b = {true,false};
009      prim[0] = 2;
010      prim[1] = 3;
011      prim[2] = 5;
012      prim[3] = 7;
013      prim[4] = 11;
014
015      System.out.println("prim hat "+prim.length+" Elemente");
016      System.out.println("b hat "+b.length+" Elemente");
017      System.out.println(prim[0]);
018      System.out.println(prim[1]);
019      System.out.println(prim[2]);
```

Listing 4.8: Deklaration und Zugriff auf Arrays

Listing 4.8:
Deklaration und
Zugriff auf
Arrays
(Forts.)

```
020        System.out.println(prim[3]);
021        System.out.println(prim[4]);
022        System.out.println(b[0]);
023        System.out.println(b[1]);
024    }
025 }
```

Die Ausgabe des Programms ist:

```
prim hat 5 Elemente
b hat 2 Elemente
2
3
5
7
11
true
false
```

Der Array-Index muß vom Typ int sein. Aufgrund der vom Compiler automatisch vorgenommenen Typkonvertierungen sind auch short, byte und char zulässig. Jedes Array hat eine Instanzvariable length, die die Anzahl seiner Elemente angibt. Indexausdrücke werden vom Laufzeitsystem auf Einhaltung der Array-Grenzen geprüft. Sie müssen größer gleich 0 und kleiner als length sein.

4.4.3 Mehrdimensionale Arrays

Mehrdimensionale Arrays werden erzeugt, indem zwei oder mehr Paare eckiger Klammern bei der Deklaration angegeben werden. Mehrdimensionale Arrays werden als Arrays von Arrays angelegt. Die Initialisierung erfolgt analog zu eindimensionalen Arrays durch Angabe der Anzahl der Elemente je Dimension.

Der Zugriff auf mehrdimensionale Arrays geschieht durch Angabe aller erforderlichen Indizes, jeweils in eigenen eckigen Klammern. Auch bei mehrdimensionalen Arrays kann eine literale Initialisierung durch Schachtelung der Initialisierungssequenzen erreicht werden. Das folgende Beispiel erzeugt ein Array der Größe 2 * 3 und gibt dessen Elemente aus:

Listing 4.9:
Zugriff auf
mehrdimensionale Arrays

```
001 /* Listing0409.java */
002
003 public class Listing0409
004 {
005     public static void main(String[] args)
006     {
007         int[][] a = new int[2][3];
008
```

```
009       a[0][0] = 1;
010       a[0][1] = 2;
011       a[0][2] = 3;
012       a[1][0] = 4;
013       a[1][1] = 5;
014       a[1][2] = 6;
015       System.out.println(""+a[0][0]+a[0][1]+a[0][2]);
016       System.out.println(""+a[1][0]+a[1][1]+a[1][2]);
017     }
018 }
```

Listing 4.9: Zugriff auf mehrdimensionale Arrays (Forts.)

Die Ausgabe des Programms ist:

```
123
456
```

Da mehrdimensionale Arrays als geschachtelte Arrays gespeichert werden, ist es auch möglich, *nicht-rechteckige* Arrays zu erzeugen. Das folgende Beispiel deklariert und initialisiert ein zweidimensionales dreieckiges Array und gibt es auf dem Bildschirm aus. Gleichzeitig zeigt es die Verwendung der length-Variable, um die Größe des Arrays oder Sub-Arrays herauszufinden.

```
001 /* Listing0410.java */
002
003 public class Listing0410
004 {
005   public static void main(String[] args)
006   {
007     int[][] a = { {0},
008                   {1,2},
009                   {3,4,5},
010                   {6,7,8,9}
011                 };
012     for (int i=0; i<a.length; ++i) {
013       for (int j=0; j<a[i].length; ++j) {
014         System.out.print(a[i][j]);
015       }
016       System.out.println();
017     }
018   }
019 }
```

Listing 4.10: Ein nicht-rechteckiges Array

Die Arbeitsweise des Programms ist trotz der erst in Kapitel 6 auf Seite 123 vorzustellenden for-Schleife unmittelbar verständlich. Die Ausgabe des Programms lautet:

```
0
12
345
6789
```

4.5 Referenztypen

4.5.1 Beschreibung

Referenztypen sind neben den primitiven Datentypen die zweite wichtige Klasse von Datentypen in Java. Zu den Referenztypen gehören Objekte, Strings und Arrays. Weiterhin gibt es die vordefinierte Konstante null, die eine *leere* Referenz bezeichnet.

Eigentlich sind auch Strings und Arrays Objekte, aber es gibt bei ihnen einige Besonderheiten, die eine Unterscheidung von normalen Objekten rechtfertigen:

- Sowohl bei Strings als auch bei Arrays kennt der Compiler Literale, die einen expliziten Aufruf des new-Operators überflüssig machen.

- Arrays sind »klassenlose« Objekte. Sie können ausschließlich vom Compiler erzeugt werden, besitzen aber keine explizite Klassendefinition. Dennoch haben sie eine öffentliche Instanzvariable length und werden vom Laufzeitsystem wie normale Objekte behandelt.

- Die Klasse String ist zwar wie eine gewöhnliche Klasse in der Laufzeitbibliothek von Java vorhanden. Der Compiler hat aber Kenntnisse über den inneren Aufbau von Strings und generiert bei Stringoperationen Code, der auf Methoden der Klassen String und StringBuffer zugreift. Eine ähnlich enge Zusammenarbeit zwischen Compiler und Laufzeitbibliothek gibt es auch bei Threads und Exceptions. Wir werden auf diese Besonderheiten in den nachfolgenden Kapiteln noch einmal zurückkommen.

> Wahlweise können die eckigen Klammern auch hinter den Variablennamen geschrieben werden, aber das ist ein Tribut an die Kompatibilität zu C/C++ und sollte in neuen Java-Programmen vermieden werden.

Das Verständnis für Referenztypen ist entscheidend für die Programmierung in Java. Referenztypen können prinzipiell genauso benutzt werden wie primitive Typen. Da sie jedoch lediglich einen Verweis darstellen, ist die Semantik einiger Operatoren anders als bei primitiven Typen:

- Die Zuweisung einer Referenz kopiert lediglich den Verweis auf das betreffende Objekt, das Objekt selbst dagegen bleibt unkopiert. Nach einer Zuweisung zweier Referenztypen zeigen diese also auf ein und dasselbe Objekt. Sollen Referenztypen kopiert werden, so ist ein Aufruf der Methode clone erforderlich (siehe Abschnitt 8.1.2 auf Seite 164).

- Der Gleichheitstest zweier Referenzen testet, ob beide Verweise gleich sind, d.h. auf ein und dasselbe Objekt zeigen. Das ist aber eine strengere Forderung als inhaltliche Gleichheit. Soll lediglich auf inhaltliche Gleichheit getestet werden, kann dazu die `equals`-Methode verwendet werden, die von den meisten Klassen implementiert wird (ebenfalls in Abschnitt 8.1.2 auf Seite 164 erläutert). Analoges gilt für den Test auf Ungleichheit.

Anders als in C und C++, wo der *-Operator zur Dereferenzierung eines Zeigers nötig ist, erfolgt in Java der Zugriff auf Referenztypen in der gleichen Weise wie der auf primitive Typen. Einen expliziten Dereferenzierungsoperator gibt es dagegen nicht.

4.5.2 Speichermanagement

Während primitive Typen lediglich deklariert werden, reicht dies bei Referenztypen nicht aus. Sie müssen mit Hilfe des `new`-Operators oder – im Falle von Arrays und Strings – durch Zuweisung von Literalen zusätzlich noch explizit erzeugt werden.

```
Vector v = new Vector();
```

Listing 4.11: Erzeugen eines Objekts mit dem new-Operator

Java verfügt über ein automatisches Speichermanagement. Dadurch braucht man sich als Java-Programmierer nicht um die Rückgabe von Speicher zu kümmern, der von Referenzvariablen belegt wird. Ein mit niedriger Priorität im Hintergrund arbeitender *Garbage Collector* sucht periodisch nach Objekten, die nicht mehr referenziert werden, um den durch sie belegten Speicher freizugeben.

4.6 Typkonvertierungen

4.6.1 Standardkonvertierungen

Es gibt diverse Konvertierungen zwischen unterschiedlichen Datentypen in Java. Diese werden einerseits vom Compiler automatisch vorgenommen, beispielsweise bei der Auswertung von numerischen Ausdrücken. Andererseits können sie verwendet werden, um mit Hilfe des Type-Cast-Operators (siehe Kapitel 5 auf Seite 107) eigene Konvertierungen vorzunehmen.

Java unterscheidet prinzipiell zwischen *erweiternden* und *einschränkenden Konvertierungen* und diese noch einmal nach primitiven Typen und Referenztypen. Zunächst zu den Referenztypen:

- Als erweiternde Konvertierung eines Referenztyps `T` wird vor allem die Umwandlung eines Objekts vom Typ `T` in eine seiner Vaterklassen angesehen.

▶ Als einschränkende Konvertierung eines Referenztyps T wird vor allem die Umwandlung eines Objekts vom Typ T in eine der aus T abgeleiteten Klassen angesehen.

Daneben gibt es noch eine ganze Reihe weiterer Regeln zur Definition von erweiternden und einschränkenden Konvertierungen von Referenztypen. Die Bedeutung von Vaterklassen und den daraus abgeleiteten Unterklassen wird in Kapitel 8 auf Seite 163 ausführlich erläutert.

Konvertierungen auf primitiven Datentypen sind etwas aufwendiger zu erklären. Wir benutzen dazu Abbildung 4.1:

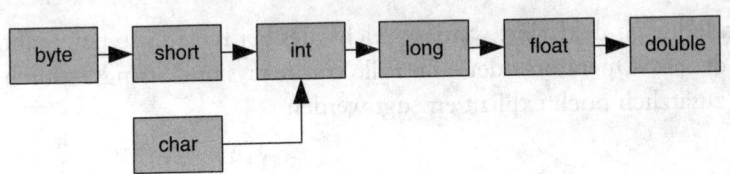

Abbildung 4.1: Konvertierungen auf primitiven Datentypen

Jede Konvertierung, die in Pfeilrichtung erfolgt, beschreibt eine erweiternde Konvertierung, und jede Konvertierung, die entgegen der Pfeilrichtung erfolgt, beschreibt eine einschränkende Konvertierung. Andere Konvertierungen zwischen primitiven Datentypen sind nicht erlaubt. Insbesondere gibt es also keine legale Konvertierung von und nach boolean und auch keine Konvertierung zwischen primitiven Typen und Referenztypen.

Welche Bedeutung haben nun aber die verschiedenen Konvertierungen zwischen unterschiedlichen Typen? Wir wollen uns an dieser Stelle lediglich mit den Konvertierungen zwischen primitiven Typen beschäftigen. Wie aus Abbildung 4.1 ersichtlich ist, beschränken sich diese auf Umwandlungen zwischen numerischen Typen. Die Anwendung einer erweiternden Konvertierung wird in folgenden Fällen vom Compiler automatisch vorgenommen:

▶ Bei einer Zuweisung, wenn der Typ der Variablen und des zugewiesenen Ausdrucks nicht identisch ist.

▶ Bei der Auswertung eines arithmetischen Ausdrucks, wenn Operanden unterschiedlich typisiert sind.

▶ Beim Aufruf einer Methode, falls die Typen der aktuellen Parameter nicht mit denen der formalen Parameter übereinstimmen.

Es ist daher beispielsweise ohne weiteres möglich, ein short und ein int gemeinsam in einem Additionsausdruck zu verwenden, da ein short mit Hilfe einer erweiternden Konvertierung in ein int verwandelt werden kann. Ebenso ist es möglich, ein char als Array-Index zu verwenden, da es erweiternd in ein `int` konvertiert werden kann. Auch die Arithmetik in Ausdrücken, die sowohl integrale als auch Fließkommawerte enthalten, ist möglich, da der Compiler alle integralen Parameter erweiternd in Fließkommawerte umwandeln kann.

Es ist dagegen nicht ohne weiteres möglich, einer `int`-Variablen einen `double`-Wert zuzuweisen. Die hierzu erforderliche einschränkende Konvertierung nimmt der Compiler nicht selbst vor; sie kann allerdings mit Hilfe des Type-Cast-Operators manuell durchgeführt werden. Auch die Verwendung eines `long` als Array-Index verbietet sich aus diesem Grund.

> Bei den einschränkenden Konvertierungen kann es passieren, daß ein Wert verfälscht wird, da der Wertebereich des Zielobjekts kleiner ist. Aber auch erweiternde Konvertierungen sind nicht immer gefahrlos möglich. So kann zwar beispielsweise ein `float` mindestens genauso große Werte aufnehmen wie ein `long`. Seine Genauigkeit ist aber auf ca. 8 Stellen beschränkt, und daher können größere Ganzzahlen (z.B. 1000000123) nicht mehr mit voller Genauigkeit dargestellt werden.

4.6.2 Vorzeichenlose Bytes

In Java sind alle numerischen Datentypen vorzeichenbehaftet. Das ist in vielen Fällen sinnvoll, kann aber bei der Handhabung von 8-Bit-Bytes hinderlich sein. Wird ein Byte als Repräsentation eines 8-Bit langen Maschinenworts angesehen, will man meist den Wertebereich von 0 bis 255 zur Verfügung haben. Als vorzeichenbehafteter Datentyp kann `byte` aber nur Werte von -128 bis 127 darstellen. Ein Wert größer oder gleich 128 erfordert also mindestens ein `short` oder ein `int`. Deren Länge beträgt aber 2 bzw. 4 Byte.

Das Dilemma läßt sich dadurch auflösen, daß man zwischen der programminternen Verarbeitung eines Bytes und seiner äußeren Repräsentation unterscheidet. Die Repräsentation nach außen erfolgt dabei mit dem Datentyp `byte`. Zur Verarbeitung im Programm wird er dagegen in ein `int` konvertiert, so daß alle Werte von 0 bis 255 dargestellt werden können. Konvertierungsmethoden erlauben es, zwischen beiden Darstellungen zu wechseln.

Natürlich gibt es keinerlei automatischen Schutz gegen Wertebereichsüberschreitungen, wenn ein Byte als `int` verarbeitet wird. Dafür ist ausschließlich die Anwendung selbst verantwortlich.

Das folgende Listing zeigt eine einfache Klasse `ByteKit`, mit der zwischen beiden Darstellungen gewechselt werden kann:

```
001 /**
002  * ByteKit
003  *
004  * Einfache Klasse zur Umwandlung zwischen int, char und
```

Listing 4.12: Umwandlung zwischen int, byte und char

Listing 4.12:
Umwandlung
zwischen int,
byte und char
(Forts.)

```
005    * vorzeichenlosen Bytes.
006    */
007   public class ByteKit
008   {
009     /**
010      * Wandelt value (0 <= value <= 255) in ein byte um.
011      */
012     public static byte fromUnsignedInt(int value)
013     {
014       return (byte)value;
015     }
016
017     /**
018      * Wandelt c in ein byte um. Das High-Byte wird ignoriert.
019      */
020     public static byte fromChar(char c)
021     {
022       return (byte)(c & 0xFF);
023     }
024
025     /**
026      * Betrachtet value als vorzeichenloses byte und wandelt
027      * es in eine Ganzzahl im Bereich 0..255 um.
028      */
029     public static int toUnsignedInt(byte value)
030     {
031       return (value & 0x7F) + (value < 0 ? 128 : 0);
032     }
033
034     /**
035      * Betrachtet value als vorzeichenloses byte und wandelt
036      * es in ein Unicode-Zeichen mit High-Byte 0 um.
037      */
038     public static char toChar(byte value)
039     {
040       return (char)toUnsignedInt(value);
041     }
042
043     /**
044      * Liefert die Binaerdarstellung von value.
045      */
046     public static String toBitString(byte value)
047     {
048       char[] chars = new char[8];
049       int mask = 1;
050       for (int i = 0; i < 8; ++i) {
051         chars[7 - i] = (value & mask) != 0 ? '1' : '0';
052         mask <<= 1;
053       }
```

```
054         return new String(chars);
055     }
056 }
```

Listing 4.12: Umwandlung zwischen int, byte und char (Forts.)

Eine einfache Anwendung der Klasse ByteKit zeigt das folgende Programm:

```
001 /* Listing0413 */
002
003 public class Listing0413
004 {
005     public static void main(String[] args)
006     {
007         for (int i = 0; i < 256; ++i) {
008             System.out.print("i=" + i);
009             byte b = ByteKit.fromUnsignedInt(i);
010             System.out.print(" b=" + ByteKit.toBitString(b));
011             char c = ByteKit.toChar(b);
012             System.out.print(" c=" + (c >= 32 ? c : '.'));
013             System.out.println();
014         }
015     }
016 }
```

Listing 4.13: Anwendung der Klasse ByteKit

4.7 Zusammenfassung

In diesem Kapitel wurden folgende Themen behandelt:

- Der Unicode-Zeichensatz

- Namenskonventionen für Bezeichner

- Kommentare in Java

- Die primitiven Datentypen boolean, char, byte, short, int, long, float und double

- Die boolschen Literale true und false sowie die Fließkommaliterale MAX_VALUE, MIN_VALUE, NaN, NEGATIVE_INFINITY und POSITIVE_INFINITY

- Die Standard-Escape-Sequenzen \b, \t, \n, \f, \r, \", \', \\ und \nnn

- Deklaration, Lebensdauer und Sichtbarkeit von Variablen

- Deklaration, Initialisierung und Zugriff auf Arrays

- Referenztypen und automatisches Speichermanagement

- Typkonvertierungen

5 Ausdrücke

5.1 Eigenschaften von Ausdrücken

Wie in den meisten anderen Programmiersprachen gehören auch in Java *Ausdrücke* zu den kleinsten ausführbaren Einheiten eines Programms. Sie dienen dazu, Variablen einen Wert zuzuweisen, numerische Berechnungen durchzuführen oder logische Bedingungen zu formulieren.

Ein Ausdruck besteht immer aus mindestens einem Operator und einem oder mehreren Operanden, auf die der Operator angewendet wird. Nach den Typen der Operanden unterscheidet man *numerische*, *relationale*, *logische*, *bitweise*, *Zuweisungs-* und *sonstige* Operatoren. Jeder Ausdruck hat einen Rückgabewert, der durch die Anwendung des Operators auf die Operanden entsteht. Der Typ des Rückgabewerts bestimmt sich aus den Typen der Operanden und der Art des verwendeten Operators.

Neben der Typisierung ist die *Stelligkeit eines Operators* von Bedeutung. Operatoren, die lediglich ein Argument erwarten, nennt man *einstellig*, solche mit zwei Argumenten *zweistellig*. Beispiele für einstellige Operatoren sind das unäre Minus (also das negative Vorzeichen) oder der logische Nicht-Operator. Arithmetische Operatoren wie Addition oder Subtraktion sind zweistellig. Darüber hinaus gibt es in Java – wie in C – auch den dreistelligen Fragezeichenoperator.

Für die richtige Interpretation von Ausdrücken muß man die *Bindungs-* und *Assoziativitätsregeln* der Operatoren kennen. Bindungsregeln beschreiben die Reihenfolge, in der verschiedene Operatoren innerhalb eines Ausdrucks ausgewertet werden. So besagt beispielsweise die bekannte Regel »Punktrechnung vor Strichrechnung«, daß der Multiplikationsoperator eine höhere Bindungskraft hat als der Additionsoperator und demnach in Ausdrücken zuerst ausgewertet wird. Assoziativität beschreibt die Auswertungsreihenfolge von Operatoren derselben Bindungskraft, also beispielsweise die Auswertungsreihenfolge einer Kette von Additionen und Subtraktionen. Da Summationsoperatoren linksassoziativ sind, wird beispielsweise der Ausdruck `a-b+c` wie `(a-b)+c` ausgewertet und nicht wie `a-(b+c)`.

Neben ihrer eigentlichen Funktion, einen Rückgabewert zu produzieren, haben einige Operatoren auch *Nebeneffekte*. Als Nebeneffekt bezeichnet man das Verhalten eines Ausdrucks, auch ohne explizite Zuweisung die Inhalte von Variablen zu verändern. Meist sind diese Nebeneffekte erwünscht, wie etwa bei der Verwendung der Inkrement- und Dekrementoperatoren. Komplexere Ausdrücke können wegen der oftmals verdeckten Auswertungsreihenfolge der Teilausdrücke jedoch unter Umständen schwer verständliche Nebeneffekte enthalten und sollten deshalb mit Vorsicht angewendet werden.

Im Gegensatz zu vielen anderen Programmiersprachen ist in Java die *Reihenfolge der Auswertung* der Operanden innerhalb eines Teilausdrucks wohldefiniert. Die Sprachdefinition schreibt explizit vor, den linken Operanden eines Ausdrucks vollständig vor dem rechten Operanden auszuwerten. Falls also beispielsweise i den Wert 2 hat, dann ergibt der Ausdruck (i=3) * i in jedem Fall den Wert 9 und nicht 6.

Neben der natürlichen Auswertungsreihenfolge, die innerhalb eines Ausdrucks durch die Bindungs- und Assoziativitätsregeln vorgegeben wird, läßt sich durch eine explizite Klammerung jederzeit eine andere Reihenfolge erzwingen. Während das Ergebnis des Ausdrucks 4+2*5 wegen der Bindungsregeln 14 ist, liefert (4+2)*5 das Resultat 30. Die Regeln für die Klammerung von Teilausdrücken in Java gleichen denen aller anderen Programmiersprachen und brauchen daher nicht weiter erläutert zu werden.

In Java gibt es ein Konzept, das sich *Definite Assignment* nennt. Gemeint ist damit die Tatsache, daß jede lokale Variable vor ihrer ersten Verwendung definitiv initialisiert sein muß. Das wünscht sich eigentlich zwar auch jeder Programmierer, aber in Java wird dies durch den Compiler sichergestellt! Dazu muß im Quelltext eine Datenflußanalyse durchgeführt werden, die jeden möglichen Ausführungspfad von der Deklaration einer Variablen bis zu ihrer Verwendung ermittelt und sicherstellt, daß kein Weg existiert, der eine Initialisierung auslassen würde.

Die folgende Methode Test läßt sich beispielsweise deshalb nicht fehlerfrei kompilieren, weil k vor der Ausgabeanweisung nicht initialisiert wird, wenn i kleiner 2 ist:

Listing 5.1:
Fehler beim Kompilieren durch unvollständige Initialisierung

```
001  public static void Test(int i)
002  {
003    int k;
004    if (i >= 2) {
005      k = 5;
006    }
007    System.out.println(k);
008  }
```

Ein solches Verhalten des Compilers ist natürlich höchst wünschenswert, denn es zeigt einen *tatsächlichen* Fehler an, der sonst unbemerkt geblieben wäre. Daß die Datenflußanalyse allerdings auch Grenzen hat, zeigt das folgende Beispiel, bei dem ebenfalls ein Compiler-Fehler auftritt:

Listing 5.2:
Fehler beim Kompilieren durch unvollständige Datenflußanalyse

```
001  public static void Test(int i)
002  {
003    int k;
004    if (i < 2) {
005      k = 5;
006    }
```

```
007    if (i >= 2) {
008      k = 6;
009    }
010    System.out.println(k);
011  }
```

Listing 5.2: Fehler beim Kompilieren durch unvollständige Datenflußanalyse (Forts.)

Natürlich kann hier k nicht uninitialisiert bleiben, denn eine der beiden Bedingungen ist immer wahr. Leider gehen die Fähigkeiten der Compiler noch nicht so weit, dies zu erkennen.

Es wäre in diesem Fall natürlich vernünftiger gewesen, den else-Zweig an die erste Verzweigung anzuhängen und damit die zweite ganz einzusparen.

In Wirklichkeit funktioniert die Datenflußanalyse bei vernünftigem Programmierstil recht gut. Die wenigen Fälle, in denen der Compiler sich irrt, können in der Regel durch explizite Initialisierungen aufgelöst werden.

5.2 Arithmetische Operatoren

Java kennt die üblichen arithmetischen Operatoren der meisten imperativen Programmiersprachen, nämlich die *Addition, Subtraktion, Multiplikation, Division* und den *Restwertoperator*. Zusätzlich gibt es die einstelligen Operatoren für positives und negatives Vorzeichen sowie die nebeneffektbehafteten *Prä-* und *Postinkrement-* und *Prä-* und *Postdekrement*-Operatoren.

Die arithmetischen Operatoren erwarten numerische Operanden und liefern einen numerischen Rückgabewert. Haben die Operanden unterschiedliche Typen, beispielsweise int und float, so entspricht der Ergebnistyp des Teilausdrucks dem größeren der beiden Operanden. Zuvor wird der kleinere der beiden Operanden mit Hilfe einer erweiternden Konvertierung in den Typ des größeren konvertiert.

Tabelle 5.1 gibt eine Übersicht der in Java verfügbaren arithmetischen Operatoren.

Operator	Bezeichnung	Bedeutung
+	Positives Vorzeichen	+n ist gleichbedeutend mit n
-	Negatives Vorzeichen	-n kehrt das Vorzeichen von n um
+	Summe	a + b ergibt die Summe von a und b
-	Differenz	a - b ergibt die Differenz von a und b
*	Produkt	a * b ergibt das Produkt aus a und b
/	Quotient	a / b ergibt den Quotienten von a und b

Tabelle 5.1: Arithmetische Operatoren

Tabelle 5.1:
Arithmetische
Operatoren
(Forts.)

Operator	Bezeichnung	Bedeutung
%	Restwert	a % b ergibt den Rest der ganzzahligen Division von a durch b. In Java läßt sich dieser Operator auch auf Fließkommazahlen anwenden.
++	Präinkrement	++a ergibt a+1 und erhöht a um 1
++	Postinkrement	a++ ergibt a und erhöht a um 1
--	Prädekrement	--a ergibt a-1 und verringert a um 1
--	Postdekrement	a-- ergibt a und verringert a um 1

5.3 Relationale Operatoren

Relationale Operatoren dienen dazu, Ausdrücke miteinander zu vergleichen und in Abhängigkeit davon einen logischen Rückgabewert zu produzieren. Java stellt den *Gleichheits-* und *Ungleichheitstest* sowie die Vergleiche *Größer* und *Kleiner* sowie *Größer gleich* und *Kleiner gleich* zur Verfügung. Die relationalen Operatoren arbeiten auf beliebigen – auch gemischten – numerischen Typen. Im Fall von Gleichheit und Ungleichheit funktionieren sie auch auf Objekttypen. Tabelle 5.2 gibt eine Übersicht der in Java verfügbaren relationalen Operatoren.

Tabelle 5.2:
Relationale
Operatoren

Operator	Bezeichnung	Bedeutung
==	Gleich	a == b ergibt true, wenn a gleich b ist. Sind a und b Referenztypen, so ist der Rückgabewert true, wenn beide Werte auf dasselbe Objekt zeigen.
!=	Ungleich	a != b ergibt true, wenn a ungleich b ist. Sind a und b Objekte, so ist der Rückgabewert true, wenn beide Werte auf unterschiedliche Objekte zeigen.
<	Kleiner	a < b ergibt true, wenn a kleiner b ist.
<=	Kleiner gleich	a <= b ergibt true, wenn a kleiner oder gleich b ist.
>	Größer	a > b ergibt true, wenn a größer b ist.
>=	Größer gleich	a >= b ergibt true, wenn a größer oder gleich b ist.

5.4 Logische Operatoren

Logische Operatoren dienen dazu, *boolesche* Werte miteinander zu verknüpfen. Im Gegensatz zu den relationalen Operatoren, die durch Vergleiche erst Wahrheitswerte produzieren, werden logische Operatoren zur Weiterverarbeitung von Wahrheitswerten verwendet.

Java stellt die Grundoperationen *UND*, *ODER* und *NICHT* zur Verfügung und bietet darüber hinaus die Möglichkeit, das Auswertungsverhalten der Operanden zu beeinflussen. Anders als die meisten anderen Programmiersprachen, stellt Java die UND- und ODER-Verknüpfungen in zwei verschiedenen Varianten zur Verfügung, nämlich mit *Short-Circuit-Evaluation* oder ohne.

> Bei der Short-Circuit-Evaluation eines logischen Ausdrucks wird ein weiter rechts stehender Teilausdruck nur dann ausgewertet, wenn er für das Ergebnis des Gesamtausdrucks noch von Bedeutung ist. Falls in dem Ausdruck A && B also bereits A falsch ist, wird zwangsläufig immer auch A && B falsch sein, unabhängig von dem Resultat von B. Bei der Short-Circuit-Evaluation wird in diesem Fall B gar nicht mehr ausgewertet. Analoges gilt bei der Anwendung des ODER-Operators.

Der in Java ebenfalls verfügbare *EXKLUSIV-ODER-Operator* muß natürlich immer in der langen Variante ausgewertet werden. Tabelle 5.3 gibt eine Übersicht der logischen Operatoren.

Operator	Bezeichnung	Bedeutung
!	Logisches NICHT	!a ergibt false, wenn a wahr ist, und true, wenn a falsch ist.
&&	UND mit Short-Circuit-Evaluation	a && b ergibt true, wenn sowohl a als auch b wahr sind. Ist a bereits falsch, so wird false zurückgegeben und b nicht mehr ausgewertet.
||	ODER mit Short-Circuit-Evaluation	a || b ergibt true, wenn mindestens einer der beiden Ausdrücke a oder b wahr ist. Ist bereits a wahr, so wird true zurückgegeben und b nicht mehr ausgewertet.
&	UND ohne Short-Circuit-Evaluation	a & b ergibt true, wenn sowohl a als auch b wahr sind. Beide Teilausdrücke werden ausgewertet.
|	ODER ohne Short-Circuit-Evaluation	a | b ergibt true, wenn mindestens einer der beiden Ausdrücke a oder b wahr ist. Beide Teilausdrücke werden ausgewertet.
^	Exklusiv-ODER	a ^ b ergibt true, wenn beide Ausdrücke einen unterschiedlichen Wahrheitswert haben.

Tabelle 5.3: Logische Operatoren

5.5 Bitweise Operatoren

Mit Hilfe der bitweisen Operatoren kann auf die Binärdarstellung von numerischen Operanden zugegriffen werden. Ein numerischer Datentyp wird dabei als Folge von Bits angesehen, die mit Hilfe der bitweisen Operatoren einzeln abgefragt und manipuliert werden können.

Java hat dieselben bitweisen Operatoren wie C und C++ und stellt daher *Schiebeoperationen*, *logische Verknüpfungen* und das *Einerkomplement* zur Verfügung. Da alle numerischen Typen in Java vorzeichenbehaftet sind, gibt es einen zusätzlichen *Rechtsschiebeoperator* >>>, der das höchstwertige Bit nach der Verschiebung auf 0 setzt – und zwar auch dann, wenn es vorher auf 1 stand. Tabelle 5.4 gibt eine Übersicht über die bitweisen Operatoren in Java.

Tabelle 5.4: Bitweise Operatoren

Operator	Bezeichnung	Bedeutung
~	Einerkomplement	~a entsteht aus a, indem alle Bits von a invertiert werden.
|	Bitweises ODER	a | b ergibt den Wert, der entsteht, wenn die korrespondierenden Bits von a und b miteinander ODER-verknüpft werden.
&	Bitweises UND	a & b ergibt den Wert, der entsteht, wenn die korrespondierenden Bits von a und b miteinander UND-verknüpft werden.
^	Bitweises Exklusiv-ODER	a ^ b ergibt den Wert, der entsteht, wenn die korrespondierenden Bits von a und b miteinander Exklusiv-ODER-verknüpft werden.
>>	Rechtsschieben mit Vorzeichen	a >> b ergibt den Wert, der entsteht, wenn alle Bits von a um b Positionen nach rechts geschoben werden. Falls das höchstwertige Bit gesetzt ist (a also negativ ist), wird auch das höchstwertige Bit des Resultats gesetzt.
>>>	Rechtsschieben ohne Vorzeichen	a >>> b ergibt den Wert, der entsteht, wenn alle Bits von a um b Positionen nach rechts geschoben werden. Dabei wird das höchstwertige Bit des Resultats immer auf 0 gesetzt.
<<	Linksschieben	a << b ergibt den Wert, der entsteht, wenn alle Bits von a um b Positionen nach links geschoben werden. Das höchstwertige Bit (also das Vorzeichen) erfährt keine besondere Behandlung.

5.6 Zuweisungsoperatoren

Auch die Zuweisungsoperatoren in Java entsprechen im großen und ganzen den Zuweisungsoperatoren von C und C++. Ebenso gilt die Zuweisung nicht als *Anweisung*, sondern als *Ausdruck*, der einen Rückgabewert erzeugt.

> Die Verwechslung der relationalen Operatoren *Zuweisung* und *Gleichheitstest* (= und ==) war in C eines der Kardinalprobleme, in Java kann sie nicht mehr so leicht passieren. Sind beispielsweise a und b vom Typ int, so hat zwar der Ausdruck a = b einen definierten Rückgabewert wie in C. Er darf jedoch nicht als Kontrollausdruck einer Schleife oder Verzweigung verwendet werden, da er nicht vom Typ boolean ist. Anders als in C, wo boolesche Werte durch Ganzzahlen simuliert werden, schließt Java diese Art von Fehler also von vorneherein aus. Nur wenn a und b vom Typ boolean sind, wird das Verwechseln von Zuweisung und Gleichheitstest vom Compiler nicht bemerkt.

Ebenso wie in C können auch in Java numerische bzw. bitweise Operatoren mit der Zuweisung kombiniert werden. Der Ausdruck a+=b addiert b zu a, speichert das Ergebnis in a und liefert es ebenfalls als Rückgabewert zurück. Tabelle 5.5 gibt eine Übersicht der in Java verfügbaren Zuweisungsoperatoren.

Operator	Bezeichnung	Bedeutung
=	Einfache Zuweisung	a = b weist a den Wert von b zu und liefert b als Rückgabewert.
+=	Additionszuweisung	a += b weist a den Wert von a + b zu und liefert a + b als Rückgabewert.
-=	Subtraktionszuweisung	a -= b weist a den Wert von a - b zu und liefert a - b als Rückgabewert.
*=	Multiplikationszuweisung	a *= b weist a den Wert von a * b zu und liefert a * b als Rückgabewert.
/=	Divisionszuweisung	a /= b weist a den Wert von a / b zu und liefert a / b als Rückgabewert.
%=	Modulozuweisung	a %= b weist a den Wert von a % b zu und liefert a % b als Rückgabewert.
&=	UND-Zuweisung	a &= b weist a den Wert von a & b zu und liefert a & b als Rückgabewert.
|=	ODER-Zuweisung	a |= b weist a den Wert von a | b zu und liefert a | b als Rückgabewert.
^=	Exklusiv-ODER-Zuweisung	a ^= b weist a den Wert von a ^ b zu und liefert a ^ b als Rückgabewert.
<<=	Linksschiebezuweisung	a <<= b weist a den Wert von a << b zu und liefert a << b als Rückgabewert.
>>=	Rechtsschiebezuweisung	a >>= b weist a den Wert von a >> b zu und liefert a >> b als Rückgabewert.
>>>=	Rechtsschiebezuweisung mit Nullexpansion	a >>>= b weist a den Wert von a >>> b zu und liefert a >>> b als Rückgabewert.

Tabelle 5.5: Zuweisungsoperatoren

5.7 Sonstige Operatoren

Neben den bisher vorgestellten Operatoren stellt Java noch eine Reihe weiterer Operatoren zur Verfügung, die in diesem Abschnitt erläutert werden sollen.

5.7.1 Weitere Operatoren für primitive Typen

Fragezeichenoperator

Der Fragezeichenoperator ?: ist der einzige dreistellige Operator in Java. Er erwartet einen logischen Ausdruck und zwei weitere Ausdrücke, die beide entweder numerisch, von einem Referenztyp oder vom Typ boolean sind.

Bei der Auswertung wird zunächst der Wert des logischen Operators ermittelt. Ist dieser wahr, so wird der erste der beiden anderen Operanden ausgewertet, sonst der zweite. Das Ergebnis des Ausdrucks a ? b : c ist also b, falls a wahr ist, und c, falls a falsch ist. Der Typ des Rückgabewerts entspricht dem Typ des größeren der beiden Ausdrücke b und c.

Type-Cast-Operator

Ebenso wie in C gibt es auch in Java einen Type-Cast-Operator, mit dessen Hilfe explizite Typumwandlungen vorgenommen werden können. Der Ausdruck (type) a wandelt den Ausdruck a in einen Ausdruck vom Typ type um. Auch wenn a eine Variable ist, ist das Ergebnis von (type) a ein Ausdruck, der nicht mehr auf der linken, sondern nur noch auf der rechten Seite eines Zuweisungsoperators stehen darf.

Wie in Kapitel 4 auf Seite 87 erklärt, gibt es verschiedene Arten von Typkonvertierungen in Java. Mit Hilfe des Type-Cast-Operators dürfen alle legalen Typkonvertierungen vorgenommen werden. Der Type-Cast-Operator wird vor allem dann angewendet, wenn der Compiler keine impliziten Konvertierungen vornimmt; beispielsweise bei der Zuweisung von größeren an kleinere numerische Typen oder bei der Umwandlung von Objekttypen.

5.7.2 Operatoren für Objekte

Es gibt in Java einige Ausdrücke und Operatoren, die mit Objekten arbeiten oder Objekte produzieren. Die meisten von ihnen können erst dann erläutert werden, wenn die entsprechenden Konzepte in späteren Kapiteln eingeführt wurden. Der Vollständigkeit halber sollen sie dennoch an dieser Stelle erwähnt werden.

String-Verkettung

Der +-Operator kann nicht nur mit numerischen Operanden verwendet werden, sondern auch zur Verkettung von Strings. Ist wenigstens einer der beiden Operatoren in a + b ein String, so wird der gesamte Ausdruck als String-Verkettung ausgeführt. Hierzu wird gegebenenfalls zunächst der Nicht-String-Operand in einen String umgewandelt und anschließend mit dem anderen Operanden verkettet. Das Ergebnis der Operation ist wieder ein String, in dem beide Operanden hintereinanderstehen.

In Java ist die Konvertierung in einen String für nahezu jeden Typen definiert. Bei primitiven Typen wird die Umwandlung vom Compiler und bei Referenztypen durch die Methode toString ausgeführt. Die String-Verkettung ist daher sehr universell zu verwenden und ermöglicht (beispielsweise zu Ausgabezwecken) eine sehr bequeme Zusammenfassung von Ausdrücken unterschiedlichen Typs. Ein typisches Beispiel für die Verwendung der String-Verkettung ist die Ausgabe von numerischen Ergebnissen auf dem Bildschirm:

```
001  /* Listing0503.java */
002
003  public class Listing0503
004  {
005    public static void main(String[] args)
006    {
007      int a = 5;
008      double x = 3.14;
009
010      System.out.println("a = " + a);
011      System.out.println("x = " + x);
012    }
013  }
```

Listing 5.3: String-Verkettung

Die Ausgabe des Programms lautet:

```
a = 5
x = 3.14
```

Etwas Vorsicht ist geboten, wenn sowohl String-Verkettung als auch Addition in einem Ausdruck verwendet werden sollen, da die in diesem Fall geltenden Vorrang- und Assoziativitätsregeln zu unerwarteten Ergebnissen führen können. Das folgende Programm gibt daher nicht 3 + 4 = 7, sondern 3 + 4 = 34 aus.

```
001  /* Listing0504.java */
002
003  public class Listing0504
004  {
005    public static void main(String[] args)
006    {
007      System.out.println("3 + 4 = " + 3 + 4);
008    }
009  }
```

Listing 5.4: Vorsicht bei der String-Verkettung!

Um das gewünschte Ergebnis zu erzielen, müßte der Teilausdruck 3 + 4 geklammert werden:

Listing 5.5:
Korrekte String-
Verkettung bei
gemischten Aus-
drücken

```
001 /* Listing0505.java */
002
003 public class Listing0505
004 {
005   public static void main(String[] args)
006   {
007     System.out.println("3 + 4 = " + (3 + 4));
008   }
009 }
```

Referenzgleichheit und -ungleichheit

> Die Operatoren == und != können auch auf Objekte, also auf Referenztypen, angewendet werden. In diesem Fall ist zu beachten, daß dabei lediglich die Gleichheit oder Ungleichheit der Referenz getestet wird. Es wird also überprüft, ob die Objektzeiger auf ein und dasselbe Objekt zeigen, und nicht, ob die Objekte *inhaltlich* übereinstimmen.

Ein einfaches Beispiel ist der Vergleich zweier Strings a und b, die beide den Inhalt "hallo" haben:

Listing 5.6:
Vergleichen von
Referenzen

```
001 /* Listing0506.java */
002
003 public class Listing0506
004 {
005   public static void main(String[] args)
006   {
007     String a = new String("hallo");
008     String b = new String("hallo");
009     System.out.println("a == b liefert " + (a == b));
010     System.out.println("a != b liefert " + (a != b));
011   }
012 }
```

Werden sie zur Laufzeit angelegt (wie in diesem Beispiel), liefert das Programm das erwartete Ergebnis, denn a und b sind Referenzen auf unterschiedliche Objekte, also Zeiger auf unterschiedliche Instanzen derselben Klasse.

```
a == b liefert false
a != b liefert true
```

Dies ist das erwartete Verhalten für fast alle Objektreferenzen. Werden die Strings als Literale dagegen zur Compile-Zeit angelegt und damit vom Compiler als *konstant* erkannt, sind sie genau dann Instanzen derselben Klasse, wenn sie tatsächlich inhaltlich gleich sind. Dies liegt daran, daß String-Literale mit Hilfe der Methode String.intern angelegt werden, die einen Puffer von String-Objekten verwaltet, in dem jede Zeichenkette nur einmal vorkommt. Wird ein bereits existierender String noch einmal angelegt, so findet die Methode den Doppelgänger und liefert einen Zeiger darauf zurück. Dieses Verhalten ist so nur bei Strings zu finden, andere Objekte besitzen keine konstanten Werte und keine literalen Darstellungen. Die korrekte Methode, Strings auf inhaltliche Übereinstimmung zu testen, besteht darin, die Methode equals der Klasse String aufzurufen (siehe Listing 5.7).

```
001  /* Listing0507.java */
002
003  public class Listing0507
004  {
005    public static void main(String[] args)
006    {
007      String a = new String("hallo");
008      String b = new String("hallo");
009      System.out.println("a.equals(b) liefert " + a.equals(b));
010    }
011  }
```

Listing 5.7: Vergleichen von Strings mit equals

Der instanceof-Operator

Der instanceof-Operator kann verwendet werden, um herauszufinden, zu welcher Klasse ein bestimmtes Objekt gehört. Der Ausdruck a instanceof b liefert genau dann true, wenn a und b Referenztypen sind und a eine Instanz der Klasse b oder einer ihrer Unterklassen ist. Falls das Ergebnis des instanceof-Operators nicht bereits zur Compile-Zeit ermittelt werden kann, generiert der Java-Compiler Code, um den entsprechenden Check zur Laufzeit durchführen zu können.

Der new-Operator

In Java werden Objekte und Arrays mit Hilfe des new-Operators erzeugt. Sowohl das Erzeugen eines Arrays als auch das Erzeugen eines Objekts sind Ausdrücke, deren Rückgabewert das gerade erzeugte Objekt bzw. Array ist.

Member-Zugriff

Der Zugriff auf Klassen- oder Instanzvariablen wird mit Hilfe des *Punkt*-Operators ausgeführt und hat die Form a.b. Dabei ist a der Name einer Klasse bzw. der Instanz einer Klasse, und b ist der Name einer Klassen- oder Instanzvariable. Der Typ des Ausdrucks entspricht dem Typ der Variable, und zurückgegeben wird der Inhalt dieser Variable.

Methodenaufruf

In Java gibt es keine Funktionen, sondern nur *Methoden*. Der Unterschied zwischen beiden besteht darin, daß Methoden immer an eine Klasse oder die Instanz einer Klasse gebunden sind und nur in diesem Kontext aufgerufen werden können. Die Syntax des Methodenaufrufs gleicht der anderer Programmiersprachen und erfolgt in der (etwas vereinfachten) Form f() bzw. f(parameterliste). Der Typ des Ausdrucks entspricht dem vereinbarten Rückgabetyp der Methode. Der Wert des Ausdrucks ist der von der Methode mit Hilfe der return-Anweisung zurückgegebene Wert.

Methoden können selbstverständlich Nebeneffekte haben und werden in vielen Fällen ausschließlich zu diesem Zweck geschrieben. Ist dies der Fall, so sollte eine Methode als void deklariert werden und damit anzeigen, daß sie keinen Rückgabewert produziert. Die einzig sinnvolle Verwendung einer solchen Methode besteht darin, sie innerhalb einer *Ausdrucksanweisung* (siehe Kapitel 6 auf Seite 123) aufzurufen.

> Da die Realisierung der Methodenaufrufe in Java recht kompliziert ist (die Sprachspezifikation widmet diesem Thema mehr als 10 Seiten), werden wir in Kapitel 7 auf Seite 143 noch einmal ausführlich darauf eingehen.

Zugriff auf Array-Elemente

Wie in anderen Programmiersprachen erfolgt auch in Java der Zugriff auf Array-Elemente mit Hilfe eckiger Klammern in der Form a[b] (bzw. a[b][c], a[b][c][d] usw. bei mehrdimensionalen Arrays). Dabei ist a der Name eines Arrays oder ein Ausdruck, der zu einem Array ausgewertet wird, und b ein Ausdruck, der zu einem int evaluiert werden kann. Der Typ des Ausdrucks entspricht dem Basistyp des Arrays, zurückgegeben wird der Inhalt des Array-Elements, das sich an Position b befindet. Wie in C und C++ beginnt die Zählung mit dem ersten Element bei Position 0.

5.7.3 Welche Operatoren es nicht gibt

> Da es in Java keine expliziten Pointer gibt, fehlen auch die aus C bekannten Operatoren * zur Dereferenzierung eines Zeigers und & zur Bestimmung der Adresse einer Variablen. Des weiteren fehlt ein sizeof-Operator, denn da alle Typen eine genau spezifizierte Länge haben, ist dieser überflüssig. Der Kommaoperator von C ist ebenfalls nicht vorhanden, er taucht aber als syntaktischer Bestandteil der for-Schleife wieder auf und erlaubt es, im Initialisierungsteil der Schleife mehr als eine Zuweisung vorzunehmen.

5.8 Operator-Vorrangregeln

Tabelle 5.6 listet alle Operatoren in der Reihenfolge ihrer Vorrangregeln auf. Weiter oben stehende Operatoren haben dabei Vorrang vor weiter unten stehenden Operatoren. Innerhalb derselben Gruppe stehende Operatoren werden entsprechend ihrer Assoziativität ausgewertet.

Die Spalte *Typisierung* gibt die möglichen Operandentypen an. Dabei steht »N« für numerische, »I« für integrale (also ganzzahlig numerische), »L« für logische, »S« für String-, »R« für Referenz- und »P« für primitive Typen. Ein »A« wird verwendet, wenn alle Typen in Frage kommen, und mit einem »V« wird angezeigt, daß eine Variable erforderlich ist.

Gruppe	Operator	Typisierung	Assoziativität	Bezeichnung
1	++	N	R	Inkrement
	--	N	R	Dekrement
	+	N	R	Unäres Plus
	-	N	R	Unäres Minus
	~	I	R	Einerkomplement
	!	L	R	Logisches NICHT
	(type)	A	R	Type-Cast
2	*	N,N	L	Multiplikation
	/	N,N	L	Division
	%	N,N	L	Modulo
3	+	N,N	L	Addition
	-	N,N	L	Subtraktion
	+	S,A	L	String-Verkettung
4	<<	I,I	L	Linksschieben
	>>	I,I	L	Rechtsschieben
	>>>	I,I	L	Rechtsschieben mit Nullexpansion
5	<	N,N	L	Kleiner
	<=	N,N	L	Kleiner gleich
	>	N,N	L	Größer
	>=	N,N	L	Größer gleich
	instanceof	R,R	L	Klassenzugehörigkeit
6	==	P,P	L	Gleich
	!=	P,P	L	Ungleich
	==	R,R	L	Referenzgleichheit

Tabelle 5.6: Operator-Vorrangregeln

Tabelle 5.6: Operator-Vorrangregeln (Forts.)

Gruppe	Operator	Typisierung	Assoziativität	Bezeichnung
	!=	R,R	L	Referenzungleichheit
7	&	I,I	L	Bitweises UND
	&	L,L	L	Logisches UND mit vollständiger Auswertung
8	^	I,I	L	Bitweises Exklusiv-ODER
	^	L,L	L	Logisches Exklusiv-ODER
9	|	I,I	L	Bitweises ODER
	|	L,L	L	Logisches ODER mit vollständiger Auswertung
10	&&	L,L	L	Logisches UND mit Short-Circuit-Evaluation
11	||	L,L	L	Logisches ODER mit Short-Circuit-Evaluation
12	?:	L,A,A	R	Bedingte Auswertung
13	=	V,A	R	Zuweisung
	+=	V,N	R	Additionszuweisung
	-=	V,N	R	Subtraktionszuweisung
	*=	V,N	R	Multiplikationszuweisung
	/=	V,N	R	Divisionszuweisung
	%=	V,N	R	Restwertzuweisung
	&=	N,N u. L,L	R	Bitweises-UND-Zuweisung und Logisches-UND-Zuweisung
	|=	N,N u. L,L	R	Bitweises-ODER-Zuweisung und Logisches-ODER-Zuweisung
	^=	N,N u. L,L	R	Bitweises-Exklusiv-ODER-Zuweisung und Logisches-Exklusiv-ODER-Zuweisung
	<<=	V,I	R	Linksschiebezuweisung
	>>=	V,I	R	Rechtsschiebezuweisung
	>>>=	V,I	R	Rechtsschiebezuweisung mit Nullexpansion

Etwas unschön ist die Tatsache, daß die bitweisen Operatoren schwächer binden als die relationalen Operatoren. Da sie auf einer Stufe mit den zugehörigen logischen Operatoren stehen, gibt es beim Übersetzen des folgenden Programms den Fehler »Incompatible type for &. Can't convert int to boolean«:

Listing 5.8: Bindungsprobleme bei den bitweisen Operatoren

```
001 /* Listing0508.java */
002
003 public class Listing0508
004 {
005   public static void main(String[] args)
```

```
006  {
007    int i = 55;
008    int j = 97;
009    if (i & 15 < j & 15) {
010      System.out.println("LowByte(55) < LowByte(97)");
011    } else {
012      System.out.println("LowByte(55) >= LowByte(97)");
013    }
014  }
015 }
```

Listing 5.8: Bindungsprobleme bei den bitweisen Operatoren (Forts.)

Bei der Verwendung der bitweisen Operatoren sind also zusätzliche Klammern erforderlich. Die korrekte Version des Programms zeigt Listing 5.9 (verbessert wurde Zeile 009):

```
001 /* Listing0509.java */
002
003 public class Listing0509
004 {
005   public static void main(String[] args)
006   {
007     int i = 55;
008     int j = 97;
009     if ((i & 15) < (j & 15)) {
010       System.out.println("LowByte(55) < LowByte(97)");
011     } else {
012       System.out.println("LowByte(55) >= LowByte(97)");
013     }
014   }
015 }
```

Listing 5.9: Korrekte Klammerung von bitweisen Operatoren

Die Ausgabe des Programms ist nun erwartungsgemäß:

```
LowByte(55) >= LowByte(97)
```

5.9 Zusammenfassung

In diesem Kapitel wurden folgende Themen behandelt:

▶ Grundlegende Eigenschaften von Ausdrücken

▶ Die arithmetischen Operatoren +, -, *, /, %, ++ und --

▶ Die relationalen Operatoren ==, !=, <, <=, > und >=

▶ Die logischen Operatoren !, &&, ||, &, | und ^

▶ Die bitweisen Operatoren ~, |, &, ^, >>, >>> und <<

▶ Die Zuweisungsoperatoren =, +=, -=, *=, /=, %, &=, |=, ^=, <<=, >>= und >>>=

▶ Der Fragezeichenoperator ?:, der Operator für Typumwandlungen und der String-Verkettungs-Operator +

▶ Die Operatoren `new` und `instanceof`

▶ Die Operatoren für Member- und Array-Zugriff und der Operator zum Aufrufen von Methoden

▶ Die Operator-Vorrangregeln von Java

6 Anweisungen

6.1 Elementare Anweisungen

6.1.1 Die leere Anweisung

Syntax

```
;
```

Bedeutung

Die einfachste Anweisung in Java ist die leere Anweisung. Sie besteht nur aus dem Semikolon und hat keinerlei Effekt auf das laufende Programm. Eine leere Anweisung kann da verwendet werden, wo syntaktisch eine Anweisung erforderlich ist, aber von der Programmlogik her *nichts* zu tun ist.

6.1.2 Der Block

Syntax

```
{
  Anweisung1;
  Anweisung2;
  ...
}
```

Bedeutung

Ein Block ist eine Zusammenfassung von Anweisungen, die nacheinander ausgeführt werden. Alle im Block zusammengefaßten Anweisungen gelten in ihrer Gesamtheit als *eine einzelne* Anweisung und dürfen überall da verwendet werden, wo syntaktisch eine einzelne elementare Anweisung erlaubt wäre. Ein Block darf auch Anweisungen zur Deklaration von lokalen Variablen haben. Diese sind dann nur innerhalb des Blocks gültig und sichtbar.

6.1.3 Variablendeklarationen

Syntax

```
Typname VariablenName;
```

oder

```
Typname VariablenName = InitialerWert;
```

Bedeutung

Die Deklaration einer lokalen Variable gilt in Java als ausführbare Anweisung. Sie darf daher überall dort erfolgen, wo eine Anweisung verwendet werden darf. Die Sichtbarkeit einer lokalen Variable erstreckt sich von der Deklaration bis zum Ende des umschließenden Blocks.

Listing 6.1:
Verdecken von
Klassen- oder
Instanzvariablen

Lokale Variablen dürfen sich nicht gegenseitig verdecken. Es ist also nicht erlaubt, eine bereits deklarierte Variable x in einem tiefer geschachtelten Block erneut zu deklarieren. Das Verdecken von Klassen- oder Instanzvariablen dagegen ist zulässig und wird besonders häufig in Konstruktoren bei der Initialisierung von Instanzvariablen verwendet:

```
001  class Punkt
002  {
003    int x;
004    int y;
005
006    Punkt(int x, int y)
007    {
008      this.x = x;
009      this.y = y;
010    }
011  }
```

Hier wird eine Klasse Punkt definiert, die zwei Instanzvariablen x und y enthält. Der Konstruktor initialisiert die Instanzvariablen mit den gleichnamigen Parametern. Um nun nicht für die formalen Parameter neue Namen erfinden zu müssen, lassen sich durch lokale Variablen verdeckte Instanzvariablen dadurch wieder aufdecken, daß sie mit dem this-Pointer qualifiziert werden.

Das vorliegende Beispiel erscheint zum jetzigen Zeitpunkt sicherlich schwer verständlich, denn bisher wurden weder Klassen noch Methoden noch Konstruktoren eingeführt. Nach Lektüre von Kapitel 7 auf Seite 143, das sich mit den objektorientierten Eigenschaften von Java beschäftigt, wird es verständlicher sein. Einprägen sollte man sich diesen Stil aber jetzt schon, denn er wird in Java häufig verwendet.

6.1.4 Ausdrucksanweisungen

Syntax

Ausdruck;

Bedeutung

Ausdrucksanweisungen dienen dazu, Ausdrücke in einem Anweisungskontext auszuführen. Sie werden erzeugt, indem an den Ausdruck ein Semikolon angehängt wird. Da der Rückgabewert des Ausdrucks dabei ignoriert wird, macht eine Ausdrucksanweisung nur dann Sinn, wenn der Ausdruck Nebeneffekte hat. Tatsächlich ist es in Java so, daß innerhalb einer Ausdrucksanweisung nur ganz bestimmte Ausdrücke auftauchen dürfen:

- Zuweisung
- Inkrement und Dekrement
- Methodenaufruf
- Instanzerzeugung

Während es in C beispielsweise möglich ist, den Ausdruck 2+4 in eine Ausdrucksanweisung 2+4; zu verpakken, ist dies in Java nicht erlaubt. Eine solche Anweisung ist aber auch wenig sinnvoll, und es war daher nur vernünftig, dies in Java nicht zuzulassen.

6.2 Verzweigungen

Verzweigungen in Java dienen wie in allen Programmiersprachen dazu, bestimmte Programmteile nur beim Eintreten vorgegebener Bedingungen, die erst zur Laufzeit bekannt werden, auszuführen. An Verzweigungen bietet Java die `if`- und `if-else`-Anweisung sowie die `switch`-Anweisung.

6.2.1 Die if-Anweisung

Syntax

```
if (ausdruck)
   anweisung;
```

oder

```
if (ausdruck)
   anweisung1;
else
   anweisung2;
```

Bedeutung

Die `if`-Anweisung wertet zunächst den Ausdruck `ausdruck` aus. Danach führt sie die Anweisung `anweisung` genau dann aus, wenn das Ergebnis des Ausdrucks `true` ist. Ist `ausdruck` hingegen `false`, so wird die Anweisung nicht ausgeführt, sondern mit der ersten Anweisung nach der `if`-Anweisung fortgefahren.

Mit der `if-else`-Anweisung gibt es eine weitere Verzweigung in Java. Falls `ausdruck` wahr ist, wird `anweisung1` ausgeführt, andernfalls `anweisung2`. Eine der beiden Anweisungen wird also in jedem Fall ausgeführt.

Anstelle einer einzelnen Anweisung kann jeweils auch eine Folge von Anweisungen angegeben werden, wenn sie innerhalb eines Blocks steht. Dieser wird als Einheit betrachtet und komplett ausgeführt, wenn die entsprechende Bedingung zutrifft.

> Zu beachten ist, daß der Testausdruck in der Schleife vom Typ `boolean` sein muß. Anders als in C ist es in Java nicht erlaubt, einen *numerischen* Ausdruck an seiner Stelle zu verwenden.

Dangling else

> Eine der Mehrdeutigkeiten, die in fast allen blockstrukturierten Programmiersprachen auftauchen können, wurde auch von den Java-Entwicklern nicht beseitigt. Als Beispiel wollen wir uns das folgende Codefragment ansehen, das leider nicht so ausgeführt wird, wie es die Einrückung erwarten läßt:

Listing 6.2:
Dangling else

```
001 if (a)
002   if (b)
003     s1;
004 else
005   s2;
```

Der `else`-Zweig gehört zu der *innersten* Verzweigung `if (b)...`, und die korrekte Einrückung würde lauten:

Listing 6.3:
Dangling else,
ausgeschaltet

```
001 if (a)
002   if (b)
003     s1;
004   else
005     s2;
```

Dieses Problem ist in der Literatur unter dem Namen *dangling else* bekannt und kann nur auftauchen, wenn eine `if`- und eine `if-else`-Verzweigung ineinander geschachtelt werden und beide Anweisungen nicht durch Blockklammern begrenzt wurden. Um die Mehrdeutigkeit zu beseitigen, wird in Java wie auch in C oder C++ ein »freies« `else` immer an das am weitesten innen liegende `if` angehängt.

Verzweigungen   Kapitel 6

Bedingtes Kompilieren

> Eine weitere Besonderheit der Verzweigungen in Java rührt daher, daß die Sprache keinen Präprozessor besitzt und deshalb kein `#ifdef` kennt. Um eine eingeschränkte Form der bedingten Kompilierung zu verwirklichen, wird in Java das folgende Programmfragment in der Weise kompiliert, daß die Anweisung anweisung nicht mitübersetzt wird, da der Testausdruck konstant `false` ist:

```
001 if (false)
002   anweisung;
```

Listing 6.4:
Bedingtes
Kompilieren

Allerdings sollte man hinzufügen, daß ein solches Verhalten in der Sprachspezifikation zwar dringend empfohlen wird, für die Compiler-Bauer aber nicht zwangsläufig verpflichtend ist.

Das hier beschriebene Verhalten eines Java-Compilers steht im Widerspruch zu einer anderen Forderung, nämlich der, nur *erreichbare Anweisungen* zu akzeptieren. Gemäß Sprachspezifikation soll der Compiler alle Anweisungen, die *nicht erreichbar* sind, ablehnen, also einen Fehler melden.

Nicht erreichbar im technischen Sinne sind dabei Anweisungen in Schleifen, deren Testausdruck zur Compile-Zeit `false` ist, und Anweisungen, die hinter einer `break`-, `continue`-, `throw`- oder `return`-Anweisung liegen, die *unbedingt* angesprungen wird. Die einzige Ausnahme von dieser Regel ist die im vorigen Absatz erwähnte Variante der konstant unwahren Verzweigung, die zur bedingten Kompilierung verwendet werden kann.

6.2.2 Die switch-Anweisung

Syntax

```
switch (ausdruck)
{
  case constant:
    anweisung;
  ...
  default:
}
```

Bedeutung

Die `switch`-Anweisung ist eine Mehrfachverzweigung. Zunächst wird der Ausdruck ausdruck, der vom Typ `byte`, `short`, `char` oder `int` sein muß, ausgewertet. In Abhängigkeit vom Ergebnis wird dann die Sprungmarke angesprungen, deren Konstante mit dem Ergebnis des Ausdrucks übereinstimmt. Die Konstante und der Ausdruck müssen dabei zuweisungskompatibel sein.

Das optionale default-Label wird dann angesprungen, wenn keine passende Sprungmarke gefunden wird. Ist kein default-Label vorhanden und wird auch keine passende Sprungmarke gefunden, so wird keine der Anweisungen innerhalb der switch-Anweisung ausgeführt. Jede Konstante eines case-Labels darf nur einmal auftauchen. Das default-Label darf maximal einmal verwendet werden.

> Nachdem ein case- oder default-Label angesprungen wurde, werden alle dahinterstehenden Anweisungen ausgeführt. Im Gegensatz zu Sprachen wie PASCAL erfolgt auch dann keine Unterbrechung, wenn das nächste Label erreicht wird. Wenn dies erwünscht ist, muß der Kontrollfluß wie in C und C++ mit Hilfe einer break-Anweisung unterbrochen werden. Jedes break innerhalb einer switch-Anweisung führt dazu, daß zum Ende der switch-Anweisung verzweigt wird.

Wie aus den bisherigen Ausführungen deutlich wurde, ist die Semantik der switch-Anweisung in Java der in C und C++ sehr ähnlich. Ein wichtiger Unterschied besteht darin, daß in Java alle Anweisungen, die unmittelbar innerhalb des switch liegen, case- oder default-Labels sein müssen. Der Trick, in switch-Anweisungen Schleifen zu packen, die sich über mehrere Labels erstrecken, funktioniert in Java nicht. Die Sprachspezifikation erläutert dies am Beispiel von *Duff's Device*, das so in Java nicht kompilierbar ist:

Listing 6.5:
Duff's Device

```
001 int q = (n+7)/8;
002 switch (n%8) {
003 case 0: do { foo();
004 case 1:     foo();
005 case 2:     foo();
006 case 3:     foo();
007 case 4:     foo();
008 case 5:     foo();
009 case 6:     foo();
010 case 7:     foo();
011        } while (--q >= 0);
012 }
```

Glücklicherweise ist derartiger Code mehr zur Verwirrung ahnungsloser Programmierer gedacht als zur ernsthaften Anwendung und kommt in der Praxis normalerweise kaum vor.

6.3 Schleifen

Java besitzt die drei üblichen Schleifenanweisungen prozeduraler Programmiersprachen: eine nichtabweisende, eine abweisende und eine Zählschleife. Die Syntax und Semantik der Schleifen ist fast vollständig identisch zu den entsprechenden Anweisungen in C.

6.3.1 Die while-Schleife

Syntax

```
while (ausdruck)
   anweisung;
```

Bedeutung

Zuerst wird der Testausdruck, der vom Typ `boolean` sein muß, geprüft. Ist er `true`, wird die Anweisung ausgeführt, andernfalls wird mit der ersten Anweisung hinter der Schleife weitergemacht. Nachdem die Anweisung ausgeführt wurde, wird der Testausdruck erneut geprüft usw. Die Schleife wird beendet, sobald der Test `false` ergibt.

6.3.2 Die do-Schleife

Syntax

```
do
   anweisung;
while (ausdruck);
```

Bedeutung

Die `do`-Schleife arbeitet *nichtabweisend*, d.h. sie wird mindestens einmal ausgeführt. Da zunächst die Schleifenanweisung ausgeführt und erst dann der Testausdruck überprüft wird, kann die `do`-Schleife frühestens nach einem Durchlauf regulär beendet werden. Die Bearbeitung der Schleife wird immer dann beendet, wenn der Test des Schleifenausdrucks `false` ergibt.

6.3.3 Die for-Schleife

Syntax

```
for (init; test; update)
   anweisung;
```

Bedeutung

Der Kopf der `for`-Schleife besteht aus drei Ausdrücken, die jeder für sich optional sind:

▶ Der init-Ausdruck wird einmal vor dem Start der Schleife aufgerufen. Er dient dazu, Initialisierungen durchzuführen, die durch die Auswertung von Ausdrücken mit Nebeneffekten verursacht werden. Der Rückgabewert der Ausdrücke wird vollständig ignoriert.

- Der init-Teil darf auch aus mehreren Ausdrücken bestehen, wenn die einzelnen Teilausdrücke durch Kommata getrennt sind. Diese syntaktische Erweiterung ist allerdings nur innerhalb des Initialisierungsteils einer for-Schleife erlaubt. Einen allgemeinen Komma-Operator (wie in C und C++) gibt es in Java nicht.

- Fehlt der Initialisierungsteil, wird keine Initialisierung im Kopf der Schleife durchgeführt.

- Der init-Teil darf auch Variablendeklarationen enthalten, beispielsweise, um einen Schleifenzähler zu erzeugen. Die Variablen müssen bei der Deklaration initialisiert werden. Sichtbarkeit und Lebensdauer erstrecken sich auf den Block, der die Schleifenanweisungen enthält. Damit ist es möglich, den Namen einer Schleifenvariablen innerhalb einer Methode mehrfach zu deklarieren.

- Der test-Teil bildet den Testausdruck der Schleife. Analog zur while-Schleife wird er am Anfang der Schleife ausgeführt, und die Schleifenanweisung wird nur ausgeführt, wenn die Auswertung des Testausdrucks true ergibt. Fehlt der Testausdruck, so setzt der Compiler an seiner Stelle die Konstante true ein.

- Der update-Ausdruck dient dazu, den Schleifenzähler zu verändern. Er wird nach jedem Durchlauf der Schleife ausgewertet, bevor der Testausdruck das nächste Mal ausgewertet wird. Wie der init-Teil darf auch der update-Teil aus mehreren Ausdrücken bestehen. Der Rückgabewert des Ausdrucks wird ignoriert. Fehlt der update-Ausdruck, so wird keine automatische Modifikation des Schleifenzählers durchgeführt.

break und continue

In Java gibt es zwei weitere Möglichkeiten, die normale Auswertungsreihenfolge in einer Schleife zu verändern. Taucht innerhalb einer Schleife eine break-Anweisung auf, wird die Schleife verlassen und das Programm mit der ersten Anweisung nach der Schleife fortgesetzt. Taucht dagegen eine continue-Anweisung auf, springt das Programm an das Ende des Schleifenrumpfs und beginnt mit der nächsten Iteration.

In der einfachsten Form arbeiten break und continue genauso wie in C und C++. Beide Anweisungen können innerhalb von do-, while- und for-Schleifen verwendet werden. Befindet sich ein break innerhalb einer mehrfach geschachtelten Schleife, so verläßt es die innerste Schleife. Dies gilt analog für continue. Neben dieser einfachen Form von break und continue gibt es in Java noch die mit einem Label versehene Form:

```
break Label;

continue Label;
```

Schleifen

Kapitel 6

Zu jedem mit einem Label versehenen break oder continue muß es eine mit einem Label versehene Kontrollstruktur geben, die diese Anweisung umschließt. Oft wird ein mit einem Label versehenes break verwendet, um zwei oder mehr ineinander geschachtelte Schleifen zu beenden:

```
001 /* Listing0606.java */
002
003 import java.io.*;
004
005 public class Listing0606
006 {
007   public static void main(String[] args)
008   {
009     int[][] data = new int[10][10];
010
011     //Multiplikationstafel erstellen
012     for (int i = 1; i <= 10; ++i) {
013       for (int j = 1; j <= 10; ++j) {
014         data[i - 1][j - 1] = i * j;
015       }
016     }
017
018     //Produkt größer 43 suchen
019     loop1:
020     for (int i = 1; i <= 10; ++i) {
021       for (int j = 1; j <= 10; ++j) {
022         if (data[i - 1][j - 1] > 43) {
023           System.out.println(i + "*" + j + "=" + (i*j));
024           break loop1;
025         }
026       }
027     }
028   }
029 }
```

Listing 6.6:
Das gelabelte break

Das Programm erstellt zunächst eine Multiplikationstafel für die Zahlen von 1 bis 10. Ab Zeile 018 sucht es dann in einer geschachtelten Schleife nach den ersten beiden Faktoren, deren Produkt 43 übersteigt. Die äußere der beiden Schleifen hat das Label loop1, die innere ist ohne Label. Wenn die Anweisung break loop1; ausgeführt wird, springt das Programm an das Ende des mit dem Label loop1 markierten Anweisungsblocks, also hinter die geschweifte Klammer in Zeile 027. Hätten wir ein ungelabeltes break verwendet, wäre das Programm lediglich bis an das Ende von Zeile 026 gesprungen, und die äußere Schleife hätte eine weitere Iteration durchgeführt.

Vollkommen analog zu der mit einem Label versehenen break-Anweisung kann auch die mit einem Label versehene Form der continue-Anweisung verwendet werden, um die nächste Iteration einer weiter außen liegenden Schleife einzuleiten.

> Die break- und continue-Anweisungen, insbesondere die mit einem Label versehen, stellen *Sprunganweisungen* dar. Im Vergleich zu den goto-Anweisungen anderer Programmiersprachen sind ihr Fähigkeiten aber auf kontrollierte Sprünge in Schleifenanweisungen beschränkt. Eine *allgemeine* Sprunganweisung gibt es in Java nicht (die Sprachdesigner haben sich aber scheinbar ein Hintertürchen offengelassen und goto zu einem reservierten Wort erklärt).

Die Bedeutung von gelabelten break- und continue-Anweisungen ist in der Praxis nicht so groß, wie man vermuten könnte. Unbedacht eingesetzt, können sie die Lesbarkeit eines Programmes sogar vermindern. Eine weitere nützliche Anwendung des gelabelten break besteht darin, eine Schleife aus einer darin liegenden switch-Anweisung zu verlassen.

6.4 Sonstige Anweisungen

6.4.1 Die assert-Anweisung

> Die Ausführungen in diesem Abschnitt können beim ersten Lesen übersprungen werden. Bei der assert-Anweisung handelt es sich um ein weiterführendes Konzept, das seit dem JDK 1.4 zur Verfügung steht. Neben einem grundlegenden Verständnis von Klassen und Methoden (ab Kapitel 7 auf Seite 143) setzt es insbesondere Kenntnisse über das Auslösen und Behandeln von Ausnahmen voraus, die erst in Kapitel 12 auf Seite 257 vermittelt werden. Aus systematischen Gründen soll das Thema jedoch an dieser Stelle behandelt werden.

Syntax

```
assert ausdruck1 [ : ausdruck2 ] ;
```

Bedeutung

Seit dem JDK 1.4 gibt es in Java eine assert-Anweisung. Diese, ursprünglich schon für die erste JDK-Version vorgesehene, dann aber aus Zeitgründen zurückgestellte Anweisung wird C- oder C++-Programmierern wohlbekannt sein. Sie dient dazu, an einer bestimmten Stelle im Programmablauf einen logischen Ausdruck zu plazieren, von dem der Programmierer annimmt, daß er stets *wahr* ist. Ist das der Fall, fährt das Programm mit der nächsten Anweisung fort, andernfalls wird eine Ausnahme des Typs `Assertion Error` ausgelöst. Ein solcher Ausdruck wird auch als *Invariante* bezeichnet, denn er bleibt unverändert `true`, solange das Programm korrekt funktioniert.

Assertions, wie `assert`-Anweisungen vereinfachend genannt werden, dienen also dazu, bestimmte Annahmen über den Zustand des Programmes zu verifizieren und sicherzustellen, daß diese eingehalten werden. Soll im Programm beispielsweise überprüft werden, ob eine Variable `x` nicht-negativ ist, könnte dazu die folgende `assert`-Anweisung verwendet werden:

```
assert x >= 0;
```

Das Programm überprüft die Bedingung und fährt fort, wenn sie erfüllt ist. Andernfalls wird eine Ausnahme ausgelöst. Natürlich hätte derselbe Test auch mit Hilfe einer einfachen `if`-Anweisung ausgeführt werden können. Die `assert`-Anweisung hat ihr gegenüber jedoch einige Vorteile:

▶ Der Programmcode ist kürzer.

▶ Auf den ersten Blick ist zu erkennen, daß es sich um einen Korrektheits-Check handelt und nicht um eine Verzweigung zur Steuerung des Programmablaufs.

▶ Assertions lassen sich zur Laufzeit wahlweise an- oder ausschalten. Im Gegensatz zu einer einfachen `if`-Anweisung verursachen sie praktisch keine Verschlechterung des Laufzeitverhaltens, wenn sie deaktiviert sind.

Der im Syntaxdiagramm angegebene `ausdruck1` muß immer vom Typ `boolean` sein, andernfalls gibt es einen Compilerfehler. Fehlt `ausdruck2` (er darf von beliebigem Typ sein), wird im Falle des Nichterfülltseins der Bedingung ein `AssertionError` mit einer *leeren* Fehlermeldung erzeugt. Wurde `ausdruck2` dagegen angegeben, wird er im Fehlerfall an den Konstruktor von `AssertionError` übergeben und dient als Meldungstext für das Fehlerobjekt.

An- und Abschalten der Assertions

Aus Kompatibilität zu älteren JDK-Versionen sind Assertions sowohl im Compiler als auch im Interpreter standardmäßig deaktiviert. Um einen Quellcode zu übersetzen, der Assertions enthält, kann dem Java-Compiler ab der Version 1.4 die Option `-source 1.4` übergeben werden. Wird dies nicht gemacht, gibt es eine Fehlermeldung, nach der "assert" ab der Version 1.4 ein Schlüsselwort ist und nicht mehr als Bezeichner verwendet werden darf. Ältere Compilerversionen melden einen Syntaxfehler. Wir wollen uns ein einfaches Beispielprogramm ansehen:

Listing 6.7:
Anwendung
von Assertions

```
001 /* AssertionTest.java */
002
003 public class AssertionTest
004 {
005   public static void main(String[] args)
006   {
007     assert args.length >= 2;
008     int i1 = Integer.parseInt(args[0]);
009     int i2 = Integer.parseInt(args[1]);
010     assert i2 != 0 : "Teilen durch 0 nicht moeglich";
011     System.out.println(i1 + "/" + i2 + "=" + (i1/i2));
012   }
013 }
```

Das Beispielprogramm verwendet zwei Assertions, um sicherzustellen, daß mindestens zwei Kommandozeilenargumente übergeben werden und daß das zweite von ihnen nicht 0 ist. Es kann mit folgendem Kommando übersetzt werden, wenn der Compiler mindestens die Version 1.4 hat:

```
javac -source 1.4 AssertionTest.java
```

Um das Programm laufen zu lassen, kennt der Java-Interpreter ab der Version 1.4 die Kommandozeilenoptionen -enableassertions und -disableassertions, die mit -ea bzw. -da abgekürzt werden können. Ihre Syntax lautet:

```
java [ -enableassertions | -ea  ] [:PaketName... | :KlassenName ]

java [ -disableassertions | -da ] [:PaketName... | :KlassenName ]
```

Werden die Optionen ohne nachfolgenden Paket- oder Klassennamen angegeben, werden die Assertions für alle Klassen mit Ausnahme der Systemklassen java.* an- bzw. ausgeschaltet. Wird, durch einen Doppelpunkt getrennt, ein Klassenname angegeben, gilt die jeweilige Option nur für diese Klasse. Wird ein Paketname angegeben (von einem Klassennamen durch drei angehängte Punkte zu unterscheiden), erstreckt sich die Option auf alle Klassen innerhalb des angegebenen Pakets. Die Optionen können mehrfach angegeben werden, sie werden der Reihe nach ausgewertet. Wird keine dieser Optionen angegeben, sind die Assertions deaktiviert.

Soll unser Beispielprogramm mit aktivierten Assertions ausgeführt werden, kann also folgendes Kommando verwendet werden:

```
java -ea AssertionTest
```

In diesem Fall gibt es sofort eine Fehlermeldung, denn die erste `assert`-Anweisung ist nicht erfüllt. Rufen wir das Programm mit zwei Zahlen als Argumente auf, wird erwartungsgemäß deren Quotient berechnet:

```
java -ea AssertionTest 100 25
```

Die Ausgabe lautet:

```
100/25=4
```

Wenn das zweite Argument dagegen 0 ist, gibt es eine Fehlermeldung, weil die zweite Assertion nicht erfüllt ist. Auch in diesem Fall steigt das Programm mit einem `Assertion-Error` aus, der zusätzlich die Fehlermeldung »Teilen durch 0 nicht moeglich« enthält, die wir nach dem Doppelpunkt in Zeile 010 angegeben haben:

```
Exception in thread "main" java.lang.AssertionError:
    Teilen durch 0 nicht moeglich
...
```

Wird das Programm mit deaktivierten Assertions aufgerufen, verhält es sich, als wären die Zeilen 007 und 010 gar nicht vorhanden. In diesem Fall gibt es die üblichen Laufzeitfehler, die bei einem Zugriff auf ein nicht vorhandenes Array-Element oder die Division durch 0 entstehen.

Anwendungen

Genau genommen war das vorige Programm kein wirklich gutes Beispiel für die Anwendung von Assertions. Das Überprüfen der an ein Programm übergebenen Kommandozeilenparameter sollte nämlich besser einer `IllegalArgumentException` überlassen werden:

```
001 public class Listing0608
002 {
003   public static void main(String[] args)
004   {
005     if (args.length < 2) {
006       throw new IllegalArgumentException();
007     }
008     ...
009   }
010 }
```

Listing 6.8: Verwendung einer IllegalArgumentException

Genau wie bei der Übergabe eines Arguments an eine öffentliche Methode sollte es nicht einfach möglich sein, deren Überprüfung zur Laufzeit abzuschalten. Da ein Programm bei der Übergabe von Werten an öffentliche Schnittstellen keinerlei Annahmen darüber machen kann, ob diese Werte korrekt sind, sollte die Überprüfung dieser Werte immer aktiv sein. Die Verwendung von Assertions empfiehlt sich also in diesem Fall nicht. Weitere Beispiele für derartige öffentliche Schnittstellen sind etwa die Daten, die über eine grafische Benutzerschnittstelle in ein Programm gelangen oder die aus Dateien oder über Netzwerkverbindungen eingelesen werden. In all diesen Fällen sollten nicht-abschaltbare Fehlerprüfungen anstelle von Assertions verwendet werden.

Der Einsatz von Assertions ist dagegen immer dann sinnvoll, wenn Daten aus unbekannten Quellen bereits verifiziert sind. Wenn also das Nichterfülltsein einer Assertion einen Programmfehler anzeigt und nicht fehlerhafte Eingabedaten. Beispiele sind:

- Die Überprüfung von Parametern, die an nicht-öffentliche Methoden übergeben werden. Diese können nur dann falsch sein, wenn das *eigene Programm* sie fehlerhaft übergibt. Kann nach dem Test der Software davon ausgegangen werden, daß ein bestimmter Codeteil fehlerfrei ist, ist es legitim, die Assertions in diesem Bereich zu deaktivieren und so die Performance des Programmes zu verbessern. Innerhalb der Test- und Debugphase dagegen sind die Assertions eine große Hilfe beim Aufdecken von verdeckten Fehlern.

- Die Verwendung in *Postconditions*, also in Bedingungen, die *am Ende einer Methode* erfüllt sein müssen. Postconditions dienen dazu, sicherzustellen, daß eine Methode bei korrekten Eingabewerten (die ihrerseits durch *Preconditions* abgesichert werden) auch korrekte Ergebnisse produziert. Beispielsweise könnte am Ende der push-Methode eines Stacks sichergestellt werden, daß der Stack nicht-leer ist.

- Die Überprüfung von *Schleifeninvarianten*, also von Bedingungen, die am Anfang oder Ende einer Schleife *bei jedem* Schleifendurchlauf erfüllt sein müssen. Dies ist besonders bei Schleifen sinnvoll, die so komplex sind, daß beim Programmieren eine Art "Restunsicherheit" bezüglich ihrer Korrektheit bestehen bleibt.

- Die Markierung von "toten Zweigen" in if- oder case-Anweisungen, die normalerweise niemals erreicht werden sollten. Anstatt hier einen Kommentar der Art "kann niemals erreicht werden" zu plazieren, könnte auch eine Assertion mit false als Argument gesetzt werden. Wird dieser Zweig später tatsächlich einmal aufgrund eines Programmfehlers durchlaufen, geschieht dies wenigstens nicht unerkannt, sondern das Programm liefert eine Fehlermeldung und zeigt den Ort des Problems an.

> Sowohl Pre- als auch Postconditions wurden mit der Programmiersprache *Eiffel*, die Bertrand Meyer in seinem Buch »Object-oriented Software Construction« 1988 vorgestellt hat, einer breiteren Öffentlichkeit bekannt. Das im JDK 1.4 implementierte Assertion-Konzept entspricht allerdings nicht in allen Aspekten Meyer's ausgefeiltem »Programming by Contract«. Dort gibt es beispielsweise explizite Schlüsselwörter für Pre- und Postconditions, und es ist möglich, in Postconditions auf den »alten« Wert eines Parameters zuzugreifen (also auf den, den er beim Eintritt in die Methode hatte).

Dennoch stellen Assertions ein wichtiges Hilfsmittel dar, um Programme zuverlässiger und besser lesbar zu machen. Das folgende Programm zeigt verschiedene Anwendungen von Assertions am Beispiel einer einfachen Klasse zur Speicherung von Listen von Ganzzahlen:

Listing 6.9: Anwendung von Assertions

```
001 public class SimpleIntList
002 {
003   private int[] data;
004   private int    len;
005
006   public SimpleIntList(int size)
007   {
008     this.data = new int[size];
009     this.len  = 0;
010   }
011
012   public void add(int value)
013   {
014     //Precondition als RuntimeException
015     if (full()) {
016       throw new RuntimeException("Liste voll");
017     }
018     //Implementierung
019     data[len++] = value;
020     //Postcondition
021     assert !empty();
022   }
023
024   public void bubblesort()
025   {
026     if (!empty()) {
027       int cnt = 0;
028       while (true) {
029         //Schleifeninvariante
030         assert cnt++ < len: "Zu viele Iterationen";
031         //Implementierung...
032         boolean sorted = true;
033         for (int i = 1; i < len; ++i) {
034           if (sortTwoElements(i - 1, i)) {
035             sorted = false;
036           }
037         }
038         if (sorted) {
039           break;
040         }
041       }
042     }
043   }
044
045   public boolean empty()
```

Listing 6.9:
Anwendung
von Assertions
(Forts.)

```
046   {
047     return len <= 0;
048   }
049
050   public boolean full()
051   {
052     return len >= data.length;
053   }
054
055   private boolean sortTwoElements(int pos1, int pos2)
056   {
057     //Private Preconditions
058     assert (pos1 >= 0 && pos1 < len);
059     assert (pos2 >= 0 && pos2 < len);
060     //Implementierung...
061     boolean ret = false;
062     if (data[pos1] > data[pos2]) {
063       int tmp = data[pos1];
064       data[pos1] = data[pos2];
065       data[pos2] = tmp;
066       ret = true;
067     }
068     //Postcondition
069     assert data[pos1] <= data[pos2] : "Sortierfehler";
070     return ret;
071   }
072 }
```

Precondition-Assertions sind in den Zeilen 058 und 059 zu sehen. Sie stellen sicher, daß die Methode mit gültigen Array-Indizes aufgerufen wird. Eine Precondition, die als RuntimeException implementiert wurde, findet sich in Zeile 015 und prüft, ob die Liste vor dem Einfügen eines weiteren Elements bereits voll ist. Während die Postcondition in Zeile 021 eher formaler Natur ist, überprüft jene in Zeile 069, ob das Sortieren der Elemente tatsächlich erfolgreich war. Die Schleifeninvariante in Zeile 030 stellt sicher, daß der Bubblesort nicht zu viele Arraydurchläufe macht, was ein Indiz dafür wäre, daß er in eine Endlosschleife geraten wäre.

Nebeneffekte

> Normalerweise sollten die Ausdrücke in Assertions keine Nebeneffekte enthalten. Also keinen Code, der Variablen verändert oder den Status des Programms auf andere Weise modifiziert. Der Grund dafür ist, daß diese Nebeneffekte bei abgeschalteten Assertions natürlich nicht ausgeführt werden. Das Programm würde sich also anders verhalten, als wenn die Assertions angeschaltet wären. Dadurch können sehr schwer zu findende Fehler entstehen. Generell gilt, daß die Funktionalität des Programms nicht davon abhängen sollte, ob die Assertions an- oder abgeschaltet sind.

Allerdings kann es berechtigte Ausnahmen geben. Ein Gegenbeispiel liefert etwa das vorige Listing in Zeile 030. Hier wird innerhalb der Assertion die Zählervariable cnt inkrementiert, also eine Variable verändert. Das ist allerdings unkritisch, denn diese wird auch nur innerhalb der Assertion benötigt, spielt ansonsten im Programm aber keine Rolle. Variablen, die auch an anderen Stellen im Programm verwendet werden, sollten allerdings nicht innerhalb von Assertions verändert werden.

Kompatibilität

Wie schon erwähnt, gibt es Assertions erst seit der Version 1.4 des JDK. Ihre Verwendung wirft leider einige Kompatibilitätsprobleme auf:

- Ein Quelltext, der `assert`-Anweisungen enthält, kann nur mit einem Compiler übersetzt werden, der mindestens die Version 1.4 unterstützt. Ältere Compiler halten eine `assert`-Anweisung für eine Schlüsselwort und melden einen Syntaxfehler. Das Gleiche passiert, wenn der JDK-1.4-Compiler ohne die Option `-source 1.4` aufgerufen wird, nur ist dann die Fehlermeldung klarer.

- Bytecode von Klassen, die `assert`-Anweisungen enthalten, läßt sich nicht auf älteren virtuellen Maschinen ausführen, denn die vom Compiler generierten Zugriffe auf Felder und Klassen sind dort nicht vorhanden.

Was folgt daraus? Assertions lassen sich nur dann sinnvoll einsetzen, wenn der Entwickler einen JDK-1.4.Compiler besitzt *und* davon ausgehen kann, daß auf allen Zielsystemen ein 1.4-kompatibles Laufzeitsystem vorhanden ist. Letzteres ist – zumindest zum Zeitpunkt, an dem diese Zeilen geschrieben werden – leider nicht unbedingt der Fall. Der Reiz von Java liegt ja gerade in seiner Plattformunabhängigkeit, und bis auf allen wichtigen Zielsystemen ein JDK-1.4-Laufzeitsystem zur Verfügung stehen wird, könnte es noch einige Zeit dauern. Wegen der zur Installation eines neueren JDKs erforderlichen Betriebssystempatches auf UNIX-Systemen sind heute – mehr als zwei Jahre nach der Veröffentlichung des JDK 1.3 – immer noch viele UNIX-Systeme lediglich mit einem 1.2er JDK ausgestattet oder wurden gerade erst auf 1.3 umgestellt. Vermutlich wird es noch einige Zeit dauern, bis das JDK 1.4 flächendeckend verfügbar sein wird.

Fazit: Assertions sind ein ausgezeichnetes Mittel, um Code lesbarer und robuster zu gestalten. Während der Debugphase helfen sie bei der Fehlersuche. Sofern keine Kompatibilität zu älteren JDK-Versionen erforderlich ist, sollten sie daher unbedingt verwendet werden. Kann dagegen nicht sichergestellt werden, daß die Zielsysteme mindestens das JDK 1.4 unterstützen, können Assertions nicht verwendet werden.

6.5 Zusammenfassung

In diesem Kapitel wurden folgende Themen behandelt:

- Die leere Anweisung
- Blöcke von Anweisungen
- Variablendeklarationen und die Bedeutung lokaler Variablen
- Ausdrucksanweisungen
- Die `if`-Anweisung
- Die `switch`-Anweisung
- Die `while`-, `do`- und `for`-Schleifen
- Die Anweisungen `break` und `continue` sowie gelabelte Schleifen
- Die `assert`-Anweisung

Teil III
Objektorientierte Programmierung

7 OOP I: Grundlagen

7.1 Konzepte objektorientierter Programmiersprachen

7.1.1 Einführung

Objektorientierte Programmierung (kurz *OOP*) ist *das* Programmierparadigma der 90er Jahre. Viele der heute verwendeten Programmiersprachen sind entweder von Grund auf objektorientiert (Java, Eiffel, SmallTalk) oder wurden im Laufe der Zeit mit objektorientierten Erweiterungen versehen (Basic, Pascal, ADA). Selbst manche Scriptsprachen erlauben den Zugriff auf (mitunter vordefinierte) Objekte oder besitzen objektorientierte Eigenschaften (JavaScript, Python). Die objektorientierte Programmierung war eine der "Silver Bullets", die die Software-Industrie aus ihrer Krise führen und zu robusteren, fehlerärmeren und besser wartbaren Programmen führen sollte.

Was sind nun die Geheimnisse der objektorientierten Programmierung? Was verbirgt sich hinter dem Begriff, und welches sind seine wichtigsten Konzepte? Wir wollen uns zunächst mit den Grundideen objektorientierter Programmierung auseinandersetzen und dann in diesem und den nächsten Kapiteln Schritt für Schritt erläutern, wie sie in Java umgesetzt wurden.

7.1.2 Abstraktion

Eine der wichtigsten Ideen der objektorientierten Programmierung ist die Trennung zwischen *Konzept* und *Umsetzung*, etwa zwischen einem *Bauteil* und seinem *Bauplan*, einer *Speise* und dem für die Zubereitung erforderlichen *Rezept* oder einem *technischen Handbuch* und der *konkreten Apparatur*, die dadurch beschrieben wird. Diese Art von Unterscheidung ist in der wirklichen Welt sehr bedeutsam. Wer weiß, wie man *einen einzigen* Lichtschalter bedient, kann andere, gleichartige Schalter ebenfalls bedienen. Wer ein Rezept für eine Sachertorte besitzt, ist in der Lage, diese zu backen, selbst wenn er ansonsten über keine Koch- oder Backkünste verfügt. Wer einen Führerschein gemacht hat, kann ein Auto fahren, ohne im Detail über das komplizierte Innenleben desselben unterrichtet zu sein.

In der objektorientierten Programmierung manifestiert sich diese Unterscheidung in den Begriffen *Objekt* und *Klasse*. Ein Objekt ist ein tatsächlich existierendes "Ding" aus der Anwendungswelt des Programms. Es spielt dabei keine Rolle, ob es sich um die programmierte Umsetzung eines konkret existierenden Gegenstandes handelt, oder ob "nur" ein abstraktes Konzept modelliert wird. Eine "Klasse" ist dagegen die Beschreibung eines oder mehrerer ähnlicher Objekte. "Ähnlich" bedeutet dabei, daß eine Klasse nur Objekte eines bestimmten Typs beschreibt. Diese müssen sich zwar nicht in allen Details gleichen, aber doch in so vielen von ihnen übereinstimmen, daß eine gemeinsame Beschreibung angebracht ist. Eine Klasse beschreibt mindestens drei wichtige Dinge:

- Wie ist das Objekt zu bedienen?
- Welche Eigenschaften hat das Objekt und wie verhält es sich?
- Wie wird das Objekt hergestellt?

Ähnlich wie ein Rezept zur Herstellung von Hunderten von Sachertorten verwendet werden kann, ermöglicht eine Klasse das Erzeugen einer prinzipiell beliebigen Anzahl von Objekten. Jedes hat dabei seine eigene Identität und mag sich in gewissen Details von allen anderen unterscheiden. Letzlich ist das Objekt aber immer eine *Instanz* der Klasse, nach der es modelliert wurde. In einem Haus kann es beispielsweise fünfzig Lichtschalter-Objekte geben. Sie alle sind Instanzen der Klasse "Lichtschalter", lassen sich in vergleichbarer Weise bedienen und sind identisch konstruiert. Dennoch unterscheiden wir sehr wohl zwischen dem Lichtschalter-Objekt, das die Flurbeleuchtung bedient, und jenem, das den Keller erhellt. Und beide widerum unterscheiden sich eindeutig von allen anderen Lichtschalterinstanzen im Haus.

> Es ist übrigens kein Zufall, daß wir die Begriffe "Instanz" und "Objekt" synonym verwenden. In der objektorientierten Programmierung ist das sehr verbreitet (auch wenn Puristen zwischen beiden Begriffen noch Unterschiede sehen), und wir wollen uns diesem Wortgebrauch anschließen.

Diese Unterscheidung zwischen Objekten und Klassen kann als *Abstraktion* angesehen werden. Sie bildet die erste wichtige Eigenschaft objektorientierter Sprachen. Abstraktion hilft, Details zu ignorieren, und reduziert damit die Komplexität des Problems. Die Fähigkeit zur Abstraktion ist eine der wichtigsten Voraussetzungen zur Beherrschung komplexer Apparate und Techniken und kann in seiner Bedeutung nicht hoch genug eingeschätzt werden.

7.1.3 Kapselung

In objektorientierten Programmiersprachen wird eine Klasse durch die Zusammenfassung einer Menge von Daten und darauf operierender Funktionen (die nun *Methoden* genannt werden) definiert. Die Daten werden durch einen Satz Variablen repräsentiert, der für jedes instanziierte Objekt neu angelegt wird (diese werden als *Attribute*, *Membervariablen*, *Instanzvariablen* oder *Instanzmerkmale* bezeichnet). Die Methoden sind im ausführbaren Programmcode nur einmal vorhanden, operieren aber bei jedem Aufruf auf den Daten eines ganz bestimmten Objekts (das Laufzeitsystem übergibt bei jedem Aufruf einer Methode einen Verweis auf den Satz Instanzvariablen, mit dem die Methode gerade arbeiten soll).

Die Instanzvariablen repräsentieren den *Zustand* eines Objekts. Sie können bei jeder Instanz einer Klasse unterschiedlich sein und sich während seiner Lebensdauer verändern. Die Methoden repräsentieren das *Verhalten* des Objekts. Sie sind – von gewollten Ausnahmen abgesehen, bei denen Variablen bewußt von außen zugänglich gemacht werden – die einzige Möglichkeit, mit dem Objekt zu kommunizieren und so Informationen über seinen Zustand zu gewinnen oder diesen zu verändern. Das Verhalten der Objekte einer Klasse wird in seinen Methodendefinitionen festgelegt und ist von dem darin enthaltenen Programmcode und dem aktuellen Zustand des Objekts abhängig.

Diese Zusammenfassung von Methoden und Variablen zu Klassen bezeichnet man als *Kapselung*. Sie stellt die zweite wichtige Eigenschaft objektorientierter Programmiersprachen dar. Kapselung hilft vor allem, die Komplexität der Bedienung eines Objekts zu reduzieren. Um eine Lampe anzuschalten, muß man nicht viel über den inneren Aufbau des Lichtschalters wissen. Sie vermindert aber auch die Komplexität der Implementierung, denn undefinierte Interaktionen mit anderen Bestandteilen des Programms werden verhindert oder reduziert.

7.1.4 Wiederverwendung

Durch die Abstraktion und Kapselung wird die *Wiederverwendung* von Programmelementen gefördert, die dritte wichtige Eigenschaft objektorientierter Programmiersprachen. Ein einfaches Beispiel dafür sind *Collections*, also Objekte, die Sammlungen anderer Objekte aufnehmen und auf eine bestimmte Art und Weise verarbeiten können. Collections sind oft sehr kompliziert aufgebaut (typischerweise zur Geschwindigkeitssteigerung oder Reduzierung des Speicherbedarfs), besitzen aber in aller Regel eine einfache Schnittstelle. Werden sie als Klasse implementiert und werden durch die Kapselung der Code- und Datenstrukturen die komplexen Details "wegabstrahiert", können sie sehr einfach wiederverwendet werden. Immer, wenn im Programm eine entsprechende Collection benötigt wird, muß lediglich ein Objekt der passenden Klasse instanziert werden, und das Programm kann über die einfach zu bedienende Schnittstelle darauf zugreifen. Wiederverwendung ist ein wichtiger Schlüssel zur Erhöhung der Effizienz und Fehlerfreiheit beim Programmieren.

7.1.5 Beziehungen

Objekte und Klassen existieren für gewöhnlich nicht völlig alleine, sondern stehen in Beziehungen zueinander. So ähnelt ein Fahrrad beispielsweise einem Motorrad, hat aber auch mit einem Auto Gemeinsamkeiten. Ein Auto ähnelt dagegen einem Lastwagen. Dieser kann einen Anhänger haben, auf dem ein Motorrad steht. Ein Fährschiff ist ebenfalls ein Transportmittel und kann viele Autos oder Lastwagen aufnehmen, genauso wie ein langer Güterzug. Dieser wird von einer Lokomotive gezogen. Ein Lastwagen kann auch einen Anhänger ziehen, muß es aber nicht. Bei einem Fährschiff ist keine Zugmaschine erforderlich, und es kann nicht nur Transportmittel befördern, sondern auch Menschen, Tiere oder Lebensmittel.

Wir wollen ein wenig Licht in diese Beziehungen bringen und zeigen, wie sie sich in objektorientierten Programmiersprachen auf wenige Grundtypen reduzieren lassen:

- "is-a"-Beziehungen (Generalisierung, Spezialisierung)
- "part-of"-Beziehungen (Aggregation, Komposition)
- Verwendungs- oder Aufrufbeziehungen

Generalisierung und Spezialisierung

Zuerst wollen wir die "is-a"-Beziehung betrachten. "is-a" bedeutet "ist ein" und meint die Beziehung zwischen "ähnlichen" Klassen. Ein Fahrrad ist kein Motorrad, aber beide sind Zweiräder. Ein Zweirad, und damit sowohl das Fahrrad als auch das Motorrad, ist ein Straßenfahrzeug, ebenso wie das Auto und der Lastwagen. All diese Klassen repräsentieren Transportmittel, zu denen aber auch die Schiffe und Güterzüge zählen.

Die "is-a"-Beziehung zwischen zwei Klassen A und B sagt aus, daß "B ein A ist", also alle Eigenschaften von A besitzt, und vermutlich noch ein paar mehr. B ist demnach eine Spezialisierung von A. Andersherum betrachtet, ist A eine Generalisierung (Verallgemeinerung) von B.

"is-a"-Beziehungen werden in objektorientierten Programmiersprachen durch *Vererbung* ausgedrückt. Eine Klasse wird dabei nicht komplett neu definiert, sondern von einer anderen Klasse *abgeleitet*. In diesem Fall erbt sie alle Eigenschaften dieser Klasse und kann nach Belieben eigene hinzufügen. In unserem Fall wäre also B von A abgeleitet. A wird als *Basisklasse* (manchmal auch als *Vaterklasse*), B als *abgeleitete Klasse* bezeichnet.

Vererbungen können mehrstufig sein, d.h. eine abgeleitete Klasse kann Basisklasse für weitere Klassen sein. Auf diese Weise können vielstufige *Vererbungshierarchien* entstehen, die in natürlicher Weise die Taxonomie (also die gegliederte Begriffsstruktur) der zu modellierenden Anwendungswelt repräsentieren. Vererbungshierarchien werden wegen ihrer Baumstruktur auch als *Ableitungsbäume* bezeichnet. Sie werden meist durch Graphen dargestellt, in denen die abgeleiteten Klassen durch Pfeile mit den Basisklassen verbunden sind und die Basisklassen oberhalb der abgeleiteten Klassen stehen. Für unsere Fahrzeugwelt ergäbe sich beispielsweise folgender Ableitungsbaum:

Konzepte objektorientierter Programmiersprachen   Kapitel 7

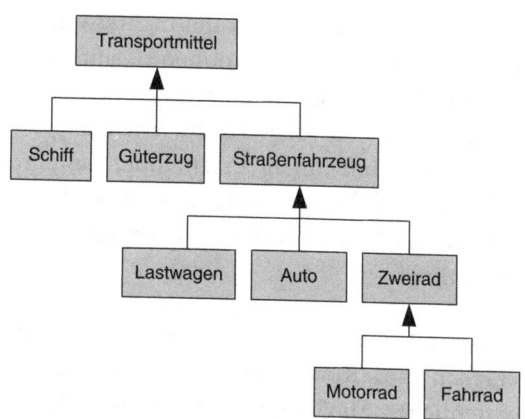

Abbildung 7.1: Vererbungshierarchie für Transportmittel

Als Eigenschaften der Basisklasse *Transportmittel* könnten etwa dessen Anschaffungskosten, seine Lebensdauer oder die Transportgeschwindigkeit angesehen werden. Sie gelten für alle abgeleiteten Klassen. In der zweiten Ableitungsebene unterscheiden wir nach der Art der Fortbewegung (wir hätten allerdings ebensogut nach der Farbe, dem Verwendungszweck oder einem beliebigen anderen Merkmal unterscheiden können). In der Klasse *Wasserfahrzeug* könnten nun Eigenschaften wie Verdrängung, Hochseetauglichkeit und erforderliche Besatzung festgehalten werden. Das Fährschiff schließlich fügt seine Transportkapazitäten für Autos, Lastwagen und Personen hinzu, gibt die Anzahl der Kabinen der unterschiedlichen Kategorien an und definiert, ob es im RORO-Verfahren be- und entladen werden kann oder nicht.

In manchen objektorientierten Programmiersprachen kann eine abgeleitete Klasse mehr als eine Basisklasse besitzen (z.B. in C++ oder Eiffel). In diesem Fall spricht man von *Mehrfachvererbung*. Die Vererbungshierarchie ist dann nicht mehr zwangsläufig ein Baum, sondern muß zu einem gerichteten Graph verallgemeinert werden. In Java gibt es allerdings keine Mehrfachvererbung, und wir wollen daher nicht weiter auf die Besonderheiten dieser Technik eingehen.

Aggregation und Komposition

Der zweite Beziehungstyp, die "part-of"-Beziehungen, beschreibt die *Zusammensetzung* eines Objekts aus anderen Objekten (dies wird auch als *Komposition* bezeichnet). So besteht beispielsweise der Güterzug aus einer (oder manchmal zwei) Lokomotiven und einer großen Anzahl Güterzuganhänger. Der Lastwagen besteht aus der LKW-Zugmaschine und eventuell einem Anhänger. Ein Fahrrad besteht aus vielen Einzelteilen. Objektorientierte Sprachen implementieren "part-of"-Beziehungen durch Instanzvariablen, die Objekte aufnehmen können. Der Güterzug könnte also eine (oder zwei) Instanzvariablen vom Typ *Lokomotive* und ein Array von Instanzvariablen vom Typ *Güterzuganhänger* besitzen.

"part-of"-Beziehungen müssen nicht zwangsläufig beschreiben, *woraus* ein Objekt zusammengesetzt ist. Vielmehr können sie auch den allgemeineren Fall des *einfachen Aufnehmens* anderer Objekte beschreiben (was auch als *Aggregation* bezeichnet wird). Zwischen dem Motorrad, das auf dem Lastwagenanhänger steht, oder den Straßenfahrzeugen, die auf einem Fährschiff untergebracht sind, besteht zwar eine "part-of"-Beziehung, sie ist aber nicht *essentiell* für die Existenz des aufnehmenden Objekts. Der Anhänger existiert auch wenn kein Motorrad darauf plaziert ist. Und das Fährschiff kann auch leer von Kiel nach Oslo fahren.

Während bei der objektorientierten Modellierung sorgsam zwischen beiden Fällen unterschieden wird (Komposition bezeichnet die strenge Form der Aggregation auf Grund einer existentiellen Abhängigkeit), behandeln objektorientierte Programmiersprachen sie prinzipiell gleich. In beiden Fällen gibt es Instanzvariablen, die Objekte aufnehmen können. Ist ein optionales Objekt nicht vorhanden, wird dies durch die Zuweisung eines speziellen *null-Objekts* ausgedrückt. Für die semantischen Eigenschaften der Beziehung ist die Klasse selbst verantwortlich.

Verwendungs- und Aufrufbeziehungen

Die dritte Art von Beziehungen zwischen Objekten oder Klassen hat den allgemeinsten Charakter. Benutzt beispielsweise eine Methode während ihrer Ausführung ein temporäres Objekt, so besteht zwischen beiden eine Verwendungsbeziehung: Objekt *x* verwendet eine Instanz der Klasse *Y*, um bestimmte Operationen auszuführen. Taucht in der Argumentliste einer Methode eine Objektvariable der Klasse *T* auf, so entsteht eine ähnliche Beziehung zu *T*. Zwar ist dies keine "part-of"-Beziehung, und auch die Ableitungsbeziehung zwischen beiden Klassen spielt keine Rolle. Wenigstens muß aber die Methode die Argumentklasse kennen und in der Lage sein, Methoden darauf aufzurufen oder das Objekt an Dritte weiterzugeben.

Allgemeine Verwendungs- oder Aufrufbeziehungen finden in objektorientierten Programmiersprachen ihren Niederschlag darin, daß Objekte als lokale Variablen oder Methodenargumente verwendet werden. Sie werden auch mit dem Begriff *Assoziationen* bezeichnet.

> In den vorangegangenen Abschnitten wurden mehrfach die Begriffe *Membervariable*, *Instanzvariable* und *Objektvariable* verwendet. Als *Objektvariable* bezeichnen wir stets eine Variable, die ein Objekt aufnehmen kann, also vom Typ einer Klasse ist. Das Gegenteil einer Objektvariable ist eine primitive Variable. Die Begriffe *Membervariable* und *Instanzvariable* werden synonym verwendet. Sie bezeichnen eine Variable, die innerhalb einer Klasse definiert wurde und mit jeder Instanz neu angelegt wird.

7.1.6 Polymorphismus

Als letztes wichtiges Konzept objektorientierter Programmiersprachen wollen wir uns mit dem *Polymorphismus* beschäftigen. Polymorphismus bedeutet direkt übersetzt etwa "Vielgestaltigkeit" und bezeichnet zunächst einmal die Fähigkeit von Objektvariablen, Objekte unterschiedlicher Klassen aufzunehmen. Das geschieht allerdings nicht unkontrolliert, sondern beschränkt sich für eine Objektvariable des Typs X auf alle Objekte der Klasse X oder einer daraus abgeleiteten Klasse.

Eine Objektvariable vom Typ *Straßenfahrzeug* kann also nicht nur Objekte der Klasse *Straßenfahrzeug* aufnehmen, sondern auch Objekte der Klassen *Zweirad*, *Vierrad*, *Anhänger*, *Motorrad*, *Fahrrad*, *Auto* und *Lastwagen*. Diese auf den ersten Blick erstaunliche Lässigkeit entspricht allerdings genau dem gewohnten Umgang mit Vererbungsbeziehungen. Ein *Zweirad* ist nunmal ein *Straßenfahrzeug*, hat alle Eigenschaften eines Straßenfahrzeugs und kann daher durch eine Variable repräsentiert werden, die auf ein Straßenfahrzeug verweist. Daß es möglicherweise ein paar zusätzliche Eigenschaften besitzt, stört den Compiler nicht. Er hat nur sicherzustellen, daß die Eigenschaften eines Straßenfahrzeugs vollständig vorhanden sind, denn mehr stellt er dem Programm beim Zugriff auf eine Variable dieses Typs nicht zur Verfügung. Davon kann er aber aufgrund der Vererbungshierarchie ausgehen.

> Anders herum funktioniert Polymorphismus nicht. Wäre es beispielsweise möglich, einer Variable des Typs *Motorrad* ein Objekt des Typs *Zweirad* zuzuweisen, könnte das Laufzeitsystem in Schwierigkeiten geraten. Immer wenn auf der *Motorrad*-Variablen eine Eigenschaft benutzt würde, die in der Basisklasse *Zweirad* noch nicht vorhanden ist, wäre das Verhalten des Programms undefiniert, wenn zum Ausführungszeitpunkt nicht ein *Motorrad*, sondern ein Objekt aus der Basisklasse darin gespeichert wäre.

Interessant wird Polymorphismus, wenn die Programmiersprache zusätzlich das Konzept des *Late Binding* implementiert. Im Unterschied zum "Early Binding" wird dabei nicht bereits zur Compilezeit entschieden, welche Ausprägung einer bestimmten Methode aufgerufen werden soll, sondern erst zur Laufzeit. Wenn beispielsweise auf einem Objekt der Klasse X eine Methode mit dem Namen f aufgerufen werden soll, ist zwar prinzipiell bereits zur Compilezeit klar, wie der Name lautet. Objektorientierte Programmiersprachen erlauben aber das *Überlagern* von Methoden in abgeleiteten Klassen, und da – wie zuvor erwähnt – eine Objektvariable des Typs X auch Objekte aus allen von X abgeleiteten Klassen aufnehmen kann, könnte f in einer dieser nachgelagerten Klassen überlagert worden sein. Welche konkrete Methode also aufgerufen werden muß, kann damit erst zur Laufzeit entschieden werden. Wir werden in Abschnitt 8.4 auf Seite 177 ein ausführliches Anwendungsbeispiel vorstellen.

Nun ist dieses Verhalten keinesfalls hinderlich oder unerwünscht, sondern kann sehr elegant dazu genutzt werden, automatische typbasierte Fallunterscheidungen vorzunehmen. Betrachten wir dazu noch einmal unsere Hierarchie von Transportmitteln. Angenommen, unser Unternehmen verfügt über einen breit gefächerten Fuhrpark von Transportmitteln aus allen Teilen des Ableitungsbaums. Als Unternehmer interessieren uns natürlich die Kosten jedes Transportmittels pro Monat, und wir würden dazu eine Methode *getMonatsKosten* in der Basisklasse *Transportmittel* definieren. Ganz offensichtlich läßt sich diese dort aber nicht *implementieren*, denn beispielsweise die Berechnung der monatlichen Kosten unseres Fährschiffes gestaltet sich ungleich schwieriger als die der drei Fahrräder, die auch im Fahrzeugfundus sind.

Anstatt nun in aufwendigen Fallunterscheidungen für jedes Objekt zu prüfen, von welchem Typ es ist, muß lediglich diese Methode in jeder abgeleiteten Klasse implementiert werden. Besitzt das Programm etwa ein Array von *Transportmittel*-Objekten, kann dieses einfach durchlaufen und für jedes Element *getMonatsKosten* aufgerufen werden. Das Laufzeitsystem kennt den jeweiligen konkreten Typ und kann die korrekte Methode aufrufen (und das ist die aus der eigenen Klasse, nicht die in *Transportmittel* definierte).

> Falls es vorkommt, daß die Implementierung in einer bestimmten Klasse mit der seiner Basisklasse übereinstimmt, braucht die Methode nicht noch einmal überlagert zu werden. Das Laufzeitsystem verwendet in diesem Fall die Implementierung aus der Vaterklasse, die der eigenen Klasse am nächsten liegt.

7.1.7 Fazit

Objektorientierte Programmierung erlaubt eine natürliche Modellierung vieler Problemstellungen. Sie vermindert die Komplexität eines Programms durch Abstraktion, Kapselung, definierte Schnittstellen und Reduzierung von Querzugriffen. Sie stellt Hilfsmittel zur Darstellung von Beziehungen zwischen Klassen und Objekten dar, und sie erhöht die Effizienz des Entwicklers durch Förderung der Wiederverwendung von Programmcode. Wir werden in den nächsten Abschnitten zeigen, wie die objektorientierte Programmierung sich in Java gestaltet.

7.2 Klassen und Objekte in Java

7.2.1 Klassen

Eine Klassendefinition in Java wird durch das Schlüsselwort `class` eingeleitet. Anschließend folgt innerhalb von geschweiften Klammern eine beliebige Anzahl an Variablen- und Methodendefinitionen. Das folgende Listing ist ein Beispiel für eine einfache Klassendefinition:

```
001 /* Auto.java */
002
003 public class Auto
004 {
005   public String name;
006   public int    erstzulassung;
007   public int    leistung;
008 }
```

Listing 7.1: Eine einfache Klassendefinition

Diese Klasse enthält keine Methoden, sondern lediglich die Variablen `name`, `erstzulassung` und `leistung`. Eine solche methodenlose Klassendefinition entspricht dem Konzept des Verbunddatentyps aus C oder PASCAL (`struct` bzw. `record`). Die innerhalb einer Klasse definierten Variablen werden wir im folgenden (analog zu C++) meist als *Membervariablen* bezeichnen. Die in Abschnitt 7.1.3 auf Seite 144 erwähnten Begriffe *Instanzvariablen* oder *Instanzmerkmal* sind aber ebenso gültig.

7.2.2 Objekte

Um von einer Klasse ein Objekt anzulegen, muß eine Variable vom Typ der Klasse deklariert und ihr mit Hilfe des `new`-Operators ein neu erzeugtes Objekt zugewiesen werden:

```
001 Auto meinKombi;
002 meinKombi = new Auto();
```

Listing 7.2: Erzeugen eines Objekts mit new

Die erste Anweisung ist eine normale Variablendeklaration, wie sie aus Kapitel 4 auf Seite 87 bekannt ist. Anstelle eines primitiven Typs wird hier der Typname einer zuvor definierten Klasse verwendet. Im Unterschied zu primitiven Datentypen wird die Objektvariable `meinKombi` als *Referenz* gespeichert. Die zweite Anweisung generiert mit Hilfe des `new`-Operators eine neue Instanz der Klasse `Auto` und weist sie der Variablen `meinKombi` zu.

In Java wird jede *selbstdefinierte* Klasse mit Hilfe des `new`-Operators instanziert. Mit Ausnahme von Strings und Arrays, bei denen der Compiler auch *Literale* zur Objekterzeugung zur Verfügung stellt, gilt dies auch für alle vordefinierten Klassen der Java-Klassenbibliothek.

> Wie bei primitiven Variablen lassen sich beide Anweisungen auch kombinieren. Das nachfolgende Beispiel deklariert und initialisiert die Variable `meinKombi`:

```
001 Auto meinKombi = new Auto();
```

Listing 7.3: Kombinierte Deklaration und Initialisierung einer Objektvariablen

Nach der Initialisierung haben alle Variablen des Objekts zunächst Standardwerte. Referenztypen haben den Standardwert `null`, die Standardwerte der primitiven Typen können Tabelle 4.1 auf Seite 90 entnommen werden. Der Zugriff auf sie erfolgt mit Hilfe der

Punktnotation `Objekt.Variable`. Um unser `Auto`-Objekt in einen 250 PS starken Mercedes 600 des Baujahrs 1972 zu verwandeln, müßten folgende Anweisungen ausgeführt werden:

Listing 7.4:
Zuweisen von
Werten an die
Variablen eines
Objekts

```
001 meinKombi.name = "Mercedes 600";
002 meinKombi.erstzulassung = 1972;
003 meinKombi.leistung = 250;
```

Ebenso wie der schreibende erfolgt auch der lesende Zugriff mit Hilfe der Punktnotation. Die Ausgabe des aktuellen Objektes auf dem Bildschirm könnte also mit den folgenden Anweisungen erledigt werden:

Listing 7.5:
Lesender
Zugriff auf die
Variablen eines
Objekts

```
001 System.out.println("Name........: "+meinKombi.name);
002 System.out.println("Zugelassen..: "+meinKombi.erstzulassung);
003 System.out.println("Leistung....: "+meinKombi.leistung);
```

7.3 Methoden

7.3.1 Definition

Methoden definieren das *Verhalten* von Objekten. Sie werden innerhalb einer Klassendefinition angelegt und haben Zugriff auf alle Variablen des Objekts. Methoden sind das Pendant zu den *Funktionen* anderer Programmiersprachen, arbeiten aber immer mit den Variablen des aktuellen Objekts. *Globale Funktionen*, die vollkommen unabhängig von einem Objekt oder einer Klasse existieren, gibt es in Java ebensowenig wie globale Variablen. Wir werden später allerdings Klassenvariablen und -methoden kennenlernen, die nicht an eine konkrete Instanz gebunden sind.

Die Syntax der Methodendefinition in Java ähnelt der von C/C++:

```
{Modifier}
Typ Name([Parameter])
{
  {Anweisung;}
}
```

Nach einer Reihe von *Modifiern* (wir kommen weiter in Abschnitt 8.2 auf Seite 168 darauf zurück) folgen der *Typ* des Rückgabewerts der Funktion, ihr *Name* und eine optionale *Parameterliste*. In geschweiften Klammern folgt dann der *Methodenrumpf*, also die Liste der Anweisungen, die das Verhalten der Methode festlegen. Die Erweiterung unserer Beispielklasse um eine Methode zur Berechnung des Alters des `Auto`-Objekts würde beispielsweise so aussehen:

Methoden

```
001 public class Auto
002 {
003   public String  name;
004   public int     erstzulassung;
005   public int     leistung;
006
007   public int alter()
008   {
009     return 2000 - erstzulassung;
010   }
011 }
```

Listing 7.6: Eine einfache Methode zur Altersberechnung

Hier wird eine Methode `alter` definiert, die einen ganzzahligen Wert zurückgibt, der sich aus der Differenz des Jahres 2000 und dem Jahr der Erstzulassung errechnet.

7.3.2 Aufruf

Der Aufruf einer Methode erfolgt ähnlich der Verwendung einer Instanzvariablen in Punktnotation. Zur Unterscheidung von einem Variablenzugriff müssen zusätzlich die Parameter der Methode in Klammern angegeben werden, selbst wenn die Liste leer ist. Das folgende Programm würde demnach die Zahl 10 auf dem Bildschirm ausgeben.

```
001 Auto golf1 = new Auto();
002 golf1.erstzulassung = 1990;
003 System.out.println(golf1.alter());
```

Listing 7.7: Aufruf einer Methode

Wie an der Definition von `alter` zu erkennen ist, darf eine Methode auf die Instanzvariablen ihrer Klasse zugreifen, ohne die Punktnotation zu verwenden. Das funktioniert deshalb, weil der Compiler alle nicht in Punktnotation verwendeten Variablen x, die nicht lokale Variablen sind, auf das Objekt `this` bezieht und damit als `this.x` interpretiert.

Bei `this` handelt es sich um einen Zeiger, der beim Anlegen eines Objekts automatisch generiert wird. `this` ist eine Referenzvariable, die auf das aktuelle Objekt zeigt und dazu verwendet wird, die eigenen Methoden und Instanzvariablen anzusprechen. Der `this`-Zeiger ist auch *explizit* verfügbar und kann wie eine ganz normale Objektvariable verwendet werden. Er wird als versteckter Parameter an jede nicht-statische Methode übergeben. Die Methode `alter` hätte also auch so geschrieben werden können:

```
001 public int alter()
002 {
003   return 2000 - this.erstzulassung;
004 }
```

Listing 7.8: Verwendung von this

 Manchmal ist es sinnvoll, this explizit zu verwenden, auch wenn es nicht unbedingt erforderlich ist. Dadurch wird hervorgehoben, daß es sich um den Zugriff auf eine Instanzvariable, und nicht eine lokale Variable, handelt.

7.3.3 Parameter

Eine Methode kann mit Parametern definiert werden. Dazu wird bei der Methodendefinition eine Parameterliste innerhalb der Klammern angegeben. Jeder formale Parameter besteht aus einem Typnamen und dem Namen des Parameters. Soll mehr als ein Parameter definiert werden, so sind die einzelnen Definitionen durch Kommata zu trennen.

Alle Parameter werden in Java per *call by value* übergeben. Beim Aufruf einer Methode wird also der aktuelle Wert in die Parametervariable kopiert und an die Methode übergeben. Veränderungen der Parametervariablen innerhalb der Methode bleiben lokal und wirken sich nicht auf den Aufrufer aus. Das folgende Beispiel definiert eine Methode printAlter, die das Alter des Autos insgesamt wieoft mal auf dem Bildschirm ausgibt:

Listing 7.9: Eine Methode zur Ausgabe des Alters

```
001 public void printAlter(int wieoft)
002 {
003   while (wieoft-- > 0) {
004     System.out.println("Alter = " + alter());
005   }
006 }
```

Obwohl der Parameter wieoft innerhalb der Methode verändert wird, merkt ein Aufrufer nichts von diesen Änderungen, da innerhalb der Methode mit einer Kopie gearbeitet wird. Das folgende Programm würde das Alter des Objekts auto daher insgesamt neunmal auf dem Bildschirm ausgeben:

Listing 7.10: Wiederholter Aufruf der Methode zur Ausgabe des Alters

```
001 ...
002 int a = 3;
003
004 auto.printAlter(a);
005 auto.printAlter(a);
006 auto.printAlter(a);
007 ...
```

Wie bereits erwähnt, sind Objektvariablen Referenzen, also Zeiger. Zwar werden auch sie bei der Übergabe an eine Methode per Wert übergeben. Da innerhalb der Methode aber der Zeiger auf das Originalobjekt zur Verfügung steht (wenn auch in kopierter Form), wirken sich Veränderungen an dem Objekt natürlich direkt auf das Originalobjekt aus und sind somit für den Aufrufer der Methode sichtbar. Wie in allen anderen Programmiersprachen entspricht die *call by value*-Übergabe eines *Zeigers* damit natürlich genau der Semantik von *call by reference*.

Die Übergabe von Objekten an Methoden hat damit zwei wichtige Konsequenzen:

- Die Methode erhält keine Kopie, sondern arbeitet mit dem Originalobjekt.
- Die Übergabe von Objekten ist performant, gleichgültig wie groß sie sind.

Sollen Objekte kopiert werden, so muß dies explizit durch Aufruf der Methode clone der Klasse Object erfolgen.

Die Übergabe von Objekten und Arrays per Referenz kann leicht zu verdeckten Fehlern führen. Da die aufgerufene Methode mit dem Originalobjekt arbeitet, kann sie deren Membervariablen bzw. Elemente verändern, ohne daß der Aufrufer es merkt. Auch der final-Modifier (siehe Abschnitt 8.2 auf Seite 168) bietet dagegen keinen Schutz. Das unbeabsichtigte Ändern einer modifizierbaren Referenzvariable bei der Übergabe an eine Methode kann nur durch vorheriges Kopieren verhindert werden.

7.3.4 Rückgabewert

Jede Methode in Java ist typisiert. Der Typ einer Methode wird zum Zeitpunkt der Definition festgelegt und bestimmt den Typ des Rückgabewerts. Dieser kann von einem beliebigen primitiven Typ, einem Objekttyp (also einer Klasse) oder vom Typ void sein. Die Methoden vom Typ void haben gar keinen Rückgabewert und dürfen nicht in Ausdrücken verwendet werden. Sie sind lediglich wegen ihrer Nebeneffekte von Interesse und dürfen daher nur als Ausdrucksanweisung verwendet werden.

Hat eine Methode einen Rückgabewert (ist also nicht vom Typ void), so kann sie mit Hilfe der return-Anweisung einen Wert an den Aufrufer zurückgeben. Die return-Anweisung hat folgende Syntax:

```
return Ausdruck;
```

Wenn diese Anweisung ausgeführt wird, führt dies zum Beenden der Methode, und der Wert des angegebenen Ausdrucks wird an den Aufrufer zurückgegeben. Der Ausdruck muß dabei zuweisungskompatibel zum Typ der Funktion sein. Die in Kapitel 5 auf Seite 107 erläuterte Datenflußanalyse sorgt dafür, daß hinter der return-Anweisung keine unerreichbaren Anweisungen stehen und daß jeder mögliche Ausgang einer Funktion mit einem return versehen ist. Der in C beliebte Fehler, einen Funktionsausgang ohne return-Anweisung zu erzeugen (und damit einen undefinierten Rückgabewert zu erzeugen), kann in Java also nicht passieren.

7.3.5 Überladen von Methoden

In Java ist es erlaubt, Methoden zu *überladen*, d.h. innerhalb einer Klasse zwei unterschiedliche Methoden mit demselben Namen zu definieren. Der Compiler unterscheidet die verschiedenen Varianten anhand der Anzahl und der Typisierung ihrer Parameter. Haben zwei Methoden denselben Namen, aber unterschiedliche Parameterlisten, werden sie als verschieden angesehen. Es ist dagegen nicht erlaubt, zwei Methoden mit exakt demselben Namen und identischer Parameterliste zu definieren.

Der Rückgabetyp einer Methode trägt nicht zu ihrer Unterscheidung bei. Zwei Methoden, die sich nur durch den Typ ihres Rückgabewertes unterscheiden, werden also als gleich angesehen. Da Methoden auch ohne die Verwendung ihres Rückgabewerts aufgerufen werden können (was typischerweise wegen ihrer Nebeneffekte geschieht), hätte weder der Compiler noch der menschliche Leser in diesem Fall die Möglichkeit, festzustellen, welche der überladenen Varianten tatsächlich aufgerufen werden soll.

> Das Überladen von Methoden ist dann sinnvoll, wenn die gleichnamigen Methoden auch eine vergleichbare Funktionalität haben. Eine typische Anwendung von überladenen Methoden besteht in der Simulation von variablen Parameterlisten (die als Feature direkt in Java nicht zur Verfügung stehen). Auch, um eine Funktion, die bereits an vielen verschiedenen Stellen im Programm aufgerufen wird, um einen weiteren Parameter zu erweitern, ist es nützlich, diese Funktion zu überladen, um nicht alle Aufrufstellen anpassen zu müssen.

Das folgende Beispiel erweitert die Klasse Auto um eine weitere Methode alter, die das Alter des Autos nicht nur zurückgibt, sondern es auch mit einem als Parameter übergebenen Titel versieht und auf dem Bildschirm ausgibt:

Listing 7.11:
Überladen einer
Methode

```
001 public int alter(String titel)
002 {
003   int alter = alter();
004   System.out.println(titel+alter);
005   return alter;
006 }
```

Die Signatur einer Methode

Innerhalb dieser Methode wird der Name alter in drei verschiedenen Bedeutungen verwendet. Erstens ist alter der Name der Methode selbst. Zweitens wird die lokale Variable alter definiert, um drittens den Rückgabewert der parameterlosen alter-Methode aufzunehmen. Der Compiler kann die Namen in allen drei Fällen unterscheiden, denn er arbeitet mit der *Signatur* der Methode. Unter der Signatur einer Methode versteht man ihren *internen* Namen. Dieser setzt sich aus dem nach außen sichtbaren Namen plus codierter

7.3.6 Konstruktoren

In jeder objektorientierten Programmiersprache lassen sich spezielle Methoden definieren, die bei der Initialisierung eines Objekts aufgerufen werden: die *Konstruktoren*. In Java werden Konstruktoren als Methoden ohne Rückgabewert definiert, die den Namen der Klasse erhalten, zu der sie gehören. Konstruktoren dürfen eine beliebige Anzahl an Parametern haben und können überladen werden. Die Erweiterung unserer Auto-Klasse um einen Konstruktor, der den Namen des Auto-Objekts vorgibt, sieht beispielsweise so aus:

```
001 public class Auto
002 {
003   public String name;
004   public int    erstzulassung;
005   public int    leistung;
006
007   public Auto(String name)
008   {
009     this.name = name;
010   }
011 }
```

Listing 7.12: Definition eines parametrisierten Konstruktors

Soll ein Objekt unter Verwendung eines parametrisierten Konstruktors instanziert werden, so sind die Argumente wie bei einem Methodenaufruf in Klammern nach dem Namen des Konstruktors anzugeben:

```
001 Auto dasAuto = new Auto("Porsche 911");
002 System.out.println(dasAuto.name);
```

Listing 7.13: Aufruf eines parametrisierten Konstruktors

In diesem Fall wird zunächst Speicher für das Auto-Objekt beschafft und dann der Konstruktor aufgerufen. Dieser initialisiert seinerseits die Instanzvariable name mit dem übergebenen Argument "Porsche 911". Der nachfolgende Aufruf schreibt dann diesen Text auf den Bildschirm.

> Explizite Konstruktoren werden immer dann eingesetzt, wenn zur Initialisierung eines Objektes besondere Aufgaben zu erledigen sind. Es ist dabei durchaus gebräuchlich, Konstruktoren zu überladen und mit unterschiedlichen Parameterlisten auszustatten. Beim Ausführen der new-Anweisung wählt der Compiler anhand der aktuellen Parameterliste den passenden Konstruktor und ruft ihn mit den angegebenen Argumenten auf.

Wir wollen das vorige Beispiel um einen Konstruktor erweitern, der *alle* Instanzvariablen initialisiert:

Listing 7.14: Eine Klasse mit mehreren Konstruktoren

```
001  public class Auto
002  {
003     public String   name;
004     public int      erstzulassung;
005     public int      leistung;
006
007     public Auto(String name)
008     {
009        this.name = name;
010     }
011
012     public Auto(String name,
013                 int    erstzulassung,
014                 int    leistung)
015     {
016        this.name = name;
017        this.erstzulassung = erstzulassung;
018        this.leistung = leistung;
019     }
020  }
```

Default-Konstruktoren

Falls eine Klasse überhaupt keinen *expliziten* Konstruktor besitzt, wird vom Compiler automatisch ein parameterloser *default*-Konstruktor generiert. Seine einzige Aufgabe besteht darin, den parameterlosen Konstruktor der Superklasse aufzurufen. Enthält eine Klassendeklaration dagegen nur *parametrisierte* Konstruktoren, wird kein *default*-Konstruktor erzeugt, und die Klassendatei besitzt überhaupt keinen parameterlosen Konstruktor.

Verkettung von Konstruktoren

Unterschiedliche Konstruktoren einer Klasse können in Java verkettet werden, d.h. sie können sich gegenseitig aufrufen. Der aufzurufende Konstruktor wird dabei als eine normale Methode angesehen, die über den Namen this aufgerufen werden kann. Die Unterscheidung zum bereits vorgestellten this-Pointer nimmt der Compiler anhand der runden Klammern vor, die dem Aufruf folgen. Der im vorigen Beispiel vorgestellte Konstruktor hätte damit auch so geschrieben werden können:

Listing 7.15: Verkettung von Konstruktoren

```
001  public Auto(String name,
002              int    erstzulassung,
003              int    leistung)
004  {
005     this(name);
006     this.erstzulassung = erstzulassung;
007     this.leistung = leistung;
008  }
```

Der Vorteil der Konstruktorenverkettung besteht darin, daß vorhandener Code wiederverwendet wird. Führt ein parameterloser Konstruktor eine Reihe von nichttrivialen Aktionen durch, so ist es natürlich sinnvoller, diesen in einem spezialisierten Konstruktor durch Aufruf wiederzuverwenden, als den Code zu duplizieren.

Wird ein Konstruktor in einem anderen Konstruktor derselben Klasse explizit aufgerufen, muß dies als erste Anweisung innerhalb der Methode geschehen. Steht der Aufruf nicht an *erster* Stelle, gibt es einen Compiler-Fehler.

Es gibt noch eine zweite Form der Konstruktorenverkettung. Sie findet automatisch statt und dient dazu, abgeleitete Klassen während der Instanzierung korrekt zu initialisieren. In Abschnitt 8.1.4 auf Seite 167 werden wir auf die Details dieses Mechanismus eingehen.

Initialisierungsreihenfolge

Beim Instanzieren eines neuen Objekts werden die Initialisierungsschritte in einer genau festgelegten Reihenfolge ausgeführt:

- Zunächst werden die Superklassenkonstruktoren aufgerufen, so wie es im vorigen Abschnitt beschrieben wurde.
- Anschließend werden alle Membervariablen in der textuellen Reihenfolge ihrer Deklaration initialisiert.
- Schließlich wird der Programmcode im Rumpf des Konstruktors ausgeführt.

Wir wollen dies an einem Beispiel veranschaulichen:

```
001 /* Listing0716.java */
002
003 public class Listing0716
004 {
005   public static String getAndPrint(String s)
006   {
007     System.out.println(s);
008     return s;
009   }
010
011   public static void main(String[] args)
012   {
013     Son son = new Son();
014   }
015 }
016
017 class Father
018 {
```

Listing 7.16:
Initialisierungsreihenfolge

Listing 7.16: Initialisierungs-reihenfolge (Forts.)
```
019    private String s1 = Listing0716.getAndPrint("Father.s1");
020
021    public Father()
022    {
023        Listing0716.getAndPrint("Father.<init>");
024    }
025 }
026
027 class Son
028 extends Father
029 {
030    private String s1 = Listing0716.getAndPrint("Son.s1");
031
032    public Son()
033    {
034        Listing0716.getAndPrint("Son.<init>");
035    }
036 }
```

Im Hauptprogramm wird eine neue Instanz der Klasse Son angelegt. Durch die Konstruktorenverkettung wird zunächst zur Vaterklasse Father verzweigt. Darin wird zunächst die Membervariable s1 initialisiert, und anschließend wird der Rumpf des Konstruktors ausgeführt. Erst danach führt Son dieselben Schritte für sich selbst durch. Die Ausgabe des Programms ist demnach:

```
Father.s1
Father.<init>
Son.s1
Son.<init>
```

7.3.7 Destruktoren

Neben Konstruktoren, die während der Initialisierung eines Objekts aufgerufen werden, gibt es in Java auch *Destruktoren*. Sie werden unmittelbar vor dem Zerstören eines Objekts aufgerufen.

Ein Destruktor wird als geschützte (protected) parameterlose Methode mit dem Namen finalize definiert:

Listing 7.17: Die finalize-Methode
```
001 protected void finalize()
002 {
003     ...
004 }
```

Da Java über ein automatisches Speichermanagement verfügt, kommt den Destruktoren hier eine viel geringere Bedeutung zu als in anderen objektorientierten Sprachen. Anders als etwa in C++ muß sich der Entwickler ja nicht um die Rückgabe von belegtem Speicher kümmern; und das ist sicher eine der Hauptaufgaben von Destruktoren in C++.

Tatsächlich garantiert die Sprachspezifikation nicht, daß ein Destruktor überhaupt aufgerufen wird. Wenn er aber aufgerufen wird, so erfolgt dies nicht, wenn die Lebensdauer des Objektes endet, sondern dann, wenn der Garbage Collector den für das Objekt reservierten Speicherplatz zurückgibt. Dies kann unter Umständen nicht nur viel später der Fall sein (der Garbage Collector läuft ja als asynchroner Hintergrundprozeß), sondern auch gar nicht. Wird nämlich das Programm beendet, bevor der Garbage Collector das nächste Mal aufgerufen wird, werden auch keine Destruktoren aufgerufen. Selbst wenn Destruktoren aufgerufen werden, ist die Reihenfolge oder der Zeitpunkt ihres Aufrufs undefiniert. Der Einsatz von Destruktoren in Java sollte also mit der nötigen Vorsicht erfolgen.

7.4 Zusammenfassung

In diesem Kapitel wurden folgende Themen behandelt:

- Die Grundlagen der objektorientierten Programmierung
- Die Bedeutung der Begriffe *Abstraktion*, *Kapselung*, und *Wiederverwendung*
- Die folgenden Beziehungen zwischen Objekten und Klassen:
- Generalisierung und Spezialisierung
- Aggregation und Komposition
- Verwendung und Aufruf
- Polymorphismus und Late Binding
- Die Bedeutung von Klassen und Objekten
- Definition und Aufruf von Methoden
- Methodenparameter und die Übergabearten *call by value* und *call by reference*
- Der Rückgabewert einer Methode und die `return`-Anweisung
- Überladen von Methoden
- Konstruktoren, Default-Konstruktoren und die Verkettung von Konstruktoren
- Destruktoren und das Schlüsselwort `finalize`

8 OOP II: Vererbung, Polymorphismus und statische Elemente

8.1 Vererbung

Eines der wesentlichen Designmerkmale objektorientierter Sprachen ist die Möglichkeit, Variablen und Methoden zu Klassen zusammenzufassen. Ein weiteres wichtiges Merkmal ist das der *Vererbung*, also der Möglichkeit, Eigenschaften vorhandener Klassen auf neue Klassen zu übertragen. Fehlt diese Fähigkeit, bezeichnet man die Sprache auch als lediglich *objektbasiert*.

Man unterscheidet dabei zwischen *einfacher Vererbung*, bei der eine Klasse von maximal einer anderen Klasse abgeleitet werden kann, und *Mehrfachvererbung*, bei der eine Klasse von mehr als einer anderen Klasse abgeleitet werden kann. In Java gibt es lediglich Einfachvererbung, um den Problemen aus dem Weg zu gehen, die durch Mehrfachvererbung entstehen können. Um die Einschränkungen in den Designmöglichkeiten, die bei Einfachvererbung entstehen, zu vermeiden, wurde mit Hilfe der *Interfaces* eine neue, restriktive Art der Mehrfachvererbung eingeführt. Wir werden später darauf zurückkommen.

8.1.1 Ableiten einer Klasse

Um eine neue Klasse aus einer bestehenden abzuleiten, ist im Kopf der Klasse mit Hilfe des Schlüsselworts `extends` ein Verweis auf die Basisklasse anzugeben. Hierdurch erbt die abgeleitete Klasse alle Eigenschaften der Basisklasse, d.h. alle Variablen und alle Methoden. Durch Hinzufügen neuer Elemente oder Überladen der vorhandenen kann die Funktionalität der abgeleiteten Klasse erweitert werden.

Als Beispiel wollen wir eine neue Klasse `Cabrio` definieren, die sich von `Auto` nur dadurch unterscheidet, daß sie zusätzlich die Zeit, die zum Öffnen des Verdecks benötigt wird, speichern soll:

```
001 class Cabrio
002 extends Auto
003 {
004     int vdauer;
005 }
```

Listing 8.1: Ein einfaches Beispiel für Vererbung

Wir können nun nicht nur auf die neue Variable vdauer, sondern auch auf alle Elemente der Basisklasse Auto zugreifen:

Listing 8.2: Zugriff auf geerbte Membervariablen

```
001 Cabrio kfz1 = new Cabrio();
002 kfz1.name = "MX5";
003 kfz1.erstzulassung = 1994;
004 kfz1.leistung = 115;
005 kfz1.vdauer = 120;
006 System.out.println("Alter = "+kfz1.alter());
```

Listing 8.3: Ableitung einer abgeleiteten Klasse

Die Vererbung von Klassen kann beliebig tief geschachtelt werden. Eine abgeleitete Klasse erbt dabei jeweils die Eigenschaften der unmittelbaren Vaterklasse, die ihrerseits die Eigenschaften ihrer unmittelbaren Vaterklasse erbt usw. Wir können also beispielsweise die Klasse Cabrio verwenden, um daraus eine neue Klasse ZweisitzerCabrio abzuleiten:

```
001 class ZweisitzerCabrio
002 extends Cabrio
003 {
004    boolean notsitze;
005 }
```

Diese könnte nun verwendet werden, um ein Objekt zu instanzieren, das die Eigenschaften der Klassen Auto, Cabrio und ZweisitzerCabrio hat:

Listing 8.4: Zugriff auf mehrfach vererbte Membervariablen

```
001 ZweisitzerCabrio kfz1 = new ZweisitzerCabrio();
002 kfz1.name = "911-T";
003 kfz1.erstzulassung = 1982;
004 kfz1.leistung = 94;
005 kfz1.vdauer = 50;
006 kfz1.notsitze = true;
007 System.out.println("Alter = "+kfz1.alter());
```

Nicht jede Klasse darf zur Ableitung neuer Klassen verwendet werden. Besitzt eine Klasse das Attribut final, ist es nicht erlaubt, eine neue Klasse aus ihr abzuleiten. Die möglichen Attribute einer Klasse werden im nächsten Abschnitt erläutert.

8.1.2 Die Klasse Object

Enthält eine Klasse keine extends-Klausel, so besitzt sie die implizite Vaterklasse Object. Jede Klasse, die keine extends-Klausel besitzt, wird direkt aus Object abgeleitet. Jede explizit abgeleitete Klasse stammt am oberen Ende ihrer Vererbungslinie von einer Klasse ohne explizite Vaterklasse ab und ist damit ebenfalls aus Object abgeleitet. Object ist also die Superklasse aller anderen Klassen.

Vererbung   Kapitel 8

Die Klasse `Object` definiert einige elementare Methoden, die für alle Arten von Objekten nützlich sind:

`boolean equals(Object obj)`

`protected Object clone()`

`String toString()`

`int hashCode()`

java.lang.Object

Die Methode `equals` testet, ob zwei Objekte denselben Inhalt haben, `clone` kopiert ein Objekt, `toString` erzeugt eine `String`-Repräsentation des Objekts, und `hashCode` berechnet einen numerischen Wert, der als Schlüssel zur Speicherung eines Objekts in einer `Hashtable` verwendet werden kann. Damit diese Methoden in abgeleiteten Klassen vernünftig funktionieren, müssen sie bei Bedarf überlagert werden. Für `equals` und `clone` gilt das insbesondere, wenn das Objekt Referenzen enthält.

8.1.3 Überlagern von Methoden

Neben den Membervariablen erbt eine abgeleitete Klasse auch die Methoden ihrer Vaterklasse (wenn dies nicht durch spezielle Attribute verhindert wird). Daneben dürfen auch neue Methoden definiert werden. Die Klasse besitzt dann alle Methoden, die aus der Vaterklasse geerbt wurden, und zusätzlich die, die sie selbst neu definiert hat.

Daneben dürfen auch bereits von der Vaterklasse geerbte Methoden neu definiert werden. In diesem Fall spricht man von *Überlagerung* der Methode. Wurde eine Methode überlagert, wird beim Aufruf der Methode auf Objekten dieses Typs immer die überlagernde Version verwendet.

Das folgende Beispiel erweitert die Klasse `ZweisitzerCabrio` um die Methode `alter`, das nun in Monaten ausgegeben werden soll:

```
001 class ZweisitzerCabrio
002 extends Cabrio
003 {
004   boolean notsitze;
005
006   public int alter()
007   {
008     return 12 * (2000 - erstzulassung);
009   }
010 }
```

Listing 8.5: Überlagern einer Methode in einer abgeleiteten Klasse

Da die Methode `alter` bereits aus der Klasse `Cabrio` geerbt wurde, die sie ihrerseits von `Auto` geerbt hat, handelt es sich um eine *Überlagerung*. Zukünftig würde dadurch in allen Objekten vom Typ `ZweisitzerCabrio` bei Aufruf von `alter` die überlagernde Version, bei allen Objekten des Typs `Auto` oder `Cabrio` aber die ursprüngliche Version verwendet werden. Es wird immer die Variante aufgerufen, die dem aktuellen Objekt beim Zurückverfolgen der Vererbungslinie am nächsten liegt.

Dynamische Methodensuche

Nicht immer kann bereits der Compiler entscheiden, welche Variante einer überlagerten Methode er aufrufen soll. In Abschnitt 4.6 auf Seite 101 und Abschnitt 7.1.6 auf Seite 149 wurde bereits erwähnt, daß das Objekt einer abgeleiteten Klasse zuweisungskompatibel zu der Variablen einer übergeordneten Klasse ist. Wir dürfen also beispielsweise ein `Cabrio`-Objekt ohne weiteres einer Variablen vom Typ `Auto` zuweisen.

Die Variable vom Typ `Auto` kann während ihrer Lebensdauer also Objekte verschiedenen Typs enthalten (insbesondere solche vom Typ `Auto`, `Cabrio` und `ZweisitzerCabrio`). Damit kann natürlich nicht schon zur Compile-Zeit entschieden werden, welche Version einer überlagerten Methode aufgerufen werden soll. Erst während das Programm läuft, ergibt sich, welcher Typ von Objekt zu einem bestimmten Zeitpunkt in der Variable gespeichert wird. Der Compiler muß also Code generieren, um dies zur Laufzeit zu entscheiden. Man bezeichnet dies auch als *dynamisches Binden*.

In C++ wird dieses Verhalten durch virtuelle Funktionen realisiert und muß mit Hilfe des Schlüsselworts `virtual` explizit angeordnet werden. In Java ist eine explizite Deklaration nicht nötig, denn Methodenaufrufe werden immer dynamisch interpretiert. Der dadurch verursachte Overhead ist allerdings nicht zu vernachlässigen und liegt deutlich über den Kosten eines statischen Methodenaufrufs. Um das Problem zu umgehen, gibt es mehrere Möglichkeiten, dafür zu sorgen, daß eine Methode nicht dynamisch interpretiert wird. Dabei wird mit Hilfe zusätzlicher Attribute dafür gesorgt, daß die betreffende Methode nicht überlagert werden kann:

▶ Methoden vom Typ `private` sind in abgeleiteten Klassen nicht sichtbar und können daher nicht überlagert werden.

▶ Bei Methoden vom Typ `final` deklariert der Anwender explizit, daß sie nicht überlagert werden sollen.

▶ Auch bei `static`-Methoden, die ja unabhängig von einer Instanz existieren, besteht das Problem nicht.

In Abschnitt 8.4 auf Seite 177 werden wir das Thema *Polymorphismus* noch einmal aufgreifen und ein ausführliches Beispiel für dynamische Methodensuche geben.

Vererbung — Kapitel 8

Aufrufen einer verdeckten Methode

Wird eine Methode `x` in einer abgeleiteten Klasse überlagert, wird die ursprüngliche Methode `x` verdeckt. Aufrufe von `x` beziehen sich immer auf die überlagernde Variante. Oftmals ist es allerdings nützlich, die verdeckte Superklassenmethode aufrufen zu können, beispielsweise, wenn deren Funktionalität nur leicht verändert werden soll. In diesem Fall kann mit Hilfe des Ausdrucks `super.x()` die Methode der Vaterklasse aufgerufen werden. Der kaskadierte Aufruf von Superklassenmethoden (wie in `super.super.x()`) ist nicht erlaubt.

8.1.4 Vererbung von Konstruktoren

Konstruktorenverkettung

Wenn eine Klasse instanziert wird, garantiert Java, daß ein zur Parametrisierung des `new`-Operators passender Konstruktor aufgerufen wird. Daneben garantiert der Compiler, daß auch der Konstruktor der Vaterklasse aufgerufen wird. Dieser Aufruf kann entweder explizit oder implizit geschehen.

Falls als erste Anweisung innerhalb eines Konstruktors ein Aufruf der Methode `super` steht, wird dies als Aufruf des Superklassenkonstruktors interpretiert. `super` wird wie eine normale Methode verwendet und kann mit oder ohne Parameter aufgerufen werden. Der Aufruf muß natürlich zu einem in der Superklasse definierten Konstruktor passen.

Falls als erste Anweisung im Konstruktor kein Aufruf von `super` steht, setzt der Compiler an dieser Stelle einen impliziten Aufruf `super();` ein und ruft damit den parameterlosen Konstruktor der Vaterklasse auf. Falls ein solcher Konstruktor in der Vaterklasse nicht definiert wurde, gibt es einen Compiler-Fehler. Das ist genau dann der Fall, wenn in der Superklassendeklaration lediglich *parametrisierte* Konstruktoren angegeben wurden und daher ein parameterloser *default*-Konstruktor nicht automatisch erzeugt wurde.

> Alternativ zu diesen beiden Varianten, einen Superklassenkonstruktor aufzurufen, ist es auch erlaubt, mit Hilfe der `this`-Methode einen anderen Konstruktor der eigenen Klasse aufzurufen. Um die oben erwähnten Zusagen einzuhalten, muß dieser allerdings selbst direkt oder indirekt schließlich einen Superklassenkonstruktor aufrufen.

Der Default-Konstruktor

Das Anlegen von Konstruktoren in einer Klasse ist optional. Falls in einer Klasse überhaupt kein Konstruktor definiert wurde, erzeugt der Compiler beim Übersetzen der Klasse automatisch einen parameterlosen *default*-Konstruktor. Dieser enthält lediglich einen Aufruf des parameterlosen Superklassenkonstruktors.

Überlagerte Konstruktoren

> Konstruktoren werden nicht vererbt. Alle Konstruktoren, die in einer abgeleiteten Klasse benötigt werden, müssen neu definiert werden, selbst wenn sie nur aus einem Aufruf des Superklassenkonstruktors bestehen.

Durch diese Regel wird bei jedem Neuanlegen eines Objekts eine ganze Kette von Konstruktoren aufgerufen. Da nach den obigen Regeln jeder Konstruktor zuerst den Superklassenkonstruktor aufruft, wird die Initialisierung von oben nach unten in der Vererbungshierarchie durchgeführt: zuerst wird der Konstruktor der Klasse `Object` ausgeführt, dann der der ersten Unterklasse usw., bis zuletzt der Konstruktor der zu instanzierenden Klasse ausgeführt wird.

Destruktorenverkettung

> Im Gegensatz zu den Konstruktoren werden die Destruktoren eines Ableitungszweiges nicht automatisch verkettet. Falls eine Destruktorenverkettung erforderlich ist, kann sie durch explizite Aufrufe des Superklassendestruktors mit Hilfe der Anweisung `super.finalize()` durchgeführt werden.

8.2 Modifier

In diesem Kapitel wurden an verschiedenen Stellen Beispiele gezeigt, in denen Schlüsselwörter wie `public` oder `private` zusammen mit bestimmten Programmelementen verwendet wurden. Mit Hilfe dieser Attribute können die Eigenschaften von Klassen, Methoden und Variablen verändert werden. Sie haben insbesondere Einfluß auf die *Lebensdauer*, *Sichtbarkeit* und *Veränderbarkeit* dieser Programmelemente und werden meist als *Modifier* bezeichnet. Wir wollen sie nun im Zusammenhang betrachten und ihre Wirkungsweise auf die verschiedenen Elemente eines Java-Programms erläutern.

8.2.1 Sichtbarkeit

Die eingangs erwähnte Tatsache, daß in einer abgeleiteten Klasse alle Eigenschaften der Basisklasse übernommen werden, ist nicht in allen Fällen ganz korrekt. Zwar besitzt sie immer alle Variablen und Methoden der Basisklasse, kann aber unter Umständen nicht darauf zugreifen, wenn ihre Sichtbarkeit eingeschränkt wurde.

Die Sichtbarkeit von Variablen und Methoden wird mit Hilfe folgender Modifier geregelt:

▶ Elemente des Typs `public` sind in der Klasse selbst (also in ihren Methoden), in Methoden abgeleiteter Klassen und für den Aufrufer von Instanzen der Klasse sichtbar.

- Elemente des Typs protected sind in der Klasse selbst und in Methoden abgeleiteter Klassen sichtbar. Zusätzlich können Klassen desselben Pakets sie aufrufen.
- Elemente des Typs private sind lediglich in der Klasse selbst sichtbar. Für abgeleitete Klassen und für Aufrufer von Instanzen bleiben private-Variablen verdeckt.
- Elemente, die ohne einen der drei genannten Modifier deklariert wurden, werden als *package scoped* oder Elemente mit *Standard-Sichtbarkeit* bezeichnet. Sie sind nur innerhalb des Pakets sichtbar, zu dem diese Klasse gehört. In anderen Paketen sind sie dagegen unsichtbar.

Mit Hilfe dieser Sichtbarkeitsebenen kann der Zugriff auf Klassenelemente eingeschränkt werden. private-Elemente sollten immer dann verwendet werden, wenn implementierungsabhängige Details zu verstecken sind, die auch in abgeleiteten Klassen nicht sichtbar sein sollen. protected-Elemente sind vor Zugriffen von außen geschützt, können aber von abgeleiteten Klassen verwendet werden. Die public-Elemente schließlich bilden die für alle sichtbaren Teile einer Klassendefinition und können daher als ihre Schnittstelle angesehen werden. Nachfolgend werden die verschiedenen Sichtbarkeitsattribute noch einmal genau beschrieben. Elemente mit Standard-Sichtbarkeit verhalten sich innerhalb des Pakets wie public- und außerhalb wie private-Elemente.

8.2.2 Die Attribute im Überblick

Nachfolgend wollen wir die wichtigsten Attribute noch einmal zusammenfassend darstellen und ihre jeweiligen Auswirkungen auf die Sichtbarkeit, Lebensdauer oder Veränderbarkeit von Variablen, Methoden und Klassen beschreiben.

private

Methoden oder Variablen vom Typ private sind nur in der aktuellen Klasse sichtbar, in allen anderen Klassen bleiben sie dagegen unsichtbar.

Diese Einschränkung bedeutet überraschenderweise nicht, daß die Methoden einer Klasse nur auf die privaten Membervariablen des eigenen Objekts zugreifen dürfen. Vielmehr ist ebenfalls möglich, (quasi von außen) auf die private-Variablen eines *anderen* Objekts zuzugreifen. Vorausgesetzt, es handelt sich um eine Instanz derselben Klasse.

Das folgende Beispielprogramm demonstriert dies mit Hilfe der Klasse ClassWithPrivateA, die eine private Membervariable a besitzt. An der Implementierung von setOtherA können wir erkennen, wie der Zugriff auf fremde Objekte desselben Typs möglich ist:

Listing 8.6: Zugriff auf fremde private Membervariablen

```java
001 /* Listing0806.java */
002
003 public class Listing0806
004 {
005   public static void main(String[] args)
006   {
007     ClassWithPrivateA a1 = new ClassWithPrivateA(7);
008     ClassWithPrivateA a2 = new ClassWithPrivateA(11);
009     a2.setOtherA(a1, 999);
010     System.out.println("a1 = " + a1.toString());
011     System.out.println("a2 = " + a2.toString());
012   }
013 }
014
015 class ClassWithPrivateA
016 {
017   private int a;
018
019   public ClassWithPrivateA(int a)
020   {
021     this.a = a;
022   }
023
024   public void setOtherA(ClassWithPrivateA other, int newvalue)
025   {
026     other.a = newvalue;
027   }
028
029   public String toString()
030   {
031     return "" + a;
032   }
033 }
```

An der Ausgabe des Programms kann man erkennen, daß über das Objekt *a2* auf private Membervariablen des Objekts *a1* zugegriffen wurde:

```
a1 = 999
a2 = 11
```

protected

Methoden oder Variablen vom Typ protected sind in der aktuellen Klasse und in abgeleiteten Klassen sichtbar. Darüber hinaus sind sie für Methoden anderer Klassen innerhalb desselben Pakets sichtbar. Sie sind jedoch nicht für Aufrufer der Klasse sichtbar, die in anderen Paketen definiert wurden.

public

Membervariablen und Methoden vom Typ `public` sind im Rahmen ihrer Lebensdauer überall sichtbar. Sie können daher in der eigenen Klasse und von beliebigen Methoden anderer Klassen verwendet werden. Das Attribut `public` ist zusätzlich auch bei der Klassendefinition selbst von Bedeutung, denn nur Klassen, die als `public` deklariert wurden, sind außerhalb des Pakets sichtbar, in dem sie definiert wurden. In jeder Quelldatei darf nur eine Klasse mit dem Attribut `public` angelegt werden.

Standard (package scoped)

Klassen, Methoden, Variablen mit Standard-Sichtbarkeit sind nur innerhalb des Pakets sichtbar, in dem sie definiert wurden. Sie sind beispielsweise nützlich, um in aufwendigeren Paketen allgemein zugängliche Hilfsklassen zu realisieren, die außerhalb des Pakets unsichtbar bleiben sollen. Sie können mitunter nützlich sein, um zu verhindern, daß Elemente als `public` deklariert werden.

static

Variablen und Methoden mit dem Attribut `static` sind nicht an die Existenz eines konkreten Objekts gebunden, sondern existieren vom Laden der Klasse bis zum Beenden des Programms. Das `static`-Attribut beeinflußt bei Membervariablen ihre Lebensdauer und erlaubt bei Methoden den Aufruf, ohne daß der Aufrufer ein Objekt der Klasse besitzt, in der die Methode definiert wurde.

Wird das Attribut `static` nicht verwendet, so sind Variablen innerhalb einer Klasse immer an eine konkrete Instanz gebunden. Ihre Lebensdauer beginnt mit dem Anlegen des Objekts und dem Aufruf eines Konstruktors und endet mit der Freigabe des Objekts durch den Garbage Collector.

final

Membervariablen mit dem Attribut `final` dürfen nicht verändert werden, sind also als *Konstanten* anzusehen. Methoden des Typs `final` dürfen nicht überlagert werden; ebensowenig dürfen Klassen des Typs `final` zur Ableitung neuer Klassen verwendet werden. Wird das Attribut `final` dagegen nicht verwendet, sind Membervariablen veränderbar, können Methoden überlagert und Klassen abgeleitet werden.

Falls eine Methode oder Klasse das Attribut `final` besitzt, kann der Compiler auf die dynamische Methodensuche verzichten. `final`-Methoden können daher performanter aufgerufen werden als normale Methoden. Dies ist einer der Gründe dafür, daß die Java-Designer einige der mitgelieferten Klassen als `final` deklariert haben. Es führt aber gleichzeitig dazu, daß die entsprechenden Klassen nicht mehr erweitert werden können. Ein prominentes Beispiel aus der Laufzeitbibliothek ist die als `final` deklarierte Klasse `String`.

Seit dem JDK 1.1 kann das `final`-Attribut auch auf Parameter von Methoden und lokale Variablen angewendet werden. Dadurch stellt der Compiler sicher, daß die Variable bzw. der Parameter nach der Initialisierung nicht mehr verändert wird. Die Initialisierung muß dabei nicht unbedingt bei der Deklaration erfolgen, sondern kann auch später vorgenommen werden. Wichtig ist, daß nur genau einmal ein Wert zugewiesen wird.

Im Gegensatz zu C oder C++ gibt es allerdings bei als `final` deklarierten Objektparametern keine Möglichkeit, zwischen dem Objekt insgesamt und seinen einzelnen Elementen zu unterscheiden. Eine als `final` deklarierte Objektvariable wird zwar insgesamt vor Zuweisungen geschützt, der Wert einzelner Membervariablen kann jedoch verändert werden. Dies gilt analog für Arrays, die ja ebenfalls Objekte sind: `final` bietet keinen Schutz gegen die unerwünschte Zuweisung eines Werts an ein einzelnes Element des Arrays.

transient

Membervariablen können mit dem Attribut `transient` belegt werden, um anzuzeigen, daß sie keine persistente Form besitzen. Sie werden beim Serialisieren und Deserialisieren von Objekten dieses Typs ignoriert. Details werden in Kapitel 41 auf Seite 929 beschrieben.

volatile

Das Schlüsselwort `volatile` wird verwendet, um anzuzeigen, daß Membervariablen *asynchron*, also außerhalb des aktuellen Threads, modifiziert werden können. Der Wert einer so deklarierten Variable wird daher bei jedem Zugriff erneut gelesen (anstatt möglicherweise direkt aus einem Register der virtuellen Maschine genommen zu werden). Die Verwendung von `volatile` ist eher ungebräuchlich. Es kann beispielsweise zur Sicherstellung der Datenintegrität beim Multithreading verwendet werden oder dient dazu, Zugriffe auf asynchron veränderliche Speicherstellen (etwa eine Echtzeituhr, auf die über eine Variable zugegriffen wird) stets aktuell zu halten.

8.3 Statische Methoden und Membervariablen

8.3.1 Klassenvariablen

Java ist eine konsequent objektorientierte Sprache, in der es weder globale Funktionen noch globale Variablen gibt. Da es aber mitunter sinnvoll ist, Eigenschaften zu verwenden, die nicht an Instanzen einer Klasse gebunden sind, haben die Sprachdesigner das Attribut `static` für Methoden und Variablen eingeführt. Eine Variable, die innerhalb einer Klasse mit dem Attribut `static` versehen wurde, nennt man *Klassenvariable* (oder auch *Statische Variable*). Im Gegensatz zu Instanzvariablen, die immer an ein konkretes Objekt gebunden sind, existieren Klassenvariablen unabhängig von einem Objekt.

Jede Klassenvariable wird nur einmal angelegt und kann von allen Methoden der Klasse aufgerufen werden. Da sich alle Methoden die Variable »teilen«, sind Veränderungen, die eine Instanz vornimmt, auch in allen anderen Instanzen sichtbar. Klassenvariablen sind daher vergleichbar mit globalen Variablen, denn ihre Lebensdauer erstreckt sich auf das gesamte Programm. Namenskollisionen können allerdings nicht auftreten, denn der Zugriff von außen erfolgt durch Qualifizierung mit dem Klassennamen in der Form Klassenname.Variablenname.

Ein einfaches Beispiel für die Verwendung von Klassenvariablen besteht darin, einen Instanzenzähler in eine Klasse einzubauen. Hierzu wird eine beliebige Klassenvariable eingeführt, die beim Erzeugen eines Objekts hoch- und beim Zerstören heruntergezählt wird. Das folgende Beispiel demonstriert das für die Klasse Auto:

```
001 /* Testauto.java */
002
003 public class Testauto
004 {
005   static private int objcnt = 0;
006
007   public Testauto()
008   {
009     ++objcnt;
010   }
011
012   public void finalize()
013   {
014     --objcnt;
015   }
016
017   public static void main(String[] args)
018   {
019     Testauto auto1;
020     Testauto auto2 = new Testauto();
021     System.out.println(
022       "Anzahl Testauto-Objekte: " + Testauto.objcnt
023     );
024   }
025 }
```

Listing 8.7:
Realisierung eines Instanzenzählers mit Klassenvariablen

Die Ausgabe des Programms ist:

Anzahl Testauto-Objekte: 1

Mit auto2 wurde eine Instanz der Klasse erzeugt, auto1 ist dagegen zum Zeitpunkt der Ausgabeanweisung lediglich eine noch nicht initialisierte Objektreferenz.

8.3.2 Konstanten

Eine andere Anwendung von Klassenvariablen besteht in der Deklaration von Konstanten. Dazu wird das `static`-Attribut mit dem `final`-Attribut kombiniert, um eine unveränderliche Variable mit unbegrenzter Lebensdauer zu erzeugen:

Listing 8.8: Verwendung von Klassenvariablen zur Definition von Konstanten

```
001  public class Auto
002  {
003      private static final double STEUERSATZ = 18.9;
004  }
```

> Durch die Anwendung von `final` wird verhindert, daß der Konstanten STEUERSATZ während der Ausführung des Programms ein anderer Wert zugewiesen wird. Da Java keinen Präprozessor enthält und damit keine `#define`-Anweisung kennt, ist die beschriebene Methode das einzige Verfahren zur Deklaration von Konstanten in Java. Die Konvention, Konstantennamen groß zu schreiben, wurde dabei von C übernommen.

8.3.3 Klassenmethoden

Neben Klassenvariablen gibt es in Java auch *Klassenmethoden*, d.h. Methoden, die unabhängig von einer bestimmten Instanz existieren. Sie werden auch als *statische Methoden* bezeichnet. Klassenmethoden werden ebenfalls mit Hilfe des `static`-Attributs deklariert und – analog zu Klassenvariablen – durch Voranstellen des Klassennamens aufgerufen.

Da Klassenmethoden unabhängig von konkreten Instanzen ihrer Klasse existieren, ist ein Zugriff auf Instanzvariablen nicht möglich. Diese Trennung äußert sich darin, daß Klassenmethoden keinen `this`-Zeiger besitzen. Der Zugriff auf Instanzvariablen und der Aufruf von Instanzmethoden wird daher schon zur Compile-Zeit als Fehler erkannt.

> Klassenmethoden werden häufig da eingesetzt, wo Funktionalitäten zur Verfügung gestellt werden, die nicht datenzentriert arbeiten oder auf primitiven Datentypen operieren. Beispiele für beide Arten sind in der Klassenbibliothek zu finden. Zur ersten Gruppe gehören beispielsweise die Methoden der Klasse `System`. Die Klasse `System` ist eine Art Toolbox, die Funktionen wie *Aufruf des Garbage Collectors* oder *Beenden des Programms* zur Verfügung stellt. Zur zweiten Gruppe gehören beispielsweise die Methoden der Klasse `Math`, die eine große Anzahl an Funktionen zur Fließkomma-Arithmetik zur Verfügung stellen. Da die Fließkommatypen primitiv sind, hätte ein instanzbasiertes Methodendesign an dieser Stelle wenig Sinn.

Eine weitere Anwendung für Klassenmethoden liegt in der Instanzierung von Objekten der eigenen Klasse. Beispiele dafür finden sich in den Design-Patterns *Singleton* (siehe Abschnitt 10.3.1 auf Seite 214) und *Factory-Methode* (siehe Abschnitt 10.3.4 auf Seite 217).

Das folgende Listing zeigt die Verwendung der Klassenmethode sqrt der Klasse Math zur Ausgabe einer Tabelle von Quadratwurzeln:

```
001 /* Listing0809.java */
002
003 public class Listing0809
004 {
005   public static void main(String[] args)
006   {
007     double x, y;
008     for (x = 0.0; x <= 10.0; x = x + 1.0) {
009       y = Math.sqrt(x);
010       System.out.println("sqrt("+x+") = "+y);
011     }
012   }
013 }
```

Listing 8.9: Verwendung von Math.sqrt

Die Ausgabe des Programms ist:

```
sqrt(0.0) = 0.0
sqrt(1.0) = 1.0
sqrt(2.0) = 1.4142135623730951
sqrt(3.0) = 1.7320508075688772
sqrt(4.0) = 2.0
sqrt(5.0) = 2.23606797749979
sqrt(6.0) = 2.449489742783178
sqrt(7.0) = 2.6457513110645907
sqrt(8.0) = 2.8284271247461903
sqrt(9.0) = 3.0
sqrt(10.0) = 3.1622776601683795
```

Die statische Methode main

Ein schon bekanntes Beispiel für eine Klassenmethode ist die Methode main, die als Startpunkt in Applikationen verwendet wird. Im Gegensatz zu Applets, bei denen vom Laufzeitsystem eine Instanz der Appletklasse erzeugt und dann durch Aufruf von Callback-Methoden bedient wird, erfolgt der Start einer Applikation ohne die Instanzierung einer Klasse. Der Java-Interpreter lädt lediglich das beim Starten angegebene Klassenobjekt und sucht nach einer statischen Methode mit der Signatur:

```
public static void main(String[] args)
```

Wird diese gefunden, stellt es ein Array mit den Kommandozeilenparametern zusammen und übergibt es als Argument an main. Wird keine Methode mit dieser Signatur gefunden, gibt es einen Laufzeitfehler.

8.3.4 Statische Initialisierer

Bisher haben wir nur die Möglichkeit kennengelernt, statischen Variablen während der Deklaration einen Wert zuzuweisen. Falls komplexere Initialisierungen benötigt werden, können zur Initialisierung von statischen Variablen *statische Initialisierer* definiert werden.

Sie ähneln gewöhnlichen Konstruktoren und dienen wie diese dazu, Variablen mit einem definierten Startwert zu belegen. Im Gegensatz zu einem gewöhnlichen Konstruktor erfolgt der Aufruf eines statischen Initialisierers aber nicht mit jedem neu angelegten Objekt, sondern nur einmal, wenn die Klasse geladen wird.

Ein statischer Initialisierer wird als parameterlose Methode mit dem Namen static definiert:

Listing 8.10: Definition eines statischen Initialisierers

```
001  class Test
002  {
003     static int i;
004     static int j;
005
006     static
007     {
008        i = 5;
009        j = 3 * i;
010     }
011  }
```

Da der statische Initialisierer vom Laufzeitsystem aufgerufen wird, wenn die Klasse geladen wird, ist eine benutzerdefinierte Parametrisierung nicht möglich.

> Es ist erlaubt, mehrere statische Initialisierer innerhalb einer Klasse zu definieren. Sie werden dann nacheinander in der textuellen Reihenfolge ihrer Deklaration ausgeführt. Wechseln sich initialisierte statische Variablen und statische Initialisierer im Quelltext ab, werden beide gleichwertig behandelt, d.h. die Ausführung erfolgt unabhängig vom Typ in textueller Reihenfolge. Eine Ausnahme bilden lediglich die statischen Variablen, denen Konstanten zugewiesen werden, deren Wert bereits zur Compile-Zeit feststeht. Ihre Initialisierung erfolgt – unabhängig von ihrer Position im Quellcode – unmittelbar nach dem Laden der Klasse.

8.4 Abstrakte Klassen und Polymorphismus

8.4.1 Abstrakte Klassen

In Java ist es möglich, *abstrakte* Methoden zu definieren. Im Gegensatz zu den *konkreten* Methoden enthalten sie nur die Deklaration der Methode, nicht aber ihre Implementierung. Syntaktisch unterscheiden sich abstrakte Methoden dadurch, daß anstelle der geschweiften Klammern mit den auszuführenden Anweisungen lediglich ein Semikolon steht. Zusätzlich wird die Methode mit dem Attribut `abstract` versehen. Abstrakte Methoden können nicht aufgerufen werden, sie definieren nur eine Schnittstelle. Erst durch Überlagerung in einer abgeleiteten Klasse und Implementierung des fehlenden Methodenrumpfes wird eine abstrakte Klasse konkret und kann aufgerufen werden.

> Eine Klasse, die mindestens eine abstrakte Methode enthält, wird selbst als abstrakt angesehen und muß ebenfalls mit dem Schlüsselwort `abstract` versehen werden. Abstrakte Klassen können nicht instanziert werden, da sie Methoden enthalten, die nicht implementiert wurden. Statt dessen werden abstrakte Klassen abgeleitet, und in der abgeleiteten Klasse werden eine oder mehrere der abstrakten Methoden implementiert. Eine abstrakte Klasse wird konkret, wenn alle ihre Methoden implementiert sind. Die Konkretisierung kann dabei auch schrittweise über mehrere Vererbungsstufen erfolgen.

8.4.2 Ein Beispiel für Polymorphismus

Wir wollen uns ein Beispiel ansehen, um diese Ausführungen zu verdeutlichen. Zum Aufbau einer Mitarbeiterdatenbank soll zunächst eine Basisklasse definiert werden, die jene Eigenschaften implementiert, die auf alle Mitarbeiter zutreffen, wie beispielsweise *persönliche Daten* oder der *Eintrittstermin in das Unternehmen*. Gleichzeitig soll diese Klasse als Basis für spezialisierte Unterklassen verwendet werden, um die Besonderheiten spezieller Mitarbeitertypen, wie *Arbeiter*, *Angestellte* oder *Manager*, abzubilden. Da die Berechnung des monatlichen Gehalts zwar für jeden Mitarbeiter erforderlich, in ihrer konkreten Realisierung aber abhängig vom Typ des Mitarbeiters ist, soll eine abstrakte Methode `monatsBrutto` in der Basisklasse definiert und in den abgeleiteten Klassen konkretisiert werden.

Das folgende Listing zeigt die Implementierung der Klassen `Mitarbeiter`, `Arbeiter`, `Angestellter` und `Manager` zur Realisierung der verschiedenen Mitarbeitertypen. Zusätzlich wird die Klasse `Gehaltsberechnung` definiert, um das Hauptprogramm zur Verfügung zu stellen, in dem die Gehaltsberechnung durchgeführt wird. Dazu wird ein Array `ma` mit konkreten Untertypen der Klasse `Mitarbeiter` gefüllt (hier nur angedeutet; die Daten könnten zum Beispiel aus einer Datenbank gelesen werden) und dann für alle Elemente das Monatsgehalt durch Aufruf von `monatsBrutto` ermittelt.

> Das Listing ist ebenfalls ein Beispiel für *Polymorphismus*. Eine Variable vom Typ einer Basisklasse nimmt zur Laufzeit unterschiedliche Objekte aus abgeleiteten Klassen auf. Da bereits in der Basisklasse die Definition von monatsBrutto vorgenommen wurde, akzeptiert der Compiler den Aufruf dieser Methode bereits bei Objekten dieser vermeintlich abstrakten Klasse. Erst zur Laufzeit ist dann bekannt, welcher abgeleitete Typ hinter jedem einzelnen Array-Element steht, und das Laufzeitsystem ruft die darin implementierte Variante der Methode monatsBrutto auf.

Listing 8.11:
Abstrakte
Klassen und
Methoden

```
001 /* Gehaltsberechnung.java */
002
003 import java.util.Date;
004
005 abstract class Mitarbeiter
006 {
007   int persnr;
008   String name;
009   Date eintritt;
010
011   public Mitarbeiter()
012   {
013   }
014
015   public abstract double monatsBrutto();
016 }
017
018 class Arbeiter
019 extends Mitarbeiter
020 {
021   double stundenlohn;
022   double anzahlstunden;
023   double ueberstundenzuschlag;
024   double anzahlueberstunden;
025   double schichtzulage;
026
027   public double monatsBrutto()
028   {
029     return stundenlohn*anzahlstunden+
030            ueberstundenzuschlag*anzahlueberstunden+
031            schichtzulage;
032   }
033 }
034
035 class Angestellter
036 extends Mitarbeiter
037 {
038   double grundgehalt;
039   double ortszuschlag;
040   double zulage;
```

```
041
042     public double monatsBrutto()
043     {
044        return grundgehalt+
045               ortszuschlag+
046               zulage;
047     }
048 }
049
050 class Manager
051 extends Mitarbeiter
052 {
053    double fixgehalt;
054    double provision1;
055    double provision2;
056    double umsatz1;
057    double umsatz2;
058
059    public double monatsBrutto()
060    {
061       return fixgehalt+
062              umsatz1*provision1/100+
063              umsatz2*provision2/100;
064    }
065 }
066
067 public class Gehaltsberechnung
068 {
069    private static final int ANZ_MA = 100;
070    private static Mitarbeiter[] ma;
071    private static double bruttosumme;
072
073    public static void main(String[] args)
074    {
075       ma = new Mitarbeiter[ANZ_MA];
076
077       //Mitarbeiter-Array füllen, z.B.
078       //ma[0] = new Manager();
079       //ma[1] = new Arbeiter();
080       //ma[2] = new Angestellter();
081       //...
082
083       //Bruttosumme berechnen
084       bruttosumme = 0.0;
085       for (int i=0; i<ma.length; ++i) {
086          bruttosumme += ma[i].monatsBrutto();
087       }
088       System.out.println("Bruttosumme = "+bruttosumme);
089    }
090 }
```

Listing 8.11: Abstrakte Klassen und Methoden (Forts.)

Unabhängig davon, ob in einem Array-Element ein Arbeiter, Angestellter oder Manager gespeichert wird, führt der Aufruf von `monatsBrutto` dank der dynamischen Methodensuche die zum Typ des konkreten Objekts passende Berechnung aus. Auch weitere Verfeinerungen der Klassenhierarchie durch Ableiten neuer Klassen erfordern keine Veränderung in der Routine zur Berechnung der monatlichen Bruttosumme.

So könnte beispielsweise eine neue Klasse `GFManager` (ein Manager, der Mitglied der Geschäftsführung ist) aus Manager abgeleitet und problemlos in die Gehaltsberechnung integriert werden:

Listing 8.12: Einfügen einer neuen Mitarbeiterklasse in die Gehaltsberechnung

```
001  public class GFManager
002  extends Manager
003  {
004     double gfzulage;
005
006     public double monatsBrutto()
007     {
008        return super.monatsBrutto()+gfzulage;
009     }
010  }
```

> In der abgedruckten Form ist das Programm in Listing 8.11 auf Seite 178 natürlich nicht lauffähig, denn das Array ma wird nicht vollständig initialisiert. Ansonsten ist es aber korrekt und illustriert beispielhaft die Anwendung abstrakter Klassen und Methoden.

8.4.3 Polymorphe Methodenaufrufe in Konstruktoren

Eine besondere Gefahrenquelle liegt darin, polymorphe Methoden im Konstruktor einer Klasse aufzurufen. Der Grund liegt in der Initialisierungsreihenfolge von Membervariablen während der Konstruktion eines Objekts:

▶ Zuerst werden die Konstruktoren der Vaterklassen aufgerufen und so deren Membervariablen initialisiert.

▶ Dann werden die Initialisierer und initialisierenden Zuweisungen der eigenen Klasse aufgerufen.

▶ Schließlich wird der Rumpf des eigenen Konstruktors ausgeführt.

Wird nun im eigenen Konstruktor eine Methode aufgerufen, die in einer abgeleiteten Klasse überlagert wurde, sind die Membervariablen der abgeleiteten Klasse noch nicht initialisiert. Ihr Konstruktor wird ja erst später aufgerufen. Das folgende Beispiel illustriert dieses Problem:

Abstrakte Klassen und Polymorphismus — Kapitel 8

```java
/* Listing0813.java */

class SingleValue
{
  protected int value1;

  public SingleValue(int value1)
  {
    this.value1 = value1;
    print();
  }

  public void print()
  {
    System.out.println("value = " + value1);
  }
}

class ValuePair
extends SingleValue
{
  protected int value2;

  public ValuePair(int value1, int value2)
  {
    super(value1);
    this.value2 = value2;
  }

  public void print()
  {
    System.out.println(
      "value = (" + value1 + "," + value2 + ")"
    );
  }
}

public class Listing0813
{
  public static void main(String[] args)
  {
    new ValuePair(10,20);
  }
}
```

Listing 8.13: Polymorphe Methodenaufrufe im Konstruktor

Die Ausgabe des Programms ist nicht "value = 10", sondern "value = (10,0)". Bei der Konstruktion des `ValuePair`-Objekts wird zunächst der Konstruktor der Basisklasse `SingleValue` aufgerufen und initialisiert seine Membervariable `value1`. Der anschließende Aufruf von print wird polymorph ausgeführt, denn das zu instanzierende Objekt ist vom Typ `Value-Pair`. Da zu diesem Zeitpunkt der Member `value2` aber noch nicht initialisiert ist (das würde erst passieren, wenn der Konstruktor von `SingleValue` komplett abgearbeitet wäre), wird an seiner Stelle 0 ausgegeben (beim Anlegen eines neuen Objekts wird der belegte Speicher mit Nullen gefüllt). Das kann zu schwer auffindbaren Fehlern führen. Aufrufe von Methoden, die möglicherweise überlagert werden, sollten daher im Konstruktor vermieden werden.

8.5 Zusammenfassung

In diesem Kapitel wurden folgende Themen behandelt:

- Das Prinzip der Vererbung und das Schlüsselwort `extends` zum Ableiten einer Klasse
- Methodenüberlagerung, die Bedeutung des statischen und dynamischen Bindens und das Schlüsselwort `super`
- Die Attribute `private`, `protected`, `public`, `static`, `final`, `transient` und `volatile`
- Die Bedeutung des Begriffs *package scoped*
- Klassenvariablen und -methoden und statische Initialisierer
- Abstrakte Klassen und Polymorphismus

9 OOP III: Interfaces

9.1 Grundlagen

Es wurde bereits erwähnt, daß es in Java keine *Mehrfachvererbung* von Klassen gibt. Die möglichen Schwierigkeiten beim Umgang mit mehrfacher Vererbung und die Einsicht, daß das Erben nichttrivialer Methoden aus mehr als einer Klasse in der Praxis selten zu realisieren ist, haben die Designer dazu veranlaßt, dieses Feature nicht zu implementieren. Andererseits sah man es als wünschenswert an, daß Klassen eine oder mehrere Schnittstellendefinitionen erben können, und hat mit den *Interfaces* ein Ersatzkonstrukt geschaffen, das dieses Feature bietet.

9.1.1 Definition eines Interfaces

Ein Interface ist eine besondere Form einer Klasse, die ausschließlich abstrakte Methoden und Konstanten enthält. Anstelle des Schlüsselwortes `class` wird ein Interface mit dem Bezeichner `interface` deklariert. Alle Methoden eines Interfaces sind implizit abstrakt und öffentlich. Neben Methoden kann ein Interface auch Konstanten enthalten, die Definition von Konstruktoren ist allerdings nicht erlaubt.

Wir wollen uns ein einfaches Beispiel ansehen. Das folgende Listing definiert ein Interface `Groesse`, das die drei Methoden `laenge`, `hoehe` und `breite` enthält:

```
001 /* Groesse.java */
002
003 public interface Groesse
004 {
005    public int laenge();
006    public int hoehe();
007    public int breite();
008 }
```

Listing 9.1: Definition eines Interfaces

Diese Definition ähnelt sehr einer abstrakten Klasse und dient dazu, eine Schnittstelle für den Zugriff auf die *räumliche Ausdehnung* eines Objekts festzulegen. Wir wollen uns an dieser Stelle keine Gedanken über komplizierte Details wie zu verwendende Maßeinheiten oder Objekte mit mehr oder weniger als drei Dimensionen machen.

9.1.2 Implementierung eines Interfaces

Durch das bloße Definieren eines Interfaces wird die gewünschte Funktionalität aber noch nicht zur Verfügung gestellt, sondern lediglich *beschrieben*. Soll diese von einer Klasse tatsächlich realisiert werden, muß sie das Interface *implementieren*. Dazu erweitert sie die `class`-

Anweisung um eine `implements`-Klausel, hinter der der Name des zu implementierenden Interfaces angegeben wird. Der Compiler sorgt dafür, daß alle im Interface geforderten Methoden definitionsgemäß implementiert werden. Zusätzlich "verleiht" er der Klasse einen neuen Datentyp, der – wie wir noch sehen werden – ähnliche Eigenschaften wie eine echte Klasse hat.

Eine beispielhafte Implementierung des Interfaces `Groesse` könnte etwa von der schon bekannten `Auto`-Klasse vorgenommen werden:

Listing 9.2:
Implementierung eines Interfaces

```
001 /* Auto2.java */
002
003 public class Auto2
004 implements Groesse
005 {
006    public String name;
007    public int    erstzulassung;
008    public int    leistung;
009    public int    laenge;
010    public int    hoehe;
011    public int    breite;
012
013    public int laenge()
014    {
015       return this.laenge;
016    }
017
018    public int hoehe()
019    {
020       return this.hoehe;
021    }
022
023    public int breite()
024    {
025       return this.breite;
026    }
027 }
```

Wir haben die Klasse dazu um drei veränderliche Instanzmerkmale erweitert, die es uns erlauben, die vom Interface geforderten Methoden auf einfache Weise zu implementieren. Ebenso wie die Klasse `Auto` könnte auch jede andere Klasse das Interface implementieren und so Informationen über seine räumliche Ausdehnung geben:

Listing 9.3:
Die Klasse
FussballPlatz

```
001 public class FussballPlatz
002 implements Groesse
003 {
004    public int laenge()
005    {
```

```
006       return 105000;
007   }
008
009   public int hoehe()
010   {
011       return 0;
012   }
013
014   public int breite()
015   {
016       return 70000;
017   }
018 }
```

Listing 9.3:
Die Klasse
FussballPlatz
(Forts.)

Hier geben die Interface-Methoden konstante Werte zurück (in der Annahme, daß alle Fußballplätze gleich groß sind). Ebenso gut ist es möglich, daß die Größe von anderen Instanzmerkmalen abhängig ist und zur Implementierung des Interfaces etwas mehr Aufwand getrieben werden muß:

```
001 /* PapierBlatt.java */
002
003 public class PapierBlatt
004 implements Groesse
005 {
006   public int format; //0=DIN A0, 1=DIN A1 usw.
007
008   public int laenge()
009   {
010       int ret = 0;
011       if (format == 0) {
012           ret = 1189;
013       } else if (format == 1) {
014           ret = 841;
015       } else if (format == 2) {
016           ret = 594;
017       } else if (format == 3) {
018           ret = 420;
019       } else if (format == 4) {
020           ret = 297;
021       }
022       //usw...
023       return ret;
024   }
025
026   public int hoehe()
027   {
028       return 0;
029   }
```

Listing 9.4:
Die Klasse
PapierBlatt

Listing 9.4:
Die Klasse
PapierBlatt
(Forts.)

```
030
031    public int breite()
032    {
033      int ret = 0;
034      if (format == 0) {
035        ret = 841;
036      } else if (format == 1) {
037        ret = 594;
038      } else if (format == 2) {
039        ret = 420;
040      } else if (format == 3) {
041        ret = 297;
042      } else if (format == 4) {
043        ret = 210;
044      }
045      //usw...
046      return ret;
047    }
048  }
```

Die Art der Realisierung der vereinbarten Methoden spielt für das Implementieren eines Interfaces keine Rolle. Tatsächlich kommt es ausgesprochen häufig vor, daß Interfaces von sehr unterschiedlichen Klassen implementiert und die erforderlichen Methoden auf sehr unterschiedliche Weise realisiert werden.

Eine Klasse kann ein Interface auch dann implementieren, wenn sie nicht alle seine Methoden implementiert. In diesem Fall ist die Klasse allerdings als abstract zu deklarieren und kann nicht dazu verwendet werden, Objekte zu instanzieren.

9.1.3 Verwenden eines Interfaces

Nützlich ist ein Interface immer dann, wenn *Eigenschaften* einer Klasse beschrieben werden sollen, die nicht direkt in seiner normalen Vererbungshierarchie abgebildet werden können. Hätten wir beispielsweise Groesse als abstrakte Klasse definiert, ergäbe sich eine sehr unnatürliche Ableitungshierarchie, wenn Autos, Fußballplätze und Papierblätter daraus abgeleitet wären. Durch Implementieren des Groesse-Interfaces können sie die Verfügbarkeit der drei Methoden laenge, hoehe und breite dagegen *unabhängig* von ihrer eigenen Vererbungslinie garantieren.

Wir wollen uns ein einfaches Beispiel für die Anwendung des Interfaces ansehen. Dazu soll eine Methode grundflaeche entwickelt werden, die zu jedem Objekt, das das Interface Groesse implementiert, dessen Grundfläche (Länge mal Breite) berechnet:

Grundlagen | **Kapitel 9**

```java
001 /* Listing0905.java */
002
003 public class Listing0905
004 {
005   public static long grundflaeche(Groesse g)
006   {
007     return (long)g.laenge() * g.breite();
008   }
009
010   public static void main(String[] args)
011   {
012     //Zuerst erzeugen wir ein Auto2...
013     Auto2 auto = new Auto2();
014     auto.laenge = 4235;
015     auto.hoehe = 1650;
016     auto.breite = 1820;
017     //Nun ein DIN A4-Blatt...
018     PapierBlatt blatt = new PapierBlatt();
019     blatt.format = 4;
020     //Und zum Schluß einen Fußballplatz...
021     FussballPlatz platz = new FussballPlatz();
022     //Nun werden sie ausgegeben
023     System.out.println("Auto:  " + grundflaeche(auto));
024     System.out.println("Blatt: " + grundflaeche(blatt));
025     System.out.println("Platz: " + grundflaeche(platz));
026   }
027 }
```

Listing 9.5: Verwendung eines Interfaces

Das Programm erzeugt zunächst einige Objekte, die das Groesse-Interface implementieren. Anschließend werden sie an die Methode grundflaeche übergeben, deren Argument g vom Typ Groesse ist. Durch diese Typisierung kann der Compiler sicherstellen, daß nur Objekte "des Typs" Groesse an grundflaeche übergeben werden. Das ist genau dann der Fall, wenn das übergebene Objekt dieses Interface implementiert.

Die Ausgabe des Programms ist:

```
Auto:  7707700
Blatt: 62370
Platz: 7350000000
```

An diesem Beispiel kann man bereits die wichtigste Gemeinsamkeit zwischen abstrakten Klassen und Interfaces erkennen: Beide können im Programm zur Deklaration von lokalen Variablen, Membervariablen oder Methodenparametern verwendet werden. Eine Interface-Variable ist kompatibel zu allen Objekten, deren Klassen dieses Interface implementieren.

Auch der `instanceof`-Operator kann auf Interfacenamen angewendet werden. Eine alternative Implementierung der Methode `grundflaeche`, die mit allen Objekttypen funktioniert, könnte dann etwa so aussehen:

Listing 9.6:
Der instanceof-
Operator auf
Interfaces

```
001 public static long grundflaeche(Object o)
002 {
003   long ret = 0;
004   if (o instanceof Groesse) {
005     Groesse g = (Groesse)o;
006     ret = (long)g.laenge() * g.breite();
007   }
008   return ret;
009 }
```

Diese Implementierung verhält sich für alle Objekte, die das Interface `Groesse` implementieren, so wie die vorige. Für alle übrigen Objekte wird 0 zurückgegeben.

9.2 Das Interface Comparable

Interfaces werden verwendet, um Eigenschaften auszudrücken, die auf Klassen aus unterschiedlichen Klassenhierarchien zutreffen können. Das erkennt man auch daran, daß ihre Namen oft (substantivierte) Eigenschaftswörter sind. Ein bekanntes Beispiel, das mit der Version 1.2 in der Java-Klassenbibliothek eingeführt wurde, ist das Interface `Comparable` des Pakets `java.lang`:

```
public interface Comparable
{
  public int compareTo(Object o);
}
```

Dieses Interface kann von Klassen implementiert werden, deren Objekte paarweise *vergleichbar* sind. Die Methode `compareTo` liefert genau dann einen Wert kleiner 0, wenn das Objekt »kleiner«; größer 0, wenn es »größer«, und gleich 0, wenn es »gleich« dem als Argument übergebenen Objekt `o` ist. In der Klassenbibliothek gibt es eine ganze Reihe von Klassen, die `Comparable` implementieren, beispielsweise `String` und `Character` oder die numerischen Wrapper-Klassen (letztere werden in Abschnitt 10.2 auf Seite 209 erläutert).

Mit Hilfe von `Comparable` kann die Reihenfolge der Objekte einer Klasse ermittelt werden. Aus dem paarweisen Vergleich läßt sich eine (nicht notwendigerweise eindeutige) implizite Ordnung der Elemente ableiten, denn für alle aufeinanderfolgenden Objekte `a` und `b` muß `a.compareTo(b) <= 0` gelten. Damit ist es möglich, Methoden zu schreiben, die das kleinste oder größte Element einer Menge von Objekten ermitteln oder diese sortieren:

Das Interface Comparable

Listing 9.7:
Das Interface
Comparable

```java
001 /* Listing0907.java */
002
003 public class Listing0907
004 {
005   public static Object getSmallest(Comparable[] objects)
006   {
007     Object smallest = objects[0];
008     for (int i = 1; i < objects.length; ++i) {
009       if (objects[i].compareTo(smallest) < 0) {
010         smallest = objects[i];
011       }
012     }
013     return smallest;
014   }
015
016   public static void bubbleSort(Comparable[] objects)
017   {
018     boolean sorted;
019     do {
020       sorted = true;
021       for (int i = 0; i < objects.length - 1; ++i) {
022         if (objects[i].compareTo(objects[i + 1]) > 0) {
023           Comparable tmp = objects[i];
024           objects[i] = objects[i + 1];
025           objects[i + 1] = tmp;
026           sorted = false;
027         }
028       }
029     } while (!sorted);
030   }
031
032   public static void main(String[] args)
033   {
034     //Erzeugen eines String-Arrays
035     Comparable[] objects = new Comparable[4];
036     objects[0] = "STRINGS";
037     objects[1] = "SIND";
038     objects[2] = "PAARWEISE";
039     objects[3] = "VERGLEICHBAR";
040     //Ausgeben des kleinsten Elements
041     System.out.println((String)getSmallest(objects));
042     System.out.println("--");
043     //Sortieren und Ausgaben
044     bubbleSort(objects);
045     for (int i = 0; i < objects.length; ++i) {
046       System.out.println((String)objects[i]);
047     }
048   }
049 }
```

Die Implementierung der Methode getSmallest ist leicht zu verstehen. Das kleinste Element wird gefunden, indem jedes Element des Arrays mit dem bis dato kleinsten Element verglichen wird. Ist es kleiner, wird das bisherige kleinste Element ersetzt, andernfalls bleibt es unverändert. Die Implementierung von bubbleSort folgt ebenfalls einem einfachen Schema. In jedem Arraydurchlauf werden zwei aufeinanderfolgende Elemente vertauscht, falls das zweite kleiner als das erste ist. Es werden so viele Durchläufe vorgenommen, bis keine Vertauschung mehr stattgefunden hat.

Bemerkenswert ist hierbei die *Generizität* (Typunabhängigkeit) der Lösung. Es spielt keine Rolle, welche Art von Objekten sortiert wird, solange alle das Interface Comparable implementieren. Bei Strings ist das standardmäßig der Fall; eigene Klassen könnten ihre eigene Implementierung von Comparable beisteuern. Bei Objekten, die auch Groesse implementieren, könnte beispielsweise das *Volumen* (Länge mal Breite mal Höhe) oder eine beliebige andere Verknüpfung der Raumlängen verwendet werden.

> Auch Objekte unterschiedlicher Klassen können problemlos miteinander verglichen werden, sofern compareTo dazu in der Lage ist. So ist es leicht vorstellbar, daß sowohl Autos als auch Fußballplätze und Papierblätter (und eventuell noch Äpfel und Birnen) auf der Basis ihrer Grundfläche (siehe Listing 9.5 auf Seite 187) miteinander verglichen werden, denn diese Maßzahl hat für alle beteiligten Klassen eine Bedeutung.

9.3 Mehrfachimplementierung und Vererbung

9.3.1 Mehrfachimplementierung

Es ist durchaus möglich (und gebräuchlich), daß eine Klasse *mehrere* Interfaces implementiert. Sie muß dann zu jedem Interface alle darin definierten Methoden implementieren. Mit jedem implementierten Interface wird sie zu dem dadurch definierten Datentyp kompatibel. Eine Klasse, die *n* Interfaces implementiert, ist demnach zu *n* + *1* Datentypen (plus ihren jeweiligen Oberklassen) kompatibel:

▶ Der Vaterklasse, aus der sie abgeleitet wurde (bzw. der Klasse Object, falls keine extends-Klausel vorhanden war).

▶ Den *n* Interfaces, die sie implementiert.

Wir könnten beispielsweise die in Listing 9.2 auf Seite 184 definierte Klasse Auto2 erweitern und sie die Interfaces Groesse und Comparable implementieren lassen:

Listing 9.8: Implementierung mehrerer Interfaces

```
001 /* Auto3.java */
002
003 public class Auto3
```

```
004 implements Groesse, Comparable
005 {
006   public String name;
007   public int    erstzulassung;
008   public int    leistung;
009   public int    laenge;
010   public int    hoehe;
011   public int    breite;
012
013   public int laenge()
014   {
015     return this.laenge;
016   }
017
018   public int hoehe()
019   {
020     return this.hoehe;
021   }
022
023   public int breite()
024   {
025     return this.breite;
026   }
027
028   public int compareTo(Object o)
029   {
030     int ret = 0;
031     if (leistung < ((Auto3)o).leistung) {
032       ret = -1;
033     } else if (leistung > ((Auto3)o).leistung) {
034       ret = 1;
035     }
036     return ret;
037   }
038 }
```

Listing 9.8: Implementierung mehrerer Interfaces (Forts.)

Nun sind Objekte dieses Typs sowohl zu Groesse als auch zu Comparable kompatibel (Hinweis: die Sortierung basiert in diesem Fall nicht auf der Größe des Autos, sondern auf seiner Leistung).

9.3.2 Vererbung von Interfaces

Die Implementierung hätte noch etwas vereinfacht werden können, wenn wir uns zu Nutze gemacht hätten, daß eine Klasse die Interfaces seiner Basisklasse erbt:

```
001 /* Auto4.java */
002
003 public class Auto4
```

Listing 9.9: Erben von Interfaces

Listing 9.9:
Erben von
Interfaces
(Forts.)

```
004 extends Auto2
005 implements Comparable
006 {
007   public int compareTo(Object o)
008   {
009     int ret = 0;
010     if (leistung < ((Auto4)o).leistung) {
011       ret = -1;
012     } else if (leistung > ((Auto4)o).leistung) {
013       ret = 1;
014     }
015     return ret;
016   }
017 }
```

Auto4 erbt von Auto2 nicht nur die Implementierung, sondern auch die Klausel implements Groesse und erweitert sie um die Implementierung von Comparable. Damit ist Auto4 gleichwertig zu Auto3.

9.3.3 Ableiten von Interfaces

Auch Interfaces selbst können abgeleitet werden. Ähnlich einer Klasse erbt das abgeleitete Interface alle Methodendefinitionen des Basis-Interfaces. Die implementierende Klasse muß also auch alle Methoden von allen übergeordneten Interfaces implementieren:

Listing 9.10:
Ableiten von
Interfaces

```
001 /* Listing0910.java */
002
003 interface EinDimensional
004 {
005   public int laenge();
006 }
007
008 interface ZweiDimensional
009 extends EinDimensional
010 {
011   public int breite();
012 }
013
014 interface DreiDimensional
015 extends ZweiDimensional
016 {
017   public int hoehe();
018 }
019
020 interface VierDimensional
021 extends DreiDimensional
022 {
```

```
023    public int lebensdauer();
024  }
025
026  public class Listing0910
027  implements VierDimensional
028  {
029    public int laenge() { return 0; }
030    public int breite() { return 0; }
031    public int hoehe() { return 0; }
032    public int lebensdauer() { return 0; }
033  }
```

Listing 9.10: Ableiten von Interfaces (Forts.)

9.4 Weitere Anwendungen von Interfaces

9.4.1 Konstanten in Interfaces

Neben abstrakten Methoden können Interfaces auch Konstanten, also Membervariablen mit den Attributen `static` und `final`, enthalten. Wenn eine Klasse ein Interface implementiert, erbt es auch alle Konstanten. Es ist auch erlaubt, daß ein Interface ausschließlich Konstanten enthält.

Dieses Feature kann zum Beispiel nützlich sein, wenn ein Programm sehr viele Konstanten definiert. Anstatt sie in ihren eigenen Klassen zu belassen und bei jedem Gebrauch mit `Klasse.Name` aufzurufen, könnte ein einzelnes Interface definiert werden, das alle Konstantendefinitionen vereinigt. Wenn nun jede Klasse, in der diese Konstanten benötigt werden, dieses Interface implementiert, stehen alle darin definierten Konstanten direkt zur Verfügung und können ohne vorangestellten Klassennamen aufgerufen werden.

Das folgende Listing zeigt die Anwendung dieses Prinzips am Beispiel eines Interfaces, das eine Reihe von Debug-Konstanten zur Verfügung stellt. Sie werden beispielsweise zur bedingten Übersetzung oder Steuerung von Debug-Ausgaben verwendet:

```
001  /* Listing0911.java */
002
003  interface Debug
004  {
005    public static final boolean FUNCTIONALITY1 = false;
006    public static final boolean FUNCTIONALITY2 = true;
007    public static final boolean FUNCTIONALITY3 = false;
008    public static final boolean FUNCTIONALITY4 = false;
009  }
010
011  public class Listing0911
012  implements Debug
013  {
014    public static void main(String[] args)
```

Listing 9.11: Konstanten in Interfaces

Listing 9.11:
Konstanten in
Interfaces
(Forts.)

```
015   {
016     //...
017     if (FUNCTIONALITY1) {
018       System.out.println("...");
019     }
020     //...
021     if (FUNCTIONALITY2) {
022       System.out.println("...");
023     }
024     //...
025   }
026 }
```

9.4.2 Implementierung von Flags

Einige Interfaces definieren weder Methoden noch Konstanten. Sie stellen statt dessen eine Art Flag, also einen logischen Schalter dar, der zur Compile- und Laufzeit abgefragt werden kann. Beispiele aus der Klassenbibliothek sind die Interfaces java.io.Serializable oder java.lang.Cloneable. Während Serializable in Kapitel 41 auf Seite 929 ausführlich gewürdigt wird, wollen wir uns nachfolgend die Bedeutung des Interfaces Cloneable ansehen.

Cloneable ist ein Schalter für die in der Klasse Object implementierte Methode clone. Implementiert eine abgeleitete Klasse dieses Interface nicht, so deutet clone das als fehlende Fähigkeit (oder Bereitschaft) der Klasse, eine Objektkopie herzustellen, und löst beim Aufruf eine CloneNotSupportedException aus. Implementiert die abgeleitete Klasse dagegen Cloneable, erzeugt ein Aufruf von clone eine elementweise Kopie des aktuellen Objekts.

Es ist wichtig zu verstehen, was der Begriff *elementweise* bedeutet – insbesondere wenn die Klasse Objekte als Membervariablen enthält. Beim Aufruf von clone werden nämlich lediglich die *Verweise* auf diese Membervariablen kopiert, nicht aber die dahinter stehenden Objekte (bei primitiven Membervariablen macht das keinen Unterschied, denn sie werden nicht als Zeiger gespeichert). Diese Vorgehensweise wird auch als *shallow copy* bezeichnet ("flache Kopie").

Soll eine *deep copy* ("tiefe Kopie") angelegt werden, muß man clone überlagern und selbst dafür sorgen, daß alle vorhandenen Objekt-Membervariablen kopiert werden. Da jedes Memberobjekt weitere Objekte enthalten kann, die kopiert werden müssen, ist das Erstellen einer tiefen Kopie in der Regel ein rekursiver Vorgang.

Wir wollen uns beispielhaft das tiefe Kopieren der folgenden Klasse BinTreeNode ansehen. Diese stellt einen Knoten in einem Binärbaum dar und besitzt einen Namen und die üblichen Verweise auf den linken und rechten Unterbaum, ebenfalls vom Typ BinTreeNode. Beim Kopieren wird das aktuelle Objekt durch Aufruf von super.clone zunächst flach kopiert. Dann wird clone rekursiv aufgerufen, um Kopien des linken bzw. rechten Unterbaums anzulegen. Enthält ein Unterbaum den Wert null, so terminiert der Kopiervorgang und mit ihm die Rekursion. Auf diese Weise wird der Knoten mit allen Unterknoten, Unterunterknoten usw. kopiert, und es entsteht eine Kopie, deren Objektvariablen keine gemeinsamen Objekte mit dem Original mehr besitzen.

```
001  /* BinTreeNode.java */
002
003  class BinTreeNode
004  implements Cloneable
005  {
006    String     name;
007    BinTreeNode leftChild;
008    BinTreeNode rightChild;
009
010    public BinTreeNode(String name)
011    {
012      this.name       = name;
013      this.leftChild  = null;
014      this.rightChild = null;
015    }
016
017    public Object clone()
018    {
019      try {
020        BinTreeNode newNode = (BinTreeNode)super.clone();
021        if (this.leftChild != null) {
022          newNode.leftChild = (BinTreeNode)this.leftChild.clone();
023        }
024        if (this.rightChild != null) {
025          newNode.rightChild = (BinTreeNode)this.rightChild.clone();
026        }
027        return newNode;
028      } catch (CloneNotSupportedException e) {
029        //Kann eigentlich nicht auftreten...
030        throw new InternalError();
031      }
032    }
033  }
```

Listing 9.12: Implementierung einer tiefen Kopie

9.4.3 Nachbildung von Funktionszeigern

Eine wichtige Anwendung von Interfaces besteht darin, die aus C oder C++ bekannten, aber in Java nicht vorhandenen Funktionszeiger nachzubilden, die es ermöglichen, eine Funktion als Argument an andere Funktionen zu übergeben. Nützlich ist das vor allem, wenn die Konfigurationsanforderungen einer Funktion die durch die Übergabe von Variablen gegebenen Möglichkeiten übersteigen. Beispiele für ihre Anwendung sind etwa Funktionsplotter oder Callback-Funktionen bei der Programmierung grafischer Oberflächen.

Funktionszeiger können leicht mit Hilfe von Interfaces nachgebildet werden. Dazu wird zunächst ein Interface definiert, das eine einzelne Methode f des gewünschten Typs deklariert. Es kann dann von unterschiedlichen Klassen so implementiert werden, daß in f jeweils die gewünschte Berechnung ausgeführt wird. Anstelle der Übergabe eines Zeigers wird nun einfach ein Objekt dieser Klasse instanziert und an die zu konfigurierende Methode übergeben. Diese wird vom Typ des Interfaces deklariert und kann so die Methode f aufrufen.

Als Beispiel soll ein Programm geschrieben werden, das in der Lage ist, eine Wertetabelle für beliebige double-Funktionen auszugeben. Wir definieren dazu zunächst ein Interface DoubleMethod, das eine Methode compute deklariert, die zu einem double-Argument ein double-Ergebnis berechnet.

Listing 9.13:
Das Interface
DoubleMethod

```
001 /* DoubleMethod.java */
002
003 public interface DoubleMethod
004 {
005   public double compute(double value);
006 }
```

Anschließend implementieren wir das Interface in verschiedenen Klassen und stellen die Funktionen *Exponentation*, *Quadratwurzel*, *Multiplikation mit zwei* und *Quadrat* zur Verfügung. Anschließend instanzieren wir diese Klassen und übergeben die Objekte nacheinander an die Methode printTable, mit der die Wertetabelle erzeugt und ausgegeben wird:

Listing 9.14:
Funktionszeiger
mit Interfaces

```
001 /* Listing0914.java */
002
003 class MathExp
004 implements DoubleMethod
005 {
006   public double compute(double value)
007   {
008     return Math.exp(value);
009   }
010 }
011
012 class MathSqrt
013 implements DoubleMethod
014 {
015   public double compute(double value)
016   {
017     return Math.sqrt(value);
018   }
019 }
020
021 class Times2
022 implements DoubleMethod
023 {
```

```
024   public double compute(double value)
025   {
026     return 2 * value;
027   }
028 }
029
030 class Sqr
031 implements DoubleMethod
032 {
033   public double compute(double value)
034   {
035     return value * value;
036   }
037 }
038
039 public class Listing0914
040 {
041   public static void printTable(DoubleMethod meth)
042   {
043     System.out.println("Wertetabelle " + meth.toString());
044     for (double x = 0.0; x <= 5.0; x += 1) {
045       System.out.println(" " + x + "->" + meth.compute(x));
046     }
047   }
048
049   public static void main(String[] args)
050   {
051     printTable(new Times2());
052     printTable(new MathExp());
053     printTable(new Sqr());
054     printTable(new MathSqrt());
055   }
056 }
```

Listing 9.14: Funktionszeiger mit Interfaces (Forts.)

In Abschnitt 43.3.2 auf Seite 998 wird gezeigt, wie man Funktionszeiger auf ähnliche Weise mit dem Reflection-API realisieren kann.

9.5 Interfaces und Hilfsklassen

In den vorigen Abschnitten wurde gezeigt, daß es viele Gemeinsamkeiten zwischen (abstrakten) Klassen und Interfaces gibt. Während der Designphase eines komplexen Softwaresystems ist es daher häufig schwierig, sich für eine von beiden Varianten zu entscheiden. Für die Verwendung des Interfaces spricht die größere Flexibilität durch die Möglichkeit, in unterschiedlichen Klassenhierarchien verwendet zu werden. Für die Verwendung einer Klasse spricht die Möglichkeit, bereits ausformulierbare Teile der Implementation zu realisieren und die Fähigkeit, statische Bestandteile und Konstruktoren unterzubringen.

Wir wollen in diesem Abschnitt zeigen, wie sich beide Ansätze vereinen lassen. Dabei wird zunächst jeweils ein Interface zur Verfügung gestellt und seine Anwendung dann unter Verwendung einer Hilfsklasse vereinfacht.

9.5.1 Die Default-Implementierung

Wird ein Interface erstellt, das voraussichtlich häufig implementiert werden muß und/oder viele Methoden definiert, ist es sinnvoll, eine *Default-Implementierung* zur Verfügung zu stellen. Damit ist eine Basisklasse gemeint, die das Interface und alle sinnvoll realisierbaren Methoden implementiert. Besitzt eine Klasse, die das Interface implementieren muß, keine andere Vaterklasse, so kann sie von der Default-Implementierung abgeleitet werden und erbt so bereits einen Teil der sonst manuell zu implementierenden Funktionalität.

Als Beispiel soll ein Interface SimpleTreeNode definiert werden, das zur Konstruktion eines Baums verwendet werden kann, dessen Knoten von beliebigem Typ sind und jeweils beliebig viele Kinder haben:

Listing 9.15:
Das Simple-
TreeNode-
Interface

```
001 /* SimpleTreeNode.java */
002
003 public interface SimpleTreeNode
004 {
005     public void addChild(SimpleTreeNode child);
006     public int getChildCnt();
007     public SimpleTreeNode getChild(int pos);
008 }
```

Die Default-Implementierung könnte wie folgt realisiert werden:

Listing 9.16:
Default-Imple-
mentierung des
Simple-
TreeNode-
Interfaces

```
001 /* DefaultTreeNode.java */
002
003 public class DefaultTreeNode
004 implements SimpleTreeNode
005 {
006     private int              CAPACITY;
007     private String           name;
008     private SimpleTreeNode[] childs;
009     private int              childcnt;
010
011     public DefaultTreeNode(String name)
012     {
013         this.CAPACITY = 5;
014         this.name     = name;
015         this.childs   = new SimpleTreeNode[CAPACITY];
016         this.childcnt = 0;
017     }
018
```

Interfaces und Hilfsklassen

```
019   public void addChild(SimpleTreeNode child)
020   {
021     if (childcnt >= CAPACITY) {
022       CAPACITY *= 2;
023       SimpleTreeNode[] newchilds = new SimpleTreeNode[CAPACITY];
024       for (int i = 0; i < childcnt; ++i) {
025         newchilds[i] = childs[i];
026       }
027       childs = newchilds;
028     }
029     childs[childcnt++] = child;
030   }
031
032   public int getChildCnt()
033   {
034     return childcnt;
035   }
036
037   public SimpleTreeNode getChild(int pos)
038   {
039     return childs[pos];
040   }
041
042   public String toString()
043   {
044     return name;
045   }
046 }
```

Listing 9.16: Default-Implementierung des SimpleTreeNode-Interfaces (Forts.)

Der Vorteil ist hier noch nicht sehr offensichtlich, weil die Implementierung nicht sehr aufwendig ist. Bei komplexeren Interfaces zahlt es sich in der Praxis meistens aus, wenn eine Default-Implementierung zur Verfügung gestellt wird. Neben der dadurch erzielten Arbeitsersparnis nützt sie auch zur Dokumentation und stellt eine Referenzimplementierung des Interfaces dar.

9.5.2 Delegation an die Default-Implementierung

Läßt sich eine potentielle SimpleTreeNode-Klasse nicht von DefaultTreeNode ableiten, muß sie das Interface selbst implementieren. Besitzt die Default-Implementierung bereits nennenswerte Funktionalitäten, wäre es schlechter Stil (und auch sehr fehlerträchtig), diese ein zweites Mal zu implementieren. Statt dessen ist es eventuell möglich, die Implementierung an die bereits vorhandene DefaultTreeNode zu *delegieren*.

Dazu muß die zu implementierende Klasse eine Membervariable vom Typ `DefaultTreeNode` anlegen und alle Aufrufe der Interface-Methoden an dieses Objekt weiterleiten. Soll beispielsweise die Klasse `Auto` aus Listing 7.1 auf Seite 151 in eine `SimpleTreeNode` verwandelt werden, könnte die Implementierung durch Delegation wie folgt vereinfacht werden:

Listing 9.17: Implementierung des SimpleTreeNode-Interfaces durch Delegation

```
001  /* Auto5.java */
002
003  public class Auto5
004  implements SimpleTreeNode
005  {
006    public String name;
007    public int    erstzulassung;
008    public int    leistung;
009
010    private SimpleTreeNode treenode = new DefaultTreeNode("");
011
012    public void addChild(SimpleTreeNode child)
013    {
014      treenode.addChild(child);
015    }
016
017    public int getChildCnt()
018    {
019      return treenode.getChildCnt();
020    }
021
022    public SimpleTreeNode getChild(int pos)
023    {
024      return treenode.getChild(pos);
025    }
026
027    public String toString()
028    {
029      return name;
030    }
031  }
```

Hier nutzt die Klasse `Auto5` die Funktionalitäten der Membervariable `DefaultTreeNode` zur Verwaltung von Unterknoten und leitet alle entsprechenden Methodenaufrufe an sie weiter. Die Verwaltung des Knotennamens erfolgt dagegen mit Hilfe der eigenen Membervariable `name`.

9.5.3 Die leere Implementierung

Mitunter wird ein Interface entworfen, bei dem nicht immer alle definierten Methoden benötigt werden. In der Java-Klassenbibliothek gibt es dafür einige Beispiele, etwa bei

Listenern (siehe Kapitel 28 auf Seite 575) oder im Collection-API (siehe Kapitel 15 auf Seite 321). Da bei der Implementierung aber immer alle definierten Methoden implementiert werden müssen, wenn die Klasse nicht abstrakt bleiben soll, kann es nützlich sein, eine *leere* Standard-Implementierung zur Verfügung zu stellen. Implementierende Klassen können sich dann gegebenenfalls von dieser ableiten und brauchen nur noch die Methoden zu realisieren, die tatsächlich benötigt werden.

9.6 Zusammenfassung

In diesem Kapitel wurden folgende Themen behandelt:

- Definition, Implementierung und Verwendung von Interfaces
- Verwendung des `instanceof`-Operators auf Interfaces
- Das Interface `Comparable`
- Implementierung mehrerer Interfaces
- Vererbung von Interfaces
- Ableiten von Interfaces
- Konstanten-Interfaces
- Flag-Interfaces
- Tiefe und flache Kopien und die Methode `clone`
- Nachbildung von Funktionszeigern
- Die Default-Implementierung eines Interfaces
- Delegation an eine Default-Implementierung

10 OOP IV: Verschiedenes

10.1 Lokale und anonyme Klassen

10.1.1 Grundlagen

Bis zum JDK 1.0 wurden Klassen immer auf Paketebene definiert, eine Schachtelung war nicht möglich. Das hat die Compiler-Implementierung vereinfacht und die Struktur der Klassen innerhalb eines Pakets flach und übersichtlich gemacht. Unhandlich wurde dieses Konzept immer dann, wenn eine Klasse nur lokale Bedeutung hatte oder wenn "auf die Schnelle eine kleine Klasse" gebraucht wurde. Da es in Java keine Funktionszeiger gibt, besteht die einzige Möglichkeit, kleine Codebestandteile zwischen verschiedenen Programmteilen auszutauschen, darin, ein Interface zu deklarieren und die benötigte Funktionalität in einer implementierenden Klasse zur Verfügung zu stellen. Diese Technik wurde in Abschnitt 9.4.3 auf Seite 195 vorgestellt.

Insbesondere bei den Erweiterungen für die Programmierung grafischer Oberflächen, die mit dem JDK 1.1 eingeführt wurden, entstand der Wunsch nach einem flexibleren Mechanismus. Durch das neue Ereignismodell (siehe Kapitel 28 auf Seite 575) müssen seit dem JDK 1.1 sehr viel häufiger kleine Programmteile geschrieben werden, die nur in einem eng begrenzten Kontext eine Bedeutung haben. Die Lösung für dieses Problem wurde mit der Einführung von lokalen und anonymen Klassen geschaffen (im JDK werden sie als *Inner Classes* bezeichnet). Dabei wird innerhalb einer bestehenden Klasse X eine neue Klasse Y definiert, die nur innerhalb von X sichtbar ist. Objektinstanzen von Y können damit auch nur innerhalb von X erzeugt werden. Anders herum kann Y auf die Membervariablen von X zugreifen.

Lokale und anonyme Klassen sind ein mächtiges – und manchmal leicht verwirrendes – Feature von Java. Wir wollen nachfolgend seine wichtigsten Anwendungen vorstellen. Darüber hinaus gibt es seltener genutzte Varianten, die hauptsächlich durch trickreiche Anwendung von Modifiern auf die lokale Klasse oder ihrer Member entstehen. Auf diese wollen wir hier nicht weiter eingehen.

10.1.2 Nicht-statische lokale Klassen

Klassen in Klassen

Die Definition einer nicht-statischen lokalen Klasse entspricht genau dem zuvor beschriebenen Grundprinzip: *innerhalb* des Definitionsteils einer beliebigen Klasse wird eine neue Klasse definiert. Ihre Instanzierung muß innerhalb der äußeren Klasse erfolgen, also in einer der Methoden der äußeren Klasse oder während ihrer Initialisierung. Die innere Klasse kann auf die Membervariablen der äußeren Klasse zugreifen und umgekehrt. Das folgende Listing illustriert dies an einem einfachen Beispiel:

Listing 10.1:
Eine nicht-
statische lokale
Klasse

```
001 /* Listing1001.java */
002
003 class Outer
004 {
005   String name;
006   int    number;
007
008   public void createAndPrintInner(String iname)
009   {
010     Inner inner = new Inner();
011     inner.name = iname;
012     System.out.println(inner.getQualifiedName());
013   }
014
015   class Inner
016   {
017     private String name;
018
019     private String getQualifiedName()
020     {
021       return number + ":" + Outer.this.name + "." + name;
022     }
023   }
024 }
025
026 public class Listing1001
027 {
028   public static void main(String[] args)
029   {
030     Outer outer = new Outer();
031     outer.name = "Outer";
032     outer.number = 77;
033     outer.createAndPrintInner("Inner");
034   }
035 }
```

Zunächst wird eine Klasse Outer mit den Membervariablen name und number definiert. Innerhalb von Outer wird dann eine Klasse Inner definiert. Sie besitzt eine eigene Membervariable name und eine Methode getQualifiedName. Beim Programmstart erzeugt main eine Instanz von Outer und initialisiert ihre Membervariablen. Anschließend ruft sie die Methode createAndPrintInner auf.

In `createAndPrintInner` wird nun eine Instanz von `Inner` erzeugt und mit dem als Argument übergebenen Namen initialisiert. Die Instanzierung erfolgt also im Kontext der äußeren Klasse, und diese kann auf die Membervariable der inneren Klasse zugreifen. In der Praxis wichtiger ist jedoch die Möglichkeit, die innere Klasse auf die Membervariablen der äußeren Klasse zugreifen zu lassen. Dadurch wird ihr der Status der äußeren Klasse zugänglich gemacht und sie kann Programmcode erzeugen (und durch die Kapselung in ein Objekt nötigenfalls an eine ganz andere Stelle im Programm transferieren), der Informationen aus der Umgebung der Klassendefinition verwendet. Um dies zu zeigen, ruft `Outer` nun die Methode `getQualifiedName` der inneren Klasse auf.

In `getQualifiedName` wird auf drei unterschiedliche Arten auf Membervariablen zugegriffen. Bei der Verwendung von *unqualifizierten* Namen (also solchen ohne Klassennamen-Präfix) werden *lexikalische* Sichtbarkeitsregeln angewandt. Der Compiler prüft also zunächst, ob es eine lokale Variable dieses Namens gibt. Ist das nicht der Fall, sucht er nach einer gleichnamige Membervariable in der aktuellen Klasse. Ist auch diese nicht vorhanden, erweitert er seine Suche sukzessive von innen nach außen auf alle umschließenden Klassen. Im Beispiel bezeichnet `name` also die gleichnamige Membervariable von `Inner` und `number` diejenige von `Outer`. Wird die Membervariable einer äußeren Klasse durch eine gleichnamige Membervariable der inneren Klasse verdeckt, kann über den Präfix "Klassenname.this." auf die äußere Variable zugegriffen werden. Im Beispielprogramm wird das für die Variable `name` so gemacht.

Wird der Ausdruck "Klassenname.this" alleine verwendet, bezeichnet er das Objekt der äußeren Klasse, in der die aktuelle Instanz der inneren Klasse erzeugt wurde. In `getQualifiedName` würde `Outer.this` also die in Zeile 030 erzeugte Instanz `outer` bezeichnen.

> Die Implementierung von lokalen Klassen konnte im JDK 1.1 ohne größere Änderungen der virtuellen Maschine vorgenommen werden. Lokale Klassen sind zwar zum Compilezeitpunkt bekannt, werden aber zur Laufzeit behandelt wie normale Klassen. Insbesondere wird vom Compiler zu jeder lokalen Klasse eine eigene *.class*-Datei erzeugt. Um Überschneidungen zu vermeiden, besteht ihr Name aus dem Namen der äußeren Klasse, gefolgt von einem Dollarzeichen und dem Namen der inneren Klasse. Bei den später behandelten anonymen Klassen wird statt des Namens der inneren Klasse eine vom Compiler vergebene fortlaufende Nummer verwendet. Beim Übersetzen des vorigen Beispiels würden also die Klassendateien *Outer.class*, *Outer$Inner.class* und *Listing1001.class* generiert.

Klassen in Methoden

Innere Klassen können nicht nur auf der äußersten Ebene einer anderen Klasse definiert werden, sondern auch innerhalb ihrer Methoden und sogar innerhalb eines beliebigen Blocks. In diesem Fall können sie auch auf die lokalen Variablen der umgebenden Methode oder des umgebenden Blocks zugreifen. Bedingung ist allerdings, daß diese mit Hilfe des Schlüsselworts final als konstant deklariert wurden.

Diese Art, lokale Klassen zu definieren, ist nicht sehr gebräuchlich, taucht aber mitunter in fremdem Programmcode auf. In der Praxis werden an ihrer Stelle meist anonyme Klassen verwendet, wie sie im folgenden Abschnitt besprochen werden. Wir wollen uns dennoch ein einfaches Beispiel ansehen:

Listing 10.2: Definition einer lokalen Klasse in einer Methode

```
001 /* Listing1002.java */
002
003 class Outer2
004 {
005   public void print()
006   {
007     final int value = 10;
008
009     class Inner2
010     {
011       public void print()
012       {
013         System.out.println("value = " + value);
014       }
015     }
016
017     Inner2 inner = new Inner2();
018     inner.print();
019   }
020 }
021
022 public class Listing1002
023 {
024   public static void main(String[] args)
025   {
026     Outer2 outer = new Outer2();
027     outer.print();
028   }
029 }
```

10.1.3 Anonyme Klassen

Die häufigste Anwendung lokaler Klassen innerhalb von Methoden besteht darin, diese *anonym* zu definieren. Dabei erhält die Klasse keinen eigenen Namen, sondern Definition und Instanzierung erfolgen in einer kombinierten Anweisung. Eine anonyme Klasse ist also eine Einwegklasse, die nur einmal instanziert werden kann. Anonyme Klassen werden normalerweise aus anderen Klassen abgeleitet oder erweitern existierende Interfaces. Ihre wichtigste Anwendung finden sie bei der Definition von *Listenern* für graphische Oberflächen, auf die wir in Kapitel 28 auf Seite 575 noch ausführlich eingehen werden.

Als einfaches Anwendungsbeispiel wollen wir das in Listing 9.13 auf Seite 196 definierte Interface `DoubleMethod` noch einmal verwenden und zeigen, wie man beim Aufruf von `printTable` eine anonyme Klasse erzeugt und als Argument weitergibt:

```
001 /* Listing1003.java */
002
003 public class Listing1003
004 {
005   public static void printTable(DoubleMethod meth)
006   {
007     System.out.println("Wertetabelle " + meth.toString());
008     for (double x = 0.0; x <= 5.0; x += 1) {
009       System.out.println(" " + x + "->" + meth.compute(x));
010     }
011   }
012
013   public static void main(String[] args)
014   {
015     printTable(
016       new DoubleMethod()
017       {
018         public double compute(double value)
019         {
020           return Math.sqrt(value);
021         }
022       }
023     );
024   }
025 }
```

Listing 10.3: Anwendung anonymer Klassen

Statt eine vordefinierte Klasse zu instanzieren, wird hier in Zeile 016 eine lokale anonyme Klasse definiert und instanziert. Syntaktisch unterscheidet sie sich von der Instanzierung einer vordefinierten Klasse dadurch, daß nach dem `new KlassenName(...)` nicht ein Semikolon, sondern eine geschweifte Klammer steht. Anschließend folgt die Definition der Klasse. Wird als Klassenname ein *Interface* angegeben, implementiert die anonyme Klasse dieses Interface. Handelt es sich dagegen um den Namen einer *Klasse*, wird die anonyme Klasse daraus abgeleitet. In unserem Beispiel wird das Interface `DoubleMethod` implementiert.

> Das Programm hat durch die Verwendung der anonymen Klasse nicht unbedingt an Übersichtlichkeit gewonnen. Tatsächlich sind sowohl Nutzen als auch Syntax anonymer Klassen Gegenstand vieler Diskussionen gewesen. Der große Vorteil anonymer Klassen besteht in ihrer Flexibilität. Eine anonyme Klasse kann da deklariert werden, wo sie gebraucht wird (hier beispielsweise beim Aufruf von printTable). Zudem kann sie Code weitergeben, der auf lokale Variablen und Membervariablen ihrer unmittelbaren Umgebung zugreift.
>
> Ihre Anwendung sollte sich auf die Fälle beschränken, in denen eine Klasse mit wenigen Zeilen Code erzeugt werden muß, die nur an einer bestimmten Programmstelle bedeutsam ist. Ist die Klasse umfangreicher oder wird sie an verschiedenen Stellen benötigt, sollte eine benannte Klasse definiert und an den Aufrufstellen instanziert werden.

10.1.4 Statische lokale Klassen

Die letzte Variante innerer Klassen, die wir betrachten wollen, ist eigentlich gar keine. Hierbei wird eine Klasse innerhalb einer anderen Klasse definiert und mit dem Attribut static versehen. In diesem Fall erzeugt der Compiler Code, der genau dem einer gewöhnlichen globalen Klasse entspricht. Insbesondere ist eine statische lokale Klasse nicht nur innerhalb der Klasse sichtbar, in der sie definiert wurde, sondern kann auch von außen instanziert werden. Sie hält auch keinen Verweis auf die instanzierende Klasse und kann somit nicht auf deren Membervariablen zugreifen. Der einzige Unterschied zu einer globalen Klasse besteht darin, daß der Name der inneren Klasse als Präfix den Namen der äußeren Klasse enthält. Beide sind durch einen Punkt voneinander getrennt.

Eine Klasse könnte beispielsweise dann als statische lokale Klasse definiert werden, wenn ihre Daseinsberechtigung auf der Existenz der äußeren Klasse basiert. Typische Anwendungen sind kleinere Hilfsklassen, die ausreichend Substanz zur Deklaration einer eigenen Klasse, aber zu wenig für eine eigene Datei haben. Durch den separaten Namensraum können sie auch Allerweltsnamen wie "Entry", "Element" oder "Debug" haben.

Das folgende Listing zeigt eine einfache Anwendung statischer lokaler Klassen:

Listing 10.4: Anwendung statischer lokaler Klassen

```
001 /* Listing1004.java */
002
003 class Outer3
004 {
005   static class Inner3
006   {
007     public void print()
008     {
009       System.out.println("Inner3");
010     }
```

```
011   }
012 }
013
014 public class Listing1004
015 {
016   public static void main(String[] args)
017   {
018     Outer3.Inner3 inner = new Outer3.Inner3();
019     inner.print();
020   }
021 }
```

Listing 10.4: Anwendung statischer lokaler Klassen (Forts.)

Lokale und anonyme Klassen werden recht häufig eingesetzt. Auch in diesem Buch sind weitere Beispiele für ihre Anwendung zu finden. So wird beispielsweise in Abschnitt 28.2.2 auf Seite 588 erläutert, wie man sie zur Entwicklung von Ereignishandlern für GUI-Programme nutzen kann. Ein weiteres Beispiel für ihre Anwendung findet sich in Abschnitt 15.4 auf Seite 330, der die Implementierung eines Iterators (s.u.) erläutert.

10.2 Wrapper-Klassen

10.2.1 Vordefinierte Wrapper-Klassen

Zu jedem primitiven Datentyp in Java gibt es eine korrespondierende *Wrapper*-Klasse. Diese kapselt die primitive Variable in einer objektorientierten Hülle und stellt eine Reihe von Methoden zum Zugriff auf die Variable zur Verfügung. Zwar wird man bei der Programmierung meist die primitiven Typen verwenden, doch gibt es einige Situationen, in denen die Anwendung einer Wrapper-Klasse sinnvoll sein kann:

▶ Das Paket java.util stellt eine Reihe von Verbundklassen zur Verfügung, die beliebige Objekttypen speichern können. Um darin auch elementare Typen ablegen zu können, ist es notwendig, anstelle der primitiven Typen ihre Wrapper-Klassen zu verwenden.

▶ Da Objektreferenzen den Wert null haben können, kann die Verwendung der Wrapper-Klassen beispielsweise bei der Datenbankprogrammierung nützlich sein. Damit lassen sich primitive Feldtypen darstellen, die NULL-Werte enthalten können.

▶ Das Reflection-API (siehe Kapitel 43 auf Seite 989) verwendet Wrapper-Klassen zum Zugriff auf Membervariablen oder Methodenargumente primitiver Typen.

Wrapper-Klassen existieren zu allen numerischen Typen und zu den Typen char und boolean:

Tabelle 10.1: Die Wrapper-Klassen

Wrapper-Klasse	Primitiver Typ
Byte	byte
Short	short
Integer	int
Long	long
Double	double
Float	float
Boolean	boolean
Character	char
Void	void

Instanzierung

Die Instanzierung einer Wrapper-Klasse kann meist auf zwei unterschiedliche Arten erfolgen. Einerseits ist es möglich, den korrespondierenden primitiven Typ an den Konstruktor zu übergeben, um ein Objekt desselben Werts zu erzeugen. Alternativ kann meist auch ein String an den Konstruktor übergeben werden. Dieser wird in den entsprechenden primitiven Typ konvertiert und dann zur Initialisierung der Wrapper-Klasse verwendet.

```
public Integer(int i)

public Integer(String s)
  throws NumberFormatException

public Long(long l)

public Long(String s)
  throws NumberFormatException

public Float(float f)

public Float(double d)

public Float(String s)
  throws NumberFormatException

public Double(double d)

public Double(String s)
  throws NumberFormatException
```

```
public Boolean(boolean b)

public Boolean(String s)

public Character(char c)
```

> Das in diesem Beispiel mehrfach verwendete Schlüsselwort throws deklariert *Ausnahmen*, die während der Methodenausführung auftreten können. Sie entstehen durch Programmfehler, undefinierte Zustände oder treten auf, wenn unvorhergesehene Ereignisse eintreten (Datei nicht verfügbar, Speicher erschöpft oder ähnliches). Wir werden uns in Kapitel 12 auf Seite 257 ausführlich mit diesem Thema beschäftigen.

Rückgabe des Wertes

Die meisten Wrapper-Klassen besitzen zwei Methoden, um den internen Wert abzufragen. Eine der beiden liefert ihn passend zum korrespondierenden Grundtyp, die andere als String. Der Name von Methoden der ersten Art setzt sich aus dem Namen des Basistyps und der Erweiterung Value zusammen, beispielsweise charValue, booleanValue oder intValue. Die numerischen Methoden intValue, longValue, floatValue und doubleValue stehen dabei für alle numerischen Wrapper-Klassen zur Verfügung.

```
public boolean booleanValue()
public char charValue()
public int intValue()
public long longValue()
public float floatValue()
public double doubleValue()
```

Der Name der Methode, die den internen Wert als String zurückgibt, ist toString. Diese Methode steht in allen Wrapper-Klassen zur Verfügung:

```
public String toString()
```

Parsen von Strings

Neben der Möglichkeit, aus Strings Objekte zu erzeugen, können die meisten Wrapper-Klassen auch primitive Datentypen erzeugen. Dazu gibt es statische Methoden mit den Namen parseByte, parseInt, parseLong, parseFloat und parseDouble in den zugehörigen Klassen Byte, Integer, Long, Float und Double:

```
public static byte parseByte(String s)
  throws NumberFormatException

public static int parseInt(String s)
  throws NumberFormatException
```

Kapitel 10 — OOP IV: Verschiedenes

```
public static long parseLong(String s)
  throws NumberFormatException

public static float parseFloat(String s)
  throws NumberFormatException

public static double parseDouble(String s)
  throws NumberFormatException
```

Die Methoden `parseFloat` und `parseDouble` gibt es erst seit dem JDK 1.2. In älteren JDK-Versionen und den meisten Web-Browsern stehen sie nicht zur Verfügung.

Konstanten

Die numerischen Wrapper-Klassen stellen Konstanten zur Bezeichnung spezieller Elemente zur Verfügung. So gibt es in jeder der Klassen Byte, Short, Integer, Long, Float und Double die Konstanten MIN_VALUE und MAX_VALUE, die das kleinste bzw. größte Element des Wertebereichs darstellen. In den Klassen Float und Double gibt es zusätzlich die Konstanten NEGATIVE_INFINITY, POSITIVE_INFINITY und NaN. Sie stellen die Werte *minus unendlich*, *plus unendlich* und *undefiniert* dar.

10.2.2 Call by Reference

Da Objektparameter im Gegensatz zu primitiven Typen per Referenz übergeben werden, wären Wrapper-Klassen *prinzipiell* geeignet, Methodenparameter per *call by reference* zu übergeben. Damit könnten Änderungen von primitiven Parametern an den Aufrufer zurückgegeben werden. In der Praxis funktioniert das allerdings nicht, denn alle vordefinierten Wrapper-Klassen sind unveränderlich (das wird auch als *immutable* bezeichnet).

Sollen primitive Typen per Referenz übergeben werden, bieten sich zwei Möglichkeiten an:

▶ Der primitive Typ kann in einen eigenen Wrapper verpackt werden, der das Ändern des Wertes erlaubt.

▶ Der primitive Typ kann als Element eines Array übergeben werden. Da Arrays Objekte sind und somit stets per Referenz übergeben werden, sind Änderungen an ihren Elementen auch für den Aufrufer sichtbar.

Beide Methoden sind nicht sehr elegant, werden aber in der Praxis mitunter benötigt. Das folgende Listing zeigt, wie es gemacht wird:

Listing 10.5:
Call by
Reference

```
001 /* Listing1005.java */
002
003 class IntWrapper
```

Listing 10.5:
Call by Reference (Forts.)

```
004 {
005   public int value;
006
007   public IntWrapper(int value)
008   {
009     this.value = value;
010   }
011 }
012
013 public class Listing1005
014 {
015   public static void inc1(IntWrapper w)
016   {
017     ++w.value;
018   }
019
020   public static void inc2(int[] i)
021   {
022     ++i[0];
023   }
024
025   public static void main(String[] args)
026   {
027     //Variante 1: Übergabe in einem veränderlichen Wrapper
028     IntWrapper i = new IntWrapper(10);
029     System.out.println("i = " + i.value);
030     inc1(i);
031     System.out.println("i = " + i.value);
032     //Variante 2: Übergabe als Array-Element
033     int[] j = new int[] {10};
034     System.out.println("j = " + j[0]);
035     inc2(j);
036     System.out.println("j = " + j[0]);
037   }
038 }
```

10.3 Design-Patterns

Design-Patterns (oder *Entwurfsmuster*) sind eine der wichtigsten und interessantesten Entwicklungen der objektorientierten Programmierung der letzten Jahre. Basierend auf den Ideen des Architekten *Christopher Alexander* wurden sie durch das Buch "Design-Patterns - Elements of Reusable Object-Oriented Software" von *Erich Gamma*, *Richard Helm*, *Ralph Johnson* und *John Vlissides* 1995 einer breiten Öffentlichkeit bekannt.

Als Design-Patterns bezeichnet man (wohlüberlegte) Designvorschläge für den Entwurf objektorientierter Softwaresysteme. Ein Design-Pattern deckt dabei ein ganz bestimmtes Entwurfsproblem ab und beschreibt in rezeptartiger Weise das Zusammenwirken von Klassen, Objekten und Methoden. Meist sind daran mehrere Algorithmen und/oder Datenstrukturen beteiligt. Design-Patterns stellen wie Datenstrukturen oder Algorithmen vordefinierte Lösungen für konkrete Programmierprobleme dar, allerdings auf einer höheren Abstraktionsebene.

Einer der wichtigsten Verdienste standardisierter Design-Patterns ist es, Softwaredesigns *Namen* zu geben. Zwar ist es in der Praxis nicht immer möglich oder sinnvoll, ein bestimmtes Design-Pattern in allen Details zu übernehmen. Die konsistente Verwendung ihrer Namen und ihres prinzipiellen Aufbaus erweitern jedoch das Handwerkszeug und die Kommunikationsfähigkeit des OOP-Programmierers beträchtlich. Begriffe wie *Factory*, *Iterator* oder *Singleton* werden in OO-Projekten routinemäßig verwendet und sollten für jeden betroffenen Entwickler dieselbe Bedeutung haben.

Wir wollen nachfolgend einige der wichtigsten Design-Patterns vorstellen und ihre Implementierung in Java skizzieren. Die Ausführungen sollten allerdings nur als erster Einstieg in das Thema angesehen werden. Viele Patterns können hier aus Platzgründen gar nicht erwähnt werden, obwohl sie in der Praxis einen hohen Stellenwert haben (z.B. Adapter, Bridge, Mediator, Command etc.). Zudem ist die Bedeutung eines Patterns für den OOP-Anfänger oft gar nicht verständlich, sondern erschließt sich erst nach Monaten oder Jahren zusätzlicher Programmiererfahrung.

Die folgenden Abschnitte ersetzen also nicht die Lektüre weiterführender Literatur zu diesem Thema. Das oben erwähnte Werk von Gamma et al. ist nach wie vor einer der Klassiker schlechthin (die Autoren und ihr Buch werden meist als "GoF" bezeichnet, ein Akronym für "Gang of Four"). Daneben existieren auch spezifische Kataloge, in denen die Design-Patterns zu bestimmten Anwendungsgebieten oder auf der Basis einer ganz bestimmten Sprache, wie etwa C++ oder Java, beschrieben werden.

10.3.1 Singleton

Ein *Singleton* ist eine Klasse, von der nur ein einziges Objekt erzeugt werden darf. Es stellt eine globale Zugriffsmöglichkeit auf dieses Objekt zur Verfügung und instanziert es beim ersten Zugriff automatisch. Es gibt viele Beispiele für Singletons. So ist etwa der Spooler in einem Drucksystem ein Singleton oder der Fenstermanager unter Windows, der Firmenstamm in einem Abrechnungssystem oder die Übersetzungstabelle in einem Parser.

Wichtige Designmerkmale einer Singleton-Klasse sind:

▶ Sie besitzt eine statische Membervariable ihres eigenen Typs, in dem die einzige Instanz gespeichert wird.

▶ Sie besitzt eine statische Methode `getInstance`, mit der auf die Instanz zugegriffen werden kann.

Design-Patterns Kapitel 10

▶ Sie besitzt einen privaten parameterlosen Konstruktor, um zu verhindern, daß andere Klassen durch Anwendung des new-Operators eine Instanz erzeugen (er verhindert allerdings auch das Ableiten anderer Klassen).

Eine beispielhafte Implementierung könnte so aussehen:

```
001 public class Singleton
002 {
003   private static Singleton instance = null;
004
005   public static Singleton getInstance()
006   {
007     if (instance == null) {
008       instance = new Singleton();
009     }
010     return instance;
011   }
012
013   private Singleton()
014   {
015   }
016 }
```

Listing 10.6: Implementierung eines Singletons

Singletons sind oft nützlich, um den Zugriff auf statische Variablen zu kapseln und ihre Instanzierung zu kontrollieren. Da in der vorgestellten Implementierung das Singleton immer an einer statischen Variable hängt, ist zu beachten, daß es während der Laufzeit des Programms nie an den Garbage Collector zurückgegeben und der zugeordnete Speicher freigegeben wird. Dies gilt natürlich auch für weitere Objekte, auf die von diesem Objekt verwiesen wird.

> Manchmal begegnet man Klassen, die zwar nicht auf eine einzige, aber doch auf sehr wenige Instanzen beschränkt sind. Auch bei solchen "relativen Singletons", "Fewtons" oder "Oligotons" (Achtung, Wortschöpfungen des Autors) kann es sinnvoll sein, ihre Instanzierung wie zuvor beschrieben zu kontrollieren. Mitunter darf beispielsweise für eine Menge unterschiedlicher Kategorien jeweils nur *eine Instanz pro Kategorie* erzeugt werden (etwa ein Objekt der Klasse Uebersetzer je unterstützter Sprache). Dann müßten lediglich die get-Instance-Methode parametrisiert und die erzeugten Instanzen anstelle einer einfachen Variable in einer statischen Hashtable gehalten werden (siehe Abschnitt 14.4 auf Seite 312).

10.3.2 Immutable

Als *immutable* (unveränderlich) bezeichnet man Objekte, die nach ihrer Instanzierung nicht mehr verändert werden können. Ihre Membervariablen werden im Konstruktor oder in Initialisierern gesetzt und danach ausschließlich im lesenden Zugriff verwendet. Unveränderliche Objekte gibt es an verschiedenen Stellen in der Java-Klassenbibliothek. Bekannte Beispiele sind die Klassen `String` (siehe Kapitel 11 auf Seite 245) oder die in Abschnitt 10.2 auf Seite 209 erläuterten Wrapper-Klassen. Unveränderliche Objekte können gefahrlos mehrfach referenziert werden und erfordern im Multithreading keinen Synchronisationsaufwand.

Wichtige Designmerkmale einer Immutable-Klasse sind:

▶ Alle Membervariablen sind privat.

▶ Schreibende Zugriffe auf Membervariablen finden ausschließlich im Konstruktor oder in Initialisierern statt.

▶ Lesende Zugriffe auf Membervariablen sind verboten, wenn der Member ein veränderliches Objekt oder ein Array ist.

▶ Werden veränderliche Objekte oder Arrays an einen Konstruktor übergeben, so müssen sie geklont (also kopiert) werden, bevor sie Membervariablen zugewiesen werden dürfen.

Eine beispielhafte Implementierung könnte so aussehen:

Listing 10.7: Implementierung eines Immutable

```
001 public class Immutable
002 {
003   private int      value1;
004   private String[] value2;
005
006   public Immutable(int value1, String[] value2)
007   {
008     this.value1 = value1;
009     this.value2 = (String[])value2.clone();
010   }
011
012   public int getValue1()
013   {
014     return value1;
015   }
016
017   public String getValue2(int index)
018   {
019     return value2[index];
020   }
021 }
```

> Durch Ableitung könnte ein unveränderliches Objekt wieder veränderlich werden. Zwar ist es der abgeleiteten Klasse nicht möglich, die privaten Membervariablen der Basisklasse zu verändern. Sie könnte aber ohne weiteres eigene Membervariablen einführen, die die Immutable-Kriterien verletzen. Nötigenfalls ist die Klasse als `final` zu deklarieren, um weitere Ableitungen zu verhindern.

10.3.3 Interface

Ein Interface trennt die Beschreibung von Eigenschaften einer Klasse von ihrer Implementierung. Dabei ist es sowohl erlaubt, daß ein Interface von mehr als einer Klasse implementiert wird, als auch, daß eine Klasse mehrere Interfaces implementiert. In Java ist ein Interface ein fundamentales Sprachelement. Es wurde in Kapitel 9 auf Seite 183 ausführlich beschrieben und soll hier nur der Vollständigkeit halber aufgezählt werden. Für Details verweisen wir auf die dort gemachten Ausführungen.

10.3.4 Factory

Eine *Factory* ist ein Hilfsmittel zum Erzeugen von Objekten. Sie wird verwendet, wenn das Instanzieren eines Objekts mit dem `new`-Operator alleine nicht möglich oder sinnvoll ist – etwa weil das Objekt schwierig zu konstruieren ist oder aufwendig konfiguriert werden muß, bevor es verwendet werden kann. Manchmal müssen Objekte auch aus einer Datei, über eine Netzwerkverbindung oder aus einer Datenbank geladen werden, oder sie werden auf der Basis von Konfigurationsinformationen aus systemnahen Modulen generiert. Eine Factory wird auch dann eingesetzt, wenn die Menge der Klassen, aus denen Objekte erzeugbar sind, dynamisch ist und zur Laufzeit des Programms erweitert werden kann.

In diesen Fällen ist es sinnvoll, das Erzeugen neuer Objekte von einer Factory erledigen zu lassen. Wir wollen nachfolgend die drei wichtigsten Varianten einer Factory vorstellen.

Factory-Methode

Gibt es in einer Klasse, von der Instanzen erzeugt werden sollen, eine oder mehrere statische Methoden, die Objekte desselben Typs erzeugen und an den Aufrufer zurückgeben, so bezeichnet man diese als *Factory-Methoden*. Sie rufen implizit den `new`-Operator auf, um Objekte zu instanzieren, und führen alle Konfigurationen durch, die erforderlich sind, ein Objekt in der gewünschten Weise zu konstruieren.

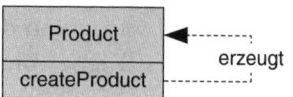

Abbildung 10.1: Klassendiagramm einer Factory-Methode

Das Klassendiagramm für eine Factory-Methode sieht so aus.

Wir wollen beispielhaft die Implementierung einer `Icon`-Klasse skizzieren, die eine Factory-Methode `loadFromFile` enthält. Sie erwartet als Argument einen Dateinamen, dessen Erweiterung sie dazu verwendet, die Art des Ladevorgangs zu bestimmen. `loadFromFile` instanziert ein `Icon`-Objekt und füllt es auf der Basis des angegebenen Formats mit den Informationen aus der Datei:

Listing 10.8: Eine Klasse mit einer Factory-Methode

```
001 public class Icon
002 {
003   private Icon()
004   {
005     //Verhindert das manuelle Instanzieren
006   }
007
008   public static Icon loadFromFile(String name)
009   {
010     Icon ret = null;
011     if (name.endsWith(".gif")) {
012       //Code zum Erzeugen eines Icons aus einer gif-Datei...
013     } else if (name.endsWith(".jpg")) {
014       //Code zum Erzeugen eines Icons aus einer jpg-Datei...
015     } else if (name.endsWith(".png")) {
016       //Code zum Erzeugen eines Icons aus einer png-Datei...
017     }
018     return ret;
019   }
020 }
```

> Eine Klasse mit einer Factory-Methode hat große Ähnlichkeit mit der Implementierung des Singletons, die in Listing 10.6 auf Seite 215 vorgestellt wurde. Anders als beim Singleton kann allerdings nicht nur eine einzige Instanz erzeugt werden, sondern beliebig viele von ihnen. Auch merkt sich die Factory-Methode nicht die erzeugten Objekte. Die Singleton-Implementierung kann damit gewissermaßen als Spezialfall einer Klasse mit einer Factory-Methode angesehen werden.

Factory-Klasse

Eine Erweiterung des Konzepts der Factory-Methode ist die *Factory-Klasse*. Hier ist nicht eine einzelne Methode innerhalb der *eigenen* Klasse für das Instanzieren neuer Objekte zuständig, sondern es gibt eine eigenständige Klasse für diesen Vorgang. Das kann beispielsweise sinnvoll sein, wenn der Herstellungsvorgang zu aufwendig ist, um innerhalb der zu instanzierenden Klasse vorgenommen zu werden. Eine Factory-Klasse könnte auch sinnvoll sein, wenn es später erforderlich werden könnte, die Factory selbst *austauschbar* zu machen. Ein dritter Grund kann sein, daß es gar keine Klasse gibt, in der eine Factory-Methode untergebracht werden könnte. Das ist insbesondere dann der Fall, wenn unterschiedliche Objekte hergestellt werden sollen, die lediglich ein gemeinsames Interface implementieren.

Das Klassendiagramm für eine Factory-Klasse sieht so aus:

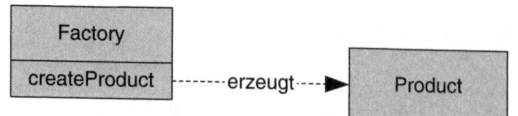

Abbildung 10.2: Klassendiagramm einer Factory-Klasse

Als Beispiel wollen wir noch einmal das Interface DoubleMethod aus Listing 9.13 auf Seite 196 aufgreifen. Wir wollen dazu eine Factory-Klasse DoubleMethodFactory entwickeln, die verschiedene Methoden zur Konstruktion von Objekten zur Verfügung stellt, die das Interface DoubleMethod implementieren:

```
001 public class DoubleMethodFactory
002 {
003   public DoubleMethodFactory()
004   {
005     //Hier wird die Factory selbst erzeugt und konfiguriert
006   }
007
008   public DoubleMethod createFromClassFile(String name)
009   {
010     //Lädt die Klassendatei mit dem angegebenen Namen,
011     //prüft, ob sie DoubleMethod implementiert, und
012     //instanziert sie gegebenenfalls...
013     return null;
014   }
015
016   public DoubleMethod createFromStatic(String clazz,
017                                         String method)
018   {
019     //Erzeugt ein Wrapper-Objekt, das das Interface
020     //DoubleMethod implementiert und beim Aufruf von
021     //compute die angegebene Methode der vorgegebenen
022     //Klasse aufruft...
023     return null;
024   }
025
026   public DoubleMethod createFromPolynom(String expr)
027   {
028     //Erzeugt aus dem angegebenen Polynom-Ausdruck ein
```

Listing 10.9: Eine Factory-Klasse

Listing 10.9:
Eine Factory-
Klasse
(Forts.)

```
029    //DoubleMethod-Objekt, in dem ein äquivalentes
030    //Polynom implementiert wird...
031    return null;
032  }
033 }
```

Die Anwendung einer Factory-Klasse ist hier sinnvoll, weil der Code zum Erzeugen der Objekte sehr aufwendig ist und weil Objekte geliefert werden sollen, die zwar ein gemeinsames Interface implementieren, aber aus sehr unterschiedlichen Vererbungshierarchien stammen können.

> Aus Gründen der Übersichtlichkeit wurde das Erzeugen des Rückgabewerts im Beispielprogramm lediglich angedeutet. Anstelle von `return null;` würde in der vollständigen Implementierung natürlich der Code zum Erzeugen der jeweiligen `DoubleMethod`-Objekte stehen.

Abstrakte Factory

Eine *Abstracte Factory* ist eine recht aufwendige Erweiterung der Factory-Klasse, bei der zwei zusätzliche Gedanken im Vordergrund stehen:

▶ Erstens soll nicht nur ein einzelner Objekttyp erzeugt werden, sondern mehrere von ihnen. Deren Klassen stehen in einer bestimmten Beziehung zueinander und die erzeugten Objekte müssen miteinander verträglich sein. Die Objekttypen können als *Produkte*, die Gesamtheit der von einer Factory erzeugten Produkte als *Produktgruppe* bezeichnet werden.

▶ Zweitens soll die Factory austauschbar sein. Dann kann auf einfache Weise eine andere *Implementierungsvariante* gemeinsam für alle zu erzeugenden Objekte gewählt werden.

Eine abstrakte Factory wird auch als *Toolkit* bezeichnet. Ein Beispiel dafür findet sich in grafischen Ausgabesystemen bei der Erzeugung von Dialogelementen (*Widgets*) für unterschiedliche Fenstermanager. Eine konkrete Factory muß in der Lage sein, unterschiedliche Dialogelemente so zu erzeugen, daß sie in Aussehen und Bedienung konsistent sind. Auch die Schnittstelle für Programme sollte über Fenstergrenzen hinweg konstant sein. Konkrete Factories könnte es etwa für Windows, X-Window oder die Macintosh-Oberfläche geben.

Eine abstrakte Factory kann durch folgende Bestandteile beschrieben werden:

▶ Jedes Produkt besitzt eine Basisklasse, die seine spezifischen Eigenschaften angibt (die *abstrakte Produktklasse*). Jede Factory-Methode hat einen Rückgabewert, dessen Typ einer der abstrakten Produktklassen entspricht.

- Je Implementierungsvariante gibt es aus den abstrakten Produkten abgeleitete *konkrete Produkte*, die von der zugehörigen konkreten Factory erzeugt werden.
- Alle Factory-Methoden werden in der abstrakten Factory-Klasse zusammengefaßt. Sie bildet das Interface für das Erzeugen der Produkte.
- Zu jeder Implementierungsvariante gibt es eine aus der abstrakten Factory abgeleitete konkrete Factory. Sie implementiert alle abstrakten Factory-Methoden und ist in der Lage, die konkreten Produkte einer Implementierungsvariante zu erzeugen.
- Schließlich gibt es eine Möglichkeit, eine konkrete Factory zu erzeugen. Das kann beispielsweise durch eine statische Methode in der abstrakten Factory realisiert werden.

Das Klassendiagramm für eine abstrakte Factory sieht so aus:

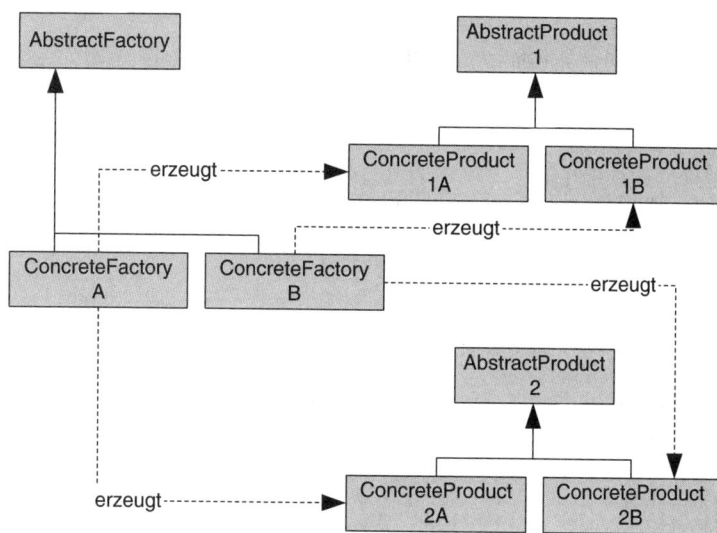

Abbildung 10.3: Klassendiagramm einer abstrakten Factory

Das folgende Listing skizziert ihre Implementierung:

```
001 /* Listing1010.java */
002
003 //-------------------------------------------------
004 //Abstrakte Produkte
005 //-------------------------------------------------
006 abstract class Product1
007 {
008 }
009
010 abstract class Product2
```

Listing 10.10: Eine abstrakte Factory

Listing 10.10:
Eine abstrakte
Factory
(Forts.)

```
011 {
012 }
013
014 //------------------------------------------------------------
015 //Abstrakte Factory
016 //------------------------------------------------------------
017 abstract class ProductFactory
018 {
019   public abstract Product1 createProduct1();
020
021   public abstract Product2 createProduct2();
022
023   public static ProductFactory getFactory(String variant)
024   {
025     ProductFactory ret = null;
026     if (variant.equals("A")) {
027       ret = new ConcreteFactoryVariantA();
028     } else if (variant.equals("B")) {
029       ret = new ConcreteFactoryVariantB();
030     }
031     return ret;
032   }
033
034   public static ProductFactory getDefaultFactory()
035   {
036     return getFactory("A");
037   }
038 }
039
040 //------------------------------------------------------------
041 //Konkrete Produkte für Implementierungsvariante A
042 //------------------------------------------------------------
043 class Product1VariantA
044 extends Product1
045 {
046 }
047
048 class Product2VariantA
049 extends Product2
050 {
051 }
052
053 //------------------------------------------------------------
054 //Konkrete Factory für Implementierungsvariante A
055 //------------------------------------------------------------
056 class ConcreteFactoryVariantA
057 extends ProductFactory
058 {
059   public Product1 createProduct1()
```

```
060    {
061      return new Product1VariantA();
062    }
063
064    public Product2 createProduct2()
065    {
066      return new Product2VariantA();
067    }
068  }
069
070  //----------------------------------------------------------------
071  //Konkrete Produkte für Implementierungsvariante B
072  //----------------------------------------------------------------
073  class Product1VariantB
074  extends Product1
075  {
076  }
077
078  class Product2VariantB
079  extends Product2
080  {
081  }
082
083  //----------------------------------------------------------------
084  //Konkrete Factory für Implementierungsvariante B
085  //----------------------------------------------------------------
086  class ConcreteFactoryVariantB
087  extends ProductFactory
088  {
089    public Product1 createProduct1()
090    {
091      return new Product1VariantB();
092    }
093
094    public Product2 createProduct2()
095    {
096      return new Product2VariantB();
097    }
098  }
099
100  //----------------------------------------------------------------
101  //Beispielanwendung
102  //----------------------------------------------------------------
103  public class Listing1010
104  {
105    public static void main(String[] args)
106    {
107      ProductFactory fact = ProductFactory.getDefaultFactory();
108      Product1 prod1 = fact.createProduct1();
```

Listing 10.10:
Eine abstrakte
Factory
(Forts.)

Listing 10.10:
Eine abstrakte
Factory
(Forts.)

```
109     Product2 prod2 = fact.createProduct2();
110   }
111 }
```

Bemerkenswert an diesem Pattern ist, wie geschickt es die komplexen Details seiner Implementierung versteckt. Der Aufrufer kennt lediglich die Produkte, die abstrakte Factory und besitzt eine Möglichkeit, eine konkrete Factory zu beschaffen. Er braucht weder zu wissen, welche konkreten Factories oder Produkte es gibt, noch müssen ihn Details ihrer Implementierung interessieren. Diese Sichtweise verändert sich auch nicht, wenn eine neue Implementierungsvariante hinzugefügt wird. Das würde sich lediglich in einem neuen Wert im `variant`-Parameter der Methode `getFactory` der `ProductFactory` äußern.

Ein wenig mehr Aufwand muß allerdings getrieben werden, wenn ein neues Produkt hinzukommt. Dann müssen nicht nur neue abstrakte und konkrete Produktklassen definiert werden, sondern auch die Factories müssen um eine Methode erweitert werden.

> Mit Absicht wurde bei der Benennung der abstrakten Klassen nicht die Vor- oder Nachsilbe "Abstract" verwendet. Da die Clients nur mit den Schnittstellen der abstrakten Klassen arbeiten und die Namen der konkreten Klassen normalerweise nie zu sehen bekommen, ist es vollkommen unnötig, sie bei jeder Deklaration daran zu erinnern, daß sie eigentlich nur mit Abstraktionen arbeiten.

Auch in Java gibt es Klassen, die nach dem Prinzip der abstrakten Factory implementiert sind. Ein Beispiel ist die Klasse `Toolkit` des Pakets `java.awt`. Sie dient dazu, Fenster, Dialogelemente und andere plattformabhängige Objekte für die grafische Oberfläche eines bestimmten Betriebssystems zu erzeugen. In Abschnitt 24.2.2 auf Seite 521 finden sich ein paar Beispiele für die Anwendung dieser Klasse.

10.3.5 Iterator

Ein *Iterator* ist ein Objekt, das es ermöglicht, die Elemente eines *Collection*-Objekts nacheinander zu durchlaufen. Als *Collection*-Objekt bezeichnet man ein Objekt, das eine Sammlung (meist gleichartiger) Elemente eines anderen Typs enthält. In Java gibt es eine Vielzahl von vordefinierten Collections, sie werden in Kapitel 14 auf Seite 307 und Kapitel 15 auf Seite 321 ausführlich erläutert.

Obwohl die Objekte in den Collections unterschiedlich strukturiert und auf sehr unterschiedliche Art und Weise gespeichert sein können, ist es bei den meisten von ihnen früher oder später erforderlich, auf alle darin enthaltenen Elemente zuzugreifen. Dazu stellt die Collection einen oder mehrere Iteratoren zur Verfügung, die das Durchlaufen der Elemente ermöglichen, ohne daß die innere Struktur der Collection dem Aufrufer bekannt sein muß.

Ein Iterator enthält folgende Bestandteile:

- Eine Methode `hasNext`, mit der überprüft wird, ob Elemente vorhanden sind, die noch nicht besucht wurden.
- Eine Methode `next`, die das nächste unbesuchte Element liefert.
- Die Collection-Klasse selbst enthält Methoden wie `getAllElements` oder `getKeys`, mit denen Iteratoren für bestimmte Teilmengen der enthaltenen Objekte angefordert werden können.

Das Klassendiagramm für einen Iterator sieht so aus:

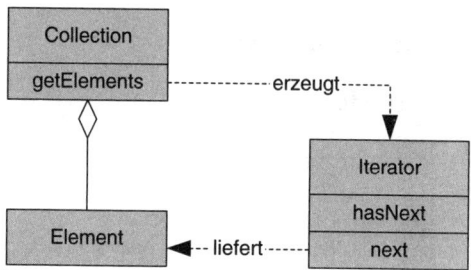

Abbildung 10.4: Klassendiagramm eines Iterators

Das folgende Listing zeigt die Implementierung eines Iterators, mit dem die Elemente der Klasse `StringArray` (die ein einfaches Array von Strings kapselt) durchlaufen werden können:

```
001 /* Listing1011.java */
002
003 interface StringIterator
004 {
005    public boolean hasNext();
006    public String next();
007 }
008
009 class StringArray
010 {
011    String[] data;
012
013    public StringArray(String[] data)
014    {
015       this.data = data;
016    }
017
018    public StringIterator getElements()
```

Listing 10.11: Implementierung eines Iterators

Listing 10.11:
Implementierung eines Iterators (Forts.)

```
019    {
020      return new StringIterator()
021      {
022        int index = 0;
023        public boolean hasNext()
024        {
025          return index < data.length;
026        }
027        public String next()
028        {
029          return data[index++];
030        }
031      };
032    }
033  }
034
035  public class Listing1011
036  {
037    static final String[] SAYHI = {"Hi", "Iterator", "Buddy"};
038
039    public static void main(String[] args)
040    {
041      //Collection erzeugen
042      StringArray strar = new StringArray(SAYHI);
043      //Iterator beschaffen und Elemente durchlaufen
044      StringIterator it = strar.getElements();
045      while (it.hasNext()) {
046        System.out.println(it.next());
047      }
048    }
049  }
```

Der Iterator wurde in `StringIterator` als Interface realisiert, um in unterschiedlicher Weise implementiert werden zu können. Die Methode `getElements` erzeugt beispielsweise eine anonyme Klasse, die das Iterator-Interface implementiert und an den Aufrufer zurückgibt. Dazu wird in diesem Fall lediglich eine Hilfsvariable benötigt, die als Zeiger auf das nächste zu liefernde Element zeigt. Im Hauptprogramm wird nach dem Erzeugen der Collection der Iterator beschafft und mit seiner Hilfe die Elemente durch fortgesetzten Aufruf von `hasNext` und `next` sukzessive durchlaufen.

> Die Implementierung eines Iterators erfolgt häufig mit Hilfe lokaler oder anonymer Klassen. Das hat den Vorteil, daß alle benötigten Hilfsvariablen *je Aufruf* angelegt werden. Würde die Klasse `StringArray` dagegen selbst das `StringIterator`-Interface implementieren (und die Hilfsvariable `index` als Membervariable halten), so könnte sie jeweils nur einen einzigen aktiven Iterator zur Verfügung stellen.

Iteratoren können auch gut mit Hilfe von for-Schleifen verwendet werden. Das folgende Programmfragment ist äquivalent zum vorigen Beispiel:

```
for (StringIterator it = strar.getElements(); it.hasNext(); ) {
  System.out.println(it.next());
}
```

10.3.6 Delegate

In objektorientierten Programmiersprachen gibt es zwei grundverschiedene Möglichkeiten, Programmcode wiederzuverwenden. Die erste von ihnen ist die *Vererbung*, bei der eine abgeleitete Klasse alle Eigenschaften ihrer Basisklasse erbt und deren nicht-privaten Methoden aufrufen kann. Die zweite Möglichkeit wird als *Delegation* bezeichnet. Hierbei verwendet eine Klasse die Dienste von Objekten, aus denen sie nicht abgeleitet ist. Diese Objekte werden oft als Membervariablen gehalten.

Das wäre an sich noch nichts Besonderes, denn Programme verwenden fast immer Code, der in anderen Programmteilen liegt, und delegieren damit einen Teil ihrer Aufgaben. Ein Designpattern wird daraus, wenn Aufgaben weitergegeben werden müssen, die eigentlich in der eigenen Klasse erledigt werden sollten. Wenn also der Leser des Programmes später erwarten würde, den Code in der eigenen Klasse vorzufinden. In diesem Fall ist es sinnvoll, die Übertragung der Aufgaben *explizit* zu machen und das *Delegate*-Designpattern anzuwenden.

Anwendungen für das Delegate-Pattern finden sich meist, wenn identische Funktionalitäten in Klassen untergebracht werden sollen, die nicht in einer gemeinsamen Vererbungslinie stehen. Ein Beispiel bilden die Klassen JFrame und JInternalFrame aus dem Swing-Toolkit (sie werden in Kapitel 36 auf Seite 763 ausführlich besprochen). Beide Klassen stellen Hauptfenster für die Grafikausgabe dar. Eines von ihnen ist ein eigenständiges Top-Level-Window, das andere wird meist zusammen mit anderen Fenstern in ein Desktop eingebettet. Soll eine Anwendung wahlweise in einem JFrame oder einem JInternalFrame laufen, müssen alle Funktionalitäten in beiden Klassen zur Verfügung gestellt werden. Unglücklicherweise sind beide nicht Bestandteil einer gemeinsamen Vererbungslinie. Hier empfiehlt es sich, die Gemeinsamkeiten in einer neuen Klasse zusammenzufassen und beiden Fensterklassen durch Delegation zur Verfügung zu stellen.

Das Delegate-Pattern besitzt folgende Bestandteile:

▶ Die zu delegierende Funktionalität wird in einer *Delegate*-Klasse untergebracht und über deren öffentliche Schnittstelle zur Verfügung gestellt. Um deren Bedeutung deutlich zu machen, kann ihr Name mit "Delegate" enden (z.B. XYZFrameDelegate).

- Alle Clienten halten eine Delegate-Membervariable, die bei der Konstruktion initialisiert wird. Wird eine bestimmte Funktionalität delegiert, ist einfach die korrespondierende Methode des Delegate aufzurufen.
- Falls das Delegate auch Methoden der Clients aufrufen muß, sollte ein *Delegator*-Interface definiert und von allen Clients implementiert werden. Der Client übergibt bei der Konstruktion des Delegates einen Zeiger auf sich selbst und stellt sich selbst dem Delegate als Delegator zur Verfügung.

Das Klassendiagramm für ein Delegate sieht so aus:

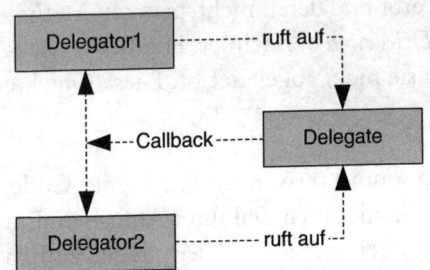

Abbildung 10.5: Klassendiagramm eines Delegates

Eine Implementierungsskizze könnte so aussehen:

Listing 10.12: Das Delegate-/Delegator-Pattern

```
001 /* Listing1012.java */
002
003 class Delegate
004 {
005   private Delegator delegator;
006
007   public Delegate(Delegator delegator)
008   {
009     this.delegator = delegator;
010   }
011
012   public void service1()
013   {
014   }
015
016   public void service2()
017   {
018   }
019 }
020
021 interface Delegator
022 {
023   public void commonDelegatorServiceA();
```

```
024    public void commonDelegatorServiceB();
025 }
026
027 class Client1
028 implements Delegator
029 {
030    private Delegate delegate;
031
032    public Client1()
033    {
034       delegate = new Delegate(this);
035    }
036
037    public void service1()
038    {
039       //implementiert einen Service und benutzt
040       //dazu eigene Methoden und die des
041       //Delegate-Objekts
042    }
043
044    public void commonDelegatorServiceA()
045    {
046    }
047
048    public void commonDelegatorServiceB()
049    {
050    }
051 }
052
053 class Client2
054 implements Delegator
055 {
056    private Delegate delegate;
057
058    public Client2()
059    {
060       delegate = new Delegate(this);
061    }
062
063    public void commonDelegatorServiceA()
064    {
065    }
066
067    public void commonDelegatorServiceB()
068    {
069    }
070 }
071
072 public class Listing1012
```

Listing 10.12: Das Delegate-/Delegator-Pattern (Forts.)

Listing 10.12:
Das Delegate-/
Delegator-
Pattern
(Forts.)

```
073 {
074   public static void main(String[] args)
075   {
076     Client1 client = new Client1();
077     client.service1();
078   }
079 }
```

Die Klasse `Delegate` implementiert die Methoden `service1` und `service2`. Zusätzlich hält sie einen Verweis auf ein `Delegator`-Objekt, über das sie die Callback-Methoden `commonDelegatorServiceA` und `commonDelegatorServiceB` der delegierenden Klasse erreichen kann. Die beiden Klassen `Client1` und `Client2` verwenden das Delegate, um Services zur Verfügung zu stellen (am Beispiel der Methode `service1` angedeutet).

10.3.7 Composite

In der Programmierpraxis werden häufig Datenstrukturen benötigt, bei denen die einzelnen Objekte zu Baumstrukturen zusammengesetzt werden können.

Es gibt viele Beispiele für derartige Strukturen:

▶ Die Menüs in einem Programm enthalten Menüpunkte und Untermenüs. Untermenüs enthalten weitere Menüpunkte, sind aber selbst Menüpunkte im übergeordneten Menü.

▶ Ein Verzeichnis in einem Dateisystem enthält Dateien und Unterverzeichnisse. Unterverzeichnisse weisen dieselbe prinzipielle Struktur wie ihre übergeordneten Verzeichnisse auf. Sowohl Dateien als auch Unterverzeichnisse haben gemeinsame Eigenschaften, wie etwa einen Namen oder zugeordnete Rechte.

▶ Die Komponenten einer grafischen Oberfläche können sowohl einfache Dialogelemente (Buttons, Textfelder, Listboxen) als auch Container (Unterfenster, Split-Panels, Tab-Panels) sein. Container enthalten ebenfalls Komponenten (vergleiche zum Beispiel die Hierarchie der AWT-Fensterklassen in Abbildung 27.1 auf Seite 561).

▶ Ein mechanisches Bauteil besteht aus elementaren Teilen, die nicht mehr weiter zerlegt werden können, und zusammengesetzten Bauteilen, die aus Unterbauteilen bestehen.

Für diese häufig anzutreffende Abstraktion gibt es ein Design-Pattern, das als *Composite* bezeichnet wird. Es ermöglicht derartige Kompositionen und erlaubt eine einheitliche Handhabung von individuellen und zusammengesetzten Objekten. Ein *Composite* enthält folgende Bestandteile:

Design-Patterns   Kapitel 10

▶ Eine (oft abstrakte) Basisklasse, die sowohl zusammengesetzte als auch elementare Objekte repräsentiert. Diese Basisklasse wird auch als "Component" bezeichnet.

▶ Alle elementaren Objekte sind aus dieser Basisklasse abgeleitet.

▶ Daraus abgeleitet gibt es mindestens eine Containerklasse, die in der Lage ist, eine Menge von Objekten der Basisklasse aufzunehmen.

Somit sind beide Bedingungen erfüllt. Der Container ermöglicht die Komposition der Objekte zu Baumstrukturen, und die Basisklasse stellt die einheitliche Schnittstelle für elementare Objekte und Container zur Verfügung. Das Klassendiagramm für ein Composite sieht so aus:

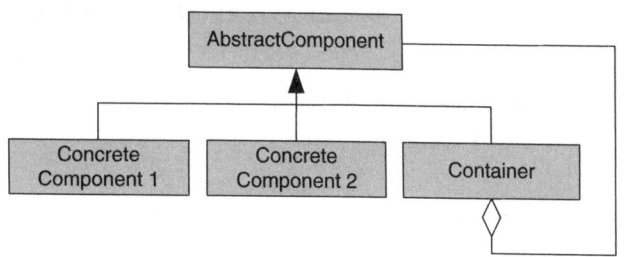

Abbildung 10.6: Klassendiagramm eines Composite

Das folgende Listing skizziert dieses Design-Pattern am Beispiel einer einfachen Menüstruktur:

```
001 /* Listing1013.java */
002
003 class MenuEntry1
004 {
005   protected String name;
006
007   public MenuEntry1(String name)
008   {
009     this.name = name;
010   }
011
012   public String toString()
013   {
014     return name;
015   }
016 }
017
018 class IconizedMenuEntry1
019 extends MenuEntry1
```

Listing 10.13: Das Composite-Pattern

231

Listing 10.13:
Das Composite-
Pattern
(Forts.)

```
020 {
021   private String iconName;
022
023   public IconizedMenuEntry1(String name, String iconName)
024   {
025     super(name);
026     this.iconName = iconName;
027   }
028 }
029
030 class CheckableMenuEntry1
031 extends MenuEntry1
032 {
033   private boolean checked;
034
035   public CheckableMenuEntry1(String name, boolean checked)
036   {
037     super(name);
038     this.checked = checked;
039   }
040 }
041
042 class Menu1
043 extends MenuEntry1
044 {
045   MenuEntry1[] entries;
046   int          entryCnt;
047
048   public Menu1(String name, int maxElements)
049   {
050     super(name);
051     this.entries = new MenuEntry1[maxElements];
052     entryCnt = 0;
053   }
054
055   public void add(MenuEntry1 entry)
056   {
057     entries[entryCnt++] = entry;
058   }
059
060   public String toString()
061   {
062     String ret = "(";
063     for (int i = 0; i < entryCnt; ++i) {
064       ret += (i != 0 ? "," : "") + entries[i].toString();
065     }
066     return ret + ")";
067   }
068 }
```

```
069
070  public class Listing1013
071  {
072    public static void main(String[] args)
073    {
074      Menu1 filemenu = new Menu1("Datei", 5);
075      filemenu.add(new MenuEntry1("Neu"));
076      filemenu.add(new MenuEntry1("Laden"));
077      filemenu.add(new MenuEntry1("Speichern"));
078
079      Menu1 confmenu = new Menu1("Konfiguration", 3);
080      confmenu.add(new MenuEntry1("Farben"));
081      confmenu.add(new MenuEntry1("Fenster"));
082      confmenu.add(new MenuEntry1("Pfade"));
083      filemenu.add(confmenu);
084
085      filemenu.add(new MenuEntry1("Beenden"));
086
087      System.out.println(filemenu.toString());
088    }
089  }
```

Listing 10.13: Das Composite-Pattern (Forts.)

Die Komponentenklasse hat den Namen `MenuEntry1`. Sie repräsentiert Menüeinträge und ist Vaterklasse der spezialisierteren Menüeinträge `IconizedMenuEntry1` und `CheckableMenuEntry1`. Zudem ist sie Vaterklasse des Containers `Menu1`, der Menüeinträge aufnehmen kann.

Bestandteil der gemeinsamen Schnittstelle ist die Methode `toString`. In der Basisklasse und den elementaren Menüeinträgen liefert sie lediglich den Namen des Objekts. In der Containerklasse wird sie überlagert und liefert eine geklammerte Liste aller darin enthaltenen Menüeinträge. Dabei arbeitet sie unabhängig davon, ob es sich bei dem jeweiligen Eintrag um einen elementaren oder einen zusammengesetzten Eintrag handelt, denn es wird lediglich die immer verfügbare Methode `toString` aufgerufen.

Das Testprogramm erzeugt ein "Datei"-Menü mit einigen Elementareinträgen und einem Untermenü "Konfiguration" und gibt es auf Standardausgabe aus:

(Neu,Laden,Speichern,(Farben,Fenster,Pfade),Beenden)

10.3.8 Visitor

Das vorige Pattern hat gezeigt, wie man komplexe Datenstrukturen mit einer inhärenten Teile-Ganzes-Beziehung aufbaut. Solche Strukturen müssen oft auf unterschiedliche Arten durchlaufen und verarbeitet werden. Ein Menü muß beispielsweise auf dem Bildschirm angezeigt werden, aber es kann auch die Gliederung für einen Teil eines Benutzerhandbuchs zur Verfügung stellen. Verzeichnisse in einem Dateisystem müssen nach einem bestimmten Namen durchsucht werden, die kumulierte Größe ihrer Verzeichnisse und Unterverzeichnisse soll ermittelt werden, oder es sollen alle Dateien eines bestimmten Typs gelöscht werden können.

All diese Operationen erfordern einen flexiblen Mechanismus zum Durchlaufen und Verarbeiten der Datenstruktur. Natürlich könnte man die einzelnen Bestandteile jeder Operation in den Komponenten- und Containerklassen unterbringen, aber dadurch würden diese schnell unübersichtlich, und für jede neu hinzugefügte Operation müßten alle Klassen geändert werden.

Das *Visitor*-Pattern zeigt einen eleganteren Weg, Datenstrukturen mit Verarbeitungsalgorithmen zu versehen. Es besteht aus folgenden Teilen:

▶ Einem Interface `Visitor`, das Methoden definiert, die beim Durchlaufen der Datenstruktur aufgerufen werden. Typischerweise gibt es zu jeder Klasse der Datenstruktur eine einzelne Methode, die genau dann aufgerufen wird, wenn ein Element dieses Typs durchlaufen wird. Bei Containern kann es sinnvoll sein, zwei Methoden zu definieren: eine, die am Anfang aufgerufen wird, und eine zweite, die aufgerufen wird, nachdem alle Elemente des Containers durchlaufen wurden. Jede Methode des Visitors erhält ein Argument, das vom Typ der Klasse ist, die sie besucht. Die Namen der Methoden setzen sich meist aus dem Präfix "visit" und dem Typ des besuchten Elements zusammen.

▶ Die Basisklasse der Datenstruktur (also die Komponentenklasse) erhält eine Methode `accept`, die ein `Visitor`-Objekt als Argument erhält. `accept` ruft die zu seiner Klasse passende Methode des Visitors auf. In jeder abgeleiteten Komponentenklasse kann `accept` überlagert werden, wenn für diese Klasse eine eigene Methode im Visitor zur Verfügung steht, die anstelle der Basisklassenmethode aufgerufen werden soll. Bei Containern ruft `accept` zusätzlich die `accept`-Methoden der darin enthaltenen Elemente auf.

▶ Für jede zu implementierende Operation wird ein konkreter Visitor definiert, der die benötigte Funktionalität in den Aufrufen der "visit..."-Methoden implementiert.

▶ Will ein Client die Funktionalität eines bestimmten Visitors benutzen, instanziert er ein passendes konkretes Visitor-Objekt und übergibt es an das Hauptobjekt der Datenstruktur.

Design-Patterns Kapitel 10

Das Klassendiagramm für einen Visitor sieht so aus:

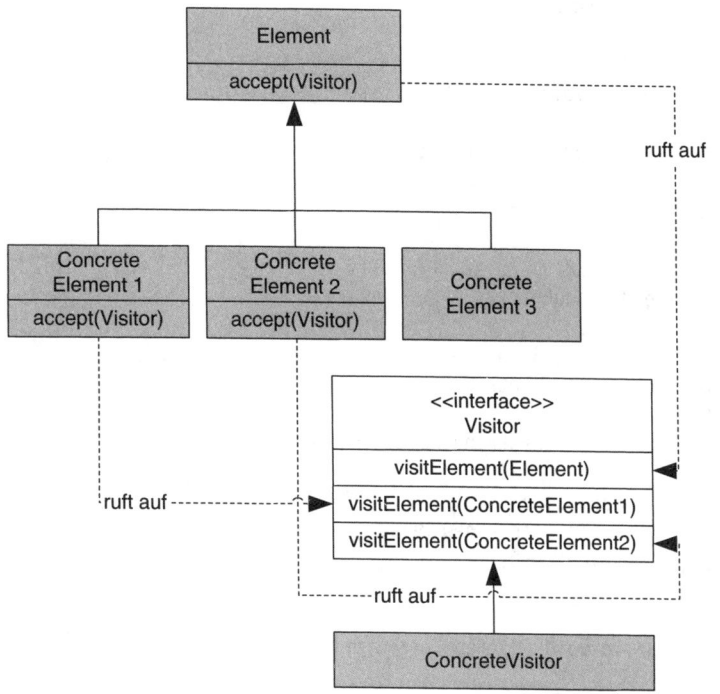

Abbildung 10.7:
Klassen-
diagramm eines
Visitors

Das folgende Listing erweitert das Composite des vorigen Abschnitts um einen Visitor-Mechanismus:

```
001 /* Listing1014.java */
002
003 interface MenuVisitor
004 {
005   abstract void visitMenuEntry(MenuEntry2 entry);
006   abstract void visitMenuStarted(Menu2 menu);
007   abstract void visitMenuEnded(Menu2 menu);
008 }
009
010 class MenuEntry2
011 {
012   protected String name;
013
014   public MenuEntry2(String name)
015   {
016     this.name = name;
017   }
```

Listing 10.14:
Das Visitor-
Pattern

235

Listing 10.14:
Das Visitor-Pattern
(Forts.)

```
018
019   public String toString()
020   {
021     return name;
022   }
023
024   public void accept(MenuVisitor visitor)
025   {
026     visitor.visitMenuEntry(this);
027   }
028 }
029
030 class Menu2
031 extends MenuEntry2
032 {
033   MenuEntry2[] entries;
034   int          entryCnt;
035
036   public Menu2(String name, int maxElements)
037   {
038     super(name);
039     this.entries = new MenuEntry2[maxElements];
040     entryCnt = 0;
041   }
042
043   public void add(MenuEntry2 entry)
044   {
045     entries[entryCnt++] = entry;
046   }
047
048   public String toString()
049   {
050     String ret = "(";
051     for (int i = 0; i < entryCnt; ++i) {
052       ret += (i != 0 ? "," : "") + entries[i].toString();
053     }
054     return ret + ")";
055   }
056
057   public void accept(MenuVisitor visitor)
058   {
059     visitor.visitMenuStarted(this);
060     for (int i = 0; i < entryCnt; ++i) {
061       entries[i].accept(visitor);
062     }
063     visitor.visitMenuEnded(this);
064   }
065 }
066
```

```
067 class MenuPrintVisitor
068 implements MenuVisitor
069 {
070   String indent = "";
071
072   public void visitMenuEntry(MenuEntry2 entry)
073   {
074     System.out.println(indent + entry.name);
075   }
076
077   public void visitMenuStarted(Menu2 menu)
078   {
079     System.out.println(indent + menu.name);
080     indent += " ";
081   }
082
083   public void visitMenuEnded(Menu2 menu)
084   {
085     indent = indent.substring(1);
086   }
087 }
088
089 public class Listing1014
090 {
091   public static void main(String[] args)
092   {
093     Menu2 filemenu = new Menu2("Datei", 5);
094     filemenu.add(new MenuEntry2("Neu"));
095     filemenu.add(new MenuEntry2("Laden"));
096     filemenu.add(new MenuEntry2("Speichern"));
097     Menu2 confmenu = new Menu2("Konfiguration", 3);
098     confmenu.add(new MenuEntry2("Farben"));
099     confmenu.add(new MenuEntry2("Fenster"));
100     confmenu.add(new MenuEntry2("Pfade"));
101     filemenu.add(confmenu);
102     filemenu.add(new MenuEntry2("Beenden"));
103
104     filemenu.accept(new MenuPrintVisitor());
105   }
106 }
```

Listing 10.14: Das Visitor-Pattern (Forts.)

Das Interface `MenuVisitor` stellt den abstrakten Visitor für Menüeinträge dar. Die Methode `visitMenuEntry` wird bei jedem Durchlauf eines `MenuEntry2`-Objekts aufgerufen; die Methoden `visitMenuStarted` und `visitMenuEnded` zu Beginn und Ende des Besuchs eines `Menu2`-Objekts. In der Basisklasse `MenuEntry2` ruft `accept` die Methode `visitMenuEntry` auf. Für die beiden abgeleiteten Elementklassen `IconizedMenuEntry` und `CheckableMenuEntry` gibt es keine Spezialisierungen; auch für diese Objekte wird `visitMenuEntry` aufgerufen. Lediglich der Container `Menu2` verfeinert den Aufruf und unterteilt ihn in drei Schritte. Zunächst wird `visitMenuStarted` aufgerufen, um anzuzeigen, daß ein Menüdurchlauf beginnt. Dann werden die `accept`-Methoden aller Elemente aufgerufen, und schließlich wird durch Aufruf von `visitMenuEnded` das Ende des Menüdurchlaufs angezeigt.

Der konkrete Visitor `MenuPrintVisitor` hat die Aufgabe, ein Menü mit allen Elementen zeilenweise und entsprechend der Schachtelung seiner Untermenüs eingerückt auszugeben. Die letzte Zeile des Beispielprogramms zeigt, wie er verwendet wird. Die Ausgabe des Programms ist:

```
Datei
  Neu
  Laden
  Speichern
 Konfiguration
   Farben
   Fenster
   Pfade
Beenden
```

> In Abschnitt 21.4.1 auf Seite 456 zeigen wir eine weitere Anwendung des Visitor-Patterns. Dort wird eine generische Lösung für den rekursiven Durchlauf von geschachtelten Verzeichnisstrukturen vorgestellt.

10.3.9 Observer

Bei der objektorientierten Programmierung werden Programme in viele kleine Bestandteile zerlegt, die für sich genommen autonom arbeiten. Mit zunehmender Anzahl von Bausteinen steigt allerdings der Kommunikationsbedarf zwischen diesen Objekten, und der Aufwand, sie konsistent zu halten, wächst an.

Ein *Observer* ist ein Design-Pattern, das eine Beziehung zwischen einem *Subject* und seinen *Beobachtern* aufbaut. Als *Subject* wird dabei ein Objekt bezeichnet, dessen Zustandsänderung für andere Objekte interessant ist. Als *Beobachter* werden die Objekte bezeichnet, die von Zustandsänderungen des Subjekts abhängig sind; deren Zustand also dem Zustand des Subjekts konsistent folgen muß.

Das Observer-Pattern wird sehr häufig bei der Programmierung grafischer Oberflächen angewendet. Ist beispielsweise die Grafikausgabe mehrerer Fenster von einer bestimmten Datenstruktur abhängig, so müssen die Fenster ihre Ausgabe verändern, wenn die Datenstruktur sich ändert. Auch Dialogelemente wie Buttons, Auswahlfelder oder Listen müssen das Programm benachrichtigen, wenn der Anwender eine Veränderung an ihnen vorgenommen hat. In diesen Fällen kann das Observer-Pattern angewendet werden. Es besteht aus folgenden Teilen:

- Ein Interface `Observer` definiert eine Methode `update`, die immer dann aufgerufen wird, wenn sich der Zustand des beobachteten Subjekts ändert.
- Eine Klasse `Subject` definiert Methoden, mit denen sich Observer registrieren und deregistrieren lassen können. Tritt eine Zustandsänderung des Subjekts auf, wird bei allen registrierten Observern die `update`-Methode aufgerufen.
- Ein konkretes Subjekt wird aus `Subject` abgeleitet (oder verwendet ein `Subject`-Objekt per Delegation) und ruft nach jeder Zustandsänderung `fireUpdate` auf. Dadurch werden alle registrierten Beobachter aufgerufen und können auf die Zustandsänderung reagieren.
- Ein konkreter Beobachter implementiert das Interface `Observer` und registriert sich bei allen Subjekten, über deren Zustandsänderungen er unterrichtet werden möchte. Er implementiert in `update` den Code, der zur Bearbeitung der Zustandsänderung erforderlich ist.

Das Klassendiagramm für einen Observer sieht so aus:

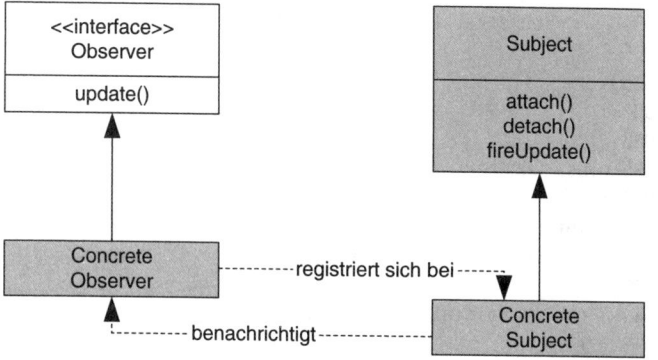

Abbildung 10.8: Klassendiagramm eines Observers

Das folgende Listing zeigt eine beispielhafte Implementierung:

```
001 /* Listing1015.java */
002
003 interface Observer
004 {
005    public void update(Subject subject);
006 }
007
008 class Subject
009 {
010    Observer[] observers   = new Observer[5];
011    int        observerCnt = 0;
```

Listing 10.15: Das Observer-Pattern

Listing 10.15:
Das Observer-
Pattern
(Forts.)

```
012
013   public void attach(Observer observer)
014   {
015     observers[observerCnt++] = observer;
016   }
017
018   public void detach(Observer observer)
019   {
020     for (int i = 0; i < observerCnt; ++i) {
021       if (observers[i] == observer) {
022         --observerCnt;
023         for (;i < observerCnt; ++i) {
024           observers[i] = observers[i + 1];
025         }
026         break;
027       }
028     }
029   }
030
031   public void fireUpdate()
032   {
033     for (int i = 0; i < observerCnt; ++i) {
034       observers[i].update(this);
035     }
036   }
037 }
038
039 class Counter
040 {
041   int cnt = 0;
042   Subject subject = new Subject();
043
044   public void attach(Observer observer)
045   {
046     subject.attach(observer);
047   }
048
049   public void detach(Observer observer)
050   {
051     subject.detach(observer);
052   }
053
054   public void inc()
055   {
056     if (++cnt % 3 == 0) {
057       subject.fireUpdate();
058     }
059   }
060 }
```

Listing 10.15:
Das Observer-Pattern
(Forts.)

```
061
062 public class Listing1015
063 {
064   public static void main(String[] args)
065   {
066     Counter counter = new Counter();
067     counter.attach(
068       new Observer()
069       {
070         public void update(Subject subject)
071         {
072           System.out.print("divisible by 3: ");
073         }
074       }
075     );
076     while (counter.cnt < 10) {
077       counter.inc();
078       System.out.println(counter.cnt);
079     }
080   }
081 }
```

Als konkretes Subjekt wird hier die Klasse Counter verwendet. Sie erhöht bei jedem Aufruf von inc den eingebauten Zähler um eins und informiert alle registrierten Beobachter, falls der neue Zählerstand durch drei teilbar ist. Im Hauptprogramm instanzieren wir ein Counter-Objekt und registrieren eine lokale anonyme Klasse als Listener, die bei jeder Benachrichtigung eine Meldung ausgibt. Während des anschließenden Zählerlaufs von 1 bis 10 wird sie dreimal aufgerufen:

```
1
2
divisible by 3: 3
4
5
divisible by 3: 6
7
8
divisible by 3: 9
10
```

Das Observer-Pattern ist in Java sehr verbreitet, denn die Kommunikation zwischen graphischen Dialogelementen und ihrer Anwendung basiert vollständig auf dieser Idee. Allerdings wurde es etwas erweitert, die Beobachter werden als *Listener* bezeichnet, und es gibt von ihnen eine Vielzahl unterschiedlicher Typen mit unterschiedlichen Aufgaben.

> Da es zudem üblich ist, daß ein Listener sich bei mehr als einem Subjekt registriert, wird ein Aufruf von update statt des einfachen Arguments jeweils ein Listener-spezifisches Ereignisobjekt übergeben. Darin werden neben dem Subjekt weitere spezifische Informationen untergebracht. Zudem haben die Methoden gegenüber der ursprünglichen Definition eine andere Namensstruktur, und es kann sein, daß ein Listener nicht nur eine, sondern mehrere unterschiedliche Update-Methoden zur Verfügung stellen muß, um auf unterschiedliche Ereignistypen zu reagieren. Das Listener-Konzept von Java wird auch als *Delegation Based Event Handling* bezeichnet und in Kapitel 28 auf Seite 575 ausführlich erläutert.

10.4 Zusammenfassung

In diesem Kapitel wurden folgende Themen behandelt:

- Statische und nicht-statische lokale Klassen
- Anonyme Klassen
- Die vordefinierten Wrapper-Klassen Byte, Short, Integer, Long, Double, Float, Boolean, Character und Void
- Eigene Wrapper-Klassen und Call-By-Reference
- Die Design-Patterns *Singleton*, *Immutable*, *Interface*, *Factory*, *Iterator*, *Delegate*, *Composite*, *Visitor* und *Observer*.

TEIL IV
Weiterführende Spracheigenschaften

11 Strings

11.1 Grundlegende Eigenschaften

Wie in allen anderen Programmiersprachen gibt es auch in Java *Zeichenketten*. Ähnlich wie in C und C++ kennt der Compiler nur einige ihrer elementaren Eigenschaften und überläßt der Laufzeitbibliothek einen Großteil der Implementierung. Wir werden uns in diesem Kapitel die Implementierung und Verwendung von Zeichenketten in Java ansehen und uns dabei der üblichen Praxis anschließen, die Begriffe *String* und *Zeichenkette* synonym zu verwenden.

In Java werden Zeichenketten durch die Klasse String repräsentiert. Sie bietet Methoden zum Erzeugen von Zeichenketten, zur Extraktion von Teilstrings, zum Vergleich mit anderen Strings und zur Erzeugung von Strings aus primitiven Typen. Der Compiler erkennt und interpretiert String-Literale und ist in der Lage, String-Objekte zu erzeugen und zu verketten.

Eine Zeichenkette hat in Java prinzipiell dieselbe Bedeutung wie in anderen Sprachen. Als Reihung von Elementen des Typs char ist sie die wichtigste Datenstruktur für alle Aufgaben, die etwas mit der Ein- und Ausgabe oder der Verarbeitung von Zeichen zu tun haben.

Da der char-Typ in Java durch ein Unicode-Zeichen repräsentiert wird, besteht auch ein String aus einer Kette von Unicode-Zeichen. Abgesehen davon, daß er dadurch doppelt soviel Speicher belegt wie ein ASCII-String, braucht man sich darüber aber nicht allzu viele Gedanken zu machen. Wegen der bereits in Kapitel 4 auf Seite 87 erwähnten Kompatibilität zwischen Unicode-Standard und ASCII-Zeichensatz sind die Unterschiede bei der normalen Verwendung von Strings ohne Belang.

> Anders als in C braucht der Java-Programmierer keine Kenntnisse über den internen Aufbau von Strings zu haben. Insbesondere ist nicht davon auszugehen, daß ein String durch ein nullterminiertes Array von char-Elementen dargestellt wird. Natürlich heißt dies nicht, daß die interne Struktur von Strings *vollkommen* anonym ist, denn sowohl Compiler als auch Laufzeitsystem müssen sie kennen. Für den Programmierer, der lediglich Java-Programme schreiben will, ist sie aber bedeutungslos.

11.2 Methoden der Klasse String

Die Klasse String definiert eine Vielzahl von Methoden zur Manipulation und zur Bestimmung der Eigenschaften von Zeichenketten. Da Strings und die auf ihnen definierten Operationen bei der Anwendung einer Programmiersprache ein wichtiges und für die Effizienz der Programmentwicklung kritisches Merkmal sind, sollen hier die wichtigsten String-Operationen vorgestellt werden. Weitere Methoden dieser Klasse können den Referenzhandbüchern der Java-Klassenbibliothek oder der Online-Hilfe entnommen werden.

11.2.1 Konstruktoren

Die Klasse String bietet eine Reihe von Möglichkeiten, neue Instanzen zu erzeugen. Neben der bereits in Kapitel 4 auf Seite 87 erläuterten Initialisierung mit Hilfe von Literalen besitzt die Klasse eine Reihe von Konstruktoren, die dazu verwendet werden können, String-Objekte explizit zu erzeugen.

java.lang.String

```
String()
```

Erzeugt ein leeres String-Objekt.

java.lang.String

```
String(String value)
```

Erzeugt einen neuen String durch Duplizierung eines bereits vorhandenen.

java.lang.String

```
String(char[] value)
```

Erzeugt einen neuen String aus einem vorhandenen Zeichen-Array. Dabei werden alle Elemente des Arrays in den String übernommen.

> Nachdem ein String erzeugt wurde, kann er wie jedes andere Objekt verwendet werden. Insbesondere erfolgt damit im Gegensatz zu C oder C++ das Speichermanagement vollautomatisch, ohne daß sich der Programmierer darum kümmern muß.

11.2.2 Zeichenextraktion

java.lang.String

```
char charAt(int index)
  throws StringIndexOutOfBoundsException
```

Liefert das Zeichen an Position index. Dabei hat das erste Element eines Strings den Index 0 und das letzte den Index length()-1. Falls der String kürzer als index + 1 Zeichen ist, wird eine Ausnahme des Typs StringIndexOutOfBoundsException erzeugt.

Methoden der Klasse String — Kapitel 11

```
String substring(int begin, int end)
```
java.lang.String

Liefert den Teilstring, der an Position `begin` beginnt und an Position `end` endet. Wie bei allen Zugriffen über einen numerischen Index beginnt auch hier die Zählung bei 0.

> Ungewöhnlich bei der Verwendung dieser Methode ist die Tatsache, daß der Parameter `end` auf das erste Zeichen *hinter* den zu extrahierenden Teilstring verweist (siehe Abbildung 11.1). Der Rückgabewert ist also die Zeichenkette, die von Indexposition `begin` bis Indexposition `end - 1` reicht.

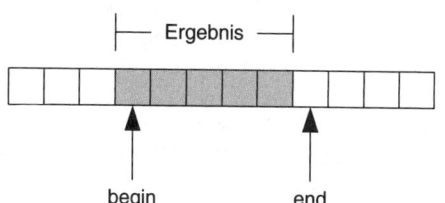

Abbildung 11.1: Ein Aufruf von substring(begin, end)

Es gibt noch eine zweite Variante der Methode `substring`, die mit nur einem einzigen Parameter aufgerufen wird. Sie liefert den Teilstring von der angegebenen Position bis zum Ende des Strings.

```
String trim()
```
java.lang.String

Die Methode liefert den String, der entsteht, wenn auf beiden Seiten der Zeichenkette jeweils alle zusammenhängenden Leerzeichen entfernt werden. Dabei werden alle Zeichen, die einen Code kleiner gleich 32 haben, als Leerzeichen angesehen. Leider gibt es keine separaten Methoden für das rechts- oder linksbündige Entfernen von Leerzeichen, `trim` entfernt immer die Leerzeichen auf beiden Seiten. Da die Klasse `String` als `final` deklariert wurde, gibt es auch keine Möglichkeit, entsprechende Methoden nachzurüsten.

11.2.3 Die Länge der Zeichenkette

```
int length()
```
java.lang.String

Liefert die aktuelle Länge des `String`-Objekts. Ist der Rückgabewert 0, so bedeutet dies, daß der String leer ist. Wird ein Wert n größer 0 zurückgegeben, so enthält der String n Zeichen, die an den Indexpositionen 0 bis $n - 1$ liegen.

Das folgende Beispiel zeigt die Verwendung der Methoden `substring` und `length` und der
`String`-Verkettung auf (letztere wird in Abschnitt 11.3.2 auf Seite 252 noch einmal genauer
behandelt).

Listing 11.1: String-Verkettung und die Methode substring

```
001  /* Listing1101.java */
002
003  public class Listing1101
004  {
005    public static void main(String[] args)
006    {
007      String s1;
008      s1 =  "Auf der Mauer";
009      s1 += ", auf der Lauer";
010      s1 += ", sitzt \'ne kleine Wanze";
011      System.out.println(s1);
012
013      for (int i = 1; i <= 5; ++i) {
014        s1 = s1.substring(0,s1.length()-1);
015        System.out.println(s1);
016      }
017    }
018  }
```

Die Ausgabe des Programmes ist:

```
Auf der Mauer, auf der Lauer, sitzt 'ne kleine Wanze
Auf der Mauer, auf der Lauer, sitzt 'ne kleine Wanz
Auf der Mauer, auf der Lauer, sitzt 'ne kleine Wan
Auf der Mauer, auf der Lauer, sitzt 'ne kleine Wa
Auf der Mauer, auf der Lauer, sitzt 'ne kleine W
Auf der Mauer, auf der Lauer, sitzt 'ne kleine
```

11.2.4 Vergleichen von Zeichenketten

java.lang.String

```
boolean equals(Object anObject)
boolean equalsIgnoreCase(String s)

boolean startsWith(String s)
boolean endsWith(String s)

int compareTo(String s)

boolean regionMatches(
   int toffset,
   String other,
   int ooffset,
   int len
)
```

equals liefert true, wenn das aktuelle String-Objekt und anObject gleich sind. Analog zu der gleichnamigen Methode der Klasse Object überprüft equals also nicht, ob beide Strings dasselbe Objekt referenzieren, sondern testet auf inhaltliche Gleichheit. Interessant an equals ist die Tatsache, daß als Parameter ein Objekt der Klasse Object erwartet wird. equals kann einen String also nicht nur mit einem anderen String vergleichen, sondern mit der String-Darstellung eines beliebigen Objekts.

Neben equals gibt es noch eine ähnliche Methode, equalsIgnoreCase, die eventuell vorhandene Unterschiede in der Groß-/Kleinschreibung beider Zeichenketten ignoriert.

startsWith testet, ob das String-Objekt mit der Zeichenkette s beginnt. Ist das der Fall, so gibt die Methode true zurück, andernfalls false. endsWith überprüft dagegen, ob das String-Objekt mit der Zeichenkette s endet. Ist das der Fall, gibt die Methode ebenfalls true zurück, andernfalls false.

Die wichtige Methode compareTo führt einen *lexikalischen* Vergleich beider Strings durch. Bei einem lexikalischen Vergleich werden die Zeichen paarweise von links nach rechts verglichen. Tritt ein Unterschied auf oder ist einer der Strings beendet, wird das Ergebnis ermittelt. Ist das aktuelle String-Objekt dabei kleiner als s, wird ein negativer Wert zurückgegeben. Ist es größer, wird ein positiver Wert zurückgegeben. Bei Gleichheit liefert die Methode den Rückgabewert 0.

regionMatches vergleicht zwei gleich lange String-Regionen, die in zwei unterschiedlichen Strings an zwei unterschiedlichen Positionen liegen können. Die Region im ersten String beginnt dabei an der Position toffset, die im zweiten String other an der Position ooffset. Verglichen werden len Zeichen. Das Ergebnis ist true, wenn beide Teilstrings identisch sind, andernfalls ist es false. Die Methode steht auch in einer Variante zur Verfügung, bei der Groß- und Kleinschreibung ignoriert werden. In diesem Fall wird als zusätzlicher Parameter an erster Stelle ein boolescher Wert ignoreCase übergeben.

Die Anwendung von regionMatches soll an folgendem Beispiel erläutert werden. Der erste Vergleich liefert true (siehe Abbildung 11.2 auf Seite 250), der zweite false:

```
001 /* Listing1102.java */
002
003 public class Listing1102
004 {
005   public static void main(String[] args)
006   {
007     System.out.println(
008       "Grüße aus Hamburg".regionMatches(
009         8,
010         "Greetings from Australia",
```

Listing 11.2:
Die Methode
regionMatches
der Klasse String

Listing 11.2:
Die Methode
regionMatches
der Klasse String
(Forts.)

```
011         8,
012         2
013     )
014 );
015 System.out.println(
016     "Grüße aus Hamburg".regionMatches(
017         6,
018         "Greetings from Australia",
019         15,
020         3
021     )
022 );
023 }
024 }
```

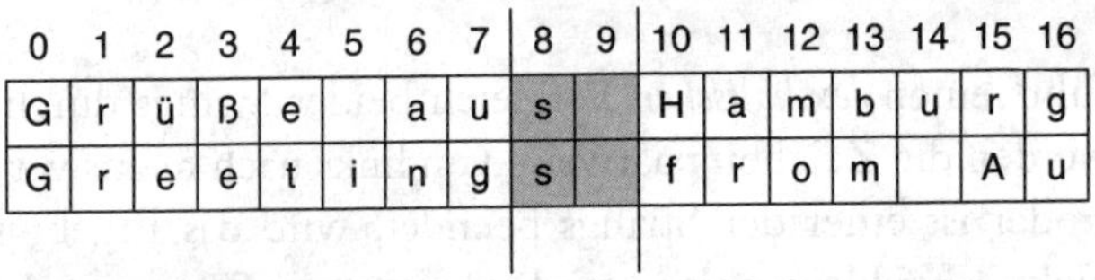

Abbildung 11.2:
Der Aufruf von
regionMatches

0	1	2	3	4	5	6	7	8	9	10	11	12	13	14	15	16
G	r	ü	ß	e		a	u	s		H	a	m	b	u	r	g
G	r	e	e	t	i	n	g	s		f	r	o	m		A	u	...

11.2.5 Suchen in Zeichenketten

java.lang.
String

```
int indexOf(String s)
int indexOf(String s, int fromIndex)
int lastIndexOf(String s)
```

Die Methode `indexOf` sucht das erste Vorkommen der Zeichenkette s innerhalb des String-Objekts. Wird s gefunden, liefert die Methode den Index des ersten übereinstimmenden Zeichens zurück, andernfalls wird -1 zurückgegeben. Die Methode gibt es auch in einer Version, die einen Parameter vom Typ char akzeptiert. In diesem Fall sucht sie nach dem ersten Auftreten des angegebenen Zeichens.

Die zweite Variante von `indexOf` arbeitet wie die erste, beginnt mit der Suche aber erst ab Position fromIndex. Wird s beginnend ab dieser Position gefunden, liefert die Methode den Index des ersten übereinstimmenden Zeichens, andernfalls -1. Auch diese Methode gibt es in einer Variante, die anstelle eines String-Parameters ein Argument des Typs char erwartet. Ihr Verhalten ist analog zur vorherigen.

Die Methode `lastIndexOf` sucht nach dem letzten Vorkommen des Teilstrings s im aktuellen String-Objekt. Wird s gefunden, liefert die Methode den Index des ersten übereinstimmenden Zeichens, andernfalls -1. Wie die beiden vorherigen Methoden gibt es auch `lastIndexOf` wahlweise mit einem Parameter vom Typ char und mit einem zweiten Parameter, der die Startposition der Suche bestimmt.

11.2.6 Ersetzen von Zeichenketten

```
String toLowerCase()
String toUpperCase()

String replace(char oldchar, char newchar)
```
java.lang.
String

Die Methode `toLowerCase` liefert den String zurück, der entsteht, wenn alle Zeichen des Argumentstrings in Kleinbuchstaben umgewandelt werden. Besitzt der String keine umwandelbaren Zeichen, wird der Original-String zurückgegeben. `toUpperCase` arbeitet ganz ähnlich, liefert aber den String, der entsteht, wenn alle Zeichen in Großbuchstaben umgewandelt werden. Besitzt der String keine umwandelbaren Zeichen, wird der Original-String zurückgegeben.

Mit Hilfe von `replace` wird eine zeichenweise Konvertierung des aktuellen String-Objekts durchgeführt. Dabei wird jedes Auftreten des Zeichens `oldchar` durch das Zeichen `newchar` ersetzt.

> Leider gibt es in der Klasse `String` keine Methode, die das Ersetzen von Teilstrings durch andere Teilstrings (von möglicherweise unterschiedlicher Länge) ermöglicht. Die auf Einzelzeichen basierende Methode `replace` ist das einzige Mittel, um überhaupt Ersetzungen vornehmen zu können. Seit der Version 1.2 gibt es im JDK aber in der Klasse `StringBuffer` eine entsprechende Methode. Sie wird in Abschnitt 11.4.4 auf Seite 255 beschrieben.

11.2.7 Konvertierungsfunktionen

Da es oftmals nötig ist, primitive Datentypen in Zeichenketten umzuwandeln, bietet Java eine ganze Reihe von Methoden, die zu diesem Zweck entwickelt wurden. Allen Methoden ist der Name `valueOf` und die Tatsache, daß sie exakt einen Parameter erwarten, gemein.

Alle `valueOf`-Methoden sind als Klassenmethoden implementiert, d.h. sie können auch ohne ein `String`-Objekt aufgerufen werden. Dies macht Sinn, denn sie werden ja in aller Regel erst dazu verwendet, Strings zu erzeugen. Ein Aufruf von `valueOf` wandelt ein primitives Objekt mit Hilfe der Methode `toString`, die von der zugehörigen Wrapper-Klasse zur Verfügung gestellt wird, in eine Zeichenkette um. Die wichtigsten `valueOf`-Methoden sind:

```
static String valueOf(boolean b)
static String valueOf(char c)
static String valueOf(char[] c)
static String valueOf(double d)
static String valueOf(float f)
static String valueOf(int i)
static String valueOf(long l)
static String valueOf(Object obj)
```
java.lang.
String

11.3 Weitere Eigenschaften

11.3.1 Die Klasse String ist final

Beim Studium der Klassenbibliotheken erkennt man, daß die Klasse String mit dem Attribut final belegt ist. Einer der Gründe für diese Maßnahme ist die dadurch gesteigerte Effizienz beim Aufruf der Methoden von String-Objekten. Anstelle der dynamischen Methodensuche, die normalerweise erforderlich ist, kann der Compiler final-Methoden statisch kompilieren und dadurch schneller aufrufen. Daneben spielen aber auch Sicherheitsüberlegungen und Aspekte des Multithreadings eine Rolle.

> Leider hat dies den großen Nachteil, daß aus der String-Klasse keine neuen Klassen abgeleitet werden können. Es gibt also keine Möglichkeit, die vorhandenen Methoden auf *natürliche* Art und Weise zu ergänzen oder zu modifizieren. Soll beispielsweise eine neue Methode replace geschrieben werden, die in der Lage ist, Strings (und nicht nur einzelne Zeichen) gegeneinander auszutauschen, so bleibt nur der Umweg über eine Methode einer anderen Klasse, die den zu modifizierenden String als Parameter übergeben bekommt. Alternativ könnte man natürlich auch die komplette String-Klasse neu schreiben. Leider sind beide Varianten unschön und konterkarieren die Vorteile der objektorientierten Implementierung von Zeichenketten in Java.

11.3.2 Was ist ein String für den Compiler?

In Java gibt es an vielen Stellen Verbindungen zwischen dem Compiler und der Laufzeitbibliothek, und zwar insofern, als der Compiler Kenntnis über interne Eigenschaften bestimmter Klassen hat und die Fähigkeit besitzt, Instanzen dieser Klassen zu erzeugen und zu manipulieren. So ist er beispielsweise in der Lage, Code zu generieren, um String-Objekte zu erzeugen, einander zuzuweisen oder mit Hilfe des +-Operators zu verketten.

String-Literale

Jedes String-Literal ist eine Referenz auf ein Objekt der Klasse String. Wenn der Compiler beim Übersetzen des Quelltextes ein String-Literal findet, erzeugt er ein neues String-Objekt und verwendet es anstelle des Literals.

String-Verkettung und -Zuweisung

In Java ist der Operator + auch auf Strings definiert. Auf zwei String-Objekte angewendet, liefert er die Verkettung beider Objekte, d.h. ihre Hintereinanderschreibung. Eine Möglichkeit, die String-Verkettung zu übersetzen, könnte darin bestehen, ein temporäres StringBuffer-Objekt zu konstruieren und die Operanden mit Hilfe der append-Methode anzuhängen. Das resultierende Objekt könnte dann mit der toString-Methode effizient in einen String konvertiert werden. Die Klasse StringBuffer dient dazu, *veränderliche* Strings zu implementieren. Sie wird im nächsten Abschnitt vorgestellt.

Diese Vorgehensweise soll an dem folgenden Beispiel erläutert werden. Das Programm gibt zweimal hintereinander »Hallo, Welt« aus. Beim ersten Mal wird der +-Operator verwendet, beim zweiten Mal die Variante mit dem temporären StringBuffer-Objekt:

```
001 /* Listing1103.java */
002
003 public class Listing1103
004 {
005   public static void main(String[] args)
006   {
007     String a, b, c;
008
009     //Konventionelle Verkettung
010     a = "Hallo";
011     b = "Welt";
012     c = a + ", " + b;
013     System.out.println(c);
014
015     //So könnte es der Compiler übersetzen
016     a = "Hallo";
017     b = "Welt";
018     c =(new StringBuffer(a)).append(", ").append(b).toString();
019     System.out.println(c);
020   }
021 }
```

Listing 11.3: Implementierung der String-Verkettung

Allerdings ist ein Java-Compiler nicht gezwungen, genau so vorzugehen. Die Sprachspezifikation gibt lediglich die Empfehlung, daß es aus Effizienzgründen sinnvoll sein kann, eine solche oder ähnliche Implementierung zu wählen.

11.3.3 String-Objekte sind nicht dynamisch

Interessanterweise werden durch die Klasse String keine *dynamischen* Zeichenketten implementiert. Nach der Initialisierung eines String bleiben dessen Länge und Inhalt konstant. Wie ist dann aber die genaue Arbeitsweise von Funktionen wie substring oder replace zu erklären, und was genau passiert bei einer Anweisung wie der folgenden:

```
String s = "hello, world";
s = s.substring(0,5);
```

Die Antwort darauf ist ganz einfach. Die `substring`-Methode nimmt die Veränderungen nicht auf dem Original-String vor, sondern erzeugt eine Kopie, die mit dem gewünschten Inhalt gefüllt wird. Diese gibt sie dann an den Aufrufer zurück, der das Ergebnis erneut an s zuweist und damit die Originalinstanz für den Garbage Collector freigibt. Durch den Referenzcharakter von Objekten und das automatische Speichermanagement entsteht also der Eindruck, als wären `String`-Objekte veränderlich.

Als Entwickler braucht man sich hierüber normalerweise keine Gedanken zu machen. Dennoch ist es manchmal nützlich, Zeichenketten zur Verfügung zu haben, die sich dynamisch verändern können (beispielsweise benötigt sie der Compiler selbst zur Implementierung der String-Verkettung). In Java gibt es zu diesem Zweck die Klasse `StringBuffer`. Sie arbeitet ähnlich wie `String`, implementiert aber Zeichenketten, die ihre Länge zur Laufzeit ändern können. `StringBuffer` besitzt nicht so viele Methoden zur Auswertung der Zeichenkette, sondern legt den Schwerpunkt auf Operationen zur Veränderung ihres Inhalts. Die wichtigsten Methoden sollen im folgenden vorgestellt werden.

11.4 Die Klasse StringBuffer

11.4.1 Konstruktoren

java.lang.
StringBuffer

```
StringBuffer()

StringBuffer(String s)
```

Der parameterlose Konstruktor erzeugt einen leeren `StringBuffer`. Wird dagegen ein `String` übergeben, erzeugt der Konstruktor ein `StringBuffer`-Objekt, das eine Kopie der übergebenen Zeichenkette darstellt.

11.4.2 Einfügen von Elementen

java.lang.
StringBuffer

```
StringBuffer append(String s)

StringBuffer insert(int offset, String s)
```

Mit `append` wird der String s an das Ende des `StringBuffer`-Objekts angehängt. Zurückgegeben wird das auf diese Weise verlängerte `StringBuffer`-Objekt s. Zusätzlich gibt es die Methode `append` in Varianten für das Anhängen aller Arten von primitiven Typen. Anstelle eines `String`-Objekts wird hier der entsprechende primitive Typ übergeben, in einen String konvertiert und an das Ende des Objekts angehängt.

insert fügt den String s an der Position offset in den aktuellen StringBuffer ein. Zurückgegeben wird das auf diese Weise verlängerte StringBuffer-Objekt s. Auch diese Methode gibt es für primitive Typen. Der anstelle eines String übergebene Wert wird zunächst in einen String konvertiert und dann an der gewünschten Stelle eingefügt.

11.4.3 Löschen von Elementen

```
public StringBuffer deleteCharAt(int index)
public StringBuffer delete(int start, int end)
```
java.lang.
StringBuffer

Mit deleteCharAt wird das an Position index stehende Zeichen entfernt und der StringBuffer um ein Zeichen verkürzt. delete entfernt den Teilstring, der von Position start bis end reicht, aus dem StringBuffer und verkürzt ihn um die entsprechende Anzahl Zeichen.

11.4.4 Verändern von Elementen

```
void setCharAt(int index, char c)
  throws StringIndexOutOfBoundsException
```

```
public StringBuffer replace(int start, int end, String str)
```
java.lang.
StringBuffer

Mit der Methode setCharAt wird das an Position index stehende Zeichen durch das Zeichen c ersetzt. Falls der StringBuffer zu kurz ist (also index hinter das Ende des StringBuffer-Objekts zeigt), löst die Methode eine Ausnahme des Typs StringIndexOutOfBoundsException aus.

Seit dem JDK 1.2 gibt es zusätzlich eine Methode replace, mit der ein Teil des StringBuffer-Objekts durch einen anderen String ersetzt werden kann. Dabei wird das von Position start bis Position end - 1 gehende Teilstück durch den String str ersetzt. Falls erforderlich, wird der ursprüngliche StringBuffer verkürzt oder verlängert.

11.4.5 Längeninformationen

```
int length()
```

```
public int capacity()
```
java.lang.
StringBuffer

length liefert die Länge des Objekts, also die Anzahl der Zeichen, die im StringBuffer enthalten sind. Mit capacity wird dagegen die Größe des belegten Pufferspeichers ermittelt. Dieser Wert ist typischerweise größer als der von length zurückgegebene Wert.

11.4.6 Konvertierung in einen String

`java.lang.`
`StringBuffer`

`String toString()`

Nachdem die Konstruktion eines `StringBuffer`-Objekts abgeschlossen ist, kann es mit Hilfe dieser Methode effizient in einen `String` verwandelt werden. Die Methode legt dabei keine Kopie des `StringBuffer`-Objekts an, sondern liefert einen Zeiger auf den internen Zeichenpuffer. Erst wenn der `StringBuffer` erneut verändert werden soll, wird tatsächlich eine Kopie erzeugt.

> Die sinnvolle Anwendung der Klassen `String` und `StringBuffer` hat bei vielen Programmen großen Einfluß auf ihr Laufzeitverhalten. In Kapitel 49 auf Seite 1165 gehen wir daher noch einmal auf die speziellen Performanceaspekte beider Klassen ein und geben Hinweise zu ihrer sinnvollen Anwendung.

11.5 Zusammenfassung

In diesem Kapitel wurden folgende Themen behandelt:

- Die Klasse `String` als Instrument zur Verarbeitung von Zeichenketten
- `String`-Literale und Konstruktion von `String`-Objekten
- Extraktion von Teilzeichenketten mit `charAt`, `substring` und `trim`
- Die Methode `length` zur Bestimmung der Länge eines Strings
- Vergleichen von Zeichenketten mit den Methoden `equals`, `startsWith`, `endsWith`, `compareTo` und `regionMatches`
- Suchen in Strings mit `indexOf` und `lastIndexOf`
- Konvertierung von Strings mit `toLowerCase`, `toUpperCase` und `replace`
- Die Umwandlungsmethoden `toString` und `valueOf`
- Die Klasse `StringBuffer` zum Erzeugen von dynamischen Strings
- Die Methoden `append`, `insert` und `setCharAt` der Klasse `StringBuffer`
- Die effiziente Konvertierung zwischen `StringBuffer` und `String` mit Hilfe von `toString`

12 Exceptions

12.1 Grundlagen und Begriffe

Mit den *Exceptions* besitzt Java einen Mechanismus zur strukturierten Behandlung von Fehlern, die während der Programmausführung auftreten. Tritt etwa ein Laufzeitfehler auf, weil ein Array-Zugriff außerhalb der definierten Grenzen erfolgte oder weil eine Datei, die geöffnet werden sollte, nicht gefunden wurde, so gibt es in Java Sprachmittel, die eine systematische Behandlung solcher Ausnahmen ermöglichen.

Da Exceptions ein relativ neues Feature von Programmiersprachen sind, ist es sinnvoll, zunächst die in diesem Zusammenhang verwendeten Begriffe vorzustellen. Als *Exception* wird dabei die eigentliche Ausnahme bezeichnet, die durch ein Programm zur Laufzeit verursacht werden kann. Das *Auslösen einer Ausnahme* wird im Java-Sprachgebrauch als *throwing* bezeichnet, wir werden meist die deutsche Bezeichnung *auslösen* verwenden. Das *Behandeln einer Ausnahme*, also die explizite Reaktion auf das Eintreten einer Ausnahme, wird als *catching* bezeichnet. Schließlich werden wir auch die Begriffe *Ausnahme* und *Exception* synonym verwenden.

Das Grundprinzip des Exception-Mechanismus in Java kann wie folgt beschrieben werden:

▶ Ein Laufzeitfehler oder eine vom Entwickler gewollte Bedingung löst eine Ausnahme aus.

▶ Diese kann nun entweder von dem Programmteil, in dem sie ausgelöst wurde, behandelt werden, oder sie kann weitergegeben werden.

▶ Wird die Ausnahme weitergegeben, so hat der Empfänger der Ausnahme erneut die Möglichkeit, sie entweder zu behandeln oder selbst weiterzugeben.

▶ Wird die Ausnahme von keinem Programmteil behandelt, so führt sie zum Abbruch des Programms und zur Ausgabe einer Fehlermeldung.

Die folgenden Abschnitte erläutern die Details des Auftretens, der Behandlung und der Weitergabe von Ausnahmen.

12.2 Behandlung von Exceptions

12.2.1 Die try-catch-Anweisung

Das Behandeln von Ausnahmen erfolgt mit Hilfe der try-catch-Anweisung:

Listing 12.1:
Die try-catch-Anweisung
```
001 try {
002    Anweisung;
003    ...
004 } catch (Ausnahmetyp x) {
005    Anweisung;
006    ...
007 }
```

Der try-Block enthält dabei eine oder mehrere Anweisungen, bei deren Ausführung ein Fehler des Typs Ausnahmetyp auftreten kann. In diesem Fall wird die normale Programmausführung unterbrochen, und der Programmablauf fährt mit der ersten Anweisung nach der catch-Klausel fort, die den passenden Ausnahmetyp deklariert hat. Hier kann nun Code untergebracht werden, der eine angemessene Reaktion auf den Fehler realisiert.

Wir wollen das folgende fehlerhafte Programm betrachten:

Listing 12.2:
Ein Programm mit einem Laufzeitfehler
```
001 /* RTErrorProg1.java */
002
003 public class RTErrorProg1
004 {
005    public static void main(String[] args)
006    {
007       int i, base = 0;
008
009       for (base = 10; base >= 2; --base) {
010          i = Integer.parseInt("40",base);
011          System.out.println("40 base "+base+" = "+i);
012       }
013    }
014 }
```

Hier soll der String "40" aus verschiedenen Zahlensystemen in ein int konvertiert und als Dezimalzahl ausgegeben werden. Die dazu verwendete Methode parseInt überprüft, ob der übergebene String einen gültigen Zahlenwert zur angegebenen Basis darstellt. Ist dies nicht der Fall, löst sie eine Ausnahme des Typs NumberFormatException aus. Ohne weitere Maßnahmen stürzt das Programm dann beim Versuch, den String "40" als Zahl zur Basis 4 anzusehen, ab:

Behandlung von Exceptions — Kapitel 12

```
40 base 10 = 40
40 base 9 = 36
40 base 8 = 32
40 base 7 = 28
40 base 6 = 24
40 base 5 = 20
Exception in thread "main" java.lang.NumberFormatException: 40
        at java.lang.Integer.parseInt(Compiled Code)
        at RTErrorProg1.main(Compiled Code)
```

Das Programm läßt sich nun leicht gegen solche Fehler absichern, indem die Programmsequenz, die den Fehler verursacht, in eine try-catch-Anweisung eingeschlossen wird:

```
001  /* Listing1203.java */
002
003  public class Listing1203
004  {
005    public static void main(String[] args)
006    {
007      int i, base = 0;
008
009      try {
010        for (base = 10; base >= 2; --base) {
011          i = Integer.parseInt("40",base);
012          System.out.println("40 base "+base+" = "+i);
013        }
014      } catch (NumberFormatException e) {
015        System.out.println(
016          "40 ist keine Zahl zur Basis "+base
017        );
018      }
019    }
020  }
```

Listing 12.3: Abfangen des Laufzeitfehlers mit einer try-catch-Anweisung

Zwar ist 40 immer noch keine Zahl zur Basis 4, aber das Programm fängt diesen Fehler nun ab und gibt eine geeignete Fehlermeldung aus:

```
40 base 10 = 40
40 base 9 = 36
40 base 8 = 32
40 base 7 = 28
40 base 6 = 24
40 base 5 = 20
40 ist keine Zahl zur Basis 4
```

12.2.2 Das Fehlerobjekt

In der `catch`-Klausel wird nicht nur die Art des abzufangenden Fehlers definiert, sondern auch ein formaler Parameter angegeben, der beim Auftreten der Ausnahme ein Fehlerobjekt übernehmen soll. Fehlerobjekte sind dabei Instanzen der Klasse `Throwable` oder einer ihrer Unterklassen. Sie werden vom Aufrufer der Ausnahme erzeugt und als Parameter an die `catch`-Klausel übergeben. Das Fehlerobjekt enthält Informationen über die Art des aufgetretenen Fehlers. So liefert beispielsweise die Methode `getMessage` einen Fehlertext (wenn dieser explizit gesetzt wurde), und `printStackTrace` druckt einen Auszug aus dem Laufzeit-Stack. Am einfachsten kann der Fehlertext mit der Methode `toString` der Klasse `Throwable` ausgegeben werden:

java.lang.Throwable

```java
public String getMessage()

public void printStackTrace()

public String toString()
```

Unser Beispielprogramm könnte dann wie folgt umgeschrieben werden:

Listing 12.4: Verwendung des Fehlerobjekts nach einem Laufzeitfehler

```java
001 /* RTErrorProg2.java */
002
003 public class RTErrorProg2
004 {
005   public static void main(String[] args)
006   {
007     int i, base = 0;
008
009     try {
010       for (base = 10; base >= 2; --base) {
011         i = Integer.parseInt("40",base);
012         System.out.println("40 base "+base+" = "+i);
013       }
014     } catch (NumberFormatException e) {
015       System.out.println("***Fehler aufgetreten***");
016       System.out.println("Ursache: "+e.getMessage());
017       e.printStackTrace();
018     }
019   }
020 }
```

Die Ausgabe des Programms wäre dann:

```
40 base 10 = 40
40 base 9 = 36
40 base 8 = 32
40 base 7 = 28
```

```
40 base 6 = 24
40 base 5 = 20
***Fehler aufgetreten***
Ursache: 40
java.lang.NumberFormatException: 40
        at java.lang.Integer.parseInt(Compiled Code)
        at RTErrorProg2.main(Compiled Code)
```

Wie man sieht, ähnelt die Ausgabe des Programms der ersten Version, die ohne expliziten Fehler-Handler geschrieben wurde. Das liegt daran, daß das Java-Laufzeitsystem beim Auftreten eines Fehlers, der von keiner Methode behandelt wurde, `printStackTrace` aufruft, bevor es das Programm beendet.

12.2.3 Die Fehlerklassen von Java

Alle Laufzeitfehler in Java sind Unterklassen der Klasse `Throwable`. `Throwable` ist eine allgemeine Fehlerklasse, die im wesentlichen eine Klartext-Fehlermeldung speichern und einen Auszug des Laufzeit-Stacks ausgeben kann. Unterhalb von `Throwable` befinden sich zwei große Vererbungshierarchien:

▶ Die Klasse `Error` ist Superklasse aller *schwerwiegenden* Fehler. Diese werden hauptsächlich durch Probleme in der virtuellen Java-Maschine ausgelöst. Fehler der Klasse `Error` sollten in der Regel nicht abgefangen werden, sondern (durch den Standard-Fehlerhandler) nach einer entsprechenden Meldung zum Abbruch des Programms führen.

▶ Alle Fehler, die möglicherweise für die Anwendung selbst von Interesse sind, befinden sich in der Klasse `Exception` oder einer ihrer Unterklassen. Ein Fehler dieser Art signalisiert einen abnormen Zustand, der vom Programm abgefangen und behandelt werden kann.

Viele Pakete der Java-Klassenbibliothek definieren ihre eigenen Fehlerklassen. So gibt es spezielle Fehlerklassen für die Dateiein- und -ausgabe, die Netzwerkkommunikation oder den Zugriff auf Arrays. Wir werden diese speziellen Fehlerklassen immer dann erläutern, wenn eine Methode besprochen wird, die diese Art von Fehler erzeugt.

12.2.4 Fortfahren nach Fehlern

Die Reaktion auf eine Ausnahme muß keinesfalls zwangsläufig darin bestehen, das Programm zu beenden. Statt dessen kann auch versucht werden, den Fehler zu beheben oder zu umgehen, um dann mit dem Programm fortzufahren. Wird im obigen Programm die `try-catch`-Anweisung in die Schleife gesetzt, so fährt das Programm nach jedem Fehler fort und versucht, die Konvertierung zur nächsten Basis vorzunehmen:

Listing 12.5:
Fortfahren nach
Laufzeitfehlern

```
001 /* Listing1205.java */
002
003 public class Listing1205
004 {
005   public static void main(String[] args)
006   {
007     int i, base = 0;
008
009     for (base = 10; base >= 2; --base) {
010       try {
011         i = Integer.parseInt("40",base);
012         System.out.println("40 base "+base+" = "+i);
013       } catch (NumberFormatException e) {
014         System.out.println(
015           "40 ist keine Zahl zur Basis "+base
016         );
017       }
018     }
019   }
020 }
```

Die Ausgabe des Programms lautet nun:

```
40 base 10 = 40
40 base 9 = 36
40 base 8 = 32
40 base 7 = 28
40 base 6 = 24
40 base 5 = 20
40 ist keine Zahl zur Basis 4
40 ist keine Zahl zur Basis 3
40 ist keine Zahl zur Basis 2
```

> Ob es sinnvoller ist, nach einem Fehler mit der Programmausführung fortzufahren oder das Programm abzubrechen, ist von der Art des Fehlers und der Stelle im Programm, an der er aufgetreten ist, abhängig. Hier muß von Fall zu Fall entschieden werden, wie vorgegangen werden soll.

12.2.5 Mehr als eine catch-Klausel

Bisher sind wir davon ausgegangen, daß innerhalb eines try-Blocks nur eine Ausnahme auftreten kann. Tatsächlich ist es natürlich ohne weiteres möglich, daß zwei oder mehrere unterschiedliche Ausnahmen ausgelöst werden. Das Programm kann auf verschiedene Fehler reagieren, indem es mehr als eine catch-Klausel verwendet. Jede catch-Klausel fängt die Fehler ab, die zum Typ des angegebenen Fehlerobjekts zuweisungskompatibel sind. Dazu

Behandlung von Exceptions — Kapitel 12

gehören alle Fehler der angegebenen Klasse und all ihrer Unterklassen (das wichtige Konzept der Zuweisungskompatibilität von Objekttypen wurde in Abschnitt 7.1.6 auf Seite 149 erläutert). Die einzelnen catch-Klauseln werden in der Reihenfolge ihres Auftretens abgearbeitet.

Wir wollen das Beispielprogramm nun so erweitern, daß nicht nur ein einzelner String in eine Zahl konvertiert wird, sondern ein Array von Strings. Aufgrund eines Fehlers in der verwendeten for-Schleife verursacht das Programm einen Zugriff auf ein nicht vorhandenes Array-Element und löst damit eine Ausnahme des Typs IndexOutOfBoundsException aus. Diese kann zusammen mit der Ausnahme NumberFormatException in einer gemeinsamen try-catch-Anweisung behandelt werden:

```
001 /* Listing1206.java */
002
003 public class Listing1206
004 {
005   public static void main(String[] args)
006   {
007     int i, j, base = 0;
008     String[] numbers = new String[3];
009
010     numbers[0] = "10";
011     numbers[1] = "20";
012     numbers[2] = "30";
013     try {
014       for (base = 10; base >= 2; --base) {
015         for (j = 0; j <= 3; ++j) {
016           i = Integer.parseInt(numbers[j],base);
017           System.out.println(
018             numbers[j]+" base "+base+" = "+i
019           );
020         }
021       }
022     } catch (IndexOutOfBoundsException e1) {
023       System.out.println(
024         "***IndexOutOfBoundsException: " + e1.toString()
025       );
026     } catch (NumberFormatException e2) {
027       System.out.println(
028         "***NumberFormatException: " + e2.toString()
029       );
030     }
031   }
032 }
```

Listing 12.6:
Mehr als eine catch-Klausel

Die Ausgabe des Programms ist nun:

```
10 base 10 = 10
20 base 10 = 20
30 base 10 = 30
***IndexOutOfBoundsException: java.lang.ArrayIndexOutOfBoundsException
```

12.2.6 Die finally-Klausel

Die try-catch-Anweisung enthält einen optionalen Bestandteil, der bisher noch nicht erläutert wurde. Mit Hilfe der finally-Klausel, die als letzter Bestandteil einer try-catch-Anweisung verwendet werden darf, kann ein Programmfragment definiert werden, das immer dann ausgeführt wird, wenn die zugehörige try-Klausel betreten wurde. Dabei spielt es keine Rolle, *welches* Ereignis dafür verantwortlich war, daß die try-Klausel verlassen wurde. Die finally-Klausel wird insbesondere dann ausgeführt, wenn der try-Block durch eine der folgenden Anweisungen verlassen wurde:

▶ wenn das normale Ende des try-Blocks erreicht wurde

▶ wenn eine Ausnahme aufgetreten ist, die durch eine catch-Klausel behandelt wurde

▶ wenn eine Ausnahme aufgetreten ist, die nicht durch eine catch-Klausel behandelt wurde

▶ wenn der try-Block durch eine der Sprunganweisungen break, continue oder return verlassen werden soll

> Die finally-Klausel ist also der ideale Ort, um Aufräumarbeiten durchzuführen. Hier können beispielsweise Dateien geschlossen oder Ressourcen freigegeben werden.

Die folgende Variation unseres Beispielprogramms benutzt finally dazu, am Ende des Programms eine Meldung auszugeben:

Listing 12.7:
Verwendung der
finally-Klausel

```
001 /* Listing1207.java */
002
003 public class Listing1207
004 {
005   public static void main(String[] args)
006   {
007     int i, base = 0;
008
009     try {
010       for (base = 10; base >= 2; --base) {
011         i = Integer.parseInt("40",base);
```

```
012          System.out.println("40 base "+base+" = "+i);
013        }
014      } catch (NumberFormatException e) {
015        System.out.println(
016          "40 ist keine Zahl zur Basis "+base
017        );
018      } finally {
019        System.out.println(
020          "Sie haben ein einfaches Beispiel " +
021          "sehr glücklich gemacht."
022        );
023      }
024    }
025 }
```

Listing 12.7: Verwendung der finally-Klausel (Forts.)

Die Ausgabe des Programms ist:

```
40 base 10 = 40
40 base 9 = 36
40 base 8 = 32
40 base 7 = 28
40 base 6 = 24
40 base 5 = 20
40 ist keine Zahl zur Basis 4
Sie haben ein einfaches Beispiel sehr glücklich gemacht.
```

12.3 Weitergabe von Exceptions

12.3.1 Die catch-or-throw-Regel

Bei der Behandlung von Ausnahmen in Java gibt es die Grundregel *catch or throw*. Sie besagt, daß jede Ausnahme entweder *behandelt* oder *weitergegeben* werden muß. Wie man Ausnahmen behandelt, wurde anhand der try-catch-Anweisung in den vorherigen Abschnitten erklärt. Soll eine Ausnahme nicht behandelt, sondern weitergegeben werden, so kann dies einfach dadurch geschehen, daß eine geeignete try-catch-Anweisung nicht verwendet wird.

In der Regel gibt es dann jedoch zunächst einen Fehler beim Übersetzen des Programms, denn der Compiler erwartet, daß jede mögliche Ausnahme, die nicht behandelt, sondern weitergegeben wird, mit Hilfe der throws-Klausel zu deklarieren ist. Dazu wird an das Ende des Methodenkopfes das Schlüsselwort throws mit einer Liste aller Ausnahmen, die nicht behandelt werden sollen, angehängt:

```
001 public void SqrtTable()
002 throws ArithmeticException
003 {
```

Listing 12.8: Verwendung der throws-Klausel

Listing 12.8:
Verwendung der
throws-Klausel
(Forts.)

```
004   double x = -1.0;
005
006   while (x <= 10.0) {
007     System.out.println("sqrt("+x+")="+Math.sqrt(x));
008     x += 1.0;
009   }
010 }
```

12.3.2 Weitergabe einer Exception

Tritt eine Ausnahme ein, sucht das Laufzeitsystem zunächst nach einer die Anweisung unmittelbar umgebenden `try-catch`-Anweisung, die diesen Fehler behandelt. Findet es eine solche nicht, wiederholt es die Suche sukzessive in allen umgebenden Blöcken. Ist auch das erfolglos, wird der Fehler an den Aufrufer der Methode weitergegeben. Dort beginnt die Suche nach einem Fehler-Handler von neuem, und der Fehler wird an die umgebenden Blöcke und schließlich an den Aufrufer weitergereicht. Enthält auch die Hauptmethode keinen Code, um den Fehler zu behandeln, bricht das Programm mit einer Fehlermeldung ab.

> Da alle Fehler, die nicht innerhalb einer Methode behandelt werden, dem Compiler mit Hilfe der `throws`-Klausel bekanntgemacht werden, kennt dieser zu jeder Methode die potentiellen Fehler, die von ihr verursacht werden können. Mit diesen Informationen kann der Compiler bei jedem Methodenaufruf sicherstellen, daß der Aufrufer seinerseits die *catch-or-throw*-Regel einhält.

Die Klasse RuntimeException

Um den Aufwand durch explizites Fehler-Handling bei der Entwicklung von Java-Programmen nicht zu groß werden zu lassen, gibt es eine Ausnahme von der *catch-or-throw*-Regel. Direkt unterhalb der Klasse `Exception` gibt es die Klasse `RuntimeException`. Sie ist die Vaterklasse aller Laufzeitfehler, die zwar behandelt werden *können*, aber nicht *müssen*. Der Programmierer kann in diesem Fall selbst entscheiden, ob er den entsprechenden Fehler behandeln will oder nicht.

12.3.3 Auslösen von Ausnahmen

Wie schon erwähnt, sind Ausnahmeobjekte unter Java Instanzen bestimmter Klassen und können somit behandelt werden wie andere Objekte auch. Es ist also insbesondere möglich, ein Fehlerobjekt zu instanzieren oder eigene Fehlerklassen aus den vorhandenen abzuleiten.

Das Erzeugen eines Objekts aus einer Fehlerklasse gleicht dem Erzeugen eines Objekts aus einer beliebigen anderen Klasse. So legt die Anweisung `new ArithmeticException` ein neues

Fehlerobjekt der Klasse `ArithmeticException` an, das einer Variablen des entsprechenden Typs zugewiesen werden kann.

Mit Hilfe der `throw`-Anweisung kann ein solches Objekt dazu verwendet werden, eine Ausnahme zu erzeugen. Die Syntax der `throw`-Anweisung ist:

```
throw AusnahmeObjekt;
```

Die Behandlung dieser Fehler folgt den üblichen Regeln. Sie entspricht damit genau dem Fall, wenn anstelle der `throw`-Anweisung eine aufgerufene Methode denselben Fehler ausgelöst hätte: Zunächst wird in den umgebenden Blöcken nach einem Fehler-Handler gesucht. Falls das erfolglos ist, wird der Fehler an den Aufrufer weitergegeben.

> Die `throw`-Anweisung kann nicht nur dazu verwendet werden, *neue* Fehler auszulösen. Sie kann ebenfalls eingesetzt werden, um innerhalb der `catch`-Klausel einer `try-catch`-Anweisung das übergebene Fehlerobjekt erneut zu senden. In diesem Fall wird nicht noch einmal dieselbe `catch`-Klausel ausgeführt, sondern der Fehler wird gemäß den oben genannten Regeln an den umgebenden Block bzw. den Aufrufer weitergegeben.

Auch selbstdefinierte Ausnahmen müssen sich an die *catch-or-throw*-Regel halten. Wird die Ausnahme nicht innerhalb derselben Methode behandelt, ist sie mit Hilfe der `throws`-Klausel im Methodenkopf zu deklarieren und weiter oben in der Aufrufkette zu behandeln.

Das folgende Beispiel definiert eine Funktion `isPrim`, die ermittelt, ob der übergebene Parameter eine Primzahl ist. Wird ein negativer Wert übergeben, verursacht die Methode eine Ausnahme des Typs `ArithmeticException`:

```
001  public boolean isPrim(int n)
002  throws ArithmeticException
003  {
004    if (n <= 0) {
005      throw new ArithmeticException("isPrim: Parameter <= 0");
006    }
007    if (n == 1) {
008      return false;
009    }
010    for (int i = 2; i <= n/2; ++i) {
011      if (n % i == 0) {
012        return false;
013      }
014    }
015    return true;
016  }
```

Listing 12.9:
Auslösen einer Ausnahme

Die throw-Anweisung hat dabei den Charakter einer Sprunganweisung. Sie unterbricht das Programm an der aktuellen Stelle und verzweigt unmittelbar zu der umgebenden catch-Klausel. Gibt es eine solche nicht, wird der Fehler an den Aufrufer weitergegeben. Tritt der Fehler innerhalb einer try-catch-Anweisung mit einer finally-Klausel auf, wird diese noch vor der Weitergabe des Fehlers ausgeführt.

12.4 Zusammenfassung

In diesem Kapitel wurden folgende Themen behandelt:

- Der Exception-Mechanismus in Java
- Die try-catch-Anweisung
- Fehlerobjekte und die Klasse Throwable
- Die Fehlerklassen Error und Exception
- Die finally-Klausel
- Die catch-or-throw-Regel, das Schlüsselwort throws und die Klasse RuntimeException
- Eigene Fehlerklassen und die throw-Anweisung

13 Strukturierung von Java-Programmen

13.1 Programmelemente

Wie in jeder Programmiersprache kann man auch in Java Strukturen erkennen, die auf den unterschiedlichen Abstraktionsebenen die Bestandteile eines Programms bilden. Die Kenntnis und Bezeichnung dieser Strukturen ist hilfreich für das Verständnis der entwickelten Programme und für die Kommunikation mit anderen Programmierern.

Wir wollen uns dazu in diesem Kapitel die folgenden Programmelemente ansehen:

- Anweisungen
- Blöcke
- Methoden
- Klassen
- Pakete
- Applikationen
- Applets

13.1.1 Anweisungen

Anweisungen gehören zu den elementarsten ausführbaren Programmelementen in Java. Eine Anweisung kann eine Deklaration enthalten, einen Ausdruck auswerten oder den Programmablauf steuern. Wir wollen Anweisungen an dieser Stelle als die kleinsten Bausteine von Java betrachten, und alle anderen Elemente sollen darauf aufbauen.

13.1.2 Blöcke

Ein Block ist eine Kollektion von Anweisungen, die nacheinander ausgeführt werden. Anders als eine einfache Anweisung kann ein Block eigene Variablen definieren, die nur innerhalb des Blocks sichtbar sind. Sie werden angelegt, wenn der Block aufgerufen wird, und zerstört, wenn er wieder verlassen wird.

Interessant ist ein Block vor allem deshalb, weil er selbst eine *Anweisung* ist. Während er in seiner Zusammensetzung aus vielen verschiedenen Anweisungen bestehen kann, stellt sich ein Block nach außen hin als eine einzige Anweisung dar. Die ganze Semantik einer blockstrukturierten Sprache ist darauf ausgelegt, daß ein Block für die Anweisungen, die ihn verwenden, wie eine homogene Einzelanweisung aussieht.

Rekursive Konstruktionsschemata, wie das hier beschriebene, treten an vielen verschiedenen Stellen und in vielen verschiedenen Erscheinungsformen bei der Programmentwicklung auf. Es gibt Methoden, die sich selbst aufrufen, Strukturvariablen, die andere Variablen enthalten, oder eben Blöcke, die Anweisungen *enthalten* und Anweisungen *sind*. Grundlage von rekursiven *Part-of*-Beziehungen ist immer der Umstand, daß die Kollektion selbst vom Typ der darin enthaltenen Elemente ist.

Die Sichtbarkeit und Lebensdauer von Blöcken in Java entspricht den üblichen Regeln, die auch in anderen Programmiersprachen gültig sind. Lokale Variablen werden angelegt, wenn die Ausführung des Blocks beginnt, und wieder zerstört, wenn der Block verlassen wird. Innerhalb eines Blocks sind die lokalen Variablen des Blocks und die lokalen Variablen der umgebenden Blöcke bzw. der umgebenden Methode sichtbar. Zusätzlich sind die Variablen der Klasse sichtbar, in der die den Block umschließende Methode enthalten ist.

> Lokale Variablen verdecken gleichnamige Instanz- oder Klassenvariablen. Durch Voranstellen des `this`-Zeigers kann trotzdem auf sie zugegriffen werden. Dies wird in Java oft ausgenutzt, um im Konstruktor einer Methode Membervariablen zu initialisieren, die denselben Namen wie formale Parameter haben:

Listing 13.1:
Zugriff auf verdeckte Membervariablen

```
001 class Point
002 {
003   private int x, y;
004   public Point(int x, int y)
005   {
006     this.x = x;
007     this.y = y;
008   }
009 }
```

Diese Vorgehensweise hat den Vorteil, daß man sich für die formalen Parameter nicht extra Namen ausdenken muß, nur damit sie sich von den zugehörigen Membervariablen unterscheiden.

> Sie hat aber auch den Nachteil, daß Membervariablen *versehentlich* durch lokale Variablen verdeckt werden können. Das folgende Beispiel zeigt einen typischen Fehler dieser Art:

Listing 13.2:
Versehentliches Verdecken einer Membervariable

```
001 /* Listing1302.java */
002
003 public class Listing1302
004 {
005   private int cnt = 0;
006
007   public void printNext()
```

```
008    {
009      int value = cnt;
010      System.out.println("value = " + value);
011      int cnt = value + 1;
012    }
013
014    public static void main(String[] args)
015    {
016      Listing1302 obj = new Listing1302();
017      obj.printNext();
018      obj.printNext();
019      obj.printNext();
020    }
021  }
```

Listing 13.2:
Versehentliches
Verdecken einer
Membervariable
(Forts.)

Auf den ersten Blick würde man erwarten, daß nacheinander die Werte 0, 1 und 2 ausgegeben werden. Dem ist aber nicht so, denn in Zeile 011 wird der um eins erhöhte Wert nicht der Membervariablen cnt zugewiesen, sondern der lokalen Variablen gleichen Namens. Dieser Fehler ist recht tückisch und kann bei unübersichtlichem Programmcode leicht entstehen. Die hier vorgestellte Variante passiert vor allem dann leicht, wenn eine ehemals lokale Variable zu einer Membervariable umfunktioniert wurde und der Programmierer nicht daran gedacht hat, den Typnamen zu entfernen.

Im Gegensatz zu den meisten anderen Programmiersprachen gibt es in Java die Regel, daß *lokale* Variablen sich nicht gegenseitig verdecken dürfen. Es ist also nicht erlaubt, innerhalb eines Blocks eine lokale Variable zu deklarieren, die unter demselben Namen bereits als lokale Variable sichtbar ist. Weitere Details zu Blöcken sind in Kapitel 6 auf Seite 123 zu finden.

13.1.3 Methoden

Methoden sind wie Blöcke Kollektionen, die Deklarationen und Anweisungen enthalten können. Genaugenommen enthalten sie neben dem Funktionskopf genau *einen* Block, der alle anderen Elemente enthält. Sie unterscheiden sich von Blöcken folgendermaßen:

▶ Sie haben einen Namen und können von verschiedenen Stellen des Programms aus aufgerufen werden.

▶ Sie sind parametrisierbar, und ihr Verhalten ist so zur Laufzeit strukturiert veränderbar.

▶ Sie können einen Rückgabewert haben, mit dem ein Wert an den Aufrufer zurückgegeben werden kann.

> Methoden werden in Java immer *lokal zu einer Klasse* definiert. Klassenlose Funktionen, wie sie beispielsweise in C++ zur Verfügung stehen, gibt es in Java nicht. In diesem Sinne ist Java eine wirklich objektorientierte Programmiersprache, denn die Methoden operieren immer auf den Daten eines bestimmten Objekts, zu dem sie aufgerufen werden.

Allerdings gibt es noch die *Klassenmethoden*. Sie werden zwar auch innerhalb einer Klasse definiert, benötigen aber später kein Objekt zur Ausführung. Statt dessen entsprechen Klassenmethoden eher den globalen Funktionen anderer Programmiersprachen und haben somit keinen Zugriff auf die Membervariablen eines Objekts. Im Unterschied zu gewöhnlichen Funktionen werden Klassenmethoden aber innerhalb einer Klasse definiert und besitzen damit einen eigenen Namensraum, der sich über die Methoden der aktuellen Klasse erstreckt. Der Zugriff auf eine Klassenmethode erfordert immer die Verwendung eines qualifizierten Namens, der sich aus dem Klassennamen, einem Punkt und dem eigentlichen Methodennamen zusammensetzt.

13.1.4 Klassen

Klassen sind das wichtigste Strukturierungsmittel objektorientierter Sprachen. Eine Klasse enthält eine Menge von Variablen, die den *Zustand* von Objekten dieser Klasse beschreiben, und eine Menge von Methoden, die das *Verhalten* der Objekte festlegen.

Klassen sind insofern schachtelbar, als ihre Instanzvariablen vom Typ einer Klasse sein können. Dabei ist es insbesondere erlaubt, daß die Membervariablen von demselben Typ wie die zu definierende Klasse sind. Da in Java alle Objekte als Referenzen abgelegt werden, können auf diese Weise rekursive Datentypen erzeugt und zur Konstruktion von dynamischen Datenstrukturen verwendet werden.

13.1.5 Pakete

In großen Programmsystemen reichen Klassen als Strukturelemente alleine nicht aus. Deshalb bietet Java mit den *Packages* (oder Paketen) oberhalb der Ebene der Klassen eine weitere Kollektion für Programmelemente an.

Ein Paket ist eine Sammlung von Klassen, die einen gemeinsamen Zweck verfolgen oder aus anderen Gründen zusammengefaßt werden sollen. Jede Klasse in Java ist Bestandteil genau eines Pakets. Paketnamen können aus mehreren Teilen bestehen und beliebig tiefe Hierarchien ausdrücken.

Der Name einer Methode oder einer Variablen besteht damit grundsätzlich aus drei Elementen:

- Paketname
- Klassen- oder Objektname
- Methoden- bzw. Variablenname

Ein Beispiel für einen Methodennamen ist `java.lang.Math.sqrt`. Wir werden später Mechanismen kennenlernen, mit denen es möglich ist, die Namen bei ihrer Verwendung abzukürzen.

13.1.6 Applikationen

Applikationen bilden eigenständige Programme in Java. Sie benötigen keinen Browser zur Ausführung, sondern nur den Java-Interpreter und die `.class`-Files der verwendeten Klassen.

Technisch betrachtet ist eine Applikation nicht mehr als eine einzelne Klasse, in der eine Methode vom Typ `public static void main` definiert wurde. Jede Klasse, die eine solche Methode enthält, kann als Applikation verwendet werden.

Durch einfaches Hinzufügen einer Methode `public static void main` kann also jede beliebige Klasse sehr leicht in eine Applikation verwandelt und vom Java-Interpreter aufgerufen werden. Dies kann beispielsweise nützlich sein, um in Low-Level-Klassen, die eigentlich nur als Dienstleister auftreten, eigenständig ausführbaren Testcode unterzubringen, oder um eine solche Klasse mit Benutzungshinweisen auszustatten, die der Entwickler durch einfaches Starten der Klasse als Applikation abrufen kann.

13.1.7 Applets

Applets sind ebenfalls lauffähige Java-Programme. Anders als Applikationen, werden sie aus einer HTML-Seite heraus aufgerufen und benötigen zur Ausführung einen Web-Browser (oder ein Hilfsprogramm wie den *Appletviewer*, das sich in gewissem Sinne wie ein Web-Browser verhält).

Applets werden nicht durch die Methode `public static void main` gestartet, sondern müssen aus der Klasse `Applet` abgeleitet und nach deren Architekturmerkmalen konstruiert werden. Zum Starten des Programms erzeugt der Browser eine Instanz der abgeleiteten Klasse und ruft nacheinander eine Reihe vordefinierter *Callback-Methoden* auf. Callback-Methoden sind Methoden, die von der abgeleiteten Klasse zur Verfügung gestellt und vom Browser oder AppletViewer aufgerufen werden. Weitere Details zur Applet-Programmierung finden sich in Kapitel 39 auf Seite 887 und Kapitel 40 auf Seite 909.

13.2 Pakete

13.2.1 Verwendung von Paketen

Jede Klasse in Java ist Bestandteil eines Pakets. Der vollständige Name einer Klasse besteht aus dem Namen des Pakets, gefolgt von einem Punkt, dem sich der eigentliche Name der Klasse anschließt. Der Name des Pakets selbst kann ebenfalls einen oder mehrere Punkte enthalten.

Damit eine Klasse verwendet werden kann, muß angegeben werden, in welchem Paket sie liegt. Hierzu gibt es zwei unterschiedliche Möglichkeiten:

▶ Die Klasse wird über ihren vollen (qualifizierten) Namen angesprochen:

```
java.util.Date d = new java.util.Date();
```

▶ Am Anfang des Programms werden die gewünschten Klassen mit Hilfe einer import-Anweisung eingebunden:

```
import java.util.*;
...
Date d = new Date();
```

Die Verwendung voll qualifizierter Namen hat den Nachteil, daß die Klassennamen sehr lang und unhandlich werden. Bequemer ist daher die Anwendung der zweiten Variante, bei der die benötigten Klassen mit Hilfe einer import-Anweisung dem Compiler bekanntgemacht werden.

Die import-Anweisung gibt es in zwei unterschiedlichen Ausprägungen:

▶ Mit der Syntax import Paket.Klasse; wird genau eine Klasse importiert. Alle anderen Klassen des Pakets bleiben unsichtbar:

```
import java.util.Date;
...
Date d = new Date();
java.util.Vector = new java.util.Vector();
```

▶ Unter Verwendung der Syntax import Paket.*; können alle Klassen des angegebenen Pakets auf einmal importiert werden:

```
import java.util.*;
...
Date d = new Date();
Vector v = new Vector();
```

Im Gegensatz zu ähnlichen Konstrukten in anderen Sprachen ist die Verwendung der zweiten Variante der import-Anweisung nicht zwangsläufig ineffizienter als die der ersten. In der Sprachspezifikation wird sie als *type import on demand* bezeichnet, was bedeutet, daß die Klasse erst dann in den angegebenen Paketen gesucht wird, wenn das Programm sie wirklich benötigt. Keinesfalls muß der Compiler beim Parsen der import-Anweisung zwangsläufig alle Klassendateien des angegebenen Pakets in den Hauptspeicher laden oder ähnlich zeit- und speicheraufwendige Dinge machen. Es schadet also im allgemeinen nichts, die zweite Variante der import-Anweisung zu verwenden.

Allerdings kann es zur Vermeidung von Verwechslungen mitunter nötig sein, die erste Variante zu verwenden. Enthalten nämlich zwei oder mehr Pakete, die mit der *-Notation importiert wurden, Klassen mit demselben Namen, würde der Compiler die Übersetzung mit einer Fehlermeldung »mehrdeutige Referenz auf Klasse...« abbrechen. In diesem Fall muß im Programm entweder der qualifizierte Klassenname verwendet oder die gewünschte Variante der Klasse mit einer expliziten import-Anweisung eingebunden werden.

Der Import von java.lang

In vielen verschiedenen Beispielen in diesem Buch werden Klassennamen (wie beispielsweise String, Thread oder Object) verwendet, ohne daß eine zugehörige import-Anweisung zu erkennen wäre. In diesem Fall entstammen die Klassen dem Paket java.lang.

Dieses Paket wurde von den Entwicklern der Sprache als so wichtig angesehen, daß es bei jedem Compilerlauf automatisch importiert wird. Man kann sich das so vorstellen, als wenn am Anfang jeder Quelldatei implizit die folgende Anweisung stehen würde:

```
import java.lang.*;
```

Ein expliziter Import von java.lang ist daher niemals nötig. Alle anderen Pakete müssen jedoch vor ihrer Verwendung importiert werden, wenn auf die Anwendung voll qualifizierter Klassennamen verzichtet werden soll.

Die vordefinierten Pakete im JDK

Während beim Wechsel der Java-Versionen die Sprachspezifikation relativ stabil geblieben ist, hat sich der Umfang der Laufzeitbibliothek um ein Vielfaches erhöht. Dies zeigt sich unter anderem an der gestiegenen Anzahl an vordefinierten Paketen, die mit dem JDK ausgeliefert werden (siehe Tabelle 13.1 auf Seite 276 und Tabelle 13.2 auf Seite 276). Sie stieg von 8 Standardpaketen im JDK 1.0 auf 22 im JDK 1.1, 50 im JDK 1.2, 70 im JDK 1.3 und schließlich auf über 130 im JDK 1.4.

Tabelle 13.1:
Die vordefinierten Standard-Pakete des JDK

Paket	Bedeutung
java.applet	Applets
java.awt	Das Abstract Windowing Toolkit inkl. diverser Unterpakete
java.beans	Java Beans
java.io	Bildschirm- und Datei-I/O
java.lang	Elementare Sprachunterstützung
java.lang.ref	Referenz-Objekte
java.lang.reflect	Reflection-API
java.math	Fließkomma-Arithmetik
java.net	Netzwerkunterstützung
java.nio	Das seit dem JDK 1.4 vorhandene *New I/O Package*
java.rmi	Remote Method Invocation (RMI)
java.security	Security-Dienste
java.sql	Datenbankzugriff (JDBC)
java.text	Internationalisierung
java.util	Diverse Utilities, Collection-Klassen und Datenstrukturen

Neben den Standardpaketen gibt es seit der Version 1.2 des JDK eine Reihe von *Standarderweiterungen*, deren Paketname mit javax. beginnt. Sie stellen erweiterte Funktionalitäten in einem oder mehreren *.jar*-Dateien zur Verfügung und werden typischerweise im Unterverzeichnis *lib\ext* des JDK installiert. Im Gegensatz zu den Standardpaketen des JDK sind sie nicht unbedingt Bestandteil jedes Java-Entwicklungssystems und müssen nicht auf allen Plattformen zur Verfügung stehen. Sie stellen häufig gebrauchte Erweiterungen zur Verfügung, deren Umfang die reinen Kernbibliotheken um ein Vielfaches übertrifft. Im JDK 1.4 werden folgende Standarderweiterungen bereits mit dem JDK ausgeliefert:

Tabelle 13.2:
Die wichtigsten vordefinierten Standarderweiterungen des JDK

Paket	Bedeutung
javax.accessibility	Unterstützung für Braille-Zeilen und ähnliche Ein-/Ausgabegeräte
javax.crypto	Kryptographische Erweiterungen
javax.imageio	Lesen und Schreiben von Bilddateien
javax.naming	Zugriff auf Namens-Services
javax.print	Unterstützung zum Drucken
javax.security.auth	Authentifizierung und Autorisierung
javax.sound	Das Sound-API
javax.swing	Das SWING-Toolkit
javax.xml	Zugriff auf XML-Dateien

Des weiteren sind einige Pakete im JDK enthalten, deren Inhalt von Dritten hergestellt wurde. Beispiele dafür sind die diversen Pakete unterhalb der `org.omg`-Hierarchie, mit deren Hilfe CORBA-Support zur Verfügung gestellt wird. Oder die Paket-Hierarchien `org.xml` und `org.w3c`, die Unterstützung zum Zugriff auf *XML-Dateien* zur Verfügungv stellen.

13.2.2 Die Bedeutung der Paketnamen

Paketnamen bestehen in Java aus mehreren Komponenten, die durch Punkte voneinander getrennt sind. Neben der Aufgabe, die Paketnamen *visuell* zu strukturieren, hat die Unterteilung aber noch eine andere, sehr viel wichtigere Bedeutung.

Jeder Teil eines mehrstufigen Paketnamens bezeichnet nämlich ein Unterverzeichnis auf dem Weg zu der gewünschten Klassendatei. Soll beispielsweise eine Klasse aus dem Paket `java.awt.image` eingebunden werden, sucht es der Java-Compiler im Unterverzeichnis `java\awt\image`. Soll dagegen eine Klasse aus dem Paket `com.sun.image.codec.jpeg` geladen werden, wird es im Unterverzeichnis `com\sun\image\codec\jpeg` gesucht. Interessant ist in diesem Zusammenhang natürlich die Frage, in welchem Verzeichnis der Compiler mit der Suche beginnt. Bei der Antwort darauf muß zwischen den JDKs 1.2, 1.3 und 1.4 und ihren Vorgängerversionen 1.0 und 1.1 unterschieden werden.

Laden von Klassen im JDK 1.0 und 1.1

Wurde keine Umgebungsvariable `CLASSPATH` angegeben und der Schalter `-classpath` beim Compiler-Aufruf nicht verwendet, so suchen der Java-Compiler und die übrigen Tools in einem systemspezifischen Installationsverzeichnis (z.B. `c:\java1.1.7\lib` beim JDK 1.1.7) und zusätzlich im aktuellen Verzeichnis nach den Klassendateien.

Anders als im JDK 1.0 ist es bei einer Standardinstallation des JDK 1.1 unter Windows 95 nicht erforderlich, den `CLASSPATH` explizit zu setzen. Alle Tools generieren den `CLASSPATH` implizit aus der Position des `bin`-Verzeichnisses (z.B. `c:\java1.1.7\bin`) nach folgendem Schema:

```
.;[bin]\..\classes;[bin]\..\lib\classes.zip
```

`[bin]` steht hier für den Pfad des `bin`-Verzeichnisses. Nur wenn die Klassendateien in einem anderen Verzeichnis liegen oder Klassendateien in weiteren Verzeichnissen eingebunden werden sollen, muß die `CLASSPATH`-Variable manuell geändert werden.

Existiert zum Zeitpunkt des Compiler-Aufrufs die Umgebungsvariable `CLASSPATH`, beginnt der Compiler die Suche nach den eingebundenen Klassen in allen im `CLASSPATH` angegebenen Verzeichnissen. Die einzelnen Verzeichnisse werden durch ein Semikolon (bzw. einen Doppelpunkt unter UNIX) voneinander getrennt.

Beim Aufruf des Compilers kann der Schalter `-classpath`, gefolgt von einer Liste von Verzeichnisnamen, übergeben werden. Er hat dieselbe Bedeutung wie die Umgebungsvariable `CLASSPATH` und definiert die Verzeichnisse, in denen der Compiler nach den `.class`-Dateien sucht. Der Compiler-Schalter hat dabei Vorrang gegenüber einer möglichen Umgebungsvariablen.

Laden von Klassen seit dem JDK 1.2

Die Verwendung der `CLASSPATH`-Variable hat immer wieder zu Schwierigkeiten und Mißverständnissen geführt. Es ist insbesondere häufig passiert, daß durch falsches Setzen der Umgebungsvariable die Systemklassen selbst nicht mehr gefunden werden konnten und auf diese Weise das gesamte Laufzeitsystem unbenutzbar wurde.

Seit dem JDK 1.2 wurde daher die Bedeutung der `CLASSPATH`-Umgebungsvariable dahingehend verändert, daß sie nur noch zur Suche der *benutzerspezifischen* Klassen verwendet wird. Alle Standardpakete und Standarderweiterungen (beide zusammen werden seit dem JDK 1.2 *Bootstrap Classes* genannt) werden dagegen unabhängig vom `CLASSPATH` mit Hilfe der auf das Installationsverzeichnis verweisenden Systemeigenschaft `sun.boot.class.path` gefunden. Sie wird bei der JDK-Installation automatisch gesetzt und sollte später nicht mehr verändert werden. Der `CLASSPATH` braucht also nur noch dann explizit gesetzt zu werden, wenn benutzerspezifische Klassen vorhanden sind, die nicht im aktuellen Verzeichnis liegen (letzteres wird ebenfalls automatisch durchsucht).

> Falls Sie zuvor eine ältere Versionen des Java Development Kit auf Ihrem Rechner installiert hatten, überprüfen Sie bitte nach der Installation die Umgebungsvariablen. Sorgen Sie dafür, daß nicht ein veralteter `CLASSPATH` auf Verzeichnisse oder Dateien verweist, aus denen das Laufzeitsystem versehentlich unbrauchbare Klassendateien laden würde.

Die Dateien classes.zip und rt.jar

Im Installationsverzeichnis von JDKs der Versionen 1.0 und 1.1 findet man meist eine Datei `classes.zip` anstelle der erwähnten Unterverzeichnisse mit den Klassendateien. Aus Gründen der Performance beim Übersetzen haben sich die Entwickler entschlossen, alle Standardklassendateien in diesem Archiv abzulegen, um einen schnelleren Lesezugriff auf sie zu ermöglichen.

> Die Datei *classes.zip* sollte nicht ausgepackt werden, denn der Compiler verwendet sie in archivierter Form. Obwohl beim Einpacken der Klassen auf die Komprimierung verzichtet wurde, bietet diese Form der Archivierung den Vorteil, daß viele kleine Dateien in einer einzigen großen zusammengefaßt werden. Zeitaufwendige Verzeichniszugriffe und -wechsel können so entfallen, wenn der Compiler nach Klassennamen suchen muß oder den Inhalt einer Klassendatei lesen will.

Pakete

Kapitel 13

Um dem Compiler diese Art der Speicherung der Klassendateien bekanntzumachen, muß in der CLASSPATH-Umgebungsvariable nicht nur das Verzeichnis, sondern auch der Name der .zip-Datei angegeben werden, z.B.:

```
CLASSPATH=.;c:\java\LIB\CLASSES.ZIP
```

> Seit dem JDK 1.2 gibt es die Datei *classes.zip* nicht mehr. Die Klassenbibliotheken liegen nun als .jar-Dateien (z.B. *rt.jar*) vor und befinden sich im Unterverzeichnis *jre\lib* der JDK-Installation. Wie zuvor erwähnt, werden sie unabhängig vom Inhalt der CLASSPATH-Umgebungsvariable gefunden. Weitere Informationen zu jar-Dateien finden Sie in Kapitel 50 auf Seite 1189.

Umgekehrte Domain-Namen

Die Entwickler von Java haben sich einen Mechanismus ausgedacht, um auch bei sehr großen Projekten, an denen möglicherweise viele Entwickler beteiligt sind, Namenskollisionen zwischen den beteiligten Klassen und Paketen zu vermeiden. Auch die Verwendung einer großen Anzahl unterschiedlicher Klassenbibliotheken von verschiedenen Herstellern sollte möglich sein, ohne daß Namensüberschneidungen dies schon im Keim ersticken.

Um diese Probleme zu lösen, hat sich das Java-Team eine Vorgehensweise zur Vergabe von Paketnamen überlegt, die an das *Domain-Namen*-System bei Internet-Adressen angelehnt ist. Danach sollte jeder Anbieter seine Pakete entsprechend dem eigenen Domain-Namen benennen, dabei allerdings die Namensbestandteile in umgekehrter Reihenfolge verwenden.

So sollten beispielsweise die Klassen der Firma SUN, deren Domain-Name sun.com ist, in einem Paket com.sun oder in darunter befindlichen Subpaketen liegen. Da die Domain-Namen weltweit eindeutig sind, werden Namenskollisionen zwischen Paketen unterschiedlicher Hersteller auf diese Weise von vornherein vermieden. Beispiele für derartige Paketnamen liefert die Standardinstallation gleich mit. So stellt das JDK 1.2 diverse Pakete com.sun.* zur Verfügung. Sie gehören nicht zum Standard-Sprachumfang eines Java-Entwicklungssystems, sondern werden von SUN als eigenständige Erweiterung mit dem JDK ausgeliefert.

> Unterhalb des Basispakets können Unterpakete beliebig geschachtelt werden. Die Namensvergabe liegt dabei in der Entscheidung des Unternehmens. Gibt es beispielsweise die Abteilungen is, se und tx in einem Unternehmen mit der Domain tl.de, kann es sinnvoll sein, diese Abteilungsnamen auch als Unterprojekte zu verwenden. Die von diesen Abteilungen erstellten Klassen würden dann in den Paketen de.tl.is, de.tl.se und de.tl.tx liegen.

Der Vollständigkeit halber sollte man anmerken, daß sich das hier beschriebene System in der Praxis noch nicht komplett durchgesetzt hat und insbesondere die Klassen der java.*- und javax.*-Hierarchie Ausnahmen bilden. Es wird mit der zunehmenden Anzahl allgemein verfügbarer Pakete jedoch an Bedeutung gewinnen. Manche Entwickler verwenden ein leicht abgewandeltes Schema, bei dem nur die Top-Level-Domain ausgelassen wird. Die Paketnamen beginnen in diesem Fall nicht mit org oder com, sondern direkt mit dem zweiten Teil des Domain-Namens (oder einem ähnlichen herstellerspezifischen Kürzel). Dadurch werden sie etwas kürzer und sind leichter zu handhaben.

13.2.3 Einbinden zusätzlicher Pakete

In der Praxis wird man neben der Klassenbibliothek des JDK häufig zusätzliche Pakete von Drittanbietern verwenden wollen. Um den Klassenpfad nicht unnötig lang werden zu lassen, empfiehlt es sich, die Pakete in einem gemeinsamen Verzeichnis abzulegen. Falls sich alle Entwickler von Libraries an das oben besprochene Schema zur Vergabe von Paketnamen halten, kann es keine Überschneidungen geben.

Als Beispiel wollen wir einige Java-Klassen des Autors (zu finden als Datei gkjava.zip unter http://www.gkrueger.com oder auf der CD-ROM zum Buch im Verzeichnis \misc) und die Utilities der »ACME-Labs« von Jef Poskanzer (http://www.acme.com) installieren:

- Zunächst legen wir ein gemeinsames Unterverzeichnis für unsere Klassendateien an, beispielsweise c:\classes.

- Nun wird die .zip-Datei mit den Klassen des Autors geladen und im Verzeichnis c:\classes ausgepackt. Da alle Paketnamen mit gk beginnen, landen alle Dateien im Unterverzeichnis gk.

- Auf die gleiche Weise packen wir die Klassendateien von Jef Poskanzer aus. Alle Klassen liegen im Paket acme oder in Unterpaketen und landen damit im Unterverzeichnis acme.

- Nun braucht lediglich noch der CLASSPATH so gesetzt zu werden, daß er das Verzeichnis c:\classes beinhaltet:

```
set CLASSPATH=.;c:\classes
```

Alle Libraries, die sich an diese Konventionen halten, können in der beschriebenen Weise installiert werden. Probleme gibt es nur, wenn ein Anbieter seine Klassendateien nicht in Paketen ablegt. In diesem Fall müßten die Klassendateien in das aktuelle Verzeichnis oder nach c:\classes kopiert werden. Das würde bei Klassendateien von mehr als einem Anbieter natürlich schnell zum Chaos führen, läßt sich aber nicht so einfach ändern. Es bieten sich zwei Handlungsalternativen an:

- Wenn man die Pakete in unterschiedlichen Unterverzeichnissen ablegt, benötigen die Programme einen relativ langen und möglicherweise schwer zu pflegenden Klassenpfad, in dem alle benötigten Verzeichnisse verzeichnet sind.

- Wenn man die »paketlosen« Dateien verschiedener Anbieter in unterschiedliche Unterverzeichnisse von c:\classes legen will, müßte man dazu die Quelldateien um die entsprechenden package-Anweisungen (siehe nachfolgenden Abschnitt) ergänzen.

Beide Varianten sind unbefriedigend, und es bleibt zu hoffen, daß die Anbieter von Java-Klassenbibliotheken sich verstärkt an die Namenskonventionen des Java-Teams halten werden.

13.2.4 Erstellen eigener Pakete

Benannte Pakete

Bisher wurde nur gezeigt, wie man Klassen aus fremden Paketen verwendet, nicht aber, wie man selbst Pakete erstellt. Glücklicherweise ist das aber keine Aufgabe für Spezialisten, sondern sehr einfach mit Bordmitteln realisierbar.

Um eine Klasse einem ganz bestimmten Paket zuzuordnen, muß lediglich am Anfang des Quelltextes eine geeignete package-Anweisung verwendet werden. Diese besteht (analog zur import-Anweisung) aus dem Schlüsselwort package und dem Namen des Pakets, dem die nachfolgende Klasse zugeordnet werden soll. Die package-Anweisung muß als erste Anweisung in einer Quelldatei stehen, so daß der Compiler sie noch vor den import-Anweisungen findet.

Der Aufbau und die Bedeutung der Paketnamen in der package-Anweisung entspricht exakt dem der import-Anweisung. Der Compiler löst ebenso wie beim import den dort angegebenen hierarchischen Namen in eine Kette von Unterverzeichnissen auf, an deren Ende die Quelldatei steht. Neben der Quelldatei wird auch die Klassendatei in diesem Unterverzeichnis erstellt.

Da der Java-Compiler eingebundene Quelldateien, die noch nicht übersetzt sind, während der Übersetzung einer anderen Klasse automatisch mit übersetzt, ist das Erstellen eines neuen Pakets sehr einfach. Wir wollen uns ein Beispiel ansehen, bei dem zwei Pakete demo und demo.tools angelegt und die darin enthaltenen Klassen A, B und C in einer Klasse PackageDemo verwendet werden. Am einfachsten ist es, wie nachfolgend beschrieben vorzugehen.

Wir gehen davon aus, daß der CLASSPATH das aktuelle Verzeichnis enthält (also beispielsweise den Inhalt ".;c:\classes" hat), und legen im aktuellen Verzeichnis die Unterverzeichnisse demo und demo\tools an.

▶ Zunächst wird im Unterverzeichnis demo die Datei A.java angelegt:

Listing 13.3:
Die Klasse A des
Pakets demo

```
001 package demo;
002
003 public class A
004 {
005    public void hello()
006    {
007       System.out.println("Hier ist A");
008    }
009 }
```

Sie enthält die Anweisung package demo;, um anzuzeigen, daß die Klasse A zum Paket demo gehört.

▶ Im Unterverzeichnis demo wird weiterhin die Datei B.java angelegt:

Listing 13.4:
Die Klasse B des
Pakets demo

```
001 package demo;
002
003 public class B
004 {
005    public void hello()
006    {
007       System.out.println("Hier ist B");
008    }
009 }
```

Auch diese Quelldatei enthält die Anweisung package demo;, um anzuzeigen, daß die Klasse zum Paket demo gehört.

▶ Im Unterverzeichnis demo\tools wird die Datei C.java angelegt:

Listing 13.5:
Die Klasse C des
Pakets
demo.tools

```
001 package demo.tools;
002
003 public class C
004 {
005    public void hello()
006    {
007       System.out.println("Hier ist C");
008    }
009 }
```

Diese Quelldatei enthält die Anweisung package demo.tools;, um anzuzeigen, daß die Klasse zum Paket demo.tools gehört.

▶ Nun wird im Stammverzeichnis die Datei PackageDemo.java angelegt:

Pakete

```
001 import demo.*;
002 import demo.tools.*;
003
004 public class PackageDemo
005 {
006   public static void main(String[] args)
007   {
008     (new A()).hello();
009     (new B()).hello();
010     (new C()).hello();
011   }
012 }
```

Listing 13.6:
Verwendung der Klassen aus selbstdefinierten Paketen

Ohne vorher die Klassen A, B oder C separat übersetzen zu müssen, kann nun einfach PackageDemo kompiliert werden. Der Compiler erkennt die Verwendung von A, B und C, findet die Paketverzeichnisse demo und demo\tools und erkennt, daß die Quellen noch nicht übersetzt wurden. Er erzeugt dann aus den .java-Dateien die zugehörigen .class-Dateien (in demselben Verzeichnis wie die Quelldateien), bindet sie ein und übersetzt schließlich die Klasse PackageDemo. Die Ausgabe des Programms ist:

```
Hier ist A
Hier ist B
Hier ist C
```

Das Default-Paket

Würde nur dann ein eigenes Paket erzeugt werden, wenn die Quelldatei eine package-Anweisung enthält, müßte man sich fragen, zu welchem Paket die Klassen gehören, in deren Quelldatei die package-Anweisung fehlt (was ja erlaubt ist). Die Antwort auf diese Frage lautet, daß es in Java ein *Default-Paket* gibt, das genau dann verwendet wird, wenn keine andere Zuordnung getroffen wurde.

Das Default-Paket ist ein Zugeständnis an kleinere Programme oder einfache Programmierprojekte, bei denen es sich nicht lohnt, eigene Pakete anzulegen. Ohne Teile des Projektes in Unterverzeichnissen abzulegen und durch import- und package-Anweisungen unnötigen Aufwand zu treiben, ist es auf diese Weise möglich, Quelldateien einfach im aktuellen Verzeichnis abzulegen, dort zu kompilieren und automatisch einzubinden. Klassen des Default-Pakets können ohne explizite import-Anweisung verwendet werden.

Ein Java-Compiler braucht laut Spezifikation nur ein einziges Default-Paket zur Verfügung zu stellen. Typischerweise wird dieses Konzept aber so realisiert, daß jedes unterschiedliche Verzeichnis die Rolle eines Default-Pakets übernimmt. Auf diese Weise lassen sich beliebig viele Default-Pakete erzeugen, indem bei Bedarf einfach ein neues Unterverzeichnis angelegt wird und die Quelldateien eines Java-Projektes dort abgelegt werden.

Das public-Attribut

Es gibt noch eine wichtige Besonderheit bei der Deklaration von Klassen, die von anderen Klassen verwendet werden sollen. Damit eine Klasse A eine andere Klasse B einbinden darf, muß nämlich eine der beiden folgenden Bedingungen erfüllt sein:

▶ Entweder gehören A und B zu demselben Paket oder

▶ die Klasse B wurde als public deklariert.

Wenn also nur Default-Pakete verwendet werden, spielt es keine Rolle, ob eine Klasse vom Typ public ist, denn alle Klassen liegen in demselben Paket. Werden aber Klassen aus externen Paketen eingebunden, so gelingt das nur, wenn die einzubindende Klasse vom Typ public ist. Andernfalls verweigert der Compiler deren Einbindung und bricht die Übersetzung mit einer Fehlermeldung ab.

13.3 Der Entwicklungszyklus

13.3.1 Schematische Darstellung

Der Turn-around-Zyklus beim Entwickeln von Java-Programmen unterscheidet sich in mehrfacher Hinsicht von dem in traditionellen kompilierten Programmiersprachen.

▶ Der Compiler erzeugt keine direkt ausführbaren Programme, sondern .class-Files, die von einem Java-Interpreter ausgeführt werden. Mittlerweile arbeiten bereits mehrere Betriebssystem-Hersteller daran, .class-Files direkt ausführbar zu machen, und es gibt schon Prozessoren, die den Maschinencode in .class-Files ohne zwischengeschalteten Interpreter verstehen.

▶ Es gibt keinen expliziten Link-Lauf, denn die verschiedenen .class-Files werden zur Ausführungszeit gebunden.

▶ Die .class-Files eines einzigen Projekts können auf unterschiedlichen Plattformen mit unterschiedlichen Compilern erzeugt werden.

▶ Die .class-Files lassen sich auf allen Plattformen ausführen, die einen Java-Interpreter besitzen; unabhängig davon, wo sie ursprünglich entwickelt wurden.

Der Entwicklungszyklus Kapitel 13

Abbildung 13.1 zeigt den schematischen Ablauf bei der Entwicklung eines Java-Programms, das aus den Klassen A, B und C besteht.

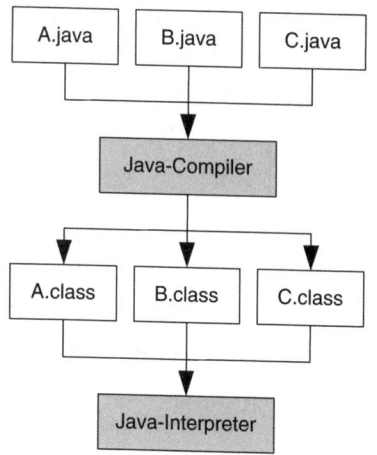

Abbildung 13.1:
Der Entwicklungszyklus in Java

Da der Java-Bytecode plattformunabhängig ist, hätten die Klassen A, B und C aber auch ebensogut von verschiedenen Entwicklern auf drei unterschiedlichen Plattformen entwickelt werden können, um später auf einer vierten Plattform ausgeführt zu werden. Abbildung 13.2 zeigt dies beispielhaft.

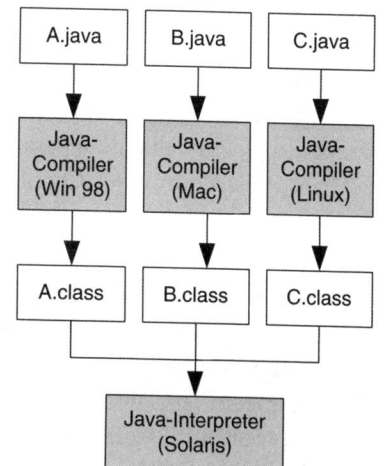

Abbildung 13.2:
Plattformübergreifende Entwicklung in Java

13.3.2 Projektverwaltung

Getrenntes Kompilieren

Wie die Abbildungen deutlich machen, spielen die .class-Files für den Entwicklungsprozeß und die Portierbarkeit von Java-Programmen eine entscheidende Rolle. Jede .class-Datei enthält den Bytecode für eine übersetzte Klasse. Zusätzlich sind in ihr Informationen enthalten, um dynamisches Linken und Late-Bindung zu unterstützen und gegebenenfalls Symbole, Zeilennummern und andere Informationen für den Debugger zur Verfügung zu stellen.

> Eine der Grundregeln bei der Entwicklung von Java-Programmen ist es, genau eine Klassendefinition je Quelldatei aufzunehmen. Anders als etwa in C++, ist es in Java grundsätzlich nicht möglich, die Quellen einer einzigen Klasse auf mehrere Dateien zu verteilen (und auf diese Weise *weniger* als eine Klasse in einer Quelldatei zu speichern). Obwohl es – wie wir gleich sehen werden – möglich ist, *mehr* als eine Klasse in einer Quelldatei abzulegen, sollte dies in der Regel nicht getan werden. Wenn diese Regeln eingehalten werden, ergibt sich eine eindeutige Abbildung zwischen Klassen und Quelldateien, die bei der sauberen Strukturierung eines Projektes hilft. Durch die Verwendung von Paketen kann eine Verteilung der Quelltexte auf verschiedene Verzeichnisse und Unterverzeichnisse erreicht werden.

Wie bereits angedeutet, dürfen tatsächlich auch zwei oder mehr Klassen in einer Quelldatei enthalten sein. Voraussetzung dafür ist allerdings, daß höchstens eine von ihnen als public deklariert wurde. Eine solche Vorgehensweise kann beispielsweise bei sehr kleinen Projekten, die nur aus ganz wenigen Klassen bestehen, sinnvoll sein, um alle Klassen in eine einzige Datei zu bekommen. Sie kann auch angewendet werden, wenn kleine Hilfsklassen benötigt werden, die nur für eine einzige andere Klasse von Bedeutung sind. Der Compiler erzeugt in jedem Fall eine separate .class-Datei für jede Klasse, die in einer Quelldatei enthalten ist. Wurde in einer Quelldatei mehr als eine Klasse public deklariert, gibt es einen Compiler-Fehler.

> Wichtig ist in dem Zusammenhang auch, daß der Name der public-Klasse und der Name der Quelldatei identisch sein müssen. Dabei muß die Groß- und Kleinschreibung eingehalten werden, und auch bei Klassennamen, die länger als 8 Zeichen sind, muß der Dateiname so lang wie der Klassenname sein. Klassen- und Dateiname unterscheiden sich also nur durch die Extension *.java*. So befindet sich beispielsweise die Klasse Integer in einer Datei mit dem Namen *Integer.java* und die Klasse InterruptedException in einer Datei mit dem Namen *InterruptedException.java*. Da die Extension einer Java-Quelldatei in jedem Fall *.java* (und damit vierstellig) ist, ist eine vernünftige Portierung von Java auf Plattformen, die nur 8+3-Dateinamen unterstützen, kaum sinnvoll möglich und bisher auch nur ansatzweise gelungen.

Interessanterweise bietet Java volle Typsicherheit auch über die Grenzen von Quelldateien hinweg, ohne daß dazu Header-Dateien oder andere Interface-Beschreibungen nötig wären. Der Compiler verwendet während der Übersetzung einer Java-Klasse die `.class`-Dateien aller eingebundenen Klassen und entnimmt diesen die Signatur der aufgerufenen Methoden. Die Notwendigkeit zur Bereitstellung von separaten Header-Dateien (wie beispielsweise in C++) und das fehlerträchtige Management der Abhängigkeiten zwischen ihnen und ihren Quelltexten entfällt daher.

Java und make

Genau aus diesem Grund ist aber auch die Verwendung des `make`-Tools zur Verwaltung der Dateiabhängigkeiten in Java-Projekten schwierig. Anstelle der klar definierten Abhängigkeit einer Quelldatei von einigen Headerdateien besitzt eine Java-Quelle meist eine Vielzahl von (teilweise impliziten oder indirekten) Abhängigkeiten zu anderen Java-Quellen. Diese korrekt zu pflegen ist nicht einfach, und ein `makefile` kann leicht unvollständige Abhängigkeitsregeln enthalten. Die daraus entstehenden Inkonsistenzen können zu schwer zu lokalisierenden Laufzeitfehlern führen.

Ein anderes Problem bei der Verwendung von `make` ist die Vielzahl der separaten Compiler-Aufrufe. Da der Java-Compiler des JDK selbst in Java geschrieben wurde, verursacht jeder Aufruf einen erheblichen Overhead durch das erforderliche Starten der virtuellen Maschine, der sich bei umfangreichen Projekten in unzumutbaren Wartezeiten niederschlägt.

Aus diesen Gründen ist es bei kleineren und mittleren Projekten oftmals sinnvoll, auf den Einsatz von `make` zu verzichten und die Programme bei Bedarf durch Aufruf von `javac *.java` komplett neu zu kompilieren. Der Aufruf-Overhead entsteht in diesem Fall nur einmal, und der Compiler braucht nicht wesentlich länger, als wenn lediglich eine einzige Quelle übersetzt würde.

Eine Alternative zu `make` ist das Open-Source-Projekt `ant`, ein komplett in Java geschriebenes `make`-Tool mit umfangreichen Scripting-Möglichkeiten. `ant` kann am ehesten als Kombination aus `make` und Kommando-Shell angesehen werden. Basierend auf XML als Steuerungssprache bietet es eine Vielzahl von eingebauten Kommandos, die beim Übersetzen von Java-Programm und während des gesamten Build-Prozesses nützlich sind. Eigene Erweiterungen können in Java geschrieben und nahtlos integriert werden. `ant` wird als *Jakarta*-Projekt entwickelt, und seine Homepage ist http://jakarta.apache.org/ant.

Kapitel 13

13.4 Auslieferung von Java-Programmen

13.4.1 Weitergabe des Bytecodes

Direkte Weitergabe der Klassendateien

Der ausführbare Programmcode einer Java-Applikation befindet sich in den vom Compiler erzeugten .class-Dateien. Sie sind der wichtigste Bestandteil bei der Auslieferung eines Java-Programms. Wir werden uns in diesem Abschnitt ansehen, auf welche Weise die Klassendateien weitergegeben werden können und was dabei zu beachten ist. Neben den Klassendateien müssen mitunter auch zusätzliche Dateien mit Übersetzungstexten, Fehlermeldungen, Icons oder Bilddateien weitergegeben werden. Wie diese zusammen mit den Klassendateien ausgeliefert und verwendet werden können, zeigt der nächste Abschnitt.

> Die Ausführungen in diesem und dem nächsten Abschnitt sind möglicherweise schwierig zu verstehen, denn sie setzen Kenntnisse voraus, die teilweise erst in späteren Kapiteln vermittelt werden. Wegen ihres engen thematischen Bezuges zum vorliegenden Kapitel sind sie hier dennoch richtig aufgehoben, und Sie sollten den Ausführungen zumindest in groben Zügen folgen können. Lesen Sie diese Abschnitte bei Bedarf einfach zu einem späteren Zeitpunkt noch einmal, und viele Dinge, die jetzt unklar sind, werden dann leicht zu verstehen sein.

Die einfachste Möglichkeit, ein Java-Programm auszuliefern, besteht darin, die Klassendateien so zu belassen, wie sie sind, und sie entsprechend ihrer Paketstruktur auf das Zielsystem zu kopieren. Das Programm kann dann auf dem Zielsystem gestartet werden, indem der Java-Interpreter aus dem Installationsverzeichnis aufgerufen und der Name der zu startenden Klasse als Argument angegeben wird.

Als Beispiel wollen wir uns eine hypothetische Applikation ansehen, die aus folgenden Klassen besteht:

```
com.gkrueger.app.App
com.gkrueger.app.AppFrame
com.gkrueger.util.Logger
```

Die Klassen App und AppFrame befinden sich im Paket com.gkrueger.app und die Klasse Logger im Paket com.gkrueger.util. Ausgehend vom Basisverzeichnis, liegen die Klassendateien also in den Unterverzeichnissen com\gkrueger\app und com\gkrueger\util. Die main-Methode befindet sich in der Klasse App. Soll das Programm auf dem Zielsystem beispielsweise im Verzeichnis c:\gkapp installiert werden, müssen die drei Dateien wie folgt kopiert werden:

Auslieferung von Java-Programmen Kapitel 13

- `App.class` nach `c:\gkapp\com\gkrueger\app`
- `AppFrame.class` nach `c:\gkapp\com\gkrueger\app`
- `Logger.class` nach `c:\gkapp\com\gkrueger\util`

Das Programm kann dann aus dem Installationsverzeichnis `c:\gkapp` durch Angabe des qualifizierten Klassennamens gestartet werden:

```
java com.gkrueger.app.App
```

Voraussetzung zum Starten der Applikation ist, daß der Klassenpfad korrekt gesetzt ist. Soll das Programm stets aus dem Installationsverzeichnis heraus gestartet werden, muß das aktuelle Verzeichnis "." im `CLASSPATH` enthalten sein (alternativ kann seit dem JDK 1.2 auch gar kein Klassenpfad gesetzt sein). Soll das Programm von beliebiger Stelle aus gestartet werden können, muß der Pfad des Installationsverzeichnisses `c:\gkapp` in den Klassenpfad aufgenommen werden. Dazu kann entweder die Umgebungsvariable `CLASSPATH` modifiziert oder der gewünschte Klassenpfad mit einer der Optionen `-cp` oder `-classpath` an den Java-Interpreter übergeben werden. Dafür wäre beispielsweise folgender Aufruf geeignet:

```
java -cp c:\gkapp com.gkrueger.app.App
```

> Die Variante, bei der die Umgebungsvariable unverändert bleibt, ist natürlich die bessere, denn Modifikationen an Umgebungsvariablen beeinflussen möglicherweise auch andere Programme. Zudem hat die explizite und präzise Übergabe des Klassenpfades an den Interpreter den Vorteil, daß nicht versehentlich weitere Verzeichnisse im Klassenpfad enthalten sind und unerwünschte Nebeneffekte verursachen können.

Verwendung eines jar-Archivs

Noch einfacher wird die Installation, wenn anstelle der verschiedenen Klassendateien eine einzelne jar-Datei ausgeliefert wird. Auf dem Zielsystem spielt es dann keine Rolle mehr, aus welchem Verzeichnis heraus die Applikation aufgerufen wird und wie die `CLASSPATH`-Variable gesetzt ist. Weitere Hinweise zur Anwendung des jar-Programms finden sich in Abschnitt 50.6 auf Seite 1199. Dort wird auch erläutert, wie *Applets* in jar-Dateien ausgeliefert werden können.

Angenommen, das Basisverzeichnis für die Programmentwicklung auf der Quellmaschine ist `c:\prog\java` und die Klassendateien liegen in den Verzeichnissen `c:\prog\java\com\gkrueger\app` und `c:\prog\java\com\gkrueger\util`. Um eine jar-Datei zu unserem Beispielprojekt zu erstellen, ist aus dem Entwicklungsverzeichnis `c:\prog\java` heraus folgendes jar-Kommando abzusetzen:

```
jar cvf myapp.jar com
```

Kapitel 13 — Strukturierung von Java-Programmen

Dadurch werden alle Dateien aus dem Unterverzeichnis com und allen darin enthaltenen Unterverzeichnissen unter Beibehaltung der Verzeichnishierarchie in die jar-Datei myapp.jar kopiert. Um das Programm auf der Zielmaschine aufzurufen, reicht es aus, myapp.jar an eine beliebige Stelle zu kopieren und den Java-Interpreter wie folgt zu starten:

```
java -cp myapp.jar com.gkrueger.app.App
```

Anstelle des Unterverzeichnisses mit den Klassendateien haben wir nun die jar-Datei im Klassenpfad angegeben. Für den Interpreter sind beide Varianten gleichwertig und er wird das Programm in der gleichen Weise wie zuvor starten. Vorteilhaft an dieser Vorgehensweise ist, daß auf der Zielmaschine nur noch eine einzige Datei benötigt wird und nicht mehr ein ganzes System von Verzeichnissen und Unterverzeichnissen wie zuvor. Das vereinfacht nicht nur die Installation, sondern erhöht auch ihre Haltbarkeit, denn einzelne Dateien können nicht mehr überschrieben werden oder verlorengehen.

> Das oben beschriebene jar-Kommando kopiert *alle* Dateien aus dem *com*-Unterverzeichnis und den darin enthaltenen Unterverzeichnissen in die jar-Datei. Dazu zählen natürlich auch die Quelldateien, sofern sie in denselben Verzeichnissen liegen. Da diese aber meist nicht mit ausgeliefert werden sollen, empfiehlt es sich, entweder die Klassendateien (unter Beibehaltung der Unterverzeichnisstruktur) zuvor in ein leeres Verzeichnis zu kopieren und das jar-Kommando von dort aus zu starten. Oder die Klassendateien werden schon bei der Entwicklung von den Quelltexten getrennt, indem beim Kompilieren die Option -d verwendet wird.

Ausführbare jar-Archive

Wir können sogar noch einen Schritt weitergehen und die jar-Datei selbst »ausführbar« machen. Dazu müssen wir eine *Manifest-Datei* erstellen, in der der Name der Klasse angegeben wird, die die main-Methode enthält. Anschließend läßt sich die jar-Datei mit der Option -jar des Interpreters ohne explizite Angabe der Hauptklasse starten.

> Die Manifest-Datei ist eine Hilfsdatei mit Informationen über den Inhalt der jar-Datei. Sie hat den Namen manifest.mf und liegt im Unterverzeichnis meta-inf des jar-Archivs. Die Manifest-Datei kann mit einem normalen Texteditor erstellt und mit Hilfe der Option "m" in das jar-Archiv eingebunden werden. In unserem Fall muß sie lediglich einen Eintrag Main-Class enthalten. Weitere Informationen zu Manifest-Dateien finden sich in Abschnitt 44.3.3 auf Seite 1027 bei der Beschreibung der Java-Beans-Architektur.

Wir erstellen also zunächst eine Textdatei manifest.txt mit folgendem Inhalt (bitte mit einer Zeilenschaltung abschließen, sonst wird die Manifest-Datei nicht korrekt erstellt):

```
Main-Class: com.gkrueger.app.App
```

Nun kann das jar-Archiv erzeugt und die Manifest-Datei einbezogen werden:

```
jar cvfm myapp.jar manifest.txt com
```

Dieses Archiv kann nun mit Hilfe der Option `-jar` ohne Angabe des Klassennamens gestartet werden:

```
java -jar myapp.jar
```

Auch jetzt verhält sich das Programm genauso wie in den beiden zuvor beschriebenen Beispielen. Diese Variante ist vor allem nützlich, wenn die komplette Applikation in einem einzigen jar-Archiv ausgeliefert wird und nur eine einzige `main`-Methode enthält. Sie bietet sich beispielsweise für kleinere Programme, Beispiel- oder Testapplikationen an (die Demos des JDK sind beispielsweise in derartigen jar-Dateien untergebracht). Ist die Konfiguration dagegen komplizierter oder gibt es mehr als eine lauffähige Applikation in der jar-Datei, sollte der zuvor beschriebenen Variante der Vorzug gegeben werden.

13.4.2 Einbinden von Ressourcen-Dateien

Wie eingangs erwähnt, benötigt ein Programm neben den Klassendateien meist weitere Dateien mit zusätzlichen Informationen. Wird auf diese ausschließlich lesend zugegriffen, wollen wir sie als *Ressourcen-Dateien* bezeichnen, also als Dateien, die dem Programm neben den Klassendateien als zusätzliche Informationslieferanten zur Laufzeit zur Verfügung stehen. Die Ressourcen-Dateien könnten zwar als separate Dateien ausgeliefert und mit den Klassen zur Dateiverarbeitung eingelesen werden (diese werden ab Kapitel 18 auf Seite 405 vorgestellt). Das hätte jedoch den Nachteil, daß sich nicht mehr alle benötigten Dateien in einem jar-Archiv befinden würden und die Auslieferung dadurch verkompliziert würde.

Glücklicherweise gibt es im JDK die Möglichkeit, auch Ressourcen-Dateien in jar-Archiven unterzubringen und zur Laufzeit daraus einzulesen. Mit dem Klassenlader steht das dafür erforderliche Werkzeug allen Java-Programmen standardmäßig zur Verfügung. Während der Klassenlader normalerweise von der virtuellen Maschine dazu verwendet wird, Klassendateien einzulesen, kann er von der Anwendung zum Einlesen beliebiger Dateien zweckentfremdet werden. Einzige Bedingung ist, daß die Ressourcen-Dateien in einem Verzeichnis stehen, das vom Klassenlader erreicht werden kann, das also innerhalb des Klassenpfades liegt.

Dazu kann beispielsweise im Basisverzeichnis der Anwendung ein Unterverzeichnis `resources` angelegt und die Ressourcen-Dateien dort hineinkopiert werden. In unserem Fall würden wir also ein Unterverzeichnis `com.gkrueger.resources` anlegen. Mit Hilfe der Methode `getResourceAsStream` der Klasse `Class` (siehe Abschnitt 43.2.2 auf Seite 990) kann ein `InputStream` beschafft werden, mit dem die Datei Byte für Byte eingelesen werden kann:

java.lang.
Class

```
public InputStream getResourceAsStream(String name)
```

Als Parameter wird der vollständige Name der Ressourcen-Datei angegeben, allerdings unter Beachtung einiger Besonderheiten. Zunächst werden die einzelnen Paketnamen nicht wie gewohnt durch Punkte, sondern durch Schrägstriche "/" voneinander getrennt (auch unter Windows wird dazu nicht der Backslash verwendet). Nur die Dateierweiterung wird wie üblich hinter einem Punkt angegeben. Zudem muß als erstes Zeichen ebenfalls ein Schrägstrich angegeben werden. Soll also beispielsweise die Datei hello.txt aus dem Ressourcenverzeichnis geladen werden, so lautet der an getResourceAsStream zu übergebende Dateiname /com/gkrueger/resources/hello.txt.

Das folgende Listing zeigt eine einfache Methode, in der die angesprochenen Regeln implementiert werden. Sie beschafft zu einer beliebigen Datei, die sich in einem vorgegebenen Ressource-Verzeichnis befindet, das innerhalb des Klassenpfades liegt, einen InputStream, mit dem die darin enthaltenen Daten eingelesen werden können:

```
001 private InputStream getResourceStream(String pkgname, String fname)
002 {
003   String resname = "/" + pkgname.replace('.', '/') + "/" + fname;
004   Class clazz = getClass();
005   InputStream is = clazz.getResourceAsStream(resname);
006   return is;
007 }
```

Listing 13.7:
Einen Input-
Stream zu einer
Ressourcen-
Datei beschaffen

Als Argument wird der Paketname (in Punktnotation) und der Name der Ressourcen-Datei angegeben. Den obigen Regeln entsprechend werden beide in einen Ressourcen-Namen umgewandelt und an getResourceAsStream übergeben. Diese liefert einen InputStream, der zum Einlesen der Daten verwendet werden kann. Soll beispielsweise eine Text-Ressource in einen String geladen werden, kann dazu folgende Methode verwendet werden:

```
001 /* TestResource.inc */
002
003 import java.io.*;
004 import java.awt.*;
005
006 //...
007
008 public String loadTextResource(String pkgname, String fname)
009 throws IOException
010 {
011   String ret = null;
012   InputStream is = getResourceStream(pkgname, fname);
013   if (is != null) {
014     StringBuffer sb = new StringBuffer();
015     while (true) {
```

Listing 13.8:
Laden einer
Text-Ressource

```
016       int c = is.read();
017       if (c == -1) {
018         break;
019       }
020       sb.append((char)c);
021     }
022     is.close();
023     ret = sb.toString();
024   }
025   return ret;
026 }
027
028 //...
```

Listing 13.8: Laden einer Text-Ressource (Forts.)

Auch das Laden von Image-Ressourcen (Programm-Icons, Abbildungen etc.) kann auf ähnliche Weise realisiert werden:

```
001 /* ImageResource.inc */
002
003 import java.io.*;
004 import java.awt.*;
005
006 //...
007
008 public Image loadImageResource(String pkgname, String fname)
009 throws IOException
010 {
011   Image ret = null;
012   InputStream is = getResourceStream(pkgname, fname);
013   if (is != null) {
014     byte[] buffer = new byte[0];
015     byte[] tmpbuf = new byte[1024];
016     while (true) {
017       int len = is.read(tmpbuf);
018       if (len <= 0) {
019         break;
020       }
021       byte[] newbuf = new byte[buffer.length + len];
022       System.arraycopy(buffer, 0, newbuf, 0, buffer.length);
023       System.arraycopy(tmpbuf, 0, newbuf, buffer.length, len);
024       buffer = newbuf;
025     }
026     //create image
027     ret = Toolkit.getDefaultToolkit().createImage(buffer);
028     is.close();
029   }
030   return ret;
031 }
032
033 //...
```

Listing 13.9: Laden einer Image-Ressource

Voraussetzung ist natürlich, daß das Format der in den Puffer `buffer` eingelesenen Datei von der Methode `createImage` verstanden wird. Beispiele für gültige Formate sind GIF oder JPEG.

Der große Vorteil bei dieser Vorgehensweise ist, daß sie sowohl mit separaten Klassendateien funktioniert, als auch, wenn die komplette Applikation inklusive der Ressourcen-Dateien innerhalb einer einzigen jar-Datei ausgeliefert wird. Für die Anwendung selbst ist es vollkommen gleichgültig, aus welcher Quelle die Dateien stammen.

13.5 Java Web Start

13.5.1 Einleitung und Funktionsweise

> Die Ausführungen in diesem Abschnitt können beim ersten Lesen übersprungen werden. Sie setzen ein grundsätzliches Verständnis für Applets voraus und verwenden Beispielcode aus den Abschnitten 38.3 auf Seite 871 und 45.3.3 auf Seite 1080. Aus systematischen Gründen soll das Thema jedoch an dieser Stelle behandelt werden.

Applets werden ab Kapitel 39 auf Seite 887 erklärt. Sie waren es, die mit der Möglichkeit, eigenständige Programme mit grafischer Oberfläche in Webseiten einzubinden, einen großen Teil der anfänglichen Begeisterung für Java auslösten. Später erkannte man noch einen zweiten, strategischen Vorteil: diese Programme mußten nicht *installiert* werden, sondern wurden einfach aufgerufen und waren immer up-to-date. Das brachte »gute alte Zeiten« in Erinnerung, bei denen die Anwender an einfachen Terminals saßen, die – wenn sie wirklich einmal defekt waren – ohne großen Aufwand ausgetauscht werden konnten.

Schnell war die Idee geboren, dies mit aktueller (Java-)Technologie nachzuahmen. Warum nicht alle benötigten Programme als Applets implementieren, die bei Bedarf von einem zentralen Server geladen werden? Man hatte nämlich erkannt, daß in den Unternehmen ein Großteil der durch Computerarbeitsplätze verursachten Kosten gar nicht bei deren Kauf entstand, sondern erst danach. Etwa durch Updates, Reparaturen und Wartungen; aber auch durch Probleme, die durch nicht verfügbare, fehlerhafte oder inkonsistente Programmversionen entstand. Die aus dieser Idee entstandenen *Java Workstations* konnten sich allerdings nicht durchsetzen. Trotz vielversprechender Anfänge wurden die durch langsame Netzwerkverbindungen oder unzulängliche Java-Implementierungen in den Browsern verursachten Probleme nicht gelöst. Die Java-Stations verschwanden ebenso schnell von der Bildfläche, wie sie zuvor aufgetaucht waren.

Java Web Start

> Während der Entwicklung des JDK 1.3 brachte SUN eine Technologie auf den Markt, mit der die Vorteile von Applets und Applikationen kombiniert werden sollten. Sie wird als *Java Web Start* (kurz *WebStart*) bezeichnet und ist seit dem JDK 1.4 fester Bestandteil jedes JDKs und JREs. Java Web Start bietet die Möglichkeit, *Applikationen* über einen Web-Server automatisch zu laden und zu aktualisieren, ohne daß dazu eine lokale Installation oder das manuelle Einspielen eines Softwareupdates erforderlich wäre. Sie kombiniert so die Installationsfreiheit von Applets mit der Geschwindigkeit und Flexibilität von Java-Applikationen.

Wir wollen uns einmal ansehen, wie das Ganze funktioniert:

▶ Der Entwickler liefert seine Java-Applikation in dem von WebStart benötigten Format aus. Dazu muß er alle Bestandteile seiner Applikation (Klassen und Ressourcen) in einem oder mehreren jar-Archiven unterbringen. Zusätzlich muß er eine Deskriptordatei zur Verfügung stellen, in der alle von WebStart benötigten Informationen untergebracht sind.

▶ Der Administrator stellt eine Web-Seite zur Verfügung, von der die WebStart-Applikation geladen werden kann. Er kopiert dazu alle jar-Dateien und die Deskriptordatei auf den Server und macht letztere über einen Link den potentiellen Anwendern verfügbar. Einmalig muß er seinen Web-Server so konfigurieren, daß dieser Deskriptordateien an ihrer Extension `.jnlp` erkennt und den Browsern den korrekten Mime-Typ `application/x-java-jnlp-file` überträgt.

▶ Möchte der Anwender eine Java-Applikation verwenden, die noch nicht lokal auf seinem Rechner verfügbar ist, ruft er die vom Administrator zur Verfügung gestellte Web-Seite auf und klickt auf den Link mit der Deskriptor-Datei. Diese wird vom Web-Browser geladen, der WebStart-Anwendungsmanager wird automatisch aufgerufen und überprüft, ob die gewünschte Applikation bereits lokal vorhanden und alle Bestandteile auf dem neuesten Stand sind. Ist das der Fall, wird die Applikation gestartet, andernfalls werden zuvor die fehlenden Bestandteile nachgeladen. Der Anwender kann mit der Applikation nun wie mit jedem anderen Java-Programm arbeiten.

▶ Hat der Anwender die Applikation bereits einmal geladen, ist die Web-Seite für weitere Aufrufe nicht mehr unbedingt erforderlich. WebStart speichert die Bestandteile der Applikation in einem Cache und kann sie auch dann zur Verfügung stellen, wenn keine Verbindung zu dem Server besteht, von dem sie heruntergeladen wurde. Dazu ruft der Anwender einfach das (zusammen mit dem JDK oder JRE installierte) Programm »Java Web Start« auf und wählt aus der Liste der bereits heruntergeladenen Programme das zu startende aus. Wird das Programm oft benötigt, kann der Anwender sich eine Verknüpfung auf dem Desktop oder einen Eintrag im Startmenü erstellen lassen.

Die hier skizzierte Vorgehensweise beschreibt die Nutzungsmöglichkeiten von Java Web Start nur in Ansätzen. Tatsächlich bietet diese Technologie weit mehr Möglichkeiten, als hier erläutert werden könnte. So ist es beispielsweise möglich, die Anwendung in separate Teile zu zerlegen, die erst bei Bedarf geladen werden. Teile von Anwendungen lassen sich versionieren und werden nur dann aktualisiert, wenn eine neuere Version zur Verfügung steht. Man kann Applikationen auch signieren, um ihnen den Zugriff auf den kompletten Arbeitsplatz zu ermöglichen. Ohne Signatur laufen sie – ähnlich wie Applets – lediglich in einer »Sandbox« ab, in der sie nur beschränkte Zugriffsmöglichkeiten auf lokale Ressourcen haben. Weitere Informationen dazu werden in Abschnitt 13.5.3 auf Seite 301 gegeben.

Ein Großteil dieser Möglichkeiten wird im *Java Network Launching Protocol* beschrieben, das über die Download-Seite der WebStart-Homepage heruntergeladen werden kann. Es findet sich wie alle anderen WebStart-Ressourcen und -Dokumentationen auf http://java.sun.com/products/javawebstart/index.html.

13.5.2 Erstellen einer WebStart-Applikation

Erzeugen der jar-Dateien

Wir wollen uns in diesem Abschnitt die Aufgabe stellen, das Beispielprogramm *JTree 3* aus Listing 38.13 auf Seite 880 in eine WebStart-Applikation zu verwandeln. Der Übersichtlichkeit halber erstellen wir dazu ein Unterverzeichnis wstest, in dem wir alle benötigten Dateien sammeln. Auf der CD-ROM zum Buch befindet sich dieses unterhalb der Beispieldateien, also direkt im Verzeichnis examples. Da es auf der CD-ROM bereits mit allen benötigten Dateien gefüllt ist, sind die nachfolgend beschriebenen Schritte (bei Verwendung dieses Verzeichnisses) redundant. Zum Lernen sollten sie aber dennoch nachvollzogen werden.

Zunächst kopieren wir die Dateien Listing3813.java und WindowClosingAdapter.java in das Verzeichnis und kompilieren sie:

```
javac *.java
```

Nach dem Kompilieren befinden sich die .class-Dateien Listing3813.class und WindowClosingAdapter.class in diesem Verzeichnis. Sie werden nun in ein jar-Archiv wstest.jar verpackt:

```
jar cvf wstest.jar Listing3813.class WindowClosingAdapter.class
```

Anlegen der Deskriptordatei

Der nächste Schritt besteht darin, die Deskriptordatei zu unserem WebStart-Projekt anzulegen. Hierbei handelt es sich um eine XML-Datei mit der Erweiterung .jnlp, in der alle Informationen untergebracht sind, die der WebStart-Anwendungsmanager für das Laden, Ausführen und Darstellen der Applikation benötigt. Sie heißt in unserem Beispiel wstest.jnlp und hat folgenden Inhalt:

```
001 <?xml version="1.0" encoding="utf-8"?>
002
003 <!-- JNLP File fuer HJP3 WebStart Demo-Applikation -->
004 <jnlp codebase="http://localhost:7777/" href="wstest.jnlp">
005
006 <information>
007   <title>HJP3 WebStart Demo Application</title>
008   <vendor>Guido Krueger</vendor>
009   <homepage href="http://www.javabuch.de"/>
010   <description>HJP3 WebStart Demo Application</description>
011   <icon href="wstest.gif"/>
012   <offline-allowed/>
013 </information>
014
015 <information locale="de">
016   <description>HJP3 WebStart Demo-Applikation</description>
017   <offline-allowed/>
018 </information>
019
020 <security>
021   <!-- <all-permissions/> -->
022 </security>
023
024 <resources>
025   <j2se version="1.3+"/>
026   <jar href="wstest.jar"/>
027 </resources>
028
029 <application-desc main-class="Listing3813"/>
030
031 </jnlp>
```

Listing 13.10:
Eine WebStart-Deskriptordatei

Die Datei besteht aus dem jnlp-Element und vier Deskriptoren. Das jnlp-Element enthält die Attribute codebase und href. In codebase wird das Basisverzeichnis für alle *relativen* URLs angegeben, href ist die Lokation der jnlp-Datei selbst. localhost:7777 bedeutet, daß auf dem eigenen Rechner ein Web-Server auf TCP-Port 7777 läuft. Wir werden später noch zeigen, wie der in Abschnitt 45.3.3 auf Seite 1080 vorgestellte ExperimentalWebServer für diesen Zweck verwendet werden kann. Alle URLs innerhalb der Datei können entweder absolut oder relativ zur codebase angegeben werden.

Die vier Deskriptoren haben folgende Bedeutung:

▶ In `information` werden beschreibende Angaben zur Applikation gemacht. Neben Titel, Icon, Beschreibung und Hersteller des Programms kann eine Homepage angegeben werden, auf der der Anwender weitere Informationen zum Programm finden kann. Wichtig ist der Eintrag `offline-allowed`. Er gibt an, daß das Programm auch ohne Verbindung zum Internet (genauer: zu seinen Download-Quellen) betrieben werden kann. Das geht natürlich nur dann, wenn der WebStart-Anwendungsmanager bereits alle Teile der Applikation geladen und lokal im Cache gespeichert hat. In diesem Fall würde dann auch nicht geprüft, ob Teile der Anwendung veraltet sind und ein Update fällig wäre.

Das `information`-Element kann ein optionales `locale`-Argument haben und mehrfach vorhanden sein. So lassen sich Angaben machen, die nur für eine bestimmte Sprachversion gelten. In unserem Beispiel gibt es ein zweites `information`-Element, in dem die `description` in deutscher Sprache angegeben wird. Als mögliche Werte für das `locale`-Argument können die in Abschnitt 17.4 auf Seite 388 erläuterten Sprachen-/Länderstrings der `Locale`-Klasse verwendet werden.

▶ Das Element `security` dient zur Angabe von sicherheitsrelevanten Informationen. Sein wichtigstes Element ist `all-permissions`, mit dem der volle Zugriff auf alle Systemressourcen gefordert wird. Analog zu einem Applet wird dieser aber nur dann gewährt, wenn alle jar-Dateien signiert sind und der Anwender das zum Signieren verwendete Zertifikat akzeptiert. In unserem Beispiel wurde dieses Element auskommentiert, und die Anwendung hat daher nur eingeschränkten Zugriff auf Systemressourcen. Ähnlich wie ein Applet kann eine unsignierte WebStart-Applikation daher keinen nennenswerten Schaden am System anrichten. Allerdings sind diese Einschränkungen etwas weniger ausgeprägt als bei Applets, und es gibt einige APIs, um in kontrollierter Weise auf diese Systemressourcen zuzugreifen.

▶ Das Element `resources` dient dazu, die zum Betrieb der Anwendung erforderlichen Ressourcen zu spezifizieren. Hier wird angegeben, welche Java-Version zum Starten der Anwendung verwendet werden soll (jede WebStart-Applikation kann ihre eigene haben), und welche jar-Dateien oder plattformspezifischen Libraries benötigt werden. In unserem Beispiel soll die Anwendung mit dem JRE 1.3 oder höher betrieben werden, und die zum Betrieb erforderliche jar-Datei `wstest.jar` soll relativ zur `codebase` geladen werden.

▶ Das letzte Element `application-desc` gibt an, wie die Applikation zu starten ist. In unserem Beispiel wird lediglich der Name der Klasse mit der `main`-Methode benötigt. Zusätzlich könnten hier bei Bedarf `argument`-Unterelemente angegeben werden, die beim Aufruf als Parameter an die Anwendung übergeben werden.

Anmerkung: das `offline-allowed`-Element wird hier nur deshalb dupliziert, weil es auf Grund eines Bugs in der zum JDK 1.4 gehörenden WebStart-Version 1.0.1 nicht vererbt wurde. Laut BugParade sollte dieser Fehler ab WebStart 1.2 behoben sein.

Die Anwendung auf dem Web-Server installieren

Zunächst benötigen wir für unsere Beispielapplikation einen Web-Server. Der Einfachheit halber wollen wir dazu den in Abschnitt 45.3.3 auf Seite 1080 vorgestellten `ExperimentalWebServer` verwenden. Wir kopieren dazu die Datei `ExperimentalWebServer.java` aus dem Verzeichnis `examples` ebenfalls in unser Beispielverzeichnis und übersetzen sie:

```
javac ExperimentalWebServer.java
```

Soll ein anderer Web-Server verwendet werden, ist es wichtig, den Mime-Typ für jnlp-Dateien korrekt zu konfigurieren. Der Server muß eine Datei mit der Erweiterung `.jnlp` stets mit dem Mime-Typ `application/x-java-jnlp-file` an den Client übertragen. Andernfalls könnte es sein, daß der WebStart-Applikationsmanager nicht korrekt aufgerufen wird. In unserem `ExperimentalWebServer` ist dieser Typ bereits vorkonfiguriert, zusätzliche Anpassungen sind daher nicht nötig.

Wir wollen nun noch eine einfache HTML-Datei `wstest.html` zum Starten der WebStart-Applikation erstellen. Sie enthält im wesentlichen einen Link auf die jnlp-Datei:

```
001 <html>
002
003 <head>
004 <title>HJP3 WebStart Demo Application</title>
005 </head>
006
007 <body>
008
009 <h2>HJP3 WebStart Demo Application</h2>
010
011 <a href="wstest.jnlp">Anwendung laden/starten</a>
012
013 </body>
014
015 </html>
```

Listing 13.11: Die HTML-Datei zum Aufruf der WebStart-Applikation

Zusätzlich müssen wir die in der jnlp-Datei angegebene Icon-Datei `wstest.gif` in unser Beispielverzeichnis kopieren. Anschließend können wir den Web-Server starten:

```
java ExperimentalWebServer 7777
```

Starten der Anwendung

Zum erstmaligen Starten der Anwendung wird die Web-Seite mit dem Link auf die jnlp-Datei aufgerufen:

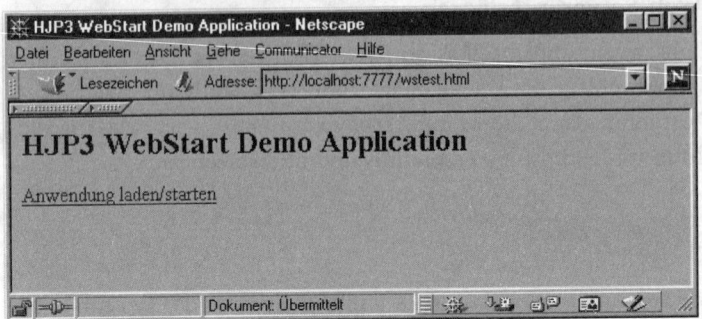

Abbildung 13.3:
Die Startdatei der WebStart-Anwendung im Browser

Wird nun der Link »Anwendung laden/starten« angeklickt, lädt der Browser die jnlp-Datei und ruft als zugehörige Applikation den WebStart-Applikationsmanager auf. Dieser liest die Datei ein und lädt alle darin beschriebenen Ressourcen. Anschließend wird die Applikation gestartet, und wir sehen das in Abbildung 38.10 auf Seite 882 gezeigte Programm.

Beim Herunterladen hat der WebStart-Applikationsmanager alle Dateien der Anwendung in seinen lokalen Cache kopiert. Die HTML-Datei wird nun zum Starten nicht mehr unbedingt benötigt. Stattdessen kann der WebStart-Applikationsmanager direkt aufgerufen werden. Nach einem Klick auf den Menüpunkt »Ansicht.Heruntergeladene Anwendungen« stellt er sich wie folgt dar:

Abbildung 13.4:
Der WebStart-Applikationsmanager

Durch Drücken des »Starten«-Buttons wird unsere Anwendung gestartet. Die internen Abläufe unterscheiden sich dabei nicht von denen beim Starten über den Link im Browser. Zunächst wird stets die jnlp-Datei geladen und alle darin beschriebenen Ressourcen überprüft bzw. aktualisiert. Sind alle Dateien verfügbar, wird die Anwendung gestartet. Taucht ein Problem auf, bricht WebStart den Startvorgang ab und gibt eine Fehlermeldung aus. Wir wollen hier nicht weiter auf Details eingehen; der WebStart-Applikationsmanager ist einfach aufgebaut, und seine Funktionen sind weitgehend selbsterklärend.

Wird eine WebStart-Anwendung das zweite Mal gestartet, fragt der Anwendungsmanager, ob die Anwendung auf dem Desktop bzw. im Startmenü verankert werden soll. Stimmt der Anwender zu, kann sie anschließend auch auf diesem Weg gestartet werden.

Nachdem die Anwendung im lokalen Cache gespeichert wurde, kann sie auch offline betrieben werden, d.h. ohne den auf Port 7777 laufenden Webserver. Sie kann dann zwar nicht mehr über den Link im Browser gestartet werden, aber die drei anderen Wege stehen ihr noch offen. Stellt WebStart beim Aufruf einer Applikation fest, daß die in der jnlp-Datei genannten Ressourcen nicht erreichbar sind, verwendet er die lokalen Kopien und startet die Anwendung aus dem Cache. Das ist allerdings nur möglich, wenn in der jnlp-Datei das Element `offline-allowed` gesetzt wurde. War das nicht der Fall, kann die Anwendung nicht offline gestartet werden.

13.5.3 Das jnlp-API

Services

Eingangs wurde schon erwähnt, daß unsignierte WebStart-Applikationen nur eingeschränkten Zugriff auf lokale Systemressourcen haben. Zwar ist – anders als bei Applets – der Aufruf von `System.exit` erlaubt. Dennoch gibt es einige Einschränkungen:

- Der unkontrollierte Zugriff auf das lokale Dateisystem ist nicht erlaubt
- Alle jar-Dateien müssen von demselben Host geladen werden
- Netzwerkverbindungen dürfen nur mit dem Host betrieben werden, vom dem die jar-Dateien geladen wurden
- Native Libraries sind nicht erlaubt
- Der Zugriff auf System-Properties ist eingeschränkt

Damit unsignierte WebStart-Anwendungen dennoch ein gewisses Maß an praxisrelevanter Funktionalität anbieten können, stellt die WebStart-Laufzeitumgebung einige *Services* zur Verfügung, über die Anwendungen in kontrollierter Weise auf Systemressourcen zugreifen können:

Kapitel 13 — Strukturierung von Java-Programmen

- Der `BasicService` stellt (ähnlich dem `AppletContext`) Methoden zur Interaktion mit der Laufzeitumgebung zur Verfügung
- Der `ClipboardService` bietet Zugriff auf die systemweite Zwischenablage
- Der `DownloadService` erlaubt einer Applikation zu kontrollieren, wie ihre Ressourcen heruntergeladen und gecached werden
- Mit dem `FileOpenService` kann die Anwendung mit Hilfe eines DateiÖffnen-Dialogs lokale Dateien lesen
- Mit dem `FileSaveService` kann die Anwendung mit Hilfe eines DateiSpeichern-Dialogs lokale Dateien schreiben
- Der `PrintService` erlaubt der Anwendung, auf den Drucker zuzugreifen
- Der `PersistenceService` erlaubt das Erzeugen und Lesen lokaler persistenter Daten (ähnlich den Cookies in Web-Browsern)

All diese Services sind insofern als relativ sicher anzusehen, als sie dem Programm entweder nur sehr beschränkten Zugriff auf Systemressourcen erlauben (z.B. `ClipboardService`, `PersistenceService`) oder der Anwender per GUI-Dialog ihrer Benutzung zustimmen muß und somit selbst entscheiden kann, welche konkreten Ressourcen verwendet werden (z.B. `FileOpenService`, `FileSaveService`, `PrintService`).

Dennoch sollten unsignierte WebStart-Applikationen aus potentiell unsicheren Quellen mit der nötigen Vorsicht verwendet werden. Einerseits ist nicht auszuschließen, daß man als Anwender im Eifer des Gefechts einmal unbeabsichtigt einer Service-Nutzung zustimmt, die später Schaden anrichtet. Andererseits sind *Denial-of-Service-Attacken* nicht auszuschließen. Hierbei verwendet eine bösartige Anwendung eine Ressource in so hohem Maße, daß sie für den ordnungsgemäßen Betrieb anderer Anwendungen nicht mehr ausreichend zur Verfügung steht. Beispiele sind etwa Programme, die 100 Prozent CPU-Last verursachen oder solche, die das Dateisystem durch Erzeugen riesiger Dateien zum Überlauf bringen. Gegen derartige Programme bieten auch die Service-Einschränkungen der WebStart-Applikationen keinen Schutz.

Ein einfaches Beispiel

In diesem Abschnitt wollen wir uns ein einfaches Beispiel für die Verwendung des jnlp-APIs ansehen. Ein Programm soll dem Anwender einen DateiÖffnen-Dialog präsentieren und den Inhalt der darin ausgewählten Datei auf der Konsole ausgeben (sie läßt sich im WebStart-Applikationsmanager im Dialog »Datei.Einstellungen.Erweitert« sichtbar machen). Auf die übrigen Services wollen wir nicht weiter eingehen, denn ihre Anwendung ähnelt der hier beschriebenen. Weitere Details zu den Services sind in der jnlp-API-Dokumentation zu finden.

Soll ein WebStart-Programm auf einen jnlp-Service zugreifen, muß dieser zunächst mit Hilfe der Klasse `ServiceManager` aus dem Paket `javax.jnlp` angefordert werden:

```
public static java.lang.Object lookup(java.lang.String name)
  throws UnavailableServiceException
```
javax.jnlp.
Service-
Manager

Die Methode `lookup` erwartet einen `String` mit dem Servicenamen als Argument. Dies muß ein qualifizierter Klassenname sein, etwa "javax.jnlp.FileOpenService" oder "javax.jnlp.PrintService". Kann der Service nicht zur Verfügung gestellt werden (die meisten Services sind optional und müssen nicht von allen WebStart-Clients implementiert werden), wird eine Ausnahme des Typs `UnavailableServiceException` ausgelöst. Andernfalls wird der Rückgabewert auf den gewünschten Typ konvertiert und kann dann verwendet werden.

Alle Klassen aus dem jnlp-API befinden sich im Paket `javax.jnlp`. Dieses ist – auch in der Version 1.4 – nicht Bestandteil des JDKs, sondern muß separat heruntergeladen werden. Es ist wie alle anderen WebStart-Ressourcen im Download-Bereich von http://java.sun.com/products/javawebstart/index.html zu finden. Benötigt wird meist lediglich die Datei `jnlp.jar`, die zum Kompilieren in den Klassenpfad einzubinden ist. Zur Laufzeit muß sie nicht explizit angegeben werden, sondern wird vom WebStart-Applikationsmanager zur Verfügung gestellt.

Die nun folgenden Schritte sind Service-spezifisch. Der `FileOpenService` stellt beispielsweise folgende Methode zur Verfügung, um einen DateiÖffnen-Dialog zu erzeugen:

```
public FileContents openFileDialog(
  java.lang.String pathHint,
  java.lang.String[] extensions
)
  throws java.io.IOException
```
javax.jnlp.
FileOpen-
Service

Das erste Argument `pathhint` ist ein Vorgabewert der Anwendung für das Verzeichnis, aus dem die Datei geladen werden soll. Das zweite Argument enthält eine Liste von Datei-Erweiterungen, die standardmäßig angezeigt werden. Der Rückgabewert ist entweder `null`, falls der Dialog abgebrochen wurde, oder er enthält ein `FileContents`-Objekt für die vom Anwender ausgewählte Datei. Dieses kann verwendet werden, um Informationen über die Datei abzufragen sowie um Eingabe- oder Ausgabestreams zum Lesen und Schreiben der Datei zu beschaffen.

Wichtige Methoden der Klasse `FileContents` sind:

```
public java.lang.String getName()
  throws java.io.IOException
```
javax.jnlp.
FileContents

```
public long getLength()
  throws java.io.IOException

public boolean canRead()
  throws java.io.IOException

public boolean canWrite()
  throws java.io.IOException

public InputStream getInputStream()
  throws java.io.IOException

public OutputStream getOutputStream(boolean overwrite)
  throws java.io.IOException
```

getName liefert den Namen der Datei, und mit getLength kann ihre Länge bestimmt werden. Mit canRead und canWrite kann festgestellt werden, ob Lese- bzw. Schreibzugriffe erlaubt sind. getInputStream beschafft einen InputStream, mit dem die Datei gelesen werden kann, und getOutputStream stellt einen OutputStream zum Schreiben der Datei zur Verfügung. Das Argument overwrite gibt dabei an, ob der bestehende Inhalt überschrieben oder die neuen Daten an das Ende der bestehenden Datei angehängt werden sollen.

Nach diesen Vorbemerkungen können wir uns nun das Beispielprogramm ansehen:

Listing 13.12: Ein Beispielprogramm für das jnlp-API

```
001  /* WebStartTest2.java */
002
003  import java.io.*;
004  import javax.jnlp.*;
005
006  public class WebStartTest2
007  {
008    public static void main(String[] args)
009    {
010      try {
011        //FileOpenService anfordern
012        FileOpenService fos = (FileOpenService)ServiceManager.lookup(
013          "javax.jnlp.FileOpenService"
014        );
015        //DateiÖffnen-Dialog aufrufen
016        FileContents fc = fos.openFileDialog(null, null);
017        if (fc == null) {
018          System.err.println("openFileDialog fehlgeschlagen");
019        } else {
020          //Dateiinhalt auf der Konsole ausgeben
021          InputStream is = fc.getInputStream();
022          int c;
023          while ((c = is.read()) != -1) {
024            System.out.print((char)c);
```

```
025             }
026             is.close();
027         }
028     } catch (UnavailableServiceException e) {
029         System.err.println("***" + e + "***");
030     } catch (IOException e) {
031         System.err.println("***" + e + "***");
032     }
033     //10 Sekunden warten, dann Programm beenden
034     try {
035         Thread.sleep(10000);
036     } catch (InterruptedException e) {
037     }
038     System.exit(0);
039     }
040 }
```

Listing 13.12: Ein Beispielprogramm für das jnlp-API (Forts.)

Das Programm kann wie im vorigen Abschnitt gezeigt übersetzt, in eine WebStart-Applikation verpackt und ausgeführt werden. Wenn die Konsole im WebStart-Applikationsmanager aktiviert wurde, kann mit dem Programm jede beliebige Datei gelesen werden – vorausgesetzt, der Anwender stimmt im DateiÖffnen-Dialog zu.

13.6 Zusammenfassung

In diesem Kapitel wurden folgende Themen behandelt:

- Anweisungen, Blöcke und Methoden als Bestandteile von Klassen
- Klassen als Bestandteile von Paketen
- Grundsätzlicher Aufbau von Applets und Applikationen
- Verwendung von Paketen und die import-Anweisung
- Die vordefinierten Pakete der Java-Klassenbibliothek
- Die Struktur der Paketnamen
- Erstellen eigener Pakete
- Schematische Darstellung des Entwicklungszyklus
- Getrenntes Kompilieren und Projektorganisation
- Auslieferung von Java-Programmen in .class-Dateien oder in jar-Archiven
- jar-Archive mit einem Manifest ausführbar machen
- Laden von Ressourcen mit der Methode getResourceAsStream
- Starten und Verwalten von Anwendungen mit Java Web Start

14 Collections I

14.1 Grundlagen und Konzepte

Als *Collections* bezeichnet man Datenstrukturen, die dazu dienen, *Mengen von Daten* aufzunehmen und zu verarbeiten. Die Daten werden gekapselt abgelegt, und der Zugriff ist nur mit Hilfe vorgegebener Methoden möglich. Typische Collections sind Stacks, Queues, Deques, Priority Queues, Listen und Trees. Collections gibt es in großer Anzahl und diversen Implementierungsvarianten; jeder angehende Informatiker kann ein Lied davon singen.

Man könnte sagen, daß Collections für Datenstrukturen so etwas sind wie Schleifenkonstrukte für Anweisungen. So wie Schleifen die Wiederholbarkeit und Wiederverwendbarkeit von Code ermöglichen, erlauben Collections die Zusammenfassung und repetitive Bearbeitung von einzelnen Datenelementen. Tatsächlich werden Collections sehr oft in Zusammenhang mit Schleifen verwendet, insbesondere, wenn das Programm von seiner Grundstruktur her nicht Einzel-, sondern Mengendaten verarbeitet.

Ihre Hauptrolle besteht dann darin, Elementardaten zu speichern und einen der Bearbeitung angemessenen Zugriff darauf zu ermöglichen. Darüber hinaus können sie ganz neue Sichten auf die Daten definieren. Eine Hashtable beispielsweise stellt Daten paarweise zusammen und ermöglicht so die Definition einer Referenzbeziehung, die ohne ihre Hilfe nur schwer herzustellen wäre.

Einfache Programmiersprachen bieten Collections meist nur in Form von Arrays. In Java und anderen objektorientierten Sprachen gibt es dagegen eine ganze Reihe unterschiedlicher Collections mit einem viel breiter gefächerten Aufgabenspektrum.

Java kennt zwei unterschiedliche Collection-APIs. Während beider Funktionalität sich beträchtlich überschneidet, weisen ihre Schnittstellen teilweise recht große Unterschiede auf. Einerseits gibt es seit dem JDK 1.0 die "traditionellen" Collections mit den Klassen Vector, Stack, Dictionary, Hashtable und BitSet. Andererseits wurde mit dem JDK 1.2 ein neues Collection-API eingeführt und parallel zu den vorhandenen Klassen plaziert. Wir werden uns in diesem Kapitel mit den traditionellen Klassen beschäftigen und in Kapitel 15 auf Seite 321 auf die Neuerungen des JDK 1.2 eingehen. Dann werden wir auch einige der Beweggründe beleuchten, die zur Einführung der neuen Klassen geführt haben.

14.2 Die Klasse Vector

Die Klasse `Vector` aus dem Paket `java.util` ist die Java-Repräsentation einer *linearen Liste*. Die Liste kann Elemente beliebigen Typs enthalten, und ihre Länge ist zur Laufzeit veränderbar. `Vector` erlaubt das Einfügen von Elementen an beliebiger Stelle und bietet sowohl sequentiellen als auch wahlfreien Zugriff auf die Elemente. Das JDK realisiert einen `Vector` als Array von Elementen des Typs `Object`. Daher sind Zugriffe auf vorhandene Elemente und das Durchlaufen der Liste schnelle Operationen. Löschungen und Einfügungen, die die interne Kapazität des Arrays überschreiten, sind dagegen relativ langsam, weil Teile des Arrays umkopiert werden müssen. In der Praxis können diese implementierungsspezifischen Details allerdings meist vernachlässigt werden, und ein `Vector` kann als konkrete Implementierung einer linearen Liste angesehen werden.

14.2.1 Einfügen von Elementen

Das Anlegen eines neuen Vektors kann mit Hilfe des parameterlosen Konstruktors erfolgen:

`java.util.Vector`

```
public Vector()
```

Nach dem Anlegen ist ein `Vector` zunächst leer, d.h. er enthält keine Elemente. Durch Aufruf von `isEmpty` kann geprüft werden, ob ein `Vector` leer ist; `size` liefert die Anzahl der Elemente:

`java.util.Vector`

```
public final boolean isEmpty()

public final int size()
```

Elemente können an beliebiger Stelle in die Liste eingefügt werden. Ein `Vector` erlaubt die Speicherung beliebiger Objekttypen, denn die Einfüge- und Zugriffsmethoden arbeiten mit Instanzen der Klasse `Object`. Da jede Klasse letztlich aus `Object` abgeleitet ist, können auf diese Weise beliebige Objekte in die Liste eingefügt werden.

> Leider ist der Zugriff auf die gespeicherten Elemente damit natürlich nicht *typsicher*. Der Compiler kann nicht wissen, welche Objekte an welcher Stelle im `Vector` gespeichert wurden, und geht daher davon aus, daß beim Zugriff auf Elemente eine Instanz der Klasse `Object` geliefert wird. Mit Hilfe des Typkonvertierungsoperators muß diese dann in das ursprüngliche Objekt zurückverwandelt werden. Die Verantwortung für korrekte Typisierung liegt damit beim Entwickler. Mit Hilfe des Operators `instanceof` kann bei Bedarf zumindest eine Laufzeit-Typüberprüfung vorgeschaltet werden.

Neue Elemente können wahlweise an das Ende des Vektors oder an einer beliebigen anderen Stelle eingefügt werden. Das Einfügen am Ende erfolgt mit der Methode `addElement`:

```
public void addElement(Object obj)
```
java.util.
Vector

In diesem Fall wird das Objekt `obj` an das Ende der bisherigen Liste von Elementen angehängt.

Soll ein Element dagegen an einer beliebigen Stelle innerhalb der Liste eingefügt werden, ist die Methode `insertElementAt` zu verwenden:

```
public void insertElementAt(Obj obj, int index)
    throws ArrayIndexOutOfBoundsException
```
java.util.
Vector

Diese Methode fügt das Objekt `obj` an der Position `index` in den Vektor ein. Alle bisher an dieser oder einer dahinterliegenden Position befindlichen Elemente werden um eine Position weitergeschoben.

14.2.2 Zugriff auf Elemente

Ein Vektor bietet sowohl *sequentiellen* als auch *wahlfreien* Zugriff auf seine Elemente. Für den sequentiellen Zugriff bietet es sich an, den im nachfolgenden Abschnitt beschriebenen *Iterator* zu verwenden. Der wahlfreie Zugriff erfolgt mit einer der Methoden `firstElement`, `lastElement` oder `elementAt`:

```
public Object firstElement()
    throws ArrayIndexOutOfBoundsException
public Object lastElement()
    throws ArrayIndexOutOfBoundsException
public Object elementAt(int index)
    throws ArrayIndexOutOfBoundsException
```
java.util.
Vector

`firstElement` liefert das erste Element, `lastElement` das letzte. Mit Hilfe von `elementAt` wird auf das Element an Position `index` zugegriffen. Alle drei Methoden verursachen eine Ausnahme, wenn das gesuchte Element nicht vorhanden ist.

14.2.3 Der Vektor als Iterator

Für den sequentiellen Zugriff auf die Elemente des Vektors steht ein *Iterator* zur Verfügung. Ein Iterator ist eine Abstraktion für den aufeinanderfolgenden Zugriff auf alle Elemente einer komplexen Datenstruktur (siehe Abschnitt 10.3.5 auf Seite 224. Ein Iterator für die traditionellen Collection-Klassen wird in Java durch das Interface `Enumeration` zur Verfügung gestellt und deshalb in der Java-Welt oft auch als *Enumerator* bezeichnet.

Das Interface Enumeration besitzt die Methoden hasMoreElements und nextElement. Nach der Initialisierung zeigt ein Enumeration-Objekt auf das erste Element der Aufzählung. Durch Aufruf von hasMoreElements kann geprüft werden, ob weitere Elemente in der Aufzählung enthalten sind, und nextElement setzt den internen Zeiger auf das nächste Element:

java.util. Enumeration

```
public boolean hasMoreElements()

public Object nextElement()
  throws NoSuchElementException
```

In der Klasse Vector liefert die Methode elements einen Enumerator für alle Elemente, die sich im Vektor befinden:

java.util. Enumeration

```
public Enumeration elements()
```

Das folgende Beispiel verdeutlicht die Anwendung von elements:

Listing 14.1: Die Methode elements der Klasse Vector

```
001 /* Listing1401.java */
002
003 import java.util.*;
004
005 public class Listing1401
006 {
007   public static void main(String[] args)
008   {
009     Vector v = new Vector();
010
011     v.addElement("eins");
012     v.addElement("drei");
013     v.insertElementAt("zwei",1);
014     for (Enumeration el=v.elements(); el.hasMoreElements(); ) {
015       System.out.println((String)el.nextElement());
016     }
017   }
018 }
```

Das Programm erzeugt einen Vector, fügt die Werte "eins", "zwei" und "drei" ein und gibt sie anschließend auf dem Bildschirm aus:

```
eins
zwei
drei
```

Ein Enumerator ist immer dann nützlich, wenn die Elemente eines zusammengesetzten Datentyps nacheinander aufgezählt werden sollen. Enumeratoren werden in Java noch an verschiedenen anderen Stellen zur Verfügung gestellt, beispielsweise in den Klassen Hashtable oder StringTokenizer.

14.3 Die Klasse Stack

Ein Stack ist eine Datenstruktur, die nach dem *LIFO-Prinzip* (last-in-first-out) arbeitet. Die Elemente werden am vorderen Ende der Liste eingefügt und von dort auch wieder entnommen. Das heißt, die zuletzt eingefügten Elemente werden zuerst entnommen und die zuerst eingefügten zuletzt.

In Java ist ein Stack eine Ableitung eines Vektors, der um neue Zugriffsfunktionen erweitert wurde, um das typische Verhalten eines Stacks zu implementieren. Obwohl dies eine ökonomische Vorgehensweise ist, bedeutet es, daß ein Stack alle Methoden eines Vektors erbt und damit auch wie ein Vektor verwendet werden kann. Wir wollen diese Tatsache hier ignorieren und uns mit den spezifischen Eigenschaften eines Stacks beschäftigen.

Der Konstruktor der Klasse Stack ist parameterlos:

`public Stack()`   java.util.Stack

Das Anfügen neuer Elemente wird durch einen Aufruf der Methode push erledigt und erfolgt wie üblich am oberen Ende des Stacks. Die Methode liefert als Rückgabewert das eingefügte Objekt:

`public Object push(Object item)`   java.util.Stack

Der Zugriff auf das oberste Element kann mit einer der Methoden pop oder peek erfolgen. Beide liefern das oberste Element des Stacks, pop entfernt es anschließend vom Stack:

`public Object pop()`   java.util.Stack

`public Object peek()`

Des weiteren gibt es eine Methode empty, um festzustellen, ob der Stack leer ist, und eine Methode search, die nach einem beliebigen Element sucht und als Rückgabewert die Distanz zwischen gefundenem Element und oberstem Stack-Element angibt:

`public boolean empty()`   java.util.Stack

`public int search(Object o)`

Das folgende Beispiel verdeutlicht die Anwendung eines Stacks:

```
001 /* Listing1402.java */
002
003 import java.util.*;
004
005 public class Listing1402
```

Listing 14.2: Anwendung eines Stacks

Listing 14.2:
Anwendung
eines Stacks
(Forts.)

```
006 {
007   public static void main(String[] args)
008   {
009     Stack s = new Stack();
010
011     s.push("Erstes Element");
012     s.push("Zweites Element");
013     s.push("Drittes Element");
014     while (true) {
015       try {
016         System.out.println(s.pop());
017       } catch (EmptyStackException e) {
018         break;
019       }
020     }
021   }
022 }
```

Das Programm erzeugt einen Stack und fügt die Werte "Erstes Element", "Zweites Element" und "Drittes Element" ein. Anschließend entfernt es so lange Elemente aus dem Stack, bis die Ausgabeschleife durch eine Ausnahme des Typs EmptyStackException beendet wird. Durch die Arbeitsweise des Stack werden die Elemente in der umgekehrten Eingabereihenfolge auf dem Bildschirm ausgegeben:

```
Drittes Element
Zweites Element
Erstes Element
```

14.4 Die Klasse Hashtable

Die Klasse Hashtable ist eine Konkretisierung der abstrakten Klasse Dictionary. Diese stellt einen *assoziativen* Speicher dar, der *Schlüssel* auf *Werte* abbildet und über den Schlüsselbegriff einen effizienten Zugriff auf den Wert ermöglicht. Ein Dictionary speichert also immer zusammengehörige Paare von Daten, bei denen der Schlüssel als Name des zugehörigen Wertes angesehen werden kann. Über den Schlüssel kann später der Wert leicht wiedergefunden werden.

Da ein Dictionary auf unterschiedliche Weise implementiert werden kann, haben die Java-Designer entschieden, dessen abstrakte Eigenschaften in einer Basisklasse zusammenzufassen. Die Implementierung Hashtable benutzt das Verfahren der *Schlüsseltransformation*, also die Verwendung einer Transformationsfunktion (auch *Hash-Funktion* genannt), zur Abbildung von Schlüsseln auf Indexpositionen eines Arrays. Weitere Konkretisierungen der Klasse Dictionary, etwa auf der Basis binärer Bäume, gibt es in Java derzeit nicht.

Neben den erwähnten abstrakten Eigenschaften besitzt `Hashtable` noch die konkreten Merkmale *Kapazität* und *Ladefaktor*. Die Kapazität gibt die Anzahl der Elemente an, die insgesamt untergebracht werden können. Der Ladefaktor zeigt dagegen an, bei welchem Füllungsgrad die Hash-Tabelle vergrößert werden muß. Das Vergrößern erfolgt automatisch, wenn die Anzahl der Elemente innerhalb der Tabelle größer ist als das Produkt aus Kapazität und Ladefaktor. Seit dem JDK 1.2 darf der Ladefaktor auch größer als 1 sein. In diesem Fall wird die `Hashtable` also erst dann vergrößert, wenn der Füllungsgrad größer als 100 % ist und bereits ein Teil der Elemente in den Überlaufbereichen untergebracht wurde.

> Wichtig bei der Verwendung der `Dictionary`-Klassen ist, daß das Einfügen und der Zugriff auf Schlüssel nicht auf der Basis des Operators ==, sondern mit Hilfe der Methode `equals` erfolgt. Schlüssel müssen daher lediglich *inhaltlich* gleich sein, um als identisch angesehen zu werden. Eine Referenzgleichheit ist dagegen nicht erforderlich.

14.4.1 Einfügen von Elementen

Eine Instanz der Klasse `Hashtable` kann mit Hilfe eines parameterlosen Konstruktors angelegt werden:

`public Hashtable()`   *java.util.Hashtable*

Das Einfügen von Elementen erfolgt durch Aufruf der Methode `put`:

`public Object put(Object key, Object value)`   *java.util.Hashtable*

Dieser Aufruf fügt das Schlüssel-Werte-Paar *(key, value)* in die `Hashtable` ein. Weder *key* noch *value* dürfen dabei `null` sein. Falls bereits ein Wertepaar mit dem Schlüssel *key* enthalten ist, wird der bisherige Wert gegen den neuen ausgetauscht, und `put` liefert in diesem Fall den Wert zurück, der bisher dem Schlüssel zugeordnet war. Falls der Schlüssel bisher noch nicht vorhanden ist, ist der Rückgabewert `null`.

14.4.2 Zugriff auf Elemente

Der Zugriff auf ein Element erfolgt mit Hilfe der Methode `get` über den ihm zugeordneten Schlüssel. `get` erwartet ein Schlüsselobjekt und liefert den dazu passenden Wert. Falls der angegebene Schlüssel nicht enthalten war, ist der Rückgabewert `null`:

`public Object get(Object key)`   *java.util.Hashtable*

Zusätzlich zu den bisher erwähnten Methoden gibt es noch zwei weitere mit den Namen `contains` und `containsKey`. Sie überprüfen, ob ein bestimmter Wert bzw. ein bestimmter Schlüssel in der `Hashtable` enthalten ist:

java.util. Hashtable
```
public boolean contains(Object value)
public boolean containsKey(Object key)
```

Der Rückgabewert ist true, falls das gesuchte Element enthalten ist, andernfalls ist er false. Bei der Verwendung dieser Funktionen ist zu beachten, daß die Suche nach einem Wert wahrscheinlich viel ineffizienter ist als die Suche nach einem Schlüssel. Während der Schlüssel über die Transformationsfunktion sehr schnell gefunden wird, erfordert die Suche nach einem Wert einen sequentiellen Durchlauf durch die Tabelle.

14.4.3 Hashtable als Iterator

In der Klasse Hashtable gibt es zwei Iteratoren, die zur Auflistung von Schlüsseln und Werten verwendet werden können:

java.util. Hashtable
```
public Enumeration elements()
public Enumeration keys()
```

Die Methode elements liefert einen Iterator für die Auflistung aller Werte in der Hashtable. In welcher Reihenfolge die Elemente dabei durchlaufen werden, ist nicht definiert. Da eine Hash-Funktion die Eigenschaft hat, Schlüssel gleichmäßig über den verfügbaren Speicher zu verteilen, ist davon auszugehen, daß die Iteratoren ihre Rückgabewerte in einer zufälligen Reihenfolge liefern.

Analog zu elements liefert keys eine Auflistung aller Schlüssel, die sich in der Hash-Tabelle befinden. Wie üblich liefern beide Methoden ein Objekt, welches das Interface Enumeration implementiert. Wie zuvor erklärt, erfolgt der Zugriff daher mit Hilfe der Methoden hasMoreElements und nextElement.

Das folgende Beispiel verdeutlicht die Anwendung einer Hashtable:

Listing 14.3: Anwendung der Klasse Hashtable

```
001 /* Listing1403.java */
002
003 import java.util.*;
004
005 public class Listing1403
006 {
007    public static void main(String[] args)
008    {
009       Hashtable h = new Hashtable();
010
011       //Pflege der Aliase
012       h.put("Fritz","f.mueller@test.de");
013       h.put("Franz","fk@b-blabla.com");
014       h.put("Paula","user0125@mail.uofm.edu");
015       h.put("Lissa","lb3@gateway.fhdto.northsurf.dk");
```

```
016
017        //Ausgabe
018        Enumeration e = h.keys();
019        while (e.hasMoreElements()) {
020          String alias = (String)e.nextElement();
021          System.out.println(
022            alias + " --> " + h.get(alias)
023          );
024        }
025     }
026   }
```

Listing 14.3: Anwendung der Klasse Hashtable (Forts.)

Das Programm legt eine leere `Hashtable` an, die zur Aufnahme von Mail-Aliasen verwendet werden soll. Dazu soll zu jeder E-Mail-Adresse ein kurzer Aliasname gepflegt werden, unter dem die lange Adresse später angesprochen werden kann. Das Programm legt zunächst die Aliase »Fritz«, »Franz«, »Paula« und »Lissa« an und assoziiert jeden mit der zugehörigen E-Mail-Adresse. Anschließend durchläuft es alle Schlüssel und gibt zu jedem den dazu passenden Wert aus. Die Ausgabe des Programms ist:

```
Lissa --> lb3@gateway.fhdto.northsurf.dk
Paula --> user0125@mail.uofm.edu
Franz --> fk@b-blabla.com
Fritz --> f.mueller@test.de
```

14.4.4 Die Klasse Properties

Die Klasse `Properties` ist aus `Hashtable` abgeleitet und repräsentiert ein auf `String`-Paare spezialisiertes Dictionary, das es erlaubt, seinen Inhalt auf einen externen Datenträger zu speichern oder von dort zu laden. Ein solches Objekt wird auch als *Property-Liste* (oder *Eigenschaften-Liste*) bezeichnet. Zur Instanzierung stehen zwei Konstruktoren zur Verfügung:

```
public Properties()
public Properties(Properties defaults)
```

java.util.Properties

Der erste legt eine leere Property-Liste an, der zweite füllt sie mit den übergebenen Default-Werten. Der Zugriff auf die einzelnen Elemente erfolgt mit den Methoden `getProperty` und `propertyNames`:

```
public String getProperty(String key)
public String getProperty(String key, String defaultValue)
```

java.util.Properties

```
public Enumeration propertyNames()
```

Die erste Variante von `getProperty` liefert die Eigenschaft mit der Bezeichnung `key`. Ist sie nicht vorhanden, wird `null` zurückgegeben. Die zweite Variante hat dieselbe Aufgabe, gibt aber den Standardwert `defaultValue` zurück, wenn die gesuchte Eigenschaft nicht gefunden wurde. Mit `propertyNames` kann ein `Enumeration`-Objekt beschafft werden, mit dem alle Eigenschaften der Property-Liste aufgezählt werden können.

Zum Speichern einer Property-Liste steht die Methode `store` zur Verfügung:

`java.util.`
`Properties`
```
public void store(OutputStream out, String header)
  throws IOException
```

Sie erwartet einen `OutputStream` als Ausgabegerät (siehe Kapitel 19 auf Seite 427) und einen Header-`String`, der als Kommentar in die Ausgabedatei geschrieben wird.

Das Gegenstück zu `store` ist `load`. Mit ihr kann eine Property-Datei eingelesen werden:

`java.util.`
`Properties`
```
public void load(InputStream in)
  throws IOException
```

Hier muß ein `InputStream` übergeben werden (siehe ebenfalls Kapitel 19 auf Seite 427), der die Daten der Property-Liste zur Verfügung stellt.

> Im JDK 1.1 wurde statt der Methode `store` die Methode `save` zum Speichern einer Property-Liste verwendet. Diese hatte dieselbe Signatur, löste aber bei I/O-Problemen keine `IOException` aus. Mit dem JDK 1.2 wurde `save` als `deprecated` deklariert und durch `store` ersetzt.

> Property-Dateien sind Textdateien mit einem recht einfachen Aufbau. Je Zeile enthalten sie einen Schlüssel und den zugehörigen Wert. Beide sind durch ein Gleichheitszeichen voneinander getrennt. Falls das erste nicht-leere Zeichen einer Zeile ein "#" oder "!" ist, wird die gesamte Zeile als Kommentar angesehen und beim Einlesen ignoriert. Zusätzlich sind einige Escape-Zeichen wie \t, \n, \r, \\, \" oder \' erlaubt, und es gibt die Möglichkeit, sehr lange Schlüssel-Wert-Paare auf mehrere Zeilen zu verteilen. Weitere Details können in der API-Dokumentation der Methoden `load` und `store` nachgelesen werden.

Wir wollen an dieser Stelle die Betrachtung der Klasse `Properties` abschließen. Ein weiteres Beispiel zu ihrer Verwendung findet sich in Abschnitt 16.3.1 auf Seite 362.

14.5 Die Klasse BitSet

Die Klasse `BitSet` dient dazu, *Mengen ganzer Zahlen* zu repräsentieren. Sie erlaubt es, Zahlen einzufügen oder zu löschen und zu testen, ob bestimmte Werte in der Menge enthalten sind. Die Klasse bietet zudem die Möglichkeit, Teil- und Vereinigungsmengen zu bilden.

> Ein `BitSet` erlaubt aber auch noch eine andere Interpretation. Sie kann nämlich auch als eine Menge von Bits, die entweder gesetzt oder nicht gesetzt sein können, angesehen werden. In diesem Fall entspricht das Einfügen eines Elements dem Setzen eines Bits, das Entfernen dem Löschen und die Vereinigungs- und Schnittmengenoperationen den logischen ODER- bzw. UND-Operationen.

Diese Analogie wird insbesondere dann deutlich, wenn man eine Menge von ganzen Zahlen in der Form repräsentiert, daß in einem booleschen Array das Element an Position *i* genau dann auf `true` gesetzt wird, wenn die Zahl *i* Element der repräsentierten Menge ist. Mit `BitSet` bietet Java nun eine Klasse, die sowohl als Liste von Bits als auch als Menge von Ganzzahlen angesehen werden kann.

14.5.1 Elementweise Operationen

Ein neues Objekt der Klasse `BitSet` kann mit dem parameterlosen Konstruktor angelegt werden. Die dadurch repräsentierte Menge ist zunächst leer.

`public BitSet()` *java.util.BitSet*

Das Einfügen einer Zahl (bzw. das Setzen eines Bits) erfolgt mit Hilfe der Methode `set`. Das Entfernen einer Zahl (bzw. das Löschen eines Bits) erfolgt mit der Methode `clear`. Die Abfrage, ob eine Zahl in der Menge enthalten ist (bzw. die Abfrage des Zustands eines bestimmten Bits), erfolgt mit Hilfe der Methode `get`:

`public void set(int bit)` *java.util.BitSet*

`public void clear(int bit)`

`public boolean get(int bit)`

14.5.2 Mengenorientierte Operationen

Die mengenorientierten Operationen benötigen zwei Mengen als Argumente, nämlich das aktuelle Objekt und eine weitere Menge, die als Parameter übergeben wird. Das Ergebnis der Operation wird dem aktuellen Objekt zugewiesen. Das Bilden der Vereinigungsmenge (bzw. die bitweise ODER-Operation) erfolgt durch Aufruf der Methode `or`, das Bilden der Durchschnittsmenge (bzw. die bitweise UND-Operation) mit Hilfe von `and`. Zusätzlich gibt es die Methode xor, die ein bitweises Exklusiv-ODER durchführt. Deren mengentheoretisches Äquivalent ist die Vereinigung von Schnittmenge und Schnittmenge der Umkehrmengen.

Seit dem JDK 1.2 gibt es zusätzlich die Methode andNot, mit der die Bits der Ursprungsmenge gelöscht werden, deren korrespondierendes Bit in der Argumentmenge gesetzt ist.

java.util.
BitSet

```
public void or(BitSet set)

public void and(BitSet set)

public void xor(BitSet set)

public void andNot(BitSet set)
```

Das folgende Programm verdeutlicht die Anwendung der Klasse BitSet am Beispiel der Konstruktion der Menge der Primzahlen kleiner gleich 20. Dabei werden besagte Primzahlen einfach als Menge *X* der natürlichen Zahlen bis 20 angesehen, bei der jedes Element keinen echten Teiler in *X* enthält:

Listing 14.4:
Konstruktion
von Primzahlen
mit der Klasse
BitSet

```
001 /* Listing1404.java */
002
003 import java.util.*;
004
005 public class Listing1404
006 {
007   private final static int MAXNUM = 20;
008
009   public static void main(String[] args)
010   {
011     BitSet  b;
012     boolean ok;
013
014     System.out.println("Die Primzahlen <= " + MAXNUM + ":");
015     b = new BitSet();
016     for (int i = 2; i <= MAXNUM; ++i) {
017       ok = true;
018       for (int j = 2; j < i; ++j) {
019         if (b.get(j) && i % j == 0) {
020           ok = false;
021           break;
022         }
023       }
024       if (ok) {
025         b.set(i);
026       }
```

```
027     }
028     for (int i = 1; i <= MAXNUM; ++i) {
029       if (b.get(i)) {
030         System.out.println("  " + i);
031       }
032     }
033   }
034 }
```

Listing 14.4:
Konstruktion
von Primzahlen
mit der Klasse
BitSet
(Forts.)

Die Ausgabe des Programms ist:

```
Die Primzahlen <= 20:
  2
  3
  5
  7
  11
  13
  17
  19
```

14.6 Zusammenfassung

In diesem Kapitel wurden folgende Themen behandelt:

- Grundlagen und Anwendungen von Collections
- Die Klasse Vector zum Erzeugen von dynamischen Listen
- Verwendung des Enumeration-Interfaces
- Die Klasse Stack
- Die Klassen Hashtable und Properties zum Erzeugen von Dictionaries
- Die Klasse BitSet zur Darstellung von Mengen ganzer Zahlen

15 Collections II

15.1 Grundlagen und Konzepte

Wie in Kapitel 14 auf Seite 307 erläutert, gibt es seit dem JDK 1.0 die "traditionellen" Collections mit den Klassen Vector, Stack, Dictionary, Hashtable und BitSet. Obwohl sie ihren Zweck durchaus erfüllen, gab es einige Kritik am Collections-Konzept des JDK 1.0. Zunächst wurde die geringe Vielseitigkeit kritisiert, etwa im Vergleich zum mächtigen Collection-Konzept der Sprache SmallTalk. Zudem galten die JDK-1.0-Collections als nicht sehr performant. Fast alle wichtigen Methoden sind synchronized, und als generische Speicher von Elementen des Typs Object ist bei jedem Zugriff ein Typecast bzw. eine Typüberprüfung notwendig (wir kommen auf diese Begriffe in Kapitel 22 auf Seite 465 zurück). Zudem gab es Detailschwächen, die immer wieder kritisiert wurden. Als Beispiel kann die Wahl der Methodennamen des Enumeration-Interfaces genannt werden. Oder die Implementierung der Klasse Stack, die als Ableitung von Vector weit über ihr eigentliches Ziel hinausschießt.

Diese Kritik wurde von den Java-Designern zum Anlaß genommen, das Collection-Konzept im Rahmen der Version 1.2 neu zu überdenken. Herausgekommen ist dabei eine Sammlung von gut 20 Klassen und Interfaces im Paket java.util, die das Collections-Framework des JDK 1.2 bilden. Wer bei dieser Zahl erschreckt, sei getröstet. Letztlich werden im wesentlichen die drei Grundformen Set, List und Map realisiert. Die große Anzahl ergibt sich aus der Bereitstellung verschiedener Implementierungsvarianten, Interfaces und einiger abstrakter Basisklassen, mit denen die Implementierung eigener Collections vereinfacht werden kann. Wir wollen uns zunächst mit der grundlegenden Arbeitsweise der Collection-Typen vertraut machen:

▶ Eine List ist eine beliebig große Liste von Elementen beliebigen Typs, auf die sowohl wahlfrei als auch sequentiell zugegriffen werden kann.

▶ Ein Set ist eine (doublettenlose) Menge von Elementen, auf die mit typischen Mengenoperationen zugegriffen werden kann.

▶ Eine Map ist eine Abbildung von Elementen eines Typs auf Elemente eines anderen Typs, also eine Menge zusammengehöriger Paare von Objekten.

Jede dieser Grundformen ist als Interface unter dem oben angegebenen Namen implementiert. Zudem gibt es jeweils eine oder mehrere konkrete Implementierungen. Sie unterscheiden sich in den verwendeten Datenstrukturen und Algorithmen und damit in ihrer Eignung für verschiedene Anwendungsfälle. Weiterhin gibt es eine abstrakte Implementierung des Interfaces, mit dessen Hilfe das Erstellen eigener Collections erleichtert wird.

Im Gegensatz zu den 1.1-Klassen sind die Collections des JDK 1.2 aus Performancegründen durchgängig unsynchronisiert. Soll also von mehr als einem Thread gleichzeitig auf eine Collection zugegriffen werden (Collections sind häufig Kommunikationsmittel zwischen gekoppelten Threads), so ist unbedingt darauf zu achten, die Zugriffe selbst zu synchronisieren. Andernfalls können leicht Programmfehler und Dateninkonsistenzen entstehen.

Die Namensgebung der Interfaces und Klassen folgt einem einfachen Schema. Das Interface hat immer den allgemein verwendeten Namen der zu implementierenden Collection, also beispielsweise List, Set oder Map. Jede Implementierungsvariante stellt vor den Namen dann eine spezifische Bezeichnung, die einen Hinweis auf die Art der verwendeten Datenstrukturen und Algorithmen geben soll. So gibt es für das Interface List beispielsweise die Implementierungsvarianten LinkedList und ArrayList sowie die abstrakte Implementierung AbstractList. Wenn man dieses Schema einmal begriffen hat, verliert der »Collection-Zoo« viel von seinem Schrecken.

Die Interfaces spielen eine wichtige Rolle, denn sie beschreiben bereits recht detailliert die Eigenschaften der folgenden Implementierungen. Dabei wurde im JDK 1.2 eine weitreichende Design-Entscheidung getroffen. Um nicht für jede denkbare Collection-Klasse ein eigenes Interface definieren zu müssen, wurde ein Basisinterface Collection geschaffen, aus dem die meisten Interfaces abgeleitet wurden. Es faßt die wesentlichen Eigenschaften einer großen Menge unterschiedlicher Collections zusammen:

```
java.util.    int size()
Collection    boolean isEmpty()
              boolean contains(Object o)
              Iterator iterator()
              Object[] toArray()
              Object[] toArray(Object[] a)
              boolean add(Object o)
              boolean remove(Object o)
              boolean containsAll(Collection c)
              boolean addAll(Collection c)
              boolean removeAll(Collection c)
              boolean retainAll(Collection c)
              void clear()
              boolean equals(Object o)
              int hashCode()
```

Zusätzlich fordert die JDK-1.2-Spezifikation für jede Collection-Klasse zwei Konstruktoren (was ja leider nicht im Rahmen der Interface-Definition sichergestellt werden kann). Ein parameterloser Konstruktor wird verwendet, um eine leere Collection anzulegen. Ein weiterer, der ein einzelnes Collection-Argument besitzt, dient dazu, eine neue Collection anzulegen und mit allen Elementen aus der als Argument übergebenen Collection zu füllen. Die Interfaces `List` und `Set` sind direkt aus `Collection` abgeleitet, `SortedSet` entstammt ihr (als Nachfolger von `Set`) mittelbar. Lediglich die Interfaces `Map` und das daraus abgeleitete Interface `SortedMap` wurden nicht aus `Collection` abgeleitet.

Der Vorteil dieses Designs ist natürlich, daß eine flexible Schnittstelle für den Umgang mit *Mengen von Objekten* zur Verfügung steht. Wenn eine Methode einen Rückgabewert vom Typ `Collection` besitzt, können die Aufrufer dieser Methode auf die zurückgegebenen Elemente – unabhängig vom Typ der tatsächlich zurückgegebenen Collection-Klasse – einheitlich zugreifen. Selbst wenn eine andere *Implementierung* gewählt wird, ändert sich für den Aufrufer nichts, solange das zurückgegebene Objekt das `Collection`-Interface implementiert.

Soweit zur Theorie. Der designerische Nachteil dieses Ansatzes besteht darin, daß längst nicht alle tatsächlichen Collections eine Schnittstelle besitzen, wie sie in `Collection` definiert wurde. Während diese für eine Liste noch passen mag, besitzt eine Queue oder ein Stack gänzlich anders arbeitende Zugriffsroutinen. Dieser Konflikt wurde dadurch zu lösen versucht, daß die Methoden *zum Ändern* der Collection *optional* sind. Während also `contains`, `containsAll`, `equals`, `hashCode`, `isEmpty`, `size` und `toArray` obligatorisch sind, müssen die übrigen Methoden in einer konkreten Implementierung nicht unbedingt zur Verfügung gestellt werden, sondern können weggelassen, ersetzt oder ergänzt werden.

Aus Kapitel 9 auf Seite 183 wissen wir allerdings, daß *alle* definierten Methoden eines Interfaces in einer konkreten Implementierung zur Verfügung gestellt werden müssen. Davon sind natürlich auch die Collection-Klassen nicht ausgenommen. Wenn sich diese entschließen, eine optionale Methode nicht zu realisieren, so muß diese zwar implementiert werden, löst aber beim Aufruf eine Exception des Typs `UnsupportedOperationException` aus. Die tatsächliche Schnittstelle einer konkreten Collection-Klasse kann also nicht dem Interface entnommen werden, das sie implementiert, sondern erfordert zusätzlich die schriftliche Dokumentation der Klasse.

Über diesen Designansatz kann man sich streiten. Da sowieso nur die nicht-verändernden Methoden nicht-optional sind, hätte man ebenso gut diese allein in ein generisches Collection-Interface stecken können und von allen Collection-Klassen implementieren lassen können. Zusätzliche Methoden wären dann in abgeleiteten Interfaces passend zur jeweiligen Collection-Klasse zu definieren.

15.2 Die Collection des Typs List

15.2.1 Abstrakte Eigenschaften

Eine Collection vom Typ List ist eine geordnete Menge von Objekten, auf die entweder sequentiell oder über ihren Index (ihre Position in der Liste) zugegriffen werden kann. Wie bei Arrays hat das erste Element den Index 0 und das letzte den Index size() - 1. Es ist möglich, an einer beliebigen Stelle der Liste ein Element einzufügen oder zu löschen. Die weiter hinten stehenden Elemente werden dann entsprechend nach rechts bzw. links verschoben. Des weiteren gibt es Methoden, um Elemente in der Liste zu suchen.

Das Interface List ist direkt aus Collection abgeleitet und erbt somit dessen Methoden. Zusätzlich gibt es einige neue Methoden, die zum wahlfreien Zugriff auf die Elemente benötigt werden. Um Elemente in die Liste einzufügen, können die Methoden add und addAll verwendet werden:

```
java.util.    void add(int index, Object element)
     List     boolean add(Object o)

              boolean addAll(Collection c)
              boolean addAll(int index, Collection c)
```

Mit add wird ein einfaches Element in die Liste eingefügt. Wenn die Methode mit einem einzelnen Object als Parameter aufgerufen wird, hängt sie das Element an das Ende der Liste an. Wird zusätzlich der Index angegeben, so wird das Element an der spezifizierten Position eingefügt und alle übrigen Elemente um eine Position nach rechts geschoben. Mit addAll kann eine komplette Collection in die Liste eingefügt werden. Auch hier können die Elemente wahlweise an das Ende angehängt oder an einer beliebigen Stelle in der Liste eingefügt werden.

> Der Rückgabewert von add ist true, wenn die Liste durch den Aufruf von add verändert, also das Element hinzugefügt wurde. Er ist false, wenn die Liste nicht verändert wurde. Das kann beispielsweise dann der Fall sein, wenn die Liste keine Doubletten erlaubt und ein bereits vorhandenes Element noch einmal eingefügt werden soll. Konnte das Element dagegen aus einem anderen Grund nicht eingefügt werden, wird eine Ausnahme des Typs UnsupportedOperationException, ClassCastException oder IllegalArgumentException ausgelöst.

Das Löschen von Elementen kann mit den Methoden `remove`, `removeAll` und `retainAll` erfolgen:

```
Object remove(int index)
boolean remove(Object o)

boolean removeAll(Collection c)
boolean retainAll(Collection c)
```

java.util.List

An `remove` kann dabei wahlweise der Index des zu löschenden Objekts oder das Objekt selbst übergeben werden. Mit `removeAll` werden alle Elemente gelöscht, die auch in der als Argument übergebenen Collection enthalten sind, und `retainAll` löscht alle Elemente außer den in der Argument-Collection enthaltenen.

15.2.2 Implementierungen

Das Interface `List` wird seit dem JDK 1.2 von verschiedenen Klassen implementiert:

- Die Klasse `AbstractList` ist eine abstrakte Basisklasse, bei der alle optionalen Methoden die Ausnahme `UnsupportedOperationException` auslösen und diverse obligatorische Methoden als `abstract` deklariert wurden. Sie dient als Basisklasse für eigene `List`-Implementierungen.

- Die Klasse `LinkedList` realisiert eine Liste, deren Elemente als doppelt verkettete lineare Liste gehalten werden. Ihre Einfüge- und Löschoperationen sind im Prinzip (viele Elemente vorausgesetzt) performanter als die der `ArrayList`. Der wahlfreie Zugriff ist dagegen normalerweise langsamer.

- Die Klasse `ArrayList` implementiert die Liste als Array von Elementen, das bei Bedarf vergrößert wird. Hier ist der wahlfreie Zugriff schneller, aber bei großen Elementzahlen kann das Einfügen und Löschen länger dauern als bei einer `LinkedList`.

- Aus Gründen der Vereinheitlichung implementiert seit dem JDK 1.2 auch die Klasse `Vector` das `List`-Interface. Neben den bereits in Abschnitt 14.2 auf Seite 308 erwähnten Methoden besitzt ein 1.2-`Vector` also auch die entsprechenden Methoden des `List`-Interfaces.

Soll im eigenen Programm eine Liste verwendet werden, stellt sich die Frage, welche der genannten Implementierungen dafür am besten geeignet ist. Während die Klasse `AbstractList` nur als Basisklasse eigener Listenklassen sinnvoll verwendet werden kann, ist die Entscheidung für eine der drei übrigen Klassen von den Spezifika der jeweiligen Anwendung abhängig. Bleibt die Liste klein, wird hauptsächlich wahlfrei darauf zugegriffen; überwiegen die lesenden gegenüber den schreibenden Zugriffen deutlich, so liefert die `ArrayList` die besten Ergebnisse. Ist die Liste dagegen sehr groß und werden häufig Einfügungen und

Löschungen vorgenommen, ist wahrscheinlich die LinkedList die bessere Wahl. Wird von mehreren Threads gleichzeitig auf die Liste zugegriffen, kann die Klasse Vector verwendet werden, denn ihre Methoden sind bereits weitgehend als synchronized deklariert. Weitere Untersuchungen zur Performance der Listentypen sind in Abschnitt 49.2.3 auf Seite 1172 zu finden.

Das folgende Beispiel zeigt das Anlegen und Bearbeiten zweier unterschiedlicher Listen:

Listing 15.1: Anlegen und Bearbeiten zweier Listen

```
001  /* Listing1501.java */
002
003  import java.util.*;
004
005  public class Listing1501
006  {
007    static void fillList(List list)
008    {
009      for (int i = 0; i < 10; ++i) {
010        list.add("" + i);
011      }
012      list.remove(3);
013      list.remove("5");
014    }
015
016    static void printList(List list)
017    {
018      for (int i = 0; i < list.size(); ++i) {
019        System.out.println((String)list.get(i));
020      }
021      System.out.println("---");
022    }
023
024    public static void main(String[] args)
025    {
026      //Erzeugen der LinkedList
027      LinkedList list1 = new LinkedList();
028      fillList(list1);
029      printList(list1);
030      //Erzeugen der ArrayList
031      ArrayList list2 = new ArrayList();
032      fillList(list2);
033      printList(list2);
034      //Test von removeAll
035      list2.remove("0");
036      list1.removeAll(list2);
037      printList(list1);
038    }
039  }
```

Iteratoren   Kapitel 15

Hierbei wird zunächst je eine Liste des Typs `LinkedList` und `ArrayList` angelegt; beide werden durch Aufruf von `fillList` identisch gefüllt. Der Parameter `list` hat den Typ `List` und akzeptiert damit beliebige Objekte, die dieses Interface implementieren. Tatsächlich spielt es für `fillList` keine Rolle, welche konkrete Listenklasse verwendet wurde, und die nachfolgenden Ausgabemethoden geben jeweils genau dasselbe aus:

```
0
1
2
4
6
7
8
9
---
0
1
2
4
6
7
8
9
---
0
---
```

Anschließend wird aus `list2` das Element "0" entfernt und dann aus `list1` alle Elemente gelöscht, die noch in `list2` enthalten sind. Nach dem Aufruf von `removeAll` verbleibt also nur noch das (zu diesem Zeitpunkt nicht mehr in `list2` enthaltene) Element "0" in `list1` und wird durch den folgenden Aufruf von `printList` ausgegeben.

15.3 Iteratoren

15.3.1 Das Interface Iterator

Auf die Collections der Prä-1.2-JDKs konnte mit Hilfe des `Enumeration`-Interfaces und seiner beiden Methoden `hasMoreElements` und `nextElement` zugegriffen werden. Da Objekte, die dem Durchlaufen von Collections dienen, überall in der Informatik als *Iteratoren* bezeichnet werden, wurde die Namensgebung des Interfaces und seiner Methoden vielfach kritisiert. Die Designer der Collections der Version 1.2 haben sich nun dem allgemeinen Sprachgebrauch angepaßt und das Interface zum Durchlaufen der Elemente einer Collection als `Iterator` bezeichnet und mit folgenden Methoden ausgestattet:

Kapitel 15

java.util.
Iterator

```
boolean hasNext()

Object next()

void remove()
```

hasNext gibt genau dann true zurück, wenn der Iterator mindestens ein weiteres Element enthält. next liefert das nächste Element bzw. löst eine Ausnahme des Typs NoSuchElementException aus, wenn es keine weiteren Elemente gibt. Wie beim Enumeration-Interface ist der Rückgabewert als Object deklariert und muß daher auf das passende Object gecastet werden. Als neues Feature (gegenüber einer Enumeration) bietet ein Iterator die Möglichkeit, die Collection während der Abfrage zu ändern, indem das zuletzt geholte Element mit der Methode remove gelöscht wird. Bei allen Collections, die das Interface Collection implementieren, kann ein Iterator zum Durchlaufen aller Elemente mit der Methode iterator beschafft werden.

> Dies ist auch gleichzeitig die einzige erlaubte Möglichkeit, die Collection während der Verwendung eines Iterators zu ändern. Alle direkt ändernden Zugriffe auf die Collection machen das weitere Verhalten des Iterators undefiniert.

Wir wollen uns die Benutzung eines Iterators an einem Beispiel ansehen:

Listing 15.2:
Zugriff auf eine
Collection mit
einem Iterator

```
001  /* Listing1502.java */
002
003  import java.util.*;
004
005  public class Listing1502
006  {
007    public static void main(String[] args)
008    {
009      //Füllen der Liste
010      ArrayList list = new ArrayList();
011      for (int i = 1; i <= 20; ++i) {
012        list.add("" + i);
013      }
014      //Löschen von Elementen über Iterator
015      Iterator it = list.iterator();
016      while (it.hasNext()) {
017        String s = (String) it.next();
018        if (s.startsWith("1")) {
019          it.remove();
020        }
021      }
022      //Ausgeben der verbleibenden Elemente
023      it = list.iterator();
024      while (it.hasNext()) {
```

```
025         System.out.println((String) it.next());
026     }
027   }
028 }
```

Listing 15.2: Zugriff auf eine Collection mit einem Iterator (Forts.)

Das Programm erzeugt zunächst eine Liste mit den Elementen "1", "2", ..., "20". Anschließend wird durch Aufruf von iterator ein Iterator über alle Elemente der Liste beschafft. Mit seiner Hilfe werden alle Elemente der Liste durchlaufen und diejenigen, die mit "1" anfangen, gelöscht. Der zweite Durchlauf durch die Liste zeigt dann nur noch die übriggebliebenen Elemente an:

2
3
4
5
6
7
8
9
20

15.3.2 Das Interface ListIterator

Neben dem Iterator-Interface gibt es das daraus abgeleitete Interface ListIterator. Es steht nur bei Collections des Typs List (und daraus abgeleiteten Klassen) zur Verfügung und bietet zusätzlich die Möglichkeit, die Liste in beiden Richtungen zu durchlaufen, auf den Index des nächsten oder vorigen Elements zuzugreifen, das aktuelle Element zu verändern und ein neues Element hinzuzufügen:

```
boolean hasPrevious()
Object previous()

int nextIndex()
int previousIndex()

void add(Object o)
void set(Object o)
```

java.util.ListIterator

Mit hasPrevious kann bestimmt werden, ob es *vor* der aktuellen Position ein weiteres Element gibt; der Zugriff darauf würde mit previous erfolgen. Die Methoden nextIndex und previousIndex liefern den Index des nächsten bzw. vorigen Elements des Iterators. Wird previousIndex am Anfang des Iterators aufgerufen, ist sein Rückgabewert -1. Wird nextIndex am Ende aufgerufen, liefert es size() als Rückgabewert. Mit add kann ein neues Element an der Stelle in die Liste eingefügt werden, die unmittelbar vor dem nächsten Element des Iterators liegt. set erlaubt es, das durch den letzten Aufruf von next bzw. previous beschaffte Element zu ersetzen.

> Ebenso wie beim Interface `Collection` sind die *ändernden* Methoden der Iteratoren optional. Falls ein Iterator eine dieser Methoden nicht zur Verfügung stellen will, löst er bei ihrem Aufruf eine Ausnahme des Typs `UnsupportedOperationException` aus. Das gilt für die Methoden `add`, `set` und `remove`.

15.4 Eine eigene Queue-Klasse

15.4.1 Anforderungen

Nachdem wir gezeigt haben, wie *vordefinierte* Collections verwendet werden, wollen wir uns nun ansehen, wie man eigene Collections erstellen kann. Wir wollen dazu die Datenstruktur einer *Queue* implementieren, die folgende Eigenschaften hat:

- Zu Beginn ist die Queue leer.
- Durch Aufruf von `add` wird ein neues Element am Ende der Queue angefügt.
- Ein Aufruf von `retrieve` gibt das erste Element der Queue zurück und entfernt es aus der Queue. Besitzt die Queue keine Elemente, wird eine Ausnahme des Typs `NoSuchElementException` ausgelöst.
- Die Methode `size` liefert die Anzahl der Elemente in der Queue.
- Mit `clear` werden alle Elemente aus der Queue entfernt.
- Die Methode `iterator` liefert einen Iterator für alle Elemente der Queue. Beim Aufruf von `remove` wird eine Ausnahme des Typs `UnsupportedOperationException` ausgelöst.

Die Elemente sollen als einfach verkettete Liste von Elementen gehalten werden. Jedes Element wird in einer Instanz der lokalen Klasse `ElementWrapper` gehalten, die neben dem Element selbst auch den Zeiger auf sein Nachfolgeelement verwaltet. Um (ganz nebenbei) den Umgang mit Listenstrukturen mit Zeigern zu zeigen, wollen wir die Daten nicht einer Collection des Typs `LinkedList` halten, sondern die Zeigeroperationen selbst implementieren.

15.4.2 Implementierung

Zunächst definieren wir ein Interface `Queue`, in dem wir die abstrakten Eigenschaften unserer Queue-Klasse spezifizieren:

Listing 15.3:
Das Interface
Queue

```
001 /* Queue.java */
002
003 import java.util.*;
004
```

Eine eigene Queue-Klasse

Kapitel 15

```
005 /**
006  * Das Interface der Queue-Collection.
007  */
008 public interface Queue
009 {
010     /**
011      * Fügt das Element o am Ende der Queue an. Falls
012      * keine Ausnahme ausgelöst wurde, gibt die Methode
013      * true zurück.
014      */
015     public boolean add(Object o);
016
017     /**
018      * Liefert das erste Element der Queue und entfernt es
019      * daraus. Falls die Queue leer ist, wird eine Ausnahme
020      * des Typs NoSuchElementException ausgelöst.
021      */
022     public Object retrieve()
023     throws NoSuchElementException;
024
025     /**
026      * Liefert die Anzahl der Elemente der Queue.
027      */
028     public int size();
029
030     /**
031      * Entfernt alle Elemente aus der Queue.
032      */
033     public void clear();
034
035     /**
036      * Liefert einen Iterator über alle Elemente der Queue.
037      */
038     public Iterator iterator();
039 }
```

Listing 15.3: Das Interface Queue (Forts.)

Dieses Interface kann nun verwendet werden, um konkrete Ausprägungen einer Queue zu implementieren. Wir wollen die Queue als verkettete Liste realisieren und definieren dazu die Klasse LinkedQueue:

```
001 /* LinkedQueue.java */
002
003 import java.util.*;
004
005 /**
006  * Die folgende Klasse realisiert eine Queue-Collection
007  * auf der Basis einer einfach verketteten linearen Liste.
008  * Die LinkedQueue kann im Prinzip beliebig viele Elemente
```

Listing 15.4: Die Klasse LinkedQueue

Listing 15.4:
Die Klasse
LinkedQueue
(Forts.)

```
009   * aufnehmen. Die Laufzeiten der Einfüge- und Löschmethoden
010   * sind O(1). Der von iterator() gelieferte Iterator
011   * besitzt KEINE Implementierung der Methode remove().
012   */
013  public class LinkedQueue
014  implements Queue
015  {
016    protected ElementWrapper first;
017    protected ElementWrapper last;
018    protected int count;
019
020    public LinkedQueue()
021    {
022      first = last = null;
023      count = 0;
024    }
025
026    public boolean add(Object o)
027    {
028      if (count == 0) {
029        //insert first element
030        first = new ElementWrapper();
031        last = first;
032        count = 1;
033      } else {
034        //insert element into non-empty queue
035        last.next = new ElementWrapper();
036        last = last.next;
037        ++count;
038      }
039      last.element = o;
040      last.next = null;
041      return true;
042    }
043
044    public Object retrieve()
045    throws NoSuchElementException
046    {
047      if (count <= 0) {
048        throw new NoSuchElementException();
049      }
050      ElementWrapper ret = first;
051      --count;
052      first = first.next;
053      if (first == null) {
054        last = null;
055        count = 0;
056      }
057      return ret.element;
```

Eine eigene Queue-Klasse

```
058     }
059
060     public int size()
061     {
062       return count;
063     }
064
065     public void clear()
066     {
067       while (first != null) {
068         ElementWrapper tmp = first;
069         first = first.next;
070         tmp.next = null;
071       }
072       first = last = null;
073       count = 0;
074     }
075
076     public Iterator iterator()
077     {
078       return new Iterator()
079       {
080         ElementWrapper tmp = first;
081
082         public boolean hasNext()
083         {
084           return tmp != null;
085         }
086
087         public Object next()
088         {
089           if (tmp == null) {
090             throw new NoSuchElementException();
091           }
092           Object ret = tmp.element;
093           tmp = tmp.next;
094           return ret;
095         }
096
097         public void remove()
098         {
099           throw new UnsupportedOperationException();
100         }
101       };
102     }
103
104     /**
105      * Lokale Wrapperklasse für die Queue-Elemente.
106      */
```

Listing 15.4:
Die Klasse
LinkedQueue
(Forts.)

Listing 15.4:
Die Klasse
LinkedQueue
(Forts.)

```
107    class ElementWrapper
108    {
109        public Object element;
110        public ElementWrapper next;
111    }
112  }
```

Die einzelnen Elemente der Queue werden in Objekten der Wrapperklasse `ElementWrapper` gehalten. Die beiden `ElementWrapper`-Zeiger `first` und `last` zeigen auf das erste bzw. letzte Element der Liste und werden zum Einfügen und Löschen von Elementen gebraucht. Der Zähler `count` hält die Anzahl der Elemente der Queue und wurde eingeführt, um die Methode `size` performant implementieren zu können. Die Methoden `add` und `retrieve` führen die erforderlichen Zeigeroperationen aus, um Elemente einzufügen bzw. zu entfernen, sie sollen hier nicht näher erläutert werden. In `clear` werden alle Elemente durchlaufen und ihr jeweiliger Nachfolgezeiger explizit auf `null` gesetzt, um dem Garbage Collector die Arbeit zu erleichtern.

Interessanter ist die Implementierung von `iterator`. Hier wird eine anonyme lokale Klasse definiert und zurückgegeben, die das Interface `Iterator` implementiert. Sie besitzt eine Membervariable `tmp`, mit dem die Elemente der Queue nacheinander durchlaufen werden. Wichtig ist dabei, daß `tmp` auf den *Originaldaten* der Liste arbeitet; es ist nicht nötig, Elemente oder Zeiger zu kopieren (dieses Prinzip ist auch der Schlüssel zur Implementierung der Methode `remove`, die wir hier nicht realisiert haben). `hasNext` muß also lediglich prüfen, ob `tmp` der Leerzeiger ist, was sowohl bei leerer Queue als auch nach Ende des Durchlaufs der Fall ist. `next` führt diese Prüfung ebenfalls aus, liefert gegebenenfalls das im Wrapperobjekt enthaltene Element zurück und stellt `tmp` auf das nächste Element.

> Die hier gezeigte Anwendung von anonymen lokalen Klassen ist durchaus üblich und wird meist auch von den JDK-Klassen zur Implementierung der Methode `iterator` verwendet. Prägen Sie sich diese Vorgehensweise ein, denn sie zeigt ein wichtiges und häufig angewendetes Designprinzip in Java. Weitere Hinweise zu anonymen und lokalen Klassen sind in Abschnitt 10.1 auf Seite 203 zu finden.

Abschließend wollen wir uns noch ein Beispiel für die Anwendung unserer Queue ansehen:

Listing 15.5:
Anwendung der
Queue-Klasse

```
001  /* Listing1505.java */
002
003  import java.util.*;
004
005  public class Listing1505
006  {
```

Eine eigene Queue-Klasse

```
007   public static void main(String[] args)
008   {
009     //Erzeugen der Queue
010     LinkedQueue q = new LinkedQueue();
011     for (int i = 1; i <= 20; ++i) {
012       if (i % 4 == 0) {
013         System.out.println(
014           "Lösche: " + (String)q.retrieve()
015         );
016       } else {
017         q.add("" + i);
018       }
019     }
020     //Ausgeben aller Elemente
021     Iterator it = q.iterator();
022     while (it.hasNext()) {
023       System.out.println((String)it.next());
024     }
025   }
026 }
```

Listing 15.5:
Anwendung der
Queue-Klasse
(Forts.)

Das Programm füllt die Queue, indem eine Schleife von 1 bis 20 durchlaufen wird. Ist der Schleifenzähler durch vier teilbar, wird das vorderste Element der Queue entfernt, andernfalls wird der Zähler in einen String konvertiert und an das Ende der Queue angehängt. Nach Ende der Schleife enthält die Queue also die Strings "1", "2", ..., "20", sofern sie nicht durch vier teilbar sind, und abzüglich der ersten fünf Elemente, die durch den Aufruf von retrieve entfernt wurden. Die Ausgabe des Programms ist demnach:

```
Lösche: 1
Lösche: 2
Lösche: 3
Lösche: 5
Lösche: 6
7
9
10
11
13
14
15
17
18
19
```

15.5 Die Collection des Typs Set

15.5.1 Abstrakte Eigenschaften

Ein Set ähnelt der List, erlaubt aber im Gegensatz zu dieser keine doppelten Elemente. Genauer gesagt, in einem Set darf es zu keinem Zeitpunkt zwei Elemente x und y geben, für die x.equals(y) wahr ist. Ein Set entspricht damit im mathematischen Sinn einer *Menge*, in der ja ebenfalls jedes Element nur einmal vorkommen kann. Ein Set hat allerdings keine spezielle Schnittstelle, sondern erbt seine Methoden von der Basisklasse Collection.

Die Unterschiede zu List treten zutage, wenn man versucht, mit add ein Element einzufügen, das bereits vorhanden ist (bei dem also die equals-Methode wie zuvor beschrieben true ergibt). In diesem Fall wird es nicht erneut eingefügt, sondern add gibt false zurück. Auch für die Methoden addAll und den Konstruktor Set(Collection c) gilt, daß sie kein Element doppelt einfügen und damit insgesamt die Integritätsbedingung einer Menge erhalten.

Ein weiterer Unterschied zu List ist, daß ein Set keinen ListIterator, sondern lediglich einen einfachen Iterator erzeugen kann. Dessen Elemente haben keine definierte Reihenfolge. Sie kann sich durch wiederholtes Einfügen von Elementen im Laufe der Zeit sogar ändern.

> Besondere Vorsicht ist geboten, wenn ein Set dazu benutzt wird, *veränderliche Objekte* zu speichern (sie werden auch als *mutable* bezeichnet). Wird ein Objekt, das in einem Set gespeichert ist, so verändert, daß der equals-Vergleich mit einem anderen Element danach einen anderen Wert ergeben könnte, so gilt der komplette Set als undefiniert und darf nicht mehr benutzt werden.

Zentrale Ursache für dieses Problem ist die Tatsache, daß Objektvariablen intern als *Zeiger* auf die zugehörigen Objekte dargestellt werden. Auf ein Objekt, das in einem Set enthalten ist, kann somit auch von außen zugegriffen werden, wenn nach dem Einfügen des Objekts noch ein Verweis darauf zur Verfügung steht. Bei den in Java vordefinierten "kleinen" Klassen wie String, Integer usw. ist das kein Problem, denn Objekte dieses Typs können nach ihrer Konstruktion nicht mehr verändert werden (sie sind *immutable*). Bei veränderlichen Objekten könnten dagegen im Set enthaltene Elemente unbemerkt verändert und dessen Integrität verletzt werden.

15.5.2 Implementierungen

Das Set-Interface wird im JDK nur von den Klassen HashSet und AbstractSet implementiert. Die abstrakte Implementierung dient lediglich als Basisklasse für eigene Ableitungen. In der voll funktionsfähigen HashSet-Implementierung werden die Elemente intern in einer

HashMap gespeichert. Vor jedem Einfügen wird geprüft, ob das einzufügende Element bereits in der HashMap enthalten ist. Die Performance der Einfüge-, Lösch- und Zugriffsfunktionen ist im Mittel *konstant*. Neben den oben erwähnten Standardkonstruktoren besitzt die Klasse HashSet zwei weitere Konstruktoren, deren Argumente direkt an den Konstruktor der HashMap weitergereicht werden:

```
HashSet(int initialCapacity)
HashSet(int initialCapacity, float loadFactor)
```
java.util. HashSet

Wir wollen uns die Anwendung eines HashSet am Beispiel der Generierung eines Lottotips ansehen. Ein ähnliches Beispiel gibt es in Listing 16.1 auf Seite 352. Dort wird ein BitSet verwendet, um doppelte Zahlen zu verhindern.

```
001 /* Listing1506.java */
002
003 import java.util.*;
004
005 public class Listing1506
006 {
007   public static void main(String[] args)
008   {
009     HashSet set = new HashSet(10);
010     int doubletten = 0;
011     //Lottozahlen erzeugen
012     while (set.size() < 6) {
013       int num = (int)(Math.random() * 49) + 1;
014       if (!set.add(new Integer(num))) {
015         ++doubletten;
016       }
017     }
018     //Lottozahlen ausgeben
019     Iterator it = set.iterator();
020     while (it.hasNext()) {
021       System.out.println(((Integer)it.next()).toString());
022     }
023     System.out.println("Ignorierte Doubletten: " + doubletten);
024   }
025 }
```

Listing 15.6: Generierung eines Lottotips mit HashSet

In diesem Listing wird ein HashSet so lange mit Zufallszahlen zwischen 1 und 49 bestückt, bis die Anzahl der Elemente 6 ist. Da in einen Set keine Elemente eingefügt werden können, die bereits darin enthalten sind, ist dafür gesorgt, daß jede Zahl nur einmal im Tip auftaucht. Der Zähler doubletten wird durch den Rückgabewert false von add getriggert. Er zählt, wie oft eine Zahl eingefügt werden sollte, die bereits enthalten war. Die Ausgabe des Programms könnte beispielsweise so aussehen:

```
29
17
16
35
3
30
Ignorierte Doubletten: 2
```

15.6 Die Collection des Typs Map

15.6.1 Abstrakte Eigenschaften

Eine Collection des Typs Map realisiert einen assoziativen Speicher, der Schlüssel auf Werte abbildet. Sowohl Schlüssel als auch Werte sind Objekte eines beliebigen Typs. Je Schlüssel gibt es entweder keinen oder genau einen Eintrag in der Collection. Soll ein Schlüssel-Wert-Paar eingefügt werden, dessen Schlüssel bereits existiert, wird dieses nicht neu eingefügt. Es wird lediglich dem vorhandenen Schlüssel der neue Wert zugeordnet. Der Wert wird also praktisch *ausgetauscht*.

Das Interface Map ist nicht von Collection abgeleitet, sondern eigenständig. Es definiert folgende Methoden:

java.util.Map
```
int size()
boolean isEmpty()
boolean containsKey(Object key)
boolean containsValue(Object value)
Object get(Object key)
Object put(Object key, Object value)
Object remove(Object key)
void putAll(Map t)
void clear()
public Set keySet()
public Collection values()
public Set entrySet()
boolean equals(Object o)
int hashCode()
```

Die Methoden size, isEmpty, remove, clear, equals und hashCode sind mit den gleichnamigen Methoden des Collection-Interfaces identisch und brauchen daher nicht noch einmal erklärt zu werden.

Mit Hilfe von put wird ein neues Schlüssel-Wert-Paar eingefügt bzw. dem bereits vorhandenen Schlüssel ein neuer Wert zugeordnet. Die Methode putAll macht das für alle Paare der als Argument übergebenen Map. Auch hier gilt die Regel, daß ein Schlüssel, der bereits vorhanden ist, nicht neu eingefügt wird. Lediglich sein zugeordneter Wert wird ausgetauscht. Mit der Methode `get` kann der Wert zu einem Schlüssel beschafft werden. Da der Rückgabewert vom Typ `Object` ist, muß er auf den erwarteten Wert gecastet werden.

> Falls der angegebene Schlüssel nicht in der `Map` enthalten ist, wird `null` zurückgegeben. Hier ist Vorsicht geboten, denn ein `null`-Wert wird auch dann zurückgegeben, wenn die `Map` das Einfügen von `null`-Werten erlaubt und ein solcher diesem Schlüssel explizit zugeordnet wurde. Um diese beiden Fälle zu unterscheiden, kann die Methode `containsKey` verwendet werden. Sie gibt genau dann `true` zurück, wenn der gewünschte Schlüssel in der `Map` enthalten ist. Andernfalls liefert sie `false`. Analog dazu kann mit `containsValue` festgestellt werden, ob ein bestimmter Wert mindestens einmal in der `Map` enthalten ist.

Im Vergleich zum `Collection`-Interface fällt auf, daß eine `Map` keine Methode `iterator` besitzt. Statt dessen kann sie drei unterschiedliche Collections erzeugen, die dann natürlich ihrerseits dazu verwendet werden können, einen Iterator zu liefern. Diese Collections werden als *Views*, also als *Sichten* auf die Collection bezeichnet:

- Die Methode `keySet` liefert die Menge der Schlüssel. Da per Definition keine doppelten Schlüssel in einer `Map` auftauchen, ist diese Collection vom Typ `Set`.

- Die Methode `values` liefert die Menge der Werte der `Map`. Da Werte sehr wohl doppelt enthalten sein können, ist der Rückgabewert lediglich vom Typ `Collection`, wird also typischerweise eine Liste oder eine anonyme Klasse mit entsprechenden Eigenschaften sein.

- Die Methode `entrySet` liefert eine Menge von Schlüssel-Wert-Paaren. Jedes Element dieser Menge ist vom Typ `Map.Entry`, d.h. es implementiert das lokale Interface `Entry` des Interfaces `Map`. Dieses stellt u.a. die Methoden `getKey` und `getValue` zur Verfügung, um auf die beiden Komponenten des Paares zuzugreifen.

Neben den im Interface definierten Methoden sollte eine konkrete `Map`-Implementierung zwei Konstruktoren zur Verfügung stellen. Ein leerer Konstruktor dient dazu, eine leere `Map` zu erzeugen. Ein zweiter Konstruktor, der ein einzelnes `Map`-Argument erwartet, erzeugt eine neue `Map` mit denselben Schlüssel-Wert-Paaren wie die als Argument übergebene `Map`.

15.6.2 Implementierungen

Das JDK stellt mehrere Implementierungen des `Map`-Interfaces zur Verfügung:

- Mit `AbstractMap` steht eine abstrakte Basisklasse für eigene Ableitungen zur Verfügung.

- Die Klasse `HashMap` implementiert das Interface auf der Basis einer *Hashtabelle*. Dabei wird ein Speicher fester Größe angelegt, und die Schlüssel werden mit Hilfe der *Hash-Funktion*, die den Speicherort direkt aus dem Schlüssel berechnet, möglichst gleichmäßig auf die verfügbaren Speicherplätze abgebildet. Da die Anzahl der potentiellen Schlüssel meist wesentlich größer als die Anzahl der verfügbaren Speicherplätze ist, können beim Einfügen Kollisionen auftreten, die mit geeigneten Mitteln behandelt werden müssen (bei der `HashMap` werden alle kollidierenden Elemente in einer verketteten Liste gehalten).

- Die altbekannte Klasse `Hashtable` implementiert seit dem JDK 1.2 ebenfalls das `Map`-Interface. Ihre Arbeitsweise entspricht im Prinzip der von `HashMap`, allerdings mit dem Unterschied, daß ihre Methoden synchronisiert sind und daß es nicht erlaubt ist, `null`-Werte einzufügen (die `HashMap` läßt dies zu).

Weitere Details zur Klasse `Hashtable` finden sich in Abschnitt 14.4 auf Seite 312. Dort gibt es auch ein kleines Anwendungsbeispiel, das wir hier in einer für die Klasse `HashMap` angepaßten Form zeigen wollen:

Listing 15.7:
Anwendung der
Klasse HashMap

```
001 /* Listing1507.java */
002
003 import java.util.*;
004
005 public class Listing1507
006 {
007   public static void main(String[] args)
008   {
009     HashMap h = new HashMap();
010
011     //Pflege der Aliase
012     h.put("Fritz","f.mueller@test.de");
013     h.put("Franz","fk@b-blabla.com");
014     h.put("Paula","user0125@mail.uofm.edu");
015     h.put("Lissa","lb3@gateway.fhdto.northsurf.dk");
016
017     //Ausgabe
018     Iterator it = h.entrySet().iterator();
019     while (it.hasNext()) {
020       Map.Entry entry = (Map.Entry)it.next();
021       System.out.println(
022         (String)entry.getKey() + " --> " +
```

```
023           (String)entry.getValue()
024         );
025       }
026    }
027 }
```

Listing 15.7:
Anwendung der
Klasse HashMap
(Forts.)

Der wichtigste Unterschied liegt in der Ausgabe der Ergebnisse. Während bei der `Hashtable` eine `Enumeration` verwendet wurde, müssen wir hier durch Aufruf von `entrySet` zunächst eine Menge der Schlüssel-Wert-Paare beschaffen. Diese liefert dann einen Iterator, der für jedes Element ein Objekt des Typs `Map.Entry` zurückgibt. Dessen Methoden `getKey` und `getValue` liefern den Schlüssel bzw. Wert des jeweiligen Eintrags. Alternativ hätten wir auch mit `keySet` die Menge der Schlüssel durchlaufen und mit `get` auf den jeweils aktuellen Wert zugreifen können. Dazu müßten die Zeilen 018 bis 025 im vorigen Listing durch folgenden Code ersetzt werden:

```
Iterator it = h.keySet().iterator();
while (it.hasNext()) {
  String key = (String)it.next();
  System.out.println(
    key + " --> " + (String)h.get(key)
  );
}
```

Die Ausgabe des Programms unterscheidet sich nur in der Sortierung von der von Listing 14.3 auf Seite 314:

```
Franz --> fk@b-blabla.com
Fritz --> f.mueller@test.de
Paula --> user0125@mail.uofm.edu
Lissa --> lb3@gateway.fhdto.northsurf.dk
```

15.7 Sortierte Collections

15.7.1 Comparable und Comparator

Die bisher vorgestellten `Set`- und `Map`-Collections waren unsortiert, d.h. ihre Iteratoren haben die Elemente in keiner bestimmten Reihenfolge zurückgegeben. Im Gegensatz dazu gibt ein `List`-Iterator die Elemente in der Reihenfolge ihrer Indexnummern zurück. Im JDK gibt es nun auch die Möglichkeit, die Elemente eines `Set` oder einer `Map` zu sortieren. Dabei kann entweder die *natürliche Ordnung* der Elemente verwendet werden, oder die Elemente können mit Hilfe eines expliziten Vergleichsobjekts sortiert werden.

Bei der natürlichen Ordnung muß sichergestellt sein, daß alle Elemente der Collection eine compareTo-Methode besitzen und je zwei beliebige Elemente miteinander verglichen werden können, ohne daß es zu einem Typfehler kommt. Dazu müssen die Elemente das Interface Comparable aus dem Paket java.lang implementieren:

java.lang.
Comparable

```
public int compareTo(Object o)
```

Comparable besitzt lediglich eine einzige Methode compareTo, die aufgerufen wird, um das aktuelle Element mit einem anderen zu vergleichen.

- compareTo muß einen Wert kleiner 0 zurückgeben, wenn das aktuelle Element *vor* dem zu vergleichenden liegt.
- compareTo muß einen Wert größer 0 zurückgeben, wenn das aktuelle Element *hinter* dem zu vergleichenden liegt.
- compareTo muß 0 zurückgeben, wenn das aktuelle Element und das zu vergleichende *gleich* sind.

Während in älteren JDKs bereits einige Klassen sporadisch eine compareTo-Methode besaßen, wird seit dem JDK 1.2 das Comparable-Interface bereits von vielen der eingebauten Klassen implementiert, etwa von String, Character, Double usw. Die natürliche Ordnung einer Menge von Elementen ergibt sich nun, indem man alle Elemente paarweise miteinander vergleicht und dabei jeweils das kleinere vor das größere Element stellt.

Die zweite Möglichkeit, eine Menge von Elementen zu sortieren, besteht darin, an den Konstruktor der Collection-Klasse ein Objekt des Typs Comparator zu übergeben. Comparator ist ein Interface, das lediglich eine einzige Methode compare definiert:

java.util.
Comparator

```
public int compare(Object o1, Object o2)
```

Das übergebene Comparator-Objekt übernimmt die Aufgabe einer »Vergleichsfunktion«, deren Methode compare immer dann aufgerufen wird, wenn bestimmt werden muß, in welcher Reihenfolge zwei beliebige Elemente zueinander stehen.

15.7.2 SortedSet und TreeSet

Zur Realisierung von sortierten Mengen wurde aus Set das Interface SortedSet abgeleitet. Es erweitert das Basisinterface um einige interessante Methoden:

java.util.
SortedSet

```
Object first()
Object last()

SortedSet headSet(Object toElement)
```

```
SortedSet subSet(Object fromElement, Object toElement)
SortedSet tailSet(Object fromElement)
```

Mit `first` und `last` kann das (gemäß der Sortierordnung) erste bzw. letzte Element der Menge beschafft werden. Die übrigen Methoden dienen dazu, aus der Originalmenge Teilmengen auf der Basis der Sortierung der Elemente zu konstruieren:

- `headSet` liefert alle Elemente, die echt kleiner als das als Argument übergebene Element sind.

- `tailSet` liefert alle Elemente, die größer oder gleich dem als Argument übergebenen Element sind.

- `subSet` liefert alle Elemente, die größer oder gleich `fromElement` und kleiner als `toElement` sind.

Neben dem hier beschriebenen Interface fordert die Dokumentation zu `SortedSet` eine Reihe von Konstruktoren:

- Ein parameterloser Konstruktor erzeugt eine leere Menge, deren (zukünftige) Elemente bezüglich ihrer natürlichen Ordnung sortiert werden.

- Ein Konstruktor mit einem Argument des Typs `Comparator` erzeugt eine leere Menge, deren (zukünftige) Elemente bezüglich der durch den `Comparator` vorgegebenen Ordnung sortiert werden.

- Ein Konstruktor mit einem Argument vom Typ `Collection` erzeugt eine Menge, die alle eindeutigen Elemente der als Argument übergebenen Collection in ihrer natürlichen Ordnung enthält.

- Ein Konstruktor mit einem Argument des Typs `SortedSet` erzeugt eine Menge mit denselben Elementen und derselben Sortierung wie die als Argument übergebene Menge.

Die einzige Klasse im JDK, die das Interface `SortedSet` implementiert, ist `TreeSet`. Sie implementiert die sortierte Menge mit Hilfe der Klasse `TreeMap`. Diese verwendet einen *Red-Black-Tree* als Datenstruktur, also einen Baum, der durch eine imaginäre Rot-Schwarz-Färbung seiner Knoten und spezielle Einfüge- und Löschfunktionen davor geschützt wird, im Extremfall zu einer linearen Liste zu entarten. Alle Basisoperationen können in logarithmischer Zeit bezüglich der Anzahl der Elemente des Baums ausgeführt werden und sind damit auch bei großen Elementzahlen recht schnell.

Für uns interessanter ist die Fähigkeit, einen sortierten Iterator zu erzeugen. Wir wollen uns dazu ein Beispiel ansehen. Das folgende Programm erzeugt eine sortierte Menge und fügt einige Strings unsortiert ein. Anschließend werden die Strings mit Hilfe eines Iterators ausgegeben:

Listing 15.8:
Die Klasse TreeSet

```java
001 /* Listing1508.java */
002
003 import java.util.*;
004
005 public class Listing1508
006 {
007   public static void main(String[] args)
008   {
009     //Konstruieren des Sets
010     TreeSet s = new TreeSet();
011     s.add("Kiwi");
012     s.add("Kirsche");
013     s.add("Ananas");
014     s.add("Zitrone");
015     s.add("Grapefruit");
016     s.add("Banane");
017     //Sortierte Ausgabe
018     Iterator it = s.iterator();
019     while (it.hasNext()) {
020       System.out.println((String)it.next());
021     }
022   }
023 }
```

Die Ausgabe des Programms ist:

```
Ananas
Banane
Grapefruit
Kirsche
Kiwi
Zitrone
```

Der Iterator hat die Elemente also in alphabetischer Reihenfolge ausgegeben. Der Grund dafür ist, daß die Klasse String seit dem JDK 1.2 das Comparable-Interface implementiert und eine Methode compareTo zur Verfügung stellt, mit der die Zeichenketten in lexikographischer Ordnung angeordnet werden. Sollen die Elemente unserer Menge dagegen rückwärts sortiert werden, ist die vorhandene compareTo-Methode dazu nicht geeignet. Statt dessen wird nun einfach ein Comparator-Objekt an den Konstruktor übergeben, dessen compare-Methode so implementiert wurde, daß zwei zu vergleichende Strings genau dann als aufsteigend beurteilt werden, wenn sie gemäß ihrer lexikographischen Ordnung absteigend sind. Das folgende Listing zeigt dies am Beispiel der Klasse ReverseStringComparator:

Listing 15.9:
Rückwärts sortieren mit einem Comparator

```java
001 /* Listing1509.java */
002
003 import java.util.*;
004
```

Sortierte Collections

Kapitel 15

```
005 public class Listing1509
006 {
007   public static void main(String[] args)
008   {
009     //Konstruieren des Sets
010     TreeSet s = new TreeSet(new ReverseStringComparator());
011     s.add("Kiwi");
012     s.add("Kirsche");
013     s.add("Ananas");
014     s.add("Zitrone");
015     s.add("Grapefruit");
016     s.add("Banane");
017     //Rückwärts sortierte Ausgabe
018     Iterator it = s.iterator();
019     while (it.hasNext()) {
020       System.out.println((String)it.next());
021     }
022   }
023 }
024
025 class ReverseStringComparator
026 implements Comparator
027 {
028   public int compare(Object o1, Object o2)
029   {
030     return ((String)o2).compareTo((String)o1);
031   }
032 }
```

Listing 15.9:
Rückwärts sortieren mit einem Comparator (Forts.)

Das Programm gibt nun die Elemente in umgekehrter Reihenfolge aus:

```
Zitrone
Kiwi
Kirsche
Grapefruit
Banane
Ananas
```

Mit Hilfe eines Comparators kann eine beliebige Sortierung der Elemente eines Sorted-Set erreicht werden. Wird ein Comparator an den Konstruktor übergeben, so wird die compareTo-Methode überhaupt nicht mehr verwendet, sondern die Sortierung erfolgt ausschließlich mit Hilfe der Methode compare des Comparator-Objekts. So können beispielsweise auch Elemente in einem SortedSet gespeichert werden, die das Comparable-Interface nicht implementieren.

15.7.3 SortedMap und TreeMap

Neben einem sortierten Set gibt es auch eine sortierte Map. Das Interface SortedMap ist analog zu SortedSet aufgebaut und enthält folgende Methoden:

*java.util.
SortedMap*

```
Object first()
Object last()

SortedMap headMap(Object toElement)
SortedMap subMap(Object fromElement, Object toElement)
SortedMap tailMap(Object fromElement)
```

Als konkrete Implementierung von SortedMap gibt es die Klasse TreeMap, die analog zu TreeSet arbeitet. Die Methoden keySet und entrySet liefern Collections, deren Iteratoren ihre Elemente in aufsteigender Reihenfolge abliefern. Auch bei einer SortedMap kann wahlweise mit der natürlichen Ordnung der Schlüssel gearbeitet werden oder durch Übergabe eines Comparator-Objekts an den Konstruktor eine andere Sortierfolge erzwungen werden.

15.8 Die Klasse Collections

Im Paket java.util gibt es eine Klasse Collections (man achte auf das »s« am Ende), die eine große Anzahl statischer Methoden zur Manipulation und Verarbeitung von Collections enthält. Darunter finden sich Methoden zum Durchsuchen, Sortieren, Kopieren und Synchronisieren von Collections sowie solche zur Extraktion von Elementen mit bestimmten Eigenschaften. Wir wollen uns hier nur einige der interessanten Methoden dieser Klasse ansehen und verweisen für weitere Informationen auf die JDK-Dokumentation.

15.8.1 Sortieren und Suchen

Die Klasse Collections enthält zwei Methoden sort:

*java.util.
Collections*

```
static void sort(List list)
static void sort(List list, Comparator c)
```

Mit Hilfe von sort können beliebige Listen sortiert werden. Als Argument werden die Liste und wahlweise ein Comparator übergeben. Fehlt der Comparator, wird die Liste in ihrer natürlichen Ordnung sortiert. Dazu müssen alle Elemente das Comparable-Interface implementieren und ohne Typfehler paarweise miteinander vergleichbar sein. Gemäß JDK-Dokumentation verwendet diese Methode ein modifiziertes Mergesort, das auch im Worst-Case eine Laufzeit von $n*log(n)$ hat (auch bei der Klasse LinkedList) und damit auch für große Listen geeignet sein sollte.

Die Klasse Collections

Wir wollen als Beispiel noch einmal Listing 15.8 auf Seite 344 aufgreifen und zeigen, wie man die unsortierten Elemente einer Liste mit Hilfe der Methode sort sortieren kann:

```
001 /* Listing1510.java */
002
003 import java.util.*;
004
005 public class Listing1510
006 {
007   public static void main(String[] args)
008   {
009     //Konstruieren des Sets
010     List l = new ArrayList();
011     l.add("Kiwi");
012     l.add("Kirsche");
013     l.add("Ananas");
014     l.add("Zitrone");
015     l.add("Grapefruit");
016     l.add("Banane");
017     //Unsortierte Ausgabe
018     Iterator it = l.iterator();
019     while (it.hasNext()) {
020       System.out.println((String)it.next());
021     }
022     System.out.println("---");
023     //Sortierte Ausgabe
024     Collections.sort(l);
025     it = l.iterator();
026     while (it.hasNext()) {
027       System.out.println((String)it.next());
028     }
029   }
030 }
```

Listing 15.10:
Sortieren einer Liste

Die Ausgabe des Programms lautet:

```
Kiwi
Kirsche
Ananas
Zitrone
Grapefruit
Banane
---
Ananas
Banane
Grapefruit
Kirsche
```

```
Kiwi
Zitrone
```

Muß in einer großen Liste wiederholt gesucht werden, macht es Sinn, diese einmal zu sortieren und anschließend eine *binäre Suche* zu verwenden. Dabei wird das gewünschte Element durch eine Intervallschachtelung mit fortgesetzter Halbierung der Intervallgröße immer weiter eingegrenzt, und das gesuchte Element ist nach spätestens log(n) Schritten gefunden. Die binäre Suche wird mit Hilfe der Methoden `binarySearch` realisiert:

java.util.
Collections

```
static int binarySearch(List list, Object key)
static int binarySearch(List list, Object key, Comparator c)
```

Auch hier gibt es wieder eine Variante, die gemäß der natürlichen Ordnung vorgeht, und eine zweite, die einen expliziten `Comparator` erfordert.

15.8.2 Synchronisieren von Collections

Wir haben bereits mehrfach erwähnt, daß die neuen Collections des JDK 1.2 nicht threadsicher sind und wir aus Performancegründen auf den Gebrauch des Schlüsselworts `synchronized` weitgehend verzichtet haben. Damit in einer Umgebung, bei der von mehr als einem Thread auf eine Collection zugegriffen werden kann, nicht alle Manipulationen vom Aufrufer synchronisiert werden müssen, gibt es einige Methoden, die eine unsynchronisierte Collection in eine synchronisierte verwandeln:

java.util.
Collections

```
static Collection synchronizedCollection(Collection c)
static List synchronizedList(List list)
static Map synchronizedMap(Map m)
static Set synchronizedSet(Set s)
static SortedMap synchronizedSortedMap(SortedMap m)
static SortedSet synchronizedSortedSet(SortedSet s)
```

Die Methoden erzeugen jeweils aus der als Argument übergebenen Collection eine synchronisierte Variante und geben diese an den Aufrufer zurück. Erreicht wird dies, indem eine neue Collection desselben Typs erzeugt wird, deren sämtliche Methoden synchronisiert sind. Wird eine ihrer Methoden aufgerufen, leitet sie den Aufruf innerhalb eines `synchronized`-Blocks einfach an die als Membervariable gehaltene Original-Collection weiter (dieses Designpattern entspricht etwa dem in Abschnitt 10.3.6 auf Seite 227 vorgestellten Delegate-Pattern).

15.8.3 Erzeugen unveränderlicher Collections

Analog zum Erzeugen von synchronisierten Collections gibt es einige Methoden, mit denen aus gewöhnlichen Collections *unveränderliche* Collections erzeugt werden können:

`static Collection unmodifiableCollection(Collection c)`
`static List unmodifiableList(List list)`
`static Map unmodifiableMap(Map m)`
`static Set unmodifiableSet(Set s)`
`static SortedMap unmodifiableSortedMap(SortedMap m)`
`static SortedSet unmodifiableSortedSet(SortedSet s)`
	java.util.
	Collections

Auch hier wird jeweils eine Wrapper-Klasse erzeugt, deren Methodenaufrufe an die Original-Collection delegiert werden. Alle Methoden, mit denen die Collection verändert werden könnte, werden so implementiert, daß sie beim Aufruf eine Ausnahme des Typs `UnsupportedOperationException` auslösen.

15.9 Zusammenfassung

In diesem Kapitel wurden folgende Themen behandelt:

- Grundlagen der Collection-Klassen des JDK 1.2
- Das Interface `Collection`
- Das Interface `List` und die Implementierungen `LinkedList` und `ArrayList`
- Die Iteratoren `Iterator` und `ListIterator`
- Erstellen eigener Collection-Klassen am Beispiel einer Queue
- Die Collections des Typs `Set` und `Map` und ihre Implementierungen
- Sortierte Collections und die Bedeutung der Klassen `Comparable` und `Comparator`
- Die Hilfsklasse `Collections` und ihre Methoden zum Suchen, Sortieren und Kopieren von Collections

16 Utility-Klassen I

16.1 Die Klasse Random

16.1.1 Initialisierung des Zufallszahlengenerators

Zufallszahlen werden beim Programmieren erstaunlich häufig gebraucht, beispielsweise für Simulationen, für Spiele oder zum Aufbau von Testszenarien. Java stellt zu diesem Zweck eine Klasse Random zur Verfügung, mit der Zufallszahlen erzeugt werden können. Sie basiert auf dem *Linear-Kongruenz-Algorithmus*, wie er beispielsweise in D.E. Knuths »The Art Of Computer Programming, Vol. 2« beschrieben ist.

Die Klasse Random erlaubt das Instanzieren eines Zufallszahlengenerators mit oder ohne manuelles Setzen des seed-Wertes (also der internen Zufallsvariable):

```
public Random()

public Random(long seed)
```
java.util. Random

Wird der seed-Parameter übergeben, initialisiert der Zufallszahlengenerator seinen internen Zähler mit diesem Wert, und die anschließend erzeugte Folge von Zufallszahlen ist *reproduzierbar*. Wird dagegen der parameterlose Konstruktor aufgerufen, initialisiert er den Zufallszahlengenerator auf der Basis der aktuellen Systemzeit. Die Zufallszahlenfolge ist in diesem Fall nicht reproduzierbar.

16.1.2 Erzeugen von Zufallszahlen

Gleichverteilte Zufallszahlen

Der Zufallszahlengenerator kann Zufallszahlen für die numerischen Grundtypen int, long, float oder double erzeugen. Durch Aufruf einer der Methoden nextInt, nextLong, nextFloat oder nextDouble wird die jeweils nächste Zufallszahl des entsprechenden Typs ermittelt und an den Aufrufer zurückgegeben:

```
public int nextInt()
public int nextInt(int n)

public long nextLong()

public float nextFloat()

public double nextDouble()
```
java.util. Random

> Anders als in vielen anderen Programmiersprachen liefern diese Methoden Ergebnisse aus dem gesamten Wertebereich des entsprechenden Grundtyps, also auch negative Zufallszahlen. Soll der Rückgabewert auf Werte größer gleich Null beschränkt werden, kann das Ergebnis mit `Math.abs` in einen positiven Wert umgewandelt werden.

Sollen nur ganzzahlige Zufallswerte unterhalb einer bestimmten Obergrenze *n* erzeugt werden, kann das Ergebnis zusätzlich modulo *n* genommen werden. Sollen nur positive Ganzzahlen (inklusive 0) erzeugt werden, kann die mit einem `int` parametrisierte Variante von `nextInt` verwendet werden. Zurückgegeben werden gleichverteilte Zufallszahlen zwischen 0 (inklusive) und *n* (exklusive).

Das folgende Beispiel zeigt die Verwendung von Zufallszahlen zur Generierung eines Lottotips. Hierbei werden durch Aufruf von `nextInt` ganzzahlige Zufallszahlen erzeugt und mit Hilfe der `abs`-Methode und des Modulo-Operators auf den Wertebereich von 1 bis 49 beschränkt. `BitSet` `b` verhindert, daß Zahlen doppelt in den Tip eingehen, und wird zur sortierten Ausgabe des Ergebnisses verwendet:

Listing 16.1: Zufallszahlen zur Generierung eines Lottotips

```
001 /* Listing1601.java */
002
003 import java.util.*;
004
005 public class Listing1601
006 {
007   public static void main(String[] args)
008   {
009     BitSet b = new BitSet();
010     Random r = new Random();
011
012     System.out.print("Mein Lottotip: ");
013     int cnt = 0;
014     while (cnt < 6) {
015       int num = 1 + Math.abs(r.nextInt()) % 49;
016       if (!b.get(num)) {
017         b.set(num);
018         ++cnt;
019       }
020     }
021     for (int i = 1; i <= 49; ++i) {
022       if (b.get(i)) {
023         System.out.print(i + " ");
024       }
025     }
026     System.out.println("");
027   }
028 }
```

Die Klassen Date, Calendar und GregorianCalendar Kapitel 16

> Eine etwas einfacher zu handhabende Methode zur Erzeugung von Fließkomma-Zufallszahlen befindet sich in der Klasse Math. Die Klassenmethode Math.random kann als Klassenmethode ohne Instanzierung eines Objekts verwendet werden und erzeugt gleichverteilte Zufallszahlen auf der Basis von nextDouble.

Weitere Informationen zu Zufallszahlen finden sich in Abschnitt 47.1.4 auf Seite 1115, in dem kryptographische Zufallszahlen erläutert werden.

Normalverteilte Zufallszahlen

Während diese Methoden *gleichverteilte* Zufallszahlen erzeugen, liefert die Methode next-Gaussian die Zufallszahlen auf der Basis der *Normalverteilung* mit einem Mittelwert von 0.0 und der Standardabweichung von 1.0:

```
public double nextGaussian()
```
java.util.Random

Auch hier erzeugt ein Aufruf die jeweils nächste Zufallszahl auf der Basis des vorherigen Werts.

16.2 Die Klassen Date, Calendar und GregorianCalendar

Bis zum JDK 1.0.2 war die Klasse Date zur Darstellung und Manipulation von Datumswerten vorgesehen. Leider war sie nicht ganz fehlerfrei und aufgrund diverser Einschränkungen nur sehr bedingt zu gebrauchen. Ab der Version 1.1 des JDK gibt es neben Date die Klasse Calendar zur Verarbeitung von Datumswerten. Obgleich der Name den Anschein erwecken mag, daß ein Objekt vom Typ Calendar ein visueller Kalender ist, der als Komponente in GUI-basierten Programmen verwendet werden kann, ist dies nicht richtig. Statt dessen stellt Calendar eine Kapselung für Date dar, deren Aufgabe es ist, ein Datum-/Uhrzeitobjekt zu realisieren und Methoden zur Konstruktion, zum Verändern und Auslesen von Datums-/Uhrzeitbestandteilen und für die Zeit- und Datumsarithmetik zur Verfügung zu stellen.

Zunächst ist Calendar nichts weiter als eine abstrakte Basisklasse. Sie enthält die Methoden, mit denen auf die einzelnen Elemente konkreter Kalenderklassen zugegriffen werden kann bzw. mit denen diese Klassen manipuliert werden können. Als einzige konkrete Ableitung von Calendar steht die Klasse GregorianCalendar zur Verfügung, die ein Datum nach dem hierzulande verwendeten gregorianischen Kalender implementiert. Die Komplexität der Klassen Calendar und GregorianCalendar kommt vor allem durch folgende Ursachen zustande:

- Datumsarithmetik ist grundsätzlich eine nicht ganz triviale Angelegenheit.
- Lokale Besonderheiten sind zu berücksichtigen (Ausgabeformatierung, an welchem Tag beginnt die Woche, 12/24-Stunden-Darstellung, wie viele Tage muß die erste Woche des Jahres mindestens haben usw.).
- Zeitzonen sind zu berücksichtigen.
- Schaltjahre oder -sekunden und ähnliche Abweichungen zu astronomischen Kalendern müssen berücksichtigt werden.
- Weltweit kommen viele unterschiedliche Kalender zum Einsatz.

In der Tat ist die Implementierung der Kalenderklassen des JDK komplex und war lange Zeit fehlerbehaftet. Sie wird insbesondere dadurch erschwert, daß ein Datumsobjekt nicht nur aus den einzelnen Feldern für Tag, Monat, Jahr usw. besteht, sondern zusätzlich einen ganzzahligen Wert des Typs long enthält, der das Datum als *Anzahl der Millisekunden seit dem 1.1.1970* speichert. Beide Werte müssen auch nach Veränderungen einzelner Bestandteile des Datumsobjekts konsistent gehalten werden.

Auch die Bedienung der Kalenderklassen ist nicht so eingängig wie in vielen anderen Programmiersprachen. Hinderlich ist dabei oft die Tatsache, daß neben Datum und Uhrzeit grundsätzlich auch die Zeitzone mit betrachtet wird. Wir wollen in diesem Abschnitt einen pragmatischen Ansatz wählen und nur die wesentlichen Eigenschaften der beiden Klassen vorstellen. Fortgeschrittenere Themen wie Zeitzonenkalkulation oder Lokalisierung werden außen vor bleiben.

16.2.1 Konstruktoren

Da die Klasse Calendar abstrakt ist, müssen konkrete Datumsobjekte aus der Klasse GregorianCalendar erzeugt werden. Dazu stehen folgende Konstruktoren zur Verfügung:

java.util. Gregorian- Calendar

```
public GregorianCalendar()

public GregorianCalendar(int year, int month, int date)

public GregorianCalendar(
    int year, int month, int date,
    int hour, int minute
)

public GregorianCalendar(
    int year, int month, int date,
    int hour, int minute, int second
)
```

Der parameterlose Konstruktor initialisiert das Datumsobjekt mit dem aktuellen Datum und der aktuellen Uhrzeit. Die übrigen Konstruktoren weisen die als Parameter übergebenen Werte zu. Neben den hier vorgestellten Konstruktoren gibt es noch weitere, die es erlauben, die Zeitzone und Lokalisierung zu verändern. Standardmäßig werden die lokale Zeitzone und die aktuelle Lokalisierung verwendet.

16.2.2 Abfragen und Setzen von Datumsbestandteilen

Das Abfragen und Setzen von Datumsbestandteilen erfolgt mit den Methoden set und get:

public final int get(int field)

public final void set(int field, int value)

java.util.
Calendar

get und set erwarten als erstes Argument einen Feldbezeichner, der angibt, auf welches der diversen Datums-/Zeitfelder des Objektes zugegriffen werden soll. Als Rückgabewert liefert get den Inhalt des angegebenen Feldes; set schreibt den als zweiten Parameter value übergebenen Wert in das Feld hinein. Tabelle 16.1 gibt eine Übersicht der in Calendar vorgesehenen Feldbezeichner, ihrer Wertegrenzen und Bedeutung:

Feldbezeichner	Minimalwert	Maximalwert	Bedeutung
Calendar.ERA	0	1	Ära
Calendar.YEAR	1	5,000,000	Jahr
Calendar.MONTH	0	11	Monat - 1
Calendar.WEEK_OF_YEAR	1	54	Woche im Jahr
Calendar.WEEK_OF_MONTH	1	6	Woche im Monat
Calendar.DAY_OF_MONTH	1	31	Tag im Monat
Calendar.DAY_OF_YEAR	1	366	Tag im Jahr
Calendar.DAY_OF_WEEK	1	7	Wochentag
Calendar.DAY_OF_WEEK_IN_MONTH	-1	6	Wochentagswiederholung im Monat
Calendar.AM_PM	0	1	Vor-/nachmittags
Calendar.HOUR	0	12	Amerik. Stunde
Calendar.HOUR_OF_DAY	0	23	Stunde
Calendar.MINUTE	0	59	Minute
Calendar.SECOND	0	59	Sekunde
Calendar.MILLISECOND	0	999	Millisekunde
Calendar.ZONE_OFFSET	-12*60*60*1000	12*60*60*1000	Zeitzonenoffset
Calendar.DST_OFFSET	0	1*60*60*1000	Sommerzeitoffset

Tabelle 16.1:
Feldbezeichner der Klasse Calendar

Hierbei gibt es einige Besonderheiten zu beachten. So wird beispielsweise der Monat nicht von 1 bis 12 gemessen, sondern von 0 bis 11. Das Feld ERA gibt an, ob das Datum vor Christi Geburt oder danach liegt. DAY_OF_WEEK geht von 1 = Sonntag bis 7 = Samstag, es stehen aber auch symbolische Konstanten zur Verfügung. ZONE_OFFSET und DST_OFFSET sind die Zeitzonen- und Sommerzeitabweichungen, die in Millisekunden gemessen werden.

Wir wollen uns die Verwendung der verschiedenen Felder an einem einfachen Beispiel ansehen. Das Programm zeigt auch die Verwendung einiger symbolischer Konstanten zur Darstellung von Wochentagen und der Ära (vor/nach Christi Geburt):

Listing 16.2:
Die Felder der
Klasse Calendar

```
001  /* Listing1602.java */
002
003  import java.util.*;
004
005  public class Listing1602
006  {
007    public static void main(String[] args)
008    {
009      //Zuerst Ausgabe des aktuellen Datums
010      GregorianCalendar cal = new GregorianCalendar();
011      //cal.setTimeZone(TimeZone.getTimeZone("ECT"));
012      printCalendarInfo(cal);
013      System.out.println("---");
014
015      //Nun Ausgabe der Informationen zum 22.6.1910,
016      //dem Geburtstag von Konrad Zuse
017      cal.set(Calendar.DATE, 22);
018      cal.set(Calendar.MONTH, 6 - 1);
019      cal.set(Calendar.YEAR, 1910);
020      printCalendarInfo(cal);
021      //cal.setTime(cal.getTime());
022    }
023
024    public static void printCalendarInfo(GregorianCalendar cal)
025    {
026      //Aera
027      int value = cal.get(Calendar.ERA);
028      if (value == cal.BC) {
029        System.out.println("Aera.......: vor Christi Geburt");
030      } else if (value == cal.AD) {
031        System.out.println("Aera.......: Anno Domini");
032      } else {
033        System.out.println("Aera.......: unbekannt");
034      }
035      //Datum
```

Die Klassen Date, Calendar und GregorianCalendar

```
036      System.out.println(
037        "Datum......: " +
038        cal.get(Calendar.DATE) + "." +
039        (cal.get(Calendar.MONTH)+1) + "." +
040        cal.get(Calendar.YEAR)
041      );
042      //Zeit
043      System.out.println(
044        "Zeit.......: " +
045        cal.get(Calendar.HOUR_OF_DAY) + ":" +
046        cal.get(Calendar.MINUTE) + ":" +
047        cal.get(Calendar.SECOND) + " (+" +
048        cal.get(Calendar.MILLISECOND) + " ms)"
049      );
050      //Zeit, amerikanisch
051      System.out.print(
052        "Am.Zeit....: " +
053        cal.get(Calendar.HOUR) + ":" +
054        cal.get(Calendar.MINUTE) + ":" +
055        cal.get(Calendar.SECOND)
056      );
057      value = cal.get(Calendar.AM_PM);
058      if (value == cal.AM) {
059        System.out.println(" AM");
060      } else if (value == cal.PM) {
061        System.out.println(" PM");
062      }
063      //Tag
064      System.out.println(
065        "Tag........: " +
066        cal.get(Calendar.DAY_OF_YEAR) + ". im Jahr"
067      );
068      System.out.println(
069        "             " +
070        cal.get(Calendar.DAY_OF_MONTH) + ". im Monat"
071      );
072      //Woche
073      System.out.println(
074        "Woche......: " +
075        cal.get(Calendar.WEEK_OF_YEAR) + ". im Jahr"
076      );
077      System.out.println(
078        "             " +
079        cal.get(Calendar.WEEK_OF_MONTH) + ". im Monat"
080      );
081      //Wochentag
082      System.out.print(
083        "Wochentag..: " +
084        cal.get(Calendar.DAY_OF_WEEK_IN_MONTH) +
```

Listing 16.2:
Die Felder der
Klasse Calendar
(Forts.)

Listing 16.2:
Die Felder der
Klasse Calendar
(Forts.)

```
085        ". "
086      );
087      value = cal.get(Calendar.DAY_OF_WEEK);
088      if (value == cal.SUNDAY) {
089        System.out.print("Sonntag");
090      } else if (value == cal.MONDAY) {
091        System.out.print("Montag");
092      } else if (value == cal.TUESDAY) {
093        System.out.print("Dienstag");
094      } else if (value == cal.WEDNESDAY) {
095        System.out.print("Mittwoch");
096      } else if (value == cal.THURSDAY) {
097        System.out.print("Donnerstag");
098      } else if (value == cal.FRIDAY) {
099        System.out.print("Freitag");
100      } else if (value == cal.SATURDAY) {
101        System.out.print("Samstag");
102      } else {
103        System.out.print("unbekannt");
104      }
105      System.out.println(" im Monat");
106      //Zeitzone
107      System.out.println(
108        "Zeitzone...: " +
109        cal.get(Calendar.ZONE_OFFSET)/3600000 +
110        " Stunden"
111      );
112      System.out.println(
113        "Sommerzeit.: " +
114        cal.get(Calendar.DST_OFFSET)/3600000 +
115        " Stunden"
116      );
117    }
118 }
```

Das Programm erzeugt zunächst ein `GregorianCalendar`-Objekt für das aktuelle Tagesdatum und gibt die internen Feldwerte aus. Anschließend ändert es durch mehrfachen Aufruf von `set` das Datum in den 22.6.1910 ab und gibt die Felder erneut aus. Die Ausgabe des Programms lautet:

```
Aera.......: Anno Domini
Datum......: 28.4.2000
Zeit.......: 17:55:0 (+590 ms)
Am.Zeit....: 5:55:0 PM
Tag........: 119. im Jahr
             28. im Monat
Woche......: 17. im Jahr
             4. im Monat
Wochentag..: 4. Freitag im Monat
```

Die Klassen Date, Calendar und GregorianCalendar — Kapitel 16

```
Zeitzone...: 1 Stunden
Sommerzeit.: 1 Stunden
---
Aera.......: Anno Domini
Datum......: 22.6.1910
Zeit.......: 17:55:0 (+590 ms)
Am.Zeit....: 5:55:0 PM
Tag........: 173. im Jahr
             22. im Monat
Woche......: 25. im Jahr
             4. im Monat
Wochentag..: 4. Mittwoch im Monat
Zeitzone...: 1 Stunden
Sommerzeit.: 1 Stunden
```

> Wie man sieht, werden sowohl Datums- als auch Zeitwerte korrekt ausgegeben. Damit dieses und vergleichbare Programme auch in den JDK-1.1-Versionen korrekt laufen, sind einige Besonderheiten zu beachten:

- Wird das Datumsobjekt ohne explizite Zeitzonenangabe konstruiert, so verwendet der Konstruktor die von der Methode `TimeZone.getDefault` gelieferte Zeitzone, die ihrerseits aus dem System-Property `user.timezone` generiert wird. Unter dem JDK 1.1 wurde dieses Property aber nicht immer gefüllt und es war erforderlich, die Zeitzone per Hand zu setzen. Im JDK 1.2 und späteren Versionen können wir dagegen auf den Aufruf von `setTimeZone` in Zeile 011 verzichten.

- Das zweite Problem rührt aus der oben erwähnten Schwierigkeit, den internen Zeitwert und die Feldwerte korrekt zu synchronisieren. Nach der Zuweisung eines neuen Datums im Beispielprogramm werden zwar die Felder für Tag, Monat und Jahr korrekt gesetzt, die übrigen aber leider nicht. Nach dieser Zuweisung wäre also die Ausgabe des Wochentags fehlerhaft gewesen. Als Workaround könnte das Beispielprogramm nach dem Aufruf der `set`-Methoden einen Aufruf von `setTime(getTime())` verwenden, der interne Uhrzeit und Feldwerte abgleicht. Wir haben das im Listing in der Zeile 021 hinter dem Kommentar angedeutet. Auch das scheint seit dem JDK 1.2 nicht mehr nötig zu sein.

16.2.3 Vergleiche und Datums-/Zeitarithmetik

Die Methoden `equals`, `before` und `after` erlauben es, zwei Datumswerte auf ihre relative zeitliche Lage zueinander zu vergleichen:

```
public boolean equals(Object obj)

public boolean before(Object obj)

public boolean after(Object obj)
```

java.util.
Calendar

Kapitel 16 — Utility-Klassen I

Mit Hilfe der Methode add kann zu einem beliebigen Feld eines `Calendar`- oder `GregorianCalendar`-Objekts ein beliebiger positiver oder negativer Wert hinzugezählt werden:

java.util.Calendar

```
public abstract void add(int field, int amount)
```

Dabei ist es auch erlaubt, daß die Summe den für dieses Feld erlaubten Grenzwert über- bzw. unterschreitet. In diesem Fall wird der nächsthöherwertige Datums- bzw. Zeitbestandteil entsprechend angepaßt.

Das folgende Programm konstruiert zunächst ein Datum für den 30.10.1908 und gibt es aus. Anschließend wird zunächst der Tag, dann der Monat und schließlich das Jahr je zweimal um 1 erhöht. Nach erfolgter Ausgabe wird die Änderung schrittweise wieder rückgängig gemacht und der ursprüngliche Wert wieder erzeugt:

Listing 16.3: Datumsarithmetik

```
001  /* Listing1603.java */
002
003  import java.util.*;
004
005  public class Listing1603
006  {
007    public static void main(String[] args)
008    {
009      GregorianCalendar cal   = new GregorianCalendar();
010      cal.set(Calendar.DATE, 30);
011      cal.set(Calendar.MONTH, 10 - 1);
012      cal.set(Calendar.YEAR, 1908);
013      showDate(cal);
014      addOne(cal, Calendar.DATE);
015      addOne(cal, Calendar.DATE);
016      addOne(cal, Calendar.MONTH);
017      addOne(cal, Calendar.MONTH);
018      addOne(cal, Calendar.YEAR);
019      addOne(cal, Calendar.YEAR);
020
021      cal.add(Calendar.DATE, -2);
022      cal.add(Calendar.MONTH, -2);
023      cal.add(Calendar.YEAR, -2);
024      showDate(cal);
025    }
026
027    public static void addOne(Calendar cal, int field)
028    {
029      cal.add(field,1);
030      showDate(cal);
031    }
032
033    public static void showDate(Calendar cal)
```

Die Klassen Date, Calendar und GregorianCalendar

Listing 16.3:
Datums-
arithmetik
(Forts.)

```
034   {
035      String ret = "";
036      int    value = cal.get(Calendar.DAY_OF_WEEK);
037
038      switch (value) {
039      case Calendar.SUNDAY:
040        ret += "Sonntag";
041        break;
042      case Calendar.MONDAY:
043        ret += "Montag";
044        break;
045      case Calendar.TUESDAY:
046        ret += "Dienstag";
047        break;
048      case Calendar.WEDNESDAY:
049        ret += "Mittwoch";
050        break;
051      case Calendar.THURSDAY:
052        ret += "Donnerstag";
053        break;
054      case Calendar.FRIDAY:
055        ret += "Freitag";
056        break;
057      case Calendar.SATURDAY:
058        ret += "Samstag";
059        break;
060      }
061      ret += ", den ";
062      ret += cal.get(Calendar.DATE) + ".";
063      ret += (cal.get(Calendar.MONTH)+1) + ".";
064      ret += cal.get(Calendar.YEAR);
065      System.out.println(ret);
066   }
067 }
```

Die Ausgabe des Programms lautet:

```
Freitag, den 30.10.1908
Samstag, den 31.10.1908
Sonntag, den 1.11.1908
Dienstag, den 1.12.1908
Freitag, den 1.1.1909
Samstag, den 1.1.1910
Sonntag, den 1.1.1911
Freitag, den 30.10.1908
```

16.2.4 Umwandlung zwischen Date und Calendar

In der Praxis ist es mitunter erforderlich, zwischen den beiden konkurrierenden Zeitdarstellungen der Klassen Date und Calendar hin- und herzuschalten. So ist beispielsweise der in JDBC (siehe Kapitel 42 auf Seite 953) häufig verwendete SQL-Datentyp java.sql.Date aus java.util.Date abgeleitet und repräsentiert ein Datum als Anzahl der Millisekunden seit dem 1.1.1970. Mit Hilfe der Methoden setTime und getTime können beide Darstellungen ineinander überführt werden:

java.util.Calendar
```
public final Date getTime()

public final void setTime(Date date)
```

Ein Aufruf von getTime liefert das Datum als Objekt des Typs Date. Soll das Datum aus einem vorhandenen Date-Objekt in ein Calendar-Objekt übertragen werden, kann dazu die Methode setTime aufgerufen werden. Die Klasse Date kann weiterhin dazu verwendet werden, auf die Anzahl der Millisekunden seit dem 1.1.1970 zuzugreifen:

java.util.Date
```
public Date(long date)

public long getTime()
```

Der Konstruktor erzeugt aus dem long ein Date-Objekt, und die Methode getTime kann dazu verwendet werden, zu einem gegebenen Date-Objekt die Anzahl der Millisekunden seit dem 1.1.1970 zu ermitteln.

16.3 Die Klasse System

Neben den bisher vorgestellten Datenstrukturen des Pakets java.util gibt es in java.lang eine Klasse System, die eine Reihe nützlicher Hilfsmittel zur Verfügung stellt. Die wichtigsten von ihnen sollen in den folgenden Abschnitten besprochen werden.

16.3.1 System-Properties

In Java gibt es keine Möglichkeit, direkt auf die *Umgebungsvariablen* eines Programms zuzugreifen. Ein solcher Zugriff wurde von den Java-Designern als nichtportabel angesehen und statt dessen durch das Konzept der *Properties* ersetzt. Properties sind Listen von *Eigenschaften*, die dem Programm vom Java-Laufzeitsystem zur Verfügung gestellt werden. Jede Eigenschaft besitzt einen Namen, unter dem auf sie zugegriffen werden kann. Das Java-Laufzeitsystem stellt standardmäßig die folgenden Properties zur Verfügung:

Property	Bedeutung
java.version	Java-Versionsnummer
java.vendor	Herstellerspezifische Zeichenkette
java.vendor.url	URL (also ein Internet-Link) zum Hersteller
java.home	Installationsverzeichnis
java.class.version	Versionsnummer der Java-Klassenbibliothek
java.class.path	Aktueller Klassenpfad
os.name	Name des Betriebssystems
os.arch	Betriebssystem-Architektur
os.version	Versionsnummer des Betriebssystems
file.separator	Trennzeichen für die Bestandteile eines Pfadnamens
path.separator	Trennzeichen für die Laufwerksangabe eines Pfadnamens
line.separator	Zeichenkette für Zeilenschaltung
user.name	Name des angemeldeten Benutzers
user.home	Home-Verzeichnis
user.dir	Aktuelles Arbeitsverzeichnis
java.vm.specification.version	Version der VM-Spezifikation
java.vm.specification.vendor	Hersteller der VM-Spezifikation
java.vm.specification.name	Bezeichnung der VM-Spezifikation
java.vm.version	VM-Version
java.vm.vendor	Hersteller der VM
java.vm.name	Name der VM-Implementierung
java.specification.version	Version der Spezifikation der Laufzeitumgebung
java.specification.vendor	Hersteller der Spezifikation der Laufzeitumgebung
java.specification.name	Bezeichnung der Spezifikation der Laufzeitumgebung

Tabelle 16.2: Standard-Properties

Für den Zugriff auf diese Eigenschaften steht die Klasse `Properties` aus dem Paket `java.util` zur Verfügung. Sie bietet die Möglichkeit, Property-Listen zu erzeugen, mit Werten zu füllen und vorhandene Werte auszulesen. Die Klasse `Properties` ist eine Ableitung der Klasse `Hashtable` und stellt damit eine Tabelle von Schlüssel-/Wertepaaren dar.

Für den Zugriff auf einzelne Properties reicht meist die einfach zu bedienende Klassenmethode `getProperty` der Klasse `System` in `java.lang` aus:

```
public static String getProperty(String key)
public static String getProperty(String key, String default)
```

java.lang.System

Die erste Variante liefert die Eigenschaft mit dem Namen key in Form einer Zeichenkette. Falls keine Eigenschaft mit diesem Namen gefunden wurde, wird null zurückgegeben. Die zweite Variante erlaubt die Übergabe eines Standardwertes. Der Unterschied zur ersten Variante besteht darin, daß nicht null, sondern der Standardwert zurückgegeben wird, wenn die gesuchte Eigenschaft nicht gefunden wurde.

Die Methode getProperties liefert das komplette Properties-Objekt mit den System-Properties:

java.lang.System

```
public static Properties getProperties()
```

Das folgende Programm gibt eine Liste aller System-Properties auf dem Bildschirm aus. Es verwendet dazu zunächst die Methode getProperties, um das System-Properties-Objekt zu beschaffen. Anschließend erzeugt es durch Aufruf von propertyNames einen Enumerator, mit dem alle Schlüsselwerte durchlaufen werden können und mit dem durch Aufruf von getProperty der zugehörige Wert ermittelt werden kann. Auf diese Weise listet das Programm alle verfügbaren System-Properties auf (das sind in der Regel sehr viel mehr als die plattformübergreifend spezifizierten):

Listing 16.4: Ausgeben der System-Properties

```
001 /* Listing1604.java */
002
003 import java.util.*;
004
005 public class Listing1604
006 {
007   public static void main(String[] args)
008   {
009     Properties sysprops   = System.getProperties();
010     Enumeration propnames = sysprops.propertyNames();
011     while (propnames.hasMoreElements()) {
012       String propname = (String)propnames.nextElement();
013       System.out.println(
014         propname + "=" + System.getProperty(propname)
015       );
016     }
017   }
018 }
```

16.3.2 in, err und out

In den vorangegangenen Kapiteln wurde schon häufig der Aufruf System.out.println verwendet, um Daten auf die Standardausgabe bzw. in ein Debug-Fenster auszugeben. Diese Anweisung ruft die Methode println des Objekts out der Klasse System auf. Dabei ist out eine statische Variable vom Typ PrintStream, die beim Starten des Programms so initialisiert wird, daß ihre Ausgabe auf die Standardausgabe geleitet wird.

Analog zu out gibt es die statischen Variablen err und in. Dabei dient err zur Ausgabe von Fehlermeldungen, und in ist ein Standardeingabekanal, der dazu verwendet werden kann, Eingaben von der Tastatur zu lesen.

Mit Hilfe der Methoden setIn, setOut und setErr ist es sogar möglich, die Standardein- und -ausgabe aus dem Programm heraus umzuleiten:

```
public static void setIn(InputStream in)

public static void setOut(PrintStream out)

public static void setErr(PrintStream err)
```

java.lang.
System

> Die Verwendung dieser Klassenvariablen ist im Grunde genommen nicht konform mit dem Dialogkonzept einer GUI-Anwendung. Ihr Einsatz kann aber immer dann sinnvoll sein, wenn Java-Programme geschrieben werden sollen, die keine ausgefeilte Oberfläche benötigen. In diesem Fall sind sie ein nützliches Hilfsmittel, um einfache Ein-/Ausgaben ohne großen Aufwand realisieren zu können. Bereits in Kapitel 3 auf Seite 69 wurde gezeigt, wie man diese Routinen zur Ein- und Ausgabe verwenden kann. Weitere Informationen darüber sind in Kapitel 19 auf Seite 427 zu finden, das sich mit Byte-Streams beschäftigt.

16.3.3 exit

Auch Aufrufe der Methode System.exit sind uns schon begegnet:

```
public static void exit(int status)
```

java.lang.
System

Mit System.exit wird das laufende Programm beendet. Der Aufrufparameter status dient als Fehleranzeige und wird als Exitcode an den Aufrufer des Programms zurückgegeben. Gemäß Konvention zeigt dabei ein Wert größer oder gleich 1 einen Fehler während der Programmausführung an, während 0 ein fehlerfreies Programmende signalisiert.

16.3.4 gc

```
public static void gc()
```

java.lang.
System

Ein Aufruf der Methode gc führt einen expliziten Aufruf des Garbage Collectors durch. Dieser sucht dann nach freiem Speicher und gibt diesen an das Laufzeitsystem zurück. Normalerweise ist ein Aufruf dieser Methode nicht erforderlich, denn der Garbage Collector läuft ständig als niedrig priorisierter Thread im Hintergrund. Der Aufruf von gc ist immer dann sinnvoll, wenn eine explizite Kontrolle über den Zeitpunkt der Speicherfreigabe gewünscht ist.

16.3.5 currentTimeMillis

Die Methode `currentTimeMillis` liefert die Anzahl der Millisekunden, die zum Zeitpunkt des Aufrufs seit Mitternacht des 1.1.1970 vergangen sind:

java.lang.
System

```
public static long currentTimeMillis()
```

> Ob dabei tatsächlich eine Auflösung von einer Millisekunde erreicht wird, ist von der konkreten Java-Implementierung abhängig. In PC-basierten Java-Systemen orientiert sie sich meist an der Auflösung des System-Timers. Dieser wird 18,2 mal pro Sekunde aufgerufen, so daß die Auflösung damit bei etwa 55 ms. liegt.

Mit dem folgenden Beispielprogramm kann die Auflösung des System-Timers ermittelt werden:

Listing 16.5:
Die Auflösung
des System-
Timers
bestimmen

```
001  /* Listing1605.java */
002
003  public class Listing1605
004  {
005    public static void main(String[] args)
006    {
007      long t1, t2;
008      int actres, sumres = 0, i = 0;
009      while (true) {
010        ++i;
011        t1 = System.currentTimeMillis();
012        while (true) {
013          t2 = System.currentTimeMillis();
014          if (t2 != t1) {
015            actres = (int)(t2 - t1);
016            break;
017          }
018        }
019        sumres += actres;
020        System.out.print("it="+i+", ");
021        System.out.print("actres="+actres+" msec., ");
022        System.out.print("avgres="+(sumres/i)+" msec.");
023        System.out.println("");
024        try {
025          Thread.sleep(500);
026        } catch (InterruptedException e) {
027          //nichts
028        }
029      }
030    }
031  }
```

Die Klasse System

Das Programm bestimmt zunächst die aktuelle Systemzeit und merkt sich den Wert in der Variablen t1. Nun wird die Systemzeit in einer Schleife erneut so oft gemessen, bis sie sich geändert hat. Die Differenz zwischen beiden Werten wird als Auflösung des aktuellen Durchgangs angesehen und der Variablen actres zugewiesen.

Um eine größere Genauigkeit zu erzielen, führt das Programm die Bestimmung der Auflösung mit Hilfe der äußeren Schleife viele Male durch. Die dabei jeweils ermittelte Auflösung wird in der Variablen sumres addiert und durch Division durch die Anzahl der Schleifendurchläufe zur Ermittlung des gleitenden Durchschnitts verwendet. Das so errechnete Ergebnis pendelt sich tatsächlich bereits nach wenigen Durchläufen auf den vorausgesagten Wert von 55 ms. ein:

```
it=1, actres=60 msec., avgres=60 msec.
it=2, actres=50 msec., avgres=55 msec.
it=3, actres=50 msec., avgres=53 msec.
it=4, actres=50 msec., avgres=52 msec.
it=5, actres=50 msec., avgres=52 msec.
it=6, actres=50 msec., avgres=51 msec.
...
it=65, actres=50 msec., avgres=55 msec.
it=66, actres=50 msec., avgres=55 msec.
it=67, actres=50 msec., avgres=55 msec.
it=68, actres=60 msec., avgres=55 msec.
it=69, actres=60 msec., avgres=55 msec.
it=70, actres=60 msec., avgres=55 msec.
```

Interessanterweise bietet die Methode sleep der Klasse Thread (sie wird in Abschnitt 22.2.4 auf Seite 471 beschrieben) auf aktuellen SUN-JDKs unter Windows mit etwa 1 ms. eine wesentlich höhere Auflösung als currentTimeMillis. Diese Eigenschaft ist allerdings nicht dokumentiert und kann von Interpreter zu Interpreter sehr unterschiedlich sein. Selbst auf ein und derselben Java-Maschine kann es durch unterschiedliche Lastsituationen zu Abweichungen kommen. Das folgende Programm ermittelt die Auflösung von sleep:

```
001  /* Listing1606.java */
002
003  public class Listing1606
004  {
005    public static long testSleep(int millis)
006    {
007      final int MINDURATION = 3000;
008      int cnt = (millis >= MINDURATION ? 1 : MINDURATION/millis);
009      long start = System.currentTimeMillis();
010      for (int i = 0; i < cnt; ++i) {
011        try {
```

Listing 16.6:
Die Auflösung von Thread.sleep bestimmen

Listing 16.6:
Die Auflösung
von
Thread.sleep
bestimmen
(Forts.)

```
012       Thread.sleep(millis);
013     } catch (InterruptedException e) {
014     }
015   }
016   long end = System.currentTimeMillis();
017   return (end - start) / cnt;
018 }
019
020 public static void main(String[] args)
021 {
022   final int DATA[] = {345, 27, 1, 1962, 2, 8111, 6, 89, 864};
023   for (int i = 0; i < DATA.length; ++i) {
024     System.out.println("Aufruf von sleep(" + DATA[i] + ")");
025     long result = testSleep(DATA[i]);
026     System.out.print("  Ergebnis: " + result);
027     double prec = ((double)result / DATA[i] - 1.0) * 100;
028     System.out.println(" (" + (prec > 0 ? "+": "") + prec + " %)");
029   }
030 }
031 }
```

Ein Aufruf unter dem JDK 1.4 auf einem Windows-98-System im Leerlauf ergab folgendes Ergebnis:

```
Aufruf von sleep(345)
  Ergebnis: 343 (-0.5797101449275366 %)
Aufruf von sleep(27)
  Ergebnis: 27 (0.0 %)
Aufruf von sleep(1)
  Ergebnis: 1 (0.0 %)
Aufruf von sleep(1962)
  Ergebnis: 1920 (-2.1406727828746197 %)
Aufruf von sleep(2)
  Ergebnis: 2 (0.0 %)
Aufruf von sleep(8111)
  Ergebnis: 8080 (-0.3821970163974897 %)
Aufruf von sleep(6)
  Ergebnis: 6 (0.0 %)
Aufruf von sleep(89)
  Ergebnis: 89 (0.0 %)
Aufruf von sleep(864)
  Ergebnis: 860 (-0.462962962962965 %)
```

16.3.6 arraycopy

Als letzte Methode der Klasse `System` soll `arraycopy` vorgestellt werden:

```
public static native void arraycopy(
   Object src, int src_position,
   Object dst, int dst_position,
   int length
)
```

java.lang.
System

`arraycopy` kann dazu verwendet werden, Arrays oder Teile davon zu kopieren. Dabei können die Elemente sowohl innerhalb desselben Arrays als auch in ein anderes Array kopiert werden. Falls innerhalb desselben Arrays kopiert wird, dürfen sich Quell- und Zielbereich auch überlappen. Die Methode arbeitet sowohl mit elementaren als auch mit Objekttypen, Ziel- und Quellarray müssen lediglich zuweisungskompatibel sein. Da die Methode in C bzw. Assembler implementiert ist, arbeitet sie recht performant.

Als erste Argumente werden das Quellarray `src` und die Startposition `src_position` angegeben. Anschließend folgen das Zielarray `dst` und die Zielposition `dst_position`. Als letztes Argument wird die Länge `length` des zu kopierenden Bereichs angegeben. Falls die Argumente auf Elemente zeigen, die außerhalb des Arrays liegen, wird eine Ausnahme des Typs `ArrayIndexOutOfBoundsException` ausgelöst. Falls ein Element aufgrund eines Typfehlers nicht gespeichert werden kann, gibt es eine Ausnahme des Typs `ArrayStoreException`.

Das folgende Programm zeigt die Verwendung von `arraycopy` an einem einfachen Beispiel:

```
001  /* Listing1607.java */
002
003  public class Listing1607
004  {
005     public static void main(String[] args)
006     {
007        int[] ar = {0,0,0,0,0,0,0,0,0,0};
008
009        for (int i = 0; i < 10; ++i) {
010           System.arraycopy(ar,0,ar,1,9);
011           ar[0] = i;
012        }
013        System.out.print("ar = ");
014        for (int i = 0; i < 10; ++i) {
015           System.out.print(ar[i] + " ");
016        }
017        System.out.println("");
018     }
019  }
```

Listing 16.7:
Verwendung
von System.
arraycopy

Das Programm füllt ein 10-elementiges Array von Ganzzahlen, das zunächst nur Nullen enthält, mit den Zahlen 0 bis 9. Dabei wird jeweils durch Kopieren der ersten neun Elemente an die zweite Position des Arrays an der ersten Position Platz gemacht, um dort den Inhalt des fortlaufenden Schleifenzählers abzulegen. Nach 10 Durchläufen stehen somit die Zahlen 0 bis 9 verkehrt herum im Array. Die Ausgabe des Programms ist:

```
ar = 9 8 7 6 5 4 3 2 1 0
```

16.4 Die Klasse RunTime

16.4.1 Grundlagen

Die Klasse Runtime des Pakets java.lang ermöglicht die Interaktion eines Java-Programmes mit dem Bestandteil seiner Laufzeitumgebung, der dafür verantwortlich ist, Programme zu starten und zu beenden. Dabei ist es insbesondere möglich, mit seiner Hilfe externe Programme und Kommandos zu starten, mit ihnen zu kommunizieren und ihren Zustand zu überwachen.

Objekte der Klasse Runtime dürfen vom Programm nicht selbst instanziiert werden, sondern werden über die statische Methode getRuntime der Klasse Runtime beschafft:

java.lang. Runtime
```
public static Runtime getRuntime()
```

Um ein externes Programm zu starten, gibt es vier Methoden mit dem Namen exec:

java.lang. Runtime
```
public Process exec(String command)
   throws IOException

public Process exec(String command, String[] envp)
   throws IOException

public Process exec(String[] cmdarray)
   throws IOException

public Process exec(String[] cmdarray, String[] envp)
   throws IOException
```

Das auszuführende Kommando kann wahlweise als Einzelstring angegeben werden (Kommandoname plus Argumente, getrennt durch Leerzeichen), oder die einzelnen Bestandteile können in einem Array übergeben werden. Das optionale zweite Argument envp ermöglicht es, dem zu startenden Programm eine Liste von Umgebungsvariablen zu übergeben.

Das folgende Listing zeigt die einfachste Form der Anwendung von exec. Das Programm startet den *notepad*-Editor unter Windows:

```java
001 /* Listing1608.java */
002
003 import java.io.*;
004
005 public class Listing1608
006 {
007   public static void main(String[] args)
008   {
009     try {
010       Runtime.getRuntime().exec("notepad");
011     } catch (Exception e) {
012       System.err.println(e.toString());
013     }
014   }
015 }
```

Listing 16.8: Starten von notepad.exe

Leider macht die API-Dokumentation keine Angaben darüber, in welchen Verzeichnissen nach dem auszuführenden Programm gesucht wird. In den aktuellen Implementierungen des JDK scheint es jedoch so zu sein, daß alle Verzeichnisse durchsucht werden, die in der PATH-Umgebungsvariablen angegeben sind. Unter Windows werden dabei aber offensichtlich nur Dateien mit den Erweiterungen .com und .exe automatisch berücksichtigt. Soll dagegen eine .bat-Datei gestartet werden, muß die Erweiterung .bat explizit angegeben werden.

16.4.2 Interaktion mit dem externen Programm

exec gibt ein Objekt des Typs Process zurück, das dazu verwendet werden kann, mit dem gestarteten Programm zu interagieren. Dazu definiert Process folgende Methoden:

```
public abstract int waitFor()
  throws InterruptedException

public abstract int exitValue()

public abstract void destroy()
```

java.lang.Process

Ein Aufruf von waitFor terminiert erst, wenn der zugehörige Prozess beendet wurde. Diese Methode kann also dazu verwendet werden, auf das Ende des gestarteten Programms zu warten. Das ist beispielsweise sinnvoll, um den Rückgabewert des Programms auszuwerten oder um mit von ihm erzeugten oder veränderten Daten zu arbeiten. Wird waitFor nicht aufgerufen, kann auf aktuellen Betriebssystemen wohl davon ausgegangen werden, daß das externe Programm parallel zum Java-Programm gestartet wird und asynchron weiterläuft. Diese Aussage ist allerdings mit Vorsicht zu genießen, denn spezifiziert ist dieses Verhalten nicht. Im Zweifel hilft ausprobieren.

Nach Ende des externen Programms kann mit `exitValue` sein Rückgabewert abgefragt werden. Dieser gibt bei vielen Programmen an, ob es fehlerfrei ausgeführt werden konnte oder nicht. Das ist aber nicht zwangsläufig so. Unter Windows wird insbesondere beim Aufruf von Batch-Dateien und bei der expliziten Ausführung eines Kommandos in einen eigenen Kommandointerpreter der Rückgabewert nicht weitergegeben. In diesem Fall liefert `exitValue` immer den Wert 0. Wird `exitValue` aufgerufen, wenn der Prozess noch läuft, gibt es eine `IllegalThreadStateException`.

Die Methode `destroy` dient dazu, das externe Programm abzubrechen. Es handelt sich hierbei nicht um das normale Beenden eines Programmes, sondern um einen harten Abbruch. Ungesicherte Änderungen gehen also verloren und es können Inkonsistenzen in manipulierten Daten entstehen.

Das `Process`-Objekt bietet zusätzlich die Möglichkeit, die Standardein- und -ausgabe des externen Kommandos umzuleiten und aus dem eigenen Programm heraus anzusprechen:

java.lang.Process

```
public OutputStream getOutputStream()

public abstract InputStream getInputStream()

public abstract InputStream getErrorStream()
```

`getInputStream` und `getErrorStream` liefern einen `InputStream`, mit dem die Ausgaben des Prozesses auf Standardausgabe und Standardfehler gelesen werden können. Von `getOutputStream` wird ein `OutputStream` zur Verfügung gestellt, mit dem Daten in die Standardeingabe des Prozesses geschrieben werden können. Auf diese Weise lassen sich Programme, die über Standardein- und -ausgabe kommunizieren, fernsteuern bzw. fernabfragen.

Das folgende Programm fasst die wichtigsten Möglichkeiten zusammen:

Listing 16.9: Starten externer Programme

```
001 /* RunCommand.java */
002
003 import java.io.*;
004
005 public class RunCommand
006 {
007   static final int MODE_UNCONNECTED = 0;
008   static final int MODE_WAITFOR     = 1;
009   static final int MODE_CATCHOUTPUT = 2;
010
```

Die Klasse RunTime

Kapitel 16

```
011     private static void runCommand(String cmd, int mode)
012     throws IOException
013     {
014       Runtime rt = Runtime.getRuntime();
015       System.out.println("Running " + cmd);
016       Process pr = rt.exec(cmd);
017       if (mode == MODE_WAITFOR) {
018         System.out.println("waiting for termination");
019         try {
020           pr.waitFor();
021         } catch (InterruptedException e) {
022         }
023       } else if (mode == MODE_CATCHOUTPUT) {
024         System.out.println("catching output");
025         BufferedReader procout = new BufferedReader(
026           new InputStreamReader(pr.getInputStream())
027         );
028         String line;
029         while ((line = procout.readLine()) != null) {
030           System.out.println("  OUT> " + line);
031         }
032       }
033       try {
034         System.out.println(
035           "done, return value is " + pr.exitValue()
036         );
037       } catch (IllegalThreadStateException e) {
038         System.out.println(
039           "ok, process is running asynchronously"
040         );
041       }
042     }
043
044     private static void runShellCommand(String cmd, int mode)
045     throws IOException
046     {
047       String prefix = "";
048       String osName = System.getProperty("os.name");
049       osName = osName.toLowerCase();
050       if (osName.indexOf("windows") != -1) {
051         if (osName.indexOf("95") != -1) {
052           prefix = "command.com /c ";
053         } else if (osName.indexOf("98") != -1) {
054           prefix = "command.com /c ";
055         }
056       }
057       if (prefix.length() <= 0) {
058         System.out.println(
059           "unknown OS: don\'t know how to invoke shell"
```

Listing 16.9:
Starten externer Programme
(Forts.)

Listing 16.9:
Starten externer
Programme
(Forts.)

```
060       );
061     } else {
062       runCommand(prefix + cmd, mode);
063     }
064   }
065
066   public static void main(String[] args)
067   {
068     try {
069       if (args.length <= 0) {
070         System.out.println(
071           "Usage: java RunCommand [-shell] " +
072           "[-waitfor|-catchoutput] <command>"
073         );
074         System.exit(1);
075       }
076       boolean shell = false;
077       int mode = MODE_UNCONNECTED;
078       String cmd = "";
079       for (int i = 0; i < args.length; ++i) {
080         if (args[i].startsWith("-")) {
081           if (args[i].equals("-shell")) {
082             shell = true;
083           } else if (args[i].equals("-waitfor")) {
084             mode = MODE_WAITFOR;
085           } else if (args[i].equals("-catchoutput")) {
086             mode = MODE_CATCHOUTPUT;
087           }
088         } else {
089           cmd = args[i];
090         }
091       }
092       if (shell) {
093         runShellCommand(cmd, mode);
094       } else {
095         runCommand(cmd, mode);
096       }
097     } catch (Exception e) {
098       System.err.println(e.toString());
099     }
100   }
101 }
```

Das Hauptprogramm erwartet das zu startende Programm und seine Parameter als Argumente. Wird die Option "-catchoutput" angegeben, liest das Programm die Ausgaben des gestarteten Programms und gibt sie auf seiner eigenen Standardausgabe aus. Wird "-waitfor" angegeben, wartet das Programm auf das Ende des gestarteten Programms, ohne dessen Ausgaben anzuzeigen. In beiden Fällen wird schließlich der Rückgabewert des Programms ausgegeben. Durch Angabe der Option "-shell" kann das externe Programm mit einem separaten Kommandointerpreter gestartet werden. Das ist beispielsweise nützlich, um Shell-Kommandos auszuführen, die nicht als eigenständige Programmdateien existieren.

Der folgende Aufruf verwendet das Beispielprogramm, um das interne MS-DOS-Kommando "set" auszuführen (es gibt die Inhalte aller Umgebungsvariablen aus):

```
java RunCommand -shell -catchoutput set
```

Seine Ausgabe könnte etwa so aussehen:

```
Running command.com /c set
catching output
  OUT> winbootdir=C:\WINDOWS
  OUT> COMSPEC=C:\COMMAND.COM
  OUT> TEMP=C:\tmp
  OUT> TMP=c:\tmp
  OUT> USER=guido
  OUT> windir=C:\WINDOWS
  OUT> PATH=C:\JDK1.4\BIN;C:\WINDOWS;C:\WINDOWS\COMMAND;
  OUT> CLASSPATH=.;c:\arc\prog\java
  OUT> PROMPT=$p--$g
done, return value is 0
```

Die Übergabe des Programms an einen separaten Kommandointerpreter erfolgt in der Methode `runShellCommand` ab Zeile 044. Wie ein derartiger Aufruf ausgeführt wird, ist natürlich betriebssystem- und konfigurationsabhängig. Das Beispielprogramm versucht, einige brauchbare Varianten für gängige Betriebssysteme vorzudefinieren. Weitere können leicht hinzugefügt werden.

Während des Tests von `RunCommand` gab es mitunter Schwierigkeiten beim Ausführen interner DOS-Programme unter Windows 95 und 98. Während sich beispielsweise das Kommando `set` problemlos aufrufen ließ, gab es beim Aufruf von `dir` Hänger, nach denen die MS-DOS-Task hart abgebrochen werden mußte. Die JDK Bug Database listet eine ganze Reihe von Problemen in Zusammenhang mit dem Aufruf von 16-Bit-Programmen unter Windows 95 oder 98 auf. Sie rühren unter anderem daher, daß die Ein- und Ausgabepuffer der DOS-Programme so klein sind, daß die Programme mitunter schon blockieren, bevor die aufrufende Applikation die Chance hatte, eine Verbindung zu ihnen herzustellen. Echte Workarounds für diese Probleme scheinen nicht bekannt zu sein. Beim Aufruf von 32-Bit-Programmen treten die Probleme offenbar nicht auf.

16.5 Die Klasse Arrays

Seit dem JDK 1.2 gibt es die Klasse Arrays im Paket java.util, die einige nützliche Methoden zum Zugriff auf Arrays zur Verfügung stellt. Sie kann beispielsweise ein Array mit vorgegebenen Werten füllen, eine binäre Suche durchführen, das Array sortieren oder zwei Arrays miteinander vergleichen.

Die wichtigsten Methoden sind fill, binarySearch, sort und equals:

java.util.Arrays

```
public static void fill(int[] a, int val)

public static int binarySearch(int[] a, int key)

public static void sort(int[] a)

public static boolean equals(int[] a, int[] a2)
```

Alle Methoden stehen auch in vergleichbaren Versionen für die anderen primitiven Typen zur Verfügung. Wir wollen uns die Verwendung der Klasse Arrays am Beispiel eines einfachen Programms ansehen, das ein Array von Ganzzahlen sortiert:

Listing 16.10: Sortieren eines Arrays

```
001 /* Listing1610.java */
002
003 import java.util.*;
004
005 public class Listing1610
006 {
007   public static void main(String[] args)
008   {
009     final int SIZE = 20;
010     int[] values = new int[SIZE];
011     Random rand = new Random();
012     //Erzeugen und Ausgeben des unsortierten Arrays
013     for (int i = 0; i < SIZE; ++i) {
014       values[i] = rand.nextInt(10 * SIZE);
015     }
016     for (int i = 0; i < SIZE; ++i) {
017       System.out.println(values[i]);
018     }
019     //Sortieren des Arrays
020     Arrays.sort(values);
021     //Ausgeben der Daten
022     System.out.println("---");
023     for (int i = 0; i < SIZE; ++i) {
024       System.out.println(values[i]);
025     }
026   }
027 }
```

Zusammenfassung

Kapitel 16

Die Sortiermethoden der Klasse `Arrays` können Arrays mit primitiven Datentypen nur in *aufsteigender* Reihenfolge sortieren. Zusätzlich gibt es eine Variante, die ein Array von Elementen des Typs `Object` sortiert und dazu als zweites Argument ein `Comparator`-Objekt erwartet. Die Bedeutung und Anwendung dieser Klasse und ihre Verwendung im Rahmen der Collection-Klassen des JDK 1.2 wurde in Abschnitt 15.7 auf Seite 341 besprochen.

16.6 Zusammenfassung

In diesem Kapitel wurden folgende Themen behandelt:

- Erzeugen gleich- und normalverteilter Zufallszahlen mit der Klasse `Random`
- Datumsbearbeitung mit den Klassen `Date`, `Calendar` und `GregorianCalendar`
- Die Klasse `System`
- Die Klassen `Runtime` und `Process`
- System-Properties
- Zugriff auf die Standardein- und -ausgabe mit `in`, `out` und `err`
- Die Methoden `exit`, `gc`, `currentTimeMillis` und `arraycopy` der Klasse `System`
- Verarbeiten von Arrays mit der Klasse `Arrays`

17 Utility-Klassen II

17.1 Die Klasse StringTokenizer

Die Klasse `StringTokenizer` ist eine nützliche Hilfsklasse, mit der Strings in einzelne *Tokens* zerlegt werden können. Ein Token wird dabei als zusammenhängende Sequenz von Zeichen angesehen, die durch Trennzeichen oder durch das Ende der Zeichenkette begrenzt ist. Die Klasse `StringTokenizer` implementiert das Interface `Enumeration`, so daß sie genauso benutzt werden kann wie die Iteratoren in den Klassen `Vector` oder `Hashtable`.

17.1.1 Anlegen eines StringTokenizers

Die Klasse `StringTokenizer` besitzt drei Konstruktoren:

```
public StringTokenizer(String str)

public StringTokenizer(String str, String delim)

public StringTokenizer(String str,
                       String delim,
                       boolean returnTokens)
```

java.util.StringTokenizer

Die erste Variante übergibt den String `str`, der tokenisiert werden soll, und bereitet das Objekt für die nachfolgenden Zugriffe auf die einzelnen Tokens vor. Die zweite Variante erwartet zusätzlich die Übergabe einer Zeichenkette `delim`, die alle Zeichen enthält, die als Trennzeichen zwischen zwei aufeinanderfolgenden Tokens angesehen werden sollen. In der Variante ohne `delim` werden die Zeichen '\n', '\r', '\t' und das Leerzeichen als Begrenzer verwendet.

Der dritte Konstruktor enthält einen weiteren Parameter, `returnTokens`. Wird er auf `true` gesetzt, geben die Funktionen zur Extraktion der Tokens auch die Trennzeichen zwischen zwei Tokens zurück. Falls der Parameter `false` ist, werden die Trennzeichen lediglich als Begrenzer angesehen, ohne an den Aufrufer zurückgegeben zu werden.

17.1.2 Zugriff auf Tokens

Wie beim Interface `Enumeration` üblich, erfolgt der Zugriff auf die Tokens mit Hilfe der Methoden `hasMoreElements` und `nextElement`:

```
public boolean hasMoreElements()

public Object nextElement()
  throws NoSuchElementException
```

java.util.StringTokenizer

Kapitel 17 — Utility-Klassen II

hasMoreElements gibt genau dann true zurück, wenn noch mindestens ein weiteres Token zur Verfügung steht, andernfalls wird false zurückgegeben. nextElement liefert das nächste Token, also den Teilstring von der aktuellen Position bis zum nächsten Trennzeichen bzw. bis zum Ende der Zeichenkette.

Obwohl sehr elegant, ist die Verwendung der Methoden des Interfaces Enumeration leider etwas umständlich, weil nextElement Instanzen der Klasse Object zurückgibt. Um die Anwendung des StringTokenizer bequemer zu machen, existiert mit den Methoden hasMoreTokens und nextToken dieselbe Funktionalität noch einmal in einer Form, bei der ein Rückgabewert vom Typ String geliefert wird:

java.util.StringTokenizer

```
public boolean hasMoreTokens()

public String nextToken()
  throws NoSuchElementException
```

Hier liefert nextToken kein Object, sondern einen String, und eine explizite Typkonvertierung erübrigt sich damit.

Das folgende Programm verdeutlicht die Anwendung eines StringTokenizer, der eine einfache Zeichenkette in ihre Bestandteile zerlegt:

Listing 17.1: Anwendung der Klasse StringTokenizer

```
001  /* Listing1701.java */
002
003  import java.util.*;
004
005  public class Listing1701
006  {
007    public static void main(String[] args)
008    {
009      String s = "Dies ist nur ein Test";
010      StringTokenizer st = new StringTokenizer(s);
011      while (st.hasMoreTokens()) {
012        System.out.println(st.nextToken());
013      }
014    }
015  }
```

Die Programmausgabe ist:

```
Dies
ist
nur
ein
Test
```

380

> In der Standardbibliothek des JDK gibt es noch einen zweiten Tokenizer, nämlich die Klasse StreamTokenizer aus dem Paket java.io. Im Gegensatz zum StringTokenizer arbeitet sie nicht mit Strings, sondern mit Streams (siehe Kapitel 18 auf Seite 405) und läßt sich umfangreicher konfigurieren. Sie kann zwischen Zahlen und Wortsymbolen unterscheiden und auf Wunsch Kommentare (in C/C++-Syntax) ignorieren. Mit ihrer Hilfe lassen sich Tokenizer für einfache Sprachen aufbauen.

17.2 Die Klasse Math

Die Klasse Math aus dem Paket java.lang enthält Methoden zur Fließkomma-Arithmetik. Alle Methoden dieser Klasse sind static und können daher ohne konkretes Objekt verwendet werden. Nachfolgend wollen wir die wichtigsten von ihnen auflisten und eine kurze Beschreibung ihrer Funktionsweise geben.

17.2.1 Winkelfunktionen

java.lang.Math stellt die üblichen Winkelfunktionen und ihre Umkehrungen zur Verfügung. Winkelwerte werden dabei im Bogenmaß übergeben.

```
public static double sin(double x)
public static double cos(double x)
public static double tan(double x)
public static double asin(double x)
public static double acos(double x)
public static double atan(double x)
```
java.lang.
Math

17.2.2 Minimum und Maximum

Die Methoden min und max erwarten zwei numerische Werte als Argument und geben das kleinere bzw. größere von beiden zurück.

```
public static int min(int a, int b)
public static long min(long a, long b)
public static float min(float a, float b)
public static double min(double a, double b)

public static int max(int a, int b)
public static long max(long a, long b)
public static float max(float a, float b)
public static double max(double a, double b)
```
java.lang.
Math

17.2.3 Arithmetik

Die nachfolgend aufgelisteten Methoden dienen zur Berechnung der Exponentialfunktion zur Basis *e*, zur Berechnung des natürlichen Logarithmus und zur Berechnung der Exponentialfunktion zu einer beliebigen Basis. Mit sqrt kann die Quadratwurzel berechnet werden.

java.lang.Math
```
public static double exp(double a)

public static double log(double a)
    throws ArithmeticException
public static double pow(double a, double b)
    throws ArithmeticException
public static double sqrt(double a)
    throws ArithmeticException
```

17.2.4 Runden und Abschneiden

Mit Hilfe der Methode abs wird der absolute Betrag eines numerischen Werts bestimmt. ceil liefert die kleinste ganze Zahl größer und floor die größte ganze Zahl kleiner oder gleich dem übergebenen Argument. Mit Hilfe von round kann ein Wert gerundet werden.

java.lang.Math
```
public static int abs(int a)
public static long abs(long a)
public static float abs(float a)
public static double abs(double a)

public static double ceil(double a)
public static double floor(double a)
public static int round(float a)
```

17.3 Die Klassen BigInteger und BigDecimal

Seit dem JDK 1.1 gibt es das Paket java.math mit den beiden Klassen BigInteger und BigDecimal. Beide implementieren beliebig große bzw. beliebig genaue Zahlen und stellen Methoden zur Durchführung arithmetischer Berechnungen zur Verfügung. Während BigInteger beliebig große *Ganzzahlen* implementiert, dient BigDecimal zur Darstellung sehr großer *Fließkommazahlen*. Objekte beider Klassen sind *immutable*, d.h. sie können nach der Instanzierung nicht mehr verändert werden.

Die Klassen BigInteger und BigDecimal Kapitel 17

17.3.1 Die Klasse BigInteger

Die einfachste Art, ein `BigInteger`-Objekt zu konstruieren, besteht darin, eine String-Repräsentation der darzustellenden Zahl an den Konstruktor zu übergeben. Das kann wahlweise mit oder ohne Angabe des Zahlensystems geschehen:

```
public BigInteger(String val)

public BigInteger(String val, int radix)
```
java.math.
BigInteger

Wird das Zahlensystem nicht angegeben, erwartet der Konstruktor eine Zahl zur Basis 10. Der übergebene String darf eine beliebig lange Folge von Ziffern sein. An erster Stelle kann ein Minuszeichen stehen, um eine negative Zahl anzuzeigen.

Die Arithmetik auf `BigInteger`-Zahlen erfolgt durch Aufruf ihrer arithmetischen Methoden und Übergabe der erforderlichen Argumente, die meist ebenfalls vom Typ `BigInteger` sind. Der Methodenaufruf verändert dabei nicht den Wert des Objekts, sondern gibt das Ergebnis als neue `BigInteger`-Zahl an den Aufrufer zurück. Wichtige arithmetische Methoden sind:

```
public BigInteger add(BigInteger val)
public BigInteger subtract(BigInteger val)
public BigInteger multiply(BigInteger val)
public BigInteger divide(BigInteger val)
public BigInteger remainder(BigInteger val)
public BigInteger pow(int exponent)
```
java.math.
BigInteger

Sie berechnen die Summe, Differenz, Produkt, Quotient, Restwert und Potenz zweier `BigInteger`-Zahlen. Neben den Grundrechenarten gibt es weitere Funktionen:

```
public BigInteger abs()
public BigInteger negate()
public int signum()
public BigInteger gcd(BigInteger val)

public BigInteger min(BigInteger val)
public BigInteger max(BigInteger val)
```
java.math.
BigInteger

Sie stellen den absoluten Betrag zur Verfügung, multiplizieren mit -1, liefern das Vorzeichen und ermitteln den größten gemeinsamen Teiler zweier Zahlen. `min` und `max` liefern den kleineren bzw. größeren Wert aus aktueller und als Argument übergebener Zahl. Daneben gibt es logische und bitweise Operationen, die denen der primitiven ganzzahligen Typen entsprechen.

Zum Vergleich zweier `BigInteger`-Zahlen kann `compareTo` und `equals` verwendet werden, die Konvertierung in einen String wird mit `toString` erledigt:

java.math. BigInteger

```
public int compareTo(BigInteger val)
public boolean equals(Object x)

public String toString()
```

Die Arbeitsweise dieser Methoden entspricht der in der Klasse `Object` und dem Interface `Comparable` definierten und kann in Abschnitt 8.1.2 auf Seite 164 und Abschnitt 9.2 auf Seite 188 nachgelesen werden. Schließlich gibt es noch einige Methoden, um `BigInteger`-Objekte in primitive Typen zu verwandeln:

java.math. BigInteger

```
public int intValue()
public long longValue()
public float floatValue()
public double doubleValue()
```

Die Umwandlung folgt den in Abschnitt 4.6 auf Seite 101 beschriebenen Regeln für einschränkende Konvertierungen.

Als abschließendes Beispiel wollen wir uns ein kleines Programm ansehen, das die Fakultäten der Zahlen 30 bis 40 berechnet:

Listing 17.2: Anwendung der Klasse BigInteger

```
001 /* Listing1702.java */
002
003 import java.math.*;
004
005 public class Listing1702
006 {
007   public static void printFaculty(int n)
008   {
009     BigInteger bi = new BigInteger("1");
010     for (int i = 2; i <= n; ++i) {
011       bi = bi.multiply(new BigInteger("" + i));
012     }
013     System.out.println(n + "! is " + bi.toString());
014   }
015
016   public static void main(String[] args)
017   {
018     for (int i = 30; i <= 40; ++i) {
019       printFaculty(i);
020     }
021   }
022 }
```

Die Klassen BigInteger und BigDecimal

Die Ausgabe des Programms ist:

```
30! is 265252859812191058636308480000000
31! is 8222838654177922817725562880000000
32! is 263130836933693530167218012160000000
33! is 8683317618811886495518194401280000000
34! is 295232799039604140847618609643520000000
35! is 10333147966386144929666651337523200000000
36! is 371993326789901217467999448150835200000000
37! is 13763753091226345046315979581580902400000000
38! is 523022617466601111760007224100074291200000000
39! is 20397882081197443358640281739902897356800000000
40! is 815915283247897734345611269596115894272000000000
```

17.3.2 Die Klasse BigDecimal

Die Klasse `BigDecimal` kann beliebig genaue Fließkommazahlen darstellen. Sie bestehen aus einer Ziffernfolge (die als Objekt vom Typ `BigInteger` gespeichert ist) und einer *Skalierung*, die als nicht-negative Ganzzahl gespeichert wird. Die Skalierung bestimmt die Anzahl der Nachkommastellen. Der Wert der Zahl ergibt sich aus der Formel *Unskalierter Wert / (10 ^{Skalierung})*.

Die Instanzierung eines `BigDecimal`-Objekts kann analog zur Klasse `BigInteger` durch Übergabe eines Strings an den Konstruktor erfolgen. Dabei ist neben dem ganzzahligen Teil zusätzlich ein Dezimalpunkt und ein Gleitkommateil erlaubt. Die Anzahl der Nachkommastellen bestimmt die Skalierung. Alternativ kann das Objekt auch aus einem `BigInteger` oder einem `double` konstruiert werden:

```
public BigDecimal(BigInteger val)
public BigDecimal(double val)
public BigDecimal(String val)
```
java.math. BigDecimal

`BigDecimal` stellt elementare arithmetischen Funktionen zur Verfügung:

```
public BigDecimal add(BigDecimal val)
public BigDecimal subtract(BigDecimal val)
public BigDecimal multiply(BigDecimal val)
public BigDecimal divide(BigDecimal val, int roundingMode)

public BigDecimal abs()
public BigDecimal negate()
public int signum()

public BigDecimal min(BigDecimal val)
public BigDecimal max(BigDecimal val)
```
java.math. BigDecimal

Ihr Verhalten entspricht weitgehend dem bei `BigInteger` beschriebenen. Eine Ausnahme bildet die Methode `divide`, denn sie benötigt zusätzlich eine Konstante, die die Art der Rundung (falls erforderlich) bestimmt:

- ROUND_CEILING
- ROUND_DOWN
- ROUND_FLOOR
- ROUND_HALF_DOWN
- ROUND_HALF_EVEN
- ROUND_HALF_UP
- ROUND_UNNECESSARY
- ROUND_UP

Auch die Konvertierungs- und Vergleichsmethoden entsprechen denen der Klasse `BigInteger`:

```
public int compareTo(BigDecimal val)
public boolean equals(Object x)

public String toString()

public int intValue()
public long longValue()
public float floatValue()
public double doubleValue()
```
java.math.BigDecimal

Mit Hilfe der Methoden `scale` und `setScale` kann die Skalierung abgefragt bzw. ein neues Objekt mit geänderter Skalierung erzeugt werden:

```
public int scale()

public BigDecimal setScale(int scale)
public BigDecimal setScale(int scale, int roundingMode)
```
java.math.BigDecimal

Das Ändern der Skalierung läßt den numerischen Wert des Objekts intakt und verändert lediglich die Anzahl der darstellbaren Dezimalstellen. Soll diese verkleinert werden, muß die zweite Variante von `setScale` verwendet und eine passende Rundungskonstante übergeben werden. Soll die Anzahl der Dezimalstellen vergrößert werden, kann die erste Variante verwendet werden.

Die Klassen BigInteger und BigDecimal — Kapitel 17

Zusätzlich gibt es zwei Methoden, mit denen der Dezimalpunkt um eine bestimmte Anzahl Stellen nach links oder rechts verschoben werden kann, also eine Multiplikation bzw. Division mit einer Zehnerpotenz ausgeführt wird:

```
public BigDecimal movePointLeft(int n)
public BigDecimal movePointRight(int n)
```

java.math.BigDecimal

Zum Abschluß wollen wir uns ein Beispielprogramm ansehen, das die Quadratwurzel der Zahl 2 in (theoretisch) beliebiger Genauigkeit errechnen kann:

```
001  /* Listing1703.java */
002
003  import java.math.*;
004
005  public class Listing1703
006  {
007    public static final BigDecimal ZERO = new BigDecimal("0");
008    public static final BigDecimal ONE  = new BigDecimal("1");
009    public static final BigDecimal TWO  = new BigDecimal("2");
010
011    public static BigDecimal sqrt(BigDecimal x, int digits)
012    {
013      BigDecimal zero = ZERO.setScale(digits + 10);
014      BigDecimal one  = ONE.setScale(digits + 10);
015      BigDecimal two  = TWO.setScale(digits + 10);
016      BigDecimal maxerr = one.movePointLeft(digits);
017      BigDecimal lower = zero;
018      BigDecimal upper = x.compareTo(one) <= 0 ? one : x;
019      BigDecimal mid;
020      while (true) {
021        mid = lower.add(upper).divide(two, BigDecimal.ROUND_HALF_UP);
022        BigDecimal sqr = mid.multiply(mid);
023        BigDecimal error = x.subtract(sqr).abs();
024        if (error.compareTo(maxerr) <= 0) {
025          break;
026        }
027        if (sqr.compareTo(x) < 0) {
028          lower = mid;
029        } else {
030          upper = mid;
031        }
032      }
033      return mid;
034    }
035
036    public static void main(String[] args)
037    {
038      BigDecimal sqrtTwo = sqrt(TWO, 100);
039      BigDecimal apxTwo  = sqrtTwo.multiply(sqrtTwo);
```

Listing 17.3: Anwendung der Klasse BigDecimal

387

Listing 17.3:
Anwendung
der Klasse
BigDecimal
(Forts.)

```
040      System.out.println("sqrt(2): " + sqrtTwo.toString());
041      System.out.println("check  : " + apxTwo.toString());
042    }
043  }
```

Das Programm arbeitet mit einer Intervallschachtelung. Dazu werden zunächst passende Unter- und Obergrenzen gesucht, so daß das Quadrat der Untergrenze auf jeden Fall kleiner gleich und das Quadrat der Obergrenze größer oder gleich der gesuchten Zahl ist. Nun wird der Wert genau in der Mitte zwischen beiden Punkten quadriert und mit dem gesuchten Ergebnis verglichen. Ist er größer, wird die Mitte als neue Obergrenze verwendet, andernfalls als neue Untergrenze. Diese Iteration wird solange fortgesetzt, bis der Fehler kleiner als der maximal erlaubte ist.

> Das Beispielprogramm berechnet das Ergebnis auf etwa 100 Stellen nach dem Komma. Dieser Wert kann prinzipiell beliebig vergrößert werden. Zu bedenken ist allerdings, daß dadurch die Laufzeit überproportional ansteigt. Zwar bleibt die Intervallschachtelung an sich performant, aber durch die größere Anzahl an zu verarbeitenden Dezimalstellen benötigt jeder einzelne Aufruf einer arithmetischen Methode mehr Rechenzeit. Zudem erfordert die höhere Genauigkeit insgesamt mehr Iterationen, so daß insgesamt das Laufzeitverhalten wohl quadratisch mit der Genauigkeitsanforderung wachsen dürfte.

17.4 Internationalisierung und Lokalisierung

Seit dem JDK 1.1 bietet Java Unterstützung für das *Internationalisieren* von Anwendungen. Auf diese Weise können Programme geschrieben werden, die nicht nur im eigenen, sondern auch in anderen Ländern der Erde verwendbar sind. Verschiedene Länder und Regionen unterscheiden sich nicht nur durch die verwendete Sprache und die zugrunde liegenden Schrift- und Zahlzeichen, sondern auch durch unterschiedliche Kalender und Zeitzonen, abweichende Zahlen-, Zeit- und Datumsformatierungen, eigene Währungen, unterschiedliche Telefonnummern- und Anschriftenkonventionen und so weiter.

> Die Begriffe *Internationalisierung* und *Lokalisierung* werden häufig synonym gebraucht oder miteinander verwechselt. Unter *Internationalisierung* wollen wir das Bündel technischer Maßnahmen verstehen, mit denen ein Programm für die Verwendung in verschiedenen Ländern und Sprachräumen vorbereitet wird. Unter *Lokalisierung* verstehen wir dagegen die konkrete Anpassung eines internationalisierten Programms an eine ganz bestimmte Sprache. Ein Teil der Internationalisierung eines Programmes ist es also beispielsweise, wenn Textkonstanten nicht mehr fest im Programm enthalten sind, sondern zur Laufzeit aus Ressourcendateien geladen werden. Die Lokalisierung hingegen besteht darin, eben diese Textressourcen in die jeweilige Sprache zu übersetzen.

Internationalisierung und Lokalisierung Kapitel 17

> Im angelsächsischen Sprachraum werden die beiden unhandlichen Begriffe meist abgekürzt. Statt »Internationalisierung« wird *I18N* gesagt, statt »Lokalisierung« *L10N*. Die Spielregel ist ganz einfach: Zwischen den ersten und letzten Buchstaben des jeweiligen Wortes steht die Gesamtzahl der Zeichen.

Internationalisierung ist ein nicht-triviales Thema, das viele Facetten hat. Einige Beispiele dafür, in welcher Weise es von Java unterstützt wird, sind:

- Mit Hilfe der Klasse `Locale` wird ein Land oder eine Region der Erde bezeichnet.
- Lokalisierte Ressourcen sorgen dafür, daß die statischen Textkonserven eines Programms dem jeweiligen Zielland ohne Änderung des eigentlichen Programmcodes angepaßt werden können.
- Die Klassen `Calendar` und `TimeZone` abstrahieren Kalender und Zeitzonen.
- Im Paket `java.text` befindet sich eine Vielzahl von Klassen zur Formatierung von Zahlen, Datums- und Uhrzeitwerten und Währungen.
- Ein- und Ausgabe-Streams unterstützen Konvertierungen von und zu länderspezifischen Zeichensätzen.
- Es gibt Unterstützung zur Eingabe von komplizierten Schriftzeichen, wie sie beispielsweise in der japanischen, chinesischen oder koreanischen Sprache verwendet werden.

17.4.1 Die Klasse Locale

Ausgangspunkt der Lokalisierung eines Java-Programms ist die Klasse `Locale` aus dem Paket `java.util`. Jede Instanz dieser Klasse identifiziert eine bestimmte geografische, kulturelle oder politische Region auf der Erde inklusive der Sprache, die dort üblicherweise verwendet wird. Ein `Locale`-Objekt kann wie folgt erzeugt werden:

```
public Locale(String language, String country)
```
`java.util.Locale`

Das erste Argument ist ein `String` mit dem Code für die Sprache, wie er im Standard *ISO-639* definiert ist. Der Sprachcode wird kleingeschrieben und lautet z.B. "en" für englisch, "fr" für französich oder "de" für deutsch. Das zweite Argument gibt das Land gemäß dem Standard *ISO-3166* an, hier werden stets große Buchstaben verwendet. So stehen beispielsweise "US" für die USA, "GB" für England, "FR" für Frankreich und "DE" für Deutschland.

Der Länderteil ist optional. Wird an seiner Stelle ein Leerstring übergeben, repräsentiert die `Locale` lediglich eine Sprache ohne spezifisches Land. "en" alleine steht dann beispielsweise für die englische Sprache, wie sie nicht nur in England, sondern auch in den USA oder Kanada verständlich wäre. Soll dagegen auf kanadische Besonderheiten abgestellt werden, ist als Land "CA" zu ergänzen. Für den französischsprachigen Teil von Kanada würde dagegen eine Locale aus "fr" und "CA" gebildet werden.

> Neben Sprach- und Länderkennung kann eine Locale einen dritten Parameter haben. Dieser wird als *Variante* bezeichnet und kann dazu verwendet werden, Betriebssysteme oder Konfigurationen voneinander zu unterscheiden. So werden lokalisierte Hilfetexte unter UNIX möglicherweise mit anderen Zeichensätzen oder Hilfsprogrammen arbeiten als unter Windows oder auf dem Macintosh. Wir wollen darauf allerdings nicht weiter eingehen.

Die Klasse Locale bietet mit der statischen Methode getDefault die Möglichkeit, eine Locale zu beschaffen, die dem Land entspricht, in dem das laufende Programm ausgeführt wird. Mit getCountry kann der Länder-, mit getLanguage der Sprachcode und mit getVariant die Variante ermittelt werden:

java.util.Locale

```
public static Locale getDefault()

public String getLanguage()
public String getCountry()
public String getVariant()
```

Mit getDefault kann ein Programm zur Laufzeit ermitteln, in welchem Land es läuft und welche Sprache dort gesprochen wird. Weiterhin stellt die Klasse noch einige Konstanten mit vordefinierten Locale-Objekten für wichtige Länder und Sprachen zur Verfügung.

Das folgende Beispielprogramm ermittelt die Standard-Locale des aktuellen Rechners und die vordefinierten Locales für Deutschland, England und die USA und gibt sie auf der Console aus:

Listing 17.4: Darstellung einiger Locales

```
001  /* Listing1704.java */
002
003  import java.util.*;
004
005  public class Listing1704
006  {
007    public static void main(String[] args)
008    {
009      System.out.println("Default: " + Locale.getDefault());
010      System.out.println("GERMANY: " + Locale.GERMANY);
011      System.out.println("UK     : " + Locale.UK);
012      System.out.println("US     : " + Locale.US);
013    }
014  }
```

Internationalisierung und Lokalisierung — Kapitel 17

Die Ausgabe des Programm sieht hierzulande etwa so aus:

```
Default: de_DE
GERMANY: de_DE
UK     : en_GB
US     : en_US
```

17.4.2 Zahlen formatieren

In früheren Abschnitten wurde schon gezeigt, wie Fließkommazahlen erzeugt und verarbeitet werden können. Nach Umwandlung in einen String lassen sie sich mit den Methoden print und println auf der Console, in Dateien oder auf einer graphischen Oberfläche ausgeben – allerdings ohne die Möglichkeit, auf die Formatierung der Ausgabe Einfluß zu nehmen. Wir wollen uns in diesem Abschnitt die Klasse DecimalFormat aus dem Paket java.text ansehen und zeigen, wie Ganz- und Fließkommazahlen mit ihrer Hilfe formatiert werden können.

DecimalFormat ist eine Spezialisierung der Klasse NumberFormat und dient zur Formatierung von Ganz- oder Fließkommazahlen in Dezimaldarstellung unter Berücksichtigung länderspezifischer Besonderheiten. Der Aufrufer legt dabei die Anzahl der Vor- oder Nachkommastellen fest, und DecimalFormat entscheidet, ob ein Punkt oder Komma als Dezimaltrennzeichen verwendet werden soll.

Eine Instanz der Klasse DecimalFormat kann entweder mit new oder durch Aufruf einer der Factory-Methoden der Klasse NumberFormat erzeugt werden:

```
public DecimalFormat(String pattern)
```
java.text.DecimalFormat

```
public static NumberFormat getNumberInstance()
public static NumberFormat getNumberInstance(Locale locale)
```
java.text.NumberFormat

Soll ein DecimalFormat-Objekt für die aktuelle Locale erzeugt werden, kann es durch Übergabe eines Formatstrings direkt instanziert werden. Wird es dagegen für eine andere Locale benötigt, muß es mit der statischen Methode getNumberInstance der Klasse NumberFormat erzeugt werden. In diesem Fall muß noch die Methode applyPattern aufgerufen werden, um den Formatstring zuzuweisen:

```
public void applyPattern(String pattern)
```
java.text.NumberFormat

> getNumberInstance gibt einen Wert vom Typ NumberFormat zurück (der Basisklasse von DecimalFormat). Das ist zwar in westlichen Ländern in der Regel eine Instanz von DecimalFormat. Ganz sicher kann sich ein Programm aber nur sein, wenn es den Typ des Rückgabewerts vor der Konvertierung nach DecimalFormat mit instanceof überprüft.

Der Formatstring definiert eine Maske zur Formatierung der Ausgabe. Er besteht aus zwei Teilen, die durch ein Semikolon voneinander getrennt sind. Der erste gibt die Formatierungsregeln für positive, der zweite für negative Zahlen an. Der zweite Teil kann auch ausgelassen werden. Dann werden negative Zahlen wie positive Zahlen mit vorangestelltem Minuszeichen formatiert. Jedes Zeichen im Formatstring regelt die Darstellung der korrespondierenden Ziffer. Der Formatstring kann folgende Zeichen enthalten:

Tabelle 17.1: Formatzeichen für DecimalFormat

Symbol	Bedeutung
0	Eine einzelne Ziffer
#	Eine einzelne Ziffer. Wird ausgelassen, falls führende Null.
.	Dezimaltrennzeichen
,	Tausendertrennzeichen
E	Aktiviert Exponentialdarstellung
%	Ausgabe als Prozentwert

Zusätzlich können beliebige Zeichen vorangestellt oder hinten angefügt werden; sie werden dann unverändert ausgegeben. Ungültige Formatstrings werden mit einer IllegalArgumentException quittiert. Falls nach einem Semikolon ein eigener Formatstring für negative Zahlen angegeben wird, muß er mit Ausnahme eines veränderten Prefixes und Suffixes genau dem Formatstring für positive Zahlen entsprechen.

Die Formatierung einer Zahl wird durch Aufruf von format ausgeführt:

java.text.
Decimal-
Format

```
public final String format(long number)
public final String format(double number)
```

Die Methode gibt es sowohl mit einem long-Parameter zur Ausgabe von Ganzzahlen als auch mit einem double zur Ausgabe von Fließkommazahlen. Da der Formatstring bereits bei der Konstruktion des Objekts übergeben wurde, kann format mehrfach aufgerufen werden, um nacheinander weitere Zahlen zu formatieren.

Das folgende Programm zeigt die beispielhafte Anwendung von DecimalFormat. Es gibt die Zahl 1768.3518 für die aktuelle Locale in unterschiedlichen Längen und Formatierungen auf der Console aus:

Listing 17.5: Anwendung von DecimalFormat

```
001 /* Listing1705.java */
002
003 import java.text.*;
004
005 public class Listing1705
006 {
```

Internationalisierung und Lokalisierung Kapitel 17

```
007   public static void print(double value, String format)
008   {
009     DecimalFormat df = new DecimalFormat(format);
010     System.out.println(df.format(value));
011   }
012   public static void main(String[] args)
013   {
014     double value = 1768.3518;
015     print(value, "#0.0");
016     print(value, "#0.000");
017     print(value, "000000.000");
018     print(value, "#.000000");
019     print(value, "#,###,##0.000");
020     print(value, "0.000E00");
021   }
022 }
```

Listing 17.5: Anwendung von DecimalFormat (Forts.)

Die Ausgabe des Programms lautet:

```
1768,4
1768,352
001768,352
1768,351800
1.768,352
1,768E03
```

Sie kommt wie folgt zustande:

▶ "#0.0": Mindestens eine Vorkommastelle, genau eine Nachkommastelle

▶ "#0.000": Wie vorher, aber genau drei Nachkommastellen

▶ "000000.000": Wie vorher, aber mindestens sechs sichtbare Vorkommastellen

▶ "#.000000": Möglichst keine Vorkommastellen (was nur möglich ist, wenn die Zahl kleiner als 1 ist), aber genau sechs Nachkommastellen

▶ "#,###,##0.000": Mindestens eine Vorkommastelle, genau drei Nachkommastellen, größere Zahlen mit Tausenderseparatoren

▶ "0.000E00": Eine Vor- und drei Nachkommastellen, Exponentialdarstellung mit mindestens zwei Ziffern im Exponent

Wenn das Programm mit englischer Locale aufgerufen worden wäre, wären in der Ausgabe Punkte und Kommata vertauscht (denn im englischen Sprachraum werden Kommata als Tausenderseparatoren und Punkte als Dezimaltrennzeichen verwendet). Die Ausgabe wäre dann wie folgt gewesen:

```
1768.4
1768.352
001768.352
1768.351800
1,768.352
1.768E03
12345678.909
```

Neben der Ausgabesteuerung mit Hilfe des Formatstrings stellt `DecimalFormat` noch weitere Methoden zur Konfiguration der Ausgabe zur Verfügung. Beispiele sind etwa `setGroupingSize` zur Einstellung der Größe der Tausendergruppen oder `setDecimalSeparatorAlwaysShown` zur Festlegung, ob auch Ganzzahlen mit Dezimalzeichen ausgegeben werden sollen. Zudem bietet `DecimalFormat` eine Methode `parse`, mit der lokalisierte Zahleneingaben eingelesen werden können. Weitere Details zu diesen Methoden können in der API-Dokumentation nachgelesen werden.

17.4.3 Datum und Uhrzeit formatieren

Neben Zahlen lassen sich mit dem Paket `java.text` auch Datums- und Uhrzeitwerte unter Beachtung nationaler Besonderheiten formatieren und in einen `String` konvertieren. Die dafür vorgesehene Klasse `DateFormat` wird zunächst (analog zu `NumberFormat`) mit einer Factory-Methode instanziert und konfiguriert. Anschließend wird `format` aufgerufen, um den Ausgabestring zu erzeugen.

Bei der Instanzierung gibt es einige Varianten zu unterscheiden:

`java.text.DateFormat`

```
public static final DateFormat getDateInstance(
  int style,
  Locale locale
)

public static final DateFormat getTimeInstance(
  int style,
  Locale locale
)

public static final DateFormat getDateTimeInstance(
  int datestyle,
  int timestyle,
  Locale locale
)

public final String format(Date date)
```

Mit `getDateInstance` wird eine Instanz zur Ausgabe eines Datums erzeugt, `getTimeInstance` dient zur Ausgabe der Uhrzeit und `getDateTimeInstance` zur kombinierten Ausgabe von Datum und Uhrzeit. Alle Methoden erwarten ein Argument `style`, das mit einer der Konstanten `SHORT`, `MEDIUM`, `LONG`, `FULL` oder `DEFAULT` belegt werden muß. Es gibt an, wie lang die jeweilige Ausgabe später sein soll und welche Daten sie enthalten soll. So werden beispielsweise bei der kurzen Uhrzeit lediglich Stunden und Minuten ausgegeben, während in den übrigen Stufen auch die Sekunden und andere Informationen enthalten sind. Als zweites Argument wird die gewünschte `Locale` angegeben; für die Standard-`Locale` kann es auch ausgelassen werden.

Das folgende Programm formatiert das aktuelle Datum und die aktuelle Uhrzeit mit allen möglichen `style`-Parametern und gibt die Ergebnisse auf der Console aus:

```
001  /* Listing1706.java */
002
003  import java.util.*;
004  import java.text.*;
005
006  public class Listing1706
007  {
008    public static void print(Calendar cal, int style)
009    {
010      DateFormat df;
011      df = DateFormat.getDateInstance(style);
012      System.out.print(df.format(cal.getTime()) + " / ");
013      df = DateFormat.getTimeInstance(style);
014      System.out.println(df.format(cal.getTime()));
015    }
016
017    public static void main(String[] args)
018    {
019      GregorianCalendar cal = new GregorianCalendar();
020      print(cal, DateFormat.SHORT);
021      print(cal, DateFormat.MEDIUM);
022      print(cal, DateFormat.LONG);
023      print(cal, DateFormat.FULL);
024      print(cal, DateFormat.DEFAULT);
025    }
026  }
```

Listing 17.6:
Anwendung
von DateFormat

Die Ausgabe des Programms lautet:

```
24.05.00 / 21:58
24.05.2000 / 21:58:55
24. Mai 2000 / 21:58:55 GMT+02:00
Mittwoch, 24. Mai 2000 / 21.58 Uhr GMT+02:00
24.05.2000 / 21:58:55
```

Leider ist nicht sehr genau dokumentiert, welche Felder des Datums bzw. der Uhrzeit in Abhängigkeit von dem style-Parameter tatsächlich ausgegeben werden, zudem ist die Formatierung länderspezifisch. Wenn es also auf eine präzise definierte Formatierung ankommt, muß ausprobiert werden, welche Ergebnisse jeweils zustande kommen, und die am besten passende Variante gewählt werden. Alternativ kann mit Hilfe der Klasse FieldPosition auf jedes einzelne Feld zugegriffen und so eine genauere Steuerung der Ausgabe erreicht werden.

17.4.4 Laden von Ressourcen

Ein ausgeliefertes Java-Programm besteht in aller Regel nicht nur aus Bytecode in Form von .class-Dateien, sondern enthält weitere Dateien mit zusätzlichen Informationen. Dazu zählen beispielsweise Textkonserven und Grafikdateien für grafische Oberflächen, Sounddateien zur akustischen Untermalung von Programmereignissen oder Hilfsdateien mit Klartextmeldungen zu möglichen Programmfehlern. Diese zusätzlichen Informationen werden als *Ressourcen* bezeichnet und müssen zusammen mit dem Programm ausgeliefert werden. Die meisten von ihnen müssen lokalisiert werden.

Java stellt seit der Version 1.1 mit der Klasse ResourceBundle aus dem Paket java.util ein universelles Hilfsmittel zur Verwendung derartiger Ressourcen zur Verfügung. Die Grundidee ist dabei einfach: Ein ResourceBundle ist ein Java-Objekt, das eine Sammlung von Ressourcen zusammenfasst und auf Anfrage einzeln zur Verfügung stellt. Jede Ressource hat einen eindeutigen und für alle unterstützten Sprachvarianten identischen Namen, mit dem auf sie zugegriffen werden kann. Ein konkretes ResourceBundle ist stets sprachabhängig und enthält nur die Ressourcen für eine bestimmte Locale.

Damit ist ein ResourceBundle zunächst nicht viel mehr als eine Schlüssel-Wert-Collection wie beispielsweise Hashtable oder HashMap. Der Clou liegt in der Tatsache, daß der *Name* des ResourceBundle die Locale angibt, deren Daten er enthält. Während der vordere Teil fest und für alle lokalisierten Varianten gleich ist, ist der hintere Teil Locale-spezifisch und gibt Sprache, Land und gegebenenfalls Variante an. Lautet der feste Teil beispielsweise "ImageResources", wären "ImageResources_fr" und "ImageResources_en_US" die Namen für die französiche und US-englische Variante.

Die Methode getBundle

ResourceBundle stellt eine statische Methode getBundle zur Verfügung, mit der zu einem Basisnamen und einer vorgegebenen Locale ein ResourceBundle beschafft werden kann. Diese gibt es in unterschiedlichen Ausprägungen:

java.util.
Resource-
Bundle

```
public static final ResourceBundle getBundle(String baseName)
  throws MissingResourceException
```

```
public static final ResourceBundle getBundle(
  String baseName,
  Locale locale
)
```

Die erste Variante besorgt ein `ResourceBundle` für die aktuelle Default-`Locale`, die zweite für die als Argument angegebene. In beiden Fällen wird wie folgt vorgegangen:

▶ Zunächst wird versucht, eine *genau* zur gewünschten `Locale` passende Ressourceklasse zu finden.

▶ Ist eine solche nicht vorhanden, wird der Ressourcenname schrittweise verallgemeinert. Soweit vorhanden, wird zunächst die Variante, dann der Länder- und schließlich der Sprachteil entfernt bis nur noch der Basisname übrigbleibt.

▶ Falls immer noch keine passende Ressourcenklasse gefunden wurde, wird derselbe Ablauf für die Default-`Locale` wiederholt.

Ist beispielsweise Deutschland die Default-`Locale` und soll die Resource "MyTextResource" für Frankreich beschafft werden, sucht `getBundle` nacheinander nach folgenden Klassen:

1. `MyTextResource_fr_FR`
2. `MyTextResource_fr`
3. `MyTextResource_de_DE`
4. `MyTextResource_de`
5. `MyTextResource`

Die Suche bricht ab, wenn die erste passende Klasse gefunden wurde. Ist überhaupt keine passende Ressource vorhanden, löst `getBundle` eine `MissingResourceException` aus. Dies ist auch der Fall, wenn die gefundene Klasse nicht aus `ResourceBundle` abgeleitet ist.

Eigene Ressourcenklassen erstellen

Eigene Resourcenklassen müssen aus `ResourceBundle` abgeleitet werden und die beiden (in der Basisklasse abstrakten) Methoden `getKeys` und `handleGetObject` überlagern:

```
public Enumeration getKeys()

protected Object handleGetObject(String key)
  throws MissingResourceException
```

java.util.ResourceBundle

`handleGetObject` liefert eine Ressource zu einem vorgegebenen Schlüssel, `getKeys` eine Aufzählung aller vorhandenen Schlüssel. Gibt es zu einem vorgegebenen Schlüssel keine Ressource, muß `handleGetObject` null zurückgeben.

Das folgende Listing zeigt eine Klasse `SimpleTextResource`, die zur Internationalisierung von einfachen Texten verwendet werden kann. Die lokalisierten Varianten können dabei sehr einfach realisiert werden, indem sie aus `SimpleTextResource` abgeleitet werden. Sie müssen dann lediglich im Konstruktor die `Hashtable` mit den gewünschten Schlüssel-/Textpaaren füllen.

Listing 17.7:
Die Klasse
SimpleText-
Resource

```
001  /* SimpleTextResource.java */
002
003  import java.util.*;
004
005  public class SimpleTextResource
006  extends ResourceBundle
007  {
008    protected Hashtable data = new Hashtable();
009
010    public Enumeration getKeys()
011    {
012      return data.keys();
013    }
014
015    public Object handleGetObject(String key)
016    {
017      return data.get(key);
018    }
019
020    public ResourceBundle getParent()
021    {
022      return parent;
023    }
024  }
```

Nun soll ein `ResourceBundle` mit dem Namen "MyTextResource" erstellt werden, das Übersetzungen zu den beiden Schlüsseln "Hi" und "To" liefert. Dazu definieren wir zunächst eine Klasse `MyTextResource`, die immer dann verwendet wird, wenn keine passende lokale Variante gefunden wird. In unserem Fall soll sie die Texte in englischer Sprache zur Verfügung stellen:

Listing 17.8:
Die
Basisvariante
MyText-
Resource

```
001  /* MyTextResource.java */
002
003  public class MyTextResource
004  extends SimpleTextResource
005  {
006    public MyTextResource()
007    {
008      data.put("Hi", "Hello");
009      data.put("To", "World");
010    }
011  }
```

Internationalisierung und Lokalisierung   Kapitel 17

Des weiteren wollen wir eine allgemeine deutschsprachige und eine spezielle schweizerische Variante zur Verfügung stellen:

```
001 /* MyTextResource_de.java */
002
003 public class MyTextResource_de
004 extends SimpleTextResource
005 {
006   public MyTextResource_de()
007   {
008     data.put("Hi", "Hallo");
009     data.put("To", "Welt");
010   }
011 }
```
Listing 17.9: Die deutschsprachige Variante MyText-Resource_de

```
001 /* MyTextResource_de_CH.java */
002
003 public class MyTextResource_de_CH
004 extends SimpleTextResource
005 {
006   public MyTextResource_de_CH()
007   {
008     data.put("Hi", "Grüezi");
009     data.put("To", "Schweiz");
010   }
011 }
```
Listing 17.10: Die schweizerische Variante MyText-Resource_de_CH

Will ein Client auf eine Ressource in einem `ResourceBundle` zugreifen, tut er das nicht durch direkten Aufruf von `handleGetObject`, sondern verwendet dazu eine der folgenden Methoden:

```
public Object getObject(String key)
  throws MissingResourceException

public String getString(String key)
  throws MissingResourceException

public final String[] getStringArray(String key)
  throws MissingResourceException
```
java.util.Resource-Bundle

`getObject` liefert die Ressource als `Object`, `getString` als `String` und `getStringArray` als `String`-Array. Die letzten beiden Methoden dienen vornehmlich der Bequemlichkeit: sie rufen selber `getObject` auf und nehmen dem Aufrufer die anschließend erforderliche Typkonvertierung ab.

399

Das folgende Listing zeigt ein einfaches Testprogramm, das die Textressourcen für verschiedene Lokalisierungen ermittelt und auf der Console ausgibt. Das `ResourceBundle` wird beschafft, indem `getBundle` mit "MyTextResource" und der jeweils gewünschten `Locale` als Argument aufgerufen wird. Anschließend wird auf die übersetzten Texte mit Aufrufen von `getString` zugegriffen:

Listing 17.11: Test von MyTextResource

```java
001  /* Listing1711.java */
002
003  import java.util.*;
004
005  public class Listing1711
006  {
007    public static void sayHello(Locale locale)
008    {
009      System.out.print(locale + ": ");
010      ResourceBundle textbundle = ResourceBundle.getBundle(
011        "MyTextResource",
012        locale
013      );
014      if (textbundle != null) {
015        System.out.print(textbundle.getString("Hi") + ", ");
016        System.out.println(textbundle.getString("To"));
017      }
018    }
019
020    public static void main(String[] args)
021    {
022      sayHello(Locale.getDefault());
023      sayHello(new Locale("de", "CH"));
024      sayHello(Locale.US);
025      sayHello(Locale.FRANCE);
026    }
027  }
```

Die Ausgabe des Programms ist:

```
de_DE: Hallo, Welt
de_CH: Grüezi, Schweiz
en_US: Hallo, Welt
fr_FR: Hallo, Welt
```

Die Default-`Locale` war beim Testen "de_DE". Zwar wurde keine passende Klasse `MyTextResource_de_DE` definiert, aber durch den oben beschriebenen Fallback-Mechanismus liefert `getBundle` eine Instanz von `MyTextResource_de`. Bei der nächsten Lokalisierung wird die erforderliche Klasse `MyTextResource_de_CH` direkt gefunden, und die Ausgabe erfolgt entsprechend. Zu den letzten beiden Lokalisierungswünschen werden keine passenden Ressourcen gefunden. `getBundle` verwendet in beiden Fällen die Datei `MyTextResource_de` zur Default-`Locale`, und die Ausgaben erfolgen in deutscher Sprache.

Damit die Suche nach Ressourcen und die (im nächsten Abschnitt zu besprechende) Vaterverkettung richtig funktionieren, müssen zu einer Ressource auch stets alle allgemeineren Ressourcen vorhanden sein. Gibt es etwa – wie in unserem Beispiel – eine Ressource mit der Endung "_de_CH", so *müssen* auch die Ressourcen mit der Endung "_de" und die Basisressource ohne lokale Endung vorhanden sein.

Um die Übersichtlichkeit zu verbessern, sollten Ressourcendateien in eigenen Verzeichnissen gehalten werden. Da sie mit Hilfe des Classloaders geladen werden, müssen sie in einem Verzeichnis abgelegt werden, in dem auch eine Klasse gefunden werden würde. Man könnte beispielsweise im Hauptpaket der Anwendung ein Unterverzeichnis *resources* anlegen und alle Ressourcendateien dort plazieren. Der im Programm zu verwendende Ressourcenname wird dann einfach vorne um "resources." ergänzt. Derartige Ressourcen, die über den Klassenpfad erreichbar sind, werden auch dann gefunden, wenn das Programm in Form einer *.jar*-Datei ausgeliefert wird.

Die Verkettung von ResourceBundles

Ein Aufruf von getObject wird zunächst an die Methode handleGetObject weitergeleitet. Ist deren Rückgabewert nicht null, wird er an den Aufrufer übergeben. Andernfalls wird die Anfrage an den *Vater* des ResourceBundles weitergereicht. Die Vaterverkettung erfolgt bei der Instanzierung von ResourceBundle-Objekten automatisch, indem das jeweils nächstmögliche allgemeinere ResourceBundle als Vater verwendet wird. So ist beispielsweise der Vater von "MyTextResource_de_DE" die Ressource "MyTextResource_de", und deren Vater ist "MyTextResource".

Durch diese Vaterverkettung muß ein spezielleres ResourceBundle nur die Ressourcen zur Verfügung stellen, die sich gegenüber dem Vater unterscheiden oder neu hinzugekommen sind. Alle unveränderten Ressourcen brauchen dagegen nicht erneut definiert zu werden. Soll beispielsweise eine "MyTextResource" für englischsprachige Lokalisierungen definiert werden, die sich nur durch die Übersetzung des Schlüssels "To" von der Basisressource unterscheidet, muß "Hi" nicht definiert werden:

```
001 /* MyTextResource_en.java */
002
003 public class MyTextResource_en
004 extends SimpleTextResource
005 {
006   public MyTextResource_en()
007   {
008     data.put("To", "World of English");
009   }
010 }
```

Listing 17.12: Die englische Variante MyText-Resource_en

Nach dem Anlegen und Übersetzen dieser Klasse würde ein Aufruf von Listing 17.11 auf Seite 400 zu folgender Ausgabe führen:

```
de_DE: Hallo, Welt
de_CH: Grüezi, Schweiz
en_US: Hello, World of English
fr_FR: Hallo, Welt
```

Die Übersetzung von "Hi" kommt nun aus der Vater-Ressource `MyTextResource`.

Die Klasse PropertyResourceBundle

Die vorangegangenen Beispiele haben an Textkonserven exemplarisch gezeigt, wie man Ressourcen lokalisieren kann. Sollen einfache Texte übersetzt werden, gibt es aber noch einen einfacheren Weg. Das oben beschriebene Suchschema von `getBundle` war nämlich insofern unvollständig, als nach jedem einzelnen Schritt zusätzlich eine Datei desselben Names wie die aktuelle Klasse, aber mit der Erweiterung `.properties`, gesucht wird. Wird also beispielsweise in einem beliebigen Suchschritt die Klasse `MyResource_de_DE` nicht gefunden, so sucht `getBundle` vor dem Übergang zum nächsten Schritt nach einer Datei mit dem Namen `MyResource_de_DE.properties`.

Ist eine solche vorhanden, wird eine Instanz der Klasse `PropertyResourceBundle` erzeugt und an den Aufrufer zurückgegeben. `PropertyResourceBundle` liest die Eingabedatei (sie muß dasselbe Format wie die in Abschnitt 14.4.4 auf Seite 315 beschriebenen Property-Dateien haben) und speichert alle darin gefundenen Schlüssel-Wert-Paare ab. Anschließend können diese als gewöhnliche Text-Ressourcen vom Programm verwendet werden.

Um beispielsweise die vorigen Beispiele um eine französische Übersetzung zu erweitern, könnten wir einfach eine Datei `MyTextResource_fr.properties` anlegen und ihr folgenden Inhalt geben:

```
Hi=Salut
To=monde francais
```

Listing 17.11 auf Seite 400 würde nun folgende Ausgabe erzeugen:

```
de_DE: Hallo, Welt
de_CH: Grüezi, Schweiz
en_US: Hello, World of English
fr_FR: Salut, monde francais
```

17.5 Zusammenfassung

In diesem Kapitel wurden folgende Themen behandelt:

- Die Klasse `StringTokenizer`
- Fließkommaoperationen mit der Klasse `Math`
- Die Klassen `BigInteger` und `BigDecimal`
- Internationalisierung und Lokalisierung von Java-Programmen
- Die Klasse `Locale` zur Beschreibung von geografischen, kulturellen oder politischen Regionen
- Formatieren von Zahlen mit der Klasse `DecimalFormat`
- Formatieren von Datums- und Uhrzeitwerten mit der Klasse `DateFormat`
- Lokalisieren von Ressourcen mit der Klasse `ResourceBundle`
- Erstellen von Text-Ressourcen mit der Klasse `PropertyResourceBundle`

18 Character-Streams

18.1 Allgemeine Konzepte

Als Sprache, die nicht nur das Erstellen vorwiegend grafikorientierter Web-Applets ermöglicht, sondern auch zur Entwicklung von eigenständigen Anwendungen eingesetzt werden soll, bietet Java eine umfangreiche Bibliothek zum sequentiellen und wahlfreien Zugriff auf Dateien und zur Verwaltung von Verzeichnissen. Während der wahlfreie Zugriff ähnlich wie in anderen Sprachen gelöst ist, wurden bei der sequentiellen Ein-/Ausgabe neue Wege beschritten. Die dafür verwendeten Klassen realisieren das aus anderen Sprachen bekannte Konzept der *Streams* auf der Basis objektorientierter Techniken.

Ein *Stream* wird dabei zunächst als abstraktes Konstrukt eingeführt, dessen Fähigkeit darin besteht, Zeichen auf ein imaginäres Ausgabegerät zu schreiben oder von diesem zu lesen. Erst konkrete Unterklassen binden die Zugriffsroutinen an echte Ein- oder Ausgabegeräte, wie beispielsweise an Dateien, Strings oder Kommunikationskanäle im Netzwerk.

Das Stream-Klassenkonzept von Java bietet die Möglichkeit, Streams zu verketten oder zu schachteln. Die Verkettung von Streams ermöglicht es, mehrere Dateien zusammenzufassen und für den Aufrufer als einen einzigen Stream darzustellen. Das Schachteln von Streams erlaubt die Konstruktion von Filtern, die bei der Ein- oder Ausgabe bestimmte Zusatzfunktionen übernehmen, beispielsweise das Puffern von Zeichen, das Zählen von Zeilen oder die Interpretation binärer Daten. Beide Konzepte sind mit normalen Sprachmitteln realisiert und können selbst erweitert werden. Es ist ohne weiteres möglich, eigene Filter zu schreiben, die den Ein- oder Ausgabestrom analysieren und anwendungsbezogene Funktionalitäten realisieren.

Alle Klassen zur Dateiein- und -ausgabe befinden sich im Paket java.io. Um sie zu verwenden, sollte daher folgende Anweisung an den Anfang eines Programms gestellt werden:

```
import java.io.*;
```

Bis zur Version 1.0 des JDK gab es nur *Byte-Streams* in Java. Wesentliches Merkmal eines Byte-Streams war es dabei, daß jede einzelne Transporteinheit 8 Bit lang war (also ein einzelnes Byte). Während damit die Kompatibilität zu Textdateien, die mit konventionellen Programmiersprachen erstellt wurden oder von diesen gelesen werden sollten, gewährleistet war, gab es naturgemäß Probleme bei der Umwandlung in die 16 Bit langen Unicode-Zeichen, die innerhalb von Java zur Zeichendarstellung benutzt werden. Zudem war die Abbildung zwischen Bytes und Characters eher unsystematisch gelöst und bot wenig Unterstützung für die Anpassung an unterschiedliche Zeichensätze und nationale Gegebenheiten.

All dies hat die JDK-Designer dazu bewogen, das Konzept der Streams in der Version 1.1 zu überdenken und die neue Gruppe der *Character-Streams* einzuführen. Character-Streams verwenden grundsätzlich 16 Bit lange Unicode-Zeichen und arbeiten daher besser mit den String- und Zeichentypen von Java zusammen. Um zu den 8-Bit-Zeichensätzen in externen Dateien kompatibel zu bleiben, wurden explizite Brückenklassen eingeführt, die Character-Streams in Byte-Streams überführen und umgekehrt. Diese bieten nun auch die Möglichkeit der Anpassung an spezielle Zeichensätze und lokale Besonderheiten.

Wir werden uns in diesem Kapitel ausschließlich mit den Character-Streams beschäftigen, weil sie für die Verarbeitung von textbasierten Streams wichtig sind. Byte-Streams und Brückenklassen werden im nächsten Kapitel erläutert. Wir werden dort sehen, daß es – selbst im UNICODE-Zeitalter – eine ganze Reihe von Anwendungen für byteorientierte Dateizugriffe gibt.

> Die Beispiele in diesem Kapitel wurden hauptsächlich unter Windows entwickelt und getestet, und mitunter kommen darin windows-spezifische Besonderheiten vor. So wird als Zeilenendezeichen "\r\n" verwendet, obwohl unter UNIX "\n" und auf dem Mac "\r" gebräuchlich ist. Am besten ist es natürlich, das System-Property line.separator zu verwenden (siehe Abschnitt 16.3.1 auf Seite 362). Auch bei den Pfadseparatoren gibt es Unterschiede. Während unter Windows der Backslash "\" verwendet wird, ist es unter UNIX der Slash "/". Mit dem System-Property file.separator kann auch auf diese Eigenschaft portabel zugegriffen werden.

18.2 Ausgabe-Streams

18.2.1 Die abstrakte Klasse Writer

Basis aller sequentiellen Ausgaben ist die abstrakte Klasse Writer des Pakets java.io, die eine Schnittstelle für stream-basierte Ausgaben zur Verfügung stellt:

`java.io.Writer`

```
protected Writer()

public void close()
public void flush()

public void write(int c)
public void write(char[] cbuf)
abstract public void write(char[] cbuf, int off, int len)
public void write(String str)
public void write(String str, int off, int len)
```

Neben einem parameterlosen Konstruktor definiert sie die Methoden `close` und `flush` und eine Reihe überladener `write`-Methoden. Die Bedeutung des Konstruktors liegt darin, den Ausgabestrom zu öffnen und für einen nachfolgenden Aufruf von `write` vorzubereiten, bevor er schließlich mit `close` wieder geschlossen wird. In der Grundform erwartet `write` einen einzigen `int`-Parameter und schreibt diesen als Byte in den Ausgabestrom. Daneben gibt es weitere Varianten, die ein Array von Bytes oder ein `String`-Objekt als Parameter erwarten und dieses durch wiederholten Aufruf der primitiven `write`-Methode ausgeben. Durch Aufruf von `flush` werden eventuell vorhandene Puffer geleert und die darin enthaltenen Daten an das Ausgabegerät weitergegeben.

Von abgeleiteten Klassen wird erwartet, daß sie mindestens die Methoden `flush` und `close` sowie `write(char, int, int)` überlagern. Aus Gründen der Performance ist es aber oftmals sinnvoll, auch die übrigen `write`-Methoden zu überlagern.

18.2.2 Auswahl des Ausgabegerätes

Als abstrakte Basisklasse kann `Writer` nicht instanziert werden. Statt dessen gibt es eine Reihe konkreter Klassen, die aus `Writer` abgeleitet wurden und deren Aufgabe es ist, die Verbindung zu einem konkreten Ausgabegerät herzustellen oder Filterfunktionen zu übernehmen. Tabelle 18.1 gibt eine Übersicht dieser abgeleiteten Klassen.

Klasse	Bedeutung
OutputStreamWriter	Basisklasse für alle Writer, die einen Character-Stream in einen Byte-Stream umwandeln
FileWriter	Konkrete Ableitung von `OutputStreamWriter` zur Ausgabe in eine Datei
FilterWriter	Abstrakte Basisklasse für die Konstruktion von Ausgabefiltern
PrintWriter	Ausgabe aller Basistypen im Textformat
BufferedWriter	Writer zur Ausgabepufferung
StringWriter	Writer zur Ausgabe in einen `String`
CharArrayWriter	Writer zur Ausgabe in ein Zeichen-Array
PipedWriter	Writer zur Ausgabe in einen `PipedReader`

Tabelle 18.1: Aus Writer abgeleitete Klassen

In den folgenden Unterabschnitten werden die Klassen `OutputStreamWriter`, `FileWriter`, `StringWriter` und `CharArrayWriter` erläutert. Die Klassen `BufferedWriter`, `PrintWriter` und `FilterWriter` sind Thema des nächsten Abschnitts.

> Die Klasse `PipedWriter` soll hier nicht erläutert werden. In Abschnitt 22.4.4 auf Seite 488 findet sich jedoch ein Beispiel zur Anwendung der Klassen `PipedInputStream` und `PipedOutputStream`, das auf `PipedReader` und `PipedWriter` übertragbar ist.

OutputStreamWriter und FileWriter

Die Klasse `OutputStreamWriter` ist die Basisklasse für alle Writer, die eine Konvertierung zwischen Character- und Byte-Streams vornehmen. Sie enthält ein Objekt des Typs `CharToByteConverter` (aus dem undokumentierten Paket `sun.io`), das die Konvertierung der Ausgabezeichen bei allen schreibenden Zugriffen vornimmt. Als übergeordnete Basisklasse ist `OutputStreamWriter` für uns allerdings nicht so interessant wie die daraus abgeleitete Klasse `FileWriter`, die die Ausgabe in eine Datei ermöglicht. Sie implementiert die abstrakten Eigenschaften von `Writer` und bietet vier zusätzliche Konstruktoren, die es erlauben, eine Datei zu öffnen:

java.io.FileWriter
```
public FileWriter(String fileName)
    throws IOException

public FileWriter(String fileName, boolean append)
    throws IOException

public FileWriter(File file)
    throws IOException

public FileWriter(FileDescriptor fd)
```

Am einfachsten kann eine Datei geöffnet werden, indem der Dateiname als `String`-Parameter `fileName` übergeben wird. Falls `fileName` eine bereits vorhandene Datei bezeichnet, wird sie geöffnet und ihr bisheriger Inhalt gelöscht, andernfalls wird eine neue Datei mit diesem Namen angelegt. Sukzessive Aufrufe von `write` schreiben weitere Bytes in diese Datei. Wird zusätzlich der Parameter `append` mit dem Wert `true` an den Konstruktor übergeben, so werden die Ausgabezeichen an die Datei angehängt, falls sie bereits existiert.

Das folgende Programm erstellt eine Datei `hallo.txt` und schreibt die Zeile »Hallo JAVA« in die Datei:

Listing 18.1: Erstellen einer Datei
```
001 /* Listing1801.java */
002
003 import java.io.*;
004
005 public class Listing1801
006 {
007   public static void main(String[] args)
008   {
009     String hello = "Hallo JAVA\r\n";
```

Ausgabe-Streams Kapitel 18

```
010     FileWriter f1;
011
012     try {
013         f1 = new FileWriter("hallo.txt");
014         f1.write(hello);
015         f1.close();
016     } catch (IOException e) {
017         System.out.println("Fehler beim Erstellen der Datei");
018     }
019   }
020 }
```

Listing 18.1:
Erstellen einer
Datei
(Forts.)

Fast alle Methoden der Klassen `OutputStreamWriter` und `FileWriter` deklarieren die Ausnahme `IOException`, die als allgemeine Fehleranzeige im Paket `java.io` verwendet wird. `IOException` kann von einer Vielzahl von Methoden ausgelöst werden und hat dabei teilweise sehr unterschiedliche Bedeutungen. So bedeutet sie beim Aufruf des Konstruktors, daß es nicht möglich war, die Datei anzulegen, was wiederum eine ganze Reihe von Gründen haben kann. Beim Aufruf von `write` signalisiert sie einen Schreibfehler, und bei `close` zeigt sie einen nicht näher spezifizierten I/O-Fehler an.

In unserem Beispiel wurden alle Ausnahmen dieses Typs von einer einzigen `try-catch`-Anweisung behandelt. Falls eine differenziertere Fehlererkennung nötig ist, macht es Sinn, für die unterschiedlichen I/O-Operationen verschiedene `try-catch`-Anweisungen vorzusehen.

> Die anderen Konstruktoren von `FileWriter` erwarten ein `File`-Objekt bzw. ein Objekt vom Typ `FileDescriptor`. Während wir auf die Klasse `FileDescriptor` nicht näher eingehen werden, ist ein `File` die Repräsentation einer Datei im Kontext ihres Verzeichnisses. Wir werden später in Kapitel 21 auf Seite 453 darauf zurückkommen.

StringWriter und CharArrayWriter

Die Klassen `StringWriter` und `CharArrayWriter` sind ebenfalls aus `Writer` abgeleitet. Im Gegensatz zu `FileWriter` schreiben sie ihre Ausgabe jedoch nicht in eine Datei, sondern in einen dynamisch wachsenden `StringBuffer` bzw. in ein Zeichenarray.

`StringWriter` besitzt zwei Konstruktoren:

`public StringWriter()`

`public StringWriter(int initialSize)`

java.io.
StringWriter

Der parameterlose Konstruktor legt einen `StringWriter` mit der Standardgröße eines `StringBuffer`-Objekts an, während der zweite Konstruktor es erlaubt, die initiale Größe selbst festzulegen. Wie schon erwähnt, wächst der interne Puffer automatisch, wenn fortgesetzte Aufrufe von write dies erforderlich machen. Die schreibenden Zugriffe auf den Puffer erfolgen mit den von Writer bekannten write-Methoden.

Für den Zugriff auf den Inhalt des Puffers stehen die Methoden getBuffer und toString zur Verfügung:

java.io.StringWriter
```
public StringBuffer getBuffer()

public String toString()
```

Die Methode getBuffer liefert den internen StringBuffer, während toString den Puffer in einen String kopiert und diesen an den Aufrufer liefert.

Die Klasse CharArrayWriter arbeitet ähnlich wie StringWriter, schreibt die Zeichen allerdings in ein Character-Array. Analog zu StringWriter wächst dieses automatisch bei fortgesetzten Aufrufen von write. Die Konstruktoren haben dieselbe Struktur wie bei StringWriter, und auch die dort verfügbaren write-Methoden stehen allesamt hier zur Verfügung:

java.io.CharArrayWriter
```
public CharArrayWriter()

public CharArrayWriter(int initialSize)
```

Auf den aktuellen Inhalt des Arrays kann mit Hilfe der Methoden toString und toCharArray zugegriffen werden:

java.io.CharArrayWriter
```
public String toString()

public char[] toCharArray()
```

Zusätzlich stehen die Methoden reset und size zur Verfügung, mit denen der interne Puffer geleert bzw. die aktuelle Größe des Zeichen-Arrays ermittelt werden kann. Durch Aufruf von writeTo kann des weiteren der komplette Inhalt des Arrays an einen anderen Writer übergeben und so beispielsweise mit einem einzigen Funktionsaufruf in eine Datei geschrieben werden:

java.io.CharArrayWriter
```
public void reset()

public int size()

public void writeTo(Writer out)
  throws IOException
```

18.2.3 Schachteln von Ausgabe-Streams

Wie eingangs erwähnt, ist es in Java möglich, Streams zu schachteln. Dazu gibt es die aus `Writer` abgeleiteten Klassen `BufferedWriter`, `PrintWriter` und `FilterWriter`, deren wesentlicher Unterschied zu `Writer` darin besteht, daß sie als Membervariable einen zusätzlichen `Writer` besitzen, der im Konstruktor übergeben wird. Wenn nun die `write`-Methode eines derart geschachtelten Writers aufgerufen wird, gibt sie die Daten nicht direkt an den internen `Writer` weiter, sondern führt zuvor erst die erforderlichen Filterfunktionen aus. Damit lassen sich beliebige Filterfunktionen transparent realisieren.

BufferedWriter

Diese Klasse hat die Aufgabe, Stream-Ausgaben zu puffern. Dazu enthält sie einen internen Puffer, in dem die Ausgaben von `write` zwischengespeichert werden. Erst wenn der Puffer voll ist oder die Methode `flush` aufgerufen wird, werden alle gepufferten Ausgaben in den echten Stream geschrieben. Das Puffern der Ausgabe ist immer dann nützlich, wenn die Ausgabe in eine Datei geschrieben werden soll. Durch die Verringerung der `write`-Aufrufe reduziert sich die Anzahl der Zugriffe auf das externe Gerät, und die Performance wird erhöht.

`BufferedWriter` besitzt zwei Konstruktoren:

```
public BufferedWriter(Writer out)

public BufferedWriter(Writer out, int size)
```

java.io.BufferedWriter

In beiden Fällen wird ein bereits existierender `Writer` übergeben, an den die gepufferten Ausgaben weitergereicht werden. Falls die Größe des Puffers nicht explizit angegeben wird, legt `BufferedWriter` einen Standardpuffer an, dessen Größe für die meisten Zwecke ausreichend ist. Die `write`-Methoden von `BufferedWriter` entsprechen denen der Klasse `Writer`.

Zusätzlich gibt es eine Methode `newLine`, mit der eine Zeilenschaltung in den Stream geschrieben werden kann. Diese wird dem System-Property `line.separator` entnommen und entspricht damit den lokalen Konventionen.

Das nachfolgende Beispiel demonstriert die gepufferte Ausgabe einer Reihe von Textzeilen in eine Datei `buffer.txt`:

```
001 /* Listing1802.java */
002
003 import java.io.*;
004
005 public class Listing1802
```

Listing 18.2:
Gepufferte
Ausgabe in
eine Datei

Listing 18.2:
Gepufferte
Ausgabe in
eine Datei
(Forts.)

```
006 {
007   public static void main(String[] args)
008   {
009     Writer f1;
010     BufferedWriter f2;
011     String s;
012
013     try {
014       f1 = new FileWriter("buffer.txt");
015       f2 = new BufferedWriter(f1);
016       for (int i = 1; i <= 10000; ++i) {
017         s = "Dies ist die " + i + ". Zeile";
018         f2.write(s);
019         f2.newLine();
020       }
021       f2.close();
022       f1.close();
023     } catch (IOException e) {
024       System.out.println("Fehler beim Erstellen der Datei");
025     }
026   }
027 }
```

Dieses Beispiel erzeugt zunächst einen neuen Writer f1, um die Datei buffer.txt anzulegen. Dieser wird anschließend als Parameter an den BufferedWriter f2 übergeben, der dann für den Aufruf der Ausgaberoutinen verwendet wird.

 Die etwas umständliche Verwendung zweier Stream-Variablen läßt sich vereinfachen, indem die Konstruktoren direkt beim Aufruf geschachtelt werden. Das ist die unter Java übliche Methode, die auch zukünftig bevorzugt verwendet werden soll:

Listing 18.3:
Schachteln von
Writer-
Konstruktoren

```
001 /* Listing1803.java */
002
003 import java.io.*;
004
005 public class Listing1803
006 {
007   public static void main(String[] args)
008   {
009     BufferedWriter f;
010     String s;
011
012     try {
013       f = new BufferedWriter(
014         new FileWriter("buffer.txt"));
015       for (int i = 1; i <= 10000; ++i) {
016         s = "Dies ist die " + i + ". Zeile";
017         f.write(s);
```

```
018         f.newLine();
019     }
020     f.close();
021 } catch (IOException e) {
022     System.out.println("Fehler beim Erstellen der Datei");
023   }
024  }
025 }
```

Listing 18.3: Schachteln von Writer-Konstruktoren (Forts.)

PrintWriter

Die stream-basierten Ausgaberoutinen in anderen Programmiersprachen bieten meistens die Möglichkeit, alle primitiven Datentypen in textueller Form auszugeben. Java realisiert dieses Konzept über die Klasse `PrintWriter`, die Ausgabemethoden für alle primitiven Datentypen und für Objekttypen zur Verfügung stellt. `PrintWriter` besitzt folgende Konstruktoren:

```
public PrintWriter(Writer out)

public PrintWriter(Writer out, boolean autoflush)
```

java.io.PrintWriter

Der erste Konstruktor instanziert ein PrintWriter-Objekt durch Übergabe eines Writer-Objekts, auf das die Ausgabe umgeleitet werden soll. Beim zweiten Konstruktor gibt zusätzlich der Parameter `autoflush` an, ob nach der Ausgabe einer Zeilenschaltung automatisch die Methode `flush` aufgerufen werden soll.

Die Ausgabe von primitiven Datentypen wird durch eine Reihe überladener Methoden mit dem Namen `print` realisiert. Zusätzlich gibt es alle Methoden in einer Variante `println`, bei der automatisch an das Ende der Ausgabe eine Zeilenschaltung angehängt wird. `println` existiert darüber hinaus parameterlos, um lediglich eine einzelne Zeilenschaltung auszugeben. Damit stehen folgende `print`-Methoden zur Verfügung (analog für `println`):

```
public void print(boolean b)
public void print(char c)
public void print(char[] s)
public void print(double d)
public void print(float f)
public void print(int i)
public void print(long l)
public void print(Object obj)
public void print(String s)
```

java.io.PrintWriter

Das folgende Beispiel berechnet die Zahlenfolge 1 + 1/2 + 1/4 + ... und gibt die Folge der Summanden und die aktuelle Summe unter Verwendung mehrerer unterschiedlicher `print`-Routinen in die Datei `zwei.txt` aus:

**Listing 18.4:
Die Klasse
PrintWriter**

```java
001 /* Listing1804.java */
002
003 import java.io.*;
004
005 public class Listing1804
006 {
007   public static void main(String[] args)
008   {
009     PrintWriter f;
010     double sum = 0.0;
011     int nenner;
012
013     try {
014       f = new PrintWriter(
015         new BufferedWriter(
016           new FileWriter("zwei.txt")));
017
018       for (nenner = 1; nenner <= 1024; nenner *= 2) {
019         sum += 1.0 / nenner;
020         f.print("Summand: 1/");
021         f.print(nenner);
022         f.print("   Summe: ");
023         f.println(sum);
024       }
025       f.close();
026     } catch (IOException e) {
027       System.out.println("Fehler beim Erstellen der Datei");
028     }
029   }
030 }
```

Das Programm verwendet Methoden zur Ausgabe von Strings, Ganz- und Fließkommazahlen. Nach Ende des Programms hat die Datei `zwei.txt` folgenden Inhalt:

```
Summand: 1/1     Summe: 1
Summand: 1/2     Summe: 1.5
Summand: 1/4     Summe: 1.75
Summand: 1/8     Summe: 1.875
Summand: 1/16    Summe: 1.9375
Summand: 1/32    Summe: 1.96875
Summand: 1/64    Summe: 1.98438
Summand: 1/128   Summe: 1.99219
Summand: 1/256   Summe: 1.99609
Summand: 1/512   Summe: 1.99805
Summand: 1/1024  Summe: 1.99902
```

Das vorliegende Beispiel realisiert sogar eine doppelte Schachtelung von Writer-Objekten. Das PrintWriter-Objekt schreibt in einen BufferedWriter, der seinerseits in den FileWriter schreibt. Auf diese Weise werden Datentypen im ASCII-Format gepuffert in eine Textdatei geschrieben. Eine solche Schachtelung ist durchaus üblich in Java und kann in einer beliebigen Tiefe ausgeführt werden.

FilterWriter

Wie bereits mehrfach angedeutet, bietet die Architektur der Writer-Klassen die Möglichkeit, eigene Filter zu konstruieren. Dies kann beispielsweise durch Überlagern der Klasse Writer geschehen, so wie es etwa bei PrintWriter oder BufferedWriter realisiert wurde. Der offizielle Weg besteht allerdings darin, die abstrakte Klasse FilterWriter zu überlagern. FilterWriter besitzt ein internes Writer-Objekt out, das bei der Instanzierung an den Konstruktor übergeben wird. Zusätzlich überlagert es drei der vier write-Methoden, um die Ausgabe auf out umzuleiten. Die vierte write-Methode (write(String)) wird dagegen nicht überlagert, sondern ruft gemäß ihrer Implementierung in Writer die Variante write(String, int, int) auf.

Soll eine eigene Filterklasse konstruiert werden, so ist wie folgt vorzugehen:

▶ Die Klasse wird aus FilterWriter abgeleitet.

▶ Im Konstruktor wird der Superklassen-Konstruktor aufgerufen, um out zu initialisieren.

▶ Die drei write-Methoden werden separat überlagert. Dabei wird jeweils vor der Übergabe der Ausgabezeichen an die Superklassenmethode die eigene Filterfunktion ausgeführt.

Anschließend kann die neue Filterklasse wie gewohnt in einer Kette von geschachtelten Writer-Objekten verwendet werden.

Wir wollen uns die Konstruktion einer Filterklasse anhand der folgenden Beispielklasse UpCaseWriter ansehen, deren Aufgabe es ist, innerhalb eines Streams alle Zeichen in Großschrift zu konvertieren:

```
001 /* Listing1805.java */
002
003 import java.io.*;
004
005 class UpCaseWriter
006 extends FilterWriter
007 {
008   public UpCaseWriter(Writer out)
009   {
```

Listing 18.5:
Konstruktion
einer eigenen
FilterWriter-
Klasse

Listing 18.5:
Konstruktion
einer eigenen
FilterWriter-
Klasse
(Forts.)

```
010    super(out);
011  }
012
013  public void write(int c)
014  throws IOException
015  {
016    super.write(Character.toUpperCase((char)c));
017  }
018
019  public void write(char[] cbuf, int off, int len)
020  throws IOException
021  {
022    for (int i = 0; i < len; ++i) {
023      write(cbuf[off + i]);
024    }
025  }
026
027  public void write(String str, int off, int len)
028  throws IOException
029  {
030    write(str.toCharArray(), off, len);
031  }
032 }
033
034 public class Listing1805
035 {
036   public static void main(String[] args)
037   {
038     PrintWriter f;
039     String s = "und dieser String auch";
040
041     try {
042       f = new PrintWriter(
043         new UpCaseWriter(
044           new FileWriter("upcase.txt")));
045       //Aufruf von außen
046       f.println("Diese Zeile wird schön groß geschrieben");
047       //Test von write(int)
048       f.write('a');
049       f.println();
050       //Test von write(String)
051       f.write(s);
052       f.println();
053       //Test von write(String, int, int)
054       f.write(s,0,17);
055       f.println();
056       //Test von write(char[], int, int)
057       f.write(s.toCharArray(),0,10);
058       f.println();
```

```
059          //---
060          f.close();
061        } catch (IOException e) {
062          System.out.println("Fehler beim Erstellen der Datei");
063        }
064      }
065    }
```

Listing 18.5: Konstruktion einer eigenen FilterWriter-Klasse (Forts.)

Im Konstruktor wird lediglich der Superklassen-Konstruktor aufgerufen, da keine weiteren Aufgaben zu erledigen sind. Die drei write-Methoden werden so überlagert, daß jeweils zunächst die Ausgabezeichen in Großschrift konvertiert werden und anschließend die passende Superklassenmethode aufgerufen wird, um die Daten an den internen Writer out zu übergeben.

Der Test von UpCaseWriter erfolgt mit der Klasse Listing1805. Sie schachtelt einen UpCaseWriter innerhalb eines FileWriter- und eines PrintWriter-Objekts. Die verschiedenen Aufrufe der write- und println-Methoden rufen dann jede der vier unterschiedlichen write-Methoden des UpCaseWriter-Objekts mindestens einmal auf, um zu testen, ob die Konvertierung in jedem Fall vorgenommen wird. Die Ausgabe des Programms ist:

```
DIESE ZEILE WIRD SCHÖN GROß GESCHRIEBEN
A
UND DIESER STRING AUCH
UND DIESER STRING
UND DIESER
```

Wenn man sich die Implementierung der write-Methoden von UpCaseWriter genauer ansieht, könnte man auf die Idee kommen, daß sie wesentlich performanter implementiert werden könnten, wenn nicht alle Ausgaben einzeln an write(int) gesendet würden. So scheint es nahezuliegen, beispielsweise write(String, int, int) in der folgenden Form zu implementieren, denn die Methode toUpperCase existiert auch in der Klasse String:

```
super.write(str.toUpperCase(), off, len);
```

Die Sache hat nur leider den Haken, daß String.toUpperCase möglicherweise die Länge des übergebenen Strings verändert. So wird beispielsweise das "ß" in ein "SS" umgewandelt (an sich lobenswert!) und durch die unveränderlichen Konstanten off und len geht ein Zeichen verloren. Der hier beschrittene Workaround besteht darin, grundsätzlich die Methode Character.toUpperCase zu verwenden. Sie kann immer nur ein einzelnes Zeichen zurückgeben und läßt damit beispielsweise ein "ß" bei Umwandlung unangetastet.

Als interessante Erkenntnis am Rande lernen wir dabei, daß offensichtlich String.toUpperCase und Character.toUpperCase unterschiedlich implementiert sind. Ein Blick in den Quellcode der Klasse String bestätigt den Verdacht und zeigt zwei Sonderbehandlungen, eine davon für das "ß", wie folgender Auszug aus dem Quellcode des JDK 1.1 belegt (im JDK 1.2 sieht es ähnlich aus):

```
for (i = 0; i < len; ++i) {
   char ch = value[offset+i];
   if (ch == '\u00DF') { // sharp s
      result.append("SS");
      continue;
   }
   result.append(Character.toUpperCase(ch));
}
```

Im Umfeld dieser Methode sollte man also mit der nötigen Umsicht agieren. Das Gegenstück `lowerCase` hat diese Besonderheit übrigens nicht.

18.3 Eingabe-Streams

18.3.1 Die abstrakte Klasse Reader

Basis aller sequentiellen Eingaben ist die abstrakte Klasse Reader, die eine Schnittstelle für stream-basierte Eingaben zur Verfügung stellt:

java.io.Reader

```
public Reader()

public void close()
public void mark(int readAheadlimit)
public boolean markSupported()

public int read()
public int read(char[] cbuf)
public int read(char[] cbuf, int off, int len)

public long skip(long n)
public boolean ready()
public void reset()
```

Analog zu den write-Methoden von Writer stellt die Klasse Reader eine Reihe von read-Methoden zum Lesen von Daten zur Verfügung. Die parameterlose Variante liest das nächste Zeichen aus dem Eingabestrom und liefert es als int, dessen Wert im Bereich von 0 bis 65535 liegt. Ein Rückgabewert von -1 zeigt das Ende des Eingabestroms an. Die beiden anderen Varianten von read übertragen eine Reihe von Zeichen in das als Parameter übergebene Array und liefern die Anzahl der tatsächlich gelesenen Zeichen als Rückgabewert. Auch hier wird -1 zurückgegeben, wenn das Ende des Streams erreicht ist.

Die Methode `ready` liefert `true`, falls der nächste Aufruf von `read` erfolgen kann, ohne daß die Eingabe blockt, und `close` schließt den Eingabestrom. Mit Hilfe der Methoden `mark` und `reset` gibt es die Möglichkeit, eine bestimmte Position innerhalb des Eingabe-Streams zu markieren und zu einem späteren Zeitpunkt wieder anzuspringen. Zuvor muß allerdings durch einen Aufruf von `markSupported` überprüft werden, ob das Markieren überhaupt unterstützt wird. Ist dies nicht der Fall, würde ein Aufruf von `mark` oder `reset` eine Ausnahme erzeugen. Die Methode `mark` merkt sich die aktuelle Leseposition und spezifiziert, wie viele Bytes anschließend maximal gelesen werden können, bevor die Markierung ungültig wird. Ein Aufruf von `reset` setzt den Lesezeiger an die markierte Stelle zurück.

Mit der Methode `skip` ist es möglich, *n* Zeichen im Eingabestrom zu überspringen. Dabei kann es aus verschiedenen Gründen vorkommen, daß nicht exakt die angegebene Anzahl an Zeichen übersprungen wird (beispielsweise, wenn nicht mehr genügend Zeichen vorhanden sind). Der Rückgabewert von `skip` gibt die tatsächliche Anzahl an.

18.3.2 Auswahl des Eingabegerätes

Analog zur Klasse `Writer` dient auch bei der Klasse `Reader` die erste Ebene abgeleiteter Klassen vorwiegend dazu, die Art des Datenlieferanten zu bestimmen. Tabelle 18.2 gibt eine Übersicht der aus `Reader` abgeleiteten Klassen.

Klasse	Bedeutung
InputStreamReader	Basisklasse für alle Reader, die einen Byte-Stream in einen Character-Stream umwandeln.
FileReader	Konkrete Ableitung von InputStreamReader zum Einlesen aus einer Datei.
FilterReader	Abstrakte Basisklasse für die Konstruktion von Eingabefiltern.
PushbackReader	Eingabefilter mit der Möglichkeit, Zeichen zurückzugeben.
BufferedReader	Reader zur Eingabepufferung und zum Lesen von kompletten Zeilen.
LineNumberReader	Ableitung aus BufferedReader mit der Fähigkeit, Zeilen zu zählen.
StringReader	Reader zum Einlesen von Zeichen aus einem String.
CharArrayReader	Reader zum Einlesen von Zeichen aus einem Zeichen-Array.
PipedReader	Reader zum Einlesen von Zeichen aus einem PipedWriter.

Tabelle 18.2: Aus Reader abgeleitete Klassen

In den folgenden Unterabschnitten werden die Klassen `InputStreamReader`, `FileReader`, `StringReader` und `CharArrayReader` erläutert. `FilterReader`, `PushbackReader`, `BufferedReader` und `LineNumberReader` werden in Abschnitt 18.3.3 auf Seite 422 behandelt.

> Die Klasse `PipedReader` soll hier nicht erläutert werden. In Abschnitt 22.4.4 auf Seite 488 findet sich jedoch ein Beispiel zur Anwendung der Klassen `PipedInputStream` und `PipedOutputStream`, das auf `PipedReader` und `PipedWriter` übertragbar ist.

InputStreamReader und FileReader

Die Klasse `InputStreamReader` ist die Basisklasse für alle Reader, die eine Konvertierung zwischen Byte- und Character-Streams vornehmen. Sie enthält ein Objekt des Typs `ByteToCharConverter` (aus dem undokumentierten Paket `sun.io`), das die Konvertierung der Eingabezeichen bei allen lesenden Zugriffen vornimmt. Als übergeordnete Basisklasse ist `InputStreamReader` für uns allerdings nicht so interessant wie die daraus abgeleitete Klasse `FileReader`, die die Eingabe aus einer Datei ermöglicht. Sie implementiert die abstrakten Eigenschaften von `Reader` und bietet zusätzliche Konstruktoren, die es erlauben, eine Datei zu öffnen:

java.io.FileReader

```
public FileReader(String fileName)
  throws FileNotFoundException

public FileReader(File file)
  throws FileNotFoundException

public FileReader(FileDescriptor fd)
```

Bei der Übergabe der Zeichenkette `fileName` wird die Datei mit dem angegebenen Namen zum Lesen geöffnet. Falls sie nicht vorhanden ist, löst der Konstruktor eine Ausnahme des Typs `FileNotFoundException` aus. Die beiden anderen Konstruktoren erwarten ein `File`-Objekt, das eine zu öffnende Datei spezifiziert, oder ein `FileDescriptor`-Objekt, das eine bereits geöffnete Datei angibt.

Das folgende Beispiel demonstriert die Anwendung der Klasse `FileReader`. Das Programm liest die Datei `config.sys` und gibt ihren Inhalt auf dem Bildschirm aus:

Listing 18.6: Anwendung der Klasse FileReader

```
001 /* Listing1806.java */
002
003 import java.io.*;
004
005 public class Listing1806
006 {
007    public static void main(String[] args)
008    {
009       FileReader f;
010       int c;
011
012       try {
013          f = new FileReader("c:\\config.sys");
014          while ((c = f.read()) != -1) {
015             System.out.print((char)c);
016          }
017          f.close();
018       } catch (IOException e) {
```

Eingabe-Streams   Kapitel 18

```
019         System.out.println("Fehler beim Lesen der Datei");
020       }
021   }
022 }
```

Listing 18.6: Anwendung der Klasse FileReader (Forts.)

Die Ausgabe des Programms ist:

```
DEVICE=c:\windows\himem.sys
DOS=HIGH,UMB
DEVICE=c:\windows\emm386.exe noems
SHELL=c:\command.com/e:1536/p
FILES=101
BUFFERS=5
DEVICEHIGH=c:\windows\command\ansi.sys
```

StringReader und CharArrayReader

Diese beiden Klassen sind die Pendants zu `StringWriter` und `CharArrayWriter`. Sie erlauben das Lesen von Zeichen aus einem `String` bzw. einem Zeichen-Array. Die Schnittstelle der beiden Klassen ist identisch und unterscheidet sich von der Basisklasse `Reader` nur durch die geänderten Konstruktoren:

```
public StringReader(String s)
```
java.io.StringReader

```
public CharArrayReader(char[] buf)

public CharArrayReader(char[] buf, int offset, int length)
```
java.io.CharArray-Reader

Das folgende Programm zeigt die Verwendung der Klasse `StringReader` am Beispiel eines Programms, das einen `Reader` konstruiert, der den Satz liest, der hier an dieser Stelle steht:

```
001 /* Listing1807.java */
002
003 import java.io.*;
004
005 public class Listing1807
006 {
007   public static void main(String[] args)
008   {
009     Reader f;
010     int c;
011     String s;
012
013     s =  "Das folgende Programm zeigt die Verwendung\r\n";
014     s += "der Klasse StringReader am Beispiel eines\r\n";
015     s += "Programms, das einen Reader konstruiert, der\r\n";
016     s += "den Satz liest, der hier an dieser Stelle steht:\r\n";
```

Listing 18.7: Verwendung der Klasse StringReader

Listing 18.7:
Verwendung
der Klasse
StringReader
(Forts.)

```
017    try {
018      f = new StringReader(s);
019      while ((c = f.read()) != -1) {
020        System.out.print((char)c);
021      }
022      f.close();
023    } catch (IOException e) {
024      System.out.println("Fehler beim Lesen des Strings");
025    }
026  }
027 }
```

Die Ausgabe des Programms ist:

```
Das folgende Programm zeigt die Verwendung
der Klasse StringReader am Beispiel eines
Programms, das einen Reader konstruiert, der
den Satz liest, der hier an dieser Stelle steht:
```

18.3.3 Schachteln von Eingabe-Streams

Das Konzept der geschachtelten Streams funktioniert bei der sequentiellen Eingabe genauso wie bei der Ausgabe. Mit den Klassen BufferedReader, LineNumberReader, FilterReader und PushbackReader stehen Klassen zur Verfügung, die im Konstruktor die Übergabe eines weiteren Readers erwarten und die Leseoperationen vor Ausführung der Filterfunktion an diesen Reader weiterleiten.

BufferedReader

Dieser Filter dient zur Pufferung von Eingaben und kann verwendet werden, um die Performance beim Lesen von externen Dateien zu erhöhen. Da nicht jedes Byte einzeln gelesen wird, verringert sich die Anzahl der Zugriffe auf den externen Datenträger, und die Lesegeschwindigkeit erhöht sich. Zusätzlich stellt BufferedReader die Methode readLine zur Verfügung, die eine komplette Textzeile liest und als String an den Aufrufer zurückgibt:

java.io.
Buffered-
Reader

```
public String readLine()
  throws IOException
```

Eine Textzeile wird dabei durch die Zeichen '\n' oder '\r' oder durch die Folge "\r\n" begrenzt. Der Rückgabewert von readLine ist ein String, der den Zeileninhalt ohne Begrenzungszeichen enthält bzw. null, falls das Ende des Streams erreicht ist. BufferedReader besitzt zwei Konstruktoren:

java.io.
Buffered-
Reader

```
public BufferedReader(Reader in)

public BufferedReader(Reader in, int sz)
```

Der erste Parameter in ist das Reader-Objekt, auf dem der BufferedReader aufgesetzt werden soll. Der optionale zweite Parameter sz gibt die Größe des internen Puffers an. Fehlt er, so wird eine für die meisten Situationen angemessene Standardeinstellung verwendet.

Das folgende Beispiel demonstriert den Einsatz der Eingabepufferung durch die Erweiterung von Listing 18.6 auf Seite 420. Auch hier wird die Datei config.sys eingelesen und auf dem Bildschirm ausgegeben. Durch den Einsatz der Klasse BufferedReader versucht das Programm, die Perfomance beim Lesen der Datei zu erhöhen:

```
001 /* Listing1808.java */
002
003 import java.io.*;
004
005 public class Listing1808
006 {
007   public static void main(String[] args)
008   {
009     BufferedReader f;
010     String line;
011
012     try {
013       f = new BufferedReader(
014           new FileReader("c:\\config.sys"));
015       while ((line = f.readLine()) != null) {
016         System.out.println(line);
017       }
018       f.close();
019     } catch (IOException e) {
020       System.out.println("Fehler beim Lesen der Datei");
021     }
022   }
023 }
```

Listing 18.8: Eingabepufferung beim Lesen aus Dateien

Zusätzlich wird die Eingabe nicht zeichen-, sondern mit Hilfe von readLine zeilenweise gelesen, was die Performance weiter erhöht. Die Ausgabe des Programms ist mit der von Listing 18.6 auf Seite 420 identisch.

LineNumberReader

Diese Klasse ist eine Ableitung von BufferedReader, die um die Fähigkeit erweitert wurde, die Anzahl der Eingabezeilen beim Einlesen zu zählen. Die Schnittstelle entspricht dabei exakt der von BufferedReader, erweitert um die Methoden getLineNumber und setLineNumber:

```
public int getLineNumber()

public void setLineNumber(int lineNumber)
```

java.io.Line
NumberReader

Mit `getLineNumber` wird der aktuelle Stand des Zeilenzählers abgefragt, mit `setLineNumber` kann er sogar verändert werden.

Das folgende Beispiel erweitert unsere bisherigen Programme zur Ausgabe der Datei `config.sys` in der Weise, daß nun jede einzelne Zeile mit vorangestellter Zeilennummer angezeigt wird. Dazu wird der `BufferedReader` durch einen `LineNumberReader` ersetzt und vor der Ausgabe jeder einzelnen Zeile zunächst die korrespondierende Zeilennummer ausgegeben:

Listing 18.9:
Die Klasse
LineNumber-
Reader

```
001 /* Listing1809.java */
002
003 import java.io.*;
004
005 public class Listing1809
006 {
007   public static void main(String[] args)
008   {
009     LineNumberReader f;
010     String line;
011
012     try {
013       f = new LineNumberReader(
014         new FileReader("c:\\config.sys"));
015       while ((line = f.readLine()) != null) {
016         System.out.print(f.getLineNumber() + ": ");
017         System.out.println(line);
018       }
019       f.close();
020     } catch (IOException e) {
021       System.out.println("Fehler beim Lesen der Datei");
022     }
023   }
024 }
```

Die Ausgabe des Programms ist nun:

```
1: DEVICE=c:\windows\himem.sys
2: DOS=HIGH,UMB
3: DEVICE=c:\windows\emm386.exe noems
4: SHELL=c:\command.com/e:1536/p
5: FILES=101
6: BUFFERS=5
7: DEVICEHIGH=c:\windows\command\ansi.sys
```

FilterReader und PushbackReader

Das Schachteln von Eingabestreams funktioniert analog zum Schachteln von Ausgabestreams. Auch hier existiert eine abstrakte Basisklasse `FilterReader`, die den eigentlichen

Reader im Konstruktor übergeben bekommt und als Membervariable speichert. Bei der Konstruktion eigener Eingabefilter kann analog zur Konstruktion von Ausgabefiltern vorgegangen werden.

Das JDK 1.1 enthält einen vordefinierten Eingabefilter PushbackReader, der aus FilterReader abgeleitet wurde. Ein PushbackReader erweitert die Klasse FilterReader um einen ein Byte großen *Pushbackbuffer*. Dieser erlaubt einer Anwendung, das zuletzt gelesene Zeichen wieder in den Eingabestrom zurückzuschieben. Der nächste Lesezugriff liest dann nicht das folgende Zeichen im Eingabestrom, sondern das gerade zurückgegebene Zeichen. Wahlweise kann beim Aufruf des Konstruktors die Größe des Pushbackbuffers angegeben werden:

```
public PushbackReader(Reader in)
```

```
public PushbackReader(Reader in, int size)
```

java.io. Pushback-Reader

Ein PushbackReader kann beispielsweise angewendet werden, wenn eine Methode das nächste Eingabezeichen kennen muß, um zu entscheiden, welche Aktion als nächstes auszuführen ist. Falls die Methode selbst nicht für die Behandlung des Eingabezeichens zuständig ist, kann sie das Zeichen an den Eingabestrom zurückgeben, und eine andere Methode kann mit der Bearbeitung beauftragt werden. Derartige Techniken finden beispielsweise in Werkzeugen zur lexikalischen Analyse Anwendung, wie sie im Compilerbau verwendet werden.

Die Rückgabe eines Zeichens wird mit Hilfe der Methode unread durchgeführt. Diese steht in verschiedenen Varianten zur Verfügung und kann zur Rückgabe eines einzelnen Zeichens oder mehrerer Zeichen verwendet werden:

```
public void unread(int c)
   throws IOException
```

```
public void unread(char[] cbuf, int off, int len)
   throws IOException
```

```
public void unread(char[] cbuf)
   throws IOException
```

java.io.PushbackReader

Hierbei muß das oder die zurückzugebenden Zeichen als Parameter unread übergeben werden.

18.4 Zusammenfassung

In diesem Kapitel wurden folgende Themen behandelt:

- Die abstrakte Klasse `Writer`
- Die Auswahl des Ausgabegeräts und die Klassen `OutputStreamWriter`, `FileWriter`, `StringWriter` und `CharArrayWriter`
- Schachteln von Ausgabe-Streams und die Klassen `BufferedWriter`, `PrintWriter` und `FilterWriter`
- Die abstrakte Klasse `Reader`
- Die Auswahl des Eingabegeräts und die Klassen `InputStreamReader`, `FileReader`, `StringReader` und `CharArrayReader`
- Schachteln von Eingabe-Streams und die Klassen `FilterReader`, `PushbackReader`, `BufferedReader` und `LineNumberReader`

19 Byte-Streams

19.1 Architektur und Vergleich mit Character-Streams

Es gibt viele Gemeinsamkeiten zwischen Byte-Streams und den im vorigen Kapitel behandelten Character-Streams. Am wichtigsten ist, daß die Architektur beider weitgehend übereinstimmt. Das Grundlagenwissen, das wir uns im vorigen Kapitel angeeignet haben, ist also problemlos auf Byte-Streams übertragbar.

Die Namensgebung für Byte-Streams in Java folgt dem Prinzip, eine Klasse für lesenden Zugriff als *InputStream* und eine solche für schreibenden Zugriff als *OutputStream* zu bezeichnen (Character-Streams werden dagegen als *Reader* und *Writer* bezeichnet). Die Basisklassen haben demnach die Namen OutputStream und InputStream.

Sie sind jeweils Wurzel einer Hierarchie von Klassen, die in vergleichbarer Weise auch bei Character-Streams zu finden sind. Insbesondere sind die Konzepte der Verkettung und Schachtelung von Streams auf dieselbe Art und Weise realisiert. Auch die Byte-Streams befinden sich im Paket java.io.

19.2 Ausgabe-Streams

19.2.1 Die Basisklasse OutputStream

Basis der Ausgabe-Streams ist die abstrakte Klasse OutputStream. Sie stellt folgende Methoden zur Verfügung:

```
protected OutputStream()

public void close()
public void flush()

public void write(int b)
public void write(byte[] b)
public void write(byte[] b, int offs, int len)
```

java.io.
OutputStream

Der parameterlose Konstruktor initialisiert einen OutputStream. Er ist protected und wird in abgeleiteten Klassen überlagert. Mit close wird der OutputStream geschlossen, und flush schreibt die gepufferten Daten physikalisch auf das Ausgabegerät und leert alle Puffer.

Die write-Methoden erwarten Bytes oder Byte-Arrays als Daten. Wird ein byte-Array angegeben, so gibt die Klasse es vollständig aus, wenn nicht zusätzlich ein Arrayoffset und die Anzahl der zu schreibenden Bytes angegeben wird. Die Methode zum Schreiben eines einzelnen Bytes erwartet ein `int` als Argument, gibt aber lediglich seine unteren 8 Bit aus und ignoriert alle übrigen.

19.2.2 Aus OutputStream direkt abgeleitete Klassen

Aus `OutputStream` sind einige weitere Klassen direkt abgeleitet. Wie bei den Character-Streams bestimmen sie im wesentlichen die Art bzw. das Ziel der Datenausgabe.

FileOutputStream

Der `FileOutputStream` stellt einen Byte-Stream zur Ausgabe in eine Datei zur Verfügung. Er besitzt folgende Konstruktoren:

java.io.FileOutputStream

```
public FileOutputStream(String name)
  throws FileNotFoundException

public FileOutputStream(String name, boolean append)
  throws FileNotFoundException

public FileOutputStream(File file)
  throws IOException
```

Wird lediglich ein Dateiname angegeben, legt ein `FileOutputStream` die gewünschte Ausgabedatei neu an und setzt den Dateizeiger auf den Anfang der Datei. Wird der zweite Konstruktor verwendet und `true` als zweites Argument übergeben, wird der Dateizeiger auf das Ende der Datei positioniert, falls diese bereits existiert. Andernfalls entspricht das Verhalten dem des ersten Konstruktors. Der dritte Konstruktor entspricht dem ersten, erwartet aber ein `File`-Objekt anstelle eines Strings.

Das folgende Programm zeigt beispielhaft die Anwendung eines `FileOutputStream`. Es legt die in der Kommandozeile angegebene Datei an (bzw. springt zu ihrem Ende, falls sie bereits vorhanden ist) und hängt 256 Bytes mit den Werten 0 bis 255 an.

Listing 19.1: Verwendung eines FileOutputStream

```
001  /* Listing1901.java */
002
003  import java.io.*;
004
005  public class Listing1901
006  {
007    public static void main(String[] args)
008    {
009      try {
010        FileOutputStream out = new FileOutputStream(
011          args[0],
012          true
```

```
013       );
014       for (int i = 0; i < 256; ++i) {
015         out.write(i);
016       }
017       out.close();
018     } catch (Exception e) {
019       System.err.println(e.toString());
020       System.exit(1);
021     }
022   }
023 }
```

Listing 19.1: Verwendung eines FileOutputStream (Forts.)

ByteArrayOutputStream

Die Klasse `ByteArrayOutputStream` schreibt die auszugebenden Daten in ein byte-Array, dessen Größe mit dem Datenvolumen wächst. Sie besitzt zwei Konstruktoren:

```
public ByteArrayOutputStream()
public ByteArrayOutputStream(int size)
```

java.io.
ByteArray-
OutputStream

Der parameterlose Konstruktor legt ein Ausgabearray mit einer anfänglichen Größe von 32 Byte an, der andere erlaubt die freie Vorgabe der initialen Puffergröße.

ObjectOutputStream

Ein `ObjectOutputStream` erlaubt es, primitive Datentypen und komplette Objekte (inklusive aller referenzierten Objekte) auszugeben. Zwar ist er nicht von `FilterOutputStream` abgeleitet, wird aber ebenso verwendet und erwartet im Konstruktor einen `OutputStream` zur Weiterleitung der Ausgabedaten. Die Klasse `ObjectOutputStream` ist eine der Säulen des Serialisierungs-APIs in Java. Sie wird in Abschnitt 41.1.2 auf Seite 929 ausführlich beschrieben.

PipedOutputStream

Ein `PipedOutputStream` dient zusammen mit einem `PipedInputStream` zur Kommunikation zweier Threads. Beide zusammen implementieren eine *Message Queue*, in die einer der beiden Threads seine Daten hineinschreibt, während der andere sie daraus liest. Ein ausführliches Beispiel zur Anwendung der beiden Klassen findet sich in Abschnitt 22.4.4 auf Seite 488.

19.2.3 Aus FilterOutputStream abgeleitete Klassen

Die aus `OutputStream` abgeleitete Klasse `FilterOutputStream` ist die Basisklasse aller gefilterten Ausgabe-Streams. Diese definieren kein eigenes Ausgabegerät, sondern bekommen es beim Instanzieren in Form eines `OutputStream`-Arguments übergeben:

Kapitel 19

java.io.
FilterOut-
putStream

```
public FilterOutputStream(OutputStream out)
```

Die Aufgabe der aus `FilterOutputStream` abgeleiteten Klassen besteht darin, die Schreibzugriffe abzufangen, in einer für sie charakteristischen Weise zu verarbeiten und dann an das eigentliche Ausgabegerät (den im Konstruktor übergebenen `OutputStream`) weiterzuleiten.

BufferedOutputStream

`BufferedOutputStream` puffert die Ausgabe in einen `OutputStream`. Er kann insbesondere dann die Ausgabe beschleunigen, wenn viele einzelne `write`-Aufrufe erfolgen, die jeweils nur wenig Daten übergeben. Ein `BufferedOutputStream` besitzt zwei zusätzliche Konstruktoren und eine Methode `flush`, die dafür sorgt, daß die gepufferten Daten tatsächlich geschrieben werden:

java.io.
BufferedOut-
putStream

```
public BufferedOutputStream(OutputStream out)
public BufferedOutputStream(OutputStream out, int size)

public void flush()
  throws IOException
```

PrintStream

Ein `PrintStream` bietet die Möglichkeit, Strings und primitive Typen im Textformat auszugeben. Er stellt eine Vielzahl von `print`- und `println`-Methoden für unterschiedliche Datentypen zur Verfügung. Seine Schnittstelle und Anwendung entspricht der Klasse `PrintWriter`, die in Abschnitt 18.2.3 auf Seite 411 beschrieben wurde.

> Im Zuge der Internationalisierung des JDK wurden mit der Version 1.1 die öffentlichen Konstruktoren der Klasse `PrintStream` als `deprecated` markiert (wegen der möglicherweise unzulänglichen Konvertierung zwischen Bytes und Zeichen). Damit war die Klasse praktisch nicht mehr verwendbar. Insbesondere war es nicht mehr möglich, die Methoden `setOut` und `setErr` der Klasse `System` sinnvoll zu verwenden (siehe Abschnitt 16.3.2 auf Seite 364). Später wurde die Entscheidung als falsch angesehen und mit dem JDK 1.2 revidiert. Seither sind die Konstruktoren wieder zulässig. Einen einfach anzuwendenden Workaround, der die `deprecated`-Warnungen im JDK 1.1 vermeidet, gibt es leider nicht.

DataOutput und DataOutputStream

Ein `DataOutputStream` ermöglicht es, primitive Datentypen in definierter (und portabler) Weise auszugeben. So geschriebene Daten können mit Hilfe eines `DataInputStream` wieder eingelesen werden. Ein `DataOutputStream` implementiert das Interface `DataOutput`, das folgende Methoden enthält:

java.io.
DataOutput

```
void write(int b)
  throws IOException
void write(byte[] b)
```

```
  throws IOException
void write(byte[] b, int off, int len)
  throws IOException
void writeBoolean(boolean v)
  throws IOException
void writeByte(int v)
  throws IOException
void writeShort(int v)
  throws IOException
void writeChar(int v)
  throws IOException
void writeInt(int v)
  throws IOException
void writeLong(long v)
  throws IOException
void writeFloat(float v)
  throws IOException
void writeDouble(double v)
  throws IOException
void writeBytes(String s)
  throws IOException
void writeChars(String s)
  throws IOException
void writeUTF(String str)
  throws IOException
```

Zu jeder einzelnen Methode ist in der JDK-Dokumentation genau angegeben, auf welche Weise der jeweilige Datentyp ausgegeben wird. Dadurch ist garantiert, daß eine mit DataOutputStream geschriebene Datei auf jedem anderen Java-System mit einem DataInputStream lesbar ist. Die Beschreibungen sind sogar so genau, daß Interoperabilität mit Nicht-Java-Systemen erreicht werden kann, wenn diese in der Lage sind, die primitiven Typen in der beschriebenen Weise zu verarbeiten.

Eine Sonderstellung nimmt die Methode writeUTF ein. Sie dient dazu, die 2 Byte langen UNICODE-Zeichen, mit denen Java intern arbeitet, in definierter Weise in 1, 2 oder 3 Byte lange Einzelzeichen zu verwandeln. Hat das Zeichen einen Wert zwischen \u0000 und \u007F, wird es als Einzelbyte ausgeben. Hat es einen Wert zwischen \u0080 und \u07FF, belegt es zwei Byte, und in allen anderen Fällen werden drei Byte verwendet. Diese Darstellung wird als *UTF-8-Codierung* bezeichnet und ist entsprechend Tabelle 19.1 auf Seite 432 implementiert. Zusätzlich werden an den Anfang jedes UTF-8-Strings zwei Längenbytes geschrieben.

Tabelle 19.1: Die UTF-8-Kodierung

Von	Bis	Byte	Darstellung
\u0000	\u007F	1	0nnnnnnn
\u0080	\u07FF	2	110nnnnn 10nnnnnn
\u0800	\uFFFF	3	1110nnnn 10nnnnnn 10nnnnnn

Die UTF-8-Kodierung arbeitet bei den gebräuchlichsten Sprachen platzsparend. Alle ASCII-Zeichen werden mit nur einem Byte codiert, und viele andere wichtige Zeichen (insbesondere die im ISO-8859-Zeichensatz definierten nationalen Sonderzeichen, aber auch griechische, hebräische und kyrillische Zeichen), benötigen nur zwei Byte zur Darstellung. Jedes Byte mit gesetztem High-Bit ist Teil einer Multibyte-Sequenz und am ersten Byte einer Sequenz kann die Anzahl der Folgezeichen abgelesen werden.

Wir wollen uns ein Beispielprogramm ansehen:

Listing 19.2: Verwendung der Klasse DataOutputStream

```
001 /* Listing1902.java */
002
003 import java.io.*;
004
005 public class Listing1902
006 {
007   public static void main(String[] args)
008   {
009     try {
010       DataOutputStream out = new DataOutputStream(
011                              new BufferedOutputStream(
012                              new FileOutputStream("test.txt")));
013       out.writeInt(1);
014       out.writeInt(-1);
015       out.writeDouble(Math.PI);
016       out.writeUTF("häßliches");
017       out.writeUTF("Entlein");
018       out.close();
019     } catch (IOException e) {
020       System.err.println(e.toString());
021     }
022   }
023 }
```

Das Programm erzeugt eine Ausgabedatei test.txt von 38 Byte Länge (wie sie wieder eingelesen wird, zeigt Listing 19.5 auf Seite 440):

```
00 00 00 01 FF FF FF FF-40 09 21 FB 54 44 2D 18    ........@.!.TD-.
00 0B 68 C3 A4 C3 9F 6C-69 63 68 65 73 00 07 45    ..h....liches..E
6E 74 6C 65 69 6E                                  ntlein
```

- Die ersten 4 Byte stellen den int-Wert 1 dar.
- Die nächsten 4 Byte repräsentieren die -1 (es wird die übliche Zweierkomplementdarstellung verwendet).
- Anschließend folgen 8 Byte mit der double-Darstellung der Zahl pi.
- Nun folgt die Längeninformation 000B des ersten UTF-8-Strings und danach dessen 11 Zeichen. Man kann sehen, daß die beiden Umlaute ä und ß jeweils zwei Byte belegen, alle übrigen Zeichen jedoch nur eines.
- Schließlich folgt der zweite UTF-8-String. Er hat die Länge 7, und alle Zeichen werden mit einem Byte dargestellt.

> `DataOutput` wird nicht nur von `DataOutputStream` implementiert, sondern auch von der Klasse `RandomAccessFile`, die darüber hinaus das Interface `DataInput` implementiert. Sollen primitive Daten wahlweise seriell oder wahlfrei verarbeitet werden, ist es daher sinnvoll, die serielle Verarbeitung mit Hilfe der Klassen `DataOutputStream` und `DataInputStream` vorzunehmen. Die Verarbeitung von Random-Access-Dateien wird in Kapitel 20 auf Seite 445 behandelt.

Komprimieren von Dateien

Die aus `FilterOutputStream` abgeleitete Klasse `DeflaterOutputStream` ist die Basisklasse der beiden Klassen `ZipOutputStream` und `GZIPOutputStream` aus dem Paket `java.util.zip`. Zudem ist `ZipOutputStream` Basisklasse von `JarOutputStream` aus dem Paket `java.util.jar`. Sie alle dienen dazu, die auszugebenden Daten in eine Archivdatei zu schreiben und platzsparend zu komprimieren:

- Das ZIP-Format stammt aus der PC-Welt, ist aber mittlerweile unter praktisch allen Betriebssystemen verfügbar. Es kann mehrere Dateien komprimieren und in einem Archiv zusammenfassen.
- Das GZIP-Format stammt aus der GNU-Welt und kann lediglich eine einzige Datei komprimieren. Zur Erstellung von Archiven, die mehrere Dateien enthalten, wird es meist zusammen mit `tar` verwendet.
- Das JAR-Format entspricht dem ZIP-Format, beinhaltet aber zusätzlich noch Manifest-Dateien, die Metainformationen über die gespeicherten Dateien enthalten.

Das folgende Listing zeigt, wie mehrere Dateien mit Hilfe eines `ZipOutputStream` komprimiert und in eine gemeinsame Archivdatei geschrieben werden. Es wird als Kommandozeilenprogramm aufgerufen und erwartet die Namen der zu erstellenden Archivdatei und der Eingabedateien als Argumente. Das erzeugte Archiv kann mit `jar`, `winzip` oder `pkunzip` ausgepackt werden.

Listing 19.3:
Erstellen eines
ZIP-Archivs

```java
001 /* Zip.java */
002
003 import java.io.*;
004 import java.util.zip.*;
005
006 public class Zip
007 {
008   public static void main(String[] args)
009   {
010     if (args.length < 2) {
011       System.out.println("Usage: java Zip zipfile files...");
012       System.exit(1);
013     }
014     try {
015       byte[] buf = new byte[4096];
016       ZipOutputStream out = new ZipOutputStream(
017                             new FileOutputStream(args[0]));
018       for (int i = 1; i < args.length; ++i) {
019         String fname = args[i];
020         System.out.println("adding " + fname);
021         FileInputStream in = new FileInputStream(fname);
022         out.putNextEntry(new ZipEntry(fname));
023         int len;
024         while ((len = in.read(buf)) > 0) {
025           out.write(buf, 0, len);
026         }
027         in.close();
028       }
029       out.close();
030     } catch (IOException e) {
031       System.err.println(e.toString());
032     }
033   }
034 }
```

> Bitte beachten Sie, daß das Programm nur die Grundzüge des Erstellens von ZIP-Dateien demonstriert. Insbesondere verzichtet es darauf, die verschiedenen Eigenschaften des jeweiligen ZIP-Eintrags korrekt zu setzen (Größe, Datum/Uhrzeit, Prüfsumme etc.). Um dies zu tun, müßten die entsprechenden Daten ermittelt und dann an die jeweiligen set-Methoden des ZipEntry-Objekts übergeben werden.

Berechnung von Prüfsummen

Soll sichergestellt werden, daß Daten während einer Übertragung unverändert bleiben (etwa weil der Übertragungskanal unsicher oder störanfällig ist), werden diese meist mit einer Prüfsumme übertragen. Dazu wird aus den Originaldaten eine Art mathematische

Zusammenfassung gebildet und zusammen mit den Daten übertragen. Der Empfänger berechnet aus den empfangenen Daten mit demselben Verfahren die Prüfsumme und vergleicht sie mit der übertragenen. Stimmen beide überein, kann davon ausgegangen werden, daß die Daten nicht verfälscht wurden.

Das Verfahren zur Berechnung der Prüfsumme muß natürlich so beschaffen sein, daß möglichst viele Übertragungsfehler aufgedeckt werden. Oder mit anderen Worten: es soll möglichst unwahrscheinlich sein, daß zwei unterschiedliche Texte (von denen der eine durch Modifikation des anderen enstanden ist) dieselbe Prüfsumme ergeben.

Im JDK können Prüfsummen beim Schreiben von Daten mit der Klasse `CheckedOutputStream` berechnet werden. Sie ist aus `FilterOutputStream` abgeleitet und erweitert deren Schnittstelle um einen Konstruktor zur Auswahl des Prüfsummenverfahrens und um die Methode `getChecksum` zur Berechnung der Prüfsumme. Ihre Anwendung ist einfach und entspricht der Klasse `CheckedInputStream`. Ein Beispiel ist in Listing 19.6 auf Seite 441 zu finden.

> Ein *Message Digest* ist eine erweiterte Form einer Prüfsumme. Er besitzt zusätzliche Eigenschaften, die ihn für kryptographische Anwendungen qualifizieren, und wird in Abschnitt 47.1.3 auf Seite 1110 erläutert. Die Klasse `DigestOutputStream` dient dazu, einen Message Digest für Daten zu berechnen, die mit einem `OutputStream` ausgegeben werden. Analog dazu gibt es eine Klasse `DigestInputStream` zur Berechnung eines Message Digests für einen `InputStream`.

19.3 Eingabe-Streams

19.3.1 Die Basisklasse InputStream

Basis der Eingabe-Streams ist die abstrakte Klasse `InputStream`. Sie stellt folgende Methoden zur Verfügung:

```
public abstract int read()
  throws IOException

public int read(byte[] b)
  throws IOException

public int read(byte[] b, int off, int len)
  throws IOException

public long skip(long n)
  throws IOException
```

java.io.
InputStream

```
public int available()
  throws IOException

public void close()
  throws IOException

public void mark(int readlimit)

public void reset()
  throws IOException

public boolean markSupported()
```

Die `read`-Methoden dienen dazu, Bytes zu lesen. Sie können entweder einzelne Bytes lesen (die als `int` zurückgegeben werden, dessen obere 3 Byte leer sind) oder ihre Daten direkt in einen Bytearray-Puffer schreiben. Mit `skip` kann eine beliebige Anzahl Bytes übersprungen werden. `available` liefert die Anzahl an Bytes, die ohne Blockieren mindestens gelesen werden können (Vorsicht, manche Implementierungen geben hier nie einen Wert größer als 1 zurück). Mit `close` wird der Eingabe-Stream geschlossen.

Die Methode `markSupported` gibt Auskunft darüber, ob Markieren/Positionieren unterstützt wird. Ist das der Fall, kann mit `mark` die aktuelle Position im Eingabestrom markiert und später mit `reset` dorthin zurückgesprungen werden. Das Argument von `mark` gibt dabei die maximale Anzahl an Zeichen an, die der Eingabestrom sich merken soll.

19.3.2 Aus InputStream direkt abgeleitete Klassen

Aus `InputStream` sind einige weitere Klassen direkt abgeleitet. Wie bei den Character-Streams bestimmen sie im wesentlichen die Art bzw. die Quelle der Dateneingabe.

FileInputStream

Ein `FileInputStream` stellt einen Byte-Stream zum Lesen aus einer Datei zur Verfügung. Er besitzt einige zusätzliche Konstruktoren:

java.io. FileInput- Stream
```
public FileInputStream(String name)
  throws FileNotFoundException

public FileInputStream(File file)
  throws FileNotFoundException

public FileInputStream(FileDescriptor fdObj)
```

Um eine Datei zu öffnen, kann entweder ihr Name oder ein dafür konstruiertes `File`-Objekt verwendet werden (siehe Kapitel 21 auf Seite 453. Existiert die Datei nicht oder kann nicht darauf zugegriffen werden, löst der Konstruktor eine `FileNotFoundException` aus.

Eingabe-Streams

Mit Hilfe des dritten Konstruktors kann ein `InputStream` zu einer bereits geöffneten Datei erstellt werden.

Das folgende Programm zeigt die Verwendung der Klassen `FileInputStream` und `FileOutputStream` zum Kopieren einer Datei (Vorsicht, eine bereits vorhandene Zieldatei wird ohne Rückfrage überschrieben).

```java
001  /* FileCopy.java */
002
003  import java.io.*;
004
005  public class FileCopy
006  {
007    public static void main(String[] args)
008    {
009      if (args.length != 2) {
010        System.out.println("java FileCopy inputfile outputfile");
011        System.exit(1);
012      }
013      try {
014        FileInputStream in = new FileInputStream(args[0]);
015        FileOutputStream out = new FileOutputStream(args[1]);
016        byte[] buf = new byte[4096];
017        int len;
018        while ((len = in.read(buf)) > 0) {
019          out.write(buf, 0, len);
020        }
021        out.close();
022        in.close();
023      } catch (IOException e) {
024        System.err.println(e.toString());
025      }
026    }
027  }
```

Listing 19.4:
Kopieren einer Datei

ByteArrayInputStream

Die Klasse `ByteArrayInputStream` stellt einen Adapter dar, mit dessen Hilfe die Daten aus einem Byte-Array gelesen werden können. Sie besitzt zwei zusätzliche Konstruktoren, in denen die Datenquelle angegeben wird:

```java
public ByteArrayInputStream(byte[] buf)
public ByteArrayInputStream(byte[] buf, int offset, int length)
```

java.io.ByteArrayInputStream

> Im JDK gibt es eine Klasse `StringBufferInputStream`, die einen String als Datenquelle für einen Eingabe-Stream verwendet. Sie ist seit dem JDK 1.1 deprecated, weil die Konvertierung von UNICODE-Zeichen in Bytes nicht vollständig korrekt implementiert wurde. An ihrer Stelle ist die Klasse `StringReader` zu verwenden; sie wird in Abschnitt 18.3.2 auf Seite 419 erklärt.

ObjectInputStream

Ein `ObjectInputStream` erlaubt es, primitive Datentypen und Objekte von einem Input-Stream zu lesen. Zwar ist er nicht von `FilterInputStream` abgeleitet, wird aber ebenso verwendet und erwartet im Konstruktor einen `InputStream` als Datenquelle. Die Klasse `ObjectInputStream` ist eine der Säulen des Serialisierungs-APIs in Java und wird in Abschnitt 41.1.3 auf Seite 933 ausführlich beschrieben.

SequenceInputStream

Ein `SequenceInputStream` dient dazu, zwei oder mehr Eingabe-Streams so miteinander zu verbinden, daß die Daten nacheinander aus den einzelnen Streams gelesen werden. Die beteiligten Streams können entweder in einer `Enumeration` oder – wenn es sich um genau zwei von ihnen handelt – direkt an den Konstruktor übergeben werden:

java.io.SequenceInputStream
```
public SequenceInputStream(Enumeration e)
public SequenceInputStream(InputStream s1, InputStream s2)
```

PipedInputStream

Ein `PipedInputStream` ist das Gegenstück zum `PipedOutputStream`. Beide zusammen bilden eine Pipe zur Kommunikation zweier Threads. Ein Beispiel zur Anwendung der beiden Klassen findet sich in Abschnitt 22.4.4 auf Seite 488.

19.3.3 Aus FilterInputStream abgeleitete Klassen

FilterInputStream

Die aus `InputStream` abgeleitete Klasse `FilterInputStream` ist die Basisklasse aller gefilterten Eingabe-Streams. Diese definieren kein eigenes Eingabegerät, sondern bekommen es beim Instanzieren in Form eines `InputStream`-Arguments übergeben:

java.io.FilterInputStream
```
public FilterInputStream(inputStream in)
```

Die Aufgabe der aus `FilterInputStream` abgeleiteten Klassen besteht darin, die Lesezugriffe abzufangen, in einer für sie charakteristischen Weise zu verarbeiten und die Daten erst dann an den Aufrufer weiterzugeben.

BufferedInputStream

Ein `BufferedInputStream` dient zur Pufferung der Eingabedaten. Er kann insbesondere dann die Performance der Lesezugriffe erhöhen, wenn häufig nur kleine Datenmengen oder einzelne Bytes gelesen werden müssen. Ein `BufferedInputStream` besitzt zwei zusätzliche Konstruktoren, mit denen die Datenquelle und Puffergröße angegeben werden kann:

```
public BufferedInputStream(InputStream in)
public BufferedInputStream(InputStream in, int size)
```

java.io. Buffered- InputStream

PushbackInputStream

Die Klasse `PushbackInputStream` erweitert den Eingabe-Stream um die Fähigkeit, bereits gelesene Zeichen wieder zurückzunehmen. Dazu besitzt sie drei Methoden mit dem Namen unread, mit denen einzelne Bytes oder Byte-Arrays wieder zurückgegeben werden können:

```
public void unread(int b)
   throws IOException

public void unread(byte[] b, int off, int len)
   throws IOException

public void unread(byte[] b)
   throws IOException
```

java.io. Pushback- InputStream

DataInputStream und DataInput

Analog zum `DataOutputStream` gibt es eine Klasse `DataInputStream`, mit der die von diesem geschriebenen Daten eingelesen werden können. Der `DataInputStream` implementiert das Interface `DataInput`, das folgende Methoden definiert:

```
void readFully(byte[] b)
   throws IOException
void readFully(byte[] b, int off, int len)
   throws IOException
int skipBytes(int n)
   throws IOException
boolean readBoolean()
   throws IOException
byte readByte()
   throws IOException
int readUnsignedByte()
   throws IOException
short readShort()
   throws IOException
int readUnsignedShort()
   throws IOException
char readChar()
   throws IOException
```

java.io. DataInput

```
int readInt()
  throws IOException
long readLong()
  throws IOException
float readFloat()
  throws IOException
double readDouble()
  throws IOException
String readLine()
  throws IOException
String readUTF()
  throws IOException
```

Die einzelnen Methoden lesen jeweils ein Element des angegebenen Typs, das in dem durch die korrespondierende `write...`-Methode vorgegebenen binären Format vorliegen muß. `readFully` kann dazu verwendet werden, beliebig viele Datenbytes ungeachtet ihres Datentyps einzulesen. `readLine` liest eine Zeile Text aus der Eingabedatei und gibt sie als `String` an den Aufrufer zurück. Da die Eingabe byteweise gelesen wird, werden lediglich UNICODE-Zeichen von \u0000 bis \u00FF korrekt konvertiert. Die `readUnsigned...`-Methoden betrachten die Eingabe als vorzeichenlosen Wert im Bereich von 0 bis 255 (bzw. 0 bis 65535) und geben niemals negative Werte zurück.

Das folgende Programm liest die in Listing 19.2 auf Seite 432 erzeugten Daten ein und gibt sie auf der Console aus:

Listing 19.5:
Verwendung
der Klasse
DataInput-
Stream

```
001 /* Listing1905.java */
002
003 import java.io.*;
004
005 public class Listing1905
006 {
007   public static void main(String[] args)
008   {
009     try {
010       DataInputStream in = new DataInputStream(
011                             new BufferedInputStream(
012                               new FileInputStream("test.txt")));
013       System.out.println(in.readInt());
014       System.out.println(in.readInt());
015       System.out.println(in.readDouble());
016       System.out.println(in.readUTF());
017       System.out.println(in.readUTF());
018       in.close();
019     } catch (IOException e) {
020       System.err.println(e.toString());
021     }
022   }
023 }
```

Eingabe-Streams

CheckedInputStream

Die Klasse `CheckedInputStream` aus dem Paket `java.util.zip` dient dazu, die Prüfsumme zu einer Menge von Eingabedaten direkt beim Einlesen zu berechnen. Sie stellt einen Konstruktor zur Verfügung, mit dem das gewünschte Prüfsummenverfahren angegeben werden kann, und besitzt eine Methode `getChecksum`, mit der die Prüfsumme ermittelt werden kann:

```
public CheckedInputStream(InputStream in, Checksum cksum)

public Checksum getChecksum()
```

java.util.zip.CheckedInputStream

Das im Konstruktor erforderliche Objekt muß das Interface `Checksum` implementieren. Mit den beiden Klassen `CRC32` und `Adler32` stehen im JDK zwei vordefinierte Implementierungen zur Verfügung. Das folgende Programm berechnet die Adler-32-Prüfsumme zu der in der Kommandozeile angegebenen Datei:

```
001 /* Listing1906.java */
002
003 import java.io.*;
004 import java.util.zip.*;
005
006 public class Listing1906
007 {
008   public static void main(String[] args)
009   {
010     if (args.length != 1) {
011       System.out.println("Usage: java Listing1906 file");
012       System.exit(1);
013     }
014     try {
015       CheckedInputStream in = new CheckedInputStream(
016         new FileInputStream(args[0]),
017         new Adler32()
018       );
019       byte[] buf = new byte[4096];
020       int len;
021       while ((len = in.read(buf)) > 0) {
022         //nichts
023       }
024       System.out.println(in.getChecksum().getValue());
025       in.close();
026     } catch (IOException e) {
027       System.err.println(e.toString());
028     }
029   }
030 }
```

Listing 19.6: Berechnung der Adler-32-Prüfsumme

Entpacken von Dateien

Analog zur Klasse `DeflaterOutputStream` gibt es im Paket `java.util.zip` eine Klasse `InflaterInputStream` zum Entpacken von gepackten und/oder komprimierten Dateien. Die daraus abgeleiteten Klassen `GZIPInputStream` und `ZipInputStream` können direkt zum Entpacken von GZIP- und ZIP-Dateien verwendet werden.

Das folgende Programm zeigt, wie die mit dem Programm `Zip.java` aus Listing 19.3 auf Seite 434 gepackten Dateien wieder entpackt und dekomprimiert werden können:

Listing 19.7:
Entpacken eines
ZIP-Archivs

```
001  /* Unzip.java */
002
003  import java.io.*;
004  import java.util.zip.*;
005
006  public class Unzip
007  {
008    public static void main(String[] args)
009    {
010      if (args.length != 1) {
011        System.out.println("Usage: java Unzip zipfile");
012        System.exit(1);
013      }
014      try {
015        byte[] buf = new byte[4096];
016        ZipInputStream in = new ZipInputStream(
017                      new FileInputStream(args[0]));
018        while (true) {
019          //Nächsten Eintrag lesen
020          ZipEntry entry = in.getNextEntry();
021          if (entry == null) {
022            break;
023          }
024          //Beschreibung ausgeben
025          System.out.println(
026            entry.getName() +
027            " (" + entry.getCompressedSize() + "/" +
028            entry.getSize() + ")"
029          );
030          //Ausgabedatei erzeugen
031          FileOutputStream out = new FileOutputStream(
032            entry.getName()
033          );
034          int len;
035          while ((len = in.read(buf)) > 0) {
036            out.write(buf, 0, len);
037          }
038          out.close();
```

```
039         //Eintrag schließen
040         in.closeEntry();
041       }
042       in.close();
043     } catch (IOException e) {
044       System.err.println(e.toString());
045     }
046   }
047 }
```

Listing 19.7: Entpacken eines ZIP-Archivs (Forts.)

> Das hier vorgestellte Programm dient – wie sein Gegenstück *Zip.java* – vor allem als "Proof of Concept". Einerseits bietet es nur einen Bruchteil der üblicherweise von einem Entpacker erwarteten Features (es werden beispielsweise keine Unterverzeichnisse automatisch erzeugt). Andererseits überschreibt es vorhandene Ausgabedateien ohne Vorwarnung. Der Umgang mit dem Programm sollte also mit der notwendigen Umsichtigkeit erfolgen.

19.4 Zusammenfassung

In diesem Kapitel wurden folgende Themen behandelt:

- Die Architektur der Byte-Streams und ihre Einordnung im Vergleich zu Character-Streams

- Die Basisklassen `InputStream` und `OutputStream`

- Schreiben und Lesen von Dateien mit den Klassen `FileInputStream` und `FileOutputStream`

- Das Schachteln von Byte-Streams und die Klassen `FilterInputStream` und `FilterOutputStream`

- Das Verketten von Ausgabe-Streams mit der Klasse `SequenceInputStream`

- Datenaustausch zweier Threads mit den Klassen `PipedOutputStream` und `PipedInputStream`

- Die Interfaces `DataOutput` und `DataInput` und die Ein- und Ausgabe von primitiven Typen mit den Klassen `DataOutputStream` und `DataInputStream`

- Die UTF-8-Codierung

- Komprimieren und Dekomprimieren von Dateien mit den Klassen `ZipOutputStream` und `ZipInputStream`

- Berechnen einer Prüfsumme mit der Klasse `CheckedInputStream`

20 Random-Access-I/O

20.1 Grundlegende Operationen

Neben der stream-basierten Ein- und Ausgabe bietet die Java-Klassenbibliothek auch die Möglichkeit des wahlfreien Zugriffs auf Dateien. Dabei wird eine Datei nicht als Folge von Bytes angesehen, die nur sequentiell durchlaufen werden kann, sondern als eine Art externes Array, das an beliebiger Stelle gelesen oder beschrieben werden kann.

Für den Zugriff auf Random-Access-Dateien stellt das Paket `java.io` die Klasse `RandomAccessFile` zur Verfügung. Anders als bei der stream-orientierten Ein-/Ausgabe kann dabei allerdings nur auf "echte Dateien" zugegriffen werden; die Verwendung von Arrays oder Pipes als Dateiersatz wird nicht unterstützt. Auch das bei Streams realisierte Filterkonzept ist in Random-Access-Dateien nicht zu finden.

Die Klasse `RandomAccessFile` stellt Methoden zum Anlegen neuer Dateien und zum Öffnen vorhandener Dateien zur Verfügung. Für den lesenden oder schreibenden Zugriff auf die Datei gibt es ähnliche Methoden wie bei der sequentiellen Dateiverarbeitung. Zusätzlich kann der Satzzeiger wahlfrei positioniert werden, und es ist möglich, seine aktuelle Position abzufragen.

Das Öffnen von Random-Access-Dateien erfolgt mit dem Konstruktor der Klasse `RandomAccessFile`, der in zwei verschiedenen Varianten zur Verfügung steht:

```
public RandomAccessFile(File file, String mode)
  throws IOException
public RandomAccessFile(String name, String mode)
  throws FileNotFoundException
```

`java.io.RandomAccessFile`

Bei der Übergabe des `String`-Parameters `name` wird die Datei mit diesem Namen geöffnet und steht für nachfolgende Schreib- und Lesezugriffe zur Verfügung. Bei der Übergabe eines `File`-Objekts wird die durch dieses Objekt spezifizierte Datei geöffnet (die Klasse `File` wird in Kapitel 21 auf Seite 453 besprochen). Der zweite Parameter `mode` gibt die Art des Zugriffs auf die Datei an. Er kann entweder "r" sein, um die Datei nur zum Lesen zu öffnen, oder "rw", um sie zum Schreiben und zum Lesen zu öffnen. Ein reiner Schreibmodus, wie er beispielsweise unter UNIX möglich wäre, wird nicht unterstützt.

> Während der Testphase des JDK 1.2 wurde die Deklaration der Konstruktoren teilweise dahingehend geändert, daß bei Zugriffsproblemen nicht mehr die Ausnahme `IOException`, sondern `FileNotFoundException` ausgelöst wird. Gründe für eine der beiden Ausnahmen

können sein, daß eine nicht vorhandene Datei zum Lesen geöffnet werden soll, daß der Dateiname ein *Verzeichnis* bezeichnet oder daß keine ausreichenden Zugriffsrechte auf die Datei zur Verfügung stehen.

Leider gibt es in der Klasse `RandomAccessFile` keine explizite Differenzierung zwischen dem *Öffnen einer Datei zum Schreiben* und dem *Neuanlegen*. Hier gilt die implizite Regel, daß eine Datei neu angelegt wird, wenn sie beim Öffnen im Modus "w" nicht vorhanden ist. Existiert sie dagegen, wird sie unverändert geöffnet, und es gibt keine Möglichkeit, ihren Inhalt zu löschen oder die Dateilänge auf einen bestimmten Wert zu setzen. Glücklicherweise bietet die Klasse `File` mit der Methode `delete` die Möglichkeit, eine Datei zu löschen und so das Neuanlegen über einen kleinen Umweg doch zu erreichen.

Das Schließen einer Random-Access-Datei erfolgt wie bei Streams durch Aufruf der parameterlosen Methode `close`. Diese leert zunächst alle internen Puffer und ruft dann die entsprechende Betriebssystemfunktion zum Schließen der Datei auf.

20.2 Navigation in der Datei

20.2.1 Positionierung des Dateizeigers

Der Hauptunterschied zwischen dem sequentiellen und dem wahlfreien Zugriff auf eine Datei besteht darin, daß beim wahlfreien Zugriff mit einem *expliziten* Satzzeiger gearbeitet wird. Jeder Schreib- und Lesezugriff erfolgt an der Position, die durch den aktuellen Inhalt des Satzzeigers bestimmt wird, und positioniert den Zeiger um die Anzahl gelesener bzw. geschriebener Bytes weiter. Die Klasse `RandomAccessFile` stellt verschiedene Methoden zum Zugriff auf den Satzzeiger zur Verfügung:

java.io. RandomAccessFile

```
public long getFilePointer()

public void seek(long pos)

public void skipBytes(int n)

public long length()
```

`getFilePointer` liefert die aktuelle Position des Satzzeigers; das erste Byte einer Datei steht dabei an Position 0. Da der Rückgabewert vom Typ `long` ist, unterstützt Java den Zugriff auf Dateien, die größer als 2 GByte sind, sofern es das Betriebssystem zuläßt.

Das Positionieren des Satzzeigers erfolgt mit der Methode `seek` an die durch `pos` angegebene Stelle. Anders als in C bezieht sich der Wert von `pos` dabei immer auf den Anfang der Datei. Das Positionieren relativ zur aktuellen Position kann mit der Methode `skipBytes` erledigt werden. Die neue Position wird dabei aus der aktuellen Position plus dem Inhalt des Parameters n berechnet. Auch negative Werte für n sind dabei erlaubt und bewirken eine Rückwärtsverschiebung des Satzzeigers.

> Es ist erlaubt, den Satzzeiger hinter das derzeitige Ende der Datei zu verschieben. Allerdings wird dadurch ihre tatsächliche Länge nicht verändert. Dies geschieht erst, wenn an der angesprungenen Position tatsächlich Zeichen geschrieben werden.

20.2.2 Die Länge der Datei

Die Klasse `RandomAccessFile` besitzt zwei Methoden zum Zugriff auf die Länge der Datei:

```
public long length()
  throws IOException

public void setLength(long length)
  throws IOException
```
*java.io.
Random-
AccessFile*

Mit `length` kann die derzeitige Länge der Datei bestimmt werden. Nach dem Öffnen einer bestehenden Datei liefert diese Methode deren initiale Länge. Schreibzugriffe am Ende der Datei erhöhen diesen Wert. Mit `setLength` kann die Länge der Datei verändert werden. Ist der als Argument übergebene Wert kleiner als die bisherige Länge, wird die Datei verkürzt. Ein eventuell dahinter stehender Dateizeiger wird auf das neue Ende der Datei gesetzt. Ist das Argument größer als die bisherige Länge, wird die Datei vergrößert. Der Wert der neu eingefügten Bytes bleibt allerdings undefiniert, bis sie explizit beschrieben werden.

20.3 Lesezugriffe

Für die lesenden Zugriffe auf eine Random-Access-Datei stehen die folgenden Methoden zur Verfügung:

```
public final boolean readBoolean()
public final byte readByte()
public final char readChar()
public final double readDouble()
public final float readFloat()
public final int readInt()
public final long readLong()
public final short readShort()
public final String readUTF()
public final void readFully(byte[] b)
public final void readFully(byte[] b, int off, int len)
public final String readLine()
```
*java.io.
Random-
AccessFile*

```
public final int readUnsignedByte()
public final int readUnsignedShort()
```

Sie lesen jeweils ein Element des angegebenen Typs und erwarten, daß es in der Datei in dem durch die korrespondierende `write...`-Methode vorgegebenen binären Format vorliegt. `readFully` kann dazu verwendet werden, beliebig viele Datenbytes ungeachtet ihres Datentyps einzulesen. `readLine` liest eine ganze Zeile Text aus und gibt sie als `String` an den Aufrufer zurück.

Darüber hinaus steht auch eine Reihe von `read`-Methoden zur Verfügung, die zum Einlesen eines einzelnen Bytes oder einer Menge von Bytes verwendet werden können:

java.io. RandomAccessFile
```
public int read()
public int read(byte[] b)
public int read(byte[] b, int off, int len)
```

Das folgende Listing zeigt die Verwendung der Klasse `RandomAccessFile` am Beispiel eines Programms, das die Signatur und Versionsnummer aus einem .class-File herausliest. Die Signatur einer Klassendatei ergibt das Wort »CAFEBABE«, wenn man die hexadezimale Darstellung der ersten vier Bytes ausgibt. In den nächsten beiden Bytes folgt die Minor-Versionsnummer und in den darauffolgenden zwei Bytes die Major-Versionsnummer. Die Versionsnummer liegt bis zum JDK 1.3 bei 45.3 und wurde mit dem JDK 1.4 auf 46.0 geändert.

Das Programm implementiert eine Klasse `ClassFileReader`, die den Zugriff auf die Klassendatei ermöglicht. Der Konstruktor öffnet die Datei, und die Ausgabe der Signatur und Versionsinformation erfolgt mit Hilfe der Methoden `printSignature` und `printVersion`.

Das Einlesen der Signatur erfolgt durch Lesen der ersten 4 Byte der Datei, die dann jeweils in High- und Lowbyte zerlegt und in ihre hexadezimale Darstellung umgewandelt werden. Bei der Verwendung der Methode `read` zum Einlesen der Bytes ist zu beachten, daß der Rückgabewert vom Typ `int` ist. Er darf auch nicht in ein `byte` konvertiert werden, weil es sonst einen Vorzeichenüberlauf geben würde. Das Einlesen der Versionsnummern erfolgt mit der Methode `readShort`, die einen vorzeichenlosen 16-Bit-Wert aus der Datei liest. Auch hier ist der Rückgabewert vom Typ `int`, um den gesamten Wertebereich von 0 bis 65535 darstellen zu können.

Listing 20.1: Lesen einer .class-Datei mit der Klasse RandomAccessFile
```
001 /* Listing2001.java */
002
003 import java.io.*;
004
005 class ClassFileReader
006 {
007   private RandomAccessFile f;
```

Lesezugriffe

```
008
009     public ClassFileReader(String name)
010     throws IOException
011     {
012       if (!name.endsWith(".class")) {
013         name += ".class";
014       }
015       f = new RandomAccessFile(name,"r");
016     }
017
018     public void close()
019     {
020       if (f != null) {
021         try {
022           f.close();
023         } catch (IOException e) {
024           //nichts
025         }
026       }
027     }
028
029     public void printSignature()
030     throws IOException
031     {
032       String ret = "";
033       int b;
034
035       f.seek(0);
036       for (int i=0; i<4; ++i) {
037         b = f.read();
038         ret += (char)(b/16+'A'-10);
039         ret += (char)(b%16+'A'-10);
040       }
041       System.out.println(
042         "Signatur...... "+
043         ret
044       );
045     }
046
047     public void printVersion()
048     throws IOException
049     {
050       int minor, major;
051
052       f.seek(4);
053       minor = f.readShort();
054       major = f.readShort();
055       System.out.println(
056         "Version....... "+
```

Listing 20.1:
Lesen einer
.class-Datei mit
der Klasse RandomAccessFile
(Forts.)

Listing 20.1:
Lesen einer
.class-Datei mit
der Klasse Ran-
domAccessFile
(Forts.)

```
057        major+"."+minor
058      );
059    }
060  }
061
062  public class Listing2001
063  {
064    public static void main(String[] args)
065    {
066      ClassFileReader f;
067
068      try {
069        f = new ClassFileReader("Listing2001");
070        f.printSignature();
071        f.printVersion();
072      } catch (IOException e) {
073        System.out.println(e.toString());
074      }
075    }
076  }
```

Die Ausgabe des Programms ist:

```
Signatur...... CAFEBABE
Version....... 45.3
```

20.4 Schreibzugriffe

Die schreibenden Zugriffe erfolgen mit Methoden, die zu denen für die Lesezugriffe korrespondieren:

java.io.
Random-
AccessFile

```
public final void writeBoolean(boolean v)
public final void writeByte(int v)
public final void writeBytes(String s)
public final void writeChar(int v)
public final void writeChars(String s)
public final void writeDouble(double v)
public final void writeFloat(float v)
public final void writeInt(int v)
public final void writeLong(long v)
public final void writeShort(int v)
public final void writeUTF(String str)
```

Zusätzlich gibt es auch hier einige Methoden zum Schreiben von untypisierten Daten:

java.io.
Random-
AccessFile

```
public void write(int b)
public void write(byte[] b)
public void write(byte[] b, int off, int len)
```

Schreibzugriffe

Das folgende Beispiel zeigt ein Programm, das den Inhalt der als Argument übergebenen Datei liest und spiegelverkehrt an Ende anhängt:

```java
/* Listing2002.java */

import java.io.*;

public class Listing2002
{
  public static void main(String[] args)
  {
    try {
      RandomAccessFile f1 = new RandomAccessFile(
        args[0], "rw"
      );
      long len = f1.length();
      f1.setLength(2 * len);
      for (long i = 0; i < len; ++i) {
        f1.seek(i);
        int c = f1.read();
        f1.seek(2 * len - i - 1);
        f1.write(c);
      }
      f1.close();
    } catch (IOException e) {
      System.err.println(e.toString());
    }
  }
}
```

Listing 20.2: Spiegeln einer Datei

Das Programm bestimmt zunächst die Länge der Datei und verdoppelt diese durch Aufruf von `setLength`. Dann wird die Datei von Beginn an zeichenweise gelesen und – beginnend am neuen Ende der Datei rückwärts – beschrieben. Als Resultat entsteht eine Datei, deren zweite Hälfte das Spiegelbild ihrer ersten ist.

> Die Klasse `RandomAccessFile` implementiert die beiden Interfaces `DataOutput` und `DataInput`, die in Abschnitt 19.2.3 auf Seite 429 und Abschnitt 19.3.3 auf Seite 438 erläutert wurden. Dadurch steht ein einheitliches Interface für den Zugriff auf Streams und Random-Access-Dateien zur Verfügung, und es ist möglich, primitive Typen wahlweise streambasiert oder wahlfrei zu verarbeiten.

20.5 Zusammenfassung

In diesem Kapitel wurden folgende Themen behandelt:

- Random-Access-Dateien und die Klasse `RandomAccessFile`
- Öffnen, Neuanlegen und Schließen von Random-Access-Dateien
- Positionierung des Dateizeigers
- Zugriff und Verändern der Dateilänge
- Durchführen von Lese- und Schreibzugriffen

21 Datei- und Verzeichnis-Handling

21.1 Konstruktion eines File-Objekts

Im Paket `java.io` gibt es eine Klasse `File`, die als Abstraktion einer Datei oder eines Verzeichnisses angesehen werden kann. `File` kann sowohl absolute als auch relative Namen unter UNIX und DOS/Windows (UNC und Laufwerksbuchstabe) repräsentieren. Im Gegensatz zu den bisher besprochenen Klassen, die sich mit dem Zugriff auf den *Inhalt* einer Datei beschäftigten, spielt dieser in der Klasse `File` keine Rolle. Statt dessen abstrahiert sie den Namen und Zugriffspfad einer Datei und die im Verzeichniseintrag zur ihr gespeicherten Eigenschaften.

Die Klasse `File` besitzt drei Konstruktoren:

```
public File(String pathname)

public File(String parent, String child)

public File(File parent, String child)
```
java.io.File

Wird lediglich der String `pathname` übergeben, so wird ein `File`-Objekt zu dem angegebenen Datei- oder Verzeichnisnamen konstruiert. Alternativ kann der zweite Konstruktor verwendet werden, wenn Verzeichnis- und Dateiname getrennt übergeben werden sollen. Eine ähnliche Funktion übernimmt auch der dritte Konstruktor. Hier wird jedoch der übergebene Verzeichnisname als `File`-Objekt zur Verfügung gestellt.

> Bei der Konstruktion von Datei- und Verzeichnisnamen unter MS-DOS ist zu beachten, daß der Separator (Backslash) gleichzeitig Escape-Zeichen für Strings ist und daher in Verzeichnis- oder Dateiliteralen doppelt angegeben werden muß (siehe Abschnitt 4.2.2 auf Seite 90).

Beispiele für gültige Konstruktoraufrufe sind:

```
new File("TestFile.java");
new File("c:\\arc\\doku\\javacafe\\kap01.doc");
new File(".", "TestFile.java");
new File("c:\\config.sys");
```

21.2 Zugriff auf Teile des Pfadnamens

Nachdem ein `File`-Objekt konstruiert ist, können die Methoden zum Zugriff auf die einzelnen Bestandteile des Dateinamens aufgerufen werden:

java.io.File
```
public String getName()

public String getPath()

public String getAbsolutePath()

public String getParent()
```

`getName` liefert den Namen der Datei oder des Verzeichnisses; eventuelle Verzeichnisinformationen sind darin nicht enthalten. `getPath` liefert den kompletten Namen inklusive darin enthaltener Verzeichnisinformationen.

Mit `getAbsolutePath` kann der *absolute* Pfadname für das `File`-Objekt ermittelt werden. Wurde das `File`-Objekt mit Hilfe eines absoluten Pfadnamens konstruiert, liefert `getAbsolutePath` genau diesen Namen. Wurde es dagegen mit einem *relativen* Namen konstruiert, so stellt `getAbsolutePath` den Namen des aktuellen Verzeichnisses vor den Namen. Namensbestandteile der Art . und .. werden dabei allerdings nicht eliminiert, und es können leicht Pfadangaben wie `C:\ARC\DOKU\javacafe\examples\.\TestFile.java` entstehen, die in der Mitte einen oder mehrere Punkte enthalten.

Schließlich gibt es noch die Methode `getParent`, die den Namen des *Vaterverzeichnisses* ermittelt. Steht das `File`-Objekt für eine Datei, ist dies der Name des Verzeichnisses, in dem die Datei liegt. Handelt es sich um ein Verzeichnis, wird der Name des darüber liegenden Verzeichnisses geliefert. Gibt es kein Vaterverzeichnis, liefert `getParent` den Rückgabewert `null`.

21.3 Informationen über die Datei

Die Klasse `File` besitzt eine ganze Reihe von Methoden, um Informationen über die durch das `File`-Objekt bezeichnete Datei oder das Verzeichnis zu gewinnen:

java.io.File
```
public boolean exists()

public boolean canWrite()
public boolean canRead()

public boolean isHidden()

public boolean isFile()
```

Informationen über die Datei

```
public boolean isDirectory()

public boolean isAbsolute()

public long lastModified()

public long length()
```

Mit `exists` kann getestet werden, ob die Datei oder das Verzeichnis überhaupt existiert. Die Methoden `canWrite` und `canRead` ermitteln, ob ein lesender bzw. schreibender Zugriff möglich ist, mit `isHidden` kann festgestellt werden, ob die Datei versteckt ist. Mit `isFile` und `isDirectory` kann unterschieden werden, ob es sich um eine Datei oder ein Verzeichnis handelt. `isAbsolute` gibt an, ob das Objekt mit Hilfe einer absoluten Pfadbezeichnung konstruiert wurde.

`lastModified` liefert den Zeitpunkt der letzten Änderung der Datei. Der Rückgabewert liefert die Anzahl der Millisekunden seit dem 1.1.1970 und kann entweder direkt (etwa in arithmetischen Vergleichen) oder zur Konstruktion eines `Date`-Objekts verwendet werden. Das `Date`-Objekt kann dann an die Methode `setTime` der Klasse `GregorianCalendar` übergeben werden, um die einzelnen Uhrzeitkomponenten zu extrahieren. Das folgende Beispiel illustriert diese Vorgehensweise:

```
001  /* Listing2101.java */
002
003  import java.io.*;
004  import java.util.*;
005
006  public class Listing2101
007  {
008    public static void main(String[] args)
009    {
010      File file = new File(args[0]);
011      GregorianCalendar cal = new GregorianCalendar();
012      cal.setTime(new Date(file.lastModified()));
013      System.out.print("Letzte Änderung: ");
014      System.out.println(
015        cal.get(Calendar.DATE) + "." +
016        (cal.get(Calendar.MONTH)+1) + "." +
017        cal.get(Calendar.YEAR) + " " +
018        cal.get(Calendar.HOUR_OF_DAY) + ":" +
019        cal.get(Calendar.MINUTE) + ":" +
020        cal.get(Calendar.SECOND)
021      );
022    }
023  }
```

Listing 21.1: Modifikationsdatum einer Datei ausgeben

21.4 Zugriff auf Verzeichniseinträge

21.4.1 Lesen von Verzeichniseinträgen

Wurde ein `File`-Objekt für ein Verzeichnis konstruiert, so stehen weitere Methoden zur Verfügung, um auf die zusätzlichen Funktionen eines Verzeichnisses zuzugreifen. Mit Hilfe der Methode `list` ist es beispielsweise möglich, den Inhalt des Verzeichnisses auszulesen:

`java.io.File`
```java
public String[] list()
```

`list` liefert ein Array von Strings, das für jeden gefundenen Verzeichniseintrag ein Element enthält. Die Liste enthält die Namen aller Dateien und Unterverzeichnisse mit Ausnahme von . und .. `list` gibt es noch in einer zweiten Variante, bei der die Auswahl der Verzeichniseinträge eingeschränkt werden kann. Dabei muß ein Objekt übergeben werden, das das Interface `FilenameFilter` implementiert. Dieses besitzt eine Methode `accept`, die für jede gefundene Datei aufgerufen wird und entscheidet, ob sie in die Liste aufgenommen werden soll oder nicht.

Zusätzlich gibt es die statische Methode `listRoots`, mit der eine Liste aller »Wurzeln« der verfügbaren Dateisysteme beschafft werden kann. Unter UNIX gibt es lediglich die Wurzel "/", unter Windows dagegen eine für jeden Laufwerksbuchstaben.

Eine häufig benötigte Funktion besteht darin, ein Verzeichnis samt seiner Unterverzeichnisse rekursiv zu durchlaufen und bei jedem gefundenen Eintrag eine bestimmte Aufgabe zu erledigen. Wir wollen zeigen, wie mit Hilfe des Visitor-Patterns (siehe Abschnitt 10.3.8 auf Seite 233) eine universell verwendbare Lösung geschaffen werden kann. Zunächst definieren wir dazu ein Interface `DirectoryVisitor`:

Listing 21.2:
Das Interface
DirectoryVisitor
```
001 /* DirectoryVisitor.java */
002
003 import java.io.*;
004
005 public interface DirectoryVisitor
006 {
007   public void enterDirectory(File dir);
008   public void leaveDirectory(File dir);
009   public void visitFile(File file);
010 }
```

Beim Betreten eines Verzeichnisses wird `enterDirectory` aufgerufen, beim Verlassen `leaveDirectory`. Zu jedem darin enthaltenen Dateieintrag wird `visitFile` aufgerufen. Um es der konkreten Visitor-Implementierung so einfach wie möglich zu machen, werden sowohl Verzeichnisse als auch Dateien als fertige `File`-Objekte übergeben.

Zugriff auf Verzeichniseinträge

Ein konkreter Visitor, der eine Verzeichnisstruktur mit den darin enthaltenen Dateien und Unterverzeichnissen korrekt eingerückt auf dem Bildschirm ausgibt, entsteht durch Implementieren von `DirectoryVisitor` wie folgt:

```
001 /* DirectoryPrintVisitor.java */
002
003 import java.io.*;
004
005 public class DirectoryPrintVisitor
006 implements DirectoryVisitor
007 {
008   String indent = "";
009
010   public void enterDirectory(File dir)
011   {
012     System.out.println(indent + "[" + dir.getName() + "]");
013     indent += "  ";
014   }
015
016   public void leaveDirectory(File dir)
017   {
018     indent = indent.substring(2);
019   }
020
021   public void visitFile(File file)
022   {
023     System.out.println(indent + file.getName());
024   }
025 }
```

Listing 21.3:
Ein DirectoryVisitor zum Ausdrucken eines Verzeichnisses

In ähnlicher Weise kann ein `DirectoryVisitor` geschrieben werden, der die Anzahl der Dateien und Verzeichnisse zählt und die kumulierte Größe der darin enthaltenen Dateien ermittelt:

```
001 /* DirectorySizeVisitor.java */
002
003 import java.io.*;
004
005 public class DirectorySizeVisitor
006 implements DirectoryVisitor
007 {
008   int  files = 0;
009   int  dirs  = 0;
010   long size  = 0;
011
012   public void enterDirectory(File dir)
013   {
014     ++dirs;
```

Listing 21.4:
Die Klasse DirectorySizeVisitor

Listing 21.4:
Die Klasse
DirectorySizeVisitor
(Forts.)

```
015    }
016
017    public void leaveDirectory(File dir)
018    {
019    }
020
021    public void visitFile(File file)
022    {
023      ++files;
024      size += file.length();
025    }
026
027    public int getDirs()
028    {
029      return dirs;
030    }
031
032    public int getFiles()
033    {
034      return files;
035    }
036
037    public long getSize()
038    {
039      return size;
040    }
041 }
```

Nun fehlen nur noch die generische Methode für den rekursiven Verzeichnisdurchlauf und ein Beispielprogramm, das die Anwendung der Klassen im Zusammenspiel zeigt:

Listing 21.5:
Rekursiver
Durchlauf von
Verzeichnissen

```
001 /* Listing2105.java */
002
003 import java.io.*;
004
005 public class Listing2105
006 {
007   static void traverse(File dir, DirectoryVisitor visitor)
008   {
009     if (!dir.isDirectory()) {
010       throw new IllegalArgumentException(
011         "not a directory: " + dir.getName()
012       );
013     }
014     visitor.enterDirectory(dir);
015     File[] entries = dir.listFiles(
016       new FileFilter()
017       {
018         public boolean accept(File pathname)
```

Zugriff auf Verzeichniseinträge

Kapitel 21

```
019         {
020           return true;
021         }
022       }
023     );
024     for (int i = 0; i < entries.length; ++i) {
025       if (entries[i].isDirectory()) {
026         traverse(entries[i], visitor);
027       } else {
028         visitor.visitFile(entries[i]);
029       }
030     }
031     visitor.leaveDirectory(dir);
032   }
033
034   public static void main(String[] args)
035   {
036     File file = new File(args[0]);
037     //Bildschirmausgabe der Struktur
038     traverse(file, new DirectoryPrintVisitor());
039     //Größen ermitteln
040     DirectorySizeVisitor visitor = new DirectorySizeVisitor();
041     traverse(file, visitor);
042     System.out.println("directories: " + visitor.getDirs());
043     System.out.println("files:       " + visitor.getFiles());
044     System.out.println("size:        " + visitor.getSize());
045   }
046 }
```

Listing 21.5:
Rekursiver
Durchlauf von
Verzeichnissen
(Forts.)

Die eigentliche Arbeit wird von `traverse` erledigt. Sie stellt zunächst sicher, daß das übergebene `File`-Objekt auch tatsächlich ein Verzeichnis darstellt, und nicht etwa eine Datei. Ist das der Fall, wird auf dem übergebenen Visitor `enterDirectory` aufgerufen und mit `listFiles` eine Liste aller im Verzeichnis enthaltenen Dateien und Unterverzeichnisse beschafft. Zu jedem Unterverzeichnis erfolgt ein rekursiver Aufruf von `traverse`, zu jeder Datei wird `visitFile` aufgerufen. Nachdem alle Einträge abgearbeitet sind, wird das dem Visitor durch Aufruf von `leaveDirectory` mitgeteilt.

Die Methode `listFiles` gibt es seit der Version 1.2 im JDK. Muß für eine ältere JDK-Version entwickelt werden, kann alternativ `list` verwendet werden. Diese gibt allerdings kein `File`-, sondern ein `String`-Array zurück.

21.4.2 Ändern von Verzeichniseinträgen

Neben dem Zugriff auf die Verzeichniseinträge gibt es in der Klasse `File` auch Methoden, um Dateien oder Verzeichnisse zu löschen oder umzubenennen und um Verzeichnisse neu anzulegen:

java.io.File
```
public boolean mkdir()
public boolean mkdirs()

public boolean renameTo(File dest)

public boolean delete()
```

Die Methode `delete` löscht die durch das `File`-Objekt bezeichnete Datei. Mit `renameTo` wird das `File`-Objekt in das als Parameter übergebene Objekt umbenannt. Durch Aufruf von `mkdir` wird das durch das `File`-Objekt spezifizierte Verzeichnis angelegt. Mit `mkdirs` werden sogar alle Vaterverzeichnisse automatisch angelegt, wenn sie noch nicht existieren. Alle Methoden geben `true` zurück, wenn sie ihre Aufgabe erfolgreich ausführen konnten. Andernfalls geben sie `false` zurück.

Das folgende Listing zeigt die Verwendung der Klasse `File` und den Aufruf verschiedener Methoden:

Listing 21.6: Verwendung der Klasse File

```
001  /* TestFile.java */
002
003  import java.io.*;
004  import java.util.*;
005
006  public class TestFile
007  {
008     public static void main(String[] args)
009     {
010        File fil = new File("TestFile.java");
011        TestFile.printFileInfo(fil);
012        fil = new File("..");
013        TestFile.printFileInfo(fil);
014     }
015
016     static void printFileInfo(File fil)
017     {
018        System.out.println("Name= "+fil.getName());
019        System.out.println("Path= "+fil.getPath());
020        System.out.println("AbsolutePath= "+fil.getAbsolutePath());
021        System.out.println("Parent= "+fil.getParent());
022        System.out.println("exists= "+fil.exists());
023        System.out.println("canWrite= "+fil.canWrite());
024        System.out.println("canRead= "+fil.canRead());
025        System.out.println("isFile= "+fil.isFile());
026        System.out.println("isDirectory= "+fil.isDirectory());
027        if (fil.isDirectory()) {
028           String[] fils = fil.list();
029           for (int i=0; i<fils.length; ++i) {
030              System.out.println("   "+fils[i]);
```

Zugriff auf Verzeichniseinträge

```
031        }
032     }
033     System.out.println("isAbsolute= "+fil.isAbsolute());
034     System.out.println(
035        "lastModified= "+(new Date(fil.lastModified()))
036     );
037     System.out.println("length= "+fil.length());
038     System.out.println("");
039   }
040 }
```

Listing 21.6:
Verwendung
der Klasse File
(Forts.)

Ein Aufruf des Programms liefert folgende Ausgabe:

```
Name= TestFile.java
Path= TestFile.java
AbsolutePath= C:\ARC\DOKU\java\examples\TestFile.java
Parent= null
exists= true
canWrite= true
canRead= true
isFile= true
isDirectory= false
isAbsolute= false
lastModified= Sun Jan 05 17:15:56  1997
length= 1242

Name= ..
Path= ..
AbsolutePath= C:\ARC\DOKU\java\examples\..
Parent= null
exists= true
canWrite= true
canRead= true
isFile= false
isDirectory= true
  makefile
  html.cfg
  ...
  jdbc.sgml
  tuning.sgml
  reflection.sgml
isAbsolute= false
lastModified= Wed Jul 22 16:55:32 GMT+02:00 1998
length= 0
```

21.5 Temporäre Dateien und Lockdateien

Das Anlegen von Dateien wurde ja bereits in früheren Abschnitten behandelt. Hier soll es noch einmal erwähnt werden, weil die Klasse `File` zusätzlich die Möglichkeit bietet, temporäre Dateien und Lockdateien anzulegen. Beide Varianten haben ihre Anwendungen, und wir wollen sie im folgenden kurz vorstellen.

21.5.1 Temporäre Dateien

Zum Anlegen von temporären Dateien stehen zwei Varianten der Methode `createTempFile` zur Verfügung:

java.io.File
```
public static File createTempFile(
   String prefix, String suffix, File dir
)
   throws IOException

public static File createTempFile(
   String prefix, String suffix
)
   throws IOException
```

In beiden Fällen ist es erforderlich, einen Präfix- und einen Suffix-String zu spezifizieren. Als Präfix sollte normalerweise ein kurzer String von drei oder vier Buchstaben verwendet werden, der den Typ der temporären Datei identifiziert. Der Suffix wird als Dateierweiterung verwendet, er könnte beispielsweise `.tmp` oder `.$$$` sein. `createTempFile` füllt den Platz zwischen Präfix und Erweiterung mit einer Zeichenkette, so daß der resultierende Dateiname eindeutig ist. Wird kein weiterer Parameter angegeben, legt die Methode eine neue temporäre Datei in einem systemspezifischen Verzeichnis an (typischerweise `\tmp` oder `\temp`). Optional kann als drittes Argument ein `File`-Objekt übergeben werden, das ein alternatives Verzeichnis für die temporäre Datei angibt.

Das folgende Listing zeigt ein einfaches Beispiel für die Anwendung der Methode `createTempFile`:

Listing 21.7: Anlegen einer temporären Datei
```
001 /* Listing2107.java */
002
003 import java.io.*;
004
005 public class Listing2107
006 {
007    public static void main(String[] args)
008    {
009       try {
010          File tmp = File.createTempFile("xyz", ".tmp", null);
```

Temporäre Dateien und Lockdateien — Kapitel 21

```
011       } catch (IOException e) {
012         System.out.println(e.toString());
013       }
014    }
015 }
```

Listing 21.7:
Anlegen einer
temporären
Datei
(Forts.)

Auf dem Testrechner wurden bei zweimaligem Aufruf des Programms im Verzeichnis c:\tmp die beiden folgenden Dateien angelegt:

```
xyz11626.tmp
xyz39639.tmp
```

21.5.2 Lockdateien

> Ein häufiger Kritikpunkt an den JDKs vor der Version 1.2 war, daß Java keine portable Möglichkeit zum Sperren von Dateien vorsah. Damit war es nicht (oder nur mit zusätzlichem Aufwand) möglich, Programme zu schreiben, die in einer Mehrbenutzerumgebung von unterschiedlichen Arbeitsplätzen gleichzeitig kontrolliert auf dieselben Dateien zugreifen.

Mit den Methoden `createNewFile` und `deleteOnExit` bietet das JDK seit der Version 1.2 nun eine rudimentäre Möglichkeit, diese Fähigkeiten zu realisieren:

```
public boolean createNewFile()
  throws IOException
```

`java.io.File`

```
public void deleteOnExit()
```

`createNewFile` erzeugt eine neue Datei aus dem Dateinamen des zugehörigen `File`-Objekts. Die Datei wird aber nur dann erzeugt, wenn sie bisher noch nicht vorhanden war. War sie dagegen bereits vorhanden, schlägt der Aufruf fehl und liefert `false` als Rückgabewert. Bei Erfolg wird die Datei angelegt und `true` zurückgegeben. Das JDK garantiert, daß die beiden erforderlichen Teiloperationen *Feststellen, ob die Datei bereits existiert* und *Anlegen einer neuen Datei* atomar ablaufen, also nicht unterbrechbar sind. Durch Aufruf von `deleteOnExit` kann sichergestellt werden, daß die Datei beim Beenden der VM in jedem Fall gelöscht wird, selbst wenn das Ende durch eine Ausnahme ausgelöst wurde.

Beide Methoden können nun auf unterschiedliche Weise zur Realisierung eines Locking-Systems verwendet werden. So kann beispielsweise der Name der Datei als zu sperrende Ressource und die Datei selbst als eigentliche Sperre angesehen werden. Dann würde es für jede zu sperrende Ressource eine eigene Sperrdatei geben (was bei einer großen Anzahl von potentiellen Ressourcen sehr viele einzelne Dateien bedeuten würde). Oder es ist denkbar, daß alle Sperrinformationen in einer einzigen Datei gehalten werden und nur der

Zugriff auf diese Datei mit Hilfe einer Sperrdatei gesichert wird. Diese würde dann mit `createNewFile` in der Art eines Semaphors angelegt werden, um die Sperrdatei zu betreten, und nach Ende der Bearbeitung wieder entfernt werden.

21.6 Zusammenfassung

In diesem Kapitel wurden folgende Themen behandelt:

- Datei- und Verzeichnis-Handling mit der Klasse `File`
- Anlegen von `File`-Objekten
- Zugriff auf Teile von Datei- und Pfadnamen
- Zugriff auf die Attribute einer Datei
- Zugriff auf Verzeichnisse und rekursiver Verzeichnisdurchlauf
- Ändern von Verzeichniseinträgen
- Anlegen von temporären Dateien
- Anlegen von Lockdateien

22 Multithreading

22.1 Grundlagen und Begriffe

Kaum eine wichtige Programmiersprache der letzten Jahre hat das Konzept der *Nebenläufigkeit* innerhalb der Sprache implementiert. Mit Nebenläufigkeit bezeichnet man die Fähigkeit eines Systems, zwei oder mehr Vorgänge gleichzeitig oder quasi-gleichzeitig ausführen zu können. Lediglich ADA stellt sowohl parallele Prozesse als auch Mechanismen zur Kommunikation und Synchronisation zur Verfügung, die direkt in die Sprache eingebettet sind. Durch Weiterentwicklungen im Bereich der Betriebssystemtechnologie wurde allerdings das Konzept der *Threads* immer populärer und auf der Basis von Library-Routinen auch konventionellen Programmiersprachen zur Verfügung gestellt.

Java hat Threads direkt in die Sprache integriert und mit den erforderlichen Hilfsmitteln als Konstrukt zur Realisierung der Nebenläufigkeit implementiert. Ein Thread ist ein eigenständiges Programmfragment, das parallel zu anderen Threads laufen kann. Ein Thread ähnelt damit einem *Prozeß*, arbeitet aber auf einer feineren Ebene. Während ein Prozeß das Instrument zur Ausführung eines kompletten Programms ist, können innerhalb dieses Prozesses mehrere Threads parallel laufen. Der Laufzeit-Overhead zur Erzeugung und Verwaltung eines Threads ist relativ gering und kann in den meisten Programmen vernachlässigt werden. Ein wichtiger Unterschied zwischen Threads und Prozessen ist der, daß alle Threads eines Programmes sich einen gemeinsamen Adreßraum teilen, also auf dieselben Variablen zugreifen, während die Adreßräume unterschiedlicher Prozesse streng voneinander getrennt sind.

Die Implementierung von Threads war eine explizite Anforderung an das Design der Sprache. Threads sollen unter anderem die Implementierung grafischer Anwendungen erleichtern, die durch Simulationen komplexer Abläufe oft inhärent nebenläufig sind. Threads können auch dazu verwendet werden, die Bedienbarkeit von Dialoganwendungen zu verbessern, indem rechenintensive Anwendungen im Hintergrund ablaufen.

Threads werden in Java durch die Klasse `Thread` und das Interface `Runnable` implementiert. In beiden Fällen wird der Thread-Body, also der parallel auszuführende Code, in Form der überlagerten Methode `run` zur Verfügung gestellt. Die Kommunikation kann dann durch Zugriff auf die Instanz- oder Klassenvariablen oder durch Aufruf beliebiger Methoden, die innerhalb von `run` sichtbar sind, erfolgen. Zur Synchronisation stellt Java das aus der Betriebssystemtheorie bekannte Konzept des *Monitors* zur Verfügung, das es erlaubt, kritische Abschnitte innerhalb korrekt geklammerter Programmfragmente und Methoden zu kapseln und so den Zugriff auf gemeinsam benutzte Datenstrukturen zu koordinieren.

Darüber hinaus bietet Java Funktionen zur Verwaltung von Threads. Diese erlauben es, Threads in Gruppen zusammenzufassen, zu priorisieren und Informationen über Eigenschaften von Threads zu gewinnen. Das Scheduling kann dabei wahlweise *unterbrechend* oder *nichtunterbrechend* implementiert sein. Die Sprachspezifikation legt dies nicht endgültig fest, aber in den meisten Java-Implementierungen wird dies von den Möglichkeiten des darunter liegenden Betriebssystems abhängen.

22.2 Die Klasse Thread

22.2.1 Erzeugen eines neuen Threads

Die Klasse Thread ist Bestandteil des Pakets `java.lang` und steht damit allen Anwendungen standardmäßig zur Verfügung. Thread stellt die Basismethoden zur Erzeugung, Kontrolle und zum Beenden von Threads zur Verfügung. Um einen konkreten Thread zu erzeugen, muß eine eigene Klasse aus Thread abgeleitet und die Methode run überlagert werden.

Mit Hilfe eines Aufrufs der Methode start wird der Thread gestartet und die weitere Ausführung an die Methode run übertragen. start wird nach dem Starten des Threads beendet, und der Aufrufer kann parallel zum neu erzeugten Thread fortfahren.

Die Methode run sollte vom Programm niemals direkt aufgerufen werden. Um einen Thread zu starten, ist immer start aufzurufen. Dadurch wird der neue Thread erzeugt und initialisiert und ruft schließlich selbst run auf, um den Anwendungscode auszuführen. Ein direkter Aufruf von run würde dagegen keinen neuen Thread erzeugen, sondern wäre ein normaler Methodenaufruf wie jeder andere und würde direkt aus dem bereits laufenden Thread des Aufrufers erfolgen.

Das folgende Beispiel zeigt einen einfachen Thread, der in einer Endlosschleife einen Zahlenwert hochzählt:

```
001 /* Listing2201.java */
002
003 class MyThread2201
004 extends Thread
005 {
006   public void run()
007   {
008     int i = 0;
009     while (true) {
010       System.out.println(i++);
011     }
012   }
013 }
```

Listing 22.1: Ein einfacher Thread mit einem Zähler

Die Klasse Thread

```
014
015 public class Listing2201
016 {
017   public static void main(String[] args)
018   {
019     MyThread2201 t = new MyThread2201();
020     t.start();
021   }
022 }
```

Listing 22.1: Ein einfacher Thread mit einem Zähler (Forts.)

Zunächst wird hier ein neues Objekt vom Typ `MyThread2201` instanziert. Die Ausführung eines Threads ist damit vorbereitet, aber noch nicht tatsächlich erfolgt. Erst durch den Aufruf von `start` wird ein neuer Thread erzeugt und durch einen impliziten Aufruf von `run` der Thread-Body gestartet. Da das Programm in einer Endlosschleife läuft, läßt es sich nur gewaltsam abbrechen (beispielsweise durch Drücken von STRG+C).

> Im Gegensatz zu unseren bisherigen Beispielen wird dieses Programm nicht automatisch nach `main` beendet. Eine Java-Applikation wird nämlich immer nach Ende des letzten Threads beendet, der kein *Hintergrund-Thread* (*Dämon*) ist. Da ein einfaches Programm nur einen einzigen Vordergrund-Thread besitzt (nämlich den, in dem `main` läuft), wird es demnach beendet, wenn `main` beendet wird. Das Beispielprogramm erzeugt dagegen einen zusätzlichen Vordergrund-Thread und kann damit vom Interpreter erst dann beendet werden, wenn auch dieser Thread beendet wurde. Durch Aufruf von `exit` lassen sich auch Programme mit laufenden Vordergrund-Threads abbrechen.

22.2.2 Abbrechen eines Threads

Zunächst einmal wird ein Thread dadurch beendet, daß das Ende seiner `run`-Methode erreicht ist. In manchen Fällen ist es jedoch erforderlich, den Thread von außen abzubrechen. Die bis zum JDK 1.1 übliche Vorgehensweise bestand darin, die Methode `stop` der Klasse `Thread` aufzurufen. Dadurch wurde der Thread abgebrochen und aus der Liste der aktiven Threads entfernt.

Wir wollen das vorige Beispiel erweitern und den Thread nach zwei Sekunden durch Aufruf von `stop` beenden:

```
001 /* Listing2202.java */
002
003 class MyThread2202
004 extends Thread
005 {
006   public void run()
007   {
```

Listing 22.2: Beenden des Threads durch Aufruf von stop

Listing 22.2:
Beenden des
Threads durch
Aufruf von stop
(Forts.)

```
008     int i = 0;
009     while (true) {
010       System.out.println(i++);
011     }
012   }
013 }
014
015 public class Listing2202
016 {
017   public static void main(String[] args)
018   {
019     MyThread2202 t = new MyThread2202();
020     t.start();
021     try {
022       Thread.sleep(2000);
023     } catch (InterruptedException e) {
024       //nichts
025     }
026     t.stop();
027   }
028 }
```

An diesem Beispiel kann man gut erkennen, daß der Thread tatsächlich parallel zum Hauptprogramm ausgeführt wird. Nach dem Aufruf von start beginnt einerseits die Zählschleife mit der Bildschirmausgabe, aber gleichzeitig fährt das Hauptprogramm mit dem Aufruf der sleep-Methode und dem Aufruf von stop fort. Beide Programmteile laufen also parallel ab.

Mit dem JDK 1.2 wurde die Methode stop als deprecated markiert, d.h. sie sollte nicht mehr verwendet werden. Der Grund dafür liegt in der potentiellen *Unsicherheit* des Aufrufs, denn es ist nicht voraussagbar und auch nicht definiert, an welcher Stelle ein Thread unterbrochen wird, wenn ein Aufruf von stop erfolgt. Es kann nämlich insbesondere vorkommen, daß der Abbruch innerhalb eines kritischen Abschnitts erfolgt (der mit dem synchronized-Schlüsselwort geschützt wurde) oder in einer anwendungsspezifischen Transaktion auftritt, die aus Konsistenzgründen nicht unterbrochen werden darf.

Die alternative Methode, einen Thread abzubrechen, besteht darin, im Thread selbst auf Unterbrechungsanforderungen zu reagieren. So könnte beispielsweise eine Membervariable cancelled eingeführt und beim Initialisieren des Threads auf false gesetzt werden. Mit Hilfe einer Methode cancel kann der Wert der Variable zu einem beliebigen Zeitpunkt auf true gesetzt werden. Aufgabe der Bearbeitungsroutine in run ist es nun, an geeigneten Stellen diese Variable abzufragen und für den Fall, daß sie true ist, die Methode run konsistent zu beenden.

Die Klasse Thread   Kapitel 22

Dabei darf `cancelled` natürlich nicht zu oft abgefragt werden, um das Programm nicht unnötig aufzublähen und das Laufzeitverhalten des Threads nicht zu sehr zu verschlechtern. Andererseits darf die Abfrage nicht zu selten erfolgen, damit es nicht zu lange dauert, bis auf eine Abbruchanforderung reagiert wird. Insbesondere darf es keine potentiellen Endlosschleifen geben, in denen `cancelled` *überhaupt nicht* abgefragt wird. Die Kunst besteht darin, diese gegensätzlichen Anforderungen sinnvoll zu vereinen.

Glücklicherweise gibt es in der Klasse Thread bereits einige Methoden, die einen solchen Mechanismus standardmäßig unterstützen:

```
public void interrupt()

public boolean isInterrupted()

public static boolean interrupted()
```
java.lang.
Thread

Durch Aufruf von `interrupt` wird ein Flag gesetzt, das eine Unterbrechungsanforderung signalisiert. Durch Aufruf von `isInterrupted` kann der Thread feststellen, ob das Abbruchflag gesetzt wurde und der Thread beendet werden soll. Die statische Methode `interrupted` stellt den Status des Abbruchsflags beim *aktuellen* Thread fest. Ihr Aufruf entspricht dem Aufruf von `currentThread().isInterrupted()`, setzt aber zusätzlich das Abbruchflag auf seinen initialen Wert `false` zurück.

Wir wollen uns den Gebrauch dieser Methoden an einem Beispiel ansehen. Dazu soll ein Programm geschrieben werden, das in einem separaten Thread ununterbrochen Textzeilen auf dem Bildschirm ausgibt. Das Hauptprogramm soll den Thread erzeugen und nach 2 Sekunden durch einen Aufruf von `interrupt` eine Unterbrechungsanforderung erzeugen. Der Thread soll dann die aktuelle Zeile fertig ausgeben und anschließend terminieren.

```
001 /* Listing2203.java */
002
003 public class Listing2203
004 extends Thread
005 {
006   int cnt = 0;
007
008   public void run()
009   {
010     while (true) {
011       if (isInterrupted()) {
012         break;
013       }
014       printLine(++cnt);
015     }
016   }
```

Listing 22.3:
Anwendung der
Methoden
interrupt und
isInterrupted

Listing 22.3:
Anwendung der
Methoden
interrupt und
isInterrupted
(Forts.)

```
017
018    private void printLine(int cnt)
019    {
020      //Zeile ausgeben
021      System.out.print(cnt + ": ");
022      for (int i = 0; i < 30; ++i) {
023        System.out.print(i == cnt % 30 ? "* " : ". ");
024      }
025      System.out.println();
026      //100 ms. warten
027      try {
028        Thread.sleep(100);
029      } catch (InterruptedException e) {
030        interrupt();
031      }
032    }
033
034    public static void main(String[] args)
035    {
036      Listing2203 th = new Listing2203();
037      {
038        //Thread starten
039        th.start();
040        //2 Sekunden warten
041        try {
042          Thread.sleep(2000);
043        } catch (InterruptedException e) {
044        }
045        //Thread unterbrechen
046        th.interrupt();
047      }
048    }
049  }
```

Die main-Methode ist leicht zu verstehen. Sie startet den Thread, wartet 2 Sekunden und ruft dann die Methode interrupt auf. In der Methode run wird in einer Endlosschleife durch Aufruf von printLine jeweils eine neue Zeile ausgegeben. Zuvor wird bei jedem Aufruf mit isInterrupted geprüft, ob das Abbruchflag gesetzt wurde. Ist das der Fall, wird keine weitere Zeile ausgegeben, sondern die Schleife (und mit ihr der Thread) beendet.

Innerhalb von printLine wird zunächst die Textzeile ausgegeben und dann eine Pause von 100 Millisekunden eingelegt. Da in der Methode keine Abfrage des Abbruchflags erfolgt, ist sichergestellt, daß die aktuelle Zeile selbst dann bis zum Ende ausgegeben wird, wenn der Aufruf von interrupt mitten in der Schleife zur Ausgabe der Bildschirmzeile erfolgt.

Da die Pause nach der Bildschirmausgabe mit 100 Millisekunden vermutlich länger dauert als die Bildschirmausgabe selbst, ist es recht wahrscheinlich, daß der Aufruf von interrupt während des Aufrufs von sleep erfolgt. Ist das der Fall, wird sleep mit einer Interrupted-Exception abgebrochen (auch wenn die geforderte Zeitspanne noch nicht vollständig verstrichen ist). Wichtig ist hier, daß das Abbruchflag zurückgesetzt wird und der Aufruf von interrupt somit eigentlich verlorengehen würde, wenn er nicht direkt in der catch-Klausel behandelt würde. Wir rufen daher innerhalb der catch-Klausel interrupt erneut auf, um das Flag wieder zu setzen und run die Abbruchanforderung zu signalisieren. Alternativ hätten wir auch die Ausnahme an den Aufrufer weitergeben können und sie dort als Auslöser für das Ende der Ausgabeschleife betrachten können.

Die beiden anderen Methoden, die eine Ausnahme des Typs InterruptedException auslösen können, sind join der Klasse Thread und wait der Klasse Object. Auch sie setzen beim Auftreten der Ausnahme das Abbruchflag zurück und müssen daher in ähnlicher Weise behandelt werden.

22.2.3 Anhalten eines Threads

Die Klasse Thread besitzt zwei Methoden suspend und resume, mit deren Hilfe es möglich ist, einen Thread vorübergehend anzuhalten und anschließend an der Unterbrechungsstelle fortzusetzen. Beide Methoden sind nicht ganz ungefährlich und können unbemerkt Deadlocks verursachen. Sie wurden daher mit dem JDK 1.2 als deprecated markiert und sollten nicht mehr verwendet werden. Ihre Funktionalität muß – wenn erforderlich – manuell nachgebildet werden.

22.2.4 Weitere Methoden

sleep

Sowohl innerhalb der Threads als auch innerhalb der Methode main wird ein Aufruf von Thread.sleep verwendet, um das Programm pausieren zu lassen. sleep ist eine statische Methode der Klasse Thread, die mit einem oder zwei Parametern aufgerufen werden kann:

```
public static void sleep(long millis)
public static void sleep(long millis, int nanos)
```

java.lang.Thread

Die erste Version sorgt dafür, daß der aktuelle Prozeß für die (in Millisekunden angegebene) Zeit unterbrochen wird. Die zweite erlaubt eine noch genauere Eingabe der Wartezeit, indem auch Bruchteile im Nanosekundenbereich angegeben werden können. In beiden Fällen wird die tatsächlich erzielbare Genauigkeit allerdings durch Hardwarerestriktionen der Zielmaschine begrenzt. Im Falle der aktuellen SUN-JDKs unter Windows liegt sie bei etwa 1 ms und ist damit wesentlich höher als currentTimeMillis. In Abschnitt 16.3.5 auf Seite 366 finden sich Beispielprogramme, mit denen die Auflösungen von currentTimeMillis und sleep ermittelt werden können.

> Die Kapselung des Aufrufs von Thread.sleep innerhalb eines try-catch-Blocks ist erforderlich, weil sleep während der Wartezeit eine Ausnahme vom Typ InterruptedException auslösen kann. Ohne den try-catch-Block würde diese an den Aufrufer weitergegeben werden.

Als Klassenmethode kann sleep aufgerufen werden, ohne daß eine Instanz der Klasse Thread verfügbar ist. Insbesondere kann die Methode auch dazu verwendet werden, das Hauptprogramm pausieren zu lassen, das ja nicht explizit als Thread erzeugt wurde. Dies funktioniert deshalb, weil beim Starten eines Java-Programms automatisch ein Thread für die Ausführung des Hauptprogramms angelegt wurde.

isAlive

Mit dieser Methode kann festgestellt werden, ob der aktuelle Thread noch läuft.

java.lang.Thread
```
public final boolean isAlive()
```

isAlive gibt immer dann true zurück, wenn der aktuelle Thread gestartet, aber noch nicht wieder beendet wurde. Beendet wird ein Thread, wenn das Ende der run-Methode erreicht ist oder wenn (in Prä-1.2-JDKs) die Methode stop aufgerufen wurde.

join

java.lang.Thread
```
public final void join()
    throws InterruptedException
```

Die Methode join wartet auf das Ende des Threads, für den sie aufgerufen wurde. Sie ermöglicht es damit, einen Prozeß zu starten und (ähnlich einem Funktionsaufruf) mit der weiteren Ausführung so lange zu warten, bis der Prozeß beendet ist. join gibt es auch mit einem long als Parameter. In diesem Fall wartet die Methode maximal die angegebene Zeit in Millisekunden und fährt nach Ablauf der Zeit auch dann fort, wenn der Prozeß noch nicht beendet ist.

22.3 Das Interface Runnable

Nicht immer ist es möglich, eine Klasse, die als Thread laufen soll, von Thread abzuleiten. Dies ist insbesondere dann nicht möglich, wenn die Klasse Bestandteil einer Vererbungshierarchie ist, die eigentlich nichts mit Multithreading zu tun hat. Da Java keine Mehrfachvererbung kennt, kann eine bereits abgeleitete Klasse nicht von einer weiteren Klasse erben. Da sehr unterschiedliche Klassen als Thread parallel zu vorhandenem Code ausgeführt werden können, ist dies eine sehr unschöne Einschränkung des Multithreading-Konzepts von Java.

Das Interface Runnable

Glücklicherweise gibt es einen Ausweg. Er besteht darin, einen Thread nicht durch Ableiten aus `Thread`, sondern durch Implementierung des Interfaces `Runnable` zu erzeugen. `Runnable` enthält nur eine einzige Deklaration, nämlich die der Methode `run`:

```
public abstract void run()
```

java.lang.Runnable

22.3.1 Implementieren von Runnable

Tatsächlich muß jede Klasse, deren Instanzen als Thread laufen sollen, das Interface `Runnable` implementieren (sogar die Klasse `Thread` selbst). Um eine nicht von `Thread` abgeleitete Instanz in dieser Weise als Thread laufen zu lassen, ist in folgenden Schritten vorzugehen:

- Zunächst wird ein neues Thread-Objekt erzeugt.
- An den Konstruktor wird das Objekt übergeben, das parallel ausgeführt werden soll.
- Die Methode `start` des neuen Thread-Objekts wird aufgerufen.

Nun startet das `Thread`-Objekt die `run`-Methode des übergebenen Objekts, das sie ja durch die Übergabe im Konstruktor kennt. Da dieses Objekt das Interface `Runnable` implementiert, ist garantiert, daß eine geeignete Methode `run` zur Verfügung steht.

Wir wollen dies an einem Beispiel deutlich machen:

```
001 /* Listing2204.java */
002
003 class A2204
004 {
005   int irgendwas;
006   //...
007 }
008
009 class B2204
010 extends A2204
011 implements Runnable
012 {
013   public void run()
014   {
015     int i = 0;
016     while (true) {
017       if (Thread.interrupted()) {
018         break;
019       }
020       System.out.println(i++);
021     }
022   }
023 }
```

Listing 22.4: Implementieren von Runnable

Listing 22.4:
Implementieren
von Runnable
(Forts.)

```
024
025 public class Listing2204
026 {
027     public static void main(String[] args)
028     {
029         B2204 b = new B2204();
030         Thread t = new Thread(b);
031         t.start();
032         try {
033             Thread.sleep(1000);
034         } catch (InterruptedException e){
035             //nichts
036         }
037         t.interrupt();
038     }
039 }
```

Die Klasse B2204 ist von A2204 abgeleitet und kann daher nicht von Thread abgeleitet sein. Statt dessen implementiert sie das Interface Runnable. Um nun ein Objekt der Klasse B2204 als Thread auszuführen, wird in main von Listing2204 eine Instanz dieser Klasse erzeugt und an den Konstruktor der Klasse Thread übergeben. Nach dem Aufruf von start wird die run-Methode von B2204 aufgerufen.

22.3.2 Multithreading durch Wrapper-Klassen

Auf eine ähnliche Weise lassen sich auch Methoden, die ursprünglich nicht als Thread vorgesehen waren, in einen solchen umwandeln und im Hintergrund ausführen. Der Grundstein für die Umwandlung eines gewöhnlichen Objekts in einen Thread wird dabei immer bei der Übergabe eines Runnable-Objekts an den Konstruktor des Thread-Objekts gelegt. Das folgende Beispiel demonstriert, wie eine zeitintensive Primfaktorzerlegung im Hintergrund laufen kann.

Zunächst benötigen wir dazu eine Klasse PrimeNumberTools, die Routinen zur Berechnung von Primzahlen und zur Primfaktorzerlegung zur Verfügung stellt. Diese Klasse ist weder von Thread abgeleitet, noch implementiert sie Runnable:

Listing 22.5:
Eine Klasse zur
Primfaktor-
zerlegung

```
001 /* PrimeNumberTools.java */
002
003 public class PrimeNumberTools
004 {
005     public void printPrimeFactors(int num)
006     {
007         int whichprime = 1;
008         int prime;
009         String prefix;
010
```

```
011      prefix = "primeFactors("+num+")= ";
012      while (num > 1) {
013        prime = getPrime(whichprime);
014        if (num % prime == 0) {
015          System.out.print(prefix+prime);
016          prefix = " ";
017          num /= prime;
018        } else {
019          ++whichprime;
020        }
021      }
022      System.out.println();
023    }
024
025    public int getPrime(int cnt)
026    {
027      int i = 1;
028      int ret = 2;
029
030      while (i < cnt) {
031        ++ret;
032        if (isPrime(ret)) {
033          ++i;
034        }
035      }
036      return ret;
037    }
038
039    private boolean isPrime(int num)
040    {
041      for (int i = 2; i < num; ++i) {
042        if (num % i == 0) {
043          return false;
044        }
045      }
046      return true;
047    }
048  }
```

Listing 22.5: Eine Klasse zur Primfaktorzerlegung (Forts.)

Ohne Hintergrundverarbeitung könnte `PrimeNumberTools` instanziert und ihre Methoden durch einfachen Aufruf verwendet werden:

```
001  /* Listing2206.java */
002
003  import java.io.*;
004
005  public class Listing2206
006  {
007    public static void main(String[] args)
```

Listing 22.6: Verwendung der Klasse zur Primfaktorzerlegung

Listing 22.6:
Verwendung der
Klasse zur Prim-
faktorzerlegung
(Forts.)

```
008  {
009    PrimeNumberTools pt = new PrimeNumberTools();
010    BufferedReader   in = new BufferedReader(
011                         new InputStreamReader(
012                         new DataInputStream(System.in)));
013    int num;
014
015    try {
016      while (true) {
017        System.out.print("Bitte eine Zahl eingeben: ");
018        System.out.flush();
019        num = (new Integer(in.readLine())).intValue();
020        if (num == -1) {
021          break;
022        }
023        pt.printPrimeFactors(num);
024      }
025    } catch (IOException e) {
026      //nichts
027    }
028  }
029 }
```

Das Programm erzeugt eine Instanz der Klasse PrimeNumberTools und führt für jeden eingelesenen Zahlenwert durch Aufruf der Methode printPrimeFactors die Primfaktorzerlegung durch. Um nun diese Berechnungen asynchron durchzuführen, entwerfen wir eine Wrapper-Klasse, die von PrimeNumberTools abgeleitet wird und das Interface Runnable implementiert:

Listing 22.7:
Primfaktor-
zerlegung mit
Threads

```
001 /* ThreadedPrimeNumberTools.java */
002
003 public class ThreadedPrimeNumberTools
004 extends PrimeNumberTools
005 implements Runnable
006 {
007   private int arg;
008   private int func;
009
010   public void printPrimeFactors(int num)
011   {
012     execAsynchron(1,num);
013   }
014
015   public void printPrime(int cnt)
016   {
017     execAsynchron(2,cnt);
018   }
019
```

```
020    public void run()
021    {
022      if (func == 1) {
023        super.printPrimeFactors(arg);
024      } else if (func == 2) {
025        int result = super.getPrime(arg);
026        System.out.println("prime number #"+arg+" is: "+result);
027      }
028    }
029
030    private void execAsynchron(int func, int arg)
031    {
032      Thread t = new Thread(this);
033      this.func = func;
034      this.arg  = arg;
035      t.start();
036    }
037 }
```

Listing 22.7: Primfaktorzerlegung mit Threads (Forts.)

Hier wurde die Methode `printPrimeFactors` überlagert, um den Aufruf der Superklasse asynchron ausführen zu können. Dazu wird in `execAsynchron` ein neuer Thread generiert, dem im Konstruktor das aktuelle Objekt übergeben wird. Durch Aufruf der Methode `start` wird der Thread gestartet und die `run`-Methode des aktuellen Objekts aufgerufen. Diese führt die gewünschten Aufrufe der Superklasse aus und schreibt die Ergebnisse auf den Bildschirm. So ist es möglich, bereits während der Berechnung der Primfaktoren einer Zahl eine neue Eingabe zu erledigen und eine neue Primfaktorberechnung zu beginnen.

Um dies zu erreichen, ist in der Klasse `Listing2206` lediglich die Deklaration des Objekts vom Typ `PrimeNumberTools` durch eine Deklaration vom Typ der daraus abgeleiteten Klasse `ThreadedPrimeNumberTools` zu ersetzen:

```
001 /* Listing2208.java */
002
003 import java.io.*;
004
005 public class Listing2208
006 {
007    public static void main(String[] args)
008    {
009      ThreadedPrimeNumberTools pt;
010      BufferedReader in = new BufferedReader(
011                         new InputStreamReader(
012                         new DataInputStream(System.in)));
013      int num;
014
015      try {
016        while (true) {
```

Listing 22.8: Verwendung der Klasse zur Primfaktorzerlegung mit Threads

Listing 22.8:
Verwendung der
Klasse zur Primfaktorzerlegung
mit Threads
(Forts.)

```
017         System.out.print("Bitte eine Zahl eingeben: ");
018         System.out.flush();
019         num = (new Integer(in.readLine())).intValue();
020         if (num == -1) {
021            break;
022         }
023         pt = new ThreadedPrimeNumberTools();
024         pt.printPrimeFactors(num);
025      }
026   } catch (IOException e) {
027      //nichts
028   }
029  }
030 }
```

Wenn alle Eingaben erfolgen, bevor das erste Ergebnis ausgegeben wird, könnte eine Beispielsitzung etwa so aussehen (Benutzereingaben sind fett gedruckt):

```
Bitte eine Zahl eingeben: 991
Bitte eine Zahl eingeben: 577
Bitte eine Zahl eingeben: 677
Bitte eine Zahl eingeben: -1
primeFactors(577)= 577
primeFactors(677)= 677
primeFactors(991)= 991
```

> Obwohl das gewünschte Verhalten (nämlich die asynchrone Ausführung einer zeitaufwendigen Berechnung im Hintergrund) realisiert wird, ist dieses Beispiel nicht beliebig zu verallgemeinern. Die Ausgabe erfolgt beispielsweise nur dann ohne Unterbrechung durch Benutzereingaben, wenn alle Eingaben vor der ersten Ausgabe abgeschlossen sind. Selbst in diesem Fall funktioniert das Programm nicht immer zuverlässig. Es ist generell problematisch, Hintergrundprozessen zu erlauben, auf die Standardein- oder -ausgabe zuzugreifen, die ja vorwiegend vom Vordergrund-Thread verwendet wird. Ein- und Ausgaben könnten durcheinander geraten und es könnte zu Synchronisationsproblemen kommen, die die Ausgabe verfälschen. Wir haben nur ausnahmsweise davon Gebrauch gemacht, um das Prinzip der Hintergrundverarbeitung an einem einfachen Beispiel darzustellen.

Das nächste Problem ist die Realisierung des Dispatchers in run, der mit Hilfe der Instanzvariablen func und arg die erforderlichen Funktionsaufrufe durchführt. Dies funktioniert hier recht problemlos, weil alle Methoden dieselbe Parametrisierung haben. Im allgemeinen wäre hier ein aufwendigerer Übergabemechanismus erforderlich.

Des weiteren sind meistens Vorder- und Hintergrundverarbeitung zu *synchronisieren*, weil der Vordergrundprozeß die Ergebnisse des Hintergrundprozesses benötigt. Auch hier haben wir stark vereinfacht, indem die Ergebnisse einfach direkt nach der Verfügbarkeit vom Hintergrundprozeß auf den Bildschirm geschrieben wurden. Das Beispiel zeigt jedoch, wie *prinzipiell* vorgegangen werden könnte, und ist vorwiegend als Anregung für eigene Experimente anzusehen.

22.4 Synchronisation

22.4.1 Synchronisationsprobleme

Wenn man sich mit Nebenläufigkeit beschäftigt, muß man sich in aller Regel auch mit Fragen der *Synchronisation* nebenläufiger Prozesse beschäftigen. In Java erfolgt die Kommunikation zweier Threads auf der Basis gemeinsamer Variablen, die von beiden Threads erreicht werden können. Führen beide Prozesse Änderungen auf den gemeinsamen Daten durch, so müssen sie synchronisiert werden, denn andernfalls können undefinierte Ergebnisse entstehen.

Wir wollen uns als einleitendes Beispiel ein kleines Programm ansehen, bei dem zwei Threads einen gemeinsamen Zähler hochzählen:

```
001 /* Listing2209.java */
002
003 public class Listing2209
004 extends Thread
005 {
006   static int cnt = 0;
007
008   public static void main(String[] args)
009   {
010     Thread t1 = new Listing2209();
011     Thread t2 = new Listing2209();
012     t1.start();
013     t2.start();
014   }
015
016   public void run()
017   {
018     while (true) {
019       System.out.println(cnt++);
020     }
021   }
022 }
```

Listing 22.9:
Zwei Zählerthreads

Läßt man das Programm eine Weile laufen, könnte es beispielsweise zu folgender Ausgabe kommen:

```
0
1
2
3
4
5
6
7
8
9
10
11
12
13
14
15
16
17
18
19
20
21
22
23
24
25
26
27
28
29
30
31
33     <-- Nanu? Wo ist die 32?
34
35
36
37
38
39
40
41
42
43
44
45
46
```

Synchronisation Kapitel 22

```
47
48
49
50
51
52
53
54
55
56
32      <-- Ach so, hier!
58
59
```

Beide Prozesse greifen unsynchronisiert auf die gemeinsame Klassenvariable cnt zu. Da die Operation System.out.println(cnt++); nicht *atomar* ist, kommt es zu dem Fall, daß die Operation mitten in der Ausführung unterbrochen wird und der Scheduler mit dem anderen Thread fortfährt. Erst später, wenn der unterbrochene Prozeß wieder Rechenzeit erhält, kann er seinen vor der Unterbrechung errechneten Zählerwert von 32 ausgeben. Sein Pendant war in der Zwischenzeit allerdings bereits bis 56 fortgefahren. Um diese Art von Inkonsistenzen zu beseitigen, bedarf es der *Synchronisation* der beteiligten Prozesse.

22.4.2 Monitore

Zur Synchronisation nebenläufiger Prozesse hat Java das Konzept des *Monitors* implementiert. Ein Monitor ist die Kapselung eines *kritischen Bereichs* (also eines Programmteils, der nur von jeweils einem Prozeß zur Zeit durchlaufen werden darf) mit Hilfe einer automatisch verwalteten Sperre. Diese Sperre wird beim Betreten des Monitors gesetzt und beim Verlassen wieder zurückgenommen. Ist sie beim Eintritt in den Monitor bereits von einem anderen Prozeß gesetzt, so muß der aktuelle Prozeß warten, bis der Konkurrent die Sperre freigegeben und den Monitor verlassen hat.

Das Monitor-Konzept wird mit Hilfe des in die Sprache integrierten Schlüsselworts synchronized realisiert. Durch synchronized kann entweder eine komplette Methode oder ein Block innerhalb einer Methode geschützt werden. Der Eintritt in den so deklarierten Monitor wird durch das Setzen einer Sperre auf einer Objektvariablen erreicht. Bezieht sich synchronized auf eine komplette Methode, wird als Sperre der this-Pointer verwendet, andernfalls ist eine Objektvariable explizit anzugeben.

Anwendung von synchronized auf einen Block von Anweisungen

Wir wollen uns diese Art der Verwendung an einem Beispiel ansehen, welches das oben demonstrierte Synchronisationsproblem löst. Die naheliegende Lösung, die Anweisung System.out.println(cnt++); durch einen synchronized-Block auf der Variablen this zu synchronisieren, funktioniert leider nicht. Da der Zeiger this für jeden der beiden Threads, die ja unterschiedliche Instanzen repräsentieren, neu vergeben wird, wäre für jeden Thread der Eintritt in den Monitor grundsätzlich erlaubt.

Statt dessen verwenden wir die (in Abschnitt 43.2.2 auf Seite 990 erläuterte) Methode get-Class, die uns ein Klassenobjekt beschafft (ein und dasselbe für alle Instanzen), mit dem wir die Klassenvariable cnt schützen können:

Listing 22.10: Synchronisation von Threads mit Klassenobjekten

```
001  /* Listing2210.java */
002
003  public class Listing2210
004  extends Thread
005  {
006    static int cnt = 0;
007
008    public static void main(String[] args)
009    {
010      Thread t1 = new Listing2210();
011      Thread t2 = new Listing2210();
012      t1.start();
013      t2.start();
014    }
015
016    public void run()
017    {
018      while (true) {
019        synchronized (getClass()) {
020          System.out.println(cnt++);
021        }
022      }
023    }
024  }
```

Nun werden alle Zählerwerte in aufsteigender Reihenfolge ausgegeben.

Anwendung von synchronized auf eine Methode

Ein anderer Fall ist der, bei dem der Zugriff auf ein Objekt selbst synchronisiert werden muß, weil damit zu rechnen ist, daß mehr als ein Thread zur gleichen Zeit das Objekt verwenden will.

Im folgenden werden die potentiellen Probleme am Beispiel eines Zählerobjekts erläutert, dessen Aufgabe es ist, einen internen Zähler zu kapseln, auf Anforderung den aktuellen Zählerstand zu liefern und den internen Zähler zu inkrementieren. Hierbei handelt es sich um eine Aufgabe, die beispielsweise in der Datenbankprogrammierung sehr häufig vorkommt, um Schlüsselnummern zu generieren.

Synchronisation Kapitel 22

Typischerweise wird das Synchronisationsproblem dadurch verschärft, daß die Verwendung des Zählers einige vergleichsweise langsame Festplattenzugriffe erforderlich macht. In unserem Beispiel wird der Zähler von fünf Threads verwendet. Die Langsamkeit und damit die Wahrscheinlichkeit, daß der Scheduler die Zugriffsoperation unterbricht, wird in unserem Beispiel durch eine Sequenz eingestreuter Fließkommaoperationen erhöht:

```
001 /* Listing2211.java */
002
003 class Counter2211
004 {
005   int cnt;
006
007   public Counter2211(int cnt)
008   {
009     this.cnt = cnt;
010   }
011
012   public int nextNumber()
013   {
014     int ret = cnt;
015     //Hier erfolgen ein paar zeitaufwendige Berechnungen, um
016     //so zu tun, als sei das Errechnen des Nachfolgezählers
017     //eine langwierige Operation, die leicht durch den
018     //Scheduler unterbrochen werden kann.
019     double x = 1.0, y, z;
020     for (int i= 0; i < 1000; ++i) {
021       x = Math.sin((x*i%35)*1.13);
022       y = Math.log(x+10.0);
023       z = Math.sqrt(x+y);
024     }
025     //Jetzt ist der Wert gefunden
026     cnt++;
027     return ret;
028   }
029 }
030
031 public class Listing2211
032 extends Thread
033 {
034   private String name;
035   private Counter2211 counter;
036
037   public Listing2211(String name, Counter2211 counter)
038   {
039     this.name = name;
040     this.counter = counter;
041   }
042
```

Listing 22.11:
Eine unzureichend synchronisierte Zählerklasse

Listing 22.11:
Eine
unzureichend
synchronisierte
Zählerklasse
(Forts.)

```
043   public static void main(String[] args)
044   {
045     Thread[] t = new Thread[5];
046     Counter2211 cnt = new Counter2211(10);
047     for (int i = 0; i < 5; ++i) {
048       t[i] = new Listing2211("Thread-"+i,cnt);
049       t[i].start();
050     }
051   }
052
053   public void run()
054   {
055     while (true) {
056       System.out.println(counter.nextNumber()+" for "+name);
057     }
058   }
059 }
```

Das Ergebnis des Programms ist – wie nicht anders zu erwarten – schlecht, denn es werden sehr viele doppelte Schlüssel produziert. Ein Beispiellauf brachte bereits in den ersten 15 Aufrufen 6 doppelte Zählerwerte:

```
10 for Thread-2
11 for Thread-4
10 for Thread-0
10 for Thread-1
11 for Thread-2
11 for Thread-3
12 for Thread-4
13 for Thread-0
14 for Thread-1
15 for Thread-2
16 for Thread-3
17 for Thread-4
18 for Thread-0
19 for Thread-1
20 for Thread-2
```

Auch hier gibt es eine einfache Lösung für das Synchronisationsproblem. Eine einfache Markierung der Methode nextNumber als synchronized macht diese zu einem Monitor und sorgt dafür, daß der komplette Code innerhalb der Methode als atomares Programmfragment behandelt wird. Eine Unterbrechung des kritischen Abschnitts durch einen anderen Thread ist dann nicht mehr möglich:

Listing 22.12:
Synchronisieren der
Zählermethode

```
001 public synchronized int nextNumber()
002 {
003   int ret = cnt;
```

Synchronisation Kapitel 22

```
004   //Hier erfolgen ein paar zeitaufwendige Berechnungen, um so
005   //zu tun, als sei das Errechnen des Nachfolgezählerstandes
006   //eine langwierige Operation, die leicht durch den
007   //Scheduler unterbrochen werden kann.
008   double x = 1.0, y, z;
009   for (int i= 0; i < 1000; ++i) {
010     x = Math.sin((x*i%35)*1.13);
011     y = Math.log(x+10.0);
012     z = Math.sqrt(x+y);
013   }
014   //Jetzt ist der Wert gefunden
015   cnt++;
016   return ret;
017 }
```

Listing 22.12: Synchronisieren der Zählermethode (Forts.)

Durch das `synchronized`-Attribut wird beim Aufruf der Methode die Instanzvariable `this` gesperrt und damit der Zugriff für andere Threads unmöglich gemacht. Erst nach Verlassen der Methode und Entsperren von `this` kann `nextNumber` wieder von anderen Threads aufgerufen werden.

Diese Art des Zugriffschutzes wird in Java von vielen Klassen verwendet, um ihre Methoden *thread-sicher* zu machen. Nach Aussage der Sprachspezifikation kann davon ausgegangen werden, daß die gesamte Java-Klassenbibliothek in diesem Sinne thread-sicher ist. Dies gilt allerdings nicht für Swing-Klassen.

22.4.3 wait und notify

Neben dem Monitorkonzept stehen mit den Methoden `wait` und `notify` der Klasse `Object` noch weitere Synchronisationsprimitive zur Verfügung. Zusätzlich zu der bereits erwähnten Sperre, die einem Objekt zugeordnet ist, besitzt ein Objekt nämlich auch noch eine *Warteliste*. Dabei handelt es sich um eine (möglicherweise leere) Menge von Threads, die vom Scheduler unterbrochen wurden und auf ein Ereignis warten, um fortgesetzt werden zu können.

Sowohl `wait` als auch `notify` dürfen nur aufgerufen werden, wenn das Objekt bereits gesperrt ist, also nur innerhalb eines `synchronized`-Blocks für dieses Objekt. Ein Aufruf von `wait` nimmt die bereits gewährten Sperren (temporär) zurück und stellt den Prozeß, der den Aufruf von `wait` verursachte, in die Warteliste des Objekts. Dadurch wird er unterbrochen und im Scheduler als *wartend* markiert. Ein Aufruf von `notify` entfernt einen (beliebigen) Prozeß aus der Warteliste des Objekts, stellt die (temporär) aufgehobenen Sperren wieder her und führt ihn dem normalen Scheduling zu. `wait` und `notify` sind damit für elementare Synchronisationsaufgaben geeignet, bei denen es weniger auf die Kommunikation als auf die Steuerung der zeitlichen Abläufe ankommt.

Das folgende Beispiel demonstriert den Einsatz von wait und notify an einem *Producer/Consumer-Beispiel*. Ein Prozeß arbeitet dabei als Produzent, der Fließkommazahlen »herstellt«, und ein anderer als Konsument, der die produzierten Daten verbraucht. Die Kommunikation zwischen beiden erfolgt über ein gemeinsam verwendetes Vector-Objekt, das die produzierten Elemente zwischenspeichert und als Medium für die wait-/notify-Aufrufe dient:

Listing 22.13: Ein Producer-/Consumer-Beispiel mit wait und notify

```
001 /* Listing2213.java */
002
003 import java.util.*;
004
005 class Producer2213
006 extends Thread
007 {
008   private Vector v;
009
010   public Producer2213(Vector v)
011   {
012     this.v = v;
013   }
014
015   public void run()
016   {
017     String s;
018
019     while (true) {
020       synchronized (v) {
021         s = "Wert "+Math.random();
022         v.addElement(s);
023         System.out.println("Produzent erzeugte "+s);
024         v.notify();
025       }
026       try {
027         Thread.sleep((int)(100*Math.random()));
028       } catch (InterruptedException e) {
029         //nichts
030       }
031     }
032   }
033 }
034
035 class Consumer2213
036 extends Thread
037 {
038   private Vector v;
039
040   public Consumer2213(Vector v)
041   {
```

Synchronisation

Kapitel 22

Listing 22.13:
Ein Producer-/
Consumer-
Beispiel mit wait
und notify
(Forts.)

```
042        this.v = v;
043      }
044
045      public void run()
046      {
047        while (true) {
048          synchronized (v) {
049            if (v.size() < 1) {
050              try {
051                v.wait();
052              } catch (InterruptedException e) {
053                //nichts
054              }
055            }
056            System.out.print(
057              " Konsument fand "+(String)v.elementAt(0)
058            );
059            v.removeElementAt(0);
060            System.out.println(" (verbleiben: "+v.size()+")");
061          }
062          try {
063            Thread.sleep((int)(100*Math.random()));
064          } catch (InterruptedException e) {
065            //nichts
066          }
067        }
068      }
069   }
070
071   public class Listing2213
072   {
073     public static void main(String[] args)
074     {
075       Vector v = new Vector();
076
077       Producer2213 p = new Producer2213(v);
078       Consumer2213 c = new Consumer2213(v);
079       p.start();
080       c.start();
081     }
082   }
```

Um die Arbeitsverteilung zwischen den Prozessen etwas interessanter zu gestalten, werden beide gezwungen, nach jedem Schritt eine kleine Pause einzulegen. Da die Wartezeit zufällig ausgewählt wird, kann es durchaus dazu kommen, daß der Produzent eine größere Anzahl an Elementen anhäuft, die der Konsument noch nicht abgeholt hat. Der umgekehrte Fall ist natürlich nicht möglich, da der Konsument warten muß, wenn keine Elemente verfügbar sind. Eine Beispielsitzung könnte etwa so aussehen:

```
Produzent erzeugte Wert 0.09100924684649958
 Konsument fand Wert 0.09100924684649958 (verbleiben: 0)
Produzent erzeugte Wert 0.5429652807455857
 Konsument fand Wert 0.5429652807455857 (verbleiben: 0)
Produzent erzeugte Wert 0.6548096532111007
 Konsument fand Wert 0.6548096532111007 (verbleiben: 0)
Produzent erzeugte Wert 0.02311095955845288
 Konsument fand Wert 0.02311095955845288 (verbleiben: 0)
Produzent erzeugte Wert 0.6277057416210464
 Konsument fand Wert 0.6277057416210464 (verbleiben: 0)
Produzent erzeugte Wert 0.6965546173953919
Produzent erzeugte Wert 0.6990053250441516
Produzent erzeugte Wert 0.9874467815778902
Produzent erzeugte Wert 0.12110075531692543
Produzent erzeugte Wert 0.5957795111549329
 Konsument fand Wert 0.6965546173953919 (verbleiben: 4)
Produzent erzeugte Wert 0.019655027417308846
 Konsument fand Wert 0.6990053250441516 (verbleiben: 4)
 Konsument fand Wert 0.9874467815778902 (verbleiben: 3)
Produzent erzeugte Wert 0.14247583735074354
 Konsument fand Wert 0.12110075531692543 (verbleiben: 3)
```

> Durch eine konstante Pause nach jedem produzierten Element könnte der Produzent bewußt langsamer gemacht werden. Der schnellere Konsument würde dann einen Großteil seiner Zeit damit verbringen, festzustellen, daß keine Elemente verfügbar sind. Zwar würde das Beispiel (in leicht modifizierter Form) auch ohne den Einsatz von wait/notify funktionieren. Durch ihre Verwendung aber ist der Konsumentenprozeß nicht gezwungen, *aktiv* zu warten, sondern wird vom Produzenten benachrichtigt, wenn ein neues Element verfügbar ist. Der Rechenzeitbedarf reduziert sich dadurch auf einen Bruchteil dessen, was andernfalls benötigt würde.

22.4.4 PipedInputStream und PipedOutputStream

Sollen wie im vorigen Beispiel zwei Threads so miteinander verbunden werden, daß einer von beiden Daten erzeugt, die der andere verarbeitet, gibt es die Möglichkeit, beide mit Hilfe einer *Pipe* zu synchronisieren. Dabei werden die beiden Threads über einen Byte-Stream miteinander verbunden, der von einem Thread geschrieben und von dem anderen gelesen wird.

Dieses Piping-Konzept wird in Java durch die Klassen PipedInputStream und PipedOutputStream realisiert. Beide Klassen werden immer paarweise und immer in getrennten Threads verwendet. Daten, die der eine Thread in den PipedOutputStream schreibt, kann der andere aus dem angebundenen PipedInputStream lesen.

Da die Kommunikation *gepuffert* erfolgt, kann der schreibende Thread in einem gewissen Rahmen mehr Daten produzieren, als der lesende verarbeiten kann. Ist der Puffer voll (im JDK 1.2 ist er 1024 Byte groß), wird der schreibende Thread angehalten, bis der lesende ausreichend Zeichen gelesen hat. Greift der lesende Thread auf eine Pipe zu, die nicht genügend Daten enthält, muß er warten, bis ein anderer Thread die erforderliche Anzahl an Bytes hineingeschrieben hat.

Wir können das Producer-/Consumer-Beispiel unter Verwendung von `PipedInputStream` und `PipedOutputStream` vereinfachen, denn die gesamte Synchronisationsarbeit wird automatisch beim Aufruf der read- und write-Methoden erledigt.

Das folgende Listing zeigt zwei Threads, die über eine Pipe einzelne Datenbytes miteinander austauschen. Die Pipe wird vom Hauptprogramm erzeugt, indem zunächst der `PipedInputStream` angelegt und an den danach erzeugten `PipedOutputStream` übergeben wird. Alternativ hätte die Verbindung auch hergestellt werden können, indem einer der beiden Streams an die connect-Methode des anderen übergeben worden wäre.

```
001 /* Listing2214.java */
002
003 import java.io.*;
004
005 class Producer2214
006 extends Thread
007 {
008   private PipedOutputStream pipe;
009
010   public Producer2214(PipedOutputStream pipe)
011   {
012     this.pipe = pipe;
013   }
014
015   public void run()
016   {
017     while (true) {
018       byte b = (byte)(Math.random() * 128);
019       try {
020         pipe.write(b);
021         System.out.println("Produzent erzeugte " + b);
022       } catch (IOException e) {
023         System.err.println(e.toString());
024       }
025       try {
026         Thread.sleep((int)(100*Math.random()));
027       } catch (InterruptedException e) {
028         //nichts
029       }
```

Listing 22.14:
Das Producer-/
Consumer-
Beispiel mit
einer Pipe

Listing 22.14:
Das Producer-/
Consumer-
Beispiel mit
einer Pipe
(Forts.)

```
030     }
031   }
032 }
033
034 class Consumer2214
035 extends Thread
036 {
037   private PipedInputStream pipe;
038
039   public Consumer2214(PipedInputStream pipe)
040   {
041     this.pipe = pipe;
042   }
043
044   public void run()
045   {
046     while (true) {
047       try {
048         byte b = (byte)pipe.read();
049         System.out.println(" Konsument fand " + b);
050       } catch (IOException e) {
051         System.err.println(e.toString());
052       }
053       try {
054         Thread.sleep((int)(100*Math.random()));
055       } catch (InterruptedException e) {
056         //nichts
057       }
058     }
059   }
060 }
061
062 public class Listing2214
063 {
064   public static void main(String[] args)
065   throws Exception
066   {
067     PipedInputStream inPipe = new PipedInputStream();
068     PipedOutputStream outPipe = new PipedOutputStream(inPipe);
069     Producer2214 p = new Producer2214(outPipe);
070     Consumer2214 c = new Consumer2214(inPipe);
071     p.start();
072     c.start();
073   }
074 }
```

Piping gibt es auch für zeichenbasierte Kommunikation. Dazu werden die Klassen Piped-Writer und PipedReader verwendet. Bis auf den Unterschied, daß Zeichen anstelle von Bytes ausgetauscht werden, entspricht ihre Arbeitsweise genau den hier vorgestellten Byte-Pipes.

22.5 Verwalten von Threads

Threads können in Java nicht nur ausgeführt und synchronisiert werden, sondern besitzen auch eine Reihe administrativer Eigenschaften, die besonders dann nützlich sind, wenn das Thread-Konzept stark genutzt wird. Diese administrativen Eigenschaften lassen sich in zwei Gruppen unterteilen. Zum einen gibt es Eigenschaften, die bei den Threads selbst zu finden sind, beispielsweise die *Priorität* oder der *Name* eines Threads. Zum anderen gibt es Eigenschaften, die darauf begründet sind, daß jeder Thread in Java zu einer *Thread-Gruppe* gehört, die untereinander über Vater-Kind-Beziehungen miteinander in Verbindung stehen. Beide Gruppen von Eigenschaften sollen im folgenden kurz erklärt werden.

22.5.1 Priorität und Name

Jeder Thread in Java hat einen eindeutigen Namen. Wird dieser nicht explizit vergeben (beispielsweise im Konstruktor), so vergibt Java einen automatisch generierten Namen der Form `"Thread-"` + n, wobei n ein `int` ist. Alternativ kann einem Thread mit der Methode `setName` auch vom Programm selbst ein Name zugewiesen werden:

`public void setName(String name)`   java.lang.Thread

Mit Hilfe der Methode `getName` kann der Name eines Threads abgefragt werden:

`public String getName()`   java.lang.Thread

Neben einem Namen besitzt ein Thread auch eine *Priorität*. Die Priorität steuert den Scheduler in der Weise, daß bei Vorhandensein mehrerer bereiter Threads diejenigen mit höherer Priorität vor denen mit niedrigerer Priorität ausgeführt werden. Beim Anlegen eines neuen Threads bekommt dieser die Priorität des aktuellen Threads. Mit Hilfe der Methode `setPriority` kann die Priorität gesetzt und mit `getPriority` abgefragt werden:

`public void setPriority(int newPriority)`   java.lang.Thread

`public int getPriority()`

Als Parameter kann an `setPriority` ein Wert übergeben werden, der zwischen den Konstanten `Thread.MIN_PRIORITY` und `Thread.MAX_PRIORITY` liegt. Der Normalwert wird durch die Konstante `Thread.NORM_PRIORITY` festgelegt. In der aktuellen Version des JDK haben diese Konstanten die Werte 1, 5 und 10.

22.5.2 Thread-Gruppen

Thread-Gruppen dienen dazu, Informationen zu verwalten, die nicht nur für einen einzelnen Thread von Bedeutung sind, sondern für eine ganze Gruppe. Weiterhin bieten sie

Methoden, die auf alle Threads einer Gruppe angewendet werden können, und sie erlauben es, die Threads einer Gruppe aufzuzählen. In der Java-Klassenbibliothek gibt es zu diesem Zweck eine eigene Klasse `ThreadGroup`.

Der Einstieg zur Anwendung von Objekten der Klasse `ThreadGroup` ist die Methode `getThreadGroup` der Klasse `Thread`. Sie liefert das `ThreadGroup`-Objekt, dem der aktuelle `Thread` angehört. Alle Thread-Gruppen sind über eine Vater-Kind-Beziehung miteinander verkettet. Mit Hilfe der Methode `getParent` von `ThreadGroup` kann die Vater-Thread-Gruppe ermittelt werden:

java.lang.ThreadGroup
```
public ThreadGroup getParent()
```

Durch mehrfache Anwendung kann so die Wurzel aller Thread-Gruppen ermittelt werden. Steht eine `ThreadGroup` ganz oben in der Hierarchie, so liefert die Methode `getParent` den Wert `null`.

Um die Menge aller Threads zu bestimmen, die in der aktuellen Thread-Gruppe und ihren Untergruppen enthalten sind, kann die Methode `enumerate` verwendet werden:

java.lang.ThreadGroup
```
public int enumerate(Thread[] list)
```

`enumerate` erwartet ein Array von Threads, das beim Aufruf mit allen Threads, die zu dieser Thread-Gruppe oder einer ihrer Untergruppen gehören, gefüllt wird. Das Array sollte vor dem Aufruf bereits auf die erforderliche Größe dimensioniert werden. Als Anhaltspunkt kann dabei das Ergebnis der Methode `activeCount` dienen, die die Anzahl der aktiven Threads in der aktuellen Thread-Gruppe und allen Thread-Gruppen, die die aktuelle Thread-Gruppe als Vorfahr haben, angibt:

java.lang.ThreadGroup
```
public int activeCount()
```

22.6 Zusammenfassung

In diesem Kapitel wurden folgende Themen behandelt:

- Grundlagen des Multithreadings
- Die Klasse `Thread` und die Methoden `start`, `run` und `stop`
- Die Methoden `interrupt`, `isInterrupted` und die statische Methode `interrupted`
- Die Methoden `suspend` und `resume` sowie `sleep`, `isAlive` und `join`
- Das Interface `Runnable`
- Erzeugen eines Threads, wenn die Klasse nicht aus `Thread` abgeleitet ist

Zusammenfassung

- Synchronisationsprobleme und die Arbeitsweise eines Monitors
- Das Schlüsselwort `synchronized`
- Die Methoden `wait` und `notify`
- Kommunikation zwischen Threads mit `PipedInputStream` und `PipedOutputStream`
- Name und Priorität von Threads
- Thread-Gruppen

Teil V
Grafikprogrammierung mit dem AWT

Teil 4
Grafikprogrammierung
mit dem AMI

23 Grafikausgabe

23.1 Das Abstract Windowing Toolkit

23.1.1 Grundlegende Eigenschaften

Im Gegensatz zu den meisten anderen Programmiersprachen wurde Java von Anfang an mit dem Anspruch entwickelt, ein vielseitiges, aber einfach zu bedienendes System für die Gestaltung grafischer Oberflächen zur Verfügung zu stellen. Das Resultat dieser Bemühungen steht seit dem JDK 1.0 als Grafikbibliothek unter dem Namen *Abstract Windowing Toolkit (AWT)* zur Verfügung.

Die Fähigkeiten des AWT lassen sich grob in vier Gruppen unterteilen:

- Grafische Primitivoperationen zum Zeichnen von Linien oder Füllen von Flächen und zur Ausgabe von Text
- Methoden zur Steuerung des Programmablaufs auf der Basis von Nachrichten für Tastatur-, Maus- und Fensterereignisse
- Dialogelemente zur Kommunikation mit dem Anwender und Funktionen zum portablen Design von Dialogboxen
- Fortgeschrittenere Grafikfunktionen zur Darstellung und Manipulation von Bitmaps und zur Ausgabe von Sound

Da die grafischen Fähigkeiten Bestandteil der Sprache bzw. ihrer Klassenbibliothek sind, können sie als portabel angesehen werden. Unabhängig von der Zielplattform wird ein GUI-basiertes Programm auf allen verwendeten Systemen gleich oder zumindest ähnlich laufen.

23.1.2 Von AWT nach Swing

Änderungen mit dem JDK 1.1

Die Entwicklung von grafikorientierten Anwendungen im JDK 1.0 war zwar relativ einfach und erzeugte portable Programme mit grafischer Oberfläche, war aber durch eine Reihe von Fehlern und Restriktionen des AWT eingeschränkt. Vor allem bei der Erstellung großer GUI-Anwendungen wurden die Programme schnell unübersichtlich, und die Performance litt unter dem unzulänglichen Event-Modell der Version 1.0. Mit der Version 1.1 des JDK hat SUN das AWT massiv verändert. Es gab umfangreiche Fehlerbehebungen, und eine Vielzahl von Methodennamen wurde geändert. Vor allem aber wurde das Event-Handling, also der Transfer von GUI-Ereignissen, komplett überarbeitet.

Das neue Schlagwort lautet *Delegation Based Event Handling*. Es bezeichnet die Fähigkeit des AWT, GUI-Ereignisse an beliebige Objekte weiterzuleiten und dort zu behandeln. Obwohl das Verständnis für diese neuen Techniken etwas schwieriger zu erlangen ist als beim alten Event-Modell, lohnt sich der zusätzliche Aufwand. Die Entwicklung großer GUI-Anwendungen mit einer klaren Trennung zwischen Benutzeroberfläche und Applikationslogik wird so erst möglich gemacht. Wir werden in Kapitel 28 auf Seite 575 detailliert auf das neue Paradigma eingehen. Wo erforderlich, werden einzelne Bestandteile bereits vorher informell eingeführt.

Swing

Neben dem AWT gibt es eine zweite Bibliothek für die Gestaltung grafischer Benutzeroberflächen. Sie heißt *Swing*, ist seit dem JDK 1.1 als Add-On verfügbar und seit der Version 1.2 fester Bestandteil des Java Development Kit. Da Swing-Anwendungen in ihren Möglichkeiten weit über das hinausgehen, was das AWT bietet, werden heute die meisten GUI-Programme mit Swing geschrieben. Wir beschreiben Swing ab Kapitel 35 auf Seite 749. Dennoch macht es Sinn, sich zunächst mit dem AWT zu beschäftigen.

Einerseits ist das AWT einfacher zu erlernen, denn es ist weniger umfangreich als Swing. Gerade als Anfänger muß man nicht so viele neue Konzepte erlernen. Zum anderen werden viele der AWT-Features auch in Swing benötigt, und das mühsam angeeignete Wissen ist nicht völlig verloren. Ob es um die Verwendung von Farben oder unterschiedlichen Schriftarten oder um die Anordnung von Dialogelementen mit Hilfe von Panels und Layout-Managern geht, die zugrunde liegenden Techniken sind in beiden Fällen gleich. Drittens gibt es auch heute noch Anwendungen für das AWT, etwa bei der Applet-Programmierung, oder wenn die Verwendung von plattformspezifischen Dialogelementen zwingend erforderlich ist.

Leser, die dennoch ausschließlich Swing lernen wollen und das AWT als unnötigen Ballast ansehen, brauchen die Kapitel 30 auf Seite 621 und 32 auf Seite 675 lediglich kurz anzusehen. Das dazwischen liegende Kapitel 31 auf Seite 645 sollte dagegen nicht übersprungen werden, denn es beschreibt die Arbeitsweise und Anwendung der Layoutmanager. Die übrigen Kapitel in diesem Teil des Buchs behandeln Themen, die in beiden Welten von Bedeutung sind.

23.2 Grundlagen der Grafikausgabe

23.2.1 Anlegen eines Fensters

Um die Grafikfähigkeiten von Java nutzen zu können, muß das Paket `java.awt` eingebunden werden. Dies geschieht zweckmäßigerweise mit Hilfe folgender Anweisung am Anfang der Klassendefinition:

Grundlagen der Grafikausgabe

```
import java.awt.*;
```

Danach stehen alle Klassen aus dem Paket `java.awt` zur Verfügung.

Zur Ausgabe von grafischen Elementen benötigt die Anwendung ein Fenster, auf das die Ausgabeoperationen angewendet werden können. Während bei der Programmierung eines Applets ein Standardfenster automatisch zur Verfügung gestellt wird, muß eine *Applikation* ihre Fenster selbst erzeugen. Da die Kommunikation mit einem Fenster über eine Reihe von Callback-Methoden abgewickelt wird, wird eine Fensterklasse in der Regel nicht einfach instanziert. Statt dessen ist es meist erforderlich, eine eigene Klasse aus einer der vorhandenen abzuleiten und die benötigten Interfaces zu implementieren.

Zum Ableiten einer eigenen Fensterklasse wird in der Regel entweder die Klasse `Frame` oder die Klasse `Dialog` verwendet, die beide aus `Window` abgeleitet sind. Da `Dialog` vorwiegend dafür verwendet wird, Dialogboxen zu erstellen, die über darin enthaltene Komponenten mit dem Anwender kommunizieren, wollen wir ihre Verwendung bis zum Kapitel 31 auf Seite 645 zurückstellen. Die wichtigste Klasse zur Ausgabe von Grafiken in Java-Applikationen ist also `Frame`.

Um ein einfaches Fenster zu erzeugen und auf dem Bildschirm anzuzeigen, muß ein neues Element der Klasse `Frame` erzeugt, auf die gewünschte Größe gebracht und durch Aufruf der Methode `setVisible` sichtbar gemacht werden:

```
001  /* Listing2301.java */
002
003  import java.awt.*;
004
005  class Listing2301
006  {
007    public static void main(String[] args)
008    {
009      Frame wnd = new Frame("Einfaches Fenster");
010
011      wnd.setSize(400,300);
012      wnd.setVisible(true);
013    }
014  }
```

Listing 23.1:
Ein einfaches
Fenster erzeugen

Das Ausführen dieses Programms führt dazu, daß ein Fenster mit dem Titel »Einfaches Fenster« erzeugt und in der Größe 400*300 Pixel auf dem Bildschirm angezeigt wird.

> Da wir noch keinen Code für die Behandlung von GUI-Events eingebaut haben, bietet das Fenster lediglich das von Windows her bekannte Standardverhalten. Es läßt sich verschieben und in der Größe verändern und besitzt eine Titel- und Menüleiste, die mit einem Systemmenü ausgestattet ist. Anders als in anderen grafikorientierten Systemen gibt es noch keine Funktionalität zum Beenden des Fensters. Das Beispielprogramm kann daher nur durch einen harten Abbruch seitens des Benutzers (z.B. durch Drücken von [STRG]+[C] in der DOS-Box, aus der das Fenster gestartet wurde) beendet werden. Wir werden im nächsten Beispiel Programmcode zum ordnungsgemäßen Schließen des Fensters einfügen.

23.2.2 Die Methode paint

Die Ausgabe in ein Fenster erfolgt durch Überlagern der Methode paint, die immer dann aufgerufen wird, wenn das Fenster ganz oder teilweise neu gezeichnet werden muß. Dies ist beispielsweise dann der Fall, wenn das Fenster zum ersten Mal angezeigt wird oder durch Benutzeraktionen ein Teil des Fensters sichtbar wird, der bisher verdeckt war. paint bekommt beim Aufruf eine Instanz der Klasse Graphics übergeben:

java.awt.Component
```
public void paint(Graphics g)
```

Graphics ist Javas Implementierung eines *Device-Kontexts* (auch *Grafikkontext* genannt) und stellt somit die Abstraktion eines universellen Ausgabegeräts für Grafik und Schrift dar. Die Klasse bietet Methoden zur Erzeugung von Linien-, Füll- und Textelementen. Darüber hinaus verwaltet Graphics die Zeichenfarbe, in der alle Ausgaben erfolgen, und einen Font, der zur Ausgabe von Schrift verwendet wird. Ein Device-Kontext kann daher als eine Art universelles Ausgabegerät angesehen werden, das elementare Funktionen zur Ausgabe von farbigen Grafik- und Schriftzeichen zur Verfügung stellt.

23.2.3 Das grafische Koordinatensystem

Die Ausgabe von Grafik basiert auf einem zweidimensionalen Koordinatensystem, dessen Ursprungspunkt (0,0) in der linken oberen Ecke liegt (siehe Abbildung 23.1 auf Seite 501). Positive *x*-Werte erstrecken sich nach rechts, positive *y*-Werte nach unten. Die Maßeinheit entspricht einem Bildschirmpixel und ist damit geräteabhängig.

In den meisten Fällen steht dem Programm nicht das gesamte Fenster zur Ausgabe zur Verfügung, sondern es gibt *Randelemente* wie Titelzeilen, Menüs oder Rahmen, die nicht überschrieben werden können. Mit der Methode getInsets kann die Größe dieser Randelemente ermittelt werden. Wir werden darauf in Kapitel 24 auf Seite 517 noch einmal zurückkommen.

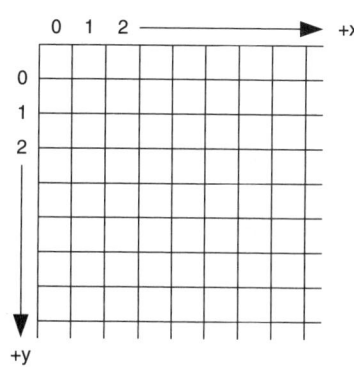

Abbildung 23.1:
Das Koordinatensystem von Java

23.2.4 Schließen eines Fensters

Ein einfaches Hauptfenster, wie es im vorigen Beispiel gezeigt wurde, besitzt keinerlei Funktionalität, um vom Anwender auf geordnete Weise geschlossen werden zu können. Alle entsprechenden Dialogelemente im Systemmenü sind ohne Funktion. Tatsächlich mußten wir das Programm durch Drücken von [STRG]+[C] abbrechen. Ohne zu tief in Details einzusteigen (diese werden in Kapitel 28 auf Seite 575 und Kapitel 29 auf Seite 597 nachgereicht) wollen wir an dieser Stelle beispielhaft einen geeigneten Mechanismus zum Schließen des Hauptfensters vorstellen.

Soll der Anwender ein Hauptfenster schließen können, muß ein WindowListener registriert werden. Dabei handelt es sich um ein Interface, dessen Methode windowClosing aufgerufen wird, wenn der Anwender über das System-Menü oder den Schließen-Button das Fenster schließen will. Das Programm wird in diesem Fall setVisible(false) aufrufen, um das Fenster zu schließen, und nötigenfalls System.exit anhängen, um zusätzlich das Programm zu beenden.

Da ein solcher WindowListener in praktisch jedem GUI-Programm benötigt wird, wollen wir eine Klasse WindowClosingAdapter vorstellen, die in allen folgenden Beispielen wiederverwendet werden kann:

```
001 /* WindowClosingAdapter.java */
002
003 import java.awt.*;
004 import java.awt.event.*;
005
006 public class WindowClosingAdapter
007 extends WindowAdapter
008 {
009   private boolean exitSystem;
010
```

Listing 23.2:
Die Klasse WindowClosingAdapter

Listing 23.2:
Die Klasse
Window-
ClosingAdapter
(Forts.)

```
011   /**
012    * Erzeugt einen WindowClosingAdapter zum Schliessen
013    * des Fensters. Ist exitSystem true, wird das komplette
014    * Programm beendet.
015    */
016   public WindowClosingAdapter(boolean exitSystem)
017   {
018     this.exitSystem = exitSystem;
019   }
020
021   /**
022    * Erzeugt einen WindowClosingAdapter zum Schliessen
023    * des Fensters. Das Programm wird nicht beendet.
024    */
025   public WindowClosingAdapter()
026   {
027     this(false);
028   }
029
030   public void windowClosing(WindowEvent event)
031   {
032     event.getWindow().setVisible(false);
033     event.getWindow().dispose();
034     if (exitSystem) {
035       System.exit(0);
036     }
037   }
038 }
```

Um den gewünschten Effekt zu erzielen, muß der Listener beim zu schließenden Fenster durch Aufruf von `addWindowListener` registriert werden. Dadurch wird beim Anklicken des Schließen-Buttons (bzw. beim Aufrufen des entsprechenden Systemmenüeintrags) die Methode `windowClosing` aufgerufen und das Fenster geschlossen. Falls `true` an den Konstruktor übergeben wurde, beendet der Listener das gesamte Programm.

Damit kann Listing 23.1 auf Seite 499 wie folgt verbessert werden:

Listing 23.3:
Das Schließen
des Fensters
ermöglichen

```
001 /* Listing2303.java */
002
003 import java.awt.*;
004
005 class Listing2303
006 {
007   public static void main(String[] args)
008   {
009     Frame wnd = new Frame("Fenster schließen");
010     wnd.addWindowListener(new WindowClosingAdapter(true));
011     wnd.setSize(400,300);
```

```
012       wnd.setVisible(true);
013    }
014 }
```

Listing 23.3:
Das Schließen
des Fensters
ermöglichen
(Forts.)

Damit sich die Beispiele, in denen der `WindowClosingAdapter` verwendet wird, kompilieren lassen, muß die Datei `WindowClosingAdapter.java` im aktuellen Verzeichnis vorhanden sein. Sie befindet sich auf der CD-ROM zum Buch oder kann direkt aus Listing 23.2 auf Seite 501 entnommen werden.

23.3 Elementare Grafikroutinen

Die Klasse `Graphics` stellt neben vielen anderen Funktionen auch eine Sammlung von linienbasierten Zeichenoperationen zur Verfügung. Diese sind zur Darstellung von einfachen Linien, Rechtecken oder Polygonen sowie von Kreisen, Ellipsen und Kreisabschnitten geeignet. Wir wollen im folgenden jede dieser Funktionsgruppen vorstellen und ihre Anwendung an einem Beispiel zeigen.

Um nicht jeweils eine komplette Klassendefinition angeben zu müssen, werden wir in den folgenden Beispielen jeweils nur die Implementierung der `paint`-Methode zeigen. Diese könnte dann beispielsweise in das folgende Programm eingebettet werden (auf der CD haben diese Dateien die Erweiterung .inc):

```
001 /* GrafikBeispiel.java */
002
003 import java.awt.*;
004 import java.awt.event.*;
005
006 public class GrafikBeispiel
007 extends Frame
008 {
009    public static void main(String[] args)
010    {
011       GrafikBeispiel wnd = new GrafikBeispiel();
012    }
013
014    public GrafikBeispiel()
015    {
016       super("GrafikBeispiel");
017       addWindowListener(new WindowClosingAdapter(true));
018       setBackground(Color.lightGray);
019       setSize(300,200);
020       setVisible(true);
021    }
```

Listing 23.4:
Rahmenprogramm für nachfolgende Beispiele

Kapitel 23 — Grafikausgabe

Listing 23.4:
Rahmenprogramm für nachfolgende Beispiele (Forts.)

```
022
023   public void paint(Graphics g)
024   {
025      //wird in den folgenden Beispielen überlagert
026   }
027 }
```

Da die `paint`-Methode in diesem Programm noch keine Ausgabeoperationen enthält, erzeugt das Programm lediglich ein leeres Fenster mit dem Titel »GrafikBeispiel«:

Abbildung 23.2: Ein einfaches Fenster

Das Beispielprogramm `GrafikBeispiel` ist so ungefähr der kleinstmögliche Rahmen, den man für ein AWT-basiertes Java-Programm vorgeben kann, wenn es ein einzelnes Fenster enthalten und beim Schließen desselben automatisch beendet werden soll. Es besteht aus folgenden Komponenten:

- Die Klasse `GrafikBeispiel` ist aus `Frame` abgeleitet, um ein Top-Level-Window darzustellen.

- Sie enthält eine statische Methode `main`, die als Eintrittspunkt für das Programm dient und das Fensterobjekt erzeugt.

- Der Konstruktor der Klasse enthält drei Methodenaufrufe, `setBackground`, `setSize` und `setVisible`, um die Farbe des Fensterhintergrunds und seine Größe einzustellen und das Fenster auf dem Bildschirm sichtbar zu machen.

- Weiterhin enthält der Konstruktor einen Aufruf von `addWindowListener`, mit dem ein `WindowClosingAdapter` zum Schließen des Fensters hinzugefügt wird.

- Schließlich gibt es eine Methode `paint`, die hier noch leer ist, aber in den nachfolgenden Beispielen dieses Kapitels den Aufruf verschiedener Grafikroutinen zeigt.

Elementare Grafikroutinen — Kapitel 23

23.3.1 Linie

`public void drawLine(int x1, int y1, int x2, int y2)` — java.awt.Graphics

Zieht eine Linie von der Position (x1,y1) zur Position (x2,y2). Beide Punkte dürfen an beliebiger Stelle im Fenster liegen, das Einhalten einer bestimmten Reihenfolge ist nicht erforderlich. Teile der Ausgabe, die außerhalb des darstellbaren Bereichs liegen, werden, wie in grafikorientierten Systemen üblich, unterdrückt.

Das folgende Beispiel zeichnet eine Reihe von gleich hohen Linien, deren horizontaler Abstand durch einen Zufallszahlengenerator bestimmt wird. Das Ergebnis hat dadurch Ähnlichkeit mit einem Barcode (ist aber keiner):

```
001 /* Linien.inc */
002
003 public void paint(Graphics g)
004 {
005   int i;
006   int x = 80;
007
008   for (i=0; i<60; ++i) {
009     g.drawLine(x,40,x,100);
010     x += 1+3*Math.random();
011   }
012 }
```

Listing 23.5: Ausgabe von Linien

Abbildung 23.3: Ausgabe von Linien

Die Methode `drawLine` zeichnet Linien grundsätzlich mit einer Dicke von einem Pixel. Die hier angezeigten unterschiedlich breiten Linien kommen dadurch zustande, daß zwei oder mehr Linien direkt nebeneinander ausgegeben werden. Das ist die einfachste Möglichkeit, Linien darzustellen, die dicker als 1 Pixel sind. Leider gibt es keine einfache Möglichkeit, gestrichelte oder gepunktete Linien zu zeichnen oder ein selbstdefiniertes Füllmuster zu verwenden.

23.3.2 Rechteck

java.awt.
Graphics

```
public void drawRect(int x, int y, int width, int height)
```

Zeichnet ein Rechteck der Breite width und der Höhe height, dessen linke obere Ecke an der Position (x,y) liegt. Eine größere Breite dehnt das Rechteck nach rechts aus, eine größere Höhe nach unten.

Eine Variante von drawRect ist die Methode drawRoundRect:

java.awt.
Graphics

```
public void drawRoundRect(
    int x, int y,
    int width, int height,
    int arcWidth, int arcHeight
)
```

Gegenüber drawRect sind hier die Parameter arcWidth und arcHeight dazugekommen. Sie bestimmen den horizontalen und vertikalen Radius des Ellipsenabschnitts, der zur Darstellung der runden »Ecke« verwendet wird.

Das folgende Beispiel zeichnet eine Kette von nebeneinanderliegenden Rechtecken, deren Größe durch einen Zufallszahlengenerator bestimmt wird. Der Zufallszahlengenerator entscheidet auch, ob ein Rechteck an der Ober- oder Unterseite seines Vorgängers festgemacht wird:

Listing 23.6:
Ausgabe von
Rechtecken

```
001 /* Rechtecke.inc */
002
003 public void paint(Graphics g)
004 {
005   int x = 10, y = 80;
006   int sizex, sizey = 0;
007
008   while (x < 280 && y < 180) {
009     sizex = 4 + (int) (Math.random() * 9);
010     if (Math.random() > 0.5) {
011       y += sizey;
012       sizey = 4 + (int) (Math.random() * 6);
013     } else {
014       sizey = 4 + (int) (Math.random() * 6);
015       y -= sizey;
016     }
017     g.drawRect(x,y,sizex,sizey);
018     x += sizex;
019   }
020 }
```

Elementare Grafikroutinen | **Kapitel 23**

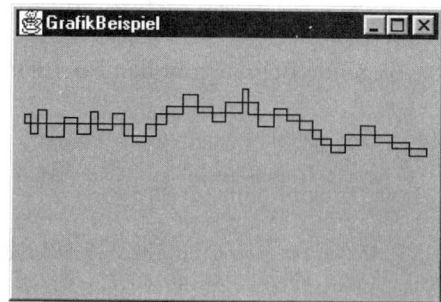

Abbildung 23.4: Ausgabe von Rechtecken

23.3.3 Polygon

Mit Hilfe der Methode drawPolygon ist es möglich, Linienzüge zu zeichnen, bei denen das Ende eines Elements mit dem Anfang des jeweils nächsten verbunden ist:

```
public void drawPolygon(int[] arx, int[] ary, int cnt)
```

java.awt.
Graphics

drawPolygon erwartet drei Parameter. Der erste ist ein Array mit einer Liste der *x*-Koordinaten und der zweite ein Array mit einer Liste der *y*-Koordinaten. Beide Arrays müssen so synchronisiert sein, daß ein Paar von Werten an derselben Indexposition immer auch ein Koordinatenpaar ergibt. Die Anzahl der gültigen Koordinatenpaare wird durch den dritten Parameter festgelegt.

Im Gegensatz zum JDK 1.0 wird das Polygon nach Abschluß der Ausgabe automatisch geschlossen. Falls der erste und der letzte Punkt nicht identisch sind, werden diese durch eine zusätzliche Linie miteinander verbunden. Soll dagegen ein nichtgeschlossenes Polygon gezeichnet werden, so kann dazu die Methode drawPolyline verwendet werden:

java.awt.
Graphics

```
public void drawPolyline(int[] arx, int[] ary, int cnt)
```

Eine zweite Variante, Polygone zu zeichnen, besteht darin, zunächst ein Objekt der Klasse Polygon zu konstruieren und dieses dann an drawPolygon zu übergeben. Polygon besitzt zwei Konstruktoren, von denen einer parameterlos ist und der andere dieselben Parameter wie die oben beschriebene Methode drawPolygon besitzt:

```
public void Polygon()
```

java.awt.
Graphics

```
public void Polygon(int[] arx, int[] ary, int cnt)
```

Mit Hilfe der Methode addPoint kann ein Polygon um weitere Punkte erweitert werden. Schließlich kann das fertige Polygon an die Methode drawPolygon übergeben werden, die dann wie folgt aufzurufen ist:

Kapitel 23   **Grafikausgabe**

java.awt.
Graphics

```
public void drawPolygon(Polygon p)
```

Das folgende Beispiel gibt den Buchstaben »F« mit Hilfe eines geschlossenen Polygons aus:

Listing 23.7:
Ausgabe eines
Polygons

```
001  /* Polygon.inc */
002
003  public void paint(Graphics g)
004  {
005    int[] arx = {50,50,120,120,80,80,100,100,80,80};
006    int[] ary = {170,40,40,70,70,100,100,130,130,170};
007
008    g.drawPolygon(arx,ary,arx.length);
009  }
```

Abbildung 23.5:
Ausgabe eines
Polygons

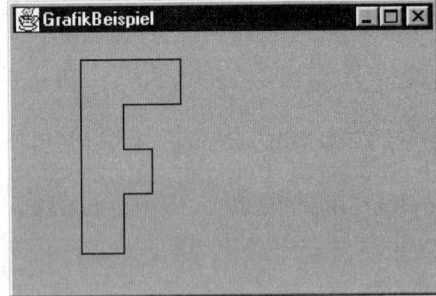

An diesem Beispiel läßt sich ein potentielles Problem bei der Angabe von *x*- und *y*-Koordinaten zur Bestimmung einzelner Punkte in einem Fenster erkennen. Obwohl das Fenster durch Aufruf der Methode setSize eine Größe von 300*200 Pixeln hat, ist die untere Kante des »F« bereits sehr viel näher am unteren Rand des Fensters, als dessen *y*-Wert von 170 vermuten läßt, insbesondere, wenn man bedenkt, daß der obere Rand des Buchstabens 50 Pixel vom Fensterrand entfernt ist. Der Grund dafür ist, daß die Größenangabe für setSize die Größe des kompletten Fensters festlegt und damit auch den erforderlichen Platz für die Titelleiste und gegebenenfalls das Menü einschließt. Der zur Ausgabe zur Verfügung stehende Client-Bereich ist daher in aller Regel deutlich kleiner. Wir werden später noch lernen, wie die *exakte* Größe des Client-Bereichs bestimmt werden kann.

23.3.4 Kreis

Die Graphics-Klasse von Java erlaubt sowohl das Zeichnen von Kreisen als auch von Ellipsen und Kreisabschnitten. Ein Kreis wird dabei als Verallgemeinerung einer Ellipse angesehen, und beide Objekte werden mit der Methode drawOval gezeichnet:

java.awt.
Graphics

```
public void drawOval(int x, int y, int width, int height)
```

508

Elementare Grafikroutinen   Kapitel 23

Anders als in anderen Grafiksystemen werden bei dieser Methode nicht der Mittelpunkt und der Radius des Kreises angegeben, sondern die übergebenen Parameter spezifizieren ein Rechteck der Größe width und heigth, dessen linke obere Ecke an der Position (x,y) liegt. Gezeichnet wird dann der größte Kreis, der vollständig in das Rechteck hineinpaßt.

Daß diese Vorgehensweise zwar untypisch ist, aber durchaus ihre Vorteile haben kann, zeigt das folgende Beispiel:

```
001  /* Kreise.inc */
002
003  public void paint(Graphics g)
004  {
005      int r = 8;
006      int i, j;
007      int x, y;
008
009      for (i=1; i<=10; ++i) {
010          x = 150 - r * i;
011          y = (int) (40 + (i - 1) * 1.7321 * r);
012          for (j=1; j<=i; ++j) {
013              g.drawOval(x,y,2*r,2*r);
014              x += 2 * r;
015          }
016      }
017  }
```

Listing 23.8:
Ausgabe von
Kreisen

Das Programm gibt dabei eine Pyramide von Kreisen aus. Da die an drawOval übergebenen Parameter bereits das umgebende Rechteck bezeichnen, kann die Figur wie eine Pyramide aus Rechtecken dargestellt werden:

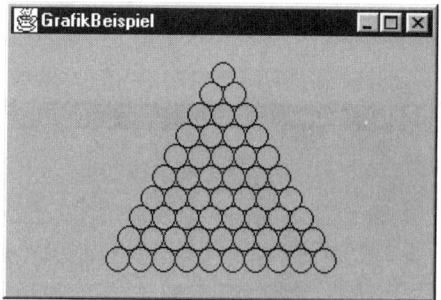

Abbildung 23.6:
Ausgabe von
Kreisen

23.3.5 Kreisbogen

Ein Kreisbogen ist ein zusammenhängender Abschnitt der Umfangslinie eines Kreises. Er kann mit der Methode drawArc gezeichnet werden:

java.awt.
Graphics
```
public void drawArc(
    int x, int y, int width, int height,
    int startAngle, int arcAngle
)
```

Die ersten vier Parameter bezeichnen dabei den Kreis bzw. die Ellipse so, wie dies auch bei drawOval der Fall war. Mit startAngle wird der Winkel angegeben, an dem mit dem Kreisabschnitt begonnen werden soll, und arcAngle gibt den zu überdeckenden Bereich an. Dabei bezeichnet ein Winkel von 0 Grad die 3-Uhr-Position, und positive Winkel werden *entgegen* dem Uhrzeigersinn gemessen. Als Einheit wird *Grad* verwendet und nicht das sonst übliche Bogenmaß.

Das folgende Beispiel zeichnet durch wiederholten Aufruf der Methode drawArc eine Ellipse mit einer gestrichelten Umfangslinie. Ein Aufruf zeichnet dabei jeweils 4 Grad der Ellipse und läßt dann eine Lücke von 3 Grad, bevor das nächste Stück gezeichnet wird:

Listing 23.9:
Ausgabe von
Kreisbögen
```
001  /* KreisBoegen.inc */
002
003  public void paint(Graphics g)
004  {
005      int line = 4;
006      int gap = 3;
007      int angle = 0;
008
009      while (angle < 360) {
010          g.drawArc(20,40,250,140,angle,line);
011          angle += gap + line;
012      }
013  }
```

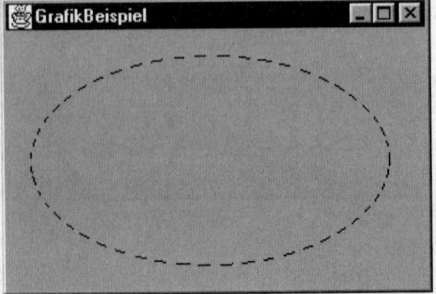

Abbildung 23.7:
Ausgabe von
Kreisbögen

23.4 Weiterführende Funktionen

23.4.1 Linien- oder Füllmodus

Mit Ausnahme von `drawLine` können alle vorgestellten Routinen entweder im *Linien-* oder im *Füllmodus* verwendet werden. Beginnt der Methodenname mit `draw`, erfolgt die Ausgabe im Linienmodus. Es wird lediglich der Umriß der jeweiligen Figur gezeichnet. Beginnt der Methodenname mit `fill`, erfolgt die Ausgabe im Füllmodus, und das Objekt wird mit ausgefüllter Fläche gezeichnet.

Nachfolgend noch einmal eine Zusammenstellung der verfügbaren Füllfunktionen:

```
public void fillRect(int x, int y, int w, int h)

public void fillRoundRect(
   int x, int y, int w, int h, int xr, int yr
)

public void fillPolygon(int[] arx, int[] ary, int cnt)
public void fillPolygon(Polygon p)

public void fillOval(int x, int y, int width, int height)

public void fillArc(
   int x, int y, int width, int height,
   int startAngle, int arcAngle
)
```

java.awt.
Graphics

Das nachfolgende Beispiel verwendet die Methoden `fillRect`, `fillPolygon`, `fillOval` und `fillArc`, um einen stilisierten »Java«-Schriftzug anzuzeigen:

```
001 /* GefuellteFlaechen.inc */
002
003 public void paint(Graphics g)
004 {
005    int[] arx = {150,175,200,150};
006    int[] ary = {100,150,100,100};
007
008    //---J
009    g.fillRect(70,40,20,80);
010    g.fillArc(30,90,60,60,225,180);
011    //---a
012    g.fillOval(100,100,40,50);
013    g.fillRect(120,100,20,50);
014    //---v
015    g.fillPolygon(arx,ary,arx.length);
016    //---a
```

Listing 23.10:
Ausgabe von
gefüllten
Flächen

Listing 23.10:
Ausgabe von
gefüllten
Flächen
(Forts.)

```
017     g.fillOval(210,100,40,50);
018     g.fillRect(230,100,20,50);
019 }
```

Abbildung 23.8:
Ausgabe von
gefüllten Flächen

 Man kann sich die Wirkungsweise der verschiedenen Methodenaufrufe etwas deutlicher machen, wenn man sie nicht im Füll-, sondern im Linienmodus arbeiten läßt. Dies ist auch eine nützliche Vorgehensweise beim Erstellen von komplexeren Grafiken. In unserem Beispiel würde die Ausgabe des Programms dann so aussehen:

Abbildung 23.9:
Ausgabe des Java-
Logos als Linien-
grafik

23.4.2 Kopieren und Löschen von Flächen

Die Klasse `Graphics` stellt auch einige Methoden zum Bearbeiten bereits gezeichneter Flächen zur Verfügung. Diese erlauben es beispielsweise, einen rechteckigen Ausschnitt des Ausgabefensters zu löschen oder zu kopieren:

java.awt.
Graphics

```
public void clearRect(
   int x, int y,
   int width, int height
)

public void copyArea(
```

```
    int x, int y,
    int width, int height,
    int dx, int dy
)
```

Die Methode `clearRect` löscht das angegebene Rechteck, indem sie den Bereich mit der aktuellen Hintergrundfarbe ausfüllt. (x,y) bezeichnet die linke obere Ecke, (width,height) die Breite und Höhe des Fensters.

Soll ein Teil des Fensters kopiert werden, kann dazu die Methode `copyArea` verwendet werden. Die ersten vier Parameter bezeichnen in der üblichen Weise den zu kopierenden Ausschnitt. (dx,dy) gibt die Entfernung des Zielrechtecks in *x*- und *y*-Richtung an. `copyArea` kopiert das ausgewählte Rechteck also immer an die Position (x+dx, y+dy).

Das folgende Beispiel demonstriert die Anwendung von `copyArea` anhand eines Programms, das den Bildschirm (ähnlich dem Windows 95-Hintergrund »Labyrinth«) mit einem Muster füllt:

```
001  /* Kopieren.inc */
002
003  public void paint(Graphics g)
004  {
005     int xorg = 4;
006     int yorg = 28;
007     int[] arx = {0,6,6,2,2,4,4,0,0};
008     int[] ary = {0,0,6,6,4,4,2,2,8};
009     for (int i = 0; i < arx.length; ++i) {
010        arx[i] += xorg;
011        ary[i] += yorg;
012     }
013     g.drawPolyline(arx,ary,arx.length);
014     for (int x = 0; x <= 300; x += 8) {
015        for (int y = 0; y <= 160; y += 8) {
016           if (x != 0 || y != 0) {
017              g.copyArea(xorg,yorg,8,8,x,y);
018           }
019        }
020     }
021  }
```

Listing 23.11: Kopieren von Flächen mit copyArea

Hier wird zunächst ein einziges Exemplar des Musters in der Größe 8*8 Pixel in der linken oberen Ecke des Fensters gezeichnet. Alle weiteren Wiederholungen werden durch Kopieren hergestellt:

Abbildung 23.10:
Kopieren von
Grafiken

 Wann die Anwendung der Methode copyArea in der Praxis sinnvoll ist, muß von Fall zu Fall entschieden werden. In unserem Beispiel wäre es sehr einfach gewesen, das Fenster auch ohne Kopieren mit dem Muster zu füllen, und der Overhead der Kopiermethode hätte vermieden werden können. Ist es dagegen sehr aufwendig, einen Teil des Fensters zu zeichnen, der an anderer Stelle repliziert werden soll, ist die Anwendung von copyArea sinnvoll.

23.4.3 Die Clipping-Region

Jeder Grafikkontext hat eine zugeordnete *Clipping-Region*, die dazu dient, die Ausgabe auf einen bestimmten Bereich einzugrenzen. So wird beispielsweise verhindert, daß wichtige Teile eines Fensters, wie z.B. der Rahmen oder die Menüzeile, von den Ausgabeoperationen des Programms überschrieben werden.

Auch in Java besitzt ein Fenster eine Clipping-Region, die an das übergebene Graphics-Objekt gebunden ist. Beim Aufruf der paint-Methode entspricht ihre Größe der zur Ausgabe zur Verfügung stehenden Fläche. Mit Hilfe der Methode clipRect kann die Clipping-Region nun sukzessive verkleinert werden:

java.awt.
Graphics

```
public void clipRect(int x, int y, int width, int height)
```

Ein Aufruf dieser Methode begrenzt die Clipping-Region auf die Schnittmenge zwischen dem angegebenen Rechteck und ihrer vorherigen Größe. Da eine Schnittmenge niemals größer werden kann als eine der Mengen, aus denen sie gebildet wurde, kann clipRect also lediglich dazu verwendet werden, die Clipping-Region zu *verkleinern*.

Soll die Clipping-Region auf einen beliebigen Bereich innerhalb des aktuellen Fensters ausgedehnt werden (der dabei auch größer sein kann als die bisherige Clipping-Region), so kann dazu die Methode setClip verwendet werden, die in zwei verschiedenen Ausprägungen zur Verfügung steht:

Weiterführende Funktionen — Kapitel 23

```
public abstract void setClip(int x, int y, int width, int height)
public abstract void setClip(Shape clip)
```
java.awt.Graphics

Die erste Version übergibt ein Rechteck, das die Größe der gewünschten Clipping-Region in Client-Koordinaten angibt. Die zweite Variante erlaubt die Übergabe eines Objekts, welches das `Shape`-Interface implementiert. Das Interface besitzt derzeit jedoch nur die Methode `getBounds`, mit der das umschließende Rechteck ermittelt werden kann:

```
public abstract Rectangle getBounds()
```
java.awt.Shape

Da außer Rechtecken derzeit keine anders geformten `Shape`-Objekte zur Definition der Clipping-Region unterstützt werden, wollen wir hier nicht weiter auf die zweite Variante von `setClip` eingehen.

Soll die Ausdehnung der aktuellen Clipping-Region ermittelt werden, so kann dazu eine der Methoden `getClip` oder `getClipBounds` verwendet werden:

```
public abstract Shape getClip()

public abstract Rectangle getClipBounds()
```
java.awt.Graphics

Dabei liefert `getClip` ein `Shape`-Objekt, das derzeit denselben Einschränkungen unterliegt wie das beim Aufruf von `setClip` übergebene. `getClipBounds` liefert das kleinste Rechteck, das die aktuelle Clipping-Region vollständig umschließt.

Das folgende Beispiel wiederholt die Ausgabe des Java-Logos, grenzt aber vorher die Clipping-Region auf ein Fenster der Größe 150*80 Pixel ein, das seinen Ursprung an Position (50,50) hat:

```
001 /* Clipping.inc */
002
003 public void paint(Graphics g)
004 {
005    int[] arx = {150,175,200,150};
006    int[] ary = {100,150,100,100};
007
008    g.setClip(50,50,150,80);
009    //---J
010    g.fillRect(70,40,20,80);
011    g.fillArc(30,90,60,60,225,180);
012    //---a
013    g.fillOval(100,100,40,50);
014    g.fillRect(120,100,20,50);
015    //---v
016    g.fillPolygon(arx,ary,arx.length);
017    //---a
```

Listing 23.12: Verwendung der Clipping-Funktionen

Listing 23.12:
Verwendung der
Clipping-
Funktionen
(Forts.)

```
018     g.fillOval(210,100,40,50);
019     g.fillRect(230,100,20,50);
020  }
```

Die Ausgabe des Programms erfolgt nun nur noch innerhalb der Clipping-Region:

Abbildung 23.11:
Verwendung der
Clipping-
Funktionen

23.5 Zusammenfassung

In diesem Kapitel wurden folgende Themen behandelt:

▶ Das Abstract Windowing Toolkit und das Paket `java.awt`

▶ Grundlagen der Grafikausgabe und Anlegen eines Fensters

▶ Die Methode `paint` und die Klasse `Graphics`

▶ Das grafische Koordinatensystem von Java

▶ Die Methoden `drawLine`, `drawRect`, `drawPolygon`, `drawPolyline`, `drawOval` und `drawArc` der Klasse `Graphics` zur Ausgabe von Linien, Rechtecken, Polygonen, Kreisen und Kreisbögen

▶ Die Bedeutung von Linien- und Füllmodus

▶ Die Methoden `fillRect`, `fillRoundRect`, `fillPolygon`, `fillOval` und `fillArc` zum Erzeugen von gefüllten Flächen

▶ Kopieren und Löschen von Flächen mit den Methoden `clearRect` und `copyArea`

▶ Die Clipping-Region und die Methoden `clipRect`, `setClip`, `getClip` und `getBounds`

24 Textausgabe

24.1 Ausgabefunktionen

Neben den Methoden zur Ausgabe von Linien- oder Flächengrafiken gibt es in Java die Möglichkeit, *Text* in einem Fenster auszugeben. Die dafür vorgesehenen Methoden drawString, drawChars und drawBytes gehören ebenfalls zur Klasse Graphics:

```
public void drawString(
   String str, int x, int y
)

public void drawChars(
   char[] data, int offset, int length, int x, int y
)

public void drawBytes(
   byte[] data, int offset, int length, int x, int y
)
```

java.awt.
Graphics

Die einfachste Methode, Text auszugeben, besteht darin, drawString aufzurufen und dadurch den String str im Grafikfenster an der Position (x,y) auszugeben. Das Koordinatenpaar (x,y) bezeichnet dabei das linke Ende der *Basislinie* des ersten Zeichens in str. Die Bedeutung der Basislinie wird später bei der Beschreibung der Font-Metriken erläutert.

In dem folgenden Beispiel wird versucht, einen String, der die Größe der Client-Area angibt, zentriert im Ausgabefenster auszugeben (wir verwenden immer noch Listing 23.4 auf Seite 503 aus Kapitel 23):

```
001  /* Textausgabe.inc */
002
003  public void paint(Graphics g)
004  {
005      int maxX=getSize().width-getInsets().left-getInsets().right;
006      int maxY=getSize().height-getInsets().top-getInsets().bottom;
007
008      g.drawString(
009          "Die Client-Area ist "+maxX+"*"+maxY+" Pixel groß",
010          getInsets().left + maxX/2,
011          getInsets().top + maxY/2
012      );
013  }
```

Listing 24.1:
Einfache Textausgabe im Grafikfenster

Abbildung 24.1:
Einfache
Textausgabe

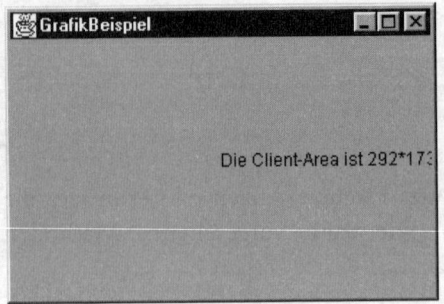

Man kann an diesem Beispiel gut sehen, wie die Größe der Client-Area ermittelt werden kann. Zunächst wird durch Aufruf von getSize die Größe des gesamten Fensters bestimmt. Anschließend werden die Teile des Fensters herausgerechnet, die nicht der Client-Area zur Verfügung stehen, nämlich der Rahmen und die Titelzeile. Auf diese Informationen kann mit Hilfe der Methode getInsets zugegriffen werden. Sie gibt die Abmessungen der Elemente an, die um die Client-Area herum plaziert sind.

Abbildung 24.2 erweitert das in Kapitel 23 auf Seite 497 erläuterte Koordinatensystem des AWT um die erwähnten Randelemente. Dabei ist insbesondere zu erkennen, daß der Punkt (0,0) nicht den Ursprung der Client-Area bezeichnet, sondern die linke obere Ecke des Fensters. Der Ursprung der Client-Area hat die *x*-Koordinate getInsets().left und die *y*-Koordinate getInsets().top.

Abbildung 24.2:
Die Rand-
elemente eines
Fensters

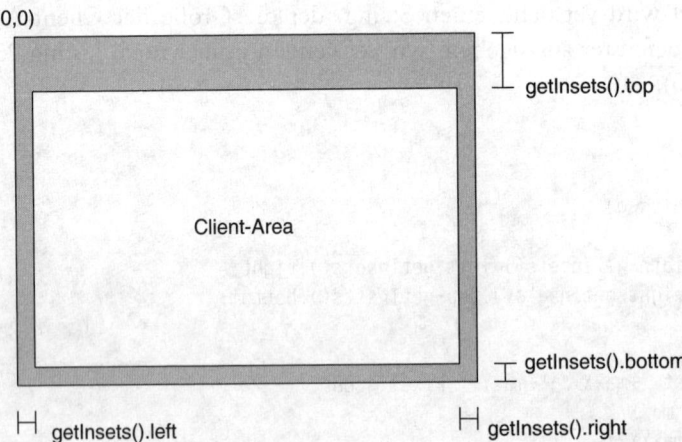

> Leider hat das Programm einen kleinen Schönheitsfehler, denn der Mittelpunkt des Fensters wird zur Ausgabe des *ersten* Zeichens verwendet, obwohl dort eigentlich der Mittelpunkt des gesamten Strings liegen sollte. Wir werden dieses Beispiel später komplettieren, wenn uns mit Hilfe von *Font-Metriken* die Möglichkeit zur Verfügung steht, die Breite und Höhe eines Strings zu messen.

Die Methode `drawString` ist leider nicht besonders vielseitig, denn sie kann Text weder drehen noch clippen. Sie interpretiert auch keine eingebetteten Formatierungen, wie beispielsweise einen Zeilenumbruch oder einen Tabulator. Da es im Windows-API all diese und noch weitere Möglichkeiten gibt, zeigt sich hier wie auch an anderen Stellen des AWT, daß eine Java-Portierung in der Regel nicht alle Funktionen des darunterliegenden Betriebssystems zur Verfügung stellen kann. Das *2D-API* des JDK 1.2 stellt darüber hinaus viele zusätzliche Grafikfunktionen plattformübergreifend zur Verfügung.

Die Methoden `drawChars` und `drawBytes` sind leichte Variationen von `drawString`. Anstelle eines Strings erwarten sie ein Array von Zeichen bzw. Bytes als Quelle für den auszugebenden Text. Mit `offset` und `length` stehen zwei zusätzliche Parameter zur Verfügung, die zur Angabe der Startposition bzw. der Anzahl der auszugebenden Zeichen verwendet werden können.

24.2 Unterschiedliche Schriftarten

24.2.1 Font-Objekte

Führt man die Schriftausgabe wie bisher besprochen durch, werden die Texte in einem systemabhängigen Standard-Font ausgegeben. Soll ein anderer Font zur Textausgabe verwendet werden, so muß zunächst ein passendes Objekt der Klasse `Font` erzeugt und dem verwendeten `Graphics`-Objekt zugewiesen werden:

```
public void setFont(Font font)
```
java.awt. Graphics

```
public Font getFont()
```

Die Methode `setFont` wird dazu verwendet, das `Font`-Objekt `font` in den Grafikkontext einzutragen, und mit `getFont` kann der aktuelle Font abgefragt werden.

Das Erzeugen neuer `Font`-Objekte wird über die drei Parameter `name`, `style` und `size` des Konstruktors der Klasse `Font` gesteuert:

```
public Font(String name, int style, int size)
```
java.awt. Font

Der Parameter name gibt den Namen des gewünschten Fonts an. In allen Java-Systemen sollten die Namen SansSerif (früher Helvetica), Serif (früher TimesRoman) und Monospaced (früher Courier) unterstützt werden. Sie stehen für die systemspezifischen Proportionalzeichensätze der Familien Helvetica und TimesRoman bzw. für die nichtproportionale Familie Courier. Unter Windows werden diese Standardnamen auf die True-Type-Fonts Arial, Times New Roman und Courier New abgebildet.

Der zweite und dritte Parameter des Konstruktors sind beide vom Typ int. Ein beliebter Fehler besteht darin, beide zu verwechseln und so die Angaben für die Größe und die Textattribute zu vertauschen. Leider kann der Fehler vom Compiler nicht gefunden werden, sondern wird frühestens zur Laufzeit entdeckt. Selbst dann wird er leicht mit dem Fall verwechselt, daß die gewünschten Schriftarten bzw. Attribute auf dem Zielsystem nicht installiert sind. Beim Erzeugen von Font-Objekten ist also einige Vorsicht geboten.

Schriften sind generell recht unportabel, deshalb ist bei ihrer Verwendung Vorsicht angebracht. Insbesondere bei der Verwendung von systemspezifischen Schriftarten kann es sein, daß der Font-Mapper eines anderen Systems eine völlig verkehrte Schrift auswählt und die Ausgabe des Programms dann unbrauchbar wird. Werden nur die genannten Standardschriften verwendet, so sollte die Schriftausgabe auf allen unterstützten Java-Systemen zumindest lesbar bleiben. Die alten Schriftnamen Helvetica, TimesRoman und Courier aus dem JDK 1.0 werden zwar noch unterstützt, sind aber als deprecated gekennzeichnet und sollten daher nicht mehr verwendet werden.

Der Parameter style wird verwendet, um auszuwählen, ob ein Font in seiner Standardausprägung, fett oder kursiv angezeigt werden soll. Java stellt dafür die in Tabelle 24.1 aufgeführten numerischen Konstanten zur Verfügung. Die Werte BOLD und ITALIC können auch gemeinsam verwendet werden, indem beide Konstanten addiert werden.

Tabelle 24.1: Style-Parameter

Name	Wert	Bedeutung
Font.PLAIN	0	Standard-Font
Font.BOLD	1	Fett
Font.ITALIC	2	Kursiv

Der dritte Parameter des Konstruktors gibt die Größe der gewünschten Schriftart in Punkt an. Übliche Punktgrößen für die Ausgabe von Text sind 10 oder 12 Punkt.

Unterschiedliche Schriftarten

Das folgende Beispiel gibt die drei Standardschriften in 36 Punkt aus:

```
001 /* Schriften.inc */
002
003 public void paint(Graphics g)
004 {
005   Font font;
006   String[] arfonts = {"Serif","SansSerif","Monospaced"};
007
008   for (int i=0; i<arfonts.length; ++i) {
009     font = new Font(arfonts[i],Font.PLAIN,36);
010     g.setFont(font);
011     g.drawString(arfonts[i],10,30 + (i+1)*(36+5));
012   }
013 }
```

Listing 24.2:
Ausgabe
verschiedener
Schriften

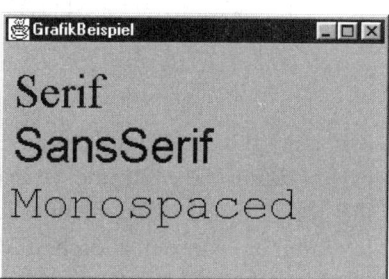

Abbildung 24.3:
Ausgabe
verschiedener
Fonts

Die Abbildung von Schriftnamen im JDK auf die dazu passenden Schriften des Betriebssystems wird durch die Datei font.properties im lib-Verzeichnis des JDK gesteuert, die zur Laufzeit vom AWT interpretiert wird. Werden hier Anpassungen vorgenommen, so ändert sich die Darstellung der Standardschriften.

24.2.2 Standardschriftarten

Es gibt im AWT eine Klasse Toolkit, die als Hilfsklasse bei der Abbildung der portablen AWT-Eigenschaften dient. Toolkit ist standardmäßig abstrakt, wird aber von jeder AWT-Implementierung konkretisiert und den Anwendungen über die Klassenmethode getDefaultToolkit zur Verfügung gestellt. Während die meisten Methoden von Toolkit nur für Implementatoren von AWT-Portierungen von Interesse sind, gibt es auch einige Methoden, die in der Anwendung sinnvoll verwendet werden können. Eine dieser Methoden ist getFontList:

```
public String[] getFontList()
```

java.awt.
Toolkit

Diese Methode liefert ein Array von Strings mit den Namen der Standardschriftarten, die in der vorliegenden AWT-Implementierung verfügbar sind.

Die folgende `paint`-Methode listet alle verfügbaren Standardschriften auf dem Bildschirm auf:

Listing 24.3: Auflistung aller Standardschriften

```
001 /* Standardschriften.inc */
002
003 public void paint(Graphics g)
004 {
005   Font font;
006   String[] arfonts = Toolkit.getDefaultToolkit().getFontList();
007
008   for (int i=0; i<arfonts.length; ++i) {
009     font = new Font(arfonts[i],Font.PLAIN,36);
010     g.setFont(font);
011     g.drawString(arfonts[i],10,(i+1)*(36+5));
012   }
013 }
```

Mit dem JDK 1.2 wurde die Methode `getFontList` als deprecated markiert. Sie wird ersetzt durch die Methode `getAvailableFontFamilyNames` der Klasse `GraphicsEnvironment`, die im JDK 1.2 dazu dient, die verfügbaren Grafikgeräte und -konfigurationen zu beschreiben. Mit der statischen Methode `getLocalGraphicsEnvironment` kann das aktuelle `GraphicsEnvironment`-Objekt beschafft werden.

java.awt.
Graphics-
Environment

```
static GraphicsEnvironment getLocalGraphicsEnvironment()

String[] getAvailableFontFamilyNames()
```

Das vorige Beispiel müßte also wie folgt geändert werden:

Listing 24.4: Auflistung der Standardschriften

```
001 /* Standardschriften12.inc */
002
003 public void paint(Graphics g)
004 {
005   Font font;
006   GraphicsEnvironment ge =
007     GraphicsEnvironment.getLocalGraphicsEnvironment();
008   String[] arfonts = ge.getAvailableFontFamilyNames();
009
010   for (int i=0; i<arfonts.length; ++i) {
011     font = new Font(arfonts[i],Font.PLAIN,36);
012     g.setFont(font);
013     g.drawString(arfonts[i],10,(i+1)*(36+5));
014   }
015 }
```

Die Ausgabe des Programms ist (man muß das Fenster etwas größer ziehen, damit alle Schriften angezeigt werden):

Abbildung 24.4: Liste der Standardschriften

Die letzte Schrift ist *ZapfDingbats*, eine Schrift mit vorwiegend grafischen Symbolen. Da ihr Zeichensatz anders organisiert ist als bei normalen Schriften, werden lediglich eckige Kästchen ausgegeben.

24.3 Eigenschaften von Schriftarten

24.3.1 Font-Informationen

Die Klasse Font besitzt Methoden, um Informationen über den aktuellen Font zu gewinnen:

```
public String getFamily()
public int getStyle()
public int getSize()
```

java.awt.Font

getFamily liefert den systemspezifischen Namen eines Fonts, getStyle den Style-Parameter und getSize die Größe des Fonts. Auf diese Weise läßt sich ein neues Font-Objekt als Variation eines bestehenden Fonts erzeugen. Das folgende Beispiel zeigt eine paint-Methode, die den zur Anzeige verwendeten Font bei jedem Aufruf um 1 Punkt vergrößert:

Listing 24.5:
Vergrößern der
Schriftart

```
001  /* SchriftGroesser.inc */
002
003  public void paint(Graphics g)
004  {
005    Font font = getFont();
006
007    if (font.getSize() <= 64) {
008      setFont(
009        new Font(
010          font.getFamily(),
011          font.getStyle(),
012          font.getSize() + 1
013        )
014      );
015    }
016    g.drawString("Hello, World",40,100);
017  }
```

> Dieses Beispiel hat eine Besonderheit, denn es werden nicht die Methoden getFont und setFont der Klasse Graphics aufgerufen, sondern diejenigen aus der Fensterklasse Frame. Dadurch bleiben die Font-Informationen auch zwischen zwei Aufrufen von paint erhalten.

24.3.2 Font-Metriken

Oft benötigt man Informationen über die Größe eines einzelnen Zeichens oder eines kompletten Strings. Anders als in textbasierten Systemen ist die Größe von Schriftzeichen bei der Programmierung unter einer grafischen Oberfläche nämlich nicht konstant, sondern von der Art des Fonts, dem Ausgabegerät und vor allem von der Breite der Zeichen selbst abhängig.

Das Größenmodell von Java sieht für ein Textzeichen fünf unterschiedliche Maßzahlen vor (siehe Abbildung 24.5 auf Seite 525), die teilweise zu den im Schriftsatz verwendeten Begriffen kompatibel sind. Wichtigste Bezugsmarke für die verschiedenen Maße ist dabei die *Grundlinie* des Zeichens, die den oberen und unteren Teil voneinander trennt. Die *Unterlänge* gibt die Länge zwischen Grundlinie und unterer Begrenzung des Zeichens an. Die *Oberlänge* bezeichnet die Länge zwischen Grundlinie und oberem Rand des Zeichens. Die *Breite eines Zeichens* ist der Abstand vom linken Rand des Zeichens bis zum linken Rand des darauffolgenden Zeichens. Der *Zeilenabstand* ist der Abstand zwischen dem unteren Rand einer Zeile und dem oberen Rand der nächsten Zeile. Die *Höhe* ist die Summe aus Oberlänge, Unterlänge und Zeilenabstand.

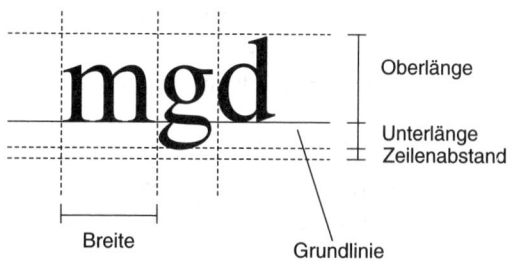

Abbildung 24.5: Größenmaßzahlen für Fonts in Java

Zur Bestimmung der Größeneigenschaften von Zeichen wird die Klasse `FontMetrics` verwendet. `FontMetrics` ist eine abstrakte Klasse, die nicht direkt instanziert werden kann. Statt dessen wird sie durch Aufruf der Methode `getFontMetrics` aus dem Grafikkontext gewonnen:

```
public FontMetrics getFontMetrics(Font font)
public FontMetrics getFontMetrics()
```
java.awt.
Toolkit

Die parameterlose Variante dient dazu, Metriken zum aktuellen Font zu ermitteln, an die andere kann der zu untersuchende Font als Argument übergeben werden. Nun stehen Methoden zur Verfügung, die zur Bestimmung der genannten Eigenschaften aufgerufen werden können. Nachfolgend werden die wichtigsten von ihnen vorgestellt.

```
public int charWidth(char ch)

public int stringWidth(String s)
```
java.awt.
FontMetrics

Mit `charWidth` wird die Breite eines einzelnen Zeichens `ch` bestimmt, mit `stringWidth` die eines kompletten Strings. Der Rückgabewert dieser Methoden wird dabei stets in Bildschirmpixeln angegeben. Bei der Anwendung von `stringWidth` werden auch Unterschneidungen oder andere Sonderbehandlungen berücksichtigt, die bei der Ausgabe der Zeichenkette erfolgen würden.

```
public int getAscent()

public int getDescent()

public int getHeight()

public int getLeading()
```
java.awt.
FontMetrics

`getAscent` liefert die Oberlänge des Fonts, `getDescent` die Unterlänge, `getLeading` den Zeilenabstand und `getHeight` die Höhe. Obwohl diese Informationen für die meisten Zeichen des ausgewählten Fonts gültig sind, garantiert Java nicht, daß dies für alle Zeichen der Fall

Kapitel 24   **Textausgabe**

ist. Insbesondere kann es einzelne Zeichen geben, die eine größere Ober- oder Unterlänge haben. Zur Behandlung dieser Sonderfälle gibt es zusätzliche Methoden in FontMetrics, die hier nicht näher behandelt werden sollen.

Das nachfolgende Beispiel zeigt eine paint-Methode, die einige Schriftzeichen in 72 Punkt Größe zusammen mit einem 10*10 Pixel großen Koordinatengitter ausgibt. Zusätzlich gibt das Programm die Font-Metriken aus:

Listing 24.6:
Anzeige von
Font-Metriken

```
001 /* Fontmetriken.inc */
002
003 public void paint(Graphics g)
004 {
005   Font font = new Font("TimesRoman",Font.PLAIN,72);
006
007   //---Linien
008   g.setColor(Color.blue);
009   for (int x = 10; x <= 260; x += 10) {
010     g.drawLine(x,30,x,130);
011   }
012   for (int y = 30; y <= 130; y += 10) {
013     g.drawLine(10,y,260,y);
014   }
015   //---Schrift
016   g.setColor(Color.black);
017   g.drawLine(0,100,270,100);
018   g.setFont(font);
019   g.drawString("mgdAW",10,100);
020   //---Font-Metriken
021   FontMetrics fm = getFontMetrics(font);
022   System.out.println("Oberlänge      = " + fm.getAscent());
023   System.out.println("Unterlänge     = " + fm.getDescent());
024   System.out.println("Höhe           = " + fm.getHeight());
025   System.out.println("Zeilenabstand  = " + fm.getLeading());
026   System.out.println("---");
027   System.out.println("Breite(m)      = " + fm.charWidth('m'));
028   System.out.println("Breite(g)      = " + fm.charWidth('g'));
029   System.out.println("Breite(d)      = " + fm.charWidth('d'));
030   System.out.println("Breite(A)      = " + fm.charWidth('A'));
031   System.out.println("Breite(W)      = " + fm.charWidth('W'));
032   System.out.println("---");
033 }
```

Die Grafikausgabe des Programms ist wie folgt:

Abbildung 24.6:
Anzeige von
Font-Metriken

Zusätzlich werden die Font-Metriken in das Textfenster geschrieben:

```
Oberlänge      = 73
Unterlänge     = 16
Höhe           = 93
Zeilenabstand  = 4
---
Breite(m)      = 55
Breite(g)      = 35
Breite(d)      = 36
Breite(A)      = 52
Breite(W)      = 68
```

Als weitere Anwendung der Font-Metriken wollen wir Listing 24.1 auf Seite 517 wie versprochen komplettieren und den Text zentriert ausgeben:

```
001 /* Zentriert.inc */
002
003 public void paint(Graphics g)
004 {
005   int maxX=getSize().width-getInsets().left-getInsets().right;
006   int maxY=getSize().height-getInsets().top-getInsets().bottom;
007   String s="Die Client-Area ist "+maxX+"*"+maxY+" Pixel groß";
008   FontMetrics fm = g.getFontMetrics();
009   int slen = fm.stringWidth(s);
010   g.drawString(
011     s,
012     getInsets().left + ((maxX - slen)/2),
013     getInsets().top  + (maxY/2)
014   );
015 }
```

Listing 24.7:
Zentrierte
Textausgabe

Die Programmausgabe ist:

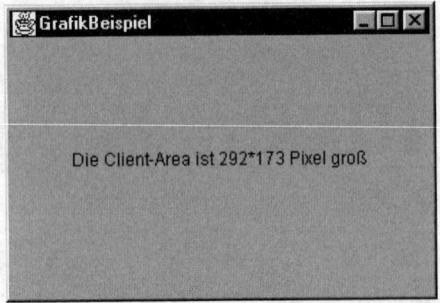

Abbildung 24.7: Zentrierte Textausgabe

24.4 Zusammenfassung

In diesem Kapitel wurden folgende Themen behandelt:

- Elementare Textausgabe mit den Methoden `drawString`, `drawChars` und `drawBytes`
- Die Größe der Client-Area und die Methoden `getSize` und `getInsets`
- Erzeugen unterschiedlicher Schriftarten mit Hilfe von `Font`-Objekten
- Die Standard-Fonts `SansSerif`, `Serif` und `Monospaced`
- Ermitteln der auf einer Plattform verfügbaren Schriften
- Die Größenmaßzahlen einer Schrift
- Zugriff auf Font-Metriken mit der Klasse `FontMetrics`

25 Farben

25.1 Das Java-Farbmodell

Das Java-Farbmodell basiert auf dem *RGB-Farbmodell*. Dieses stellt Farben mit 24 Bit Tiefe dar und setzt jede Farbe aus einer Mischung der drei Grundfarben Rot, Grün und Blau zusammen. Da jede dieser Grundfarben einen Anteil von 0 bis 255 haben kann und so mit jeweils 8 Datenbits darstellbar ist, ergibt sich eine gesamte Farbtiefe von 24 Bit. Ein Wert von 0 für eine der Grundfarben bedeutet dabei, daß diese Grundfarbe nicht in das Ergebnis eingeht, ein Wert von 255 zeigt die maximale Intensität dieser Farbe an. RGB-Farben werden üblicherweise durch ganzzahlige Tripel (r,g,b) dargestellt, die den Anteil an der jeweiligen Grundfarbe in der Reihenfolge Rot, Grün und Blau darstellen. Tabelle 25.1 listet einige gebräuchliche Farben und ihre RGB-Werte auf:

Farbe	Rot-Anteil	Grün-Anteil	Blau-Anteil
Weiß	255	255	255
Schwarz	0	0	0
Grau	127	127	127
Rot	255	0	0
Grün	0	255	0
Blau	0	0	255
Yellow	255	255	0
Magenta	255	0	255
Cyan	0	255	255

Tabelle 25.1: Gebräuchliche Farbwerte

Neben dem RGB-Farbmodell unterstützt Java auch das *HSB-Farbmodell*. Dieses stellt eine Farbe durch die drei Parameter *Farbton*, *Intensität* und *Helligkeit* dar. Java stellt einige Methoden zur Konvertierung zwischen RGB und HSB zur Verfügung, auf die wir aber nicht weiter eingehen werden.

25.2 Erzeugen von Farben

Farben werden in Java durch die Klasse Color repräsentiert. Jedes Color-Objekt repräsentiert dabei eine Farbe, die durch ihre RGB-Werte eindeutig bestimmt ist. Farben können durch Instanzieren eines Color-Objekts und Übergabe des gewünschten RGB-Wertes an den Konstruktor erzeugt werden:

| java.awt. | `public Color(int r, int g, int b)` |
| Color | |

```
public Color(float r, float g, float b)
```

Der Konstruktor mit den `int`-Parametern erwartet dabei die Farbwerte als Ganzzahlen im Bereich von 0 bis 255. Alternativ dazu können die Farbanteile auch als Fließkommazahlen übergeben werden. In diesem Fall muß jeder der Werte im Bereich von 0.0 bis 1.0 liegen. 0.0 entspricht dem völligen Fehlen dieses Farbanteils und 1.0 der maximalen Intensität (entsprechend dem ganzzahligen Farbwert 255).

Alternativ stellt die Klasse `Color` eine Reihe von statischen `Color`-Objekten zur Verfügung, die direkt verwendet werden können:

java.awt.	`public static Color white`
Color	`public static Color lightGray`
	`public static Color gray`
	`public static Color darkGray`
	`public static Color black`
	`public static Color red`
	`public static Color blue`
	`public static Color green`
	`public static Color yellow`
	`public static Color magenta`
	`public static Color cyan`
	`public static Color orange`
	`public static Color pink`

Um von einem bestehenden Farbobjekt die RGB-Werte zu ermitteln, stellt die Klasse `Color` die Methoden `getRed`, `getGreen` und `getBlue` zur Verfügung:

java.awt.	`public int getRed()`
Color	`public int getGreen()`
	`public int getBlue()`

25.3 Verwenden von Farben

Um Farben bei der Ausgabe von Grafik oder Schrift zu verwenden, muß ein geeignetes `Color`-Objekt beschafft und dem `Graphics`-Objekt mit Hilfe der Methode `setColor` zugewiesen werden. Die Ausgaben erfolgen dann so lange in der neuen Farbe, bis durch Aufruf von `setColor` eine andere Farbe festgelegt wird. Mit Hilfe der Methode `getColor` kann die aktuelle Farbe ermittelt werden:

| java.awt. | `public void setColor(Color c)` |
| Graphics | |

```
public Color getColor()
```

Verwenden von Farben   Kapitel 25

Das folgende Beispiel zeigt die Verwendung von Farben und ihre Zusammensetzung aus den drei Grundfarben Rot, Grün und Blau. Es stellt das Prinzip der additiven Farbmischung mit Hilfe dreier überlappender Kreise dar:

```
001  /* Listing2501.java */
002
003  import java.awt.*;
004  import java.awt.event.*;
005
006  public class Listing2501
007  extends Frame
008  {
009    public static void main(String[] args)
010    {
011      Listing2501 wnd = new Listing2501();
012    }
013
014    public Listing2501()
015    {
016      super("Der Farbenkreis");
017      addWindowListener(new WindowClosingAdapter(true));
018      setSize(300,200);
019      setVisible(true);
020    }
021
022    public void paint(Graphics g)
023    {
024      int top   = getInsets().top;
025      int left  = getInsets().left;
026      int maxX  = getSize().width-left-getInsets().right;
027      int maxY  = getSize().height-top-getInsets().bottom;
028      Color col;
029      int[] arx   = {130,160,190};
030      int[] ary   = {60,110,60};
031      int[] arr   = {50,50,50};
032      int[] arcol = {0,0,0};
033      boolean paintit;
034      int dx, dy;
035
036      for (int y = 0; y < maxY; ++y) {
037        for (int x = 0; x < maxX; ++x) {
038          paintit = false;
039          for (int i = 0; i < arcol.length; ++i) {
040            dx = x - arx[i];
041            dy = y - ary[i];
042            arcol[i] = 0;
043            if ((dx*dx+dy*dy) <= arr[i]*arr[i]) {
044              arcol[i] = 255;
```

Listing 25.1:
Darstellung des Farbenkreises

Listing 25.1:
Darstellung des
Farbenkreises
(Forts.)

```
045          paintit = true;
046        }
047      }
048      if (paintit) {
049        col = new Color(arcol[0],arcol[1],arcol[2]);
050        g.setColor(col);
051        g.drawLine(x+left,y+top,x+left+1,y+top+1);
052      }
053    }
054  }
055 }
056 }
```

Das Programm arbeitet in der Weise, daß für jeden einzelnen Punkt der Zeichenfläche berechnet wird, ob dieser in einem der drei Kreise liegt. Ist dies der Fall, so wird die zugehörige Farbkomponente auf 255 gesetzt, andernfalls auf 0. Die Bestimmung der Kreiszugehörigkeit erfolgt mit Hilfe des Satzes von Pythagoras, nach dem ein Punkt genau dann zu einem Kreis gehört, wenn die Summe der Quadrate der Abstände vom x- und y-Wert zum Mittelpunkt kleiner gleich dem Quadrat des Radius ist. Die drei Mittelpunkte werden in unserem Beispiel in den Arrays arx und ary, die Radien der Kreise in arr gespeichert. Die boolesche Variable paintit zeigt an, ob der Punkt in wenigstens einem der drei Kreise liegt und daher überhaupt eine Ausgabe erforderlich ist.

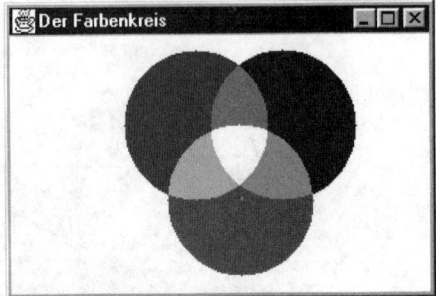

Abbildung 25.1:
Der Farbenkreis

25.4 Systemfarben

Um ihren Anwendungen ein einheitliches Look-and-Feel zu geben, definieren grafische Oberflächen in der Regel eine Reihe von Systemfarben. Diese können im Programm verwendet werden, um beispielsweise die Farbe des Hintergrunds oder die von Dialogelementen konsistent festzulegen. Während es in früheren Versionen von Java keine Möglichkeit gab, auf Systemfarben zuzugreifen, steht diese Möglichkeit mit der Klasse SystemColor im JDK 1.1 portabel zur Verfügung.

`SystemColor` ist aus `Color` abgeleitet und unterscheidet sich von ihr vor allem durch die Fähigkeit, die Farbe dynamisch zu ändern. Dieses Feature ist auf Systemen interessant, die eine Nachricht an die Anwendung senden, wenn sich eine Systemfarbe geändert hat. Wir wollen an dieser Stelle nicht näher darauf eingehen.

Die Klasse `SystemColor` stellt eine Reihe von vordefinierten Farben zur Verfügung, die zu den entsprechenden Systemfarben des Desktops korrespondieren. Da `SystemColor` aus `Color` abgeleitet ist, können diese leicht anstelle eines anwendungsspezifischen `Color`-Objekts verwendet werden, wenn eine einheitliche Farbgebung gewünscht ist. Tabelle 25.2 gibt eine Übersicht dieser Farben.

Farbkonstante	Bedeutung
SystemColor.desktop	Hintergrundfarbe des Desktops
SystemColor.activeCaption	Hintergrundfarbe für die Titelleiste von selektierten Fenstern
SystemColor.activeCaptionText	Schriftfarbe für die Titelleiste von selektierten Fenstern
SystemColor.activeCaptionBorder	Rahmenfarbe für die Titelleiste von selektierten Fenstern
SystemColor.inactiveCaption	Hintergrundfarbe für die Titelleiste von nicht selektierten Fenstern
SystemColor.inactiveCaptionText	Schriftfarbe für die Titelleiste von nicht selektierten Fenstern
SystemColor.inactiveCaptionBorder	Rahmenfarbe für die Titelleiste von nicht selektierten Fenstern
SystemColor.window	Hintergrundfarbe für Fenster
SystemColor.windowBorder	Farbe für Fensterrahmen
SystemColor.windowText	Farbe für Text im Fenster
SystemColor.menu	Hintergrundfarbe für Menüs
SystemColor.menuText	Textfarbe für Menüs
SystemColor.text	Hintergrundfarbe für Textfelder
SystemColor.textText	Textfarbe für Textfelder
SystemColor.textHighlight	Hintergrundfarbe für hervorgehobenen Text
SystemColor.textHighlightText	Textfarbe für hervorgehobenen Text
SystemColor.textInactiveText	Textfarbe für inaktiven Text
SystemColor.control	Hintergrundfarbe für Dialogelemente
SystemColor.controlText	Textfarbe für Dialogelemente
SystemColor.controlHighlight	Farbe für hervorgehobene Dialogelemente
SystemColor.controlLtHighlight	Helle Farbe für hervorgehobene Dialogelemente
SystemColor.controlShadow	Farbe für den Schatten von Dialogelementen
SystemColor.controlDkShadow	Dunklere Farbe für den Schatten von Dialogelementen
SystemColor.scrollbar	Hintergrundfarbe für Schieberegler
SystemColor.info	Hintergrundfarbe für Hilfetext
SystemColor.infoText	Textfarbe für Hilfetext

Tabelle 25.2: Liste der vordefinierten Systemfarben

Das folgende Listing zeigt ein einfaches Programm, das den Text »Tag & Nacht« in den Systemfarben für normalen und hervorgehobenen Text ausgibt. Als Fensterhintergrund wird die Systemfarbe `desktop` verwendet. Der Text »Tag« wird mit Hilfe der Systemfarben `textText` und `text` in normaler Textfarbe auf normalem Texthintergrund ausgegeben. Der Text »Nacht« wird dagegen mit den Systemfarben `textHighlight` und `textHighlightText` invertiert dargestellt. Das dazwischenstehende »&« wird in Blau auf normalem Hintergrund ausgegeben.

Listing 25.2: Verwendung von Systemfarben

```
001  /* Listing2502.java */
002
003  import java.awt.*;
004  import java.awt.event.*;
005
006  public class Listing2502
007  extends Frame
008  {
009    public static void main(String[] args)
010    {
011      Listing2502 wnd = new Listing2502();
012    }
013
014    public Listing2502()
015    {
016      super("Systemfarben");
017      setBackground(SystemColor.desktop);
018      setSize(200,100);
019      setVisible(true);
020      addWindowListener(new WindowClosingAdapter(true));
021    }
022
023    public void paint(Graphics g)
024    {
025      g.setFont(new Font("Serif",Font.PLAIN,36));
026      FontMetrics fm = g.getFontMetrics();
027      int sheight   = fm.getHeight();
028      int curx      = 10;
029      int cury      = getInsets().top + 10;
030      //"Tag" in normaler Textfarbe
031      int swidth = fm.stringWidth("Tag");
032      g.setColor(SystemColor.text);
033      g.fillRect(curx,cury,swidth,sheight);
034      g.setColor(SystemColor.textText);
035      g.drawString("Tag",curx,cury+fm.getAscent());
036      //"&" in Blau auf normalem Hintergrund
037      curx += swidth + 5;
038      swidth = fm.stringWidth("&");
039      g.setColor(Color.blue);
040      g.drawString("&",curx,cury+fm.getAscent());
```

```
041     //"Nacht" in hervorgehobener Textfarbe
042     curx += swidth + 5;
043     swidth = fm.stringWidth("Nacht");
044     g.setColor(SystemColor.textHighlight);
045     g.fillRect(curx,cury,swidth,sheight);
046     g.setColor(SystemColor.textHighlightText);
047     g.drawString("Nacht",curx,cury+fm.getAscent());
048   }
049 }
```

Listing 25.2: Verwendung von Systemfarben (Forts.)

Abbildung 25.2 zeigt die Ausgabe des Programms:

Abbildung 25.2: Verwendung von Systemfarben

Ein weiteres Beispiel zur Verwendung der Systemfarben findet sich in Kapitel 32 auf Seite 675. Das zu dem Dialogelement `ScrollPane` vorgestellte Beispielprogramm zeigt alle Systemfarben zusammen mit ihrem Namen in einem verschiebbaren Fenster an.

25.5 Zusammenfassung

In diesem Kapitel wurden folgende Themen behandelt:

▶ Das RGB-Farbmodell

▶ Gebräuchliche Farbwerte und ihre RGB-Codes

▶ Erzeugen von Farben mit der Klasse `Color`

▶ Zugriff auf die Ausgabefarbe des Geräte-Kontexts durch Aufruf von `setColor` und `getColor`

▶ Verwendung der Systemfarben

26 Drucken

26.1 Einleitung

Das Ausdrucken von Texten und Grafiken war traditionell eine *der* Achillesfersen von Java. Im JDK 1.0 waren die Verhältnisse noch klar: hier konnte überhaupt nicht gedruckt werden! Es gab schlicht und einfach keine Klassen, die das Drucken unterstützten. Nachdem die Java-Entwicklergemeinde bereits begonnen hatte, proprietäre Erweiterungen zu entwickeln, wurde mit der Version 1.1 ein einfaches Druck-API in das JDK aufgenommen.

Leider war dessen Design recht unvollständig, und das API war voll von Schwächen und Restriktionen. Mit dem JDK 1.2 wurde ein neuer Entwurf vorgestellt, der die Schwächen des vorigen beheben sollte. Tatsächlich hatte er ein besseres Design, und viele der Anforderungen, die zuvor unerfüllt blieben, wurden jetzt erfüllt.

Unglücklicherweise war die Implementierung des 1.2er-APIs wenig performant. In der Praxis traten – selbst bei einfachen Druckjobs – mitunter Spooldateien von 20 MB oder mehr auf, und der Ausdruck solcher Dateien dauerte nicht selten länger als 10 Minuten. Erst mit dem JDK 1.3 wurden diese Probleme behoben, und es scheint, daß nunmehr mit einer gewissen Zuverlässigkeit und Performance gedruckt werden kann.

Wir werden in diesem Kapitel die beiden unterschiedlichen Druck-APIs vorstellen und Beispiele für ihre Anwendung geben. Für den Fall, das beide ungeeignet sind, werden wir zusätzlich zeigen, wie mit Hilfe des *Java Communications API* direkt auf eine serielle oder parallele Schnittstelle zugegriffen werden kann, und werden so die Grundlagen für die Entwicklung eigener Druckertreiber legen.

26.2 Drucken mit dem JDK 1.1

26.2.1 Grundlagen

Das Druck-API der Version 1.1 ist recht übersichtlich und leicht zu verstehen. Es gibt zwar einige Restriktionen und Besonderheiten, die beim Erstellen von Druckausgaben zu Problemen führen können, aber für einfache Ausdrucke von Text und Grafik ist die Schnittstelle dennoch geeignet.

Grundlage der Druckausgabe ist die Methode `getPrintJob` der Klasse `Toolkit`:

```
public PrintJob getPrintJob(
  Frame frame,
  String jobtitle,
```

java.awt.
Toolkit

```
    Properties props
)
```

Sie liefert ein Objekt des Typs `PrintJob`, das zur Initialisierung eines Druckjobs verwendet werden kann. Ein Aufruf von `getPrintJob` führt gleichzeitig dazu, daß ein plattformspezifischer Druckdialog aufgerufen wird, der vom Anwender bestätigt werden muß. Bricht der Anwender den Druckdialog ab, liefert `getPrintJob` den Rückgabewert `null`. Andernfalls wird der Drucker initialisiert und die Ausgabe kann beginnen.

Die Klasse `PrintJob` stellt einige Methoden zur Verfügung, die für den Ausdruck benötigt werden:

java.awt.PrintJob

```
public Graphics getGraphics()

public Dimension getPageDimension()

public int getPageResolution()

public abstract void end()
```

Die wichtigste von ihnen ist `getGraphics`. Sie liefert den Devicekontext zur Ausgabe auf den Drucker. Der Rückgabewert ist ein Objekt vom Typ `PrintGraphics`, das aus `Graphics` abgeleitet ist und wie ein normaler Devicekontext verwendet werden kann (so, wie er beispielsweise auch an `paint` übergeben wird). Mit Hilfe des von `getGraphics` zurückgegebenen Devicekontexts können alle Grafik- und Textroutinen, die auch in `Graphics` zur Verfügung stehen, verwendet werden. Bezüglich der Verwendung von Farben gilt scheinbar, daß diese bei den linienbezogenen Ausgaberoutinen nicht unterstützt werden. Hier wird alles schwarz gezeichnet, was nicht den Farbwert *(255, 255, 255)* hat. Im Gegensatz dazu stellen die Füllfunktionen Farben (auf einem Schwarzweiß-Drucker) als Grauwerte dar. Dabei kann – je nach Druckertyp – auch Weiß eine Vollfarbe sein und dahinter liegende Objekte verdecken.

26.2.2 Seitenweise Ausgabe

Ein wichtiger Unterschied zu einem bildschirmbezogenen Devicekontext besteht darin, daß jeder Aufruf von `getGraphics` eine neue Druckseite beginnt. Die fertige Druckseite wird durch Aufruf von `dispose` an den Drucker geschickt. Für den Aufbau der Seite, das Ausgeben von Kopf- oder Fußzeilen, die Seitennumerierung und ähnliche Dinge ist die Anwendung selbst verantwortlich. Die Methode `end` ist aufzurufen, wenn der Druckjob beendet ist und alle Seiten ausgegeben wurden. Dadurch werden alle belegten Ressourcen freigegeben und die Druckerschnittstelle geschlossen.

Bei der Druckausgabe ist es wichtig zu wissen, wie groß die Abmessungen des Ausgabegeräts sind. Die hierzu angebotenen Methoden `getPageDimension` und `getPageResolution` sind im JDK 1.1 leider vollkommen unbrauchbar. `getPageResolution` liefert die tatsächliche Auflösung des Druckers in Pixel per Zoll (also z.B. 600 für einen Laserjet IV), während `getPageDimension` die Anzahl der Pixel liefert, die sich errechnet, wenn man ein Blatt Papier im US-Letter-Format (8,5 mal 11 Zoll) mit 72 dpi Auflösung darstellen würde. Leider erfolgt die Druckausgabe nicht mit 72 dpi, sondern in der aktuellen Bildschirmauflösung, wie sie von der Methode `getScreenResolution` der Klasse `Toolkit` geliefert wird. Da diese typischerweise bei 120 dpi liegt, füllen die von `getPageResolution` gelieferten Abmessungen nur etwa 60 % einer Seite.

Derzeit gibt es keine portable Lösung für dieses Problem. Ein Workaround besteht darin, die Papiergröße als fest anzunehmen (beispielsweise DIN A4 mit 21,0*29,7 cm), davon den nicht bedruckbaren Rand abzuziehen, das Ergebnis durch 2,54 (Anzahl cm je Zoll) zu teilen und mit der Auflösung von 120 dpi malzunehmen. Wir werden später ein Beispiel sehen, in dem diese Technik angewandt wird. Portabel ist sie allerdings nicht, denn das Programm muß Annahmen über die Papier- und Randgröße machen. Es bleibt demnach zu hoffen, daß die nachfolgenden Versionen des JDK die Bestimmung der Abmessungen auf eine flexiblere Weise ermöglichen.

Durch die fixe Einstellung der Ausgabeauflösung ergibt sich ein weiteres Problem. So kann ein Drucker mit 600 dpi aus Java heraus nämlich nur mit der aktuellen Bildschirmauflösung (z.B. 120 dpi) angesteuert werden. Das bedeutet zwar nicht automatisch, daß Schriften oder schräge Linien mit Treppenmustern dargestellt werden, denn sie werden meist als Vektorgrafiken an den Drucker übergeben. Allerdings können Pixelgrafiken beispielsweise nicht in der aktuellen Druckerauflösung ausgegeben werden, denn die Positioniergenauigkeit eines einzelnen Pixels liegt bei 120 dpi. Eine Lösung für dieses Problem ist derzeit nicht bekannt.

26.2.3 Plazierung des Codes zur Druckausgabe

Es gibt grundsätzlich zwei Möglichkeiten, die Druckausgabe im Programm zu plazieren. Einmal kann die `paint`-Methode dazu verwendet werden, sowohl Bildschirm- als auch Druckausgaben zu realisieren. Bei einem Aufruf der Methode `print` oder `printAll` der Klasse `Component` wird nämlich ein `PrintJob` erstellt, daraus der Grafikkontext beschafft und an `paint` übergeben:

```
public void print(Graphics g)

public void printAll(Graphics g)
```

java.awt.
Component

Auf diese Weise kann bereits ohne zusätzliche Erweiterungen eine einfache Druckausgabe realisiert werden, die der Bildschirmausgabe relativ ähnlich sieht. Im Gegensatz zu `print` gibt `printAll` dabei nicht nur die aktuelle Komponente, sondern die komplette Container-Hierarchie eines komplexen Dialogs aus. Soll innerhalb von `paint` zwischen Bildschirm- und Druckerausgabe unterschieden werden, kann mit dem Ausdruck `g instanceof PrintGraphics` das übergebene `Graphics`-Objekt `g` auf Zugehörigkeit zur Klasse `PrintGraphics` getestet werden.

Die zweite Möglichkeit, die Druckausgabe zu plazieren, besteht darin, eine eigene Methode zu schreiben, die nur für die Ausgabe auf den Drucker verantwortlich ist. Diese könnte zunächst den `PrintJob` und das `PrintGraphics`-Objekt beschaffen und anschließend die Abmessungen der Ausgabefläche wie zuvor besprochen bestimmen. Die Methode müßte dann nicht so programmiert werden, daß sie für Bildschirm- und Druckausgabe vernünftige Resultate liefert, sondern könnte ihre Ausgaben ausschließlich für die Druckausgabe optimieren. Der Nachteil bei dieser Löung ist natürlich, daß Programmcode zum Erstellen der Ausgabe möglicherweise doppelt vorhanden ist und doppelt gepflegt werden muß.

Das nachfolgende Listing kombiniert beide Varianten und zeigt den Ausdruck einer Testseite. Das Programm erstellt ein Hauptfenster und ruft zwei Sekunden später die Methode `printTestPage` zur Druckausgabe auf. Darin wird zunächst ein `PrintJob` erzeugt und dann gemäß dem oben beschriebenen Verfahren die Ausgabegröße ermittelt. Anschließend wird der Grafikkontext beschafft und ein Rahmen, einige Textzeilen mit Angaben zu den Metriken und eine Graustufenmatrix ausgegeben. Nach Ende der Druckausgabe wird die Seite mit `dispose` ausgegeben und der Druckjob mit `end` geschlossen. Der Code für die Darstellung der Graustufenmatrix wurde in der Methode `paintGrayBoxes` implementiert und wird von der Bildschirm- und Druckausgabe gemeinsam verwendet:

Listing 26.1:
Ausdruck einer
Testseite

```
001 /* Listing2601.java */
002
003 import java.awt.*;
004 import java.awt.event.*;
005
006 public class Listing2601
007 extends Frame
008 {
009   public static void main(String[] args)
010   {
011     Listing2601 wnd = new Listing2601();
012   }
013
014   public Listing2601()
015   {
016     super("Drucken");
```

```
017      addWindowListener(new WindowClosingAdapter(true));
018      setBackground(Color.lightGray);
019      setSize(400,400);
020      setVisible(true);
021      //Ausdruck in 2 Sekunden starten
022      try {
023        Thread.sleep(2000);
024      } catch (InterruptedException e) {
025        //nichts
026      }
027      printTestPage();
028    }
029
030    public void paint(Graphics g)
031    {
032      paintGrayBoxes(g, 40, 50);
033    }
034
035    public void printTestPage()
036    {
037      PrintJob pjob = getToolkit().getPrintJob(
038        this,
039        "Testseite",
040        null
041      );
042      if (pjob != null) {
043        //Metriken
044        int pres = pjob.getPageResolution();
045        int sres = getToolkit().getScreenResolution();
046        Dimension d2 = new Dimension(
047          (int)(((21.0 - 2.0) / 2.54) * sres),
048          (int)(((29.7 - 2.0) / 2.54) * sres)
049        );
050        //Ausdruck beginnt
051        Graphics pg = pjob.getGraphics();
052        if (pg != null) {
053          //Rahmen
054          pg.drawRect(0, 0, d2.width, d2.height);
055          //Text
056          pg.setFont(new Font("TimesRoman",Font.PLAIN,24));
057          pg.drawString("Testseite",40,70);
058          pg.drawString(
059            "Druckerauflösung : " + pres + " dpi",
060            40,
061            100
062          );
063          pg.drawString(
064            "Bildschirmauflösung : " + sres + " dpi",
065            40,
```

Listing 26.1:
Ausdruck einer
Testseite
(Forts.)

Listing 26.1:
Ausdruck einer
Testseite
(Forts.)

```
066        130
067      );
068      pg.drawString(
069        "Seitengröße : " + d2.width + " * " + d2.height,
070        40,
071        160
072      );
073      //Graustufenkästchen
074      paintGrayBoxes(pg, 40, 200);
075      //Seite ausgeben
076      pg.dispose();
077    }
078    pjob.end();
079  }
080 }
081
082 private void paintGrayBoxes(Graphics g, int x, int y)
083 {
084   for (int i = 0; i < 16; ++i) {
085     for (int j = 0; j < 16; ++j) {
086       int level = 16 * i + j;
087       g.setColor(Color.black);
088       g.drawRect(x + 20 * j, y + 20 * i, 20, 20);
089       g.setColor(new Color(level, level, level));
090       g.fillRect(x + 1 + 20 * j, y + 1 + 20 * i, 19, 19);
091     }
092   }
093 }
094 }
```

Die Bildschirmausgabe des Programms kann Abbildung 26.1 auf Seite 543 entnommen werden. Die Druckausgabe sieht ähnlich aus, enthält aber zusätzlich noch einen Rahmen und die Textausgabe mit den Informationen zu den Druckmetriken.

26.3 Drucken seit dem JDK 1.2

26.3.1 Überblick

Seit dem JDK 1.2 wurde ein anderer Ansatz verfolgt. Anstelle der im vorigen Abschnitt erwähnten Techniken sind nun die Klassen und Interfaces aus dem Paket `java.awt.print` zu verwenden, die zwei unterschiedliche Arten von Funktionen zur Verfügung stellen:

▶ Die Klasse `PrinterJob` ist für die *Kontrolle des Druckauftrags* verantwortlich. Sie dient zum Aufrufen der plattformspezifischen Konfigurationsdialoge, registriert die Objekte zur Seitenausgabe und startet den eigentlichen Druckvorgang.

Drucken seit dem JDK 1.2 — Kapitel 26

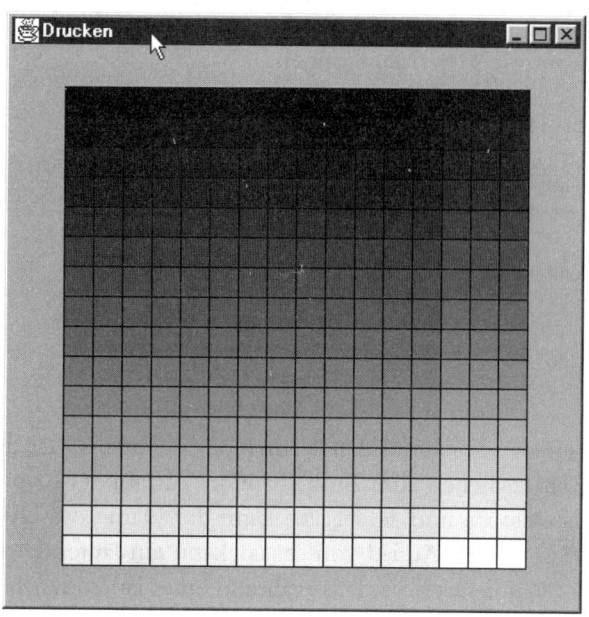

Abbildung 26.1: Das Programm zur Druckausgabe

- Der *eigentliche Ausdruck* wird von Objekten des Typs `Printable` oder `Pageable` erledigt. Sie werden beim `PrinterJob` registriert und zu geeigneter Zeit von diesem mit der Ausgabe der Druckdaten beauftragt.

Anders als im JDK 1.1 stehen nun *zwei* Konfigurationsdialoge zur Verfügung. Mit dem einen können Job-Parameter wie *Anzahl der Kopien*, *auszudruckende Seiten* oder der *Druckertyp* eingestellt werden. Der andere dient zur Einstellung von Seitenparametern, mit dem etwa das Papierformat, die Seitengröße oder die Randeinstellungen konfiguriert werden können. Beide Dialoge sind optional und können auch unterdrückt werden. Alle mit ihrer Hilfe konfigurierbaren Parameter können auch programmgesteuert verändert werden.

26.3.2 Zusammenspiel der Klassen

Die Klasse PrinterJob

Die abstrakte Klasse `PrinterJob` aus dem Paket `java.awt.print` repräsentiert einen Druckauftrag und ist Ausgangspunkt für alle Druckaktivitäten mit dem JDK 1.2. Sie besitzt eine statische Methode `getPrinterJob`, mit der Instanzen erzeugt werden können:

```
public static PrinterJob getPrinterJob()
```

java.awt.print.PrinterJob

`PrinterJob` besitzt Methoden, mit denen einige globale Eigenschaften des Druckauftrags kontrolliert werden können:

java.awt. print.PrinterJob

```
public String getUserName()

public int getCopies()
public void setCopies(int copies)

public void setJobName(String jobName)
public String getJobName()

public void cancel()
public boolean isCancelled()
```

`getUserName` liefert den Namen des Benutzers, der den Job gestartet hat. `getCopies` und `setCopies` dienen zum Zugriff auf die Anzahl der Kopien, die ausgedruckt werden sollen. Mit `getJobName` und `setJobName` kann der Name des Druckjobs abgefragt bzw. eingestellt werden. Durch Aufruf von `cancel` kann ein laufender Druckjob abgebrochen werden. `isCancelled` liefert `true`, falls während eines laufenden Druckjobs `cancel` aufgerufen wurde und der Job bei der nächstmöglichen Gelegenheit beendet wird.

Die Klassen Paper und PageFormat

Neben den eigentlichen Druckdaten besitzt eine auszudruckende Seite globale Eigenschaften wie Papiergröße und Randeinstellungen. Diese werden durch die Klassen `PageFormat` und `Paper` gekapselt. `Paper` repräsentiert ein Blatt Papier mit festgelegten Abmessungen für Breite, Höhe und bedruckbaren Bereich:

java.awt. print.Paper

```
public double getHeight()
public double getWidth()

public double getImageableX()
public double getImageableY()

public double getImageableWidth()
public double getImageableHeight()
```

`getHeight` und `getWidth` liefern die Höhe bzw. Breite des Papierblatts. `getImageableX` und `getImageableY` geben den Abstand des bedruckbaren Bereichs vom oberen bzw. linken Blattrand an. `getImageableWidth` und `getImageableHeight` geben die Breite bzw. Höhe des bedruckbaren Bereichs an.

Paper speichert und liefert alle Parameter in einer Einheit von 1/72 Zoll. Das entspricht etwa der typographischen Maßeinheit "Punkt" und ist etwas länger als ein Drittel Millimeter. Ein derartiges Raster repräsentiert die Auflösung eines durchschnittlichen Monitors und ist für Druckausgaben viel zu grob. Glücklicherweise werden die Werte als Fließkommazahlen gespeichert und lassen sich zur Erhöhung der Genauigkeit skalieren. Wir werden weiter unter auf die dazu nötigen Techniken zurückkommen.

Die Klasse PageFormat kapselt ein Paper-Objekt und dessen Orientierung:

```
public static final int PORTRAIT
public static final int LANDSCAPE
public static final int REVERSE_LANDSCAPE
```

java.awt.
print.Page-
Format

Ist die Orientierung PORTRAIT, so wird das Blatt in seiner Standardausrichtung verwendet. Es ist also höher als breit, und der Koordinatenursprung befindet sich links oben. Beim Drucken im LANDSCAPE-Modus wird das Papier dagegen quer verwendet, und der rechte Rand des Ausdrucks liegt am oberen Blattrand. REVERSE_LANDSCAPE druckt ebenfalls quer, aber mit umgekehrter Druckrichtung.

PageFormat stellt Methoden zum Zugriff auf das Papier, seine Orientierung und die aus Paper bekannten Methoden zum Zugriff auf die Seitenabmessungen zur Verfügung:

```
public Paper getPaper()

public int getOrientation()

public double getHeight()
public double getWidth()

public double getImageableX()
public double getImageableY()

public double getImageableWidth()
public double getImageableHeight()
```

java.awt.
print.Paper

Im Gegensatz zu Paper sind die Rückgabewerte nun aber an die Orientierung angepaßt. Wird also beispielsweise im LANDSCAPE-Modus ausgedruckt, liefert getHeight die Breite des Blattes und getWidth dessen Höhe. Die anderen Methoden verhalten sich analog.

Ein `PageFormat`-Objekt wird gewöhnlich mit der Methode `defaultPage` der Klasse `PrinterJob` beschafft:

<small>java.awt.
print.
PrinterJob</small>

```
public PageFormat defaultPage()
```

Es kann dann entweder programmgesteuert oder durch Aufruf des Seitendialogs konfiguriert werden.

Die Konfigurationsdialoge

Die Klasse `PrinterJob` besitzt zwei Konfigurationsdialoge. Der erste dient zur Konfiguration eines `PageFormat`-Objekts und wird mit `pageDialog` aufgerufen. Der zweite dient zur Konfiguration der globalen Job-Parameter und wird mit `printDialog` aufgerufen:

<small>java.awt.
print.
PrinterJob</small>

```
public PageFormat pageDialog(PageFormat page)
public abstract boolean printDialog()
```

`pageDialog` erwartet ein `PageFormat`-Objekt (das typischerweise durch `defaultPage` erzeugt wird) und bietet dem Anwender die Möglichkeit, dessen Eigenschaften zu verändern. Die dafür verwendeten Dialoge sind plattformabhängig, die Windows-Variante ist in Abbildung 26.2 zu sehen.

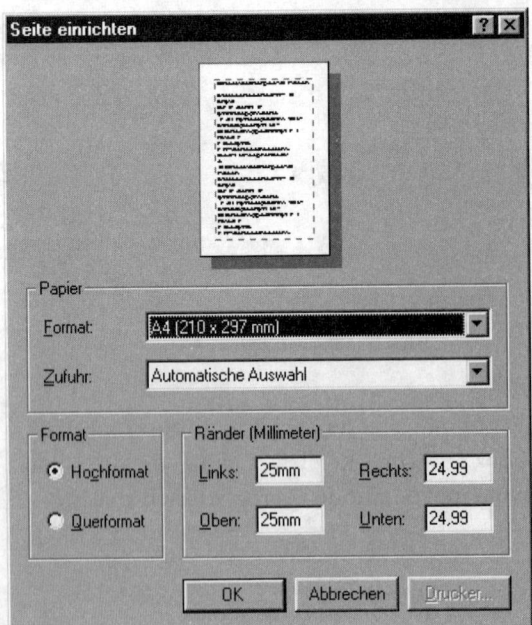

Abbildung 26.2:
Der Dialog zur Druckseitenkonfiguration unter Windows

Der Rückgabewert von `pageDialog` ist das konfigurierte `PageFormat`-Objekt. Hat der Anwender den Dialog mit "OK" beendet, wird eine Kopie des als Parameter übergebenen Objekts erzeugt, mit den Einstellungen des Anwenders versehen und an den Aufrufer zurückgegeben. Hat der Anwender den Dialog dagegen abgebrochen, wird das unveränderte Originalobjekt zurückgegeben. Durch Vergleichen der beiden Objektreferenzen kann also unterschieden werden, ob der Druckvorgang fortgesetzt oder abgebrochen werden soll.

Durch Aufruf von `printDialog` wird der plattformspezifische Dialog zur Jobkonfiguration aufgerufen (siehe Abbildung 26.3). Er konfiguriert das `PrinterJob`-Objekt, und die Änderungen können mit den oben beschriebenen Methoden abgefragt werden. Der boolesche Rückgabewert zeigt an, ob der Dialog mit "OK" beendet oder abgebrochen wurde.

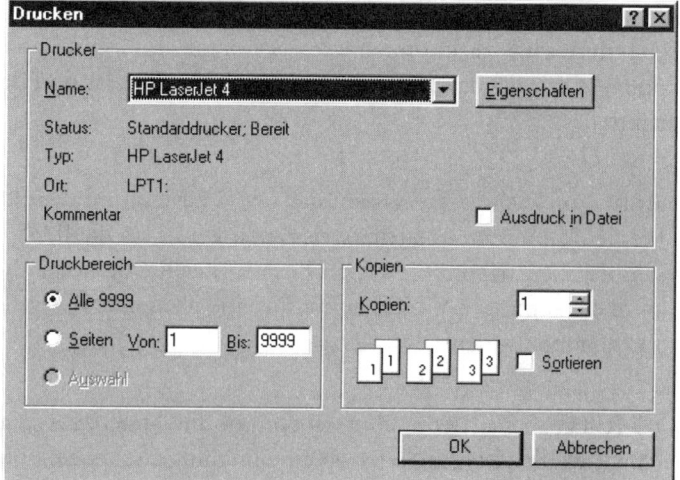

Abbildung 26.3: Der Dialog zur Druckjobkonfiguration unter Windows

Das Interface Printable

Nachdem wir die Konfiguration der Job- und Seiteneinstellungen besprochen haben, wollen wir uns nun der Frage zuwenden, wie die eigentliche Druckausgabe erzeugt wird. Dazu gibt es im Paket `java.awt.print` ein Interface `Printable`, das nur eine Methode enthält:

```
public int print(Graphics g, PageFormat pf, int page)
  throws PrinterException
```

java.awt.
print.
Printable

Ein Programm, das Druckausgaben erzeugen will, muß ein Objekt zur Verfügung stellen, das dieses Interface implementiert. Es muß mit der Methode `setPrintable` an den `PrinterJob` übergeben werden und wird von `PrinterJob` automatisch aufgerufen, nachdem der Druckvorgang mit `print` gestartet wurde:

| java.awt.
| print.
| PrinterJob

```
public void setPrintable(Printable painter)
public void setPrintable(Printable painter, PageFormat format)

public void print()
  throws PrinterException
```

Printable sorgt dabei für die Druckausgabe, ähnlich wie es paint für die Bildschirmausgabe bei GUI-Komponenten tut. Jeder (von PrinterJob initiierte) Aufruf von print fordert das Printable-Objekt auf, eine bestimmte Seite auszudrucken. Der Seitenindex wird dabei in dem Parameter page übergeben, dessen Zählung bei 0 beginnt.

Zur Erzeugung von Druckausgaben wird das übergebene Graphics-Objekt verwendet, das wie bei der Erzeugung von Bildschirmausgaben verwendet werden kann. Das übergebene Objekt kann dabei in ein Graphics2D-Objekt konvertiert werden und stellt so die erweiterten Funktionen des 2D-APIs zur Verfügung.

Weiterhin wird das konfigurierte PageFormat als Argument an print übergeben. Innerhalb von print wird es dazu benutzt, die Größe des Papiers und dessen bedruckbaren Bereich zu ermitteln.

> Es ist sehr wichtig, zu wissen, daß print für ein und dieselbe Seite mehrfach aufgerufen werden kann (und normalerweise auch wird). Da die JDK-Dokumentation keine Aussagen darüber macht, wie oft und in welcher Reihenfolge die Seiten abgefordert werden, muß das Printable-Objekt selbst für eine geeignete Verwaltung der benötigten Statusinformationen sorgen.

Der Rückgabewert von print gibt an, ob die Seitenzahl gültig war und die Druckausgabe erzeugt werden konnte, oder ob eine ungültige Seitenzahl übergeben wurde. Im ersten Fall gibt print die in Printable definierte Konstante PAGE_EXISTS zurück, im zweiten Fall NO_SUCH_PAGE. Da der PrinterJob nicht von Anfang an weiß, wie viele Seiten insgesamt ausgedruckt werden sollen, muß er beim Aufruf von print schrittweise den Seitenzähler erhöhen und darauf warten, daß NO_SUCH_PAGE zurückgegeben wird. Danach erfolgen keine weiteren Aufrufe von print.

Will das Printable-Objekt den kompletten Job während der Ausgabe abbrechen, braucht es dazu lediglich während des Aufrufs von print eine PrinterException auszulösen. Diese wird vom PrinterJob abgefangen und führt zum Abbruch des Druckjobs.

Das Interface Pageable und die Klasse Book

Das Paket `java.awt.print` stellt auch eine Abstraktion für *mehrseitige* Dokumente zur Verfügung. Das Interface `Pageable` definiert deren Eigenschaften:

```
public int getNumberOfPages()

public PageFormat getPageFormat(int pageIndex)
  throws IndexOutOfBoundsException

public Printable getPrintable(int pageIndex)
  throws IndexOutOfBoundsException
```
java.awt. print. Pageable

Ein `Pageable`-Objekt kennt (normalerweise) die Anzahl der auszudruckenden Seiten und stellt diese auf Anfrage als Rückgabewert von `getNumberOfPages` zur Verfügung. Wahlweise kann aber auch die Konstante `UNKNOWN_NUMBER_OF_PAGES` zurückgegeben werden, wenn die Seitenzahl nicht von vorneherein bekannt ist. Im Unterschied zu einem `Printable`-Objekt (das ja auch mehrere Seiten ausdrucken kann), kann ein `Pageable` zu den einzelnen Seiten unterschiedliche `PageFormat`- und `Printable`-Objekte zur Verfügung stellen. Sie werden während des Druckvorgangs mit den Methoden `getPageFormat` und `getPrintable` abgefragt.

Mit der Klasse `Book` stellt `java.awt.print` eine konkrete Implementierung von `Pageable` zur Verfügung. Ein `Book` ist dabei nichts anderes als eine nach Seitenzahlen indizierte Liste von (`PageFormat`/`Printable`)-Paaren, die mit einigen einfachen Methoden gepflegt werden kann:

```
public void append(Printable painter, PageFormat pf)
public void append(Printable painter, PageFormat pf, int numPages)

public void setPage(int page, Printable painter, PageFormat pf)
  throws IndexOutOfBoundsException
```
java.awt. print.Book

Mit `append` werden eine oder mehrere Seiten mit den angegebenen `Printable`- und `PageFormat`-Objekten an das Ende des Buchs angehängt. Mit `setPage` kann gezielt eine bereits bestehende Seite verändert werden.

26.3.3 Ausdrucken einer Textdatei

Nach diesen Vorbemerkungen wollen wir uns in diesem Abschnitt ein Anwendungsbeispiel für das Druck-API des JDK 1.2 ansehen. Dazu soll ein Programm geschrieben werden, das beliebige Textdateien auf einem Drucker ausgeben kann. Der Anwender soll sowohl Job- als auch Seitenparameter im Dialog verändern können. Jede Seite soll mit einer Kopfzeile versehen werden, die den Namen der Datei und die Seitenzahl enthält. Die Kopfzeile soll fett gedruckt und unterstrichen werden. Der Textteil soll dunkelblau gedruckt werden, sofern Farben unterstützt werden.

Die Hilfsklasse FilePrintHelper

Wir hatten oben erwähnt, daß die Methode print des Printable-Objekts mehrfach für eine einzelne Seite aufgerufen werden kann. Soll eine Datei ausgedruckt werden, muß das Programm bei wiederholten Besuchen derselben Seite in der Lage sein, an der Textstelle aufzusetzen, die den Anfang der Seite markiert. Wir führen dazu eine Hilfsklasse FilePrintHelper ein, die sich zu jeder besuchten Seite deren Dateioffset merkt. Diesen stellt sie auf Anfrage wieder zur Verfügung. Sie kann auch Auskunft darüber geben, ob eine Seite überhaupt schon besucht wurde.

> Auf den ersten Blick scheint es übertrieben, für das Speichern eines einzigen Attributs eine eigene Klasse zu bemühen. Bei komplizierten Druckaufgaben kann diese Konstruktion aber sehr hilfreich werden. Denn neben dem Fileoffset werden dann oft noch weitere Informationen je Seite benötigt, etwa eine Titelzeile, numerische Überträge, Fußnoteninformationen oder ähnliches. In diesem Fall ist unser Design noch tragfähig und die Hilfsklasse kann einfach um die benötigten Attribute und Methoden erweitert werden.

Die Implementierung der Klasse FilePrintHelper sieht so aus:

Listing 26.2: Die Klasse FilePrintHelper

```
001  /* FilePrintHelper.java */
002
003  import java.util.*;
004
005  public class FilePrintHelper
006  {
007    //---Membervariablen---------------------------------
008    Vector pageinfo;
009
010    //---Konstruktor------------------------------------
011    public FilePrintHelper()
012    {
013      pageinfo = new Vector();
014    }
015
016    //---Seitendefinition und -abfrage-----------------
017    public void createPage(int page)
018    {
019      for (int i = pageinfo.size(); i <= page; ++i) {
020        pageinfo.addElement(new Entry());
021      }
022    }
023
024    public boolean knownPage(int page)
025    {
```

```
026      return page < pageinfo.size();
027    }
028
029    //---Verwaltung der Offsets--------------------------
030    public long getFileOffset(int page)
031    {
032      Entry entry = (Entry)pageinfo.elementAt(page);
033      return entry.fileoffset;
034    }
035
036    public void setFileOffset(int page, long fileoffset)
037    {
038      Entry entry = (Entry)pageinfo.elementAt(page);
039      entry.fileoffset = fileoffset;
040    }
041
042    //---Lokale Klasse Entry-----------------------------
043    static class Entry
044    {
045      public long fileoffset;
046
047      public Entry()
048      {
049        this.fileoffset = -1;
050      }
051    }
052 }
```

Listing 26.2: Die Klasse File-PrintHelper (Forts.)

Die Klasse SimpleFilePrinter

Das Ausdrucken der Datei wird von der Klasse SimpleFilePrinter erledigt. Ihre main-Methode gliedert die zu erledigende Arbeit in folgende Teilaufgaben:

▶ Zunächst wird ein SimpleFilePrinter instanziert. Es erzeugt durch Aufruf von getPrinterJob eine Instanz der Klasse PrinterJob.

▶ In setupPageFormat wird durch Aufruf von defaultPage ein PageFormat beschafft und zur Bearbeitung an den Seitendialog übergeben. Die Methode prüft anschließend, ob der Dialog mit "OK" oder "Abbrechen" verlassen wurde, und gibt entweder true oder false zurück (letzteres führt in main zum Abbruch des Druckvorgangs).

▶ In setupJobOptions wird der Dialog zur Konfiguration der Job-Parameter aufgerufen. Auch hier führt ein Abbruch des Anwenders zum Ende des gesamten Druckvorgangs.

▶ Schließlich wird in printFile der eigentliche Druckvorgang angestoßen. Dazu wird zunächst ein RandomAccessFile für die auszudruckende Datei angelegt und ein FilePrintHelper instanziert. Anschließend wird die Druckausgabe durch Aufruf von print gestartet.

Nachfolgend zeigen wir die Implementierung von SimpleFilePrinter. Der eigentlich komplizierte Code steckt natürlich in der Methode print, die wir im Anschluß an das Listing erläutern wollen.

Listing 26.3:
Die Klasse
SimpleFile-
Printer

```
001 /* SimpleFilePrinter.java */
002
003 import java.awt.*;
004 import java.awt.print.*;
005 import java.io.*;
006
007 public class SimpleFilePrinter
008 implements Printable
009 {
010   //---Konstanten---------------------------------
011   private static final int RESMUL = 4;
012
013   //---Membervariablen----------------------------
014   private PrinterJob       pjob;
015   private PageFormat       pageformat;
016   private FilePrintHelper  fph;
017   private String           fname;
018   private RandomAccessFile in;
019
020   //---Konstruktoren------------------------------
021   public SimpleFilePrinter(String fname)
022   {
023     this.pjob  = PrinterJob.getPrinterJob();
024     this.fname = fname;
025   }
026
027   //---Öffentliche Methoden-----------------------
028   public boolean setupPageFormat()
029   {
030     PageFormat defaultPF = pjob.defaultPage();
031     this.pageformat = pjob.pageDialog(defaultPF);
032     pjob.setPrintable(this, this.pageformat);
033     return (this.pageformat != defaultPF);
034   }
035
036   public boolean setupJobOptions()
037   {
038     return pjob.printDialog();
039   }
040
041   public void printFile()
042   throws PrinterException, IOException
043   {
044     fph = new FilePrintHelper();
045     in = new RandomAccessFile(fname, "r");
```

```
046       pjob.print();
047       in.close();
048     }
049
050     //---Implementierung von Printable-------------------
051     public int print(Graphics g, PageFormat pf, int page)
052     throws PrinterException
053     {
054       int ret = PAGE_EXISTS;
055       String line = null;
056       try {
057         if (fph.knownPage(page)) {
058           in.seek(fph.getFileOffset(page));
059           line = in.readLine();
060         } else {
061           long offset = in.getFilePointer();
062           line = in.readLine();
063           if (line == null) {
064             ret = NO_SUCH_PAGE;
065           } else {
066             fph.createPage(page);
067             fph.setFileOffset(page, offset);
068           }
069         }
070         if (ret == PAGE_EXISTS) {
071           //Seite ausgeben, Grafikkontext vorbereiten
072           Graphics2D g2 = (Graphics2D)g;
073           g2.scale(1.0 / RESMUL, 1.0 / RESMUL);
074           int ypos = (int)pf.getImageableY() * RESMUL;
075           int xpos = ((int)pf.getImageableX() + 2) * RESMUL;
076           int yd = 12 * RESMUL;
077           int ymax = ypos + (int)pf.getImageableHeight() * RESMUL - yd;
078           //Seitentitel ausgeben
079           ypos += yd;
080           g2.setColor(Color.black);
081           g2.setFont(new Font("Monospaced", Font.BOLD, 10 * RESMUL));
082           g.drawString(fname + ", Seite " + (page + 1), xpos, ypos);
083           g.drawLine(
084             xpos,
085             ypos + 6 * RESMUL,
086             xpos + (int)pf.getImageableWidth() * RESMUL,
087             ypos + 6 * RESMUL
088           );
089           ypos += 2 * yd;
090           //Zeilen ausgeben
091           g2.setColor(new Color(0, 0, 127));
092           g2.setFont(new Font("Monospaced", Font.PLAIN, 10 * RESMUL));
093           while (line != null) {
094             g.drawString(line, xpos, ypos);
095             ypos += yd;
```

Listing 26.3:
Die Klasse
SimpleFile-
Printer
(Forts.)

Listing 26.3:
Die Klasse
SimpleFile-
Printer
(Forts.)

```
096         if (ypos >= ymax) {
097           break;
098         }
099         line = in.readLine();
100       }
101     }
102   } catch (IOException e) {
103     throw new PrinterException(e.toString());
104   }
105   return ret;
106 }
107
108 //---Main-------------------------------------------
109 public static void main(String[] args)
110 {
111   SimpleFilePrinter sfp = new SimpleFilePrinter(args[0]);
112   if (sfp.setupPageFormat()) {
113     if (sfp.setupJobOptions()) {
114       try {
115         sfp.printFile();
116       } catch (Exception e) {
117         System.err.println(e.toString());
118         System.exit(1);
119       }
120     }
121   }
122   System.exit(0);
123 }
124 }
```

In print wird zunächst geprüft, ob die Seite schon einmal aufgerufen wurde. Ist das der Fall, wird ihr Dateioffset vom FilePrintHelper geholt und die erste Zeile der Seite erneut eingelesen. Falls nicht, prüft die Methode, ob überhaupt noch weitere Daten vorhanden sind. In diesem Fall übergibt sie den Dateioffset zur Speicherung an den FilePrintHelper. Andernfalls setzt es den Rückgabewert auf NO_SUCH_PAGE, und die Ausgabe der Seite ist beendet.

Falls die Seite existiert, wird sie nun ausgegeben (im Listing ab Zeile 072). Dazu wird der Grafikkontext nach Graphics2D konvertiert und anschließend auf den Kehrwert der Konstante RESMUL skaliert. Da RESMUL den Wert 4 hat, führt das dazu, daß alle Ausgaben um den Faktor 4 verkleinert werden. Dieser Kunstgriff wird angewendet, um bei der Ausgabe nicht mit der groben Standardauflösung von 72 dpi arbeiten zu müssen. Die auf diese Weise simulierten 288 dpi lassen die Linie unter der Kopfzeile hinreichend dünn erscheinen. Sie wäre ansonsten mit einem viel zu kräftigen 1/72 Zoll breiten Pixelstrich gezeichnet worden. Da nun auch alle anderen Positions- und Längenangaben um den Faktor 4 verkleinert werden, multiplizieren wir sie in den folgenden Programmzeilen jeweils mit RESMUL und skalieren sie so auf ihre normale Größe zurück.

Ab Zeile 079 wird der Seitentitel ausgegeben. Dazu wird die Schriftfarbe auf schwarz eingestellt und eine fette Schrift ausgewählt. Die Variable ypos repräsentiert den vertikalen Offset vom oberen Papierrand. Sie wird am Anfang auf das obere Ende des bedruckbaren Bereichs gestellt und nach jeder Zeile um einen konstanten Wert erhöht. Ab Zeile 091 werden die Textzeilen ausgegeben. Mit readLine wird dazu in einer Schleife die jeweils nächste Zeile aus der Eingabedatei gelesen und – wenn vorhanden – an der aktuellen y-Position ausgegeben. Falls keine weiteren Zeilen vorhanden sind oder das Ende des bedruckbaren Bereichs erreicht ist, wird die Schleife beendet.

26.4 Zugriff auf serielle und parallele Schnittstellen

Sollten die in den vorangegangenen Abschnitten vorgestellten Drucktechniken nicht funktionieren oder auf Grund praktischer Schwierigkeiten nicht einsetzbar sein, gibt es eine Reihe anderer Möglichkeiten, Daten unter Java auszudrucken. Die aufwendigste und flexibelste von ihnen besteht darin, die Druckdaten selbst aufzubereiten und direkt an die serielle oder parallele Schnittstelle zu senden, an der der Drucker angeschlossen ist. Wir wollen in diesem Abschnitt kurz skizzieren, wie das mit Hilfe des *Java Communications API* durchgeführt werden kann.

Vor Einsatz dieser Technik sollten ihre Nachteile bedacht werden. Einerseits ist der Aufwand unter Umständen sehr groß, denn die Anwendung muß alle Low-Level-Details der Druckeransteuerung selbst implementieren. Das umfaßt die Auswahl und Belegung der Schnittstelle ebenso wie das Generieren der druckerabhängigen Steuersequenzen. Zweitens ist das Verfahren nicht sonderlich portabel. Zwar gibt es das Communication API als JDK-Standarderweiterung sowohl für SOLARIS als auch für Windows, auf anderen Systemen steht es aber unter Umständen nicht zur Verfügung. Auch Drucker, die nicht über die serielle oder parallele Schnittstelle angesteuert werden (z.B. USB- oder Netzwerkdrucker), können auf diese Weise naturgemäß nicht angesteuert werden.

26.4.1 Das Java Communications API

Installation

Das Java Communications API ist eine *Standarderweiterung* des JDK und recht einfach zu installieren. Es kann von http://java.sun.com/products/javacomm/index.html heruntergeladen oder der CD-ROM zum Buch entnommen werden. Bei vorhandenem JDK 1.4 sieht die Installation wie folgt aus:

▶ Zunächst ist die Installationsdatei javacomm20-win32.zip in ein separates Verzeichnis zu entpacken.

▶ Nun müssen einige Dateien kopiert werden (wir gehen hier davon aus, daß das JDK sich im Verzeichnis c:\jdk1.4 befindet):

- win32com.dll nach c:\jdk1.4\jre\bin
- comm.jar nach c:\jdk1.4\jre\lib\ext
- javax.comm.properties nach c:\jdk1.4\jre\lib

Für das JDK 1.4 ist die Installation des Communications APIs nun abgeschlossen. Bei einem anderen JDK oder auf einem anderen Betriebssystem ist unter Umständen anders vorzugehen. Weitere Informationen können der Datei Readme.html entnommen werden.

Prinzipielle Arbeitsweise

Das Communications API liegt im Paket javax.comm. Die Klasse CommPortIdentifier dient zur Beschreibung von Kommunikationsports. Sie besitzt eine statische Methode getPortIdentifiers, mit der eine Enumeration von CommPortIdentifier-Objekten erzeugt werden kann, die ein Element je verfügbarem Port enthält. Zusätzlich kann mit der statischen Methode getPortIdentifier auch direkt auf einen namentlich bekannten Port zugegriffen werden:

javax.comm. CommPort- Identifier
```
public static Enumeration getPortIdentifiers()

public static CommPortIdentifier getPortIdentifier(String portName)
   throws NoSuchPortException
```

Wurde ein CommPortIdentifier beschafft, können seine Eigenschaften abgefragt werden:

javax.comm. CommPort- Identifier
```
public String getName()

public int getPortType()
```

getName liefert den Namen des Ports (z.B. "COM1" oder "LPT1" unter Windows, "/dev/..." unter UNIX). getPortType gibt entweder PORT_PARALLEL oder PORT_SERIAL zurück, je nachdem, ob es sich um eine parallele oder serielle Schnittstelle handelt.

Soll über einen Port kommuniziert werden, muß sein zugehöriger CommPortIdentifier durch Aufruf von open geöffnet werden:

javax.comm. CommPort- Identifier
```
public synchronized CommPort open(String appname, int timeout)
   throws PortInUseException
```

Die beiden Parameter geben den Namen der zu verwendenden Applikation und die maximale Zeitspanne, die beim Öffnen gewartet wird, an. Der Rückgabewert von open ist vom typ CommPort und kann in eine der (daraus abgeleiteten) Klassen ParallelPort oder SerialPort umgewandelt werden.

Die wichtigsten Methoden von `CommPort` sind `getInputStream` und `getOutputStream`. Sie beschaffen die zum Lesen bzw. Schreiben von Daten verwendeten Streams:

```
public InputStream getInputStream()
  throws IOException

public OutputStream getOutputStream()
  throws IOException
```

javax.comm. CommPort

Darüber hinaus stellen `CommPort` und die daraus abgeleiteten Klassen einige Methoden zur Verfügung, mit denen Kommunikationsparameter eingestellt, Puffergrößen geändert oder Portzustände abgefragt werden können. Zudem bieten beide Klassen die Möglichkeit, Event-Listener zu registrieren, die bei Zustandsänderungen oder eingehenden Daten automatisch benachrichtigt werden. Wir wollen auf all diese Möglichkeiten nicht weiter eingehen; sie werden in der Dokumentation ausführlich beschrieben.

26.4.2 Ein einfaches Beispielprogramm

Zum Abschluß dieses Abschnitts soll ein einfaches Beispielprogramm gezeigt werden, das über die parallele Schnittstelle Daten an einen Drucker schickt. Es durchsucht zunächst die Liste aller Schnittstellen nach einem Parallelport mit dem Namen "LPT1" (unter UNIX müßte dieser Name entsprechend angepaßt werden). Dieser wird geöffnet, und mit `getOutputStream` ein `OutputStream` zum Schreiben von Daten beschafft. Nun gibt das Programm fünfzig Zeilen lang Teilstrings von "Hello LPT1 World" aus und sendet dann das Seitenendezeichen "\f" an den Drucker. Zum Schluß werden Ausgabestream und Port geschlossen und das Programm beendet.

```
001 /* Listing2604.java */
002
003 import java.util.*;
004 import java.io.*;
005 import javax.comm.*;
006
007 public class Listing2604
008 {
009   public static void printHello(Writer out)
010   throws IOException
011   {
012     String s = "Hello LPT1 World";
013     s += " " + s + " " + s;
014     for (int i = 1; i <= 50; ++i) {
015       out.write(s.substring(0, i) + "\r\n");
016     }
017     out.write("\f");
018   }
```

Listing 26.4:
Druckausgabe an LPT1

Listing 26.4:
Druckausgabe
an LPT1
(Forts.)

```
019
020    public static void main(String[] args)
021    {
022      Enumeration en = CommPortIdentifier.getPortIdentifiers();
023      while (en.hasMoreElements()) {
024        CommPortIdentifier cpi = (CommPortIdentifier)en.nextElement();
025        if (cpi.getPortType() == CommPortIdentifier.PORT_PARALLEL) {
026          if (cpi.getName().equals("LPT1")) {
027            try {
028              ParallelPort lpt1 = (ParallelPort)cpi.open(
029                "LPT1Test",
030                1000
031              );
032              OutputStreamWriter out = new OutputStreamWriter(
033                lpt1.getOutputStream()
034              );
035              printHello(out);
036              out.close();
037              lpt1.close();
038              System.exit(0);
039            } catch (PortInUseException e) {
040              System.err.println(e.toString());
041              System.exit(1);
042            } catch (IOException e) {
043              System.err.println(e.toString());
044              System.exit(1);
045            }
046          }
047        }
048      }
049    }
050  }
```

26.5 Zusammenfassung

In diesem Kapitel wurden folgende Themen behandelt:

▶ Übersicht über die Druck-APIs der JDKs 1.1 bis 1.3.

▶ Erzeugen eines Druckjobs durch Aufruf von `getPrintJob`

▶ Der Device-Kontext `PrintGraphics` zur Ausgabe von Text und Grafiken auf einen Drucker

▶ Bestimmung der Auflösung und Abmessung einer Druckseite

▶ Erzeugen eines Druckjobs mit der Klasse `PrinterJob`

▶ Die Repräsentation einer ausgerichteten Seite mit den Klassen `Paper` und `PageFormat`

Zusammenfassung — Kapitel 26

- Die Konfigurationsdialoge für Seiteneinstellungen und Jobkonfiguration
- Das Interface `Printable` und seine Implementierung
- Mehrseitige Druckjobs mit `Pageable` und `Book`
- Ausdrucken einer Textdatei
- Zugriff auf serielle und parallele Schnittstellen mit dem Java Communications API

27 Fenster

27.1 Die verschiedenen Fensterklassen

Das Abstract Windowing Toolkit von Java enthält verschiedene Fensterklassen, die über eine gemeinsame Vererbungshierarchie miteinander in Verbindung stehen (siehe Abbildung 27.1). Oberste Fensterklasse ist Component, daraus wurde Container abgeleitet. Container ist die Oberklasse der beiden Klassen Window und Panel. Während Window sich in die Unterklassen Frame und Dialog verzweigt, wird aus Panel die Klasse Applet abgeleitet. Unterhalb von Dialog gibt es noch den Standard-File-Dialog in der Klasse FileDialog.

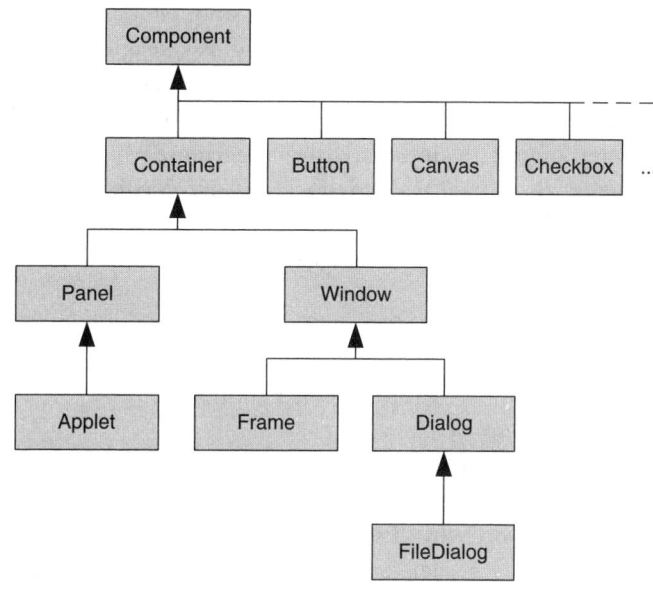

Abbildung 27.1: Hierarchie der Fensterklassen

Component ist eine abstrakte Klasse, deren Aufgabe darin besteht, ein Programmelement zu repräsentieren, das eine Größe und Position hat und das in der Lage ist, eine Vielzahl von Ereignissen zu senden und auf diese zu reagieren. In den folgenden Abschnitten werden wir einige ihrer Eigenschaften vorstellen.

Container ist ebenfalls eine abstrakte Klasse. Sie ist dafür zuständig, innerhalb einer Komponente andere Komponenten aufzunehmen. Container stellt Methoden zur Verfügung, um Komponenten hinzuzufügen oder sie zu entfernen, und realisiert in Zusammenarbeit mit den LayoutManager-Klassen die Positionierung und Anordnung der Komponenten. Container und Component bilden zusammen ein Composite-Pattern, wie es in Abschnitt 10.3.7 auf Seite 230 beschrieben wurde. Weitere Informationen zur Klasse Container finden sich in Abschnitt 31.1 auf Seite 645 bei der Beschreibung von Dialogen und Layoutmanagern.

Panel ist die einfachste konkrete Klasse mit den Eigenschaften von Component und Container. Sie wird verwendet, um eine Sammlung von Dialogelementen mit einem vorgegebenen Layout zu definieren und wiederverwendbar zu machen. Nützlich ist die Klasse auch beim Layouten von Dialogen, weil sie es ermöglicht, Teildialoge zu schachteln und mit eigenen Layoutmanagern zu versehen. Wir werden auf die Verwendung der Klasse Panel in Kapitel 31 auf Seite 645 bei der Beschreibung von Benutzerdialogen zurückkommen.

Die für die Entwicklung von Applets wichtige Klasse Applet ist eine direkte Unterklasse von Panel. Sie erweitert zwar die Funktionalität der Klasse Panel um Methoden, die für das Ausführen von Applets von Bedeutung sind, bleibt aber letzlich ein Programmelement, das eine Größe und Position hat, auf Ereignisse reagieren kann und in der Lage ist, weitere Komponenten aufzunehmen. Einerseits ist es bemerkenswert, daß eine Klasse wie Applet, die für eine riesige Zahl von Anwendungen von elementarer Bedeutung ist, ganz unten in der Vererbungskette eines stark spezialisierten Zweigs der Klassenhierarchie steht. Andererseits liefert die Klasse Applet jedoch mit der vorstehenden Beschreibung eine nahezu perfekte Charakterisierung von Applets. Wir werden in Kapitel 39 auf Seite 887 auf die Eigenschaften dieser Klasse näher eingehen.

Die Klasse Window abstrahiert ein Top-Level-Window ohne Rahmen, Titelleiste und Menü. Sie ist für Anwendungen geeignet, die ihre Rahmenelemente selbst zeichnen oder die volle Kontrolle über das gesamte Fenster benötigen.

Die Klasse Frame repräsentiert ein Top-Level-Window mit Rahmen, Titelleiste und optionalem Menü. Einem Frame kann ein Icon zugeordnet werden, das angezeigt wird, wenn das Fenster minimiert wird. Es kann eingestellt werden, ob das Fenster vom Anwender in der Größe verändert werden kann. Zusätzlich besteht die Möglichkeit, das Aussehen des Mauszeigers zu verändern.

Die zweite aus Window abgeleitete Klasse ist Dialog. Sie ist dafür vorgesehen, modale oder nicht-modale Dialoge zu realisieren. Ein modaler Dialog ist ein Fenster, das immer im Vordergrund des Fensters bleibt, von dem es erzeugt wurde, und das alle übrigen Fensteraktivitäten und Ereignisse so lange blockiert, bis es geschlossen wird. Ein nicht-modaler Dialog kann mit anderen Fenstern koexistieren und erlaubt es, im aufrufenden Fenster weiterzuarbeiten.

Aufgrund von Bugs in der Windows-Portierung des AWT gab es bis zur Version 1.0.2 des AWT keine vernünftige Möglichkeit, *modale* Dialoge zu erzeugen. Dies war ein ziemlich schwerwiegendes Problem, denn modale Dialoge kommen in der Programmentwicklung sehr häufig vor. Sie werden immer dann benötigt, wenn das Programm auf die Eingabe eines Anwenders warten muß, bevor es fortfahren kann. Leider funktionierte gerade dieser Wartemechanismus nicht, und es wurden eine Reihe aufwendiger Workarounds veröffentlicht. Mit der Version 1.1 des JDK war es erstmals auch unter Windows 95 möglich, echte modale Dialoge in Java zu erstellen. Wir werden auf die Details in Kapitel 31 auf Seite 645 zurückkommen.

Die unterste Klasse in der Hierarchie der Fenster ist `FileDialog`. Sie stellt den Standard-Dateidialog des jeweiligen Betriebssystems zur Verfügung. Dieser kann beim Laden oder Speichern einer Datei zur Eingabe oder Auswahl eines Dateinamens verwendet werden. Gegenüber den Möglichkeiten des Standard-Dateidialogs, wie er vom Windows-API zur Verfügung gestellt wird, sind die Fähigkeiten der Klasse `FileDialog` allerdings etwas eingeschränkt.

27.2 Aufrufen und Schließen eines Fensters

Um ein Fenster auf dem Bildschirm anzuzeigen, muß zunächst die passende Fensterklasse instanziert werden. Dafür kommen die Klassen `Window`, `Frame`, `Dialog`, `Applet` und `FileDialog` in Frage. Da die beiden Dialogklassen und die Entwicklung von Applets später behandelt werden, verbleiben die Klassen `Window` und `Frame`. Beide Klassen haben unterschiedliche Konstruktoren:

```
public Frame()

public Frame(String title)
```
java.awt.
Frame

```
public Window(Frame parent)
```
java.awt.
Window

Ein Objekt der Klasse `Frame` kann demnach parameterlos oder mit einem `String`, der den Titel des Fensters angibt, erzeugt werden. Bei der Instanzierung eines `Window`-Objekts muß dagegen das Vaterfenster übergeben werden.

Nach der Instanzierung wird die Methode `setVisible` aufgerufen, um das Fenster anzuzeigen:

```
public void setVisible(boolean visible)
```
java.awt.
Component

Der Parameter `visible` gibt an, ob das Fenster angezeigt oder geschlossen werden soll. Wird `true` übergeben, so wird es angezeigt, andernfalls geschlossen. Die Aufrufsyntax ist für `Frame` und `Window` identisch, denn `setVisible` wurde aus der gemeinsamen Oberklasse `Component` geerbt. Ein Aufruf von `setVisible(true)` legt die Fensterressource an, stattet das Fenster mit einer Reihe von Standardeigenschaften aus und zeigt es auf dem Bildschirm an.

Um ein Fenster zu schließen, sind die Methoden `setVisible(false)` und `dispose` aufzurufen:

java.awt.Window
```
public void dispose()
```

`setVisible(false)` macht das Fenster unsichtbar, und `dispose` gibt die zugeordneten Windows-Ressourcen frei und entfernt das Fenster aus der Owner-Child-Registrierung.

> In der aktuellen Implementierung enthält `dispose` am Anfang einen Aufruf von `hide`, durch das seinerseits ein implizites `setVisible(false)` aufgerufen wird. Daher wäre es auch möglich, ein Fenster mit einem einzigen Aufruf von `dispose` zu schließen. Der zusätzliche Aufruf von `setVisible(false)` ist allerdings nicht schädlich und macht die Aufgabentrennung beider Methoden deutlich.

Das folgende Beispiel zeigt ein Programm, das einen `Frame` auf dem Bildschirm anzeigt, ihn nach ca. 3 Sekunden wieder entfernt und das Programm dann beendet:

Listing 27.1: Anzeigen und Entfernen eines Frames

```
001 /* Listing2701.java */
002
003 import java.awt.*;
004
005 public class Listing2701
006 {
007   public static void main(String[] args)
008   {
009     Frame frame = new Frame("Frame entfernen");
010     frame.setSize(300,200);
011     frame.setVisible(true);
012     try {
013       Thread.sleep(3000);
014     } catch (InterruptedException e) {
015       //nichts
016     }
017     frame.setVisible(false);
018     frame.dispose();
019     System.exit(0);
020   }
021 }
```

27.3 Visuelle Eigenschaften

Ein Fenster besitzt eine Reihe von Eigenschaften, die sein Aussehen bestimmen. Dazu gehören die Art des Rahmens, die Position und Größe des Fensters und die Anordnung des Fensters in Relation zu anderen Fenstern auf dem Bildschirm.

Wie schon erwähnt, wird die Art des Rahmens durch die Klasse bestimmt, die zur Erzeugung eines Fensters verwendet wird. Während die Klasse `Window` ein Fenster ohne Rahmen darstellt, besitzt ein `Frame` einen Rahmen, eine Titelleiste und auf Wunsch ein Menü.

Die Größe und Position eines Fensters können mit den Methoden `setSize`, `setBounds` und `setLocation` bestimmt werden:

```
public void setSize(int width, int height)
public void setSize(Dimension d)

public void setBounds(int x, int y, int width, int height)
public void setBounds(Rectangle r)

public void setLocation(int x, int y)
public void setLocation(Point p)

public Dimension getSize()
public Rectangle getBounds()
public Point getLocation()
```
java.awt. Component

`setSize` verändert die Größe des Fensters auf den Wert (`width`, `height`), und `setLocation` bewegt die linke obere Ecke an die Bildschirmposition (`x,y`). Die Methode `setBounds` kombiniert die Funktionen von `setSize` und `setLocation` und positioniert ein Fenster der Größe (`width,height`) an der Position (`x,y`). Mit `getSize`, `getBounds` und `getLocation` können diese Eigenschaften auch abgefragt werden.

Mit den Methoden `setEnabled` und `isEnabled` kann auf den Aktivierungszustand einer Komponente zugegriffen werden:

```
public void setEnabled(boolean b)
public boolean isEnabled()
```
java.awt. Component

Ist die Komponente aktiv, kann sie Benutzereingaben empfangen und Nachrichten versenden. In deaktiviertem Zustand geht das nicht. Dialogelemente wie Textfelder oder Buttons werden deaktiviert, um dem Anwender anzuzeigen, daß eine bestimmte Funktion oder Eingabemöglichkeit derzeit nicht zur Verfügung steht. Sie zeigen den Unterschied zwischen beiden Zuständen auch optisch an. Bei Fensterkomponenten wird der Aktivierungszustand meist nicht verändert.

Kapitel 27 **Fenster**

Das folgende Beispiel stellt eine sehr einfache Form eines (manuell zu aktivierenden) »Bildschirmschoners« dar, der den gesamten Bildschirm dunkel schaltet und die Anmerkung »Bitte eine Taste drücken« in die linke obere Ecke schreibt. Zusätzlich gibt das Programm die aktuelle Auflösung des Bildschirms aus, nachdem sie mit der Methode getScreenSize der Klasse Toolkit ermittelt wurde. Nach Drücken einer Taste wird das Fenster geschlossen und das Programm beendet:

Listing 27.2:
Ein einfacher
Bildschirmschoner

```
001  /* Listing2702.java */
002
003  import java.awt.*;
004  import java.awt.event.*;
005
006  public class Listing2702
007  extends Window
008  {
009    public static void main(String[] args)
010    {
011      final Listing2702 wnd = new Listing2702();
012      wnd.setLocation(new Point(0,0));
013      wnd.setSize(wnd.getToolkit().getScreenSize());
014      wnd.setVisible(true);
015      wnd.requestFocus();
016      wnd.addKeyListener(
017        new KeyAdapter() {
018          public void keyPressed(KeyEvent event)
019          {
020            wnd.setVisible(false);
021            wnd.dispose();
022            System.exit(0);
023          }
024        }
025      );
026    }
027
028    public Listing2702()
029    {
030      super(new Frame());
031      setBackground(Color.black);
032    }
033
034    public void paint(Graphics g)
035    {
036      g.setColor(Color.red);
037      g.drawString(
038        "Bildschirmgröße ist "+
039        getSize().width+"*"+getSize().height,
040        10,
041        20
```

```
042        );
043        g.drawString("Bitte eine Taste drücken",10,40);
044    }
045 }
```

Listing 27.2: Ein einfacher Bildschirmschoner (Forts.)

Die Details des hier implementierten Event-Handlings mit Hilfe der durch `addKeyListener` eingefügten anonymen Klasse wollen wir auf Kapitel 28 auf Seite 575 vertagen. Die Ausgabe des Programms (in verkleinerter Form) ist:

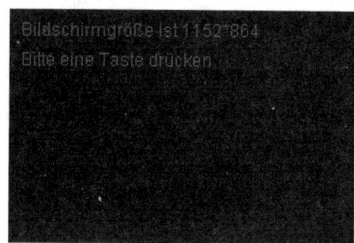

Abbildung 27.2: Ein einfacher Bildschirmschoner

27.4 Anzeigezustand

Seit dem JDK 1.2 kann der Anzeigezustand eines Fensters geändert werden. Dazu gibt es in der Klasse `Frame` die Methoden `setState` und `getState`:

```
public synchronized void setState(int state)

public synchronized int getState()
```

java.awt.Frame

Mit `setState` kann der Anzeigezustand des Fensters zwischen »normal« und »als Symbol« umgeschaltet werden. Wird die Konstante `ICONIFIED` der Klasse `Frame` übergeben, erfolgt die Darstellung als Symbol, wird `NORMAL` übergeben, erfolgt die normale Darstellung. Mit `getState` kann der aktuelle Anzeigezustand abgefragt werden.

Das folgende Programm öffnet ein Fenster, stellt es nach zwei Sekunden als Symbol und nach weiteren zwei Sekunden wieder normal dar. Anschließend wird das Fenster geschlossen und das Programm beendet:

```
001 /* Listing2703.java */
002
003 import java.awt.*;
004
005 public class Listing2703
006 {
007    public static void main(String[] args)
```

Listing 27.3: Anzeigezustand eines Fensters umschalten

Listing 27.3:
Anzeigezustand
eines Fensters
umschalten
(Forts.)

```
008  {
009    Frame frame = new Frame("Anzeigezustand");
010    frame.setSize(300,200);
011    frame.setVisible(true);
012    try {
013      Thread.sleep(2000);
014    } catch (InterruptedException e) {
015      //nichts
016    }
017    frame.setState(Frame.ICONIFIED);
018    try {
019      Thread.sleep(2000);
020    } catch (InterruptedException e) {
021      //nichts
022    }
023    frame.setState(Frame.NORMAL);
024    try {
025      Thread.sleep(2000);
026    } catch (InterruptedException e) {
027      //nichts
028    }
029    frame.setVisible(false);
030    frame.dispose();
031    System.exit(0);
032  }
033 }
```

27.5 Fensterelemente

Neben den visuellen Eigenschaften eines Fensters gibt es noch eine Reihe weiterer Elemente, die einem Fenster zugeordnet werden können. Hierzu zählen die *Titelleiste*, das *Menü*, ein *Icon*, ein *Mauscursor*, eine bestimmte *Vorder- und Hintergrundfarbe* und ein *Standard-Font* zur Ausgabe von Schriften. Bis auf die Definition und die Zuordnung von Menüs, die in Kapitel 30 auf Seite 621 erläutert werden, soll der Umgang mit diesen Fensterelementen in den folgenden Unterabschnitten erklärt werden.

27.5.1 Der Fenstertitel

Die Titelleiste eines Fensters läßt sich in den Klassen Frame und Dialog mit Hilfe der Methode setTitle verändern:

java.awt.
Frame

```
public void setTitle(String title)

public String getTitle()
```

Ein Aufruf dieser Methode ändert die Beschriftung der Titelleiste in den als `String` übergebenen Parameter `title`. Mit der Methode `getTitle` kann die Titelleiste abgefragt werden.

27.5.2 Das Icon des Fensters

Wenn ein Fenster unter Windows minimiert wird, zeigt es ein Icon an. Mit einem Doppelklick auf das Icon kann die ursprüngliche Größe des Fensters wiederhergestellt werden. Mit Hilfe der Methode `setIconImage` der Klasse `Frame` kann dem Fenster ein Icon zugeordnet werden, das beim Minimieren angezeigt wird:

`public void setIconImage(Image image)`

java.awt. Frame

Beim Design des Icons steht man nun vor dem Konflikt, entscheiden zu müssen, in welcher Größe das Icon entworfen werden soll. Ein Windows-Programm hat meist ein Haupticon in der Größe 32*32 Pixel und ein kleineres Icon mit 16*16 Pixeln. Beide werden an unterschiedlichen Stellen im Programm benötigt. Das JDK ist glücklicherweise in der Lage, die übergebenen Images so zu skalieren, daß sie die jeweils benötigte Größe annehmen. Die Ergebnisse sind im Falle des großen Icons durchaus brauchbar (so hat z.B. das in Abbildung 27.3 gezeigte und in Listing 27.4 auf Seite 571 verwendete Icon eine Originalgröße von 60*56 Pixeln), im Falle des kleinen Icons sind die Ergebnisse in Prä-1.2-JDKs jedoch nicht so befriedigend. Hier scheint die Skalierungsroutine lediglich ein schwarz-weißes Ergebnis zu erzeugen.

Abbildung 27.3: Das Beispiel-Icon

Leider unterstützen nicht alle Plattformen, auf denen Java läuft, die Darstellung eines Icons als Symbol für ein minimiertes Fenster. Daher kann `setIconImage` nicht als vollständig portabel angesehen werden.

27.5.3 Der Mauscursor

Zur Darstellung des Mauscursors bietet die Klasse `Component` eine Methode `setCursor`, mit der ein `Cursor`-Objekt vorgegeben werden kann:

`public void setCursor(Cursor cursor)`

java.awt. Component

Die Klasse Cursor besitzt einen Konstruktor, der als einziges Argument eine ganzzahlige Konstante erwartet, mit der der gewünschte Cursor aus der Liste der vordefinierten Cursortypen ausgewählt werden kann. Tabelle 27.1 gibt eine Auswahl der verfügbaren Cursortypen an.

Das freie Erstellen benutzerdefinierter Cursortypen wird seit dem JDK 1.2 unterstützt. Dazu gibt es in der Klasse Toolkit die Methoden createCustomCursor, getBestCursorSize und getMaximumCursorColors. Wir wollen darauf nicht näher eingehen.

Tabelle 27.1:
Konstanten zur
Cursorauswahl

Konstante aus Frame	Cursorform
Cursor.CROSSHAIR_CURSOR	Fadenkreuz
Cursor.DEFAULT_CURSOR	Standardpfeil
Cursor.MOVE_CURSOR	Vierfachpfeil
Cursor.TEXT_CURSOR	Senkrechter Strich
Cursor.WAIT_CURSOR	Eieruhr

27.5.4 Die Vorder- und Hintergrundfarbe

Die Hintergrundfarbe eines Fensters wird vor dem Aufruf von paint verwendet, um den Hintergrund des Fensters zu löschen. Das Löschen kann man sich so vorstellen, daß ein gefülltes Rechteck in der Größe der Client-Area in der aktuellen Hintergrundfarbe gezeichnet wird. Die Vordergrundfarbe dient zur Ausgabe von Grafik- und Textobjekten, wenn im Grafik-Kontext keine andere Farbe gesetzt wird. Wird die Einstellung nicht geändert, werden in beiden Fällen die unter Windows eingestellten Standardfarben verwendet. Mit Hilfe der Methoden setForeground und setBackground der Klasse Component können Vorder- und Hintergrundfarbe eines Fensters geändert werden:

java.awt.
Component

```
public void setBackground(Color c)

public void setForeground(Color c)
```

27.5.5 Der Standard-Font

Ein Fenster hat einen Standard-Font, der zur Ausgabe von Schrift verwendet wird, wenn nicht im Grafik-Kontext ein anderer Font ausgewählt wird. Die Verwendung eines Standard-Fonts macht Sinn, wenn nur ein Font verwendet werden soll, um Text darzustellen. Dadurch ergeben sich Laufzeitvorteile gegenüber der separaten Auswahl eines Fonts bei jedem Aufruf von paint. Der Standard-Font eines Fensters wird mit der Methode setFont der Klasse Component eingestellt:

java.awt.
Component

```
public void setFont(Font f)
```

Fensterelemente

Kapitel 27

Das folgende Beispielprogramm erzeugt ein Fenster mit einer Titelleiste, gesetzter Vorder- und Hintergrundfarbe und der Eieruhr als Cursor. Zusätzlich besitzt das Programm das in Abbildung 27.3 auf Seite 569 gezeigte Icon, das beim Minimieren des Programms und in der Taskleiste angezeigt wird.

```
001 /* Listing2704.java */
002
003 import java.awt.*;
004 import java.awt.event.*;
005
006 public class Listing2704
007 extends Frame
008 {
009   public static void main(String[] args)
010   {
011     Listing2704 wnd = new Listing2704();
012     wnd.setSize(300,200);
013     wnd.setLocation(50,50);
014     wnd.setVisible(true);
015   }
016
017   public Listing2704()
018   {
019     super("");
020     assignTitle();
021     assignIcon();
022     assignCursor();
023     assignColors();
024     assignFont();
025     addWindowListener(new WindowClosingAdapter(true));
026   }
027
028   private void assignTitle()
029   {
030     setTitle("Veränderte Fensterelemente");
031   }
032
033   private void assignIcon()
034   {
035     Image img = getToolkit().getImage("testicon.gif");
036     MediaTracker mt = new MediaTracker(this);
037
038     mt.addImage(img, 0);
039     try {
040       //Warten, bis das Image vollständig geladen ist.
041       mt.waitForAll();
042     } catch (InterruptedException e) {
043       //nothing
```

Listing 27.4:
Ein Programm mit veränderten Fensterelementen

Listing 27.4:
Ein Programm
mit veränderten
Fenster-
elementen
(Forts.)

```
044      }
045      setIconImage(img);
046    }
047
048    private void assignCursor()
049    {
050      setCursor(new Cursor(Cursor.WAIT_CURSOR));
051    }
052
053    private void assignColors()
054    {
055      setForeground(Color.white);
056      setBackground(Color.black);
057    }
058
059    private void assignFont()
060    {
061      setFont(new Font("Serif", Font.PLAIN, 28));
062    }
063
064    public void paint(Graphics g)
065    {
066      g.drawString("Test in Vordergrundfarbe",10,70);
067    }
068  }
```

Die Programmausgabe ist wie folgt:

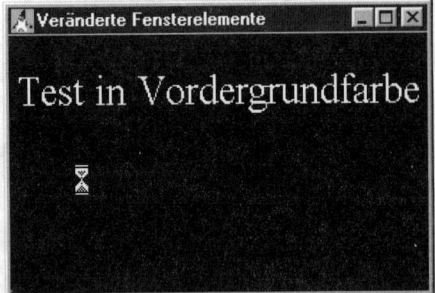

Abbildung 27.4:
Ein Programm
mit veränderten
Fensterelementen

> In vielen Beispielen in diesem Buch wird der Einfachheit halber die in Abschnitt 23.2.4 auf Seite 501 vorgestellte Klasse WindowClosingAdapter verwendet, um einen Listener zum Schließen des Fensters zu registrieren. Damit ein solches Beispiel sich kompilieren läßt, muß die Datei WindowClosingAdapter.java im aktuellen Verzeichnis vorhanden sein. Sie befindet sich auf der CD-ROM zum Buch oder in Listing 23.2 auf Seite 501.

27.6 Zusammenfassung

In diesem Kapitel wurden folgende Themen behandelt:

- Die Hierarchie und Bedeutung der Fensterklassen Component, Container, Panel, Window, Applet, Dialog und Frame in Java
- Anzeigen und Schließen eines Fensters mit den Methoden setVisible und dispose
- Die Methoden setSize, setBounds und setLocation zum Zugriff auf Größe und Position eines Fensters
- Verändern des Anzeigezustands mit setState
- Die Methoden setTitle, getTitle, setIconImage und setCursor
- Verändern der Vorder- und Hintergrundfarbe des Fensters mit setForeground und setBackground
- Verändern des Standard-Fonts eines Fensters mit der Methode setFont

28 Event-Handling

28.1 Das Event-Handling im JDK 1.1

28.1.1 Grundlagen

Bei der Programmierung unter einer grafischen Oberfläche erfolgt die Kommunikation zwischen Betriebssystem und Anwendungsprogramm zu einem wesentlichen Teil durch das Versenden von Nachrichten. Die Anwendung wird dabei über alle Arten von Ereignissen und Zustandsänderungen vom Betriebssystem informiert. Dazu zählen beispielsweise Mausklicks, Bewegungen des Mauszeigers, Tastatureingaben oder Veränderungen an der Größe oder Lage des Fensters.

Bei der Verarbeitung des Nachrichtenverkehrs sind zwei verschiedene Arten von Objekten beteiligt. Die *Ereignisquellen* (*Event Sources*) sind die Auslöser der Nachrichten. Eine Ereignisquelle kann beispielsweise ein Button sein, der auf einen Mausklick reagiert, oder ein Fenster, das mitteilt, daß es über das Systemmenü geschlossen werden soll. Die Reaktion auf diese Nachrichten erfolgt in den speziellen *Ereignisempfängern* (den *EventListeners*); das sind Objekte, die das zum Ereignis passende Empfänger-Interface implementieren. Damit ein Ereignisempfänger die Nachrichten einer bestimmten Ereignisquelle erhält, muß er sich bei dieser registrieren.

Dieses Kommunikationsmodell nennt sich *Delegation Event Model* oder *Delegation Based Event Handling* und wurde mit der Version 1.1 des JDK eingeführt. Im Gegensatz zum alten Modell, bei dem jedes Ereignis die Verteilermethode `handleEvent` der Klasse `Component` durchlaufen mußte und von ihr an die verschiedenen Empfänger verteilt wurde, hat dieses neue Modell zwei wesentliche Vorteile:

- Es verringert den Nachrichtenverkehr, da nur noch die Ereignisse transportiert werden, für die es Empfänger gibt. Dadurch erhöht sich potentiell die Performance des Nachrichtentransports im AWT.

- Es erlaubt eine klare Trennung zwischen Programmcode zur Oberflächengestaltung und solchem zur Implementierung der Anwendungslogik. Es erleichtert dadurch die Erzeugung von robustem Code, der auch in großen Programmen den Entwurf sauber strukturierter Ereignishandler ermöglicht.

Diesen Vorteilen steht natürlich der etwas höhere Einarbeitungsaufwand gegenüber. Während man beispielsweise im AWT 1.0 einfach die `action`-Methode des Fensters überlagerte, um auf einen Buttonklick zu reagieren, muß man nun eine `EventListener`-Klasse schreiben, instanzieren und bei der Ereignisquelle registrieren.

Zudem werden wir feststellen, daß das neue Modell eine Vielzahl von unterschiedlichen Möglichkeiten impliziert, Ereignishandler zu implementieren. Diese sind je nach Anwendungsfall unterschiedlich gut oder schlecht geeignet, den jeweiligen Nachrichtenverkehr abzubilden. Wir werden uns in diesem Kapitel insbesondere mit folgenden Entwurfsmustern beschäftigen:

- Die Fensterklasse implementiert die erforderlichen EventListener-Interfaces, stellt die erforderlichen Callback-Methoden zur Verfügung und registriert sich selbst bei den Ereignisquellen.

- In der Fensterklasse werden lokale oder anonyme Klassen definiert, die einen EventListener implementieren oder sich aus einer *Adapterklasse* ableiten (eine Adapterklasse implementiert ein Interface mit mehreren Methoden und erlaubt es somit abgeleiteten Klassen, nur noch die Methoden zu überlagern, die tatsächlich von Interesse sind).

- GUI-Code und Ereignisbehandlung werden vollkommen getrennt und auf unterschiedliche Klassen verteilt.

- In der Komponentenklasse werden die Methoden überlagert, die für das Empfangen und Verteilen der Nachrichten erforderlich sind.

Wir werden uns jede dieser Varianten in den nachfolgenden Abschnitten ansehen und ihre jeweiligen Einsatzmöglichkeiten anhand eines Beispiels aufzeigen. Zunächst sollen jedoch die verschiedenen Ereignistypen sowie die Ereignisempfänger und Ereignisquellen näher beleuchtet werden. Wir wollen dabei (etwas unscharf) die Begriffe Ereignis, Nachricht und Event in diesem Kapitel synonym verwenden, wenn wir innerhalb eines GUI-Programms die ausgetauschten Nachrichten oder ihre auslösenden Ereignisse meinen.

> Das vorliegende Kapitel beschränkt sich auf das Erläutern der grundlegenden Eigenschaften des Event-Handlings im JDK 1.1. Die Details einzelner Ereignisarten werden in den nachfolgenden Kapiteln schrittweise erklärt und zusammen mit den zugehörigen Ereignisquellen vorgestellt.

28.1.2 Ereignistypen

Im Gegensatz zur Version 1.0 werden im JDK 1.1 die Ereignistypen nicht mehr durch eine einzige Klasse Event repräsentiert, sondern durch eine Hierarchie von Ereignisklassen, die aus der Klasse java.util.EventObject abgeleitet sind. Die Motivation der Java-Designer, diese Klasse in das Paket java.util zu legen, resultierte wohl aus der Überlegung, daß der Transfer von Nachrichten nicht allein auf den Oberflächenteil beschränkt sein muß, sondern auch zwischen anderen Elementen einer komplexen Anwendung sinnvoll sein kann. Die Klasse java.util.EventObject fungiert damit als allgemeine Oberklasse aller Arten von

Das Event-Handling im JDK 1.1 — Kapitel 28

Ereignissen, die zwischen verschiedenen Programmteilen ausgetauscht werden können. Ihre einzige nennenswerte Fähigkeit besteht darin, das Objekt zu speichern, das die Nachricht ausgelöst hat, und durch Aufruf der Methode getSource anzugeben:

```
public Object getSource()
```
java.util.EventObject

Die Hierarchie der AWT-spezifischen Ereignisklassen beginnt eine Ebene tiefer mit der Klasse AWTEvent, die aus EventObject abgeleitet wurde und sich im Paket java.awt befindet. AWTEvent ist Oberklasse aller Ereignisklassen des AWT. Diese befinden sich im Paket java.awt.event, das damit praktisch in jede Klasse einzubinden ist, die sich mit dem Event-Handling von GUI-Anwendungen beschäftigt. Abbildung 28.1 gibt einen Überblick über die Vererbungshierarchie der Ereignisklassen.

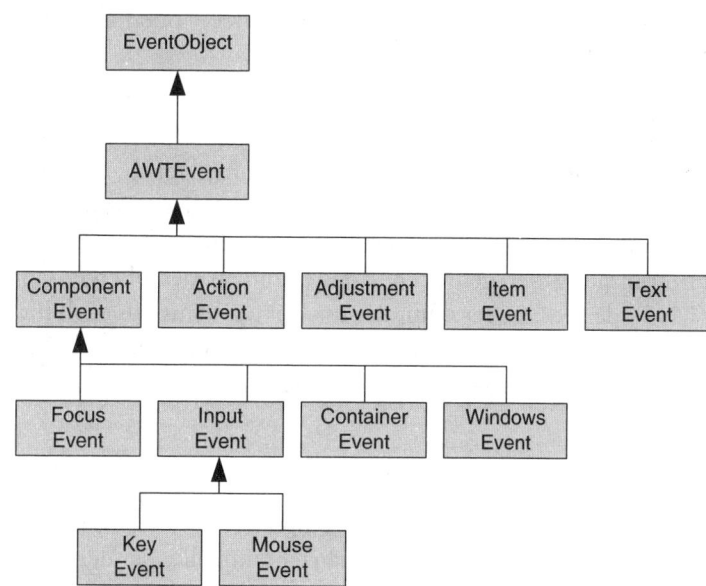

Abbildung 28.1: Die Hierarchie der Ereignisklassen

Die Dokumentation zum JDK unterteilt diese Klassen in zwei große Hierarchien. Unterhalb der Klasse ComponentEvent befinden sich alle *Low-Level-Ereignisse*. Sie sind für den Transfer von elementaren Nachrichten zuständig, die von Fenstern oder Dialogelementen stammen. Die übrigen Klassen ActionEvent, AdjustmentEvent, ItemEvent und TextEvent werden als *semantische Ereignisse* bezeichnet. Sie sind nicht an ein bestimmtes GUI-Element gebunden, sondern übermitteln höherwertige Ereignisse wie das Ausführen eines Kommandos oder die Änderung eines Zustands.

Ein Problem der AWT-Designer war es, einen guten Kompromiß zwischen der Größe und der Anzahl der zu implementierenden Ereignisklassen zu finden. Da der Ableitungsbaum sehr unübersichtlich geworden wäre, wenn für jedes Elementarereignis eine eigene Klasse implementiert worden wäre, hat man sich teilweise dazu entschlossen, mehrere unterschiedliche Ereignisse durch eine einzige Klasse zu realisieren. So ist beispielsweise die Klasse `MouseEvent` sowohl für Mausbewegungen als auch für alle Arten von Klick- oder Drag-Ereignissen zuständig. Mit Hilfe der Methode `getID` und der in den jeweiligen Eventklassen definierten symbolischen Konstanten kann das Programm herausfinden, um welche Art von Ereignis es sich handelt:

`java.awt.`   `public int getID()`
`AWTEvent`

Falls das Programm eigene Eventklassen definieren will und Konstanten zur Vergabe der Event-Ids vergeben muß, sollten diese oberhalb der symbolischen Konstante `RESERVED_ID_MAX` liegen.

Die Eventklassen im JDK 1.1 enthalten keine frei zugänglichen Felder. Statt dessen sind alle Eigenschaften durch `set-/get`-Methoden gekapselt, die je nach Ereignisklasse unterschiedlich sind. So gibt es beispielsweise in `MouseEvent` die Methode `getPoint`, mit der die Mauszeigerposition abgefragt werden kann, in `KeyEvent` die Methode `getKeyChar` zur Bestimmung der gedrückten Taste und in der übergeordneten Klasse `InputEvent` die Methode `getModifiers`, mit der sowohl für Maus- als auch für Tastaturevents der Zustand der Sondertasten bestimmt werden kann. Wir werden bei der Besprechung der einzelnen Ereignisarten auf die Details eingehen.

28.1.3 Ereignisempfänger

Damit ein Objekt Nachrichten empfangen kann, muß es eine Reihe von Methoden implementieren, die von der Nachrichtenquelle, bei der es sich registriert hat, aufgerufen werden können. Um sicherzustellen, daß diese Methoden vorhanden sind, müssen die Ereignisempfänger bestimmte Interfaces implementieren, die aus der Klasse `EventListener` des Pakets `java.util` abgeleitet sind. Diese `EventListener`-Interfaces befinden sich im Paket `java.awt.event`.

Je Ereignisklasse gibt es ein `EventListener`-Interface. Es definiert eine separate Methode für jede Ereignisart dieser Ereignisklasse. So besitzt beispielsweise das Interface `MouseListener` die Methoden `mouseClicked`, `mouseEntered`, `mouseExited`, `mousePressed` und `mouseReleased`, die bei Auftreten des jeweiligen Ereignisses aufgerufen werden. Abbildung 28.2 auf Seite 579 gibt eine Übersicht über die Hierarchie der `EventListener`-Interfaces.

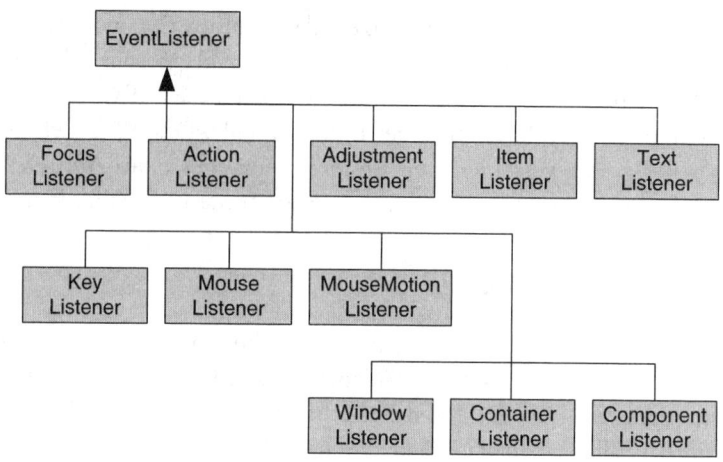

Abbildung 28.2:
Die Hierarchie
der EventListener-Interfaces

Jede der Methoden eines Listener-Interfaces enthält als einziges Argument ein Objekt vom zugehörigen Ereignistyp. Alle Methoden sind vom Typ void, erzeugen also keinen Rückgabewert. Dies steht in strengem Kontrast zu den Ereignishandlern des AWT 1.0, bei denen der Rückgabewert darüber entschieden hat, ob das Ereignis in der Vererbungshierarchie weiter nach oben gereicht werden sollte oder nicht. Im AWT 1.1 werden Ereignisse dagegen grundsätzlich nicht automatisch weitergereicht.

28.1.4 Ereignisquellen

Die Ereignisse stammen von den *Ereignisquellen*, also von Fenstern, Dialogelementen oder höheren Programmobjekten. Eine Ereignisquelle sendet aber nur dann Ereignisse an einen Ereignisempfänger, wenn dieser sich bei der Ereignisquelle *registriert* hat. Fehlt eine solche Registrierung, wird die Ereignisquelle keine Ereignisse senden und der Empfänger folglich auch keine erhalten.

Die Registrierung erfolgt mit speziellen Methoden, an die ein Objekt übergeben wird, das das jeweilige EventListener-Interface implementiert. So gibt es beispielsweise eine Methode addMouseListener in der Klasse Component, mit der ein Objekt, das das Interface MouseListener implementiert, sich für den Empfang von Mausereignissen bei der Komponente registrieren lassen kann. Nach erfolgter Registrierung wird bei jedem Mausereignis die entsprechende Methode mouseClicked, mouseEntered, mouseExited, mousePressed oder mouseReleased aufgerufen.

Die Ereignisquellen unterstützen das Multicasting von Ereignissen. Dabei kann eine Ereignisquelle nicht nur einen einzelnen `EventListener` mit Nachrichten versorgen, sondern eine beliebige Anzahl von ihnen. Jeder Aufruf von `addXYZListener` registriert dabei einen weiteren Listener in der Ereignisquelle. Das AWT definiert nicht, in welcher Reihenfolge die verschiedenen Ereignisempfänger beim Auftreten eines Ereignisses aufgerufen werden, und empfiehlt den Programmen, hierüber keine Annahmen zu treffen.

28.1.5 Adapterklassen

Eine *Adapterklasse* in Java ist eine Klasse, die ein vorgegebenes Interface mit leeren Methodenrümpfen implementiert. Adapterklassen können verwendet werden, wenn aus einem Interface lediglich ein Teil der Methoden benötigt wird, der Rest aber uninteressant ist. In diesem Fall leitet man einfach eine neue Klasse aus der Adapterklasse ab, anstatt das zugehörige Interface zu implementieren, und überlagert die benötigten Methoden. Alle übrigen Methoden des Interfaces werden von der Basisklasse zur Verfügung gestellt.

Zu jedem der Low-Level-Ereignisempfänger stellt das Paket `java.awt.event` eine passende Adapterklasse zur Verfügung. So gibt es die Adapterklassen `FocusAdapter`, `KeyAdapter`, `MouseAdapter`, `MouseMotionAdapter`, `ComponentAdapter`, `ContainerAdapter` und `WindowAdapter`. Sie implementieren die korrespondierenden Interfaces. Wir werden später bei der Beschreibung der lokalen und anonymen Klassen sehen, wie die Adapterklassen bei der Realisierung der Ereignisempfänger hilfreich sein können.

28.1.6 Zusammenfassung

Der folgende Überblick bündelt die bisherigen Ausführungen und gibt eine Zusammenfassung aller Ereignisse nebst zugehörigen Ereignisempfängern und ihren Methoden. Außerdem sind die Ereignisquellen und die Methoden zur Registrierung der Ereignisse angegeben. Jeder Ereignistyp wird dabei durch zwei Tabellen dargestellt. Die erste gibt die zugehörige Ereignisklasse, das Listener-Interface und den Namen der Methode zur Registrierung von Ereignisempfängern an. Sie listet außerdem die als Ereignisquelle in Frage kommenden Klassen auf. Die zweite Tabelle enthält alle Methoden des zugehörigen Listener-Interfaces und beschreibt damit die zu diesem Ereignistyp gehörenden Elementarereignisse.

Genaugenommen nimmt dieser Abschnitt Informationen vorweg, die in späteren Teilen des Buches konkretisiert werden. Obwohl zum jetzigen Zeitpunkt nicht alle Ereignisse in ihrer vollen Bedeutung dargestellt werden können, mag diese Übersicht für die weitere Arbeit mit dem AWT und zum Nachschlagen hilfreich sein.

Das Event-Handling im JDK 1.1 — Kapitel 28

Focus-Ereignisse

Eigenschaft	Klasse, Interface oder Methode
Ereignisklasse	FocusEvent
Listener-Interface	FocusListener
Registrierungsmethode	addFocusListener
Mögliche Ereignisquellen	Component

Tabelle 28.1: Focus-Ereignisse

Ereignismethode	Bedeutung
focusGained	Eine Komponente erhält den Focus.
focusLost	Eine Komponente verliert den Focus.

Tabelle 28.2: Methoden für Focus-Ereignisse

Key-Ereignisse

Eigenschaft	Klasse, Interface oder Methode
Ereignisklasse	KeyEvent
Listener-Interface	KeyListener
Registrierungsmethode	addKeyListener
Mögliche Ereignisquellen	Component

Tabelle 28.3: Key-Ereignisse

Ereignismethode	Bedeutung
keyPressed	Eine Taste wurde gedrückt.
keyReleased	Eine Taste wurde losgelassen.
keyTyped	Eine Taste wurde gedrückt und wieder losgelassen.

Tabelle 28.4: Methoden für Key-Ereignisse

Mouse-Ereignisse

Eigenschaft	Klasse, Interface oder Methode
Ereignisklasse	MouseEvent
Listener-Interface	MouseListener
Registrierungsmethode	addMouseListener
Mögliche Ereignisquellen	Component

Tabelle 28.5: Mouse-Ereignisse

Ereignismethode	Bedeutung
mouseClicked	Eine Maustaste wurde gedrückt und wieder losgelassen.
mouseEntered	Der Mauszeiger betritt die Komponente.
mouseExited	Der Mauszeiger verläßt die Komponente.

Tabelle 28.6: Methoden für Mouse-Ereignisse

Tabelle 28.6:
Methoden für
Mouse-
Ereignisse
(Forts.)

Ereignismethode	Bedeutung
mousePressed	Eine Maustaste wurde gedrückt.
mouseReleased	Eine Maustaste wurde losgelassen.

MouseMotion-Ereignisse

Tabelle 28.7:
MouseMotion-
Ereignisse

Eigenschaft	Klasse, Interface oder Methode
Ereignisklasse	MouseEvent
Listener-Interface	MouseMotionListener
Registrierungsmethode	addMouseMotionListener
Mögliche Ereignisquellen	Component

Tabelle 28.8:
Methoden für
MouseMotion-
Ereignisse

Ereignismethode	Bedeutung
mouseDragged	Die Maus wurde bei gedrückter Taste bewegt.
mouseMoved	Die Maus wurde bewegt, ohne daß eine Taste gedrückt wurde.

Component-Ereignisse

Tabelle 28.9:
Komponenten-
Ereignisse

Eigenschaft	Klasse, Interface oder Methode
Ereignisklasse	ComponentEvent
Listener-Interface	ComponentListener
Registrierungsmethode	addComponentListener
Mögliche Ereignisquellen	Component

Tabelle 28.10:
Methoden für
Komponenten-
Ereignisse

Ereignismethode	Bedeutung
componentHidden	Eine Komponente wurde unsichtbar.
componentMoved	Eine Komponente wurde verschoben.
componentResized	Die Größe einer Komponente hat sich geändert.
componentShown	Eine Komponente wurde sichtbar.

Container-Ereignisse

Tabelle 28.11:
Container-
Ereignisse

Eigenschaft	Klasse, Interface oder Methode
Ereignisklasse	ContainerEvent
Listener-Interface	ContainerListener
Registrierungsmethode	addContainerListener
Mögliche Ereignisquellen	Container

Das Event-Handling im JDK 1.1 — Kapitel 28

Ereignismethode	Bedeutung
componentAdded	Eine Komponente wurde hinzugefügt.
componentRemoved	Eine Komponente wurde entfernt.

Tabelle 28.12: Methoden für Container-Ereignisse

Window-Ereignisse

Eigenschaft	Klasse, Interface oder Methode
Ereignisklasse	WindowEvent
Listener-Interface	WindowListener
Registrierungsmethode	addWindowListener
Mögliche Ereignisquellen	Dialog, Frame

Tabelle 28.13: Window-Ereignisse

Ereignismethode	Bedeutung
windowActivated	Das Fenster wurde aktiviert.
windowClosed	Das Fenster wurde geschlossen.
windowClosing	Das Fenster wird geschlossen.
windowDeactivated	Das Fenster wurde deaktiviert.
windowDeiconified	Das Fenster wurde wiederhergestellt.
windowIconified	Das Fenster wurde auf Symbolgröße verkleinert.
windowOpened	Das Fenster wurde geöffnet.

Tabelle 28.14: Methoden für Window-Ereignisse

Action-Ereignisse

Eigenschaft	Klasse, Interface oder Methode
Ereignisklasse	ActionEvent
Listener-Interface	ActionListener
Registrierungsmethode	addActionListener
Mögliche Ereignisquellen	Button, List, MenuItem, TextField

Tabelle 28.15: Action-Ereignisse

Ereignismethode	Bedeutung
actionPerformed	Eine Aktion wurde ausgelöst.

Tabelle 28.16: Methoden für Action-Ereignisse

Adjustment-Ereignisse

Eigenschaft	Klasse, Interface oder Methode
Ereignisklasse	AdjustmentEvent
Listener-Interface	AdjustmentListener

Tabelle 28.17: Adjustment-Ereignisse

Tabelle 28.17: Adjustment-Ereignisse (Forts.)

Eigenschaft	Klasse, Interface oder Methode
Registrierungsmethode	`addAdjustmentListener`
Mögliche Ereignisquellen	`Scrollbar`

Tabelle 28.18: Methoden für Adjustment-Ereignisse

Ereignismethode	Bedeutung
`adjustmentValueChanged`	Der Wert wurde verändert.

Item-Ereignisse

Tabelle 28.19: Item-Ereignisse

Eigenschaft	Klasse, Interface oder Methode
Ereignisklasse	`ItemEvent`
Listener-Interface	`ItemListener`
Registrierungsmethode	`addItemListener`
Mögliche Ereignisquellen	`Checkbox`, `Choice`, `List`, `CheckboxMenuItem`

Tabelle 28.20: Methoden für Item-Ereignisse

Ereignismethode	Bedeutung
`itemStateChanged`	Der Zustand hat sich verändert.

Text-Ereignisse

Tabelle 28.21: Text-Ereignisse

Eigenschaft	Klasse, Interface oder Methode
Ereignisklasse	`TextEvent`
Listener-Interface	`TextListener`
Registrierungsmethode	`addTextListener`
Mögliche Ereignisquellen	`TextField`, `TextArea`

Tabelle 28.22: Methoden für Text-Ereignisse

Ereignismethode	Bedeutung
`textValueChanged`	Der Text wurde verändert.

28.2 Entwurfsmuster für den Nachrichtenverkehr

Wir wollen uns in diesem Abschnitt damit beschäftigen, die oben erwähnten Entwurfsmuster für die Abwicklung des Nachrichtenverkehrs in Java-Programmen vorzustellen. Wie bereits erwähnt, hat jedes dieser Verfahren seine ganz spezifischen Vor- und Nachteile und ist für verschiedene Programmieraufgaben unterschiedlich gut geeignet.

Als Basis für unsere Experimente wollen wir ein einfaches Programm schreiben, das die folgenden Anforderungen erfüllt:

Entwurfsmuster für den Nachrichtenverkehr — Kapitel 28

- Nach dem Start soll das Programm ein Fenster mit dem Titel »Nachrichtentransfer« auf dem Bildschirm anzeigen.
- Das Fenster soll einen grauen Hintergrund haben und in der Client-Area die Meldung »Zum Beenden bitte ESC drücken ...« anzeigen.
- Nach Drücken der Taste ESC soll das Fenster geschlossen und das Programm beendet werden. Andere Tastendrücke, Mausklicks oder ähnliche Ereignisse werden ignoriert.

Basis der Programme ist das folgende Listing:

```
001 /* Listing2801.java */
002
003 import java.awt.*;
004 import java.awt.event.*;
005
006 public class Listing2801
007 extends Frame
008 {
009   public static void main(String[] args)
010   {
011     Listing2801 wnd = new Listing2801();
012   }
013
014   public Listing2801()
015   {
016     super("Nachrichtentransfer");
017     setBackground(Color.lightGray);
018     setSize(300,200);
019     setLocation(200,100);
020     setVisible(true);
021   }
022
023   public void paint(Graphics g)
024   {
025     g.setFont(new Font("Serif",Font.PLAIN,18));
026     g.drawString("Zum Beenden bitte ESC drücken...",10,50);
027   }
028 }
```

Listing 28.1: Basisprogramm für den Nachrichtentransfer

Das Programm erfüllt die ersten der obengenannten Anforderungen, ist aber mangels Event-Handler noch nicht in der Lage, per ESC beendet zu werden. Um die Nachfolgeversionen vorzubereiten, haben wir bereits die Anweisung import java.awt.event.* eingefügt.

Die Ausgabe des Programms ist:

Abbildung 28.3:
Das Programm für den Nachrichtentransfer

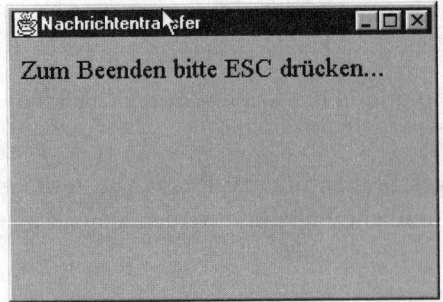

28.2.1 Variante 1: Implementierung eines EventListener-Interfaces

Bei der ersten Variante gibt es nur eine einzige Klasse, Listing2802. Sie ist einerseits eine Ableitung der Klasse Frame, um ein Fenster auf dem Bildschirm darzustellen und zu beschriften. Andererseits implementiert sie das Interface KeyListener, das die Methoden keyPressed, keyReleased und keyTyped definiert. Der eigentliche Code zur Reaktion auf die Taste ESC steckt in der Methode keyPressed, die immer dann aufgerufen wird, wenn eine Taste gedrückt wurde. Mit der Methode getKeyCode der Klasse KeyEvent wird auf den Code der gedrückten Taste zugegriffen und dieser mit der symbolischen Konstante VK_ESCAPE verglichen. Stimmen beide überein, wurde ESC gedrückt, und das Programm kann beendet werden.

Listing 28.2: Implementieren eines Listener-Interfaces

```
001 /* Listing2802.java */
002
003 import java.awt.*;
004 import java.awt.event.*;
005
006 public class Listing2802
007 extends Frame
008 implements KeyListener
009 {
010   public static void main(String[] args)
011   {
012     Listing2802 wnd = new Listing2802();
013   }
014
015   public Listing2802()
```

Listing 28.2: Implementieren eines Listener-Interfaces (Forts.)

```
016   {
017     super("Nachrichtentransfer");
018     setBackground(Color.lightGray);
019     setSize(300,200);
020     setLocation(200,100);
021     setVisible(true);
022     addKeyListener(this);
023   }
```

```
024
025     public void paint(Graphics g)
026     {
027       g.setFont(new Font("Serif",Font.PLAIN,18));
028       g.drawString("Zum Beenden bitte ESC drücken...",10,50);
029     }
030
031     public void keyPressed(KeyEvent event)
032     {
033       if (event.getKeyCode() == KeyEvent.VK_ESCAPE) {
034         setVisible(false);
035         dispose();
036         System.exit(0);
037       }
038     }
039
040     public void keyReleased(KeyEvent event)
041     {
042     }
043
044     public void keyTyped(KeyEvent event)
045     {
046     }
047   }
```

Die Verbindung zwischen der Ereignisquelle (in diesem Fall der Fensterklasse Listing2802) und dem Ereignisempfänger (ebenfalls die Klasse Listing2802) erfolgt über den Aufruf der Methode addKeyListener der Klasse Frame. Alle Tastaturereignisse werden dadurch an die Fensterklasse selbst weitergeleitet und führen zum Aufruf der Methoden keyPressed, key-Released oder keyTyped des Interfaces KeyListener. Diese Implementierung ist sehr naheliegend, denn sie ist einfach zu implementieren und erfordert keine weiteren Klassen. Nachteilig ist dabei allerdings:

- Es besteht keine Trennung zwischen GUI-Code und Applikationslogik. Dies kann große Programme unübersichtlich und schwer wartbar machen.

- Für jeden Ereignistyp muß eine passende Listener-Klasse registriert werden. Da viele der EventListener-Interfaces mehr als eine Methode definieren, werden dadurch schnell viele leere Methodenrümpfe in der Fensterklasse zu finden sein. In diesem Beispiel sind es schon keyReleased und keyTyped, bei zusätzlichen Interfaces würden schnell weitere hinzukommen.

Es bleibt festzuhalten, daß diese Technik bestenfalls für kleine Programme geeignet ist, die nur begrenzt erweitert werden müssen. Durch die Vielzahl leerer Methodenrümpfe können aber auch kleine Programme schnell unübersichtlich werden.

28.2.2 Variante 2: Lokale und anonyme Klassen

Die zweite Alternative bietet eine bessere Lösung. Sie basiert auf der Verwendung *lokaler* bzw. *anonymer* Klassen und kommt ohne die Nachteile der vorigen Version aus. Sie ist das in der Dokumentation des JDK empfohlene Entwurfsmuster für das Event-Handling in kleinen Programmen oder bei Komponenten mit einfacher Nachrichtenstruktur. Vor ihrem Einsatz sollte man allerdings das Prinzip lokaler und anonymer Klassen kennenlernen, das mit dem JDK 1.1 in Java eingeführt und in Abschnitt 10.1 auf Seite 203 vorgestellt wurde. Wer diesen Abschnitt noch nicht gelesen hat, sollte das jetzt nachholen.

Lokale Klassen

Die Anwendung lokaler Klassen für die Ereignisbehandlung besteht darin, mit ihrer Hilfe die benötigten EventListener zu implementieren. Dazu wird in dem GUI-Objekt, das einen Event-Handler benötigt, eine lokale Klasse definiert und aus einer passenden *Adapterklasse* abgeleitet. Nun braucht nicht mehr das gesamte Interface implementiert zu werden (denn die Methodenrümpfe werden ja aus der Adapterklasse geerbt), sondern lediglich die tatsächlich benötigten Methoden. Da die lokale Klasse zudem auf die Membervariablen und Methoden der Klasse zugreifen kann, in der sie definiert wurde, lassen sich auf diese Weise sehr schnell die benötigten Ereignisempfänger zusammenbauen.

Das folgende Beispiel definiert eine lokale Klasse MyKeyListener, die aus KeyAdapter abgeleitet wurde und auf diese Weise das KeyListener-Interface implementiert. Sie überlagert lediglich die Methode keyPressed, um auf das Drücken einer Taste zu reagieren. Als lokale Klasse hat sie außerdem Zugriff auf die Methoden der umgebenden Klasse und kann somit durch Aufruf von setVisible und dispose das Fenster, in dem sie als Ereignisempfänger registriert wurde, schließen. Die Registrierung der lokalen Klasse erfolgt durch Aufruf von addKeyListener, bei dem gleichzeitig eine Instanz der lokalen Klasse erzeugt wird. Als lokale Klasse ist MyKeyListener überall innerhalb von Listing2803 sichtbar und kann an beliebiger Stelle instanziert werden.

Listing 28.3:
Verwendung lokaler Klassen
Listing 28.3:
Verwendung lokaler Klassen (Forts.)

```
001 /* Listing2803.java */
002
003 import java.awt.*;
004 import java.awt.event.*;
005
006 public class Listing2803
007 extends Frame
008 {
009   public static void main(String[] args)
010   {
011     Listing2803 wnd = new Listing2803();
012   }
013
014   public Listing2803()
```

```
015    {
016      super("Nachrichtentransfer");
017      setBackground(Color.lightGray);
018      setSize(300,200);
019      setLocation(200,100);
020      setVisible(true);
021      addKeyListener(new MyKeyListener());
022    }
023
024    public void paint(Graphics g)
025    {
026      g.setFont(new Font("Serif",Font.PLAIN,18));
027      g.drawString("Zum Beenden bitte ESC drücken...",10,50);
028    }
029
030    class MyKeyListener
031    extends KeyAdapter
032    {
033      public void keyPressed(KeyEvent event)
034      {
035        if (event.getKeyCode() == KeyEvent.VK_ESCAPE) {
036          setVisible(false);
037          dispose();
038          System.exit(0);
039        }
040      }
041    }
042 }
```

Der Vorteil dieser Vorgehensweise ist offensichtlich: es werden keine unnützen Methodenrümpfe erzeugt, aber trotzdem verbleibt der Ereignisempfängercode wie im vorigen Beispiel innerhalb der Ereignisquelle. Dieses Verfahren ist also immer dann gut geeignet, wenn es von der Architektur oder der Komplexität der Ereignisbehandlung her sinnvoll ist, Quelle und Empfänger zusammenzufassen.

Anonyme Klassen

Das folgende Beispiel ist eine leichte Variation des vorigen. Es zeigt die Verwendung einer anonymen Klasse, die aus KeyAdapter abgeleitet wurde, als Ereignisempfänger. Zum Instanzierungszeitpunkt erfolgt die Definition der überlagernden Methode keyPressed, in der der Code zur Reaktion auf das Drücken der Taste ESC untergebracht wird.

```
001 /* Listing2804.java */
002
003 import java.awt.*;
004 import java.awt.event.*;
005
006 public class Listing2804
```

Listing 28.4:
Verwendung einer anonymen Klasse als Ereignishandler

```
007 extends Frame
008 {
009   public static void main(String[] args)
010   {
011     Listing2804 wnd = new Listing2804();
012   }
013
014   public Listing2804()
015   {
016     super("Nachrichtentransfer");
017     setBackground(Color.lightGray);
018     setSize(300,200);
019     setLocation(200,100);
020     setVisible(true);
021     addKeyListener(
022       new KeyAdapter() {
023         public void keyPressed(KeyEvent event)
024         {
025           if (event.getKeyCode() == KeyEvent.VK_ESCAPE) {
026             setVisible(false);
027             dispose();
028             System.exit(0);
029           }
030         }
031       }
032     );
033   }
034
035   public void paint(Graphics g)
036   {
037     g.setFont(new Font("Serif",Font.PLAIN,18));
038     g.drawString("Zum Beenden bitte ESC drücken...",10,50);
039   }
040 }
```

Vorteilhaft bei dieser Vorgehensweise ist der verminderte Aufwand, denn es muß keine separate Klassendefinition angelegt werden. Statt dessen werden die wenigen Codezeilen, die zur Anpassung der Adapterklasse erforderlich sind, dort eingefügt, wo die Klasse instanziert wird, nämlich beim Registrieren des Nachrichtenempfängers. Anonyme Klassen haben einen ähnlichen Einsatzbereich wie lokale, empfehlen sich aber vor allem, wenn sehr wenig Code für den Ereignisempfänger benötigt wird. Bei aufwendigeren Ereignisempfängern ist die explizite Definition einer benannten Klasse dagegen vorzuziehen.

28.2.3 Variante 3: Trennung von GUI- und Anwendungscode

Wir hatten am Anfang darauf hingewiesen, daß in größeren Programmen eine Trennung zwischen Programmcode, der für die Oberfläche zuständig ist, und solchem, der für die

Anwendungslogik zuständig ist, wünschenswert wäre. Dadurch wird eine bessere Modularisierung des Programms erreicht, und der Austausch oder die Erweiterung von Teilen des Programms wird erleichtert.

> Das Delegation Event Model wurde auch mit dem Designziel entworfen, eine solche Trennung zu ermöglichen bzw. zu erleichtern. Der Grundgedanke dabei war es, auch Nicht-Komponenten die Reaktion auf GUI-Events zu ermöglichen. Dies wurde dadurch erreicht, daß jede Art von Objekt als Ereignisempfänger registriert werden kann, solange es die erforderlichen Listener-Interfaces implementiert. Damit ist es möglich, die Anwendungslogik vollkommen von der grafischen Oberfläche abzulösen und in Klassen zu verlagern, die eigens für diesen Zweck entworfen wurden.

Das nachfolgende Beispiel zeigt diese Vorgehensweise, indem es unser Beispielprogramm in die drei Klassen Listing2805, MainFrameCommand und MainFrameGUI aufteilt. Listing2805 enthält nur noch die main-Methode und dient lediglich dazu, die anderen beiden Klassen zu instanzieren. MainFrameGUI realisiert die GUI-Funktionalität und stellt das Fenster auf dem Bildschirm dar. MainFrameCommand spielt die Rolle des Kommandointerpreters, der immer dann aufgerufen wird, wenn im Fenster ein Tastaturereignis aufgetreten ist.

Die Verbindung zwischen beiden Klassen erfolgt durch Aufruf der Methode addKeyListener in MainFrameGUI, an die das an den Konstruktor übergebene MainFrameCommand-Objekt weitergereicht wird. Dazu ist es erforderlich, daß das Hauptprogramm den Ereignisempfänger cmd zuerst instanziert, um ihn bei der Instanzierung des GUI-Objekts gui übergeben zu können.

> Umgekehrt benötigt natürlich auch das Kommando-Objekt Kenntnis über das GUI-Objekt, denn es soll ja das zugeordnete Fenster schließen und das Programm beenden. Der scheinbare Instanzierungskonflikt durch diese zirkuläre Beziehung ist aber in Wirklichkeit gar keiner, denn bei jedem Aufruf einer der Methoden von MainFrameCommand wird an das KeyEvent-Objekt der Auslöser der Nachricht übergeben, und das ist in diesem Fall stets das MainFrameGUI-Objekt gui. So kann innerhalb des Kommando-Objekts auf alle öffentlichen Methoden des GUI-Objekts zugegriffen werden.

```
001  /* Listing2805.java */
002
003  import java.awt.*;
004  import java.awt.event.*;
005
006  public class Listing2805
007  {
008     public static void main(String[] args)
```

Listing 28.5:
Trennung von
GUI- und
Anwendungslogik

```
009    {
010      MainFrameCommand cmd = new MainFrameCommand();
011      MainFrameGUI     gui = new MainFrameGUI(cmd);
012    }
013  }
014
015  class MainFrameGUI
016  extends Frame
017  {
018    public MainFrameGUI(KeyListener cmd)
019    {
020      super("Nachrichtentransfer");
021      setBackground(Color.lightGray);
022      setSize(300,200);
023      setLocation(200,100);
024      setVisible(true);
025      addKeyListener(cmd);
026    }
027
028    public void paint(Graphics g)
029    {
030      g.setFont(new Font("Serif",Font.PLAIN,18));
031      g.drawString("Zum Beenden bitte ESC drücken...",10,50);
032    }
033  }
034
035  class MainFrameCommand
036  implements KeyListener
037  {
038    public void keyPressed(KeyEvent event)
039    {
040      Frame source = (Frame)event.getSource();
041      if (event.getKeyCode() == KeyEvent.VK_ESCAPE) {
042        source.setVisible(false);
043        source.dispose();
044        System.exit(0);
045      }
046    }
047
048    public void keyReleased(KeyEvent event)
049    {
050    }
051
052    public void keyTyped(KeyEvent event)
053    {
054    }
055  }
```

Listing 28.5:
Trennung von
GUI- und
Anwendungs-
logik
(Forts.)

Diese Designvariante ist vorwiegend für größere Programme geeignet, bei denen eine Trennung von Programmlogik und Oberfläche sinnvoll ist. Für sehr kleine Programme oder solche, die wenig Ereigniscode haben, sollte eher eine der vorherigen Varianten angewendet werden, wenn diese zu aufwendig ist. Sie entspricht in groben Zügen dem *Mediator-Pattern*, das in "Design-Patterns" von Gamma et al. beschrieben wird.

Natürlich erhebt das vorliegende Beispielprogramm nicht den Anspruch, unverändert in ein sehr großes Programm übernommen zu werden. Es soll lediglich die Möglichkeit der Trennung von Programmlogik und Oberfläche in einem großen Programm mit Hilfe der durch das Event-Handling des JDK 1.1 vorgegebenen Möglichkeiten aufzeigen. Eine sinnvolle Erweiterung dieses Konzepts könnte darin bestehen, weitere Modularisierungen vorzunehmen (z.B. analog dem *MVC*-Konzept von Smalltalk, bei dem GUI-Anwendungen in *Model*-, *View*- und *Controller*-Layer aufgesplittet werden, oder auch durch Abtrennen spezialisierter Kommandoklassen). Empfehlenswert ist in diesem Zusammenhang die Lektüre der JDK-Dokumentation, die ein ähnliches Beispiel in leicht veränderter Form enthält.

28.2.4 Variante 4: Überlagern der Event-Handler in den Komponenten

Als letzte Möglichkeit, auf Nachrichten zu reagieren, soll das Überlagern der Event-Handler in den Ereignisquellen selbst aufgezeigt werden. Jede Ereignisquelle besitzt eine Reihe von Methoden, die für das Aufbereiten und Verteilen der Nachrichten zuständig sind. Soll eine Nachricht weitergereicht werden, so wird dazu zunächst innerhalb der Nachrichtenquelle die Methode `processEvent` aufgerufen. Diese verteilt die Nachricht anhand ihres Typs an spezialisierte Methoden, deren Name sich nach dem Typ der zugehörigen Ereignisklasse richtet. So ist beispielsweise die Methode `processActionEvent` für das Handling von Action-Events und `processMouseEvent` für das Handling von Mouse-Events zuständig:

```
protected void processEvent(AWTEvent e)

protected void processComponentEvent(ComponentEvent e)

protected void processFocusEvent(FocusEvent e)

...
```
`java.awt.Component`

Beide Methodenarten können in einer abgeleiteten Klasse überlagert werden, um die zugehörigen Ereignisempfänger zu implementieren. Wichtig ist dabei, daß in der abgeleiteten Klasse die gleichnamige Methode der Basisklasse aufgerufen wird, um das Standardverhalten sicherzustellen. Wichtig ist weiterhin, daß sowohl processEvent als auch processActionEvent usw. nur aufgerufen werden, wenn der entsprechende Ereignistyp für diese Ereignisquelle aktiviert wurde. Dies passiert in folgenden Fällen:

- Wenn ein passender Ereignisempfänger über die zugehörige addEventListener-Methode registriert wurde.
- Wenn der Ereignistyp explizit durch Aufruf der Methode enableEvents aktiviert wurde.

Die Methode enableEvents erwartet als Argument eine Maske, die durch eine bitweise Oder-Verknüpfung der passenden Maskenkonstanten aus der Klasse AWTEvent zusammengesetzt werden kann:

java.awt.Component

```
protected final void enableEvents(long eventsToEnable)
```

Die verfügbaren Masken sind analog zu den Ereignistypen benannt und heißen ACTION_EVENT_MASK, ADJUSTMENT_EVENT_MASK, COMPONENT_EVENT_MASK usw.

Das folgende Beispiel überlagert die Methode processKeyEvent in der Klasse Frame (die sie aus Component geerbt hat). Durch Aufruf von enableEvents wird die Weiterleitung der Tastaturereignisse aktiviert, und das Programm zeigt dasselbe Verhalten wie die vorigen Programme.

Listing 28.6: Überlagern der Komponenten-Event-Handler

```
001 /* Listing2806.java */
002
003 import java.awt.*;
004 import java.awt.event.*;
005
006 public class Listing2806
007 extends Frame
008 {
009   public static void main(String[] args)
010   {
011     Listing2806 wnd = new Listing2806();
012   }
013
014   public Listing2806()
015   {
016     super("Nachrichtentransfer");
017     setBackground(Color.lightGray);
```

```
018      setSize(300,200);
019      setLocation(200,100);
020      setVisible(true);
021      enableEvents(AWTEvent.KEY_EVENT_MASK);
022    }
023
024    public void paint(Graphics g)
025    {
026      g.setFont(new Font("Serif",Font.PLAIN,18));
027      g.drawString("Zum Beenden bitte ESC drücken...",10,50);
028    }
029
030    public void processKeyEvent(KeyEvent event)
031    {
032      if (event.getID() == KeyEvent.KEY_PRESSED) {
033        if (event.getKeyCode() == KeyEvent.VK_ESCAPE) {
034          setVisible(false);
035          dispose();
036          System.exit(0);
037        }
038      }
039      super.processKeyEvent(event);
040    }
041 }
```

Listing 28.6: Überlagern der Komponenten-Event-Handler (Forts.)

Diese Art der Ereignisbehandlung ist nur sinnvoll, wenn Fensterklassen oder Dialogelemente überlagert werden und ihr Aussehen oder Verhalten signifikant verändert wird. Alternativ könnte natürlich auch in diesem Fall ein EventListener implementiert und die entsprechenden Methoden im Konstruktor der abgeleiteten Klasse registriert werden.

> Das hier vorgestellte Verfahren umgeht das Delegation Event Model vollständig und hat damit die gleichen inhärenten Nachteile wie das Event-Handling des alten JDK. Die Dokumentation zum JDK empfiehlt daher ausdrücklich, für alle »normalen« Anwendungsfälle das Delegation Event Model zu verwenden und die Anwendungen nach einem der in den ersten drei Beispielen genannten Entwurfsmuster zu implementieren.

28.2.5 Ausblick

Die hier vorgestellten Entwurfsmuster geben einen Überblick über die wichtigsten Designtechniken für das Event-Handling in Java-Programmen. Während die ersten beiden Beispiele für kleine bis mittelgroße Programme gut geeignet sind, kommen die Vorteile der in Variante 3 vorgestellten Trennung zwischen GUI-Code und Anwendungslogik vor allem bei größeren Programmen zum Tragen. Die vierte Variante ist vornehmlich für Spezialfälle geeignet und sollte entsprechend umsichtig eingesetzt werden.

> Wir werden in den nachfolgenden Kapiteln vorwiegend die ersten beiden Varianten einsetzen. Wenn es darum geht, Ereignishandler für die Beispielprogramme zu implementieren, werden wir also entweder die erforderlichen Listener-Interfaces in der Fensterklasse selbst implementieren oder sie in lokalen oder anonymen Klassen unterbringen. Da das Event-Handling des JDK 1.1 eine Vielzahl von Designvarianten erlaubt, werden wir uns nicht immer sklavisch an die vorgestellten Entwurfsmuster halten, sondern teilweise leicht davon abweichen oder Mischformen verwenden. Dies ist beabsichtigt und soll den möglichen Formenreichtum demonstrieren. Wo nötig, werden wir auf spezielle Implementierungsdetails gesondert eingehen.

Kapitel 29 auf Seite 597 widmet sich den wichtigsten Low-Level-Events und demonstriert den genauen Einsatz ihrer Listener- und Event-Methoden anhand vieler Beispiele. In späteren Kapiteln werden die meisten der High-Level-Events erläutert. Sie werden in der Regel dort eingeführt, wo ihr Einsatz durch das korrespondierende Dialogelement motiviert wird. So erläutert Kapitel 30 auf Seite 621 in Zusammenhang mit der Vorstellung von Menüs die Action-Ereignisse, und in Kapitel 32 auf Seite 675 werden Ereignisse erläutert, die von den dort vorgestellten Dialogelementen ausgelöst werden.

28.3 Zusammenfassung

In diesem Kapitel wurden folgende Themen behandelt:

- Grundlagen des *Delegation Based Event Handling* und des Nachrichtenversands zwischen Teilen einer Anwendung
- Die Klasse Event und die daraus abgeleiteten Ereignisklassen
- Die Klasse EventListener und die daraus abgeleiteten Ereignisempfängerklassen
- Registrierung von Ereignisempfängern
- Verwendung von Adapter-Klassen
- Überblick über die *Focus-*, *Key-*, *Mouse-*, *MouseMotion-*, *Component-*, *Container-*, *Window-*, *Action-*, *Adjustment-*, *Item-* und *Text*-Ereignisse
- Die Implementierung eines EventListener-Interfaces
- Lokale und anonyme Klassen und ihre Verwendung zur Implementierung von Ereignisempfängern
- Die Trennung von GUI- und Anwendungscode
- Das Überlagern der Event-Handler in den Komponentenklassen

29 Low-Level-Events

29.1 Window-Events

Ein Window-Event wird immer dann generiert, wenn sich am Status eines Fensters eine Änderung ergeben hat, die für das Anwendungsprogramm von Interesse sein könnte. So erlangt das Programm beispielsweise Kenntnis davon, wenn ein Fenster erstellt oder zerstört, aktiviert oder deaktiviert oder wenn es symbolisiert oder wiederhergestellt wird.

Ein Empfänger für Window-Events muß das Interface `WindowListener` implementieren und bekommt Events des Typs `WindowEvent` übergeben. `WindowEvent` erweitert die Klasse `ComponentEvent` und stellt neben `getID` und `getSource` die Methode `getWindow` zur Verfügung, mit der das Fenster ermittelt werden kann, das die Nachricht ausgelöst hat.

`public Window getWindow()`   *java.awt.event.WindowEvent*

Die Registrierung der Empfängerklasse erfolgt mit der Methode `addWindowListener`, die in den Klassen `Dialog` und `Frame` zur Verfügung steht:

`public void addWindowListener(WindowListener l)`   *java.awt.Frame*

Tabelle 29.1 gibt eine Übersicht der Methoden von `WindowListener` und erklärt ihre Bedeutung:

Ereignismethode	Bedeutung
windowActivated	Das Fenster wurde aktiviert. Diese Methode wird nach dem Erstellen des Fensters aufgerufen und wenn ein Fenster, das im Hintergrund stand, erneut in den Vordergrund gelangt.
windowClosed	Das Fenster wurde geschlossen.
windowClosing	Das Fenster soll geschlossen werden. Diese Methode wird aufgerufen, wenn der Anwender das Fenster über die Titelleiste, das Systemmenü oder die Tastenkombination ALT + F4 schließen will. Es liegt in der Verantwortung der Anwendung, in diesem Fall Code zur Verfügung zu stellen, der das Fenster tatsächlich schließt. Standardmäßig reagiert das Programm nicht auf diese Benutzeraktionen.
windowDeactivated	Das Fenster wurde deaktiviert, also in den Hintergrund gestellt.
windowDeiconified	Das Fenster wurde wiederhergestellt, nachdem es zuvor auf Symbolgröße verkleinert worden war.
windowIconified	Das Fenster wurde auf Symbolgröße verkleinert.
windowOpened	Das Fenster wurde geöffnet.

Tabelle 29.1: Methoden von WindowListener

Das folgende Programm demonstriert die Anwendung der Methode windowClosing, deren Verwendung bereits in Abschnitt 23.2.4 auf Seite 501 gezeigt wurde. Dazu leitet es aus Frame eine neue Klasse CloseableFrame ab und registriert im Konstruktor einen anonymen WindowAdapter, der windowClosing überlagert und das Fenster durch Aufrufe von setVisible(false) und dispose() schließt. Alle Ableitungen von CloseableFrame besitzen nun die Fähigkeit, vom Anwender per Systemmenü, per Schließen-Button oder (unter Windows) durch Drücken von ALT+F4 beendet zu werden.

Die Klasse Listing2901 demonstriert die Anwendung der neuen Klasse und erzeugt ein Fenster wnd aus CloseableFrame. Um das Programm nach dem Schließen des Fensters zu beenden, registriert es bei der Fensterklasse zusätzlich einen anonymen WindowAdapter, der bei Aufruf von windowClosed (also nach dem Schließen des Fensters) das Programm per Aufruf von System.exit beendet:

Listing 29.1:
Die Klasse
CloseableFrame

```
001 /* Listing2901.java */
002
003 import java.awt.*;
004 import java.awt.event.*;
005
006 class CloseableFrame
007 extends Frame
008 {
009   public CloseableFrame()
010   {
011     this("");
012   }
013
014   public CloseableFrame(String title)
015   {
016     super(title);
017     addWindowListener(
018       new WindowAdapter() {
019         public void windowClosing(WindowEvent event)
020         {
021           setVisible(false);
022           dispose();
023         }
024       }
025     );
026   }
027 }
028
029 public class Listing2901
030 {
031   public static void main(String[] args)
032   {
033     CloseableFrame wnd = new CloseableFrame("CloseableFrame");
```

```
034    wnd.setBackground(Color.lightGray);
035    wnd.setSize(300,200);
036    wnd.setLocation(200,100);
037    wnd.setVisible(true);
038    wnd.addWindowListener(
039      new WindowAdapter() {
040        public void windowClosed(WindowEvent event)
041        {
042          System.out.println("terminating program...");
043          System.exit(0);
044        }
045      }
046    );
047  }
048 }
```

Listing 29.1: Die Klasse CloseableFrame (Forts.)

29.2 Component-Events

Ein Component-Event wird generiert, wenn eine Komponente verschoben oder ihre Größe verändert wurde oder wenn sich der Anzeigezustand einer Komponente verändert hat. Da sowohl Fenster als auch alle Dialogelemente aus der Klasse Component abgeleitet sind, haben die hier erwähnten Ereignisse für nahezu alle GUI-Elemente des AWT Gültigkeit.

Ein Empfänger für Component-Events muß das Interface ComponentListener implementieren und bekommt Events des Typs ComponentEvent übergeben. ComponentEvent erweitert die Klasse AWTEvent und stellt neben getID und getSource die Methode getComponent zur Verfügung, mit der die Komponente ermittelt werden kann, die die Nachricht ausgelöst hat.

public Component getComponent()

java.awt.event.ComponentEvent

Die Registrierung der Empfängerklasse erfolgt mit der Methode addComponentListener, die in allen aus Component abgeleiteten Klassen zur Verfügung steht:

public void addComponentListener(ComponentListener l)

java.awt.Component

Tabelle 29.2 gibt eine Übersicht der Methoden von ComponentListener und erklärt ihre Bedeutung:

Ereignismethode	Bedeutung
componentShown	Eine Komponente wurde sichtbar.
componentHidden	Eine Komponente wurde unsichtbar.
componentMoved	Eine Komponente wurde verschoben.
componentResized	Die Größe einer Komponente hat sich geändert.

Tabelle 29.2: Methoden von ComponentListener

Das folgende Programm demonstriert die Anwendung der Methoden componentMoved und componentResized am Beispiel eines Fensters BirdsEyeFrame, das schematisch sich selbst und seine Lage auf dem Desktop aus der Vogelperspektive darstellt. Wird das Fenster verschoben oder seine Größe geändert, so paßt es seine eigene Darstellung proportional an und zeichnet die Client-Area neu. Die Implementierung der paint-Methode ermittelt dazu die Seitenverhältnisse von Fenster und Desktop und verwendet diese als Quotient zur Anzeige des Fensters im Fenster.

Um auf die Component-Events zu reagieren, registriert BirdsEyeFrame die Adapterklasse ComponentRepaintAdapter, die die Methoden componentMoved und componentResized implementiert. Sie werden immer dann aufgerufen, wenn das Fenster verschoben oder in der Größe geändert wurde, und rufen repaint auf, um das Fenster neu zu zeichnen. Auf diese Weise werden alle Änderungen des Frames sofort in seiner eigenen Client-Area gespiegelt:

Listing 29.2:
Das eigene
Fenster aus der
Vogelperspektive

```
001 /* Listing2902.java */
002
003 import java.awt.*;
004 import java.awt.event.*;
005
006 class ComponentRepaintAdapter
007 extends ComponentAdapter
008 {
009   public void componentMoved(ComponentEvent event)
010   {
011     event.getComponent().repaint();
012   }
013
014   public void componentResized(ComponentEvent event)
015   {
016     event.getComponent().repaint();
017   }
018 }
019
020 class BirdsEyeFrame
021 extends Frame
022 {
023   public BirdsEyeFrame()
024   {
025     super("BirdsEyeFrame");
026     addWindowListener(new WindowClosingAdapter(true));
027     addComponentListener(new ComponentRepaintAdapter());
028     setBackground(Color.lightGray);
029   }
030
031   public void paint(Graphics g)
032   {
033     Dimension screensize = getToolkit().getScreenSize();
034     Dimension framesize  = getSize();
```

Component-Events Kapitel 29

```
035     double qx = framesize.width  / (double)screensize.width;
036     double qy = framesize.height / (double)screensize.height;
037     g.setColor(Color.white);
038     g.fillRect(
039       (int)(qx * getLocation().x),
040       (int)(qy * getLocation().y),
041       (int)(qx * framesize.width),
042       (int)(qy * framesize.height)
043     );
044     g.setColor(Color.darkGray);
045     g.fillRect(
046       (int)(qx * getLocation().x),
047       (int)(qy * getLocation().y),
048       (int)(qx * framesize.width),
049       (int)(qy * getInsets().top)
050     );
051     g.drawRect(
052       (int)(qx * getLocation().x),
053       (int)(qy * getLocation().y),
054       (int)(qx * framesize.width),
055       (int)(qy * framesize.height)
056     );
057   }
058 }
059
060 public class Listing2902
061 {
062   public static void main(String[] args)
063   {
064     BirdsEyeFrame wnd = new BirdsEyeFrame();
065     wnd.setSize(300,200);
066     wnd.setLocation(200,100);
067     wnd.setVisible(true);
068   }
069 }
```

Listing 29.2:
Das eigene
Fenster aus der
Vogelperspektive
(Forts.)

In vielen Beispielen in diesem Buch wird der Einfachheit halber die in Abschnitt 23.2.4 auf Seite 501 vorgestellte Klasse WindowClosingAdapter verwendet, um einen Listener zum Schließen des Fensters zu registrieren. Damit ein solches Beispiel sich kompilieren läßt, muß die Datei WindowClosingAdapter.java im aktuellen Verzeichnis vorhanden sein. Sie befindet sich auf der CD-ROM zum Buch oder in Listing 23.2 auf Seite 501.

Die Ausgabe des Programms ist:

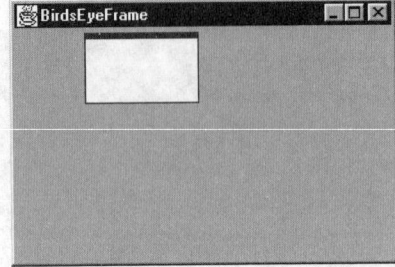

Abbildung 29.1:
Das Fenster
sieht sich selbst
aus der Vogel-
perspektive

29.3 Mouse-Events

Ein Mouse-Event entsteht, wenn der Anwender innerhalb der Client-Area des Fensters eine der Maustasten drückt oder losläßt. Dabei reagiert das Programm sowohl auf Klicks der linken als auch – falls vorhanden – der rechten Maustaste und zeigt an, welche der Umschalttasten STRG, ALT, UMSCHALT oder META während des Mausklicks gedrückt waren. Des weiteren ist es möglich, zwischen einfachen und doppelten Mausklicks zu unterscheiden.

Ein Empfänger für Mouse-Events muß das Interface MouseListener implementieren und bekommt Events des Typs MouseEvent übergeben. MouseEvent erweitert die Klasse InputEvent und stellt neben getID und getSource eine Reihe zusätzlicher Methoden zur Verfügung, die wichtige Informationen liefern. Die Registrierung der Empfängerklasse erfolgt mit der Methode addMouseListener, die in allen Klassen zur Verfügung steht, die aus Component abgeleitet wurden:

java.awt.
Component

```
public void addMouseListener(MouseListener l)
```

Tabelle 29.3 gibt eine Übersicht der Methoden von MouseListener und erklärt ihre Bedeutung:

Tabelle 29.3:
Methoden von
MouseListener

Ereignismethode	Bedeutung
mousePressed	Eine Maustaste wurde gedrückt.
mouseReleased	Die gedrückte Maustaste wurde losgelassen.
mouseClicked	Eine Maustaste wurde gedrückt und wieder losgelassen. Diese Methode wird nach mouseReleased aufgerufen.
mouseEntered	Der Mauszeiger wurde in den Client-Bereich der auslösenden Komponente hineinbewegt.
mouseExited	Der Mauszeiger wurde aus dem Client-Bereich der auslösenden Komponente herausbewegt.

Damit ein Programm auf Mausklicks angemessen reagieren kann, benötigt es zusätzliche Informationen, die es sich mit den Methoden der Klasse `MouseEvent` bzw. ihrer Vaterklasse `InputEvent` beschaffen kann. Zunächst kann mit `getX`, `getY` und `getPosition` die Position des Mauszeigers zum Zeitpunkt des Ereignisses ermittelt werden:

```
public int getX()
public int getY()

public Point getPoint()
```

java.awt.event.MouseEvent

`getX` liefert die *x*- und `getY` die *y*-Koordinate des Punktes, an dem der Mauszeiger sich beim Auftreten des Ereignisses befindet. `getPoint` liefert dieselbe Information zusammengefaßt als `Point`-Objekt.

Die Koordinatenwerte werden relativ zum Ursprung der auslösenden Komponente angegeben. Bei einem Fenster des Typs `Frame` bedeutet dies, daß bei einem Klick in der oberen linken Ecke nicht (0,0) zurückgegeben wird, sondern (`getInsets().left`, `getInsets().top`). Dies stimmt mit dem Ursprung des Koordinatensystems überein, das auch beim Aufruf der Grafikroutinen zugrunde gelegt wird.

Des weiteren gibt es in `MouseEvent` die Methode `isPopupTrigger`, mit der abgefragt werden kann, ob das Klickereignis den Aufruf eines Popup-Menüs anzeigen soll. Wir werden darauf in Kapitel 30 auf Seite 621 zurückkommen.

Die Methode `getClickCount` liefert die Anzahl der Mausklicks, die dem aktuellen Ereignis zugeordnet ist:

```
public int getClickCount()
```

java.awt.event.MouseEvent

Normalerweise hat dieser Zähler den Wert 1, bei Mehrfachklicks gibt es aber auch `Mouse-Events` mit dem Wert 2 oder (je nach Schnelligkeit der Klicks) noch höheren Werten. Die Abfrage von `getClickCount` kann dazu verwendet werden, auf Doppelklicks zu reagieren. Hierzu ist lediglich beim Aufruf von `mousePressed` oder `mouseClicked` zu überprüfen, ob `getClickCount` den Wert 2 liefert. In diesem Fall handelt es sich um einen Doppelklick. Zu beachten ist, daß bei einem Doppelklick zwei aufeinanderfolgende `mousePressed`-`mouseReleased`-`mouseClicked`-Sequenzen gesendet werden. In der ersten hat der Zähler den Wert 1, um den ersten (einfachen) Mausklick zu signalisieren, und erst in der zweiten steht er auf 2. Vor einem Doppelklick wird also immer erst der zugehörige Einzelklick übertragen.

Kapitel 29 — Low-Level-Events

java.awt. event.Input-Event

Eine alternative Methode, Doppelklicks zu erkennen, besteht darin, die Zeitspanne zwischen zwei Klicks und den Abstand der beiden Koordinatenpaare voneinander zu messen und bei hinreichend kleinen Differenzen einen Doppelklick anstelle zweier Einfachklicks zu melden. Dazu wird mit der Methode `getWhen` der Klasse `InputEvent` der Zeitpunkt (in Millisekunden) und mit `getPoint` oder `getX` und `getY` die Mausposition zweier aufeinanderfolgender Events bestimmt:

```
public long getWhen()
```

Diese Vorgehensweise hat den Vorteil, daß die zeitliche und positionelle Toleranz für Doppelklicks selbst beeinflußt werden kann, was bei dem oben beschriebenen Standardverfahren nicht möglich ist.

Neben den bisher besprochenen Methoden stehen die aus `InputEvent` geerbten Methoden zur Verfügung. `InputEvent` ist die gemeinsame Basisklasse von `MouseEvent` und `KeyEvent` und stellt Methoden zur Verfügung, die generelle Informationen über den Zustand der Umschalttasten [STRG], [ALT], [UMSCHALT] oder [META] zum Zeitpunkt des Ereignisses liefern:

java.awt. event.Input-Event

```
public boolean isShiftDown()
public boolean isControlDown()
public boolean isMetaDown()
public boolean isAltDown()
```

Während die Tasten [UMSCHALT], [STRG] und [ALT] erwartungsgemäß die zugehörigen Tasten erkennen, zeigt `isMetaDown` unter Windows 95 an, ob der Klick von der rechten oder der linken Maustaste stammt. Ist der Rückgabewert `true`, so wurde die rechte Maustaste gedrückt, andernfalls die linke.

Das folgende Programm ist ein einfaches Beispiel für die Reaktion auf Mausklicks. Es zeichnet an den Stellen, wo die Maustaste gedrückt wird, einen kleinen Smiley auf den Bildschirm:

Listing 29.3: Reaktion auf Mausklicks

```
001  /* Listing2903.java */
002
003  import java.awt.*;
004  import java.awt.event.*;
005
006  public class Listing2903
007  extends Frame
008  {
009    public static void main(String[] args)
010    {
```

```
011      Listing2903 wnd = new Listing2903();
012      wnd.setSize(300,200);
013      wnd.setLocation(200,100);
014      wnd.setVisible(true);
015    }
016
017    public Listing2903()
018    {
019      super("Mausklicks");
020      addWindowListener(new WindowClosingAdapter(true));
021      addMouseListener(new MyMouseListener());
022    }
023
024    class MyMouseListener
025    extends MouseAdapter
026    {
027      int cnt = 0;
028
029      public void mousePressed(MouseEvent event)
030      {
031        Graphics g = getGraphics();
032        int x = event.getX();
033        int y = event.getY();
034        if (event.getClickCount() == 1) { //Gesicht
035          ++cnt;
036          //Kopf und Augen
037          g.drawOval(x-10,y-10,20,20);
038          g.fillRect(x-6,y-5,4,5);
039          g.fillRect(x+3,y-5,4,5);
040          //Mund
041          if (event.isMetaDown()) { //grimmig
042            g.drawLine(x-5,y+7,x+5,y+7);
043          } else {                  //lächeln
044            g.drawArc(x-7,y-7,14,14,225,100);
045          }
046          //Zähler
047          g.drawString(""+cnt,x+10,y-10);
048        } else if (event.getClickCount() == 2) { //Brille
049          g.drawLine(x-9,y-3,x+9,y-3);
050        }
051      }
052    }
053 }
```

Listing 29.3:
Reaktion auf
Mausklicks
(Forts.)

Beim Drücken der linken Maustaste lächelt das Gesicht, bei der rechten sieht es grimmig aus. Bei einem Doppelklick bekommt der Smiley zusätzlich eine Brille aufgesetzt. Die Ausgabe des Programms sieht beispielsweise so aus:

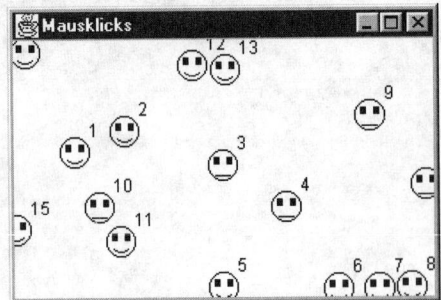

Abbildung 29.2:
Die Ausgabe des
Mausklick-
Programms

> Erwähnenswert ist die Tatsache, daß das Programm ohne paint-Methode auskommt. Tatsächlich beschafft die Methode mousePressed sich die zum Zeichnen erforderliche Instanz der Klasse Graphics durch Aufruf von getGraphics selbst. Die Methode get-Graphics gibt immer den Grafikkontext des aktuellen Fensterobjekts zurück. Das gelieferte Graphics-Objekt kann auf dieselbe Weise verwendet werden wie das als Parameter an paint übergebene.

Leider hat das Beispielprogramm eine gravierende konzeptionelle Schwäche, denn die gezeichneten Smileys sind nicht *dauerhaft*. Wird das Fenster in den Hintergrund gestellt, nachdem einige Mausklicks durchgeführt wurden, sind bei erneuter Anzeige des Fensters die zuvor gezeichneten Smileys wieder verschwunden. Der Grund dafür ist, daß wir in unserem Beispiel nicht die paint-Methode überlagert haben, sondern die Ausgaben als direkte Reaktion auf ein Mausereignis erledigten. Da Windows nicht dafür sorgt, den Inhalt eines zuvor verdeckten Fensters zu rekonstruieren, ist die Anwendung selbst dafür verantwortlich, dies in ihrer paint-Methode zu tun. Eine bessere Implementierung dieses Programms würde also darin bestehen, die Koordinaten und Eigenschaften aller gezeichneten Objekte zu speichern und sie beim Aufruf von paint später selbst zu rekonstruieren. Wir werden diese Vorgehensweise in einem späteren Beispiel genauer kennenlernen.

29.4 MouseMotion-Events

Im JDK 1.1 gibt es eine klare Trennung zwischen *Mouse*-Events und *MouseMotion*-Events. Während die Mouse-Events für Mausklicks und das Betreten oder Verlassen der Komponente zuständig sind, geben MouseMotion-Events Auskunft über die *Bewegung* des Mauszeigers. Neben der verbesserten Modularisierung (sehr viele Programme wollen lediglich von Mausklicks, nicht aber von Mausbewegungen unterrichtet werden) wurde die Trennung vor allem deshalb vorgenommen, um Performance-Verbesserungen zu erzielen. Durch die Entkopplung der Ereignishandler für Mausbewegungen wird die Anzahl der Events, mit denen die meisten Event-Handler beschossen werden, im Vergleich zum JDK 1.0 drastisch reduziert.

MouseMotion-Events

Ein Empfänger für MouseMotion-Events muß das Interface `MouseMotionListener` implementieren. Er wird mit der Methode `addMouseMotionListener` registriert, die in allen Objekten der Klasse `Component` oder daraus abgeleiteten Klassen zur Verfügung steht.

`public void addMouseMotionListener(MouseListener l)`

java.awt.Component

> Im Gegensatz zur bisherigen Systematik bekommen die Methoden von `MouseMotionListener` allerdings keine Events des Typs `MouseMotionEvent` übergeben (die gibt es nämlich nicht), sondern solche des Typs `MouseEvent`. Damit stehen dieselben Methoden wie bei Mouse-Events zur Verfügung.

Das Interface `MouseMotionListener` definiert die Methoden `mouseMoved` und `mouseDragged`:

`public abstract void mouseMoved(MouseEvent e)`

`public abstract void mouseDragged(MouseEvent e)`

java.awt.event.MouseMotionListener

`mouseMoved` wird aufgerufen, wenn die Maus bewegt wird, ohne daß dabei eine der Maustasten gedrückt ist. `mouseDragged` wird dagegen aufgerufen, wenn die Maus bei gedrückter linker oder rechter Maustaste bewegt wird.

Das folgende Listing zeigt den Einsatz von `mouseDragged` am Beispiel eines Programms, mit dem Rechtecke gezeichnet werden können. Das Drücken der linken Maustaste legt den Anfangspunkt des Rechtecks fest, und durch Ziehen der Maus wird seine Größe bestimmt. Nach dem Loslassen der Maustaste wird das Rechteck in die Liste der gezeichneten Objekte eingetragen und beim nächsten Aufruf von `paint` gezeichnet.

```
001 /* Listing2904.java */
002
003 import java.awt.*;
004 import java.awt.event.*;
005 import java.util.*;
006
007 public class Listing2904
008 extends Frame
009 {
010   private Vector drawlist;
011   private Rectangle actrect;
012
013   public static void main(String[] args)
014   {
015     Listing2904 wnd = new Listing2904();
016     wnd.setLocation(200,200);
017     wnd.setSize(400,300);
018     wnd.setVisible(true);
```

Listing 29.4:
Zeichnen von Rechtecken durch Ziehen der Maus

Listing 29.4:
Zeichnen von
Rechtecken
durch Ziehen
der Maus
(Forts.)

```
019    }
020
021    public Listing2904()
022    {
023      super("Rechtecke zeichnen");
024      drawlist = new Vector();
025      actrect = new Rectangle(0,0,0,0);
026      addWindowListener(new MyWindowListener());
027      addMouseListener(new MyMouseListener());
028      addMouseMotionListener(new MyMouseMotionListener());
029    }
030
031    public void paint(Graphics g)
032    {
033      Rectangle r;
034      Enumeration e;
035
036      for (e = drawlist.elements(); e.hasMoreElements(); ) {
037        r = (Rectangle)e.nextElement();
038        g.drawRect(r.x, r.y, r.width, r.height);
039      }
040      if (actrect.x > 0 || actrect.y > 0) {
041        g.drawRect(
042          actrect.x,
043          actrect.y,
044          actrect.width,
045          actrect.height
046        );
047      }
048    }
049
050    class MyMouseListener
051    extends MouseAdapter
052    {
053      public void mousePressed(MouseEvent event)
054      {
055        actrect = new Rectangle(event.getX(),event.getY(),0,0);
056      }
057
058      public void mouseReleased(MouseEvent event)
059      {
060        if (actrect.width > 0 || actrect.height > 0) {
061          drawlist.addElement(actrect);
062        }
063        repaint();
064      }
065    }
066
067    class MyMouseMotionListener
```

```
068       extends MouseMotionAdapter
069       {
070         public void mouseDragged(MouseEvent event)
071         {
072           int x = event.getX();
073           int y = event.getY();
074           if (x > actrect.x && y > actrect.y) {
075             actrect.width = x - actrect.x;
076             actrect.height = y - actrect.y;
077           }
078           repaint();
079         }
080       }
081
082       class MyWindowListener
083       extends WindowAdapter
084       {
085         public void windowClosing(WindowEvent event)
086         {
087           setVisible(false);
088           dispose();
089           System.exit(0);
090         }
091       }
092     }
```

Listing 29.4:
Zeichnen von
Rechtecken
durch Ziehen
der Maus
(Forts.)

Eine Beispielsitzung mit dem Programm könnte folgendes Ergebnis liefern:

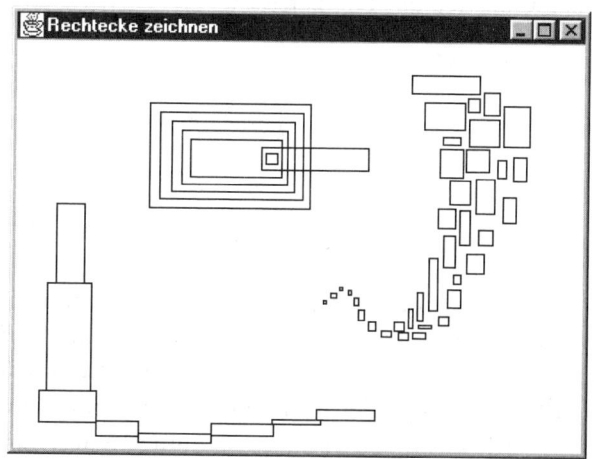

Abbildung 29.3:
Die Ausgabe
des Maus-
bewegungs-
programms

> Interessant ist hier das Zusammenspiel zwischen paint und den Methoden, die die Maus-Events behandeln. Beim Aufruf von paint werden zunächst alle Rechtecke gezeichnet, die sich in der Liste drawlist befinden. Anschließend überprüft paint, ob das aktuelle Element (dieses wurde beim Mausklick angelegt) eine Länge oder Breite größer Null hat, und zeichnet es gegebenenfalls. Dies ist genau dann der Fall, wenn der Anwender die Maustaste gedrückt und die Maus vom Ursprung nach rechts unten bewegt hat. Beim Loslassen der Maustaste wird das aktuelle Element in die Liste der Rechtecke eingetragen und steht so beim nächsten paint zur Verfügung.

29.5 Focus-Events

Der *Fokus* zeigt an, welches Fenster die Tastatureingaben erhält. Sind mehrere Fenster gleichzeitig geöffnet, so kann immer nur eines von ihnen den Fokus beanspruchen. Sind auf einem aktiven Fenster mehrere Dialogelemente aktiv, so kann nur eines davon den Fokus erhalten, denn jedes Dialogelement wird durch ein (meist unsichtbares) Fenster dargestellt.

Ein Empfänger für Focus-Events muß das Interface FocusListener implementieren und bekommt Events des Typs FocusEvent übergeben. FocusEvent erweitert die Klasse ComponentEvent und stellt neben getID und getSource die Methode isTemporary zur Verfügung, die anzeigt, ob der Fokuswechsel temporär oder permanent ist:

java.awt.event.FocusEvent	`public boolean isTemporary()`

Die Registrierung von Focus-Events erfolgt mit der Methode addFocusListener, die auf allen Objekten des Typs Component oder daraus abgeleiteten Objekten zur Verfügung steht:

java.awt.Component	`public void addFocusListener(FocusListener l)`

Das Interface FocusListener enthält lediglich zwei unterschiedliche Methoden:

java.awt.event.FocusListener	`public abstract void focusGained(FocusEvent e)`
	`public abstract void focusLost(FocusEvent e)`

focusGained wird aufgerufen, wenn die Komponente den Fokus erhält, und focusLost, wenn sie ihn wieder abgibt. Eine Komponente erhält den Fokus beispielsweise, wenn sie mit der Maus angeklickt oder (unter Windows) mit Hilfe der Tasten TAB oder UMSCHALT + TAB oder über einen Beschleuniger angesprungen wurde. Außerdem gibt es die Möglichkeit, den Fokus programmgesteuert zu verändern. Dazu gibt es die Methode requestFocus der Klasse Component, mit der eine Komponente den Fokus für sich selbst beanspruchen bzw. ihn einer anderen Komponente zuweisen kann:

java.awt.Component	`public void requestFocus()`

Focus-Events

> Der explizite Umgang mit Focus-Events ist etwa bei Dialogelementen sinnvoll. Dadurch kann ein Edit-Control beispielsweise feststellen, daß das nächste Dialogelement angesprungen werden soll und ein eventuell geänderter Text zuvor gespeichert werden muß. Focus-Events sind oft schwierig zu debuggen, denn durch den Wechsel zwischen Debug-Window und Anwendung werden meist zusätzliche Fokuswechsel ausgelöst, die den Fehler verschleiern oder die Fehlerstelle unerreichbar machen. Wird innerhalb von Fokus-Handlern die Methode requestFocus aufgerufen, kann es zudem leicht zu Endlosschleifen kommen.

Das folgende Programm zeigt die Anwendung eines FocusListener-Interfaces zur Implementierung der Methoden focusGained und focusLost auf einem Frame-Objekt. Wenn das Fenster den Eingabefokus erhält, wird der Hintergrund gelb und gibt die Meldung »Fokus erhalten« aus. Verliert das Fenster den Fokus, so wird der Hintergrund grau und die Meldung »Kein Fokus« wird angezeigt. Die Registrierung des Fokusempfänger-Objekts erfolgt durch Aufruf von addFocusListener(this), bei dem das Fensterobjekt sich selbst als Empfänger registriert:

```
001  /* Listing2905.java */
002
003  import java.awt.*;
004  import java.awt.event.*;
005
006  public class Listing2905
007  extends Frame
008  implements FocusListener
009  {
010    boolean havefocus = false;
011
012    public static void main(String[] args)
013    {
014      Listing2905 wnd = new Listing2905();
015    }
016
017    public Listing2905()
018    {
019      super("Focus-Listener");
020      addFocusListener(this);
021      addWindowListener(new WindowClosingAdapter(true));
022      setBackground(Color.lightGray);
023      setSize(300,200);
024      setLocation(200,100);
025      setVisible(true);
026    }
027
```

Listing 29.5:
Behandlung
von Fokus-
Ereignissen

Listing 29.5:
Behandlung
von Fokus-
Ereignissen
(Forts.)

```
028  public void paint(Graphics g)
029  {
030    if (havefocus) {
031      g.setColor(Color.black);
032      g.drawString("Fokus erhalten",10,50);
033    } else {
034      g.setColor(Color.darkGray);
035      g.drawString("Kein Fokus",10,50);
036    }
037  }
038
039  public void focusGained(FocusEvent event)
040  {
041    havefocus = true;
042    setBackground(Color.yellow);
043    repaint();
044  }
045
046  public void focusLost(FocusEvent event)
047  {
048    havefocus = false;
049    setBackground(Color.lightGray);
050    repaint();
051  }
052 }
```

> Das Programm verwendet zwei unterschiedliche Techniken, um Ereignisempfänger zu registrieren. Für die Focus-Events implementiert es das FocusListener-Interface und registriert sich bei sich selbst. Dies ist eine vernünftige Vorgehensweise, da sämtliche Methoden des Interfaces benötigt werden. Das windowClosing-Event wird dagegen von der in Abschnitt 23.2.4 auf Seite 501 vorgestellten WindowClosingAdapter zur Verfügung gestellt, die sich aus WindowAdapter ableitet und die Methode windowClosing mit der Funktionalität zum Schließen des Fensters und zum Beenden des Programms belegt. Diese Technik demonstriert beispielhaft die Entwicklung spezialisierter Adapterklassen, die mehrfach verwendet werden können.

Die Ausgabe des Programms (nachdem es den Fokus erhalten hat) ist:

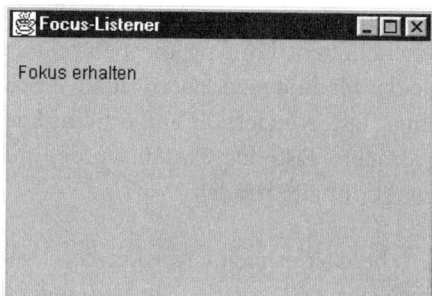

Abbildung 29.4:
Programm nach
Erhalt des
Eingabefokus

29.6 Key-Events

Unter Windows werden alle Tastatureingaben an die fokussierte Komponente gesendet. Ein Empfänger für Key-Events muß das Interface KeyListener implementieren und bekommt Events des Typs KeyEvent übergeben. KeyEvent erweitert die Klasse InputEvent, die ihrerseits aus ComponentEvent abgeleitet ist, und stellt neben getID und getSource eine ganze Reihe von Methoden zur Verfügung, mit denen die Erkennung und Bearbeitung der Tastencodes vereinfacht wird.

Die Registrierung von Key-Events erfolgt mit der Methode addKeyListener, die auf allen Objekten des Typs Component oder daraus abgeleiteten Klassen zur Verfügung steht:

```
public void addKeyListener(KeyListener l)
```
java.awt.
Component

Das Interface KeyListener definiert drei unterschiedliche Methoden:

```
public abstract void keyPressed(KeyEvent e)
public abstract void keyReleased(KeyEvent e)
public abstract void keyTyped(KeyEvent e)
```
java.awt.
event.
KeyListener

> Um die Funktionsweise dieser Methoden im Zusammenspiel mit den Methoden der Klasse KeyEvent besser verstehen zu können, wollen wir zwischen *Zeichentasten* und *Funktionstasten* unterscheiden. Zeichentasten sind dabei solche Tasten, mit denen Buchstaben, Ziffern oder sonstige gültige Unicode-Zeichen eingegeben werden, wie z.B. a, A, B, 1, 2, %, +, aber auch ESC, LEER oder TAB. Zu den Funktionstasten gehören beispielsweise F1, F2, POS1 oder CURSORLINKS, aber auch die Umschalttasten STRG, ALT und UMSCHALT.

Die Methode keyTyped wird immer dann aufgerufen, wenn eine Zeichentaste gedrückt wurde. Beim Drücken einer Funktionstaste wird sie dagegen nicht aufgerufen. Im Gegensatz dazu wird keyPressed bei jedem Tastendruck aufgerufen, unabhängig davon, ob es sich um eine Zeichentaste oder eine Funktionstaste handelt. Mit `keyPressed` können sogar in beschränktem Umfang die Feststelltasten wie NUMLOCK oder CAPSLOCK erkannt werden. Beide Methoden erhalten auch Tastatur-Repeats, werden also bei längerem Festhalten einer Taste wiederholt aufgerufen. Die Methode `keyReleased` wird aufgerufen, wenn eine gedrückte Taste losgelassen wurde, unabhängig davon, ob es sich um eine Zeichen- oder Funktionstaste handelt.

Um beim Auftreten eines Tastatur-Events zu erkennen, welche Taste gedrückt wurde, stellt die Klasse `KeyEvent` die Methoden `getKeyCode` und `getKeyChar` und zusätzlich die aus `InputEvent` geerbten Methoden `isShiftDown`, `isControlDown`, `isMetaDown` und `isAltDown` zur Verfügung:

java.awt.event.Key-Event

```
public int getKeyCode()

public char getKeyChar()

public boolean isShiftDown()
public boolean isControlDown()
public boolean isMetaDown()
public boolean isAltDown()
```

`getKeyChar` liefert das Zeichen, das der gedrückten Zeichentaste entspricht, also ein 'a', wenn die Taste A gedrückt wurde, und ein 'A', wenn die Tastenkombination UMSCHALT + A gedrückt wurde. `getKeyCode` liefert dagegen *virtuelle Tastencodes*, die in `KeyEvent` als symbolische Konstanten definiert wurden. Hier wird beim Drücken der Taste A immer der Code `VK_A` geliefert, unabhängig davon, ob UMSCHALT gedrückt wurde oder nicht. Tabelle 29.4 gibt eine Übersicht der wichtigsten virtuellen Keycodes der Klasse `KeyEvent`.

Tabelle 29.4: Virtuelle KeyCodes

Symbolischer Name	Bedeutung
VK_0 ... VK_9	0 ... 9
VK_A ... VK_Z	A ... Z
VK_ENTER	ENTER
VK_SPACE	LEER
VK_TAB	TAB
VK_ESCAPE	ESC
VK_BACK_SPACE	RÜCK
VK_F1 ... VK_F12	Die Funktionstasten F1 ... F12
VK_HOME, VK_END	HOME, END
VK_INSERT, VK_DELETE	EINFG, ENTF
VK_PAGE_UP, VK_PAGE_DOWN	BILDHOCH, BILDRUNTER

Tabelle 29.4: Virtuelle KeyCodes (Forts.)

Symbolischer Name	Bedeutung
VK_DOWN, VK_UP	[CURSORHOCH], [CURSORRUNTER]
VK_LEFT, VK_RIGHT	[CURSORLINKS], [CURSORRECHTS]

Am einfachsten ist es, innerhalb von `keyTyped` mit `getKeyChar` die Zeichentasten abzufragen. Dabei liefert `getKeyChar` stets den ASCII-Code der gedrückten Zeichentaste, Funktionstasten werden nicht übertragen. Der Rückgabewert von `getKeyCode` ist in diesem Fall immer `KeyEvent.VK_UNDEFINED`. Sollen dagegen auch Funktionstasten abgefragt werden, muß die Methode `keyPressed` überlagert werden. Hier ist etwas Vorsicht geboten, denn es wird auf *alle* Tastendrücke reagiert, und sowohl `getKeyCode` als auch `getKeyChar` liefern Werte zurück. Die Unterscheidung von Zeichen- und Funktionstasten kann in diesem Fall mit Hilfe von `getKeyChar` vorgenommen werden, deren Rückgabewert die Konstante `KeyEvent.CHAR_UNDEFINED` ist, wenn eine Funktionstaste gedrückt wurde.

Die `is`-Methoden sind bereits bekannt, mit ihnen können die Umschalttasten abgefragt werden. Das ist beispielsweise sinnvoll, um bei einer Funktionstaste herauszufinden, ob sie mit gedrückter Umschalttaste ausgelöst wurde oder nicht. Allerdings sind die Umschalttasten im Event-Modell des JDK 1.1 keine *Tottasten*, sondern liefern selbst ein Key-Event und lösen die Methode `keyPressed` aus.

Insgesamt ist das Handling von Tastatur-Events nicht ganz trivial und erfordert ein wenig Aufwand bei der Unterscheidung von Zeichen-, Funktions-, Umschalt- oder Feststelltasten. Tabelle 29.5 faßt die bisherigen Ausführungen noch einmal zusammen. Die erste *Zeile* zeigt das Verhalten beim Aufruf der Listener-Methode `keyTyped` an, die zweite beim Aufruf von `keyPressed`. Die *erste* Spalte liefert dazu den Rückgabewert von `getKeyCode`, die zweite den von `getKeyChar`. Jedes Element beschreibt in der oberen Hälfte den Rückgabewert beim Drücken einer Zeichentaste und in der unteren den beim Drücken einer Funktionstaste.

Tabelle 29.5: Rückgabecodes bei Tastaturereignissen

	getKeyCode	getKeyChar
keyTyped	Zeichentaste: VK_UNDEFINED	Zeichentaste: Taste als `char`
	Funktionstaste: --	Funktionstaste: --
keyPressed	Zeichentaste: VK_...	Zeichentaste: Taste als `char`
	Funktionstaste: VK_...	Funktionstaste: CHAR_UNDEFINED

Das folgende Beispiel demonstriert die Abfrage der Tastaturereignisse. Es implementiert `keyPressed`, um die Funktionstasten [F1] bis [F3] und den Status der Umschalttasten abzufragen. Jeder Tastendruck wird in einen String übersetzt, in `msg1` gespeichert und durch

Aufruf von `repaint` auf dem Bildschirm angezeigt. Nach dem Loslassen der Taste wird die Anzeige wieder vom Bildschirm entfernt. Weiterhin wurde `keyTyped` überlagert, um die Zeichentasten abzufragen. Jeder Tastendruck wird in `msg2` gespeichert und ebenfalls auf dem Bildschirm angezeigt. Im Gegensatz zu den Funktionstasten bleibt die Ausgabe auch erhalten, wenn die Taste losgelassen wird. Bei jedem weiteren Tastendruck wird sie um ein Zeichen ergänzt. Zusätzlich werden die einzelnen Ereignisse auf der Konsole dokumentiert.

Listing 29.6: Reaktion auf Tastaturereignisse

```
001  /* Listing2906.java */
002
003  import java.awt.*;
004  import java.awt.event.*;
005
006  public class Listing2906
007  extends Frame
008  implements KeyListener
009  {
010    String msg1 = "";
011    String msg2 = "";
012
013    public static void main(String[] args)
014    {
015      Listing2906 wnd = new Listing2906();
016    }
017
018    public Listing2906()
019    {
020      super("Tastaturereignisse");
021      addKeyListener(this);
022      addWindowListener(new WindowClosingAdapter(true));
023      setBackground(Color.lightGray);
024      setSize(300,200);
025      setLocation(200,100);
026      setVisible(true);
027    }
028
029    public void paint(Graphics g)
030    {
031      if (msg1.length() > 0) {
032        draw3DRect(g,20,50,250,30);
033        g.setColor(Color.black);
034        g.drawString(msg1,30,70);
035      }
036      if (msg2.length() > 0) {
037        draw3DRect(g,20,100,250,30);
038        g.setColor(Color.black);
039        g.drawString(msg2,30,120);
040      }
```

Listing 29.6: Reaktion auf Tastaturereignisse (Forts.)

```java
041    }
042
043    void draw3DRect(Graphics g,int x,int y,int width,int height)
044    {
045      g.setColor(Color.darkGray);
046      g.drawLine(x,y,x,y+height);
047      g.drawLine(x,y,x+width,y);
048      g.setColor(Color.white);
049      g.drawLine(x+width,y+height,x,y+height);
050      g.drawLine(x+width,y+height,x+width,y);
051    }
052
053    public void keyPressed(KeyEvent event)
054    {
055      msg1 = "";
056      System.out.println(
057        "key pressed: " +
058        "key char = " + event.getKeyChar() + "  " +
059        "key code = " + event.getKeyCode()
060      );
061      if (event.getKeyChar() == KeyEvent.CHAR_UNDEFINED) {
062        int key = event.getKeyCode();
063        //Funktionstaste abfragen
064        if (key == KeyEvent.VK_F1) {
065          msg1 = "F1";
066        } else if (key == KeyEvent.VK_F2) {
067          msg1 = "F2";
068        } else if (key == KeyEvent.VK_F3) {
069          msg1 = "F3";
070        }
071        //Modifier abfragen
072        if (msg1.length() > 0) {
073          if (event.isAltDown()) {
074            msg1 = "ALT + " + msg1;
075          }
076          if (event.isControlDown()) {
077            msg1 = "STRG + " + msg1;
078          }
079          if (event.isShiftDown()) {
080            msg1 = "UMSCHALT + " + msg1;
081          }
082        }
083      }
084      repaint();
085    }
086
087    public void keyReleased(KeyEvent event)
088    {
089      System.out.println("key released");
```

Listing 29.6:
Reaktion auf
Tastatur-
ereignisse
(Forts.)

```
090    msg1 = "";
091    repaint();
092  }
093
094  public void keyTyped(KeyEvent event)
095  {
096    char key = event.getKeyChar();
097    System.out.println("key typed: " + key);
098    if (key == KeyEvent.VK_BACK_SPACE) {
099      if (msg2.length() > 0) {
100        msg2 = msg2.substring(0,msg2.length() - 1);
101      }
102    } else if (key >= KeyEvent.VK_SPACE) {
103      if (msg2.length() < 40) {
104        msg2 += event.getKeyChar();
105      }
106    }
107    repaint();
108  }
109 }
```

Eine beispielhafte Ausgabe des Programms ist:

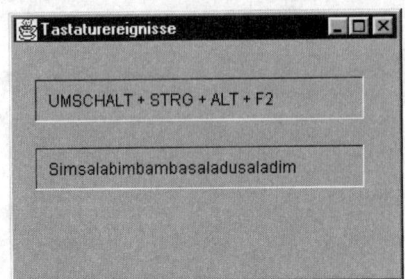

Abbildung 29.5:
Darstellung von
Tastatur-
ereignissen

29.7 Zusammenfassung

In diesem Kapitel wurden folgende Themen behandelt:

▶ Das Interface `WindowListener`, Events des Typs `WindowEvent` und die Methode `addWindowListener`

▶ Das Interface `ComponentListener`, Events des Typs `ComponentEvent` und die Methode `addComponentListener`

▶ Das Interface `MouseListener`, Events des Typs `MouseEvent` und die Methode `addMouseListener`

Zusammenfassung

- Das Interface `MouseMotionListener` und die Methode `addMouseMotionListener`
- Das Interface `FocusListener`, Events des Typs `FocusEvent` und die Methode `addFocusListener`
- Das Interface `KeyListener`, Events des Typs `KeyEvent` und die Methode `addKeyListener`
- Die virtuellen Tastencodes und die zugehörigen symbolischen Konstanten

30 Menüs

30.1 Grundlagen

Eine der Möglichkeiten eines Programms, mit dem Anwender zu interagieren, besteht darin, *Menüs* zur Verfügung zu stellen. Aufgabe des Programms ist es dabei, den Aufbau und die visuellen Eigenschaften der Menüs festzulegen. Der Anwender wählt Menüpunkte aus und löst dadurch eine Nachricht aus, auf die das Programm entsprechend reagiert.

Während die Definition der Menüstruktur in den meisten auf Windows basierten Entwicklungssystemen in eine *Ressourcendatei* ausgelagert wird, erfolgt sie in Java innerhalb des Programms. Diese Vorgehensweise hat nicht nur den Vorteil, portabel zu sein, sondern bietet auch die Möglichkeit, bei der Gestaltung der Menüs die Vorteile der objektorientierten Programmierung zu nutzen. So ist es in Java ohne weiteres möglich, Menüs zu definieren, die allgemeine Eigenschaften an spezialisierte Unterklassen vererben. In größeren Programmen kann dies eine große Hilfe bei der Pflege der Menüstruktur und der Erhaltung der Konsistenz der Menüeinträge sein.

In Java wird die Konstruktion von Menüs durch eine Reihe speziell dafür vorgesehener Klassen unterstützt. Die Klasse `MenuBar` stellt die *Menüzeile* eines Fensters dar, die Klasse `Menu` ein einzelnes der darin enthaltenen *Menüs*, und die Klassen `MenuItem` und `CheckboxMenuItem` bilden die vom Anwender auswählbaren Einträge innerhalb der Menüs.

> Wird ein Menüeintrag ausgewählt, löst dies im Programm eine entsprechende Nachricht aus. Das Programm wird üblicherweise auf diese Nachricht reagieren und die vom Anwender ausgewählte Funktion ausführen. Welche Nachrichten beim Auswählen eines Menüpunktes ausgelöst werden und wie das Programm darauf reagieren kann, werden wir uns im nächsten Abschnitt ansehen. Zunächst wollen wir uns auf das *Erstellen* der Menüs konzentrieren.

30.2 Menüleiste

Eine *Menüleiste* stellt das Hauptmenü eines Fensters dar. Sie befindet sich unterhalb der Titelleiste am oberen Rand des Fensters und zeigt die Namen der darin enthaltenen Menüs an. Eine Menüleiste wird durch Instanzieren der Klasse `MenuBar` erzeugt:

```
public MenuBar()
```
java.awt.MenuBar

Der parameterlose Konstruktor erzeugt eine leere Menüleiste, in die dann durch Aufruf der Methode add Menüs eingefügt werden können:

```
java.awt.       public void add(Menu m)
MenuBar
```

Zum Entfernen eines bestehenden Menüs kann die Methode remove verwendet werden. Zur Auswahl des zu entfernenden Menüs kann dabei entweder das Menü oder der Index desselben als Parameter übergeben werden:

```
java.awt.       public void remove(MenuComponent m)
MenuBar         public void remove(int index)
```

Mit getMenu stellt die Klasse MenuBar eine Methode zum Zugriff auf ein beliebiges Menü der Menüleiste zur Verfügung. getMenu liefert dabei das Menüobjekt, das sich an der Position mit dem angegebenen Index befindet:

```
java.awt.       public Menu getMenu(int index)
MenuBar
```

Um eine Menüleiste an ein Fenster zu binden, besitzt die Klasse Frame eine Methode setMenuBar:

```
java.awt.       public void setMenuBar(MenuBar mb)
Frame
```

Durch Aufruf dieser Methode wird die angegebene Menüleiste im Fenster angezeigt, und beim Auswählen eines Menüpunkts werden Nachrichten ausgelöst und an das Fenster gesendet. Die Fensterklasse kann diese Nachrichten durch das Registrieren eines Objekts vom Typ ActionListener bearbeiten. Wir gehen darauf später genauer ein.

30.3 Menüs

Die *Menüs* bilden die Bestandteile einer Menüleiste. Sie werden in Java durch Instanzen der Klasse Menu repräsentiert. Im einfachsten Fall erwartet der Konstruktor von Menu einen String-Parameter, der den Namen des Menüs angibt:

```
java.awt.       public Menu(String label)
Menu
```

Dieser Name wird verwendet, um das Menü in der Menüleiste zu verankern. Ähnlich wie bei der Menüleiste stehen auch bei einem Menü die Methoden add und remove zur Verfügung. Im Gegensatz zu MenuBar bearbeiten sie allerdings keine Menüs, sondern Menüeinträge:

```
java.awt.       public void add(MenuItem mi)
Menu            public void add(String label)
```

```
public void remove(int index)
public void remove(MenuComponent item)
```

Die Methode `remove` kann entweder mit einem numerischen Index oder mit einem `MenuItem` als Parameter aufgerufen werden, um den zu entfernenden Menüeintrag zu identifizieren. Wird ein numerischer Index verwendet, so beginnt die Zählung des ersten Elements bei 0.

`add` steht ebenfalls in zwei Varianten zur Verfügung. Bei der ersten muß ein Objekt der Klasse `MenuItem` übergeben werden. Die zweite erwartet lediglich einen `String`, der den Menünamen bezeichnet. Sie generiert automatisch eine entsprechende Instanz der Klasse `MenuItem`.

Neben Menüeinträgen, die ein Ereignis auslösen, können mit den Methoden `addSeparator` und `insertSeparator` auch *Separatoren* eingefügt werden. Ein Separator wird als waagerechter Strich angezeigt, der dazu dient, Menüeinträge optisch voneinander zu trennen. Für den Nachrichtenfluß oder die Funktionalität eines Menüs hat ein Separator keine Bedeutung. Während `addSeparator` den Separator hinter dem zuletzt eingefügten Menüeintrag einfügt, kann bei `insertSeparator` die Einfügeposition frei angegeben werden:

```
public void addSeparator()
public void insertSeparator(int index)
```
java.awt.Menu

Mit `getItem` kann schließlich auf einen beliebigen Menüeintrag zugegriffen werden, und die Methode `getItemCount` liefert die Anzahl der Einträge des Menüs:

```
public MenuItem getItem(int index)
public int getItemCount()
```
java.awt.Menu

30.4 Menüeinträge

30.4.1 Einfache Menüeinträge

Die *Menüeinträge* sind die elementaren Bestandteile eines Menüs. Sie besitzen einen Text, mit dem sie dem Anwender die dahinterstehende Funktion anzeigen. Wenn der zugehörige Menüpunkt aufgerufen wird, sendet das Programm eine Nachricht an das zugehörige Fenster, die dann zum Aufruf der entsprechenden Methode führt.

Menüeinträge werden in Java mit der Klasse `MenuItem` erzeugt. Ihr Konstruktor erwartet als Parameter einen `String`, der den Namen des Menüeintrags angibt:

java.awt.
MenuItem

```
public MenuItem(String label)
```

Auch nach der Konstruktion eines Menüeintrags ist ein Zugriff auf seinen Namen möglich. Mit der Methode `getLabel` kann der Name des Menüeintrags abgefragt und mit `setLabel` sogar verändert werden:

java.awt.
MenuItem

```
public String getLabel()

public void setLabel(String label)
```

Neben einem Namen besitzt ein Menüeintrag eine interne Zustandsvariable, die anzeigt, ob er *aktiv* ist oder nicht. Nur ein aktiver Eintrag kann vom Anwender ausgewählt werden und so eine Nachricht auslösen. Ein inaktiver Eintrag dagegen wird im Menü grau dargestellt, kann vom Anwender nicht mehr ausgewählt werden und daher auch keine Nachricht mehr auslösen.

Nach dem Aufruf des Konstruktors ist ein Menüeintrag zunächst aktiviert. Er kann durch Aufruf von `setEnabled(false)` deaktiviert und mit `setEnabled(true)` aktiviert werden. Durch Aufruf von `isEnabled` kann der aktuelle Zustand abgefragt werden:

java.awt.
MenuItem

```
public void setEnabled(boolean b)

public boolean isEnabled()
```

30.4.2 CheckboxMenuItem

Neben der Klasse `MenuItem` gibt es mit der Klasse `CheckboxMenuItem` eine zweite Klasse zum Erzeugen von Menüeinträgen. `CheckboxMenuItem` ist aus `MenuItem` abgeleitet und bietet als zusätzliches Feature eine interne Zustandsvariable, die zwischen `true` und `false` umgeschaltet werden kann. Die visuelle Darstellung der Zustandsvariablen erfolgt durch Anfügen oder Entfernen eines Häkchens neben dem Menüeintrag. Der Nutzen der Klasse `CheckboxMenuItem` besteht darin, daß eine logische Programmvariable durch Auswählen des Menüpunkts abwechselnd an- und ausgeschaltet werden kann.

Die Instanzierung eines `CheckboxMenuItem` erfolgt wie bei einem `MenuItem`. Zusätzlich stehen die beiden Methoden `setState` und `getState` zum Setzen und Abfragen des Zustands zur Verfügung:

java.awt.
Checkbox-
MenuItem

```
public void setState(boolean state)

public boolean getState()
```

Menüeinträge

Das folgende Programm stellt alle bisher erwähnten Eigenschaften in einem Beispiel dar. Es leitet dazu die Klasse `MainMenu1` aus `MenuBar` ab und erzeugt im Konstruktor die Menüs und Menüeinträge. Gegenüber der einfachen Instanzierung von `MenuBar` bietet die Ableitung den Vorteil, daß die neue Klasse Methoden zur Verfügung stellen kann, die zum Zugriff auf Menüs oder Menüeinträge verwendet werden können.

```java
001  /* Listing3001.java */
002
003  import java.awt.*;
004  import java.awt.event.*;
005
006  class MainMenu1
007  extends MenuBar
008  {
009    private MenuItem miRueck;
010    private CheckboxMenuItem miFarbe;
011
012    public MainMenu1()
013    {
014      Menu m;
015
016      //Datei
017      m = new Menu("Datei");
018      m.add(new MenuItem("Neu"));
019      m.add(new MenuItem("Laden"));
020      m.add(new MenuItem("Speichern"));
021      m.addSeparator();
022      m.add(new MenuItem("Beenden"));
023      add(m);
024      //Bearbeiten
025      m = new Menu("Bearbeiten");
026      m.add((miRueck = new MenuItem("Rueckgaengig")));
027      m.addSeparator();
028      m.add(new MenuItem("Ausschneiden"));
029      m.add(new MenuItem("Kopieren"));
030      m.add(new MenuItem("Einfuegen"));
031      m.add(new MenuItem("Loeschen"));
032      add(m);
033      //Optionen
034      m = new Menu("Optionen");
035      m.add(new MenuItem("Einstellungen"));
036      m.add((miFarbe = new CheckboxMenuItem("Farbe")));
037      add(m);
038      //Rueckgaengig deaktivieren
039      enableRueckgaengig(false);
040      //Farbe anschalten
041      setFarbe(true);
042    }
```

Listing 30.1: Erzeugen von Menüs

Listing 30.1:
Erzeugen von
Menüs
(Forts.)

```
043
044   public void enableRueckgaengig(boolean ena)
045   {
046     if (ena) {
047       miRueck.setEnabled(true);
048     } else {
049       miRueck.setEnabled(false);
050     }
051   }
052
053   public void setFarbe(boolean on)
054   {
055     miFarbe.setState(on);
056   }
057 }
058
059 public class Listing3001
060 extends Frame
061 {
062   public static void main(String[] args)
063   {
064     Listing3001 wnd = new Listing3001();
065   }
066
067   public Listing3001()
068   {
069     super("Menüs");
070     setLocation(100,100);
071     setSize(400,300);
072     setMenuBar(new MainMenu1());
073     setVisible(true);
074     addWindowListener(new WindowClosingAdapter(true));
075   }
076 }
```

Das Programm erzeugt eine Menüzeile mit den drei Einträgen »Datei«, »Bearbeiten« und »Optionen«, die in Abbildung 30.1 auf Seite 627 dargestellt werden.

30.4.3 Beschleunigertasten

In den meisten Programmen lassen sich Menüs nicht nur mit der Maus bedienen, sondern über *Beschleunigertasten* auch mit der Tastatur. Im JDK 1.0 konnten Beschleunigertasten unter Windows 95 ganz einfach dadurch eingefügt werden, daß an beliebiger Stelle im Menütext das Zeichen »&« eingefügt und so die nachfolgende Taste als Beschleuniger definiert wurde. Dies war natürlich nicht portabel, funktionierte nur unter Windows und wurde folglich als Bug angesehen und eliminiert.

Menüeinträge

Kapitel 30

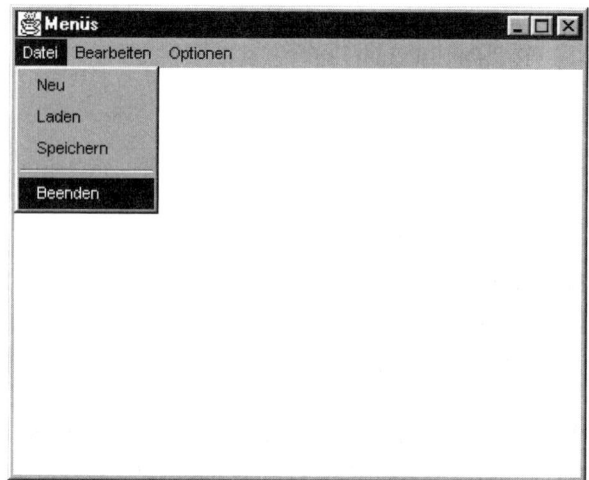

Abbildung 30.1: Erzeugen von Menüs

Das JDK 1.1 implementiert nun ein eigenes Beschleunigerkonzept, das über Plattformgrenzen hinweg funktioniert. Dazu wurde die Klasse MenuShortcut eingeführt, mit deren Hilfe Beschleunigertasten definiert und an einzelne Menüeinträge angehängt werden können. Eine Beschleunigertaste ist dabei immer ein einzelnes Zeichen der Tastatur, das zusammen mit der *systemspezifischen Umschalttaste für Beschleuniger* ([STRG] unter Windows und Motif, [COMMAND] unter MAC-OS) gedrückt werden muß, um den Menüeintrag aufzurufen.

Um einen Beschleuniger zu definieren, muß zunächst eine Instanz der Klasse MenuShortcut erzeugt werden:

```
public MenuShortcut(int key)

public MenuShortcut(int key, boolean useShiftModifier)
```

java.awt.
MenuShortcut

Der erste Konstruktor erwartet den virtuellen Tastencode der gewünschten Beschleunigertaste (siehe Kapitel 29 auf Seite 597). Für einfache alphanumerische Zeichen kann hier auch das Zeichen selbst übergeben werden. Die Übergabe einer Funktionstaste ist leider nicht ohne weiteres möglich, denn deren virtuelle Tastencodes überschneiden sich mit den ASCII-Codes der Kleinbuchstaben. Funktionstasten können daher nur dann als Beschleuniger verwendet werden, wenn ihre virtuellen Tastencodes die Umwandlung in Großbuchstaben unverändert überstehen (z.B. VK_DELETE). Der zweite Konstruktor erlaubt zusätzlich die Übergabe eines booleschen Parameters useShiftModifier, der dafür sorgt, daß der Beschleuniger nur dann greift, wenn neben der systemspezifischen Umschalttaste für Beschleuniger zusätzlich die Taste [UMSCHALT] gedrückt wird.

Um einen Beschleuniger an einen Menüpunkt zu binden, ist das MenuShortcut-Objekt als zweites Argument an den Konstruktor von MenuItem zu übergeben:

java.awt.MenuItem

```
public MenuItem(String label, MenuShortcut s)
```

Alternativ kann auch die Methode setShortCut aufgerufen werden:

java.awt.MenuItem

```
public void setShortcut(MenuShortcut s)
```

Durch Aufruf von deleteShortCut kann der einem Menüeintrag zugeordnete Beschleuniger gelöscht werden:

java.awt.MenuItem

```
public void deleteShortcut()
```

Aufgrund eines Bugs im AWT (der auch im JDK 1.2 noch enthalten war) muß nach der Definition eines Beschleunigers zusätzlich die Methode setActionCommand aufgerufen werden, um den String, der beim Auslösen des Beschleunigers an den ActionListener gesendet werden soll, festzulegen:

java.awt.MenuItem

```
public void setActionCommand(String command)
```

Ohne diesen Aufruf würde ein null-Objekt gesendet werden. Eine beispielhafte Aufrufsequenz zur Erzeugung eines Menüeintrags mit Beschleuniger sieht damit so aus:

Listing 30.2: Erzeugen eines Menüeintrags mit Beschleuniger

```
001 Menu m;
002 MenuItem mi;
003 MenuShortcut ms;
004
005 //Datei
006 m = new Menu("Datei");
007
008 ms = new MenuShortcut(KeyEvent.VK_N);
009 mi = new MenuItem("Neu",ms);
010 mi.setActionCommand("Neu");
011 mi.addActionListener(listener);
012 m.add(mi);
```

Hier wird der Menüeintrag »Neu« wie im vorigen Beispiel generiert und mit der Beschleunigertaste [STRG]+[N] ausgestattet.

Das folgende Beispiel zeigt eine Menüleiste mit zwei Menüs »Datei« und »Bearbeiten«, bei denen alle Menüeinträge mit Beschleunigern ausgestattet wurden:

Listing 30.3: Menüleisten mit zwei Menüs und Beschleunigertasten

```
001 /* MainMenu2.inc */
002
003 class MainMenu2
004 extends MenuBar
005 {
```

Menüeinträge

```
006    public MainMenu2()
007    {
008      Menu m;
009      MenuItem mi;
010      MenuShortcut ms;
011
012      //Datei
013      m = new Menu("Datei");
014
015      ms = new MenuShortcut(KeyEvent.VK_N);
016      mi = new MenuItem("Neu",ms);
017      mi.setActionCommand("Neu");
018      m.add(mi);
019
020      ms = new MenuShortcut(KeyEvent.VK_L);
021      mi = new MenuItem("Laden",ms);
022      mi.setActionCommand("Laden");
023      m.add(mi);
024
025      ms = new MenuShortcut(KeyEvent.VK_S);
026      mi = new MenuItem("Speichern",ms);
027      mi.setActionCommand("Speichern");
028      m.add(mi);
029
030      ms = new MenuShortcut(KeyEvent.VK_E);
031      mi = new MenuItem("Beenden",ms);
032      mi.setActionCommand("Beenden");
033      m.add(mi);
034      add(m);
035
036      //Bearbeiten
037      m = new Menu("Bearbeiten");
038
039      ms = new MenuShortcut(KeyEvent.VK_X);
040      mi = new MenuItem("Ausschneiden",ms);
041      mi.setActionCommand("Ausschneiden");
042      m.add(mi);
043
044      ms = new MenuShortcut(KeyEvent.VK_C);
045      mi = new MenuItem("Kopieren",ms);
046      mi.setActionCommand("Kopieren");
047      m.add(mi);
048
049      ms = new MenuShortcut(KeyEvent.VK_V);
050      mi = new MenuItem("Einfügen",ms);
051      mi.setActionCommand("Einfügen");
052      m.add(mi);
053      add(m);
054    }
055  }
```

Listing 30.3:
Menüleisten mit
zwei Menüs und
Beschleuniger-
tasten
(Forts.)

Wir werden später eine Methode vorstellen, die den Aufwand für das Erzeugen und Einfügen von Beschleunigern vermindert.

Die im JDK 1.1 eingeführten Beschleuniger haben Vor- und Nachteile. Ihr Vorteil ist, daß sie einfach zu erzeugen sind und über Plattformgrenzen hinweg funktionieren. Die Nachteile sind allerdings ihre eingeschränkte Funktionalität und die Unterschiede im Look-and-Feel gegenüber den speziellen Beschleunigern des jeweiligen Betriebssystems. So gibt es unter Windows beispielsweise keine Beschleuniger mehr in der Menüleiste (ALT+Buchstabe), und auch Menüeinträge können nicht mehr mit ALT+Tastenkürzel aufgerufen werden (sie zeigen auch keinen unterstrichenen Buchstaben mehr an).

Außerdem wird eine Beschleunigertaste zwangsweise an die systemspezifische Umschalttaste gebunden. Es ist damit nicht möglich, einfache Tasten wie EINFG oder ENTF als Beschleuniger zu definieren. Des weiteren lassen sich wegen der unglücklichen Umwandlung des virtuellen Tastencodes in Großbuchstaben viele Funktionstasten nicht als Beschleuniger verwenden. Dies sind sicherlich gravierende Restriktionen, die die Bedienung nicht unerheblich einschränken. Es bleibt zu hoffen, daß die nächste Version des AWT hier Verbesserungen bringt und eine umfassendere Menge der plattformspezifischen Features portabel zur Verfügung stellt.

30.4.4 Untermenüs

Menüs lassen sich auf einfache Art und Weise schachteln. Dazu ist beim Aufruf der add-Methode anstelle einer Instanz der Klasse MenuItem ein Objekt der Klasse Menu zu übergeben, das das gewünschte Untermenü repräsentiert. Das folgende Beispiel erweitert das Menü »Optionen« der Klasse MainMenu1 um den Menüeintrag »Schriftart«, der auf ein Untermenü mit den verfügbaren Schriftarten verzweigt (der Code zur Erzeugung des Untermenüs steht in den Zeilen 034 bis 041):

Listing 30.4: Geschachtelte Menüs

```
001  /* MainMenu3.inc */
002
003  class MainMenu3
004  extends MenuBar
005  {
006    private MenuItem miRueck;
007    private CheckboxMenuItem miFarbe;
008
009    public MainMenu3()
010    {
011      Menu m;
012
013      //Datei
014      m = new Menu("Datei");
015      m.add(new MenuItem("Neu"));
```

Menüeinträge

Kapitel 30

```
016    m.add(new MenuItem("Laden"));
017    m.add(new MenuItem("Speichern"));
018    m.addSeparator();
019    m.add(new MenuItem("Beenden"));
020    add(m);
021    //Bearbeiten
022    m = new Menu("Bearbeiten");
023    m.add((miRueck = new MenuItem("Rueckgaengig")));
024    m.addSeparator();
025    m.add(new MenuItem("Ausschneiden"));
026    m.add(new MenuItem("Kopieren"));
027    m.add(new MenuItem("Einfuegen"));
028    m.add(new MenuItem("Loeschen"));
029    add(m);
030    //Optionen
031    m = new Menu("Optionen");
032    m.add(new MenuItem("Einstellungen"));
033
034    //Untermenü Schriftart
035    Menu m1 = new Menu("Schriftart");
036    m1.add(new MenuItem("Arial"));
037    m1.add(new MenuItem("TimesRoman"));
038    m1.add(new MenuItem("Courier"));
039    m1.add(new MenuItem("System"));
040    m.add(m1);
041    //Ende Untermenü Schriftart
042
043    m.add((miFarbe = new CheckboxMenuItem("Farbe")));
044    add(m);
045    //Rueckgaengig deaktivieren
046    enableRueckgaengig(false);
047    //Farbe anschalten
048    setFarbe(true);
049  }
050
051  public void enableRueckgaengig(boolean ena)
052  {
053    if (ena) {
054      miRueck.setEnabled(true);
055    } else {
056      miRueck.setEnabled(false);
057    }
058  }
059
060  public void setFarbe(boolean on)
061  {
062    miFarbe.setState(on);
063  }
064 }
```

Listing 30.4:
Geschachtelte
Menüs
(Forts.)

Ein Aufruf des Untermenüs wird folgendermaßen dargestellt:

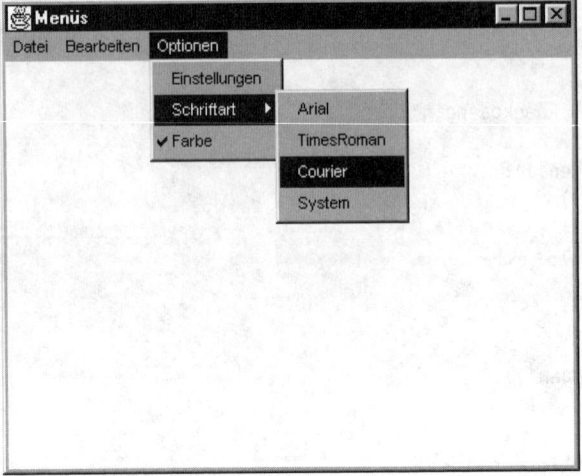

Abbildung 30.2:
Geschachtelte
Menüs

30.5 Action-Events

Ein Action-Event wird generiert, wenn der Anwender einen Menüpunkt selektiert und ausgewählt hat. Das Programm kann den auslösenden Menüeintrag bestimmen und so geeignet darauf reagieren. Action-Events werden von der Klasse MenuItem und drei weiteren Klassen (auf die wir in den folgenden Kapiteln zurückkommen) gesendet:

- MenuItem sendet ein ActionEvent, wenn der Menüpunkt aufgerufen wurde.
- Ein Button sendet ein ActionEvent, nachdem er vom Anwender gedrückt wurde.
- Ein Objekt vom Typ List sendet ein ActionEvent nach einem Doppelklick des Anwenders.
- Ein TextField sendet ein ActionEvent, wenn der Anwender die Taste ENTER gedrückt hat.

Ein Empfänger für Action-Events muß das Interface ActionListener implementieren und bekommt Events des Typs ActionEvent übergeben. ActionEvent erweitert die Klasse AWTEvent und stellt neben getID und getSource vor allem die Methode getActionCommand zur Verfügung, mit der die verschiedenen Ereignisquellen unterschieden werden können:

java.awt.
event.Action
Event

```
public String getActionCommand()
```

Action-Events Kapitel 30

Wird das Action-Event durch ein `MenuItem` ausgelöst, liefert dessen Methode `getActionCommand` die Bezeichnung des Menüpunktes, wie sie an den Konstruktor übergeben wurde. Durch einen expliziten Aufruf von `setActionCommand` kann dieser String auch unabhängig von der Beschriftung des Menüpunkts geändert werden. Ein Aufruf von `getActionCommand` liefert den aktuellen Inhalt des Menüpunkts bzw. seine Beschriftung, falls `setActionCommand` noch nicht aufgerufen wurde:

```
public void setActionCommand(String command)

public String getActionCommand()
```
java.awt.
MenuItem

Die Registrierung der Empfängerklasse erfolgt mit der Methode `addActionListener`, die in den Klassen `MenuItem`, `Button`, `List` und `TextField` zur Verfügung steht:

```
public void addActionListener(ActionListener l)
```
java.awt.
Button

Das Interface `ActionListener` stellt lediglich die Methode `actionPerformed` zur Verfügung, die beim Aufruf ein `ActionEvent` übergeben bekommt:

```
public abstract void actionPerformed(ActionEvent e)
```
java.awt.
event.Action
Listener

Üblicherweise wird in `actionPerformed` zunächst durch Aufruf von `getActionCommand` und/oder `getSource` die Quelle des Action-Events ermittelt, bevor der Code folgt, der die Reaktion auf das Ereignis implementiert.

Das folgende Programm zeigt die Reaktion auf Action-Events. Das Programm öffnet ein Fenster, das mit Hilfe von Menüeinträgen auf dem Bildschirm verschoben oder in der Größe verändert werden kann:

```
001  /* Listing3005.java */
002
003  import java.awt.*;
004  import java.awt.event.*;
005
006  class MainMenu4
007  extends MenuBar
008  {
009    private MenuItem miRueck;
010    private CheckboxMenuItem miFarbe;
011
012    private static void
013    addNewMenuItem(Menu menu, String name, ActionListener listener)
014    {
```

Listing 30.5:
Reaktion auf
Action-Events
aus einem Menü

633

Listing 30.5:
Reaktion auf
Action-Events
aus einem Menü
(Forts.)

```
015     int pos = name.indexOf('&');
016     MenuShortcut shortcut = null;
017     MenuItem mi;
018     if (pos != -1) {
019       if (pos < name.length() - 1) {
020         char c = name.charAt(pos + 1);
021         shortcut=new MenuShortcut(Character.toLowerCase(c));
022         name=name.substring(0,pos)+name.substring(pos + 1);
023       }
024     }
025     if (shortcut != null) {
026       mi = new MenuItem(name, shortcut);
027     } else {
028       mi = new MenuItem(name);
029     }
030     mi.setActionCommand(name);
031     mi.addActionListener(listener);
032     menu.add(mi);
033   }
034
035   public MainMenu4(ActionListener listener)
036   {
037     Menu m;
038
039     //Menü "Größe"
040     m = new Menu("Größe");
041     addNewMenuItem(m, "&Größer", listener);
042     addNewMenuItem(m, "&Kleiner", listener);
043     m.addSeparator();
044     addNewMenuItem(m, "B&eenden", listener);
045     add(m);
046
047     //Menü "Position"
048     m = new Menu("Position");
049     addNewMenuItem(m, "&Links", listener);
050     addNewMenuItem(m, "&Rechts", listener);
051     addNewMenuItem(m, "&Oben", listener);
052     addNewMenuItem(m, "&Unten", listener);
053     add(m);
054   }
055 }
056
057 public class Listing3005
058 extends Frame
059 implements ActionListener
060 {
061   public static void main(String[] args)
062   {
063     Listing3005 wnd = new Listing3005();
```

```
064      }
065
066      public Listing3005()
067      {
068        super("Menü-ActionEvents");
069        setLocation(100,100);
070        setSize(300,200);
071        setMenuBar(new MainMenu4(this));
072        setVisible(true);
073        addWindowListener(new WindowClosingAdapter(true));
074      }
075
076      public void paint(Graphics g)
077      {
078        Insets    in = getInsets();
079        Dimension d = getSize();
080        g.setColor(Color.red);
081        g.drawLine(
082          in.left, in.top,
083          d.width - in.right, d.height - in.bottom
084        );
085        g.drawLine(
086          in.left, d.height - in.bottom,
087          d.width - in.right, in.top
088        );
089      }
090
091      public void actionPerformed(ActionEvent event)
092      {
093        String cmd = event.getActionCommand();
094        if (cmd.equals("Größer")) {
095          Dimension d = getSize();
096          d.height *= 1.05;
097          d.width  *= 1.05;
098          setSize(d);
099        } else if (cmd.equals("Kleiner")) {
100          Dimension d = getSize();
101          d.height *= 0.95;
102          d.width  *= 0.95;
103          setSize(d);
104        } else if (cmd.equals("Beenden")) {
105          setVisible(false);
106          dispose();
107          System.exit(0);
108        } else if (cmd.equals("Links")) {
109          setLocation(getLocation().x-10, getLocation().y);
110        } else if (cmd.equals("Rechts")) {
111          setLocation(getLocation().x+10, getLocation().y);
112        } else if (cmd.equals("Oben")) {
```

Listing 30.5:
Reaktion auf
Action-Events
aus einem Menü
(Forts.)

Listing 30.5:
Reaktion auf
Action-Events
aus einem Menü
(Forts.)

```
113        setLocation(getLocation().x, getLocation().y-10);
114      } else if (cmd.equals("Unten")) {
115        setLocation(getLocation().x, getLocation().y+10);
116      }
117    }
118  }
```

Das Programm besitzt eine Klasse MainMenu4, in der das Menü definiert wird. Um die Definition der Menüeinträge zu vereinfachen, wurde die Methode addNewMenuItem implementiert, die einen neuen Menüeintrag erzeugt, ggfs. mit einem Beschleuniger versieht, den ActionListener registriert und schließlich an das übergebene Menü anhängt. Der erste Parameter von addnewMenuItem ist das Menü, für das ein Menüeintrag erstellt werden soll. Der zweite Parameter ist die Bezeichnung des Menüeintrags. Ist darin ein »&« enthalten, so wird dieses als Präfix für die Beschleunigertaste angesehen und der nachfolgende Buchstabe als Beschleuniger registriert. Anschließend wird das »&« entfernt. Als drittes Argument wird der ActionListener übergeben, der beim Menüeintrag registriert werden soll.

> Wir verwenden in diesem Beispiel lediglich einen einzigen ActionListener, der bei allen Menüeinträgen registriert wird. Über den this-Zeiger wird das Fenster an den Konstruktor von MainMenu4 übergeben und von dort an addNewMenuItem weitergegeben. Voraussetzung dafür ist, daß das Fenster das Interface ActionListener implementiert und die Methode actionPerformed zur Verfügung stellt.

Die Unterscheidung der verschiedenen Ereignisquellen wird innerhalb von actionPerformed durch Aufruf von getActionCommand erledigt. Deren Rückgabewert wird abgefragt, um das passende Kommando auszuführen. Die Größenänderung erfolgt durch Aufruf von getSize und setSize, die Positionierung mit getLocation und setLocation. Zur Kontrolle zeichnet das Programm in paint zwei rote Diagonalen über die volle Länge der Client-Area:

Abbildung 30.3:
Ein Programm,
das auf Action-
Events reagiert

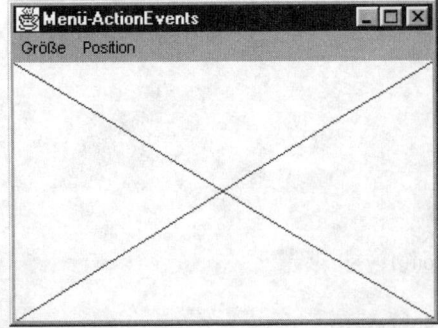

30.6 Kontextmenüs

Ein wichtiger Bestandteil grafischer Oberflächen, der in den letzten Jahren verstärkt in die Programme Einzug gehalten hat, sind die *Kontext-* oder *Popup-Menüs*. Sie liefern auf rechten Mausklick ein Menü mit den wichtigsten Aktionen, die innerhalb der ausgewählten Komponente zur Verfügung stehen. Auf diese Weise steht eine Vielzahl von Funktionen dort zur Verfügung, wo sie benötigt wird, anstatt umständlich aus dem Hauptmenü des Programms ausgewählt oder per Kommando eingegeben werden zu müssen.

Auch im JDK 1.1 gibt es Kontextmenüs, die so funktionieren. Sie werden durch die Klasse `PopupMenu`, die aus `Menu` abgeleitet ist, implementiert. `PopupMenu` ist genauso zu bedienen wie `Menu` und wird daher vor allem mittels geeigneter Aufrufe von `add` mit Menüeinträgen bestückt. Diesen kann ein `ActionListener` zugeordnet werden, der bei Auslösen des Menüpunkts aufgerufen wird. Gegenüber der Klasse `Menu` besitzt `PopupMenu` eine zusätzliche Methode `show`, mit der das Kontextmenü angezeigt wird:

```
public void show(Component origin, int x, int y)
```
java.awt.PopupMenu

Der erste Parameter `origin` ist die Komponente, an die das Kontextmenü gebunden wird. Diese Komponente hat lediglich administrative Aufgaben, spielt aber beim Aufruf des Kontextmenüs keine Rolle. Die Argumente `x` und `y` geben die Position des Kontextmenüs relativ zum Ursprung von `origin` an.

Um ein Kontextmenü aufzurufen, sind mehrere Dinge zu tun. Zunächst muß das instanzierte Kontextmenü durch Aufruf von `add` an die Komponente gebunden werden, die auf Mausereignisse für den Aufruf reagieren soll. Dies kann beispielsweise das Fenster sein, in dem die Komponente untergebracht ist, oder die Komponente selbst. Anschließend muß in der Komponente durch Aufruf von `enableEvents` die Behandlung von Maus-Events freigeschaltet werden. Drittens muß die Methode `processMouseEvent` überlagert werden, und es muß bei jedem Mausereignis mit `isPopupTrigger` abgefragt werden, ob es sich um das Ereignis zum Aufruf des Kontextmenüs handelte. In diesem Fall kann das Kontextmenü durch Aufruf von `show` angezeigt werden.

> Kontextmenüs sind von Plattform zu Plattform leicht unterschiedlich implementiert, und insbesondere die Art des Aufrufs unterscheidet sich voneinander (zweite oder dritte Maustaste, Aufruf beim Drücken oder Loslassen usw.). Um das Look-and-Feel des jeweiligen Systems beizubehalten, sollte `processMouseEvent` überlagert werden, um bei *jeder* Art von Mausereignis feststellen zu können, ob der PopupMenu-Trigger ausgelöst wurde. Der einfache Aufruf von `show` aus einem `mousePressed`- oder `mouseReleased`-Ereignis heraus ist nicht portabel und sollte daher vermieden werden.

Kapitel 30   Menüs

Das folgende Beispiel zeigt ein Programm mit einem Kontextmenü, das die Punkte »Rückgängig«, »Ausschneiden«, »Kopieren« und »Einfügen« enthält. Das Kontextmenü wird an das Hauptfenster gehängt und von Mausereignissen dieses Fensters aufgerufen. Beim Auslösen einer Option des Kontextmenüs wird eine entsprechende Meldung auf die Systemkonsole geschrieben.

Listing 30.6:
Einbinden eines
Kontextmenüs
im AWT

```
001 /* Listing3006.java */
002
003 import java.awt.*;
004 import java.awt.event.*;
005
006 class MyPopupMenu
007 extends PopupMenu
008 {
009   public MyPopupMenu(ActionListener listener)
010   {
011     MenuItem mi;
012
013     mi = new MenuItem("Rueckgaengig");
014     mi.addActionListener(listener);
015     add(mi);
016
017     addSeparator();
018
019     mi = new MenuItem("Ausschneiden");
020     mi.addActionListener(listener);
021     add(mi);
022
023     mi = new MenuItem("Kopieren");
024     mi.addActionListener(listener);
025     add(mi);
026
027     mi = new MenuItem("Einfuegen");
028     mi.addActionListener(listener);
029     add(mi);
030   }
031 }
032
033 public class Listing3006
034 extends Frame
035 implements ActionListener
036 {
037   MyPopupMenu popup;
038
039   public static void main(String[] args)
040   {
041     Listing3006 wnd = new Listing3006();
042   }
```

Kontextmenüs Kapitel 30

```
043
044    public Listing3006()
045    {
046      super("Kontextmenü");
047      setLocation(100,100);
048      setSize(300,200);
049      setVisible(true);
050      addWindowListener(new WindowClosingAdapter(true));
051      //Kontextmenü erzeugen und aktivieren
052      popup = new MyPopupMenu(this);
053      add(popup);
054      enableEvents(AWTEvent.MOUSE_EVENT_MASK);
055    }
056
057    public void processMouseEvent(MouseEvent event)
058    {
059      if (event.isPopupTrigger()) {
060        popup.show(
061          event.getComponent(),
062          event.getX(),
063          event.getY()
064        );
065      }
066      super.processMouseEvent(event);
067    }
068
069    public void actionPerformed(ActionEvent event)
070    {
071      System.out.println(event.getActionCommand());
072    }
073  }
```

Listing 30.6:
Einbinden eines
Kontextmenüs
im AWT
(Forts.)

Abbildung 30.4 zeigt den Aufruf des Kontextmenüs:

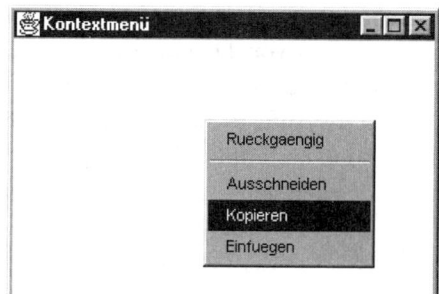

Abbildung 30.4:
Aufruf eines
Kontextmenüs

30.7 Datenaustausch mit der Zwischenablage

30.7.1 Überblick

Die Zwischenablage ist in grafischen Oberflächen eines der wichtigsten Hilfsmittel, um Daten zwischen Dialogelementen oder über Anwendungsgrenzen hinweg auszutauschen. Seit dem JDK 1.1 gibt es ein allgemeines API für den Datenaustausch, das Funktionen für den Datenaustausch mit der Zwischenablage zur Verfügung stellt. Wir wollen es hier kurz beschreiben, weil es als typisches Element eines Kontextmenüs gut in den Rahmen dieses Kapitels paßt.

Die zugehörigen Klassen und Interfaces befinden sich im Paket java.awt.datatransfer. Die für die Kommunikation mit der Zwischenablage interessanten Bestandteile dieses APIs sind:

- Das Interface Transferable, das die Schnittstelle von Objekten festlegt, die mit der Zwischenablage ausgetauscht werden können.

- Die Definition der Datentypen, die ausgetauscht werden können. Diese werden in Java als *DataFlavors* bezeichnet und basieren auf der *MIME-Spezifikation* (*Multi-purpose Internet Mail Extensions*), die in RFC 1521 und 1522 beschrieben wird (allgemeine Hinweise zu den RFCs finden sich in Abschnitt 45.1.5 auf Seite 1064).

- Die Klasse Clipboard, mit der die Zwischenablage implementiert wird. Neben der systemweiten Zwischenablage können auch benutzerdefinierte Zwischenablagen verwendet werden.

30.7.2 Kommunikation mit der Zwischenablage

Wir wollen uns nun ansehen, welche Schritte erforderlich sind, um einen String in die Zwischenablage zu kopieren. Zunächst muß ein Objekt erzeugt werden, das das Interface Transferable implementiert. Transferable spezifiziert die Schnittstelle für den Transportmechanismus von Daten, die über die Zwischenablage ausgetauscht werden können. Es verwaltet eine Liste der in Frage kommenden Datentypen, die es mit getTransferDataFlavors auf Anfrage zur Verfügung stellt. Mit isDataFlavorSupported kann festgestellt werden, ob ein bestimmter Datentyp unterstützt wird, und getTransferData liefert die zu übertragenden Daten:

```
public DataFlavor[] getTransferDataFlavors()

public boolean isDataFlavorSupported(DataFlavor flavor)

public Object getTransferData(DataFlavor flavor)
   throws UnsupportedFlavorException, IOException
```

java.awt.datatransfer.Transferable

Datenaustausch mit der Zwischenablage — Kapitel 30

> Die Initialisierung eines `Transferable`-Objekts ist nicht Bestandteil der Schnittstelle, sondern muß von den implementierenden Klassen in Eigenregie – beispielsweise bei der Instanzierung – vorgenommen werden.

Im AWT gibt es eine vordefinierte Klasse `StringSelection`, die das Interface `Transferable` implementiert. Sie ist in der Lage, Strings auszutauschen, und unterstützt die aus `DataFlavor` abgeleiteten Datentypen `plainTextFlavor` und `stringFlavor`. Beide liefern die Daten als Unicode-kodierte Zeichenkette. Während `plainTextFlavor` sein Ergebnis als `InputStream` zur Verfügung stellt und den MIME-Typ `text/plain` repräsentiert, liefert `stringFlavor` einen String und repräsentiert den MIME-Typ `application/x-java-serialized-object`.

Ein `StringSelection`-Objekt wird initialisiert, indem die zu übertragende Zeichenkette an den Konstruktor übergeben wird. Anschließend kann es an die Zwischenablage übergeben werden, die die Daten durch Aufruf von `getTransferData` übernimmt. Jeder Aufruf von `getTransferData` muß in eine `try-catch`-Anweisung eingebunden werden und folgende Fehler abfangen:

- Das `Transferable`-Objekt ist nicht in der Lage, die Daten in dem gewünschten Format zu liefern.
- Da der Rückgabewert vom Typ `Object` ist, muß er in der Regel in den tatsächlich erforderlichen Typ konvertiert werden. Hierbei kann eine Ausnahme des Typs `ClassCastException` auftreten.

Bevor die Zwischenablage die Daten aus dem `Transferable`-Objekt entnehmen kann, muß dieses natürlich erst einmal an die Zwischenablage übergeben werden. Eine Zwischenablage ist immer eine Instanz der Klasse `Clipboard` oder einer ihrer Unterklassen. Zwar ist es möglich, anwendungsspezifische Zwischenablagen anzulegen, wir wollen uns aber nur mit der systemweit gültigen Zwischenablage des Betriebssystems beschäftigen.

Im `Toolkit` gibt es eine Methode `getSystemClipboard`, mit der ein Objekt für die systemweite Zwischenablage beschafft werden kann:

```
public Clipboard getSystemClipboard()
```
java.awt.Toolkit

Sie stellt im wesentlichen einen Konstruktor und drei Methoden zur Verfügung:

```
public String getName()

public Transferable getContents(Object requestor)

public void setContents(
    Transferable contents, ClipboardOwner owner
)
```
java.awt.datatransfer.Clipboard

641

Kapitel 30 — Menüs

Mit `getName` kann der Name der Zwischenablage ermittelt werden, `getContents` liefert den Inhalt der Zwischenablage, und mit `setContents` kann der Zwischenablage ein neues Objekt zugewiesen werden. Ein Aufruf von `getContents` liefert null, wenn die Zwischenablage leer ist. Der Rückgabewert ist ein `Transferable`-Objekt, dessen Daten mit `getTransferData` abgefragt werden können. Beim Aufruf von `getContents` muß zusätzlich ein Objekt `requestor` übergeben werden, das derzeit keine Funktion hat.

Ein Objekt, das den Inhalt der Zwischenablage ändern will, tut dies über den Aufruf der Methode `setContents`. Als erstes Argument ist ein `Transferable`-Objekt zu übergeben, das die Daten enthält. Als zweites muß ein Objekt übergeben werden, das das Interface `ClipboardOwner` implementiert. Da die Zwischenablage von verschiedenen Objekten verwendet wird, ist es unter Umständen wichtig zu wissen, wann die übergebenen Daten verworfen und durch ein neues Objekt ersetzt werden. Dazu definiert `ClipboardOwner` die Methode `lostOwnership`, die aufgerufen wird, wenn der Inhalt der Zwischenablage verändert wird:

java.awt.datatransfer.ClipboardOwner

```
public void lostOwnership(
    Clipboard clipboard, Transferable contents
)
```

Nach diesen Vorüberlegungen wollen wir uns ein Beispiel ansehen. Dazu soll die Methode `actionPerformed` des vorigen Beispiels erweitert werden, um die beiden Menüeinträge »Kopieren« und »Einfuegen« mit Funktionalität zum Datenaustausch auszustatten. Zusätzlich implementiert das Beispielprogramm das Interface `ClipboardOwner` und definiert dazu die Methode `lostOwnership`:

Listing 30.7: Kommunikation mit der Zwischenablage

```
001  /* clpbrd.inc */
002
003  public void actionPerformed(ActionEvent event)
004  {
005      Clipboard clip = getToolkit().getSystemClipboard();
006      String cmd = event.getActionCommand();
007      if (cmd.equals("Kopieren")) {
008          String s = "Es ist " + System.currentTimeMillis() + "Uhr";
009          StringSelection cont = new StringSelection(s);
010          clip.setContents(cont, this);
011      } else if (cmd.equals("Einfuegen")) {
012          Transferable cont = clip.getContents(this);
013          if (cont == null) {
014              System.out.println("Zwischenablage ist leer");
015          } else {
016              try {
017                  String s = (String) cont.getTransferData(
018                      DataFlavor.stringFlavor
019                  );
020                  System.out.println(s);
```

```
021        } catch (Exception e) {
022            System.out.println(
023               "Zwischenablage enthält keinen Text"
024            );
025        }
026     }
027  }
028 }
029
030 public void lostOwnership(Clipboard clip, Transferable cont)
031 {
032    System.out.println("Inhalt der Zwischenablage ersetzt");
033 }
```

Listing 30.7: Kommunikation mit der Zwischenablage (Forts.)

30.8 Zusammenfassung

In diesem Kapitel wurden folgende Themen behandelt:

- Definition einer Menüleiste mit Hilfe der Klasse MenuBar
- Definition von Menüs mit Hilfe der Klasse Menu
- Einfügen eines Separators in ein Menü
- Definition eines Menüeintrags mit Hilfe der Klasse MenuItem
- Verwendung der Klasse CheckboxMenuItem zum Erzeugen von Menüeinträgen mit einer umschaltbaren Zustandsvariable
- Zuordnen von Beschleunigertasten und die Klasse MenuShortCut
- Schachteln von Menüs
- Auslösen von Action-Events als Reaktion auf Menüereignisse
- Erzeugen und Einbinden von Kontextmenüs mit Hilfe der Klasse PopupMenu
- Das Datenaustausch-API des JDK 1.1 und das Paket java.awt.datatransfer
- Datenaustausch mit der Zwischenablage durch Implementierung des Interfaces Transferable und Kommunikation mit einem Clipboard-Objekt

31 GUI-Dialoge

31.1 Erstellen eines Dialogs

In diesem Kapitel soll das Erzeugen von Fenstern mit eingebetteten Dialogelementen vorgestellt werden. Derartige Fenster werden in der Praxis sehr viel häufiger benötigt als Fenster, deren Ausgabe mit primitiven Grafikoperationen erzeugt wurde, wie sie in den Kapiteln 23 auf Seite 497, 24 auf Seite 517 und 25 auf Seite 529 vorgestellt wurden. Der Einfachheit halber wollen wir derartige Fenster in diesem Kapitel als *Dialoge* bezeichnen. Sie dienen dazu, Programmdaten anzuzeigen, und geben dem Anwender die Möglichkeit, diese zu ändern.

Das Erstellen eines Dialogs erfolgt in vier Schritten:

- Anlegen eines Fensters
- Zuordnen eines Layoutmanagers
- Einfügen von Dialogelementen
- Anzeigen des Fensters

31.1.1 Anlegen eines Dialogfensters

Das Anlegen eines Fensters zur Aufnahme von Dialogelementen erfolgt genauso wie das Anlegen eines normalen Fensters. Üblicherweise wird dazu eine eigene Fensterklasse abgeleitet, um die Steuerung des Dialogs zu kapseln.

> Da Java prinzipiell keinen Unterschied zwischen Fenstern zur Ausgabe eines Dialogs und solchen zur Anzeige von Grafiken macht, ist es möglich, ein Dialogfenster wahlweise aus `Frame` oder `Dialog` abzuleiten. Die Klasse `Dialog` erlaubt es, das Verändern der Fenstergröße durch den Anwender zu unterbinden, und bietet die Möglichkeit, den Dialog *modal* zu machen. Dadurch wird die Interaktion des Anwenders mit *anderen* Fenstern der Anwendung bis zum Schließen des Dialogfensters blockiert. Im Gegensatz zu `Frame` fehlt jedoch die Möglichkeit, eine Menüleiste zu erzeugen oder dem Fenster ein Icon zuzuordnen. Wir werden in den nachfolgenden Beispielen meist die Klasse `Frame` verwenden, um Dialoge zu erzeugen. Die Klasse `Dialog` werden wir am Ende dieses Kapitels vorstellen. Dabei werden wir insbesondere das Erzeugen modaler Dialoge und die Rückgabe von Ergebniswerten aufzeigen.

31.1.2 Zuordnen eines Layoutmanagers

Wie bereits erwähnt, sind die Layoutmanager in Java für die Anordnung der Dialogelemente im Fenster verantwortlich. Jeder Layoutmanager verfolgt dabei eine eigene Strategie, Elemente zu plazieren und in der Größe so anzupassen, daß sie aus seiner Sicht optimal präsentiert werden.

Die Zuordnung eines Layoutmanagers zu einem Fenster wird in der Klasse Container realisiert. Container ist direkt aus Component abgeleitet, und beide zusammen bilden das Gerüst für alle anderen Fensterklassen. Die Klasse Container stellt eine Methode setLayout zur Verfügung, mit der der gewünschte Layoutmanager dem Fenster zugeordnet werden kann:

```
public void setLayout(LayoutManager mgr)
```
java.awt.Container

Java stellt standardmäßig die fünf Layoutmanager FlowLayout, GridLayout, BorderLayout, CardLayout und GridBagLayout zur Verfügung. Der einfachste Layoutmanager ist FlowLayout, er positioniert die Dialogelemente zeilenweise hintereinander. Paßt ein Element nicht mehr in die aktuelle Zeile, so wird es in der nächsten plaziert usw. Die genaue Funktionsweise der Layoutmanager wird später in diesem Kapitel vorgestellt.

31.1.3 Einfügen von Dialogelementen

Das Einfügen von Dialogelementen in das Fenster erfolgt mit der Methode add der Klasse Container:

```
public Component add(Component comp)
public Component add(Component comp, int pos)
public void add(Component comp, Object constraints)
```
java.awt.Container

Bei der ersten Variante wird lediglich die einzufügende Komponente übergeben und vom Layoutmanager an der dafür vorgesehenen Position untergebracht. Die zweite Variante erlaubt das Einfügen der aktuellen Komponente an beliebiger Stelle in der Liste der Komponenten.

Die dritte Variante erwartet zusätzlich ein *Constraints-Objekt*, der bei bestimmten Layoutmanagern weitere Informationen zur Positionierung der Komponente angibt. Wird beispielsweise die Klasse BorderLayout zur Anordnung der Dialogelemente verwendet, kann hier eine der Konstanten SOUTH, NORTH, WEST, EAST oder CENTER übergeben werden, um anzuzeigen, an welcher Stelle des Fensters das Element plaziert werden soll.

Sollen Komponenten, die bereits an das Fenster übergeben wurden, wieder daraus entfernt werden, so kann dazu die Methode remove verwendet werden. Als Parameter ist dabei das zu löschende Objekt zu übergeben:

Erstellen eines Dialogs Kapitel 31

```
public void remove(Component comp)
```
java.awt.
Container

`Container` stellt auch Methoden zur Verfügung, um auf die bereits eingefügten Dialogelemente zuzugreifen:

```
public int getComponentCount()
public Component getComponent(int n)
public Component[] getComponents()
```
java.awt.
Container

Mit `getComponentCount` kann die Anzahl aller eingefügten Komponenten ermittelt werden. `getComponent` liefert die Komponente mit dem angegebenen Index, und `getComponents` gibt ein Array mit allen eingefügten Komponenten zurück.

31.1.4 Anzeigen des Dialogfensters

Wurden alle Komponenten an den Container übergeben, kann der Dialog formatiert und durch einen Aufruf von `setVisible` angezeigt werden. Zweckmäßigerweise sollte vorher die Methode `pack` der Klasse `Window` aufgerufen werden, um die Größe des Fensters an den zur Darstellung der Dialogelemente erforderlichen Platz anzupassen:

```
public void pack()
```
java.awt.
Window

Wir wollen uns ein einfaches Beispiel ansehen, das diese vier Schritte demonstriert:

```
001  /* Listing3101.java */
002
003  import java.awt.*;
004  import java.awt.event.*;
005
006  public class Listing3101
007  extends Frame
008  {
009     public static void main(String[] args)
010     {
011        Listing3101 wnd = new Listing3101();
012        wnd.setVisible(true);
013     }
014
015     public Listing3101()
016     {
017        super("Dialogtest");
018        addWindowListener(new WindowClosingAdapter(true));
019        setLayout(new FlowLayout());
020        add(new Button("Abbruch"));
021        add(new Button("OK"));
022        pack();
023     }
024  }
```
Listing 31.1:
Ein Dialog mit
zwei Buttons

Das Programm erzeugt ein kleines Fenster, das nur die beiden Buttons enthält. Da wir für das Fenster keine Größe angegeben haben, sondern diese durch Aufruf von pack automatisch berechnen lassen, ist das Fenster gerade so groß, daß beide Buttons darin Platz finden:

Abbildung 31.1: Ein Dialog mit zwei Buttons

In vielen Beispielen in diesem Buch wird der Einfachheit halber die in Abschnitt 23.2.4 auf Seite 501 vorgestellte Klasse WindowClosingAdapter verwendet, um einen Listener zum Schließen des Fensters zu registrieren. Damit ein solches Beispiel sich kompilieren läßt, muß die Datei WindowClosingAdapter.java im aktuellen Verzeichnis vorhanden sein. Sie befindet sich auf der CD-ROM zum Buch oder in Listing 23.2 auf Seite 501.

31.2 Die Layoutmanager

In vielen grafischen Oberflächen wird die Anordnung der Elemente eines Dialoges durch Angabe *absoluter Koordinaten* vorgenommen. Dabei wird für jede Komponente manuell oder mit Hilfe eines Ressourcen-Editors pixelgenau festgelegt, an welcher Stelle im Dialog sie zu erscheinen hat.

Da Java-Programme auf vielen unterschiedlichen Plattformen mit unterschiedlichen Ausgabegeräten laufen sollen, war eine solche Vorgehensweise für die Designer des AWT nicht akzeptabel. Sie wählten statt dessen den Umweg über einen Layoutmanager, der für die Anordnung der Dialogelemente verantwortlich ist. Um einen Layoutmanager verwenden zu können, wird dieser dem Fenster vor der Übergabe der Dialogelemente mit der Methode setLayout zugeordnet. Er ordnet dann die per add übergebenen Elemente auf dem Fenster an.

Jeder Layoutmanager implementiert seine eigene Logik bezüglich der optimalen Anordnung der Komponenten:

▶ Das FlowLayout ordnet Dialogelemente nebeneinander in einer Zeile an. Wenn keine weiteren Elemente in die Zeile passen, wird mit der nächsten Zeile fortgefahren.

▶ Das GridLayout ordnet die Dialogelemente in einem rechteckigen Gitter an, dessen Zeilen- und Spaltenzahl beim Erstellen des Layoutmanagers angegeben wird.

Die Layoutmanager
Kapitel 31

- Das `BorderLayout` verteilt die Dialogelemente nach Vorgabe des Programms auf die vier Randbereiche und den Mittelbereich des Fensters.
- Das `CardLayout` ist in der Lage, mehrere Unterdialoge in einem Fenster unterzubringen und jeweils einen davon auf Anforderung des Programms anzuzeigen.
- Das `GridBagLayout` ist ein komplexer Layoutmanager, der die Fähigkeiten von `GridLayout` erweitert und es ermöglicht, mit Hilfe von Bedingungsobjekten sehr komplexe Layouts zu erzeugen.

Neben den gestalterischen Fähigkeiten eines Layoutmanagers bestimmt in der Regel die Reihenfolge der Aufrufe der `add`-Methode des Fensters die tatsächliche Anordnung der Komponenten auf dem Bildschirm. Wenn nicht – wie es z.B. beim `BorderLayout` möglich ist – zusätzliche Positionierungsinformationen an das Fenster übergeben werden, ordnet der jeweilige Layoutmanager die Komponenten in der Reihenfolge ihres Eintreffens an.

Um komplexere Layouts realisieren zu können, als die Layoutmanager sie in ihren jeweiligen Grundausprägungen bieten, gibt es die Möglichkeit, Layoutmanager zu schachteln. Auf diese Weise kann auch ohne Vorgabe fester Koordinaten fast jede gewünschte Komponentenanordnung realisiert werden. Sollte auch diese Variante nicht genau genug sein, so bietet sich schließlich durch Verwendung eines *Null-Layouts* die Möglichkeit an, Komponenten durch Vorgabe fester Koordinaten zu plazieren.

31.2.1 FlowLayout

Die Klasse `FlowLayout` stellt den einfachsten Layoutmanager dar. Alle Elemente werden so lange nacheinander in einer Zeile angeordnet, bis kein Platz mehr vorhanden ist und in der nächsten Zeile fortgefahren wird.

Das `FlowLayout` wird einem Fenster durch folgende Anweisung zugeordnet:

`setLayout(new FlowLayout());`

Neben dem parameterlosen gibt es weitere Konstruktoren, die die Möglichkeit bieten, die Anordnung der Elemente und ihre Abstände voneinander vorzugeben:

`public FlowLayout(int align)`

`public FlowLayout(int align, int hgap, int vgap)`

java.awt.
FlowLayout

Der Parameter `align` gibt an, ob die Elemente einer Zeile linksbündig, rechtsbündig oder zentriert angeordnet werden. Hierzu stehen die Konstanten `FlowLayout.CENTER`, `FlowLayout.LEFT` und `FlowLayout.RIGHT` zur Verfügung, als Voreinstellung wird `FlowLayout.CENTER` verwendet. Mit `hgap` und `vgap` können die horizontalen und vertikalen Abstände zwischen den Komponenten vorgegeben werden. Die Voreinstellung ist 5.

Kapitel 31 GUI-Dialoge

Das folgende Listing zeigt die Verwendung der Klasse FlowLayout am Beispiel von fünf Buttons, die in einem Grafikfenster angezeigt werden. Anstelle der normalen zentrierten Anordnung werden die Elemente linksbündig angeordnet, und der Abstand zwischen den Buttons beträgt 20 Pixel:

Listing 31.2:
Die Klasse
FlowLayout

```
001 /* Listing3102.java */
002
003 import java.awt.*;
004 import java.awt.event.*;
005
006 public class Listing3102
007 extends Frame
008 {
009   public static void main(String[] args)
010   {
011     Listing3102 wnd = new Listing3102();
012     wnd.setVisible(true);
013   }
014
015   public Listing3102()
016   {
017     super("Test FlowLayout");
018     addWindowListener(new WindowClosingAdapter(true));
019     //Layout setzen und Komponenten hinzufügen
020     setLayout(new FlowLayout(FlowLayout.LEFT,20,20));
021     add(new Button("Button 1"));
022     add(new Button("Button 2"));
023     add(new Button("Button 3"));
024     add(new Button("Button 4"));
025     add(new Button("Button 5"));
026     pack();
027   }
028 }
```

Das Programm erzeugt folgendes Fenster:

Abbildung 31.2:
Verwendung der
Klasse FlowLayout

Die Layoutmanager   Kapitel 31

31.2.2 GridLayout

Ein `GridLayout` bietet eine größere Kontrolle über die Anordnung der Elemente als ein `FlowLayout`. Hier werden die Komponenten nicht einfach nacheinander auf dem Bildschirm positioniert, sondern innerhalb eines rechteckigen Gitters angeordnet, dessen Elemente eine feste Größe haben.

Das Programm übergibt dazu beim Aufruf des Konstruktors zwei Parameter, `rows` und `columns`, mit denen die vertikale und horizontale Anzahl an Elementen festgelegt wird:

```
public void GridLayout(int rows, int columns)
```
java.awt.GridLayout

Beim Aufruf von `add` werden die Komponenten dann nacheinander in die einzelnen Zellen der Gittermatrix gelegt. Analog zum `FlowLayout` wird dabei zunächst die erste Zeile von links nach rechts gefüllt, dann die zweite usw.

Ähnlich wie beim `FlowLayout` steht ein zusätzlicher Konstruktor zur Verfügung, der es erlaubt, die Größe der horizontalen und vertikalen Lücken zu verändern:

```
public void GridLayout(int rows, int columns, int hgap, int vgap)
```
java.awt.GridLayout

Die größere Kontrolle des Programms über das Layout besteht nun darin, daß der Umbruch in die nächste Zeile genau vorhergesagt werden kann. Anders als beim `FlowLayout` erfolgt dieser nicht erst dann, wenn keine weiteren Elemente in die Zeile passen, sondern wenn dort so viele Elemente plaziert wurden, wie das Programm vorgegeben hat.

Das folgende Beispiel zeigt ein Fenster mit einem Gitter der Größe 4*2 Elemente, das ingesamt sieben Buttons anzeigt:

```
001  /* Listing3103.java */
002
003  import java.awt.*;
004  import java.awt.event.*;
005
006  public class Listing3103
007  extends Frame
008  {
009    public static void main(String[] args)
010    {
011      Listing3103 wnd = new Listing3103();
012      wnd.setVisible(true);
013    }
014
015    public Listing3103()
016    {
```

Listing 31.3: Die Klasse GridLayout

Listing 31.3:
Die Klasse
GridLayout
(Forts.)

```
017     super("Test GridLayout");
018     addWindowListener(new WindowClosingAdapter(true));
019     //Layout setzen und Komponenten hinzufügen
020     setLayout(new GridLayout(4,2));
021     add(new Button("Button 1"));
022     add(new Button("Button 2"));
023     add(new Button("Button 3"));
024     add(new Button("Button 4"));
025     add(new Button("Button 5"));
026     add(new Button("Button 6"));
027     add(new Button("Button 7"));
028     pack();
029   }
030 }
```

Die Ausgabe des Programms ist:

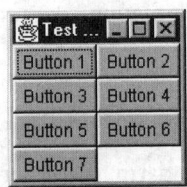

Abbildung 31.3:
Verwendung der
Klasse GridLayout

Die Größe der Komponenten

Wenn wir die Größe des Fensters nicht durch einen Aufruf von pack, sondern manuell festgelegt hätten, wäre an dieser Stelle ein wichtiger Unterschied zwischen den beiden bisher vorgestellten Layoutmanagern deutlich geworden. Abbildung 31.4 zeigt das veränderte Listing 31.2 auf Seite 650, bei dem die Größe des Fensters durch Aufruf von setSize(500,200); auf 500*200 Pixel festgelegt und der Aufruf von pack entfernt wurde:

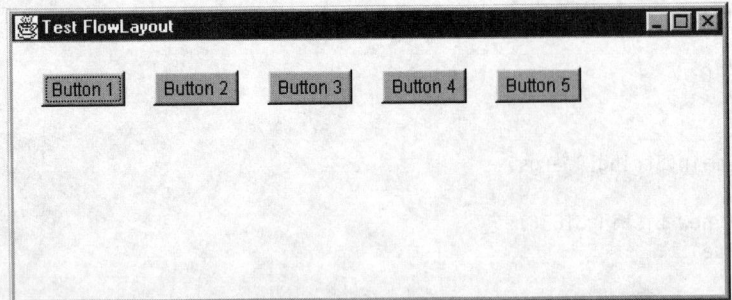

Abbildung 31.4:
Das FlowLayout
in einem größeren
Fenster

Die Layoutmanager | **Kapitel 31**

Hier verhält sich das Programm noch so, wie wir es erwarten würden, denn die Buttons haben ihre Größe behalten, während das Fenster größer geworden ist. Anders sieht es dagegen aus, wenn wir die Fenstergröße in Listing 31.3 auf Seite 651 ebenfalls auf 500*200 Pixel fixieren:

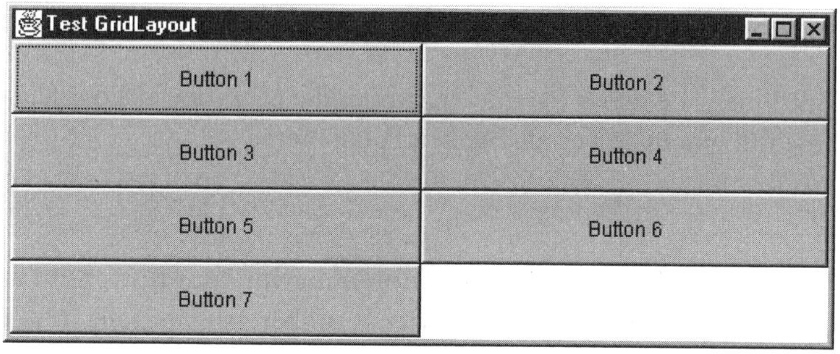

Abbildung 31.5: Das GridLayout in einem größeren Fenster

Nun werden die Buttons plötzlich sehr viel größer als ursprünglich angezeigt, obwohl sie eigentlich weniger Platz in Anspruch nehmen würden. Der Unterschied besteht darin, daß ein FlowLayout die *gewünschte* Größe eines Dialogelements verwendet, um seine Ausmaße zu bestimmen. Das GridLayout dagegen ignoriert die gewünschte Größe und dimensioniert die Dialogelemente fest in der Größe eines Gitterelements. Ein LayoutManager hat also offensichtlich die Freiheit zu entscheiden, ob und in welcher Weise er die Größen von Fenster und Dialogelementen den aktuellen Erfordernissen anpaßt.

Wir werden am Ende dieses Abschnitts auch Möglichkeiten kennenlernen, durch Schachteln von Layoutmanagern beide Möglichkeiten zu kombinieren: Das feste Gitterraster bleibt erhalten, aber die einzelnen Komponenten innerhalb des Gitters werden in ihrer gewünschten Größe angezeigt. Am Ende von Kapitel 32 auf Seite 675 werden wir zusätzlich kurz auf die verschiedenen Größen von Dialogelementen zurückkommen, wenn wir zeigen, wie selbstdefinierte Komponenten erzeugt werden.

31.2.3 BorderLayout

Das BorderLayout verfolgt einen anderen Ansatz als die beiden vorigen Layoutmanager, denn die Positionierung der Komponenten wird nicht mehr primär durch die Reihenfolge der Aufrufe von add bestimmt. Statt dessen teilt das BorderLayout den Bildschirm in fünf Bereiche auf, und zwar in die vier Ränder und das Zentrum. Durch Angabe eines *Himmelsrichtungs-Constraints* wird beim Aufruf von add angegeben, auf welchem dieser Bereiche die Komponente plaziert werden soll. BorderLayout stellt dazu folgende Konstanten zur Verfügung:

- South: unterer Rand
- North: oberer Rand
- East: rechter Rand
- West: linker Rand
- Center: Mitte

Zur Übergabe dieses Parameters gibt es die Methode add der Klasse Container in einer Variante mit einem Object als zweiten Parameter:

java.awt.Container

```
public void add(Component comp, Object constraints)
```

Das folgende Beispiel zeigt die Anordnung von fünf Buttons in einem BorderLayout. Jeweils einer der Buttons wird auf die vier Randbereiche verteilt, und der fünfte Button steht in der Mitte. Die Größe des Fensters wird fest auf 300*200 Pixel eingestellt:

Listing 31.4: Das Border-Layout

```
001  /* Listing3104.java */
002
003  import java.awt.*;
004  import java.awt.event.*;
005
006  public class Listing3104
007  extends Frame
008  {
009    public static void main(String[] args)
010    {
011      Listing3104 wnd = new Listing3104();
012      wnd.setVisible(true);
013    }
014
015    public Listing3104()
016    {
017      super("Test BorderLayout");
018      addWindowListener(new WindowClosingAdapter(true));
019      //Layout setzen und Komponenten hinzufügen
020      setSize(300,200);
021      setLayout(new BorderLayout());
022      add(new Button("Button 1"), BorderLayout.NORTH);
023      add(new Button("Button 2"), BorderLayout.SOUTH);
024      add(new Button("Button 3"), BorderLayout.WEST);
025      add(new Button("Button 4"), BorderLayout.EAST);
026      add(new Button("Button 5"), BorderLayout.CENTER);
027    }
028  }
```

Die Ausgabe des Programms ist:

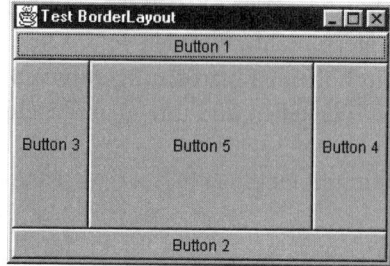

Abbildung 31.6: Verwendung der Klasse BorderLayout

Bezüglich der Skalierung der Komponenten verfolgt BorderLayout einen Mittelweg zwischen FlowLayout und GridLayout. Während FlowLayout die Komponenten immer in ihrer gewünschten Größe beläßt und GridLayout sie immer skaliert, ist dies bei BorderLayout von verschiedenen Faktoren abhängig:

▶ Nord- und Südelement behalten ihre gewünschte Höhe, werden aber auf die volle Fensterbreite skaliert.

▶ Ost- und Westelement behalten ihre gewünschte Breite, werden aber in der Höhe so skaliert, daß sie genau zwischen Nord- und Südelement passen.

▶ Das Mittelelement wird in der Höhe und Breite so angepaßt, daß es den verbleibenden freien Raum einnimmt.

Auch beim BorderLayout kann die Größe der Lücken zwischen den Elementen an den Konstruktor übergeben werden:

```
public BorderLayout(int hgap, int vgap)
```

java.awt.BorderLayout

Wenn das vorige Beispiel ein BorderLayout mit einer vertikalen und horizontalen Lücke von 10 Pixeln definieren würde, wäre die Ausgabe des Programms wie folgt:

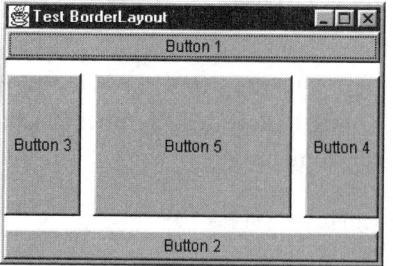

Abbildung 31.7: Ein BorderLayout mit Lücken

31.2.4 GridBagLayout

Das `GridBagLayout` ist der aufwendigste Layoutmanager in Java. Er erlaubt eine sehr flexible Gestaltung der Oberfläche und bietet viele Möglichkeiten, die in den anderen Layoutmanagern nicht zu finden sind. Der Preis dafür ist eine etwas kompliziertere Bedienung und ein höherer Einarbeitungsaufwand. Wir wollen in diesem Abschnitt die Klasse `GridBagLayout` vorstellen und ihre grundlegenden Anwendungsmöglichkeiten besprechen.

Um mit einem `GridBagLayout` zu arbeiten, ist wie folgt vorzugehen:

- Zunächst ist ein Objekt des Typs `GridBagLayout` zu instanzieren und durch Aufruf von `setLayout` dem Fenster zuzuweisen.

- Für jedes einzufügende Dialogelement ist nun ein Objekt des Typs `GridBagConstraints` anzulegen, um über dessen Membervariablen die spezifischen Layouteigenschaften des Dialogelements zu beschreiben.

- Sowohl das Dialogelement als auch das Eigenschaftenobjekt werden durch Aufruf der Methode `setConstraints` an den Layoutmanager übergeben.

- Schließlich wird das Dialogelement mit `add` an das Fenster übergeben.

Das könnte beispielsweise so aussehen

Listing 31.5: Umgang mit GridBagLayout und GridBag-Constraints
```
001 ...
002 GridBagLayout gbl = new GridBagLayout();
003 GridBagConstraints gbc = new GridBagConstraints();
004 setLayout(gbl);
005 List list = new List();
006 gbc.gridx = 0;
007 gbc.gridy = 0;
008 gbc.gridwidth = 1;
009 gbc.gridheight = 1;
010 gbc.weightx = 100;
011 gbc.weighty = 100;
012 gbc.fill = GridBagConstraints.BOTH;
013 gbl.setConstraints(list, gbc);
014 add(list);
015 ...
```

Das Geheimnis der korrekten Verwendung eines `GridBagLayout` liegt also in der richtigen Konfiguration der Membervariablen der `GridBagConstraints`-Objekte. Es stehen folgende zur Verfügung:

java.awt.
GridBag-
Constraints
```
public int gridx
public int gridy
```

Die Layoutmanager

```
public int gridwidth
public int gridheight

public int anchor

public int fill

public double weightx
public double weighty

public Insets insets

public int ipadx
public int ipady
```

Ihre Bedeutung ist:

- Ein `GridBagLayout` unterteilt das Fenster ähnlich wie das `GridLayout` in ein rechteckiges Gitter von Zellen, in denen die Dialogelemente plaziert werden. Im Gegensatz zum `GridLayout` können die Zellen allerdings unterschiedliche Größen haben, und die Dialogelemente können auf verschiedene Weise innerhalb der Zellen plaziert werden. Zudem kann ein Dialogelement sich in beiden Richtungen über mehr als eine einzige Zelle erstrecken.

- Der Parameter `gridx` gibt an, in welcher Spalte des logischen Gitters der linke Rand des Dialogelements liegen soll. Die erste Spalte hat den Wert 0. `gridy` gibt analog die logische Zeile des oberen Rands des Dialogelements an. Beide Werte werden nicht etwa in Pixeln angegeben, sondern bezeichnen die Zellen des logischen Gitternetzes. (0, 0) ist die linke obere Ecke.

- Die Parameter `gridwidth` und `gridheight` geben die horizontale und vertikale Ausdehnung des Dialogelements an. Soll ein Dialogelement beispielsweise zwei Zellen breit sein, so ist für `gridwidth` der Wert 2 anzugeben.

- Mit dem Parameter `fill` wird definiert, wie sich die Abmessungen des Dialogelements verändern, wenn die Größe des Fensters verändert wird. Wird hier `GridBagConstraints.NONE` angegeben, bleibt das Element immer in seiner ursprünglichen Größe. Wird einer der Werte `GridBagConstraints.HORIZONTAL`, `GridBagConstraints.VERTICAL` oder `GridBagConstraints.BOTH` angegeben, skaliert der Layoutmanager das Dialogelement automatisch in horizontaler, vertikaler oder in beiden Richtungen.

- Der Parameter `anchor` bestimmt, an welcher Kante der Zelle das Dialogelement festgemacht wird, wenn nach dem Skalieren noch Platz in der Zelle verbleibt. Hier können die folgenden Konstanten angegeben werden:

  - `GridBagConstraints.CENTER`

- `GridBagConstraints.NORTH`
- `GridBagConstraints.NORTHEAST`
- `GridBagConstraints.EAST`
- `GridBagConstraints.SOUTHEAST`
- `GridBagConstraints.SOUTH`
- `GridBagConstraints.SOUTHWEST`
- `GridBagConstraints.WEST`
- `GridBagConstraints.NORTHWEST`

▶ Die Parameter `weightx` und `weighty` sind etwas trickreich. Sie bestimmen das Verhältnis, in dem überschüssiger Platz auf die Zellen einer Zeile bzw. einer Spalte verteilt wird. Ist der Wert 0, bekommt die Zelle nichts von eventuell überschüssigem Platz ab. Bedeutsam ist dabei nur das relative Verhältnis, der absolute Wert dieses Parameters spielt keine Rolle. Die Werte sollten allerdings nicht negativ sein.

▶ Mit dem Parameter `insets` kann ein Rand gesetzt werden. Er wird um das Dialogelement herum auf jeden Fall freigelassen.

▶ Mit `ipadx` und `ipady` kann ein konstanter Wert zur minimalen Breite und Höhe der Komponente hinzugefügt werden.

Um die Anwendung der Parameter zu veranschaulichen, wollen wir uns ein Beispiel ansehen. Das zu erstellende Programm soll ein Fenster mit sechs Dialogelementen entsprechend Abbildung 31.8 aufbauen. Die Liste auf der linken Seite soll beim Skalieren in beide Richtungen vergrößert werden. Die Textfelder sollen dagegen lediglich in der Breite wachsen, ihre ursprüngliche Höhe aber beibehalten. Bei vertikaler Vergrößerung des Fensters sollen sie untereinander stehen bleiben. Die Beschriftungen sollen ihre anfängliche Größe beibehalten und – unabhängig von der Fenstergröße – direkt vor den Textfeldern stehen bleiben. Auch der Button soll seine ursprüngliche Größe beibehalten, wenn das Fenster skaliert wird. Zudem soll er immer in der rechten unteren Ecke stehen. Zwischen den Dialogelementen soll ein Standardabstand von zwei Pixeln eingehalten werden.

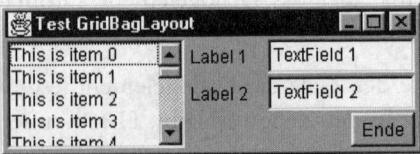

Abbildung 31.8:
Beispiel für
GridBagLayout

Wir konstruieren das `GridBagLayout` als Zelle der Größe drei mal drei gemäß Abbildung 31.9:

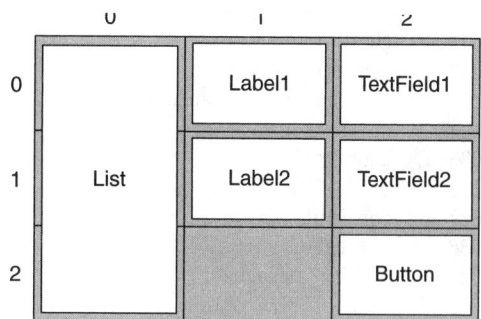

Abbildung 31.9:
Zellenschema
für GridBag-
Layout-Beispiel

Die Listbox beginnt also in Zelle (0, 0) und erstreckt sich über eine Zelle in horizontaler und drei Zellen in vertikaler Richtung. Die beiden Labels liegen in Spalte 1 und den Zeilen 0 bzw. 1. Die Textfelder liegen eine Spalte rechts daneben. Textfelder und Beschriftungen sind genau eine Zelle breit und eine Zelle hoch. Der Button liegt in Zelle (2, 2). Die übrigen Eigenschaften werden entsprechend unserer Beschreibung so zugewiesen, daß die vorgegebenen Anforderungen erfüllt werden:

```
001 /* Listing3106.java */
002
003 import java.awt.*;
004 import java.awt.event.*;
005
006 public class Listing3106
007 extends Frame
008 {
009   public static void main(String[] args)
010   {
011     Listing3106 wnd = new Listing3106();
012     wnd.setVisible(true);
013   }
014
015   public Listing3106()
016   {
017     super("Test GridBagLayout");
018     setBackground(Color.lightGray);
019     addWindowListener(new WindowClosingAdapter(true));
020     //Layout setzen und Komponenten hinzufügen
021     GridBagLayout gbl = new GridBagLayout();
022     GridBagConstraints gbc;
023     setLayout(gbl);
024
025     //List hinzufügen
```

Listing 31.6:
Beispiel für
GridBagLayout

Listing 31.6:
Beispiel für
GridBagLayout
(Forts.)

```
026    List list = new List();
027    for (int i = 0; i < 20; ++i) {
028      list.add("This is item " + i);
029    }
030    gbc = makegbc(0, 0, 1, 3);
031    gbc.weightx = 100;
032    gbc.weighty = 100;
033    gbc.fill = GridBagConstraints.BOTH;
034    gbl.setConstraints(list, gbc);
035    add(list);
036    //Zwei Labels und zwei Textfelder
037    for (int i = 0; i < 2; ++i) {
038      //Label
039      gbc = makegbc(1, i, 1, 1);
040      gbc.fill = GridBagConstraints.NONE;
041      Label label = new Label("Label " + (i + 1));
042      gbl.setConstraints(label, gbc);
043      add(label);
044      //Textfeld
045      gbc = makegbc(2, i, 1, 1);
046      gbc.weightx = 100;
047      gbc.fill = GridBagConstraints.HORIZONTAL;
048      TextField field = new TextField("TextField " + (i +1));
049      gbl.setConstraints(field, gbc);
050      add(field);
051    }
052    //Ende-Button
053    Button button = new Button("Ende");
054    gbc = makegbc(2, 2, 0, 0);
055    gbc.fill = GridBagConstraints.NONE;
056    gbc.anchor = GridBagConstraints.SOUTHEAST;
057    gbl.setConstraints(button, gbc);
058    add(button);
059    //Dialogelemente layouten
060    pack();
061  }
062
063  private GridBagConstraints makegbc(
064    int x, int y, int width, int height)
065  {
066    GridBagConstraints gbc = new GridBagConstraints();
067    gbc.gridx = x;
068    gbc.gridy = y;
069    gbc.gridwidth = width;
070    gbc.gridheight = height;
071    gbc.insets = new Insets(1, 1, 1, 1);
072    return gbc;
073  }
074 }
```

Das Programm besitzt eine kleine Hilfsmethode makegbc, mit der auf einfache Weise ein neues GridBagConstraints-Objekt für einen vorgegebenen Bereich von Zellen erzeugt werden kann. Die übrigen Membervariablen werden im Konstruktor der Fensterklasse zugewiesen. Abbildung 31.10 zeigt das Fenster nach dem Skalieren in x- und y-Richtung.

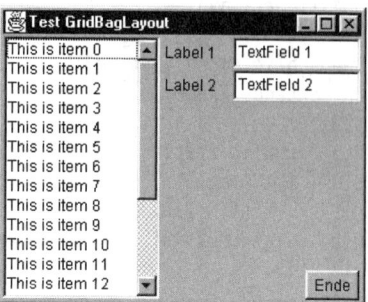

Abbildung 31.10: Das Grid-BagLayout-Beispiel nach dem Skalieren

Seit dem JDK 1.2 gibt es in der Klasse GridBagConstraints neben dem parameterlosen Konstruktor einen weiteren, mit dem alle Membervariablen direkt beim Konstruktoraufruf gesetzt werden können.

31.2.5 NULL-Layout

Ein *Null-Layout* wird erzeugt, indem die Methode setLayout mit dem Argument null aufgerufen wird. In diesem Fall verwendet das Fenster keinen Layoutmanager, sondern überläßt die Positionierung der Komponenten der Anwendung. Für jedes einzufügende Dialogelement sind dann drei Schritte auszuführen:

▶ Das Dialogelement wird erzeugt.

▶ Seine Größe und Position werden festgelegt.

▶ Das Dialogelement wird an das Fenster übergeben.

Der erste und letzte Schritt unterscheiden sich nicht von unseren bisherigen Versuchen, bei denen wir vordefinierte Layoutmanager verwendet haben. Im zweiten Schritt ist allerdings etwas Handarbeit notwendig. Größe und Position des Dialogelements können mit den Methoden move und setSize oder – noch einfacher – mit setBounds festgelegt werden:

```
public void setBounds(
   int x, int y, int width, int height
)
```

java.awt.
Component

Der Punkt (x,y) bestimmt die neue Anfangsposition des Dialogelements und (width, height) seine Größe.

Das folgende Listing demonstriert diese Vorgehensweise am Beispiel einer treppenartigen Anordnung von fünf Buttons:

Listing 31.7: Anordnen von Dialogelementen ohne Layoutmanager

```
001  /* Listing3107.java */
002
003  import java.awt.*;
004  import java.awt.event.*;
005
006  public class Listing3107
007  extends Frame
008  {
009    public static void main(String[] args)
010    {
011      Listing3107 wnd = new Listing3107();
012      wnd.setVisible(true);
013    }
014
015    public Listing3107()
016    {
017      super("Dialogelemente ohne Layoutmanager");
018      addWindowListener(new WindowClosingAdapter(true));
019      //Layout setzen und Komponenten hinzufügen
020      setSize(300,250);
021      setLayout(null);
022      for (int i = 0; i < 5; ++i) {
023        Button button = new Button("Button"+(i+1));
024        button.setBounds(10+i*35,40+i*35,100,30);
025        add(button);
026      }
027    }
028  }
```

Die Ausgabe des Programms ist:

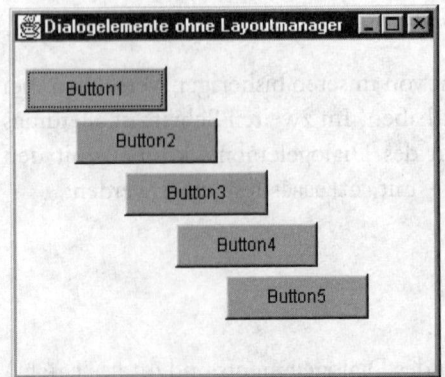

Abbildung 31.11: Verwendung des Null-Layouts

Die Layoutmanager   **Kapitel 31**

31.2.6 Schachteln von Layoutmanagern

Eines der Schlüsselkonzepte zur Realisierung komplexer, portabler Dialoge ist die Fähigkeit, Layoutmanager schachteln zu können. Dazu wird an der Stelle, die ein Sublayout erhalten soll, einfach ein Objekt der Klasse Panel eingefügt, das einen eigenen Layoutmanager erhält. Dieses Panel kann mit Dialogelementen bestückt werden, die entsprechend dem zugeordneten Unterlayout formatiert werden.

Wenn wir an die in Abbildung 27.1 auf Seite 561 vorgestellte Klassenhierarchie innerhalb des AWT denken, werden wir uns daran erinnern, daß ein Panel die einfachste konkrete Containerklasse ist. Sie erbt alle Eigenschaften von Container und bietet damit die Möglichkeit, Komponenten aufzunehmen und mit Hilfe eines Layoutmanagers auf dem Bildschirm anzuordnen.

Das folgende Beispiel zeigt einen Dialog, der ein GridLayout der Größe 1*2 Elemente verwendet. Innerhalb des ersten Elements wird ein Panel mit einem GridLayout der Größe 3*1 Elemente verwendet, innerhalb des zweiten Elements ein BorderLayout:

```
001  /* Listing3108.java */
002
003  import java.awt.*;
004  import java.awt.event.*;
005
006  public class Listing3108
007  extends Frame
008  {
009    public static void main(String[] args)
010    {
011      Listing3108 wnd = new Listing3108();
012      wnd.setVisible(true);
013    }
014
015    public Listing3108()
016    {
017      super("Geschachtelte Layoutmanager");
018      addWindowListener(new WindowClosingAdapter(true));
019      //Layout setzen und Komponenten hinzufügen
020      //Panel 1
021      Panel panel1 = new Panel();
022      panel1.setLayout(new GridLayout(3,1));
023      panel1.add(new Button("Button1"));
024      panel1.add(new Button("Button2"));
025      panel1.add(new Button("Button3"));
026      //Panel 2
027      Panel panel2 = new Panel();
028      panel2.setLayout(new BorderLayout());
```

Listing 31.8:
Schachteln von Layoutmanagern

Listing 31.8: Schachteln von Layoutmanagern (Forts.)

```
029    panel2.add(new Button("Button4"), BorderLayout.NORTH);
030    panel2.add(new Button("Button5"), BorderLayout.SOUTH);
031    panel2.add(new Button("Button6"), BorderLayout.WEST);
032    panel2.add(new Button("Button7"), BorderLayout.EAST);
033    panel2.add(new Button("Button8"), BorderLayout.CENTER);
034    //Hauptfenster
035    setLayout(new GridLayout(1,2));
036    add(panel1);
037    add(panel2);
038    pack();
039  }
040 }
```

Die Ausgabe des Programms ist:

Abbildung 31.12: Verwendung eines geschachtelten Layouts

Geschachtelte Layouts können auch dann sinnvoll verwendet werden, wenn innerhalb der Bestandteile eines BorderLayouts *mehrere* Komponenten untergebracht werden sollen oder wenn die Komponenten eines *skalierenden* Layoutmanagers ihre ursprüngliche Größe beibehalten sollen.

Das folgende Beispiel demonstriert beide Anwendungen anhand eines BorderLayouts, das im South-Element zwei rechtsbündig angeordnete Buttons in Originalgröße und im Center-Element sechs innerhalb eines GridLayouts der Größe 3*2 Elemente angeordnete, skalierte Buttons enthält:

Listing 31.9: Eine weitere Anwendung für geschachtelte Layoutmanager

```
001 /* Listing3109.java */
002
003 import java.awt.*;
004 import java.awt.event.*;
005
006 public class Listing3109
007 extends Frame
008 {
009   public static void main(String[] args)
010   {
011     Listing3109 wnd = new Listing3109();
012     wnd.setVisible(true);
013   }
014
```

Modale Dialoge

Kapitel 31

```
015   public Listing3109()
016   {
017     super("Geschachtelte Layoutmanager, Teil II");
018     addWindowListener(new WindowClosingAdapter(true));
019     //Layout setzen und Komponenten hinzufügen
020     setSize(300,200);
021     //Panel 1
022     Panel panel1 = new Panel();
023     panel1.setLayout(new GridLayout(3,2));
024     panel1.add(new Button("Button1"));
025     panel1.add(new Button("Button2"));
026     panel1.add(new Button("Button3"));
027     panel1.add(new Button("Button4"));
028     panel1.add(new Button("Button5"));
029     panel1.add(new Button("Button6"));
030     //Panel 2
031     Panel panel2 = new Panel();
032     panel2.setLayout(new FlowLayout(FlowLayout.RIGHT));
033     panel2.add(new Button("Abbruch"));
034     panel2.add(new Button("OK"));
035     //Hauptfenster
036     setLayout(new BorderLayout());
037     add(panel1, BorderLayout.CENTER);
038     add(panel2, BorderLayout.SOUTH);
039   }
040 }
```

Listing 31.9:
Eine weitere
Anwendung für
geschachtelte
Layoutmanager
(Forts.)

Die Ausgabe des Programms ist:

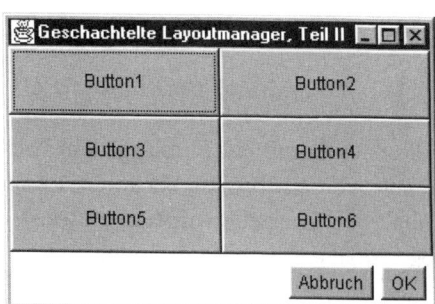

Abbildung 31.13:
Ein weiteres
Beispiel für
geschachtelte
Layouts

31.3 Modale Dialoge

Modale Dialoge sind solche, die alle Benutzereingaben des Programmes beanspruchen und andere Fenster erst dann wieder zum Zuge kommen lassen, wenn das Dialogfenster geschlossen wird. Eine wichtige Eigenschaft modaler Dialoge ist es, daß im Programm der Aufruf zur Anzeige des Dialogs so lange blockiert, bis der Dialog beendet ist. Auf diese

Weise kann an einer bestimmten Stelle im Programm auf eine Eingabe gewartet werden und erst dann mit der Bearbeitung fortgefahren werden, wenn die Eingabe erfolgt ist.

Im AWT des JDK 1.0 gab es einen schwerwiegenden Fehler, durch den das Erzeugen *modaler* Dialoge unmöglich gemacht wurde. Der Fehler hielt sich bis zur Version 1.0.2 und wurde erst mit Erscheinen des JDK 1.1 behoben. Da viele Anwenderdialoge von Natur aus modalen Charakter haben, wurde dieser Fehler von vielen als schwerwiegend angesehen, und die Java-Gemeinde entwickelte eine Reihe von Workarounds, die aber allesamt nicht voll zufriedenstellen konnten. Glücklicherweise wurden die Probleme mit dem JDK 1.1 behoben, und wir wollen in diesem Kapitel aufzeigen, wie modale Dialoge in Java erzeugt werden können.

Ein modaler Dialog muß immer aus der Klasse `Dialog` abgeleitet werden. Nur sie bietet die Möglichkeit, an den Konstruktor einen booleschen Wert zu übergeben, der festlegt, daß die übrigen Fenster der Anwendung während der Anzeige des Dialogs suspendiert werden. `Dialog` besitzt folgende Konstruktoren:

`java.awt.Dialog`

```
public Dialog(Frame owner)

public Dialog(Frame owner, boolean modal)

public Dialog(Frame owner, String title)

public Dialog(Frame owner, String title, boolean modal)

public Dialog(Dialog owner)

public Dialog(Dialog owner, String title)

public Dialog(Dialog owner, String title, boolean modal)
```

Als erstes Argument muß in jedem Fall ein `Frame`- oder `Dialog`-Objekt als Vaterfenster übergeben werden (bis zur Version 1.1 waren nur `Frame`-Objekte erlaubt). Mit `title` kann der Inhalt der Titelzeile vorgegeben werden, und der Parameter `modal` entscheidet, ob der Dialog modal dargestellt wird oder nicht.

`Dialog` bietet die Methoden `isModal` und `setModal`, mit denen auf die Modalität des Dialogs zugegriffen werden kann:

`java.awt.Dialog`

```
public boolean isModal()

public void setModal(boolean b)
```

Der Rückgabewert von `isModal` ist `true`, falls der Dialog modal ist. Andernfalls ist er `false`.

Modale Dialoge

Die Methode setModal, deren Fähigkeit darin besteht, einen bestehenden Dialog zwischen den Zuständen modal und nicht-modal umzuschalten, ist mit Vorsicht zu genießen. Unter Windows 95 hat ein Aufruf im JDK 1.1 mitunter dazu geführt, daß beim Schließen des Fensters die Nachrichtenschleife des Aufrufers deaktiviert blieb und das Programm sich aufhängte. Am besten, man entscheidet schon im Konstruktor, ob der Dialog modal sein soll oder nicht.

Ein zusätzliches Feature der Klasse Dialog besteht darin, die Veränderbarkeit der Größe eines Fensters durch den Anwender zu unterbinden:

public void setResizable(boolean resizable)

public boolean isResizable()

java.awt.
Dialog

Nach einem Aufruf von setResizable mit false als Argument kann die Größe des Fensters nicht mehr vom Anwender verändert werden. Nach einem Aufruf von setResizable(true) ist dies wieder möglich. Mit isResizable kann der aktuelle Zustand dieses Schalters abgefragt werden.

Auch die Methode setResizable ist nicht ganz unkritisch, denn sie hat auf einigen UNIX-Systemen zu Problemen geführt. Sowohl unter SUN Solaris als auch unter LINUX kam es im JDK 1.1 zu Hängern bei Programmen, die diese Methode benutzten. Falls sich die nachfolgenden Beispielprogramme auf Ihrem System nicht so verhalten wie angegeben (typischerweise wird der Dialog gar nicht erst angezeigt), sollten Sie versuchsweise den Aufruf von setResizable auskommentieren.

Das folgende Beispiel demonstriert die Anwendung der Klasse Dialog. Es zeigt einen Frame, aus dem per Buttonklick ein modaler Dialog aufgerufen werden kann. Der Dialog fragt den Anwender, ob die Anwendung beendet werden soll, und wartet, bis einer der Buttons »Ja« oder »Nein« gedrückt wurde. In diesem Fall wird ein boolescher Rückgabewert generiert, der nach dem Schließen des Dialogs an das Vaterfenster zurückgegeben wird. Falls der Rückgabewert true (entprechend dem Button »Ja«) ist, wird die Anwendung beendet, andernfalls läuft sie weiter:

```
001 /* Listing3110.java */
002
003 import java.awt.*;
004 import java.awt.event.*;
005
006 class YesNoDialog
007 extends Dialog
008 implements ActionListener
009 {
```

Listing 31.10:
Konstruktion
modaler Dialoge

Listing 31.10:
Konstruktion
modaler Dialoge
(Forts.)

```
010    boolean result;
011
012    public YesNoDialog(Frame owner, String msg)
013    {
014      super(owner, "Ja-/Nein-Auswahl", true);
015      //Fenster
016      setBackground(Color.lightGray);
017      setLayout(new BorderLayout());
018      setResizable(false); //Hinweis im Text beachten
019      Point parloc = owner.getLocation();
020      setLocation(parloc.x + 30, parloc.y + 30);
021      //Message
022      add(new Label(msg), BorderLayout.CENTER);
023      //Buttons
024      Panel panel = new Panel();
025      panel.setLayout(new FlowLayout(FlowLayout.CENTER));
026      Button button = new Button("Ja");
027      button.addActionListener(this);
028      panel.add(button);
029      button = new Button("Nein");
030      button.addActionListener(this);
031      panel.add(button);
032      add(panel, BorderLayout.SOUTH);
033      pack();
034    }
035
036    public void actionPerformed(ActionEvent event)
037    {
038      result = event.getActionCommand().equals("Ja");
039      setVisible(false);
040      dispose();
041    }
042
043    public boolean getResult()
044    {
045      return result;
046    }
047 }
048
049 public class Listing3110
050 extends Frame
051 implements ActionListener
052 {
053    public static void main(String[] args)
054    {
055      Listing3110 wnd = new Listing3110();
056      wnd.setVisible(true);
057    }
058
059    public Listing3110()
```

```
060    {
061      super("Modale Dialoge");
062      setLayout(new FlowLayout());
063      setBackground(Color.lightGray);
064      Button button = new Button("Ende");
065      button.addActionListener(this);
066      add(button);
067      setLocation(100,100);
068      setSize(300,200);
069      setVisible(true);
070    }
071
072    public void actionPerformed(ActionEvent event)
073    {
074      String cmd = event.getActionCommand();
075      if (cmd.equals("Ende")) {
076        YesNoDialog dlg;
077        dlg = new YesNoDialog(
078          this,
079          "Wollen Sie das Programm wirklich beenden?"
080        );
081        dlg.setVisible(true);
082        //Auf das Schließen des Dialogs warten...
083        if (dlg.getResult()) {
084          setVisible(false);
085          dispose();
086          System.exit(0);
087        }
088      }
089    }
090 }
```

Listing 31.10: Konstruktion modaler Dialoge (Forts.)

Um den Dialog relativ zur Position seines Vaterfensters anzuzeigen, wird dessen Position durch Aufruf von getLocation ermittelt. Der Ursprung des Dialogfensters wird dann 30 Pixel weiter nach unten bzw. nach rechts gelegt.

Nach dem Start zeigt das Programm zunächst das in Abbildung 31.14 dargestellte Fenster an:

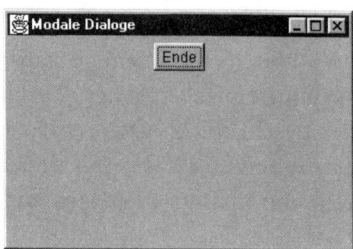

Abbildung 31.14: Das Vaterfenster für den modalen Dialog

Nach dem Klick auf »Ende« wird actionPerformed aufgerufen und läuft bis zum Aufruf des Dialogs (siehe Abbildung 31.15). Die Anweisung dlg.setVisible(true); ruft den Dialog auf und blockiert dann. Sie terminiert erst, wenn der Dialog durch Drücken eines Buttons beendet wurde. In diesem Fall wird mit getResult der Rückgabewert abgefragt und das Programm beendet, wenn dieser true ist. Die Methode getResult liefert den Inhalt der privaten Instanzvariablen result, die beim Auftreten eines Action-Events durch einen der beiden Buttons gesetzt wird. Zwar ist das Dialogfenster beim Aufruf von getResult bereits zerstört, aber die Objektvariable dlg existiert noch und getResult kann aufgerufen werden.

Abbildung 31.15:
Ein einfacher
Ja-/Nein-Dialog

Bevor wir das Kapitel beenden, wollen wir dieses Programm ein wenig erweitern und ein weiteres Beispiel für die Anwendung modaler Dialoge geben. Das folgende Programm implementiert eine Klasse ModalDialog, die aus Dialog abgeleitet ist. Mit ihrer Hilfe können modale Dialoge der obigen Art konstruiert werden, bei denen die Ausstattung mit Buttons variabel ist und zum Zeitpunkt der Instanzierung festgelegt werden kann:

```
public ModalDialog(
    Frame owner,
    String title,
    String msg,
    String buttons
);
```

Der Konstruktor erwartet neben dem Vater-Frame drei weitere Parameter, title, msg und buttons. In title wird der Inhalt der Titelzeile übergeben, und msg spezifiziert den Text innerhalb des Dialogs. Der Parameter buttons erwartet eine Liste von Button-Bezeichnern, die zur Festlegung der Anzahl und Beschriftung der Buttons dienen. Die einzelnen Elemente sind durch Kommata zu trennen und werden innerhalb des Dialogs mit einem StringTokenizer zerlegt. Der in getResult gelieferte Rückgabewert des Dialogs ist – anders als im vorigen Beispiel – ein String und entspricht der Beschriftung des zum Schließen verwendeten Buttons.

ModalDialog enthält einige statische Methoden, mit denen Dialoge mit einer festen Buttonstruktur einfach erzeugt werden können. So erzeugt OKButton lediglich einen Button mit der Beschriftung »OK«, YesNoDialog zwei Buttons, »Ja« und »Nein«, und YesNoCancelDialog erzeugt einen Dialog mit drei Buttons, »Ja«, »Nein« und »Abbruch«. Das folgende Listing zeigt die Klasse ModalDialog und ein Rahmenprogramm zum Testen:

Modale Dialoge

Listing 31.11:
Drei modale
Standarddialoge

```java
001 /* Listing3111.java */
002
003 import java.awt.*;
004 import java.awt.event.*;
005 import java.util.*;
006
007 class ModalDialog
008 extends Dialog
009 implements ActionListener
010 {
011   String result;
012
013   public static String OKDialog(Frame owner, String msg)
014   {
015     ModalDialog dlg;
016     dlg = new ModalDialog(owner,"Nachricht",msg,"OK");
017     dlg.setVisible(true);
018     return dlg.getResult();
019   }
020
021   public static String YesNoDialog(Frame owner, String msg)
022   {
023     ModalDialog dlg;
024     dlg = new ModalDialog(owner,"Frage",msg,"Ja,Nein");
025     dlg.setVisible(true);
026     return dlg.getResult();
027   }
028
029   public static String YesNoCancelDialog(Frame owner,String msg)
030   {
031     ModalDialog dlg;
032     dlg = new ModalDialog(owner,"Frage",msg,"Ja,Nein,Abbruch");
033     dlg.setVisible(true);
034     return dlg.getResult();
035   }
036
037   public ModalDialog(
038     Frame owner,
039     String title,
040     String msg,
041     String buttons
042   )
043   {
044     super(owner, title, true);
045     //Fenster
046     setBackground(Color.lightGray);
047     setLayout(new BorderLayout());
048     setResizable(false);
049     Point parloc = owner.getLocation();
```

Listing 31.11: Drei modale Standarddialoge (Forts.)

```java
050      setLocation(parloc.x + 30, parloc.y + 30);
051      //Message
052      add(new Label(msg), BorderLayout.CENTER);
053      //Buttons
054      Panel panel = new Panel();
055      panel.setLayout(new FlowLayout(FlowLayout.CENTER));
056      StringTokenizer strtok = new StringTokenizer(buttons,",");
057      while (strtok.hasMoreTokens()) {
058        Button button = new Button(strtok.nextToken());
059        button.addActionListener(this);
060        panel.add(button);
061      }
062      add(panel, BorderLayout.SOUTH);
063      pack();
064    }
065
066    public void actionPerformed(ActionEvent event)
067    {
068      result = event.getActionCommand();
069      setVisible(false);
070      dispose();
071    }
072
073    public String getResult()
074    {
075      return result;
076    }
077  }
078
079  public class Listing3111
080  extends Frame
081  implements ActionListener
082  {
083    public static void main(String[] args)
084    {
085      Listing3111 wnd = new Listing3111();
086      wnd.setVisible(true);
087    }
088
089    public Listing3111()
090    {
091      super("Drei modale Standarddialoge");
092      setLayout(new FlowLayout());
093      setBackground(Color.lightGray);
094      Button button = new Button("OKDialog");
095      button.addActionListener(this);
096      add(button);
097      button = new Button("YesNoDialog");
098      button.addActionListener(this);
```

Modale Dialoge   Kapitel 31

```
099        add(button);
100        button = new Button("YesNoCancelDialog");
101        button.addActionListener(this);
102        add(button);
103        setLocation(100,100);
104        setSize(400,200);
105        setVisible(true);
106      }
107
108      public void actionPerformed(ActionEvent event)
109      {
110        String cmd = event.getActionCommand();
111        if (cmd.equals("OKDialog")) {
112          ModalDialog.OKDialog(this,"Dream, dream, dream, ...");
113        } else if (cmd.equals("YesNoDialog")) {
114          String ret = ModalDialog.YesNoDialog(
115            this,
116            "Programm beenden?"
117          );
118          if (ret.equals("Ja")) {
119            setVisible(false);
120            dispose();
121            System.exit(0);
122          }
123        } else if (cmd.equals("YesNoCancelDialog")) {
124          String msg = "Verzeichnis erstellen?";
125          String ret = ModalDialog.YesNoCancelDialog(this,msg);
126          ModalDialog.OKDialog(this,"Rückgabe: " + ret);
127        }
128      }
129    }
```

Listing 31.11: Drei modale Standarddialoge (Forts.)

Die drei Dialoge, die durch Aufrufe von OKDialog, YesNoDialog und YesNoCancelDialog generiert werden, sind in den folgenden Abbildungen 31.16 bis 31.18 dargestellt:

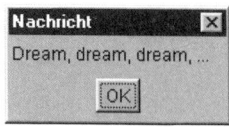

Abbildung 31.16: Ein Aufruf von OKDialog

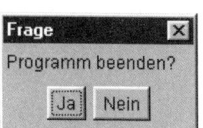

Abbildung 31.17: Ein Aufruf von YesNoDialog

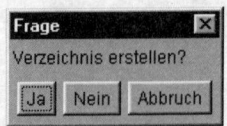

Abbildung 31.18: Ein Aufruf von YesNoCancel-Dialog

31.4 Zusammenfassung

In diesem Kapitel wurden folgende Themen behandelt:

- Verwendung der Klassen `Frame` und `Dialog` zum Erstellen eines Dialogfensters
- Aufruf von `setLayout`, um einer Fensterklasse einen Layout-Manager zuzuordnen
- Einfügen einer Dialogkomponente durch Aufruf von `add`
- Funktionsweise und Verwendung der Layout-Manager `FlowLayout`, `GridLayout` und `BorderLayout`
- Verwendung eines Null-Layouts zur absoluten Positionierung von Dialogelementen
- Strategien zur Berechnung der Komponentengröße bei den verschiedenen Layout-Managern
- Verwendung der Klasse `Panel` zum Schachteln von Layouts innerhalb eines Dialogs
- Erzeugen modaler Dialoge und die Rückgabe von Ergebniswerten an den Aufrufer

32 AWT-Dialogelemente

32.1 Rahmenprogramm

Nachdem in Kapitel 31 auf Seite 645 die grundsätzliche Vorgehensweise beim Anlegen eines Dialogs besprochen wurde, behandelt dieses Kapitel nun die verschiedenen Dialogelemente. Zu jedem Dialogelement werden die Konstruktoren und die verschiedenen Methoden zur Steuerung seines Verhaltens vorgestellt. Falls ein Dialogelement auch Nachrichten sendet, werden diese erläutert und ihre Anwendung demonstriert.

Jedes Dialogelement wird in Java durch eine eigene Klasse repräsentiert, die dessen Verhalten und Eigenschaften kapselt. Zur Aufnahme eines neuen Dialogelements in einen Dialog wird eine neue Instanz der gewünschten Klasse angelegt und das resultierende Objekt mit add in den Dialog eingefügt. Die Methoden des Dialogelements können dann zu einem beliebigen Zeitpunkt aufgerufen werden, um dessen Verhalten zu beeinflussen. Alle Dialogelemente sind aus der Klasse Component abgeleitet. Sie verfügen über die grundlegenden Eigenschaften eines Fensters, besitzen eine Größe und Position und sind in der Lage, Nachrichten zu empfangen und zu bearbeiten.

Damit nicht jedesmal ein komplettes Programm abgedruckt werden muß, wollen wir die Beispiele in ein vordefiniertes Rahmen-Programm einbetten. Dieses erzeugt ein Fenster mit zwei Buttons, die zum Aufrufen des Dialogs bzw. zum Beenden des Programms verwendet werden können:

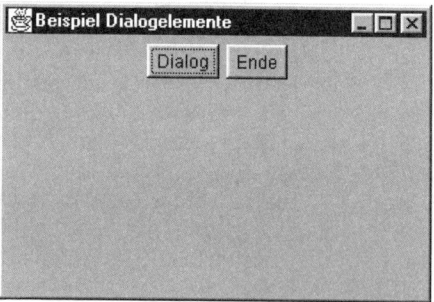

Abbildung 32.1: Das Beispielprogramm zum Aufruf der Beispieldialoge

Der nach Drücken des »Dialog«-Buttons aufgerufene Dialog besitzt ein BorderLayout, das in der South-Komponente einen Button zum Beenden des Dialogs enthält. In der Center-Komponente wird ein Panel plaziert, das an die Methode customizeLayout weitergegeben wird, die darin die Beispielkomponenten plaziert. In der Basisversion ist diese Methode leer, und der Dialog hat folgendes Aussehen:

Abbildung 32.2:
Der noch leere
Beispieldialog

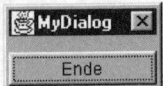

Die Beispielprogramme können dann dem übergebenen Panel innerhalb von `customizeLayout` einen beliebigen Layoutmanager zuordnen und eine beliebige Auswahl von Komponenten darauf plazieren. Der Ende-Button bleibt auf jeden Fall erhalten und kann zum Beenden des Dialogs verwendet werden:

Listing 32.1:
Rahmen-
programm für
Dialogelemente

```
001  /* DialogBeispiel.java */
002
003  import java.awt.*;
004  import java.awt.event.*;
005
006  class MyDialog
007  extends Dialog
008  implements ActionListener
009  {
010    public MyDialog(Frame parent)
011    {
012      super(parent,"MyDialog",true);
013      Point parloc = parent.getLocation();
014      setBounds(parloc.x + 30, parloc.y + 30,400,300);
015      setBackground(Color.lightGray);
016      setLayout(new BorderLayout());
017      //Panel
018      Panel panel = new Panel();
019      customizeLayout(panel);
020      add(panel, BorderLayout.CENTER);
021      //Ende-Button
022      Button button = new Button("Ende");
023      button.addActionListener(this);
024      add(button, BorderLayout.SOUTH);
025      //Window-Listener
026      addWindowListener(
027        new WindowAdapter() {
028          public void windowClosing(WindowEvent event)
029          {
030            endDialog();
031          }
032        }
033      );
034      pack();
035    }
036
037    private void customizeLayout(Panel panel)
038    {
```

Rahmenprogramm

```
039       //Beispielcode hier
040     }
041
042     public void actionPerformed(ActionEvent event)
043     {
044       if (event.getActionCommand().equals("Ende")) {
045         endDialog();
046       }
047     }
048
049     void endDialog()
050     {
051       setVisible(false);
052       dispose();
053       ((Window)getParent()).toFront();
054       getParent().requestFocus();
055     }
056 }
057
058 public class DialogBeispiel
059 extends Frame
060 implements ActionListener
061 {
062   public static void main(String[] args)
063   {
064     DialogBeispiel wnd = new DialogBeispiel();
065     wnd.setSize(300,200);
066     wnd.setVisible(true);
067   }
068
069   public DialogBeispiel()
070   {
071     super("Beispiel Dialogelemente");
072     setBackground(Color.lightGray);
073     setLayout(new FlowLayout());
074     //Dialog-Button
075     Button button = new Button("Dialog");
076     button.addActionListener(this);
077     add(button);
078     //Ende-Button
079     button = new Button("Ende");
080     button.addActionListener(this);
081     add(button);
082     //Window-Listener
083     addWindowListener(new WindowClosingAdapter(true));
084   }
085
086   public void actionPerformed(ActionEvent event)
087   {
```

Listing 32.1:
Rahmen-
programm für
Dialogelemente
(Forts.)

Listing 32.1:
Rahmen-
programm für
Dialogelemente
(Forts.)

```
088     String cmd = event.getActionCommand();
089     if (cmd.equals("Dialog")) {
090       MyDialog dlg = new MyDialog(this);
091       dlg.setVisible(true);
092     } else if (cmd.equals("Ende")) {
093       setVisible(false);
094       dispose();
095       System.exit(0);
096     }
097   }
098 }
```

32.2 Label

Ein Label dient zur Beschriftung von Dialogboxen. Es enthält eine Zeile Text, die auf dem Bildschirm angezeigt wird und vom Programm verändert werden kann.

java.awt.
Label

```
public Label()

public Label(String text)

public Label(String text, int align)
```

Der parameterlose Konstruktor erzeugt ein Label ohne Text. Wird der Parameter text übergeben, verwendet das Label diesen als Beschriftung. Der Parameter align bestimmt die Ausrichtung des Texts. Hier kann eine der Konstanten Label.LEFT, Label.RIGHT oder Label.CENTER übergeben werden.

java.awt.
Label

```
public void setText(String text)

public String getText()

public void setAlignment(int align)

public int getAlignment()
```

setText und getText erlauben den Zugriff auf den Text des Labels und setAlignment und getAlignment auf die Ausrichtung des Texts. Die Parameter dieser Methoden haben dieselbe Bedeutung wie im Konstruktor.

Listing 32.2:
Verwendung
von Label-
Komponenten

```
001 /* Label.inc */
002
003 private void customizeLayout(Panel panel)
004 {
005   panel.setLayout(new GridLayout(4,1));
006   panel.add(new Label("Default"));
```

```
007    panel.add(new Label("Links",Label.LEFT));
008    panel.add(new Label("Zentriert",Label.CENTER));
009    panel.add(new Label("Rechts",Label.RIGHT));
010  }
```

Listing 32.2: Verwendung von Label-Komponenten (Forts.)

Abbildung 32.3: Ein Dialog mit Label-Komponenten

32.3 Button

Ein `Button` ist eine beschriftete Schaltfläche, die dazu verwendet wird, auf Knopfdruck des Anwenders Aktionen in der Fensterklasse auszulösen.

```
public Button()
```
java.awt.Button

```
public Button(String label)
```

Der parameterlose Konstruktor erzeugt einen `Button` ohne Text. Üblicherweise wird ein `Button` gleich bei der Konstruktion beschriftet, was durch Übergabe eines `String`-Objekts erreicht werden kann.

```
public void setLabel(String label)
```
java.awt.Button

```
public String getLabel()
```

`setLabel` und `getLabel` erlauben den Zugriff auf die Beschriftung des Buttons.

Wird ein `Button` gedrückt, so sendet er ein Action-Event an seine Ereignisempfänger. Diese müssen das Interface `ActionListener` implementieren und sich durch Aufruf von `addActionListener` registrieren:

```
public void addActionListener(ActionListener l)
```
java.awt.Button

```
public void removeActionListener(ActionListener l)
```

Das Action-Event führt im Ereignisempfänger zum Aufruf der Methode `actionPerformed`, die ein `ActionEvent` übergeben bekommt. Dieses besitzt die Methode `getActionCommand`, mit der die Beschriftung des Buttons abgefragt werden kann. Soll das Action-Kommando nicht mit der Beschriftung identisch sein, kann es in der Buttonklasse durch Aufruf von `setActionCommand` geändert werden:

| java.awt.
| Button

```
public void setActionCommand(String command)
```

> In Kapitel 31 auf Seite 645 findet sich eine ganze Reihe von Beispielen für die Anwendung von Buttons. Wir wollen daher an dieser Stelle auf ein weiteres Beispiel verzichten.

32.4 Checkbox

Eine Checkbox ist ein Eingabeelement, das eine Zustandsvariable besitzt, die zwischen den Werten true und false umgeschaltet werden kann. Der aktuelle Zustand wird durch ein Häkchen oder Kreuz in der Checkbox angezeigt.

| java.awt.
| Checkbox

```
public Checkbox()

public Checkbox(String label)

public Checkbox(String label, boolean state)

public Checkbox(String label, CheckboxGroup cbg, boolean state)

public Checkbox(String label, boolean state, CheckboxGroup cbg)
```

Der parameterlose Konstruktor erzeugt eine Checkbox ohne Beschriftung mit dem Anfangszustand false. Wird der String label angegeben, bekommt die Checkbox die angegebene Beschriftung. Durch Übergabe des booleschen Parameters state ist es möglich, den anfänglichen Zustand der Checkbox vorzugeben. Der in den letzten beiden Konstruktoren verwendete Parameter cbg dient zur Gruppierung von *Radiobuttons* und sollte bei einer Checkbox stets null sein.

| java.awt.
| Checkbox

```
public String getLabel()

public void setLabel(String label)

public boolean getState()

public void setState(boolean state)
```

Die Methoden ermöglichen den Zugriff auf die Beschriftung und den aktuellen Zustand der Checkbox.

Oft repräsentiert eine Checkbox einen logischen Schalter, dessen Zustand abgefragt wird, nachdem der Dialog beendet wurde. Zusätzlich kann aber auch unmittelbar auf eine Zustandsänderung reagiert werden, denn eine Checkbox generiert ein Item-Event, wenn die Markierung vom Anwender gesetzt oder zurückgenommen wird. Um auf dieses Event zu

Checkbox Kapitel 32

reagieren, ist durch Aufruf von `addItemListener` ein Objekt, das das Interface `ItemListener` implementiert, bei der `Checkbox` zu registrieren:

`public void addItemListener(ItemListener l)`   java.awt.Checkbox

Ein Item-Event wird immer dann gesendet, wenn sich der Zustand einer Checkbox verändert hat. In diesem Fall wird im Ereignisempfänger die Methode `itemStateChanged` mit einem Argument vom Typ `ItemEvent` aufgerufen:

`public abstract void itemStateChanged(ItemEvent e)`   java.awt.event.ItemListener

Das `ItemEvent` stellt die Methode `getItemSelectable` zur Verfügung, mit der ermittelt werden kann, durch welche `Checkbox` das Ereignis ausgelöst wurde:

`public ItemSelectable getItemSelectable()`   java.awt.event.ItemEvent

Der Rückgabewert kann dann in ein Objekt des Typs `Checkbox` konvertiert werden. Durch Aufruf von `getState` kann der aktuelle Zustand bestimmt werden.

```
001 /* Checkbox1.inc */
002
003 private void customizeLayout(Panel panel)
004 {
005   panel.setLayout(new GridLayout(3,1));
006   Checkbox cb = new Checkbox("Checkbox 1");
007   cb.addItemListener(this);
008   panel.add(cb);
009   cb = new Checkbox("Checkbox 2", true);
010   cb.addItemListener(this);
011   panel.add(cb);
012   cb = new Checkbox("Checkbox 3", false);
013   cb.addItemListener(this);
014   panel.add(cb);
015 }
```

Listing 32.3: Verwendung von Checkbox-Komponenten

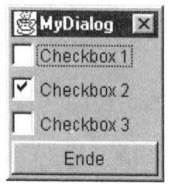

Abbildung 32.4: Ein Dialog mit Checkbox-Komponenten

Das folgende Listing zeigt eine beispielhafte Implementierung der Methode `itemStateChanged`, die in der Klasse `MyDialog` beim Auftreten eines Item-Events aufgerufen wird (zusätzlich muß `MyDialog` das Interface `ItemListener` implementieren):

Listing 32.4:
Behandlung von
Item-Events

```
001 /* Checkbox2.inc */
002
003 public void itemStateChanged(ItemEvent event)
004 {
005   Checkbox cb = (Checkbox) event.getItemSelectable();
006   System.out.println(cb.getLabel() + ": " + cb.getState());
007 }
```

32.5 CheckboxGroup

Eine CheckboxGroup ist die Java-Variante einer Gruppe von *Radiobuttons*, also einer Kollektion von Buttons, von denen immer genau einer aktiviert ist. Wird ein anderer Button aktiviert, so ändert er seinen internen Status auf true, und der zuvor gesetzte wird false.

Eine CheckboxGroup ist nichts anderes als eine Checkbox, deren CheckboxGroup-Parameter gesetzt ist.

java.awt.
Checkbox

```
public Checkbox(String label, CheckboxGroup cbg, boolean state)

public Checkbox(String label, boolean state, CheckboxGroup cbg)
```

Anders als bei einer gewöhnlichen Checkbox stehen jetzt nur noch zwei Konstruktoren zur Verfügung. An diese werden die Beschriftung, der Anfangszustand und ein Objekt der Klasse CheckboxGroup übergeben.

Die CheckboxGroup sorgt dabei für den Gruppierungseffekt und die Logik beim Umschalten der Radiobuttons. Für jede zusammenhängende Gruppe von Radiobuttons ist daher ein eigenes Objekt der Klasse CheckboxGroup zu instanzieren und an den Konstruktor zu übergeben.

Die CheckboxGroup bietet alle Methoden, die auch bei einer Checkbox verfügbar sind. setState funktioniert allerdings nur dann, wenn als Parameter true übergeben wird. In diesem Fall wird der Zustand der zugehörigen Checkbox gesetzt und der aller anderen Checkboxes derselben Gruppe zurückgenommen. Bei der Übergabe von false an setState passiert gar nichts. Zusätzlich gibt es zwei Methoden getCheckboxGroup und setCheckboxGroup, die den Zugriff auf die zugeordnete CheckboxGroup erlauben:

java.awt.
Checkbox-
Group

```
public void setCheckboxGroup(CheckboxGroup cbg)

public CheckboxGroup getCheckboxGroup()
```

Mit setCheckboxGroup kann die Zuordnung der Checkboxes zu einer CheckboxGroup auch nach der Konstruktion geändert werden. Das beim Aufruf von getCheckboxGroup zurückgegebene Objekt kann dazu verwendet werden, mit Hilfe der Methoden getCurrent und setCurrent der Klasse CheckboxGroup auf das selektierte Element der CheckboxGroup zuzugreifen:

```
public Checkbox getCurrent()

public void setCurrent(Checkbox box)
```
java.awt.
Checkbox-
Group

getCurrent liefert die Checkbox, deren Zustand true ist. Um mit setCurrent eine Checkbox zu aktivieren, muß diese als Parameter übergeben werden. Alle anderen Checkboxes derselben Gruppe bekommen dann den Zustand false.

Die einzelnen Checkboxes einer CheckboxGroup senden ein ITEM-Event, wenn die Checkbox selektiert wird. Dagegen wird kein Ereignis gesendet, wenn die Checkbox deselektiert wird oder wenn ihr Zustand nicht vom Anwender, sondern vom Programm verändert wird.

Das folgende Beispiel zeigt die Definition von zwei Objekten des Typs CheckboxGroup mit jeweils drei Elementen. In jeder der beiden Gruppen ist immer genau ein Element markiert, das unabhängig von den Elementen der anderen Gruppe ausgewählt werden kann:

```
001  /* CheckboxGroup.inc */
002
003  private void customizeLayout(Panel panel)
004  {
005     panel.setLayout(new GridLayout(3,2));
006     CheckboxGroup cbg1 = new CheckboxGroup();
007     CheckboxGroup cbg2 = new CheckboxGroup();
008     panel.add(new Checkbox("rot",cbg1,true));
009     panel.add(new Checkbox("eckig",cbg2,true));
010     panel.add(new Checkbox("blau",cbg1,false));
011     panel.add(new Checkbox("rund",cbg2,false));
012     panel.add(new Checkbox("gelb",cbg1,false));
013     panel.add(new Checkbox("schief",cbg2,false));
014  }
```
Listing 32.5:
Verwendung
einer Check-
boxGroup

Abbildung 32.5:
Ein Dialog
mit Checkbox-
Group-
Elementen

32.6 TextField

Ein TextField dient zur Darstellung und zur Eingabe von Text. Sowohl der Anwender als auch das Programm können den dargestellten Text auslesen und verändern.

```
public TextField()
```
java.awt.
TextField

```
public TextField(int width)

public TextField(String text)

public TextField(String text, int width)
```

Der parameterlose Konstruktor erzeugt ein leeres Textfeld, in das der Anwender beliebig viel Text eingeben kann. Wird mit `width` die Breite des Textfeldes vorgegeben, so beschränkt sich die Anzahl der auf dem Bildschirm angezeigten Zeichen auf den angegebenen Wert. Die Anzahl *einzugebender* Zeichen wird allerdings nicht begrenzt. Ist der Text länger, scrollt er innerhalb des Textfelds. Mit dem Parameter `text` kann eine Zeichenkette vorgegeben werden, die beim Aufruf des Textfeldes vorgelegt wird.

Die Klasse `Textfield` ist aus `TextComponent` abgeleitet. Sie besitzt eine ganze Reihe von Methoden, mit denen es möglich ist, auf den Text zuzugreifen oder die Eigenschaften des Textfeldes zu verändern. Die Methoden `getText` und `setText` werden zum Lesen und Verändern des Textes verwendet:

java.awt.TextField
```
public String getText()

public void setText(String text)
```

Mit `getColumns` kann die Anzahl der darstellbaren Zeichen des Textfeldes abgefragt und mit `setColumns` verändert werden:

java.awt.TextField
```
public int getColumns()

public void setColumns(int columns)
```

Zwei weitere Methoden stehen für das Markieren von Text zur Verfügung:

java.awt.TextField
```
public void selectAll()

public void select(int first, int last)
```

`selectAll` markiert den kompletten Text und `select` den Bereich von `first` bis `last` (die Zählung beginnt bei 0). Mit den beiden Methoden `getSelectionStart` und `getSelectionEnd` kann die aktuelle Selektion abgefragt werden, `getSelectedText` liefert den selektierten Text:

java.awt.TextField
```
public int getSelectionStart()

public int getSelectionEnd()

public String getSelectedText()
```

TextField

Auf die aktuelle Cursorposition innerhalb des Textes kann mit den Methoden `getCaretPosition` und `setCaretPosition` zugegriffen werden:

```
public int getCaretPosition()
```
java.awt.
TextField

```
public void setCaretPosition(int position)
```

Des weiteren kann man verhindern, daß der Text geändert wird, und es besteht die Möglichkeit, verdeckte Eingaben (etwa für Paßwörter) zu realisieren:

```
public void setEditable(boolean allowed)
```
java.awt.
TextField

```
public boolean isEditable()

public void setEchoCharacter(char c)

public char getEchoChar()
```

Durch einen Aufruf von `setEditable` mit `false` als Parameter werden weitere Eingaben unterbunden. Der aktuelle Status kann mit `isEditable` abgefragt werden. Mit Hilfe von `setEchoCharacter` kann ein Zeichen übergeben werden, das bei jedem Tastendruck anstelle des vom Anwender eingegebenen Zeichens ausgegeben wird. Durch Übergabe eines '*' kann beispielsweise die verdeckte Eingabe eines Paßworts realisiert werden.

Ein Textfeld generiert ein Action-Event, wenn der Anwender innerhalb des Textfeldes die ENTER-Taste drückt. In diesem Fall liefert die Methode `getActionCommand` des Action-Events den Inhalt des Textfeldes. Eine Methode `setActionCommand`, die es wie bei Buttons erlaubt, den Rückgabewert von `getActionCommand` zu verändern, gibt es bei Textfeldern nicht. Um die Action-Events mehrerer Textfelder, die einen gemeinsamen Empfänger haben, unterscheiden zu können, kann mit `getSource` die Ereignisquelle abgefragt werden. Wird ein gemeinsamer Empfänger für alle Action-Events verwendet, so kann das von `getSource` gelieferte Objekt mit dem Operator `instanceof` daraufhin untersucht werden, ob es sich um ein `TextField` oder einen `Button` handelt. Für das nachfolgende Beispiel könnte das etwa so aussehen:

```
001  /* TextField1.inc */
002
003  public void actionPerformed(ActionEvent event)
004  {
005    Object obj = event.getSource();
006    if (obj instanceof TextField) {
007      System.out.println(
008        "ButtonAction: "+event.getActionCommand()
009      );
010    } else if (obj instanceof Button) {
```

Listing 32.6:
Verwendung
von Textfeldern

Listing 32.6:
Verwendung
von Textfeldern
(Forts.)

```
011       if (event.getActionCommand().equals("Ende")) {
012         endDialog();
013       }
014     }
015 }
```

Neben dem Action-Ereignis generiert ein Textfeld bei jeder Textänderung ein *Text-Ereignis*. Ein Empfänger für Text-Ereignisse kann mit der Methode addTextListener von TextField registriert werden, die als Argument ein Objekt erwartet, das das Interface TextListener implementiert. Beim Auftreten eines Text-Ereignisses wird im TextListener die Methode textValueChanged mit einem TextEvent als Parameter aufgerufen. TextEvent ist aus AWTEvent abgeleitet und erbt die Methoden getID und getSource, stellt darüber hinaus aber keine eigenen Methoden zur Verfügung. Typischerweise wird innerhalb von textValueChanged mit getSource das zugehörige TextField beschafft und mit getText auf seinen Inhalt zugegriffen:

Listing 32.7:
Behandlung von
Text-Events

```
001 /* TextField2.inc */
002
003 public void textValueChanged(TextEvent event)
004 {
005   TextField tf = (TextField)event.getSource();
006   System.out.println("textValueChanged: "+tf.getText());
007 }
```

Das folgende Beispiel zeigt die Anwendung von Textfeldern und die Registrierung von Empfängern für Text-Events und Action-Events. Das Beispiel demonstriert auch, wie man Textfelder und Beschriftungen kombinieren kann. Innerhalb des Dialogs werden in einem FlowLayout zwei Panels nebeneinander angeordnet. Das erste Panel enthält ein GridLayout mit drei Zeilen Beschriftung und das zweite ein GridLayout mit drei Textfeldern. Da die Höhe der Elemente im GridLayout in beiden Panels identisch ist, stehen Beschriftung und Text jeweils auf der gleichen Höhe nebeneinander.

Listing 32.8:
Textfelder mit
Beschriftung

```
001 /* TextField3.inc */
002
003 private void customizeLayout(Panel panel)
004 {
005   panel.setLayout(new FlowLayout(FlowLayout.LEFT));
006   Panel labelPanel = new Panel();
007   labelPanel.setLayout(new GridLayout(3,1));
008   labelPanel.add(new Label("Name",Label.LEFT));
009   labelPanel.add(new Label("Vorname",Label.LEFT));
010   labelPanel.add(new Label("Ort",Label.LEFT));
011   Panel editPanel = new Panel();
012   editPanel.setLayout(new GridLayout(3,1));
013
014   //Dieses Textfeld sendet Action- und Text-Ereignisse
```

```
015    TextField tf = new TextField("Meier",20);
016    tf.addActionListener(this);
017    tf.addTextListener(this);
018    editPanel.add(tf);
019
020    //Diese Textfelder senden keine Ereignisse
021    editPanel.add(new TextField("Luise",20));
022    editPanel.add(new TextField("Hamburg",20));
023    panel.add(labelPanel);
024    panel.add(editPanel);
025  }
```

Listing 32.8: Textfelder mit Beschriftung (Forts.)

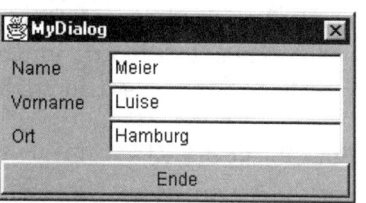

Abbildung 32.6: Ein Dialog mit beschrifteten Textfeldern

32.7 TextArea

Im Gegensatz zur Klasse `TextField`, bei der der Text auf eine einzige Zeile beschränkt ist, können mit der Klasse `TextArea` mehrzeilige Textfelder erzeugt werden. Zusätzlich kann der Text in alle Richtungen scrollen, so daß auch größere Texte bearbeitet werden können.

```
public TextArea()

public TextArea(int rows, int cols)

public TextArea(String text)

public TextArea(String text, int rows, int cols)

public TextArea(String text, int rows, int cols, int scroll)
```

java.awt.TextArea

Der parameterlose Konstruktor erzeugt ein leeres `TextArea`-Objekt in einer vom System vorgegebenen Größe. Werden die Parameter `rows` und `cols` vorgegeben, legen sie die Anzahl der sichtbaren Zeilen und Spalten fest. Mit dem Parameter `text` kann die zu editierende Zeichenkette übergeben werden. Mit Hilfe des zusätzlichen Parameters `scroll` kann die Ausstattung der `TextArea` mit Schiebereglern festgelegt werden. Dazu stellt `TextArea` die Konstanten `SCROLLBARS_BOTH`, `SCROLLBARS_VERTICAL_ONLY`, `SCROLLBARS_HORIZONTAL_ONLY` und `SCROLLBARS_NONE` zur Verfügung, die als Argument übergeben werden können.

Ebenso wie `TextField` ist auch `TextArea` aus der Klasse `TextComponent` abgeleitet und besitzt mit Ausnahme von `setEchoCharacter` und `getEchoCharacter` alle Methoden, die bereits bei `TextField` vorgestellt wurden. Zusätzlich gibt es einige Methoden, mit denen Teile des Textes verändert werden können:

java.awt.TextArea

```
public void insert(String str, int pos)

public void append(String str)

public void replaceRange(String text, int start, int end)
```

Mit `insert` wird die Zeichenkette `str` an der Position `pos` eingefügt, und der dahinter stehende Text wird entsprechend nach hinten geschoben. `append` hängt den als Argument übergebenen Text hinten an den bestehenden Text an, und `replaceRange` ersetzt den Text zwischen `start` und `end` durch die übergebene Zeichenkette `text`.

Ein Objekt der Klasse `TextArea` sendet Text-Events, so wie es bei `TextField` beschrieben wurde. Action-Events werden dagegen nicht gesendet, denn die ENTER-Taste erzeugt eine Zeilenschaltung. Ein zum folgenden Beispiel passender Event-Handler könnte so realisiert werden:

Listing 32.9: Behandlung von Text-Events bei der Komponente TextArea

```
001  /* TextArea2.inc */
002
003  public void textValueChanged(TextEvent event)
004  {
005    TextArea tf = (TextArea)event.getSource();
006    System.out.println("textValueChanged: "+tf.getText());
007  }
```

Das Beispielprogramm zum Testen der `TextArea`-Komponente sieht so aus:

Listing 32.10: Verwendung einer TextArea-Komponente

```
001  /* TextArea1.inc */
002
003  private void customizeLayout(Panel panel)
004  {
005    panel.setLayout(new FlowLayout(FlowLayout.LEFT));
006    TextArea ta = new TextArea(10,40);
007    ta.addTextListener(this);
008    panel.add(ta);
009  }
```

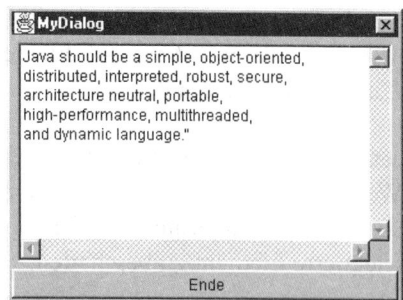

Abbildung 32.7:
Ein Dialog mit einem TextArea-Objekt

32.8 Choice

Ein `Choice`-Menü ist ein aufklappbares Textfeld, dessen Inhalt aus einer vom Programm vorgegebenen Liste ausgewählt werden kann. Dialogelemente des Typs `Choice` entsprechen den unter Windows üblichen *Drop-Down-Listboxen*, einer eingeschränkten Form der *Comboboxen*, bei denen das zugehörige Editfeld nicht separat geändert werden kann.

```
public Choice()
```
java.awt.
Choice

Der parameterlose Konstruktor erstellt ein `Choice`-Objekt mit einer leeren Liste.

Eine der wichtigsten Methoden der Klasse `Choice` ist `add`:

```
public void add(String item)
```
java.awt.
Choice

Jeder Aufruf von `add` hängt das übergebene Element `item` an das Ende der Liste an. Die Elemente werden dabei in der Reihenfolge der Aufrufe von `add` eingefügt. Eine automatische Sortierung wurde in Java nicht vorgesehen.

> Analog zur Methode `add` gibt es eine bedeutungsgleiche Methode `addItem`. Während in der Klasse `Choice` beide Methoden verwendet werden können, wurde die Methode `addItem` in der Klasse `List` mit dem JDK 1.2 als `deprecated` markiert, sollte also nicht mehr verwendet werden.

Für den Zugriff auf die Elemente der Combobox stehen die Methoden `getItemCount`, `getSelectedIndex`, `getItem` und `getSelectedItem` zur Verfügung:

```
public int getSelectedIndex()

public String getItem(int n)

public String getSelectedItem()

public int getItemCount()
```
java.awt.
Choice

getItemCount liefert die Anzahl der Elemente, die sich gegenwärtig in der Liste befinden. Mit getItem kann auf das *n*-te Element der Liste über seinen Index zugegriffen werden; die Zählung beginnt bei 0.

getSelectedIndex liefert den Index des selektierten Elements, so daß durch Übergabe dieses Wertes an getItem das aktuelle Element beschafft werden kann. Alternativ dazu kann getSelectedItem aufgerufen werden, um ohne explizite Kenntnis der internen Nummer das selektierte Element zu beschaffen.

Ebenso wie der Anwender kann auch das Programm selbst ein Element aus der Liste selektieren:

> java.awt.Choice

```
public select(int)
public select(String)
```

Hierbei wird an select wahlweise ein int oder ein String übergeben. Im ersten Fall wird das Element über seinen numerischen Index selektiert, im zweiten direkt durch Suche des angegebenen Wertes.

Ebenso wie eine Checkbox sendet auch ein Choice-Element Item-Ereignisse, wenn ein Element selektiert wurde. Um auf dieses Event zu reagieren, ist durch Aufruf von addItemListener ein ItemListener zu registrieren:

> java.awt.Choice

```
public void addItemListener(ItemListener l)
```

Ein Item-Event wird immer dann gesendet, wenn ein anderes Element ausgewählt wurde. In diesem Fall wird im Ereignisempfänger die Methode itemStateChanged mit einem Argument vom Typ ItemEvent aufgerufen:

> java.awt.event.ItemEvent

```
public abstract void itemStateChanged(ItemEvent e)
```

Das ItemEvent stellt die Methode getItemSelectable zur Verfügung, mit der ermittelt werden kann, durch welches Choice-Element das Ereignis ausgelöst wurde. Zusätzlich gibt es die Methode getItem, die das ausgewählte Element als String zur Verfügung stellt:

> java.awt.event.ItemEvent

```
public ItemSelectable getItemSelectable()
public Object getItem()
```

Damit kann offensichtlich auf zwei unterschiedliche Arten auf die Änderung der Auswahl reagiert werden. Einerseits kann mit getItemSelectable ein Choice-Element beschafft und mit getSelectedItem das selektierte Element ermittelt werden. Andererseits kann getItem aufgerufen und das Ergebnis in einen String umgewandelt werden. Das folgende Listing demonstriert dies beispielhaft:

```
001 /* Choice2.inc */
002
003 public void itemStateChanged(ItemEvent event)
004 {
005    Choice choice = (Choice) event.getItemSelectable();
006    String str1 = choice.getSelectedItem();
007    String str2 = (String) event.getItem();
008    System.out.println("choice.getSelectedItem: " + str1);
009    System.out.println("event.getItem:          " + str2);
010 }
```

Listing 32.11: Behandlung der Ereignisse einer Choice-Komponente

Das Beispielprogramm zum Testen der Choice-Komponente sieht so aus:

```
001 /* Choice1.inc */
002
003 private void customizeLayout(Panel panel)
004 {
005    panel.setLayout(new FlowLayout());
006    Choice choice = new Choice();
007    choice.addItemListener(this);
008    choice.add("rot");
009    choice.add("grün");
010    choice.add("gelb");
011    choice.add("blau");
012    choice.add("rosa");
013    choice.add("lila");
014    panel.add(choice);
015 }
```

Listing 32.12: Verwendung einer Choice-Komponente

Abbildung 32.8: Ein Dialog mit einer Choice-Komponente

32.9 List

Eine List ist eine listenartige Darstellung von Werten, aus denen der Anwender einen oder mehrere auswählen kann. Anders als ein Choice-Element ist ein Element der Klasse List ständig in voller Größe auf dem Bildschirm sichtbar. Unter Windows werden Objekte der Klasse List durch *Listboxen* dargestellt.

| java.awt.
| List

```
public List()

public List(int size)

public List(int size, boolean multiselect)
```

Der parameterlose Konstruktor legt eine leere Listbox an, deren dargestellte Größe vom Layoutmanager begrenzt wird. Der Parameter size legt die Anzahl der angezeigten Zeilen fest. Dabei können auch mehr Elemente in der Listbox enthalten sein, als auf einmal angezeigt werden können. List-Dialogelemente können wahlweise die *Mehrfachselektion* von Elementen zulassen. Wird bei der Konstruktion der Listbox der Parameter multiselect auf true gesetzt, kann der Anwender nicht nur ein Element, sondern auch mehrere Elemente selektieren.

Das Dialogelement List bietet nahezu dieselbe Funktionalität wie Choice. Zusätzlich stehen die Methoden getSelectedIndexes und getSelectedItems zur Verfügung, um bei einer Mehrfachselektion auf die selektierten Elemente zugreifen zu können:

| java.awt.
| List

```
public int[] getSelectedIndexes()

public String[] getSelectedItems()
```

getSelectedIndexes liefert ein Array mit den Indexpositionen aller selektierten Elemente, und getSelectedItems liefert eine Liste der Werte selbst.

Mit den Methoden select und deselect lassen sich einzelne Elemente selektieren oder deselektieren:

| java.awt.
| List

```
public void select(int index)

public void deselect(int index)
```

Im Gegensatz zu Choice ist es bei einer Komponente des Typs List auch möglich, Elemente zu entfernen oder ihren Wert zu ändern:

| java.awt.
| List

```
public void delItem(int index)

public void remove(int index)

public void replaceItem(String newValue, int index)
```

Sowohl delItem als auch remove löschen das Element an der Position index, und replaceItem ersetzt das Element an der Position index durch den neuen Wert newValue.

List — Kapitel 32

Eine List sendet sowohl Item-Ereignisse als auch Action-Ereignisse. Ein Action-Ereignis wird dann generiert, wenn ein Listenelement per Doppelklick ausgewählt wurde. Das Drücken der ENTER-Taste löst – wenigstens in der aktuellen Windows-Implementierung – *kein* Action-Ereignis aus. Ein Item-Ereignis wird ausgelöst, nachdem in der Liste ein Element ausgewählt wurde. Bezüglich der Implementierung von Event-Handlern für diese Ereignisse verweisen wir auf die Beschreibungen der Klassen Choice und TextField weiter oben.

Falls ein Item-Ereignis ausgelöst wurde, verhält sich die Methode getItemSelectable des ItemEvent analog zu Choice und liefert das List-Objekt, das das Ereignis ausgelöst hat. Der Rückgabewert von getItem ist dagegen anders zu interpretieren, denn er liefert nicht das ausgewählte Element als String, sondern dessen Position als Integer-Objekt. Dieses kann mit intValue in ein int konvertiert werden, das die Position des ausgewählten Elements liefert. Beispielhafte Implementierungen von actionPerformed und itemStateChanged könnten folgendermaßen aussehen:

```
001 /* List2.inc */
002
003 public void itemStateChanged(ItemEvent event)
004 {
005   List list = (List) event.getItemSelectable();
006   String str1 = list.getSelectedItem();
007   int pos = ((Integer) event.getItem()).intValue();
008   System.out.println("list.getSelectedItem: " + str1);
009   System.out.println("event.getItem:        " + pos);
010 }
011
012 public void actionPerformed(ActionEvent event)
013 {
014   Object obj = event.getSource();
015   if (obj instanceof List) {
016     System.out.println("ListAction: "+event.getActionCommand());
017   } else if (obj instanceof Button) {
018     if (event.getActionCommand().equals("Ende")) {
019       endDialog();
020     }
021   }
022 }
```

Listing 32.13: Behandlung der Ereignisse einer List-Komponente

Das Beispielprogramm für die Verwendung der List-Komponente sieht so aus:

```
001 /* List1.inc */
002
003 private void customizeLayout(Panel panel)
004 {
005   panel.setLayout(new FlowLayout(FlowLayout.LEFT));
```

Listing 32.14: Verwendung einer List-Komponente

Listing 32.14:
Verwendung
einer List-
Komponente
(Forts.)

```
006   List list = new List(6,false);
007   list.addActionListener(this);
008   list.addItemListener(this);
009   list.add("Äpfel");
010   list.add("Birnen");
011   list.add("Bananen");
012   list.add("Pfirsiche");
013   list.add("Kirschen");
014   list.add("Kiwis");
015   list.add("Ananas");
016   list.add("Erdbeeren");
017   list.add("Blaubeeren");
018   list.add("Mandarinen");
019   panel.add(list);
020   list.select(1);
021 }
```

Abbildung 32.9:
Ein Dialog mit
einer Listbox

32.10 Scrollbar

Ein Scrollbar ist ein Schieberegler, der zur quasianalogen Anzeige und Eingabe eines Wertes aus einem vorgegebenen Wertebereich verwendet werden kann. Der Schieberegler kann entweder horizontal oder vertikal angeordnet werden und besitzt einen Schieber, dessen Größe veränderlich ist. Der interne Wert eines Schiebereglers und die Anzeigeposition seines Schiebers sind untrennbar miteinander verbunden. Ändert der Anwender die Position des Schiebers, ändert sich automatisch auch sein interner Wert. Wird vom Programm der Wert verändert, führt dies auch zu einer Repositionierung des Schiebers.

java.awt.
Scrollbar

```
public Scrollbar()

public Scrollbar(int orientation)

public Scrollbar(
    int orientation, int value, int visible,
    int minimum, int maximum
)
```

Der parameterlose Konstruktor erzeugt einen vertikalen Schieberegler. Mit dem Parameter `orientation` kann die Orientierung festgelegt werden. Hier kann eine der Konstanten `Scrollbar.HORIZONTAL` oder `Scrollbar.VERTICAL` angegeben werden.

Der dritte Konstruktor erlaubt die Angabe weiterer Eigenschaften. `minimum` und `maximum` spezifizieren die Grenzen des repräsentierten Wertebereichs. Die untere Grenze liegt bei einem vertikalen Schieberegler oben und bei einem horizontalen Schieberegler auf der linken Seite. Mit `value` kann der Anfangswert des Schiebers festgelegt werden.

Der Parameter `visible` dient dazu, die *Seitengröße* des Schiebers zu bestimmen. Diese muß kleiner als der Wertebereich des Schiebereglers sein. Die Seitengröße bestimmt einerseits die visuelle Größe des Schiebers und andererseits die Größe der Veränderung des Wertes, wenn der Anwender auf die Schaltfläche zwischen Schieber und Button des Schiebereglers klickt.

Die Methoden der Klasse `Scrollbar` realisieren den Zugriff auf die Attribute des Schiebereglers. Die meisten von ihnen sind im Interface `Adjustable` definiert, das von `Scrollbar` implementiert wird. Mit `getValue` und `setValue` wird auf den aktuellen Wert des Schiebers zugegriffen, mit `getMinimum` und `getMaximum` auf die Grenzen des Wertebereichs und mit `getVisibleAmount` auf die Größe des Schiebers. Zusätzlich kann mit `getUnitIncrement` und `setUnitIncrement` sowie mit `getBlockIncrement` und `setBlockIncrement` auf die Parameter zugegriffen werden, die die Stärke der Veränderung des Wertes beim Klicken auf die Buttons bzw. die Schaltfläche zwischen Schieber und Buttons bestimmen.

```
public int getValue()
public void setValue(int value)

public int getMinimum()
public int getMaximum()

public int getVisible()

public int getUnitIncrement()
public void setUnitIncrement(int l)

public int getBlockIncrement()
public void setBlockIncrement(int l)
```
java.awt.
Scrollbar

Ein `Scrollbar` sendet *Adjustment-Ereignisse* an seine Ereignisempfänger. Diese müssen das Interface `AdjustmentListener` implementieren und sich durch Aufruf von `addAdjustmentListener` registrieren:

```
public void addAdjustmentListener(AdjustmentListener l)
```
java.awt.
Scrollbar

Das Adjustment-Ereignis führt im Ereignisempfänger zum Aufruf der Methode adjustmentValueChanged, die ein AdjustmentEvent übergeben bekommt:

java.awt.event.AdjustmentListener

```
public abstract void adjustmentValueChanged(AdjustmentEvent e)
```

Dieses besitzt die Methoden getAdjustable und getValue. Mit der erstgenannten kann der auslösende Scrollbar, mit letzterer der aktuelle Wert des Schiebereglers bestimmt werden. Zusätzlich gibt es die Methode getAdjustmentType, die Auskunft darüber gibt, welche Benutzeraktion zur Auslösung des Ereignisses führte. Tabelle 32.1 listet die möglichen Konstanten auf, die von getAdjustmentType zurückgegeben werden können, und beschreibt ihre Bedeutung.

Tabelle 32.1: Konstanten für Schieberegler-Ereignisse

Konstante	Bedeutung
UNIT_INCREMENT	Der Wert wurde durch Klicken eines Buttons um eine Einheit erhöht.
UNIT_DECREMENT	Der Wert wurde durch Klicken eines Buttons um eine Einheit vermindert.
BLOCK_INCREMENT	Der Wert wurde durch Klicken der Schaltfläche zwischen Button und Schieber um eine Seite erhöht.
BLOCK_DECREMENT	Der Wert wurde durch Klicken der Schaltfläche zwischen Button und Schieber um eine Seite vermindert.
TRACK	Der Wert wurde durch Ziehen des Schiebers verändert.

Eine beispielhafte Implementierung von adjustmentValueChanged könnte etwa so aussehen:

Listing 32.15: Verwendung von Scrollbars

```
001  /* Scrollbar.inc */
002
003  public void adjustmentValueChanged(AdjustmentEvent event)
004  {
005    Adjustable sb = event.getAdjustable();
006    if (sb.getOrientation() == Scrollbar.HORIZONTAL) {
007      System.out.print("Horizontal: ");
008    } else {
009      System.out.print("Vertikal: ");
010    }
011    switch (event.getAdjustmentType()) {
012    case AdjustmentEvent.UNIT_INCREMENT:
013      System.out.println("AdjustmentEvent.UNIT_INCREMENT");
014      break;
015    case AdjustmentEvent.UNIT_DECREMENT:
016      System.out.println("AdjustmentEvent.UNIT_DECREMENT");
017      break;
018    case AdjustmentEvent.BLOCK_DECREMENT:
019      System.out.println("AdjustmentEvent.BLOCK_DECREMENT");
020      break;
021    case AdjustmentEvent.BLOCK_INCREMENT:
```

```
022       System.out.println("AdjustmentEvent.BLOCK_INCREMENT");
023       break;
024     case AdjustmentEvent.TRACK:
025       System.out.println("AdjustmentEvent.TRACK");
026       break;
027   }
028   System.out.println("  value: " + event.getValue());
029 }
030
031 private void customizeLayout(Panel panel)
032 {
033   panel.setLayout(new BorderLayout());
034   Scrollbar hsb=new Scrollbar(Scrollbar.HORIZONTAL,1,10,1,100);
035   hsb.addAdjustmentListener(this);
036   panel.add(hsb, BorderLayout.SOUTH);
037   Scrollbar vsb=new Scrollbar(Scrollbar.VERTICAL,  1,10,1,100);
038   vsb.addAdjustmentListener(this);
039   panel.add(vsb, BorderLayout.EAST);
040 }
```

Listing 32.15: Verwendung von Scrollbars (Forts.)

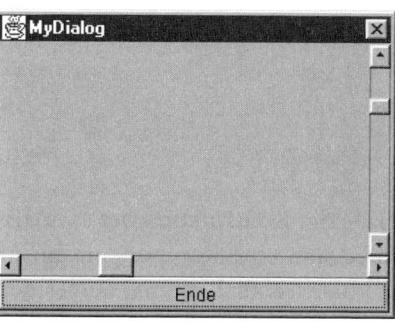

Abbildung 32.10: Ein Dialog mit zwei Schiebereglern

32.11 ScrollPane

Ein sehr nützliches Dialogelement, das mit der Version 1.1 des JDK eingeführt wurde, ist ScrollPane, ein Container für automatisches horizontales und vertikales Scrolling. Ein ScrollPane ist von der Funktion her einem Panel ähnlich und kann wie jedes andere Dialogelement innerhalb eines Fensters verwendet werden. ScrollPane unterscheidet sich allerdings durch zwei wichtige Eigenschaften von einem gewöhnlichen Panel:

▶ Es kann *genau ein* Dialogelement aufnehmen und benötigt keinen expliziten Layoutmanager.

▶ Es ist in der Lage, eine *virtuelle Ausgabefläche* zu verwalten, die größer ist als die auf dem Bildschirm zur Verfügung stehende.

Die innerhalb von ScrollPane angezeigte Komponente arbeitet dabei immer mit der virtuellen Ausgabefläche und merkt nichts von eventuellen Größenbeschränkungen auf dem Bildschirm. Falls die benötigte Ausgabefläche größer ist als die anzeigbare, blendet ScrollPane automatisch die erforderlichen Schieberegler ein, um das Dialogelement horizontal und vertikal verschieben zu können.

Zur Instanzierung eines ScrollPane stehen zwei Konstruktoren zur Verfügung:

java.awt.ScrollPane

```
public ScrollPane()

public ScrollPane(int scrollbarDisplayPolicy)
```

Der Parameter scrollbarDisplayPolicy definiert die Strategie zur Anzeige der Schieberegler entsprechend den in Tabelle 32.2 aufgelisteten Konstanten.

Konstante	Bedeutung
ScrollPane.SCROLLBARS_AS_NEEDED	Die Schieberegler werden genau dann angezeigt, wenn es erforderlich ist, wenn also mehr Platz benötigt wird, als zur Anzeige zur Verfügung steht.
ScrollPane.SCROLLBARS_ALWAYS	Die Schieberegler werden immer angezeigt.
ScrollPane.SCROLLBARS_NEVER	Die Schieberegler werden nie angezeigt, und der Bildschirmausschnitt kann nur vom Programm aus verschoben werden.

Tabelle 32.2: Konstanten zur Anzeige der Schieberegler in ScrollPane

Nach der Konstruktion des ScrollPane wird die aus Container geerbte Methode add aufgerufen, um eine Komponente hinzuzufügen. Im Gegensatz zu anderen Containern sollte add hier lediglich einmal aufgerufen werden, denn ScrollPane kann nur ein einziges Element aufnehmen. Soll ein komplexer Dialog mit vielen Elementen dargestellt werden, so müssen diese in ein Panel verpackt und dann gemeinsam an add übergeben werden.

Nach dem Einfügen einer Komponente kann die Methode setSize aufgerufen werden, um die sichtbare Größe des ScrollPane festzulegen. Die sichtbare Größe ist die Größe, in der das ScrollPane dem Fenster erscheint, in das es eingebettet wurde. Der dadurch definierte Ausschnitt aus dem virtuellen Ausgabebereich wird als *Viewport* bezeichnet.

Die Größe des virtuellen Ausgabebereichs wird dagegen durch das mit add eingefügte Element selbst festgelegt. Es überlagert dazu getPreferredSize und gibt so die gewünschten Abmessungen an den Aufrufer zurück. Die Methode getPreferredSize spielt eine wichtige Rolle bei der automatischen Anordnung von Dialogelementen mit Hilfe eines Layoutmanagers. Sie wird aufgerufen, wenn ein Container wissen will, wieviel Platz eine Komponente innerhalb eines Bildschirmlayouts belegt. Wir werden in Kapitel 33 auf Seite 705 noch einmal auf getPreferredSize zurückkommen. Abbildung 32.11 auf Seite 704 faßt die bisherigen Ausführungen zusammen.

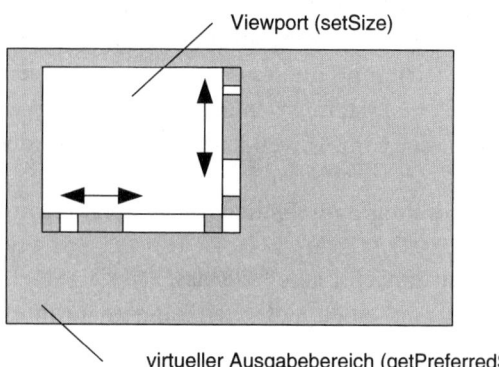

Abbildung 32.11:
ViewPort und virtueller Ausgabebereich beim ScrollPane

Die Klasse `ScrollPane` stellt einige Methoden zur Verfügung, mit denen die Darstellung und Reaktion der Schieberegler beeinflußt werden kann:

```
public Adjustable getHAdjustable()
public Adjustable getVAdjustable()
```
java.awt.ScrollPane

Mit `getHAdjustable` wird ein Objekt beschafft, das den Zugriff auf den horizontalen Schieberegler ermöglicht, und mit `getVAdjustable` eines für den vertikalen Schieberegler. Das Interface `Adjustable` wurde bereits beim `Scrollbar` vorgestellt, es abstrahiert den Zugriff auf einen Schieberegler. Da die meisten Eigenschaften der Schieberegler bereits von `ScrollPane` voreingestellt werden, sollte sich das eigene Programm darauf beschränken, durch Aufruf von `setUnitIncrement` die Schrittweite der Schieberegler einzustellen.

Des weiteren gibt es einige Methoden für den Zugriff auf den Viewport und seine Position innerhalb des virtuellen Ausgabebereichs:

```
public Dimension getViewportSize()

public void setScrollPosition(int x, int y)

public Point getScrollPosition()
```
java.awt.ScrollPane

`getViewportSize` liefert die aktuelle Größe des Viewports. Mit `getScrollPosition` kann die Position desjenigen Punktes der virtuellen Ausgabefläche ermittelt werden, der gerade in der linken oberen Ecke des Viewports angezeigt wird. Mit `setScrollPosition` kann der Viewport vom Programm verschoben werden. Die übergebenen Werte müssen dabei zwischen 0,0 und der jeweils maximalen Größe des virtuellen Ausgabebereichs minus der Größe des Viewports liegen.

Wir wollen ein einfaches Beispiel konstruieren, das die Anwendung von `ScrollPane` demonstriert. Dazu soll ein Programm geschrieben werden, das eine Liste aller Systemfarben mit ihrer Bezeichnung und einer Farbprobe auf dem Bildschirm ausgibt. Da es insgesamt 26 verschiedene Systemfarben gibt, soll das Programm jeweils nur einen kleinen Ausschnitt darstellen, der vom Anwender verschoben werden kann.

Zur Erstellung des Programms gehen wir in drei Schritten vor:

- Wir definieren zunächst eine Hilfsklasse `NamedSystemColors`, die alle verfügbaren Systemfarben sortiert und einen einfachen Zugriff auf ihre Namen und das zugehörige Farbobjekt erlaubt.

- Anschließend definieren wir eine Klasse `SystemColorViewer`, die aus `Canvas` abgeleitet wird und dazu dient, die Systemfarben nacheinander auf dem Bildschirm auszugeben. Wir überlagern die Methode `getPreferredSize`, um die zur Ausgabe aller Farben erforderliche Größe der Komponente bekanntzumachen. Außerdem überlagern wir `paint`, um die eigentliche Ausgabe zu realisieren. Dabei reserviert `getPreferredSize` ausreichend Platz, um jede Farbe in einer eigenen Ausgabezeile darstellen zu können. Innerhalb von `paint` wird lediglich jedes einzelne Farbobjekt aus `NamedSystemColors` beschafft und dazu die Farbbox und der zugehörige Text ausgegeben. In Kapitel 33 auf Seite 705 werden wir noch einmal genauer auf die Verwendung von `Canvas` zur Erzeugung eigener Komponenten zurückkommen.

- Nach diesen Vorarbeiten ist die Verwendung von `ScrollPane` ganz einfach. Wir legen dazu einen `Frame` an, der das Hauptfenster unserer Applikation wird, und instanzieren das `ScrollPane`-Objekt. Mit `add` wird eine Instanz von `SystemColorViewer` übergeben, anschließend die Schrittweite der Schieberegler angepaßt und schließlich mit `setSize` die Größe des sichtbaren Ausschnitts festgelegt. Nachdem `ScrollPane` an den `Frame` übergeben wurde, ist das Programm einsatzbereit.

Der nachfolgende Quellcode enthält alle drei Klassen und zeigt, wie sie zusammenarbeiten:

Listing 32.16: Verwendung der Klasse ScrollPane

```
001  /* Listing3216.java */
002
003  import java.awt.*;
004  import java.awt.event.*;
005
006  class NamedSystemColors
007  {
008      String[]      names;
009      SystemColor[] colors;
010
011      public NamedSystemColors()
012      {
013          names = new String[SystemColor.NUM_COLORS];
```

```
014     colors = new SystemColor[SystemColor.NUM_COLORS];
015     names [ 0] = "desktop";
016     colors[ 0] = SystemColor.desktop;
017     names [ 1]= "activeCaption";
018     colors[ 1] = SystemColor.activeCaption;
019     names [ 2] = "activeCaptionText";
020     colors[ 2] = SystemColor.activeCaptionText;
021     names [ 3] = "activeCaptionBorder";
022     colors[ 3] = SystemColor.activeCaptionBorder;
023     names [ 4] = "inactiveCaption";
024     colors[ 4] = SystemColor.inactiveCaption;
025     names [ 5] = "inactiveCaptionText";
026     colors[ 5] = SystemColor.inactiveCaptionText;
027     names [ 6] = "inactiveCaptionBorder";
028     colors[ 6] = SystemColor.inactiveCaptionBorder;
029     names [ 7] = "window";
030     colors[ 7] = SystemColor.window;
031     names [ 8] = "windowBorder";
032     colors[ 8] = SystemColor.windowBorder;
033     names [ 9] = "windowText";
034     colors[ 9] = SystemColor.windowText;
035     names [10] = "menu";
036     colors[10] = SystemColor.menu;
037     names [11] = "menuText";
038     colors[11] = SystemColor.menuText;
039     names [12] = "text";
040     colors[12] = SystemColor.text;
041     names [13] = "textText";
042     colors[13] = SystemColor.textText;
043     names [14] = "textHighlight";
044     colors[14] = SystemColor.textHighlight;
045     names [15] = "textHighlightText";
046     colors[15] = SystemColor.textHighlightText;
047     names [16] = "textInactiveText";
048     colors[16] = SystemColor.textInactiveText;
049     names [17] = "control";
050     colors[17] = SystemColor.control;
051     names [18] = "controlText";
052     colors[18] = SystemColor.controlText;
053     names [19] = "controlHighlight";
054     colors[19] = SystemColor.controlHighlight;
055     names [20] = "controlLtHighlight";
056     colors[20] = SystemColor.controlLtHighlight;
057     names [21] = "controlShadow";
058     colors[21] = SystemColor.controlShadow;
059     names [22] = "controlDkShadow";
060     colors[22] = SystemColor.controlDkShadow;
061     names [23] = "scrollbar";
062     colors[23] = SystemColor.scrollbar;
```

Listing 32.16: Verwendung der Klasse Scroll-Pane (Forts.)

Listing 32.16:
Verwendung der
Klasse Scroll-
Pane
(Forts.)

```
063      names [24] = "info";
064      colors[24] = SystemColor.info;
065      names [25] = "infoText";
066      colors[25] = SystemColor.infoText;
067    }
068
069    public int getSize()
070    {
071      return SystemColor.NUM_COLORS;
072    }
073
074    public String getName(int i)
075    {
076      return names[i];
077    }
078
079    public SystemColor getColor(int i)
080    {
081      return colors[i];
082    }
083 }
084
085 class SystemColorViewer
086 extends Canvas
087 {
088    NamedSystemColors colors;
089
090    public SystemColorViewer()
091    {
092      colors = new NamedSystemColors();
093    }
094
095    public Dimension getPreferredSize()
096    {
097      return new Dimension(150,16 + colors.getSize() * 20);
098    }
099
100    public void paint(Graphics g)
101    {
102      for (int i = 0; i < colors.getSize(); ++i) {
103        //Rahmen für Farbbox
104        g.setColor(Color.black);
105        g.drawRect(10,16+20*i,16,16);
106        //Farbbox
107        g.setColor(colors.getColor(i));
108        g.fillRect(11,17+20*i,15,15);
109        //Bezeichnung
110        g.setColor(Color.black);
111        g.drawString(colors.getName(i),30,30+20*i);
```

```
112       }
113     }
114 }
115
116 public class Listing3216
117 extends Frame
118 {
119   public static void main(String[] args)
120   {
121     Listing3216 wnd = new Listing3216();
122     wnd.setLocation(200,100);
123     wnd.setVisible(true);
124   }
125
126   public Listing3216()
127   {
128     super("ScrollPane");
129     setBackground(Color.lightGray);
130     //ScrollPane
131     ScrollPane sc = new ScrollPane(
132       ScrollPane.SCROLLBARS_AS_NEEDED
133     );
134     sc.add(new SystemColorViewer());
135     sc.getVAdjustable().setUnitIncrement(1);
136     sc.getHAdjustable().setUnitIncrement(1);
137     sc.setSize(200,200);
138     add(sc);
139     //Window-Listener
140     addWindowListener(new WindowClosingAdapter(true));
141     //Dialogelement anordnen
142     pack();
143   }
144 }
```

Listing 32.16: Verwendung der Klasse ScrollPane (Forts.)

Die paint-Methode von SystemColorViewer ist etwas ineffizient, denn sie gibt bei jedem Aufruf den gesamten Inhalt der virtuellen Ausgabefläche komplett aus. Eine bessere Implementierung würde zuvor die Position und Größe der Clipping-Region abfragen und nur diesen Bereich aktualisieren. Die Clipping-Region enthält dabei einen Bereich, dessen Größe und Lage exakt dem aktuellen Viewport entspricht.

Ein Probelauf des Programms ergibt folgende Ausgabe:

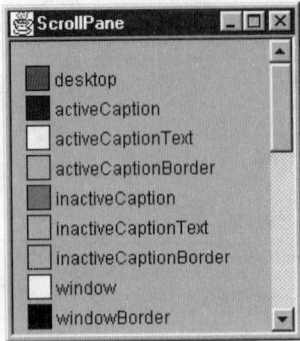

Abbildung 32.12:
Verwendung von
ScrollPane

32.12 Zusammenfassung

In diesem Kapitel wurden folgende Themen behandelt:

- Die Eigenschaften der Klasse Component als Basisklasse aller Dialogelemente
- Die Klasse Label zur Beschriftung eines Dialogs
- Erzeugen einer Schaltfläche mit der Klasse Button
- Erzeugen eines Ankreuzfeldes mit der Klasse Checkbox
- Zusammenfassen von Ankreuzfeldern mit Hilfe der Klasse CheckboxGroup
- Erzeugen eines einzeiligen Textfeldes mit der Klasse TextField
- Erzeugen eines mehrzeiligen Textfeldes mit der Klasse TextArea
- Erzeugen von Kombinationsfeldern mit der Klasse Choice
- Erzeugen von Listenfeldern mit der Klasse List
- Erzeugen von horizontalen und vertikalen Schiebereglern mit der Klasse ScrollBar
- Realisierung einer virtuellen Ausgabefläche mit automatischem Scrolling mit Hilfe der Klasse ScrollPane

33 Eigene Dialogelemente

33.1 Die Klasse Canvas

Bisher haben wir uns nur mit *vordefinierten* Dialogelementen beschäftigt. Java bietet aber auch die Möglichkeit, Dialogelemente selbst zu definieren und wie eine vordefinierte Komponente zu verwenden. In der *Java-Beans-Spezifikation* wurden die dazu erforderlichen Techniken beschrieben und die zugrunde liegenden Konzepte definiert. Wir wollen uns an dieser Stelle zunächst mit den Grundlagen der Entwicklung eigener Dialogelemente auf der Basis der Klasse Canvas befassen, wie sie mit dem SystemColorViewer in Abschnitt 32.11 auf Seite 697 angedeutet werden. Eine ausführliche Beschreibung von Java-Beans findet sich in Kapitel 44 auf Seite 1015.

Ein Canvas ist ein frei definierbares Dialogelement, das in der Grundversion praktisch keinerlei Funktionalität zur Verfügung stellt. Damit ein Canvas etwas Sinnvolles tun kann, muß daraus eine eigene Klasse abgeleitet werden, und in dieser müssen die Methode paint und die Methoden zur Reaktion auf Nachrichten überlagert werden.

```
public Canvas()
```
java.awt.Canvas

Durch Überlagern der paint-Methode sorgt eine Canvas-Komponente für die Darstellung auf dem Bildschirm:

```
public void paint(Graphics g)
```
java.awt.Canvas

Die Standardversion von paint zeichnet nur die Ausgabefläche in der aktuellen Hintergrundfarbe. Eine überlagernde Version kann hier natürlich ein beliebig komplexes Darstellungsverhalten realisieren. Der Punkt (0,0) des übergebenen Graphics-Objektes entspricht dabei der linken oberen Ecke des Ausgabebereichs.

Da die Klasse Canvas aus Component abgeleitet ist, bekommt ein Canvas-Objekt alle Ereignisse zugestellt, die auch an eine Komponente gehen. Hierzu zählen Tastatur-, Maus-, Mausbewegungs-, Fokus- und Komponentenereignisse. Die Implementierung der Ereignishandler erfolgt zweckmäßigerweise so, wie es im vierten Entwurfsmuster in Kapitel 28 auf Seite 575 vorgestellt wurde.

33.2 Entwicklung einer 7-Segment-Anzeige

33.2.1 Anforderungen

In diesem Abschnitt wollen wir uns ein konkretes Beispiel zur Komponentenentwicklung ansehen. Dazu soll eine einstellige 7-Segment-Anzeige entwickelt werden, die in der Lage ist, die Ziffern 0 bis 9 darzustellen. Des weiteren sollen folgende Eigenschaften realisiert werden:

- Die Anzeige soll in der Größe skalierbar sein und sich zu allen Layoutmanagern kompatibel verhalten.

- Die 7-Segment-Anzeige soll auf Mausklicks reagieren. Nach einem Mausklick soll sie den Fokus erhalten. Nach Drücken der linken Maustaste soll der Anzeigewert herunter- und nach Drücken der rechten Maustaste heraufgezählt werden. Wird während des Mausklicks die [UMSCHALT]-Taste gedrückt, so soll lediglich der Fokus zugewiesen werden, der Wert aber unverändert bleiben.

- Der Anzeigewert soll durch Drücken der Tasten [+] und [-] herauf- bzw. heruntergezählt werden. Wird eine Zifferntaste gedrückt, so soll die Anzeige auf diesen Wert gesetzt werden.

- Eine Anzeige, die den Fokus hat, soll visuell von einer ohne Fokus unterscheidbar sein. Der Fokus soll weiterhin – wie unter Windows üblich – mit Hilfe der Tasten [TAB] und [UMSCHALT]+[TAB] von einem Dialogelement zum nächsten weitergereicht werden können.

33.2.2 Bildschirmanzeige

Die Architektur unserer Anzeigekomponente ist denkbar einfach. Wir definieren dazu eine neue Klasse Segment7, die aus Canvas abgeleitet wird. Segment7 besitzt eine Membervariable digit, die den aktuellen Anzeigewert speichert. Dieser kann mit den öffentlichen Methoden getValue und setValue abgefragt bzw. gesetzt werden. Die Klasse bekommt zwei Konstruktoren, die es erlauben, den Anzeigewert wahlweise bei der Instanzierung zu setzen oder die Voreinstellung 0 zu verwenden.

Segment7 überlagert die Methoden getPreferredSize und getMinimumSize der Klasse Component, um den Layoutmanagern die gewünschte Größe mitzuteilen:

java.awt.Component
```
public Dimension getPreferredSize()

public Dimension getMinimumSize()
```

Entwicklung einer 7-Segment-Anzeige — Kapitel 33

Beide Methoden liefern ein Objekt der Klasse Dimension, also ein rechteckiges Element mit einer Höhe und Breite. getPreferredSize teilt dem Layoutmanager mit, welches die *gewünschte* Größe der Komponente ist, und getMinimumSize gibt an, welches die kleinste akzeptable Größe ist. Der Layoutmanager FlowLayout beispielsweise verwendet getPreferredSize, um die Größe der Komponente zu bestimmen. GridLayout gibt die Größe selbst vor und paßt sie an die Gitterelemente an. Durch Aufruf von pack kann allerdings auch GridLayout dazu veranlaßt werden, die gewünschte Größe der Komponenten abzufragen und zur Dimensionierung des Fensters (und damit letztlich zur Dimensionierung der Einzelkomponenten) zu verwenden. Seit dem JDK 1.1 gibt es noch eine dritte Methode getMaximumSize, mit der die Komponente ihre maximale Größe mitteilen kann. Sie wird in unserem Beispiel nicht benötigt.

Zur Darstellung der Leuchtdiodenanzeige auf dem Bildschirm wird die Methode paint überlagert; in ihr befindet sich die Logik zur Darstellung der sieben Segmente (siehe Abbildung 33.1). In Segment7 wurden dazu drei Arrays digits, polysx und polysy definiert, die die Belegung der Segmente für jede einzelne Ziffer darstellen und die Eckpunkte jedes einzelnen Segments vorgeben.

paint verwendet das Array digits, um herauszufinden, welche Segmente zur Darstellung der aktuellen Ziffer verwendet werden. Für jedes der beteiligten Segmente wird dann aus den Arrays polysx und polysy das passende Polygon gebildet und mit fillPolygon angezeigt. Als interne Berechnungseinheit werden zwei Parameter dx und dy verwendet, die beim Aufruf von paint aus dem für die Komponente verfügbaren Platz berechnet werden.

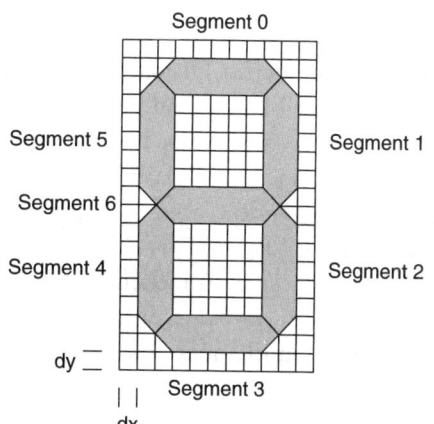

Abbildung 33.1: Der Aufbau der 7-Segment-Anzeige

33.2.3 Ereignisbehandlung

Wie in Kapitel 28 auf Seite 575 erwähnt, erfolgt die Ereignisbehandlung in selbstdefinierten Komponenten üblicherweise auf der Basis des vierten vorgestellten Architekturmodells. Bei diesem werden die Ereignisse nicht durch registrierte Listener-Klassen bearbeitet, sondern durch Überlagern der Methoden `process...Event` der Klasse `Component`.

Damit die Ereignisse tatsächlich an diese Methoden weitergegeben werden, müssen sie zuvor durch Aufruf von `enableEvents` und Übergabe der zugehörigen Ereignismaske aktiviert werden. Da wir Component-, Focus-, Key- und Mouse-Ereignisse behandeln wollen, rufen wir `enableEvents` mit den Konstanten `AWTEvent.COMPONENT_EVENT_MASK`, `AWTEvent.FOCUS_EVENT_MASK`, `AWTEvent.MOUSE_EVENT_MASK` und `AWTEvent.KEY_EVENT_MASK` auf. Beim Überlagern dieser Methoden sollte in jedem Fall der entsprechende Ereignishandler der Superklasse aufgerufen werden, um die korrekte Standard-Ereignisbehandlung sicherzustellen.

Die Reaktion auf Mausklicks wird durch Überlagern der Methode `processMouseEvent` realisiert. Hier wird zunächst überprüft, ob es sich um ein `MOUSE_PRESSED`-Ereignis handelt, also ob eine der Maustasten *gedrückt* wurde. Ist dies der Fall, wird dem Anzeigeelement durch Aufruf von `requestFocus` der Eingabefokus zugewiesen.

Anschließend wird überprüft, ob die [UMSCHALT]-Taste gedrückt wurde. Ist das der Fall, wird die Ereignisbehandlung beendet, andernfalls wird der Anzeigewert hoch- bzw. heruntergezählt, je nachdem, ob die rechte oder linke Maustaste gedrückt wurde. Am Ende von `processMouseEvent` wird in jedem Fall `super.processMouseEvent` aufgerufen, um sicherzustellen, daß die normale Ereignisbehandlung aufgerufen wird.

Ein selbstdefiniertes Dialogelement bekommt nicht automatisch den Fokus zugewiesen, wenn mit der Maus darauf geklickt wird. Statt dessen muß es selbst auf Mausklicks reagieren und sich – wie zuvor beschrieben – durch Aufruf von `requestFocus` selbst den Fokus zuweisen. Bei jeder Fokusänderung wird ein Focus-Event ausgelöst, das wir durch Überlagern der Methode `processFocusEvent` bearbeiten. Hier unterscheiden wir zunächst, ob es sich um ein `FOCUS_GAINED`- oder `FOCUS_LOST`-Ereignis handelt, und setzen eine interne Statusvariable `hasfocus` entsprechend. Diese wird nach dem anschließenden Aufruf von `repaint` verwendet, um in `paint` durch Modifikation der Anzeigefarbe ein visuelles Feedback zu geben. Hat ein Element den Fokus, so ist die Farbe der Anzeigesegmente gelb, andernfalls rot.

Seit dem JDK 1.1 gibt es einen Mechanismus, der es erlaubt, mit den Tasten [TAB] und [UMSCHALT]+[TAB] zwischen den Eingabefeldern eines Dialogs zu wechseln. Genauer gesagt wird dadurch der Fokus an das nächste Element weiter- bzw. zum vorigen zurückgegeben. Da diese Vorgehensweise nicht bei jedem Dialogelement sinnvoll ist, kann das Dialogelement sie durch Überlagern der Methode isFocusTraversable selbst bestimmen. Liefert isFocusTraversable den Rückgabewert true, so nimmt das Objekt an der [TAB]-Behandlung teil, andernfalls nicht. Die Klasse Segment7 überlagert isFocusTraversable und gibt true zurück. So kann mit [TAB] und [UMSCHALT]+[TAB] wie besprochen zwischen den 7-Segment-Anzeigen gewechselt werden.

> Mit der Version 1.4 des JDK wurde isFocusTraversable als deprecated markiert, und sollte durch isFocusable ersetzt werden. Wegen der großen Anzahl vorhandener Bugs und Inkonsistenzen wurde nämlich die Architektur des *Fokus-Subsystems* vollständig überarbeitet und mit einem teilweise neuen API versehen. Programmcode, der mit der Fokussierung von AWT- oder Swing-Komponenten zu tun hat, muß daher beim Umstieg auf das JDK 1.4 vermutlich überarbeitet werden.

Ein Dialogelement enthält nur dann Tastatureingaben, wenn es den Fokus hat. Durch den zuvor beschriebenen Mechanismus des Aufrufs von requestFocus stellen wir sicher, daß nach einem Mausklick bzw. nach dem Wechsel des Fokus mit [TAB] und [UMSCHALT]+[TAB] Tastaturereignisse an das Element gesendet werden. Diese werden durch Überlagern der Methode processKeyEvent behandelt. Wir überprüfen darin zunächst, ob das Ereignis vom Typ KEY_PRESSED ist, und besorgen dann mit getKeyChar den Wert der gedrückten Taste. Ist er '+', so wird der Anzeigewert um 1 erhöht, bei '-' entsprechend verringert. Wurde eine der Zifferntasten gedrückt, so erhält das Anzeigeelement diesen Wert. Anschließend wird durch Aufruf von repaint die Anzeige neu gezeichnet.

Ein Component-Ereignis brauchen wir in unserem Beispiel nur, damit wir dem Dialogelement unmittelbar nach der Anzeige auf dem Bildschirm den Fokus zuweisen können. Dazu überlagern wir die Methode processComponentEvent und überprüfen, ob das Ereignis vom Typ COMPONENT_SHOWN ist. In diesem Fall wird requestFocus aufgerufen, andernfalls passiert nichts.

Damit ist die Konstruktion der Komponente auch schon abgeschlossen. Durch die Definition von getPreferredSize und getMinimumSize und die automatische Skalierung in der paint-Methode verhält sich unsere neue Komponente so, wie es die Layoutmanager von ihr erwarten. Daher kann sie wie eine vordefinierte Komponente verwendet werden. Hier ist der Quellcode von Segment7:

```
001 /* Segment7.java */
002
003 import java.awt.*;
004 import java.awt.event.*;
005
006 class Segment7
007 extends Canvas
008 {
```

Listing 33.1: Eine 7-Segment-Anzeige

Listing 33.1:
Eine
7-Segment-
Anzeige
(Forts.)

```
009    private int digit;
010    private boolean hasfocus;
011    private int[][] polysx = {
012      { 1, 2, 8, 9, 8, 2},      //Segment 0
013      { 9,10,10, 9, 8, 8},      //Segment 1
014      { 9,10,10, 9, 8, 8},      //Segment 2
015      { 1, 2, 8, 9, 8, 2},      //Segment 3
016      { 1, 2, 2, 1, 0, 0},      //Segment 4
017      { 1, 2, 2, 1, 0, 0},      //Segment 5
018      { 1, 2, 8, 9, 8, 2},      //Segment 6
019    };
020    private int[][] polysy = {
021      { 1, 0, 0, 1, 2, 2},      //Segment 0
022      { 1, 2, 8, 9, 8, 2},      //Segment 1
023      { 9,10,16,17,16,10},      //Segment 2
024      {17,16,16,17,18,18},      //Segment 3
025      { 9,10,16,17,16,10},      //Segment 4
026      { 1, 2, 8, 9, 8, 2},      //Segment 5
027      { 9, 8, 8, 9,10,10},      //Segment 6
028    };
029    private int[][] digits = {
030      {1,1,1,1,1,1,0},          //Ziffer 0
031      {0,1,1,0,0,0,0},          //Ziffer 1
032      {1,1,0,1,1,0,1},          //Ziffer 2
033      {1,1,1,1,0,0,1},          //Ziffer 3
034      {0,1,1,0,0,1,1},          //Ziffer 4
035      {1,0,1,1,0,1,1},          //Ziffer 5
036      {1,0,1,1,1,1,1},          //Ziffer 6
037      {1,1,1,0,0,0,0},          //Ziffer 7
038      {1,1,1,1,1,1,1},          //Ziffer 8
039      {1,1,1,1,0,1,1}           //Ziffer 9
040    };
041
042    public Segment7()
043    {
044      this(0);
045    }
046
047    public Segment7(int digit)
048    {
049      super();
050      this.digit = digit;
051      this.hasfocus = false;
052      enableEvents(AWTEvent.COMPONENT_EVENT_MASK);
053      enableEvents(AWTEvent.FOCUS_EVENT_MASK);
054      enableEvents(AWTEvent.MOUSE_EVENT_MASK);
055      enableEvents(AWTEvent.KEY_EVENT_MASK);
056    }
057
```

Entwicklung einer 7-Segment-Anzeige

Listing 33.1:
Eine
7-Segment-
Anzeige
(Forts.)

```
058    public Dimension getPreferredSize()
059    {
060      return new Dimension(5*10,5*18);
061    }
062
063    public Dimension getMinimumSize()
064    {
065      return new Dimension(1*10,1*18);
066    }
067
068    public boolean isFocusTraversable()
069    {
070      return true;
071    }
072
073    public void paint(Graphics g)
074    {
075      Color darkred  = new Color(127,0,0);
076      Color lightred = new Color(255,0,0);
077      Color yellow   = new Color(255,255,0);
078      //dx und dy berechnen
079      int dx = getSize().width / 10;
080      int dy = getSize().height / 18;
081      //Hintergrund
082      g.setColor(darkred);
083      g.fillRect(0,0,getSize().width,getSize().height);
084      //Segmente
085      if (hasfocus) {
086        g.setColor(yellow);
087      } else {
088        g.setColor(lightred);
089      }
090      for (int i=0; i < 7; ++i) { //alle Segmente
091        if (digits[digit][i] == 1) {
092          Polygon poly = new Polygon();
093          for (int j = 0; j < 6; ++j) { //alle Eckpunkte
094            poly.addPoint(dx*polysx[i][j],dy*polysy[i][j]);
095          }
096          g.fillPolygon(poly);
097        }
098      }
099      //Trennlinien
100      g.setColor(darkred);
101      g.drawLine(0,0,dx*10,dy*10);
102      g.drawLine(0,8*dy,10*dx,18*dy);
103      g.drawLine(0,10*dy,10*dx,0);
104      g.drawLine(0,18*dy,10*dx,8*dy);
105    }
106
```

Listing 33.1:
Eine
7-Segment-
Anzeige
(Forts.)

```java
107   public int getValue()
108   {
109     return digit;
110   }
111
112   public void setValue(int value)
113   {
114     digit = value % 10;
115   }
116
117   protected void processComponentEvent(ComponentEvent event)
118   {
119     if (event.getID() == ComponentEvent.COMPONENT_SHOWN) {
120       requestFocus();
121     }
122     super.processComponentEvent(event);
123   }
124
125   protected void processFocusEvent(FocusEvent event)
126   {
127     if (event.getID() == FocusEvent.FOCUS_GAINED) {
128       hasfocus = true;
129       repaint();
130     } else if (event.getID() == FocusEvent.FOCUS_LOST) {
131       hasfocus = false;
132       repaint();
133     }
134     super.processFocusEvent(event);
135   }
136
137   protected void processMouseEvent(MouseEvent event)
138   {
139     if (event.getID() == MouseEvent.MOUSE_PRESSED) {
140       requestFocus();
141       if (!event.isShiftDown()) {
142         if (event.isMetaDown()) {
143           setValue(getValue() + 1); //increment by 1
144         } else {
145           setValue(getValue() + 9); //decrement by 1
146         }
147       }
148       repaint();
149     }
150     super.processMouseEvent(event);
151   }
152
153   protected void processKeyEvent(KeyEvent event)
154   {
155     if (event.getID() == KeyEvent.KEY_PRESSED) {
```

```
156      char key = event.getKeyChar();
157      if (key >= '0' && key <= '9') {
158        setValue(key - '0');
159        repaint();
160      } else if (key == '+') {
161        setValue(getValue() + 1); //increment by 1
162        repaint();
163      } else if (key == '-') {
164        setValue(getValue() + 9); //decrement by 1
165        repaint();
166      }
167    }
168    super.processKeyEvent(event);
169  }
170 }
```

Listing 33.1: Eine 7-Segment-Anzeige (Forts.)

33.3 Einbinden der Komponente

Auch die Einbindung dieser neuen Komponente ist sehr einfach und kann in Anlehnung an die vorherigen Beispiele durch Aufruf von add in einem Container erfolgen:

```
001 /* Listing3302.java */
002
003 import java.awt.*;
004 import java.awt.event.*;
005
006 class MyDialog3302
007 extends Dialog
008 implements ActionListener
009 {
010   public MyDialog3302(Frame parent)
011   {
012     super(parent,"MyDialog3302",true);
013     setBounds(100,100,400,300);
014     setBackground(Color.lightGray);
015     setLayout(new BorderLayout());
016     Panel panel = new Panel();
017     customizeLayout(panel);
018     add(panel, BorderLayout.CENTER);
019     //Ende-Button
020     Button button = new Button("Ende");
021     button.addActionListener(this);
022     add(button, BorderLayout.SOUTH);
023     pack();
024     //Window-Ereignisse
025     addWindowListener(
026       new WindowAdapter() {
027         public void windowClosing(WindowEvent event)
```

Listing 33.2: Einbinden der 7-Segment-Anzeige

Listing 33.2:
Einbinden der
7-Segment-
Anzeige
(Forts.)

```
028         {
029           endDialog();
030         }
031       }
032     );
033   }
034
035   private void customizeLayout(Panel panel)
036   {
037     panel.setLayout(new FlowLayout());
038     panel.add(new Segment7(0));
039     panel.add(new Segment7(1));
040     panel.add(new Segment7(2));
041     panel.add(new Segment7(3));
042     panel.add(new Segment7(4));
043     panel.add(new Segment7(5));
044     panel.add(new Segment7(6));
045     panel.add(new Segment7(7));
046     panel.add(new Segment7(8));
047     panel.add(new Segment7(9));
048   }
049
050   public void actionPerformed(ActionEvent event)
051   {
052     String cmd = event.getActionCommand();
053     if (cmd.equals("Ende")) {
054       endDialog();
055     }
056   }
057
058   void endDialog()
059   {
060     setVisible(false);
061     dispose();
062     ((Window)getParent()).toFront();
063     getParent().requestFocus();
064   }
065 }
066
067 public class Listing3302
068 extends Frame
069 implements ActionListener
070 {
071   public static void main(String[] args)
072   {
073     Listing3302 wnd = new Listing3302();
074     wnd.setSize(300,200);
075     wnd.setVisible(true);
076   }
```

Listing 33.2:
Einbinden der
7-Segment-
Anzeige
(Forts.)

```
077
078    public Listing3302()
079    {
080      super("7-Segment-Anzeige");
081      setBackground(Color.lightGray);
082      setLayout(new FlowLayout());
083      //Dialog-Button
084      Button button = new Button("Dialog");
085      button.addActionListener(this);
086      add(button);
087      //Ende-Button
088      button = new Button("Ende");
089      button.addActionListener(this);
090      add(button);
091      //Window-Ereignisse
092      addWindowListener(new WindowClosingAdapter(true));
093    }
094
095    public void actionPerformed(ActionEvent event)
096    {
097      String cmd = event.getActionCommand();
098      if (cmd.equals("Dialog")) {
099        MyDialog3302 dlg = new MyDialog3302(this);
100        dlg.setVisible(true);
101      } else if (cmd.equals("Ende")) {
102        setVisible(false);
103        dispose();
104        System.exit(0);
105      }
106    }
107 }
```

Das Ergebnis kann sich sehen lassen:

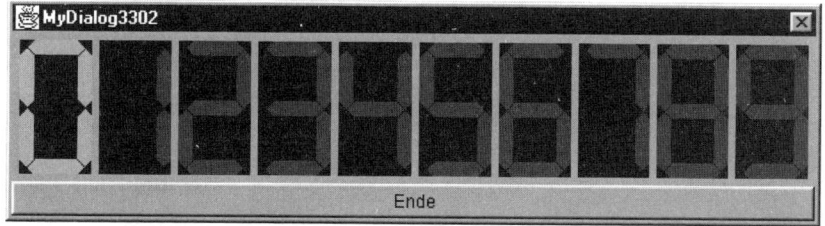

Abbildung 33.2:
Ein Beispiel für
die Anwendung
der 7-Segment-
Anzeige

Wir wollen nun die Entwicklung von Dialogen abschließen und uns in Kapitel 34 auf Seite 717 der Einbindung von Bildern und der Entwicklung von Animationen zuwenden.

33.4 Zusammenfassung

In diesem Kapitel wurden folgende Themen behandelt:

- Die Bedeutung der Klasse `Canvas` zur Realisierung benutzerdefinierter Komponenten
- Die Architektur einer Komponente zur Darstellung einer 7-Segment-Anzeige
- Die Implementierung der Methoden `getPreferredSize` und `getMinimumSize`
- Überlagern von `paint` zur Realisierung der Bildschirmanzeige
- Überlagern der Methoden `processXYZEvent` zur Reaktion auf GUI-Ereignisse und Aktivieren des Ereignisversands mit `enableEvents`
- Die Besonderheiten bei der Bearbeitung der Focus-Events
- Einbindung einer benutzerdefinierten Komponente in einen Dialog

34 Bitmaps und Animationen

34.1 Bitmaps

34.1.1 Laden und Anzeigen einer Bitmap

Das Anzeigen einer Bitmap kann in zwei Schritte unterteilt werden:

- das Laden der Bitmap von einem externen Speichermedium oder aus dem Netz
- die eigentliche Ausgabe auf den Bildschirm

Das Laden erfolgt mit der Methode `getImage`, die eine Instanz der Klasse `Image` zurückgibt. Das `Image`-Objekt kann dann mit der Methode `drawImage` der Klasse `Graphics` angezeigt werden.

`getImage` gibt es in verschiedenen Varianten, die sich dadurch unterscheiden, aus welcher Quelle sie die Bitmap-Daten laden. In einer Java-*Applikation* wird in der Regel die Methode `getImage` aus der Klasse `Toolkit` verwendet. Sie erwartet den Namen einer lokalen Datei als Parameter:

```
public Image getImage(String filename)
```
java.awt.Toolkit

`getImage` versteht in der aktuellen Version des AWT die beiden Bitmap-Typen *gif* und *jpeg*. Andere Grafikformate, wie etwa das unter Windows gebräuchliche *bmp*-Format, werden nicht unterstützt, sondern müssen bei Bedarf konvertiert werden.

Neben den `getImage`-Methoden gibt es seit dem JDK 1.2 auch zwei Methoden mit dem Namen `createImage` in der Klasse `Toolkit`.

```
public abstract Image createImage(String filename)
public abstract Image createImage(URL url)
```
java.awt.Toolkit

Sie laden ein Image bei jeder Verwendung neu und führen (im Gegensatz zu `getImage`) kein Caching des Bildes durch. Die JDK-Dokumentation empfiehlt sie gegenüber `getImage`, weil bei deren Verwendung Speicherlecks durch das unbegrenzte Zwischenspeichern der Bilddaten entstehen können.

Das `Toolkit` für die aktuelle Umgebung kann mit der Methode `getToolkit` der Klasse `Component` beschafft werden:

```
public Toolkit getToolkit()
```
java.awt.Component

Kapitel 34 — Bitmaps und Animationen

Der gesamte Code zum Laden einer Bitmap duke.gif sieht daher so aus:

Listing 34.1:
Laden einer
Bitmap-Datei

```
001 Image img;
002 img = getToolkit().getImage("duke.gif");
```

Um das Image anzuzeigen, kann die Methode drawImage der Klasse Graphics aufgerufen werden:

java.awt.
Graphics

```
public boolean drawImage(
    Image img, int x, int y, ImageObserver observer
)
```

> drawImage gibt es in unterschiedlichen Ausprägungen. Die hier vorgestellte Variante erwartet das anzuzeigende Image-Objekt und die Position (x,y), an der die linke obere Ecke der Bitmap plaziert werden soll. Das zusätzlich angegebene Objekt observer dient zur Übergabe eines ImageObserver-Objektes, mit dem der Ladezustand der Bitmaps überwacht werden kann. Hier kann der this-Zeiger, also eine Referenz auf das Fensterobjekt, übergeben werden. Weitere Varianten von drawImage, die ein Bild sogar skalieren und spiegeln können, werden in der API-Dokumentation beschrieben.

Das folgende Listing ist ein einfaches Beispiel für das Laden und Anzeigen der Bitmap duke.gif. Alle erforderlichen Aktionen erfolgen innerhalb von paint:

Listing 34.2:
Laden und
Anzeigen einer
Bitmap

```
001 public void paint(Graphics g)
002 {
003    Image img;
004    img = getToolkit().getImage("duke.gif");
005    g.drawImage(img,40,40,this);
006 }
```

Die Ausgabe des Programms ist:

Abbildung 34.1:
Laden und Anzeigen einer Bitmap

Bitmaps — Kapitel 34

> Die gewählte Vorgehensweise ist nicht besonders effizient, denn die Bitmap wird bei jedem Aufruf von paint neu geladen. Besser ist es, die benötigten Bitmaps einmal zu laden und dann im Speicher zu halten. Obwohl man vermuten könnte, daß dies die Ladezeit des Fensters unannehmbar verlängern würde, ist der Konstruktor der Klasse eine gute Stelle dafür. Der Aufruf von getImage lädt die Bitmap nämlich noch nicht, sondern bereitet das Laden nur vor. Der eigentliche Ladevorgang erfolgt erst, wenn die Bitmap beim Aufruf von drawImage tatsächlich benötigt wird.

Die Klasse MediaTracker

Manchmal kann es sinnvoll sein, den tatsächlichen Ladevorgang des Bildes abzuwarten, bevor im Programm fortgefahren wird. Wird zum Beispiel die Größe der Bitmap benötigt, um sie korrekt auf dem Bildschirm anordnen oder skalieren zu können, muß das Programm warten, bis das Image vollständig erzeugt ist.

Für diese Zwecke steht die Klasse MediaTracker zur Verfügung, die das Laden eines oder mehrerer Bilder überwacht. Dazu wird zunächst eine Instanz der Klasse angelegt:

```
public MediaTracker(Component comp)
```
java.awt.MediaTracker

Als Komponente wird der this-Zeiger des aktuellen Fensters übergeben. Anschließend werden durch Aufruf von addImage alle Bilder, deren Ladevorgang überwacht werden soll, an den MediaTracker übergeben:

```
public void addImage(Image img, int id)
```
java.awt.MediaTracker

Der zusätzlich übergebene Parameter id kann dazu verwendet werden, einen Namen zu vergeben, unter dem auf das Image zugegriffen werden kann. Zusätzlich bestimmt er die Reihenfolge, in der die Images geladen werden. Bitmaps mit kleineren Werten werden zuerst geladen.

Der MediaTracker bietet eine Reihe von Methoden, um den Ladezustand der Bilder zu überwachen. Wir wollen hier nur die Methode waitForAll betrachten. Sie wartet, bis alle Images vollständig geladen sind:

```
public void waitForAll()
  throws InterruptedException
```
java.awt.MediaTracker

Nach Abschluß des Ladevorgangs sendet waitForAll eine Ausnahme des Typs InterruptedException.

Das vollständige Beispielprogramm zur Anzeige von duke.gif sieht nun so aus:

Listing 34.3:
Programm zum
Laden und
Anzeigen einer
Bitmap

```java
001 /* Listing3403.java */
002
003 import java.awt.*;
004 import java.awt.event.*;
005
006 public class Listing3403
007 extends Frame
008 {
009   private Image img;
010
011   public static void main(String[] args)
012   {
013     Listing3403 wnd = new Listing3403();
014   }
015
016   public Listing3403()
017   {
018     super("Bitmap");
019     setBackground(Color.lightGray);
020     setSize(250,150);
021     setVisible(true);
022     //WindowListener
023     addWindowListener(new WindowClosingAdapter(true));
024     //Bild laden
025     img = getToolkit().getImage("duke.gif");
026     MediaTracker mt = new MediaTracker(this);
027     mt.addImage(img, 0);
028     try {
029       //Warten, bis das Image vollständig geladen ist.
030       mt.waitForAll();
031     } catch (InterruptedException e) {
032       //nothing
033     }
034     repaint();
035   }
036
037   public void paint(Graphics g)
038   {
039     if (img != null) {
040       g.drawImage(img,40,40,this);
041     }
042   }
043 }
```

34.1.2 Entwicklung einer eigenen Bitmap-Komponente

Ein schönes Beispiel für die Verwendung von Bitmaps ist die Konstruktion einer Komponente BitmapComponent, die in Dialogboxen zur Anzeige von Bitmaps verwendet werden kann. Die Verwendung soll dabei so einfach wie möglich sein, d.h. außer der Übergabe des Dateinamens an den Konstruktor soll kein zusätzlicher Aufwand entstehen.

Zur Konstruktion der Komponente gehen wir in folgenden Schritten vor:

- Ableiten einer neuen Klasse BitmapComponent aus Canvas.
- Überlagern des Konstruktors, um dort die Bitmap zu laden.
- Überlagern von paint, um das Image auf dem Bildschirm auszugeben.
- Überlagern von getPreferredSize und getMinimumSize, um dem Layoutmanager die Größe der Komponente mitzuteilen.

Nach diesen Ausführungen ist die Implementierung einfach:

```
001 /* BitmapComponent.java */
002
003 import java.awt.*;
004
005 class BitmapComponent
006 extends Canvas
007 {
008   private Image img;
009
010   public BitmapComponent(String fname)
011   {
012     img = getToolkit().getImage(fname);
013     MediaTracker mt = new MediaTracker(this);
014
015     mt.addImage(img, 0);
016     try {
017       //Warten, bis das Image vollständig geladen ist,
018       //damit getWidth() und getHeight() funktionieren
019       mt.waitForAll();
020     } catch (InterruptedException e) {
021       //nothing
022     }
023   }
024
025   public void paint(Graphics g)
026   {
027     g.drawImage(img,1,1,this);
028   }
```

Listing 34.4:
Eine Komponente zum Anzeigen einer Bitmap

Kapitel 34   **Bitmaps und Animationen**

Listing 34.4:
Eine Komponente zum Anzeigen einer Bitmap (Forts.)

```
029
030    public Dimension getPreferredSize()
031    {
032      return new Dimension(
033        img.getWidth(this),
034        img.getHeight(this)
035      );
036    }
037
038    public Dimension getMinimumSize()
039    {
040      return new Dimension(
041        img.getWidth(this),
042        img.getHeight(this)
043      );
044    }
045  }
```

> Bei diesem Beispiel ist die Verwendung des `MediaTrackers` obligatorisch. Andernfalls könnte es passieren, daß zum Zeitpunkt des Aufrufs von `getPreferredSize` oder `getMinimumSize` die Bitmap noch nicht geladen ist und die Methoden `getWidth` und `getHeight` 0 zurückgeben. Dies würde dann dazu führen, daß der Layoutmanager den benötigten Platz fehlerhaft berechnet und die Komponente falsch oder gar nicht angezeigt wird.

Die Einbindung von `BitmapComponent` in einen Dialog erfolgt analog zur Einbindung jeder anderen Komponente durch Aufruf der Methode `add` der Klasse `Component`. Das folgende Listing gibt ein Beispiel für die Einbindung der neuen Komponente:

Listing 34.5:
Verwenden der Bitmap-Komponente

```
001  /* Listing3405.java */
002
003  import java.awt.*;
004  import java.awt.event.*;
005
006  public class Listing3405
007  extends Frame
008  {
009    public static void main(String[] args)
010    {
011      Listing3405 wnd = new Listing3405();
012    }
013
014    public Listing3405()
015    {
016      super("Bitmap-Komponente");
017      setBackground(Color.lightGray);
018      setSize(250,150);
019      setVisible(true);
```

Animation

Kapitel 34

```
020      //Hinzufügen der Komponenten
021      setLayout(new GridLayout(2,2));
022      add(new BitmapComponent("duke.gif"));
023      add(new BitmapComponent("duke.gif"));
024      add(new BitmapComponent("duke.gif"));
025      add(new BitmapComponent("duke.gif"));
026      pack();
027      //WindowListener
028      addWindowListener(new WindowClosingAdapter(true));
029    }
030 }
```

Listing 34.5:
Verwenden der Bitmap-Komponente
(Forts.)

Die Ausgabe des Programms ist:

Abbildung 34.2:
Verwendung von Bitmap-Component

34.2 Animation

34.2.1 Prinzipielle Vorgehensweise

Das Darstellen einer Animation auf dem Bildschirm ist im Prinzip nichts anderes als die schnell aufeinanderfolgende Anzeige einer Sequenz von Einzelbildern. Die Bildfolge erscheint dem menschlichen Auge aufgrund seiner Trägheit als zusammenhängende Bewegung.

Obwohl die prinzipielle Vorgehensweise damit klar umrissen ist, steckt die Tücke bei der Darstellung von animierten Bildsequenzen im Detail. Zu den Problemen, die in diesem Zusammenhang zu lösen sind, gehören:

▶ Für die Anzeige der Einzelbilder muß das richtige *Timing* gewählt werden. Werden zu wenig Bilder je Zeiteinheit angezeigt, erscheint das Ergebnis ruckelig. Werden zu viele gezeigt, kann es sein, daß paint-Events verlorengehen und Teile des Bildes nicht korrekt angezeigt werden.

▶ Wird zur Anzeige der Einzelbilder der normale paint-/repaint-Mechanismus von Java verwendet, wird die Darstellung durch ein starkes *Flackern* gestört. Wir werden eine

Reihe von Techniken kennenlernen, mit denen dieses Flackern verhindert werden kann.

▶ Die Darstellung der Einzelbilder darf nicht die *Interaktivität* des Programms beeinträchtigen. Vor allem darf die Nachrichtenschleife nicht blockiert werden. Wir werden lernen, wie man diese Probleme mit Hilfe separater Threads umgehen kann.

All dies sind Standardprobleme, die vom Programmierer bei der Entwicklung von Animationen zu lösen sind. Wir werden feststellen, daß Java dafür durchweg brauchbare Lösungen zu bieten hat und die Programmierung kleiner Animationen recht einfach zu realisieren ist.

Die repaint-Schleife

Das Grundprinzip einer Animation besteht darin, in einer Schleife die Methode repaint wiederholt aufzurufen. Ein Aufruf von repaint führt dazu, daß die paint-Methode aufgerufen wird, und innerhalb von paint generiert die Anwendung dann die für das aktuelle Einzelbild benötigte Bildschirmausgabe.

paint muß sich also merken (oder mitgeteilt bekommen), welches Bild bei welchem Aufruf erzeugt werden soll. Typischerweise wird dazu ein Schleifenzähler verwendet, der das gerade anzuzeigende Bild bezeichnet. Nach dem Ausführen der Ausgabeanweisungen terminiert paint, und der Aufrufer wartet eine bestimmte Zeitspanne. Dann zählt er den Bildzähler hoch und führt den nächsten Aufruf von repaint durch. Dies setzt sich so lange fort, bis die Animation beendet ist oder das Programm abgebrochen wird.

Das folgende Listing stellt eines der einfachsten Beispiele für eine Grafikanimation dar:

Listing 34.6:
Ein animierter
Zähler

```
001  /* Listing3406.java */
002
003  import java.awt.*;
004  import java.awt.event.*;
005
006  public class Listing3406
007  extends Frame
008  {
009    int cnt = 0;
010
011    public static void main(String[] args)
012    {
013      Listing3406 wnd = new Listing3406();
014      wnd.setSize(250,150);
015      wnd.setVisible(true);
016      wnd.startAnimation();
017    }
018
019    public Listing3406()
```

Animation Kapitel 34

```
020   {
021     super("Animierter Zähler");
022     setBackground(Color.lightGray);
023     addWindowListener(new WindowClosingAdapter(true));
024   }
025
026   public void startAnimation()
027   {
028     while (true) {
029       repaint();
030     }
031   }
032
033   public void paint(Graphics g)
034   {
035     ++cnt;
036     g.drawString("Counter = "+cnt,10,50);
037     try {
038       Thread.sleep(1000);
039     } catch (InterruptedException e) {
040     }
041   }
042 }
```

Listing 34.6:
Ein animierter
Zähler
(Forts.)

Das Programm öffnet ein Fenster und zählt in Sekundenabständen einen Zähler um eins hoch:

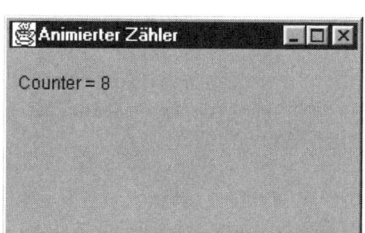

Abbildung 34.3:
Ein animierter
Zähler

Leider hat das Programm einen entscheidenden Nachteil. Die Animation selbst funktioniert zwar wunderbar, aber das Programm reagiert nur noch sehr schleppend auf Windows-Nachrichten. Wir wollen zunächst dieses Problem abstellen und uns ansehen, wie man die repaint-Schleife in einem eigenen Thread laufen läßt.

Verwendung von Threads

Um die vorherige Version des Programms zu verbessern, sollte die repaint-Schleife in einem eigenen Thread laufen. Zusätzlich ist es erforderlich, die Zeitverzögerung aus paint

Kapitel 34 — Bitmaps und Animationen

herauszunehmen und statt dessen in die repaint-Schleife zu verlagern. So bekommt der Haupt-Thread des Animationsprogramms genügend Zeit, die Bildschirmausgabe durchzuführen und kann andere Events bearbeiten. Daß in einem anderen Thread eine Endlosschleife läuft, merkt er nur noch daran, daß in regelmäßigen Abständen repaint-Ereignisse eintreffen.

Um das Programm auf die Verwendung mehrerer Threads umzustellen, sollte die Fensterklasse das Interface Runnable implementieren und eine Instanzvariable vom Typ Thread anlegen. Dann wird die Methode startAnimation so modifiziert, daß sie den neuen Thread instanziiert und startet. Die eigentliche repaint-Schleife wird in die Methode run verlagert. Schließlich sollte beim Beenden des Programms auch der laufende Thread beendet werden. Hier ist die modifizierte Fassung:

Listing 34.7: Verwendung von Threads zur Animation

```
001 /* Listing3407.java */
002
003 import java.awt.*;
004 import java.awt.event.*;
005
006 public class Listing3407
007 extends Frame
008 implements Runnable
009 {
010   int cnt = 0;
011
012   public static void main(String[] args)
013   {
014     Listing3407 wnd = new Listing3407();
015     wnd.setSize(250,150);
016     wnd.setVisible(true);
017     wnd.startAnimation();
018   }
019
020   public Listing3407()
021   {
022     super("Animations-Threads");
023     setBackground(Color.lightGray);
024     addWindowListener(new WindowClosingAdapter(true));
025   }
026
027   public void startAnimation()
028   {
029     Thread th = new Thread(this);
030     th.start();
031   }
032
033   public void run()
034   {
```

Animation

Kapitel 34

```
035      while (true) {
036        repaint();
037        try {
038          Thread.sleep(1000);
039        } catch (InterruptedException e) {
040          //nichts
041        }
042      }
043    }
044
045    public void paint(Graphics g)
046    {
047      ++cnt;
048      g.drawString("Counter = "+cnt,10,50);
049    }
050  }
```

Listing 34.7: Verwendung von Threads zur Animation (Forts.)

Das so modifizierte Programm erzeugt dieselbe Ausgabe wie das vorige, ist aber in der Lage, in der gewohnten Weise auf Ereignisse zu reagieren. Selbst wenn die Verzögerungsschleife ganz entfernt und der Hauptprozeß so pausenlos mit repaint-Anforderungen bombardiert würde, könnte das Programm noch normal beendet werden.

34.2.2 Abspielen einer Folge von Bitmaps

Eine der einfachsten und am häufigsten verwendeten Möglichkeiten, eine Animation zu erzeugen, besteht darin, die zur Darstellung erforderliche Folge von Bitmaps aus einer Reihe von Bilddateien zu laden. Jedem Einzelbild wird dabei ein Image-Objekt zugeordnet, das vor dem Start der Animation geladen wird. Alle Images liegen in einem Array oder einem anderen Container und werden in der repaint-Schleife nacheinander angezeigt.

Das folgende Programm speichert die 30 anzuzeigenden Einzelbilder in einem Array arImg, das nach dem Start des Programms komplett geladen wird. Da dieser Vorgang einige Sekunden dauern kann, zeigt das Programm den Ladefortschritt auf dem Bildschirm an.

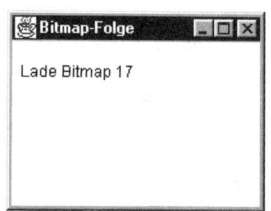

Abbildung 34.4: Die Ausgabe während des Ladevorgangs

Erst nach dem vollständigen Abschluß des Ladevorgangs, der mit einem MediaTracker überwacht wird, beginnt die eigentliche Animation. Die ganzzahlige Instanzvariable actimage dient als Zähler für die Bildfolge und wird nacheinander von 0 bis 29 hochgezählt, um dann wieder bei 0 zu beginnen. Nach jedem Einzelbild wartet das Programm 50 Millisekunden und führt dann den nächsten Aufruf von `repaint` durch:

Listing 34.8: Abspielen einer Folge von Bitmaps

```java
001  /* Listing3408.java */
002
003  import java.awt.*;
004  import java.awt.event.*;
005
006  public class Listing3408
007  extends Frame
008  implements Runnable
009  {
010    Thread th;
011    Image[] arImg;
012    int actimage;
013
014    public static void main(String[] args)
015    {
016      Listing3408 wnd = new Listing3408();
017      wnd.setSize(200,150);
018      wnd.setVisible(true);
019      wnd.startAnimation();
020    }
021
022    public Listing3408()
023    {
024      super("Bitmap-Folge");
025      addWindowListener(new WindowClosingAdapter(true));
026    }
027
028    public void startAnimation()
029    {
030      th = new Thread(this);
031      actimage = -1;
032      th.start();
033    }
034
035    public void run()
036    {
037      //Bilder laden
038      arImg = new Image[30];
039      MediaTracker mt = new MediaTracker(this);
040      Toolkit tk = getToolkit();
041      for (int i = 1; i <= 30; ++i) {
042        arImg[i-1] = tk.getImage("images/jana"+i+".gif");
043        mt.addImage(arImg[i-1], 0);
044      actimage = -i;
```

Animation — Kapitel 34

```
045        repaint();
046        try {
047          mt.waitForAll();
048        } catch (InterruptedException e) {
049          //nothing
050        }
051      }
052      //Animation beginnen
053      actimage = 0;
054      while (true) {
055        repaint();
056        actimage = (actimage + 1) % 30;
057        try {
058          Thread.sleep(50);
059        } catch (InterruptedException e) {
060          //nichts
061        }
062      }
063    }
064
065    public void paint(Graphics g)
066    {
067      if (actimage < 0) {
068        g.drawString("Lade Bitmap "+(-actimage),10,50);
069      } else {
070        g.drawImage(arImg[actimage],10,30,this);
071      }
072    }
073  }
```

Listing 34.8: Abspielen einer Folge von Bitmaps (Forts.)

Das vorliegende Beispiel verwendet die Bilddateien `jana1.gif` bis `jana30.gif`. Sie zeigen die verschiedenen Phasen des in Schreibschrift geschriebenen Namens »Jana«. Alternativ kann aber auch jede andere Sequenz von Bilddateien verwendet werden. Die folgenden Abbildungen zeigen einige Schnappschüsse der Programmausgabe:

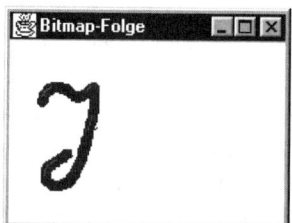

Abbildung 34.5: Animation eines Schriftzugs, Schnappschuß 1

Abbildung 34.6:
Animation eines
Schriftzugs,
Schnappschuß 2

Abbildung 34.7:
Animation eines
Schriftzugs,
Schnappschuß 3

34.2.3 Animation mit Grafikprimitiven

Alternativ zur Anzeige von Bilddateien kann jedes Einzelbild der Animation natürlich auch mit den Ausgabeprimitiven der Klasse `Graphics` erzeugt werden. Dies hat den Vorteil, daß der Anwender nicht auf das Laden der Bilder warten muß. Außerdem ist das Verfahren flexibler als der bitmap-basierte Ansatz. Der Nachteil ist natürlich, daß die Grafikoperationen zeitaufwendiger sind und eine zügige Bildfolge bei komplexen Sequenzen schwieriger zu erzielen ist.

Als Beispiel für diese Art von Animation wollen wir uns die Aufgabe stellen, eine aus rechteckigen Kästchen bestehende bunte Schlange über den Bildschirm laufen zu lassen. Sie soll an den Bildschirmrändern automatisch umkehren und auch innerhalb des Ausgabefensters von Zeit zu Zeit ihre Richtung wechseln.

Das folgende Programm stellt die Schlange als `Vector` von Objekten des Typs `ColorRectangle` dar. `ColorRectangle` ist aus `Rectangle` abgeleitet und besitzt zusätzlich eine Membervariable zur Darstellung der Farbe des Rechtecks.

Dieses Beispiel folgt dem allgemeinen Architekturschema für Animationen, das wir auch in den letzten Beispielen verwendet haben. Der erste Schritt innerhalb von `run` besteht darin, die Schlange zu konstruieren. Dazu wird eine Folge von Objekten der Klasse `ColorRectangle` konstruiert, und ab Position `(100,100)` werden die Objekte horizontal nebeneinander angeordnet. Die Farben werden dabei so vergeben, daß die Schlange in fließenden Übergängen von rot bis blau dargestellt wird. Alle Elemente werden in dem `Vector snake` gespeichert.

Nachdem die Schlange konstruiert wurde, beginnt die Animation. Dazu wird die aktuelle Schlange angezeigt, eine Weile pausiert und dann durch Aufruf der Methode moveSnake die nächste Position der Schlange berechnet. moveSnake ist relativ aufwendig, denn hier liegt der Löwenanteil der »Intelligenz« der Animation. Die Richtung der Bewegung der Schlange wird durch die Variablen dx und dy getrennt für die *x*- und *y*-Richtung bestimmt. Steht hier der Wert -1, bewegt sich die Schlange im nächsten Schritt um die Breite eines Rechtecks in Richtung kleinerer Koordinaten. Bei 1 vergrößert sie die Koordinate entsprechend, und wenn der Wert 0 enthalten ist, verändert sich der zugehörige Koordinatenwert im nächsten Schritt gar nicht.

dx und dy werden entweder dann verändert, wenn die Schlange an einem der vier Bildschirmränder angekommen ist und umkehren muß oder (im Mittel bei jedem zehnten Schritt) auch auf freier Strecke. Nachdem auf diese Weise die neue Richtung bestimmt wurde, wird das erste Element der Schlange auf die neue Position bewegt. Alle anderen Elemente der Schlange bekommen dann die Position zugewiesen, die zuvor ihr Vorgänger hatte.

Eine alternative Art, die Schlange neu zu berechnen, würde darin bestehen, lediglich ein neues erstes Element zu generieren, an vorderster Stelle in den Vector einzufügen und das letzte Element zu löschen. Dies hätte allerdings den Nachteil, daß die Farbinformationen von vorne nach hinten durchgereicht würden und so jedes Element seine Farbe ständig ändern würde. Dieses (sehr viel performantere) Verfahren könnte verwendet werden, wenn alle Elemente der Schlange dieselbe Farbe hätten.

Hier ist der Quellcode zu der Schlangenanimation:

```
001 /* Listing3409.java */
002
003 import java.awt.*;
004 import java.awt.event.*;
005 import java.util.*;
006
007 class ColorRectangle
008 extends Rectangle
009 {
010    public Color color;
011 }
012
013 public class Listing3409
014 extends Frame
015 implements Runnable
016 {
017    //Konstanten
018    private static final int    SIZERECT    = 7;
```

Listing 34.9:
Die animierte Schlange

Listing 34.9:
Die animierte
Schlange
(Forts.)

```
019   private static final int    SLEEP       = 40;
020   private static final int    NUMELEMENTS = 20;
021   private static final Color  BGCOLOR     = Color.lightGray;
022
023   //Instanzvariablen
024   private Thread th;
025   private Vector snake;
026   private int dx;
027   private int dy;
028
029   public static void main(String[] args)
030   {
031     Listing3409 frame = new Listing3409();
032     frame.setSize(200,150);
033     frame.setVisible(true);
034     frame.startAnimation();
035   }
036
037   public Listing3409()
038   {
039     super("Animierte Schlange");
040     setBackground(BGCOLOR);
041     addWindowListener(new WindowClosingAdapter(true));
042     snake = new Vector();
043   }
044
045   public void startAnimation()
046   {
047     th = new Thread(this);
048     th.start();
049   }
050
051   public void run()
052   {
053     //Schlange konstruieren
054     ColorRectangle cr;
055     int x = 100;
056     int y = 100;
057     for (int i=0; i < NUMELEMENTS; ++i) {
058       cr = new ColorRectangle();
059       cr.x = x;
060       cr.y = y;
061       cr.width = SIZERECT;
062       cr.height = SIZERECT;
063       x += SIZERECT;
064       cr.color = new Color(
065         i*(256/NUMELEMENTS),
066         0,
067         240-i*(256/NUMELEMENTS)
```

Animation

Kapitel 34

```
068          );
069          snake.addElement(cr);
070        }
071
072        //Vorzugsrichtung festlegen
073        dx = -1;
074        dy = -1;
075
076        //Schlange laufen lassen
077        while (true) {
078          repaint();
079          try {
080            Thread.sleep(SLEEP);
081          } catch (InterruptedException e){
082            //nichts
083          }
084          moveSnake();
085        }
086      }
087
088      public void moveSnake()
089      {
090        Dimension size = getSize();
091        int sizex = size.width-getInsets().left-getInsets().right;
092        int sizey = size.height-getInsets().top-getInsets().bottom;
093        ColorRectangle cr = (ColorRectangle)snake.firstElement();
094        boolean lBorder = false;
095        int xalt, yalt;
096        int xtmp, ytmp;
097
098        //Kopf der Schlange neu berechnen
099        if (cr.x <= 1) {
100          dx = 1;
101          lBorder = true;
102        }
103        if (cr.x + cr.width >= sizex) {
104          dx = -1;
105          lBorder = true;
106        }
107        if (cr.y <= 1) {
108          dy = 1;
109          lBorder = true;
110        }
111        if (cr.y + cr.height >= sizey) {
112          dy = -1;
113          lBorder = true;
114        }
115        if (! lBorder) {
116          if (rand(10) == 0) {
```

Listing 34.9:
Die animierte
Schlange
(Forts.)

Listing 34.9:
Die animierte
Schlange
(Forts.)

```
117       if (rand(2) == 0) {
118         switch (rand(5)) {
119         case 0: case 1:
120           dx = -1;
121           break;
122         case 2:
123           dx = 0;
124           break;
125         case 3: case 4:
126           dx = 1;
127           break;
128         }
129       } else {
130         switch (rand(5)) {
131         case 0: case 1:
132           dy = -1;
133           break;
134         case 2:
135           dy = 0;
136           break;
137         case 3: case 4:
138           dy = 1;
139           break;
140         }
141       }
142     }
143   }
144   xalt = cr.x + SIZERECT * dx;
145   yalt = cr.y + SIZERECT * dy;
146   //Rest der Schlange hinterherziehen
147   Enumeration e = snake.elements();
148   while (e.hasMoreElements()) {
149     cr = (ColorRectangle)e.nextElement();
150     xtmp = cr.x;
151     ytmp = cr.y;
152     cr.x = xalt;
153     cr.y = yalt;
154     xalt = xtmp;
155     yalt = ytmp;
156   }
157 }
158
159 public void paint(Graphics g)
160 {
161   ColorRectangle cr;
162   Enumeration e = snake.elements();
163   int inleft    = getInsets().left;
164   int intop     = getInsets().top;
165   while (e.hasMoreElements()) {
```

```
166        cr = (ColorRectangle)e.nextElement();
167        g.setColor(cr.color);
168        g.fillRect(cr.x+inleft,cr.y+intop,cr.width,cr.height);
169      }
170   }
171
172   private int rand(int limit)
173   {
174      return (int)(Math.random() * limit);
175   }
176 }
```

Listing 34.9:
Die animierte
Schlange
(Forts.)

Die Schlange kann in einem beliebig kleinen oder großen Fenster laufen. Hier sind ein paar Beispiele für die Ausgabe des Programms, nachdem das Fenster in der Größe verändert wurde:

Abbildung 34.8:
Die animierte
Schlange,
Schnappschuß 1

Abbildung 34.9:
Die animierte
Schlange,
Schnappschuß 2

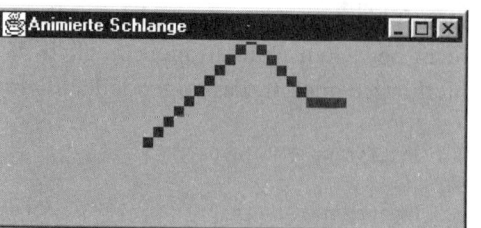

Abbildung 34.10:
Die animierte
Schlange,
Schnappschuß 3

34.2.4 Reduktion des Bildschirmflackerns

Alle bisher entwickelten Animationen zeigen während der Ausführung ein ausgeprägtes Flackern, das um so stärker ist, je später ein Bildanteil innerhalb eines Animationsschrittes angezeigt wird. Der Grund für dieses Flackern liegt darin, daß vor jedem Aufruf von `paint` zunächst das Fenster gelöscht wird und dadurch unmittelbar vor der Ausgabe des nächsten Bildes ganz kurz ein vollständig leerer Hintergrund erscheint.

Leider besteht die Lösung für dieses Problem nicht einfach darin, das Löschen zu unterdrücken. Bei einer animierten Bewegung beispielsweise ist es erforderlich, all die Bestandteile des vorigen Bildes zu löschen, die im aktuellen Bild nicht mehr oder an einer anderen Stelle angezeigt werden.

Auch wenn `paint` deshalb aufgerufen wird, weil ein bisher verdeckter Bildausschnitt wieder sichtbar wird, muß natürlich der entsprechende Bildausschnitt zunächst gelöscht werden, um die Bestandteile des anderen Fensters zu entfernen. Im Grunde ist es also eine ganz vernünftige Vorgehensweise, das Fenster vor jedem Aufruf von `paint` zu löschen.

Das Flackern kann nun auf unterschiedliche Weise unterdrückt werden. Die drei gebräuchlichsten Methoden sind folgende:

▶ den Bildschirm gar nicht zu löschen (was – wie zuvor erwähnt – problematisch ist)

▶ nur den wirklich benötigten Teil des Bildschirms zu löschen

▶ das Verfahren der Doppelpufferung anzuwenden

Jedes dieser Verfahren hat Vor- und Nachteile und kann in verschiedenen Situationen unterschiedlich gut angewendet werden. Wir werden sie in den folgenden Unterabschnitten kurz vorstellen und ein Beispiel für ihre Anwendung geben. Es gibt noch einige zusätzliche Möglichkeiten, das Flackern zu unterdrücken oder einzuschränken, wie beispielsweise das Clipping der Ausgabe auf den tatsächlich veränderten Bereich, aber darauf wollen wir hier nicht näher eingehen.

Bildschirm nicht löschen

Den Bildschirm überhaupt nicht zu löschen, um das Flackern zu unterdrücken, ist nur bei nicht bewegten Animationen möglich. Wir wollen uns als Beispiel für ein Programm, das hierfür geeignet ist, das folgende Lauflicht ansehen:

Listing 34.10: Bildschirmflackern reduzieren bei stehenden Animationen

```
001 /* Listing3410.java */
002
003 import java.awt.*;
004 import java.awt.event.*;
005
```

Animation

Kapitel 34

```
006  public class Listing3410
007  extends Frame
008  implements Runnable
009  {
010    //Konstanten
011    private static final int NUMLEDS  = 20;
012    private static final int SLEEP    = 60;
013    private static final int LEDSIZE  = 10;
014    private static final Color ONCOLOR  = new Color(255,0,0);
015    private static final Color OFFCOLOR = new Color(100,0,0);
016
017    //Instanzvariablen
018    private Thread th;
019    private int switched;
020    private int dx;
021
022    public static void main(String[] args)
023    {
024      Listing3410 frame = new Listing3410();
025      frame.setSize(270,150);
026      frame.setVisible(true);
027      frame.startAnimation();
028    }
029
030    public Listing3410()
031    {
032      super("Leuchtdiodenkette");
033      setBackground(Color.lightGray);
034      addWindowListener(new WindowClosingAdapter(true));
035    }
036
037    public void startAnimation()
038    {
039      th = new Thread(this);
040      th.start();
041    }
042
043    public void run()
044    {
045      switched = -1;
046      dx = 1;
047      while (true) {
048        repaint();
049        try {
050          Thread.sleep(SLEEP);
051        } catch (InterruptedException e){
052          //nichts
053        }
054        switched += dx;
```

Listing 34.10:
Bildschirm-
flackern reduzie-
ren bei
stehenden
Animationen
(Forts.)

Listing 34.10:
Bildschirm-
flackern redu-
zieren bei
stehenden
Animationen
(Forts.)

```
055        if (switched < 0 || switched > NUMLEDS - 1) {
056          dx = -dx;
057          switched += 2*dx;
058        }
059      }
060    }
061
062    public void paint(Graphics g)
063    {
064      for (int i = 0; i < NUMLEDS; ++i) {
065        g.setColor(i == switched ? ONCOLOR : OFFCOLOR);
066        g.fillOval(10+i*(LEDSIZE+2),80,LEDSIZE,LEDSIZE);
067      }
068    }
069  }
```

Das Programm zeigt eine Kette von 20 Leuchtdioden, die nacheinander an- und ausgeschaltet werden und dadurch ein Lauflicht simulieren, das zwischen linkem und rechtem Rand hin- und herläuft:

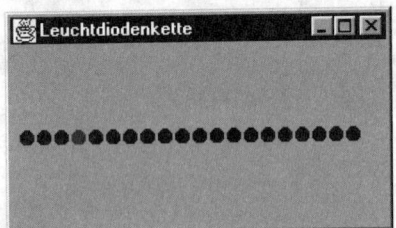

Abbildung 34.11:
Die Lauflicht-
Animation

Wie kann nun aber das Löschen verhindert werden? Die Lösung basiert auf der Tatsache, daß bei einem Aufruf von repaint nicht gleich paint, sondern zunächst die Methode update aufgerufen wird. In der Standardversion der Klasse Component könnte update etwa so implementiert sein:

Listing 34.11:
Standard-Imple-
mentierung von
update

```
001  public void update(Graphics g)
002  {
003    g.setColor(getBackground());
004    g.fillRect(0, 0, width, height);
005    g.setColor(getForeground());
006    paint(g);
007  }
```

Zunächst wird die aktuelle Hintergrundfarbe ausgewählt, um in dieser Farbe ein ausgefülltes Rechteck in der Größe des Bildschirms zu zeichnen. Erst nach diesem Löschvorgang wird die Vordergrundfarbe gesetzt und `paint` aufgerufen.

Da in Java alle Methodenaufrufe dynamisch gebunden werden, kann das Löschen dadurch verhindert werden, daß `update` durch eine eigene Version überlagert wird, die den Hintergrund unverändert läßt. Durch einfaches Hinzufügen der folgenden drei Zeilen kann das Flackern des Lauflichts vollkommen unterdrückt werden:

```
001 /* update1.inc */
002
003 public void update(Graphics g)
004 {
005   paint(g);
006 }
```

Listing 34.12: Modifizierte Version von update

Nur den wirklich benötigten Teil des Bildschirms löschen

Wie schon erwähnt, kann auf das Löschen des Bildschirms nur dann komplett verzichtet werden, wenn die Animation keine Bewegung enthält. Ist sie dagegen bewegt, kann es sinnvoll sein, nur die Teile des Bildes zu löschen, die beim aktuellen Animationsschritt leer sind, im vorigen Schritt aber Grafikelemente enthielten.

Um welche Teile der Grafik es sich dabei handelt, ist natürlich von der Art der Animation abhängig. Zudem muß jeder Animationsschritt Informationen über den vorigen Schritt haben, um die richtigen Stellen löschen zu können. Ein Beispiel, bei dem diese Technik gut angewendet werden kann, ist die bunte Schlange aus dem Abschnitt »Animation mit Grafikprimitiven«.

Da die Schlange bei jedem Schritt einen neuen Kopf bekommt und alle anderen Elemente die Plätze ihres jeweiligen Vorgängers einnehmen, bleibt als einziges wirklich zu löschendes Element das letzte Element der Schlange aus dem vorherigen Animationsschritt übrig. Dessen Position könnte man sich bei jedem Schritt merken und im nächsten Schritt in der Hintergrundfarbe neu zeichnen.

Noch einfacher geht es, indem man an die Schlange einfach ein zusätzliches unsichtbares Element anhängt. Wird nämlich das letzte Element grundsätzlich in der Hintergrundfarbe dargestellt, hinterläßt es keine Spuren auf dem Bildschirm und braucht damit auch nicht explizit gelöscht zu werden! Wir brauchen also nur hinter die `for-next`-Schleife zur Konstruktion der Schlange ein weiteres, unsichtbares Element an den `snake-Vector` anzuhängen (in Listing 34.13 auf Seite 740 in den Zeilen 025 bis 031 eingefügt):

Listing 34.13:
Modifizierte
Schlangen-
animation

```
001  /* Schlange2.inc */
002
003  public void run()
004  {
005    //Schlange konstruieren
006    ColorRectangle cr;
007    int x = 100;
008    int y = 100;
009    for (int i=0; i < NUMELEMENTS; ++i) {
010      cr = new ColorRectangle();
011      cr.x = x;
012      cr.y = y;
013      cr.width = SIZERECT;
014      cr.height = SIZERECT;
015      x += SIZERECT;
016      cr.color = new Color(
017        i*(256/NUMELEMENTS),
018        0,
019        240-i*(256/NUMELEMENTS)
020      );
021      snake.addElement(cr);
022    }
023
024    //Löschelement anhängen
025    cr = new ColorRectangle();
026    cr.x = x;
027    cr.y = y;
028    cr.width = SIZERECT;
029    cr.height = SIZERECT;
030    cr.color = BGCOLOR;
031    snake.addElement(cr);
032
033    //Vorzugsrichtung festlegen
034    dx = -1;
035    dy = -1;
036
037    //Schlange laufen lassen
038    while (true) {
039      repaint();
040      try {
041        Thread.sleep(SLEEP);
042      } catch (InterruptedException e){
043        //nichts
044      }
045      moveSnake();
046    }
047  }
```

Wird nun zusätzlich die Methode `update` überlagert, wie es auch im vorigen Abschnitt getan wurde, läuft die Schlange vollkommen flackerfrei.

Doppelpufferung

Das Doppelpuffern bietet sich immer dann an, wenn die beiden vorigen Methoden versagen. Das kann beispielsweise dann der Fall sein, wenn es bei einer bewegten Animation zu aufwendig ist, nur den nicht mehr benötigten Teil der Bildschirmausgabe zu löschen, oder wenn der aktuelle Animationsschritt keine Informationen darüber besitzt, welcher Teil zu löschen ist.

Beim Doppelpuffern wird bei jedem Animationsschritt zunächst die gesamte Bildschirmausgabe in ein *Offscreen-Image* geschrieben. Erst wenn alle Ausgabeoperationen abgeschlossen sind, wird dieses Offscreen-Image auf die Fensteroberfläche kopiert. Im Detail sind dazu folgende Schritte erforderlich:

- Das Fensterobjekt beschafft sich durch Aufruf von `createImage` ein Offscreen-Image und speichert es in einer Instanzvariablen.
- Durch Aufruf von `getGraphics` wird ein Grafikkontext zu diesem Image beschafft.
- Alle Bildschirmausgaben (inklusive Löschen des Bildschirms) gehen zunächst auf den Offscreen-Grafikkontext.
- Wenn alle Ausgabeoperationen abgeschlossen sind, wird das Offscreen-Image mit `drawImage` in das Ausgabefenster kopiert.

Durch diese Vorgehensweise wird erreicht, daß das Bild komplett aufgebaut ist, bevor es angezeigt wird. Da beim anschließenden Kopieren die neuen Pixel direkt über die alten kopiert werden, erscheinen dem Betrachter nur die Teile des Bildes verändert, die auch tatsächlich geändert wurden. Ein Flackern, das entsteht, weil Flächen für einen kurzen Zeitraum gelöscht und dann wieder gefüllt werden, kann nicht mehr auftreten.

> Die Anwendung des Doppelpuffers ist nicht immer sinnvoll. Sollte eine der anderen Methoden mit vertretbarem Aufwand implementiert werden können, kann es sinnvoller sein, diese zu verwenden. Nachteilig sind vor allem der Speicherbedarf für die Konstruktion des Offscreen-Images und die Verzögerungen durch das doppelte Schreiben der Bilddaten. Hier muß im Einzelfall entschieden werden, welche Variante zum Einsatz kommen soll. In vielen Fällen allerdings können die genannten Nachteile vernachlässigt werden, und die Doppelpufferung ist ein probates Mittel, um das Bildschirmflackern zu verhindern.

Das folgende Programm ist ein Beispiel für die Anwendung des Doppelpuffers bei der Ausgabe einer bewegten Animation. Wir wollen uns dafür die Aufabe stellen, eine große Scheibe über den Bildschirm laufen zu lassen, über deren Rand zwei stilisierte »Ameisen« mit unterschiedlicher Geschwindigkeit in entgegengesetzte Richtungen laufen.

Das folgende Programm löst diese Aufgabe. Dabei folgt die Animation unserem bekannten Architekturschema für bewegte Grafik und braucht hier nicht weiter erklärt zu werden. Um das Flackern zu verhindern, deklarieren wir zwei Instanzvariablen, dbImage und dbGraphics:

```
private Image dbImage;
private Graphics dbGraphics;
```

Glücklicherweise können die zum Doppelpuffern erforderlichen Schritte gekapselt werden, wenn man die Methode update geeignet überlagert:

Listing 34.14: update-Methode mit Doppelpufferung

```
001 /* update2.inc */
002
003 public void update(Graphics g)
004 {
005   //Double-Buffer initialisieren
006   if (dbImage == null) {
007     dbImage = createImage(
008       this.getSize().width,
009       this.getSize().height
010     );
011     dbGraphics = dbImage.getGraphics();
012   }
013   //Hintergrund löschen
014   dbGraphics.setColor(getBackground());
015   dbGraphics.fillRect(
016     0,
017     0,
018     this.getSize().width,
019     this.getSize().height
020   );
021   //Vordergrund zeichnen
022   dbGraphics.setColor(getForeground());
023   paint(dbGraphics);
024   //Offscreen anzeigen
025   g.drawImage(dbImage,0,0,this);
026 }
```

Falls nicht schon geschehen, werden hier zunächst die beiden Variablen dbImage und dbGraphics initialisiert. Anschließend wird der Hintergrund gelöscht, wie es auch in der Standardversion von update der Fall ist. Im Gegensatz zu dieser erfolgt das Löschen aber auf dem Offscreen-Image und ist somit für den Anwender nicht zu sehen. Nun wird paint aufgerufen und bekommt anstelle des normalen den Offscreen-Grafikkontext übergeben. Ohne selbst etwas davon zu wissen, sendet paint damit alle seine Grafikbefehle auf das Offscreen-Image. Nachdem paint beendet wurde, wird durch Aufruf von drawImage das Offscreen-Image auf dem Bildschirm angezeigt.

Animation   Kapitel 34

Hier ist der komplette Quellcode des Programms:

```java
001 /* Listing3415.java */
002
003 import java.awt.*;
004 import java.awt.event.*;
005
006 public class Listing3415
007 extends Frame
008 implements Runnable
009 {
010   private Thread th;
011   private int actx;
012   private int dx;
013   private int actarc1;
014   private int actarc2;
015   private Image dbImage;
016   private Graphics dbGraphics;
017
018   public static void main(String[] args)
019   {
020     Listing3415 frame = new Listing3415();
021     frame.setSize(210,170);
022     frame.setVisible(true);
023     frame.startAnimation();
024   }
025
026   public Listing3415()
027   {
028     super("Ameisenanimation");
029     addWindowListener(new WindowClosingAdapter(true));
030   }
031
032   public void startAnimation()
033   {
034     Thread th = new Thread(this);
035     th.start();
036   }
037
038   public void run()
039   {
040     actx = 0;
041     dx = 1;
042     actarc1 = 0;
043     actarc2 = 0;
044     while (true) {
045       repaint();
046       actx += dx;
047       if (actx < 0 || actx > 100) {
```

Listing 34.15:
Animation mit Doppelpufferung

Kapitel 34 **Bitmaps und Animationen**

Listing 34.15:
Animation mit
Doppel-
pufferung
(Forts.)

```
048       dx = -dx;
049       actx += 2*dx;
050     }
051     actarc1 = (actarc1 + 1) % 360;
052     actarc2 = (actarc2 + 2) % 360;
053     try {
054       Thread.sleep(40);
055     } catch (InterruptedException e) {
056       //nichts
057     }
058   }
059 }
060
061 public void update(Graphics g)
062 {
063   //Double-Buffer initialisieren
064   if (dbImage == null) {
065     dbImage = createImage(
066       this.getSize().width,
067       this.getSize().height
068     );
069     dbGraphics = dbImage.getGraphics();
070   }
071   //Hintergrund löschen
072   dbGraphics.setColor(getBackground());
073   dbGraphics.fillRect(
074     0,
075     0,
076     this.getSize().width,
077     this.getSize().height
078   );
079   //Vordergrund zeichnen
080   dbGraphics.setColor(getForeground());
081   paint(dbGraphics);
082   //Offscreen anzeigen
083   g.drawImage(dbImage,0,0,this);
084 }
085
086 public void paint(Graphics g)
087 {
088   int xoffs = getInsets().left;
089   int yoffs = getInsets().top;
090   g.setColor(Color.lightGray);
091   g.fillOval(xoffs+actx,yoffs+20,100,100);
092   g.setColor(Color.red);
093   g.drawArc(xoffs+actx,yoffs+20,100,100,actarc1,10);
094   g.drawArc(xoffs+actx-1,yoffs+19,102,102,actarc1,10);
095   g.setColor(Color.blue);
096   g.drawArc(xoffs+actx,yoffs+20,100,100,360-actarc2,10);
```

Zusammenfassung

```
097        g.drawArc(xoffs+actx-1,yoffs+19,102,102,360-actarc2,10);
098      }
099 }
```

Listing 34.15: Animation mit Doppelpufferung (Forts.)

Ein Schnappschuß des laufenden Programms sieht so aus (die beiden »Ameisen« sind in der Abbildung etwas schwer zu erkennen, im laufenden Programm sieht man sie besser):

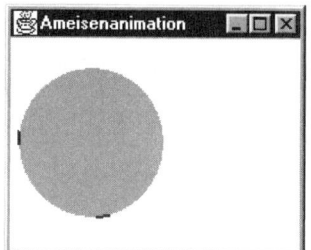

Abbildung 34.12: Eine Animation mit Doppelpufferung

Durch die Kapselung des Doppelpufferns können Programme sogar nachträglich flackerfrei gemacht werden, ohne daß in den eigentlichen Ausgaberoutinen irgend etwas geändert werden müßte. Man könnte beispielsweise aus Frame eine neue Klasse DoubleBufferFrame ableiten, die die beiden privaten Membervariablen dbImage und dbGraphics besitzt und update in der beschriebenen Weise implementiert. Alle Klassen, die dann von DoubleBufferFrame anstelle von Frame abgeleitet werden, unterstützen das Doppelpuffern ihrer Grafikausgaben automatisch.

34.3 Zusammenfassung

In diesem Kapitel wurden folgende Themen behandelt:

- Die Klasse Image als Repräsentation einer Bitmap im laufenden Programm
- Laden und Anzeigen einer Bitmap mit getImage und drawImage
- Die Verwendung der Klasse MediaTracker zum synchronen Laden von Bildern
- Entwurf einer eigenen Komponente zur Anzeige von Bitmaps
- Prinzipielle Vorgehensweise bei der Animation von Grafiken
- Verwendung eines Threads zur Entkoppelung der Animation vom Hauptprogramm
- Laden und animierte Darstellung einer Folge von Bitmaps
- Erstellen von Animationen unter Verwendung der grafischen Primitivoperationen

- Begründung des Bildschirmflackerns bei Animationen und Vorstellung verschiedener Techniken zur Verminderung des Flackerns
- Verwendung eines Offscreen-Images zur Implementierung der Doppelpufferung

Teil VI
Grafikprogrammierung mit Swing

35 Swing: Grundlagen

35.1 Eigenschaften und Architektur von Swing

35.1.1 Einleitung

Bereits kurze Zeit nachdem mit dem JDK 1.0 das Abstract Windowing Toolkit eingeführt wurde, begannen die Entwickler bei SUN, über Möglichkeiten nachzudenken, die graphische Oberfläche von Java-Anwendungen zu verbessern. Als nachteilig sahen sie vor allem folgende Eigenschaften des AWT an:

- Da alle Fenster- und Dialogelemente von dem darunterliegenden Betriebssystem zur Verfügung gestellt wurden, war es sehr schwierig, plattformübergreifend ein einheitliches Look-and-Feel zu realisieren. Die Eigenarten jedes einzelnen Fenstersystems waren für den Anwender unmittelbar zu spüren.

- Durch die Abhängigkeit von den betriebssystemspezifischen Komponenten erwuchsen den JDK-Entwicklern erhebliche Portierungsprobleme. Dadurch mußte teilweise viel Aufwand getrieben werden, um das Verhalten der Komponenten auf den unterschiedlichen Plattformen in hinreichendem Maße anzugleichen.

- Zudem gibt es im AWT nur eine Grundmenge an Dialogelementen, mit denen sich aufwendige grafische Benutzeroberflächen nicht oder nur mit sehr viel Zusatzaufwand realisieren ließen.

Erklärtes Ziel der JDK-Entwickler war es, diese Nachteile zu beseitigen und mit der Entwicklung der *Java Foundation Classes* (deren wichtigster Bestandteil die als *Swing* bezeichnete Sammlung grafischer Dialogelemente werden sollte) eine echte Alternative zum AWT zu schaffen.

35.1.2 Eigenschaften von Swing

Leichtgewichtige Komponenten

Im Gegensatz zum AWT benutzen Swing-Komponenten nur noch in sehr eingeschränkter Weise plattformspezifische GUI-Ressourcen. Abgesehen von Top-Level-Fenstern, Dialogen und grafischen Primitivoperationen werden alle GUI-Elemente von Swing selbst erzeugt. Ein Swing-Button unter Windows wird nicht mehr vom Windows-UI-Manager dargestellt, sondern von Swing selbst gezeichnet.

Diese Vorgehensweise bietet einige Vorteile:

- Erstens fallen die plattformspezifischen Besonderheiten weg, und der Code zur Implementierung der Dialogelemente vereinfacht sich deutlich.
- Zweitens entfallen auch die Unterschiede in der Bedienung. Der Anwender findet auf allen Betriebssystemen dasselbe Aussehen und dieselbe Bedienung vor.
- Drittens ist Swing nicht mehr darauf angewiesen, Features auf der Basis des kleinsten gemeinsamen Nenners aller unterstützten Plattformen zu realisieren. Komplexe Dialogelemente wie Bäume, Tabellen oder Registerkarten können plattformunabhängig realisiert werden und stehen nach der Implementierung ohne Portierungsaufwand auf allen Systemen zur Verfügung. Tatsächlich stellt Swing eine sehr viel umfassendere und anspruchsvollere Menge an Dialogelementen als das AWT zur Verfügung.

Der Grundstein für Komponenten, die von Java selbst erzeugt und dargestellt werden können, wurde im JDK 1.1 mit der Einführung der *Lightweight Components* (»leichtgewichtige« Komponenten) gelegt. Dabei wird die `paint`-Methode eines `Component`-Objects nicht mehr an die betriebssystemspezifische Klasse weitergeleitet, sondern in den Komponentenklassen überlagert und mit Hilfe grafischer Primitivoperationen selbst implementiert. Die im AWT vorhandenen Dialogelemente werden im Gegensatz dazu als *Heavyweight Components* bezeichnet (»schwergewichtige« Komponenten).

Mit Hilfe der leichtgewichtigen Komponenten, die für alle Aspekte der Darstellung selbst verantwortlich sind, konnten einige interessante Features realisiert werden. So können beispielsweise zu allen Komponenten *Tooltips* erzeugt werden (also kleine Hilfetexte, die über der Komponente beim Verweilen mit der Maus angezeigt werden), ohne daß dazu Unterstützung seitens des zugrunde liegenden Grafikbetriebssystems erforderlich wäre.

Eine andere Eigenschaft, die nur mit Hilfe leichtgewichtiger Komponenten realisiert werden konnte, wird als *Debug-Grafik* bezeichnet. Dabei wird der Darstellungsvorgang beim Zeichnen der Komponente künstlich so verlangsamt, daß er wie in einer Zeitlupeneinstellung Schritt für Schritt verfolgt werden kann. Das ist insbesondere während der Entwicklung eigener Komponenten nützlich, um den Bildaufbau studieren und auf Fehler hin untersuchen zu können.

Pluggable Look-and-Feel

Die Swing-Entwickler gingen aber noch einen Schritt weiter. Eine der auf den ersten Blick spektakulärsten Eigenschaften von Swing ist die Möglichkeit, das Look-and-Feel (also das Aussehen und die Bedienung einer Anwendung) zur Laufzeit umzuschalten. Dieses als *Pluggable Look-and-Feel* bezeichnete Feature ermöglicht es beispielsweise einem Windows-Anwender, zwischen drei vordefinierten Look-and-Feels zu wählen (Metal, Motif und

Windows). Benutzer anderer Betriebssysteme können andere Auswahlmöglichkeiten haben, und es ist möglich, eigene Look-and-Feels zu schreiben.

Dabei muß die Entscheidung für oder gegen ein bestimmtes Look-and-Feel keineswegs bereits zum Design- oder Entwicklungszeitpunkt getroffen werden. Vielmehr wurden alle Swing-Komponenten so entworfen, daß es möglich ist, das Look-and-Feel einer Anwendung *zur Laufzeit* umzuschalten. Das Programm besitzt dazu typischerweise einen speziellen Menüpunkt oder eine Konfigurationsmöglichkeit, die es dem Anwender ermöglicht, ein Look-and-Feel nach seinem Geschmack auszuwählen. Das Programm selbst muß praktisch keinen zusätzlichen Aufwand treiben, denn das Umschalten wird nach einem einzigen Methodenaufruf von einem User-Interface-Manager erledigt, der alle nötigen Maßnahmen koordiniert ausführt.

Das Model-View-Controller-Prinzip

Neben den äußerlichen Qualitäten wurde auch die Architektur des Gesamtsystems verbessert. Wichtigste "Errungenschaft" ist dabei das *Model-View-Controller-Prinzip* (kurz *MVC* genannt), dessen Struktur sich wie ein roter Faden durch den Aufbau der Dialogelemente zieht. Anstatt den gesamten Code in eine einzelne Klasse zu packen, werden beim MVC-Konzept drei unterschiedliche Bestandteile eines grafischen Elements sorgsam unterschieden:

▶ Das *Modell* enthält die Daten des Dialogelements und speichert seinen Zustand.

▶ Der *View* ist für die grafische Darstellung der Komponente verantwortlich.

▶ Der *Controller* wirkt als Verbindungsglied zwischen beiden. Er empfängt Tastatur- und Mausereignisse und stößt die erforderlichen Maßnahmen zur Änderung von Model und View an.

Das Modell enthält praktisch die gesamte Verarbeitungslogik der Komponente. Ein wichtiger Aspekt ist dabei, dass ein Model mehrere Views gleichzeitig haben kann. Damit Veränderungen des Modells in allen Views sichtbar werden, wird ein Benachrichtigungsmechanismus implementiert, mit dem das Modell die zugeordneten Views über Änderungen informiert. Diese Vorgehensweise entspricht dem Observer-Pattern, wie es in Abschnitt 10.3.9 auf Seite 238 erläutert wurde.

Bei den Swing-Dialogelementen wird eine vereinfachte Variante von MVC verwendet, die auch als *Model-Delegate-Prinzip* bezeichnet wird. Hierbei wird die Funktionalität von View und Controller in einem *UI Delegate* zusammengefaßt. Dadurch wird einerseits die Komplexität reduziert (oft ist der Controller so einfach strukturiert, daß es sich nicht lohnt, ihn separat zu betrachten) und andererseits die in der Praxis mitunter unhandliche Trennung zwischen View und Controller aufgehoben. Es kann allerdings sein, daß ein Dialogelement mehr als ein Model besitzt. So haben beispielsweise Listen und Tabellen neben ihrem eigentlichen Datenmodell ein weiteres, das nur für die Selektion von Datenelementen zuständig ist.

Aber...

Natürlich wäre es zu schön, wenn die geschilderten Eigenschaften frei von "Nebenwirkungen" wären. Dem ist (natürlich) nicht so. Neben den vielen Vorteilen bringt die Verwendung von Swing auch Probleme mit sich:

- Swing-Anwendungen sind ressourcenhungrig. Daß alle Komponenten selbst gezeichnet werden müssen, erfordert viel CPU-Leistung und eine Menge Hauptspeicher. Die Attribute "speicherfressend" und "langsam", die Java-Programmen oft pauschal zugeschrieben werden, resultieren zu einem nicht unerheblichen Teil aus der Verwendung der Swing-Bibliotheken.

- Zweitens stecken noch eine Menge kleinerer und größerer Fehler in den Swing-Bibliotheken. Eines der häßlichsten Probleme im JDK 1.2 war die Eigenschaft von Swing-Fensterelementen, belegte Ressourcen nicht vollständig freizugeben und so bei wiederholtem Öffnen und Schließen nach und nach den gesamten Hauptspeicher aufzubrauchen. Seit der Version 1.3 scheint dieses Problem nicht mehr aufzutreten.

- Für Applet-Programmierer ist vor allem unschön, daß es nach wie vor keine Browser mit eingebauter Swing-Unterstützung gibt. Sie müssen daher entweder das *Java-Plugin* verwenden (und dem Anwender damit einen zusätzlichen Download- und Installationsschritt zumuten) oder sind nach wie vor auf die Verwendung des AWT beschränkt.

Glücklicherweise gehören diese Probleme größtenteils der Vergangenheit an. Die steigenden Rechnerleistungen kompensieren die Hardwareanforderungen und aktuelle Einsteiger-PCs haben genügend Leistung, um Swing-Anwendungen performant auszuführen. Mit dem JDK 1.3 hat SUN zudem die Startzeit der Anwendungen verkürzt, den Speicherhunger der Swing-Komponenten eingedämmt und ihre Performance weiter verbessert, und schließlich viele der früheren Bugs behoben.

35.1.3 Wie geht es weiter?

Wir wollen uns in diesem und den nächsten Kapiteln mit den *grundlegenden* Eigenschaften von Swing beschäftigen. Der Schwerpunkt der Darstellung liegt dabei auf der Beschreibung der einzelnen Komponenten – mit dem Anspruch, zumindest ihre jeweils wichtigsten Merkmale zu behandeln. Die meisten Themen können dabei allerdings nur angerissen werden, denn eine einigermaßen vollständige Beschreibung von Swing benötigt ein eigenes Buch.

Meist werden wir daher lediglich die wichtigsten Methoden einer Klasse vorstellen. Speziellere Eigenschaften müssen wir außer acht lassen. Auch auf die übrigen Komponenten der Java Foundation Classes, die *2D-* und *Accessibility-APIs*, das *Input Method Framework* und das *Drag-and-Drop API* werden wir allenfalls in Ansätzen eingehen.

Es empfiehlt sich daher, nach den ersten Experimenten weitere Literatur zu Rate zu ziehen. Swing-Bücher sind mittlerweile in großer Zahl erhältlich. Auch das frei erhältliche Java-Tutorial von SUN (siehe Abschnitt 3.2.2 auf Seite 76) enthält einen Abschnitt "Creating a GUI with JFC/Swing", der das Erstellen von Swing-Applikationen ausführlich beschreibt. Am wichtigsten ist jedoch die API-Dokumentation. Sie ist *das* Hilfsmittel zum Erforschen der verborgenen Möglichkeiten einzelner Swing-Bestandteile.

Bevor wir in den nächsten Kapiteln in die Beschreibung der Komponenten einsteigen, wollen wir in den beiden letzten Abschnitten dieses Kapitels noch etwas für die Ungeduldigen tun. Zunächst zeigen wir ein einfaches Beispiel, an dem die Grundstruktur eines Swing-Programms erläutert wird. Darin demonstrieren wir auch, wie das Look-and-Feel des Programms zur Laufzeit umgeschaltet werden kann. Anschließend geben wir einige Tips zur Umstellung von AWT-Anwendungen auf Swing und zeigen wichtige Gemeinsamkeiten und Unterschiede zwischen den beiden Welten auf.

35.2 Ein einführendes Beispiel

35.2.1 Das Beispielprogramm

In diesem Abschnitt soll ein einfaches Beispielprogramm vorgestellt werden. Es handelt sich um eine einfache (und weitgehend sinnfreie) Swing-Anwendung mit einem Hauptfenster, in dem drei Gruppen von Komponenten untergebracht sind:

▶ Ganz oben befindet sich ein Panel mit einem Label und einem Textfeld, in dem ein Name eingegeben werden kann. Das Label besitzt neben seiner Beschriftung ein Icon mit einem kleinen blauen Pfeil.

▶ In der Mitte besitzt das Programm eine Liste, aus der ein Monatsname ausgewählt werden kann.

▶ Unten befindet sich ein Panel mit drei Buttons, mit denen zwischen den drei vordefinierten Look-and-Feels umgeschaltet werden kann.

Die beiden Panels wurden mit einer Umrandung versehen, und alle aktiven Elemente zeigen Tooltips an, wenn man mit dem Mauszeiger darauf zeigt. Durch Drücken auf den Schließen-Button in der Titelleiste kann das Programm beendet werden. Die übrigen Dialogelemente besitzen – neben ihrem Standardverhalten – keinerlei zusätzliche Funktionalität.

Abbildung 35.1 zeigt das Beispielprogramm mit dem Standard-Look-and-Feel von Java-Programmen (das auch als *Metal-Look-and-Feel* bezeichnet wird):

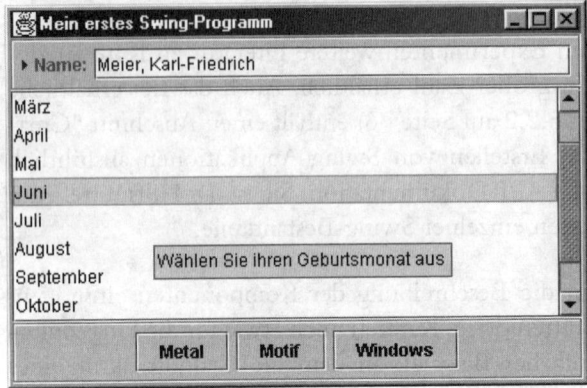

Abbildung 35.1:
Das Beispielprogramm im Metal-Look-and-Feel

Oben links ist das Label "Name" mit seinem zugeordeten Icon zu erkennen. In das Textfeld wurde bereits der String "Meier, Karl-Friedrich" eingetragen. In der Liste ist der Monat Juni ausgewählt, und ihre Tooltips werden angezeigt, weil der Mauszeiger über der Liste verweilt. Die beiden Panels haben eine zusätzliche Umrandung, die vom Programm explizit hinzugefügt wurde.

Durch Drücken der Buttons kann das Look-and-Feel umgeschaltet werden. Abbildung 35.2 auf Seite 755 zeigt das Programm mit aktiviertem Motif-, Abbildung 35.3 auf Seite 755 mit aktiviertem Windows-Look-and-Feel.

> Während das Metal-Look-and-Feel für Swing neu entwickelt wurde, versuchen die beiden anderen, die speziellen Eigenschaften der korrespondierenden Fenstersysteme nachzuahmen. In der Praxis gelingt ihnen das mit wechselndem Erfolg. Insbesondere Anwender, die sehr an eines der beiden Fenstersysteme gewöhnt sind, werden viele *kleine* Abweichungen in der Swing-Implementierung feststellen. Zu bedenken ist auch, daß einige der Look-and-Feels aus Lizenzgründen nur auf ihren Originalplattformen zur Verfügung stehen (z.B. das Windows- und das Mac-Look-and-Feel).

35.2.2 Beschreibung des Beispielprogramms

Zunächst wollen wir uns den Quellcode des Beispielprogramms ansehen. Er besteht aus der Klasse für das Hauptfenster, die lediglich einen parameterlosen Konstruktor und die Methode actionPerformed enthält. Der Programmcode ähnelt den Beispielen, die wir zum AWT gesehen haben:

Ein einführendes Beispiel   Kapitel 35

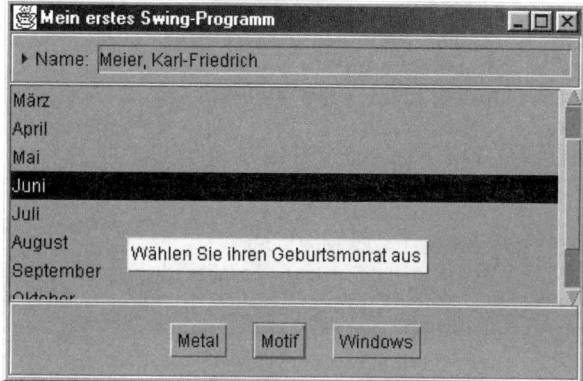

Abbildung 35.2:
Das Beispielprogramm im Motif-Look-and-Feel

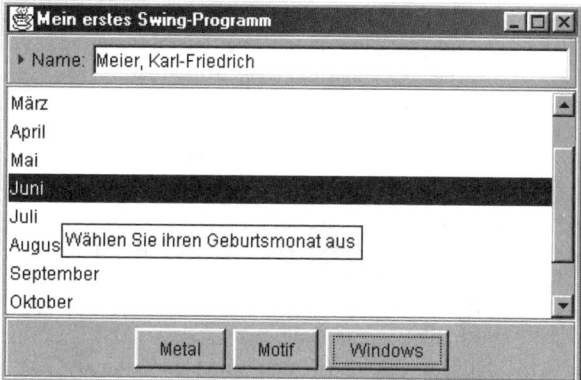

Abbildung 35.3:
Das Beispielprogramm im Windows-Look-and-Feel

```
001  /* Listing3501.java */
002
003  import java.awt.event.*;
004  import java.awt.*;
005  import javax.swing.*;
006
007  public class Listing3501
008  extends JFrame
009  implements ActionListener
010  {
011    private static final String[] MONTHS = {
012      "Januar",    "Februar", "März",    "April",
013      "Mai",       "Juni",    "Juli",    "August",
014      "September", "Oktober", "November", "Dezember"
015    };
016
017    public Listing3501()
018    {
```

Listing 35.1:
Ein einfaches Swing-Beispielprogramm

Listing 35.1:
Ein einfaches
Swing-Beispiel-
programm
(Forts.)

```
019    super("Mein erstes Swing-Programm");
020    //Panel zur Namenseingabe hinzufügen
021    JPanel namePanel = new JPanel();
022    JLabel label = new JLabel(
023      "Name:",
024      new ImageIcon("triblue.gif"),
025      SwingConstants.LEFT
026    );
027    namePanel.add(label);
028    JTextField tf = new JTextField(30);
029    tf.setToolTipText("Geben Sie ihren Namen ein");
030    namePanel.add(tf);
031    namePanel.setBorder(BorderFactory.createEtchedBorder());
032    getContentPane().add(namePanel, BorderLayout.NORTH);
033    //Monatsliste hinzufügen
034    JList list = new JList(MONTHS);
035    list.setToolTipText("Wählen Sie ihren Geburtsmonat aus");
036    getContentPane().add(new JScrollPane(list), BorderLayout.CENTER);
037    //Panel mit den Buttons hinzufügen
038    JPanel buttonPanel = new JPanel();
039    JButton button1 = new JButton("Metal");
040    button1.addActionListener(this);
041    button1.setToolTipText("Metal-Look-and-Feel aktivieren");
042    buttonPanel.add(button1);
043    JButton button2 = new JButton("Motif");
044    button2.addActionListener(this);
045    button2.setToolTipText("Motif-Look-and-Feel aktivieren");
046    buttonPanel.add(button2);
047    JButton button3 = new JButton("Windows");
048    button3.addActionListener(this);
049    button3.setToolTipText("Windows-Look-and-Feel aktivieren");
050    buttonPanel.add(button3);
051    buttonPanel.setBorder(BorderFactory.createEtchedBorder());
052    getContentPane().add(buttonPanel, BorderLayout.SOUTH);
053    //Windows-Listener
054    addWindowListener(new WindowClosingAdapter(true));
055  }
056
057  public void actionPerformed(ActionEvent event)
058  {
059    String cmd = event.getActionCommand();
060    try {
061      //PLAF-Klasse auswählen
062      String plaf = "unknown";
063      if (cmd.equals("Metal")) {
064        plaf = "javax.swing.plaf.metal.MetalLookAndFeel";
065      } else if (cmd.equals("Motif")) {
066        plaf = "com.sun.java.swing.plaf.motif.MotifLookAndFeel";
067      } else if (cmd.equals("Windows")) {
```

```
068            plaf = "com.sun.java.swing.plaf.windows.WindowsLookAndFeel";
069          }
070          //LAF umschalten
071          UIManager.setLookAndFeel(plaf);
072          SwingUtilities.updateComponentTreeUI(this);
073        } catch (UnsupportedLookAndFeelException e) {
074          System.err.println(e.toString());
075        } catch (ClassNotFoundException e) {
076          System.err.println(e.toString());
077        } catch (InstantiationException e) {
078          System.err.println(e.toString());
079        } catch (IllegalAccessException e) {
080          System.err.println(e.toString());
081        }
082      }
083
084      public static void main(String[] args)
085      {
086        Listing3501 frame = new Listing3501();
087        frame.setLocation(100, 100);
088        frame.pack();
089        frame.setVisible(true);
090      }
091    }
```

Listing 35.1: Ein einfaches Swing-Beispielprogramm (Forts.)

> In vielen Beispielen in diesem Buch wird der Einfachheit halber die in Abschnitt 23.2.4 auf Seite 501 vorgestellte Klasse `WindowClosingAdapter` verwendet, um einen Listener zum Schließen des Fensters zu registrieren. Damit ein solches Beispiel sich kompilieren läßt, muß die Datei `WindowClosingAdapter.java` im aktuellen Verzeichnis vorhanden sein. Sie befindet sich auf der CD-ROM zum Buch oder in Listing 23.2 auf Seite 501.

Die import-Anweisungen

Im Gegensatz zu AWT-Programmen besitzt unser Beispielprogramm keine Anweisung, um das Paket `java.awt` zu importieren. Da alle Swing-Komponenten in `javax.swing` und seinen Unterpaketen stecken, benötigen wir diese in diesem Beispiel nicht. Neben den Dialogelementen gibt es allerdings andere Klassen aus `java.awt`, die häufig auch in Swing-Programmen benötigt werden (nur eben in diesem einfachen Beispiel nicht), etwa die Layoutmanager, `Color`- oder `Font`-Objekte oder die Klasse `Graphics`.

Das Paket `java.awt.event` wird dagegen regelmäßig auch in Swing-Programmen benötigt, denn es enthält die Klassen für das Versenden von Events und Registrieren von Event-Handlern. Diese werden in Swing-Programmen in der gleichen Art und Weise benötigt wie in AWT-Programmen.

JFrame

Das Hauptfenster unserer Anwendung ist aus der Klasse JFrame abgeleitet, die ihrerseits aus Frame abgeleitet ist. JFrame ist eine der vier Klassen, mit denen in Swing Hauptfenster erzeugt werden können (JDialog, JWindow und JApplet sind die anderen drei). JFrame hat ähnliche Eigenschaften wie Frame und wird auch ähnlich programmiert wie diese. Beide unterscheiden sich jedoch in einem bedeutenden Punkt voneinander.

In Zeile 032 ist zu sehen, daß eine Komponente nicht einfach mit add auf dem Fenster plaziert wird. Statt dessen wird zunächst eine Methode getContentPane aufgerufen, und erst auf dem von ihr zurückgegebenen Container wird das Dialogelement mit add plaziert. Diese – auf den ersten Blick umständliche – Vorgehensweise ist allen Swing-Hauptfenstern gemein und wird durch deren innere Struktur verursacht. Der eigentliche Container mit den sichtbaren Dialogelementen (die *ContentPane*) ist nämlich Bestandteil einer ganzen Reihe geschachtelter Komponenten, in denen die übrigen Bestandteile des Fensters (etwa dessen Menü) untergebracht sind.

> Neben add darf auch die Methode setLayout nicht mehr direkt auf dem Hauptfenster aufgerufen werden. Analog zu add ist statt dessen getContentPane().setLayout() aufzurufen. Ein Verstoß gegen diese Regel löst in beiden Fällen eine Exception aus.

JPanel

Die Buttonleiste und das Label mit seinem Textfeld werden im Beispielprogramm auf einem JPanel plaziert. JPanel ist das Swing-Pendant zu Panel und dient wie dieses dazu, eine Reihe von Dialogelementen unter Kontrolle eines eigenen Layoutmanagers anzuordnen. Anders als bei den Hauptfenstern gibt es hier keine *ContentPane*, sondern die Dialogelemente und der Layoutmanager werden dem Panel direkt zugewiesen. Die Bedienung eines JPanel entspricht fast vollständig der eines Panel.

> Die Vaterklasse von JPanel ist JComponent. Sie wird – mit Ausnahme der Hauptfenster – als Basisklasse für praktisch alle Swing-Komponenten verwendet. JComponent ist direkt aus Container abgeleitet und besitzt daher alle Eigenschaften der Klassen Component und Container. Die technische Unterscheidung zwischen Dialogelementen mit bzw. ohne Unterelemente wurde damit in Swing fallengelassen. Dennoch ist ein Button im praktischen Sinne natürlich nach wie vor ein *elementares* Dialogelement, und es gibt keine sinnvolle Möglichkeit, weitere Dialogelemente darauf zu plazieren.

JLabel

Ein `JLabel` ist ein Dialogelement zur Anzeige eines (meist unveränderlichen) Textes. Es wird im Beispielprogramm verwendet, um das Textfeld im oberen Teil des Fensters zu beschriften. Im Gegensatz zu einem `Label` kann ein `JLabel` zusätzlich ein Icon enthalten. Im Beispielprogramm wird es in Zeile 024 direkt an den Konstruktor der Klasse übergeben. Auf diese Weise ist es sehr einfach möglich, zusätzliche grafische Elemente in Swing-Dialogen zu plazieren.

JTextField

Ein `JTextField` repräsentiert ein einzeiliges Eingabefeld für Textdaten. Für einfache Anwendungsfälle entspricht seine Bedienung der Klasse `TextField`. Unser Beispiel verwendet es zur Eingabe eines Namens. Zur verdeckten Eingabe von Paßwörtern eignet sich die aus `JTextField` abgeleitete Klasse `JPasswordField`. Sie entspricht einem `TextField` nach Aufruf von `setEchoCharacter`.

Tooltips und Umrandungen

Einige der Dialogelemente im Beispielprogramm enthalten einen Tooltip-Text. Dieser wird angezeigt, wenn die Maus über das Dialogelement bewegt und dort gehalten wird. Ein Tooltip sollte zusätzliche Informationen geben, die dem unerfahrenen Anwender eine Hilfe bei der Bedienung des Programms sind. Tooltips werden mit der Methode `setToolTipText` definiert, die alle aus `JComponent` abgeleiteten Komponenten besitzen.

Eine andere Fähigkeit, die ebenfalls bereits in der Klasse `JComponent` realisiert wurde, besteht darin, beliebigen Komponenten eine Umrandung zuweisen zu können. Das Beispielprogramm versieht seine beiden Panels mit einem eingelassenen Rahmen (Zeile 031 und Zeile 051). Dazu ist lediglich ein Aufruf der Methode `setBorder` mit Übergabe einer Instanz der Klasse `Border` erforderlich. Diese wird meist mit Hilfe einer der `create`-Methoden der Klasse `BorderFactory` erzeugt.

JList und JScrollPane

Eine `JList` ist eine Liste von Werten, von denen einer oder mehrere ausgewählt werden können. Ihre Bedienung ähnelt der aus dem AWT bekannten Klasse `List`; ihre Fähigkeiten gehen aber über diese hinaus. `JList` ist ein gutes Beispiel für die Aufteilung der Swing-Komponenten in Benutzerschnittstelle und Model. Anstatt – wie in unserem Beispiel – einfach ein Array von festen Werten an den Konstruktor zu übergeben, können mit Hilfe eines Listenmodells (repräsentiert durch eine Instanz der Klasse `ListModel`) sehr komplexe und dynamische Datenstrukturen in der Liste präsentiert werden. Auch die Benutzeroberfläche ist veränderbar. Mit Hilfe eigener "Renderer" können neben einfachen Texten beispielsweise auch Grafiken oder andere Objekte angezeigt werden.

In Zeile 036 kann man noch eine Besonderheit sehen. Eine `JList` bietet standardmäßig keine Möglichkeit zum Scrollen ihres Inhalts. Wird sie ohne weitere Maßnahmen auf dem Panel plaziert, können nur Elemente aus dem sichtbaren Bereich ausgewählt werden. Dieses Eigenschaft teilt sie mit anderen komplexen Swing-Elementen. Glücklicherweise gibt es eine einfache Lösung für dieses Problem. Die Liste ist nämlich lediglich in eine `JScrollPane` einzubetten, die an ihrer Stelle auf dem Dialog plaziert wird. Dieses vielseitige Dialogelement versieht Dialogelemente, die mehr Platz benötigen, als auf dem Bildschirm zur Verfügung steht, mit Schiebereglern und kümmert sich um alle Details des Scrollens der Daten.

JButton

Als letztes Dialogelement in unserem Beispiel wird die Klasse `JButton` verwendet. Sie dient zur Darstellung von Schaltflächen und erbt die meisten Eigenschaften aus ihrer Vaterklasse `AbstractButton` (die ihre Eigenschaften übrigens auch an Menüeinträge vererbt). Wie im Programm zu sehen, entsprechen die Grundlagen der Bedienung von `JButton` denen der Klasse `Button`.

Umschalten des Look-and-Feel

Wie in Abschnitt 35.1.2 auf Seite 749 erwähnt, kann das Look-and-Feel von Swing-Programmen zur Laufzeit umgeschaltet werden. Im Beispielprogramm ist das ab Zeile 061 zu sehen. Abhängig davon, welcher Button gedrückt wurde, wird der Variablen `plaf` der Klassenname einer Look-and-Feel-Implementierung zugewiesen. Durch Aufruf der Methode `setLookAndFeel` wird der `UIManager` angewiesen, das Look-and-Feel umzuschalten. Damit die Änderungen auch bei bereits auf dem Bildschirm befindlichen Dialogelementen sichtbar werden, wird anschließend durch Aufruf von `updateComponentTreeUI` der Klasse `SwingUtilities` der gesamte Dialog neu dargestellt.

> Schlägt der Aufruf von `setLookAndFeel` fehl (was je nach Plattform durchaus passieren kann), löst die Methode eine Ausnahme des Typs `UnsupportedLookAndFeelException` oder eine der Instanzierungsausnahmen aus. Das Programm sollte diese Ausnahme abfangen, das bestehende Look-and-Feel aktiviert lassen und den Anwender darüber in Kenntnis setzen.

35.3 Zusammenfassung

In diesem Kapitel wurden folgende Themen behandelt:

▶ Einschränkungen des AWT, die zur Entwicklung von Swing geführt haben
▶ Das Konzept der leichtgewichtigen Komponenten und ihre Vorteile
▶ Pluggable Look-and-Feels

Zusammenfassung — Kapitel 35

- Das *Model-View-Controller*-Prinzip
- Elemente einer einfachen Swing-Anwendung:
- Die Container-Klassen `JFrame` und `JPanel`
- Die Klassen `JLabel` und `JTextField`
- Die Verwendung von Tooltips und Umrandungen
- Die Klasse `JList`
- Automatisches Scrollen mit der Klasse `JScrollPane`
- Die Klasse `JButton`
- Umschalten des Look-and-Feel

36 Swing: Container und Menüs

36.1 Hauptfenster

36.1.1 JFrame

Die Klasse `JFrame` ist die wichtigste Hauptfensterklasse in Swing. Sie ist aus `java.awt.Frame` abgeleitet und stellt ein Hauptfenster mit Rahmen, Systemmenü und Standardschaltflächen zur Verfügung. Ein `JFrame` kann ebenso einfach instanziert werden wie ein `Frame`:

```
public JFrame()
public JFrame(String title)
```
javax.swing. JFrame

Der parameterlose Konstruktor erzeugt ein Hauptfenster mit einer leeren Titelzeile, der andere schreibt den übergebenen String hinein. Da `JFrame` aus `Frame` abgeleitet ist, stehen alle Methoden aus `Window`, `Container` und `Component` zur Verfügung. Ein einfaches Beispielprogramm mit einem leeren Hauptfenster, das sich über den Schließen-Button beenden läßt, können wir (analog zu den Beispielen in Kapitel 317) wie folgt realisieren:

```java
001 /* Listing3601.java */
002
003 import javax.swing.*;
004 import java.awt.event.*;
005
006 public class Listing3601
007 extends JFrame
008 {
009   public Listing3601()
010   {
011     super("Ein einfacher JFrame");
012     addWindowListener(new WindowClosingAdapter(true));
013   }
014
015   public static void main(String[] args)
016   {
017     Listing3601 wnd = new Listing3601();
018     wnd.setLocation(100, 100);
019     wnd.setSize(300, 200);
020     wnd.setVisible(true);
021   }
022 }
```
Listing 36.1: Verwendung der Klasse JFrame

Das Programm erzeugt ein Hauptfenster der Größe 300 * 200 an der Bildschirmposition (100, 100). In der Titelzeile steht "Ein einfacher JFrame", und das Programm läßt sich durch einen Klick auf den Schließen-Button beenden:

Abbildung 36.1:
Ein einfaches
JFrame-Beispiel

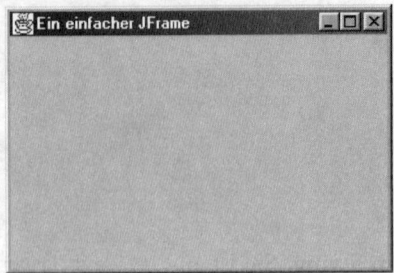

RootPane, LayeredPane und ContentPane

Ein bedeutender Unterschied zwischen den AWT- und Swing-Hauptfenstern besteht in ihrer Komponentenstruktur und den sich daraus ergebenden Unterschieden in der Bedienung. Während die Komponenten eines AWT-Fensters direkt auf dem Fenster plaziert werden, besitzt ein Swing-Hauptfenster eine einzige Hauptkomponente, die alle anderen Komponenten aufnimmt.

Diese Hauptkomponente wird als *RootPane* bezeichnet und ist vom Typ `JRootPane`. Sie übernimmt die Rolle einer Art Verwaltungsinstanz für alle anderen Komponenten des Hauptfensters. Eine RootPane enthält folgende Komponenten:

▶ eine aus `Container` abgeleitete *GlassPane* und

▶ eine aus `JLayeredPane` abgeleitete *LayeredPane*

Die LayeredPane enthält ihrerseits zwei Unterkomponenten:

▶ eine aus Container abgeleitete *ContentPane* und

▶ eine aus `JMenuBar` abgeleitete Menüleiste

Damit ergibt sich folgende Struktur.

Abbildung 36.2:
Die Struktur einer
RootPane

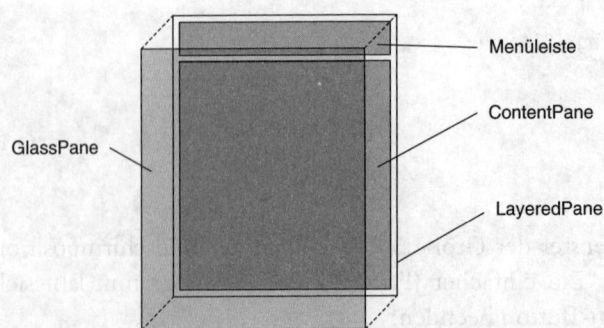

LayeredPane und GlassPane liegen "übereinander" und füllen das Fenster jeweils komplett aus. Die GlassPane ist normalerweise durchsichtig und wird meist nicht zur Grafikausgabe benutzt. Sie könnte dann verwendet werden, wenn Effekte erzielt werden sollen, die das Fenster als Ganzes betreffen (und nicht seine einzelnen Dialogelemente). Eine (beispielsweise von `JInternalFrame` genutzte) Funktion besteht darin, Mausereignisse abzufangen, bevor sie an andere Komponenten weitergegeben werden.

Die LayeredPane enthält das Menü und die Dialogelemente der Anwendung. Als Instanz der Klasse `JLayeredPane` verfügt sie über die Fähigkeit, Dialogelemente nicht nur neben-, sondern in kontrollierter Weise auch übereinander anzuordnen. Das ist beispielsweise wichtig, um Menüs oder interne Dialoge über den Komponenten anzuzeigen, die sie verdecken. Tatsächlich verdeckt das in der LayeredPane gehaltene Menü die in seiner ContentPane plazierten Dialogelemente der Anwendung.

Das hört sich alles sehr kompliziert an, und mancher wird sich fragen, ob soviel Aufwand wirklich nötig war. Glücklicherweise braucht eine Swing-Anwendung sich um die Details gar nicht zu kümmern. Einerseits wird die RootPane, und mit ihr die darin enthaltene GlassPane, LayeredPane und ContentPane, beim Anlegen des Fensters automatisch erzeugt (einzig die Menüleiste bleibt standardmäßig leer). Zweitens implementieren alle Hauptfenster das Interface `RootPaneContainer`, das den Zugriff auf die RootPane vereinfacht. Einige seiner Methoden sind:

```
public JRootPane getRootPane()
public Container getContentPane()
public JLayeredPane getLayeredPane()
public Component getGlassPane()
```

javax.swing. RootPane-Container

Um auf einem Hauptfenster Komponenten zu plazieren, ist es also nicht nötig, zunächst mit `getRootPane` die RootPane, dann mit `getLayeredPane` die LayeredPane und schließlich mit `getContentPane` die ContentPane zu beschaffen, sondern es kann direkt `getContentPane` aufgerufen werden. Neben den getter-Methoden gibt es auch setter-Methoden, mit denen der strukturelle Aufbau der RootPane vollständig verändert werden kann. Darauf wollen wir aber nicht weiter eingehen.

Dialogelemente plazieren

Das Einfügen und Anordnen von Dialogelementen auf einem Hauptfenster erfolgt also über dessen ContentPane. Die Aufrufe von `add` und `setLayout` werden damit nicht direkt auf dem Fenster ausgeführt, sondern auf dessen ContentPane, die über einen Aufruf von `getContentPane` beschafft werden kann.

Um das zu demonstrieren, wollen wir das vorige Beispiel um drei Buttons erweitern, die mit Hilfe eines `GridLayout` der Größe 3 * 1 angeordnet werden:

Listing 36.2: Anordnen von Dialogelementen in einem Hauptfenster

```java
001  /* Listing3602.java */
002
003  import javax.swing.*;
004  import java.awt.*;
005  import java.awt.event.*;
006
007  public class Listing3602
008  extends JFrame
009  {
010    public Listing3602()
011    {
012      super("Ein einfacher JFrame");
013      //WindowListener hinzufügen
014      addWindowListener(new WindowClosingAdapter(true));
015      //Layout setzen und Buttons hinzufügen
016      Container contentPane = getContentPane();
017      contentPane.setLayout(new GridLayout(3, 1));
018      contentPane.add(new JButton("Button 1"));
019      contentPane.add(new JButton("Button 2"));
020      contentPane.add(new JButton("Button 3"));
021    }
022
023    public static void main(String[] args)
024    {
025      Listing3602 wnd = new Listing3602();
026      wnd.setLocation(100, 100);
027      wnd.setSize(300, 200);
028      wnd.setVisible(true);
029    }
030  }
```

Das Programm hat nun folgendes Aussehen:

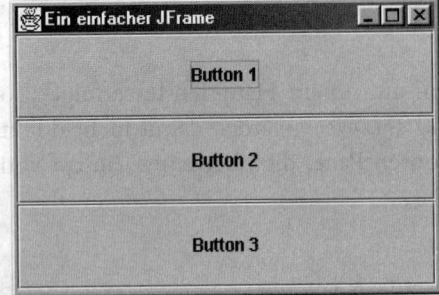

Abbildung 36.3: Ein Hauptfenster mit Dialogelementen

Hauptfenster Kapitel 36

Gerade am Anfang passiert es mitunter, daß `add` oder `setLayout` versehentlich direkt aus dem Hauptfenster aufgerufen werden. Um das zu verhindern, besitzen die Hauptfensterklassen einen Mechanismus, der in einem solchen Fall eine Ausnahme mit einem entsprechenden Warnhinweis auslöst. Dieser kann zwar mit der Methode `setRootPaneCheckingEnabled` deaktiviert werden, normalerweise ist das aber nicht zu empfehlen.

36.1.2 JWindow

Die zweite Hauptfensterklasse, die wir in diesem Kapitel vorstellen, ist `JWindow`. Sie ist aus `Window` abgeleitet und dient wie diese dazu, ein rahmenloses Fenster zu erzeugen, das an beliebiger Stelle und in beliebiger Größe auf dem Bildschirm plaziert werden kann. `JWindow` besitzt drei Konstruktoren:

```
public JWindow()
public JWindow(Frame owner)
public JWindow(Window owner)
```

javax.swing.
JWindow

Ebenso wie `JFrame` besitzt auch `JWindow` eine RootPane mit der im vorigen Abschnitt beschriebenen Struktur. Dialogelemente und Layoutmanager werden also nicht direkt auf dem Fenster, sondern auf der ContentPane plaziert. Zur einfacheren Verwendung implementiert auch `JWindow` das Interface `RootPaneContainer`.

Als Beispiel für die Anwendung von `JWindow` wollen wir einen einfachen *SplashScreen* konstruieren, also ein Fenster, das nach dem Start eines Programmes angezeigt wird und nach dessen Initialisierung wieder entfernt wird. Dazu leiten wir eine Klasse `SplashScreen` von `JWindow` ab und plazieren darin ein Icon und einen Text. Der Name der Icondatei und der Text können an den Konstruktor übergeben werden. Das Programm soll jeweils ein Drittel der verfügbaren Höhe und Breite des Bildschirms belegen und das Icon und den Text zentriert darin anzeigen.

```
001  /* SplashScreen.java */
002
003  import javax.swing.*;
004  import javax.swing.border.*;
005  import java.awt.*;
006  import java.awt.event.*;
007
008  public class SplashScreen
009  extends JWindow
010  {
011     public SplashScreen(String image, String text)
012     {
013        JPanel contentPane = new JPanel();
014        contentPane.setLayout(new BorderLayout());
015        Border bd1 = BorderFactory.createBevelBorder(
```

Listing 36.3:
Ein einfacher
SplashScreen

Listing 36.3:
Ein einfacher
SplashScreen
(Forts.)

```
016        BevelBorder.RAISED
017      );
018      Border bd2 = BorderFactory.createEtchedBorder();
019      Border bd3 = BorderFactory.createCompoundBorder(bd1, bd2);
020      ((JPanel)contentPane).setBorder(bd3);
021      ImageIcon icon = new ImageIcon(image);
022      contentPane.add(new JLabel(" ", JLabel.CENTER), BorderLayout.NORTH);
023      contentPane.add(new JLabel(icon, JLabel.CENTER), BorderLayout.CENTER);
024      contentPane.add(new JLabel(text, JLabel.CENTER), BorderLayout.SOUTH);
025      setContentPane(contentPane);
026    }
027
028    public void showFor(int millis)
029    {
030      Dimension dim = Toolkit.getDefaultToolkit().getScreenSize();
031      setLocation(dim.width / 3, dim.height / 3);
032      setSize(dim.width / 3, dim.height / 3);
033      setVisible(true);
034      try {
035        Thread.sleep(millis);
036      } catch (InterruptedException e) {
037      }
038      setVisible(false);
039    }
040
041    public static void main(String[] args)
042    {
043      SplashScreen intro = new SplashScreen(
044        "mine.gif",
045        "(C) Copyright 2000, J. Krüger, All Rights Reserved"
046      );
047      intro.showFor(3000);
048      System.exit(0);
049    }
050 }
```

Die Ausgabe des Programms sieht so aus:

Abbildung 36.4:
Ein einfacher
SplashScreen

Das Programm ist prinzipiell so aufgebaut wie die bisherigen Swing-Beispiele, zeigt aber bei näherem Hinsehen einige Besonderheiten. Zunächst definiert es einen eigenen ContentPane. In Zeile 013 wird dazu ein `JPanel` instanziert und mit einem `BorderLayout` versehen (der Standard-Layoutmanager von `JPanel` ist `FlowLayout`). Alle Dialogelemente werden auf diesem Panel plaziert. In Zeile 025 wird das Panel durch Aufruf von `setContentPane` als ContentPane des Fensters definiert.

Zum anderen zeigt das Programm ein paar zusätzliche Möglichkeiten, Umrandungen zu verwenden. Ab Zeile 015 werden mit Hilfe der Methoden `createBevelBorder` und `createEtchedBorder` der Klasse `BorderFactory` zwei unabhängige Umrandungen konstruiert. Durch Aufruf von `createCompoundBorder` werden sie zu einer neuen Umrandung zusammengefaßt und anschließend an den ContentPane übergeben.

36.1.3 JDialog

Neben einem oder mehreren langlebigen Hauptfenstern besitzt eine Anwendung meist auch Dialogfenster. Sie werden oft nur vorübergehend aufgerufen, um eine temporäre Kommunikation zwischen Anwender und Programm zu etablieren. Dialogfenster unterscheiden sich meist dadurch von Hauptfenstern, daß sie kein Menü und nur eingeschränkte Systemfunktionen besitzen. Zudem ist ihre Größe oft nicht veränderbar, und sie halten (als *modale* Fenster) während der eigenen Ausführung den Programmfluß im übrigen Programm an.

Mit der aus `Dialog` abgeleiteten Klasse `JDialog` stehen auch in Swing Dialogfenster zur Verfügung. Sie besitzen denselben strukturellen Aufbau wie `JFrame` und `JWindow` und implementieren ebenfalls das Interface `RootPaneContainer`. Auch hier erfolgt also das Hinzufügen und Anordnen von Komponenten nicht auf dem Fenster selbst, sondern auf seiner ContentPane. `JDialog` besitzt eine Vielzahl von Konstruktoren. Die wichtigsten sind:

```
public JDialog(Frame owner)
public JDialog(Frame owner, boolean modal)
public JDialog(Frame owner, String title)
public JDialog(Frame owner, String title, boolean modal)
```
`javax.swing.`
`JDialog`

Als `owner` sollte der Aufrufer dabei das Fenster übergeben, zu dem der Dialog logisch gehört. Alle Konstruktoren gibt es auch in einer Form, bei der der `owner` vom Typ `Dialog` ist. Wahlweise kann ein `JDialog` auch ohne `owner` konstruiert werden (mit dem parameterlosen Konstruktor), doch dann kann es unter Umständen Fokusprobleme beim Wechsel zwischen mehreren Anwendungen geben.

Die übrigen Parameter geben den Titel des Dialogs an und legen fest, ob er modal oder nichtmodal sein soll. Bei einem modalen Dialog wird der Aufruf von `show` (bzw. `setVisible(true)`) erst dann beendet, wenn der Dialog geschlossen wurde. Bei einem nicht-modalen Dialog fährt das Programm dagegen unmittelbar mit der nächsten Anweisung hinter `show` fort.

36.1.4 JOptionPane

Eine weitere (und noch dazu sehr bequeme) Möglichkeit, Swing-Dialoge zu erzeugen, steht mit der Klasse `JOptionPane` zur Verfügung. Diese ist in der Lage, einfache Dialoge, die lediglich ein Icon und einen Text oder ein Eingabefeld und eine Auswahl der Buttons "Yes", "No" und "Cancel" enthalten, mit einem einzigen Aufruf einer statischen Methode zu erzeugen. `JOptionPane` ist sehr vielseitig, wir wollen uns an dieser Stelle allerdings auf ihre wichtigsten Anwendungen beschränken.

Anzeigen einer Nachricht

In seiner einfachsten Form kann `JOptionPane` dazu verwendet werden, ein Dialogfenster mit Titel, Icon und Hinweistext anzuzeigen, das mit Hilfe eines "OK"-Buttons beendet werden kann. Dazu stehen verschiedene Varianten der Methode `showMessageDialog` zur Verfügung:

`javax.swing.`
`JOptionPane`

```
public static void showMessageDialog(
    Component parentComponent,
    Object message
)

public static void showMessageDialog(
    Component parentComponent,
    Object message,
    String title,
    int messageType
)

public static void showMessageDialog(
    Component parentComponent,
    Object message,
    String title,
    int messageType,
    Icon icon
)
```

Aufrufe von `showMessageDialog` sind grundsätzlich modal. Erst wenn der Dialog vom Anwender beendet wurde, wird die nächste Anweisung ausgeführt. Der Parameter `parentComponent` bezeichnet die Vaterkomponente, aus der heraus der Dialog aufgerufen wurde, und `message` ist der anzuzeigende Text. Soll eine eigene Titelzeile angegeben werden, kann dazu `title` verwendet werden, andernfalls wird "Message" angezeigt. Wahlweise kann mit dem Parameter `icon` ein Icon angegeben werden, das neben dem Text angezeigt wird.

Hauptfenster Kapitel 36

Alternativ kann auch durch Übergabe einer der Konstanten ERROR_MESSAGE, INFORMATION_MESSAGE, WARNING_MESSAGE, QUESTION_MESSAGE oder PLAIN_MESSAGE an den Parameter messageType ein Standard-Icon erzeugt werden:

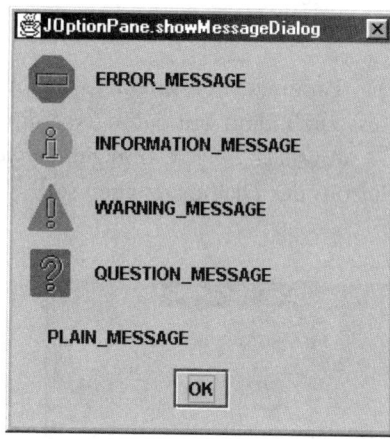

Abbildung 36.5:
Die Standard-Icons bei JOptionPane

Eingabe einer Bestätigung

Mit den verschiedenen Varianten der Methode showConfirmDialog kann ein Dialog erzeugt werden, der neben den zuvor besprochenen Fähigkeiten die Möglichkeit bietet, die Auswahl der Buttons zu beeinflussen, mit denen der Dialog beendet werden kann.

```
public static int showConfirmDialog(
  Component parentComponent,
  Object message
)

public static int showConfirmDialog(
  Component parentComponent,
  Object message,
  String title,
  int optionType
)

public static int showConfirmDialog(
  Component parentComponent,
  Object message,
  String title,
  int optionType,
  int messageType
)

public static int showConfirmDialog(
```

javax.swing.
JOptionPane

```
Component parentComponent,
Object message,
String title,
int optionType,
int messageType,
Icon icon
)
```

Die Parameter entsprechen im wesentlichen denen der Methode `showMessageDialog`. Zusätzlich kann mit `optionType` eine der Konstanten `YES_NO_OPTION`, `OK_CANCEL_OPTION` oder `YES_NO_CANCEL_OPTION` angegeben werden, um zu entscheiden, welche Kombination von Buttons der Dialog anzeigen soll:

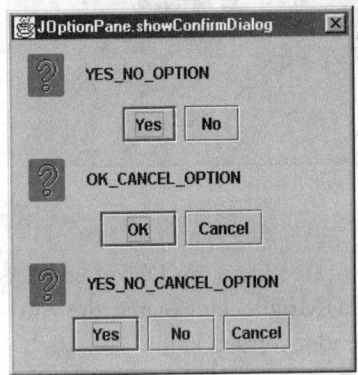

Abbildung 36.6: Button-Kombinationen bei showConfirmDialog

`showConfirmDialog` ist ebenfalls modal und ihr Rückgabewert zeigt an, auf welche Weise der Dialog beendet wurde:

Tabelle 36.1: Rückgabewerte von showConfirmDialog

Rückgabewert	Bedeutung
YES_OPTION	Mit dem "Yes"-Button
NO_OPTION	Mit dem "No"-Button
CANCEL_OPTION	Mit dem "Cancel"-Button
OK_OPTION	Mit dem "OK"-Button
CLOSED_OPTION	Mit dem "Schließen"-Button der Titelzeile

Eingabe von Daten

Mit der Möglichkeit, neben dem Icon und dem Nachrichtentext auch ein Textfeld im Dialog zu plazieren, kann `JOptionPane` auch zur Erfassung einfacher Daten verwendet werden. Die dazu aufzurufende Methode `showInputDialog` gibt es ebenfalls in mehreren Varianten:

Hauptfenster Kapitel 36

```
public static String showInputDialog(
  Component parentComponent,
  Object message
)

public static String showInputDialog(
  Component parentComponent,
  Object message,
  String title,
  int messageType
)

public static Object showInputDialog(
  Component parentComponent,
  Object message,
  String title,
  int messageType,
  Icon icon,
  Object[] selectionValues,
  Object initialSelectionValue
)
```

javax.swing.
JOptionPane

In der einfachsten Form werden lediglich ein Dialog mit dem Titel "Input", die angegebene Nachricht mit einem Icon und das Textfeld zur Eingabe der Daten angezeigt. Die zweite Variante erlaubt zusätzlich die Angabe der Titelzeile und die Auswahl des Icontyps. In der letzten Variante wird anstelle des Textfelds eine Combobox zur Dateneingabe verwendet. Der Parameter selectionValues gibt die in der Combobox anzuzeigenden Elemente an (sie werden mit toString in Strings konvertiert), und initialSelectionValue gibt an, welches von ihnen standardmäßig selektiert werden soll.

Bei allen Methoden ist der Rückgabewert ein String mit den vom Anwender eingegebenen Daten. Falls eine Combobox zur Auswahl verwendet wurde, wird der String-Wert des ausgewählten Elements zurückgegeben. Ein Rückgabewert von null zeigt an, daß der Anwender den Dialog abgebrochen hat.

Das folgende Programm zeigt eine einfache Anwendung von JOptionPane, bei der der Anwender einen Wert aus einer vordefinierten Liste auswählen kann:

```
001 /* Listing3604.java */
002
003 import javax.swing.*;
004 import java.awt.*;
005 import java.awt.event.*;
006
007 public class Listing3604
008 extends JFrame
```

Listing 36.4:
Anwendungsbeispiel für
JOptionPane

Listing 36.4: Anwendungsbeispiel für JOptionPane (Forts.)

```java
009 {
010   private static final String[] QUARTALE = {
011     "1. Quartal", "2. Quartal", "3. Quartal", "4. Quartal"
012   };
013
014   public Listing3604()
015   {
016     super("Test von JOptionPane");
017     addWindowListener(new WindowClosingAdapter(true));
018   }
019
020   public static void main(String[] args)
021   {
022     Listing3604 wnd = new Listing3604();
023     wnd.setLocation(100, 100);
024     wnd.setSize(300, 200);
025     wnd.setVisible(true);
026     String ret = (String)JOptionPane.showInputDialog(
027       wnd,
028       "Wählen Sie das Quartal aus",
029       "JOptionPane.showInputDialog",
030       JOptionPane.QUESTION_MESSAGE,
031       null,
032       QUARTALE,
033       QUARTALE[2]
034     );
035     System.out.println("Ausgewählt wurde " + ret);
036   }
037 }
```

Der vom Programm erzeugte Dialog sieht unmittelbar nach dem Aufruf von showInputDialog so aus:

Abbildung 36.7: Die Methode showInputDialog

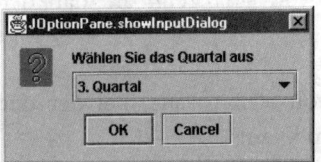

36.1.5 JApplet

Die Klasse JApplet ist eine einfache Erweiterung von java.applet.Applet. Sie dient zur Entwicklung von Applets, die Swing-Dialogelemente zur Gestaltung der Oberfläche verwenden. Die Unterschiede zwischen beiden Klassen sind nicht sehr umfangreich; insbesondere werden die Methoden init, start, stop und destroy in derselben Weise verwendet wie bei der Klasse Applet.

Hauptfenster

Wie bei den anderen Hauptfenstern ist auch hier der wichtigste Unterschied, daß `JApplet` die in Abschnitt 36.1.1 auf Seite 763 beschriebene RootPane-Struktur realisiert. Die Klasse implementiert ebenfalls das `RootPaneContainer`-Interface, und alle Komponenten müssen an die ContentPane übergeben werden. Da die Applet-Programmierung ab Kapitel 39 auf Seite 887 ausführlich beschrieben wird, wollen wir uns an dieser Stelle auf ein einfaches Beispiel beschränken:

```
001 /* JAppletTest.java */
002
003 import javax.swing.*;
004 import java.awt.*;
005 import java.awt.event.*;
006
007 public class JAppletTest
008 extends JApplet
009 {
010   public void init()
011   {
012     Container contentPane = getContentPane();
013     contentPane.setLayout(new GridLayout(3, 1));
014     contentPane.add(new JButton("Button 1"));
015     contentPane.add(new JButton("Button 2"));
016     contentPane.add(new JButton("Button 3"));
017   }
018 }
```

Listing 36.5: Anwendungsbeispiel für JApplet

Das Programm stellt ein sehr einfaches Applet dar, das – analog zu Listing 36.2 auf Seite 766 – drei Buttons in einem `GridLayout` anzeigt. Es kann wie folgt in eine HTML-Datei eingebettet werden:

```
001 <html>
002 <head><title>JAppletTest</title></head>
003
004 <body>
005 <h1>JAppletTest</h1>
006
007 <applet code="JAppletTest.class" width=300 height=200>
008 Hier steht das JAppletTest
009 </applet>
010
011 </body>
012 </html>
```

Listing 36.6: HTML-Datei für JApplet-Beispiel

Das Applet kann nun mit Hilfe des AppletViewers gestartet werden:

```
appletviewer japplet.html
```

36.1.6 JInternalFrame

Bei vielen Programmen ist es üblich, daß sie ein einziges Hauptfenster besitzen und ihre zahlreichen, gleichzeitig geöffneten Kindfenster *innerhalb* dieses Hauptfensters anordnen. Diese unter Windows als *MDI* (*Multiple Document Interface*) bezeichnete Technik ist bei bestimmten Typen von Anwendungen mittlerweile weitverbreitet (z.B. bei Textverarbeitungen, Grafikprogrammen oder Entwicklungsumgebungen).

Während im AWT keine Möglichkeit vorgesehen war, MDI-Anwendungen zu entwickeln, ist es in Swing recht einfach. Dazu werden lediglich zwei Arten von Komponenten benötigt:

- Das als *Desktop* bezeichnete Hauptfenster der Anwendung.
- Die Kindfenster der Anwendung.

Der Desktop

Als Desktop ist prinzipiell jede beliebige Hauptfensterklasse geeignet, meist wird aber die Klasse JFrame verwendet. Um die Kindfenster zu verwalten, wird die vordefinierte ContentPane durch eine Instanz der Klasse JDesktopPane ersetzt. Diese von JLayeredPane abgeleitete Klasse besitzt einen DesktopManager, der für die Verwaltung der Kindfenster zuständig ist. Der DesktopManager wird beispielsweise benachrichtigt (und führt alle dazu erforderlichen Aktionen aus), wenn ein Kindfenster verkleinert, vergrößert oder verschoben werden soll.

> DesktopManager ist ein Interface, das eine Vielzahl von Methoden enthält. Mit der Klasse DefaultDesktopManager gibt es eine Standardimplementierung, die für viele Zwecke ausreichend ist.

Die Kindfenster

Die Kindfenster werden aus JInternalFrame abgeleitet; einem Dialogelement, das recht überzeugend vortäuscht, ein Hauptfenster zu sein. Tatsächlich ist JInternalFrame direkt aus JComponent abgeleitet und nicht aus JFrame, wie man es vielleicht vermuten könnte. Der Grund liegt darin, daß JFrame als Frame stets eine betriebssystemspezifische Fensterressource besitzt und damit für die Verwendung *innerhalb* der Grenzen eines anderen Fensters ungeeignet ist.

Eine *betriebssystemspezifische* Ressource für MDI-Kindfenster steht aber nicht auf allen grafischen Oberflächen zur Verfügung, und so haben sich die Swing-Entwickler entschlossen, JInternalFrame als leichtgewichtige Komponente selbst zu realisieren.

Hauptfenster

Das hat einige Konsequenzen:

- Die üblichen Ausstattungsmerkmale und Bedienelemente eines Fensters müssen nachgebildet werden (Rahmen, Titelleiste, Systemmenü, Buttons, das Verschieben des Fensters und das Verändern seiner Größe usw.).
- Die Programmierschnittstelle der Klasse `Frame` muß nachgebildet werden.
- Da `JInternalFrame` nicht aus `Frame` abgeleitet ist, kann ein `JInternalFrame`-Objekt nicht verwendet werden, wenn eine Variable oder ein Parameter vom Typ `Frame` gefordert ist.
- Muß eine Anwendung sowohl in einem `Frame` als auch in einem `JInternalFrame` laufen können, so muß der Code für die Implementierung des Fensters in beiden Klassen verfügbar gemacht werden. Vererbung kommt wegen der unterschiedlichen Vererbungslinien beider Klassen nicht in Frage. Als Lösung für dieses Problem könnte das Delegate-Pattern aus Abschnitt 10.3.6 auf Seite 227 angewendet werden.

Um die Kindfenster zu aktivieren, müssen sie durch Aufruf von `setVisible` sichtbar gemacht und mit `add` auf dem Desktop plaziert werden. Bis zum JDK 1.2 war der Aufruf von `setVisible` nicht unbedingt erforderlich, denn ein `JInternalFrame` war standardmäßig sichtbar. Zur Angleichung an die anderen Hauptfensterklassen wurde dies mit dem JDK 1.3 geändert.

`JInternalFrame` besitzt diverse Konstruktoren. Das nachfolgende Syntaxdiagramm zeigt nur den umfangreichsten von ihnen. Alle anderen ergeben sich, indem man auf der rechten Seite nicht benötigte Argumente wegfallen läßt:

```
public JInternalFrame(
  String title,
  boolean resizable,
  boolean closable,
  boolean maximizable,
  boolean iconifiable
)
```

javax.Swing.
JInternal-
Frame

`JInternalFrame` implementiert das schon erläuterte Interface `RootPaneContainer` und stellt zusätzlich verschiedene Methoden zur Verfügung. Einige von ihnen sind:

```
public void setClosable(boolean b)
public void setResizable(boolean b)
public void setIconifiable(boolean b)
public void setMaximizable(boolean b)

public void setTitle(String title)

public void setDefaultCloseOperation(int operation)
```

javax.Swing.
JInternal-
Frame

Kapitel 36   **Swing: Container und Menüs**

setClosable entscheidet, ob das Fenster geschlossen, und setResizable, ob seine Größe verändert werden kann. setIconifiable legt fest, ob das Fenster in ein Symbol verkleinert, und setMaximizable, ob es maximiert werden kann. Mit setTitle kann der Rahmentitel angegeben werden, und mit setDefaultCloseOperation wird angegeben, wie das Fenster sich beim Schließen verhalten soll. Hier kann eine der Konstanten DO_NOTHING_ON_CLOSE, HIDE_ON_CLOSE oder DISPOSE_ON_CLOSE angegeben werden.

Beispielprogramm

Nach diesen Vorbemerkungen wollen wir ein einfaches Beispielprogramm erstellen. Es soll einen JFrame als Desktop mit zwei Kindfenstern enthalten. Diese sollen alle Standardbedienelemente enthalten, vergrößer- und verkleinerbar sein und innerhalb des Desktops verschoben werden können.

Wir erstellen dazu eine Klasse DesktopFrame, die mit einem DefaultDesktopManager ein Desktop aufbaut. Mit ihrer Methode addChild kann ein Kindfenster an einer bestimmten Position auf dem Desktop plaziert werden. Weiterhin definieren wir eine aus JInternalFrame abgeleitete Klasse ChildFrame. Sie legt im Konstruktor die Eigenschaften des Fensters fest, hat darüber hinaus aber keine Funktionalitäten.

Listing 36.7:
Die Klasse
JInternalFrame

```
001 /* Listing3607.java */
002
003 import java.awt.*;
004 import java.awt.event.*;
005 import javax.swing.*;
006
007 class DesktopFrame
008 extends JFrame
009 {
010   private JDesktopPane desk;
011
012   public DesktopFrame()
013   {
014     super("DesktopFrame");
015     this.desk = new JDesktopPane();
016     desk.setDesktopManager(new DefaultDesktopManager());
017     setContentPane(desk);
018     addWindowListener(new WindowClosingAdapter(true));
019   }
020
021   public void addChild(JInternalFrame child, int x, int y)
022   {
023     child.setLocation(x, y);
024     child.setSize(200, 150);
025     child.setDefaultCloseOperation(
026       JInternalFrame.DISPOSE_ON_CLOSE
```

```
027       );
028       desk.add(child);
029       child.setVisible(true);
030    }
031 }
032
033 class ChildFrame
034 extends JInternalFrame
035 {
036    public ChildFrame(String title)
037    {
038       super("Child " + title, true, true);
039       setIconifiable(true);
040       setMaximizable(true);
041       setBackground(Color.lightGray);
042    }
043 }
044
045 public class Listing3607
046 {
047    public static void main(String[] args)
048    {
049       //Desktop erzeugen
050       DesktopFrame desktop = new DesktopFrame();
051       desktop.setLocation(100, 100);
052       desktop.setSize(400, 300);
053       desktop.setVisible(true);
054       //Zwei ChildFrames hinzufügen
055       desktop.addChild(new ChildFrame("1"), 10, 10);
056       desktop.addChild(new ChildFrame("2"), 20, 20);
057    }
058 }
```

Listing 36.7: Die Klasse JInternalFrame (Forts.)

Die Ausgabe des Programms sieht so aus:

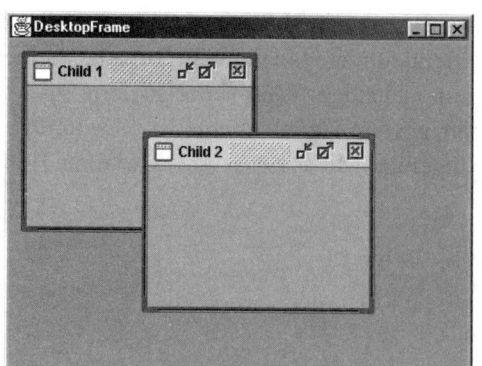

Abbildung 36.8: Die Klasse JInternalFrame

36.2 Menüs

36.2.1 Einfache Menüs

36.2.2 Grundlagen von Swing-Menüs

JMenuBar

In Swing können alle Hauptfenster mit Ausnahme von JWindow eine Menüleiste haben. Dabei handelt es sich um eine Instanz der Klasse JMenuBar, die dem Hauptfenster durch Aufruf von addJMenuBar hinzugefügt wird. JMenuBar besitzt eine Vielzahl von Methoden, meist werden aber lediglich der parameterlose Konstruktor und die Methode add benötigt.

javax.swing.JMenuBar

```
public JMenuBar()

public JMenu add(JMenu c)
```

> Swing-Menüs und ihre Bestandteile haben starke Ähnlichkeit mit den korrespondierenden Konzepten im AWT. Viele der in Kapitel 30 auf Seite 621 erläuterten Eigenschaften gelten damit analog für Swing-Menüs.

JMenu

Die einzelnen Menüs einer Menüleiste sind Instanzen der Klasse JMenu, die aus JMenuItem abgeleitet ist. Ihre wichtigsten Methoden sind:

javax.swing.JMenu

```
public JMenu(String s)

public JMenuItem add(String s)
public JMenuItem add(JMenuItem menuItem)

public void addSeparator()
```

Der Konstruktor erzeugt ein neues Menü mit dem angegebenen Namen. Mit add werden Menüeinträge hinzugefügt. Im allgemeinen Fall sind das Instanzen der Klasse JMenuItem, die auf vielfältige Weise konfiguriert werden können. Es ist aber auch möglich, lediglich Strings an add zu übergeben. Dadurch wird ein einfacher Menüeintrag dieses Namens angefügt. Mit addSeparator wird eine Trennlinie hinter dem letzten Menüpunkt angefügt.

Menüs — Kapitel 36

> Für OO-Neulinge ist es schwer zu verstehen, warum ein Menü die Ableitung eines Menüeintrags ist. Eine einfache Erklärung ist, daß es möglich sein soll, Menüs ineinander zu schachteln. Daß also ein Element eines Menüs, das ja per Definition ein Menüeintrag ist, wahlweise auch ein Menü enthalten soll. Das kann nur erreicht werden, wenn Menü und Menüeintrag zuweisungskompatibel, also voneinander abgeleitet, sind. Eine ausführlichere Erklärung findet sich bei der Besprechung des Composite-Patterns in Abschnitt 10.3.7 auf Seite 230.

JMenuItem

Die Klasse `JMenuItem` repräsentiert Menüeinträge, also Elemente, die sich in einem Menü befinden. Dabei handelt es sich um Texte, die wahlweise mit einem Icon oder einem Häkchen versehen werden können. Da `JMenu` aus `JMenuItem` abgeleitet ist, kann ein Menü wiederum Menüs als Einträge enthalten. Auf diese Weise lassen sich Menüs schachteln. Die wichtigsten Eigenschaften von `JMenuItem` sind:

```
public JMenuItem(String text)
public JMenuItem(String text, Icon icon)
public JMenuItem(String text, int mnemonic)

public void setMnemonic(char mnemonic)
public void setMnemonic(int mnemonic)
public int getMnemonic()

public void setAccelerator(KeyStroke keyStroke)
public KeyStroke getAccelerator()

public void setEnabled(boolean b)
public boolean isEnabled()

public void addActionListener(ActionListener l)
public void removeActionListener(ActionListener l)
```
javax.swing. JMenuItem

Der an den Konstruktor übergebene String `text` legt den Menütext fest. Wahlweise kann zusätzlich ein Icon übergeben werden, das neben dem Menütext angezeigt wird. Mit `setMnemonic` wird das *mnemonische Kürzel* des Menüeintrags festgelegt. Das ist ein (unterstrichen dargestellter) Buchstabe innerhalb des Menütexts, der bei geöffnetem Menü gedrückt werden kann, um den Menüeintrag per Tastatur aufzurufen. Wahlweise kann das Kürzel auch schon an den Konstruktor übergeben werden. Mit `getMnemonic` kann es abgefragt werden.

Neben den mnemonischen Kürzeln gibt es eine weitere Möglichkeit, Menüeinträge über Tastenkürzel aufzurufen. Diese als *Acceleratoren* oder *Beschleunigertasten* bezeichneten Tasten können auch dann verwendet werden, wenn das entsprechende Menü nicht geöffnet ist.

Beschleuniger werden mit `setAccelerator` zugewiesen. Sie bestehen aus einer Kombination von normalen Tasten und Umschalttasten, die durch ein `KeyStroke`-Objekt beschrieben werden.

Instanzen der Klasse `KeyStroke` werden ausschließlich mit ihrer Factory-Methode `getKeyStroke` erzeugt:

javax.swing.KeyStroke
```
public static KeyStroke getKeyStroke(char keyChar)
public static KeyStroke getKeyStroke(int keyCode, int modifiers)
```

In der einfachsten Form wird lediglich ein einzelnes Zeichen übergeben. In diesem Fall repräsentiert der erzeugte `KeyStroke` genau die entsprechende Taste. Soll diese zusammen mit Umschalttasten gedrückt werden, muß die gewünschte Kombination an den Parameter `modifiers` übergeben werden:

Tabelle 36.2: Konstanten für Umschalttasten

Konstante	Bedeutung
SHIFT_MASK	UMSCHALT
CTRL_MASK	STRG
META_MASK	META (gibt es auf den meisten Plattformen nicht)
ALT_MASK	ALT

Diese Konstanten stammen aus der Klasse `java.awt.Event`. Sie werden durch unterschiedliche Zweierpotenzen repräsentiert und können durch Addition beliebig kombiniert werden. Als erstes Argument `keyCode` ist einer der in `java.awt.event.KeyEvent` definierten virtuellen Tastencodes zu übergeben (siehe Tabelle 29.4 auf Seite 614).

Mit den Methoden `setEnabled` und `getEnabled` kann auf den Aktivierungszustand des Menüeintrags zugegriffen werden. Wird `false` an `setEnabled` übergeben, wird der Eintrag deaktiviert, andernfalls aktiviert. Ein deaktivierter Eintrag wird grau dargestellt und kann nicht ausgewählt werden.

Die beiden letzten Methoden `addActionListener` und `removeActionListener` dienen dazu, Objekte als Listener zu registrieren (bzw. zu deregistrieren). Solche Objekte müssen das Interface `ActionListener` implementieren. Sie werden beim Auswählen des Menüpunkts aktiviert, indem ihre Methode `actionPerformed` aufgerufen wird. Details können in Abschnitt 30.5 auf Seite 632 nachgelesen werden.

Das folgende Programm zeigt eine Swing-Anwendung mit einem einfachen "Datei"-Menü, das die Einträge "Öffnen", "Speichern" und "Beenden" besitzt. Das Menü und seine Einträge besitzen mnemonische Kürzel, und die Menüpunkte "Öffnen" und "Speichern" sind über die Beschleuniger STRG+O bzw. STRG+S zu erreichen. Das Applika-

Menüs Kapitel 36

tionsobjekt registriert sich als `ActionListener` bei allen Menüpunkten und gibt die Benutzeraktionen auf der Console aus. Das Programm erzeugt zunächst eine neue Menüleiste und fügt ihr in Zeile 016 das in `createFileMenu` erzeugte Menü hinzu. Schließlich wird die Menüleiste mit `setJMenuBar` an das Hauptfenster übergeben.

```
001  /* Listing3608.java */
002
003  import java.awt.*;
004  import java.awt.event.*;
005  import javax.swing.*;
006
007  public class Listing3608
008  extends JFrame
009  implements ActionListener
010  {
011    public Listing3608()
012    {
013      super("Swing-Menütest");
014      addWindowListener(new WindowClosingAdapter(true));
015      JMenuBar menubar = new JMenuBar();
016      menubar.add(createFileMenu());
017      setJMenuBar(menubar);
018    }
019
020    public void actionPerformed(ActionEvent event)
021    {
022      System.out.println(event.getActionCommand());
023    }
024
025    //---Private Methoden---------------
026    private JMenu createFileMenu()
027    {
028      JMenu ret = new JMenu("Datei");
029      ret.setMnemonic('D');
030      JMenuItem mi;
031      //Öffnen
032      mi = new JMenuItem("Öffnen", 'f');
033      setCtrlAccelerator(mi, 'O');
034      mi.addActionListener(this);
035      ret.add(mi);
036      //Speichern
037      mi = new JMenuItem("Speichern", 'p');
038      setCtrlAccelerator(mi, 'S');
039      mi.addActionListener(this);
040      ret.add(mi);
041      //Separator
042      ret.addSeparator();
043      //Beenden
```

Listing 36.8:
Ein Swing-Programm mit einem einfachen Menü

Listing 36.8:
Ein Swing-Programm mit einem einfachen Menü (Forts.)

```
044    mi = new JMenuItem("Beenden", 'e');
045    mi.addActionListener(this);
046    ret.add(mi);
047    return ret;
048  }
049
050  private void setCtrlAccelerator(JMenuItem mi, char acc)
051  {
052    KeyStroke ks = KeyStroke.getKeyStroke(
053      acc, Event.CTRL_MASK
054    );
055    mi.setAccelerator(ks);
056  }
057
058  public static void main(String[] args)
059  {
060    Listing3608 frame = new Listing3608();
061    frame.setLocation(100, 100);
062    frame.setSize(300, 200);
063    frame.setVisible(true);
064  }
065 }
```

Das Programm sieht mit geöffnetem "Datei"-Menü so aus:

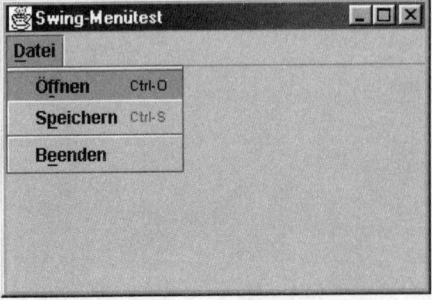

Abbildung 36.9: Ein Swing-Programm mit einem einfachen Menü

36.2.3 Weitere Möglichkeiten

Untermenüs

Das Einbinden von Untermenüs ist einfach. Da Menu aus MenuItem abgeleitet ist, kann an die Methode add der Klasse Menu auch eine Instanz der Klasse Menu übergeben werden. Der Name des Untermenüs erscheint dann an der Einfügestelle, und mit einem kleinen Pfeil wird angezeigt, daß es sich um ein Untermenü handelt.

Icons in Menüeinträgen

Einem Menüeintrag kann auch ein Icon zugeordnet werden. Dazu kann ein Icon-Objekt entweder direkt an den Konstruktor von MenuItem übergeben werden, oder es kann später durch Aufruf von setIcon zugewiesen werden. Icon ist ein Interface, das die abstrakten Eigenschaften eines Icons definiert. Es besitzt eine Implementierung ImageIcon, mit der sehr einfach aus einer gif- oder jpeg-Datei ein Icon erzeugt werden kann:

public ImageIcon(String filename)

javax.swing.ImageIcon

Standardmäßig wird das Icon eines Menüeintrags links von seiner Beschriftung plaziert. Um es anders anzuordnen, kann auf dem Menüeintrag die Methode setHorizontalTextPosition aufgerufen und eine der Konstanten RIGHT, LEFT, CENTER, LEADING oder TRAILING aus dem Interface SwingConstants übergeben werden.

SwingConstants ist ein Interface im Paket javax.swing, das eine Reihe von Konstanten definiert, mit denen die Position und Orientierung von Swing-Komponenten beschrieben werden kann. Wir werden die Konstanten näher beschreiben, wenn sie als Parameter einer Methode auftauchen. Tabelle 36.3 listet alle Elemente überblicksartig auf:

Konstante	Bedeutung
BOTTOM	Unten
CENTER	An zentraler Position
EAST	Im Osten (rechts)
HORIZONTAL	Horizontal ausgerichtet
LEADING	Am Anfang eines anderen Elements
LEFT	Links
NORTH	Im Norden (oben)
NORTH_EAST	Im Nordosten (oben rechts)
NORTH_WEST	Im Nordwesten (oben links)
RIGHT	Rechts
SOUTH	Im Süden (unten)
SOUTH_EAST	Im Südosten (unten rechts)
SOUTH_WEST	Im Südwesten (unten links)
TOP	Oben
TRAILING	Am Ende eines anderen Elements
VERTICAL	Vertikal ausgerichtet
WEST	Im Westen (links)

Tabelle 36.3: Die Konstanten der Klasse SwingConstants

Checkboxes und Radiobuttons in Menüeinträgen

Auch Checkboxen und Radiobuttons können in Menüeinträgen untergebracht werden. Das ist mit Hilfe der aus JMenuItem abgeleiteten Klassen JCheckBoxMenuItem und JRadioButtonMenuItem ebenfalls recht einfach.

JCheckBoxMenuItem stellt ähnliche Konstruktoren wie JMenuItem zur Verfügung und besitzt zusätzlich die Methoden getState und setState, mit denen auf seinen aktuellen Zustand zugegriffen werden kann. Wahlweise kann bereits an den Konstruktor der Anfangszustand der Checkbox übergeben werden:

javax.swing.
JCheckBox-
MenuItem
```
public JCheckBoxMenuItem(String text)
public JCheckBoxMenuItem(String text, Icon icon)
public JCheckBoxMenuItem(String text, boolean b)
public JCheckBoxMenuItem(String text, Icon icon, boolean b)

public boolean getState()
public void setState(boolean b)
```

Im Gegensatz zu einem JCheckBoxMenuItem wird ein JRadioButtonMenuItem immer dann verwendet, wenn von mehreren Buttons nur einer zur Zeit aktiviert werden soll. Die wichtigsten Konstruktoren beider Klassen sind identisch:

javax.swing.
JRadioBut-
tonMenuItem
```
public JRadioButtonMenuItem(String text)
public JRadioButtonMenuItem(String text, Icon icon)
public JRadioButtonMenuItem(String text, boolean b)
public JRadioButtonMenuItem(String text, Icon icon, boolean b)
```

Die Kontrolle des Zustands der Buttons erfolgt mit einem ButtonGroup-Objekt. Es wird vor dem Erzeugen der Menüeinträge angelegt, und jeder JRadioButtonMenuItem wird mit add hinzugefügt:

javax.swing.
ButtonGroup
```
public void add(AbstractButton b)
```

Das ButtonGroup-Objekt sorgt automatisch dafür, daß zu jedem Zeitpunkt genau ein Eintrag selektiert ist. Auf den aktuellen Zustand jedes Menüeintrags kann mit Hilfe der Methoden isSelected und setSelected zugegriffen werden:

javax.swing.
JRadioBut-
tonMenuItem
```
public boolean isSelected()
public void setSelected(boolean b)
```

Das folgende Programm zeigt alle weiterführenden Möglichkeiten im Überblick. Es definiert ein Menü "Extras", dessen oberster Eintrag "Tools" ein Untermenü mit sechs weiteren Einträgen ist. Darunter befinden sich zwei Checkbox- und drei RadioButton-Menüeinträge, die durch Anklicken aktiviert werden können. Der letzte Menüeintrag "Sicherheit" enthält zusätzlich ein Icon, das ein geöffnetes Vorhängeschloß zeigt.

Menüs

Kapitel 36

```java
001 /* Listing3609.java */
002
003 import java.awt.*;
004 import java.awt.event.*;
005 import javax.swing.*;
006
007 public class Listing3609
008 extends JFrame
009 {
010   public Listing3609()
011   {
012     super("Swing-Menütest II");
013     addWindowListener(new WindowClosingAdapter(true));
014     JMenuBar menubar = new JMenuBar();
015     menubar.add(createExtrasMenu());
016     setJMenuBar(menubar);
017   }
018
019   //---Private Methoden---------------
020   private JMenu createExtrasMenu()
021   {
022     JMenu ret = new JMenu("Extras");
023     ret.setMnemonic('X');
024     JMenuItem mi;
025     //Tools-Untermenü
026     ret.add(createToolsSubMenu());
027     //Separator
028     ret.addSeparator();
029     //Statuszeile und Buttonleiste
030     mi = new JCheckBoxMenuItem("Statuszeile");
031     mi.setMnemonic('z');
032     ((JCheckBoxMenuItem)mi).setState(true);
033     ret.add(mi);
034     mi = new JCheckBoxMenuItem("Buttonleiste");
035     mi.setMnemonic('B');
036     ret.add(mi);
037     //Separator
038     ret.addSeparator();
039     //Offline, Verbinden, Anmelden
040     ButtonGroup bg = new ButtonGroup();
041     mi = new JRadioButtonMenuItem("Offline", true);
042     mi.setMnemonic('O');
043     ret.add(mi);
044     bg.add(mi);
045     mi = new JRadioButtonMenuItem("Verbinden");
046     mi.setMnemonic('V');
047     ret.add(mi);
048     bg.add(mi);
049     mi = new JRadioButtonMenuItem("Anmelden");
050     mi.setMnemonic('A');
```

Listing 36.9:
Weitere
Möglichkeiten
von Swing-
Menüs

Listing 36.9:
Weitere
Möglichkeiten
von Swing-
Menüs
(Forts.)

```
051     ret.add(mi);
052     bg.add(mi);
053     //Separator
054     ret.addSeparator();
055     //Sicherheit
056     mi = new JMenuItem(
057       "Sicherheit",
058       new ImageIcon("lock.gif")
059     );
060     mi.setMnemonic('S');
061     mi.setHorizontalTextPosition(JMenuItem.LEFT);
062     ret.add(mi);
063     return ret;
064   }
065
066   private JMenu createToolsSubMenu()
067   {
068     JMenu ret = new JMenu("Tools");
069     ret.setMnemonic('T');
070     ret.add(new JMenuItem("Rechner", 'R'));
071     ret.add(new JMenuItem("Editor",  'E'));
072     ret.add(new JMenuItem("Browser", 'B'));
073     ret.add(new JMenuItem("Zipper",  'Z'));
074     ret.add(new JMenuItem("Snapper", 'S'));
075     ret.add(new JMenuItem("Viewer",  'V'));
076     return ret;
077   }
078
079   public static void main(String[] args)
080   {
081     Listing3609 frame = new Listing3609();
082     frame.setLocation(100, 100);
083     frame.setSize(300, 200);
084     frame.setVisible(true);
085   }
086 }
```

Mit geöffneten Menüs stellt sich das Programm so dar:

Abbildung 36.10:
Ein Swing-Pro-
gramm mit einem
umfangreichen
Menü

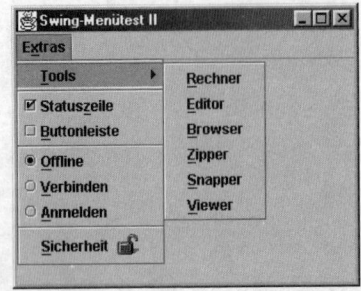

Im JDK 1.3 arbeitet das Programm unter Windows fehlerhaft. Nach einmaligem Anklicken des Menüeintrags »Sicherheit« kann das Untermenü »Tools« nicht mehr per Maus aufgerufen werden, weil im Event-Thread eine `NullPointerException` ausgelöst wird. Die Tastaturbedienung ist dagegen weiterhin möglich. Dieser seit dem RC2 des JDK 1.3 bekannte Fehler wurde leider bis zur endgültigen Version des JDK 1.3 nicht mehr behoben. Seit dem JDK 1.3.1 tritt er allerdings nicht mehr auf.

36.2.4 Kontextmenüs

Kontextmenüs für AWT-Programme wurden bereits in Abschnitt 30.6 auf Seite 637 ausführlich besprochen. In Swing-Programmen werden Kontextmenüs mit Hilfe der Klasse `JPopupMenu` erzeugt. Sie kann parameterlos instanziert werden und stellt Methoden ähnlich `JMenu` zur Verfügung:

```
public JMenuItem add(JMenuItem menuItem)
public JMenuItem add(String s)

public void addSeparator()

public void show(Component invoker, int x, int y)
```

javax.swing.
JPopupMenu

Mit `add` werden Menüeinträge hinzugefügt, mit `addSeparator` eine Trennlinie. Kontextmenüs können prinzipiell ebenso komplex aufgebaut sein wie normale Menüs, also insbesondere Icons, Untermenüs, Checkboxen oder Radiobuttons enthalten. Um das Menü anzuzeigen, ist `show` aufzurufen. Die dazu erforderlichen Koordinaten gewinnt man am besten aus der aktuellen Position des Mauszeigers, die im Mausereignis mitgeliefert wird.

Die zum Aktivieren eines Kontextmenüs erforderliche Mausaktion kann von Plattform zu Plattform unterschiedlich sein. Die portabelste Lösung besteht darin, einen `MouseListener` auf der Komponente zu registrieren, und bei jedem Mausereignis mit `isPopupTrigger` abzufragen, ob es sich um eine Aktion zum Aufrufen eines Kontextmenüs handelte.

Das folgende Programm zeigt ein Hauptfenster, auf dem ein Kontextmenü mit den Einträgen "Rueckgaengig", "Ausschneiden", "Kopieren" und "Einfuegen" aufgerufen werden kann. Der Aufruf des Kontextmenüs erfolgt durch Abfrage der Mausereignisse. Beim Auswählen einer Menüaktion wird der Kommandoname auf der Konsole ausgegeben.

```
001 /* Listing3610.java */
002
003 import java.awt.*;
004 import java.awt.event.*;
005 import javax.swing.*;
006 import javax.swing.border.*;
007
```

Listing 36.10:
Anzeigen eines
Kontextmenüs
in Swing

Listing 36.10:
Anzeigen eines
Kontextmenüs
in Swing
(Forts.)

```
008  public class Listing3610
009  extends JFrame
010  implements MouseListener, ActionListener
011  {
012    public Listing3610()
013    {
014      super("Kontextmenüs");
015      addWindowListener(new WindowClosingAdapter(true));
016      addMouseListener(this);
017    }
018
019    //MouseListener
020    public void mouseClicked(MouseEvent event)
021    {
022      checkPopupMenu(event);
023    }
024
025    public void mouseEntered(MouseEvent event)
026    {
027    }
028
029    public void mouseExited(MouseEvent event)
030    {
031    }
032
033    public void mousePressed(MouseEvent event)
034    {
035      checkPopupMenu(event);
036    }
037
038    public void mouseReleased(MouseEvent event)
039    {
040      checkPopupMenu(event);
041    }
042
043    private void checkPopupMenu(MouseEvent event)
044    {
045      if (event.isPopupTrigger()) {
046        JPopupMenu popup = new JPopupMenu();
047        //Rückgängig hinzufügen
048        JMenuItem mi = new JMenuItem("Rueckgaengig");
049        mi.addActionListener(this);
050        popup.add(mi);
051        //Separator hinzufügen
052        popup.addSeparator();
053        //Ausschneiden, Kopieren, Einfügen hinzufügen
054        mi = new JMenuItem("Ausschneiden");
055        mi.addActionListener(this);
056        popup.add(mi);
```

```
057        mi = new JMenuItem("Kopieren");
058        mi.addActionListener(this);
059        popup.add(mi);
060        mi = new JMenuItem("Einfuegen");
061        mi.addActionListener(this);
062        popup.add(mi);
063        //Menü anzeigen
064        popup.show(
065          event.getComponent(),
066          event.getX(),
067          event.getY()
068        );
069      }
070    }
071
072    //ActionListener
073    public void actionPerformed(ActionEvent event)
074    {
075      System.out.println(event.getActionCommand());
076    }
077
078    public static void main(String[] args)
079    {
080      Listing3610 frame = new Listing3610();
081      frame.setLocation(100, 100);
082      frame.setSize(300, 200);
083      frame.setVisible(true);
084    }
085  }
```

Listing 36.10: Anzeigen eines Kontextmenüs in Swing (Forts.)

36.3 Weitere Swing-Container

36.3.1 JComponent

Viele der Swing-Komponenten sind direkt oder indirekt aus der Klasse JComponent abgeleitet. Sie stellt eine Reihe allgemeiner Hilfsmittel zur Verfügung, die für daraus abgeleitete Komponentenklassen nützlich sind. Als Ableitung von java.awt.Container (und damit von java.awt.Component) besitzt JComponent bereits einen Großteil der Funktionalität von AWT-Komponenten. Insbesondere bietet sie als Container die Möglichkeit, andere Komponenten aufzunehmen, und sie kann einen Layout-Manager besitzen, der für die Größe und Anordnung der enthaltenen Komponenten zuständig ist.

Die mit dem AWT eingeführte grundsätzliche Unterscheidung zwischen *elementaren* Dialogelementen, und solchen, die Unterkomponenten aufnehmen können, wurde mit der Einführung von Swing also weitgehend fallengelassen. In der Praxis ist das jedoch nur selten bedeutsam. Ein `JButton` beispielsweise stellt sich im praktischen Gebrauch stets als *elementare* Komponente dar – obwohl er als Konkretisierung von `JComponent` auch Unterkomponenten enthalten könnte.

> Eine der auffälligeren Konsequenzen besteht darin, daß es in Swing keine zu `Canvas` korrespondierende Klasse gibt (siehe Kapitel 33 auf Seite 705. Elementare Dialogelemente mit selbstdefinierter Oberfläche werden in Swing direkt aus `JComponent` abgeleitet.

Umrandungen

`JComponent` bietet die Möglichkeit, ihren Instanzen eine Umrandung zu geben. Dazu gibt es die Methode `setBorder`, mit der der Komponente ein Objekt des Typs `Border` zugewiesen werden kann:

javax.swing.JComponent

```
public void setBorder(Border border)
```

`Border` ist ein Interface, zu dem es verschiedene Implementierungen gibt. Die wichtigsten von ihnen zeigt folgende Tabelle:

Tabelle 36.4: Border-Implementierungen

Klassenname	Beschreibung
`EmptyBorder`	Unsichtbarer Rand mit einstellbarer Dicke
`LineBorder`	Einfache Linie mit einstellbarer Farbe und Dicke
`BevelBorder`	Erhabener oder vertiefter 3D-Effekt
`EtchedBorder`	Eingelassene Linie mit 3D-Effekt
`CompoundBorder`	Aus zwei anderen Umrandungen zusammengesetzt
`TitledBorder`	Umrandung mit einem eingebetteten Text

Die Klassen besitzen sehr unterschiedliche Konstruktoren, mit denen ihre jeweiligen Eigenschaften festgelegt werden. Obwohl die `Border`-Instanzen einfach mit `new` erzeugt werden könnten, bietet die Klasse `BorderFactory` im Paket `javax.swing` eine bessere Möglichkeit, dies zu tun. Zu jeder Art von Umrandung steht nämlich eine Factory-Methode zur Verfügung (`createEmptyBorder`, `createLineBorder` usw.), mit der ein `Border`-Objekt dieses Typs erzeugt werden kann. Wann immer möglich, versucht die `BorderFactory` dabei, Verweise auf bereits erzeugte Instanzen zurückzugeben. Da Umrandungen in GUI-Programmen sehr häufig benötigt werden, reduziert sich dadurch bei konsequenter Verwendung die Anzahl der kurzlebigen Objekte und die Belastung des Garbage Collectors.

Abbildung 36.11 zeigt ein Beispielprogramm, das sechs Labels mit unterschiedlichen Umrandungen enthält:

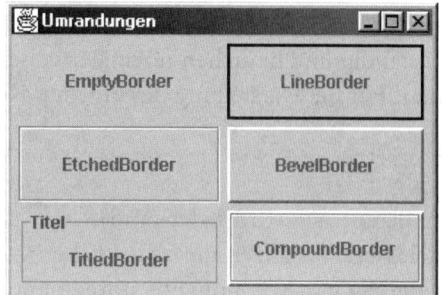

Abbildung 36.11: Die wichtigsten Umrandungen

Tooltips

`JComponent` bietet eine einfach anzuwendende Möglichkeit, Komponenten einen Tooltip-Text zuzuweisen. Dieser wird angezeigt, wenn die Maus über das Dialogelement bewegt und dort gehalten wird. Ein Tooltip gibt dem unerfahrenen Anwender zusätzliche Informationen über die Bedeutung und Funktion des ausgewählten Dialogelements. Tooltip-Texte werden mit der Methode `setToolTipText` zugewiesen. Mit `getToolTipText` können sie abgefragt werden:

```
public void setToolTipText(String text)
public String getToolTipText()
```

javax.swing.
JComponent

> Tooltips können nicht nur einfache Texte enthalten, sondern prinzipiell beliebig komplex aufgebaut sein. Sie werden durch die aus `JComponent` abgleitete Klasse `JToolTip` repräsentiert. Aus ihr können anwendungsspezifische Tooltip-Klassen abgeleitet werden, die nahezu beliebige GUI-Funktionalitäten zur Verfügung stellen. Um einer Komponente einen solchen Tooltip zuzuordnen, muß die Methode `createToolTip` von `JComponent` überlagert werden und auf Anfrage ihr eigenes `JToolTip`-Objekt zurückgeben.

Bildschirmdarstellung der Komponente

Normalerweise braucht eine GUI-Anwendung sich um die konkrete Darstellung seiner Dialogelemente keine Gedanken zu machen. Die elementaren Komponenten erledigen dies selbst, und die zusammengesetzten Komponenten bedienen sich ihrer Layout-Manager und der Ausgabemethoden der elementaren Komponenten. Dies ändert sich, wenn eine eigene Komponente entwickelt werden soll. Bei AWT-Anwendungen wurde diese aus `Canvas` abgeleitet, und in überlagerten Varianten von `paint` oder `update` wurde die nötige Bildschirmausgabe zur Verfügung gestellt.

In elementaren Swing-Komponenten, die aus `JComponent` abgeleitet wurden, liegen die Dinge etwas komplizierter. Die Methode `paint` hat bereits in `JComponent` eine recht aufwendige Implementierung und wird normalerweise nicht mehr überlagert. Im Prinzip ruft sie nacheinander ihre Methoden `paintComponent`, `paintBorder` und `paintChildren` auf. Die letzten beiden sind für das Zeichnen der Umrandung und der enthaltenen Dialogelemente zuständig und brauchen normalerweise in eigenen Komponenten nicht überlagert zu werden. Für die Darstellung der eigenen Komponente ist dagegen `paintComponent` zuständig:

`javax.swing.`
`JComponent`

```
protected void paintComponent(Graphics g)
```

In `JComponent` wird jeder Aufruf von `paintComponent` an das `ComponentUI` der Komponente delegiert. Instanzen dieser im Paket `javax.swing.plaf` liegenden Klasse spielen in dem von jeder Swing-Komponente implementierten Model-View-Controller-Konzept die Rolle des Views, sind also für die grafische Darstellung der Komponente zuständig. Jede Swing-Komponente besitzt ein `ComponentUI`, das je nach Look-and-Feel unterschiedlich sein kann. Eine selbstdefinierte Komponente muß also entweder für jedes unterstützte Look-and-Feel ein passendes `ComponentUI` zur Verfügung stellen oder die Bildschirmdarstellung durch Überlagern von `paintComponent` selbst erledigen.

Debug-Grafik

Eine interessante Hilfe zum Testen eigener Komponenten kann durch Aufruf der Methode `setDebugGraphicsOptions` aktiviert werden:

`javax.swing.`
`JComponent`

```
public void setDebugGraphicsOptions(int debugOptions)
```

Dadurch wird die Komponente mit Hilfe eines `DebugGraphics`-Objekts gezeichnet. Es ist in der Lage, die verwendeten Grafikoperationen auf der Console zu protokollieren oder zur besseren Kontrolle verzögert auszugeben. Als Argument kann an `setDebugGraphicsOptions` eine der folgenden Konstanten aus der Klasse `DebugGraphics` übergeben werden:

Tabelle 36.5:
DebugGraphics-
Konstanten

Konstante	Bedeutung
`NONE_OPTION`	Normale Ausgabe
`LOG_OPTION`	Die Grafikoperationen werden auf der Console protokolliert.
`FLASH_OPTION`	Die Grafikoperationen erfolgen verzögert und werden während der Ausgabe blinkend dargestellt. Bei dieser Option muß die Doppelpufferung für die Komponente ausgeschaltet werden.
`BUFFERED_OPTION`	Gepufferte Ausgaben werden in einem separaten Frame angezeigt (hat im Test nicht funktioniert).

Das folgende Programm zeigt eine einfache Anwendung der Debug-Grafik zur Darstellung eines Buttons. Mit Hilfe der statischen Methoden `setFlashTime` und `setFlashCount` der Klasse `DebugGraphics` wird die Blinkrate und -dauer angepaßt:

```
001  /* Listing3611.java */
002
003  import java.awt.*;
004  import javax.swing.*;
005
006  public class Listing3611
007  extends JFrame
008  {
009    public Listing3611()
010    {
011      super("Debug-Grafik");
012      addWindowListener(new WindowClosingAdapter(true));
013      Container cp = getContentPane();
014      DebugGraphics.setFlashTime(100);
015      DebugGraphics.setFlashCount(3);
016      JButton button = new JButton("DEBUG-Button");
017      RepaintManager repaintManager = RepaintManager.currentManager(button);
018      repaintManager.setDoubleBufferingEnabled(false);
019      button.setDebugGraphicsOptions(DebugGraphics.FLASH_OPTION);
020      cp.add(button);
021    }
022
023    public static void main(String[] args)
024    {
025      Listing3611 frame = new Listing3611();
026      frame.setLocation(100, 100);
027      frame.setSize(300, 200);
028      frame.setVisible(true);
029    }
030  }
```

Listing 36.11: Debug-Grafik

Transparenter Hintergrund

Anders als im AWT, bei dem alle Dialogelemente einen undurchsichtigen Hintergrund hatten, kann dieser bei Swing-Komponenten auch transparent sein. Damit lassen sich runde Buttons, Beschriftungen mit durchscheinendem Hintergrund oder ähnliche Effekte realisieren. Um den Hintergrund einer Komponente transparent zu machen, ist die Methode `setOpaque` aufzurufen und `false` zu übergeben. Standardmäßig ist der Hintergrund undurchsichtig. Das folgende Programm besitzt zwei Buttons, von denen der eine einen transparenten und der andere einen undurchsichtigen Hintergrund hat. Um den Unterschied besser erkennen zu können, befinden sie sich auf einer Komponente, die vollständig mit Gitterlinien bedeckt ist.

Listing 36.12:
Ein transparenter Button

```java
/* Listing3612.java */

import java.awt.*;
import javax.swing.*;

public class Listing3612
extends JFrame
{
  public Listing3612()
  {
    super("Transparenz");
    addWindowListener(new WindowClosingAdapter(true));
    Container cp = getContentPane();
    //SimpleGridComponent erzeugen
    SimpleGridComponent grid = new SimpleGridComponent();
    grid.setLayout(new FlowLayout(FlowLayout.CENTER));
    //Transparenten Button hinzufügen
    JButton button = new JButton("Transparent");
    button.setOpaque(false);
    grid.add(button);
    //Undurchsichtigen Button hinzufügen
    button = new JButton("Opaque");
    grid.add(button);
    //SimpleGridComponent hinzufügen
    cp.add(grid, BorderLayout.CENTER);
  }

  public static void main(String[] args)
  {
    try {
      String plaf = "com.sun.java.swing.plaf.windows.WindowsLookAndFeel";
      UIManager.setLookAndFeel(plaf);
      Listing3612 frame = new Listing3612();
      frame.setLocation(100, 100);
      frame.setSize(300, 100);
      frame.setVisible(true);
    } catch (Exception e) {
      e.printStackTrace();
      System.exit(1);
    }
  }
}

class SimpleGridComponent
extends JComponent
{
  protected void paintComponent(Graphics g)
  {
    int width = getSize().width;
```

Weitere Swing-Container | Kapitel 36

```
050     int height = getSize().height;
051     g.setColor(Color.gray);
052     for (int i = 0; i < width; i += 10) {
053       g.drawLine(i, 0, i, height);
054     }
055     for (int i = 0; i < height; i += 10) {
056       g.drawLine(0, i, width, i);
057     }
058   }
059 }
```

Listing 36.12: Ein transparenter Button (Forts.)

Die Ausgabe des Programms sieht so aus:

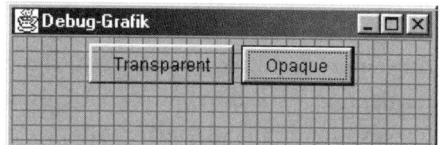

Abbildung 36.12: Ein Programm mit einem transparenten Button

Doppelpufferung

Um bei animierten Komponenten das Bildschirmflackern zu vermeiden, kann die Technik des Doppelpufferns angewendet werden. Wir haben das für AWT-Komponenten in Abschnitt 34.2.4 auf Seite 736 ausführlich erklärt. Swing-Komponenten, die aus JComponent abgeleitet sind, können automatisch doppelgepuffert werden. Dazu ist lediglich ein Aufruf von setDoubleBuffered mit Übergabe von true erforderlich. Mit isDoubleBuffered kann der aktuelle Zustand dieser Eigenschaft abgefragt werden:

```
public void setDoubleBuffered(boolean aFlag)
public boolean isDoubleBuffered()
```

javax.swing. JComponent

Größenvorgaben

Bereits in der Klasse Component sind die Methoden getMinimumSize, getPreferredSize und getMaximumSize definiert. Sie werden in abgeleiteten Klassen überlagert, um dem Layoutmanager die minimale, optimale und maximale Größe der Komponenten mitzuteilen (siehe z.B. Abschnitt 33.2.2 auf Seite 706). In JComponent gibt es zusätzlich die Methoden setMinimumSize, setPreferredSize und setMaximumSize. Damit können die Größenvorgaben bestehender Komponenten verändert werden, ohne eine neue Klasse daraus ableiten zu müssen.

Invalidierung/Validierung

Sowohl in Swing- als auch in AWT-Programmen kann der Aufbau eines Dialogs geändert werden, wenn er bereits auf dem Bildschirm sichtbar ist. Dialogelemente können hinzugefügt oder entfernt oder in ihrem Aussehen geändert werden. Die dadurch implizierten Layoutänderungen werden zwar oft, aber nicht immer automatisch erkannt, und es kann sein, daß die Bildschirmdarstellung die Änderungen nicht angemessen wiedergibt.

Wird beispielsweise die Beschriftung oder der Font eines Swing-Buttons verändert, so wird seine Größe den neuen Erfordernissen angepaßt und der Dialog neu aufgebaut. Bei AWT-Buttons ist das nicht der Fall. Wenn sich der Platzbedarf für die Beschriftung ändert, ist der Button nach der Änderung entweder zu klein oder zu groß. Auch wenn neue Dialogelemente hinzugefügt werden, sind diese weder im AWT noch in Swing unmittelbar sichtbar.

Um einem Container mitzuteilen, daß das Layout seiner Komponenten komplett neu aufgebaut werden soll, ist dessen `validate`-Methode aufzurufen:

`java.awt.`   `public void validate()`
`Container`

Um einen unnötigen Neuaufbau des Bildschirms zu vermeiden, wird `validate` allerdings nur dann *wirklich* aktiv, wenn der Container, auf dem der Aufruf erfolgte, zuvor mit `invalidate` als ungültig deklariert wurde:

`java.awt.`   `public void invalidate()`
`Component`

Wird `invalidate` auf einer elementaren Komponente aufgerufen, die in einen Container eingebettet ist, wird der Aufruf an den Container weitergegeben und invalidiert auch diesen. Soll also nach der Änderung einer Komponente der zugehörige Container neu dargestellt werden, ist auf der Komponente `invalidate` und anschließend auf dem Container `validate` aufzurufen. In `JComponent` gibt es zusätzlich die Methode `revalidate`, die beide Schritte nacheinander durchführt.

Die Fokusreihenfolge

Innerhalb eines Dialogs kann immer nur eine Komponente zur Zeit den Fokus haben, also Maus- und Tastaturereignisse erhalten. Durch Anklicken mit der Maus kann dieser direkt einer bestimmten Komponente zugewiesen werden. Alternativ kann (meist mit Hilfe der Tasten `TAB` und `UMSCHALT`+`TAB`) der Fokus auch per Tastendruck verändert werden. Die Komponenten eines Dialogs durchlaufen dabei einen Zyklus, der sich an der Einfüge-Reihenfolge der Elemente orientiert. Das zuerst mit `add` hinzugefügte Element enthält nach dem Aufrufen des Dialogs den Fokus zuerst.

Mitunter ist es sinnvoll, lokale Fokuszyklen zu bilden, um Gruppen von Komponenten zusammenzufassen und einfacher bedienen zu können. Gruppierte Radiobuttons erledigen das beispielsweise automatisch. Mit Hilfe der Methode `setNextFocusableComponent` der Klasse `JComponent` kann dies aber auch manuell erfolgen:

`javax.swing.`   `public void setNextFocusableComponent(Component aComponent)`
`JComponent`

Weitere Swing-Container   Kapitel 36

Wird diese Methode auf einer beliebigen Komponente aufgerufen, erhält das als Argument übergebene Element den nächsten Fokus. Handelt es sich dabei um ein Element, das in der Fokusreihenfolge vor dem aktuellen Element liegt, wird auf diese Weise ein lokaler Zyklus gebildet, der mit der Tastatur nicht mehr verlassen werden kann (mit der Maus natürlich schon). Auch beim umgekehrten Durchlauf wird automatisch die neue Reihenfolge eingehalten; eine Methode `setPreviousFocusableComponent` wird dazu nicht benötigt.

> Mit dem JDK 1.4 wurde das Fokus-Subsystem vollständig neu geschrieben. Hauptziel dieser Änderung war es, eine große Zahl von existierenden Fehlern zu beheben, sowie ein wohldefiniertes und plattformunabhängiges Fokus-Verhalten zu implementieren. In der JDK-Doku findet sich im »Guide To Features« im Abschnitt »Abstract Window Toolkit« eine ausführliche Beschreibung mit dem Titel *Focus Model Specification*.

Registrieren von Tastaturkommandos

Als letzte Eigenschaft der Klasse `JComponent` wollen wir uns das Registrieren von Tastaturkommandos ansehen. Dabei wird eine bestimmte Tastenkombination bei einer Komponente angemeldet und löst bei jeder Anwendung ein Action-Event aus. Tastaturkommandos können sowohl bei elementaren Komponenten als auch bei Containern angemeldet werden, und es gibt verschiedene Möglichkeiten, sie vom Fokus der Komponente abhängig zu machen. Das Registrieren erfolgt mit der Methode `registerKeyboardAction`:

```
public void registerKeyboardAction(
  ActionListener anAction,
  String aCommand,
  KeyStroke aKeyStroke,
  int aCondition
)
```

`javax.swing.JComponent`

Deren erstes Argument ist der `ActionListener`, der im Falle des Tastendrucks (mit dem Kommando `aCommand`) aufgerufen werden soll. `aKeyStroke` definiert die zu registrierende Tastenkombination (wie man `KeyStroke`-Objekte erzeugt, wurde in Listing 36.8 auf Seite 783 gezeigt). Das letzte Argument gibt an, in welcher Relation der Fokus zur Komponente stehen muß, damit das Kommando aktiv wird. Er kann einen der folgenden Werte annehmen:

Konstante	Bedeutung
WHEN_FOCUSED	Das Tastaturkommando wird nur ausgelöst, wenn die Komponente den Fokus hat.
WHEN_IN_FOCUSED_WINDOW	Das Tastaturkommando wird ausgelöst, wenn die Komponente den Fokus hat oder wenn sie zu einem Container gehört, der gerade den Fokus hat.
WHEN_ANCESTOR_OF_FOCUSED_COMPONENT	Das Tastaturkommando wird ausgelöst, wenn die Komponente oder eines der darin enthaltenen Elemente den Fokus hat.

Tabelle 36.6: Bedingungen zur Registrierung von Tastaturkommandos

Bei der Verwendung der zweiten und dritten Variante werden die Tastendrücke immer dann ausgeführt, wenn der Container selbst oder eine der darin enthaltenen Komponenten den Fokus hat. Der Unterschied besteht in der Sichtweise. WHEN_IN_FOCUSED_WINDOW wird auf die elementaren Komponenten angewendet, während WHEN_ANCESTOR_OF_FOCUSED_COMPONENT für den Container selbst vorgesehen ist.

Das folgende Programm zeigt eine beispielhafte Anwendung für das Registrieren von Tastaturkommandos:

Listing 36.13: Registrieren von Tastaturkommandos

```
001  /* Listing3613.java */
002
003  import java.awt.*;
004  import java.awt.event.*;
005  import javax.swing.*;
006  import javax.swing.border.*;
007
008  public class Listing3613
009  extends JFrame
010  implements ActionListener
011  {
012    public Listing3613()
013    {
014      super("Invalidierung");
015      addWindowListener(new WindowClosingAdapter(true));
016      Container cp = getContentPane();
017      ((JComponent)cp).setBorder(new EmptyBorder(5, 5, 5, 5));
018      cp.setLayout(new FlowLayout());
019      //Textfelder erzeugen
020      JTextField tf1 = new JTextField("Zeile1", 20);
021      JTextField tf2 = new JTextField("Zeile2", 20);
022      JTextField tf3 = new JTextField("Zeile3", 20);
023      //STRG+UMSCHALT+F6 auf Frame registrieren
024      ((JComponent)cp).registerKeyboardAction(
025        this,
026        "dialog",
027        ctrlShift(KeyEvent.VK_F6),
028        JComponent.WHEN_ANCESTOR_OF_FOCUSED_COMPONENT
029      );
030      //STRG+UMSCHALT+F7 auf tf1 registrieren
031      tf1.registerKeyboardAction(
032        this,
033        "tf1",
034        ctrlShift(KeyEvent.VK_F7),
035        JComponent.WHEN_IN_FOCUSED_WINDOW
036      );
037      //STRG+UMSCHALT+F8 auf tf2 registrieren
038      tf2.registerKeyboardAction(
039        this,
```

Weitere Swing-Container — Kapitel 36

```
040         "tf2",
041         ctrlShift(KeyEvent.VK_F8),
042         JComponent.WHEN_FOCUSED
043       );
044       //Textfelder hinzufügen
045       cp.add(tf1);
046       cp.add(tf2);
047       cp.add(tf3);
048     }
049
050     public void actionPerformed(ActionEvent event)
051     {
052       String cmd = event.getActionCommand();
053       System.out.println(cmd);
054     }
055
056     private KeyStroke ctrlShift(int vkey)
057     {
058       return KeyStroke.getKeyStroke(
059         vkey,
060         Event.SHIFT_MASK + Event.CTRL_MASK
061       );
062     }
063
064     public static void main(String[] args)
065     {
066       Listing3613 frame = new Listing3613();
067       frame.setLocation(100, 100);
068       frame.setSize(300, 200);
069       frame.setVisible(true);
070     }
071 }
```

Listing 36.13: Registrieren von Tastaturkommandos (Forts.)

Das Hauptfenster selbst registriert die Tastenkombination [STRG]+[UMSCHALT]+[F6]. Sie funktioniert unabhängig davon, welches der drei Textfelder den Fokus hat. Das oberste Textfeld registriert [STRG]+[UMSCHALT]+[F7] mit der Bedingung WHEN_IN_FOCUSED_WINDOW. Die Tastenkombination steht in diesem Dialog also ebenfalls immer zur Verfügung. Das nächste Textfeld registriert [STRG]+[UMSCHALT]+[F8], läßt sie allerdings nur zu, wenn es selbst den Fokus hat.

36.3.2 JPanel und JLayeredPane

JPanel

JPanel ist die Basisklasse für GUI-Container in Swing, die nicht Hauptfenster sind. Sie ist direkt aus JComponent abgeleitet und fügt dieser nur wenig hinzu. Wichtigstes Unterscheidungsmerkmal ist die Tatsache, daß einem JPanel standardmäßig ein FlowLayout als Layoutmanager zugeordnet ist. Instanzen von `JComponent` besitzten dagegen zunächst keinen Layoutmanager. `JPanel` definiert die folgenden Konstruktoren:

javax.swing.
JPanel

```
public JPanel()
public JPanel(boolean isDoubleBuffered)
public JPanel(LayoutManager layout)
public JPanel(LayoutManager layout, boolean isDoubleBuffered)
```

Der parameterlose Konstruktor erzeugt ein `JPanel` mit Doppelpufferung und einem `FlowLayout`. Wahlweise können beide Eigenschaften durch Setzen der Argumente `isDoubleBuffered` und `layout` geändert werden. In der weiteren Anwendung ist `JPanel` mit `JComponent` identisch.

JLayeredPane

Eine weitere Container-Klasse, die direkt aus `JComponent` abgeleitet wurde, ist `JLayeredPane`. Sie fügt den Dialogen eine dritte Dimension hinzu und ermöglicht mit Hilfe eines Layerkonzepts die kontrollierte Anordnung von Komponenten übereinander. `JLayeredPane` ist Vaterklasse von `JDesktopPane` (siehe Abschnitt 36.1.6 auf Seite 776) und wichtiger Bestandteil der Struktur von Hauptfenstern (siehe Abschnitt 36.1.1 auf Seite 763). In der praktischen Anwendung wird sie nur selten direkt gebraucht, und wir wollen nicht weiter darauf eingehen.

36.4 Zusammenfassung

In diesem Kapitel wurden folgende Themen behandelt:

▶ Die Struktur von Hauptfenstern mit den Elementen RootPane, LayeredPane und ContentPane

▶ Die Klasse `JFrame`

▶ Die Klasse `JWindow` und das Erstellen eines Splashscreens

▶ Das Erstellen eigener Dialoge mit der Klasse `JDialog`

▶ Die Verwendung von `JOptionPane` zur Anzeige von Meldungen und Eingabe von Bestätigungen und Daten

▶ Die Klasse `JApplet` zum Erstellen von Applets mit Swing-Oberfläche

▶ Der Aufbau von MDI-Oberflächen mit `JInternalFrame` und `JDesktopPane`

▶ Der Aufbau einfacher Menüs mit den Klassen `JMenuBar`, `JMenu` und `JMenuItem`

▶ Die Verwendung von Mnemoniks und Beschleunigertasten

▶ Die Erweiterung von Menüs mit Untermenüs, Icons, Checkboxen und Radiobuttons

Zusammenfassung — Kapitel 36

- Konstruktion und Aufruf von Kontextmenüs
- Die wichtigsten Eigenschaften der Klasse `JComponent` und das Erstellen von Umrandungen, Tooltips und transparenten Hintergründen
- Das Registrieren von Tastaturkommandos
- Die Containerklassen `JPanel` und `JLayeredPane`

37 Swing: Komponenten I

37.1 Label und Textfelder

37.1.1 JLabel

Ein `JLabel` ist ein Dialogelement zur Anzeige einer Beschriftung innerhalb eines GUI-Containers. Es besitzt einen Text und ein Icon, die in beliebiger Anordnung dargestellt werden können. Beide Elemente sind optional, ein `JLabel` kann also auch *nur* ein Icon enthalten. Auf Benutzereingaben reagiert ein `JLabel` nicht. Seine wichtigsten Konstruktoren sind:

```
public JLabel(String text)
public JLabel(Icon image)
public JLabel(String text, Icon icon, int horizontalAlignment)
```
`javax.swing.JLabel`

Wird ein `Icon` übergeben, steht es links neben dem Text. Wie es erzeugt werden kann, wurde in Abschnitt 36.2.3 auf Seite 784 gezeigt. Der Parameter `horizontalAlignment` gibt an, wie das Label horizontal plaziert werden soll, falls links und rechts mehr Platz als erforderlich zur Verfügung steht. Hier kann eine der Konstanten `LEFT`, `CENTER` oder `RIGHT` aus dem Interface `SwingConstants` angegeben werden.

Auf die relative Anordnung von Text und Icon kann mit den Methoden `setHorizontalTextPosition` und `getHorizontalTextPosition` zugegriffen werden (standardmäßig steht der Text rechts neben dem Icon). Mögliche Werte sind `LEFT` und `RIGHT`. :

```
public void setHorizontalTextPosition(int textPosition)
public int getHorizontalTextPosition()
```
`javax.swing.JLabel`

`JLabel` stellt noch einige Methoden zur Verfügung, mit denen die Anordnung seines Inhalts beeinflußt werden kann:

```
public void setHorizontalAlignment(int alignment)
public int getHorizontalAlignment()

public void setVerticalAlignment(int alignment)
public int getVerticalAlignment()
```
`javax.swing.JLabel`

Mit `setHorizontalAlignment` wird die horizontale Ausrichtung festgelegt, mögliche Parameter sind `LEFT`, `CENTER` oder `RIGHT`. Mit `setVerticalAlignment` wird die vertikale Ausrichtung festgelegt, hier kann eine der Konstanten `TOP`, `CENTER` oder `BOTTOM` aus dem Interface `SwingConstants` übergeben werden. Mit `getHorizontalAlignment` und `getVerticalAlignment` können beide Einstellungen auch abgefragt werden.

Das folgende Programm erzeugt einige Labels mit unterschiedlichen Eigenschaften:

Listing 37.1:
Die Klasse
JLabel

```
001  /* Listing3701.java */
002
003  import java.awt.*;
004  import javax.swing.*;
005
006  public class Listing3701
007  extends JFrame
008  {
009     public Listing3701()
010     {
011        super("JLabel");
012        addWindowListener(new WindowClosingAdapter(true));
013        Container cp = getContentPane();
014        cp.setLayout(new GridLayout(5, 1));
015        JLabel label;
016        //Standardlabel
017        label = new JLabel("Standard-Label");
018        cp.add(label);
019        //Label mit Icon
020        label = new JLabel(
021           "Label mit Icon",
022           new ImageIcon("lock.gif"),
023           JLabel.CENTER
024        );
025        cp.add(label);
026        //Nur-Icon
027        label = new JLabel(new ImageIcon("lock.gif"));
028        cp.add(label);
029        //Icon auf der rechten Seite
030        label = new JLabel(
031           "Label mit Icon rechts",
032           new ImageIcon("lock.gif"),
033           JLabel.CENTER
034        );
035        label.setHorizontalTextPosition(JLabel.LEFT);
036        cp.add(label);
037        //Label rechts unten
038        label = new JLabel("Label rechts unten");
039        label.setHorizontalAlignment(JLabel.RIGHT);
040        label.setVerticalAlignment(JLabel.BOTTOM);
041        cp.add(label);
042     }
043
044     public static void main(String[] args)
045     {
046        Listing3701 frame = new Listing3701();
047        frame.setLocation(100, 100);
```

Label und Textfelder   Kapitel 37

```
048        frame.setSize(300, 200);
049        frame.setVisible(true);
050    }
051 }
```

Listing 37.1:
Die Klasse
JLabel
(Forts.)

Die Ausgabe des Programms ist:

Abbildung 37.1:
Die Klasse
JLabel

37.1.2 JTextField

Die Klasse `JTextField` ist das Swing-Pendant zur AWT-Klasse `TextField` (siehe Abschnitt 32.6 auf Seite 683) und stellt ein einzeiliges Textfeld zur Eingabe von Daten dar. In ihren grundlegenden Möglichkeiten ist die Programmierschnittstelle beider Klassen ähnlich, `JTextField` bietet aber zusätzliche Möglichkeiten, die in `TextField` nicht zu finden sind. Ein Großteil der Fähigkeiten von `JTextField` ist in der Basisklasse `JTextComponent` des Pakets `javax.swing.text` implementiert.

Die wichtigsten Konstruktoren von `JTextField` sind:

```
public JTextField(int columns)
public JTextField(String text)
public JTextField(String text, int columns)
```

javax.swing.
JTextField

Der erste von ihnen erzeugt ein leeres Textfeld mit der angegebenen Anzahl Spalten, der zweite ein Textfeld mit dem angegebenen Text. Beim dritten Konstruktor können sowohl Spaltenzahl als auch Text vorgegeben werden. Die Spaltenzahl wird zur Berechnung der Breite des Textfeldes verwendet (Anzahl Spalten mal Breite eines "m"), sie dient nicht dazu, die Anzahl der Eingabezeichen zu begrenzen. Ist die Spaltenzahl 0 wie im zweiten Konstruktor, wird die initiale Textlänge zur Berechnung der Spaltenbreite verwendet.

`JTextField` bietet ähnliche Methoden wie `TextField`:

```
public String getText()
public void setText(String t)
```

javax.swing.
JTextField

807

```
public String getText(int offs, int len)

public String getSelectedText()
public int getSelectionStart()
public int getSelectionEnd()

public void setSelectionStart(int selectionStart)
public void setSelectionEnd(int selectionEnd)

public int getCaretPosition()
public void setCaretPosition(int pos)
public void moveCaretPosition(int pos)
```

Mit den parameterlosen Versionen von `getText` und `setText` kann auf den kompletten Inhalt des Textfelds zugegriffen werden. Die parametrisierte Variante von `getText` liefert den Textausschnitt der angegebenen Länge und Position. `getSelectedText` liefert dagegen den selektierten Text (bzw. null, wenn kein Text selektiert ist), und mit `getSelectionStart` und `getSelectionEnd` kann Anfang und Ende des selektierten Bereichs ermittelt werden. Mit `setSelectionStart` und `setSelectionEnd` kann dieser sogar verändert werden. `getCaretPosition` liefert die Position der Eingabemarke, und mit `setCaretPosition` kann sie verändert werden. `moveCaretPosition` verändert die Position der Einfügemarke und markiert dabei den Bereich zwischen alter und neuer Position. Für alle Positionsangaben gilt, daß der Platz vor dem ersten Zeichen die Position 0 und der nach dem letzten Textzeichen die Position *Länge des Textes* hat.

Die wichtigsten registrierbaren Listener sind `ActionListener` und `CaretListener`:

```
javax.swing.    public void addActionListener(ActionListener l)
  JTextField    public void addCaretListener(CaretListener listener)
```

Ein `ActionListener` wird immer dann aufgerufen, wenn im Eingabefeld ENTER gedrückt wird, ein `CaretListener`, wenn sich die Position der Einfügemarke geändert hat.

Einen `TextListener` wie bei der Klasse `TextField` gibt es bei den aus `JTextComponent` abgeleiteten Klassen nicht. Will die Anwendung über jede Änderung in einem Textfeld unterrichtet werden, muß sie einen `DocumentListener` auf dessen Modell registrieren. Das Modell eines Textfeldes ist eine Instanz der Klasse `Document` und kann durch Aufruf von `getDocument` beschafft werden.

Das folgende Beispiel zeigt ein Programm mit drei Textfeldern. Auf dem untersten sind ein `ActionListener` und ein `CaretListener` registriert, die bei jedem Aufruf einige Parameter auf der Konsole ausgeben:

Label und Textfelder

Kapitel 37

Listing 37.2:
Die Klasse
JTextField

```java
001 /* Listing3702.java */
002
003 import java.awt.*;
004 import java.awt.event.*;
005 import javax.swing.*;
006 import javax.swing.event.*;
007
008 public class Listing3702
009 extends JFrame
010 implements ActionListener, CaretListener
011 {
012   public Listing3702()
013   {
014     super("JTextField");
015     addWindowListener(new WindowClosingAdapter(true));
016     Container cp = getContentPane();
017     cp.setLayout(new FlowLayout());
018     JTextField tf;
019     //Linksbündiges Textfeld mit "Hello, world"
020     tf = new JTextField("Hello, world");
021     cp.add(tf);
022     //Leeres Textfeld mit 20 Spalten
023     tf = new JTextField(20);
024     cp.add(tf);
025     //Textfeld mit "Hello, world" und 20 Spalten
026     tf = new JTextField("Hello, world", 20);
027     tf.addActionListener(this);
028     tf.addCaretListener(this);
029     cp.add(tf);
030   }
031
032   public void actionPerformed(ActionEvent event)
033   {
034     JTextField tf = (JTextField)event.getSource();
035     System.out.println("---ActionEvent---");
036     System.out.println(tf.getText());
037     System.out.println(tf.getSelectedText());
038     System.out.println(tf.getSelectionStart());
039     System.out.println(tf.getSelectionEnd());
040     System.out.println(tf.getCaretPosition());
041   }
042
043   public void caretUpdate(CaretEvent event)
044   {
045     System.out.println("---CaretEvent---");
046     System.out.println(event.getDot());
047     System.out.println(event.getMark());
048   }
049
```

Listing 37.2:
Die Klasse
JTextField
(Forts.)

```
050    public static void main(String[] args)
051    {
052      Listing3702 frame = new Listing3702();
053      frame.setLocation(100, 100);
054      frame.setSize(300, 150);
055      frame.setVisible(true);
056    }
057  }
```

Die Ausgabe des Programms ist:

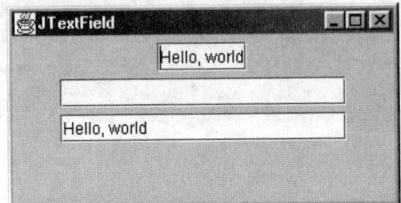

Abbildung 37.2:
Die Klasse
JTextField

> Seit dem JDK 1.4 gibt es eine aus JTextField abgeleitete Klasse JFormattedTextField zum Erfassen *formatierter* Strings. Sie kann dazu verwendet werden, Zahlen, Datumswerte oder andere formatierte Strings einzugeben, sie während der Eingabe zu validieren und später korrekt formatiert anzuzeigen. Eine interessante Eigenschaft dieser Klasse ist, daß sich einstellen läßt, wie sie auf einen Fokusverlust (also das Verlassen des Textfelds durch den Anwender) reagieren soll. Es ist beispielsweise möglich, korrekte Eingaben automatisch zu akzeptieren, bei fehlerhaften aber auf den alten Wert zurückzugehen. So lassen sich mit relativ wenig Aufwand einfache Validierungsmechanismen für Textfelder erzeugen.

37.1.3 JPasswordField

JPasswordField ist eine Spezialisierung von JTextField zur Eingabe von Passwörtern. Der Hauptunterschied zu JTextField besteht darin, daß der eingegebene Text nicht angezeigt, sondern statt dessen für jedes Zeichen ein Sternchen ausgegeben wird. Durch Aufruf von setEchoChar kann auch ein anderes Ausgabezeichen ausgewählt werden. Des weiteren sind die beiden Zwischenablagefunktionen *Kopieren* und *Ausschneiden* deaktiviert, um zu verhindern, daß der Text aus einem Paßwortfeld in ein anderes Feld kopiert oder an ein anderes Programm übergeben werden kann.

37.1.4 JTextArea

JTextArea ist eine Komponente zur Anzeige und Eingabe von mehrzeiligen Texten. Wie die AWT-Klasse TextArea dient sie dazu, *unformatierte* Texte zu bearbeiten. Diese können zwar Zeilenumbrüche und Tabulatoren, nicht aber unterschiedliche Schriften, Farben oder grafische Elemente enthalten (für diesen Zweck gibt es die Klassen `JEditorPane` und `JText-Pane`, die hier nicht behandelt werden sollen). Die wichtigsten Konstruktoren von `JTextArea` sind:

```
public JTextArea(String text)
public JTextArea(int rows, int columns)
public JTextArea(String text, int rows, int columns)
```
javax.swing. JTextArea

Sie entsprechen im Prinzip denen von `JTextField`, zusätzlich kann jedoch die Anzahl der Zeilen angegeben werden. Neben den in Abschnitt 37.1.2 auf Seite 807 vorgestellten Methoden der Klasse `JTextField` stehen zusätzliche Methoden zum zeilenweisen Zugriff auf den dargestellten Text zur Verfügung:

```
public int getLineCount()
```
javax.swing. JTextArea

```
public int getLineStartOffset(int line)
public int getLineEndOffset(int line)
```

```
public int getLineOfOffset(int offset)
```

`getLineCount` liefert die Gesamtzahl der Zeilen. Mit `getLineStartOffset` und `getLineEndOffset` kann zu einer beliebigen Zeile ihr Anfangs- und Endeoffset bestimmt werden. Mit diesen Informationen kann beispielsweise `getText` aufgerufen werden, um den Inhalt einer bestimmten Zeile zu lesen. Die Methode `getLineOfOffset` dient dazu, die Nummer einer Zeile zu ermitteln, wenn der Offset eines darin enthaltenen Zeichens bekannt ist.

`JTextArea` stellt einige Methoden zur Verfügung, mit denen die Formatierung des Textes beeinflußt werden kann:

```
public void setTabSize(int size)
public int getTabSize()
```
javax.swing. JTextArea

```
public void setLineWrap(boolean wrap)
public boolean getLineWrap()
```

```
public void setWrapStyleWord(boolean word)
public boolean getWrapStyleWord()
```

Mit `setTabSize` und `getTabSize` kann auf die Tabulatorweite zugegriffen werden. Sie hat standardmäßig den Wert 8 (zur Umrechnung in Bildschirmpixel wird er mit der Breite des breitesten Buchstabens im aktuellen Font multipliziert). Mit `setLineWrap` kann festgelegt werden, ob zu breite Spalten automatisch umbrochen werden sollen. `setWrapStyleWord` definiert, ob dies an Wortgrenzen oder mitten im Wort geschehen soll. Mit `getLineWrap` und `getWrapStyleWord` können die beiden Eigenschaften auch abgefragt werden.

> Anders als TextArea ist JTextArea nicht in der Lage, Text automatisch zu scrollen, wenn er zu lang oder zu breit für den verfügbaren Bildschirmausschnitt ist. Wird das gewünscht, muß das Textfeld in eine Komponente des Typs JScrollPane eingebettet werden. An Stelle der JTextArea ist dem Dialog dann die JScrollPane hinzuzufügen. Weitere Informationen zu JScrollPane finden sich in Abschnitt 38.1.1 auf Seite 841.

Das folgende Programm enthält eine JTextArea mit 30 Spalten und 20 Zeilen. Ihre Tabulatorweite wurde auf 4 reduziert, zu lange Zeilen werden automatisch an Wortgrenzen umbrochen. Die JTextArea wurde in eine JScrollPane eingebettet und erhält – wenn nötig – automatisch einen vertikalen Schieber. Ein horizontaler Schieber wird nicht verwendet, da die Zeilen wegen des automatischen Umbruchs nicht zu lang werden können.

Listing 37.3:
Die Klasse
JTextArea

```
001 /* Listing3703.java */
002
003 import java.awt.*;
004 import javax.swing.*;
005
006 public class Listing3703
007 extends JFrame
008 {
009   public Listing3703()
010   {
011     super("JTextArea");
012     addWindowListener(new WindowClosingAdapter(true));
013     Container cp = getContentPane();
014     JTextArea ta = new JTextArea("Hello, world", 20, 30);
015     ta.setTabSize(4);
016     ta.setLineWrap(true);
017     ta.setWrapStyleWord(true);
018     cp.add(new JScrollPane(ta));
019   }
020
021   public static void main(String[] args)
022   {
023     Listing3703 frame = new Listing3703();
024     frame.setLocation(100, 100);
025     frame.setSize(300, 200);
026     frame.setVisible(true);
027   }
028 }
```

Die Ausgabe des Programms ist:

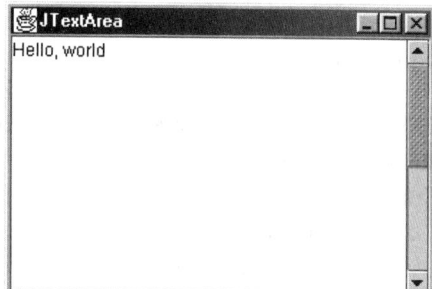

Abbildung 37.3:
Die Klasse
JTextArea

37.1.5 JSpinner

> Seit dem JDK 1.4 gibt es die Klasse JSpinner, mit der Textfelder erzeugt werden können, deren Inhalt einer vordefinierten, geordneten Liste von Werten entstammt. Diese Werte können vom Anwender nicht nur manuell eingegeben werden, sondern auch auf- oder absteigend durchlaufen werden. Dazu besitzt der JSpinner zwei kleine Buttons, mit denen die Wertefolge abgerufen werden kann. Alternativ können meist auch die Tasten CURSORHOCH oder CURSORRUNTER verwendet werden, wenn der JSpinner den Fokus hat.

Konzeptionell kann ein Spinner als Mischung aus Texfeldern und den in Abschnitt 37.3 auf Seite 822 vorgestellten Listen oder Comboboxen angesehen werden. Im Gegensatz zu Listen und Comboboxen muß der Wertevorrat eines Spinners allerdings nicht notwendigerweise *endlich* sein. Soll beispielsweise ein Datum eingegeben werden, kann es sinnvoll sein, den Wertebereich nach unten oder oben offen zu lassen, um beliebige Datumswerte eingeben zu können. Gegenüber einer Combobox hat ein Spinner zudem den Vorteil, daß er bei der Darstellung auf dem Bildschirm keine darunterliegenden Dialogelemente verdecken kann. Nachteilig ist allerdings, daß es keine Möglichkeit der Vorschau auf die Menge der insgesamt verfügbaren Elemente gibt.

Die Klasse JSpinner besitzt zwei Konstruktoren:

```
public JSpinner()

public JSpinner(SpinnerModel model)
```

javax.swing.
JSpinner

Der erste erzeugt einen JSpinner für Ganzzahlen, die in Einerschritten beliebig weit in jede Richtung durchlaufen werden können. Der zweite Konstruktor erwartet ein SpinnerModel, mit dem der Typ der darzustellenden Daten festgelegt wird. SpinnerModel ist ein Interface im Paket javax.swing, das die Wertemenge eines Spinners über dessen aktuelles Element sowie den jeweiligen Vorgänger und Nachfolger dieses Elements definiert. Zu diesem Interface gibt es eine abstrakte Implementierung AbstractSpinnerModel und drei Konkretisierungen SpinnerDateModel, SpinnerNumberModel und SpinnerListModel. Sie repräsentieren Folgen von Datumswerten, Ganz- oder Fließkommazahlen oder fest vorgegebene Listen von Strings.

Um einen JSpinner zu erzeugen, wird das gewünschte Modell instanziert und an den Konstruktor der Klasse übergeben. Das folgende Beispiel zeigt ein einfaches Fenster mit vier Spinnern. Der erste Spinner repräsentiert eine nach oben und unten offene Liste von Ganzzahlen der Schrittweite 1. Beim zweiten ist ihr Wertebereich begrenzt, und die Folge hat die Schrittweite 7. Der dritte Spinner erlaubt die Auswahl von Datumswerten und der vierte die von Wochentagen.

Listing 37.4:
Die Klasse
JSpinner

```
001 /* Listing3704.java */
002
003 import java.awt.*;
004 import java.awt.event.*;
005 import javax.swing.*;
006 import javax.swing.event.*;
007
008 public class Listing3704
009 extends JFrame
010 {
011   private static final String[] WDAYS = {
012     "Montag", "Dienstag", "Mittwoch", "Donnerstag",
013     "Freitag", "Samstag", "Sonntag"
014   };
015
016   public Listing3704()
017   {
018     super("JSpinner");
019     addWindowListener(new WindowClosingAdapter(true));
020     Container cp = getContentPane();
021     cp.setLayout(new FlowLayout());
022     //Default-Spinner für Ganzzahlen
023     JSpinner spinner = new JSpinner();
024     cp.add(spinner);
025     //Spinner für einige Vielfache von 7
026     spinner = new JSpinner(new SpinnerNumberModel(91, 49, 126, 7));
027     cp.add(spinner);
028     //Spinner für Datum/Uhrzeit
029     spinner = new JSpinner(new SpinnerDateModel());
030     cp.add(spinner);
031     //Spinner für Wochentage
032     spinner = new JSpinner(new SpinnerListModel(WDAYS));
033     cp.add(spinner);
034   }
```

Buttons

Kapitel 37

```
035
036    public static void main(String[] args)
037    {
038      Listing3704 frame = new Listing3704();
039      frame.setLocation(100, 100);
040      frame.setSize(300, 150);
041      frame.setVisible(true);
042    }
043  }
```

Listing 37.4:
Die Klasse
JSpinner
(Forts.)

Die Ausgabe des Programms ist:

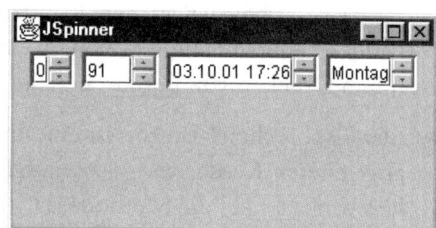

Abbildung 37.4:
Die Klasse
JSpinner

37.2 Buttons

37.2.1 JButton

Swing-Buttons sind uns in den vorangegangenen Abschnitten schon mehrfach begegnet. Sie sind Instanzen der Klasse JButton und dienen dazu, Schaltflächen zu erzeugen. Die wichtigsten Konstruktoren von JButton sind:

```
public JButton(String text)
public JButton(Icon icon)
public JButton(String text, Icon icon)
```

javax.swing.
JButton

Ein Button kann also wahlweise mit Beschriftung, mit Icon oder mit beidem instanziert werden. Auf die Anordnung eines Buttons und seiner Bestandteile kann mit Hilfe der schon aus Abschnitt 37.1.1 auf Seite 805 bekannten Methoden zugegriffen werden:

```
public void setHorizontalTextPosition(int textPosition)
public int getHorizontalTextPosition()

public void setHorizontalAlignment(int alignment)
public int getHorizontalAlignment()

public void setVerticalAlignment(int alignment)
public int getVerticalAlignment()
```

javax.swing.
JButton

JButton ist wie JMenuItem (siehe Abschnitt 36.2.1 auf Seite 780) aus AbstractButton abgeleitet und stellt ebenfalls die Methoden setMnemonic, getMnemonic, setEnabled und isEnabled zur Verfügung. Wird ein JButton per Mausklick betätigt, sendet er ein ActionEvent an alle registrierten Listener. Durch Aufruf von doClick kann ein Buttonklick auch programmgesteuert ausgelöst werden.

Das Beispielprogramm in Listing 37.7 auf Seite 817 erzeugt drei Buttons und ordnet sie nebeneinander in einem JFrame an:

▶ Der "OK"-Button ist eine Instanz unserer eigenen (aus JButton abgeleiteten) Klasse DefaultButton. Seine Besonderheit besteht darin, daß er sich durch Aufruf von setDefaultButton bei der an den Konstruktor übergebenen RootPane registriert. Dadurch kann er – unabhängig davon, welches Dialogelement gerade den Fokus hat – auch durch Drücken von ENTER betätigt werden.

▶ Der "Abbrechen"-Button ist eine Instanz der ebenfalls selbstdefinierten und aus JButton abgeleiteten Klasse CancelButton. Seine Besonderheit besteht darin, daß er beim Drücken von ESCAPE die Methode doClick aufruft und dadurch einen Buttonklick simuliert.

▶ Der "Hilfe"-Button ist eine direkte Instanziierung von JButton. Er definiert ein Mnemonik für die Tastenkombination ALT + H, registriert den ActionListener und wird dann der ContentPane hinzugefügt.

Wir wollen uns zunächst den Code für die Klasse DefaultButton ansehen:

Listing 37.5: Die Klasse DefaultButton

```
001 /* DefaultButton.java */
002
003 import javax.swing.*;
004
005 public class DefaultButton
006 extends JButton
007 {
008   public DefaultButton(String title, JRootPane rootpane)
009   {
010     super(title);
011     rootpane.setDefaultButton(this);
012   }
013 }
```

Auch die Klasse CancelButton ist ähnlich einfach aufgebaut:

Listing 37.6: Die Klasse CancelButton

```
001 /* CancelButton.java */
002
003 import java.awt.event.*;
004 import javax.swing.*;
005
```

```
006 public class CancelButton
007 extends JButton
008 {
009   public CancelButton(String title)
010   {
011     super(title);
012     ActionListener al = new ActionListener()
013     {
014       public void actionPerformed(ActionEvent event)
015       {
016         String cmd = event.getActionCommand();
017         if (cmd.equals("PressedESCAPE")) {
018           doClick();
019         }
020       }
021     };
022     registerKeyboardAction(
023       al,
024       "PressedESCAPE",
025       KeyStroke.getKeyStroke(KeyEvent.VK_ESCAPE, 0),
026       JButton.WHEN_IN_FOCUSED_WINDOW
027     );
028   }
029 }
```

Listing 37.6: Die Klasse CancelButton (Forts.)

Nun können wir uns den Programmcode unseres Beispielprogramms ansehen:

```
001 /* Listing3707.java */
002
003 import java.awt.*;
004 import java.awt.event.*;
005 import javax.swing.*;
006
007 public class Listing3707
008 extends JFrame
009 implements ActionListener
010 {
011   public Listing3707()
012   {
013     super("JButton");
014     addWindowListener(new WindowClosingAdapter(true));
015     Container cp = getContentPane();
016     cp.setLayout(new FlowLayout());
017     JPanel panel = new JPanel();
018     //OK-Button
019     JButton okButton = new DefaultButton("OK", getRootPane());
020     okButton.addActionListener(this);
021     panel.add(okButton);
022     //Abbrechen-Button
```

Listing 37.7: Die Klasse JButton

Kapitel 37 — Swing: Komponenten I

Listing 37.7:
Die Klasse
JButton
(Forts.)

```
023    JButton cancelButton = new CancelButton("Abbrechen");
024    cancelButton.addActionListener(this);
025    panel.add(cancelButton);
026    //Hilfe-Button
027    JButton helpButton = new JButton("Hilfe");
028    helpButton.setMnemonic('H');
029    helpButton.addActionListener(this);
030    panel.add(helpButton);
031    //Panel hinzufügen
032    cp.add(panel);
033  }
034
035  public void actionPerformed(ActionEvent event)
036  {
037     System.out.println(event.getActionCommand());
038  }
039
040  public static void main(String[] args)
041  {
042     Listing3707 frame = new Listing3707();
043     frame.setLocation(100, 100);
044     frame.setSize(300, 100);
045     frame.setVisible(true);
046  }
047 }
```

Die Ausgabe des Programms ist:

Abbildung 37.5:
Die Klasse
JButton

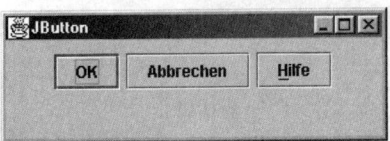

37.2.2 JCheckBox

Die Klasse `JCheckBox` stellt einen Button dar, der vom Anwender wahlweise an- oder ausgeschaltet werden kann. Er wird meist verwendet, um boolesche Werte auf einer GUI-Oberfläche darzustellen. `JCheckBox` ist von der Klasse `JToggleButton` abgeleitet, die als Abstraktion von Buttons, die ihren Zustand ändern können, auch Basisklasse von `JRadioButton` ist.

`JCheckBox` kann eine textuelle Beschriftung oder ein Icon oder beides enthalten. Die wichtigsten Konstruktoren sind:

javax.swing.
JCheckBox

```
public JCheckBox(String text)
public JCheckBox(String text, boolean selected)
```

Mit dem Parameter `selected` kann bereits bei der Instanzierung angegeben werden, ob die Checkbox aktiviert oder deaktiviert sein soll. Später kann der Aktivierungszustand mit `setSelected` gesetzt und mit `isSelected` abgefragt werden:

```
public void setSelected(boolean b)
public boolean isSelected()
```

javax.swing.
JCheckBox

> Bei der Instanzierung einer `JCheckBox` kann auch ein Icon übergeben werden. Das ist allerdings nur in Ausnahmefällen sinnvoll, denn es wird nicht zusätzlich zum Ankreuzfeld angezeigt, sondern statt dessen. Das Ankreuzfeld einer `JCheckBox` ist also gerade ihr (automatisch angezeigtes) Icon. Durch Aufruf von `setHorizontalTextPosition` und Übergabe der Konstante `LEFT` können Ankreuzfeld und Text vertauscht werden.

Wie ein `JButton` sendet eine `JCheckBox` bei jeder Betätigung ein `ActionEvent` an registrierte Listener. Zudem wird bei Zustandsänderungen ein `ItemEvent` versendet, auf das ein `ItemListener` reagieren kann.

Das folgende Programm erzeugt drei Checkboxen in einem Panel und gibt alle Zustandsänderungen auf der Konsole aus:

```
001 /* Listing3708.java */
002
003 import java.awt.*;
004 import java.awt.event.*;
005 import javax.swing.*;
006 import javax.swing.event.*;
007
008 public class Listing3708
009 extends JFrame
010 implements ItemListener
011 {
012   public Listing3708()
013   {
014     super("JCheckBox");
015     addWindowListener(new WindowClosingAdapter(true));
016     JPanel panel = new JPanel();
017     panel.setLayout(new GridLayout(3, 1));
018     for (int i = 1; i <= 3; ++i) {
019       JCheckBox cb = new JCheckBox("Checkbox" + i, i == 2);
020       cb.addItemListener(this);
021       panel.add(cb);
022     }
023     getContentPane().add(panel, BorderLayout.CENTER);
024   }
025
```

Listing 37.8:
Die Klasse
JCheckbox

Listing 37.8:
Die Klasse
JCheckbox
(Forts.)

```
026  public void itemStateChanged(ItemEvent e)
027  {
028    JCheckBox cb = (JCheckBox)e.getSource();
029    int change = e.getStateChange();
030    if (change == ItemEvent.SELECTED) {
031      System.out.println(cb.getText() + ": SELECTED");
032    } else if (change == ItemEvent.DESELECTED) {
033      System.out.println(cb.getText() + ": DESELECTED");
034    }
035  }
036
037  public static void main(String[] args)
038  {
039    Listing3708 frame = new Listing3708();
040    frame.setLocation(100, 100);
041    frame.setSize(300, 100);
042    frame.setVisible(true);
043  }
044 }
```

Die Programmausgabe ist:

Abbildung 37.6:
Die Klasse
JCheckBox

> Vorsicht, Schreibfehler! Anders als in der Checkbox-Klasse des AWT (sie heißt Checkbox), wird das "Box" in JCheckBox nicht klein-, sondern großgeschrieben.

37.2.3 JRadioButton

Die Klasse JRadioButton ähnelt der Klasse JCheckBox. Auch sie stellt einen Button dar, der wahlweise an- oder ausgeschaltet werden kann. Anders als bei JCheckBox ist in einer Gruppe von Radiobuttons allerdings immer nur ein Button zur Zeit aktiviert, alle anderen sind deaktiviert. Die wichtigsten Konstruktoren von JRadioButton sind:

javax.swing.
JRadioButton
```
public JRadioButton(String text)
public JRadioButton(String text, boolean selected)
```

Die übrigen Methoden können so verwendet werden, wie es bei JCheckBox beschrieben wurde. Um die Buttons zu gruppieren, ist eine ButtonGroup zu instanziieren, und die Buttons sind durch Aufruf von add hinzuzufügen. Mit getSelection kann auf das ButtonModel des selektierten Elements zugegriffen werden, getElements liefert alle Buttons der Gruppe:

```
public void add(AbstractButton b)
public ButtonModel getSelection()
public Enumeration getElements()
```
javax.swing.
ButtonGroup

Das folgende Programm enthält drei Radiobuttons, die über eine `ButtonGroup` gruppiert werden. Der zusätzliche Button "Selektion" ermittelt das selektierte Element und gibt dessen Kommandonamen auf der Konsole aus:

```
001 /* Listing3709.java */
002
003 import java.awt.*;
004 import java.awt.event.*;
005 import javax.swing.*;
006
007 public class Listing3709
008 extends JFrame
009 implements ActionListener
010 {
011   private ButtonGroup group = new ButtonGroup();
012
013   public Listing3709()
014   {
015     super("JRadioButton");
016     addWindowListener(new WindowClosingAdapter(true));
017     //RadioButton-Panel
018     JPanel panel = new JPanel();
019     panel.setLayout(new GridLayout(3, 1));
020     for (int i = 1; i <= 3; ++i) {
021       JRadioButton rb = new JRadioButton("RadioButton" + i, i == 2);
022       rb.setActionCommand(rb.getText());
023       panel.add(rb);
024       group.add(rb);
025     }
026     getContentPane().add(panel, BorderLayout.CENTER);
027     //Selektion-Button
028     JButton button = new JButton("Selektion");
029     button.addActionListener(this);
030     getContentPane().add(button, BorderLayout.SOUTH);
031   }
032
033   public void actionPerformed(ActionEvent event)
034   {
035     String cmd = event.getActionCommand();
036     if (cmd.equals("Selektion")) {
037       ButtonModel selected = group.getSelection();
038       System.out.print("Selektiert: ");
039       if (selected != null) {
040         System.out.println(selected.getActionCommand());
041       }
```

Listing 37.9:
Die Klasse
JRadioButton

Listing 37.9:
Die Klasse
JRadioButton
(Forts.)

```
042       }
043    }
044
045    public static void main(String[] args)
046    {
047       Listing3709 frame = new Listing3709();
048       frame.setLocation(100, 100);
049       frame.setSize(300, 120);
050       frame.setVisible(true);
051    }
052 }
```

Die Programmausgabe ist:

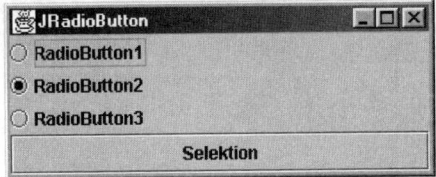

Abbildung 37.7:
Die Klasse
JRadioButton

37.3 Listen und Comboboxen

37.3.1 JList

Die Klasse JList dient dazu, Listen von Werten darzustellen, aus denen der Anwender einen oder mehrere Einträge auswählen kann. Im Gegensatz zur AWT-Klasse List kann sie nicht nur Strings, sondern beliebige Objekte enthalten. Auch die Darstellung der Listenelemente auf dem Bildschirm kann weitgehend frei gestaltet werden. Wir wollen uns die wichtigsten Eigenschaften von JList ansehen und dazu zunächst mit den Konstruktoren beginnen:

javax.swing.
JList
```
public JList()
public JList(Object[] listData)
public JList(Vector listData)
public JList(ListModel dataModel)
```

Der parameterlose Konstruktor erzeugt eine leere Liste. Wird ein Array oder Vector übergeben, erzeugt JList aus dessen Daten ein Listenmodell und benutzt es zur Darstellung. Schließlich kann auch direkt eine Instanz der Klasse ListModel übergeben werden, um den Inhalt der Liste zu definieren.

Ähnlich wie `JTextArea` und andere Swing-Komponenten besitzt `JList` keine eigene Funktionalität zum Scrollen der Daten, falls diese nicht vollständig auf den Bildschirm passen. Eine `JList` wird daher meist in eine `JScrollPane` eingebettet, bevor sie zu einem GUI-Container hinzugefügt wird.

Selektieren von Elementen

Die meisten Methoden der Klasse `JList` haben mit der Selektion der Listenelemente zu tun. Eine Liste kann sowohl Einzel- als auch Mehrfachselektion unterstützen:

```
public int getSelectionMode()
public void setSelectionMode(int selectionMode)
```
javax.swing. JList

Mit `setSelectionMode` wird der Selektionsmodus verändert. Als Argument kann eine der folgenden Konstanten der Klasse `ListSelectionModel` übergeben werden:

- `SINGLE_SELECTION`: Es kann maximal ein Element ausgewählt werden
- `SINGLE_INTERVAL_SELECTION`: Es können mehrere Elemente eines zusammenhängenden Bereichs ausgewählt werden
- `MULTIPLE_INTERVAL_SELECTION`: Eine beliebige Auswahl von Elementen kann selektiert werden

`getSelectionMode` liefert den aktuellen Selektionsmodus. Es gibt eine Reihe von Methoden, um Informationen über die derzeit selektierten Elemente zu beschaffen:

```
public int getSelectedIndex()
public int[] getSelectedIndices()

public Object getSelectedValue()
public Object[] getSelectedValues()

public boolean isSelectedIndex(int index)
public boolean isSelectionEmpty()

public int getAnchorSelectionIndex()
public int getLeadSelectionIndex()
```
javax.swing. JList

`getSelectedIndex` liefert das selektierte Element, falls der Selektionsmodus `SINGLE_SELECTION` ist. Können mehrere Elemente ausgewählt werden, liefert `getSelectedIndices` ein Array mit den Indizes aller selektierten Elemente. `getSelectedValue` und `getSelectedValues` arbeiten in analoger Weise, liefern aber statt der Indizes die selektierten Elemente zurück. Mit `isSelectedIndex` kann geprüft werden, ob das Element mit dem angegebenen Index gerade selektiert ist, und `isSelectionEmpty` prüft, ob mindestens ein Element selektiert wurde.

Als "Anchor" und "Lead" bezeichnet Swing in einem zusammenhängend markierten Bereich das jeweils zuerst und zuletzt markierte Element. Das zuletzt markierte Element ist gleichzeitig aktuelles Element. Mit `getAnchorSelectionIndex` und `getLeadSelectionIndex` kann auf "Anchor" und "Lead" zugegriffen werden, wenn der Selektionsmodus `SINGLE_INTERVAL_SELECTION` ist.

Zusätzlich gibt es Methoden, um die Selektion programmgesteuert zu verändern:

```
javax.swing.     public void clearSelection()
         JList
                 public void setSelectedIndex(int index)
                 public void setSelectedIndices(int[] indices)

                 public void setSelectionInterval(int anchor, int lead)
                 public void addSelectionInterval(int anchor, int lead)
                 public void removeSelectionInterval(int index0, int index1)
```

Mit `clearSelection` wird die Selektion gelöscht. Mit `setSelectedIndex` kann ein einzelnes Element selektiert werden, mit `setSelectedIndices` eine Menge von Elementen. Mit `setSelectionInterval`, `addSelectionInterval` und `removeSelectionInterval` können Selektionen auch bereichsweise hinzugefügt und gelöscht werden.

Wird die Selektion geändert, versendet eine `JList` ein `ListSelectionEvent` an alle registrierten Listener. Um im Programm auf Änderungen zu reagieren, ist also lediglich das Interface `ListSelectionListener` des Pakets `javax.swing.event` zu implementieren und durch Aufruf von `addListSelectionListener` bei der `JList` zu registrieren. Jede Selektionsänderung führt dann zum Aufruf der Methode `valueChanged`.

Den Listeninhalt dynamisch verändern

Etwas mehr Aufwand als beim AWT-Pendant muß getrieben werden, wenn der Inhalt einer `JList` nach der Instanzierung modifiziert werden soll. In diesem Fall kann nicht mehr mit dem automatisch erzeugten Listenmodel gearbeitet werden, sondern es muß selbst eines erzeugt werden. Das Modell einer `JList` muß stets das Interface `ListModel` implementieren und der Liste durch Versenden eines `ListDataEvent` jede Datenänderung mitteilen. Eine für viele Zwecke ausreichende Implementierung steht mit der Klasse `DefaultListModel` zur Verfügung. Ihre Schnittstelle entspricht der Klasse `Vector` (siehe Abschnitt 14.2 auf Seite 308), und alle erforderlichen Änderungsbenachrichtigungen werden automatisch verschickt. Die wichtigsten Methoden von `DefaultListModel` sind:

```
javax.swing.     public void clear()
 DefaultList-    public void addElement(Object obj)
        Model    public void removeElementAt(int index)

                 public int size()
```

```
public Object elementAt(int index)
```

Soll eine Liste mit einem benutzerdefinierten Modell arbeiten, wird dieses einfach manuell erzeugt und an den Konstruktor übergeben. Alle Einfügungen, Löschungen und Änderungen von Daten werden dann an diesem Modell vorgenommen. Durch Aufruf von `getModel` kann auf einfache Weise auf das Modell einer `JList` zugegriffen werden.

Beispiel

Zum Abschluß wollen wir uns ein Beispiel ansehen. Das folgende Programm instanziert eine `JList` durch Übergabe eines String-Arrays. Bei jedem Drücken des Buttons "Ausgabe" gibt es die Liste der selektierten Elemente auf der Konsole aus:

```
001  /* Listing3710.java */
002
003  import java.awt.*;
004  import java.awt.event.*;
005  import javax.swing.*;
006
007  public class Listing3710
008  extends JFrame
009  implements ActionListener
010  {
011    static final String[] DATA = {
012      "Hund", "Katze", "Meerschweinchen", "Tiger", "Maus",
013      "Fisch", "Leopard", "Schimpanse", "Kuh", "Pferd",
014      "Reh", "Huhn", "Marder", "Adler", "Nilpferd"
015    };
016
017    private JList list;
018
019    public Listing3710()
020    {
021      super("JList");
022      addWindowListener(new WindowClosingAdapter(true));
023      Container cp = getContentPane();
024      //Liste
025      list = new JList(DATA);
026      list.setSelectionMode(
027        ListSelectionModel.MULTIPLE_INTERVAL_SELECTION
028      );
029      list.setSelectedIndex(2);
030      cp.add(new JScrollPane(list), BorderLayout.CENTER);
031      //Ausgabe-Button
032      JButton button = new JButton("Ausgabe");
033      button.addActionListener(this);
034      cp.add(button, BorderLayout.SOUTH);
035    }
```

Listing 37.10:
Die Klasse JList

Kapitel 37   **Swing: Komponenten I**

Listing 37.10:
Die Klasse JList
(Forts.)

```
036
037    public void actionPerformed(ActionEvent event)
038    {
039      String cmd = event.getActionCommand();
040      if (cmd.equals("Ausgabe")) {
041        System.out.println("---");
042        ListModel lm = list.getModel();
043        int[] sel = list.getSelectedIndices();
044        for (int i = 0; i < sel.length; ++i) {
045          String value = (String)lm.getElementAt(sel[i]);
046          System.out.println("  " + value);
047        }
048      }
049    }
050
051    public static void main(String[] args)
052    {
053      Listing3710 frame = new Listing3710();
054      frame.setLocation(100, 100);
055      frame.setSize(200, 200);
056      frame.setVisible(true);
057    }
058  }
```

Die Programmausgabe ist:

Abbildung 37.8:
Die Klasse JList

37.3.2 JComboBox

Eine JComboBox ist das Swing-Pendant zur AWT-Klasse Choice. Es stellt eine Kombination aus Textfeld und Liste dar. Die Liste ist normalerweise unsichtbar und wird vom Anwender nur dann geöffnet, wenn er einen Wert daraus auswählen will. Sie erlaubt grundsätzlich nur *einfache* Selektion. Die wichtigsten Konstruktoren von JComboBox sind:

javax.swing.
JComboBox

```
public JComboBox(Object[] items)
public JComboBox(Vector items)
public JComboBox(ComboBoxModel aModel)
```

Listen und Comboboxen Kapitel 37

Sie entsprechen den korrespondierenden Konstruktoren der Klasse `JList`. Ein wichtiges Merkmal einer `JComboBox` ist die Möglichkeit, das Textfeld editieren zu können oder nicht. Ist das der Fall, kann der Anwender auch Werte eingeben, die nicht in der Liste stehen; andernfalls ist er auf Listenwerte beschränkt. Mit den Methoden `setEditable` und `isEditable` kann auf diese Eigenschaft zugegriffen werden:

```
public void setEditable(boolean aFlag)
public boolean isEditable()
```
javax.swing.
JComboBox

Zur Abfrage oder Auswahl des selektierten Elements stehen folgende Methoden zur Verfügung:

```
public Object getSelectedItem()
public void setSelectedItem(Object anObject)

public int getSelectedIndex()
public void setSelectedIndex(int anIndex)
```
javax.swing.
JComboBox

Mit `getSelectedItem` kann das selektierte Element abgefragt werden, mit `setSelectedItem` kann es gesetzt werden. Wurde bei einer editierbaren `JComboBox` vom Anwender ein Wert eingegeben, der nicht in der Liste steht, liefert `getSelectedItem` diesen Wert. Mit `getSelectedIndex` und `setSelectedIndex` kann auch über die Indizes der Liste auf deren Elemente zugegriffen werden. `getSelectedIndex` liefert -1, wenn vom Anwender ein Wert eingegeben wurde, der nicht in der Liste steht.

Im Gegensatz zu `JList` stellt `JComboBox` auch einige Methoden zur Verfügung, mit denen die Elemente der Liste dynamisch verändert werden können:

```
public void addItem(Object anObject)
public void insertItemAt(Object anObject, int index)
public void removeItem(Object anObject)
public void removeItemAt(int anIndex)
public void removeAllItems()
```
javax.swing.
JComboBox

Mit `addItem` wird ein neues Element an das Ende der Liste angehängt, mit `insertItemAt` wird es an einer beliebigen Position eingefügt. `removeItem` entfernt das angegebene Element, `removeItemAt` das Element mit dem angegebenen Index. `removeAllItems` entfernt alle Elemente aus der Liste.

Jedesmal, wenn ein anderes Element selektiert wird, sendet eine `JComboBox` ein `ItemEvent` an registrierte `ItemListener` (und zwar sowohl für das deselektierte als auch für das selektierte Element). Nach Abschluß der Selektion oder wenn der Anwender in einer editierbaren `JComboBox` einen Wert per Hand eingegeben hat, wird zusätzlich ein `ActionEvent` an registrierte `ActionListener` versendet.

Kapitel 37   **Swing: Komponenten I**

Das folgende Programm enthält zwei Comboboxen, von denen die erste editierbar ist und die zweite nicht. Ihre Elemente stammen aus einem `String`-Array mit Farbwerten, das direkt an den Konstruktor übergeben wird:

Listing 37.11:
Die Klasse
JComboBox

```
001  /* Listing3711.java */
002
003  import java.awt.*;
004  import java.awt.event.*;
005  import javax.swing.*;
006
007  public class Listing3711
008  extends JFrame
009  {
010    private static final String[] COLORS = {
011      "rot", "grün", "blau", "gelb"
012    };
013
014    public Listing3711()
015    {
016      super("JComboBox");
017      addWindowListener(new WindowClosingAdapter(true));
018      Container cp = getContentPane();
019      for (int i = 1; i <= 2; ++i) {
020        JPanel panel = new JPanel();
021        panel.setLayout(new FlowLayout(FlowLayout.LEFT, 10, 2));
022        panel.add(new JLabel("Farbe " + i + ":"));
023        JComboBox combo = new JComboBox(COLORS);
024        combo.setEditable(i == 1);
025        panel.add(combo);
026        cp.add(panel, i == 1 ? BorderLayout.NORTH : BorderLayout.CENTER);
027      }
028    }
029
030    public static void main(String[] args)
031    {
032      Listing3711 frame = new Listing3711();
033      frame.setLocation(100, 100);
034      frame.setSize(200, 200);
035      frame.setVisible(true);
036    }
037  }
```

Die Programmausgabe ist:

Abbildung 37.9:
Die Klasse
JComboBox

37.4 Quasi-analoge Komponenten

37.4.1 JScrollBar

JScrollBar ist die leichtgewichtige Swing-Variante der AWT-Klasse Scrollbar (siehe Abschnitt 32.10 auf Seite 694). Sie dient dazu, mit Hilfe eines Schiebereglers einen Wert kontinuierlich innerhalb vorgegebener Grenzen einzustellen. Der wichtigste Konstruktor der Klasse JScrollBar ist:

```
public JScrollBar(
  int orientation,
  int value,
  int extent,
  int min,
  int max
)
```

javax.swing.
JScrollBar

Mit orientation wird die Ausrichtung des Schiebereglers festgelegt. Sie kann entweder HORIZONTAL oder VERTICAL sein. min gibt den kleinsten, max den größten möglichen Wert an. Mit extent wird die Ausdehnung des Schiebers festgelegt. Sie muß mindestens eins, kann aber auch größer sein. value ist der Anfangswert des Schiebers. Er muß zwischen min und max - extent liegen.

JScrollBar stellt einige Methoden zur Verfügung, mit denen nach der Instanzierung auf die numerischen Eigenschaften des Schiebereglers zugegriffen werden kann:

```
public int getMinimum()
public void setMinimum(int minimum)

public int getMaximum()
public void setMaximum(int maximum)
```

javax.swing.
JScrollBar

```
public int getVisibleAmount()
public void setVisibleAmount(int extent)

public int getValue()
public void setValue(int value)
```

Mit `getMinimum`, `getMaximum`, `setMinimum` und `setMaximum` kann auf das Minimum und Maximum des definierten Wertebereichs zugegriffen werden. `getVisibleAmount` liefert die Ausdehnung des Schiebers, und mit `setVisibleAmount` kann diese abgefragt werden. Mit `getValue` und `setValue` kann auf den aktuellen Wert des Schiebereglers zugegriffen werden.

Auch auf die Seitengröße kann zugegriffen werden:

javax.swing.JScrollBar

```
public int getUnitIncrement()
public void setUnitIncrement(int unitIncrement)

public int getBlockIncrement()
public void setBlockIncrement(int blockIncrement)
```

`getUnitIncrement` gibt an, um welchen Betrag der Wert des Schiebereglers verändert wird, wenn der Anwender einen der Pfeilbuttons betätigt. `getBlockIncrement` ermittelt analog dazu den Betrag der Änderung, wenn zwischen Schieber und Pfeilbuttons geklickt wird. Mit `setUnitIncrement` und `setBlockIncrement` können beide Werte auch verändert werden.

Wird der Wert einer `JScrollBar` verändert, sendet sie ein `AdjustmentEvent` an registrierte Listener. Diese müssen das Interface `AdjustmentListener` implementieren und werden durch Aufruf von `addAdjustmentListener` registriert. Interessant ist in diesem Zusammenhang die Methode `getValueIsAdjusting()`, mit der festgestellt werden kann, auf welche Weise der Wert verändert wird. Sie gibt genau dann `true` zurück, wenn die Änderung Bestandteil einer Kette von Änderungen ist, wenn also der Anwender den Schieber betätigt. Wurde die Änderung dagegen durch einen Mausklick auf einen der Buttons oder auf die Fläche zwischen Buttons und Schieber ausgelöst, liefert `getValueIsAdjusting()` den Wert `false`.

Das folgende Programm zeigt eine einfache Anwendung der Klasse `JScrollBar`. Es stellt zwei Schieberegler zur Verfügung, mit deren Hilfe die Hintergrundfarbe des in der Mitte angezeigten Panels verändert werden kann. Alle Änderungen werden durch einen `AdjustmentListener` registriert und führen beim Panel zum Aufruf von `setBackground`. Am Ende einer Änderungssequenz wird der aktuelle Farbwert auf der Konsole ausgegeben.

Listing 37.12:
Die Klasse
JScrollBar

```
001  /* Listing3712.java */
002
003  import java.awt.*;
004  import java.awt.event.*;
005  import javax.swing.*;
```

Listing 37.12:
Die Klasse
JScrollBar
(Forts.)

```
006
007  public class Listing3712
008  extends JFrame
009  implements AdjustmentListener
010  {
011    private JPanel coloredPanel;
012    private JScrollBar sbEast;
013    private JScrollBar sbSouth;
014    private int        blue = 0;
015    private int        red = 0;
016
017    public Listing3712()
018    {
019      super("JScrollBar");
020      addWindowListener(new WindowClosingAdapter(true));
021      Container cp = getContentPane();
022      //Vertikaler Schieberegler
023      sbEast = new JScrollBar(JScrollBar.VERTICAL, 0, 10, 0, 255);
024      sbEast.addAdjustmentListener(this);
025      cp.add(sbEast, BorderLayout.EAST);
026      //Horizontaler Schieberegler
027      sbSouth = new JScrollBar(JScrollBar.HORIZONTAL, 0, 10, 0, 255);
028      sbSouth.addAdjustmentListener(this);
029      cp.add(sbSouth, BorderLayout.SOUTH);
030      //Farbiges Panel
031      coloredPanel = new JPanel();
032      coloredPanel.setBackground(new Color(red, 0, blue));
033      cp.add(coloredPanel, BorderLayout.CENTER);
034    }
035
036    public void adjustmentValueChanged(AdjustmentEvent event)
037    {
038      JScrollBar sb = (JScrollBar)event.getSource();
039      if (sb == sbEast) {
040        blue = event.getValue();
041      } else {
042        red = event.getValue();
043      }
044      coloredPanel.setBackground(new Color(red, 0, blue));
045      if (!sb.getValueIsAdjusting()) {
046        System.out.println("(" + red + ",0," + blue + ")");
047      }
048    }
049
050    public static void main(String[] args)
051    {
052      Listing3712 frame = new Listing3712();
053      frame.setLocation(100, 100);
054      frame.setSize(200, 200);
```

Listing 37.12:
Die Klasse
JScrollBar
(Forts.)

```
055     frame.setVisible(true);
056   }
057 }
```

Die Programmausgabe ist:

Abbildung 37.10:
Die Klasse
JScrollBar

37.4.2 JSlider

Mit der Klasse JSlider werden ebenso wie mit JScrollBar Schieberegler erzeugt. Abgesehen von den unterschiedlichen Oberflächen gibt es zwischen beiden Klassen zwei wichtige konzeptionelle Unterschiede:

1. Ein JSlider kann eine Anzeigeskala mit grober und feiner Einteilung und Beschriftung haben.

2. Ein JSlider kennt keine unterschiedlichen Schiebergrößen. Die Ausdehnung der Schieber ist immer 1.

Welche der beiden Klassen in der Praxis eingesetzt werden soll, läßt sich nicht eindeutig festlegen. Soll ein Bildschirminhalt verschoben werden, ist es sicher sinnvoll, bei JScrollBar zu bleiben. Soll dagegen ein Wert verändert werden, der für den Anwender den Charakter einer Zahl hat, kann durchaus ein JSlider verwendet werden.

Der wichtigste Konstruktor von JSlider ist:

javax.swing.
JSlider

```
public JSlider(int orientation, int min, int max, int value)
```

Der Parameter orientation gibt die Orientierung an. Hier können die Konstanten HORIZONTAL und VERTICAL übergeben werden. min und max legen die Grenzen des Wertebereichs fest, und mit value wird der Anfangswert des Schiebers festgelegt. Ähnlich wie JScrollBar stellt auch JSlider Methoden zum Zugriff auf die numerischen Eigenschaften des Sliders zur Verfügung:

Quasi-analoge Komponenten

```
public int getMinimum()
public void setMinimum(int minimum)

public int getMaximum()
public void setMaximum(int maximum)

public int getValue()
public void setValue(int n)
```
`javax.swing.JSlider`

Sie haben dieselbe Bedeutung wie bei `JScrollBar`. Zusätzlich gibt es Methoden zum Zugriff auf die Anzeigeskala und die Beschriftung:

```
public int getMajorTickSpacing()
public void setMajorTickSpacing(int n)

public int getMinorTickSpacing()
public void setMinorTickSpacing(int n)
```
`javax.swing.JSlider`

Die Anzeigeskala eines `JSlider` hat große Markierungen, die das Grobraster vorgeben, und dazwischenstehende kleine, die das Feinraster vorgeben. Mit `setMajorTickSpacing` wird der Abstand der großen Markierungen vorgegeben, mit `setMinorTickSpacing` der Abstand der kleinen. Mit `getMajorTickSpacing` und `getMinorTickSpacing` können beide Werte auch abgefragt werden.

Damit die Anzeigeskala tatsächlich angezeigt wird, muß `setPaintTicks` aufgerufen und `true` übergeben werden. Soll auch die Beschriftung angezeigt werden, muß zusätzlich `setPaintLabels` mit `true` als Argument aufgerufen werden:

```
public void setPaintTicks(boolean b)
public void setPaintLabels(boolean b)
```
`javax.swing.JSlider`

```
public void setSnapToTicks(boolean b)
```

Ein Aufruf von `setSnapToTicks` (mit Übergabe von `true` als Argument) sorgt dafür, daß der Schieber stets auf den Skalenmarkierungen einrastet. Zwischenpositionen können dann nicht mehr angewählt werden.

Im Gegensatz zu `JScrollPane` sendet ein `JSlider` kein `AdjustmentEvent`, wenn sein Wert verändert wird, sondern ein `ChangeEvent` (diese Klasse liegt im Paket `javax.swing.event`). Um auf dieses Ereignis zu reagieren, ist das Interface `ChangeListener` zu implementieren und das implementierende Objekt durch Aufruf von `addChangeListener` zu registrieren. Wie bei `JScrollPane` kann mit `getValueIsAdjusting` festgestellt werden, ob die Änderung Bestandteil einer Kette von Wertänderungen ist oder ob sie einzeln aufgetreten ist.

Das folgende Programm zeigt ein zu Listing 37.12 auf Seite 830 äquivalentes Beispiel, das zwei JSlider anstelle der Scrollbars verwendet.

Listing 37.13:
Die Klasse JSlider

```java
001 /* Listing3713.java */
002
003 import java.awt.*;
004 import java.awt.event.*;
005 import javax.swing.*;
006 import javax.swing.border.*;
007 import javax.swing.event.*;
008
009 public class Listing3713
010 extends JFrame
011 implements ChangeListener
012 {
013   private JPanel      coloredPanel;
014   private JSlider     slEast;
015   private JSlider     slSouth;
016   private int         blue = 0;
017   private int         red  = 0;
018
019   public Listing3713()
020   {
021     super("JSlider");
022     addWindowListener(new WindowClosingAdapter(true));
023     Container cp = getContentPane();
024     //Vertikaler Schieberegler
025     slEast = new JSlider(JSlider.VERTICAL, 0, 255, 0);
026     slEast.setMajorTickSpacing(50);
027     slEast.setMinorTickSpacing(10);
028     slEast.setPaintTicks(true);
029     slEast.setPaintLabels(true);
030     slEast.addChangeListener(this);
031     cp.add(slEast, BorderLayout.EAST);
032     //Horizontaler Schieberegler
033     slSouth = new JSlider(JSlider.HORIZONTAL, 0, 255, 0);
034     slSouth.setMajorTickSpacing(100);
035     slSouth.setMinorTickSpacing(25);
036     slSouth.setPaintTicks(true);
037     slSouth.setPaintLabels(true);
038     slSouth.setSnapToTicks(true);
039     slSouth.addChangeListener(this);
040     cp.add(slSouth, BorderLayout.SOUTH);
041     //Farbiges Panel
042     coloredPanel = new JPanel();
043     coloredPanel.setBackground(new Color(red, 0, blue));
044     cp.add(coloredPanel, BorderLayout.CENTER);
045   }
046
```

Quasi-analoge Komponenten   Kapitel 37

```
047    public void stateChanged(ChangeEvent event)
048    {
049      JSlider sl = (JSlider)event.getSource();
050      if (sl == slEast) {
051        blue = sl.getValue();
052      } else {
053        red = sl.getValue();
054      }
055      coloredPanel.setBackground(new Color(red, 0, blue));
056      if (!sl.getValueIsAdjusting()) {
057        System.out.println("(" + red + ",0," + blue + ")");
058      }
059    }
060
061    public static void main(String[] args)
062    {
063      Listing3713 frame = new Listing3713();
064      frame.setLocation(100, 100);
065      frame.setSize(300, 250);
066      frame.setVisible(true);
067    }
068 }
```

Listing 37.13:
Die Klasse
JSlider
(Forts.)

Das Programm erzeugt einen horizontalen und vertikalen Slider, dessen Wertebereich jeweils von 0 bis 255 reicht. Beide werden mit Skalenmarken und Beschriftungen versehen, der horizontale Slider rastet auf den Skalenmarkierungen ein. Bei jeder Änderung wird stateChanged aufgerufen und der aktuelle Sliderwert einer der beiden Farbvariablen zugewiesen. Anschließend wird der Hintergrund des farbigen Panels verändert und gegebenenfalls der Farbwert auf der Konsole ausgegeben.

Die Programmausgabe ist:

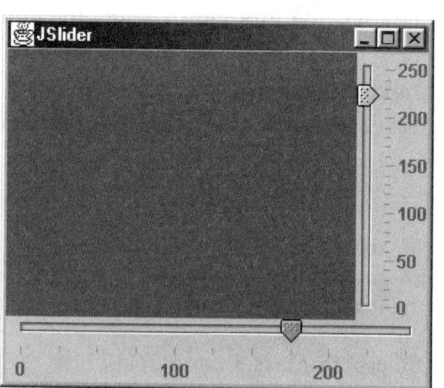

Abbildung 37.11:
Die Klasse JSlider

835

37.4.3 JProgressBar

Ein weiteres Hilfsmittel zur Darstellung von kontinuierlichen Werten ist die Klasse JProgressBar. Sie stellt eine Fortschrittsanzeige dar, wie sie auch das Betriebssystem oder ein Installationsprogramm bei längeren Kopiervorgängen anzeigt. Die Fortschrittsanzeige hat einen aktuellen Wert, der grafisch mit einer Füllstandsanzeige dargestellt wird und sich schrittweise vom Minimal- zum Maximalwert fortentwickelt.

Die wichtigsten Konstruktoren von JProgressBar sind:

| javax.swing. JProgressBar | `public JProgressBar(int orient)`
`public JProgressBar(int min, int max)`
`public JProgressBar(int orient, int min, int max)` |

Der Parameter orient gibt die Orientierung der Fortschrittsanzeige an, sie kann wahlweise HORIZONTAL oder VERTICAL sein. Wird sie ausgelassen, erzeugt Swing eine horizontale Darstellung. min und max geben die untere und obere Grenze des Wertebereichs an. Wenn sie ausgelassen werden, wird eine Voreinstellung von 0 bzw. 100 verwendet.

Standardmäßig wird die Fortschrittsanzeige ohne Beschriftung dargestellt. Durch Aufruf von setStringPainted und Übergabe von true kann ein prozentualer Fortschrittswert angezeigt werden:

| javax.swing. JProgressBar | `public void setStringPainted(boolean b)` |

Der Wert (und mit ihm die grafische Darstellung des Fortschritts) kann durch Aufruf von setValue verändert werden. Mit getValue kann dieser auch abgefragt werden:

| javax.swing. JProgressBar | `public void setValue(int n)`
`public int getValue()` |

Das folgende Programm zeigt eine einfache Anwendung von JProgressBar. Es enthält eine Fortschrittsanzeige mit einem Wertebereich von 0 bis 100 und einem initialen Wert von 0. Durch Betätigen des Buttons "Weiter" wird der Wert um fünf erhöht. Hat der Wert hundert erreicht, wird er wieder auf null gesetzt.

Listing 37.14: Die Klasse JProgressBar

```
001 /* Listing3714.java */
002
003 import java.awt.*;
004 import java.awt.event.*;
005 import javax.swing.*;
006
007 public class Listing3714
008 extends JFrame
009 implements ActionListener
```

Quasi-analoge Komponenten — Kapitel 37

```
010 {
011    private JProgressBar pb;
012    private int           value = 0;
013
014    public Listing3714()
015    {
016      super("JProgressBar");
017      addWindowListener(new WindowClosingAdapter(true));
018      Container cp = getContentPane();
019      //Fortschrittsanzeige
020      pb = new JProgressBar(JProgressBar.HORIZONTAL, 0, 100);
021      pb.setStringPainted(true);
022      cp.add(pb, BorderLayout.NORTH);
023      //Weiter-Button
024      JButton button = new JButton("Weiter");
025      button.addActionListener(this);
026      cp.add(button, BorderLayout.SOUTH);
027    }
028
029    public void actionPerformed(ActionEvent event)
030    {
031      value = (value >= 100 ? 0 : value + 5);
032      pb.setValue(value);
033    }
034
035    public static void main(String[] args)
036    {
037      Listing3714 frame = new Listing3714();
038      frame.setLocation(100, 100);
039      frame.setSize(300, 150);
040      frame.setVisible(true);
041    }
042 }
```

Listing 37.14: Die Klasse JProgressBar (Forts.)

Die Programmausgabe ist:

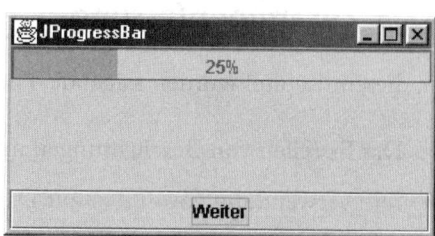

Abbildung 37.12: Die Klasse JProgressBar

Langdauernde Aktivitäten, die durch eine Fortschrittsanzeige verfolgt werden, laufen oft in einem eigenen Thread ab. Eine (im negativen Sinne) sehr wichtige Eigenschaft der Swing-Dialogelemente ist, daß sie nicht thread-sicher sind. Nachdem sie einmal auf dem Bildschirm sichtbar gemacht wurden, dürfen Änderungen, die die Darstellung der Komponente verändern könnten, nur noch aus dem GUI-Thread heraus vorgenommen werden. Anderen Threads sind sie dagegen nicht mehr erlaubt. Der Aufruf von `setValue` im Beispielprogramm war also genau deshalb zulässig, weil er aus der Methode `actionPerformed` heraus erfolgte (diese wird vom GUI-Thread aufgerufen). Ein Aufruf aus `main` oder aus einem eigenen Thread wäre dagegen nicht erlaubt gewesen. Andere Threads dürfen nur noch solche Methoden aufrufen, die lediglich Grafik-Events erzeugen (beispielsweise `repaint`).

Seit dem JDK 1.4 gibt es die Möglichkeit, einen `JProgressBar` mit einer dauerhaft ablaufenden Animation zu erzeugen. Dies ist immer dann nützlich, wenn die Größe der zu erledigenden Aufgabe bei der Konstruktion des `JProgressBar` noch nicht bekannt ist. Die Fortschrittsanzeige zeigt dann lediglich an, *daß* eine Aktivität gerade läuft, sagt aber nichts darüber aus, wie lange sie noch andauern wird. Folgende Methoden sind dazu im JDK 1.4 hinzugekommen:

javax.swing. JProgressBar

```
public void setIndeterminate(boolean newValue);

public boolean isIndeterminate()
```

Nach Aufruf von `setIndeterminate` und Übergabe von `true` wird die Fortschrittsanzeige in den kontinuierlichen Modus versetzt. Dann ist sie dauerhaft animiert, und der aktuelle Wert sowie das eingestellte Minimum und Maximum werden ignoriert. Die Anwendung selbst braucht sich um die Animation nicht zu kümmern, sie läuft automatisch. Durch Aufruf von `setIndeterminate` mit `false` als Argument kann der `JProgressBar` in den Standardmodus zurückgesetzt werden. `isIndeterminate` liefert den aktuellen Wert dieser Eigenschaft.

37.5 Zusammenfassung

In diesem Kapitel wurden folgende Themen behandelt:

▶ Das Erstellen von Beschriftungen mit der Klasse `JLabel`

▶ Die Verwendung von `JLabel` zur Darstellung von Icons

▶ Ein- und mehrzeilige Textfelder mit den Klassen `JTextField`, `JFormattedTextField` und `JTextArea`

▶ Die Klasse `JSpinner`

Zusammenfassung — Kapitel 37

- Die Klasse `JPasswordField` für verdeckte Eingaben
- Wie man nicht-scrollbare Komponenten durch Einbetten in eine `JScrollPane` scrollbar macht
- Das Erstellen von einfachen Buttons mit der Klasse `JButton`
- Die Ableitungen `DefaultButton` und `CancelButton`
- Das Erstellen von Checkboxen und Radiobuttons mit den Klassen `JCheckBox` und `JRadioButton` und das Gruppieren von Radiobuttons mit der Klasse `ButtonGroup`
- Das Erstellen und Bearbeiten von Listen mit der Klasse `JList`
- Wie der Inhalt einer `JList` dynamisch verändert werden kann
- Editierbare und nicht-editierbare Comboboxen mit der Klasse `JComboBox`
- Das Erstellen von horizontalen und vertikalen Schiebereglern mit der Klasse `JScrollBar`
- Das Erstellen von beschrifteten Schiebereglern mit der Klasse `JSlider`
- Fortschrittsanzeigen mit der Klasse `JProgressBar`

38 Swing: Komponenten II

38.1 Spezielle Panels

38.1.1 JScrollPane

Die Klasse `JScrollPane` wurde in den vorigen Abschnitten bereits mehrfach verwendet. In Verbindung mit den Klassen `JTextArea` und `JList` bestand ihre Aufgabe darin, Dialogelemente, die zu groß für den zur Verfügung stehenden Platz waren, mit Hilfe eines verschiebbaren Fensters ausschnittsweise sichtbar zu machen. Dabei war es ausreichend, das betreffende Dialogelement an den Konstruktor von `JScrollPane` zu übergeben und anstelle des Dialogelements selbst die `JScrollPane`-Instanz an den Container zu übergeben.

`JScrollPane` besitzt aber noch weitere Fähigkeiten, die hier kurz vorgestellt werden sollen. Zunächst wollen wir uns ihre wichtigsten Konstruktoren ansehen:

```
public JScrollPane(Component view)
public JScrollPane(Component view, int vsbPolicy, int hsbPolicy)
```
javax.swing.
JScrollPane

Die Argumente `vsbPolicy` und `hsbPolicy` geben an, wann ein horizontaler bzw. vertikaler Schieberegler eingeblendet wird. Hier können folgende Werte angegeben werden:

Konstante	Bedeutung
VERTICAL_SCROLLBAR_NEVER	Der vertikale Schieberegler wird nie angezeigt.
VERTICAL_SCROLLBAR_ALWAYS	Der vertikale Schieberegler wird immer angezeigt.
VERTICAL_SCROLLBAR_AS_NEEDED	Der vertikale Schieberegler wird nur angezeigt, wenn er tatsächlich benötigt wird.
HORIZONTAL_SCROLLBAR_NEVER	Der horizontale Schieberegler wird nie angezeigt.
HORIZONTAL_SCROLLBAR_ALWAYS	Der horizontale Schieberegler wird immer angezeigt.
HORIZONTAL_SCROLLBAR_AS_NEEDED	Der horizontale Schieberegler wird nur angezeigt, wenn er tatsächlich benötigt wird.

Tabelle 38.1: Anzeige der Schieberegler bei JScrollPane

Wenn die Argumente `vsbPolicy` und `hsbPolicy` nicht angegeben werden, blendet `JScrollPane` die Schieberegler nur dann ein, wenn sie wirklich benötigt werden (wenn also das Dialogelement in der jeweiligen Ausdehnung größer als der verfügbare Platz ist).

Die beiden wichtigsten zusätzlichen Fähigkeiten von `JScrollPane` bestehen darin, Spalten- und Zeilenheader anzeigen und die Eckelemente mit beliebigen Komponenten belegen zu können (siehe Abbildung 38.1 auf Seite 842):

javax.swing.
JScrollPane

```
public void setColumnHeaderView(Component view)
public void setRowHeaderView(Component view)

public void setCorner(String key, Component corner)
```

Mit `setColumnHeaderView` kann eine Komponente für den Spaltenkopf angegeben werden. Sie wird über dem eigentlichen Dialogelement angezeigt und bei horizontalen Bewegungen zusammen mit diesem verschoben. Bei vertikalen Schieberbewegungen bleibt sie dagegen an ihrem Platz. Analog dazu kann mit `setRowHeaderView` ein Zeilenkopf angegeben werden, der links neben der eigentlichen Komponente plaziert wird. Er wird bei vertikalen Bewegungen verschoben und behält bei horizontalen Bewegungen seinen Platz bei.

Mit `setCorner` kann in einer beliebigen der vier ungenutzten Ecken einer `JScrollPane` ein Dialogelement plaziert werden. Der Parameter `key` gibt dabei an, welche Ecke belegt werden soll. Als Argument kann eine der Konstanten `LOWER_LEFT_CORNER`, `LOWER_RIGHT_CORNER`, `UPPER_LEFT_CORNER` oder `UPPER_RIGHT_CORNER` der Klasse `JScrollPane` angegeben werden.

> Zu beachten ist allerdings, daß die Eckflächen unter Umständen gar nicht zur Verfügung stehen. Die beiden Ecken auf der linken Seite sind beispielsweise nur dann vorhanden, wenn ein Zeilenkopf eingeblendet wurde. Die rechte obere ist nur vorhanden, wenn ein vertikaler Schieberegler eingeblendet wurde, und die rechte untere erfordert sogar die Anwesenheit beider Schieberegler. Auch kann die Anwendung praktisch keinen Einfluß auf die Größe der Ecken nehmen. Diese wird ausschließlich durch die Ausdehnung der Schieberegler und des Zeilenkopfes bestimmt. Summa summarum ist die Möglichkeit, die Ecken belegen zu können, eine nur in Ausnahmefällen nützliche Eigenschaft.

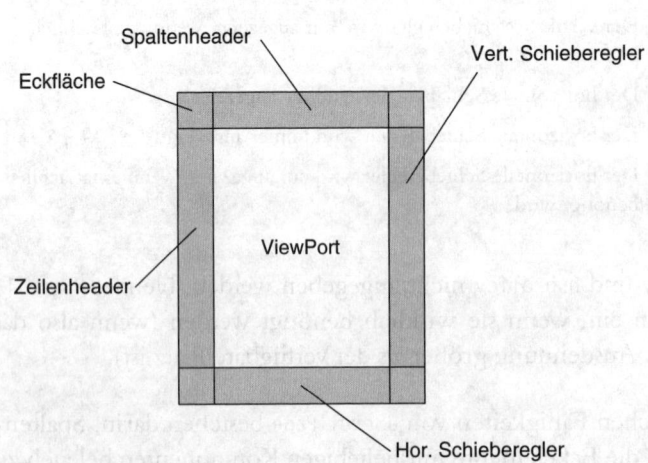

Abbildung 38.1: Die Anatomie einer JScrollPane

Spezielle Panels

Das folgende Beispiel zeigt ein Programm, in dem eine `JScrollPane` ein zu großes `JPanel` mit hundert Checkboxen aufnimmt. In den beiden rechten Ecken wird jeweils ein `JLabel` plaziert, und als Spaltenkopf wird eine Instanz der Klasse `ColumnHeader` verwendet:

```java
001 /* Listing3801.java */
002
003 import java.awt.*;
004 import java.awt.event.*;
005 import javax.swing.*;
006
007 public class Listing3801
008 extends JFrame
009 {
010   public Listing3801()
011   {
012     super("JScrollPane");
013     addWindowListener(new WindowClosingAdapter(true));
014     //Dialogpanel erzeugen
015     JPanel panel = new JPanel();
016     panel.setLayout(new GridLayout(10, 10));
017     for (int i = 1; i <= 100; ++i) {
018       panel.add(new JCheckBox("Frage " + i));
019     }
020     //JScrollPane erzeugen
021     JScrollPane scroll = new JScrollPane(panel);
022     scroll.setCorner(
023       JScrollPane.UPPER_RIGHT_CORNER,
024       new JLabel("1", JLabel.CENTER)
025     );
026     scroll.setCorner(
027       JScrollPane.LOWER_RIGHT_CORNER,
028       new JLabel("2", JLabel.CENTER)
029     );
030     scroll.setColumnHeaderView(new ColumnHeader(panel, 10));
031     //JScrollPane zur ContentPane hinzufügen
032     getContentPane().add(scroll, BorderLayout.CENTER);
033   }
034
035   public static void main(String[] args)
036   {
037     Listing3801 frame = new Listing3801();
038     frame.setLocation(100, 100);
039     frame.setSize(300, 150);
040     frame.setVisible(true);
041   }
042 }
043
044 class ColumnHeader
045 extends JComponent
```

Listing 38.1:
Die Klasse
JScrollPane

Listing 38.1:
Die Klasse
JScrollPane
(Forts.)

```
046 {
047   JComponent component;
048   int        columns;
049
050   public ColumnHeader(JComponent component, int columns)
051   {
052     this.component = component;
053     this.columns   = columns;
054   }
055
056   public void paintComponent(Graphics g)
057   {
058     int width = component.getSize().width;
059     int height = getSize().height;
060     int colwid = width / columns;
061     for (int i = 0; i < columns; ++i) {
062       g.setColor(i % 2 == 0 ? Color.yellow : Color.gray);
063       g.fillRect(i * colwid, 0, colwid, height);
064     }
065     g.setColor(Color.black);
066     g.drawLine(0, height - 1, width, height - 1);
067   }
068
069   public Dimension getPreferredSize()
070   {
071     return new Dimension(component.getSize().width, 20);
072   }
073 }
```

Die Klasse ColumnHeader ist aus JComponent abgeleitet und wird als Spaltenkopf für die JPanel-Komponente verwendet. Deren Spalten sind in diesem Sonderfall alle gleich breit. Das Panel selbst und die Spaltenzahl werden an den Konstruktor übergeben, und mit Hilfe dieser Angaben werden die nebeneinanderliegenden Spalten als abwechselnd grau und gelb gefärbte Rechtecke angezeigt. Zusätzlich wird eine schwarze Linie als untere Begrenzung des Spaltenkopfes gezeichnet. Durch Überlagern von getPreferredSize teilt ColumnHeader der JScrollPane seine Größe mit. Die Breite entspricht dabei der Breite der scrollbaren Komponente, die Höhe ist fest auf zwanzig Pixel eingestellt. Die Ausgabe des Programms ist:

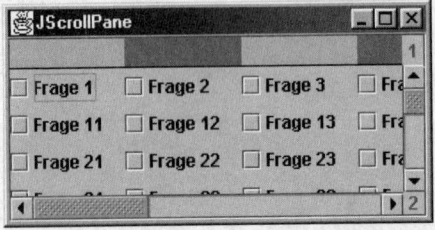

Abbildung 38.2:
Die Klasse
JScrollPane

38.1.2 JSplitPane

JSplitPane ist ein Panel, mit dem zwei Komponenten neben- oder übereinander plaziert werden können. Die Komponenten werden dabei durch einen sichtbaren Separator voneinander getrennt. Der Anwender kann den Separator verschieben und so den Platz, der beiden Komponenten zur Verfügung steht, variieren. Ein JSplitPane ist beispielsweise nützlich, wenn Komponenten dargestellt werden sollen, deren Breite oder Höhe von den darin enthaltenen Daten abhängig ist. Das Programm braucht dann den benötigten Platz nur grob vorzugeben, und der Anwender kann durch Verschieben des Separators zur Laufzeit festlegen, wieviel Platz er jeder Komponente zur Verfügung stellen will.

Die Konstruktoren von JSplitPane sind:

```
public JSplitPane(int orientation)

public JSplitPane(
  int orientation,
  boolean continuousLayout
)

public JSplitPane(
  int orientation,
  Component leftComponent,
  Component rightComponent
)

public JSplitPane(
  int orientation,
  boolean continuousLayout,
  Component leftComponent,
  Component rightComponent
)
```

javax.swing. JSplitPane

Der Parameter orientation gibt an, wie die Elemente zueinander angeordnet werden sollen. Hat er den Wert HORIZONTAL_SPLIT, werden sie nebeneinander, bei VERTICAL_SPLIT übereinander angeordnet. Hat continuousLayout den Wert true, so wird schon beim Verschieben des Separators der Bildschirminhalt aktualisiert. Andernfalls erfolgt das erst nach Ende des Verschiebevorgangs. In den Parametern leftComponent und rightComponent werden die beiden einzubettenden Komponenten übergeben. Alle Eigenschaften können auch nach der Instanzierung verändert bzw. abgefragt werden:

```
public void setOrientation(int orientation)
public void setContinuousLayout(boolean continuousLayout)
public void setLeftComponent(Component comp)
public void setRightComponent(Component comp)
public void setTopComponent(Component comp)
```

javax.swing. JSplitPane

```
public void setBottomComponent(Component comp)

public int getOrientation()
public boolean isContinuousLayout()
public Component getLeftComponent()
public Component getTopComponent()
public Component getRightComponent()
public Component getBottomComponent()
```

Die Größe der beiden Komponenten richtet sich nach ihren minimalen und gewünschten Abmessungen. `JSplitPane` ermittelt diese Werte durch Aufruf von `getPreferredSize` und `getMinimumSize` auf den Komponentenobjekten. Es gilt:

- Bei der initialen Darstellung der Komponenten wird zunächst geprüft, ob beide in ihrer *gewünschten* Größe angezeigt werden können (es wird also `getPreferredSize` aufgerufen). Ist das der Fall, wird die linke (obere) Komponente in der gewünschten Größe angezeigt, und die rechte (untere) erhält den verbleibenden Platz.

- Ist das nicht der Fall, wird die linke (untere) Komponente in ihrer minimalen Größe angezeigt, und die rechte erhält den verbleibenden Platz.

- Reicht der Platz nicht einmal aus, um beide Komponenten in ihrer minimalen Ausdehnung anzuzeigen, ist das Verhalten undefiniert. Typischerweise steht der Separator danach komplett auf einer Seite, und es ist nur noch eine der beiden Komponenten sichtbar.

- Sind die Komponenten auf dem Bildschirm sichtbar, kann der Separator soweit in jede Richtung verschoben werden, bis die minimale Größe der jeweiligen Komponente erreicht ist.

Manche Komponenten liefern beim Aufruf von `getMinimumSize` die Größe, die sie beim ersten Sichtbarwerden auf dem Bildschirm hatten. In diesem Fall ist der Separator überhaupt nicht veränderbar, denn jede Verschiebung würde die minimale Größe einer der beiden Komponenten unterschreiten. Falls ein solches Problem auftritt, kann Abhilfe geschaffen werden, indem durch Aufruf von `setMinimumSize` die minimale Größe der Komponenten vermindert wird.

Eine interessante Methode zur Modifikation des Separators ist `setOneTouchExpandable`:

javax.swing. JSplitPane

```
public void setOneTouchExpandable(boolean newValue)
```

Wird sie mit `true` als Argument aufgerufen, erhält der Separator zwei kleine Pfeile, die jeweils auf eine der beiden Komponenten zeigen. Wird einer von ihnen angeklickt, so wird der Separator komplett auf die angezeigte Seite verschoben. Die auf dieser Seite liegende Komponente wird verdeckt und die andere erhält den vollen zur Verfügung stehenden

Spezielle Panels

Platz (die von `getMinimumSize` definierten Grenzen werden dabei ignoriert). Ein weiterer Klick auf den Separator gibt der verdeckten Komponente wieder ihre Minimalgröße.

Das folgende Programm zeigt einen `JFrame` mit einem horizontal geteilten `JSplitPane`. Als Komponenten werden zwei Instanzen der weiter unten definierten Klasse `GridComponent` verwendet, die ein Gitternetz anzeigt, dessen Maschengröße proportional zur Ausdehnung der Komponente ist:

```
001 /* Listing3802.java */
002
003 import java.awt.*;
004 import java.awt.event.*;
005 import javax.swing.*;
006
007 public class Listing3802
008 extends JFrame
009 {
010   public Listing3802()
011   {
012     super("JSplitPane");
013     addWindowListener(new WindowClosingAdapter(true));
014     //Linkes Element erzeugen
015     GridComponent grid1 = new GridComponent();
016     grid1.setMinimumSize(new Dimension(50, 100));
017     grid1.setPreferredSize(new Dimension(180, 100));
018     //Rechtes Element erzeugen
019     GridComponent grid2 = new GridComponent();
020     grid2.setMinimumSize(new Dimension(100, 100));
021     grid2.setPreferredSize(new Dimension(80, 100));
022     //JSplitPane erzeugen
023     JSplitPane sp = new JSplitPane(JSplitPane.HORIZONTAL_SPLIT);
024     sp.setLeftComponent(grid1);
025     sp.setRightComponent(grid2);
026     sp.setOneTouchExpandable(true);
027     sp.setContinuousLayout(true);
028     getContentPane().add(sp, BorderLayout.CENTER);
029   }
030
031   public static void main(String[] args)
032   {
033     Listing3802 frame = new Listing3802();
034     frame.setLocation(100, 100);
035     frame.setSize(300, 200);
036     frame.setVisible(true);
037   }
038 }
039
040 class GridComponent
```

Listing 38.2:
Die Klasse
JSplitPane

Listing 38.2:
Die Klasse
JSplitPane
(Forts.)

```
041    extends JComponent
042    {
043      public void paintComponent(Graphics g)
044      {
045        g.setColor(Color.gray);
046        int width = getSize().width;
047        int height = getSize().height;
048        for (int i = 0; i < 10; ++i) {
049          g.drawLine(i * width / 10, 0, i * width / 10, height);
050        }
051        for (int i = 0; i < 10; ++i) {
052          g.drawLine(0, i * height / 10, width, i * height / 10);
053        }
054        g.setColor(Color.black);
055        g.drawString("" + width, 5, 15);
056      }
057    }
```

Die Ausgabe des Programms ist:

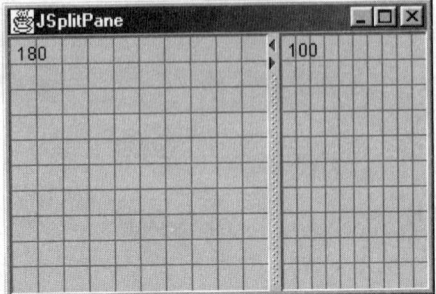

Abbildung 38.3:
Die Klasse
JSplitPane

38.1.3 JTabbedPane

Als letztes der speziellen Panels wollen wir uns die Klasse JTabbedPane ansehen. Mit ihr ist es möglich, Dialoge zu erstellen, die eine Reihe von Registerkarten enthalten. Das sind Unterdialoge, die über ein am Rand befindliches Register einzeln ausgewählt werden können. Derartige Registerkarten werden beispielsweise in Konfigurationsdialogen verwendet, wenn die zu bearbeitenden Optionen nicht alle auf eine Seite passen.

JTabbedPane stellt zwei Konstruktoren zur Verfügung:

javax.swing.
JTabbedPane

```
public JTabbedPane()
public JTabbedPane(int tabPlacement)
```

Spezielle Panels Kapitel 38

Der erste von beiden erzeugt ein `JTabbedPane` mit oben liegenden Registern. Beim zweiten kann explizit angegeben werden, auf welcher Seite die Register angeordnet werden sollen. Hier können die Konstanten `TOP`, `BOTTOM`, `LEFT` oder `RIGHT` aus dem Interface `SwingConstants` übergeben werden. Üblich ist es, die Register links oder oben anzuordnen. Mit den Methoden `getTabPlacement` und `setTabPlacement` kann auch nachträglich auf die Anordnung zugegriffen werden.

Nach der Instanzierung ist der Registerdialog zunächst leer. Um Registerkarten hinzuzufügen, kann eine der Methoden `addTab` oder `insertTab` aufgerufen werden:

```
public void addTab(
  String title,
  Icon icon,
  Component component,
  String tip
)

public void insertTab(
  String title,
  Icon icon,
  Component component,
  String tip,
  int index
)
```
javax.swing.
JTabbedPane

Der Parameter `title` gibt die Beschriftung des Registereintrags an. Mit `icon` kann zusätzlich ein Icon und mit `tip` ein Tooltiptext hinzugefügt werden. Der Parameter `component` gibt das darzustellende Dialogelement an. Meist wird hier eine Containerklasse übergeben (z.B. ein `JPanel`), die den entsprechenden Unterdialog enthält. Die Parameter `icon` und `tip` sind optional, d.h. es gibt die beiden Methoden auch ohne sie. `addTab` fügt die Registerkarte am Ende ein, bei `insertTab` kann die Einfügeposition mit dem Parameter `index` selbst angegeben werden.

Bereits definierte Registerkarten können auch wieder entfernt werden:

```
public void removeTabAt(int index)
public void removeAll()
```
javax.swing.
JTabbedPane

`removeTabAt` entfernt die Karte mit dem angegebenen Index, `removeAll` entfernt alle Karten.

Mit `getTabCount` kann die Anzahl der Registerkarten ermittelt werden, und mit `getComponentAt` kann die Komponente einer beliebigen Registerkarte ermittelt werden. Mit `setComponentAt` kann der Inhalt einer Registerkarte sogar nachträglich ausgetauscht werden:

849

Kapitel 38   **Swing: Komponenten II**

javax.swing.
JTabbedPane
```
public int getTabCount()

public Component getComponentAt(int index)
public void setComponentAt(int index, Component component)
```

In einem Registerdialog ist immer genau eine der Karten selektiert. Mit `getSelectedIndex` kann deren Index ermittelt werden, mit `getSelectedComponent` sogar direkt auf ihren Inhalt zugegriffen werden. Die Methode `setSelectedIndex` erlaubt es, programmgesteuert eine beliebige Registerkarte auszuwählen:

javax.swing.
JTabbedPane
```
public int getSelectedIndex()
public Component getSelectedComponent()

public void setSelectedIndex(int index)
```

Registerkarten besitzen eine Reihe von Eigenschaften, die einzeln verändert werden können. Die wichtigste von ihnen ist die Möglichkeit, sie zu aktivieren oder zu deaktivieren. Nur aktivierte Karten können ausgewählt werden, deaktivierte dagegen nicht. Der Zugriff auf den Aktivierungsstatus erfolgt mit den Methoden `setEnabledAt` und `isEnabledAt`:

javax.swing.
JTabbedPane
```
public boolean isEnabledAt(int index)
public void setEnabledAt(int index, boolean enabled)
```

Bei jeder Änderung der Selektion versendet ein `JTabbedPane` ein `ChangeEvent` an registrierte `ChangeListener`. Auf diese Weise ist es möglich, Programmcode zu schreiben, der beim Anwählen oder Verlassen einzelner Registerkarten ausgeführt wird. Eine der Anwendungen hierfür besteht darin, die Dialoge auf den Registerkarten erst dann zu erzeugen, wenn sie wirklich gebraucht werden. Dazu wird an alle Registerkarten zunächst ein leeres Panel übergeben und erst in der Methode `stateChanged` durch den eigentlichen Dialog ersetzt. Auf diese Weise spart das Programm beim Initialisieren des Registerdialogs Rechenzeit und Speicher, was sich vor allem bei komplexen Dialogen positiv bemerkbar machen könnte.

Das folgende Programm zeigt ein einfaches Beispiel eines Registerdialogs. Es erstellt ein `JTabbedPane` mit fünf Registerkarten, die jeweils ein `JPanel` mit einem Label und einem Button enthalten. Das Label zeigt den Namen der Karte an, der Button dient dazu, die jeweils nächste Karte auszuwählen. Dessen Aktivität ist in der Klasse `NextTabActionListener` gekapselt. Als Besonderheit wird nach jedem Seitenwechsel `requestDefaultFocus` auf der neuen Seite aufgerufen, um automatisch dem ersten Dialogelement den Fokus zu geben.

Listing 38.3:
Die Klasse
JTabbedPane
```
001 /* Listing3803.java */
002
003 import java.awt.*;
004 import java.awt.event.*;
```

850

```
005 import javax.swing.*;
006
007 public class Listing3803
008 extends JFrame
009 {
010   JTabbedPane tp;
011
012   public Listing3803()
013   {
014     super("JTabbedPane");
015     addWindowListener(new WindowClosingAdapter(true));
016     tp = new JTabbedPane();
017     for (int i = 0; i < 5; ++i) {
018       JPanel panel = new JPanel();
019       panel.add(new JLabel("Karte " + i));
020       JButton next = new JButton("Weiter");
021       next.addActionListener(new NextTabActionListener());
022       panel.add(next);
023       tp.addTab("Tab" + i, panel);
024     }
025     getContentPane().add(tp, BorderLayout.CENTER);
026   }
027
028   class NextTabActionListener
029   implements ActionListener
030   {
031     public void actionPerformed(ActionEvent event)
032     {
033       int tab = tp.getSelectedIndex();
034       tab = (tab >= tp.getTabCount() - 1 ? 0 : tab + 1);
035       tp.setSelectedIndex(tab);
036       ((JPanel)tp.getSelectedComponent()).requestDefaultFocus();
037     }
038   }
039
040   public static void main(String[] args)
041   {
042     Listing3803 frame = new Listing3803();
043     frame.setLocation(100, 100);
044     frame.setSize(300, 200);
045     frame.setVisible(true);
046   }
047 }
```

Listing 38.3:
Die Klasse
JTabbedPane
(Forts.)

Die Ausgabe des Programms ist:

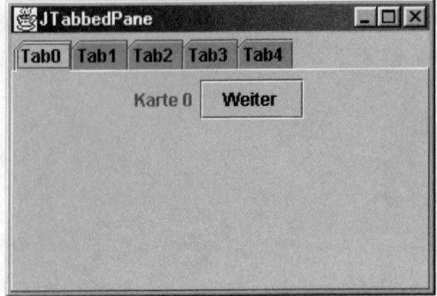

Abbildung 38.4: Die Klasse JTabbedPane

38.2 JTable

38.2.1 Erzeugen von Tabellen

Eines der in anspruchsvollen Benutzeroberflächen am häufigsten gebrauchten Dialogelemente ist die *Tabelle*, also eine mehrzeilige, mehrspaltige Darstellung von Daten. Diese im AWT fehlende Komponente wird in Swing durch die Klasse JTable zur Verfügung gestellt. Mit ihrer Hilfe lassen sich unterschiedlichste Arten von textuellen oder grafischen Daten tabellarisch darstellen und editieren. Das Programm hat dabei weitreichende Möglichkeiten, die Tabelle zu konfigurieren, ihren Inhalt anzupassen und auf Benutzerereignisse zu reagieren.

Die wichtigsten Konstruktoren von JTable sind:

```
javax.swing.    public JTable(Object[][] rowData, Object[] columnNames)
       JTable   public JTable(Vector rowData, Vector columnNames)
                public JTable(TableModel dm, TableColumnModel cm, ListSelectionModel sm)
```

An den ersten Konstruktor werden die darzustellenden Daten in Form eines zweidimensionalen Arrays übergeben. Dessen erste Dimension enthält die Zeilen, die zweite die Spalten. Zur Darstellung in der Tabelle werden die Array-Elemente mit toString in Strings umgewandelt. Das zweite Argument enthält ein Array mit Strings, die als Spaltenköpfe angezeigt werden.

Statt der Übergabe von Arrays kann auch der zweite Konstruktor verwendet und die Daten und Spaltenköpfe in einem Vector übergeben werden. In diesem Fall muß der Datenvektor rowData für jede Zeile einen Untervektor mit den Datenelementen dieser Zeile enthalten.

Der dritte Konstruktor stellt die allgemeinste Möglichkeit dar, eine JTable zu konstruieren. Hierbei werden alle drei Modelle der Tabelle explizit an den Konstruktor übergeben. Das

JTable Kapitel 38

`TableModel` stellt dabei die Daten zur Verfügung, das `TableColumnModel` definiert die Spalten, und das `ListSelectionModel` ist für die Selektion von Tabellenelementen zuständig. Werden alle drei Modelle separat instanziert und übergeben, hat das Programm die volle Kontrolle über alle Aspekte der Tabellendarstellung und -verarbeitung.

Eine einfache Tabelle läßt sich also sehr schnell erzeugen:

```java
001 /* Listing3804.java */
002
003 import java.awt.*;
004 import java.awt.event.*;
005 import javax.swing.*;
006
007 public class Listing3804
008 extends JFrame
009 implements TableData
010 {
011   public Listing3804()
012   {
013     super("JTable 1");
014     addWindowListener(new WindowClosingAdapter(true));
015     JTable table = new JTable(DATA, COLHEADS);
016     Container cp = getContentPane();
017     cp.add(new JLabel("Alte c\'t-Ausgaben:"), BorderLayout.NORTH);
018     cp.add(new JScrollPane(table), BorderLayout.CENTER);
019   }
020
021   public static void main(String[] args)
022   {
023     Listing3804 frame = new Listing3804();
024     frame.setLocation(100, 100);
025     frame.setSize(300, 200);
026     frame.setVisible(true);
027   }
028 }
```

Listing 38.4:
Eine einfache Tabelle

Die Ausgabe des Programms ist:

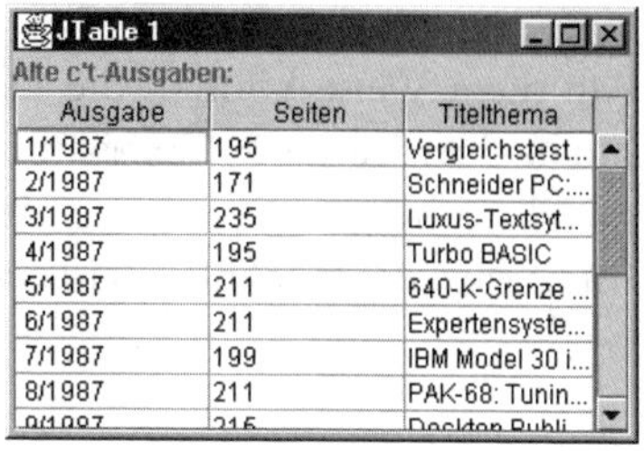

Abbildung 38.5:
Eine einfache Tabelle

Wie in anderen großen Dialogelementen haben wir die JTable vor der Übergabe an ihren GUI-Container in eine JScrollPane verpackt. Neben dem Effekt, die Daten vertikal oder horizontal scrollen zu können, hat das vor allem zur Folge, daß die Spaltenköpfe angezeigt werden. Ohne JScrollPane wären sie dagegen nicht sichtbar.

In Listing 38.4 auf Seite 853 wurden zwei Konstanten DATA und COLHEADS verwendet. Sie dienen als Beispieldaten für die Programme dieses Abschnitts und wurden als Konstanten in dem Interface TableData definiert:

Listing 38.5:
Das Interface
TableData

```
001 /* TableData.java */
002
003 public interface TableData
004 {
005   public static final String[][] DATA = {
006     {" 1/1987", "195", "Vergleichstest EGA-Karten"},
007     {" 2/1987", "171", "Schneider PC: Bewährungsprobe"},
008     {" 3/1987", "235", "Luxus-Textsyteme im Vergleich"},
009     {" 4/1987", "195", "Turbo BASIC"},
010     {" 5/1987", "211", "640-K-Grenze durchbrochen"},
011     {" 6/1987", "211", "Expertensysteme"},
012     {" 7/1987", "199", "IBM Model 30 im Detail"},
013     {" 8/1987", "211", "PAK-68: Tuning für 68000er"},
014     {" 9/1987", "215", "Desktop Publishing"},
015     {"10/1987", "279", "2,5 MByte im ST"},
016     {"11/1987", "279", "Transputer-Praxis"},
017     {"12/1987", "271", "Preiswert mit 24 Nadeln"},
018     {" 1/1988", "247", "Schnelle 386er"},
019     {" 2/1988", "231", "Hayes-kompatible Modems"},
020     {" 3/1988", "295", "TOS/GEM auf 68020"},
021     {" 4/1988", "263", "Projekt Super-EGA"},
022     {" 5/1988", "263", "Neuheiten auf der CeBIT 88"},
023     {" 6/1988", "231", "9600-Baud-Modem am Postnetz"}
024   };
025
026   public static final String[] COLHEADS = {
027     "Ausgabe", "Seiten", "Titelthema"
028   };
029 }
```

Auf diese Weise können die Daten in den folgenden Beispielen dieses Abschnitts einfach mit der Anweisung implements TableData importiert und dem Programm zur Verfügung gestellt werden. Diese – auf den ersten Blick – etwas ungewöhnliche Verwendung eines Interfaces ist ein Standard-Idiom in Java und wurde in Abschnitt 9.4.1 auf Seite 193 erläutert.

38.2.2 Konfiguration der Tabelle

Eine `JTable` läßt sich auf vielfältige Weise konfigurieren. Mit `setRowHeight` wird die Gesamthöhe einer Zeile festgelegt, alle Zeilen sind dabei gleich hoch. Mit `setRowMargin` wird der am oberen und unteren Rand jeder Zelle freibleibende Platz bestimmt. Der für den Inhalt der Zelle verfügbare Platz ergibt sich aus der Zellenhöhe minus oberem und unterem Rand. Durch Aufruf von `setIntercellSpacing` kann (zusammen mit dem vertikalen) auch der horizontale Rand der Zellenelemente festgelegt werden:

```
public void setRowHeight(int newHeight)
public void setRowMargin(int rowMargin)
public void setIntercellSpacing(Dimension newSpacing)
```
javax.swing. JTable

Standardmäßig werden die Zellen einer `JTable` mit senkrechten und waagerechten Begrenzungslinien voneinander getrennt. Mit `setShowGrid` können beide Linienarten zugleich an- oder ausgeschaltet werden. Sollen die horizontalen oder vertikalen Linien separat aktiviert oder deaktiviert werden, können die Methoden `setShowHorizontalLines` und `setShowVerticalLines` verwendet werden:

```
public void setShowGrid(boolean b)
public void setShowHorizontalLines(boolean b)
public void setShowVerticalLines(boolean b)
```
javax.swing. JTable

Das Verändern der Farben der Zellen ist in begrenzter Weise mit folgenden Methoden möglich:

```
public void setGridColor(Color newColor)
public void setSelectionForeground(Color selectionForeground)
public void setSelectionBackground(Color selectionBackground)
```
javax.swing. JTable

`setGridColor` verändert die Farbe, in der die Gitterlinien angezeigt werden. Mit `setSelectionForeground` und `setSelectionBackground` wird die Vorder- und Hintergrundfarbe des selektierten Bereichs festgelegt.

Als letzte der Konfigurationsmethoden wollen wir uns `setAutoResizeMode` ansehen:

```
public void setAutoResizeMode(int mode)
```
javax.swing. JTable

Sie bestimmt das Verhalten der Tabelle, nachdem die Breite einer einzelnen Spalte verändert wurde. Der dadurch freiwerdende oder zusätzlich benötigte Platz kann nämlich auf unterschiedliche Weise den übrigen Spalten zugeordnet werden. Der Parameter `mode` kann folgende Werte annehmen:

Modus	Bedeutung
AUTO_RESIZE_OFF	Es erfolgt keine automatische Größenanpassung der übrigen Spalten. Wurde die Tabelle in `JScrollPane` verpackt, bekommt sie nötigenfalls einen horizontalen Schieberegler.
AUTO_RESIZE_LAST_COLUMN	Die letzte Spalte wird zum Größenausgleich verwendet. Dadurch reduziert sich der Platz für die letzte Spalte, wenn eine andere Spalte vergrößert wird, und er erhöht sich, wenn sie verkleinert wird.
AUTO_RESIZE_NEXT_COLUMN	Die rechts neben der modifizierten Spalte liegende Spalte wird zum Größenausgleich verwendet.
AUTO_RESIZE_SUBSEQUENT_COLUMNS	Die Größenänderung wird gleichmäßig auf alle nachfolgenden Spalten verteilt.
AUTO_RESIZE_ALL_COLUMNS	Die Größenänderung wird auf alle Spalten der Tabelle verteilt.

Tabelle 38.2: Parameter für setAutoResizeMode

38.2.3 Selektieren von Elementen

Selektionsmodi

Die Elemente einer `JTable` können auf unterschiedliche Weise selektiert werden. Welche Möglichkeiten der Selektion dem Anwender zur Verfügung gestellt werden, regeln die folgenden Methoden:

javax.swing.JTable

```
public void setRowSelectionAllowed(boolean flag)
public void setColumnSelectionAllowed(boolean flag)
public void setSelectionMode(int selectionMode)
public void setCellSelectionEnabled(boolean flag)
```

Soll zeilenweise selektiert werden, ist `setRowSelectionAllowed` mit `true` als Argument aufzurufen. Soll spaltenweise selektiert werden, ist analog `setColumnSelectionAllowed` aufzurufen. Durch Übergabe von `false` können beide Selektionsarten ausgeschaltet werden und nur noch einzelne Zellen selektiert werden. Standardmäßig kann zeilen-, aber nicht spaltenweise selektiert werden.

Mit `setSelectionMode` wird festgelegt, ob ein einzelnes Element, ein zusammenhängender Bereich oder mehrere Bereiche selektiert werden können. Hier ist eine der in Abschnitt 37.3.1 auf Seite 822 beschriebenen Konstanten `SINGLE_SELECTION`, `SINGLE_INTERVAL_SELECTION` oder `MULTIPLE_INTERVAL_SELECTION` der Klasse `ListSelectionModel` zu übergeben. Wird `setCellSelectionEnabled` mit `true` als Argument aufgerufen, können Zeilen und Spalten gleichzeitig markiert und so zusammenhängende rechteckige Bereiche von Zellen (einschließlich einer einzelnen) selektiert werden.

Abfragen der Selektion

Um herauszufinden, welche Elemente selektiert wurden, können folgende Methoden verwendet werden:

```
public int getSelectedRow()
public int getSelectedColumn()

public int[] getSelectedRows()
public int[] getSelectedColumns()
```
javax.swing.
JTable

getSelectedRow und getSelectedColumn liefern die selektierte Zeile bzw. Spalte, wenn der Selektionsmodus SINGLE_SELECTION ist. Die erste Zeile und Spalte haben dabei jeweils den Index 0. Erlaubt der aktuelle Selektionsmodus das Selektieren ganzer Zeilen oder Spalten, impliziert das Ergebnis, daß *alle* Elemente dieser Zeile bzw. Spalte selektiert sind. Ist einer der Mehrfachselektionsmodi aktiviert, können mit getSelectedRows und getSelectedColumns Arrays mit allen selektierten Zeilen und Spalten beschafft werden.

> Falls keine Elemente selektiert sind, geben getSelectedRow und getSelectedColumn -1 und getSelectedRows und getSelectedColumns ein leeres Array zurück.

Verändern der Selektion

JTable stellt auch Methoden zur Verfügung, mit denen die Selektion programmgesteuert verändert werden kann:

```
public void selectAll()
public void clearSelection()

public void setRowSelectionInterval(int index0, int index1)
public void addRowSelectionInterval(int index0, int index1)
public void removeRowSelectionInterval(int index0, int index1)

public void setColumnSelectionInterval(int index0, int index1)
public void addColumnSelectionInterval(int index0, int index1)
public void removeColumnSelectionInterval(int index0, int index1)
```
javax.swing.
JTable

Mit selectAll kann die komplette Tabelle markiert werden, mit clearSelection wird die Selektion entfernt. Mit setRowSelectionInterval kann ein zusammenhängender Bereich von Zeilen markiert werden. Mit addRowSelectionInterval wird ein solcher zur aktuellen Selektion hinzugefügt und mit removeRowSelectionInterval daraus entfernt. Für die Selektion von Spalten stehen die analogen Methoden setColumnSelectionInterval, addColumnSelectionInterval und removeColumnSelectionInterval zur Verfügung.

Damit die beschriebenen Methoden korrekt funktionieren, sollte ihr Aufruf in Einklang mit den aktuell gewählten Selektionsmodi stehen. Im RC1 des JDK 1.3 gab es beispielsweise Probleme, wenn `selectAll` auf einer Tabelle aufgerufen wurde, die nur Einfachselektion erlaubte. Nach dem Aufruf wurde zwar (korrekterweise) keine Selektion mehr angezeigt, die Methoden zur Abfrage der selektierten Elemente verhielten sich aber dennoch so, als wären alle Elemente selektiert. Bei Verwendung von `addRowSelectionInterval` fiel dagegen auf, daß die Methode nur dann korrekt funktionierte, wenn der Selektionsmodus `MULTIPLE_INTERVAL_SELECTION` aktiviert war.

38.2.4 Zugriff auf den Inhalt der Tabelle

Die Daten in der Tabelle

Unabhängig von der aktuellen Selektion kann natürlich auch auf den Inhalt der Tabelle zugegriffen werden:

```
javax.swing.   public int getRowCount()
      JTable   public int getColumnCount()

               public Object getValueAt(int row, int column)
               public void setValueAt(Object aValue, int row, int column)
```

`getRowCount` und `getColumnCount` liefern die aktuelle Zeilen- bzw. Spaltenzahl der Tabelle. Mit `getValueAt` kann auf das Element an der Position *(row, column)* zugegriffen werden. Beide Indices beginnen bei 0, ein Zugriff außerhalb der Grenzen wird mit einer `ArrayIndexOutOfBoundsException` quittiert. Mit `setValueAt` kann ein Zellenelement sogar verändert werden.

Bei der Verwendung der Methoden `getValueAt` und `setValueAt` ist es wichtig zu wissen, daß die angegebenen Zeilen- und Spaltenwerte sich auf die aktuelle Ansicht der Tabelle beziehen, nicht auf ihr Modell. Hat der Anwender beispielsweise die Spalten eins und zwei vertauscht, würde ein Zugriff auf ein Element in Spalte eins den Modellwert in Spalte zwei verändern und umgekehrt. Während dieses Verhalten erwartungskonform ist, wenn der Wert durch den *Anwender* editiert wird, würde es bei programmgesteuertem Aufruf zu einem logischen Fehler kommen, denn das Programm hat natürlich zunächst einmal keine Kenntnis davon, daß der Anwender die Spaltenreihenfolge verändert hat. In aller Regel werden programmgesteuerte Zugriffe auf einzelne Zellen daher nicht mit `getValueAt` und `setValueAt` ausgeführt, sondern an die gleichnamigen Methoden des `TableModel` delegiert.

Editieren von Tabellenelementen

Nach einem Doppelklick auf eine Zelle kann der Anwender die in diesem Element enthaltenen Daten verändern. `JTable` besitzt einige Methoden, mit denen das Programm abfragen kann, ob und in welcher Zelle die Tabelle gerade editiert wird:

```
public boolean isEditing()
public int getEditingRow()
public int getEditingColumn()
```
javax.swing. JTable

isEditing gibt genau dann true zurück, wenn gerade ein Element der Tabelle geändert wird. Mit getEditingRow und getEditingColumn kann das Programm herausfinden, welches Element betroffen ist. Wird keine Zelle editiert, geben die Methoden -1 zurück. Zudem kann das Programm durch Aufruf von editCellAt selbst das Editieren eines Tabellenelements einleiten:

```
public boolean editCellAt(int row, int column)
```
javax.swing. JTable

> Unabhängig von seinem bisherigen Typ wird der geänderte Wert nach Abschluß des Änderungsvorgangs als String in das Modell zurückgeschrieben. Wird – wie im letzten Beispiel – ein Object-Array als Modell verwendet, ist diese Typkonvertierung zwar korrekt, kann aber bei der Weiterverarbeitung des Modells zu Überraschungen führen. Besser ist es, Eingaben des Anwenders direkt nach der Eingabe zu prüfen und vor der Speicherung in den passenden Typ umzuwandeln. Wir werden im nächsten Abschnitt zeigen, wie man das mit Hilfe eines eigenen Tabellenmodells erreichen kann.

38.2.5 Das Tabellenmodell

Für einfache Anwendungen reicht es aus, mit den automatisch erzeugten Tabellenmodellen zu arbeiten. Für Anwendungen mit komplexer strukturierten Daten, oder solchen, die für ein Array zu umfangreich oder an externe Quellen gebunden sind, ist es dagegen sinnvoll, ein eigenes Tabellenmodell zu implementieren. Dieses muß das Interface TableModel aus dem Paket javax.swing.table implementieren und bei der Instanzierung an den Konstruktor der JTable übergeben. Wahlweise kann auch nach der Instanzierung auf das Modell zugegriffen werden:

```
public void setModel(TableModel newModel)
public TableModel getModel()
```
javax.swing. JTable

Das Interface TableModel definiert folgende Methoden:

```
public int getRowCount()
public int getColumnCount()

public String getColumnName(int columnIndex)
public Class getColumnClass(int columnIndex)

public boolean isCellEditable(int rowIndex, int columnIndex)
```
javax.swing. table.Table-Model

```
public Object getValueAt(int rowIndex, int columnIndex)
public void setValueAt(Object aValue, int rowIndex, int columnIndex)

public void addTableModelListener(TableModelListener l)
public void removeTableModelListener(TableModelListener l)
```

Die meisten von ihnen sind Service-Methoden. Sie werden von `JTable` aufgerufen, um Informationen zur Darstellung der Tabelle zu erhalten. `getRowCount` und `getColumnCount` liefern die Anzahl der Zeilen und Spalten, `getColumnName` die Spaltenüberschrift und `getColumnClass` den Typ der Elemente einer Spalte. Mit `isCellEditable` wird abgefragt, ob eine bestimmte Zelle editiert werden darf oder nicht. Mit `getValueAt` fragt die Tabelle beim Modell nach dem Wert einer bestimmten Zelle, und mit `setValueAt` wird ein geänderter Wert in das Modell zurückgeschrieben.

Mit den Methoden `addTableModelListener` und `removeTableModelListener` kann ein `TableModelListener` registriert bzw. deregistriert werden. Er wird über alle Änderungen des Modells unterrichtet und damit insbesondere aufgerufen, wenn eine Zeile oder Spalte eingefügt oder gelöscht wurde, wenn der Inhalt einer Zelle modifiziert wurde oder wenn die Gesamtstruktur des Modells sich geändert hat. Typischerweise registriert sich die `JTable` bei ihrem Modell, um auf Modelländerungen mit entsprechenden Änderungen der Benutzeroberfläche reagieren zu können.

Beispiel

Als Beispiel wollen wir ein Modell konstruieren, das eine sehr große Tabelle repräsentieren kann (z.B. mit 1000 mal 1000 Elementen), von denen aber nur sehr wenige tatsächlich einen Wert enthalten und alle anderen leer sind. Statt einer speicherintensiven Darstellung mittels eines entsprechend dimensionierten Arrays sollen nur die tatsächlich belegten Elemente gespeichert werden. Wir wollen dazu eine `Hashtable` verwenden, deren Elemente die tatsächlich vorhandenen Werte sind. Als Schlüssel verwenden wir eine String-Darstellung der Koordinaten des Elements. Der Zugriff auf ein Element erfolgt dann, indem dessen Koordinatenschlüssel in der `Hashtable` gesucht und der zugehörige Wert zurückgegeben bzw. gespeichert wird.

Um das Tabellenmodell nicht von Grund auf neu entwickeln zu müssen, leiten wir es aus der Klasse `AbstractTableModel` des Pakets `javax.swing.table` ab. Diese bietet für fast alle erforderlichen Methoden Standardimplementierungen und stellt darüber hinaus einige nützliche Hilfsmethoden zur Verfügung:

Listing 38.6:
Ein Modell
für schwach
besetzte
Tabellen

```
001 /* SparseTableModel.java */
002
003 import java.util.*;
004 import javax.swing.*;
005 import javax.swing.table.*;
```

Listing 38.6: Ein Modell für schwach besetzte Tabellen (Forts.)

```
006
007  public class SparseTableModel
008  extends AbstractTableModel
009  {
010    private int size;
011    private Hashtable data;
012
013    //Konstruktor
014    public SparseTableModel(int size)
015    {
016      this.size = size;
017      this.data = new Hashtable();
018    }
019
020    //Methoden für das TableModel-Interface
021    public int getRowCount()
022    {
023      return size;
024    }
025
026    public int getColumnCount()
027    {
028      return size;
029    }
030
031    public String getColumnName(int columnIndex)
032    {
033      return "C" + columnIndex;
034    }
035
036    public Class getColumnClass(int columnIndex)
037    {
038      return String.class;
039    }
040
041    public boolean isCellEditable(int rowIndex, int columnIndex)
042    {
043      return rowIndex < size && columnIndex < size;
044    }
045
046    public Object getValueAt(int rowIndex, int columnIndex)
047    {
048      String key = "[" + rowIndex + "," + columnIndex + "]";
049      String value = (String)data.get(key);
050      return value == null ? "-" : value;
051    }
052
053    public void setValueAt(Object aValue, int rowIndex, int columnIndex)
054    {
```

Listing 38.6:
Ein Modell
für schwach
besetzte
Tabellen
(Forts.)

```
055      String key = "[" + rowIndex + "," + columnIndex + "]";
056      String value = (String)aValue;
057      if (value.length() <= 0) {
058        data.remove(key);
059      } else {
060        data.put(key, value);
061      }
062    }
063
064    //Zusätzliche Methoden
065    public void printData()
066    {
067      Enumeration e = data.keys();
068      while (e.hasMoreElements()) {
069        String key = (String)e.nextElement();
070        System.out.println(
071          "At " + key + ": " + (String)data.get(key)
072        );
073      }
074    }
075  }
```

Die Klasse wird durch Übergabe der Anzahl der Zeilen und Spalten instanziert. `getRowCount` und `getColumnCount` liefern genau diesen Wert zurück. Als Spaltenname wird ein "C", gefolgt von der Nummer der Spalte angegeben. Alle Spalten sind vom Typ `String` und alle Zellen sind editierbar. Wird mit `getValueAt` der Inhalt einer bestimmten Tabellenzelle abgefragt, so bildet die Methode den Schlüssel aus Zeilen- und Spaltenindex und sucht damit in der `Hashtable` data. Falls ein Eintrag gefunden wird, gibt `getValueAt` diesen an den Aufrufer zurück, andernfalls wird nur ein Minuszeichen geliefert. `setValueAt` arbeitet analog. Auch hier wird zunächst der Schlüssel gebildet und dann zusammen mit dem zugehörigen Wert in der `Hashtable` gespeichert. Die Hilfemethode `printData` dient dazu, alle vorhandenen Werte samt Koordinatenschlüsseln auf der Konsole auszugeben.

Mit Hilfe dieses Modells Tabellen zu bauen, die auch bei großen Abmessungen noch effizient arbeiten, ist nicht mehr schwer. Das folgende Programm zeigt das am Beispiel einer Tabelle mit einer Million Zellen. Neben der Tabelle enthält es einen Button "Drucken", mit dem die aktuelle Belegung der Tabelle ausgegeben werden kann.

Listing 38.7:
Eine JTable mit
einer Million
Zellen

```
001  /* Listing3807.java */
002
003  import java.awt.*;
004  import java.awt.event.*;
005  import javax.swing.*;
006
007  public class Listing3807
008  extends JFrame
```

```
009 implements ActionListener
010 {
011   JTable table;
012   SparseTableModel tableModel;
013
014   public Listing3807()
015   {
016     super("JTable 2");
017     addWindowListener(new WindowClosingAdapter(true));
018     tableModel = new SparseTableModel(1000);
019     table = new JTable(tableModel, null);
020     table.setAutoResizeMode(JTable.AUTO_RESIZE_OFF);
021     table.setSelectionMode(ListSelectionModel.SINGLE_INTERVAL_SELECTION);
022     table.setCellSelectionEnabled(true);
023     Container cp = getContentPane();
024     cp.add(new JScrollPane(table), BorderLayout.CENTER);
025     JButton button = new JButton("Drucken");
026     button.addActionListener(this);
027     cp.add(button, BorderLayout.SOUTH);
028   }
029
030   public void actionPerformed(ActionEvent event)
031   {
032     tableModel.printData();
033   }
034
035   public static void main(String[] args)
036   {
037     Listing3807 frame = new Listing3807();
038     frame.setLocation(100, 100);
039     frame.setSize(320, 200);
040     frame.setVisible(true);
041   }
042 }
```

Listing 38.7: Eine JTable mit einer Million Zellen (Forts.)

Die Ausgabe des Programms sieht nach einigen Einfügungen so aus:

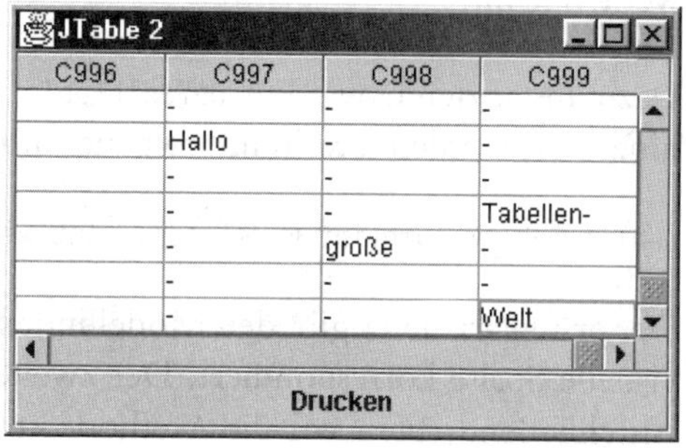

Abbildung 38.6: Eine JTable mit einer Million Zellen

Wenn in diesem Zustand der "Drucken"-Button betätigt wird, gibt das Programm folgende
Liste auf der Konsole aus:

```
At [997,998]: große
At [994,997]: Hallo
At [999,999]: Welt
At [996,999]: Tabellen-
```

38.2.6 Das Spaltenmodell

Neben dem Tabellenmodell, das die Daten der Tabelle enthält, besitzt eine JTable ein weiteres Modell, das für die Eigenschaften der Spalten verantwortlich ist. In unseren bisherigen Beispielen wurde es implizit aus dem Tabellenmodell und den angegebenen Spaltennamen erzeugt. Sollen neben den Namen weitere Eigenschaften der Spalten kontrolliert werden, reicht das nicht aus, und ein eigenes Spaltenmodell muß geschrieben werden.

Das Spaltenmodell einer JTable muß das Interface TableColumnModel aus dem Paket javax.swing.table implementieren und wird bei der Instanzierung einer JTable an deren Konstruktor übergeben. Da die Implementierung eines Spaltenmodells recht aufwendig ist, wurde mit der Klasse DefaultTableColumnModel eine Standard-Implementierung geschaffen, die ohne weitere Ableitung verwendet werden kann. Das zunächst leere Modell stellt Methoden zur Verfügung, mit denen Spaltenobjekte (sie sind vom Typ TableColumn) hinzugefügt oder entfernt werden können:

*javax.
swing.table.
Default-
TableColumn-
Model*

```
public void addColumn(TableColumn aColumn)
public void removeColumn(TableColumn column)
```

Jede an das Modell übergebene Instanz der Klasse TableColumn repräsentiert dabei die Eigenschaften einer einzelnen Tabellenspalte. Mit einer TableColumn können praktisch alle visuellen Eigenschaften der Spalte kontrolliert werden. So kann die Breite ebenso wie die Spaltenposition festgelegt werden, und es können beliebige Komponenten zur Darstellung und zum Editieren der Zellen definiert werden. Wie wollen uns auf ein einfaches Beispiel beschränken und lediglich zeigen, wie die anfängliche Breite der Spalten explizit festgelegt werden kann.

Dazu instanzieren wir ein DefaultTableColumnModel und fügen drei TableColumn-Objekte hinzu. Sie werden jeweils mit folgendem Konstruktor initialisiert:

*javax.swing.
table.Table-
Column*

```
public TableColumn(int modelIndex, int width)
```

Der erste Parameter gibt den Modellindex an, also die Spalte im Tabellenmodell, zu der die visuelle Spalte korrespondiert. Der zweite Parameter gibt die initiale Breite der Spalte an. Anschließend rufen wir die Methode setHeaderValue auf, um die Spaltenbeschriftung zu

JTable

definieren, und fügen die Spalte in das Spaltenmodell ein. Das wiederholen wir für alle drei Spalten und übergeben das Spaltenmodell an den Konstruktor der Tabelle. Da bei Übergabe eines Spaltenmodells auch das Tabellenmodell explizit übergeben werden muß, definieren wir es aus unserem vorhandenen Datenarray durch eine lokale Ableitung der Klasse `AbstractTableModel`:

```java
001 /* Listing3808.java */
002
003 import java.awt.*;
004 import javax.swing.*;
005 import javax.swing.table.*;
006
007 public class Listing3808
008 extends JFrame
009 implements TableData
010 {
011   public Listing3808()
012   {
013     super("JTable 3");
014     addWindowListener(new WindowClosingAdapter(true));
015     //Spaltenmodell erzeugen
016     DefaultTableColumnModel cm = new DefaultTableColumnModel();
017     for (int i = 0; i < COLHEADS.length; ++i) {
018       TableColumn col = new TableColumn(i, i == 2 ? 150 : 60);
019       col.setHeaderValue(COLHEADS[i]);
020       cm.addColumn(col);
021     }
022     //Tabellenmodell erzeugen
023     TableModel tm = new AbstractTableModel() {
024       public int getRowCount()
025       {
026         return DATA.length;
027       }
028       public int getColumnCount()
029       {
030         return DATA[0].length;
031       }
032       public Object getValueAt(int row, int column)
033       {
034         return DATA[row][column];
035       }
036     };
037     //Tabelle erzeugen und ContentPane füllen
038     JTable table = new JTable(tm, cm);
039     Container cp = getContentPane();
040     cp.add(new JLabel("Alte c\'t-Ausgaben:"), BorderLayout.NORTH);
041     cp.add(new JScrollPane(table), BorderLayout.CENTER);
042   }
```

Listing 38.8:
Eine JTable mit einem eigenen Spaltenmodell

Listing 38.8:
Eine JTable mit einem eigenen Spaltenmodell (Forts.)

```
043
044    public static void main(String[] args)
045    {
046        Listing3808 frame = new Listing3808();
047        frame.setLocation(100, 100);
048        frame.setSize(350, 200);
049        frame.setVisible(true);
050    }
051 }
```

Die initialen Spaltenbreiten wurden auf 60 bzw. 150 Zeichen festgelegt, und die Ausgabe des Programms sieht so aus:

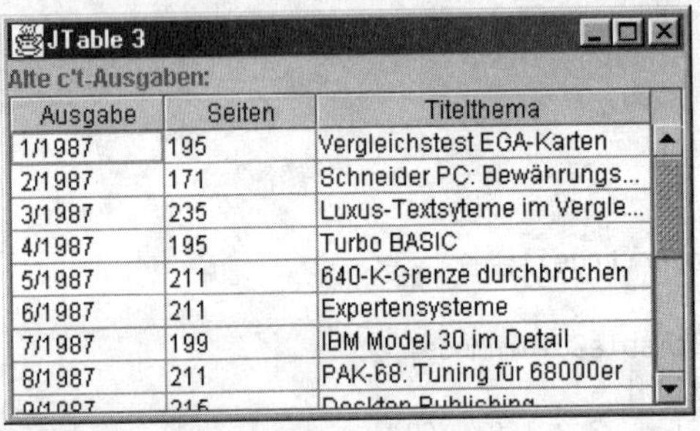

Abbildung 38.7:
Eine JTable mit einem eigenem Spaltenmodell

38.2.7 Rendering der Zellen

Als Rendering bezeichnet man den Vorgang, der dafür sorgt, daß die Zellen auf dem Bildschirm dargestellt werden. Die dafür verantwortlichen Komponenten werden als *Renderer* bezeichnet. Eine JTable besitzt einen Standard-Renderer, auf den mit den Methoden getDefaultRenderer und setDefaultRenderer zugegriffen werden kann:

javax.swing.
JTable

```
public TableCellRenderer getDefaultRenderer(Class columnClass)
public void setDefaultRenderer(Class columnClass, TableCellRenderer renderer)
```

Sofern nicht in den Tabellenspalten ein eigener Renderer bestimmt wird, ist der Standard-Renderer für die Darstellung aller Tabellenelemente zuständig. Er muß das Interface TableCellRenderer implementieren. Es enthält nur eine einzige Methode:

javax.swing.
table.Table-
CellRenderer

```
public Component getTableCellRendererComponent(
    JTable table,
    Object value,
    boolean isSelected,
    boolean hasFocus,
    int row,
    int column
)
```

JTable

Diese arbeitet als Factory-Methode und wird immer dann aufgerufen, wenn zur Darstellung einer Zelle ein Renderer benötigt wird. Mit Hilfe der übergebenen Argumente kann der Renderer bestimmen, für welche Zelle er aktiv werden soll, welchen Inhalt diese hat, und ob sie gerade selektiert ist oder den Fokus hat. Zusätzlich wird die Tabelle selbst übergeben, so daß der Renderer Zugriff auf deren Eigenschaften und Modelle hat.

Standardmäßig wird als Renderer eine Instanz der Klasse `DefaultTableCellRenderer` verwendet. Sie ist eine Ableitung von `JLabel`, mit deren Hilfe Farbe, Font und Hintergrund an das Look-and-Feel der Tabelle und die Erfordernisse der jeweiligen Zelle angepaßt werden. Interessanterweise wird pro Tabelle lediglich eine einzige Instanz erzeugt und zur Darstellung *aller* Zellen verwendet. Dazu wird das Label jeweils an die Position der darzustellenden Tabelle verschoben und dann mit den erforderlichen visuellen Eigenschaften versehen.

Da ein `JLabel` für diese Art von Anwendung eigentlich nicht vorgesehen wurde, muß `DefaultTableCellRenderer` aus Performancegründen (insbesondere im JDK 1.3) einige der Standardmechanismen von Swing-Komponenten deaktivieren oder umdefinieren. Aus diesem Grunde ist das Ableiten einer eigenen Klasse aus `DefaultTableCellRenderer` problematisch. Auch das Verwenden des Standard-Renderers in einer eigenen Renderer-Implementierung (mit dem Ziel, nur die wirklich unterschiedlichen Eigenschaften zu modifizieren) funktioniert nicht ohne weiteres.

Das folgende Beispiel zeigt einen Renderer, dessen Aufgabe darin besteht, die Zellen unserer schon bekannten Tabelle in unterschiedlichen Farben darzustellen. Die Klasse `DefaultTableCellRenderer` wird dazu weder per Ableitung noch per Delegation verwendet.

```
001  /* ColoredTableCellRenderer.java */
002
003  import java.awt.*;
004  import javax.swing.*;
005  import javax.swing.border.*;
006  import javax.swing.table.*;
007
008  public class ColoredTableCellRenderer
009  implements TableCellRenderer
010  {
011    private Color lightBlue = new Color(160, 160, 255);
012    private Color darkBlue  = new Color( 64,  64, 128);
013
014    public Component getTableCellRendererComponent(
015      JTable table,
016      Object value,
017      boolean isSelected,
018      boolean hasFocus,
019      int row,
020      int column
```

Listing 38.9: Ein eigener Zellrenderer

Listing 38.9:
Ein eigener
Zellrenderer
(Forts.)

```java
021     )
022     {
023       //Label erzeugen
024       JLabel label = new JLabel((String)value);
025       label.setOpaque(true);
026       Border b = BorderFactory.createEmptyBorder(1, 1, 1, 1);
027       label.setBorder(b);
028       label.setFont(table.getFont());
029       label.setForeground(table.getForeground());
030       label.setBackground(table.getBackground());
031       if (hasFocus) {
032         label.setBackground(darkBlue);
033         label.setForeground(Color.white);
034       } else if (isSelected) {
035         label.setBackground(lightBlue);
036       } else {
037         //Angezeigte Spalte in Modellspalte umwandeln
038         column = table.convertColumnIndexToModel(column);
039         if (column == 1) {
040           int numpages = Integer.parseInt((String)value);
041           if (numpages >= 250) {
042             label.setBackground(Color.red);
043           } else if (numpages >= 200) {
044             label.setBackground(Color.orange);
045           } else {
046             label.setBackground(Color.yellow);
047           }
048         }
049       }
050       return label;
051     }
052 }
```

`getTableCellRendererComponent` erzeugt bei jedem Aufruf ein neues `JLabel`, dessen Beschriftung dem Zelleninhalt entspricht. Es bekommt einen nicht-transparenten Hintergrund und einen unsichtbaren Rahmen von einem Pixel Breite (damit die Zellen nicht direkt aneinanderstoßen). Anschließend werden Schriftart, Vorder- und Hintergrundfarbe von der Tabelle übernommen.

Ab Zeile 031 beginnt die Definition der Vorder- und Hintergrundfarbe. Hat das Element den Fokus, wird es in dunkelblau auf weiß gezeichnet. Ist es lediglich selektiert, wird der Hintergrund hellblau eingefärbt. Ist beides nicht der Fall, prüft die Methode, ob das darzustellende Element aus der Spalte mit den Seitenzahlen stammt. Dazu ist es zunächst nötig, in Zeile 038 den visuellen Spaltenwert in die korrespondierende Modellspalte umzurechnen (vertauscht der Anwender Spalten, unterscheiden sich beide Werte). Abhängig von der vorgefundenen Seitenzahl wird der Hintergrund dann gelb, orange oder rot dargestellt.

Dieser Renderer kann sehr leicht durch Aufruf von `setDefaultRenderer` in die Tabelle integriert werden:

```
001  /* Listing3810.java */
002
003  import java.awt.*;
004  import javax.swing.*;
005
006  public class Listing3810
007  extends JFrame
008  implements TableData
009  {
010    public Listing3810()
011    {
012      super("JTable 4");
013      addWindowListener(new WindowClosingAdapter(true));
014      JTable table = new JTable(DATA, COLHEADS);
015      table.setDefaultRenderer(
016        Object.class,
017        new ColoredTableCellRenderer()
018      );
019      Container cp = getContentPane();
020      cp.add(new JLabel("Alte c\'t-Ausgaben:"), BorderLayout.NORTH);
021      cp.add(new JScrollPane(table), BorderLayout.CENTER);
022    }
023
024    public static void main(String[] args)
025    {
026      Listing3810 frame = new Listing3810();
027      frame.setLocation(100, 100);
028      frame.setSize(350, 200);
029      frame.setVisible(true);
030    }
031  }
```

Listing 38.10:
Eine Tabelle mit einem eigenen Zellrenderer

Die Ausgabe des Programmes sieht nun so aus:

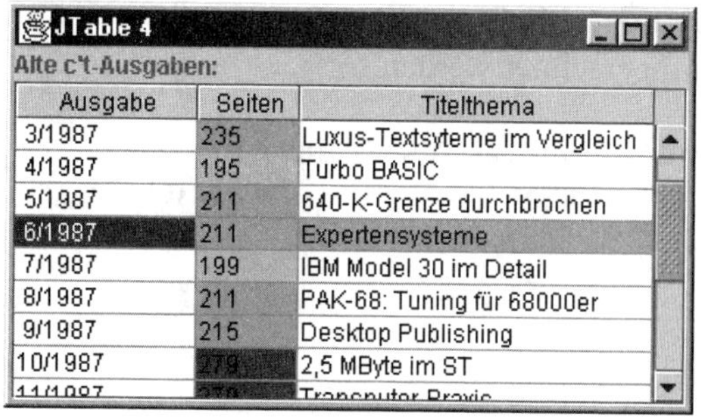

Abbildung 38.8:
Eine Tabelle mit einem eigenen Zellrenderer

Der Renderer erzeugt bei jedem Aufruf von `getTableCellRendererComponent` eine neue Instanz der Klasse `JLabel`. Da das während der Arbeit mit der Tabelle sehr häufig erfolgt (schon das Bewegen des Mauszeigers über der Tabelle löst etliche Aufrufe aus), ist diese Vorgehensweise recht ineffizient und belastet den Garbage Collector. In "echten" Programmen sollte daher mehr Aufwand getrieben werden. So könnten beispielsweise Renderer in einem Cache zwischengespeichert und bei erneutem Bedarf wiederverwendet werden. Oder das Programm könnte eine Technik ähnlich der von `DefaultTableCellRenderer` verwenden und nur eine einzige Instanz erzeugen. Die Lektüre des Quelltextes der Klasse zeigt, wie es gemacht wird.

38.2.8 Reaktion auf Ereignisse

Eine `JTable` generiert eine Vielzahl von Ereignissen, um registrierte Listener über Änderungen des Tabellenzustands zu informieren. Will ein Objekt beispielsweise darüber informiert werden, daß sich die Selektion geändert hat, muß es zwei `ListSelectionListener` registrieren. Einer davon wird auf dem Selektionsmodell registriert, das mit `getSelectionModel` ermittelt werden kann. Da dieser nur Informationen über Änderungen an der Zeilenselektion versendet, muß ein zweiter Listener auf dem Modell für die Spaltenselektion registriert werden. Es kann durch Aufruf von `getColumnModel` beschafft werden, und auf sein Selektionsmodell kann ebenfalls mit `getSelectionModel` zugegriffen werden. Bei jeder Änderung der Selektion wird nun `valueChanged` aufgerufen und kann mit Hilfe der oben erläuterten Methoden herausfinden, welche Zeilen und Spalten selektiert sind.

Die Tabelle informiert auch über Änderungen ihrer Daten. Dazu muß auf dem Tabellenmodell (das mit `getModel` beschafft wird) durch Aufruf von `addTableModelListener` ein `TableModelListener` registriert werden. Bei jeder Änderung des Modells wird dann dessen Methode `tableChanged` aufgerufen.

Schließlich können auch alle in den Vaterklassen von `JTable` definierten Listener registriert werden. Soll beispielsweise auf einen Klick mit der rechten Maustaste reagiert werden, kann durch Aufruf von `addMouseListener` ein `MouseListener` registriert werden. Innerhalb seiner Ereignismethoden kann mit `getX` und `getY` die aktuelle Mausposition abgefragt und mit den Methoden `rowAtPoint` und `columnAtPoint` in Zeilen- und Spaltenwerte der Tabelle umgerechnet werden:

```
javax.swing.    public int rowAtPoint(Point point)
       JTable   public int columnAtPoint(Point point)
```

38.3 JTree

38.3.1 Erzeugen eines Baums

Nach `JTable` ist `JTree` die zweite der "großen" Elementarkomponenten in Swing. Sie dient zur Darstellung, Navigation und Bearbeitung baumartiger, hierarchischer Datenstrukturen.

Ein einfaches Beispiel für derartige Baumstrukturen stellt etwa das Dateisystem unter UNIX oder Windows dar. Es besteht aus einer Wurzel (dem Root-Verzeichnis) und darin enthaltenen Unterverzeichnissen. Die Unterverzeichnisse können ihrerseits weitere Unterverzeichnisse enthalten usw. Dadurch entsteht eine beliebig tief geschachtelte Struktur von Verzeichnissen, die baumartig durchlaufen und bearbeitet werden kann. Andere Beispiele für Baumstrukturen sind die syntaktischen Elemente einer Programmiersprache, die Aufbauorganisation eines Unternehmens oder das Inhaltsverzeichnis in einem Buch.

Im Umgang mit Bäumen haben sich folgende Begriffe eingebürgert:

- Ein Element des Baums wird als *Knoten* bezeichnet.
- Die in einem Knoten enthaltenen Elemente bezeichnet man als *Unterknoten*, manchmal auch als *Kindknoten*.
- Das übergeordnete Element eines Knotens bezeichnet man als *Vaterknoten*, manchmal auch als *Elternknoten*.
- Das Startelement des Baums wird *Wurzel* genannt.
- Knoten, die keine Unterknoten haben, werden als *Blätter* bezeichnet.
- Knoten, die sowohl Vater- als auch Unterknoten enthalten, bezeichnet man als *innere Knoten*.

Der eigentliche Aufwand beim Erzeugen eines Baums liegt im Aufbau eines passenden Datenmodells, das seiner Struktur nach meist ebenfalls hierarchisch ist. Das Instanzieren des `JTree` ist dann vergleichsweise einfach. Die beiden wichtigsten Konstruktoren der Klasse `JTree` sind:

```
public JTree(TreeModel newModel)
public JTree(TreeNode root)
```
`javax.swing.JTree`

Der erste von beiden erwartet ein vordefiniertes `TreeModel` zur Darstellung der Elemente des Baums. Ein `TreeModel` kapselt alle relevanten Informationen über die Struktur des Baums. Es liefert auf Anfrage dessen Wurzel, stellt Informationen über einen bestimmten Knoten zur Verfügung oder liefert dessen Unterknoten.

An den zweiten Konstruktor wird lediglich die Wurzel des Baums übergeben. Sie wird vom Konstruktor automatisch in ein geeignetes `TreeModel` eingebettet. Beide Varianten sind prinzipiell gleichwertig. Zwar erfragt der `JTree` die zur Darstellung und Navigation erforderlichen Daten immer beim `TreeModel`. Aber das mit der Baumwurzel des zweiten Konstruktors instanzierte `DefaultTreeModel` ist in der Lage, diese Informationen aus den Knoten und den darin gespeicherten Verweisen auf ihre Unterknoten zu entnehmen (alle nötigen Informationen werden in den `TreeNodes` selbst gehalten). Wir werden später auf beide Arten, Bäume zu konstruieren, noch genauer eingehen.

Ein `JTree` besitzt nicht so viele Konfigurationsoptionen wie eine `JTable`. Die wichtigste von ihnen regelt, ob die Wurzel des Baums bei seiner Darstellung angezeigt oder unterdrückt werden soll. Auf sie kann mit den Methoden `setRootVisible` und `isRootVisible` zugegriffen werden:

```
javax.swing.    public void setRootVisible(boolean rootVisible)
        JTree    public boolean isRootVisible()
```

Wir wollen uns zunächst ein einfaches Beispiel ansehen. Das folgende Programm erzeugt eine rekursive Baumstruktur mit Wurzel und zwei Unterebenen, deren Knoten aus Objekten des Typs `DefaultMutableTreeNode` bestehen. Diese im Paket `javax.swing.tree` gelegene Klasse ist eine Standardimplementierung des `TreeNode`-Interfaces, das beschreibt, wie ein Knoten Informationen über seine Unter- und Vaterknoten zur Verfügung stellen kann. Die vier wichtigsten Methoden von `TreeNode` sind:

```
javax.swing.    public int getChildCount()
       tree.    public TreeNode getChildAt(int childIndex)
    TreeNode
                public TreeNode getParent()

                public boolean isLeaf()
```

Mit `getChildCount` kann die Anzahl der Unterknoten ermittelt werden. Sie werden von 0 an durchnumeriert, `getChildAt` liefert einen beliebigen Unterknoten. Ein Knoten kennt seinen Vaterknoten, der mit `getParent` ermittelt werden kann. Mit `isLeaf` kann zudem abgefragt werden, ob ein Knoten ein Blatt ist oder weitere Unterknoten enthält. Zur Beschriftung des Knotens bei der visuellen Darstellung verwendet ein `JTree` die Methode `toString` der Knotenklasse.

Mit `DefaultMutableTreeNode` steht eine recht flexible Implementierung von `TreeNode` zur Verfügung, die auch Methoden zum Einfügen und Löschen von Knoten bietet (sie implementiert übrigens das aus `TreeNode` abgeleitete Interface `MutableTreeNode`):

```
public DefaultMutableTreeNode(Object userObject)

public void add(MutableTreeNode newChild)
public void insert(MutableTreeNode newChild, int childIndex)
public void remove(int childIndex)
public void removeAllChildren()

public void setUserObject(Object userObject)
public Object getUserObject()
```

`javax.swing.`
`tree.Default`
`Mutable-`
`TreeNode`

Mit `add` wird ein neuer Kindknoten an das Ende der Liste der Unterknoten angefügt, mit `insert` kann dies an einer beliebigen Stelle erfolgen. `remove` entfernt einen beliebigen und `removeAllChildren` alle Kindknoten. Anwendungsbezogene Informationen werden in einem *UserObject* gehalten, das direkt an den Konstruktor übergeben werden kann. Mit `setUserObject` und `getUserObject` kann auch nach der Konstruktion noch darauf zugegriffen werden. Das UserObject ist auch der Lieferant für die Knotenbeschriftung: jeder Aufruf von `toString` wird an das UserObject weitergeleitet.

`DefaultMutableTreeNode` stellt noch weitaus mehr als die hier beschriebenen Methoden zur Verfügung. Die Klasse ist sehr vielseitig und kann auch unabhängig von der Verwendung in einem JTree zum Aufbau und zur Verarbeitung baumartiger Datenstrukturen verwendet werden.

Das folgende Programm erzeugt eine Wurzel mit fünf Unterknoten, die jeweils drei weitere Unterknoten enthalten. Anschließend wird der Wurzelknoten an den Konstruktor eines JTree übergeben und dieser durch Einbetten in eine JScrollPane (um automatisches Scrollen zu ermöglichen) in einem JFrame plaziert.

```
001 /* Listing3811.java */
002
003 import java.awt.*;
004 import java.awt.event.*;
005 import javax.swing.*;
006 import javax.swing.tree.*;
007
008 public class Listing3811
009 extends JFrame
010 {
011   public Listing3811()
012   {
013     super("JTree 1");
014     addWindowListener(new WindowClosingAdapter(true));
015     //Einfaches TreeModel bauen
016     DefaultMutableTreeNode root, child, subchild;
017     root = new DefaultMutableTreeNode("Root");
018     for (int i = 1; i <= 5; ++i) {
```

Listing 38.11:
Ein einfacher
JTree

Listing 38.11:
Ein einfacher
JTree
(Forts.)

```
019      String name = "Child-" + i;
020      child = new DefaultMutableTreeNode(name);
021      root.add(child);
022      for (int j = 1; j <= 3; ++j) {
023        subchild = new DefaultMutableTreeNode(name + "-" + j);
024        child.add(subchild);
025      }
026    }
027    //JTree erzeugen
028    JTree tree = new JTree(root);
029    tree.setRootVisible(true);
030    //JTree einfügen
031    Container cp = getContentPane();
032    cp.add(new JScrollPane(tree), BorderLayout.CENTER);
033  }
034
035  public static void main(String[] args)
036  {
037    Listing3811 frame = new Listing3811();
038    frame.setLocation(100, 100);
039    frame.setSize(250, 200);
040    frame.setVisible(true);
041  }
042 }
```

Mit aufgeklapptem zweiten und vierten Knoten sieht das Programm wie in Abbildung 38.9 dargestellt aus. Auf der linken Seite wird der Baum im Metal-, auf der rechten im Windows-Look-and-Feel gezeigt.

Abbildung 38.9:
Ein einfacher
JTree im Metal-
und Windows-
Look-and-Feel

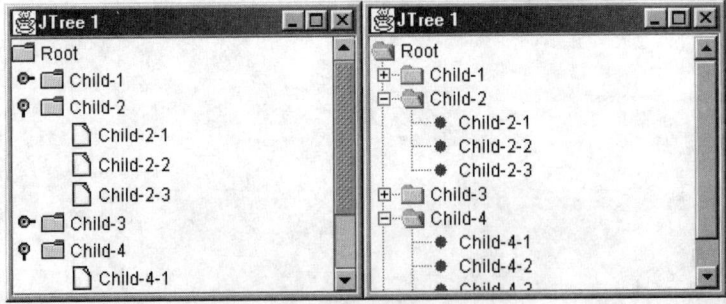

38.3.2 Selektieren von Knoten

Konfiguration der Selektionsmöglichkeit

Das Selektieren von Knoten wird durch das `TreeSelectionModel` gesteuert, auf das mit Hilfe der Methoden `setSelectionModel` und `getSelectionModel` zugegriffen werden kann:

```
public void setSelectionModel(TreeSelectionModel selectionModel)
public TreeSelectionModel getSelectionModel()
```
javax.swing. JTree

Standardmäßig erlaubt ein `JTree` das Selektieren mehrerer Knoten. Soll die Selektionsmöglichkeit auf einen einzelnen Knoten beschränkt werden, muß ein eigenes `TreeSelectionModel` an `setSelectionModel` übergeben werden. Dazu kann eine Instanz der Klasse `DefaultTreeSelectionModel` erzeugt und durch Aufruf von `setSelectionMode` und Übergabe einer der Konstanten `SINGLE_TREE_SELECTION`, `CONTIGUOUS_TREE_SELECTION` oder `DISCONTIGUOUS_TREE_SELECTION` konfiguriert werden:

```
public void setSelectionMode(int mode)
```
javax.swing. tree.Default TreeSelectionModel

Abfragen der Selektion

`JTree` stellt eine Reihe von Methoden zur Verfügung, mit denen abgefragt werden kann, ob und welche Knoten selektiert sind. Die wichtigsten von ihnen sind:

```
public TreePath getSelectionPath()
public TreePath[] getSelectionPaths()

public TreePath getLeadSelectionPath()
```
javax.swing. JTree

Mit `getSelectionPath` wird das selektierte Element ermittelt. Bei aktivierter Mehrfachselektion liefert die Methode das erste aller selektierten Elemente. Ist kein Knoten selektiert, wird `null` zurückgegeben. `getSelectionPaths` gibt ein Array mit allen selektierten Knoten zurück. `getLeadSelectionPath` liefert das markierte Element.

Alle beschriebenen Methoden liefern Objekte des Typs `TreePath`. Diese Klasse beschreibt einen Knoten im Baum über den Pfad, der von der Wurzel aus beschritten werden muß, um zu dem Knoten zu gelangen. Mit `getLastPathComponent` kann das letzte Element dieses Pfads bestimmt werden. In unserem Fall ist das gerade der selektierte Knoten. Mit `getPath` kann der komplette Pfad ermittelt werden. An erster Stelle liegt dabei die Wurzel des Baums, an letzter Stelle das selektierte Element:

```
public Object getLastPathComponent()
public Object[] getPath()
```
javax.swing. tree.TreePath

Soll ermittelt werden, ob und welche Elemente im Baum selektiert sind, können die Methoden `isSelectionEmpty` und `isPathSelected` aufgerufen werden:

```
public boolean isSelectionEmpty()
public boolean isPathSelected(TreePath path)
```
javax.swing. JTree

> Alternativ zum `TreePath` kann auf die selektierten Elemente auch mit Hilfe ihrer internen Zeilennummer zugriffen werden. Dazu besitzt jedes *angezeigte* Element im Baum eine fortlaufende Nummer, die mit 0 bei der Wurzel beginnt und sich dann zeilenweise bis zum letzten Element fortsetzt. Die zugehörigen Methoden heißen `getSelectionRows` und `getLeadSelectionRow`. Abhängig davon, wie viele Knoten oberhalb eines bestimmten Knotens sichtbar oder verdeckt sind, kann sich die Zeilennummer während der Lebensdauer des Baums durchaus verändern, und es gibt Methoden, um zwischen Knotenpfaden und Zeilennummern zu konvertieren. Wir wollen auf dieses Konzept nicht weiter eingehen.

Dient der `JTree` zur Steuerung anderer Komponenten (etwa in explorerartigen Oberflächen), muß das Programm meist unmittelbar auf Änderungen der Selektion durch den Anwender reagieren. Dazu kann es einen `TreeSelectionListener` instanzieren und ihn mit `addTreeSelectionListener` beim `JTree` registrieren. Bei jeder Selektionsänderung wird dann die Methode `valueChanged` aufgerufen und bekommt ein `TreeSelectionEvent` als Argument übergeben:

javax.swing.event.TreeSelectionListener
```
public void valueChanged(TreeSelectionEvent event)
```

Dieses stellt unter anderem die Methoden `getOldLeadSelectionPath` und `getNewLeadSelectionPath` zur Verfügung, um auf den vorherigen oder aktuellen Selektionspfad zuzugreifen:

javax.swing.event.TreeSelectionEvent
```
public TreePath getOldLeadSelectionPath()
public TreePath getNewLeadSelectionPath()
```

Das folgende Programm erweitert Listing 38.11 auf Seite 873 um die Fähigkeit, das selektierte Element auf der Konsole auszugeben. Dazu definiert es ein `TreeSelectionModel` für Einfachselektion und fügt einen `TreeSelectionListener` hinzu, der jede Selektionsänderung dokumentiert:

Listing 38.12: Ein JTree mit TreeSelectionListener

```
001 /* Listing3812.java */
002
003 import java.awt.*;
004 import java.awt.event.*;
005 import javax.swing.*;
006 import javax.swing.event.*;
007 import javax.swing.tree.*;
008
009 public class Listing3812
010 extends JFrame
011 {
012   public Listing3812()
013   {
014     super("JTree 2");
015     addWindowListener(new WindowClosingAdapter(true));
```

```
016    //Einfaches TreeModel bauen
017    DefaultMutableTreeNode root, child, subchild;
018    root = new DefaultMutableTreeNode("Root");
019    for (int i = 1; i <= 5; ++i) {
020      String name = "Child-" + i;
021      child = new DefaultMutableTreeNode(name);
022      root.add(child);
023      for (int j = 1; j <= 3; ++j) {
024        subchild = new DefaultMutableTreeNode(name + "-" + j);
025        child.add(subchild);
026      }
027    }
028    //JTree erzeugen und Einfachselektion aktivieren
029    JTree tree = new JTree(root);
030    TreeSelectionModel tsm = new DefaultTreeSelectionModel();
031    tsm.setSelectionMode(TreeSelectionModel.SINGLE_TREE_SELECTION);
032    tree.setSelectionModel(tsm);
033    tree.setRootVisible(true);
034    //JTree einfügen
035    Container cp = getContentPane();
036    cp.add(new JScrollPane(tree), BorderLayout.CENTER);
037    //TreeSelectionListener hinzufügen
038    tree.addTreeSelectionListener(
039      new TreeSelectionListener()
040      {
041        public void valueChanged(TreeSelectionEvent event)
042        {
043          TreePath tp = event.getNewLeadSelectionPath();
044          if (tp != null) {
045            System.out.println("  Selektiert: " + tp.toString());
046          } else {
047            System.out.println("  Kein Element selektiert");
048          }
049        }
050      }
051    );
052  }
053
054  public static void main(String[] args)
055  {
056    try {
057      Listing3812 frame = new Listing3812();
058      frame.setLocation(100, 100);
059      frame.setSize(250, 200);
060      frame.setVisible(true);
061    } catch (Exception e) {
062    }
063  }
064 }
```

Listing 38.12:
Ein JTree mit
TreeSelection-
Listener
(Forts.)

Verändern der Selektion

Die Selektion kann auch programmgesteuert verändert werden:

javax.swing.
JTree
```
public void clearSelection()

public void addSelectionPath(TreePath path)
public void addSelectionPaths(TreePath[] paths)

public void setSelectionPath(TreePath path)
public void setSelectionPaths(TreePath[] paths)
```

Mit `clearSelection` wird die Selektion vollständig gelöscht. Mit `addSelectionPath` und `addSelectionPaths` kann die Selektion um ein einzelnes oder eine Menge von Knoten erweitert werden. Mit `setSelectionPath` und `setSelectionPaths` werden – unabhängig von der bisherigen Selektion – die als Argument übergebenen Knoten selektiert.

38.3.3 Öffnen und Schließen der Knoten

Der Anwender kann die Knoten mit Maus- oder Tastaturkommandos öffnen oder schließen. Dadurch werden die Unterknoten entweder sichtbar oder versteckt. Das Programm kann diesen Zustand mit den Methoden `isCollapsed` und `isExpanded` abfragen:

javax.swing.
JTree
```
public boolean isExpanded(TreePath path)
public boolean isCollapsed(TreePath path)

public boolean hasBeenExpanded(TreePath path)

public boolean isVisible(TreePath path)
public void makeVisible(TreePath path)

public void expandPath(TreePath path)
public void collapsePath(TreePath path)
```

`isExpanded` liefert `true`, wenn der Knoten geöffnet ist, `isCollapsed`, wenn er geschlossen ist. `hasBeenExpanded` gibt an, ob der Knoten überhaupt schon einmal geöffnet wurde. `isVisible` gibt genau dann `true` zurück, wenn der Knoten sichtbar ist, d.h. wenn alle seine Elternknoten geöffnet sind. Mit `makeVisible` kann ein Knoten sichtbar gemacht werden. Mit `expandPath` kann er geöffnet und mit `collapsePath` geschlossen werden.

38.3.4 Verändern der Baumstruktur

Es ist ohne weiteres möglich, den Inhalt und die Struktur des Baums nach dem Anlegen des `JTree` zu ändern. Es können neue Knoten eingefügt, bestehende entfernt oder vorhandene modifiziert werden. Wird die Klasse `DefaultMutableTreeNode` als Knotenklasse verwendet, reicht es allerdings nicht aus, einfach die entsprechenden Methoden zum Ändern, Einfügen oder Löschen auf den betroffenen Knoten aufzurufen. In diesem Fall würde zwar die Änderung im Datenmodell durchgeführt werden, aber die Bildschirmdarstellung würde sich nicht verändern.

Änderungen im Baum müssen immer über das Modell ausgeführt werden, denn nur dort ist der `JTree` standardmäßig als `TreeModelListener` registriert und wird über Änderungen unterrichtet. Werden diese dagegen direkt auf den Knoten ausgeführt, bleiben sie dem Modell verborgen und die Anzeige wird inkonsistent.

Für einfache Änderungen reicht es aus, eine Instanz der Klasse `DefaultTreeModel` als `TreeModel` zu verwenden. Sie wird durch Übergabe des Wurzelknotens instanziiert und stellt eine Vielzahl von Methoden zum Einfügen, Löschen und Ändern der Knoten zur Verfügung. Alle Änderungen werden durch Versenden eines `TreeModelEvent` automatisch an alle registrierten `TreeModelListener` weitergegeben und führen dort zu entsprechenden Aktualisierungen der Bildschirmdarstellung.

Die zum Ändern des Modells benötigten Methoden von `DefaultTreeModel` sind:

```
public void insertNodeInto(
  MutableTreeNode newChild,
  MutableTreeNode parent,
  int index
)
```
javax.swing. tree.Default TreeModel

```
public void removeNodeFromParent(MutableTreeNode node)
```

```
public void nodeChanged(TreeNode node)
```

```
public TreeNode[] getPathToRoot(TreeNode aNode)
```

Mit `insertNodeInto` wird ein neuer Kindknoten an einer beliebigen Position zu einem Elternknoten hinzugefügt. Mit `removeNodeFromParent` wird ein beliebiger Knoten aus dem Baum entfernt (er darf auch Unterknoten enthalten), und `nodeChanged` sollte aufgerufen werden, wenn der Inhalt eines Knotens sich so geändert hat, daß seine Bildschirmdarstellung erneuert werden muß. `getPathToRoot` schließlich ist eine nützliche Hilfsmethode, mit der das zur Konstruktion eines `TreePath`-Objekts erforderliche Knoten-Array auf einfache Weise erstellt werden kann.

Das folgende Programm zeigt einen Baum, der zunächst nur den Wurzelknoten enthält. Dieser ist vom Typ `DefaultMutableTreeNode` und wird in ein explizit erzeugtes `DefaultTreeModel` eingebettet, daß an den Konstruktor des `JTree` übergeben wird. Neben dem `JTree` enthält das Programm drei Buttons, mit denen ein neuer Knoten eingefügt sowie ein vorhandener gelöscht oder seine Beschriftung geändert werden kann.

Kapitel 38   **Swing: Komponenten II**

Listing 38.13:
Einfügen,
Ändern und
Löschen in
einem Baum

```java
001 /* Listing3813.java */
002
003 import java.awt.*;
004 import java.awt.event.*;
005 import javax.swing.*;
006 import javax.swing.event.*;
007 import javax.swing.tree.*;
008
009 public class Listing3813
010 extends JFrame
011 implements ActionListener
012 {
013   protected DefaultMutableTreeNode root;
014   protected DefaultTreeModel       treeModel;
015   protected JTree                  tree;
016
017   public Listing3813()
018   {
019     super("JTree 3");
020     addWindowListener(new WindowClosingAdapter(true));
021     //JTree erzeugen und Einfachselektion aktivieren
022     root = new DefaultMutableTreeNode("Root");
023     treeModel = new DefaultTreeModel(root);
024     tree = new JTree(treeModel);
025     TreeSelectionModel tsm = new DefaultTreeSelectionModel();
026     tsm.setSelectionMode(TreeSelectionModel.SINGLE_TREE_SELECTION);
027     tree.setSelectionModel(tsm);
028     tree.setRootVisible(true);
029     //JTree einfügen
030     Container cp = getContentPane();
031     cp.add(new JScrollPane(tree), BorderLayout.CENTER);
032     //ButtonPanel
033     JPanel panel = new JPanel(new FlowLayout());
034     String[] buttons = new String[]{"AddChild", "Delete", "Change"};
035     for (int i = 0; i < buttons.length; ++i) {
036       JButton button = new JButton(buttons[i]);
037       button.addActionListener(this);
038       panel.add(button);
039     }
040     cp.add(panel, BorderLayout.SOUTH);
041   }
042
043   public void actionPerformed(ActionEvent event)
044   {
045     String cmd = event.getActionCommand();
046     TreePath tp = tree.getLeadSelectionPath();
047     if (tp != null) {
048       DefaultMutableTreeNode node;
049       node = (DefaultMutableTreeNode)tp.getLastPathComponent();
```

```
050       if (cmd.equals("AddChild")) {
051         DefaultMutableTreeNode child;
052         child = new DefaultMutableTreeNode("child");
053         treeModel.insertNodeInto(child, node, node.getChildCount());
054         TreeNode[] path = treeModel.getPathToRoot(node);
055         tree.expandPath(new TreePath(path));
056       } else if (cmd.equals("Delete")) {
057         if (node != root) {
058           TreeNode parent = node.getParent();
059           TreeNode[] path = treeModel.getPathToRoot(parent);
060           treeModel.removeNodeFromParent(node);
061           tree.setSelectionPath(new TreePath(path));
062         }
063       } else if (cmd.equals("Change")) {
064         String name = node.toString();
065         node.setUserObject(name + "C");
066         treeModel.nodeChanged(node);
067       }
068     }
069   }
070
071   public static void main(String[] args)
072   {
073     try {
074       String plaf = "com.sun.java.swing.plaf.windows.WindowsLookAndFeel";
075       UIManager.setLookAndFeel(plaf);
076       Listing3813 frame = new Listing3813();
077       frame.setLocation(100, 100);
078       frame.setSize(300, 300);
079       frame.setVisible(true);
080     } catch (Exception e) {
081     }
082   }
083 }
```

Listing 38.13: Einfügen, Ändern und Löschen in einem Baum (Forts.)

Alle Button-Aktionen werden in `actionPerformed` ausgeführt. Darin wird zunächst das Action-Kommando abgefragt und dann in Zeile 046 der Pfad des selektierten Elements bestimmt. Ist dieser nicht leer, werden die Kommandos wie folgt ausgeführt:

▶ Bei "AddChild" wird zunächst ein neuer Kindknoten erzeugt und in Zeile 053 als letztes Element an den selektierten Knoten angehängt. Anschließend wird der selektierte Knoten expandiert, um die Änderung für den Anwender sichtbar zu machen.

▶ Bei "Delete" wird zunächst geprüft, ob der zu löschende Knoten die Wurzel ist. Ist das nicht der Fall, wird zunächst ein Pfad zum Vaterknoten beschafft und dann in Zeile 060 der selektierte Knoten gelöscht. Anschließend wird der Vaterknoten selektiert, um auch nach der Löschung eine definierte Selektion zu haben.

▶ Bei "Change" wird lediglich das bisherige UserObject durch einen String mit einem angehängten "C" ersetzt und in Zeile 066 nodeChanged aufgerufen, um dem JTree mitzuteilen, daß der Knoten neu dargestellt werden soll.

Nach einigen Einfügungen, Änderungen und Löschungen sieht die Programmausgabe beispielsweise so aus:

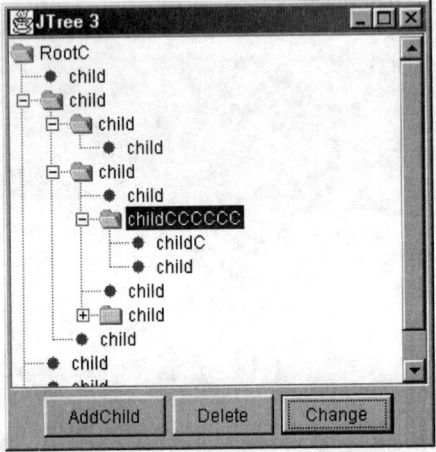

Abbildung 38.10: Ein veränderbarer JTree

38.4 Zusammenfassung

In diesem Kapitel wurden folgende Themen behandelt:

▶ Erzeugen von Fenstern mit verschiebbarem Inhalt mit der Klasse JScrollPane

▶ Aufteilen von Fenstern mit der Klasse JSplitPane

▶ Registerkartendialoge mit der Klasse JTabbedPane

▶ Erzeugen von tabellarischen Darstellungen mit der Klasse JTable

▶ Konfigurationsoptionen von JTable

▶ Selektieren von Tabellenelementen und Abfragen der Selektion

▶ Editieren von Tabellenelementen

▶ Entwurf eigener Tabellenmodelle

▶ Verwendung eines eigenen Spaltenmodells

▶ Entwicklung eines eigenen TableCellRenderer

▶ Reaktion auf JTable-Ereignisse

Zusammenfassung

- Erzeugen von baumartigen Darstellungen mit der Klasse `JTree`
- Bedeutung und Umgang mit den Klassen `TreeModel` und `TreeNode` und den daraus abgeleiteten Klassen
- Konfigurationsoptionen von `JTree`
- Selektieren von Knoten und Abfragen der Selektion
- Umgang mit der Klasse `TreePath`
- Öffnen und Schließen von Knoten
- Durchführen von Einfügungen, Änderungen und Löschungen im Baum mit Hilfe eines eigenen `DefaultTreeModel`

Teil VII
Applets

39 Applets I

39.1 Die Architektur eines Applets

39.1.1 Grundlagen

Für viele Leser, die Java lernen wollen, steht die Entwicklung von Applets im Vordergrund und ist der Hauptgrund für die Beschäftigung mit der Sprache. In letzter Zeit ist allerdings ein Trend zu beobachten, bei dem Java zunehmend auch als Sprache für die Anwendungsentwicklung an Bedeutung gewinnt. Daß man mit Java auch Web-Pages verschönern kann, ist dabei ein angenehmer Nebeneffekt.

Tatsächlich unterscheiden sich Applets und Applikationen gar nicht so stark voneinander, wie man vermuten könnte. Bis auf wenige Ausnahmen werden sie mit denselben Werkzeugen und Techniken konstruiert. Vereinfacht kann man sagen, daß Java-Applikationen eigenständige Programme sind, die zur Ausführung den Stand-Alone-Java-Interpreter benötigen, während Java-Applets aus HTML-Seiten heraus aufgerufen werden und zur Ausführung einen Web-Browser benötigen.

Die wichtigsten Unterschiede kann man in einer kurzen Liste zusammenfassen:

▶ Das Hauptprogramm eines Applets wird immer aus der Klasse `Applet` abgeleitet. Bei einer Applikation ist es prinzipiell gleichgültig, woraus die Hauptklasse abgeleitet wird.

▶ Eine Applikation wird gestartet, indem vom Java-Interpreter die Klassenmethode `main` aufgerufen wird. Das Starten eines Applets wird dadurch erreicht, daß der Web-Browser die Applet-Klasse instanziert und die Methoden `init` und `start` aufruft.

▶ Aus Sicherheitsgründen darf ein Applet in der Regel weder auf Dateien des lokalen Rechners zugreifen noch externe Programme auf diesem starten. Eine Ausnahme bilden *signierte Applets*. Für eine Applikation gelten diese Beschränkungen nicht.

▶ Ein Applet arbeitet immer grafik- und ereignisorientiert. Bei einer Applikation dagegen ist es möglich, auf die Verwendung des AWT zu verzichten und alle Ein-/Ausgaben textorientiert zu erledigen.

▶ Applets bieten einige zusätzliche Möglichkeiten im Bereich des Benutzerschnittstellen-Designs, die so bei Applikationen nicht ohne weiteres zu finden sind. Die Ausgabe von Sound beispielsweise ist standardmäßig auf Applets beschränkt.

Dieses Kapitel erklärt die Grundlagen der Applet-Programmierung und erläutert die Einbindung von Applets in HTML-Dokumente. Es baut dabei auf vielen der in den Kapiteln 23 auf Seite 497 bis 34 auf Seite 717 des Buches vermittelten AWT-Features auf, ohne deren Kenntnis die Applet-Programmierung kaum möglich wäre.

39.1.2 Die Klasse java.awt.Applet

Wie schon erwähnt, wird das Hauptprogramm eines Applets aus der Klasse Applet des Pakets java.applet abgeleitet. Applet ist nun aber keine der abstrakten Basisklassen der Java-Klassenbibliothek, wie man es vielleicht erwarten würde, sondern eine konkrete Grafikklasse am Ende der Klassenhierarchie. Applet ist aus der Klasse Panel abgeleitet, diese aus Container und Container aus Component. Abbildung 39.1 stellt die Ableitungshierarchie schematisch dar:

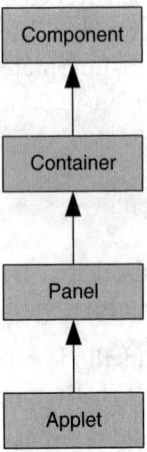

Abbildung 39.1: Ableitungsbaum der Applet-Klasse

Ein Applet ist also ein rechteckiges Bildschirmelement, das eine Größe und Position hat, Ereignisse empfangen kann und in der Lage ist, grafische Ausgaben vorzunehmen. Tatsächlich kommt dies dem Anspruch eines Applets, ein eigenständiges Programm zu sein, das innerhalb eines fensterartigen Ausschnitts in einem grafikfähigen Web-Browser läuft, sehr entgegen. Durch die Vererbungshierarchie erbt ein Applet bereits von seinen Vaterklassen einen großen Teil der Fähigkeiten, die es zur Ausführung benötigt. Die über die Fähigkeiten von Container, Component und Panel hinaus erforderliche Funktionalität, die benötigt wird, um ein Objekt der Klasse Applet als Hauptmodul eines eigenständigen Programms laufen zu lassen, wird von der Klasse Applet selbst zur Verfügung gestellt.

39.1.3 Initialisierung und Endebehandlung

Die Kommunikation zwischen einem Applet und seinem Browser läuft auf verschiedenen Ebenen ab. Nach dem Laden wird das Applet zunächst *instanziert* und dann *initialisiert*. Anschließend wird es gestartet, erhält GUI-Events und wird irgendwann wieder gestoppt. Schließlich wird das Applet vom Browser nicht mehr benötigt und zerstört.

Zu jedem dieser Schritte gibt es eine korrespondierende Methode, die vor dem entsprechenden Statuswechsel aufgerufen wird. Die aus Applet abgeleitete Klasse ist dafür verantwortlich, diese Methoden zu überlagern und mit der erforderlichen Funktionalität auszustatten.

Instanzierung des Applets

Bevor ein Applet aktiv werden kann, muß der Browser zunächst ein Objekt der abgeleiteten Applet-Klasse instanzieren. Hierzu ruft er den parameterlosen Default-Konstruktor der Klasse auf:

`public Applet()`   java.applet.Applet

Üblicherweise wird dieser in der abgeleiteten Klasse nicht überlagert, sondern von Applet geerbt. Notwendige Initialisierungen von Membervariablen werden später erledigt.

Initialisierung des Applets

Nach der Instanzierung ruft der Browser die Methode init auf, um dem Applet die Möglichkeit zu geben, Initialisierungen vorzunehmen:

`public void init()`   java.applet.Applet

> init wird während der Lebensdauer eines Applets *genau einmal* aufgerufen, nachdem die Klassendatei geladen und das Applet instanziert wurde. Innerhalb von init können Membervariablen initialisiert, Images oder Fonts geladen oder Parameter ausgewertet werden.

Starten des Applets

Nachdem die Initialisierung abgeschlossen ist, wird die Methode start aufgerufen, um die Ausführung des Applets zu starten:

`public void start()`   java.applet.Applet

> Im Gegensatz zur Initialisierung kann das Starten eines Applets mehrfach erfolgen. Wenn der Browser eine andere Web-Seite lädt, wird das Applet nicht komplett zerstört, sondern lediglich gestoppt (siehe nächsten Abschnitt). Bei erneutem Aufruf der Seite wird es dann wieder gestartet und die Methode start erneut aufgerufen.

Stoppen des Applets

Durch Aufrufen der Methode stop zeigt der Browser dem Applet an, daß es gestoppt werden soll:

java.applet.Applet
```
public void stop()
```

Wie erwähnt, geschieht dies immer dann, wenn eine andere Seite geladen wird. Während der Lebensdauer eines Applets können die Methoden start und stop also mehrfach aufgerufen werden. Keinesfalls darf ein Applet also innerhalb von stop irgendwelche endgültigen Aufräumarbeiten durchführen und Ressourcen entfernen, die es bei einem nachträglichen Neustart wieder benötigen würde.

Zerstören des Applets

Wenn ein Applet ganz bestimmt nicht mehr gebraucht wird (z.B. weil der Browser beendet wird), ruft der Browser die Methode destroy auf:

java.applet.Applet
```
public void destroy()
```

Diese kann überlagert werden, um Aufräumarbeiten zu erledigen, die erforderlich sind, wenn das Applet nicht mehr verwendet wird. Eine typische Anwendung von destroy besteht beispielsweise darin, einen Thread zu zerstören, der bei der Initialisierung eines Applets angelegt wurde.

39.1.4 Weitere Methoden der Klasse Applet

Methoden zum Nachrichtentransfer

Neben diesen vier speziellen Methoden kann ein Applet alle Nachrichten erhalten, die an ein Component-Objekt versendet werden. Hierzu zählen Mouse-, MouseMotion-, Key-, Focus- und Component-Events ebenso wie die Aufforderung an das Applet, seine Client-Area neu zu zeichnen. Bezüglich Reaktion auf die Events und die Registrierung und Programmierung geeigneter Listener-Klassen verhält sich ein Applet genauso wie jedes andere Fenster. In Kapitel 28 auf Seite 575 und Kapitel 29 auf Seite 597 wurden die möglichen Ereignisse und die Reaktion des Programms darauf vorgestellt.

Die Architektur eines Applets — Kapitel 39

showStatus

Mit der Methode `showStatus` kann das Applet einen Text in die Statuszeile des HTML-Browsers schreiben, der das Applet ausführt:

`public void showStatus(String msg)`

java.applet.Applet

Das folgende Beispiel zeigt ein sehr einfaches Applet, das den Text »Hello, world« auf dem Bildschirm ausgibt und in die Statuszeile des Browsers schreibt:

```
001 /* Listing3901.java */
002
003 import java.awt.*;
004 import java.applet.*;
005
006 public class Listing3901
007 extends Applet
008 {
009   public void paint(Graphics g)
010   {
011     showStatus("Hello, world");
012     g.drawString("Hello, world",10,50);
013   }
014 }
```

Listing 39.1: Ein einfaches Applet

getParameterInfo

Die Klasse `Applet` besitzt eine Methode `getParameterInfo`, die in abgeleiteten Klassen überlagert werden sollte:

`public String[][] getParameterInfo()`

java.applet.Applet

`getParameterInfo` kann vom Browser aufgerufen werden, um Informationen über die vom Applet akzeptierten Parameter zu erhalten. Der Rückgabewert von `getParameterInfo` ist ein zweidimensionales Array von Strings. Jedes Element des Arrays beschreibt einen Parameter des Applets durch ein Subarray mit drei Elementen. Das erste Element gibt den Namen des Parameters an, das zweite seinen Typ und das dritte eine textuelle Beschreibung des Parameters. Die Informationen sollten so gestaltet sein, daß sie für *menschliche* Benutzer verständlich sind; eine programmgesteuerte Verwendung ist eigentlich nicht vorgesehen.

Das nachfolgende Listing zeigt eine beispielhafte Implementierung der Methode `getParameterInfo` für das Applet in Listing 39.5 auf Seite 894:

Listing 39.2:
Verwendung von
getParameterInfo

```
001  public String[][] getParameterInfo()
002  {
003    String[][] ret = {
004      {"redwidth","int","Breite eines roten Segments"},
005      {"whitewidth","int","Breite eines weissen Segments"}
006    };
007    return ret;
008  }
```

getAppletInfo

Ähnlich der Methode `getParameterInfo` gibt es eine Methode `getAppletInfo`, mit der die Anwendung Informationen über das Applet zur Verfügung stellen sollte:

java.applet.
Applet

```
public String getAppletInfo()
```

Die Sprachspezifikation gibt an, daß hier ein String zurückgegeben werden sollte, der Angaben zum Applet selbst, zur aktuellen Version und zum Autor des Applets macht. Eine beispielhafte Implementierung könnte so aussehen:

Listing 39.3:
Die Methode
getAppletInfo

```
001  public String getAppletInfo()
002  {
003    return "AppletBeispiel Ver. 1.0 (C) 1997-99 Guido Krueger";
004  }
```

39.2 Einbinden eines Applets

39.2.1 Das APPLET-Tag

Das Einbinden eines Applets in ein HTML-Dokument erfolgt unter Verwendung des APPLET-Tags, es wird also durch <APPLET> eingeleitet und durch </APPLET> beendet. Zwischen den beiden Marken kann ein Text stehen, der angezeigt wird, wenn das Applet nicht aufgerufen werden kann. Ein applet-fähiger Browser ignoriert den Text. Beispiel:

Listing 39.4:
Das APPLET-
Tag

```
001  <APPLET CODE="Hello.class" WIDTH=300 HEIGHT=200>
002  Hier steht das Applet Hello
003  </APPLET>
```

Ein Applet-Tag wird wie normaler Text in die Browser-Ausgabe eingebunden. Das Applet belegt soviel Platz auf dem Bildschirm, wie durch die Größenangaben WIDTH und HEIGHT reserviert wurde. Soll das Applet in einer eigenen Zeile stehen, müssen separate Zeilenschaltungen in den HTML-Code eingebaut werden (beispielsweise <p> oder <br>), oder es muß ein Tag verwendet werden, dessen Ausgabe in einer eigenen Zeile steht (z.B. <h1> bis <h6>).

Einbinden eines Applets

Neben dem Ersatztext, der zwischen dem Beginn- und Ende-Tag steht, besitzt ein Applet-Tag weitere Parameter:

- Eine Reihe von Parametern, die innerhalb von <APPLET> untergebracht werden und die Größe und Anordnung des Applets bestimmen. CODE, WIDTH und HEIGHT müssen dabei in jedem Fall angegeben werden, außerdem gibt es noch einige optionale Parameter.

- Eine Liste von PARAM-Tags, die zwischen <APPLET> und </APPLET> stehen und zur Parameterübergabe an das Applet verwendet werden.

Zwischen beiden Parameterarten besteht ein grundsätzlicher Unterschied. Während die Parameter der ersten Gruppe (also CODE, WIDTH und HEIGHT) vom Browser interpretiert werden, um die visuelle Darstellung des Applets zu steuern, werden die Parameter der zweiten Gruppe an das Applet weitergegeben. Der Browser übernimmt bei ihnen nur die Aufbereitung und die Übergabe an das Applet, führt aber selbst keine Interpretation der Parameter aus.

39.2.2 Die Parameter des Applet-Tags

Der wichtigste Parameter des Applet-Tags heißt CODE und gibt den Namen der Applet-Klasse an. Bei der Angabe des CODE-Parameters sind einige Dinge zu beachten:

- Der Klassenname sollte inklusive der Extension .class angegeben werden.
- Groß- und Kleinschreibung müssen eingehalten werden.
- Die Klassendatei muß im aktuellen bzw. angegebenen Verzeichnis zu finden sein.

Alternativ kann die Klassendatei auch in einem der Verzeichnisse liegen, die in der Umgebungsvariablen CLASSPATH angegeben wurden. CLASSPATH enthält eine Liste von durch Kommata getrennten Verzeichnissen, die in der Reihenfolge ihres Auftretens durchsucht werden. CLASSPATH spielt außerdem beim Aufruf des Compilers eine Rolle: Sie dient dazu, die importierten Pakete zu suchen.

Das Applet-Tag hat zwei weitere nichtoptionale Parameter WIDTH und HEIGHT, die die Höhe und Breite des für das Applet reservierten Bildschirmausschnitts angeben. Innerhalb des Applets steht ein Rechteck dieser Größe als Ausgabefläche zur Verfügung.

Das Applet-Tag besitzt weitere optionale Parameter. Diese dienen zur Konfiguration des Applets und zur Beeinflussung der Darstellung des Applets und des umgebenden Textes. Tabelle 39.1 auf Seite 894 gibt einen Überblick über die verfügbaren Parameter:

Tabelle 39.1: Optionale Parameter des APPLET-Tags

Parameter	Bedeutung
CODEBASE	Hier kann ein alternatives Verzeichnis für das Laden der Klassendateien angegeben werden. Fehlt diese Angabe, wird das Dokumentenverzeichnis genommen.
ARCHIVE	Angabe eines JAR-Archivs, aus dem die Klassendateien und sonstigen Ressourcen des Applets geladen werden sollen. Ein Beispiel zur Verwendung des ARCHIV-Parameters ist in Abschnitt 50.6 auf Seite 1199 bei der Vorstellung von jar zu finden.
OBJECT	Name einer Datei, die den serialisierten Inhalt des Applets enthält
ALT	Alternativer Text für solche Browser, die zwar das Applet-Tag verstehen, aber Java nicht unterstützen
NAME	Eindeutiger Name für das Applet. Er kann zur Unterscheidung mehrerer, miteinander kommunizierender Applets auf einer Web-Seite verwendet werden.
ALIGN	Vertikale Anordnung des Applets in einer Textzeile. Hier kann einer der Werte left, right, top, texttop, middle, absmiddle, baseline, bottom oder absbottom angegeben werden.
VSPACE	Rand über und unter dem Applet
HSPACE	Rand links und rechts vom Applet

39.2.3 Parameterübergabe an Applets

Neben den Parametern des Applet-Tags gibt es die Möglichkeit, Parameter an das Applet selbst zu übergeben. Dazu kann innerhalb von <APPLET> und </APPLET> das optionale Tag <PARAM> verwendet werden. Jedes PARAM-Tag besitzt die beiden Parameter name und value, die den Namen und den Wert des zu übergebenden Parameters angeben.

Innerhalb des Applets können die Parameter mit der Methode getParameter der Klasse Applet abgefragt werden:

java.applet.Applet

```
public String getParameter(String name)
```

Für jeden angegebenen Parameter liefert getParameter den zugehörigen Wert als String. Numerische Parameter müssen vor der weiteren Verwendung also erst konvertiert werden. Wird der angegebene Parameter nicht gefunden, gibt die Methode null zurück.

Das folgende Listing demonstriert den Einsatz von getParameter am Beispiel eines Applets, das eine rot-weiße Schranke zeichnet. Das Applet erwartet zwei Parameter redwidth und whitewidth, die die Breite des roten und weißen Abschnitts angeben. Diese werden in der init-Methode gelesen und dem Array dx zugewiesen. In paint wird dieses Array dann verwendet, um abwechselnd weiße und rote Parallelogramme der gewünschten Größe auszugeben. Insgesamt entsteht dadurch der Eindruck einer rot-weißen Schranke:

Listing 39.5: Ein parametrisiertes Applet

```
001 /* Schranke.java */
002
003 import java.awt.*;
004 import java.applet.*;
```

Einbinden eines Applets

Kapitel 39

Listing 39.5:
Ein parametrisiertes Applet
(Forts.)

```
005
006 public class Schranke
007 extends Applet
008 {
009   private int[] dx;
010   private Color[] color;
011
012   public void init()
013   {
014     String tmp;
015
016     dx = new int[2];
017     try {
018       dx[0] = Integer.parseInt(
019         getParameter("redwidth")
020       );
021       dx[1] = Integer.parseInt(
022         getParameter("whitewidth")
023       );
024     } catch (NumberFormatException e) {
025       dx[0] = 10;
026       dx[1] = 10;
027     }
028     color = new Color[2];
029     color[0] = Color.red;
030     color[1] = Color.white;
031   }
032
033   public void paint(Graphics g)
034   {
035     int maxX = getSize().width;
036     int maxY = getSize().height;
037     int x = 0;
038     int flg = 0;
039     Polygon p;
040     while (x <= maxX+maxY/2) {
041       p = new Polygon();
042       p.addPoint(x,0);
043       p.addPoint(x+dx[flg],0);
044       p.addPoint(x+dx[flg]-maxY/2,maxY);
045       p.addPoint(x-maxY/2,maxY);
046       p.addPoint(x,0);
047       g.setColor(color[flg]);
048       g.fillPolygon(p);
049       x += dx[flg];
050       flg = (flg==0) ? 1 : 0;
051     }
052   }
053 }
```

Kapitel 39 — Applets I

Das folgende HTML-Dokument zeigt die Einbindung eines Schranken-Applets mit einer Höhe von 10 Pixeln und einer Breite von 400 Pixeln. Die roten Felder der Schranke sind 10 und die weißen 7 Pixel breit:

Listing 39.6:
Die HTML-Datei zum Schranken-Applet

```
001  <html>
002  <head>
003  <title>Schranke</title>
004  </head>
005  <body>
006  <h1>Schranke</h1>
007  <applet code="Schranke.class" width=400 height=10>
008  <param name="redwidth" value=10>
009  <param name="whitewidth" value=7>
010  Hier steht das Applet Schranke.class
011  </applet>
012  </body>
013  </html>
```

Beim Aufruf mit dem Netscape Navigator sieht die Ausgabe des Applets so aus:

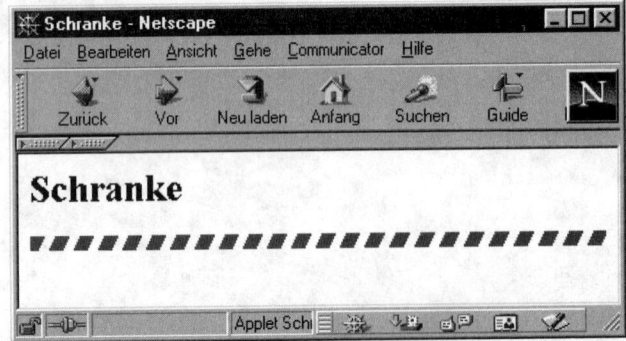

Abbildung 39.2: Darstellung des Schranken-Applets im Netscape Navigator

Im Gegensatz zu einer Applikation wird ein Applet nicht direkt mit dem Java-Interpreter java.exe aufgerufen. Statt dessen wird es in eine HTML-Datei eingebunden und indirekt über den *Appletviewer* oder einen Web-Browser aufgerufen, der die HTML-Datei lädt. Unser Programm kann beispielsweise mit dem folgenden Kommando gestartet werden:

```
appletviewer Schranke.html
```

Auch die »echten« Web-Browser können meist mit einer Datei als Argument aufgerufen werden. Alternativ kann die HTML-Datei natürlich auch direkt aus dem laufenden Browser geladen werden. Der Applet-Viewer ist kein vollwertiger Browser, sondern extrahiert lediglich die `APPLET`-Tags und ihre Parameter, um die in der HTML-Datei angegebenen Applets zu starten.

39.3 Die Ausgabe von Sound

39.3.1 Soundausgabe in Applets

> Das JDK bietet auch einige Möglichkeiten, Sound auszugeben. Hierbei muß klar zwischen dem JDK 1.2 und seinen Vorgängern unterschieden werden. Während das JDK 1.2 die Soundausgabe sowohl Applikationen als auch Applets ermöglicht, war diese vorher nur für Applets möglich. Dabei war die Ausgabe auf gesampelte Sounds beschränkt, die im AU-Format vorliegen mußten. Das AU-Format stammt aus der SUN-Welt und legt ein Sample im Format 8 Bit Mono, Sampling-Rate 8 kHz, μ-law-Kompression ab. Seit dem JDK 1.2 werden dagegen auch die Sample-Formate WAV und AIFF sowie die Midi-Formate *Typ 0* und *Typ 1* und RMF unterstützt. Zudem gibt es einige Shareware- oder Freeware-Tools, die zwischen verschiedenen Formaten konvertieren können (z.B. CoolEdit oder GoldWave). Mit dem JDK 1.3 wurden die Fähigkeiten erneut erweitert. Mit der nun im JDK enthaltenen Sound-Engine kann Musik nicht nur wiedergegeben, sondern auch aufgenommen und bearbeitet werden, und es ist möglich, Zusatzgeräte wie Mixer, Synthesizer oder andere Audiogeräte anzusteuern.

Die Ausgabe von Sound ist denkbar einfach und kann auf zwei unterschiedliche Arten erfolgen. Zum einen stellt die Klasse `Applet` die Methode `play` zur Verfügung, mit der eine Sound-Datei geladen und abgespielt werden kann:

`public void play(URL url)`

`public void play(URL url, String name)`

java.applet.
Applet

Hierbei kann entweder der *URL* einer Sound-Datei (siehe nächster Abschnitt) oder die Kombination von Verzeichnis-URL und Dateinamen angegeben werden. Üblicherweise wird zur Übergabe des Verzeichnis-URLs eine der `Applet`-Methoden `getCodeBase` oder `getDocumentBase` verwendet. Diese liefern einen URL des Verzeichnisses, aus dem das Applet gestartet wurde bzw. in dem die aktuelle HTML-Seite liegt:

`public URL getCodeBase()`

`public URL getDocumentBase()`

java.applet.
Applet

Kapitel 39

Der Nachteil dieser Vorgehensweise ist, daß die Sound-Datei bei jedem Aufruf neu geladen werden muß. In der zweiten Variante wird zunächst durch einen Aufruf von `getAudioClip` ein Objekt der Klasse `AudioClip` beschafft, das dann beliebig oft abgespielt werden kann:

`java.applet.Applet`

```
public getAudioClip(URL url, String name)
```

`AudioClip` stellt die drei Methoden `play`, `loop` und `stop` zur Verfügung:

`java.applet.AudioClip`

```
public void play()

public void loop()

public void stop()
```

`play` startet die zuvor geladene Sound-Datei und spielt sie genau einmal ab. `loop` startet sie ebenfalls, spielt den Sound in einer Endlosschleife aber immer wieder ab. Durch Aufruf von `stop` kann diese Schleife beendet werden. Es ist auch möglich, mehr als einen Sound gleichzeitig abzuspielen. So kann beispielsweise eine Hintergrundmelodie in einer Schleife immer wieder abgespielt werden, ohne daß die Ausgabe von zusätzlichen Vordergrund-Sounds beeinträchtigt würde.

Das folgende Beispiel ist eine neue Variante des »Hello, World«-Programms. Anstatt der textuellen Ausgabe stellt das Applet zwei Buttons zur Verfügung, mit denen die Worte »Hello« und »World« abgespielt werden können:

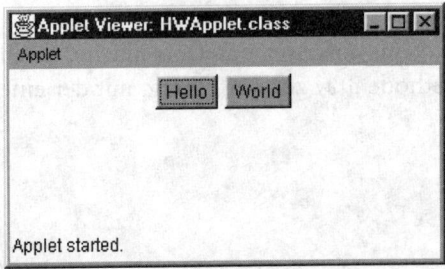

Abbildung 39.3: Das sprechende »Hello, World«-Programm

Hier ist der Sourcecode des Programms:

Listing 39.7: Das sprechende »Hello, World«

```
001 /* HWApplet.java */
002
003 import java.awt.*;
004 import java.awt.event.*;
005 import java.applet.*;
006
007 public class HWApplet
```

Die Ausgabe von Sound — Kapitel 39

```
008 extends Applet
009 implements ActionListener
010 {
011   Button    hello;
012   Button    world;
013   AudioClip helloClip;
014   AudioClip worldClip;
015
016   public void init()
017   {
018     super.init();
019     setLayout(new FlowLayout());
020     hello = new Button("Hello");
021     hello.addActionListener(this);
022     add(hello);
023     world = new Button("World");
024     world.addActionListener(this);
025     add(world);
026     helloClip = getAudioClip(getCodeBase(),"hello.au");
027     worldClip = getAudioClip(getCodeBase(),"world.au");
028   }
029
030   public void actionPerformed(ActionEvent event)
031   {
032     String cmd = event.getActionCommand();
033     if (cmd.equals("Hello")) {
034       helloClip.play();
035     } else if (cmd.equals("World")) {
036       worldClip.play();
037     }
038   }
039 }
```

Listing 39.7: Das sprechende "Hello World" (Forts.)

Eine HTML-Datei HWApplet.html zum Aufruf dieses Applets findet sich in Abschnitt 50.6 auf Seite 1199. Sie wird dort als Beispiel für die Einbindung von Applets in jar-Dateien verwendet.

39.3.2 Soundausgabe in Applikationen

Seit dem JDK 1.2 kann nicht nur in Applets, sondern auch in Applikationen Sound ausgegeben werden. Dazu bietet die Klasse Applet eine statische Methode newAudioClip:

```
public static AudioClip newAudioClip(URL url)
```

Da es sich um eine Klassenmethode handelt, kann sie auch außerhalb eines Applets aufgerufen werden. Das folgende Beispiel zeigt ein einfaches Programm, das in der Kommandozeile den URL einer Sounddatei erwartet und diese dann maximal 10 Sekunden lang abspielt:

Listing 39.8: Soundausgabe aus einer Applikation

```
001 /* PlaySound.java */
002
003 import java.net.*;
004 import java.applet.*;
005
006 public class PlaySound
007 {
008   public static void main(String[] args)
009   {
010     if (args.length >= 1) {
011       try {
012         URL url = new URL(args[0]);
013         AudioClip clip = Applet.newAudioClip(url);
014         clip.play();
015         try {
016           Thread.sleep(10000);
017         } catch (InterruptedException e) {
018         }
019         System.exit (0);
020       } catch (MalformedURLException e) {
021         System.out.println(e.toString());
022       }
023     }
024   }
025 }
```

Das Programm kann beispielsweise dazu verwendet werden, einige der Standard-Sounddateien unter Windows abzuspielen:

```
java PlaySound file:///c:/windows/media/passport.mid
```

```
java PlaySound file:///c:/windows/media/dermic~1.wav
```

39.4 Animation in Applets

Animation ist in Applets ebenso möglich wie in Applikationen. Alle Techniken, die in Kapitel 34 auf Seite 717 erklärt wurden, sind grundsätzlich auch auf Applets anwendbar. Aufgrund der Tatsache, daß Applets in einem Browser laufen und über eine Netzwerk-Fernverbindung mit Daten versorgt werden müssen, sollten folgende Besonderheiten beachtet werden:

Animation in Applets — Kapitel 39

- Ein animiertes Applet sollte in einem eigenen Thread laufen. Andernfalls würde möglicherweise der Browser lahmgelegt werden und nicht mehr auf Benutzereingaben reagieren.

- Die Animation in Applets kann durch Sound unterstützt werden.

- Das Laden von Sound- und Image-Dateien kann unter Umständen sehr lange dauern und liegt in der Regel um Größenordnungen über den Ladezeiten im lokalen Betrieb. Müssen während der Applet-Initialisierung größere Dateien geladen werden, kann das Starten des Applets für Anwender mit langsamen Netzwerkverbindungen schwierig werden.

Wir wollen uns diese Regeln zu eigen machen und in diesem Abschnitt ein einfaches animiertes Applet entwickeln. Das Programm soll die Skyline einer Großstadt bei Nacht darstellen. Dabei gehen in den Wolkenkratzern die Lichter an und aus, auf einigen Dächern gibt es rote Blinklichter, und von Zeit zu Zeit schlägt der Blitz mit Krachen in einen der Wolkenkratzer ein. (Diese Aufgabenstellung erinnert nicht ganz zu Unrecht an einen bekannten Bildschirmschoner.) Abbildung 39.4 zeigt einen Schnappschuß des laufenden Programms.

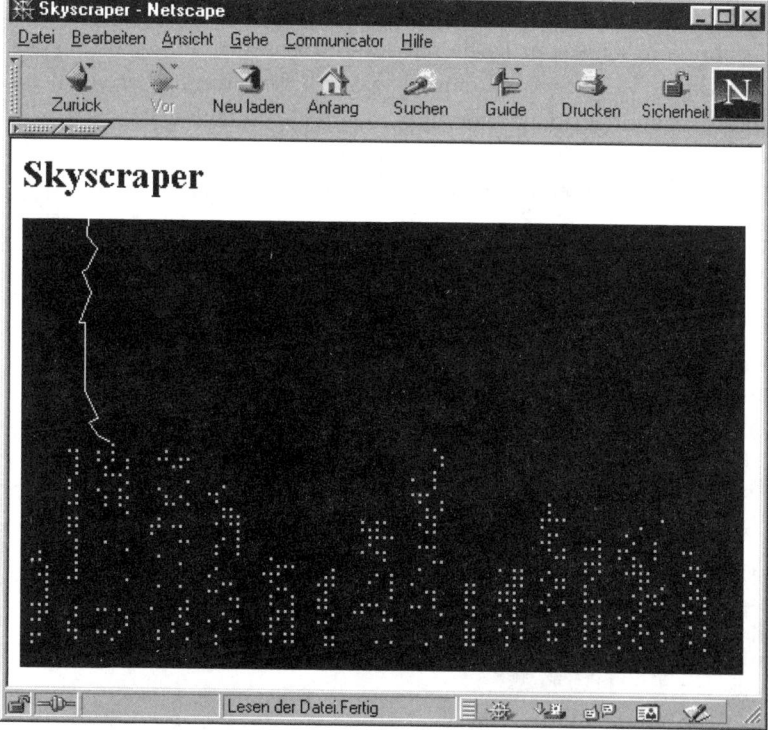

Abbildung 39.4:
Das Wolkenkratzer-Beispielprogramm

Kapitel 39 — Applets I

Das Programm implementiert zwei Klassen, Skyscraper und SkyscraperApplet. Skyscraper repräsentiert einen Wolkenkratzer, der die Membervariablen *x*- und *y*-Position, *Höhe*, *Breite* und *Anzahl der Fenster* in *x*- und *y*-Richtung besitzt. Zusätzlich kann ein Skyscraper-Objekt auf Simulations-Events reagieren, die durch den Aufruf der Methode LightEvent ausgelöst werden. In diesem Fall wird das Licht in einem der Fenster an- oder ausgeschaltet oder das rote Blinklicht auf dem Dach getriggert.

Das eigentliche Applet wird durch die Klasse SkyscraperApplet realisiert. In der init-Methode wird zunächst eine Reihe von Skyscraper-Objekten erzeugt und im Vector c abgelegt. Zusätzlich werden die Parameter DELAY, FLASH und THUNDER eingelesen, die zur Steuerung der Animationsverzögerung, der Blitzwahrscheinlichkeit und der Sound-Datei für den Donner dienen. In der Methode start wird ein Thread erzeugt, so daß die eigentliche Animation mit der repaint-Schleife in run abläuft. Um das Bildschirmflackern zu verringern, wird update überlagert, wie in Kapitel 34 auf Seite 717 erläutert. In paint wird per Zufallszahlengenerator eines der in v gespeicherten Skyscraper-Objekte ausgewählt und dessen LigthEvent-Methode aufgerufen, um ein Beleuchtungsereignis zu simulieren.

Manchmal wird auch noch die Methode Lightning aufgerufen, um einen Blitzeinschlag darzustellen. Ein Blitz wird dabei durch einen Streckenzug vom oberen Bildrand bis zur Dachspitze eines Hochhauses dargestellt. Dieser Streckenzug wird für einen kurzen Augenblick in weißer Farbe auf den Bildschirm gezeichnet und anschließend durch erneutes Zeichnen in schwarzer Farbe wieder entfernt. Um ein realistisches Flackern zu erreichen, wird dieser Vorgang noch einmal wiederholt. Unmittelbar vor der Darstellung des Blitzes wird das zuvor geladene Donnergeräusch abgespielt.

Hier ist der Quellcode des Applets:

Listing 39.9: Das Wolkenkratzer-Applet

```
001 /* SkyscraperApplet.java */
002
003 import java.awt.*;
004 import java.util.*;
005 import java.applet.*;
006
007 class Skyscraper
008 {
009   public int x;
010   public int y;
011   public int width;
012   public int height;
013   int       wndcntx;
014   int       wndcnty;
015   boolean   blinkon = false;
016
017   Skyscraper(int x, int y)
```

```
018    {
019      this.x = x;
020      this.y = y;
021      this.width = (int)(30*(0.5+Math.random()));
022      this.height = (int)(100*(0.5+Math.random()));
023      wndcntx = (width-4)/5;
024      wndcnty = (height-4)/5;
025    }
026
027    void LightEvent(Graphics g)
028    {
029      double rnd  = Math.random();
030      int    xwnd = (int)(Math.random()*wndcntx);
031      int    ywnd = (int)(Math.random()*wndcnty);
032      if (blinkon) {
033        g.setColor(Color.black);
034        g.fillRect(x+width/2,y-height-20,2,2);
035        blinkon = false;
036      }
037      if (rnd >= 0.9) {
038        blinkon = true;
039        g.setColor(Color.red);
040        g.fillRect(x+width/2,y-height-20,2,2);
041      } else if (rnd >= 0.7) {
042        g.setColor(Color.black);
043        g.fillRect(x+2+xwnd*5,y-height+2+ywnd*5,2,2);
044      } else {
045        g.setColor(Color.yellow);
046        g.fillRect(x+2+xwnd*5,y-height+2+ywnd*5,2,2);
047      }
048    }
049 }
050
051 public class SkyscraperApplet
052 extends Applet
053 implements Runnable
054 {
055   //Membervariablen
056   Thread th;
057   Vector v = new Vector();
058   AudioClip thunder;
059   boolean running;
060
061   //Parameter
062   int    DELAY;
063   float  FLASH;
064   String THUNDER;
065
066   public void init()
```

Listing 39.9:
Das Wolken-
kratzer-Applet
(Forts.)

Listing 39.9:
Das Wolken-
kratzer-Applet
(Forts.)

```
067  {
068    Skyscraper house;
069    int x = 5;
070
071    //Häuser erzeugen
072    while (this.getSize().width-x-1 >= 30) {
073      house = new Skyscraper(x,this.getSize().height-10);
074      v.addElement(house);
075      x += house.width + 5;
076    }
077    setBackground(Color.black);
078
079    //Parameter einlesen
080    try {
081      DELAY = Integer.parseInt(getParameter("delay"));
082    } catch (NumberFormatException e) {
083      DELAY = 75;
084    }
085    try {
086      FLASH = (new Float(getParameter("flash"))).floatValue();
087    } catch (NumberFormatException e) {
088      FLASH = 0.01F;
089    }
090    THUNDER = getParameter("thunder");
091    if (THUNDER != null) {
092      thunder = getAudioClip(getCodeBase(),THUNDER);
093    }
094    System.out.println("DELAY = "+DELAY);
095    System.out.println("FLASH = "+FLASH);
096    System.out.println("THUNDER = "+THUNDER);
097  }
098
099  public void start()
100  {
101    if (th == null) {
102      running = true;
103      th = new Thread(this);
104      th.start();
105    }
106  }
107
108  public void stop()
109  {
110    if (th != null) {
111      running = false;
112      th = null;
113    }
114  }
115
```

Animation in Applets

Listing 39.9:
Das Wolken-
kratzer-Applet
(Forts.)

```java
116    public void run()
117    {
118      while (running) {
119        repaint();
120        try {
121          Thread.sleep(DELAY);
122        } catch (InterruptedException e) {
123          //nothing
124        }
125      }
126    }
127
128    public void update(Graphics g)
129    {
130      paint(g);
131    }
132
133    public void paint(Graphics g)
134    {
135      int i;
136      Skyscraper house;
137
138      i = (int)Math.floor(Math.random()*v.size());
139      house = (Skyscraper)v.elementAt(i);
140      house.LightEvent(g);
141      if (Math.random() < FLASH) {
142        Lightning(g,house.x+10,house.y-house.height);
143      }
144    }
145
146    public void Lightning(Graphics g, int x, int y)
147    {
148      Vector poly = new Vector();
149      int dx, dy, i, polysize;
150
151      thunder.play();
152      //Blitzpolygon berechnen
153      poly.addElement(new Point(x,y));
154      polysize = 1;
155      while (y > 10) {
156        dx = 10 - (int)(Math.floor(Math.random()*20));
157        dy = - (int)(Math.floor(Math.random()*20));
158        x += dx;
159        y += dy;
160        poly.addElement(new Point(x,y));
161        ++polysize;
162      }
163      //Blitzvector in Koordinaten-Arrays umwandeln
164      int[] xpoints = new int[poly.size()];
```

Listing 39.9:
Das Wolken-
kratzer-Applet
(Forts.)

```
165    int[] ypoints = new int[poly.size()];
166    for (i = 0; i < polysize; ++i) {
167      Point p = (Point)poly.elementAt(i);
168      xpoints[i] = p.x;
169      ypoints[i] = p.y;
170    }
171    //Blitz zeichnen
172    for (i = 0; i <= 1; ++i) {
173      g.setColor(Color.white);
174      g.drawPolyline(xpoints, ypoints, polysize);
175      try {
176        Thread.sleep(20);
177      } catch (InterruptedException e) {}
178      g.setColor(Color.black);
179      g.drawPolyline(xpoints, ypoints, polysize);
180      try {
181        Thread.sleep(20);
182      } catch (InterruptedException e) {}
183    }
184  }
185 }
```

Zum Aufruf des Applets kann beispielsweise folgende HTML-Datei verwendet werden:

Listing 39.10:
Die HTML-
Datei zum
Aufrufen des
Wolkenkratzer-
Applets

```
001 <html>
002 <head>
003 <title>Skyscraper</title>
004 </head>
005 <body>
006 <h1>Skyscraper</h1>
007 <applet code=SkyscraperApplet.class width=500 height=300>
008 <param name="delay"    value=75>
009 <param name="flash"    value=0.01>
010 <param name="thunder" value="thunder.au">
011 Hier steht das Applet Skyscraper.class
012 </applet>
013 </body>
014 </html>
```

39.5 Zusammenfassung

In diesem Kapitel wurden folgende Themen behandelt:

▶ Die Architektur eines Applets

▶ Unterschiede zwischen Applets und Applikationen

▶ Die Klasse Applet

Zusammenfassung — Kapitel 39

- Zustandssteuerung eines Applets durch Aufruf der Methoden `init`, `start`, `stop` und `destroy`
- Die Methoden `showStatus`, `getAppletInfo` und `getParameterInfo`
- Einbinden eines Applets in eine HTML-Datei
- Das APPLET-Tag und seine Parameter
- Übergabe von Parametern an ein Applet und die Methode `getParameter`
- Ausgabe von Sound
- Die Methoden `getDocumentBase` und `getCodeBase`
- Animation in Applets

40 Applets II

40.1 Verweise auf andere Seiten

40.1.1 Die Klasse URL

Das Konzept der *URLs* ist eines der wichtigsten im ganzen Web. Ein URL (*Uniform Resource Locator*) ist ein universelles Hilfsmittel zur Darstellung von Internet-Adressen. Hinter jedem Link, der sich auf einem HTML-Dokument verbirgt, steht ein URL, der beim Aufrufen des Links angesprungen wird.

Der Aufbau von URLs ist in seiner Vielfältigkeit recht komplex und ermöglicht es, sehr unterschiedliche Typen von Adressen zu verwalten. Ein URL-Link kann beispielsweise verwendet werden, um eine andere Web-Seite aufzurufen, eine Datei zu laden oder elektronische Post an einen anderen Anwender zu senden. Wir wollen hier nur auf die URLs eingehen, die man zur Darstellung von Web-Seiten-Adressen verwendet. Eine exakte Beschreibung des URL-Konzepts befindet sich in RFC 1630 (allgemeine Hinweise zu den RFCs finden sich in Abschnitt 45.1.5 auf Seite 1064).

Ein Uniform Resource Locator besteht aus mehreren Teilen. Als erstes wird ein *Dienst* (auch *Protokoll* genannt) angegeben, der beschreibt, auf welche Art von Service die Adresse verweist. Typische Dienste sind *html* für Web-Seiten, *ftp* für einen File-Download oder *mailto*, um eine Mail zu versenden.

Bei einer HTML-Adresse besteht der URL aus drei weiteren Teilen:

- Dem *Host-Namen* (z.B. `java.sun.com`), der vom Dienst durch die Zeichenkette "://" getrennt wird.

- Einer optionalen *Port-Nummer* (z.B. 80 für einen *http*-Dämon), die vom Host-Namen durch einen ":" abgetrennt wird.

- Einem Dateinamen (z.B. `bugsandfeatures.html`), der vom Host-Namen bzw. der Port-Nummer durch "/" abgetrennt wird. Diesem Dateinamen kann auch die Rolle eines Kommandos oder Parameterstrings zukommen, beispielsweise, wenn ein *CGI-Script* aufgerufen wird.

Gültige URLs sind also `http://java.sun.com/bugsandfeatures.html` oder auch `http://www.yahoo.com`. Die meisten Browser und Server sind in der Lage, fehlende Bestandteile eines URLs weitgehend zu ergänzen. Fehlt beispielsweise die Dateierweiterung, wird `.html` angehängt. Bezeichnet der URL lediglich ein Verzeichnis, wird ein Standard-Dateiname wie beispielsweise `index.html` oder `default.htm` angehängt.

Java implementiert das Konzept eines Uniform Resource Locators durch eine eigene Klasse URL, die sich im Paket java.net befindet. Diese dient dazu, die Syntax von URLs zu kapseln und die einzelnen Bestandteile voneinander zu trennen. Die Klasse URL besitzt vier Konstruktoren, die es ermöglichen, eine Adresse auf verschiedene Art zusammenzubauen. Wir werden hier nur die Variante verwenden, die einen String als Argument akzeptiert:

java.net.URL
```
public URL(String url)
    throws MalformedURLException
```

Bei der Anwendung dieses Konstruktors muß ein syntaktisch einwandfreier URL als String übergeben werden. Enthält der String einen Syntaxfehler, löst der Konstruktor eine Ausnahme des Typs MalformedURLException aus.

An dieser Stelle wird natürlich noch nicht überprüft, ob die angegebene Adresse *wirklich existiert*. Dazu wäre eine funktionsfähige Netzwerkverbindung nötig, und es würde ein in der Regel nicht akzeptabler Aufwand bei der Konstruktion von URL-Objekten entstehen. Die im Konstruktor durchgeführten Überprüfungen sind lediglich *syntaktischer* Natur, um sicherzustellen, daß ein URL ein gültiges Adressenformat hat. Nachdem ein gültiges URL-Objekt erzeugt wurde, kann es zur Adressenübergabe verwendet werden.

> Weitere Hinweise zur Anwendung der Klasse URL finden sich in Abschnitt 45.4 auf Seite 1088.

40.1.2 Der Applet-Kontext

Ein anderes Konzept, das bei der Programmierung von Links eine Rolle spielt, ist das des *Applet-Kontexts*. Hierunter versteht Java *das Programm*, das das aktuelle Applet ausführt. Dies ist in der Regel der Browser, der das Applet geladen hat; während der Entwicklung und Testphase des Programms kann es natürlich auch der *Appletviewer* sein.

Mit Hilfe der Methode getAppletContext kann ein Objekt des Typs AppletContext beschafft werden:

java.applet.Applet
```
public AppletContext getAppletContext()
```

In der Klasse AppletContext gibt es eine Reihe von Methoden, die dem Applet Funktionalitäten des Browsers zur Verfügung stellen:

▶ getApplets liefert eine Liste aller laufenden Applets.

▶ getApplet liefert ein einzelnes Applet, wenn sein Name bekannt ist.

▶ showDocument erlaubt das Laden eines anderen HTML-Dokuments.

Verweise auf andere Seiten — Kapitel 40

Wir wollen auf die ersten beiden Methoden nicht weiter eingehen, sondern uns hier lediglich mit `showDocument` beschäftigen.

40.1.3 Die Methode showDocument

Die Methode `showDocument` kann dazu verwendet werden, eine andere Web-Seite zu laden. Dies führt dazu, daß das aktive Applet angehalten wird und die Kontrolle über die Web-Seite verliert. Befindet sich auf der neuen Web-Seite ein anderes Applet, so wird dieses geladen bzw. – falls es bereits geladen war – reaktiviert.

Die Methode `showDocument` steht in zwei unterschiedlichen Varianten zur Verfügung:

```
public void showDocument(URL url)

public void showDocument(URL url, String name)
```
java.applet. AppletContext

In seiner einfachsten Form erwartet `showDocument` lediglich einen einzigen Parameter, nämlich die Adresse der Zielseite. Hier muß ein gültiges `URL`-Objekt angegeben werden, also eine komplette Adresse mit Dienst, Host-Name, Verzeichnis und Datei. In der zweiten Variante kann zusätzlich ein *target* angegeben werden, also das Sprungziel innerhalb der ausgewählten Datei. Hier können die Standard-HTML-Targets `_self`, `_parent`, `_top` und `_blank` sowie alle benutzerdefinierten Sprungmarken verwendet werden.

Soll statt einer absoluten eine relative Adresse angegeben werden, also beispielsweise eine andere Web-Seite aus demselben Verzeichnis oder aus einem seiner Unterverzeichnisse, muß das `URL`-Objekt mit einem erweiterten Konstruktor instanziiert werden. Zusätzlich zur Angabe des relativen URL-Strings ist als erstes Argument ein *Kontext-URL* anzugeben, der das Basisverzeichnis für das zweite Argument vorgibt. Mit Hilfe der Methoden `getCodeBase` und `getDocumentBase` der Klasse `Applet` kann beispielsweise das Stammverzeichnis des Applets bzw. der HTML-Seite ermittelt werden. Als zweites Argument muß dann lediglich der Dateiname relativ zu diesem Verzeichnis angegeben werden.

Das folgende Applet demonstriert die Anwendung von `showDocument`. Es erstellt eine Reihe von Buttons und zeigt sie auf dem Bildschirm an. Wird einer der Buttons gedrückt, verzweigt das Programm auf die durch den Button spezifizierte Seite. Während der Initialisierung sucht das Applet nach Parametern mit den Namen `button1`, `button2` usw. Jeder dieser Parameter sollte den Namen des Buttons und die Zieladresse enthalten. Die beiden Teile müssen durch ein Komma getrennt sein. Eine Besonderheit besteht darin, daß auch Adressen angegeben werden können, die mit = anfangen. In diesem Fall wird das = entfernt und der interne URL nicht absolut, sondern unter Verwendung des erweiterten Konstruktors relativ zur aktuellen Web-Seite angelegt.

Um die Buttons sowohl auf dem Bildschirm anzeigen zu können als auch den zugehörigen URL zu speichern, wurde eine neue Klasse URLButton definiert. URLButton erweitert die Klasse Button um die Fähigkeit, einen URL mitzuspeichern und bei Bedarf abzufragen.

Hier ist das Listing:

Listing 40.1: Laden von Web-Seiten aus einem Applet

```
001 /* URLLaden.java */
002
003 import java.applet.*;
004 import java.awt.*;
005 import java.awt.event.*;
006 import java.util.*;
007 import java.net.*;
008
009 class URLButton
010 extends Button
011 {
012   private URL url;
013
014   public URLButton(String label, URL url)
015   {
016     super(label);
017     this.url = url;
018   }
019
020   public URL getURL()
021   {
022     return url;
023   }
024 }
025
026 public class URLLaden
027 extends Applet
028 implements ActionListener
029 {
030   Vector buttons;
031
032   public void init()
033   {
034     super.init();
035     setLayout(new FlowLayout());
036     addNotify();
037     buttons = new Vector();
038     for (int i=1; ; ++i) {
039       String s = getParameter("button"+i);
040       if (s == null) {
041         break;
042       }
```

```
043        try {
044          StringTokenizer st = new StringTokenizer(s,",");
045          String label = st.nextToken();
046          String urlstring = st.nextToken();
047          URL url;
048          if (urlstring.charAt(0) == '=') {
049            urlstring = urlstring.substring(1);
050            url = new URL(getDocumentBase(),urlstring);
051          } else {
052            url = new URL(urlstring);
053          }
054          URLButton button = new URLButton(label,url);
055          button.addActionListener(this);
056          add(button);
057          buttons.addElement(button);
058        } catch (NoSuchElementException e) {
059          System.out.println("Button"+i+": "+e.toString());
060          break;
061        } catch (MalformedURLException e) {
062          System.out.println("Button"+i+": "+e.toString());
063          break;
064        }
065      }
066    }
067
068    public void actionPerformed(ActionEvent event)
069    {
070      URLButton source = (URLButton)event.getSource();
071      Enumeration en = buttons.elements();
072      while (en.hasMoreElements()) {
073        URLButton button = (URLButton)en.nextElement();
074        if (button == source) {
075          System.out.println(
076            "showDocument("+button.getURL().toString()+")"
077          );
078          getAppletContext().showDocument(button.getURL());
079        }
080      }
081    }
082  }
```

Listing 40.1:
Laden von Web-Seiten aus einem Applet
(Forts.)

Um die wichtigsten Fälle zu demonstrieren, wurde das Applet mit der folgenden HTML-Datei gestartet:

```
001 <html>
002 <head>
003 <title>URLLaden</title>
004 </head>
005 <body>
```

Listing 40.2:
Die HTML-Datei zum Laden der Webseiten

Listing 40.2:
Die HTML-
Datei zum
Laden der
Webseiten
(Forts.)

```
006 <h1>URLLaden</h1>
007 <applet code=URLLaden.class width=400 height=200>
008   <param
009     name="button1"
010     value="JAVA-Home,http://java.sun.com/">
011   <param
012     name="button2"
013     value="Guido-Home,http://www.gkrueger.com">
014   <param
015     name="button3"
016     value="Schranke,=Schranke.html">
017   <param
018     name="button4"
019     value="Jana30,=images/jana30.gif">
020 Hier steht das Applet URLLaden.class
021 </applet>
022 </body>
023 </html>
```

Hier werden vier verschiedene Buttons definiert:

▶ Der Button *JAVA-Home* verzweigt auf die Java-Seite von SUN.

▶ Der Button *Guido-Home* verzweigt auf die Homepage des Autors.

▶ Der Button *Schranke* lädt das Beispiel Schranke, das sich in demselben Verzeichnis wie die aktuelle HTML-Seite befindet.

▶ Der Button *Jana30* schließlich demonstriert zwei weitere Features. Erstens, daß es bei den meisten Browsern auch möglich ist, Grafikdateien (beispielsweise im GIF-Format) zu laden. Zweitens, wie man mit Unterverzeichnissen umgeht (Pfadtrennzeichen in UNIX-Manier).

Die Ausgabe des Programms im Netscape Navigator sieht folgendermaßen aus:

Abbildung 40.1:
Darstellung von
URLLaden im
Netscape
Navigator

40.2 Kommunikation zwischen Applets

Wenn mehr als ein Applet auf einer Web-Seite plaziert wurde, ist es mitunter wünschenswert, daß die Applets miteinander kommunizieren. Da Applets gewöhnliche Java-Objekte sind, ist es prinzipiell nicht schwer, aus einem Applet heraus öffentliche Methoden oder Membervariablen eines anderen Applets aufzurufen. Dazu ist es allerdings erforderlich, daß ein Applet in den Besitz einer Instanz eines anderen Applets gelangt. Der Applet-Kontext stellt dazu zwei Methoden zur Verfügung:

```
public Applet getApplet(String name)

public Enumeration getApplets()
```
java.applet. AppletContext

getApplets liefert eine Enumeration mit allen Applets, die sich auf derselben Seite befinden. Sofern sie für den Aufrufer unterscheidbar sind, kann daraus das gewünschte Applet ausgewählt werden. getApplet liefert dagegen genau das Applet mit dem als Parameter angegebenen Namen. Dieser muß dem NAME-Parameter des gewünschten Applets entsprechen (siehe Abschnitt 39.2.2 auf Seite 893).

Wir wollen uns ein einfaches Beispiel für die Kommunikation von drei Applets, die sich auf derselben Web-Seite befinden, ansehen. Dazu soll eine Klasse ChgNextApplet geschrieben werden, die den zur Verfügung stehenden Platz in der aktuellen Hintergrundfarbe einfärbt. Nach einem Mausklick soll die Hintergrundfarbe eines anderen, mit dem NEXT-Parameter spezifizierten, Applets verändert werden.

Der Code für die Applet-Klasse kann wie folgt realisiert werden:

```
001 /* ChgNextApplet.java */
002
003 import java.awt.*;
004 import java.awt.event.*;
005 import java.applet.*;
006 import java.util.*;
007
008 public class ChgNextApplet
009 extends Applet
010 {
011   private String next;
012
013   public void init()
014   {
015     next = getParameter("next");
016     setBackground(Color.red);
017     addMouseListener(
018       new MouseAdapter()
```
Listing 40.3: Die Klasse ChgNextApplet

Listing 40.3:
Die Klasse
ChgNextApplet
(Forts.)

```
019       {
020         public void mouseClicked(MouseEvent event)
021         {
022           if (next != null) {
023             Applet applet = getAppletContext().getApplet(next);
024             if (applet != null) {
025               int red   = (int)(Math.random() * 256);
026               int green = (int)(Math.random() * 256);
027               int blue  = (int)(Math.random() * 256);
028               applet.setBackground(new Color(red, green, blue));
029               applet.repaint();
030             }
031           }
032         }
033       }
034     );
035   }
036
037   public void paint(Graphics g)
038   {
039     g.drawString("Change " + next, 5, 20);
040   }
041 }
```

In `init` wird der NEXT-Parameter ausgelesen und einer Membervariable zugewiesen und die Hintergrundfarbe zunächst auf rot gesetzt. Anschließend wird ein `MouseListener` registriert, der bei jedem Mausklick das NEXT-Applet beschafft, seinen Hintergrund in einer zufällig ausgewählten Farbe einfärbt und `repaint` aufruft, um es neu darzustellen.

Wir wollen nun eine HTML-Seite anlegen, die drei Instanzen von `ChgNextApplet` erzeugt. Sie sollen die Namen "A1", "A2" und "A3" erhalten und sich gegenseitig als NEXT-Applet registrieren. Ein Mausklick auf "A1" ändert die Farbe von "A2", ein Klick auf "A2" die von "A3" und ein Klick auf "A3" die von "A1". Dazu kann folgende Datei `ThreeApplets.html` verwendet werden:

Listing 40.4:
Die HTML-
Datei mit den
drei kommuni-
zierenden
Applets

```
001 <html>
002 <head>
003 <title>ThreeApplets</title>
004 </head>
005 <body>
006
007 A1:
008 <applet code="ChgNextApplet.class" width=90 height=30 name="A1">
009 <param name="next" value="A2">
010 Applet A1
011 </applet>
012
```

```
013 <p>
014 A2:
015 <applet code="ChgNextApplet.class" width=90 height=30 name="A2">
016 <param name="next" value="A3">
017 Applet A2
018 </applet>
019
020 <p>
021 A3:
022 <applet code="ChgNextApplet.class" width=90 height=30 name="A3">
023 <param name="next" value="A1">
024 Applet A3
025 </applet>
026
027 </body>
028 </html>
```

Listing 40.4:
Die HTML-Datei mit den drei kommunizierenden Applets (Forts.)

Die HTML-Seite kann nun im Browser aufgerufen werden. Nach einigen Mausklicks könnte die Darstellung so aussehen:

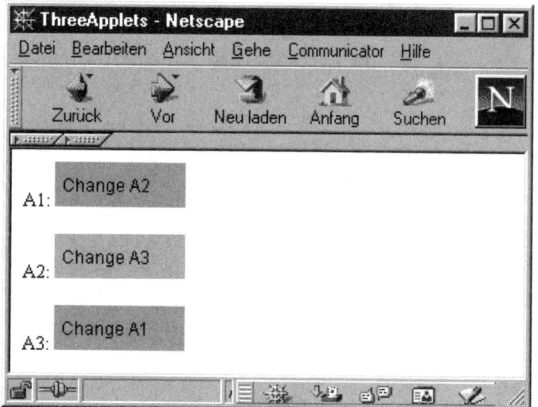

Abbildung 40.2: Die drei kommunizierenden Applets

40.3 Umwandlung einer Applikation in ein Applet

In der Praxis steht man manchmal vor der Aufgabe, eine bestehende Applikation in ein Applet umzuwandeln, etwa wenn ein vorhandenes Programm in eine HTML-Präsentation eingebunden werden soll. Da die Unterschiede zwischen Applets und Applikationen nicht so groß sind, kann diese Konvertierung – etwas Glück vorausgesetzt – mit überschaubarem Aufwand erledigt werden. Wir wollen in diesem Abschnitt die prinzipielle Vorgehensweise erläutern und auf einige der dabei möglicherweise auftretenden Besonderheiten eingehen.

40.3.1 Die Beispiel-Applikation

Als Beispiel soll ein sehr einfaches Programm verwendet werden. Es enthält ein Textfeld mit einem Zahlenwert und vier Buttons, mit denen die Zahl um 1, 10, 100 oder 1000 erhöht werden kann. Die Dialogelemente werden in einem Frame angeordnet, der von der main-Methode erzeugt wird. Seine Größe und Position werden ebenfalls explizit vorgegeben:

Listing 40.5:
Die Calculator-Applikation

```
001  /* Calculator.java */
002
003  import java.awt.*;
004  import java.awt.event.*;
005
006  public class Calculator
007  extends Frame
008  implements ActionListener
009  {
010    private TextField tf;
011
012    public Calculator()
013    {
014      super("Calculator");
015      addWindowListener(new WindowClosingAdapter(true));
016      setBackground(Color.lightGray);
017      setLayout(new GridLayout(2, 1));
018      tf = new TextField("777");
019      add(tf);
020      Panel p = new Panel();
021      for (int i = 1; i <= 1000; i *= 10) {
022        Button b = new Button("+" + i);
023        b.addActionListener(this);
024        p.add(b);
025      }
026      add(p);
027    }
028
029    public void actionPerformed(ActionEvent event)
030    {
031      String cmd = event.getActionCommand();
032      int n1 = Integer.parseInt(tf.getText());
033      int n2 = Integer.parseInt(cmd.substring(1));
034      tf.setText("" + (n1 + n2));
035    }
036
037    public static void main(String[] args)
038    {
039      Calculator calc = new Calculator();
040      calc.setLocation(100, 100);
```

Umwandlung einer Applikation in ein Applet   **Kapitel 40**

```
041      calc.setSize(200, 85);
042      calc.setVisible(true);
043   }
044 }
```

Listing 40.5:
Die Calculator-
Applikation
(Forts.)

Die Ausgabe des Programms nach dem Starten sieht so aus:

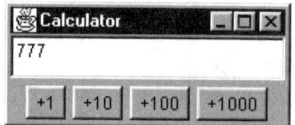

Abbildung 40.3:
Die Calculator-
Applikation

In vielen Beispielen in diesem Buch wird der Einfachheit halber die in Abschnitt 23.2.4 auf Seite 501 vorgestellte Klasse WindowClosingAdapter verwendet, um einen Listener zum Schließen des Fensters zu registrieren. Damit ein solches Beispiel sich kompilieren läßt, muß die Datei WindowClosingAdapter.java im aktuellen Verzeichnis vorhanden sein. Sie befindet sich auf der CD-ROM zum Buch oder in Listing 23.2 auf Seite 501.

40.3.2 Variante 1: Das Programm als Popup-Fenster

Die einfachste Möglichkeit, die Applikation als Applet laufen zu lassen, besteht darin, die aus Frame abgeleitete Fensterklasse zu erhalten und aus dem Applet heraus als eigenständiges Hauptfenster aufzurufen. Dazu schreiben wir ein Hilfsapplet CalculatorApplet1, das den ehemals in main enthaltenen Code in der init-Methode ausführt. Um das Fenster sichtbar zu machen, wird der Aufruf von setVisible(true) in die Methode start verlegt, und in stop wird setVisible(false) aufgerufen. Das Fenster wird dadurch immer dann angezeigt, wenn die Seite mit dem Applet im Browser sichtbar ist:

```
001 /* CalculatorApplet1.java */
002
003 import java.awt.*;
004 import java.applet.*;
005
006 public class CalculatorApplet1
007 extends Applet
008 {
009   Calculator calc;
010
011   public void init()
012   {
013     calc = new Calculator();
014     calc.setLocation(100, 100);
015     calc.setSize(200, 130);
```

Listing 40.6:
Ein Applika-
tions-Applet im
Popup-Fenster

Listing 40.6:
Ein Applikations-Applet im Popup-Fenster (Forts.)

```
016   }
017
018   public void start()
019   {
020     calc.setVisible(true);
021   }
022
023   public void stop()
024   {
025     calc.setVisible(false);
026   }
027 }
```

Das Applet kann mit folgender HTML-Datei im Browser angezeigt werden:

Listing 40.7:
HTML-Datei zum Aufruf des Beispiel-Applets

```
001 <html>
002 <head>
003 <title>CalculatorApplet1</title>
004 </head>
005 <body>
006
007 <h1>CalculatorApplet1</h1>
008
009 <applet code="CalculatorApplet1.class" width=200 height=100>
010 CalculatorApplet1
011 </applet>
012
013 </body>
014 </html>
```

Die vorgeschlagene Methode ist einfach umzusetzen, hat aber einige Nachteile:

▶ Eigenständige Hauptfenster werden im Browser mit einem zusätzlichen Warnhinweis angezeigt (um das Erstellen von Trojanern zu erschweren). Wir haben daher die Höhe des Fensters von 85 auf 130 Pixel erhöht.

▶ Der in dem `WindowClosingAdapter` untergebrachte Aufruf zum Beenden des Programms beim Betätigen des Schließen-Buttons ist im Browser aus Sicherheitsgründen nicht erlaubt und löst eine `AppletSecurityException` aus. Auch `dispose` sollte nicht aufgerufen werden, da das Fenster unter Umständen noch einmal benötigt wird.

40.3.3 Variante 2: Erstellen eines gleichwertigen Applets

Um den eigentlichen Vorteil von Applets, das *Einbetten* von laufenden Programmen in HTML-Seiten, ausnutzen zu können, müssen wir etwas mehr Aufwand treiben. Wir wollen uns dazu die Schritte ansehen, um aus unserer Beispielapplikation ein gleichwertiges Applet zu machen:

Umwandlung einer Applikation in ein Applet   Kapitel 40

▶ Die Klassen `Frame` und `Applet` haben mit `Container` eine gemeinsame Basisklasse. Die Funktionalität zum Hinzufügen von Dialogelementen und Anordnen derselben mit Hilfe eines Layoutmanagers steht also auch in `Applet` zur Verfügung. Im ersten Schritt ändern wir daher einfach die Basisklasse und leiten unser zukünftiges Applet von `Applet` ab. Zusätzlich muß das Paket `java.applet` importiert werden.

▶ Nun entfernen wir den Konstruktor und plazieren den dort befindlichen Code in der `init`-Methode. Der Aufruf des Superklassenkonstruktors kann entfallen, weil ein Applet keine Titelzeile hat. Auch alle eventuell vorhandenen Aufrufe von `setTitle` müssen entfernt werden. Die Beschriftung des Applets kann in der HTML-Datei erfolgen.

▶ Falls der `Frame` keinen expliziten Layoutmanager gesetzt hat, sondern mit dem vordefinierten `BorderLayout` gearbeitet hat, muß ein Aufruf von `setLayout` erfolgen. `Applet` verwendet nämlich standardmäßig ein `FlowLayout`.

▶ Nun müssen die Aufrufe der `Frame`- bzw. `Window`-spezifischen Methoden entfernt werden. In unserem Beispiel betrifft das lediglich `setWindowAdapter`, weitere Beispiele wären `setMenuBar`, `setIconImage` oder `setResizable`. Am einfachsten ist es, das Programm in diesem Stadium zu kompilieren und die Fehlermeldungen des Compilers auszuwerten.

▶ Nun sollte noch die `main`-Methode entfernt werden. Das Instanzieren des Applets und der Aufruf von `setVisible` können entfallen, denn sie werden vom Browser erledigt. Die Position des Applets ergibt sich aus der HTML-Datei, und die Größe des Applets kann mit Hilfe der Parameter `WIDTH` und `HEIGHT` im APPLET-Tag festgelegt werden.

Nachdem die Schritte beendet wurden, steht nun (wenigstens in diesem nicht sehr komplexen Beispiel) ein gleichwertiges Applet zur Verfügung:

```
001  /* CalculatorApplet2.java */
002
003  import java.awt.*;
004  import java.awt.event.*;
005  import java.applet.*;
006
007  public class CalculatorApplet2
008  extends Applet
009  implements ActionListener
010  {
011    private TextField tf;
012
013    public void init()
014    {
015      setBackground(Color.lightGray);
016      setLayout(new GridLayout(2, 1));
017      tf = new TextField("777");
018      add(tf);
```

Listing 40.8:
Das gleichwertige Calculator-Applet

Listing 40.8:
Das gleichwertige Calculator-Applet (Forts.)

```
019    Panel p = new Panel();
020    for (int i = 1; i <= 1000; i *= 10) {
021      Button b = new Button("+" + i);
022      b.addActionListener(this);
023      p.add(b);
024    }
025    add(p);
026  }
027
028  public void actionPerformed(ActionEvent event)
029  {
030    String cmd = event.getActionCommand();
031    int n1 = Integer.parseInt(tf.getText());
032    int n2 = Integer.parseInt(cmd.substring(1));
033    tf.setText("" + (n1 + n2));
034  }
035 }
```

Nun kann die HTML-Datei erstellt und das Applet aufgerufen werden:

Listing 40.9:
HTML-Datei zum Aufruf des Beispiel-Applets

```
001 <html>
002 <head>
003 <title>CalculatorApplet2</title>
004 </head>
005 <body>
006
007 <h1>CalculatorApplet2</h1>
008
009 <applet code="CalculatorApplet2.class" width=200 height=85>
010 CalculatorApplet2
011 </applet>
012
013 </body>
014 </html>
```

40.4 Das Java-Plugin

40.4.1 Funktionsweise

Obwohl Applets einer der Hauptgründe für das große Interesse an Java waren und mit Netscape 2.0 bereits früh eine weitverbreitete Plattform für JDK-1.0-Applets zur Verfügung stand, stellte sich bei vielen Entwicklern bald eine gewisse Ernüchterung ein. Bereits zur Version 1.1 des JDK hatten die Browser-Hersteller große Probleme, Schritt zu halten. Während Netscape den Applet-Entwicklern mit Qualitätsproblemen die frühen 4er Versionen des Communicators verhagelte, wurden beim Internet Explorer aus unternehmenspolitischen Gründen bestimmte JDK-1.1-Eigenschaften gar nicht erst zur Verfügung gestellt.

Selbst heute noch werden Applets nicht selten mit dem JDK 1.0 entwickelt, um möglichen Kompatibilitätsproblemen aus dem Weg zu gehen. Von einer echten Unterstützung für die neueren JDKs sind die Browser noch weit entfernt. Glücklicherweise hat SUN diese Probleme erkannt und mit dem *Java-Plugin* eine eigene Browser-Erweiterung zum Ausführen von Applets entwickelt. Diese läuft sowohl mit dem Communicator als auch mit dem Internet Explorer und wird zusammen mit dem SUN-JRE bzw. -JDK installiert. Entsprechend präparierte Applets laufen dann nicht mehr unter den Browser-eigenen Java-Implementierungen, sondern verwenden die VM und die Laufzeitumgebung der Original-SUN-Implementierung. Der Browser stellt nur noch das Fenster zur Bildschirmausgabe zur Verfügung. Auf diese Weise können Applets alle Eigenschaften der aktuellen Java-Versionen verwenden (Collections, Java-2D, Swing usw.).

Allerdings hat die Sache einen kleinen Haken. Um das Plugin zum Ausführen eines Applets zu bewegen, darf dieses im HTML-Quelltext nämlich nicht mehr innerhalb eines `APPLET`-Tags stehen, sondern muß mit dem `EMBED`- bzw. `OBJECT`-Tag eingebunden werden. Zwar stellt SUN ein automatisches Werkzeug zur Konvertierung von Web-Seiten zur Verfügung, aber das kann natürlich nur auf Seiten angewendet werden, deren Quelltext modifizierbar ist. Während beispielsweise unternehmensinterne Web-Seiten im Intranet entsprechend präpariert werden können, werden aus dem Internet geladene HTML-Seiten mit eingebetteten Applets nach wie vor von der im Browser eingebauten Java-Implementierung ausgeführt.

Des weiteren muß natürlich auf dem Client ein geeignetes JRE inklusive des Plugins installiert sein, damit die modifizierten Applets ausgeführt werden können. Zwar können die HTML-Seiten so aufgebaut werden, daß beim Fehlen des Plugins ein Verweis auf eine Download-Seite angezeigt wird. In diesem Fall muß das JRE dann aber erst vom Anwender auf dem Client installiert werden, was aus verschiedenen Gründen problematisch sein kann (fehlende Kenntnisse des Anwenders, Programme dürfen nur vom Administrator installiert werden, Sicherheitsbedenken usw.) Einer der Hauptvorteile von Applets, die "installationsfreie" Ausführbarkeit von Programmen, ist verloren.

Dies mögen Gründe dafür sein, daß sich das Plugin noch nicht für Internet-Applets durchsetzen konnte. Für Intranet-Installationen, bei denen die Ausstattung der Clients kontrollierbar ist, kann es aber eine echte Alternative gegenüber dem Betrieb von autonomen Java-Applikationen sein. Wir wollen im nächsten Abschnitt die Schritte aufzeigen, die erforderlich sind, um ein Applet mit dem Plugin auszuführen.

Seit der Version 1.4 des JDK können bestimmte Web-Browser dazu gebracht werden, auch bei einem normalen APPLET-Tag auf die Runtime der Version 1.4 zurückzugreifen, statt auf die eingebaute Java-Implementierung. Dies gilt im wesentlichen für die 4er-, 5er- und 6er-Versionen des Internet Explorers sowie für die 6.0er- und 6.1er-Versionen des Netscape Communicators. Ein entsprechendes Verhalten der Browser kann entweder bei der Installation des JDK festgelegt werden (siehe Abschnitt 2.1.2 auf Seite 49), oder auch nachträglich über den Eintrag »Java-Plug-in 1.4.0« in der Systemsteuerung.

40.4.2 Verwendung des Plugins

Installation

Das Java-Plugin ist seit der Version 1.2 fester Bestandteil des JRE (*Java Runtime Environment*). Wird ein JRE 1.2 oder höher (oder ein entsprechendes JDK) installiert, so fügt die Installationsroutine den installierten Browsern das Plugin automatisch hinzu. Unter Windows gibt es nach der Installation in der Systemsteuerung einen neuen Eintrag "Java-Plug-in", mit dem das Plugin konfiguriert werden kann.

Wenn den Anwendern, die noch kein Plugin haben, eine einfache Möglichkeit zur Installation gegeben werden soll, kann in den EMBED- bzw. OBJECT-Tags ein Verweis auf die Plugin-Downloadseite untergebracht werden. Der im nächsten Abschnitt vorgestellte Plugin-Konverter macht das automatisch und fügt Verweise auf die Downloadseiten von java.sun.com ein. Im Intranet kann natürlich auch eine lokale Seite angegeben werden.

Konvertierung der HTML-Seiten

Das Konvertieren der APPLET-Tags ist leider keine triviale Angelegenheit. Einerseits arbeiten die Plugin-Mechanismen der verschiedenen Browser unterschiedlich, andererseits gibt es Unterschiede zwischen den verschiedenen Browser-Versionen. Am einfachsten ist es, die Konvertierung der HTML-Seiten dem Konvertierungstool HTMLConverter zu überlassen, das von der Plugin-Homepage http://java.sun.com/products/plugin heruntergeladen werden kann. Seit dem JDK 1.3.1 ist der Konverter fester Bestandteil des JDK.

Nachdem das Konvertierungstool installiert wurde (in der Version 1.3 wird es als Zip-Datei ausgeliefert und muß lediglich in ein freies Verzeichnis entpackt werden), kann seine Hauptklasse HTMLConverter gestartet werden:

```
javaw HTMLConverter
```

Der Konverter wird dann als Swing-Applikation aufgerufen und erlaubt die interaktive Konfiguration der verschiedenen Optionen. Er kann eine einzige oder alle Dateien in einem vorgegebenen Verzeichnis konvertieren und wahlweise auch Unterverzeichnisse durchlaufen. Die Konvertierung wird mit Hilfe von Template-Dateien erledigt. Mit ihnen wird festgelegt, auf welchen Plattformen und Browsern die konvertierte HTML-Datei laufen soll. Für den Communicator werden die APPLET-Tags in EMBED-Tags umgewandelt, für den Internet Explorer in OBJECT-Tags. Standardmäßig ist ein Template aktiviert, das trickreichen Code erzeugt, der auf beiden Browsern läuft.

Bei der Konvertierung werden die ursprünglichen HTML-Seiten in einem Backup-Verzeichnis gesichert. Zusätzlich werden die alten APPLET-Tags in einem Kommentar am Ende des neuen Tags abgelegt. Nach der Konvertierung kann die HTML-Seite wie gewohnt im Browser aufgerufen werden. Die Applets werden nun allerdings nicht mehr mit der im Browser eingebauten Java-Implementierung betrieben, sondern mit dem installierten JRE.

40.5 Zusammenfassung

In diesem Kapitel wurden folgende Themen behandelt:

- Das Konzept der Uniform Resource Locators, die Klasse URL und der Aufruf eines anderen Dokuments mit showDocument
- Der Applet-Kontext eines Applets
- Kommunikation unterschiedlicher Applets auf einer HTML-Seite
- Umwandlung einer Applikation in ein Applet
- Anwendungsmöglichkeiten, Installation und Verwendung des Java-Plugins

Teil VIII
Spezielle APIs

41 Serialisierung

41.1 Grundlagen

41.1.1 Begriffsbestimmung

Unter *Serialisierung* wollern wir die Fähigkeit verstehen, ein Objekt, das im Hauptspeicher der Anwendung existiert, in ein Format zu konvertieren, das es erlaubt, das Objekt in eine Datei zu schreiben oder über eine Netzwerkverbindung zu transportieren. Dabei wollen wir natürlich auch den umgekehrten Weg einschließen, also das Rekonstruieren eines in serialisierter Form vorliegenden Objekts in das interne Format der laufenden Java-Maschine.

> Serialisierung wird häufig mit dem Begriff *Persistenz* gleichgesetzt, vor allem in objektorientierten Programmiersprachen. Das ist nur bedingt richtig, denn *Persistenz* bezeichnet genaugenommen das *dauerhafte* Speichern von Daten auf einem externen Datenträger, so daß sie auch nach dem Beenden des Programms erhalten bleiben. Obwohl die persistente Speicherung von Objekten sicherlich eine der Hauptanwendungen der Serialisierung ist, ist sie nicht ihre einzige. Wir werden später Anwendungen sehen, bei der die Serialisierung von Objekten nicht zum Zweck ihrer persistenten Speicherung genutzt werden.

41.1.2 Schreiben von Objekten

Während es vor dem JDK 1.1 keine einheitliche Möglichkeit gab, Objekte zu serialisieren, gibt es seither im Paket `java.io` die Klasse `ObjectOutputStream`, mit der das sehr einfach zu realisieren ist. `ObjectOutputStream` besitzt einen Konstruktor, der einen `OutputStream` als Argument erwartet:

```
public ObjectOutputStream(OutputStream out)
  throws IOException
```

*java.io.
ObjectOutput
Stream*

Der an den Konstruktor übergebene `OutputStream` dient als Ziel der Ausgabe. Hier kann ein beliebiges Objekt der Klasse `OutputStream` oder einer daraus abgeleiteten Klasse übergeben werden. Typischerweise wird ein `FileOutputStream` verwendet, um die serialisierten Daten in eine Datei zu schreiben.

Kapitel 41 — Serialisierung

`ObjectOutputStream` besitzt sowohl Methoden, um primitive Typen zu serialisieren, als auch die wichtige Methode `writeObject`, mit der ein komplettes Objekt serialisiert werden kann:

java.io.ObjectOutputStream

```
public final void writeObject(Object obj)
  throws IOException
public void writeBoolean(boolean data)
  throws IOException
public void writeByte(int data)
  throws IOException
public void writeShort(int data)
  throws IOException
public void writeChar(int data)
  throws IOException
public void writeInt(int data)
  throws IOException
public void writeLong(long data)
  throws IOException
public void writeFloat(float data)
  throws IOException
public void writeDouble(double data)
  throws IOException
public void writeBytes(String data)
  throws IOException
public void writeChars(String data)
  throws IOException
public void writeUTF(String data)
  throws IOException
```

Während die Methoden zum Schreiben der primitiven Typen ähnlich funktionieren wie die gleichnamigen Methoden der Klasse `RandomAccessFile` (siehe Abschnitt 20.4 auf Seite 450), ist die Funktionsweise von `writeObject` wesentlich komplexer. `writeObject` schreibt folgende Daten in den `OutputStream`:

▶ Die Klasse des als Argument übergebenen Objekts

▶ Die Signatur der Klasse

▶ Alle *nicht-statischen*, *nicht-transienten* Membervariablen des übergebenen Objekts inklusive der aus allen Vaterklassen geerbten Membervariablen

Insbesondere der letzte Punkt verdient dabei besondere Beachtung. Die Methode `writeObject` durchsucht also das übergebene Objekt nach Membervariablen und überprüft deren Attribute. Ist eine Membervariable vom Typ `static`, wird es nicht serialisiert, denn es gehört nicht zum Objekt, sondern zur Klasse des Objekts. Weiterhin werden alle Membervariablen ignoriert, die mit dem Schlüsselwort `transient` deklariert wurden. Auf diese Weise kann das Objekt Membervariablen definieren, die aufgrund ihrer Natur nicht seria-

Grundlagen

lisiert werden sollen oder dürfen. Wichtig ist weiterhin, daß ein Objekt nur dann mit `writeObject` serialisiert werden kann, wenn es das Interface `Serializable` implementiert.

Aufwendiger als auf den ersten Blick ersichtlich ist das Serialisieren von Objekten vor allem aus zwei Gründen:

- Erstens muß zur Laufzeit ermittelt werden, welche Membervariablen das zu serialisierende Objekt besitzt (bzw. geerbt hat) und welche von ihnen serialisiert werden sollen. Dazu wird das *Reflection*-API verwendet (siehe Kapitel 43 auf Seite 989).

- Zweitens kann eine Membervariable natürlich selbst ein Objekt sein, das seinerseits serialisiert werden muß. Insbesondere muß `writeObject` dabei korrekt mit zyklischen Verweisen umgehen und dafür sorgen, daß Objektreferenzen erhalten bleiben (siehe Abschnitt 41.2.3 auf Seite 940).

Wir wollen uns zunächst ein Beispiel ansehen. Dazu konstruieren wir eine einfache Klasse `Time`, die eine Uhrzeit, bestehend aus Stunden und Minuten, kapselt:

```
001  /* Time.java */
002
003  import java.io.*;
004
005  public class Time
006  implements Serializable
007  {
008    private int hour;
009    private int minute;
010
011    public Time(int hour, int minute)
012    {
013      this.hour = hour;
014      this.minute = minute;
015    }
016
017    public String toString()
018    {
019      return hour + ":" + minute;
020    }
021  }
```

Listing 41.1:
Eine serialisierbare Uhrzeitklasse

`Time` besitzt einen öffentlichen Konstruktor und eine `toString`-Methode zur Ausgabe der Uhrzeit. Die Membervariablen `hour` und `minute` wurden als `private` deklariert und sind nach außen nicht sichtbar. Die Sichtbarkeit einer Membervariable hat keinen Einfluß darauf, ob es von `writeObject` serialisiert wird oder nicht. Mit Hilfe eines Objekts vom Typ `ObjectOutputStream` kann ein `Time`-Objekt serialisiert werden:

Listing 41.2:
Serialisieren
eines Time-
Objekts

```
001  /* Listing4102.java */
002
003  import java.io.*;
004  import java.util.*;
005
006  public class Listing4102
007  {
008    public static void main(String[] args)
009    {
010      try {
011        FileOutputStream fs = new FileOutputStream("test1.ser");
012        ObjectOutputStream os = new ObjectOutputStream(fs);
013        Time time = new Time(10,20);
014        os.writeObject(time);
015        os.close();
016      } catch (IOException e) {
017        System.err.println(e.toString());
018      }
019    }
020  }
```

Wir konstruieren zunächst einen `FileOutputStream`, der das serialisierte Objekt in die Datei test1.ser schreiben soll. Anschließend erzeugen wir einen `ObjectOutputStream` durch Übergabe des `FileOutputStream` an dessen Konstruktor. Nun wird ein `Time`-Objekt für die Uhrzeit 10:20 konstruiert und mit `writeObject` serialisiert. Nach dem Schließen des Streams steht das serialisierte Objekt in "test1.ser".

> Wichtig an der Deklaration von `Time` ist das Implementieren des `Serializable`-Interfaces. Zwar definiert `Serializable` keine Methoden, `writeObject` testet jedoch, ob das zu serialisierende Objekt dieses Interface implementiert. Ist das nicht der Fall, wird eine Ausnahme des Typs `NotSerializableException` ausgelöst.

Ein `ObjectOutputStream` kann nicht nur ein Objekt serialisieren, sondern beliebig viele, sie werden nacheinander in den zugrundeliegenden `OutputStream` geschrieben. Das folgende Programm zeigt, wie zunächst ein `int`, dann ein `String` und schließlich zwei `Time`-Objekte serialisiert werden:

Listing 41.3:
Serialisieren
mehrerer
Objekte

```
001  /* Listing4103.java */
002
003  import java.io.*;
004  import java.util.*;
005
006  public class Listing4103
007  {
008    public static void main(String[] args)
```

Grundlagen

```
009  {
010    try {
011      FileOutputStream fs = new FileOutputStream("test2.ser");
012      ObjectOutputStream os = new ObjectOutputStream(fs);
013      os.writeInt(123);
014      os.writeObject("Hallo");
015      os.writeObject(new Time(10, 30));
016      os.writeObject(new Time(11, 25));
017      os.close();
018    } catch (IOException e) {
019      System.err.println(e.toString());
020    }
021  }
022 }
```

Listing 41.3: Serialisieren mehrerer Objekte (Forts.)

Da ein `int` ein primitiver Typ ist, muß er mit `writeInt` serialisiert werden. Bei den übrigen Aufrufen kann `writeObject` verwendet werden, denn alle übergebenen Argumente sind Objekte.

> Es gibt keine verbindlichen Konventionen für die Benennung von Dateien mit serialisierten Objekten. Die in den Beispielen verwendete Erweiterung .ser ist allerdings recht häufig zu finden, ebenso wie Dateierweiterungen des Typs .dat. Wenn eine Anwendung viele unterschiedliche Dateien mit serialisierten Objekten hält, kann es auch sinnvoll sein, die Namen nach dem Typ der serialisierten Objekte zu vergeben.

41.1.3 Lesen von Objekten

Nachdem ein Objekt serialisiert wurde, kann es mit Hilfe der Klasse `ObjectInputStream` wieder rekonstruiert werden. Analog zu `ObjectOutputStream` gibt es Methoden zum Wiedereinlesen von primitiven Typen und eine Methode `readObject`, mit der ein serialisiertes Objekt wieder hergestellt werden kann:

```
public final Object readObject()
  throws OptionalDataException,
         ClassNotFoundException,
         IOException
public boolean readBoolean()
  throws IOException
public byte readByte()
  throws IOException
public short readShort()
  throws IOException
public char readChar()
  throws IOException
public int readInt()
  throws IOException
```

java.io.
Object-
InputStream

```
public long readLong()
  throws IOException
public float readFloat()
  throws IOException
public double readDouble()
  throws IOException
public String readUTF()
  throws IOException
```

Zudem besitzt die Klasse `ObjectInputStream` einen Konstruktor, der einen `InputStream` als Argument erwartet, der zum Einlesen der serialisierten Objekte verwendet wird:

*java.io.
Object-
InputStream*

```
public ObjectInputStream(InputStream in)
```

Das *Deserialisieren* eines Objektes kann man sich stark vereinfacht aus den folgenden beiden Schritten bestehend vorstellen:

▶ Zunächst wird ein neues Objekt des zu deserialisierenden Typs angelegt, und die Membervariablen werden mit Default-Werten vorbelegt. Zudem wird der Default-Konstruktor der ersten nicht-serialisierbaren Superklasse aufgerufen.

▶ Anschließend werden die serialisierten Daten gelesen und den entprechenden Membervariablen des angelegten Objekts zugewiesen.

Das erzeugte Objekt hat anschließend dieselbe Struktur und denselben Zustand, den das serialisierte Objekt hatte (abgesehen von den nicht serialisierten Membervariablen des Typs `static` oder `transient`). Da der Rückgabewert von `readObject` vom Typ `Object` ist, muß das erzeugte Objekt in den tatsächlichen Typ (oder eine seiner Oberklassen) umgewandelt werden. Das folgende Programm zeigt das Deserialisieren am Beispiel des in Listing 41.2 auf Seite 932 serialisierten und in die Datei `test1.ser` geschriebenen `Time`-Objekts:

*Listing 41.4:
Deserialisieren
eines Time-
Objekts*

```
001 /* Listing4104.java */
002
003 import java.io.*;
004 import java.util.*;
005
006 public class Listing4104
007 {
008   public static void main(String[] args)
009   {
010     try {
011       FileInputStream fs = new FileInputStream("test1.ser");
012       ObjectInputStream is = new ObjectInputStream(fs);
013       Time time = (Time)is.readObject();
014       System.out.println(time.toString());
015       is.close();
016     } catch (ClassNotFoundException e) {
```

```
017         System.err.println(e.toString());
018     } catch (IOException e) {
019         System.err.println(e.toString());
020     }
021   }
022 }
```

Listing 41.4: Deserialisieren eines Time-Objekts (Forts.)

Hier wird zunächst ein `FileInputStream` für die Datei `test1.ser` geöffnet und an den Konstruktor des `ObjectInputStream`-Objekts `is` übergeben. Alle lesenden Aufrufe von `is` beschaffen ihre Daten damit aus `test1.ser`. Jeder Aufruf von `readObject` liest immer das nächste gespeicherte Objekt aus dem Eingabestream. Das Programm zum Deserialisieren muß also genau wissen, welche Objekttypen in welcher Reihenfolge serialisiert wurden, um sie erfolgreich deserialisieren zu können. In unserem Beispiel ist die Entscheidung einfach, denn in der Eingabedatei steht nur ein einziges `Time`-Objekt. `readObject` deserialisiert es und liefert ein neu erzeugtes `Time`-Objekt, dessen Membervariablen mit den Werten aus dem serialisierten Objekt belegt werden. Die Ausgabe des Programms ist demnach:

```
10:20
```

Es ist wichtig zu verstehen, daß beim Deserialisieren nicht der Konstruktor des erzeugten Objekts aufgerufen wird. Lediglich bei einer serialisierbaren Klasse, die in ihrer Vererbungshierarchie Superklassen hat, die nicht das Interface `Serializable` implementieren, wird der parameterlose Konstruktor der nächsthöheren nicht-serialisierbaren Vaterklasse aufgerufen. Da die aus der nicht-serialisierbaren Vaterklasse geerbten Membervariablen nicht serialisiert werden, soll auf diese Weise sichergestellt sein, daß sie wenigstens sinnvoll initialisiert werden.

Auch eventuell vorhandene Initialisierungen einzelner Membervariablen werden nicht ausgeführt. Wir könnten beispielsweise die `Time`-Klasse aus Listing 41.1 auf Seite 931 um eine Membervariable `seconds` erweitern:

```
private transient int seconds = 11;
```

Dann wäre zwar bei allen mit `new` konstruierten Objekten der Sekundenwert mit 11 vorbelegt. Bei Objekten, die durch Deserialisieren erzeugt wurden, bleibt er aber 0 (das ist der Standardwert eines `int`, siehe Tabelle 4.1 auf Seite 90), denn der Initialisierungscode wird in diesem Fall nicht ausgeführt.

Beim Deserialisieren von Objekten können einige Fehler passieren. Damit ein Aufruf von `readObject` erfolgreich ist, müssen mehrere Kriterien erfüllt sein:

▶ Das nächste Element des Eingabestreams ist tatsächlich ein *Objekt* (kein primitiver Typ).

▶ Das Objekt muß sich vollständig und fehlerfrei aus der Eingabedatei lesen lassen.

- Es muß eine Konvertierung auf den gewünschten Typ erlauben, also entweder zu derselben oder einer daraus abgeleiteten Klasse gehören.

- Der Bytecode für die Klasse des zu deserialisierenden Objekts muß vorhanden sein. Er wird beim Serialisieren nicht mitgespeichert, sondern muß dem Empfängerprogramm wie üblich als kompilierter Bytecode zur Verfügung stehen.

- Die Klasseninformation des serialisierten Objekts und die im deserialisierenden Programm als Bytecode vorhandene Klasse müssen zueinander kompatibel sein. Wir werden auf diesen Aspekt in Abschnitt 41.2.1 auf Seite 937 detailliert eingehen.

Soll beispielsweise die in Listing 41.3 auf Seite 932 erzeugte Datei test2.ser deserialisiert werden, so müssen die Aufrufe der read-Methoden in Typ und Reihenfolge denen des serialisierenden Programms entsprechen:

Listing 41.5:
Deserialisieren
mehrerer
Elemente

```
001 /* Listing4105.java */
002
003 import java.io.*;
004 import java.util.*;
005
006 public class Listing4105
007 {
008   public static void main(String[] args)
009   {
010     try {
011       FileInputStream fs = new FileInputStream("test2.ser");
012       ObjectInputStream is = new ObjectInputStream(fs);
013       System.out.println("" + is.readInt());
014       System.out.println((String)is.readObject());
015       Time time = (Time)is.readObject();
016       System.out.println(time.toString());
017       time = (Time)is.readObject();
018       System.out.println(time.toString());
019       is.close();
020     } catch (ClassNotFoundException e) {
021       System.err.println(e.toString());
022     } catch (IOException e) {
023       System.err.println(e.toString());
024     }
025   }
026 }
```

Das Programm rekonstruiert alle serialisierten Elemente aus "test2.ser". Seine Ausgabe ist:

```
123
Hallo
10:30
11:25
```

41.2 Weitere Aspekte der Serialisierung

Mit den Grundlagen aus dem vorigen Abschnitt sind bereits die wichtigsten Prinzipien der Serialisierung in Java erklärt. Beeindruckend ist dabei einerseits, wie das Konzept in die Klassenbibliothek eingebunden wurde. `ObjectOutputStream` und `ObjectInputStream` passen in natürlicher Weise in die Stream-Hierarchie und zeigen, wie man Streams konstruiert, die *strukturierte* Daten verarbeiten. Andererseits ist es eine große Hilfe, daß Objekte ohne größere Änderungen serialisiert werden können. Es ist lediglich erforderlich, das `Serializable`-Interface zu implementieren, um ein einfaches Objekt persistent machen zu können.

Dennoch ist das API leistungsfähig genug, auch komplexe Klassen serialisierbar zu machen. Wir wollen in diesem Abschnitt weiterführende Aspekte betrachten, die im Rahmen dieser Einführung noch verständlich sind. Daneben gibt es weitere Möglichkeiten, mit denen das Serialisieren und Deserialisieren von Klassen komplett an die speziellen Anforderungen einer Applikation angepaßt werden kann. Auf diese Details wollen wir hier aber nicht eingehen. Als vertiefende Lektüre empfiehlt sich die »Java Object Serialization Specification«, die seit der Version 1.2 Bestandteil der Online-Dokumentation des JDK ist.

41.2.1 Versionierung

Applikationen, in denen Code und Daten getrennt gehalten werden, haben grundsätzlich mit dem Problem der Inkonsistenz beider Bestandteile zu kämpfen. Wie kann sichergestellt werden, daß die Struktur der zu verarbeitenden Daten tatsächlich den vom Programm erwarteten Strukturen entspricht? Dieses Problem gibt es bei praktisch allen Datenbankanwendungen, und es tritt immer dann verstärkt auf, wenn Code und Datenstruktur getrennt geändert werden. Auch durch das Serialisieren von Objekten haben wir das Problem, denn die Datei mit den serialisierten Objekten enthält nur die *Daten*, der zugehörige *Code* kommt dagegen aus dem `.class`-File.

Das Serialisierungs-API versucht diesem Problem mit einem *Versionierungsmechanismus* zu begegnen. Dazu enthält das Interface `Serializable` eine `long`-Konstante `serialVersionUID`, in der eine Versionskennung zur Klasse gespeichert wird. Sie wird beim Aufruf von `writeObject` automatisch berechnet und stellt einen Hashcode über die wichtigsten Eigenschaften der Klasse dar. So gehen beispielsweise Name und Signatur der Klasse, implementierte Interfaces sowie Methoden und Konstruktoren in die Berechnung ein. Selbst triviale Änderungen wie das Umbenennen oder Hinzufügen einer öffentlichen Methode verändern die `serialVersionUID`.

 Die `serialVersionUID` einer Klasse kann mit Hilfe des Hilfsprogramms `serialver` ermittelt werden. Dieses einfache Programm wird zusammen mit dem Namen der Klasse in der Kommandozeile aufgerufen und liefert die Versionsnummer als Ausgabe. Alternativ kann es auch mit dem Argument `-show` aufgerufen werden. Es hat dann eine einfache Oberfläche, in der der Name der Klasse interaktiv eingegeben werden kann (siehe Abbildung 41.1).

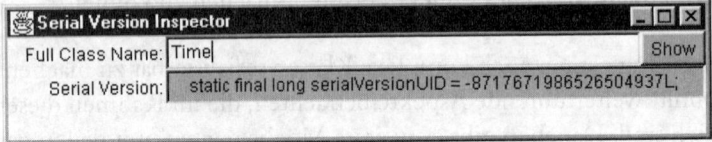

Abbildung 41.1: Das Programm serialver

Beim Serialisieren eines Objektes wird auch die `serialVersionUID` der zugehörigen Klasse mit in die Ausgabedatei geschrieben. Soll das Objekt später deserialisiert werden, so wird die in der Datei gespeicherte `serialVersionUID` mit der aktuellen `serialVersionUID` des geladenen `.class`-Files verglichen. Stimmen beide nicht überein, so gibt es eine Ausnahme des Typs `InvalidClassException`, und der Deserialisierungsvorgang bricht ab.

Diese Art der Versionierung ist zwar recht sicher, aber auch sehr rigoros. Schon eine kleine Änderung an der Klasse macht die serialisierten Objekte unbrauchbar, weil sie sich nicht mehr deserialisieren lassen. Die in Listing 41.1 auf Seite 931 vorgestellte Klasse `Time` hat die `serialVersionUID` `-8717671986526504937L`. Wird beispielsweise eine neue Methode `public void test()` hinzugefügt (die für das Deserialisieren eigentlich völlig bedeutungslos ist), ändert sich die `serialVersionUID` auf `9202005869290334574L`, und weder die Datei `test1.ser` noch `test2.ser` lassen sich zukünftig deserialisieren.

Anstatt die `serialVersionUID` automatisch berechnen zu lassen, kann sie von der zu serialisierenden Klasse auch fest vorgegeben werden. Dazu wird einfach eine Konstante `static final long serialVersionUID` definiert und mit einem vorgegebenen Wert belegt (der zum Beispiel mit Hilfe von `serialver` ermittelt wird). In diesem Fall wird die `serialVersionUID` beim Aufruf von `writeObject` nicht neu berechnet, sondern es wird der vorgegebene Wert verwendet. Läßt man diese Konstante unverändert, können beliebige Änderungen der Klasse durchgeführt werden, ohne daß `readObject` beim Deserialisieren mit einer Ausnahme abbricht. Die Time-Klasse aus Listing 41.1 auf Seite 931 hätte dann folgendes Aussehen:

Listing 41.6: Die Uhrzeitklasse mit serialVersionUID

```
001 import java.io.*;
002
003 public class Time
004 implements Serializable
005 {
```

Weitere Aspekte der Serialisierung   Kapitel 41

```
006   static final long serialVersionUID = -8717671986526504937L;
007
008   private int hour;
009   private int minute;
010
011   public Time(int hour, int minute)
012   {
013     this.hour = hour;
014     this.minute = minute;
015   }
016
017   public String toString()
018   {
019     return hour + ":" + minute;
020   }
021 }
```

Listing 41.6: Die Uhrzeitklasse mit serialVersionUID (Forts.)

Jetzt muß die Anwendung natürlich selbst darauf achten, daß die durchgeführten Änderungen kompatibel sind, daß also durch das Laden der Daten aus dem älteren Objekt keine Inkonsistenzen verursacht werden. Dabei mögen folgende Regeln als Anhaltspunkte dienen:

- Das Hinzufügen oder Entfernen von Methoden ist meist unkritisch.
- Das Entfernen von Membervariablen ist meist unkritisch.
- Beim Hinzufügen neuer Membervariablen muß beachtet werden, daß diese nach dem Deserialisieren uninitialisiert sind.
- Problematisch ist es meist, Membervariablen umzubenennen, sie auf `transient` oder `static` (oder umgekehrt) zu ändern, die Klasse von `Serializable` auf `Externalizable` (oder umgekehrt) zu ändern oder den Klassennamen zu ändern.

Solange die Änderungen kompatibel bleiben, ist also durch eine feste `serialVersionUID` sichergestellt, daß serialisierte Objekte lesbar und deserialisierbar bleiben. Sind die Änderungen dagegen inkompatibel, sollte die Konstante entsprechend geändert werden, und die serialisierten Daten dürfen nicht mehr verwendet werden (bzw. müssen vor der weiteren Verwendung konvertiert werden).

41.2.2 Nicht-serialisierte Membervariablen

Mitunter besitzt eine Klasse Membervariablen, die nicht serialisiert werden sollen. Typische Beispiele sind Variablen, deren Wert sich während des Programmlaufs dynamisch ergibt, oder solche, die nur der temporären Kommunikation zwischen zwei oder mehr Methoden dienen. Auch Daten, die nur im Kontext der laufenden Anwendung Sinn machen, wie beispielsweise Filehandles, Sockets oder GUI-Ressourcen, sollten nicht serialisiert werden; sie »verfallen« mit dem Ende des Programms.

Membervariablen, die nicht serialisiert werden sollen, können mit dem Attribut `transient` versehen werden. Dadurch werden sie beim Schreiben des Objekts mit `writeObject` ignoriert und gelangen nicht in die Ausgabedatei. Beim Deserialisieren werden die transienten Objekte lediglich mit dem typspezifischen Standardwert belegt.

41.2.3 Objektreferenzen

Eine wichtige Eigenschaft des Serialisierungs-APIs im JDK ist die, daß auch *Referenzen* automatisch gesichert und rekonstruiert werden. Besitzt ein Objekt selbst Strings, Arrays oder andere Objekte als Membervariablen, so werden diese ebenso wie die primitiven Typen serialisiert und deserialisiert. Da eine Objektvariable lediglich einen *Verweis* auf das im Hauptspeicher allozierte Objekt darstellt, ist es wichtig, daß diese Verweise auch nach dem Serialisieren/Deserialisieren erhalten bleiben. Insbesondere darf ein Objekt auch dann nur einmal angelegt werden, wenn darauf von mehr als einer Variable verwiesen wird. Auch nach dem Deserialisieren darf das Objekt nur einmal vorhanden sein, und die verschiedenen Objektvariablen müssen auf dieses Objekt zeigen.

Der `ObjectOutputStream` hält zu diesem Zweck eine Hashtabelle, in der alle bereits serialisierten Objekte verzeichnet werden. Bei jedem Aufruf von `writeObject` wird zunächst in der Tabelle nachgesehen, ob das Objekt bereits serialisiert wurde. Ist das der Fall, wird in der Ausgabedatei lediglich ein Verweis auf das Objekt gespeichert. Andernfalls wird das Objekt serialisiert und in der Hashtabelle eingetragen. Beim Deserialisieren eines Verweises wird dieser durch einen Objektverweis auf das zuvor deserialisierte Objekt ersetzt. Auf diese Weise werden Objekte nur einmal gespeichert, die Objektreferenzen werden konserviert, und das Problem von Endlosschleifen durch zyklische Referenzen ist ebenfalls gelöst.

Das folgende Programm zeigt das Speichern von Verweisen am Beispiel eines Graphen, der Eltern-Kind-Beziehungen darstellt. Zunächst benötigen wir dazu eine Klasse `Person`, die den Namen und die Eltern einer Person speichern kann. Jeder Elternteil wird dabei durch einen Verweis auf eine weitere Person dargestellt:

Listing 41.7:
Die Klasse
Person

```
001  import java.io.*;
002
003  public class Person
004  implements Serializable
005  {
006    public String name;
007    public Person mother;
008    public Person father;
009
010    public Person(String name)
011    {
012      this.name = name;
013    }
014  }
```

Der Einfachheit halber wurden alle Membervariablen als public deklariert. Wir wollen nun ein Programm erstellen, das den folgenden Eltern-Kind-Graph aufbaut:

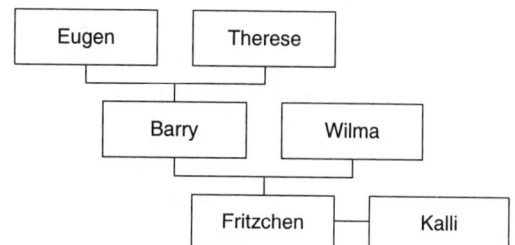

Abbildung 41.2: Eltern-Kind-Graph für Serialisierungsbeispiel

Das Programm soll den Graph dann in eine Datei test3.ser serialisieren und anschließend durch Deserialisieren wieder rekonstruieren. Wir wollen dann überprüfen, ob alle Verweise wiederhergestellt wurden und ob die Objekteindeutigkeit gewahrt wurde.

```
001 /* Listing4108.java */
002
003 import java.io.*;
004 import java.util.*;
005
006 public class Listing4108
007 {
008   public static void main(String[] args)
009   {
010     //Erzeugen der Familie
011     Person opa = new Person("Eugen");
012     Person oma = new Person("Therese");
013     Person vater = new Person("Barny");
014     Person mutter = new Person("Wilma");
015     Person kind1 = new Person("Fritzchen");
016     Person kind2 = new Person("Kalli");
017     vater.father = opa;
018     vater.mother = oma;
019     kind1.father = kind2.father = vater;
020     kind1.mother = kind2.mother = mutter;
021
022     //Serialisieren der Familie
023     try {
024       FileOutputStream fs = new FileOutputStream("test3.ser");
025       ObjectOutputStream os = new ObjectOutputStream(fs);
026       os.writeObject(kind1);
027       os.writeObject(kind2);
028       os.close();
029     } catch (IOException e) {
030       System.err.println(e.toString());
```

Listing 41.8: Serialisieren von Objekten und Referenzen

Listing 41.8:
Serialisieren von Objekten und Referenzen (Forts.)

```
031     }
032
033     //Rekonstruieren der Familie
034     kind1 = kind2 = null;
035     try {
036       FileInputStream fs = new FileInputStream("test3.ser");
037       ObjectInputStream is = new ObjectInputStream(fs);
038       kind1 = (Person)is.readObject();
039       kind2 = (Person)is.readObject();
040       //Überprüfen der Objekte
041       System.out.println(kind1.name);
042       System.out.println(kind2.name);
043       System.out.println(kind1.father.name);
044       System.out.println(kind1.mother.name);
045       System.out.println(kind2.father.name);
046       System.out.println(kind2.mother.name);
047       System.out.println(kind1.father.father.name);
048       System.out.println(kind1.father.mother.name);
049       //Name des Vaters ändern
050       kind1.father.name = "Fred";
051       //Erneutes Überprüfen der Objekte
052       System.out.println("---");
053       System.out.println(kind1.name);
054       System.out.println(kind2.name);
055       System.out.println(kind1.father.name);
056       System.out.println(kind1.mother.name);
057       System.out.println(kind2.father.name);
058       System.out.println(kind2.mother.name);
059       System.out.println(kind1.father.father.name);
060       System.out.println(kind1.father.mother.name);
061       is.close();
062     } catch (ClassNotFoundException e) {
063       System.err.println(e.toString());
064     } catch (IOException e) {
065       System.err.println(e.toString());
066     }
067   }
068 }
```

Das Programm erzeugt in den Zeilen 011 bis 020 zunächst den in Abbildung 41.2 auf Seite 941 abgebildeten Verwandtschaftsgraph und serialisiert ihn anschließend in die Datei `test3.ser`. Bemerkenswert ist hier vor allem, daß wir lediglich die beiden Kinder `kind1` und `kind2` explizit serialisieren. Da alle anderen Objekte über Verweise von den Kindern aus zu erreichen sind, ist es nicht nötig, diese separat mit `writeObject` zu speichern.

In Zeile 034 setzen wir die beiden Kindvariablen auf `null`, um zu beweisen, daß sie ausschließlich durch das nachfolgende Deserialisieren korrekt gesetzt werden. Nun werden `kind1` und `kind2` deserialisiert, und in den Zeilen 041 bis 048 wird der komplette Verwandtschaftsgraph ausgegeben. An der Ausgabe des Programms können wir erkennen, daß tatsächlich alle Objekte rekonstruiert und die Verweise darauf korrekt gesetzt wurden:

```
Fritzchen
Kalli
Barny
Wilma
Barny
Wilma
Eugen
Therese
---
Fritzchen
Kalli
Fred
Wilma
Fred
Wilma
Eugen
Therese
```

Der zweite Block von Ausgabeanweisungen (in den Zeilen 052 bis 060) zeigt, daß auch die Objekteindeutigkeit gewahrt wurde. Dazu haben wir nämlich in Zeile 050 den Namen des Vaterobjekts von `kind1` auf "Fred" geändert. Wie im zweiten Teil der Ausgabe des Programms zu erkennen ist, wurde damit auch der Name des Vaters des zweiten Kindes auf "Fred" geändert, und wir können sicher sein, daß es sich um ein und dasselbe Objekt handelt.

Obwohl (oder gerade weil) das Serialisieren von Objektgraphen in aller Regel sehr bequem und vollautomatisch abläuft, seien an dieser Stelle einige Warnungen ausgesprochen:

▶ Einerseits kann es passieren, daß mehr Objekte als erwartet serialisiert werden. Insbesondere bei komplexen Objektbeziehungen kann es sein, daß an dem zu serialisierenden Objekt indirekt viele weitere Objekte hängen und beim Serialisieren wesentlich mehr Objekte gespeichert werden, als erwartet wurde. Das kostet unnötig Zeit und Speicher.

▶ Durch das Zwischenspeichern der bereits serialisierten Objekte in `ObjectOutputStream` werden viele Verweise auf Objekte gehalten, die sonst möglicherweise für das Programm unerreichbar wären. Da der Garbage Collector diese Objekte nicht freigibt, kann es beim Serialisieren einer großen Anzahl von Objekten zu Speicherproblemen kommen. Mit Hilfe der Methode `reset` kann der `ObjectOutputStream` in den Anfangszustand versetzt werden; alle bereits bekannten Objektreferenzen werden »vergessen«. Wird ein bereits serialisiertes Objekt danach noch einmal gespeichert, wird kein Verweis, sondern das Objekt selbst noch einmal geschrieben.

> ▶ Wenn ein bereits serialisiertes Objekt *verändert* und anschließend erneut serialisiert wird, bleibt die Veränderung beim Deserialisieren unsichtbar, denn in der Ausgabedatei wird lediglich ein Verweis auf das Originalobjekt gespeichert.

41.2.4 Serialisieren von Collections

Neben selbstgeschriebenen Klassen sind auch viele der Standardklassen des JDK serialisierbar, insbesondere die meisten Collection-Klassen. Um beispielsweise alle Daten eines Vektors oder einer Hashtable persistent zu speichern, genügt ein einfaches Serialisieren nach obigem Muster. Voraussetzung ist allerdings, daß auch die Elemente der Collection serialisierbar sind, andernfalls gibt es eine NotSerializableException. Auch die Wrapperklassen zu den Basistypen (siehe Abschnitt 10.2 auf Seite 209) sind standardmäßig serialisierbar und können damit problemlos als Objekte in serialisierbaren Collections verwendet werden. Im nächsten Abschnitt stellen wir eine kleine Anwendung für das Serialisieren von Hashtabellen vor.

41.3 Anwendungen

41.3.1 Ein einfacher Objektspeicher

Die folgende Klasse TrivialObjectStore stellt ein einfaches Beispiel für einen persistenten Objektspeicher dar. Sie besitzt eine Methode putObject, mit der beliebige String-Object-Paare angelegt und später mit getObject wieder abgerufen werden können. Durch Aufruf von save kann der komplette Objektspeicher serialisiert werden, ein Aufruf von load lädt ihn von der Festplatte. Die Klasse TrivialObjectStore verwendet eine Hashtable zur Ablage der String-Object-Paare. Diese implementiert bereits standardmäßig das Interface Serializable und kann daher sehr einfach auf einem externen Datenträger gespeichert oder von dort geladen werden.

Listing 41.9:
Ein einfacher
Objektspeicher

```
001 /* TrivialObjectStore.java */
002
003 import java.io.*;
004 import java.util.*;
005
006 /**
007  * Trivialer Objektspeicher, der Mengen von Name-Objekt-
008  * Paaren aufnehmen und persistent speichern kann.
009  */
010 public class TrivialObjectStore
011 {
012   //Instance variables
013   private String fname;
014   private Hashtable objects;
```

```
015
016    /**
017     * Erzeugt einen neuen Objektspeicher mit dem angegebenen
018     * Namen (die Erweiterung ".tos" ("trivial object store")
019     * wird ggfs. automatisch angehängt.
020     */
021    public TrivialObjectStore(String fname)
022    {
023      this.fname = fname;
024      if (!fname.endsWith(".tos")) {
025        this.fname += ".tos";
026      }
027      this.objects = new Hashtable(50);
028    }
029
030    /**
031     * Sichert den Objektspeicher unter dem im Konstruktor
032     * angegebenen Namen.
033     */
034    public void save()
035    throws IOException
036    {
037      FileOutputStream fs = new FileOutputStream(fname);
038      ObjectOutputStream os = new ObjectOutputStream(fs);
039      os.writeObject(objects);
040      os.close();
041    }
042
043    /**
044     * Lädt den Objektspeicher mit dem im Konstruktor
045     * angegebenen Namen.
046     */
047    public void load()
048    throws ClassNotFoundException, IOException
049    {
050      FileInputStream fs = new FileInputStream(fname);
051      ObjectInputStream is = new ObjectInputStream(fs);
052      objects = (Hashtable)is.readObject();
053      is.close();
054    }
055
056    /**
057     * Fügt ein Objekt in den Objektspeicher ein.
058     */
059    public void putObject(String name, Object object)
060    {
061      objects.put(name, object);
062    }
063
```

Listing 41.9:
Ein einfacher
Objektspeicher
(Forts.)

Listing 41.9:
Ein einfacher
Objektspeicher
(Forts.)

```
064   /**
065    * Liest das Objekt mit dem angegebenen Namen aus dem
066    * Objektspeicher. Ist es nicht vorhanden, wird null
067    * zurückgegeben.
068    */
069   public Object getObject(String name)
070   {
071     return objects.get(name);
072   }
073
074   /**
075    * Liefert eine Aufzählung aller gespeicherten Namen.
076    */
077   public Enumeration getAllNames()
078   {
079     return objects.keys();
080   }
081 }
```

Objekte der Klasse `TrivialObjectStore` können nun verwendet werden, um beliebige serialisierbare Objekte unter Zuordnung eines Namens auf einem externen Datenträger zu speichern. Das folgende Listing zeigt dies am Beispiel eines fiktiven »Tamagotchi-Shops«, dessen Eigenschaften *Name*, *Besitzer* und *Liste der Produkte* im Objektspeicher abgelegt, in die Datei `shop.tos` geschrieben und anschließend wieder ausgelesen werden:

Listing 41.10:
Beispielanwendung für den einfachen Objektspeicher

```
001 /* Listing4110.java */
002
003 import java.io.*;
004 import java.util.*;
005
006 public class Listing4110
007 {
008   public static void main(String[] args)
009   {
010     //Erzeugen und Speichern des Objektspeichers
011     TrivialObjectStore tos = new TrivialObjectStore("shop");
012     tos.putObject("name", "Tami-Shop Norderelbe");
013     tos.putObject("besitzer", "Meier, Fridolin");
014     Vector products = new Vector(10);
015     products.addElement("Dinky Dino");
016     products.addElement("96er Classic");
017     products.addElement("Black Frog");
018     products.addElement("SmartGotchi");
019     products.addElement("Pretty Dolly");
020     tos.putObject("produkte", products);
021     try {
022       tos.save();
023     } catch (IOException e) {
```

```
024      System.err.println(e.toString());
025    }
026
027    //Einlesen des Objektspeichers
028    TrivialObjectStore tos2 = new TrivialObjectStore("shop");
029    try {
030      tos2.load();
031      Enumeration names = tos2.getAllNames();
032      while (names.hasMoreElements()) {
033        String name = (String)names.nextElement();
034        Object obj = tos2.getObject(name);
035        System.out.print(name + ": ");
036        System.out.println(obj.getClass().toString());
037        if (obj instanceof Collection) {
038          Iterator it = ((Collection)obj).iterator();
039          while (it.hasNext()) {
040            System.out.println("  " + it.next().toString());
041          }
042        } else {
043          System.out.println("  " + obj.toString());
044        }
045      }
046    } catch (IOException e) {
047      System.err.println(e.toString());
048    } catch (ClassNotFoundException e) {
049      System.err.println(e.toString());
050    }
051  }
052 }
```

Listing 41.10: Beispielanwendung für den einfachen Objektspeicher (Forts.)

Hier wird zunächst ein neuer Objektspeicher tos erstellt und mit den Objekten aus dem Tamagotchi-Shop gefüllt. Neben zwei Strings name und besitzer wird dabei unter der Bezeichnung produkte eine weitere Collection, der Vector mit den Produkten, eingefügt. Das durch Aufruf von save ausgelöste Serialisieren der Hashtable bewirkt, daß alle darin gespeicherten Elemente serialisiert werden, sofern sie das Interface Serializable implementieren.

Ab Zeile 027 wird dann der Objektspeicher wieder eingelesen, in diesem Fall in die Variable tos2. Mit getAllNames beschafft das Programm zunächst eine Enumeration über alle Objektnamen und durchläuft sie elementweise. Zu jedem Namen wird mit getElement das zugehörige Element geholt, und sein Name und der Name der zugehörigen Klasse werden ausgegeben (Zeile 036). Anschließend wird überprüft, ob das gefundene Objekt das Interface Collection implementiert und ggfs. über alle darin enthaltenen Elemente iteriert. Andernfalls wird das Objekt direkt mit toString ausgegeben.

Die Ausgabe des Programms ist:

```
produkte: class java.util.Vector
  Dinky Dino
  96er Classic
  Black Frog
  SmartGotchi
  Pretty Dolly
besitzer: class java.lang.String
  Meier, Fridolin
name: class java.lang.String
  Tami-Shop Norderelbe
```

> Die Klasse `TrivialObjectStore` verdeutlicht *eine mögliche* Vorgehensweise bei der persistenten Speicherung von Objekten. Für einen echten Praxiseinsatz (etwa in der Anwendungsentwicklung) fehlen aber noch ein paar wichtige Eigenschaften:
>
> ▶ Anstatt den Objektspeicher immer *komplett* zu laden und zu speichern, sollte es möglich sein, einzelne Elemente zu speichern, zu laden und zu löschen.
>
> ▶ Der Objektspeicher sollte mehrbenutzerfähig sein und Transaktions- und Recovery-Logik mitbringen.
>
> ▶ Die Suche nach Objekten sollte durch Indexdateien beschleunigt werden können.

Leider ist die Implementierung dieser Features nicht trivial. Ein gutes Beispiel für die Implementierung des ersten und dritten Punkts findet sich in "Java Algorithms" von Scott Robert Ladd. Der Autor zeigt zunächst, wie man Objekte auf der Basis von Random-Access-Dateien (anstelle der üblichen Streams) serialisiert. Anschließend zeigt er die Verwendung von Indexdateien am Beispiel der Implementierung von B-Trees.

41.3.2 Kopieren von Objekten

Eine auf den ersten Blick überraschende Anwendung der Serialisierung besteht darin, Objekte zu kopieren. Es sei noch einmal daran erinnert, daß die Zuweisung eines Objektes an eine Objektvariable lediglich eine Zeigeroperation war; daß also immer nur ein Verweis geändert wurde. Soll ein komplexes Objekt kopiert werden, wird dazu üblicherweise das Interface `Cloneable` implementiert und eine Methode `clone` zur Verfügung gestellt, die den eigentlichen Kopiervorgang vornimmt. Sollte ein Objekt kopiert werden, das `Cloneable` nicht implementiert, blieb bisher nur der umständliche Weg über das manuelle Kopieren aller Membervariablen. Das ist insbesondere dann mühsam und fehlerträchtig, wenn das zu kopierende Objekt Unterobjekte enthält, die ihrerseits kopiert werden müssen (*deep copy* anstatt *shallow copy*).

Anwendungen

Der Schlüssel zum Kopieren von Objekten mit Hilfe der Serialisierung liegt darin, anstelle der üblichen *dateibasierten* Streamklassen solche zu verwenden, die ihre Daten im Hauptspeicher halten. Am besten sind dazu `ByteArrayOutputStream` und `ByteArrayInputStream` geeignet. Sie sind integraler Bestandteil der `OutputStream`- und `InputStream`-Hierarchien und man kann die Daten problemlos von einem zum anderen übergeben. Das folgende Programm implementiert eine Methode `seriaClone()`, die ein beliebiges Objekt als Argument erwartet und in einen `ByteArrayOutputStream` serialisiert. Das resultierende Byte-Array wird dann zur Konstruktion eines `ByteArrayInputStream` verwendet, dort deserialisiert und als Objektkopie an den Aufrufer zurückgegeben:

```
001 /* Listing4111.java */
002
003 import java.io.*;
004 import java.util.*;
005
006 public class Listing4111
007 {
008   public static Object seriaClone(Object o)
009   throws IOException, ClassNotFoundException
010   {
011     //Serialisieren des Objekts
012     ByteArrayOutputStream out = new ByteArrayOutputStream();
013     ObjectOutputStream os = new ObjectOutputStream(out);
014     os.writeObject(o);
015     os.flush();
016     //Deserialisieren des Objekts
017     ByteArrayInputStream in = new ByteArrayInputStream(
018       out.toByteArray()
019     );
020     ObjectInputStream is = new ObjectInputStream(in);
021     Object ret = is.readObject();
022     is.close();
023     os.close();
024     return ret;
025   }
026
027   public static void main(String[] args)
028   {
029     try {
030       //Erzeugen des Buchobjekts
031       Book book = new Book();
032       book.author = "Peitgen, Heinz-Otto";
033       String[] s = {"Jürgens, Hartmut", "Saupe, Dietmar"};
034       book.coAuthors = s;
035       book.title = "Bausteine des Chaos";
036       book.publisher = "rororo science";
037       book.pubyear = 1998;
```

Listing 41.11:
Kopieren von Objekten durch Serialisierung

Listing 41.11:
Kopieren von
Objekten durch
Serialisierung
(Forts.)

```
038         book.pages = 514;
039         book.isbn = "3-499-60250-4";
040         book.reflist = new Vector();
041         book.reflist.addElement("The World of MC Escher");
042         book.reflist.addElement(
043           "Die fraktale Geometrie der Natur"
044         );
045         book.reflist.addElement("Gödel, Escher, Bach");
046         System.out.println(book.toString());
047         //Erzeugen und Verändern der Kopie
048         Book copy = (Book)seriaClone(book);
049         copy.title += " - Fraktale";
050         copy.reflist.addElement("Fractal Creations");
051         //Ausgeben von Original und Kopie
052         System.out.print(book.toString());
053         System.out.println("---");
054         System.out.print(copy.toString());
055       } catch (IOException e) {
056         System.err.println(e.toString());
057       } catch (ClassNotFoundException e) {
058         System.err.println(e.toString());
059       }
060     }
061 }
062
063 class Book
064 implements Serializable
065 {
066   public String   author;
067   public String[] coAuthors;
068   public String   title;
069   public String   publisher;
070   public int      pubyear;
071   public int      pages;
072   public String   isbn;
073   public Vector   reflist;
074
075   public String toString()
076   {
077     String NL = System.getProperty("line.separator");
078     StringBuffer ret = new StringBuffer(200);
079     ret.append(author + NL);
080     for (int i = 0; i < coAuthors.length; ++i) {
081       ret.append(coAuthors[i] + NL);
082     }
083     ret.append("\"" + title + "\"" + NL);
084     ret.append(publisher + " " + pubyear + NL);
085     ret.append(pages + " pages" + NL);
086     ret.append(isbn + NL);
```

Anwendungen Kapitel 41

```
087     Enumeration e = reflist.elements();
088     while (e.hasMoreElements()) {
089       ret.append("   " + (String)e.nextElement() + NL);
090     }
091     return ret.toString();
092   }
093 }
```

Listing 41.11:
Kopieren von
Objekten durch
Serialisierung
(Forts.)

Das Programm verwendet zum Testen ein Objekt der Klasse Book, das mit den Daten eines Buchtitels initialisiert wird. Anschließend wird mit seriaClone eine Kopie hergestellt und der Variable copy zugewiesen. Um zu verdeutlichen, daß wirklich eine Kopie hergestellt wurde, modifizieren wir nun einige Angaben der Kopie und geben anschließend beide Objekte aus:

```
Peitgen, Heinz-Otto
Jürgens, Hartmut
Saupe, Dietmar
"Bausteine des Chaos"
rororo science 1998
514 pages
3-499-60250-4
   The World of MC Escher
   Die fraktale Geometrie der Natur
   Gödel, Escher, Bach
---
Peitgen, Heinz-Otto
Jürgens, Hartmut
Saupe, Dietmar
"Bausteine des Chaos - Fraktale"
rororo science 1998
514 pages
3-499-60250-4
   The World of MC Escher
   Die fraktale Geometrie der Natur
   Gödel, Escher, Bach
   Fractal Creations
```

An der Programmausgabe kann man erkennen, daß das Objekt tatsächlich ordnungsgemäß kopiert wurde. Auch alle Unterobjekte wurden kopiert und konnten anschließend unabhängig voneinander geändert werden. Ohne Serialisierung wäre der manuelle Aufwand um ein Vielfaches größer gewesen. Das Verfahren findet dort seine Grenzen, wo die zu kopierenden Objekte nicht serialisierbar sind oder nicht-serialisierbare Unterobjekte enthalten. Zudem muß im echten Einsatz das Laufzeitverhalten überprüft werden, denn der Vorgang des Serialisierens/Deserialisierens ist um ein Vielfaches langsamer als das direkte Kopieren der Objektattribute.

41.4 Zusammenfassung

In diesem Kapitel wurden folgende Themen behandelt:

- Grundlegende Konzepte der Serialisierung in Java
- Lesen und Schreiben von Objekten mit den Klassen `ObjectOutputStream` und `ObjectInputStream`
- Das Interface `Serializable`
- Versionierung und die Membervariable `serialVersionUID`
- Serialisieren von Objektreferenzen
- Serialisieren von Collections
- Konstruktion eines einfachen persistenten Objektspeichers
- Verwendung der Serialisierung zum Kopieren von Objekten

42 Datenbankzugriffe mit JDBC

42.1 Einleitung

Wir wollen uns in diesem Abschnitt zunächst mit der grundsätzlichen Architektur von JDBC und datenbankbasierten Java-Anwendungen vertraut machen. Anschließend werden die wichtigsten Bestandteile der JDBC-Schnittstelle vorgestellt und ihre jeweilige Funktionsweise kurz erläutert. Der nächste Abschnitt illustriert und verfeinert die Konzepte dann an einem praktischen Beispiel, bei dem eine Datenbank zur Speicherung von Verzeichnissen und Dateien entworfen, mit Daten gefüllt und abgefragt wird. Zum Abschluß werden wir einige spezielle Probleme besprechen und auf die Besonderheiten gebräuchlicher JDBC-Treiber eingehen.

Dieses Kapitel ist typisch für die *weiterführenden* Themen in diesem Buch. JDBC ist ein sehr umfassendes Gebiet, das auf den zur Verfügung stehenden Seiten nicht vollständig behandelt werden kann. Wir verfolgen statt dessen einen pragmatischen Ansatz, bei dem wichtige Grundlagen erläutert werden. Mit Hilfe von Beispielen wird ihre praktische Anwendbarkeit demonstriert. Insgesamt müssen aber viele Fragen offen bleiben, die durch die Lektüre weiterer Dokumentationen geschlossen werden können. Dazu zählen beispielsweise *Trigger*, *Blobs* und *Stored Procedures*, die Erweiterungen in JDBC 2.0 oder die Entwicklung eigener JDBC-Treiber.

42.1.1 Grundsätzliche Arbeitsweise

Kurz nachdem die Version 1.0 des Java Development Kit vorlag, begann die Entwicklung einer einheitlichen Datenbankschnittstelle für Java-Programme. Anstelle des von vielen Entwicklern erwarteten objektorientierten Ansatzes verfolgten die Designer dabei das primäre Ziel, die große Zahl vorhandener SQL-Datenbanken problemlos anzubinden. In konzeptioneller Anlehnung an die weitverbreitete ODBC-Schnittstelle wurde daraufhin mit *JDBC* (*Java Database Connectivity*) ein standardisiertes Java-Datenbank-Interface entwickelt, das mit der Version 1.1 fester Bestandteil des JDK wurde.

JDBC stellt ein *Call-Level-Interface* zur SQL-Datenbank dar. Bei einer solchen Schnittstelle werden die SQL-Anweisungen im Programm als Zeichenketten bearbeitet und zur Ausführung an parametrisierbare Methoden übergeben. Rückgabewerte und Ergebnismengen werden durch Methodenaufrufe ermittelt und nach einer geeigneten Typkonvertierung im Programm weiterverarbeitet.

Dem gegenüber steht ein zweites Verfahren, das als *Embedded SQL* (*ESQL*) bezeichnet wird. Hierbei werden die SQL-Anweisungen mit besonderen Schlüsselwörtern direkt in den Java-Quelltext eingebettet, und die Kommunikation mit dem Java-Programm erfolgt durch speziell deklarierte *Host-Variablen*. Damit der Java-Compiler durch die eingebetteten SQL-Anweisungen nicht durcheinandergebracht wird, müssen sie zunächst von einem Präprozessor in geeigneten Java-Code übersetzt werden. Während Embedded-SQL insbesondere bei Datenbankanwendungen, die in C oder C++ geschrieben sind, sehr verbreitet ist, spielt es in Java praktisch keine Rolle und konnte sich gegenüber JDBC nicht durchsetzen.

42.1.2 Die Architektur von JDBC

Treibertypen

JDBC ist keine eigene Datenbank, sondern eine Schnittstelle zwischen einer SQL-Datenbank und der Applikation, die sie benutzen will. Bezüglich der Architektur der zugehörigen Verbindungs-, Anweisungs- und Ergebnisklassen unterscheidet man vier Typen von JDBC-Treibern:

- Steht bereits ein *ODBC-Treiber* zur Verfügung, so kann er mit Hilfe der im Lieferumfang enthaltenen *JDBC-ODBC-Bridge* in Java-Programmen verwendet werden. Diese Konstruktion bezeichnet man als *Typ-1-Treiber*. Mit seiner Hilfe können alle Datenquellen, für die ein ODBC-Treiber existiert, in Java-Programmen genutzt werden.

- Zu vielen Datenbanken gibt es neben ODBC-Treibern auch *spezielle* Treiber des jeweiligen Datenbankherstellers. Setzt ein JDBC-Treiber auf einem solchen proprietären Treiber auf, bezeichnet man ihn als *Typ-2-Treiber*.

- Wenn ein JDBC-Treiber komplett in Java geschrieben und auf dem Client keine spezielle Installation erforderlich ist, der Treiber zur Kommunikation mit einer Datenbank aber auf eine funktionierende *Middleware* angewiesen ist, handelt es sich um einen *Typ-3-Treiber*.

- Falls ein JDBC-Treiber komplett in Java geschrieben ist und die JDBC-Calls direkt in das erforderliche Protokoll der jeweiligen Datenbank umsetzt, handelt es sich um einen *Typ-4-Treiber*.

Mehrstufige Client-Server-Architekturen

Während die Typ-1- und Typ-2-Treiber lokal installierte und konfigurierte Software erfordern (die jeweiligen ODBC- bzw. herstellerspezifischen Treiber), ist dies bei Typ-3- und Typ-4-Treibern normalerweise nicht der Fall. Hier können die zur Anbindung an die Datenbank erforderlichen Klassendateien zusammen mit der Applikation oder dem Applet aus dem Netz geladen und ggfs. automatisch aktualisiert werden. Nach der Veröffentlichung von JDBC gab es zunächst gar keine Typ-3- oder Typ-4-Treiber. Mittlerweile haben sich aber alle namhaften Datenbankhersteller zu Java bekannt und stellen auch Typ-3- oder Typ-4-Treiber zur Verfügung. Daneben gibt es eine ganze Reihe von Fremdherstellern, die JDBC-Treiber zur Anbindung bekannter Datenbanksysteme zur Verfügung stellen.

Mit JDBC können sowohl zwei- als auch drei- oder höherstufige Client-Server-Systeme aufgebaut werden (*Multi-Tier-Architekturen*). Während bei den zweistufigen Systemen eine Aufteilung der Applikation in Datenbank (Server) und Arbeitsplatz (Client) vorgenommen wird, gibt es bei den dreistufigen Systemen noch eine weitere Schicht, die zwischen beiden Komponenten liegt. Sie wird gemeinhin als *Applikations-Server* bezeichnet und dient dazu, komplexe Operationen vom Arbeitsplatz weg zu verlagern. Der Applikations-Server ist dazu mit dem Datenbank-Server verbunden und kommuniziert mit diesem über ein standardisiertes Protokoll (z.B. JDBC). Den Arbeitsplätzen stellt er dagegen höherwertige Dienste (z.B. komplette Business-Transaktionen) zur Verfügung und kommuniziert mit ihnen über ein spezielles Anwendungsprotokoll (z.B. HTTP, RMI, CORBA oder andere).

SQL-2 Entry Level

JDBC übernimmt die Aufgabe eines »Transportprotokolls« zwischen Datenbank und Anwendung und definiert damit zunächst noch nicht, welche SQL-Kommandos übertragen werden dürfen und welche nicht. Tatsächlich verwendet heute jede relationale Datenbank ihren eigenen SQL-Dialekt, und eine Portierung auf eine andere Datenbank ist nicht selten aufwendiger als ein Wechsel des Compilers.

Um einen minimalen Anspruch an Standardisierung zu gewährleisten, fordert SUN von den JDBC-Treiberherstellern, mindestens den *SQL-2 Entry-Level-Standard* von 1992 zu erfüllen. Mit Hilfe einer von SUN erhältlichen Testsuite können die Hersteller ihre JDBC-Treiber auf Konformität testen. Da praktisch alle großen Datenbanken in ihrer Funktionalität weit über besagten Standard hinausgehen, ist bei Verwendung dieser Features möglicherweise mit erheblichem Portierungsaufwand zu rechnen.

42.2 Grundlagen von JDBC

42.2.1 Öffnen einer Verbindung

Bevor mit JDBC auf eine Datenbank zugegriffen werden kann, muß zunächst eine Verbindung zu ihr hergestellt werden. Dazu muß der Datenbanktreiber geladen und initialisiert und mit Hilfe des Treibermanagers ein Verbindungsobjekt beschafft werden. Es bleibt während der gesamten Verbindung bestehen und dient als Lieferant für spezielle Objekte zur Abfrage und Veränderung der Datenbank. Alle Klassen zum Zugriff auf die JDBC-Schnittstelle liegen im Paket `java.sql`, das am Anfang des Programms importiert werden sollte:

```
import java.sql.*;
```

Jeder JDBC-Treiber hat einen statischen Initialisierer, der beim Laden der Klasse aufgerufen wird. Seine Aufgabe besteht darin, sich beim *Treibermanager* zu registrieren, um bei späteren Verbindungsanfragen von diesem angesprochen werden zu können. Das Laden der Treiberklasse wird üblicherweise durch Aufruf der Methode `forName` der Klasse `Class` erledigt (siehe Abschnitt 43.2.2 auf Seite 990). Um einen Treiber zu laden, muß man also seinen vollständigen Klassennamen kennen:

```
Class.forName("sun.jdbc.odbc.JdbcOdbcDriver");
```

`sun.jdbc.odbc.JdbcOdbcDriver` ist der Name der JDBC-ODBC-Bridge, mit der die oben erwähnten Typ-1-Treiber realisiert werden. Die Namen alternativer Treiber sind der Dokumentation des jeweiligen Herstellers zu entnehmen.

Nachdem der Treiber geladen wurde, kann er dazu verwendet werden, eine Verbindung zu einer Datenbank aufzubauen. Dazu wird an die statische Methode `getConnection` der Klasse `DriverManager` ein String und eventuell weitere Parameter übergeben, um den Treibertyp, die Datenbank und nötigenfalls weitere Informationen festzulegen. `getConnection` gibt es in drei Ausprägungen:

`java.sql.`
`Driver-`
`Manager`

```
static Connection getConnection(
    String url
)

static Connection getConnection(
    String url,
    String user,
    String password
)

static Connection getConnection(
    String url,
    Properties info
)
```

Die erste Variante erwartet lediglich einen Connection-String als Argument, der in Form eines URL (Uniform Ressource Locator, siehe Abschnitt 40.1.1 auf Seite 909) übergeben wird. Der Connection-String besteht aus mehreren Teilen, die durch Doppelpunkte voneinander getrennt sind. Der erste Teil ist immer "jdbc" und zeigt an, daß es sich um einen JDBC-URL handelt. Der zweite Teil wird als *Sub-Protokoll* bezeichnet und gibt an, welcher Treiber verwendet werden soll. Die übrigen Teile sind treiberspezifisch. Connection-Strings für die JDBC-ODBC-Bridge beginnen immer mit "jdbc:odbc", gefolgt von einem weiteren Doppelpunkt, nach dem der Name der ODBC-Datenquelle angegeben wird:

```
con = DriverManager.getConnection("jdbc:odbc:DirDB");
```

Grundlagen von JDBC

Die zweite Variante von `getConnection` erlaubt es, zusätzlich den Benutzernamen und das Passwort an die Datenbank zu übergeben. Das ist bei vielen Datenbanken erforderlich, um eine Verbindung aufbauen zu können. Bei der dritten Variante können zusätzlich mit Hilfe eines `Properties`-Objekts weitere, treiberspezifische Informationen übergeben werden. Welche Variante zu verwenden ist, muß der jeweiligen Treiberdokumentation entnommen werden.

> Falls die Datenbank nicht geöffnet werden konnte, löst `getConnection` eine Ausnahme des Typs `SQLException` aus. Diese Ausnahme wird auch von fast allen anderen Methoden und Klassen verwendet, um einen Fehler beim Zugriff auf die Datenbank anzuzeigen.

Wenn die Verbindung erfolgreich aufgebaut werden konnte, liefert `getConnection` ein Objekt, das das Interface `Connection` implementiert. Dieses Verbindungsobjekt repräsentiert die aktuelle Datenbanksitzung und dient dazu, Anweisungsobjekte zu erzeugen und globale Einstellungen an der Datenbank zu verändern. Das `Connection`-Objekt kann durch Aufruf von `close` explizit geschlossen werden. Die Verbindung wird automatisch geschlossen, wenn die `Connection`-Variable vom Garbage Collector zerstört wird.

42.2.2 Erzeugen von Anweisungsobjekten

Alle Abfragen und Änderungen der Datenbank erfolgen mit Hilfe von *Anweisungsobjekten*. Das sind Objekte, die das Interface `Statement` oder eines seiner Subinterfaces implementieren und von speziellen Methoden des `Connection`-Objekts erzeugt werden können:

```
Statement createStatement()

PreparedStatement prepareStatement(String sql)

CallableStatement prepareCall(String sql)
```
java.sql.Connection

Die einfachste Form ist dabei das von `createStatement` erzeugte `Statement`-Objekt. Es kann dazu verwendet werden, unparametrisierte Abfragen und Änderungen der Datenbank zu erzeugen. Seine beiden wichtigsten Methoden sind `executeQuery` und `executeUpdate`. Sie erwarten einen SQL-String als Argument und reichen diesen an die Datenbank weiter. Zurückgegeben wird entweder ein einfacher numerischer Ergebniswert, der den Erfolg der Anweisung anzeigt, oder eine Menge von Datenbanksätzen, die das Ergebnis der Abfrage repräsentieren. Auf die beiden übrigen Anweisungstypen werden wir später zurückkommen.

Statement-Objekte sind bei manchen Treibern *kostspielige* Ressourcen, deren Erzeugen viel Speicher oder Rechenzeit kostet. Das Erzeugen einer großen Anzahl von Statement-Objekten (beispielsweise beim Durchlaufen einer Schleife) sollte in diesem Fall vermieden werden. Viele JDBC-Programme legen daher nach dem Öffnen der Verbindung eine Reihe von vordefinierten Statement-Objekten an und verwenden diese immer wieder. Obwohl das im Prinzip problemlos möglich ist, kann es in der Praxis leicht dazu führen, daß ein Statement-Objekt, das noch in Gebrauch ist (beispielsweise, weil seine Ergebnismenge noch nicht vollständig abgefragt ist), erneut verwendet wird. Das Verhalten des Programms ist dann natürlich undefiniert. Wir werden später in Abschnitt 42.4.5 auf Seite 979 eine Lösung für dieses Problem kennenlernen.

42.2.3 Datenbankabfragen

Hat man ein Statement-Objekt beschafft, kann dessen Methode executeQuery verwendet werden, um Daten aus der Datenbank zu lesen:

java.sql.Statement
```
public ResultSet executeQuery(String sql)
  throws SQLException
```

Die Methode erwartet einen SQL-String in Form einer gültigen *SELECT-Anweisung* und gibt ein Objekt vom Typ ResultSet zurück, das die Ergebnismenge repräsentiert. Als Argument dürfen beliebige SELECT-Anweisungen übergeben werden, sofern sie für die zugrunde liegende Datenbank gültig sind. Die folgende SQL-Anweisung selektiert beispielsweise alle Sätze aus der Tabelle dir, deren Feld did den Wert 7 hat:

```
SELECT * FROM dir WHERE did = 7
```

Das zurückgegebene Objekt vom Typ ResultSet besitzt eine Methode next, mit der die Ergebnismenge schrittweise durchlaufen werden kann:

java.sql.ResultSet
```
boolean next()
```

Nach dem Aufruf von executeQuery steht der Satzzeiger zunächst *vor* dem ersten Element, jeder Aufruf von next positioniert ihn auf das nächste Element. Der Rückgabewert gibt an, ob die Operation erfolgreich war. Ist er false, gibt es keine weiteren Elemente in der Ergebnismenge. Ist er dagegen true, konnte das nächste Element erfolgreich ausgewählt werden, und mit Hilfe verschiedener get...-Methoden kann nun auf die einzelnen Spalten zugegriffen werden. Jede dieser Methoden steht in zwei unterschiedlichen Varianten zur Verfügung:

Grundlagen von JDBC Kapitel 42

- Wird ein numerischer Wert *n* als Argument übergeben, so wird dieser als Spaltenindex interpretiert und der Wert der *n*-ten Spalte zurückgegeben. Wichtig: Anders als bei Arrays hat die erste Spalte den Index 1.

- Wird ein `String` als Argument übergeben, so wird er als Name interpretiert und der Wert der Spalte mit diesem Namen zurückgegeben. Diese Variante soll zwar marginal langsamer als die erste sein, ist aber weniger fehlerträchtig. Da der Aufruf nicht mehr von der Spaltenreihenfolge der Abfrage abhängt, ist ihr normalerweise der Vorzug zu geben (das klappt leider nicht immer, wie die Warnung am Ende von Abschnitt 42.4.5 auf Seite 979 deutlich macht).

Um dem Entwickler lästige Typkonvertierungen zu ersparen, gibt es alle `getXXX`-Methoden in unterschiedlichen Typisierungen. So liefert beispielsweise `getString` das gewünschte Feld als `String`, während `getInt` es als `int` zurückgibt. Wo es möglich und sinnvoll ist, werden automatische Typkonvertierungen durchgeführt; `getString` kann beispielsweise für nahezu alle Typen verwendet werden. Tabelle 42.1 gibt eine Übersicht über die wichtigsten get-Methoden der Klasse `ResultSet`. In Tabelle 42.4 auf Seite 984 findet sich eine Übersicht der wichtigsten SQL-Datentypen.

Rückgabewert	Methodenname
boolean	getBoolean
byte	getByte
byte[]	getBytes
Date	getDate
double	getDouble
float	getFloat
int	getInt
long	getLong
short	getShort
String	getString
Time	getTime
Timestamp	getTimestamp

Tabelle 42.1: get-Methoden von ResultSet

Soll festgestellt werden, ob eine Spalte den Wert `NULL` hatte, so kann das *nach* dem Aufruf der get-Methode durch Aufruf von `wasNull` abgefragt werden. `wasNull` gibt genau dann `true` zurück, wenn die letzte abgefragte Spalte einen `NULL`-Wert als Inhalt hatte. Bei allen Spalten, die `NULL`-Werte enthalten können, *muß* diese Abfrage also erfolgen. Bei den get-Methoden, die ein Objekt als Ergebniswert haben, geht es etwas einfacher. Hier wird `null` zurückgegeben, wenn der Spaltenwert `NULL` war.

42.2.4 Datenbankänderungen

Datenbankänderungen werden mit den SQL-Anweisungen `INSERT INTO`, `UPDATE` oder `DELETE FROM` oder den SQL-DDL-Anweisungen (*Data Definition Language*) zum Ändern der Datenbankstruktur durchgeführt. Im Gegensatz zu Datenbankabfragen geben diese Anweisungen keine Ergebnismenge zurück, sondern lediglich einen einzelnen Wert. Im Falle von `INSERT INTO`, `UPDATE` und `DELETE FROM` gibt dieser Wert an, wie viele Datensätze von der Änderung betroffen waren, bei DDL-Anweisungen ist er immer 0.

Um solche Anweisungen durchzuführen, stellt das Interface `Statement` die Methode `executeUpdate` zur Verfügung:

`java.sql.Statement`
```
public int executeUpdate(String sql)
  throws SQLException
```

Auch sie erwartet als Argument einen String mit einer gültigen SQL-Anweisung, beispielsweise:

```
INSERT INTO dir VALUES (1, 'x.txt', 0)
```

Könnte diese Anweisung erfolgreich ausgeführt werden, würde sie 1 zurückgeben. Andernfalls würde eine `SQLException` ausgelöst.

42.2.5 Die Klasse SQLException

Wenn SQL-Anweisungen fehlschlagen, lösen sie normalerweise eine Ausnahme des Typs `SQLException` aus. Das gilt sowohl, wenn keine Verbindung zur Datenbank zustande gekommen ist, als auch bei allen Arten von Syntaxfehlern in SQL-Anweisungen. Auch bei semantischen Fehlern durch falsche Typisierung oder inhaltlich fehlerhafte SQL-Anweisungen wird eine solche Ausnahme ausgelöst. `SQLException` ist eine Erweiterung der Klasse `Exception` und stellt folgende zusätzliche Methoden zur Verfügung:

`java.sql.SQLException`
```
int getErrorCode()

String getSQLState()

SQLException getNextException()
```

Mit `getErrorCode` kann der herstellerspezifische Fehlercode abgefragt werden, `getSQLState` liefert den internen SQL-Zustandscode. Etwas ungewöhnlich ist die Methode `getNextException`, denn sie unterstützt die *Verkettung* von Ausnahmen. Jeder Aufruf holt die nächste Ausnahme aus der Liste. Ist der Rückgabewert `null`, gibt es keine weiteren Ausnahmen. Code zum Behandeln einer `SQLException` könnte also etwa so aussehen:

```
001 ...
002 catch (SQLException e) {
003   while (e != null) {
004     System.err.println(e.toString());
005     System.err.println("SQL-State: " + e.getSQLState());
006     System.err.println("ErrorCode: " + e.getErrorCode());
007     e = e.getNextException();
008   }
009 }
```

Listing 42.1: Behandeln einer SQLException

42.3 Die DirDB-Beispieldatenbank

42.3.1 Anforderungen und Design

In diesem Abschnitt wollen wir uns die zuvor eingeführten Konzepte in der Praxis ansehen. Dazu erzeugen wir eine einfache Datenbank *DirDB*, die Informationen zu Dateien und Verzeichnissen speichern kann. Über eine einfache Kommandozeilenschnittstelle können die Tabellen mit den Informationen aus dem lokalen Dateisystem gefüllt und auf unterschiedliche Weise abgefragt werden.

DirDB besitzt lediglich zwei Tabellen *dir* und *file* für Verzeichnisse und Dateien. Sie haben folgende Struktur:

Name	Typ	Bedeutung
did	INT	Primärschlüssel
dname	CHAR(100)	Verzeichnisname
fatherdid	INT	Schlüssel Vaterverzeichnis
entries	INT	Anzahl der Verzeichniseinträge

Tabelle 42.2: Die Struktur der dir-Tabelle

Name	Typ	Bedeutung
fid	INT	Primärschlüssel
did	INT	Zugehöriges Verzeichnis
fname	CHAR(100)	Dateiname
fsize	INT	Dateigröße
fdate	DATE	Änderungsdatum
ftime	TIME	Änderungszeit

Tabelle 42.3: Die Struktur der file-Tabelle

Beide Tabellen besitzen einen Primärschlüssel, der beim Anlegen eines neuen Satzes vom Programm vergeben wird. Die Struktur von *dir* ist baumartig; im Feld *fatherid* wird ein Verweis auf das Verzeichnis gehalten, in dem das aktuelle Verzeichnis enthalten ist. Dessen

Wert ist im Startverzeichnis per Definition 0. Über den Fremdschlüssel *did* zeigt jeder Datensatz aus der *file*-Tabelle an, zu welchem Verzeichnis er gehört. Die Tabellen stehen demnach in einer 1:n-Beziehung zueinander. Auch die Tabelle *dir* steht in einer 1:n-Beziehung zu sich selbst. Abbildung 42.1 zeigt ein vereinfachtes E/R-Diagramm des Tabellendesigns.

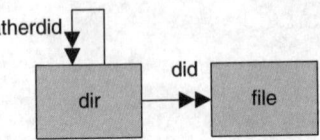

Abbildung 42.1:
E/R-Diagramm
für DirDB

Das Programm `DirDB.java` soll folgende Anforderungen erfüllen:

- Es soll wahlweise mit *MS-Access*, *InstantDB* oder mit *HSQLDB* zusammenarbeiten.
- Es soll folgende Befehle interpretieren:
- Leeren der Datenbank und Einlesen eines vorgegebenen Verzeichnisses inklusive aller Unterverzeichnisse.
- Zählen der Dateien und Verzeichnisse in der Datenbank.
- Suchen beliebiger Dateien oder Verzeichnisse.
- Anzeige der größten Dateien.
- Berechnen des durch Clustering verschwendeten Festplattenplatzes.

42.3.2 Das Rahmenprogramm

Wir implementieren eine Klasse `DirDB`, die (der Einfachheit halber) alle Funktionen mit Hilfe statischer Methoden realisiert. Die Klasse und ihre `main`-Methode sehen so aus:

Listing 42.2:
Das Rahmenprogramm der
DirDB-
Datenbank

```
001  import java.util.*;
002  import java.io.*;
003  import java.sql.*;
004  import java.text.*;
005  import gk.util.*;
006
007  public class DirDB
008  {
009    //---Constants------------------------------------------
010    static int INSTANT185 = 1;
011    static int ACCESS95   = 2;
```

Die DirDB-Beispieldatenbank

```
012    static int HSQLDB      = 3;
013
014    //---Pseudo constants-------------------------------------
015    static String FILESEP = System.getProperty("file.separator");
016
017    //---Static Variables-------------------------------------
018    static int                db = INSTANT185;
019    static Connection         con;
020    static Statement          stmt;
021    static Statement          stmt1;
022    static DatabaseMetaData   dmd;
023    static int                nextdid = 1;
024    static int                nextfid = 1;
025
026    //---main-------------------------------------------------
027    public static void main(String[] args)
028    {
029      if (args.length < 1) {
030        System.out.println(
031          "usage: java DirDB [A|I|H] <command> [<options>]"
032        );
033        System.out.println("");
034        System.out.println("command        options");
035        System.out.println("-------------------------------");
036        System.out.println("POPULATE       <directory>");
037        System.out.println("COUNT");
038        System.out.println("FINDFILE       <name>");
039        System.out.println("FINDDIR        <name>");
040        System.out.println("BIGGESTFILES   <howmany>");
041        System.out.println("CLUSTERING     <clustersize>");
042        System.exit(1);
043      }
044      if (args[0].equalsIgnoreCase("A")) {
045        db = ACCESS95;
046      } else if (args[0].equalsIgnoreCase("H")) {
047        db = HSQLDB;
048      }
049      try {
050        if (args[1].equalsIgnoreCase("populate")) {
051          open();
052          createTables();
053          populate(args[2]);
054          close();
055        } else if (args[1].equalsIgnoreCase("count")) {
056          open();
057          countRecords();
058          close();
059        } else if (args[1].equalsIgnoreCase("findfile")) {
060          open();
```

Listing 42.2:
Das Rahmen-
programm der
DirDB-
Datenbank
(Forts.)

Listing 42.2:
Das Rahmen-
programm der
DirDB-
Datenbank
(Forts.)

```
061        findFile(args[2]);
062        close();
063      } else if (args[1].equalsIgnoreCase("finddir")) {
064        open();
065        findDir(args[2]);
066        close();
067      } else if (args[1].equalsIgnoreCase("biggestfiles")) {
068        open();
069        biggestFiles(Integer.parseInt(args[2]));
070        close();
071      } else if (args[1].equalsIgnoreCase("clustering")) {
072        open();
073        clustering(Integer.parseInt(args[2]));
074        close();
075      }
076    } catch (SQLException e) {
077      while (e != null) {
078        System.err.println(e.toString());
079        System.err.println("SQL-State: " + e.getSQLState());
080        System.err.println("ErrorCode: " + e.getErrorCode());
081        e = e.getNextException();
082      }
083      System.exit(1);
084    } catch (Exception e) {
085      System.err.println(e.toString());
086      System.exit(1);
087    }
088  }
089 }
```

In main wird zunächst ein *usage*-Text definiert, der immer dann ausgegeben wird, wenn das Programm ohne Argumente gestartet wird. Die korrekte Aufrufsyntax ist:

```
java DirDB [A|I|H] <command> [<options>]
```

Nach dem Programmnamen folgt zunächst der Buchstabe "A", "I" oder "H", um anzugeben, ob die Access-, InstantDB- oder HSQLDB-Datenbank verwendet werden soll. Das nächste Argument gibt den Namen des gewünschten Kommandos an. In der folgenden verschachtelten Verzweigung werden gegebenenfalls weitere Argumente gelesen und die Methode zum Ausführen des Programms aufgerufen. Den Abschluß der main-Methode bildet die Fehlerbehandlung, bei der die Ausnahmen des Typs SQLException und Exception getrennt behandelt werden.

Die DirDB-Beispieldatenbank

Das vollständige Programm findet sich auf der CD-ROM zum Buch unter dem Namen `DirDB.java`. In diesem Abschnitt sind zwar auch alle Teile abgedruckt, sie finden sich jedoch nicht zusammenhängend wieder, sondern sind über die verschiedenen Unterabschnitte verteilt. Das importierte Paket `gk.util` kann wie in Abschnitt 13.2.3 auf Seite 280 beschrieben installiert werden.

42.3.3 Die Verbindung zur Datenbank herstellen

Wie in Listing 42.2 auf Seite 962 zu sehen ist, rufen alle Kommandos zunächst die Methode `open` zum Öffnen der Datenbank auf. Anschließend führen sie ihre spezifischen Kommandos aus und rufen dann `close` auf, um die Datenbank wieder zu schließen.

Beim Öffnen der Datenbank wird zunächst mit `Class.forName` der passende Datenbanktreiber geladen und beim Treibermanager registriert. Anschließend besorgt das Programm ein `Connection`-Objekt, das an die statische Variable `con` gebunden wird. An dieser Stelle sind die potentiellen Code-Unterschiede zwischen den beiden Datenbanken gut zu erkennen:

▶ Während der Treibername für InstantDB die Bezeichnung `jdbc.idbDriver` hat, lautet er für die JDBC-ODBC-Bridge `sun.jdbc.odbc.JdbcOdbcDriver` und für HSQLDB `org.hsqldb.jdbcDriver`.

▶ Der Connection-URL bei InstantDB ist "jdbc:idb=", gefolgt vom Namen einer Property-Datei, die zusätzliche Konfigurationsangaben enthält. Bei der JDBC-ODBC-Bridge beginnt der URL immer mit "jdbc:odbc", gefolgt vom Namen der ODBC-Datenquelle. Bei HSQLDB beginnt er mit "jdbc:hsqldb:", gefolgt vom Namen der Datenbank.

```
001 /**
002  * Öffnet die Datenbank.
003  */
004 public static void open()
005 throws Exception
006 {
007   //Treiber laden und Connection erzeugen
008   if (db == INSTANT185) {
009     Class.forName("jdbc.idbDriver");
010     con = DriverManager.getConnection(
011       "jdbc:idb=dirdb.prp",
012       new Properties()
013     );
014   } else if (db == HSQLDB) {
015     Class.forName("org.hsqldb.jdbcDriver");
016     con = DriverManager.getConnection(
017       "jdbc:hsqldb:hsqldbtest",
018       "SA",
```

Listing 42.3: Öffnen und Schließen der DirDB-Datenbank

Listing 42.3:
Öffnen und
Schließen der
DirDB-
Datenbank
(Forts.)

```
019        ""
020      );
021    } else {
022      Class.forName("sun.jdbc.odbc.JdbcOdbcDriver");
023      con = DriverManager.getConnection("jdbc:odbc:DirDB");
024    }
025    //Metadaten ausgeben
026    dmd = con.getMetaData();
027    System.out.println("");
028    System.out.println("Connection URL: " + dmd.getURL());
029    System.out.println("Driver Name:    " + dmd.getDriverName());
030    System.out.println("Driver Version: " + dmd.getDriverVersion());
031    System.out.println("");
032    //Statementobjekte erzeugen
033    stmt = con.createStatement();
034    stmt1 = con.createStatement();
035  }
036
037  /**
038   * Schließt die Datenbank.
039   */
040  public static void close()
041  throws SQLException
042  {
043    stmt.close();
044    stmt1.close();
045    con.close();
046  }
```

Nachdem die Verbindung hergestellt wurde, liefert der Aufruf von `getMetaData` ein Objekt des Typs `DatabaseMetaData`. Es kann dazu verwendet werden, weitere Informationen über die Datenbank abzufragen. Wir geben lediglich den Connection-String und Versionsinformationen zu den geladenen Treibern aus. `DatabaseMetaData` besitzt darüber hinaus noch viele weitere Variablen und Methoden, auf die wir hier nicht näher eingehen wollen. Am Ende von `open` erzeugt das Programm zwei `Statement`-Objekte `stmt` und `stmt1`, die in den übrigen Methoden zum Ausführen der SQL-Befehle verwendet werden. Zum Schließen der Datenbank werden zunächst die beiden `Statement`-Objekte und dann die Verbindung selbst geschlossen.

Systemvoraussetzungen

Um tatsächlich eine Verbindung zu einer der drei angegebenen Datenbanken herstellen zu können, müssen auf Systemebene die nötigen Voraussetzungen dafür geschaffen werden:

▶ Soll auf eine ODBC-Datenquelle zugegriffen werden, muß diese unter Windows-Systemsteuerung mit Hilfe des Menüpunkts »ODBC-Datenquellen« zunächst eingerichtet werden. Im Falle von Microsoft Access ist eine »Benutzer-DSN« hinzuzufügen, in der als wichtigste Eigenschaften der gewünschte Name der Datenquelle sowie der Pfad der .mdb-Datei angegeben werden müssen. In unserem Beispiel wird »DirDB« als Datenquellenname verwendet. Im Verzeichnis mit den Beispieldateien zum Buch befindet sich eine leere Datenbank emptydb.mdb, die mit *Access 2000* erstellt wurde und für erste Experimente verwendet werden kann. Sie sollte zu den Access-ODBC-Treibern, die aktuellen Windows-Betriebssystemen beiliegen, kompatibel sein.

▶ InstantDB und HSQLDB sind reine Java-Datenbanken, die ohne separat zu installierende Treiber betrieben werden können. Üblicherweise muß bei ihnen lediglich das zugehörige jar-Archiv in den CLASSPATH aufgenommen werden, damit ein Java-Programm darauf zugreifen kann. InstantDB war früher frei verfügbar, gehört aber mittlerweile zu *Lutris Technologies*. Privatleute können es zu Forschungs- und Entwicklungszwecken immer noch frei downloaden. Die Homepage von InstantDB ist http://www.lutris.com/products/instantDB/index.html. HSQLDB ist der Nachfolger von *Hypersonic SQL*. Die Datenbank ist frei verfügbar und wird als *SourceForge*-Projekt weiterentwickelt. Ihre Homepage ist http://hsqldb.sourceforge.net/.

42.3.4 Anlegen und Füllen der Tabellen

Unsere Anwendung geht davon aus, daß die Datenbank bereits angelegt ist, erstellt die nötigen Tabellen und Indexdateien aber selbst. Die dazu nötigen SQL-Befehle sind CREATE TABLE zum Anlegen einer Tabelle und CREATE INDEX zum Anlegen einer Indexdatei. Diese Befehle werden mit der Methode executeUpdate des Statement-Objekts ausgeführt, denn sie produzieren keine Ergebnismenge, sondern als DDL-Anweisungen lediglich den Rückgabewert 0. Das Anlegen der Tabellen erfolgt mit der Methode createTables:

Listing 42.4: Anlegen der DirDB-Tabellen

```
001  /**
002   * Legt die Tabellen an.
003   */
004  public static void createTables()
005  throws SQLException
006  {
007    //Anlegen der Tabelle dir
008    try {
009      stmt.executeUpdate("DROP TABLE dir");
010    } catch (SQLException e) {
011      //Nichts zu tun
012    }
013    stmt.executeUpdate("CREATE TABLE dir (" +
014      "did       INT," +
015      "dname     CHAR(100)," +
016      "fatherdid INT," +
017      "entries   INT)"
018    );
019    stmt.executeUpdate("CREATE INDEX idir1 ON dir ( did )");
```

Listing 42.4:
Anlegen der
DirDB-Tabellen
(Forts.)

```
020    stmt.executeUpdate("CREATE INDEX idir2 ON dir ( fatherdid )");
021    //Anlegen der Tabelle file
022    try {
023      stmt.executeUpdate("DROP TABLE file");
024    } catch (SQLException e) {
025      //Nichts zu tun
026    }
027    stmt.executeUpdate("CREATE TABLE file (" +
028      "fid       INT ," +
029      "did       INT," +
030      "fname     CHAR(100)," +
031      "fsize     INT," +
032      "fdate     DATE," +
033      "ftime     CHAR(5))"
034    );
035    stmt.executeUpdate("CREATE INDEX ifile1 ON file ( fid )");
036 }
```

> Um die Tabellen zu löschen, falls sie bereits vorhanden sind, wird zunächst die Anweisung DROP TABLE ausgeführt. Sie ist in einem eigenen try-catch-Block gekapselt, denn manche Datenbanken lösen eine Ausnahme aus, falls die zu löschenden Tabellen nicht existieren. Diesen »Fehler« wollen wir natürlich ignorieren und nicht an den Aufrufer weitergeben.

Nachdem die Tabellen angelegt wurden, können sie mit der Methode populate gefüllt werden. populate bekommt dazu vom Rahmenprogramm den Namen des Startverzeichnisses übergeben, das rekursiv durchlaufen werden soll, und ruft addDirectory auf, um das erste Verzeichnis mit Hilfe des Kommandos INSERT INTO (das ebenfalls an executeUpdate übergeben wird) in die Tabelle *dir* einzutragen. Der Code sieht etwas unleserlich aus, weil einige Stringliterale einschließlich der zugehörigen einfachen Anführungsstriche übergeben werden müssen. Sie dienen in SQL-Befehlen als Begrenzungszeichen von Zeichenketten.

Für das aktuelle Verzeichnis wird dann ein File-Objekt erzeugt und mit listFiles (seit dem JDK 1.2 verfügbar) eine Liste der Dateien und Verzeichnisse in diesem Verzeichnis erstellt. Jede Datei wird mit einem weiteren INSERT INTO in die *file*-Tabelle eingetragen, für jedes Unterverzeichnis ruft addDirectory sich selbst rekursiv auf.

> Am Ende wird mit einem UPDATE-Kommando die Anzahl der Einträge im aktuellen Verzeichnis in das Feld *entries* der Tabelle *dir* eingetragen. Der Grund für diese etwas umständliche Vorgehensweise (wir hätten das auch gleich beim Anlegen des *dir*-Satzes erledigen können) liegt darin, daß wir auch ein Beispiel für die Anwendung der UPDATE-Anweisung geben wollten.

Die DirDB-Beispieldatenbank

Kapitel 42

Listing 42.5:
Füllen der
DirDB-Tabellen

```
001 /**
002  * Durchläuft den Verzeichnisbaum rekursiv und schreibt
003  * Verzeichnis- und Dateinamen in die Datenbank.
004  */
005 public static void populate(String dir)
006 throws Exception
007 {
008   addDirectory(0, "", dir);
009 }
010
011 /**
012  * Fügt das angegebene Verzeichnis und alle
013  * Unterverzeichnisse mit allen darin enthaltenen
014  * Dateien zur Datenbank hinzu.
015  */
016 public static void addDirectory(
017   int fatherdid, String parent, String name
018 )
019 throws Exception
020 {
021   String dirname = "";
022   if (parent.length() > 0) {
023     dirname = parent;
024     if (!parent.endsWith(FILESEP)) {
025       dirname += FILESEP;
026     }
027   }
028   dirname += name;
029   System.out.println("processing " + dirname);
030   File dir = new File(dirname);
031   if (!dir.isDirectory()) {
032     throw new Exception("not a directory: " + dirname);
033   }
034   //Verzeichnis anlegen
035   int did = nextdid++;
036   stmt.executeUpdate(
037     "INSERT INTO dir VALUES (" +
038     did + "," +
039     "\'" + name + "\'," +
040     fatherdid + "," +
041     "0)"
042   );
043   //Verzeichniseinträge lesen
044   File[] entries = dir.listFiles();
045   //Verzeichnis durchlaufen
046   for (int i = 0; i < entries.length; ++i) {
047     if (entries[i].isDirectory()) {
048       addDirectory(did, dirname, entries[i].getName());
049     } else {
```

Listing 42.5:
Füllen der
DirDB-Tabellen
(Forts.)

```
050      java.util.Date d = new java.util.Date(
051        entries[i].lastModified()
052      );
053      SimpleDateFormat sdf;
054      //Datum
055      sdf = new SimpleDateFormat("yyyy-MM-dd");
056      String date = sdf.format(d);
057      //Zeit
058      sdf = new SimpleDateFormat("HH:mm");
059      String time = sdf.format(d);
060      //Satz anhängen
061      stmt.executeUpdate(
062        "INSERT INTO file VALUES (" +
063        (nextfid++) + "," +
064        did + "," +
065        "\'" + entries[i].getName() + "\'," +
066        entries[i].length() + "," +
067        "{d \'" + date + "\'}," +
068        "\'" + time + "\')"
069      );
070      System.out.println("    " + entries[i].getName());
071    }
072  }
073  //Anzahl der Einträge aktualisieren
074  stmt.executeUpdate(
075    "UPDATE dir SET entries = " + entries.length +
076    "  WHERE did = " + did
077  );
078 }
```

> Hier tauchen die beiden im Rahmenprogramm definierten statischen Variablen nextdid und nextfid wieder auf. Sie liefern die Primärschlüssel für Datei- und Verzeichnissätze und werden nach jedem eingefügten Satz automatisch um eins erhöht. Daß dieses Verfahren nicht mehrbenutzerfähig ist, leuchtet ein, denn die Zähler werden *lokal zur laufenden Applikation* erhöht. Eine bessere Lösung bieten Primärschlüsselfelder, die beim Einfügen *von der Datenbank* einen automatisch hochgezählten eindeutigen Wert erhalten. Dafür sieht JDBC allerdings kein standardisiertes Verfahren vor, meist kann ein solches Feld in der INSERT INTO-Anweisung einfach ausgelassen werden. Alternativ könnten Schlüsselwerte vor dem Einfügen aus einer zentralen Key-Tabelle geholt und transaktionssicher hochgezählt werden.

Die DirDB-Beispieldatenbank Kapitel 42

42.3.5 Zählen der Verzeichnisse und Dateien

Das `COUNT`-Kommando soll die Anzahl der Verzeichnisse und Dateien zählen, die mit dem `POPULATE`-Kommando in die Datei eingefügt wurden. Wir verwenden dazu ein einfaches `SELECT`-Kommando, das mit der `COUNT(*)`-Option die Anzahl der Sätze in einer Tabelle zählt:

```
001  /**
002   * Gibt die Anzahl der Dateien und Verzeichnisse aus.
003   */
004  public static void countRecords()
005  throws SQLException
006  {
007    ResultSet rs = stmt.executeQuery(
008      "SELECT count(*) FROM dir"
009    );
010    if (!rs.next()) {
011      throw new SQLException("SELECT COUNT(*): no result");
012    }
013    System.out.println("Directories: " + rs.getInt(1));
014    rs = stmt.executeQuery("SELECT count(*) FROM file");
015    if (!rs.next()) {
016      throw new SQLException("SELECT COUNT(*): no result");
017    }
018    System.out.println("Files: " + rs.getInt(1));
019    rs.close();
020  }
```

Listing 42.6: Anzahl der Sätze in der DirDB-Datenbank

Die `SELECT`-Befehle werden mit der Methode `executeQuery` an das `Statement`-Objekt übergeben, denn wir erwarten nicht nur eine einfache Ganzzahl als Rückgabewert, sondern eine komplette Ergebnismenge. Die Besonderheit liegt in diesem Fall darin, daß wegen der Spaltenangabe `COUNT(*)` lediglich ein einziger Satz zurückgegeben wird, der auch nur ein einziges Feld enthält. Auf dieses können wir am einfachsten über seinen numerischen Index 1 zugreifen und es durch Aufruf von `getInt` gleich in ein `int` umwandeln lassen. Das Ergebnis geben wir auf dem Bildschirm aus und wiederholen anschließend dieselbe Prozedur für die Tabelle *file*.

42.3.6 Suchen von Dateien und Verzeichnissen

Um eine bestimmte Datei oder Tabelle in unserer Datenbank zu suchen, verwenden wir ebenfalls ein `SELECT`-Statement. Im Gegensatz zu vorher lassen wir uns nun mit der Spaltenangabe `"*"` *alle* Felder der Tabelle geben. Zudem hängen wir an die Abfrageanweisung eine `WHERE`-Klausel an, um eine Suchbedingung formulieren zu können. Mit Hilfe des `LIKE`-Operators führen wir eine Mustersuche durch, bei der die beiden SQL-Wildcards "%" (eine beliebige Anzahl Zeichen) und "_" (ein einzelnes beliebiges Zeichen) verwendet werden können. Zusätzlich bekommt InstantDB die (nicht SQL-92-konforme) Option IGNORE CASE angehängt, um bei der Suche nicht zwischen Groß- und Kleinschreibung zu unterscheiden (ist bei Access 7.0 nicht nötig).

Die von executeQuery zurückgegebene Ergebnismenge wird mit next Satz für Satz durchlaufen und auf dem Bildschirm ausgegeben. Mit Hilfe der Methode getDirPath wird zuvor der zugehörige Verzeichnisname rekonstruiert und vor dem Dateinamen ausgegeben. Dazu wird in einer Schleife zur angegebenen did (Verzeichnisschlüssel) so lange das zugehörige Verzeichnis gesucht, bis dessen fatherdid 0 ist, also das Startverzeichnis erreicht ist. Rückwärts zusammengebaut und mit Trennzeichen versehen, ergibt diese Namenskette den kompletten Verzeichnisnamen.

> Der in dieser Methode verwendete ResultSet wurde mit dem zweiten Statement-Objekt stmt1 erzeugt. Hätten wir dafür die zu diesem Zeitpunkt noch geöffnete Variable stmt verwendet, wäre das Verhalten des Programmes undefiniert gewesen, weil die bestehende Ergebnismenge durch das Erzeugen einer neuen Ergebnismenge auf demselben Statement-Objekt ungültig geworden wäre.

Listing 42.7:
Suchen nach
Dateien in der
DirDB-
Datenbank

```
001 /**
002  * Gibt eine Liste aller Files auf dem Bildschirm aus,
003  * die zu dem angegebenen Dateinamen passen. Darin dürfen
004  * die üblichen SQL-Wildcards % und _ enthalten sein.
005  */
006 public static void findFile(String name)
007 throws SQLException
008 {
009   String query = "SELECT * FROM file " +
010                  "WHERE fname LIKE \"" + name + "\"";
011   if (db == INSTANT185) {
012     query += " IGNORE CASE";
013   }
014   ResultSet rs = stmt.executeQuery(query);
015   while (rs.next()) {
016     String path = getDirPath(rs.getInt("did"));
017     System.out.println(
018       path + FILESEP +
019       rs.getString("fname").trim()
020     );
021   }
022   rs.close();
023 }
024
025 /**
026  * Liefert den Pfadnamen zu dem Verzeichnis mit dem
027  * angegebenen Schlüssel.
028  */
```

Die DirDB-Beispieldatenbank Kapitel 42

```
029  public static String getDirPath(int did)
030  throws SQLException
031  {
032    String ret = "";
033    while (true) {
034      ResultSet rs = stmt1.executeQuery(
035        "SELECT * FROM dir WHERE did = " + did
036      );
037      if (!rs.next()) {
038        throw new SQLException(
039          "no dir record found with did = " + did
040        );
041      }
042      ret = rs.getString("dname").trim() +
043          (ret.length() > 0 ? FILESEP + ret : "");
044      if ((did = rs.getInt("fatherdid")) == 0) {
045        break;
046      }
047    }
048    return ret;
049  }
```

Listing 42.7: Suchen nach Dateien in der DirDB-Datenbank (Forts.)

Das DirDB-Programm bietet mit dem Kommando FINDDIR auch die Möglichkeit, nach Verzeichnisnamen zu suchen. Die Implementierung dieser Funktion ähnelt der vorigen und wird durch die Methode findDir realisiert:

```
001  /**
002   * Gibt eine Liste aller Verzeichnisse auf dem Bildschirm
003   * aus, die zu dem angegebenen Verzeichnisnamen passen.
004   * Darin dürfen die üblichen SQL-Wildcards % und _
005   * enthalten sein.
006   */
007  public static void findDir(String name)
008  throws SQLException
009  {
010    String query = "SELECT * FROM dir " +
011                   "WHERE dname LIKE \'" + name + "\'";
012    if (db == INSTANT185) {
013      query += " IGNORE CASE";
014    }
015    ResultSet rs = stmt.executeQuery(query);
016    while (rs.next()) {
017      System.out.println(
018        getDirPath(rs.getInt("did")) +
019        " (" + rs.getInt("entries") + " entries)"
020      );
021    }
022    rs.close();
023  }
```

Listing 42.8: Suchen nach Verzeichnissen in der DirDB-Datenbank

Wird das DirDB-Programm von der Kommandozeile aufgerufen, kann es unter Umständen schwierig sein, die Wildcards "%" oder "_" einzugeben, weil sie vom Betriebssystem oder der Shell als Sonderzeichen angesehen werden. Durch Voranstellen des passenden Escape-Zeichens (das könnte beispielsweise der Backslash sein) kann die Sonderbedeutung aufgehoben werden. In der DOS-Box von Windows 95 oder NT kann die Sonderbedeutung des "%" nur aufgehoben werden, indem das Zeichen "%" doppelt geschrieben wird. Soll beispielsweise nach allen Dateien mit der Erweiterung .java gesucht werden, so ist DirDb unter Windows wie folgt aufzurufen:

```
java DirDB I findfile %%.java
```

Weiterhin ist zu beachten, daß die Interpretation der Wildcards von den unterschiedlichen Datenbanken leider nicht einheitlich gehandhabt wird. Während das obige Kommando unter InstantDB korrekt funktioniert, ist bei der Access-Datenbank die Ergebnismenge leer. Der Grund kann – je nach verwendeter Version – darin liegen, daß entweder der Stern "*" anstelle des "%" als Wildcard erwartet wird oder daß die *Leerzeichen am Ende des Feldes* als signifikant angesehen werden und daher auch *hinter* dem Suchbegriff ein Wildcard-Zeichen angegeben werden muß:

```
java DirDB A findfile %%.java%%
```

42.3.7 Die zehn größten Dateien

Eine ähnliche SELECT-Anweisung begegnet uns, wenn wir uns die Aufgabe stellen, die *howmany* größten Dateien unserer Datenbank anzuzeigen. Hierzu fügen wir eine ORDER BY-Klausel an und sortieren die Abfrage absteigend nach der Spalte *fsize*. Von der Ergebnismenge geben wir dann die ersten *howmany* Elemente aus:

Listing 42.9: Sortieren der Ergebnismenge
```
001 /**
002  * Gibt die howmany größten Dateien aus.
003  */
004 public static void biggestFiles(int howmany)
005 throws SQLException
006 {
007   ResultSet rs = stmt.executeQuery(
008     "SELECT * FROM file ORDER BY fsize DESC"
009   );
010   for (int i = 0; i < howmany; ++i) {
011     if (rs.next()) {
012       System.out.print(
013         getDirPath(rs.getInt("did")) +
014         FILESEP + rs.getString("fname").trim()
015       );
016       System.out.println(
```

```
017         Str.getFormatted("%10d", rs.getInt("fsize"))
018       );
019     }
020   }
021   rs.close();
022 }
```

Listing 42.9: Sortieren der Ergebnismenge (Forts.)

42.3.8 Speicherverschwendung durch Clustering

Bevor wir uns weiterführenden Themen zuwenden, wollen wir uns eine letzte Anwendung unserer Beispieldatenbank ansehen. Viele Dateisysteme (allen voran das alte FAT-Dateisystem unter MS-DOS und Windows) speichern die Dateien in verketteten Zuordnungseinheiten fester Größe, den *Clustern*. Ist die Clustergröße beispielsweise 4096 Byte, so belegt eine Datei auch dann 4 kByte Speicher, wenn sie nur ein Byte groß ist. Immer, wenn die Größe einer Datei nicht ein genaues Vielfaches der Clustergröße ist, bleibt der letzte Cluster unvollständig belegt und wertvoller Plattenspeicher bleibt ungenutzt. Ist die Clustergröße hoch, wird vor allem dann viel Platz verschwendet, wenn das Dateisystem sehr viele kleine Dateien enthält. Die folgende Funktion clustering berechnet zu einer gegebenen Clustergröße die Summe der Dateilängen und stellt sie dem tatsächlichen Platzbedarf aufgrund der geclusterten Speicherung gegenüber:

```
001 /**
002  * Summiert einerseits die tatsächliche Größe aller
003  * Dateien und andererseits die Größe, die sie durch
004  * das Clustering mit der angegebenen Clustergröße
005  * belegen. Zusätzlich wird der durch das Clustering
006  * "verschwendete" Speicherplatz ausgegeben.
007  */
008 public static void clustering(int clustersize)
009 throws SQLException
010 {
011   int truesize = 0;
012   int clusteredsize = 0;
013   double wasted;
014   ResultSet rs = stmt.executeQuery(
015     "SELECT * FROM file"
016   );
017   while (rs.next()) {
018     int fsize = rs.getInt("fsize");
019     truesize += fsize;
020     if (fsize % clustersize == 0) {
021       clusteredsize += fsize;
022     } else {
023       clusteredsize += ((fsize / clustersize) + 1)*clustersize;
024     }
025   }
```

Listing 42.10: Cluster-Berechnung mit der DirDB-Datenbank

Listing 42.10: Cluster-Berechnung mit der DirDB-Datenbank (Forts.)

```
026    System.out.println("true size      = " + truesize);
027    System.out.println("clustered size = " + clusteredsize);
028    wasted = 100 * (1 - ((double)truesize / clusteredsize));
029    System.out.println("wasted space   = " + wasted + " %");
030 }
```

Um beispielsweise den Einfluß der geclusterten Darstellung bei einer Clustergröße von 8192 zu ermitteln, kann das Programm wie folgt aufgerufen werden:

```
java DirDB I clustering 8192
```

Die Ausgabe des Programms könnte dann beispielsweise so aussehen:

```
InstantDB   - Version 1.85
Copyright (c) 1997-1998 Instant Computer Solutions Ltd.

Connection URL: jdbc:idb:dirdb.prp
Driver Name:    InstantDB JDBC Driver
Driver Version: Version 1.85

true size      = 94475195
clustered size = 112861184
wasted space   = 16.290799323884464 %
```

42.4 Weiterführende Themen

In diesem Abschnitt wollen wir eine Reihe von Themen ansprechen, die bei der bisherigen Darstellung zu kurz gekommen sind. Aufgrund des beschränkten Platzes werden wir jedes Thema allerdings nur kurz ansprechen und verweisen für genauere Informationen auf die JDBC-Beschreibung (sie ist Bestandteil der seit dem JDK 1.2 ausgelieferten Online-Dokumentation) und auf weiterführende Literatur zum Thema JDBC.

42.4.1 Metadaten

In Abschnitt 42.3.3 auf Seite 965 sind wir bereits kurz auf die Verwendung von Metadaten eingegangen. Neben den Datenbankmetadaten gibt es die Methode getMetaData der Klasse ResultSet:

java.sql.ResultSet

```
ResultSetMetaData getMetaData()
```

Sie liefert ein Objekt vom Typ ResultSetMetaData, das Meta-Informationen über die Ergebnismenge zur Verfügung stellt. Wichtige Methoden sind:

java.sql.ResultSetMetaData

```
int getColumnCount()

String getColumnName(int column)
```

```
String getTableName(int column)
int getColumnType(int column)
```

Mit `getColumnCount` kann die Anzahl der Spalten in der Ergebnismenge abgefragt werden. `getColumnName` und `getTableName` liefern den Namen der Spalte bzw. den Namen der Tabelle, zu der diese Spalte in der Ergebnismenge gehört, wenn man ihren numerischen Index angibt. Mit `getColumnType` kann der Datentyp einer Spalte abgefragt werden. Als Ergebnis wird eine der statischen Konstanten aus der Klasse `java.sql.Types` zurückgegeben.

42.4.2 Escape-Kommandos

Mit den *Escape-Kommandos* wurde ein Feature eingeführt, das die Portierbarkeit von Datenbankanwendungen verbessern soll. In Anlehnung an ODBC fordert die JDBC-Spezifikation dazu, daß die JDBC-Treiber in der Lage sein müssen, *besondere* Zeichenfolgen in SQL-Anweisungen zu erkennen und in die spezifische Darstellung der jeweiligen Datenbank zu übersetzen. Auf diese Weise können beispielsweise Datums- und Zeitliterale portabel übergeben oder eingebaute Funktionen aufgerufen werden. Die Escape-Kommandos haben folgende Syntax:

```
"{" <Kommandoname> [<Argumente>] "}"
```

Am Anfang steht eine geschweifte Klammer, dann folgen der Name des Escape-Kommandos und mögliche Argumente, und am Ende wird das Kommando durch eine weitere geschweifte Klammer abgeschlossen.

Um beispielsweise unabhängig von seiner konkreten Darstellung einen Datumswert einzufügen, kann das Escape-Kommando "d" verwendet werden. Es erwartet als Argument eine SQL-Zeichenkette im Format "yyyy-mm-dd" und erzeugt daraus das zur jeweiligen Datenbank passende Datumsliteral. In Listing 42.5 auf Seite 969 haben wir dieses Kommando verwendet, um das Änderungsdatum der Datei in die Tabelle *file* zu schreiben.

42.4.3 Transaktionen

Die drei Methoden `commit`, `rollback` und `setAutoCommit` des `Connection`-Objekts steuern das Transaktionsverhalten der Datenbank:

```
void commit()

void rollback()

void setAutoCommit(boolean autoCommit)
```

java.sql.
Connection

Nach dem Aufbauen einer JDBC-Verbindung ist die Datenbank (gemäß JDBC-Spezifikation) zunächst im *Auto-Commit-Modus*. Dabei gilt jede einzelne Anweisung als separate Transaktion, die nach Ende des Kommandos automatisch bestätigt wird. Durch Aufruf von `setAutoCommit` und Übergabe von `false` kann das geändert werden. Danach müssen alle Transaktionen explizit durch Aufruf von `commit` bestätigt bzw. durch `rollback` zurückgesetzt werden. Nach dem Abschluß einer Transaktion beginnt automatisch die nächste.

Wichtig ist auch der *Transaction Isolation Level*, mit dem der Grad der Parallelität von Datenbanktransaktionen gesteuert wird. Je höher der Level, desto weniger Konsistenzprobleme können durch gleichzeitigen Zugriff mehrerer Transaktionen auf dieselben Daten entstehen. Um so geringer ist aber auch der Durchsatz bei einer großen Anzahl von gleichzeitigen Zugriffen. Transaction Isolation Levels werden von der Datenbank üblicherweise mit Hilfe von gemeinsamen und exklusiven Sperren realisiert. JDBC unterstützt die folgenden Levels:

- `Connection.TRANSACTION_NONE`
- `Connection.TRANSACTION_READ_UNCOMMITTED`
- `Connection.TRANSACTION_READ_COMMITTED`
- `Connection.TRANSACTION_REPEATABLE_READ`
- `Connection.TRANSACTION_SERIALIZABLE`

Mit Hilfe der beiden Methoden `getTransactionIsolation` und `setTransactionIsolation` des `Connection`-Objekts kann der aktuelle Transaction Isolation Level abgefragt bzw. verändert werden:

`java.sql.Connection`

```
int getTransactionIsolation()

void setTransactionIsolation(int level)
```

Mit der Methode `supportsTransactionIsolationLevel` des `DatabaseMetaData`-Objekts kann abgefragt werden, ob eine Datenbank einen bestimmten Transaction Isolation Level unterstützt oder nicht.

42.4.4 JDBC-Datentypen

In den meisten Fällen braucht man keine *exakte* Kenntnis des Datentyps einer Tabellenspalte, wenn man diese abfragt. Die oben beschriebenen `get`-Methoden des `ResultSet`-Objekts führen geeignete Konvertierungen durch. Soll dagegen mit `CREATE TABLE` eine neue Datenbank definiert werden, muß zu jeder Spalte der genaue Datentyp angegeben werden. Leider unterscheiden sich die Datenbanken bezüglich der unterstützten Typen erheblich,

Weiterführende Themen   Kapitel 42

und die `CREATE TABLE`-Anweisung ist wenig portabel. Die Klasse `java.sql.Types` listet alle JDBC-Typen auf und gibt für jeden eine symbolische Konstante an. Mit der Methode `getTypeInfo` der Klasse `DatabaseMetaData` kann ein `ResultSet` mit allen Typen der zugrunde liegenden Datenbank und ihren spezifischen Eigenschaften beschafft werden. In Tabelle 42.4 auf Seite 984 findet sich eine Übersicht der wichtigsten SQL-Datentypen.

42.4.5 Umgang mit JDBC-Objekten

Wie zuvor erwähnt, sind die JDBC-Objekte des Typs `Connection` und `Statement` möglicherweise kostspielig bezüglich ihres Rechenzeit- oder Speicherverbrauchs. Es empfiehlt sich daher, nicht unnötig viele von ihnen anzulegen.

Während das bei `Connection`-Objekten einfach ist, kann es bei `Statement`-Objekten unter Umständen problematisch werden. Wird beispielsweise in einer Schleife mit vielen Durchläufen immer wieder eine Methode aufgerufen, die eine Datenbankabfrage durchführt, so stellt sich die Frage, woher sie das dafür erforderliche `Statement`-Objekt nehmen soll. Wird es jedesmal lokal angelegt, kann schnell der Speicher knapp werden. Wird es dagegen als statische oder als Klassenvariable angelegt, kann es zu Konflikten mit konkurrierenden Methoden kommen (die üblichen Probleme globaler Variablen).

Eine gut funktionierende Lösung für dieses Problem besteht darin, `Statement`-Objekte auf der `Connection` zu *cachen*, also zwischenzuspeichern. Das kann etwa mit einer Queue erfolgen, in die nicht mehr benötigte `Statement`-Objekte eingestellt werden. Anstelle eines Aufrufs von `createStatement` wird dann zunächst in der Queue nachgesehen, ob ein recycelbares Objekt vorhanden ist, und dieses gegebenenfalls wiederverwendet. Es sind dann zu keinem Zeitpunkt mehr `Statement`-Objekte angelegt, als *parallel* benötigt werden. Natürlich dürfen nur Objekte in die Queue gestellt werden, die nicht mehr benötigt werden; ihr `ResultSet` sollte also vorher möglichst geschlossen werden. Das `Statement`-Objekt selbst darf nicht geschlossen werden, wenn es noch verwendet werden soll.

Ein einfache Implementierung wird in dem folgendem Listing vorgestellt. Das Objekt vom Typ `CachedConnection` wird mit einem `Connection`-Objekt instanziert. Die Methoden `getStatement` und `releaseStatement` dienen dazu, `Statement`-Objekte zu beschaffen bzw. wieder freizugeben. Die Klasse `LinkedQueue` wurde in Abschnitt 15.4 auf Seite 330 vorgestellt.

```
001 /* CachedConnection.java */
002
003 import java.sql.*;
004 import java.util.*;
005
006 public class CachedConnection
007 {
008   private Connection con;
```

Listing 42.11:
Die Klasse
Cached-
Connection

Listing 42.11:
Die Klasse
Cached-
Connection
(Forts.)

```
009   private LinkedQueue cache;
010   private int         stmtcnt;
011
012   public CachedConnection(Connection con)
013   {
014     this.con     = con;
015     this.cache   = new LinkedQueue();
016     this.stmtcnt = 0;
017   }
018
019   public Statement getStatement()
020   throws SQLException
021   {
022     if (cache.size() <= 0) {
023       return con.createStatement();
024     } else {
025       return (Statement)cache.retrieve();
026     }
027   }
028
029   public void releaseStatement(Statement statement)
030   {
031     cache.add(statement);
032   }
033 }
```

Es ist wichtig, die JDBC-Objekte auch dann zu schließen, wenn eine Ausnahme während der Bearbeitung aufgetreten ist. Andernfalls würden möglicherweise Ressourcen nicht freigegeben und das Programm würde so nach und nach mehr Speicher oder Rechenzeit verbrauchen. Am einfachsten kann dazu die finally-Klausel der try-catch-Anweisung verwendet werden.

Eine weitere Eigenschaft der Klasse ResultSet verdient besondere Beachtung. Bei manchen JDBC-Treibern erlauben die zurückgegebenen ResultSet-Objekte das Lesen einer bestimmten Tabellenspalte nur einmal. Der zweite Versuch wird mit einer Fehlermeldung "No data" (oder ähnlich) quittiert. Manche Treiber erfordern sogar, daß die Spalten des ResultSet in der Reihenfolge ihrer Definition gelesen werden. In beiden Fällen ist es gefährlich, einen ResultSet als Parameter an eine Methode zu übergeben, denn die Methode weiß nicht, welche Spalten bereits vom Aufrufer gelesen wurden und umgekehrt. Eine Lösung könnte darin bestehen, einen ResultSet mit integriertem Cache zu entwickeln, der sich bereits gelesene Spaltenwerte merkt. Alternativ könnte man auch einen objekt-relationalen Ansatz versuchen, bei dem jeder gelesene Satz der Ergebnismenge direkt ein passendes Laufzeitobjekt erzeugt, das dann beliebig oft gelesen werden kann. Wir wollen auf beide Varianten an dieser Stelle nicht weiter eingehen.

42.4.6 Prepared Statements

Prepared Statements sind parametrisierte SQL-Anweisungen. Sie werden zunächst deklariert und zum Vorkompilieren an die Datenbank übergeben. Später können sie dann beliebig oft ausgeführt werden, indem die formalen Parameter durch aktuelle Werte ersetzt werden und die so parametrisierte Anweisung an die Datenbank übergeben wird. Der Vorteil von Prepared Statements ist, daß die Vorbereitungsarbeiten nur einmal erledigt werden müssen (Syntaxanalyse, Vorbereitung der Abfragestrategie und -optimierung) und die tatsächliche Abfrage dann wesentlich schneller ausgeführt werden kann. Das bringt Laufzeitvorteile bei der wiederholten Ausführung der vorkompilierten Anweisung.

JDBC stellt Prepared Statements mit dem Interface `PreparedStatement`, das aus `Statement` abgeleitet ist, zur Verfügung. Die Methode `prepareStatement` des `Connection`-Objekts liefert ein `PreparedStatement`:

```
public PreparedStatement prepareStatement(String sql)
  throws SQLException
```
java.sql.Connection

Als Argument wird ein String übergeben, der die gewünschte SQL-Anweisung enthält. Die formalen Parameter werden durch Fragezeichen dargestellt. Bei den meisten Datenbanken dürfen sowohl Änderungs- als auch Abfrageanweisungen vorkompiliert werden. Sie werden dann später mit `executeQuery` bzw. `executeUpdate` ausgeführt. Anders als im Basisinterface sind diese Methoden im Interface `PreparedStatement` parameterlos:

```
public ResultSet executeQuery()
  throws SQLException

public int executeUpdate()
  throws SQLException
```
java.sql.Prepared-Statement

Bevor eine dieser Methoden aufgerufen werden darf, ist es erforderlich, die vorkompilierte Anweisung zu parametrisieren. Dazu muß für jedes Fragezeichen eine passende `set`-Methode aufgerufen und das gewünschte Argument übergeben werden. Die set-Methoden gibt es für alle JDBC-Typen (siehe beispielsweise die analoge Liste der `get`-Methoden in Tabelle 42.1 auf Seite 959):

```
public void setBoolean(int parameterIndex, boolean x)
  throws SQLException

public void setByte(int parameterIndex, byte x)
  throws SQLException
```
java.sql.Prepared-Statement

...

Der erste Parameter gibt die Position des Arguments in der Argumentliste an. Das erste Fragezeichen hat den Index 1, das zweite den Index 2 usw. Der zweite Parameter liefert den jeweiligen Wert, der anstelle des Fragezeichens eingesetzt werden soll.

Als Beispiel wollen wir uns eine abgewandelte Form der in Abschnitt 42.3.5 auf Seite 971 vorgestellten Methode countRecords ansehen, bei der anstelle eines Statement-Objekts ein PreparedStatement verwendet wird:

Listing 42.12: Verwenden eines Prepared-Statement

```
001 public static void countRecords()
002 throws SQLException
003 {
004   PreparedStatement pstmt = con.prepareStatement(
005     "SELECT count(*) FROM ?"
006   );
007   String[] aTables = {"dir", "file"};
008   for (int i = 0; i < aTables.length; ++i) {
009     pstmt.setString(1, aTables[i]);
010     ResultSet rs = pstmt.executeQuery();
011     if (!rs.next()) {
012       throw new SQLException("SELECT COUNT(*): no result");
013     }
014     System.out.println(aTables[i] + ": " + rs.getInt(1));
015   }
016   pstmt.close();
017 }
```

Das PreparedStatement enthält hier den Namen der Tabelle als Parameter. In einer Schleife nehmen wir nun für die Tabellen "dir" und "file" jeweils eine Parametrisierung vor und führen dann die eigentliche Abfrage durch. Der Rückgabewert von executeQuery entspricht dem der Basisklasse, so daß der obige Code sich prinzipiell nicht von dem in Abschnitt 42.3.5 auf Seite 971 unterscheidet.

Nicht alle Datenbanken erlauben es, *Tabellennamen* zu parametrisieren, sondern beschränken diese Fähigkeit auf Argumente von Such- oder Änderungsausdrücken. Tatsächlich läuft unser Beispiel zwar mit InstantDB, aber beispielsweise nicht mit MS Access 95.

42.4.7 SQL-Kurzreferenz

Dieser Abschnitt gibt eine kurze Übersicht der gebräuchlichsten SQL-Anweisungen in ihren grundlegenden Ausprägungen. Er ersetzt weder ein Tutorial noch eine Referenz und ist zu keinem der bekannten SQL-Standards vollständig kompatibel. Trotzdem mag er für einfache Experimente nützlich sein und helfen, die ersten JDBC-Anbindungen zum Laufen zu bringen. Für "ernsthafte" Datenbankanwendungen sollte zusätzliche Literatur konsultiert und dabei insbesondere auf die Spezialitäten der verwendeten Datenbank geachtet werden.

Die nachfolgenden Syntaxbeschreibungen sind an die bei SQL-Anweisungen übliche Backus-Naur-Form angelehnt:

- Terminalsymbole (Schlüsselwörter) sind großgeschrieben.
- Weitere Terminalsymbole sind die runden Klammern, das Komma und die in den Suchausdrücken verwendeten Operatoren.
- Nichtterminalsymbole sind kursiv geschrieben.
- Optionale Teile stehen in eckigen Klammern.
- Der senkrechte Strich trennt Alternativen. Stehen sie in eckigen Klammern, können sie auch ganz weggelassen werden. Stehen sie in geschweiften Klammern, muß genau eine der Alternativen verwendet werden.
- Drei Punkte zeigen an, daß die davorstehende Anweisungsfolge wiederholt werden kann.

Ändern von Datenstrukturen

Mit CREATE TABLE kann eine neue Tabelle angelegt werden. Mit DROP TABLE kann sie gelöscht und mit ALTER TABLE ihre Struktur geändert werden. Mit CREATE INDEX kann ein neuer Index angelegt, mit DROP INDEX wieder gelöscht werden.

```
CREATE TABLE TabName
  (ColName DataType [DEFAULT ConstExpr]
  [ColName DataType [DEFAULT ConstExpr]]...)

ALTER TABLE TabName
  ADD (ColName DataType
    [ColName DataType]...)

CREATE [UNIQUE] INDEX IndexName
  ON TabName
  (ColName [ASC|DESC]
  [, ColName [ASC|DESC]]...)

DROP TABLE TabName

DROP INDEX IndexName
```

TabName, *ColName* und *IndexName* sind SQL-Bezeichner. *ConstExpr* ist ein konstanter Ausdruck, der einen Standardwert für eine Spalte vorgibt. *DataType* gibt den Datentyp der Spalte an, die gebräuchlichsten von ihnen können Tabelle 42.4 auf Seite 984 entnommen werden.

Tabelle 42.4: SQL-Datentypen

Bezeichnung	Bedeutung
CHAR(n)	Zeichenkette der (festen) Länge *n*.
VARCHAR(n)	Zeichenkette variabler Länge mit max. *n* Zeichen.
SMALLINT	16-Bit-Ganzzahl mit Vorzeichen.
INTEGER	32-Bit-Ganzzahl mit Vorzeichen.
REAL	Fließkommazahl mit etwa 7 signifikanten Stellen.
FLOAT	Fließkommazahl mit etwa 15 signifikanten Stellen. Auch als DOUBLE oder DOUBLE PRECISION bezeichnet.
DECIMAL(n,m)	Festkommazahl mit *n* Stellen, davon *m* Nachkommastellen. Ähnlich NUMERIC.
DATE	Datum (evtl. mit Uhrzeit). Verwandte Typen sind TIME und TIMESTAMP.

Ändern von Daten

Ein neuer Datensatz kann mit INSERT INTO angelegt werden. Soll ein bestehender Datensatz geändert werden, ist dazu UPDATE zu verwenden. Mit DELETE FROM kann er gelöscht werden.

```
INSERT INTO TabName
  [( ColName [,ColName] )]
  VALUES (Expr [,Expr]...)

UPDATE TabName
  SET ColName = {Expr|NULL}
    [,ColName = {Expr|NULL}]...
  [WHERE SearchCond]

DELETE FROM TabName
  [WHERE SearchCond]
```

TabName und *ColName* sind die Bezeichner der gewünschten Tabelle bzw. Spalte. *Expr* kann eine literale Konstante oder ein passender Ausdruck sein. *SearchCond* ist eine Suchbedingung, mit der angegeben wird, auf welche Sätze die UPDATE- oder DELETE FROM-Anweisung angewendet werden soll. Wird sie ausgelassen, wirken die Änderungen auf alle Sätze. Wir kommen im nächsten Abschnitt auf die Syntax der Suchbedingung zurück. Wird bei der INSERT INTO-Anweisung die optionale Feldliste ausgelassen, müssen Ausdrücke für *alle* Felder angegeben werden.

Lesen von Daten

Das Lesen von Daten erfolgt mit der SELECT-Anweisung. Ihre festen Bestandteile sind die Liste der Spalten *ColList* und die Liste der Tabellen, die in der Abfrage verwendet werden sollen. Daneben gibt es eine Reihe von optionalen Bestandteilen:

```
SELECT [ALL|DISTINCT] ColList
  FROM    TabName [,TabName]...
  [WHERE  SearchCond]
  [GROUP BY ColName [,ColName]...]
  [HAVING SearchCond]
  [UNION SubQuery]
  [ORDER BY ColName [ASC|DESC]
          [,ColName [ASC|DESC]]...]
```

Die Spaltenliste kann entweder einzelne Felder aufzählen, oder es können durch Angabe eines Sternchens "*" alle Spalten angegeben werden. Wurde mehr als eine Tabelle angegeben und sind die Spaltennamen nicht eindeutig, kann ein Spaltenname durch Voranstellen des Tabellennamens und eines Punkts qualifiziert werden. Zusätzlich können die Spaltennamen mit dem Schlüsselwort "AS" ein (möglicherweise handlicheres) Synonym erhalten. Die Syntax von *ColList* ist:

```
ColExpr [AS ResultName]
[,ColExpr AS ResultName]]...
```

Zusätzlich gibt es einige numerische Aggregatfunktionen, mit denen der Wert der als Argument angegebenen Spalte über alle Sätze der Ergebnismenge kumuliert werden kann:

Bezeichnung	Bedeutung
COUNT	Anzahl der Sätze
AVG	Durchschnitt
SUM	Summe
MIN	Kleinster Wert
MAX	Größter Wert

Tabelle 42.5: SQL-Aggregatfunktionen

Die WHERE-Klausel definiert die Suchbedingung. Wurde sie nicht angegeben, liefert die Anweisung alle vorhandenen Sätze. Der Suchausdruck *SearchCond* kann sehr unterschiedliche Formen annehmen. Zunächst kann eine Spalte mit Hilfe der relationalen Operatoren <, <=, >, >=, = und <> mit einer anderen Spalte oder einem Ausdruck verglichen werden. Die Teilausdrücke können mit den logischen Operatoren AND, OR und NOT verknüpft werden, die Auswertungsreihenfolge kann in der üblichen Weise durch Klammerung gesteuert werden.

Mit Hilfe des Schlüsselworts LIKE kann eine Ähnlichkeitssuche durchgeführt werden:

Expr LIKE *Pattern*

Mit Hilfe der Wildcards "%" und "_" können auch unscharf definierte Begriffe gesucht werden. Jedes Vorkommen von "%" paßt auf eine beliebige Anzahl beliebiger Zeichen, jedes "_" steht für genau ein beliebiges Zeichen. Manche Datenbanken unterscheiden zwischen Groß- und Kleinschreibung, andere nicht.

Mit Hilfe der Klauseln IS NULL und IS NOT NULL kann getestet werden, ob der Inhalt einer Spalte den Wert NULL enthält oder nicht:

`ColName IS [NOT] NULL`

Mit dem BETWEEN-Operator kann bequem festgestellt werden, ob ein Ausdruck innerhalb eines vorgegebenen Wertebereichs liegt oder nicht:

`Expr BETWEEN Expr AND Expr`

Neben den einfachen Abfragen gibt es eine Reihe von Abfragen, die mit *Subqueries* (Unterabfragen) arbeiten:

`EXISTS (SubQuery)`

`Expr [NOT] IN (SubQuery)`

`Expr RelOp {ALL|ANY} (SubQuery)`

Die Syntax von *SubQuery* entspricht der einer normalen SELECT-Anweisung. Sie definiert eine separat definierte Menge von Daten, die als Teilausdruck in einer Suchbedingung angegeben wird. Der EXISTS-Operator testet, ob die Unterabfrage mindestens ein Element enthält. Mit dem IN-Operator wird getestet, ob der angegebene Ausdruck in der Ergebnismenge enthalten ist. Die Ergebnismenge kann auch literal als komma-separierte Liste von Werten angegeben werden. Schließlich kann durch Angabe eines relationalen Operators getestet werden, ob der Ausdruck zu mindestens einem (ANY) oder allen (ALL) Sätzen der Unterabfrage in der angegebenen Beziehung steht. Bei den beiden letzten Unterabfragen sollte jeweils nur eine einzige Spalte angegeben werden.

Die GROUP BY-Klausel dient dazu, die Sätze der Ergebnismenge zu Gruppen zusammenzufassen, bei denen die Werte der angegebenen Spalten gleich sind. Sie wird typischerweise zusammen mit den oben erwähnten Aggregatfunktionen verwendet. Mit HAVING kann zusätzlich eine Bedingung angegeben werden, mit der die gruppierten Ergebnissätze "nachgefiltert" werden.

Mit dem UNION-Operator können die Ergebnismengen zweier SELECT-Anweisungen zusammengefaßt werden. Das wird typischerweise gemacht, wenn die gesuchten Ergebnissätze aus mehr als einer Tabelle stammen (andernfalls könnte der OR-Operator verwendet werden).

Die `ORDER BY`-Klausel kann angegeben werden, um die Reihenfolge der Sätze in der Ergebnismenge festzulegen. Die Sätze werden zunächst nach der ersten angegebenen Spalte sortiert, bei Wertegleichheit nach der zweiten, der dritten usw. Mit Hilfe der Schlüsselwörter `ASC` und `DESC` kann angegeben werden, ob die Werte auf- oder absteigend sortiert werden sollen.

42.5 Zusammenfassung

In diesem Kapitel wurden folgende Themen behandelt:

- Die grundsätzliche Arbeitsweise und wichtige Architekturmerkmale von JDBC
- Laden des JDBC-Treibers
- Zugriff auf MS Access, InstantDB und HSQLDB
- Verwenden der JDBC-ODBC-Bridge
- Aufbau einer Datenbankverbindung mit den Klassen `DriverManager` und `Connection`
- Erzeugen von Anweisungsobjekten
- Ausführen von Datenbankabfragen
- Abfrage von Meta-Informationen
- Der Umgang mit der Klasse `ResultSet` und ihre Besonderheiten
- Die JDBC-Datentypen
- Umgang mit NULL-Werten
- Ändern, Löschen und Einfügen von Daten
- Anlegen und Löschen von Tabellen und Indexdateien
- Escape-Kommandos
- Transaktionen
- Der Umgang mit Prepared Statements
- Die wichtigsten SQL-Befehle, -Datentypen und -ausdrücke

43 Reflection

43.1 Einleitung

Bei der Entwicklung des JDK 1.1 sahen sich die Entwickler mit einer Schwäche von Java konfrontiert, die die Entwicklung bestimmter Typen von Tools und Bibliotheken unmöglich machte: der statischen Struktur von Klassen und Objekten. Um ein Objekt anzulegen, eine seiner Methoden aufzurufen oder auf eine seiner Membervariablen zuzugreifen, mußte der Code der Klasse zur *Compilezeit* bekannt sein. Während dies für die meisten gewöhnlichen Anwendungen kein Problem darstellt, ist es für die Entwicklung generischer Werkzeuge und hochkonfigurierbarer Anwendungen, die durch PlugIns erweiterbar sind, unzureichend. Insbesondere die Entwicklung der Beans- und Serialisierungs-APIs war mit den in der Version 1.0 verfügbaren Spracheigenschaften nicht möglich.

Benötigt wurde vielmehr die Möglichkeit, Klassen zu laden und zu instanzieren (auch mit parametrisierten Konstruktoren), ohne daß bereits zur Compilezeit ihr Name bekannt sein mußte. Weiterhin sollten statische oder instanzbasierte Methoden aufgerufen und auf Membervariablen auch dann zugegriffen werden können, wenn ihr Name erst zur Laufzeit des Programmes bekannt ist.

Gesucht wurde also ein Mechanismus, der diese normalerweise vom Compiler angeforderten Fähigkeiten des Laufzeitsystems auch "normalen" Anwendungen zur Verfügung stellte. Mit dem Reflection-API des JDK 1.1 wurde eine Library-Schnittstelle geschaffen, die alle erwähnten Fähigkeiten (und noch einige mehr) implementiert und beliebigen Anwendungen als integralen Bestandteil der Java-Klassenbibliothek zur Verfügung stellt. Erweiterungen am Sprachkern waren dazu nicht nötig.

Wir wollen uns in diesem Kapitel die wichtigsten Eigenschaften des Reflection-APIs ansehen und ein paar nützliche Anwendungen vorstellen. Die als *Introspection* bezeichneten Erweiterungen für die Beans-Behandlung werden in Kapitel 44 auf Seite 1015 behandelt.

43.2 Die Klassen Object und Class

43.2.1 Die Klasse Object

Die Klasse `Object` wurde bereits in Abschnitt 8.1.2 auf Seite 164 erläutert. Sie ist die Vaterklasse aller anderen Klassen und sorgt dafür, daß einige elementare Methoden wie `equals`, `toString`, `clone` oder `hashCode` in allen Klassen zur Verfügung stehen.

43.2.2 Die Klasse Class

Mit der Methode `getClass` der Klasse `Object` besitzt ein beliebiges Objekt die Fähigkeit, ein passendes *Klassenobjekt* zu liefern. Zu jeder Klasse, die das Laufzeitsystem verwendet, wird während des Ladevorgangs ein Klassenobjekt vom Typ `Class` erzeugt. Die Klasse `Class` stellt Methoden zur Abfrage von Eigenschaften der Klasse zur Verfügung und erlaubt es, Klassen dynamisch zu laden und Instanzen dynamisch zu erzeugen. Darüber hinaus ist sie der Schlüssel zur Funktionalität des Reflection-APIs.

Wir wollen uns zunächst an einem einfachen Beispiel das dynamische Laden und Instanzieren von Klassen ansehen. Das folgende Listing zeigt das Interface `HelloMeth` und die Klassen `CA`, `CB`, `CC` und `CD`. `HelloMeth` deklariert die Methode `hello`, die von den Klassen `CA` und `CB` implementiert wird. `CC` besitzt ebenfalls die Methode `hello`, allerdings ohne das Interface `HelloMeth` zu implementieren. `CD` schließlich implementiert nicht `hello`, sondern `hallo`.

Die Hauptklasse liest zunächst einen Klassennamen von der Standardeingabe ein. Mit der Klassenmethode `forName` der Klasse `Class` wird dann ein Klassenobjekt zu einer Klasse dieses Namens beschafft. Das wird verwendet, um mit der Methode `newInstance` der Klasse `Class` ein neues Objekt zu erzeugen. Dieses Objekt wird schließlich in das Interface `HelloMeth` konvertiert und dessen Methode `hello` aufgerufen.

Das Programm ist in der Lage, die beiden Klassen `CA` und `CB` ordnungsgemäß zu instanzieren und ihre Methode `hello` aufzurufen. Bei `CC` und `CD` gibt es eine Ausnahme des Typs `ClassCastException`, weil diese Klassen nicht das Interface `HelloMeth` implementieren. Alle anderen Klassennamen werden mit der Ausnahme `ClassNotFoundException` quittiert.

Listing 43.1: Dynamisches Laden von Klassen

```
001 /* Listing4301.java */
002
003 import java.io.*;
004
005 interface HelloMeth
006 {
007   public void hello();
008 }
009
010 class CA
011 implements HelloMeth
012 {
013   public void hello()
014   {
015     System.out.println("hello CA");
016   }
017 }
018
019 class CB
```

```
020 implements HelloMeth
021 {
022   public void hello()
023   {
024     System.out.println("hello CB");
025   }
026 }
027
028 class CC
029 {
030   public void hello()
031   {
032     System.out.println("hello CC");
033   }
034 }
035
036 class CD
037 {
038   public void hallo()
039   {
040     System.out.println("hallo CD");
041   }
042 }
043
044 public class Listing4301
045 {
046   public static void main(String[] args)
047   {
048     String buf = "";
049     BufferedReader in = new BufferedReader(
050                         new InputStreamReader(
051                         new DataInputStream(System.in)));
052     while (true) {
053     try {
054       System.out.print("Klassenname oder ende eingeben: ");
055       buf = in.readLine();
056       if (buf.equals("ende")) {
057         break;
058       }
059       Class c = Class.forName(buf);
060       Object o = c.newInstance();
061       ((HelloMeth)o).hello();
062     } catch (IOException e) {
063       System.out.println(e.toString());
064     } catch (ClassNotFoundException e) {
065       System.out.println("Klasse nicht gefunden");
066     } catch (ClassCastException e) {
067       System.out.println(e.toString());
068     } catch (InstantiationException e) {
```

Listing 43.1:
Dynamisches
Laden von
Klassen
(Forts.)

Listing 43.1:
Dynamisches
Laden von
Klassen
(Forts.)

```
069        System.out.println(e.toString());
070      } catch (IllegalAccessException e) {
071        System.out.println(e.toString());
072      }
073    }
074  }
075 }
```

Eine Beispielsitzung des Programms könnte so aussehen:

```
CA
hello CA
CB
hello CB
CC
java.lang.ClassCastException
CD
java.lang.ClassCastException
CE
Klasse nicht gefunden
ende
```

An diesem Beispiel ist zu sehen, wie Klassen geladen und instanziert werden können, deren Name zur Compilezeit nicht bekannt ist. In allen anderen Beispielen in diesem Buch wurden Klassennamen als literale Konstanten im Sourcecode gehalten und der Compiler konnte den passenden Code erzeugen. Wir wollen die nötigen Schritte noch einmal zusammenfassen:

- Mit der statischen Methode forName wurde der *Classloader* beauftragt, eine Klasse des angegebenen Namens zu suchen und in die Java-Maschine zu laden. Die VM führt anschließend die statischen Initialisierungen aus (falls es nicht schon ein Klassenobjekt gibt) und liefert das zugehörige Klassenobjekt.

- Mit dem Klassenobjekt können nun verschiedene Aufgaben erledigt werden. Insbesondere ist es möglich, Informationen über Konstruktoren, Membervariablen oder Methoden der Klasse abzufragen.

- Zudem kann mit newInstance eine neue Instanz der Klasse angelegt werden. Ist der Typ der Klasse oder ihrer Basisklasse oder eines ihrer Interfaces bekannt, kann das Objekt auf eine Variable dieses Typs konvertiert und dessen Methoden aufgerufen werden.

43.3 Methoden- und Konstruktorenaufrufe

43.3.1 Parameterlose Methoden

Wir wollen uns ein erstes Beispiel für die Anwendung des Reflection-APIs ansehen. In der Praxis stellt sich immer wieder das Problem, wohin bei neu entwickelten Klassen der Code zum *Testen* der Klasse geschrieben werden soll. Ein Weg ist der, an das Ende der Klasse eine Methode `public static void main` zu hängen und den Testcode dort zu plazieren:

```
001 public class Queue
002 {
003   //...
004   //Implementierung der Queue
005   //...
006
007   //---Testcode---------------------------
008   public static void main(String[] args)
009   {
010     Queue q = new Queue();
011     //...
012     //Code zum Testen der Queue
013     //...
014   }
015 }
```

Listing 43.2: Testcode in der main-Methode

Auf diese Weise läßt sich der Testcode einer Dienstleistungsklasse – wie beispielsweise einer Queue – ganz einfach mit dem Java-Interpreter aufrufen und reproduzierbar testen. Nachteilig ist natürlich, daß der eigentliche Code und der Testcode vermischt werden. Dadurch wird die Klassendatei unnötig groß, was im Hinblick auf gute Downloadzeiten nicht wünschenswert ist. Besser wäre es, wenn der Testcode in einer separaten Klasse verbleiben würde. Wir wollen dazu ein kleines Programm zum Testen von Java-Klassen schreiben. Es soll folgende Eigenschaften besitzen:

▶ Das Testing wird durch ein Rahmenprogramm `Test` ausgelöst, das als Argument den Namen der zu testenden Klasse erwartet.

▶ Die zu testende Klasse soll automatisch gefunden, geladen und mit dem Default-Konstruktor instanziert werden.

▶ In der Klasse mit dem Testcode sollen automatisch alle öffentlichen, nicht-statischen Methoden ausgeführt werden, deren Name mit "test" beginnt.

Der Schlüssel zur Implementierung der Klasse `Test` liegt in der Anwendung des Reflection-APIs. Das Laden der Testklasse entspricht dem vorigen Beispiel, zum Aufzählen aller Methoden bedienen wir uns der Methode `getMethods` der Klasse `Class`:

java.lang. Class	`public Method[] getMethods()` `throws SecurityException`

`getMethods` liefert ein Array von Objekten des Typs `Method`, das für jede öffentliche Methode der Klasse ein Element enthält. Um auch die nicht-öffentlichen Methoden aufzulisten, kann die Methode `getDeclaredMethods` verwendet werden. Die Klasse `Method` stellt einige Methoden zum Zugriff auf das Methodenobjekt zur Verfügung. Die wichtigsten sind:

java.lang.
reflect.
Method
	`String getName()`
	
	`int getModifiers()`
	
	`Class[] getParameterTypes()`
	
	`Object invoke(Object obj, Object[] args)`

Mit `getName` kann der Name der Methode ermittelt werden. `getModifiers` liefert eine bitverknüpfte Darstellung der Methodenattribute (`static`, `private` usw.). Der Rückgabewert kann an die statischen Methoden der Klasse `Modifier` übergeben werden, um festzustellen, welche Attribute die Methode besitzt:

java.lang.
reflect.
Modifier
	`static boolean isAbstract(int mod)`
	`static boolean isExplicit(int mod)`
	`static boolean isFinal(int mod)`
	`static boolean isInterface(int mod)`
	`static boolean isNative(int mod)`
	`static boolean isPrivate(int mod)`
	`static boolean isProtected(int mod)`
	`static boolean isPublic(int mod)`
	`static boolean isStatic(int mod)`
	`static boolean isStrict(int mod)`
	`static boolean isSynchronized(int mod)`
	`static boolean isTransient(int mod)`
	`static boolean isVolatile(int mod)`

`getParameterTypes` liefert ein Array mit Objekten des Typs `Class`, das dazu verwendet werden kann, die Anzahl und Typen der formalen Argumente der Methode festzustellen. Jedes Array-Element repräsentiert dabei die Klasse des korrespondierenden formalen Arguments. Hat das Array die Länge 0, so ist die Methode parameterlos. Gibt es beispielsweise zwei Elemente mit den Typen `String` und `Double`, so besitzt die Methode zwei Parameter, die vom Typ `String` und `Double` sind.

Um auch primitive Typen auf diese Weise darstellen zu können, gibt es in den Wrapper-Klassen der primitiven Typen (siehe Abschnitt 10.2 auf Seite 209) jeweils ein statisches `Class`-Objekt mit der Bezeichnung `TYPE`, das den zugehörigen primitiven Datentyp bezeichnet. Ein `int`-Argument wird also beispielsweise dadurch angezeigt, daß der Rückgabewert von `getParameterTypes` an der entsprechenden Stelle ein Objekt des Typs `Integer.TYPE` enthält. Insgesamt gibt es neun derartige Klassenobjekte, und zwar für die acht primitiven Typen und für den "leeren" Rückgabewert `void`:

Klassenobjekt	Typ
`Boolean.TYPE`	`boolean`
`Character.TYPE`	`char`
`Byte.TYPE`	`byte`
`Short.TYPE`	`short`
`Integer.TYPE`	`int`
`Long.TYPE`	`long`
`Float.TYPE`	`float`
`Double.TYPE`	`double`
`Void.TYPE`	`void`

Tabelle 43.1: Klassenobjekte für die primitiven Typen

Alternativ zur .TYPE-Notation kann auch die in Abschnitt 43.3.2 auf Seite 998 vorgestellte .class-Notation verwendet werden, um Klassenobjekte für primitive Typen zu erzeugen. Dazu ist einfach der Name des gewünschten Typs um ".class" zu ergänzen, also z.B. `boolean.class` oder `void.class` zu schreiben. Der Compiler erzeugt dann ein passendes Klassenobjekt für den primitiven Typ.

Die Methode `invoke` der Klasse `Method` dient dazu, die durch dieses Methodenobjekt repräsentierte Methode tatsächlich aufzurufen. Das erste Argument `obj` gibt dabei das Objekt an, auf dem die Methode ausgeführt werden soll. Es muß natürlich zu einem Objekt der Klasse gehören, auf der `getMethods` aufgerufen wurde. Das zweite Argument übergibt die aktuellen Parameter an die Methode. Ähnlich wie bei `getParameterTypes` wird auch hier ein Array angegeben, dessen Elemente den korrespondierenden aktuellen Argumenten entsprechen. Bei Objektparametern ist einfach ein Objekt des passenden Typs an der gewünschten Stelle zu plazieren.

Besitzt die Methode auch primitive Argumente, wird eine automatische Konvertierung vorgenommen (*unwrapping*), indem das entsprechende Array-Element in den passenden primitiven Datentyp konvertiert wird. Erwartet die Methode beispielsweise ein `int`, so ist ein `Integer`-Objekt zu übergeben, das dann beim Aufruf automatisch "ausgepackt" wird.

Die Implementierung der Klasse `Test` sieht so aus:

```
001 /* Test.java */
002
003 import java.lang.reflect.*;
```

Listing 43.3: Die Klasse Test

Listing 43.3:
Die Klasse Test
(Forts.)

```
004
005 public class Test
006 {
007   public static Object createTestObject(String name)
008   {
009     //Klassennamen zusammenbauen
010     int pos = name.lastIndexOf('.');
011     if (pos == -1) {
012       name = "Test" + name;
013     } else {
014       name = name.substring(0, pos + 1) + "Test" +
015           name.substring(pos + 1);
016     }
017     //Klasse laden
018     Object ret = null;
019     try {
020       Class testclass = Class.forName(name);
021       //Testobjekt instanzieren
022       System.out.println("==============================");
023       System.out.println("Instanzieren von: " + name);
024       System.out.println("--");
025       ret = testclass.newInstance();
026     } catch (ClassNotFoundException e) {
027       System.err.println("Kann Klasse nicht laden: " + name);
028     } catch (InstantiationException e) {
029       System.err.println("Fehler beim Instanzieren: " + name);
030     } catch (IllegalAccessException e) {
031       System.err.println("Unerlaubter Zugriff auf: " + name);
032     }
033     return ret;
034   }
035
036   public static void runTests(Object tester)
037   {
038     Class clazz = tester.getClass();
039     Method[] methods = clazz.getMethods();
040     int cnt = 0;
041     for (int i = 0; i < methods.length; ++i) {
042       //Methodenname muß mit "test" anfangen
043       String name = methods[i].getName();
044       if (!name.startsWith("test")) {
045         continue;
046       }
047       //Methode muß parameterlos sein
048       Class[] paras = methods[i].getParameterTypes();
049       if (paras.length > 0) {
050         continue;
051       }
052       //Methode darf nicht static sein
```

Methoden- und Konstruktorenaufrufe Kapitel 43

```
053        int modifiers = methods[i].getModifiers();
054        if (Modifier.isStatic(modifiers)) {
055          continue;
056        }
057        //Nun kann die Methode aufgerufen werden
058        ++cnt;
059        System.out.println("===============================");
060        System.out.println("Aufgerufen wird: " + name);
061        System.out.println("--");
062        try {
063          methods[i].invoke(tester, new Object[0]);
064        } catch (Exception e) {
065          System.err.println(e.toString());
066        }
067      }
068      if (cnt <= 0) {
069        System.out.println("Keine Testmethoden gefunden");
070      }
071    }
072
073    public static void main(String[] args)
074    {
075      if (args.length <= 0) {
076        System.err.println("Aufruf: java Test <KlassenName>");
077        System.exit(1);
078      }
079      Object tester = createTestObject(args[0]);
080      runTests(tester);
081    }
082  }
```

Listing 43.3: Die Klasse Test (Forts.)

Das Hauptprogramm ruft zunächst die Methode createTestObject auf, um ein Objekt der Testklasse zu generieren. Falls als Argument also beispielsweise Queue übergeben wurde, wird ein Objekt des Typs TestQueue erzeugt. Ist es nicht vorhanden oder kann nicht instanziert werden, liefert die Methode null als Rückgabewert.

Anschließend wird das Testobjekt an die Methode runTests übergeben. Diese besorgt sich das Klassenobjekt und ruft getMethods auf. Das zurückgegebene Array repräsentiert die Liste aller öffentlichen Methoden und wird elementweise durchlaufen. Zunächst wird überprüft, ob der Methodenname mit test anfängt. Ist das der Fall, wird geprüft, ob die Methode parameterlos ist und nicht das static-Attribut besitzt. Sind auch diese Bedingungen erfüllt, kann die Methode mit invoke aufgerufen werden. Als erstes Argument wird das Testobjekt übergeben. Als zweites folgt ein leeres Array des Typs Object, um anzuzeigen, daß keine Parameter zu übergeben sind.

> Beachten Sie, daß am Anfang des Programms das Paket `java.lang.reflect` eingebunden wurde. Während die Klassen `Class` und `Object` aus historischen Gründen in `java.lang` liegen (und deshalb automatisch importiert werden), liegen sie für die übrigen Bestandteile des Reflection-APIs in `java.lang.reflect` und müssen deshalb explizit importiert werden.

Eine beispielhafte Implementierung der Klasse `TestQueue` könnte etwa so aussehen:

Listing 43.4: Die Klasse TestQueue
```
001 public class TestQueue
002 {
003   public TestQueue()
004   {
005     //Intialisierungen, z.B. Erzeugen eines zu
006     //testenden Queue-Objekts
007   }
008
009   public void test1()
010   {
011     //Erste Testmethode
012   }
013
014   public void test2()
015   {
016     //Zweite Testmethode
017   }
018
019   //...
020 }
```

Ein Aufruf von

`java Test Queue`

würde nun ein neues Objekt des Typs `TestQueue` instanzieren und nacheinander die Methoden `test1`, `test2` usw. aufrufen.

43.3.2 Parametrisierte Methoden

In diesem Abschnitt wollen wir uns den Aufruf *parametrisierter* Methoden ansehen, was nach den Ausführungen des vorigen Abschnitts nicht mehr schwierig ist. Als Beispiel soll ein Programm geschrieben werden, das die in Java nicht vorhandenen Funktionszeiger simuliert. Es soll eine Methode enthalten, die eine Wertetabelle für eine mathematische Funktion erzeugt, deren Name als String übergeben wurde. Nach den Überlegungen des vorigen Abschnitts können wir uns gleich das Listing ansehen:

Methoden- und Konstruktorenaufrufe

Listing 43.5:
Funktionszeiger
mit Reflection
nachbilden

```java
001  /* FloatTables.java */
002
003  import java.lang.reflect.*;
004
005  public class FloatTables
006  {
007    public static double times2(double value)
008    {
009      return 2 * value;
010    }
011
012    public static double sqr(double value)
013    {
014      return value * value;
015    }
016
017    public static void printTable(String methname)
018    {
019      try {
020        System.out.println("Wertetabelle fuer " + methname);
021        int pos = methname.lastIndexOf('.');
022        Class clazz;
023        if (pos == -1) {
024          clazz = FloatTables.class;
025        } else {
026          clazz = Class.forName(methname.substring(0, pos));
027          methname = methname.substring(pos + 1);
028        }
029        Class[] formparas = new Class[1];
030        formparas[0] = Double.TYPE;
031        Method meth = clazz.getMethod(methname, formparas);
032        if (!Modifier.isStatic(meth.getModifiers())) {
033          throw new Exception(methname + " ist nicht static");
034        }
035        Object[] actargs = new Object[1];
036        for (double x = 0.0; x <= 5.0; x += 1) {
037          actargs[0] = new Double(x);
038          Double ret = (Double)meth.invoke(null, actargs);
039          double result = ret.doubleValue();
040          System.out.println("   " + x + " -> " + result);
041        }
042      } catch (Exception e) {
043        System.err.println(e.toString());
044      }
045    }
046
047    public static void main(String[] args)
048    {
049      printTable("times2");
```

Listing 43.5:
Funktionszeiger
mit Reflection
nachbilden
(Forts.)

```
050     printTable("java.lang.Math.exp");
051     printTable("sqr");
052     printTable("java.lang.Math.sqrt");
053   }
054 }
```

Das Hauptprogramm ruft die Methode `printTable` viermal auf, um die Wertetabellen zu den statischen Funktionen `times2`, `java.lang.Math.exp`, `sqr` und `java.lang.Math.sqrt` zu erzeugen. Sie kann sowohl mit lokal definierten Methoden umgehen als auch mit solchen, die in einer anderen Klasse liegen (in diesem Fall sogar aus einem anderen Paket).

In Zeile 021 wird zunächst der am weitesten rechts stehende Punkt im Methodennamen gesucht. Ist ein Punkt vorhanden, wird der String an dieser Stelle aufgeteilt. Der links davon stehende Teil wird als Klassenname angesehen, der rechts davon stehende als Methodenname. Gibt es keinen Punkt, wird als Klassenname der Name der eigenen Klasse verwendet. Anschließend wird das zugehörige Klassenobjekt geladen.

Ist der Klassenname zur Compilezeit bekannt, kann anstelle des Aufrufs von `forName` die abkürzende Schreibweise `.class` verwendet werden. Das hat den Vorteil, daß bereits der Compiler überprüfen kann, ob die genannte Klasse vorhanden ist.

Anders als im vorigen Abschnitt generiert das Programm nun nicht eine Liste *aller* Methoden, sondern sucht mit `getMethod` ganz konkret nach einer bestimmten:

java.lang.
Class

`public Method getMethod(String name, Class[] parameterTypes)`

Dazu müssen der Name der Methode und eine Beschreibung ihrer formalen Argumente an `getMethod` übergeben werden. Auch hier werden die Argumente durch ein Array mit korrespondierenden Klassenobjekten repräsentiert. Da die Methoden, die in diesem Fall aufgerufen werden sollen, nur ein einziges Argument vom Typ `double` haben sollen, hat unsere Parameterspezifikation `formParas` lediglich ein einziges Element `Double.TYPE`. Wurde keine solche Methode gefunden oder besitzt sie nicht das `static`-Attribut, löst `getMethods` eine Ausnahme des Typs `NoSuchMethodException` aus.

Würde die Methode anstelle des primitiven Typs `double` ein Argument des Referenztyps `Double` erwarten, hätten wir ein Klassenobjekt der Klasse `Double` übergeben müssen. Dafür gibt es verschiedene Möglichkeiten, beispielsweise die beiden folgenden:

`formparas[0] = (new Double(0)).getClass();`

oder

`formparas[0] = Double.class;`

Methoden- und Konstruktorenaufrufe

Auch eine parametrisierte Methode kann mit `invoke` aufgerufen werden. Im Unterschied zur parameterlosen muß nun allerdings ein nicht-leeres `Object`-Array mit den aktuellen Argumenten übergeben werden. Hier zeigt sich ein vermeintliches Problem, denn in einem Array vom `Object[]` können keine primitiven Typen abgelegt werden. Um Methoden mit primitiven Parametern aufrufen zu können, werden diese einfach in die passende Wrapper-Klasse verpackt (siehe Abschnitt 10.2 auf Seite 209). Beim Aufruf von `invoke` werden sie dann automatisch »ausgepackt« und dem primitiven Argument zugewiesen.

Wir verpacken also den zu übergebenden Wert in ein `Double`-Objekt und stellen dieses in Zeile 037 in das Array mit den aktuellen Argumenten. Beim Methodenaufruf in der nächsten Zeile wird es dann automatisch ausgepackt und steht innerhalb der Methode als `double`-Wert zur Verfügung. Das Programm ruft die Methode für jeden der Werte 0.0, 1.0, 2.0, 3.0, 4.0 und 5.0 auf und erzeugt so eine einfache Wertetabelle.

> Anders als in Listing 43.3 auf Seite 995 wird in diesem Beispiel als erstes Argument von `invoke` nicht das Objekt übergeben, an dem die Methode aufgerufen werden soll, sondern der Wert `null`. Das liegt daran, daß wir eine *statische* Methode aufrufen, die keiner Objektinstanz, sondern dem Klassenobjekt zugeordnet ist. Bei nicht-statischen Methoden ist die Übergabe von `null` natürlich nicht erlaubt und würde zu einer `NullPointerException` führen.

Die Ausgabe des Programms ist:

```
Wertetabelle fuer times2
  0.0 -> 0.0
  1.0 -> 2.0
  2.0 -> 4.0
  3.0 -> 6.0
  4.0 -> 8.0
  5.0 -> 10.0
Wertetabelle fuer java.lang.Math.exp
  0.0 -> 1.0
  1.0 -> 2.7182818284590455
  2.0 -> 7.38905609893065
  3.0 -> 20.085536923187668
  4.0 -> 54.598150033144236
  5.0 -> 148.4131591025766
Wertetabelle fuer sqr
  0.0 -> 0.0
  1.0 -> 1.0
  2.0 -> 4.0
  3.0 -> 9.0
  4.0 -> 16.0
  5.0 -> 25.0
```

```
Wertetabelle fuer java.lang.Math.sqrt
  0.0 -> 0.0
  1.0 -> 1.0
  2.0 -> 1.4142135623730951
  3.0 -> 1.7320508075688772
  4.0 -> 2.0
  5.0 -> 2.23606797749979
```

> Der in Listing 43.5 auf Seite 999 vorgestellte Code ist eigentlich nicht zur Nachahmung empfohlen, sondern soll nur als Beispiel für den Aufruf parametrisierter Methoden mit Hilfe des Reflection-APIs dienen. Ein zum hier vorgestellten Code äquivalentes Beispiel auf der Basis von Interfaces wurde in Abschnitt 9.4.3 auf Seite 195 vorgestellt.

43.3.3 Parametrisierte Konstruktoren

Die Methode `newInstance` der Klasse `Class` ruft immer den parameterlosen Konstruktor auf, um ein Objekt zu instanzieren. Mit Reflection ist es aber auch möglich, parametrisierte Konstruktoren zur dynamischen Instanzierung zu verwenden. Dazu besitzt `Class` zwei Methoden `getConstructors` und `getConstructor`, die dazu verwendet werden, Konstruktorenobjekte zu beschaffen. Anders als `getMethods` und `getMethod` liefern sie allerdings kein Objekt des Typs `Method`, sondern eines des Typs `Constructor` zurück.

Auch dieses besitzt die oben beschriebenen Methoden `getModifiers`, `getName` und `getParameterTypes`. Der Aufruf einer Methode erfolgt allerdings nicht mit `invoke`, sondern mit `newInstance`:

java.lang.reflect.Constructor

```
Object newInstance(Object[] initargs)
```

`newInstance` erwartet ebenfalls ein Array von Argumenten des Typs `Object`. Diese werden gegebenenfalls in der zuvor beschriebenen Weise auf primitive Typen abgebildet und rufen schließlich den passenden Konstruktor auf. Als Rückgabewert von `newInstance` wird das neu instanzierte Objekt geliefert.

Das folgende Listing zeigt die Verwendung parametrisierter Konstruktoren mit dem Reflection-API:

Listing 43.6: Parametrisierte Konstruktoren mit Reflection aufrufen

```
001 /* Listing4306.java */
002
003 import java.lang.reflect.*;
004
005 public class Listing4306
006 {
007   public static void main(String[] args)
```

Methoden- und Konstruktorenaufrufe — Kapitel 43

```
008   {
009     Class clazz = TestConstructors.class;
010     //Formale Parameter definieren
011     Class[] formparas = new Class[2];
012     formparas[0] = String.class;
013     formparas[1] = String.class;
014     try {
015       Constructor cons = clazz.getConstructor(formparas);
016       //Aktuelle Argumente definieren
017       Object[] actargs = new Object[] {"eins", "zwei"};
018       Object obj = cons.newInstance(actargs);
019       ((TestConstructors)obj).print();
020     } catch (Exception e) {
021       System.err.println(e.toString());
022       System.exit(1);
023     }
024   }
025 }
026
027 class TestConstructors
028 {
029   private String arg1;
030   private String arg2;
031
032   public TestConstructors()
033   {
034     arg1 = "leer";
035     arg2 = "leer";
036   }
037
038   public TestConstructors(String arg1)
039   {
040     this();
041     this.arg1 = arg1;
042   }
043
044   public TestConstructors(String arg1, String arg2)
045   {
046     this();
047     this.arg1 = arg1;
048     this.arg2 = arg2;
049   }
050
051   public void print()
052   {
053     System.out.println("arg1 = " + arg1);
054     System.out.println("arg2 = " + arg2);
055   }
056 }
```

Listing 43.6:
Parametrisierte
Konstruktoren
mit Reflection
aufrufen
(Forts.)

Das Programm erzeugt zunächst ein Klassenobjekt zu der Klasse `TestConstructors`. Anschließend wird ein Array mit zwei Klassenobjekten der Klasse `String` erzeugt und als Spezifikation der formalen Parameter an `getConstructor` übergeben. Das zurückgegebene `Constructor`-Objekt wird dann mit zwei aktuellen Argumenten "eins" und "zwei" vom Typ `String` ausgestattet, die an seine Methode `newInstance` übergeben werden. Diese instanziert das Objekt, castet es auf die Klasse `TestConstructors` und ruft deren Methode `print` auf. Die Ausgabe des Programms ist:

```
arg1 = eins
arg2 = zwei
```

43.4 Zugriff auf Membervariablen

Nachdem wir uns in den vorangegangenen Abschnitten die beiden Reflection-Aspekte *Instanzierung* und *Methodenaufruf* angesehen haben, wollen wir uns nun mit dem Zugriff auf Membervariablen (also auf die »Felder« eines Objekts) mit Hilfe von Reflection beschäftigen. Prinzipiell gibt es keine großen Unterschiede gegenüber dem Zugriff auf eine Methode oder einen Konstruktor:

1. Zunächst wird ein Klassenobjekt für das zu bearbeitende Objekt beschafft.

2. Dann wird eine Methode aufgerufen, um ein Bearbeitungsobjekt für eine ganz bestimmte oder eine Liste aller Membervariablen zu beschaffen.

3. Das Bearbeitungsobjekt wird verwendet, um die Membervariable zu lesen, zu verändern oder andere Eigenschaften abzufragen.

Der erste Schritt erfolgt wie gewohnt durch Aufruf von `getClass` oder die `.class`-Notation. Die im zweiten Schritt benötigten Bearbeitungsobjekte sind vom Typ `Field`, sie können auf dem Klassenobjekt durch Aufruf einer der folgenden Methoden beschafft werden:

`java.lang.Class`
```
Field getField(String name)
Field[] getFields()

Field getDeclaredField(String name)
Field[] getDeclaredFields()
```

Mit `getField` wird die Membervariable mit dem angegebenen Namen beschafft, und `getFields` liefert ein Array mit `Field`-Objekten zu allen öffentlichen Membervariablen. Die beiden Methoden `getDeclaredField` und `getDeclaredFields` liefern darüber hinaus auch nicht-öffentliche Membervariablen.

Zugriff auf Membervariablen — Kapitel 43

Die Klasse `Field` besitzt Methoden zum Zugriff auf die Membervariable:

```
Class getType()

Object get(Object obj)

void set(Object obj, Object value)
```
java.lang. reflect. Field

Mit `getType` kann der Typ der Membervariable bestimmt werden. Das zurückgegebene Klassenobjekt beschreibt ihn in derselben Weise wie beispielsweise das Parameterobjekt von `get Method`. Mit `get` kann auf den Wert zugegriffen werden, den die Membervariable in dem als Argument übergebenen Objekt hat. Handelt es sich um einen primitiven Typ, wird dieser automatisch in die passende Wrapper-Klasse verpackt und als Objekt zurückgegeben. Referenztypen werden unverändert zurückgegeben. Mit Hilfe der Methode `set` kann der Wert einer Membervariable verändert werden. Das erste Argument repräsentiert das zu verändernde Objekt und das zweite den neuen Wert der Membervariable. Soll ein primitiver Typ verändert werden, muß er vor der Übergabe in die passende Wrapper-Klasse verpackt werden.

> Neben den generischen `get`- und `set`-Methoden gibt es diese auch in typisierter Form. So dient beispielsweise `getInt` dazu, ein `int`-Feld abzufragen, mit `getDouble` kann auf ein `double` zugegriffen werden usw. Das Gegenstück dazu sind die Methoden `setInt`, `setDouble` usw., mit denen die Membervariablen typisiert verändert werden können.

Wir wollen als Beispiel eine Klasse `PrintableObject` erstellen, die direkt aus `Object` abgeleitet ist und die Methode `toString` überlagert. Im Gegensatz zur Implementierung von `Object` soll unsere Variante von `toString` in der Lage sein, die Namen und Inhalte aller Membervariablen des zugehörigen Objekts auszugeben:

```
001 /* PrintableObject.java */
002
003 import java.lang.reflect.*;
004
005 public class PrintableObject
006 {
007   public String toString()
008   {
009     StringBuffer sb = new StringBuffer(200);
010     Class clazz = getClass();
011     while (clazz != null) {
012       Field[] fields = clazz.getDeclaredFields();
013       for (int i = 0; i < fields.length; ++i) {
014         sb.append(fields[i].getName() + " = ");
015         try {
016           Object obj = fields[i].get(this);
```

Listing 43.7: Die Klasse PrintableObject

Listing 43.7:
Die Klasse
PrintableObject
(Forts.)

```
017        if (obj.getClass().isArray()) {
018          Object[] ar = (Object[])obj;
019          for (int j = 0; j < ar.length; ++j) {
020            sb.append(ar[j].toString() + " ");
021          }
022          sb.append("\n");
023        } else {
024          sb.append(obj.toString() + "\n");
025        }
026      } catch (IllegalAccessException e) {
027        sb.append(e.toString() + "\n");
028      }
029    }
030    clazz = clazz.getSuperclass();
031  }
032  return sb.toString();
033 }
034
035 public static void main(String[] args)
036 {
037   JavaProgrammer jim = new JavaProgrammer();
038   jim.name        = "Jim Miller";
039   jim.department  = "Operating Systems";
040   jim.age         = 32;
041   String[] langs  = {"C", "Pascal", "PERL", "Java"};
042   jim.languages   = langs;
043   jim.linesofcode = 55000;
044   jim.jdk12       = true;
045   jim.swing       = false;
046   System.out.println(jim);
047 }
048 }
049
050 class Employee
051 extends PrintableObject
052 {
053   public String name;
054   public String department;
055   public int    age;
056 }
057
058 class Programmer
059 extends Employee
060 {
061   public String[] languages;
062   public int      linesofcode;
063 }
064
065 class JavaProgrammer
```

```
066   extends Programmer
067   {
068     public boolean jdk12;
069     public boolean swing;
070   }
```

Listing 43.7:
Die Klasse
PrintableObject
(Forts.)

`toString` besorgt zunächst ein Klassenobjekt zum aktuellen Objekt. Mit `getDeclaredFields` wird dann eine Liste *aller* Felder (nicht nur der öffentlichen) dieser Klasse besorgt und jeweils mit `getName` sein Name und mit `get` sein Wert ausgegeben. Wir machen uns dabei die Fähigkeit zunutze, daß alle Objekte (auch die Wrapper-Klassen der primitiven Typen) eine Methode `toString` haben, die ihren Wert als String liefert. Ist die Membervariable ein Array, durchläuft das Programm zusätzlich seine Elemente und gibt sie einzeln aus.

Da eine Klasse Membervariablen aus ihren Vaterklassen erbt, ist es notwendig, die Vererbungshierarchie von unten nach oben zu durchlaufen, denn `getDeclaredFields` liefert nur die Membervariablen der aktuellen Klasse. Der Aufruf von `getSuperClass` am Ende der Schleife liefert zur aktuellen Klasse die Vaterklasse. Ist der Rückgabewert `null`, so ist das Ende der Vererbungshierarchie erreicht (`clazz` repräsentiert dann die Klasse `Object`) und die Schleife wird beendet.

Die Klassen `Employee`, `Programmer` und `JavaProgrammer` zeigen beispielhaft die Anwendung von `PrintableObject`. `Employee` ist aus `PrintableObject` abgeleitet und erbt die modifizierte Methode `toString`. `Programmer` ist aus `Employee` abgeleitet und `JavaProgrammer` aus `Programmer`. Das Hauptprogramm erzeugt ein Objekt des Typs `JavaProgrammer` und weist seinen eigenen und den geerbten Membervariablen Werte zu, die durch den anschließenden Aufruf von `toString` auf dem Bildschirm ausgegeben werden. Die Ausgabe des Programms ist:

```
jdk12 = true
swing = false
languages = C Pascal PERL Java
linesofcode = 55000
name = Jim Miller
department = Operating Systems
age = 32
```

43.5 Arrays

43.5.1 Erzeugen von Arrays

Auch für das Erzeugen von Arrays und den Zugriff auf ihre Elemente stellt Reflection Mechanismen zur Verfügung. Wichtige Voraussetzung dafür ist, daß Arrays in Java *Objekte* sind und ein Array somit immer eine Instanz der Klasse `Object` ist, gleich welchen Typs seine Elemente sind. Alle Methoden zum dynamischen Zugriff auf Arrays sind in der

Klasse `Array` gebündelt, die sich ebenfalls im Paket `java.lang.reflect` befindet. `Array` enthält ausschließlich statische Methoden, die sich grob in die beiden Gruppen *Erzeugen von Arrays* und *Zugriff auf Array-Elemente* einteilen lassen.

Um ein Array dynamisch zu erzeugen gibt es in `Array` zwei Methoden mit dem Namen `newInstance`:

java.lang. reflect. Array

```
public static Object newInstance(Class componentType, int length)
    throws NegativeArraySizeException

public static Object newInstance(Class componentType, int[] dimensions)
    throws IllegalArgumentException, NegativeArraySizeException
```

Beide Methoden erwarten als erstes Argument ein Klassenobjekt, das den Typ der Array-Elemente bestimmt. Dieses kann mit der Methode `getClass` oder – wie in Abschnitt 43.3 auf Seite 993 gezeigt – mit der .TYPE- oder .class-Notation erzeugt werden. Als zweites Element wird entweder ein einzelner Wert des Typs `int` angegeben, wenn ein eindimensionales Array erzeugt werden soll. Er gibt die Anzahl der zu erzeugenden Array-Elemente an. Alternativ kann ein `int`-Array übergeben werden, dessen Elementzahl die Anzahl der Dimensionen des zu erzeugenden Arrays bestimmt. Jedes Element definiert seinerseits, wie viele Elemente die korrespondierende Dimension hat. Der Rückgabewert von `newInstance` ist das neu erzeugte Array, typisiert als `Object`.

Wir wollen uns ein einfaches Beispiel ansehen:

Listing 43.8: Erzeugen von Arrays per Reflection

```
001  /* Listing4308.java */
002
003  import java.lang.reflect.*;
004
005  public class Listing4308
006  {
007    public static void createArray1()
008    {
009      //Erzeugt ein eindimensionales int-Array
010      Object ar = Array.newInstance(Integer.TYPE, 3);
011      int[] iar = (int[])ar;
012      for (int i = 0; i < iar.length; ++i) {
013        iar[i] = i;
014        System.out.println(iar[i]);
015      };
016    }
017
018    public static void createArray2()
019    {
020      //Erzeugt ein zweidimensionales String-Array
021      Object ar = Array.newInstance(String.class, new int[]{7, 4});
```

Arrays   Kapitel 43

```
022      String[][] sar = (String[][])ar;
023      for (int i = 0; i < sar.length; ++i) {
024        for (int j = 0; j < sar[i].length; ++j) {
025          sar[i][j] = "(" + i + "," + j + ")";
026          System.out.print(sar[i][j] + " ");
027        }
028        System.out.println();
029      };
030    }
031
032    public static void main(String[] args)
033    {
034      createArray1();
035      System.out.println("--");
036      createArray2();
037    }
038  }
```

Listing 43.8:
Erzeugen von
Arrays per
Reflection
(Forts.)

In Zeile 010 wird ein eindimensionales `int`-Array mit drei Elementen erzeugt, das zunächst vom Typ `Object` ist. Um zu zeigen, daß es sich tatsächlich um ein derartiges Array handelt, führen wir in der nächsten Zeile eine Typkonvertierung auf `int[]` durch und weisen es der Hilfsvariablen `iar` zu, auf der auch alle weiteren Zugriffe auf das Array erfolgen.

Analog wird in Zeile 021 ein weiteres Array erzeugt. Es ist ein zweidimensionales Array vom Typ `String`, das sieben Zeilen und vier Spalten besitzt. Auch hier wird in der nächsten Zeile eine Typkonvertierung vorgenommen, damit die anschließenden Zugriffe bequem erfolgen können. Die Ausgabe des Programms lautet:

```
0
1
2
--
(0,0) (0,1) (0,2) (0,3)
(1,0) (1,1) (1,2) (1,3)
(2,0) (2,1) (2,2) (2,3)
(3,0) (3,1) (3,2) (3,3)
(4,0) (4,1) (4,2) (4,3)
(5,0) (5,1) (5,2) (5,3)
(6,0) (6,1) (6,2) (6,3)
```

43.5.2 Zugriff auf Array-Elemente

Während wir im vorigen Beispiel noch mit der schon aus Abschnitt 5.7.2 auf Seite 114 bekannten []-Notation auf die Elemente der per Reflection erzeugten Arrays zugegriffen haben, wollen wir uns in diesem Abschnitt ansehen, wie auch die Elementzugriffe vollkommen dynamisch durchgeführt werden können. Dazu stellt die Klasse `Array` folgende Methoden zur Verfügung:

java.lang.
reflect.
Array

```
public static Object get(Object array, int index)
    throws IllegalArgumentException, ArrayIndexOutOfBoundsException

public static void set(Object array, int index, object value)
    throws IllegalArgumentException, ArrayIndexOutOfBoundsException

public static int getLength(Object array)
    throws IllegalArgumentException
```

Mit `get` kann auf das Element mit dem Index `index` des Arrays `array` zugegriffen werden. Es wird stets als `Object` zurückgegeben, primitive Typen werden in ein Wrapper-Objekt verpackt. Die Methode `set` führt die umgekehrte Funktion aus. Sie speichert den Wert `value` an der durch `index` bezeichneten Position im Array `array`. Auch hier müssen primitive Werte vor der Übergabe in ein Wrapper-Objekt verpackt werden. Beide Methoden lösen eine Ausnahme aus, wenn das übergebene Objekt kein Array ist oder ein ungültiger Index angegeben wird. Schließlich gibt es die Methode `getLength`, mit der die Anzahl der Elemente eines Arrays ermittelt werden kann.

> Der Zugriff auf mehrdimensionale Arrays erfolgt analog dem statischen Fall. Auch hier gilt, daß mehrdimensionale Arrays als (ggfs. mehrfach) geschachtelte eindimensionale Arrays dargestellt werden (siehe Abschnitt 4.4.3 auf Seite 98). Soll also beispielsweise ein Element eines zweidimensionalen Arrays gelesen werden, so sind dazu zwei Aufrufe von `get` nötig. Der erste liefert das geschachtelte innere Array, der zweite wird auf eben dieses Array angewendet und liefert das gewünschte Element. Bei mehr als zwei Dimensionen sind entsprechend weitere `get`-Aufrufe nötig.

Neben den einfachen `get`- und `set`-Methoden gibt es weitere, die eine automatische Konvertierung zu primitiven Datentypen durchführen:

java.lang.
reflect.
Array

```
public static boolean getBoolean(Object array, int index)
    throws IllegalArgumentException, ArrayIndexOutOfBoundsException

public static byte getByte(Object array, int index)
    throws IllegalArgumentException, ArrayIndexOutOfBoundsException

public static char getChar(Object array, int index)
    throws IllegalArgumentException, ArrayIndexOutOfBoundsException

public static short getShort(Object array, int index)
    throws IllegalArgumentException, ArrayIndexOutOfBoundsException

public static int getInt(Object array, int index)
    throws IllegalArgumentException, ArrayIndexOutOfBoundsException
```

Arrays

```
public static long getLong(Object array, int index)
  throws IllegalArgumentException, ArrayIndexOutOfBoundsException

public static float getFloat(Object array, int index)
  throws IllegalArgumentException, ArrayIndexOutOfBoundsException

public static double getDouble(Object array, int index)
  throws IllegalArgumentException, ArrayIndexOutOfBoundsException

public static void setBoolean(Object array, int index, boolean z)
  throws IllegalArgumentException, ArrayIndexOutOfBoundsException

public static void setByte(Object array, int index, byte b)
  throws IllegalArgumentException, ArrayIndexOutOfBoundsException

public static void setChar(Object array, int index, char c)
  throws IllegalArgumentException, ArrayIndexOutOfBoundsException

public static void setShort(Object array, int index, short s)
  throws IllegalArgumentException, ArrayIndexOutOfBoundsException

public static void setInt(Object array, int index, int i)
  throws IllegalArgumentException, ArrayIndexOutOfBoundsException

public static void setLong(Object array, int index, long l)
  throws IllegalArgumentException, ArrayIndexOutOfBoundsException

public static void setFloat(Object array, int index, float f)
  throws IllegalArgumentException, ArrayIndexOutOfBoundsException

public static void setDouble(Object array, int index, double d)
  throws IllegalArgumentException, ArrayIndexOutOfBoundsException
```

Das folgende Beispiel zeigt die Anwendung der `get`- und `set`-Methoden auf ein dynamisch erzeugtes Array:

```
001 /* Listing4309.java */
002
003 import java.lang.reflect.*;
004
005 public class Listing4309
006 {
007   public static void createArray1()
008   {
009     //Erzeugt ein eindimensionales int-Array
010     Object ar = Array.newInstance(Integer.TYPE, 3);
011     for (int i = 0; i < Array.getLength(ar); ++i) {
012       Array.set(ar, i, new Integer(i));
013       System.out.println(Array.getInt(ar, i));
```

Listing 43.9:
Zuriff auf
Array-Elemente
per Reflection

Listing 43.9:
Zuriff auf
Array-Elemente
per Reflection
(Forts.)

```
014     };
015   }
016
017   public static void createArray2()
018   {
019     //Erzeugt ein zweidimensionales String-Array
020     Object ar = Array.newInstance(String.class, new int[]{7, 4});
021     for (int i = 0; i < Array.getLength(ar); ++i) {
022       Object subArray = Array.get(ar, i);
023       for (int j = 0; j < Array.getLength(subArray); ++j) {
024         String value = "(" + i + "," + j + ")";
025         Array.set(subArray, j, value);
026         System.out.print(Array.get(subArray, j) + " ");
027       }
028       System.out.println();
029     };
030   }
031
032   public static void main(String[] args)
033   {
034     createArray1();
035     System.out.println("--");
036     createArray2();
037   }
038 }
```

Der Hauptunterschied zum vorigen Beispiel liegt darin, daß die Elemente der Arrays nunmehr ausschließlich mit Methoden der Klasse Array gesetzt und abgefragt werden. In createArray1 ist es nötig, den int-Wert beim Aufruf der set-Methode in einen Integer-Wrapper zu verpacken; das Auslesen erfolgt dagegen typkonform mit der Methode getInt.

In createArray2 wird jedes Element des äußeren Arrays zunächst in der Variablen subArray gespeichert. Da das Hauptarray ar zweidimensional ist, stellt subArray de facto ein eindimensionales String-Array dar, auf das in den folgenden Zeilen direkt mit get und set zugegriffen werden kann.

Die Ausgabe des Programms ist identisch mit der des vorigen Beispiels:

```
0
1
2
--
(0,0) (0,1) (0,2) (0,3)
(1,0) (1,1) (1,2) (1,3)
(2,0) (2,1) (2,2) (2,3)
(3,0) (3,1) (3,2) (3,3)
```

```
(4,0) (4,1) (4,2) (4,3)
(5,0) (5,1) (5,2) (5,3)
(6,0) (6,1) (6,2) (6,3)
```

43.6 Zusammenfassung

Das Reflection-API ist ohne Zweifel ein wichtiger Bestandteil von Java. Es ist nicht nur Grundlage der Beans- und Serialisierungs-APIs, sondern eröffnet dem Tool-Entwickler auch eine Fülle von Möglichkeiten und Freiheiten bei der Entwicklung allgemein verwendbarer Werkzeuge. Zu beachten ist allerdings, daß Zugriffe auf Methoden und Membervariablen deutlich langsamer als bei direktem Zugriff ausgeführt werden. Im experimentellen Vergleich ergaben sich typischerweise Unterschiede um den Faktor 10 bis 100. Während auf der verwendeten Testmaschine der Aufruf einer Methode mit einem `double`-Parameter beispielsweise 120 ns. dauerte, wurden für denselben Aufruf per Reflection etwa 7.0 μs. benötigt. Bei deaktiviertem Just-In-Time-Compiler erhöhte sich die Zeit für den direkten Aufruf auf 620 ns., während der Reflection-Wert mit etwa 7.2 μs. nahezu unverändert blieb. Beim Zugriff auf Membervariablen wurden ähnliche Unterschiede gemessen. Bemerkenswert ist, daß der JIT bei Verwendung des Reflection-APIs praktisch keine Geschwindigkeitsvorteile bringt, denn alle nennenswerten Methoden sind native und können daher kaum optimiert werden.

In diesem Kapitel wurden folgende Themen behandelt:

- Die Klassen `Object` und `Class`.
- Dynamisches Laden und Instanzieren von Klassen.
- Aufruf parameterloser Methoden.
- Ein Hilfsprogramm zum Testen von Java-Klassen.
- Aufruf parametrisierter Methoden und das automatische Aus- und Einpacken von primitiven Typen in Wrapperklassen.
- Nachbilden von Funktionszeigern mit Reflection.
- Verwenden parametrisierter Konstruktoren.
- Zugriff auf Membervariablen.
- Erzeugen von Arrays und Zugriff auf Array-Elemente.

44 Beans

44.1 Grundlagen und Begriffe

Als *Beans* werden in Java eigenständige, wiederverwendbare Softwarekomponenten zum Aufbau von Applets und Applikationen bezeichnet. Obwohl sie nicht zwangsläufig eine für den Anwender sichtbare Oberfläche haben müssen, werden Beans doch typischerweise als grafische Komponenten zur Verfügung gestellt und können mit Hilfe eines GUI-Editors (GUI = *Graphical User Interface*) interaktiv zu komplexen Anwendungen zusammengesetzt werden.

Derartige GUI-Komponenten gibt es seit geraumer Zeit. Sie wurden auf dem PC mit Entwicklungsumgebungen wie Visual Basic oder Delphi populär und haben – beinahe noch stärker als rein sprachengetragene Konzepte – dazu beigetragen, die komponentenbasierte Softwareentwicklung einer breiten Masse von Entwicklern nahe zu bringen.

Beans gibt es seit der Version 1.1 des Java Development Kit. Während auch vorher schon wiederverwertbare Komponenten entwickelt werden konnten (wir haben das in Kapitel 33 auf Seite 705 am Beispiel einer selbstentwickelten 7-Segment-Anzeige demonstriert), wurde mit Einführung der Beans-Architektur eine Standardisierung vieler wichtiger Konzepte vorgenommen und so die Grundlage für die einheitliche Entwicklung von GUI-Komponenten gelegt.

Im Gegensatz zu den betriebssystem- und teilweise herstellerspezifischen Komponentenmodellen vieler Entwicklungssysteme steht mit den Beans eine plattformübergreifende Komponentenarchitektur zur Verfügung. Eine Bean von Hersteller A, die auf Betriebssystem B entwickelt wurde, sollte (wenn sie nicht aus anderen Gründen plattformabhängig ist) ohne Probleme in einer Entwicklungsumgebung des Herstellers C auf Betriebssystem D laufen und Bestandteil eines Java-Programms werden können, das schließlich auf Plattform E läuft.

Bevor wir uns den wichtigsten Eigenschaften einer Bean zuwenden, wollen wir uns kurz mit einigen grundlegenden Begriffen vertraut machen.

Bei der Entwicklung einer Anwendung mit grafischen Komponenten wird zweckmäßigerweise zwischen *Designzeitpunkt* und *Ausführungszeitpunkt* unterschieden. Beide bezeichnen eigentlich Zeiträume und stehen für die beiden unterschiedlichen Phasen der Entwicklung einer Anwendung und ihrer späteren Ausführung. Zum Designzeitpunkt werden die Komponenten in einem grafischen Editor des Entwicklungswerkzeugs ausgewählt, in einem Formular plaziert und an die Erfordernisse der Anwendung angepaßt. Diesen Editor wollen wir fortan als *GUI-Designer* bezeichnen, synonym werden aber auch Begriffe wie *Grafik-Editor*, *GUI-Painter* usw. verwendet.

> Ein großer Teil der bei den Beans realisierten Konzepte spielt nur für den Designzeitraum eine Rolle. Spielt dieser keine Rolle (beispielsweise weil die Komponenten nicht in einem GUI-Designer, sondern – wie in diesem Buch bisher stets gezeigt – per Source-Code-Anweisungen eingebunden und konfiguriert werden), verlieren Beans einiges von ihrer Nützlichkeit, und herkömmliche Techniken der Wiederverwendung in objektorientierten Programmen können an ihre Stelle treten.

Wir wollen uns die wichtigsten Eigenschaften von Beans zunächst überblicksartig ansehen:

1. Eine Bean wird im Programm durch ein Objekt (also eine instanzierte Klasse) repräsentiert. Das gilt sowohl für den Designzeitpunkt, bei dem es vom GUI-Designer instanziert wird, als auch für den Ausführungszeitpunkt, bei dem die Anwendung dafür verantwortlich ist, das Objekt zu konstruieren. Eine Bean benötigt dazu notwendigerweise einen parameterlosen Konstruktor.

2. Sie besitzt *konfigurierbare Eigenschaften*, die ihr Verhalten festlegen. Diese Eigenschaften werden ausschließlich über Methodenaufrufe modifiziert, deren Namen und Parameterstrukturen genau definierten Designkonventionen folgen. Damit können sie vom GUI-Designer automatisch erkannt und dem Entwickler in einem Editor zur Auswahl angeboten werden.

3. Eine Bean ist serialisierbar und deserialisierbar. So können die zum Designzeitpunkt vom Entwickler vorgenommenen Einstellungen gespeichert und zum Ausführungszeitpunkt rekonstruiert werden. (Serialisierung wurde in Kapitel 41 auf Seite 929 behandelt).

4. Eine Bean sendet Events, um registrierte Listener über Änderungen ihres internen Zustands oder über sonstige wichtige Ereignisse zu unterrichten.

5. Einer Bean kann optional ein Informations-Objekt zugeordnet werden, mit dessen Hilfe dem GUI-Designer weitere Informationen zur Konfiguration übergeben und zusätzliche Hilfsmittel, wie spezialisierte Eigenschafteneditoren oder Konfigurationsassistenten, zur Verfügung gestellt werden können.

Werden diese Konventionen eingehalten, kann der GUI-Designer die Bean zum Designzeitpunkt automatisch untersuchen (dieser Vorgang wird als *Introspection* bezeichnet) und dem Entwickler alle öffentlichen Eigenschaften, Methoden und Ereignisse menügesteuert anbieten. Die Eigenschaften werden dabei üblicherweise in einem *Property Sheet* (oder Eigenschaftenfenster) angeboten und erlauben es dem Entwickler, den Zustand der Bean interaktiv zu verändern. Da eine Bean serialisierbar ist, kann der GUI-Designer alle Design-Anpassungen speichern und dem Programm zum Ausführungszeitpunkt zur Verfügung stellen.

Bei manchen GUI-Designern können Beans darüber hinaus grafisch miteinander verbunden werden, um zu symbolisieren, daß bei Auftreten eines vorgegebenen Ereignisses in Bean A eine bestimmte Methode in Bean B aufgerufen wird. Der GUI-Designer erzeugt dann eine geeignete Adapterklasse und generiert den Code zum Aufruf der Methode. Manche GUI-Designer erlauben es zusätzlich, den generierten Code zu modifizieren und so bereits wesentliche Teile der Programmlogik im Designer zu erstellen.

44.2 Entwurf einer einfachen Bean

Wir wollen uns in diesem Abschnitt mit dem Entwurf einer einfachen Bean beschäftigen. Dazu werden wir eine Klasse `LightBulb` entwerfen, die eine kleine Glühlampe grafisch darstellt. Sie kann wahlweise an- oder ausgeschaltet werden. Diese Klasse wird alle notwendigen Eigenschaften einer Bean aufweisen und kann im GUI-Designer und im laufenden Programm verwendet werden.

44.2.1 Grundsätzliche Architektur

Da wir eine GUI-Komponente realisieren wollen, folgen wir analog der in Kapitel 33 auf Seite 705 beschriebenen Vorgehensweise und leiten unsere Klasse `LightBulb` aus der Klasse `Canvas` des Pakets `java.awt` ab. Um die Eigenschaft der Serialisierbarkeit zu erfüllen, implementiert die Klasse das Interface `Serializable`. Der Anschaltzustand wird in der Instanzvariablen `lighton` festgehalten:

```
001 import java.awt.*;
002 import java.awt.event.*;
003 import java.io.*;
004 import java.beans.*;
005
006 public class LightBulb
007 extends Canvas
008 implements Serializable
009 {
010   protected boolean lighton;
011   transient protected Image   offimage;
012   transient protected Image   onimage;
013   ...
014 }
```

Listing 44.1: Deklaration der Klasse LightBulb

44.2.2 Grafische Darstellung

Die grafische Darstellung der Glühbirne soll durch das Anzeigen von Bitmaps erfolgen, die bei der Instanzierung aus zwei `gif`-Dateien `bulb1.gif` und `bulb2.gif` geladen werden. Abhängig vom Zustand der Variable `lighton` wird in der überlagerten `paint`-Methode jeweils eine der beiden Bitmaps angezeigt. Das Verfahren entspricht im wesentlichen dem in Abschnitt 34.1.2 auf Seite 721 beschriebenen. Auch die Methoden `getPreferredSize` und `getMinimumSize` werden überlagert, damit die Komponente einem eventuell vorhandenen Layoutmanager die gewünschte Größe (in diesem Fall 40 mal 40 Pixel) mitteilen kann.

Etwas anders als bisher beschrieben arbeitet die Routine zum Laden der Bilddateien. Damit die Bilddatei auch gefunden wird, wenn die Klasse aus einer .jar-Datei geladen wurde (das ist beispielsweise beim Laden von serialisierten Beans oder beim Import in einen GUI-Designer der Fall), kann nicht einfach der Dateiname an `createImage` bzw. `getImage` übergeben werden. Statt dessen konstruieren wir mit Hilfe des Klassenobjekts unserer Bean und dessen Methode `getResource` ein URL-Objekt, das wir an `createImage` übergeben können:

Listing 44.2:
Laden einer
Image-
Ressource

```
001  private Image getImageResource(String name)
002  {
003    Image img = null;
004    try {
005      java.net.URL url = getClass().getResource(name);
006      img = getToolkit().createImage(url);
007      MediaTracker mt = new MediaTracker(this);
008      mt.addImage(img, 0);
009      try {
010        //Warten, bis das Image vollständig geladen ist.
011        mt.waitForAll();
012      } catch (InterruptedException e) {
013        //nothing
014      }
015    } catch (Exception e) {
016      System.err.println(e.toString());
017    }
018    return img;
019  }
```

Diese Vorgehensweise basiert darauf, daß jede geladene Klasse ihren *Classloader* (also das Objekt, das für das Laden der Klasse verantwortlich war) kennt und an diesen Aufrufe zum Laden von Ressourcen delegieren kann. Der beim Laden eines Objekts aus einer .jar-Datei verwendete Classloader unterscheidet sich dabei sehr wohl von dem *Bootstrap Loader*, der System- und Anwendungsklassen aus .class-Dateien lädt. Diese Unterscheidung wird in dem von `getResource` gelieferten URL gekapselt und vom AWT-Toolkit beim Aufruf von `createImage` aufgelöst.

> Nach dem Aufruf von `createImage` sorgt ein `MediaTracker` dafür, das die Bilddateien erst vollständig geladen werden, bevor die Methode terminiert. Diese Technik verhindert, daß `paint` aufgerufen wird, während die `Image`-Objekte noch nicht vollständig initialisiert sind. Details dazu wurden in Abschnitt 34.1.1 auf Seite 717 vorgestellt.

44.2.3 Eigenschaften

Wie im einleitenden Abschnitt dargelegt, sind *Eigenschaften* ein wesentliches Designmerkmal von Beans. Eine Eigenschaft ist eigentlich nur eine Membervariable, die über öffentliche Methoden gelesen und geschrieben werden kann. Eine Bean kann beliebig viele Eigenschaften haben, jede von ihnen besitzt einen Namen und einen Datentyp. Die Bean-Designkonventionen schreiben vor, daß auf eine Eigenschaft mit dem Namen *name* und dem Datentyp *typ* über folgende Methoden zugegriffen werden soll:

```
public typ getName();

public void setName(typ newValue);
```

> Diese beiden Methoden bezeichnet man auch als *getter*- und *setter-Methoden*.

Unsere Beispiel-Bean hat eine einzige Eigenschaft *lightOn* vom Typ `boolean`. Ihre getter-/setter-Methoden haben demnach folgende Signatur (der erste Buchstabe des Eigenschaftsnamens wird großgeschrieben, da er hinter dem "get" bzw. "set" steht):

```
public boolean getLightOn();

public void setLightOn(boolean newvalue);
```

Auf diese Weise können getter- und setter-Methoden für alle primitiven Datentypen geschrieben werden. Der GUI-Designer erkennt Eigenschaftsnamen und -typen anhand der Signaturen und stellt automatisch einen passenden Editor dafür zur Verfügung.

Objekte als Eigenschaften

Neben primitiven Typen ist auch die Übergabe von Objekttypen erlaubt. Die Signaturkonventionen entsprechen genau denen von primitiven Typen. Bei Objekteigenschaften kann allerdings nicht unbedingt davon ausgegangen werden, daß der GUI-Designer einen geeigneten Editor zur Verfügung stellen kann. Zwar besitzt der GUI-Designer für die häufig benötigten Objekttypen `Color` und `Font` standardmäßig geeignete Editoren. Bei einem selbstdefinierten Objekttyp ist das natürlich nicht der Fall. Hier muß der Entwickler nötigenfalls selbst einen Editor entwickeln und dem Designer zur Verfügung stellen. Wir werden in Abschnitt 44.6.2 auf Seite 1051 zeigen, wie das gemacht wird.

Indizierte Eigenschaften

Anstelle eines Einzelwertes kann eine Eigenschaft auch durch ein Array von Werten repräsentiert werden. Sie wird in diesem Fall als *indizierte Eigenschaft* bezeichnet. Die getter-/setter-Methoden sehen dann so aus:

```
public typ getName(int index);

public void setName(int index, typ newValue);
```

Es werden also keine Arrays übergeben, sondern die Methoden erwarten jeweils den Index der gewünschten Eigenschaft als zusätzliches Argument. Für das Einhalten der Arraygrenzen ist der Aufrufer selbst verantwortlich. Ist die Arraygröße variabel, könnte die Bean sie in einer zweiten Eigenschaft festhalten und über eigene getter-/setter-Methoden verfügbar machen.

> Auch indizierte Eigenschaften werden vom GUI-Designer automatisch erkannt und sollten zum Aufruf eines geeigneten Editors führen. Die Beanbox selbst (also die von SUN zur Verfügung gestellte Referenzimplementierung eines GUI-Designers), auf die wir in Abschnitt 44.3 auf Seite 1024 eingehen werden, kann allerdings nicht mit indizierten Eigenschaften umgehen.

44.2.4 Implementierung

Nach diesen Vorbemerkungen ist die Implementierung der Bean zur Darstellung der Glühbirne keine große Hürde mehr:

Listing 44.3:
Die Bean zur Anzeige einer Glühbirne

```
001 /* LightBulb.java */
002
003 import java.awt.*;
004 import java.awt.event.*;
005 import java.io.*;
006 import java.beans.*;
007
008 public class LightBulb
009 extends Canvas
010 implements Serializable
011 {
012   //Instanzvariablen
013   protected boolean lighton;
014   transient protected Image offimage;
015   transient protected Image onimage;
016
017   //Methoden
018   public LightBulb()
019   {
020     lighton = false;
```

```
021       initTransientState();
022     }
023
024     //Getter/Setter Licht an/aus
025     public void setLightOn(boolean on)
026     {
027       if (on != this.lighton) {
028         this.lighton = on;
029         repaint();
030       }
031     }
032
033     public boolean getLightOn()
034     {
035       return this.lighton;
036     }
037
038     public void toggleLight()
039     {
040       setLightOn(!getLightOn());
041     }
042
043     //Implementierung der Oberfläche
044     public void paint(Graphics g)
045     {
046       int width = getSize().width;
047       int height = getSize().height;
048       int xpos = 0;
049       if (width > 40) {
050         xpos = (width - 40) / 2;
051       }
052       int ypos = 0;
053       if (height > 40) {
054         ypos = (height - 40) / 2;
055       }
056       g.drawImage(
057         (this.lighton ? onimage : offimage),
058         xpos,
059         ypos,
060         this
061       );
062     }
063
064     public Dimension getPreferredSize()
065     {
066       return new Dimension(40, 40);
067     }
068
069     public Dimension getMinimumSize()
070     {
```

Listing 44.3:
Die Bean zur Anzeige einer Glühbirne (Forts.)

Listing 44.3:
Die Bean zur
Anzeige einer
Glühbirne
(Forts.)

```
071     return new Dimension(40, 40);
072   }
073
074   //Private Methoden
075   private void initTransientState()
076   {
077     offimage = getImageResource("bulb1.gif");
078     onimage  = getImageResource("bulb2.gif");
079   }
080
081   private void readObject(ObjectInputStream stream)
082   throws IOException, ClassNotFoundException
083   {
084     stream.defaultReadObject();
085     initTransientState();
086   }
087
088   private Image getImageResource(String name)
089   {
090     Image img = null;
091     try {
092       java.net.URL url = getClass().getResource(name);
093       img = getToolkit().createImage(url);
094     } catch (Exception e) {
095       System.err.println(e.toString());
096     }
097     return img;
098   }
099 }
```

Der Konstruktor initialisiert zunächst die Zustandsvariable `lighton` und ruft dann die Methode `initTransientState` auf, um die beiden gif-Dateien zu laden. Durch Aufruf von `setLightOn` kann die Beleuchtung wahlweise an- oder ausgeschaltet werden; `getLightOn` liefert den aktuellen Zustand. In `paint` wird – abhängig vom aktuellen Zustand – jeweils eines der beiden Images ausgegeben. Die Umrechnungsroutinen dienen dazu, die Images zentriert auszugeben, wenn mehr Platz als nötig zur Verfügung steht.

> Bemerkenswert ist, daß die Methode `readObject` überlagert wurde. Sie wird immer dann aufgerufen, wenn die zuvor serialisierte Bean per Deserialisierung instanziert wird. In diesem Fall würde nämlich der Konstruktor des Objekts gar nicht aufgerufen werden (siehe Abschnitt 41.1.3 auf Seite 933) und die `Image`-Variablen blieben uninitialisiert. Ihre Initialisierung haben wir deshalb in die Methode `initTransientState` verlagert, die sowohl aus dem Konstruktor als auch aus `readObject` aufgerufen wird. Damit wird die Bean in beiden Fällen (Instanzierung per `new` und Deserialisierung) vollständig initialisiert. In seiner eigentlichen Funktion ruft `readObject` lediglich `defaultReadObject` auf, um die Standard-Deserialisierung auszuführen.

44.2.5 Verwendung der Bean

Zum Abschluß wollen wir uns ansehen, wie die erstellte Bean in ein einfaches Programm eingebunden werden kann. Dazu bedienen wir uns exakt der Techniken, die bereits in den Kapiteln 31 auf Seite 645 bis 34 auf Seite 717 beschrieben wurden. Tatsächlich unterscheidet sich die Verwendung einer selbstentwickelten Bean nicht vom Einbinden einer vordefinierten Komponente.

```
001 /* Listing4404.java */
002
003 import java.awt.*;
004 import java.awt.event.*;
005
006 public class Listing4404
007 extends Frame
008 {
009   public Listing4404()
010   {
011     super("Bean einbinden");
012     setLayout(new FlowLayout());
013     setBackground(Color.lightGray);
014     LightBulb bulb1 = new LightBulb();
015     bulb1.setLightOn(false);
016     add(bulb1);
017     LightBulb bulb2 = new LightBulb();
018     bulb2.setLightOn(true);
019     add(bulb2);
020     addWindowListener(
021       new WindowAdapter() {
022         public void windowClosing(WindowEvent event)
023         {
024           System.exit(0);
025         }
026       }
027     );
028   }
029
030   public static void main(String[] args)
031   {
032     Listing4404 frm = new Listing4404();
033     frm.setLocation(100, 100);
034     frm.pack();
035     frm.setVisible(true);
036   }
037 }
```

Listing 44.4:
Einbinden einer
einfachen Bean

Die Ausgabe des Programms sieht wie folgt aus:

Abbildung 44.1: Die Glühlampen-Bean

44.3 Die Beanbox

44.3.1 Beschreibung und Installation

Zur Unterstützung beim Entwurf und Testen von Beans und als Referenzplattform für die Demonstration des Bean-Konzepts wurde von SUN das *Bean Development Kit* (kurz *BDK*) entwickelt. Es wird frei zur Verfügung gestellt und kann beispielsweise über die *Java Beans Homepage* von `http://java.sun.com/beans/index.html` heruntergeladen werden. Während der Erstellung dieses Kapitels wurde die Version 1.1 verwendet. Wichtigster Bestandteil des BDK ist die *Beanbox*, die eine einfache Umgebung zum Testen von selbstentwickelten Beans zur Verfügung stellt. Bevor wir uns ihrer Bedienung zuwenden, soll die Installation des BDK beschrieben werden.

> Die Beanbox sollte nicht als vollwertige Test- und Entwicklungsumgebung für Java-Beans betrachtet werden. Dazu ist sie zu schwach. Sie wurde lediglich entwickelt, um die Bean-Konzepte zu illustrieren und eine erste Möglichkeit für ihre Anwendung zur Verfügung zu stellen. Bei weitergehendem Einsatz stößt man schnell an die Grenzen der Beanbox, und ihr praktischer Nutzen ist recht begrenzt.

Installation des BDK

Die Installation des BDK ist einfach; Voraussetzung ist ein funktionierendes JDK. Unter Windows gibt es ein menügesteuertes Installationsprogramm "bdk1_1-win.exe", das die meisten Schritte übernimmt. Nachdem es gestartet wurde, müssen zunächst die Lizenzbedingungen akzeptiert werden, dann ist die Eingabe des Installationsverzeichnisses erforderlich. Sind mehrere Java-Interpreter vorhanden, muß anschließend ausgewählt werden, welcher von ihnen zum Betrieb des BDK verwendet werden soll. Nach Drücken des "Install"-Buttons wird dann mit der Installation begonnen. Die Installationsroutine legt auch einen Uninstall-Eintrag an, mit dem das BDK bei Bedarf deinstalliert werden kann.

Die Aufrufscripte

Nach der Installation befindet sich eine Datei `run.bat` im Unterverzeichnis `beanbox` des BDK-Verzeichnisses (analog dazu gibt es das Shell-Script `run.sh` zum Starten der Beanbox auf UNIX-Systemen). Diese Batchdatei setzt den `CLASSPATH` auf die benötigten Klassen-

und .jar-Dateien und startet die Beanbox. Sie ist leider etwas archaisch. Einerseits wird der aktuelle CLASSPATH überschrieben. Zudem war sie im Test mitunter instabil, wenn der *Hot-Spot*-Compiler aktiviert war. Eine modifizierte Version von run.bat könnte etwa so aussehen (analoge Anpassungen können für die UNIX-Version vorgenommen werden):

```
@echo off
set OLDCP=%CLASSPATH%
echo saving old CLASSPATH in OLDCP: %OLDCP%
set CLASSPATH=classes;..\lib\methodtracer.jar;..\infobus.jar
java -classic sun.beanbox.BeanBoxFrame
set CLASSPATH=%OLDCP%
set OLDCP=
echo CLASSPATH restored to %CLASSPATH%
```

44.3.2 Grundlagen der Bedienung

Nach dem Aufruf des Startscripts run wird die Beanbox gestartet und präsentiert ihre aus vier Top-Level-Frames bestehende Arbeitsoberfläche:

Bedienelemente

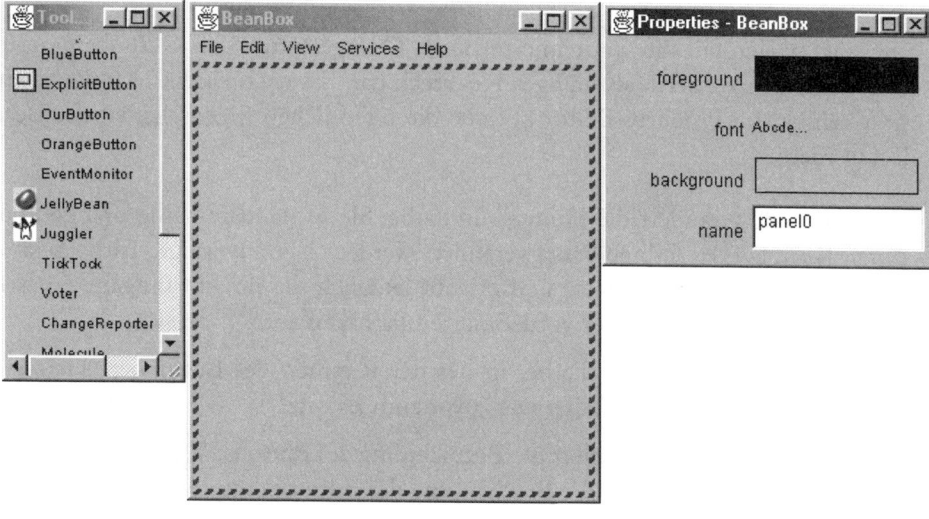

Abbildung 44.2: Die Beanbox

▶ Das linke Fenster zeigt die *Toolbox* an. Sie enthält eine Liste mit allen verfügbaren Beans.

▶ Das mittlere Fenster stellt den GUI-Designer dar, in dem ausgewählte Beans plaziert werden. Hier können die Beans verschoben, in der Größe verändert und zur Bearbeitung ausgewählt werden.

- Das rechte obere Fenster enthält den *Property-Editor*, mit dessen Hilfe die Eigenschaften der ausgewählten Bean modifiziert werden können.
- Der rechts unten angezeigte *Method Tracer* dient zur Unterstützung beim Debuggen und soll hier nicht weiter behandelt werden. Er kann mit dem Menüpunkt "Services.Hide_Method_Tracing" deaktiviert werden.

Einfügen und Modifizieren von Beans

Um eine Bean zu bearbeiten, muß sie zunächst im GUI-Designer plaziert werden. Dazu ist sie in der Toolbox anzuklicken und mit einem erneuten Klick im GUI-Designer zu plazieren. Der schraffierte Rand zeigt an, daß sie ausgewählt wurde und ihre Eigenschaften im Property-Editor modifiziert werden können. Durch Ziehen an einem der vier Ränder kann die Bean beliebig verschoben werden. Ist ihre Größe variabel, kann sie durch Ziehen an einer der vier Ecken verändert werden. Soll eine Bean aus dem GUI-Designer entfernt werden, ist sie zu markieren und mit dem Menüpunkt "Edit.Cut" zu löschen.

Beachten Sie bitte, daß das Verschieben der Bean und das Ändern ihrer Größe ausschließlich durch Mausklicks *auf ihrem Rand* ausgeführt wird. Mausoperationen im Inneren der Bean werden als reguläre Ereignisse gewertet und direkt an das zu diesem Zeitpunkt bereits instanzierte Bean-Objekt weitergeleitet.

Als Beispiel wollen wir die vordefinierte Bean "OrangeButton" im GUI-Designer plazieren. Sie stellt sich zunächst als oranges Rechteck dar, das nach einem Mausklick kurz die Farbe wechselt. Im Property-Editor können die öffentlichen Eigenschaften der Bean verändert werden:

- "background" verändert die Hintergrundfarbe. Sie ist standardmäßig orange und kann durch Klick auf das farbige Panel verändert werden. Der angezeigte Farbauswahldialog ist allerdings etwas rudimentär und erlaubt lediglich die direkte Eingabe eines RGB-Werts oder die Auswahl einer vordefinierten Farbkonstante.
- "foreground" verändert die Farbe, in der der Rahmen des Buttons gezeichnet wird. Hier kommt derselbe Farbdialog wie zuvor zum Einsatz.
- Die Eigenschaft "label" definiert die Bezeichnung des Buttons. Wird der Wert in diesem Textfeld geändert, paßt sich die Beschriftung des Buttons entsprechend an.
- Schließlich kann mit der Eigenschaft "font" die Schriftart und -größe geändert werden, in der die Beschriftung des Buttons angezeigt wird. Auch hier wird der Änderungsdialog durch Klicken auf den angezeigten Wert aufgerufen und präsentiert sich ähnlich spartanisch wie der Farbdialog. Immerhin können die relevanten Font-Parameter verändert werden, und auch die Eigenschaftenanzeige verändert sich in Abhängigkeit von der Fontauswahl.

Events

Die Beanbox bietet die Möglichkeit, eine Bean über die von ihr generierten Events mit einer anderen Bean zu verbinden. Um das beispielhaft zu demonstrieren, soll zusätzlich eine Instanz der Bean vom Typ "EventMonitor" im GUI-Designer plaziert werden. Dann klicken wir den Button an und rufen den Menüpunkt "edit.Events.buttonPushed.action Performed" auf. Wenn die Maus nun den Button verläßt, bleibt sie über eine rote Linie mit dem Button verbunden. Wir ziehen diese Linie auf den "EventMonitor" und führen einen weiteren Mausklick aus. In der nun angezeigten Liste aufrufbarer Methoden wählen wir den (einzigen) Eintrag `initiateEventSourceMonitoring` aus.

Die Beanbox generiert nun Java-Code für eine Adapterklasse, kompiliert ihn und legt die resultierenden Dateien im Unterverzeichnis `tmp\sunw\beanbox` ab. Gleichzeitig registriert sie die Adapterklasse für das Action-Ereignis des Buttons und sorgt durch den Aufruf der ausgewählten Methode innerhalb von `actionPerformed` dafür, daß der Event-Listener bei jedem Buttonklick benachrichtigt wird. Seine Aufgabe besteht darin, die ausgelösten Ereignisse zu speichern und in einer Listbox auf dem Bildschirm anzuzeigen.

> Auf diese Weise lassen sich prinzipiell beliebige Beans miteinander verbinden. Die Einschränkung der Beanbox besteht lediglich darin, daß sie nur Adapterklassen für den Aufruf von parameterlosen Methoden erzeugen kann. Fortgeschrittenere GUI-Designer würden es erlauben, auch parametrisierte Methoden aufzurufen. Sie würden zusätzlich einen Editor zur Verfügung stellen, mit dem der erzeugte Code per Hand angepaßt werden kann.

44.3.3 Integration eigener Beans

Neben den vordefinierten können auch eigene Beans in die Beanbox integriert werden. Sie können dann wie vordefinierte verwendet, manipuliert und serialisiert werden. Im folgenden wollen wir beschreiben, welche Schritte nötig sind, um eine Bean in der Beanbox verwendbar zu machen. Für die Einbindung in eigene GUI-Designer kann eventuell eine etwas andere Vorgehensweise erforderlich sein. Dazu sollte die Bean-Dokumentation des jeweiligen Entwicklungssystems konsultiert werden.

Entwickeln und Übersetzen der Bean

Die ersten beiden Schritte, das Entwickeln und Übersetzen der Bean, haben wird schon erledigt. Sie unterscheiden sich in keiner Weise von der einer herkömmlichen Java-Klasse. Als Ergebnis ensteht eine Klasse `LightBulb.class` mit dem Bytecode der Glühlampen-Bean.

Erzeugen einer Manifest-Datei

Um bei GUI-Designern mit einer großen Anzahl unterschiedlicher Beans ein schwer zu durchschauendes Sammelsurium kleiner Klassendateien zu vermeiden, werden Beans in jar-Archive verpackt und so an den GUI-Designer übergeben. Eine jar-Datei darf beliebig viele Beans enthalten. Um dem GUI-Designer die Möglichkeit zu geben, Klassen für Beans von solchen mit reinen Hilfsfunktionen zu unterscheiden, wird dem jar-Archiv eine *Manifest-Datei* hinzugefügt, die ihren Inhalt beschreibt. Es handelt sich um eine normale Textdatei, die für jede enthaltene Bean einen Eintrag der folgenden Form enthält:

```
Name: BeanClassFile.class
Java-Bean: True
```

Der erste Eintrag gibt den Klassennamen an. Der zweite besagt, daß es sich um eine Bean handelt (Manifest-Dateien können auch noch andere Informationen über die im Archiv gespeicherten Dateien enthalten). Die Informationen werden zweckmäßigerweise in eine Textdatei `manifest.txt` geschrieben und beim Erzeugen der jar-Datei mit der Option "m" eingebunden. Zum Einbinden der Glühlampe muß diese Datei also folgenden Inhalt haben:

```
Name: LightBulb.class
Java-Bean: True
```

Erzeugen des jar-Archivs

Nun kann das Kommando zum Erzeugen der jar-Datei abgesetzt werden (wir wollen sie `hjp3beans.jar` nennen):

```
jar cfm hjp3beans.jar manifest.txt LightBulb.class bulb*.gif
```

Die Option "c" steht für "create" und besagt, daß eine neue jar-Datei angelegt werden soll. Das "f" steht für "file" und gibt an, daß als erstes Argument hinter den Kommandobuchstaben der Name der jar-Datei steht. Das "m" steht für "manifest" und besagt, daß als nächstes Argument der Name der Manifest-Datei folgt. Ganz zum Schluß stehen die Namen der einzubindenden Dateien. In diesem Fall sind das die Klassendatei und die zur Darstellung benötigten gif-Dateien `bulb1.gif` und `bulb2.gif`.

Die jar-Datei muß nun in das Unterverzeichnis `jars` des BDK-Installationsverzeichnisses kopiert werden. Beim nächsten Start der Beanbox wird sie automatisch gefunden, analysiert, und die darin enthaltenen Beans werden im GUI-Designer zur Verfügung gestellt.

Verwenden der eigenen Bean

Unsere Glühlampe wird nun in der Toolbox angezeigt und kann wie jede andere Bean in den GUI-Designer übernommen werden. Im Eigenschaftenfenster werden ihre Eigenschaften angezeigt und können interaktiv verändert werden. Wird beispielsweise die Eigenschaft `lightOn` von `false` auf `true` gesetzt, ändert die Bean ihren Zustand und die Glühlampe leuchtet auf (siehe Abbildung 44.3). Auch auf das Verändern der ererbten Eigenschaften (z.B. der Hintergrundfarbe) reagiert unsere neue Komponente erwartungsgemäß mit einer entsprechenden Änderung der graphischen Darstellung.

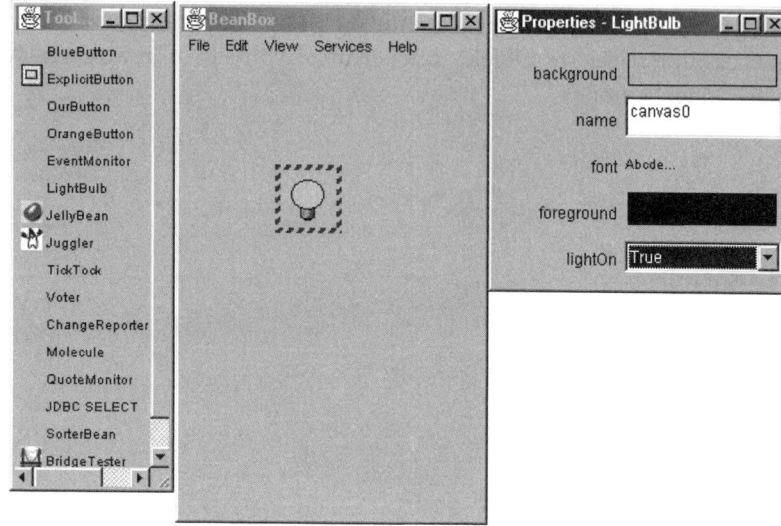

Abbildung 44.3: Die Glühlampe in der BeanBox

Die Definition der Klasse `LightBulb` in Listing 44.3 auf Seite 1020 enthält eine Methode `toggleLight`, mit der der Zustand der Lampe umgeschaltet werden kann. Da ihr Name nicht den Design-Konventionen für getter- und setter-Methoden entspricht, ist sie im GUI-Designer der Beanbox nicht sichtbar. In Abschnitt 44.6 auf Seite 1047 werden wir erläutern, wie man sie mit Hilfe einer `BeanInfo`-Klasse dennoch sichtbar machen kann.

44.3.4 Serialisierte Beans

Serialisieren von Beans mit der Beanbox

Im vorigen Abschnitt wurde erwähnt, daß Beans serialisierbar sein müssen. Dadurch ist ein GUI-Designer in der Lage, eine zum Designzeitpunkt konfigurierte Bean dauerhaft zu speichern und sie anderen Programmen vorkonfiguriert zur Verfügung zu stellen.

Auch die Beanbox bietet eine einfache Möglichkeit, Beans zu serialisieren und auf der Festplatte zu speichern. Dazu ist die gewünschte Bean im GUI-Designer zu markieren und der Menüpunkt "File.SerializeComponent" aufzurufen. Nun ist ein Dateiname anzugeben, unter dem die konfigurierte Bean gespeichert werden soll.

Im folgenden wollen wir annehmen, daß die Glühlampen-Bean in der Beanbox so konfiguriert wurde, daß das Licht angeschaltet ist und sie unter dem Namen "lb1.ser" persistent gespeichert wurde.

Einbinden serialisierter Beans

Soll eine serialisierte und damit vorkonfigurierte Bean in einem Programm verwendet werden, muß sie vor dem Einbinden deserialisiert werden. Dazu wird ein `ObjectInputStream` verwendet, der die Bean mit Hilfe eines `FileInputStream` aus ihrer Datei liest. Anschließend kann das deserialisierte Objekt durch Aufruf von `add` in gewohnter Weise in den Dialog eingebunden werden:

Listing 44.5: Einbinden einer serialisierten Bean

```
001  /* Listing4405.java */
002
003  import java.awt.*;
004  import java.awt.event.*;
005  import java.io.*;
006
007  public class Listing4405
008  extends Frame
009  {
010    public Listing4405()
011    {
012      super("LighBulbTest");
013      setLayout(new FlowLayout());
014      setBackground(Color.gray);
015      addWindowListener(
016        new WindowAdapter() {
017          public void windowClosing(WindowEvent event)
018          {
019            System.exit(0);
020          }
021        }
022      );
023      loadLightBulb();
024    }
025
026    private void loadLightBulb()
027    {
028      try {
029        ObjectInputStream is = new ObjectInputStream(
030                       new FileInputStream("lb1.ser"));
031        LightBulb bulb = (LightBulb)is.readObject();
032        is.close();
033        add(bulb);
034      } catch (ClassNotFoundException e) {
035        System.err.println(e.toString());
036      } catch (IOException e) {
```

```
037            System.err.println(e.toString());
038        }
039    }
040
041    public static void main(String[] args)
042    {
043        Listing4405 frm = new Listing4405();
044        frm.setLocation(100, 100);
045        frm.pack();
046        frm.setVisible(true);
047    }
048 }
```

Listing 44.5: Einbinden einer serialisierten Bean (Forts.)

Wird das Programm gestartet, lädt es die Bean und zeigt sie mit angeschaltetem Licht:

Abbildung 44.4: Die deserialisierte Glühlampen-Bean

44.4 Bean-Ereignisse

Um die Kommunikation zwischen Beans zu vereinfachen und zu vereinheitlichen, sieht die Beans-Spezifikation einige Techniken vor, mit denen Beans untereinander kommunizieren können. Die wichtigste von ihnen ist die Möglichkeit, Nachrichten zu versenden, wenn sich eine bestimmte Eigenschaft der Bean geändert hat. Das dabei angewendete Schema entspricht genau dem Delegation Based Event Handling, das in Kapitel 28 auf Seite 575 erläutert wurde und das auch alle anderen Dialogelemente zur Kommunikation mit anderen Komponenten verwenden.

44.4.1 Bound Properties

Eigenschaften, bei deren Veränderung Ereignisse ausgesandt werden, bezeichnet man auch als *gebundene Eigenschaften* (*Bound Properties*). Nicht alle Eigenschaften müssen gebunden sein. Sie sollten es dann sein, wenn die Bean anderen Objekten die Möglichkeit geben will, auf Änderungen des Ereignisses direkt und in definierter (und für einen GUI-Designer erkennbaren) Weise zu reagieren.

Zusätzlich zu den bereits bekannten Ereignistypen definiert die Bean-Architektur dazu eine neue Ereignisklasse PropertyChangeEvent, die im Paket java.beans untergebracht ist. Sie ist aus EventObject abgeleitet und stellt unter anderem folgende Methoden zur Verfügung:

java.beans.
Property-
ChangeEvent
```
public String getPropertyName()

public Object getNewValue()
public Object getOldValue()
```

Mit `getPropertyName` kann der Name der veränderten Eigenschaft ermittelt werden. `getNewValue` liefert ihren neuen Wert und `getOldValue` den Wert, den sie vor der Änderung hatte. Die Werte werden stets als Objekttyp zurückgegeben. Primitive Typen werden in ihre korrespondierenden Wrapper-Klassen verpackt (siehe Abschnitt 10.2 auf Seite 209).

Eine Bean erzeugt immer dann ein `PropertyChangeEvent` und versendet es an alle registrierten Listener, wenn sich der Zustand einer *gebundenen Eigenschaft* verändert hat. Ein Listener muß das Interface `PropertyChangeListener` implementieren. Es enthält nur eine Methode:

java.beans.
Property-
Change-
Listener
```
void propertyChange(PropertyChangeEvent evt)
```

Verändert sich die gebundene Eigenschaft, erzeugt die Bean ein `PropertyChangeEvent` mit dem neuen und dem alten Wert und ruft bei allen registrierten Listenern `propertyChange` auf. Die Registrierung bzw. Deregistrierung von Listenern erfolgt mit den Methoden `addPropertyChangeListener` und `removePropertyChangeListener`, die beide einen `PropertyChangeListener` als Argument erwarten.

> Damit ein GUI-Designer erkennen kann, daß eine Bean gebundene Eigenschaften besitzt, müssen die Methoden zum Registrieren und Deregistrieren exakt die hier gezeigten Namen- und Parameterkonventionen einhalten. Sie sind ebenso Bestandteil der Designkonventionen von Beans wie die in den vorigen Abschnitten erwähnten getter- und setter-Methoden.

Um die Bean beim Umgang mit gebundenen Eigenschaften zu unterstützen, gibt es im Paket `java.beans` eine Hilfsklasse `PropertyChangeSupport`. Sie stellt einige nützliche Methoden zur Verfügung, mit denen eine Bean die bei der Event-Registrierung und -verteilung anfallenden Aufgaben delegieren kann:

java.beans.
Property-
Change-
Support
```
public void addPropertyChangeListener(
  PropertyChangeListener listener
)
public void removePropertyChangeListener(
  PropertyChangeListener listener
)

public void firePropertyChange(PropertyChangeEvent evt)

public void firePropertyChange(
```

```
    String propertyName,
    Object oldValue,
    Object newValue
)
public void firePropertyChange(
    String propertyName,
    int oldValue,
    int newValue
)
public void firePropertyChange(
    String propertyName,
    boolean oldValue,
    boolean newValue
)
```

Die Bean instanziert bei Bedarf ein Objekt dieser Klasse und gibt Aufrufe der eigenen Methoden `addPropertyChangeListener` und `removePropertyChangeListener` einfach weiter. Ändert sich eine gebundene Eigenschaft, ruft die Bean eine der `firePropertyChange`-Methoden auf und sendet dadurch ein `PropertyChangeEvent` an alle registrierten Listener. Diese Methode steht einerseits vordefiniert für die Typen `int`, `boolean` und `Object` zur Verfügung. Andererseits kann aber auch manuell ein `PropertyChangeEvent` erzeugt und weitergegeben werden.

Wir wollen uns als erstes Beispiel eine Bean ansehen, die einen beleuchteten Taster implementiert. Der Taster kann wahlweise an- oder ausgeschaltet sein. In angeschaltetem Zustand leuchtet er, in ausgeschaltetem Zustand ist seine Oberfläche dunkel. Jeder Tastendruck schaltet zwischen den beiden Zuständen um. Die wichtigste Eigenschaft des Tasters heißt `lightOn`. Sie ist gebunden und zeigt an, ob der Taster an- oder ausgeschaltet ist:

```
001 /* LightedPushButton.java */
002
003 import java.awt.*;
004 import java.awt.event.*;
005 import java.io.*;
006 import java.beans.*;
007
008 public class LightedPushButton
009 extends Canvas
010 implements Serializable
011 {
012     //---Instanzvariablen------------------------------------
013     protected Color              linecolor;
014     protected Color              framecolor;
015     protected Color              lightoncolor;
016     protected Color              lightoffcolor;
017     protected boolean            lighton;
018     transient protected PropertyChangeSupport pchglisteners;
```

Listing 44.6:
Ein beleuchteter Taster

Listing 44.6:
Ein beleuchteter Taster (Forts.)

```
019    transient protected VetoableChangeSupport vchglisteners;
020
021    //---Methoden-------------------------------------------
022    public LightedPushButton()
023    {
024      linecolor     = Color.black;
025      framecolor    = Color.darkGray;
026      lightoncolor  = Color.red;
027      lightoffcolor = new Color(127, 0, 0); //dark red
028      lighton       = false;
029      initTransientState();
030    }
031
032    //---Zustandsumschaltung Licht an/aus---
033    public void setLightOn(boolean on)
034    throws PropertyVetoException
035    {
036      boolean oldvalue = this.lighton;
037      vchglisteners.fireVetoableChange("lighton", oldvalue, on);
038      this.lighton = on;
039      if (oldvalue != on) {
040        repaint();
041      }
042      pchglisteners.firePropertyChange("lighton", oldvalue, on);
043    }
044
045    public boolean getLightOn()
046    {
047      return this.lighton;
048    }
049
050    //---Verwaltung der PropertyChangeListener---
051    public void addPropertyChangeListener(PropertyChangeListener l)
052    {
053      pchglisteners.addPropertyChangeListener(l);
054    }
055
056    public void removePropertyChangeListener(PropertyChangeListener l)
057    {
058      pchglisteners.removePropertyChangeListener(l);
059    }
060
061    //---Verwaltung der VetoableChangeListener---
062    public void addVetoableChangeListener(VetoableChangeListener l)
063    {
064      vchglisteners.addVetoableChangeListener(l);
065    }
066
067    public void removeVetoableChangeListener(VetoableChangeListener l)
068    {
```

```
069        vchglisteners.removeVetoableChangeListener(l);
070      }
071
072      //---Implementierung der Oberfläche---
073      public void paint(Graphics g)
074      {
075        int width = getSize().width;
076        int height = getSize().height;
077        //Rahmen
078        g.setColor(framecolor);
079        g.fillOval(0, 0, width, height);
080        //Beleuchtung
081        g.setColor(lighton ? lightoncolor : lightoffcolor);
082        g.fillOval(4, 4, width - 8, height - 8);
083        //Konturlinien
084        g.setColor(linecolor);
085        g.drawOval(0, 0, width - 1, height - 1);
086        g.drawOval(3, 3, width - 7, height - 7);
087      }
088
089      public Dimension getPreferredSize()
090      {
091        return new Dimension(32, 32);
092      }
093
094      public Dimension getMinimumSize()
095      {
096        return new Dimension(16, 16);
097      }
098
099      //---Private Klassen--------------------------------------
100      /**
101       * Initialisierung der nicht-persistenten Instanzvariablen.
102       */
103      private void initTransientState()
104      {
105        pchglisteners = new PropertyChangeSupport(this);
106        vchglisteners = new VetoableChangeSupport(this);
107        addMouseListener(new MouseClickAdapter());
108      }
109
110      /**
111       * Wird überlagert, um nach dem Deserialisieren den transienten
112       * Zustand zu initialisieren.
113       */
114      private void readObject(ObjectInputStream stream)
115      throws IOException, ClassNotFoundException
116      {
117        stream.defaultReadObject();
118        initTransientState();
```

Listing 44.6:
Ein beleuchteter Taster (Forts.)

Listing 44.6:
Ein beleuchteter Taster
(Forts.)

```
119  }
120
121  //---Lokale Klassen-----------------------------------------
122  class MouseClickAdapter
123  extends MouseAdapter
124  {
125    public void mouseClicked(MouseEvent event)
126    {
127      try {
128        setLightOn(!getLightOn());
129      } catch (PropertyVetoException e) {
130        //no change if vetoed
131      }
132    }
133  }
134 }
```

Die Klasse verwendet ein `PropertyChangeSupport`-Objekt, um die Listener zu verwalten und sie von Änderungen des Beleuchtungszustands zu unterrichten. Das hier ebenfalls verwendete `VetoableChangeSupport`-Objekt und die mit seiner Hilfe implementierten Methoden werden im nächsten Abschnitt erläutert und können zunächst ignoriert werden.

Interessant ist die Implementierung der Methode `setLightOn`. Sie merkt sich zunächst den bisherigen Zustand und schaltet dann auf den neuen Zustand um. Anschließend werden alle registrierten Listener über die Änderung benachrichtigt. Der Name der gebundenen Eigenschaft ist "lighton" und entspricht damit dem Namen der betroffenen Eigenschaft. Eine eindeutige Benennung erlaubt es registrierten Listenern, zwischen Benachrichtigungen für unterschiedliche Eigenschaften zu unterscheiden.

Abbildung 44.5 auf Seite 1041 zeigt die Klasse `LightedPushButton` in ihren beiden möglichen Zuständen in der Beanbox.

44.4.2 Constrained Properties

Eine Erweiterung der gebundenen Eigenschaften wurde im vorigen Abschnitt schon angedeutet. Mit dem Konzept der *Constrained Properties* ("verbotene" oder "unterbundene" Eigenschaften) kann eine Bean registrierten Listenern die Möglichkeit geben, Eigenschaftenänderungen zu verhindern.

Ein Listener, der das tun will, muß das Interface `VetoableChangeListener` implementieren. Es stellt nur eine Methode zur Verfügung:

java.beans.
Vetoable-
Change-
Listener

```
public void vetoableChange(PropertyChangeEvent evt)
  throws PropertyVetoException
```

Bean-Ereignisse

Immer wenn sich eine Constrained Property ändern soll, ruft die Bean *vor der Änderung* bei den registrierten Listenern die Methode `vetoableChange` auf. Der Empfänger prüft daraufhin das übergebene `PropertyChangeEvent` und entscheidet, ob er dem Änderungswunsch zustimmen soll oder nicht. Ist das nicht der Fall, löst er eine `PropertyVetoException` aus, die beim Empfänger dazu führt, daß der Änderungsvorgang abgebrochen wird. Stimmt er dagegen zu, ist gar nichts zu tun. Der Listener terminiert einfach und die Bean fährt mit der Befragung beim nächsten Listener fort. Nur wenn alle Listener zugestimmt haben (also niemand eine `PropertyVetoException` ausgelöst hat), wird die Änderung tatsächlich durchgeführt.

Die Methode `setLightOn` in Listing 44.6 auf Seite 1033 macht "lightOn" also sowohl zu einer gebundenen als auch unterbindbaren Eigenschaft. Zunächst prüft sie, ob alle registrierten `VetoableChangeListener` eine mögliche Zustandsänderung nicht ablehnen. Erst wenn das der Fall ist, wird die Änderung tatsächlich durchgeführt, und die registrierten `PropertyChangeListener` werden darüber informiert.

Das Registrieren und Deregistrieren erfolgt mit den Methoden `addVetoableChangeListener` und `removeVetoableChangeListener`. Ebenso wie die korrespondierenden Methoden zur Registrierung der `PropertyChangeListener` müssen ihre Namen und Parameter genau der hier angegebenen Form entsprechen, damit sie vom GUI-Designer gefunden werden.

Zur Unterstützung bei der Implementierung kann sich die Bean der Klasse `VetoableChangeSupport` bedienen, die ähnliche Methoden wie `PropertyChangeSupport` zur Verfügung stellt:

```
public void addVetoableChangeListener(
  VetoableChangeListener listener
)
public void removeVetoableChangeListener(
  VetoableChangeListener listener
)

public void fireVetoableChange(PropertyChangeEvent evt)
  throws PropertyVetoException

public void fireVetoableChange(
  String propertyName,
  Object oldValue,
  Object newValue
)
  throws PropertyVetoException

public void fireVetoableChange(
  String propertyName,
  int oldValue,
  int newValue
```

java.beans.VetoableChangeSupport

```
)
  throws PropertyVetoException

public void fireVetoableChange(
  String propertyName,
  boolean oldValue,
  boolean newValue
)
  throws PropertyVetoException
```

Um im nächsten Abschnitt ein Beispiel für die Anwendung von Constrained Properties geben zu können, wollen wir eine Klasse vorstellen, die das Interface `VetoableChange Listener` implementiert. Sie wird durch eine Bean repräsentiert, die einen einfachen Umschalter darstellt, der durch Mausklick geöffnet oder geschlossen werden kann. Ist der Schalter geschlossen, sind Eigenschaftsänderungen erlaubt. Ist er dagegen geöffnet, wird bei jedem Aufruf von `vetoableChange` eine `PropertyVetoException` ausgelöst. Auf diese Weise werden bei geöffnetem Schalter alle Eigenschaftsänderungen verhindert:

Listing 44.7:
Ein Veto-Schalter

```
001  /* VetoSwitch.java */
002
003  import java.awt.*;
004  import java.awt.event.*;
005  import java.io.*;
006  import java.beans.*;
007
008  public class VetoSwitch
009  extends Canvas
010  implements Serializable, VetoableChangeListener
011  {
012    //---Instanzvariablen----------------------------------
013    protected Color   linecolor;
014    protected boolean vetoallchanges;
015
016    //---Methoden------------------------------------------
017    public VetoSwitch()
018    {
019      this.linecolor = Color.black;
020      this.vetoallchanges = false;
021      initTransientState();
022    }
023
024    //---Konturenfarbe---
025    public void setLineColor(Color color)
026    {
027      this.linecolor = color;
028    }
029
030    public Color getLineColor()
```

```
031    {
032       return this.linecolor;
033    }
034
035    //---Zustandsumschaltung Licht an/aus---
036    public void setVetoAllChanges(boolean b)
037    {
038       if (this.vetoallchanges != b) {
039         this.vetoallchanges = b;
040         repaint();
041       }
042    }
043
044    public boolean getVetoAllChanges()
045    {
046       return this.vetoallchanges;
047    }
048
049    //---Veto---
050    public void vetoableChange(PropertyChangeEvent e)
051    throws PropertyVetoException
052    {
053       if (this.vetoallchanges) {
054         throw new PropertyVetoException("!!!VETO!!!", e);
055       }
056    }
057
058    //---Implementierung der Oberfläche---
059    public void paint(Graphics g)
060    {
061       int width = getSize().width;
062       int height = getSize().height;
063       g.setColor(linecolor);
064       g.drawRect(0, 0, width - 1, height - 1);
065       g.drawLine(width * 1 / 8, height / 2, width * 3 / 8, height / 2);
066       g.drawLine(width * 5 / 8, height / 2, width * 7 / 8, height / 2);
067       g.fillRect(width * 3 / 8 - 1, height / 2 - 1, 3, 3);
068       g.fillRect(width * 5 / 8 - 1, height / 2 - 1, 3, 3);
069       if (this.vetoallchanges) {
070         //draw open connection
071         g.drawLine(width * 3 / 8, height / 2, width * 5 / 8, height / 4);
072       } else {
073         //draw short-cutted connection
074         g.drawLine(width * 3 / 8, height / 2, width * 5 / 8, height / 2);
075       }
076    }
077
078    public Dimension getPreferredSize()
079    {
```

Listing 44.7:
Ein Veto-Schalter
(Forts.)

Listing 44.7:
Ein Veto-
Schalter
(Forts.)

```
080      return new Dimension(60, 20);
081    }
082
083    public Dimension getMinimumSize()
084    {
085      return new Dimension(28, 10);
086    }
087
088    //---Private Klassen-----------------------------------
089    private void initTransientState()
090    {
091      addMouseListener(new MouseClickAdapter());
092    }
093
094    /**
095     * Wird überlagert, um nach dem Deserialisieren den transienten
096     * Zustand zu initialisieren.
097     */
098    private void readObject(ObjectInputStream stream)
099    throws IOException, ClassNotFoundException
100    {
101      stream.defaultReadObject();
102      initTransientState();
103    }
104
105    //---Lokale Klassen-----------------------------------
106    class MouseClickAdapter
107    extends MouseAdapter
108    {
109      public void mouseClicked(MouseEvent event)
110      {
111        setVetoAllChanges(!getVetoAllChanges());
112      }
113    }
114  }
```

Abbildung 44.5 auf Seite 1041 zeigt die Klasse `VetoSwitch` in ihren beiden möglichen Zuständen in der Beanbox.

44.4.3 Anwendungsbeispiel

Das folgende Listing zeigt die drei bisher definierten Beans im Zusammenspiel. Zunächst werden alle drei Elemente instanziert und auf einem Frame plaziert. Da der `LightedPushButton` bei jedem Tastendruck den Zustand der `LightBulb` umschalten soll, bekommt er einen `PropertyChangeListener` zugeordnet, der bei Zustandsänderungen der Eigenschaft "lighton" die Lampe umschaltet.

Bean-Ereignisse   Kapitel 44

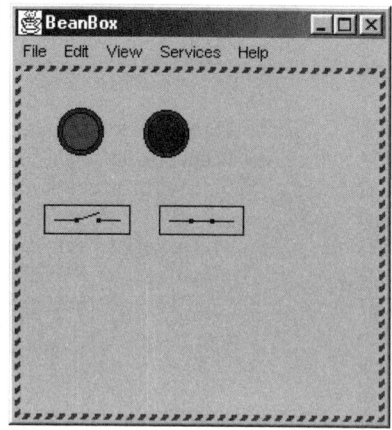

Abbildung 44.5:
LightedPush-
Button und
VetoSwitch in
der Beanbox

Der VetoSwitch wird als VetoableChangeListener ebenfalls beim LightedPushButton registriert. Da er in geöffnetem Zustand alle unterbindbaren Eigenschaftenänderungen verhindert, dient er dazu, die Funktion des Buttons zu deaktivieren. Nur, wenn der VetoSwitch geschlossen ist, hat das Drücken des LightedPushButton eine Änderung des Lampenzustands zur Folge.

```
001 /* Listing4408.java */
002
003 import java.awt.*;
004 import java.awt.event.*;
005 import java.beans.*;
006
007 public class Listing4408
008 extends Frame
009 {
010   public Listing4408()
011   {
012     //Initialisierung
013     super("BeanPropertiesTest");
014     setLayout(new FlowLayout());
015     setBackground(Color.lightGray);
016     addWindowListener(
017       new WindowAdapter() {
018         public void windowClosing(WindowEvent event)
019         {
020           System.exit(0);
021         }
022       }
023     );
024     //Dialogelemente hinzufügen
025     LightedPushButton button1 = new LightedPushButton();
026     VetoSwitch veto1 = new VetoSwitch();
```

Listing 44.8:
Eigenschaften-
änderungen von
Beans

Listing 44.8:
Eigenschaften-
änderungen von
Beans
(Forts.)

```
027     final LightBulb bulb1 = new LightBulb();
028     add(button1);
029     add(veto1);
030     add(bulb1);
031     button1.addPropertyChangeListener(
032       new PropertyChangeListener() {
033         public void propertyChange(PropertyChangeEvent e)
034         {
035           if (e.getPropertyName().equals("lighton")) {
036             Boolean on = (Boolean)e.getNewValue();
037             bulb1.setLightOn(on.booleanValue());
038           }
039         }
040       }
041     );
042     button1.addVetoableChangeListener(veto1);
043   }
044
045   //---main----------------------------------------------
046   public static void main(String[] args)
047   {
048     Listing4408 frm = new Listing4408();
049     frm.setLocation(100, 100);
050     frm.pack();
051     frm.setVisible(true);
052   }
053 }
```

Abbildung 44.6 zeigt das Programm mit angeschalteter Lampe und anschließend geöffnetem Schalter. Das Drücken des Tasters bleibt nun so lange erfolglos, bis der Schalter wieder geschlossen wird.

Abbildung 44.6:
Testprogramm für
Eigenschaften-
änderungen

44.5 Panel-Beans

Die bisherigen Beans waren aus Canvas abgeleitet und repräsentierten damit *elementare* Komponenten. Ebenso leicht ist es möglich, *zusammengesetzte* Komponenten als Beans zu definieren und so größere Programmeinheiten wiederverwendbar zu machen.

Wird eine Bean beispielsweise aus der Klasse Panel abgeleitet, können darauf vordefinierte Dialogelemente plaziert und mit Hilfe von setter-Methoden konfigurierbar gemacht wer-

Panel-Beans   Kapitel 44

den. Im GUI-Designer erscheinen die unterschiedlichen Dialogelemente dann wie ein einziges. Meist spielt die Bean auch noch die Rolle eines *Ereigniskonzentrators*, d.h. sie registriert sich als Listener bei ihren eigenen Komponenten und verarbeitet diese so weit wie möglich selbst. Nach außen hin definiert sie ein abstrakteres Event-Modell, das an die Bedürfnisse der Gesamtkomponente angepaßt ist. Statt den Client mit den Elementarereignissen der einzelnen Komponenten zu belasten, sendet sie nur noch Ereignisse, die das Verhalten der zusammengesetzten Komponente repräsentieren.

Die Konstruktion einer Panel-Bean ist prinzipiell nicht schwieriger als die einer einfachen Bean. Zusätzlicher Aufwand wird allerdings erforderlich, wenn die Eigenschaften der darin enthaltenen Komponenten zum Designzeitpunkt nicht mit einfachen getter- und setter-Methoden erledigt werden kann. Die meisten Entwickler erwarten heute beispielsweise von einem Splitpanel (eine typische Panel-Bean), daß im GUI-Designer die einzelnen Komponenten per Drag-and-Drop darauf plaziert werden können.

So weit wollen wir allerdings nicht in die Bean-Programmierung vordringen. Wir wollen nur die Grundprinzipien erklären und eine Klasse `ButtonPanel` entwickeln, die eine Gruppe von Radiobuttons kapselt. Die Anzahl der Radiobuttons, ihre Beschriftung und die Auswahl des selektierten Elements sollen frei definiert werden können. Ändert sich die Anzahl der Buttons oder wird ein anderer Button selektiert, soll die Bean ein `PropertyChangeEvent` versenden.

Das folgende Listing zeigt den Code für diese Klasse:

```
001  /* ButtonPanel.java */
002
003  import java.awt.*;
004  import java.awt.event.*;
005  import java.beans.*;
006  import java.io.*;
007
008  public class ButtonPanel
009  extends Panel
010  implements Serializable, ItemListener
011  {
012     //---Instanzvariablen---------------------------------
013     protected CheckboxGroup cbg;
014     protected Checkbox[]    cb;
015     transient protected PropertyChangeSupport pcs;
016
017     //---Methoden-----------------------------------------
018     public ButtonPanel()
019     {
020        cbg = new CheckboxGroup();
021        cb = new Checkbox[0];
```

Listing 44.9:
Die Klasse
ButtonPanel

Listing 44.9:
Die Klasse
ButtonPanel
(Forts.)

```
022     initTransientState();
023   }
024
025   //---Anzahl der RadioButtons---------------------------
026   public void setButtonCnt(int cnt)
027   {
028     if (cnt != cb.length) {
029       int oldvalue = cb.length;
030       //Bisherige Buttons entfernen
031       if (cb.length > 0) {
032         removeAll();
033       }
034       cb = new Checkbox[cnt];
035       setLayout(new GridLayout(cnt, 1));
036       for (int i = 0; i < cnt; ++i) {
037         cb[i] = new Checkbox(
038           "RadioButton " + i,
039           cbg,
040           (i == 0 ? true : false)
041         );
042         cb[i].addItemListener(this);
043         add(cb[i]);
044       }
045       //PropertyChangeEvents senden
046       pcs.firePropertyChange("buttonCnt", oldvalue, cnt);
047       if (cnt > 0) {
048         setSelected(0);
049       }
050       //Neu layouten
051       setSize(getPreferredSize());
052       invalidate();
053       doLayout();
054       Container owner = getParent();
055       if (owner != null) {
056         owner.invalidate();
057         owner.doLayout();
058       }
059     }
060   }
061
062   public int getButtonCnt()
063   {
064     return cb.length;
065   }
066
067   //---Beschriftung der Buttons---------------------------
068   public void setLabel(int index, String label)
069   {
070     if (index >= 0 && index < cb.length) {
```

```
071        cb[index].setLabel(label);
072      }
073    }
074
075    public String getLabel(int index)
076    {
077      String ret = "***invalid index***";
078      if (index >= 0 && index < cb.length) {
079        ret = cb[index].getLabel();
080      }
081      return ret;
082    }
083
084    //---Selektiertes Element------------------------------
085    public void setSelected(int index)
086    {
087      if (index >= 0 && index < cb.length) {
088        int oldvalue = getSelected();
089        cb[index].setState(true);
090        pcs.firePropertyChange("selected", oldvalue, index);
091      }
092    }
093
094    public int getSelected()
095    {
096      int ret = -1;
097      for (int i = 0; i < cb.length; ++i) {
098        if (cb[i].getState()) {
099          ret = i;
100          break;
101        }
102      }
103      return ret;
104    }
105
106    //---Verwaltung der PropertyChangeListener---
107    public void addPropertyChangeListener(
108      PropertyChangeListener l
109    )
110    {
111      pcs.addPropertyChangeListener(l);
112    }
113
114    public void removePropertyChangeListener(
115      PropertyChangeListener l
116    )
117    {
118      pcs.removePropertyChangeListener(l);
119    }
```

Listing 44.9:
Die Klasse
ButtonPanel
(Forts.)

Listing 44.9:
Die Klasse
ButtonPanel
(Forts.)

```
120
121   //---Reaktion auf Zustandsänderungen---------------------
122   public void itemStateChanged(ItemEvent event)
123   {
124     Checkbox changedcb = (Checkbox) event.getItemSelectable();
125     if (changedcb.getState()) {
126       for (int i = 0; i < cb.length; ++i) {
127         if (cb[i] == changedcb) {
128           pcs.firePropertyChange("selected", -1, i);
129           break;
130         }
131       }
132     }
133   }
134
135   //---Private Methoden------------------------------------
136   /**
137    * Initialisierung der nicht-persistenten Instanzvariablen.
138    */
139   private void initTransientState()
140   {
141     pcs = new PropertyChangeSupport(this);
142   }
143
144   /**
145    * Wird überlagert, um nach dem Deserialisieren den transienten
146    * Zustand zu initialisieren.
147    */
148   private void readObject(ObjectInputStream stream)
149   throws IOException, ClassNotFoundException
150   {
151     stream.defaultReadObject();
152     initTransientState();
153   }
154 }
```

Die Bean verwaltet die Radionbuttons in dem Array cbg, das zunächst leer ist. Verändert sich ihre Anzahl durch Aufruf von setButtonCnt, werden alle bisherigen Buttons entfernt, neue in der gewünschten Anzahl angelegt und die registrierten Listener über die Änderung benachrichtigt. Zunächst haben die Buttons die Beschriftung "RadioButton 1", "RadioButton 2" usw. Sie kann durch Aufruf von setLabel geändert werden. Der Zugriff auf das selektierte Element erfolgt mit getSelected und setSelected.

Um benachrichtigt zu werden, wenn der Benutzer per Mausklick die Selektion ändert, registriert sich die Bean in Zeile 042 als ItemListener bei den von ihr erzeugten Radiobuttons. Dadurch wird bei jeder Änderung die Methode itemStateChanged aufgerufen, und die Bean kann ihrerseits ein PropertyChangeEvent an alle registrierten Listener versenden.

Abbildung 44.7 zeigt ein `ButtonPanel` mit vier Radiobuttons in der Beanbox:

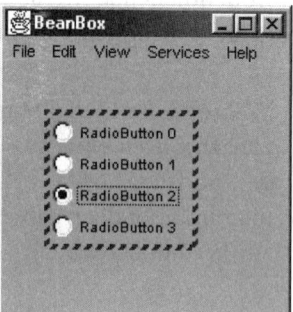

Abbildung 44.7:
Das ButtonPanel
in der BeanBox

> Das Listing treibt einigen Aufwand, um nach einer Größenänderung korrekt dargestellt zu werden (im Listing ab Zeile 050 zu sehen). Trotzdem war beispielsweise die Beanbox nicht dazu zu bewegen, bei einer Verminderung der Buttonzahl den nicht mehr benötigten Platz wieder freizugeben. Ist das dynamische Ändern der Größe ein wichtiges Feature, muß unter Umständen noch ein wenig experimentiert werden, um bei allen Clients zu den gewünschten Resultaten zu kommen.

44.6 BeanInfo-Klassen und Property-Editoren

44.6.1 BeanInfo-Klassen

Die bisher beschriebenen Fähigkeiten und Eigenschaften einer Bean wurden vom GUI-Designer automatisch erkannt, weil die Beans bestimmte Design-Konventionen eingehalten haben. Der GUI-Designer verwendet eine Instanz der Klasse `Introspector` aus dem Paket `java.beans`, um diese Fähigkeiten nach dem Laden der Bean zu bestimmen.

Neben getter-/setter-Methoden und Registrierungsmethoden für Events können Beans aber noch weitere Eigenschaften besitzen. So kann beispielsweise in der Toolbox ein Icon angezeigt werden. Auch Methoden, die nicht den getter-/setter-Konventionen entsprechen, können bekanntgemacht werden. Zudem ist es möglich, für Nicht-Standard-Eigenschaften spezielle Eigenschafteneditoren zur Verfügung zu stellen.

Diese Möglichkeiten stehen erst zur Verfügung, wenn man die Bean mit einer expliziten *BeanInfo-Klasse* ausstattet. Sie hat denselben Namen wie die Bean, trägt aber zusätzlich den Suffix "BeanInfo" am Ende ihres Namens. Zudem muß sie im selben Paket liegen wie die Bean-Klasse. Die BeanInfo-Klasse muß das Interface `BeanInfo` implementieren oder aus `SimpleBeanInfo` abgeleitet sein (letzteres bietet den Vorteil, daß bereits alle erforderlichen Methoden vorhanden sind und bei Bedarf nur noch überlagert werden müssen).

BeanInfo definiert eine Reihe von Methoden, die der GUI-Designer abfragt. Sie liefern jeweils ein Array von Descriptor-Objekten, von denen jedes Informationen über eine zu veröffentlichende Methode, Eigenschaft oder ein Icon zur Verfügung stellt. Wir wollen uns die drei wichtigsten von ihnen in den nachfolgenden Abschnitten ansehen.

Während der GUI-Designer die ihm bekannten Beans lädt, sucht er für jede von ihnen zunächst nach einer passenden BeanInfo-Klasse. Findet er eine solche, wird sie verwendet, und der Low-Level-Introspectionsvorgang wird gar nicht erst angestoßen. Daraus folgt insbesondere, daß in diesem Fall *nur die in der BeanInfo-Klasse angegebenen* Merkmale zur Verfügung stehen.

Ist es beispielsweise nötig, eine BeanInfo-Klasse zur Verfügung zu stellen, weil dem Designer eine besondere Methode bekanntgemacht werden soll, die nicht den getter-/setter-Konventionen entspricht, muß die BeanInfo-Klasse auch alle anderen Eigenschaften der Bean explizit bekanntmachen. Andernfalls würde der GUI-Designer nur die spezielle Methode sehen, alle anderen Merkmale aber ignorieren.

getIcon

java.beans.
BeanInfo

`public Image getIcon(int iconKind)`

Der GUI-Designer ruft `getIcon` auf, um herauszufinden, ob die Bean ein Icon zur Darstellung in der Toolbox zur Verfügung stellen kann. Als Parameter wird dabei eine der symbolischen Konstanten ICON_COLOR_16x16, ICON_MONO_16x16, ICON_COLOR_32x32 oder ICON_MONO_32x32 übergeben. Kann die BeanInfo-Klasse ein Icon in der gewünschten Form zur Verfügung stellen, muß sie ein passendes Image-Objekt erzeugen und an den Aufrufer zurückgeben. Ist das nicht der Fall, sollte null zurückgegeben werden.

Ist die BeanInfo-Klasse aus SimpleBeanInfo abgeleitet, ist das Erzeugen eines Image-Objekts einfach. SimpleBeanInfo besitzt eine Methode loadImage, die bei Übergabe eines Dateinamens die ensprechende Bilddatei lädt und daraus ein Image erzeugt.

getPropertyDescriptors

java.beans.
BeanInfo

`public PropertyDescriptor[] getPropertyDescriptors()`

Die Methode `getPropertyDescriptors` wird aufgerufen, um ein Array von PropertyDescriptor-Objekten zur Verfügung zu stellen. Es enthält für jede öffentliche Eigenschaft der Bean ein Element, das dessen Merkmale beschreibt. Ein PropertyDescriptor kann recht einfach instanziert werden:

java.beans.
Property-
Descriptor

```
public PropertyDescriptor(String propertyName, Class beanClass)
   throws IntrospectionException
```

BeanInfo-Klassen und Property-Editoren — Kapitel 44

Lediglich der Name der Eigenschaft und das Klassenobjekt der zugehörigen Bean sind anzugeben. Weitere Merkmale können durch Methodenaufrufe hinzugefügt werden. Uns interessiert an dieser Stelle lediglich die Methode `setPropertyEditorClass`, auf die wir in Abschnitt 44.6.2 auf Seite 1051 zurückkommen werden.

> Für jedes von `getPropertyDescriptors` zurückgegebene Element erwartet der GUI-Designer eine setter- und eine getter-Methode, deren Signatur dem bekannten Schema entsprechen muß.

getMethodDescriptors

`public MethodDescriptor[] getMethodDescriptors()` *java.beans.BeanInfo*

Zusätzliche Methoden können dem GUI-Designer durch Überlagern von `getMethodDescriptors` bekanntgemacht werden. Zurückgegeben wird ein Array, das für jede Methode ein Objekt des Typs `MethodDescriptor` enthält. Darin wird im wesentlichen ein `Method`-Objekt gekapselt (siehe Abschnitt 43.3 auf Seite 993):

`public MethodDescriptor(Method method)` *java.beans.MethodDescriptor*

Die Klasse LightBulbBeanInfo

Nach diesen Vorbemerkungen können wir eine geeignete BeanInfo-Klasse für die LightBulb-Komponente entwickeln:

```java
001 /* LightBulbBeanInfo.java */
002
003 import java.awt.*;
004 import java.beans.*;
005 import java.lang.reflect.*;
006
007 public class LightBulbBeanInfo
008 extends SimpleBeanInfo
009 {
010   public Image getIcon(int iconKind)
011   {
012     String imgname = "bulbico16.gif";
013     if (iconKind == BeanInfo.ICON_MONO_32x32 ||
014         iconKind == BeanInfo.ICON_COLOR_32x32) {
015       imgname = "bulbico32.gif";
016     }
017     return loadImage(imgname);
018   }
019
020   public PropertyDescriptor[] getPropertyDescriptors()
021   {
```

Listing 44.10: Die Klasse LightBulb-BeanInfo

Listing 44.10:
Die Klasse
LightBulb-
BeanInfo
(Forts.)

```
022     try {
023       PropertyDescriptor pd1 = new PropertyDescriptor(
024         "lightOn",
025         LightBulb.class
026       );
027       //pd1.setPropertyEditorClass(LightBulbLightOnEditor1.class);
028       PropertyDescriptor[] ret = {pd1};
029       return ret;
030     } catch (IntrospectionException e) {
031       System.err.println(e.toString());
032       return null;
033     }
034   }
035
036   public MethodDescriptor[] getMethodDescriptors()
037   {
038     MethodDescriptor[] ret = null;
039     try {
040       Class bulbclass = LightBulb.class;
041       Method meth1 = bulbclass.getMethod("toggleLight", null);
042       ret = new MethodDescriptor[1];
043       ret[0] = new MethodDescriptor(meth1);
044     } catch (NoSuchMethodException e) {
045       //ret bleibt null
046     }
047     return ret;
048   }
049 }
```

Wird die Klasse übersetzt und in die jar-Datei für die Beanbox aufgenommen, verändert sich die Präsentation der LighBulb-Bean in der Beanbox:

▶ In der Toolbox wird neben dem Namen das 16x16-Icon angezeigt.

▶ Der Eigenschafteneditor kennt nur noch die Eigenschaft "lightOn".

▶ Der GUI-Designer hat registriert, daß es in der Methodenliste von LightBulb zusätzlich eine parameterlose Methode toggleLigth gibt.

Während die ersten beiden Veränderungen nach dem Starten der Beanbox offensichtlich sind, können wir die letzte überprüfen, indem wir den Aufruf von toggleLight auf das Ereignis einer anderen Bean legen. Dazu plazieren wir im GUI-Designer zunächst eine LightBulb- und eine LightedPushButton-Bean. Anschließend markieren wir die LightedPush-Button-Bean und rufen den Menüpunkt "Edit.Events.PropertyChange.propertyChange" auf. Die rote Verbindungslinie ziehen wir auf die LightBulb und fixieren sie dort mit einem Mausklick.

Aus der Auswahlliste der verfügbaren parameterlosen Methoden können wir nun `toggle-Light` auswählen und "OK" drücken. Die Beanbox generiert und übersetzt nun eine Adapterklasse, die bei jedem `PropertyChangeEvent` des `LightedPushButton` die Methode `toggleLight` der `LightBulb` aufruft. Nach jedem Drücken des Buttons verändert die Lampe also ihren Zustand. Die Lampe kann natürlich nach wie vor auch im Eigenschaftenfenster an- und ausgeschaltet werden.

44.6.2 Property-Editoren

Die Beanbox und andere GUI-Designer stellen für einfache Eigenschaften vordefinierte Editoren zur Verfügung, mit denen ihr Wert verändert werden kann. Bereits bei indizierten Eigenschaften muß die Beanbox aber passen. Auch für Objekttypen kann ein GUI-Designer keinen Standard-Editor zur Verfügung stellen, weil er die Konfigurationsschnittstelle des Objekts nicht kennt. Für diesen Zweck bietet die Beans-Architektur die Möglichkeit, eigene Editoren zu definieren und bestimmten Eigenschaften von Beans zuzuordnen.

In Zeile 027 von Listing 44.10 auf Seite 1049 ist der Aufruf von `setPropertyEditorClass` auskommentiert, damit die Beanbox den eingebauten Editor für boolesche Werte verwendet. Durch Entfernen des Kommentars erhält der `PropertyDescriptor` der Eigenschaft "lightOn" die Information, daß zum Editieren dieser Eigenschaft ein benutzerdefinierter Editor verwendet werden soll.

Benutzerdefinierte Eigenschafteneditoren werden üblicherweise aus der Klasse `PropertyEditorSupport` des Pakets `java.beans` abgeleitet. Sie besitzt eine Reihe von Methoden, die in eigenen Editoren überlagert werden:

```
public void setValue(Object value)
public Object getValue()

public String getAsText()

public void setAsText(String text)
  throws java.lang.IllegalArgumentException

public String[] getTags()

public boolean isPaintable()

public boolean supportsCustomEditor()

public void paintValue(Graphics g, Rectangle box)

public Component getCustomEditor()
```

java.beans.PropertyEditorSupport

In den nächsten Abschnitten werden wir drei Editoren für die Eigenschaft "lightOn" vorstellen. Sie machen in unterschiedlicher Weise von diesen Methoden Gebrauch.

> Eine weitere Variante zur Konfiguration von Beans (auf die wir hier nicht näher eingehen wollen) ist die Implementierung eines *Customizers*. Dieser erhält volle Kontrolle über die Konfiguration der Bean. Er kann insbesondere auch mehrere Eigenschaften gleichzeitig verändern und auf diese Weise aufwendige Editoren zur Verfügung stellen, die den bekannten *Wizards* oder *Assistenten* moderner Entwicklungssysteme ähneln.

LightBulbLightOnEditor1

Der erste Editor ist sehr einfach aufgebaut. Er stellt ein Textfeld zur Verfügung, in dem die Werte "an" und "aus" eingegeben werden können, um den Zustand der Lampe umzuschalten.

Jeder der nachfolgend vorgestellten Editoren kapselt eine boolesche Membervariable `currentvalue`, die den aktuellen Zustand der Lampe festhält. Sie wird vom GUI-Designer durch Aufruf von `getValue` abgefragt und durch `setValue` gesetzt. Beide Methoden operieren mit Objekttypen, d.h. es ist jeweils eine Konvertierung zwischen `boolean` und `Boolean` erforderlich. In unserem Beispiel werden zusätzlich die Methoden `getAsText` und `setAsText` überlagert, um auf die textuelle Repräsentation ("an" und "aus") des booleschen Werts zuzugreifen.

Listing 44.11: Die Klasse LightBulbLightOnEditor1

```
001 /* LightBulbLightOnEditor1.java */
002
003 import java.awt.*;
004 import java.beans.*;
005
006 public class LightBulbLightOnEditor1
007 extends PropertyEditorSupport
008 {
009   boolean currentvalue;
010
011   public void setValue(Object value)
012   {
013     currentvalue = ((Boolean)value).booleanValue();
014   }
015
016   public Object getValue()
017   {
018     return new Boolean(currentvalue);
019   }
020
021   public String getAsText()
```

BeanInfo-Klassen und Property-Editoren Kapitel 44

```
022   {
023     return "" + (currentvalue ? "an" : "aus");
024   }
025
026   public void setAsText(String text)
027   throws java.lang.IllegalArgumentException
028   {
029     if (text.equalsIgnoreCase("an")) {
030       currentvalue = true;
031     } else if (text.equalsIgnoreCase("aus")) {
032       currentvalue = false;
033     } else {
034       throw new IllegalArgumentException(text);
035     }
036     firePropertyChange();
037   }
038 }
```

Listing 44.11: Die Klasse LightBulbLightOnEditor1 (Forts.)

Der erste Editor sieht in der Beanbox so aus:

Abbildung 44.8: LightBulbLightOnEditor1 in der Beanbox

LightBulbLightOnEditor2

Ist der Wertevorrat für die zu editierende Eigenschaft endlich, kann es bequemer sein, dem Anwender alle möglichen Varianten in einer Combox anzubieten. Dazu muß lediglich die Methode `getTags` überlagert und ein Array von Strings mit den möglichen Werten zurückgegeben werden:

```
001 /* LightBulbLightOnEditor2.java */
002
003 import java.awt.*;
004 import java.beans.*;
005
006 public class LightBulbLightOnEditor2
007 extends PropertyEditorSupport
008 {
009   boolean currentvalue;
010
011   public void setValue(Object value)
012   {
013     currentvalue = ((Boolean)value).booleanValue();
014   }
015
```

Listing 44.12: Die Klasse LightBulbLightOnEditor2

1053

Listing 44.12:
Die Klasse
LightBulbLight
OnEditor2
(Forts.)

```
016  public Object getValue()
017  {
018    return new Boolean(currentvalue);
019  }
020
021  public String getAsText()
022  {
023    return "" + (currentvalue ? "an" : "aus");
024  }
025
026  public void setAsText(String text)
027  throws java.lang.IllegalArgumentException
028  {
029    System.out.println("setAsText(" + text + ")");
030    if (text.equalsIgnoreCase("an")) {
031      currentvalue = true;
032    } else if (text.equalsIgnoreCase("aus")) {
033      currentvalue = false;
034    } else {
035      throw new IllegalArgumentException(text);
036    }
037    firePropertyChange();
038  }
039
040  public String[] getTags()
041  {
042    return new String[]{"aus", "an"};
043  }
044 }
```

Der zweite Editor sieht in der Beanbox so aus:

Abbildung 44.9:
LightBulbLight
OnEditor2 in der
Beanbox

LightBulbLightOnEditor3

Zusätzlich zu den beiden einfachen Varianten kann die Bean aber auch einen vollkommen frei definierten Editor zur Verfügung stellen. Sie ist in diesem Fall sowohl für die Darstellung der Eigenschaft in der Eigenschaftenliste als auch für das Verändern des aktuellen Wertes mit Hilfe einer eigenen Komponente verantwortlich. Dazu werden weitere Methoden überlagert:

BeanInfo-Klassen und Property-Editoren   Kapitel 44

- `isPaintable` gibt `true` zurück, um anzuzeigen, daß der Editor selbst für die Darstellung in der Eigenschaftenliste verantwortlich ist und dafür die Methode `paintValue` überlagert.

- `supportsCustomEditor` gibt ebenfalls `true` zurück, um anzuzeigen, daß ein eigener Eigenschafteneditor zur Verfügung steht und durch Aufruf von `getCustomEditor` beschafft werden kann. Der eigene Editor muß aus der Klasse `Component` abgeleitet sein; er wird vom GUI-Designer automatisch in einem Editorfenster plaziert.

Die folgende Klasse `LightBulbLightOnEditor3` stellt einen sehr einfachen Editor zur Verfügung. Er besteht lediglich aus zwei nebeneinanderliegenden Rechtecken in den Farben Blau und Gelb. Die blaue Farbe symbolisiert den ausgeschalteten Zustand, die gelbe den eingeschalteten. Der aktuelle Zustand der Lampe wird durch einen schwarzen Rahmen um eines der beiden Rechtecke angezeigt. Durch einfaches Anklicken eines der beiden Farbfelder kann der Zustand umgeschaltet werden.

Listing 44.13: Die Klasse LightBulbLightOnEditor3

```
001 /* LightBulbLightOnEditor3.java */
002
003 import java.awt.*;
004 import java.awt.event.*;
005 import java.beans.*;
006
007 public class LightBulbLightOnEditor3
008 extends PropertyEditorSupport
009 {
010   boolean currentvalue;
011
012   public void setValue(Object value)
013   {
014     currentvalue = ((Boolean)value).booleanValue();
015   }
016
017   public Object getValue()
018   {
019     return new Boolean(currentvalue);
020   }
021
022   public boolean isPaintable()
023   {
024     return true;
025   }
026
027   public boolean supportsCustomEditor()
028   {
029     return true;
030   }
031
```

Listing 44.13:
Die Klasse
LightBulbLight
OnEditor3
(Forts.)

```
032   public Component getCustomEditor()
033   {
034     return new LightOnCustomEditor();
035   }
036
037   public void paintValue(Graphics g, Rectangle box)
038   {
039     //Linke Box: blau, Lampe ausgeschaltet
040     g.setColor(Color.blue);
041     g.fillRect(box.x, box.y, box.width / 2, box.height);
042     //Rechte Box: blau, Lampe angeschaltet
043     g.setColor(Color.yellow);
044     g.fillRect(box.x + box.width / 2, box.y, box.width / 2, box.height);
045     //Rahmen
046     g.setColor(Color.black);
047     for (int i = 0; i < 2; ++i) {
048       g.drawRect(
049         box.x + (currentvalue ? box.width / 2 : 0) + i,
050         box.y + i,
051         box.width / 2 - 1 - (2 * i),
052         box.height - 1 - (2 * i)
053       );
054     }
055   }
056
057   //---Private Klassen----------------------------------------
058   class LightOnCustomEditor
059   extends Canvas
060   {
061     public LightOnCustomEditor()
062     {
063       addMouseListener(
064         new MouseAdapter() {
065           public void mouseClicked(MouseEvent event)
066           {
067             currentvalue = (event.getX() > getSize().width / 2);
068             LightBulbLightOnEditor3.this.firePropertyChange();
069             repaint();
070           }
071         }
072       );
073     }
074
075     public void paint(Graphics g)
076     {
077       paintValue(g, new Rectangle(0, 0, getSize().width, getSize().height));
078     }
079
080     public Dimension getPreferredSize()
```

Zusammenfassung   Kapitel 44

```
081       {
082           return new Dimension(120, 60);
083       }
084   }
085 }
```

Listing 44.13: Die Klasse LightBulbLightOnEditor3 (Forts.)

Der Editor wird durch die aus Canvas abgeleitete lokale Klasse LightOnCustomEditor implementiert. Ihre bevorzugte Größe ist fest eingestellt, und sie verwendet die paintValue-Methode der umgebenden Klasse zur Bildschirmdarstellung. Bei einem Mausklick verändert sie deren Membervariable currentvalue und teilt dies dem GUI-Designer durch Aufruf von firePropertyChange mit. Anschließend ruft sie repaint auf, um den Rahmen neu zu zeichnen.

Der dritte Editor sieht in der Eigenschaftenliste so aus:

Abbildung 44.10: LightBulbLightOnEditor3 in der Beanbox

Wird er angeklickt, erzeugt die Beanbox eine vergrößerte Variante, in der der Wert verändert werden kann:

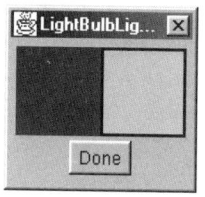

Abbildung 44.11: LightBulbLightOnEditor3 in der Eigenschaftenliste

44.7 Zusammenfassung

In diesem Kapitel wurden folgende Themen behandelt:

▶ Grundlagen, Architektur und Designkonventionen von Beans

▶ Entwicklung einer einfachen Bean

▶ Laden von Image-Ressourcen

▶ Einfache und indizierte Eigenschaften und der Zugriff darauf mit getter- und setter-Methoden

1057

- Serialisierung und Deserialisierung von Beans
- Installation und Bedienung der Beanbox
- Hinzufügen eigener Beans in die Beanbox
- Erzeugen eines Bean-Archivs und die Rolle der manifest-Datei im jar-File
- Die Kommunikation mit Beans über Ereignisse
- Gebundene und unterbindbare Eigenschaften
- Aus der Klasse `Panel` abgeleitete nicht-elementare Beans
- Definition einer `BeanInfo`-Klasse
- Entwurf eigener Eigenschaften-Editoren

45 Netzwerkprogrammierung

45.1 Grundlagen der Netzwerkprogrammierung

45.1.1 Was ist ein Netzwerk?

Man könnte ganz plakativ sagen, daß ein Netzwerk die Verbindung zwischen zwei oder mehr Computern ist, um Daten miteinander auszutauschen. Das ist natürlich eine sehr vereinfachte Darstellung, die am besten in die Anfangszeit der Entstehung von Computernetzen paßt. Heutzutage gibt es eine Vielzahl von Anwendungen, die auf dem Austausch von Daten über ein Netzwerk basieren. Zu ihnen zählen beispielsweise:

- Ein Anwender möchte auf eine Datei zugreifen, die ein anderer Anwender erstellt hat.
- Mehrere Arbeitsplätze sollen auf einen gemeinsamen Drucker oder ein zentrales Faxgerät zugreifen.
- Beim Booten sollen sich PC-Arbeitsplätze die aktuelle Uhrzeit von einem Server im Netz holen.
- Das Intranet eines Unternehmens gibt den Angestellten Zugriff auf oft benötigte Informationen.
- Über einen Internet-Zugang soll eine elektronische Mail an einen Bekannten oder Geschäftspartner in einem anderen Teil der Welt verschickt werden.
- Ein Wissenschaftler möchte ein Experiment auf einem weit entfernten Hochleistungsrechner laufen lassen.
- Ein Dutzend Rechner sollen zur Leistungssteigerung in einem Cluster verbunden werden.
- Das lokale Netz eines Unternehmens wird zur Übertragung von Sprach- und Bilddaten verwendet.
- In einem Chatroom treffen sich Interessierte aus der ganzen Welt, um zeitgleich über ein gemeinsames Thema zu diskutieren.

So vielfältig wie diese Anwendungen ist auch die dafür erforderliche Hard- und Softwaretechnik. Das Thema »Computernetze« hat in den letzten Jahren stark an Dynamik und Umfang zugenommen. Es gibt heute eigene Studiengänge, deren Schwerpunkt auf der Vernetzung von Computersystemen liegt. Fast jedes größere Unternehmen beschäftigt Mitarbeiter, die sich ausschließlich um den Betrieb und die Erweiterung der unternehmenseigenen Netze und ihrer Anbindung an öffentliche Netze kümmern.

45.1.2 Protokolle

Um überhaupt Daten zwischen zwei oder mehr Partnern austauschen zu können, müssen sich die Teilnehmer auf ein gemeinsames *Protokoll* geeinigt haben. Als *Protokoll* bezeichnet man die Menge aller Regeln, die notwendig sind, um einen kontrollierten und eindeutigen Verbindungsaufbau, Datenaustausch und Verbindungsabbau gewährleisten zu können. Es gibt sehr viele Protokolle mit sehr unterschiedlichen Ansprüchen. Ein weitverbreitetes Architekturmodell, das *ISO/OSI-7-Schichten-Modell*, unterteilt sie in Abhängigkeit von ihrem Abstraktionsgrad in sieben Schichten (siehe Abbildung 45.1).

Abbildung 45.1:
Das ISO/OSI-7-Schichten-Modell

| Schicht 7: Anwendungsschicht |
| Schicht 6: Darstellungsschicht |
| Schicht 5: Sitzungsschicht |
| Schicht 4: Transportschicht |
| Schicht 3: Netzwerkschicht |
| Schicht 2: Leitungsschicht |
| Schicht 1: Physikalische Schicht |

Die derzeit in Java verfügbaren Netzwerkfähigkeiten basieren alle auf den Internet-Protokollen *TCP/IP* (bzw. *TCP/UDP*). Wir wollen uns in diesem Kapitel ausschließlich mit der TCP/IP-Familie von Protokollen beschäftigen. Hierfür wird häufig eine etwas vereinfachte Unterteilung in vier Ebenen vorgenommen (siehe Abbildung 45.2 auf Seite 1061):

- Die unterste Ebene repräsentiert die physikalischen Geräte. Sie wird durch die Netzwerkhardware und -leitungen und die unmittelbar darauf laufenden Protokolle wie beispielsweise *Ethernet*, *FDDI* oder *ATM* repräsentiert.

- Die zweite Ebene repräsentiert die *Netzwerkschicht*. Sie wird in TCP/IP-Netzen durch das *IP-Protokoll* und dessen Kontrollprotokolle (z.B. *ICMP*) implementiert.

- Die dritte Ebene stellt die *Transportschicht* dar. Sie wird durch die Protokolle TCP bzw. UDP repräsentiert.

- Die oberste Ebene steht für die große Klasse der *Anwendungsprotokolle*. Hierzu zählen beispielsweise FTP zum Filetransfer, SMTP zum Mail-Versand und HTTP zur Übertragung von Web-Seiten.

Die TCP/IP-Protokollfamilie wird sowohl in lokalen Netzen als auch im Internet verwendet. Alle Eigenarten des Transportweges werden auf der zweiten bzw. dritten Ebene ausgeglichen, und die Anwendungsprotokolle merken *prinzipiell* keinen Unterschied zwischen lokalen und globalen Verbindungen.

Schicht 4: Anwendungsschicht
Schicht 3: Transportschicht
Schicht 2: Netzwerkschicht
Schicht 1: Verbindungsschicht

Abbildung 45.2: Das vereinfachte 4-Ebenen-Modell

Wurde beispielsweise ein SMTP-Mailer für den Versand von elektronischer Post in einem auf TCP/IP basierenden Unternehmensnetz entwickelt, so kann dieser im Prinzip auch dazu verwendet werden, eine Mail ins Internet zu versenden.

> TCP ist ein *verbindungsorientiertes* Protokoll, das auf der Basis von IP eine sichere und fehlerfreie Punkt-zu-Punkt-Verbindung realisiert. Daneben gibt es ein weiteres Protokoll oberhalb von IP, das als *UDP (User Datagram Protocol)* bezeichnet wird. Im Gegensatz zu TCP ist UDP ein *verbindungsloses* Protokoll, bei dem die Anwendung selbst dafür sorgen muß, daß Pakete fehlerfrei und in der richtigen Reihenfolge beim Empfänger ankommen. Sein Vorteil ist die größere Geschwindigkeit gegenüber TCP. In Java wird UDP durch die Klassen `DatagramPacket` und `DatagramSocket` abgebildet. Wir wollen uns in diesem Abschnitt allerdings ausschließlich mit den populäreren Protokollen auf der Basis von TCP/IP beschäftigen, TCP/UDP wird im folgenden nicht weiter behandelt.

45.1.3 Adressierung von Daten

IP-Adressen

Um Daten über ein Netzwerk zu transportieren, ist eine *Adressierung* dieser Daten notwendig. Der Absender muß angeben können, an wen die Daten zu senden sind, und der Empfänger muß erkennen können, von wem sie stammen. Die Adressierung in TCP/IP-Netzen erfolgt auf der IP-Ebene mit Hilfe einer 32-Bit langen *IP-Adresse*.

Die IP-Adresse besteht aus einer *Netzwerk-ID* und einer *Host-ID*. Die Host-ID gibt die Bezeichnung des Rechners innerhalb seines eigenen Netzwerks an, und die Netzwerk-ID liefert die Bezeichnung des Netzwerks. Alle innerhalb eines Verbundes von Netzwerken sichtbaren Adressen müssen eindeutig sein; es darf also nicht zweimal dieselbe Host-ID innerhalb eines Netzwerks geben. Sind mehrere Netzwerke miteinander verbunden (wie es beispielsweise im Internet der Fall ist), müssen auch die Netzwerk-IDs innerhalb des Verbundes eindeutig sein.

Um diese Eindeutigkeit sicherzustellen, gibt es eine zentrale Institution zur Vergabe von Internet-Adressen und -namen, das *Network Information Center* (kurz *NIC*). Die zu vergebenden Adressen werden in drei Klassen A bis C eingeteilt (die zusätzlichen existierenden Klasse-D- und Klasse-E-Adressen spielen hier keine Rolle):

Tabelle 45.1: Klassen von IP-Adressen

Klasse	Netzwerk-ID	Host-ID	Beschreibung
A	7 Bit	24 Bit	Ein Klasse-A-Netz ist für sehr große Netzbetreiber vorgesehen. Das erste Byte der Adresse liegt im Bereich von 0 bis 127, sein höchstwertiges Bit ist also immer 0. Ein Klasse-A-Netz bietet 2^{24} verschiedene Host-IDs innerhalb des Netzes. Insgesamt gibt es aber nur 128 verschiedene Klasse-A-Netze weltweit (tatsächlich werden seit einigen Jahren keine Klasse-A-Adressen mehr vom NIC vergeben).
B	14 Bit	16 Bit	Ein Klasse-B-Netz erlaubt immerhin noch die eindeutige Adressierung von 2^{16} unterschiedlichen Rechnern innerhalb des Netzwerks. Insgesamt gibt es maximal 16384 verschiedene Klasse-B-Netze weltweit. Das erste Byte der Adresse liegt im Bereich von 128 bis 191, seine höchstwertigen Bits haben also immer den Binärwert 10.
C	21 Bit	8 Bit	Klasse-C-Netze sind für kleinere Unternehmen vorgesehen, die nicht mehr als 256 unterschiedliche Rechner adressieren müssen. Insgesamt gibt es maximal 2097152 verschiedene Klasse-C-Netze weltweit. Das erste Byte der Adresse liegt im Bereich von 192 bis 223, seine höchstwertigen Bits haben also immer den Binärwert 110. Die meisten an das Internet angebundenen kleineren Unternehmen betreiben heute ein Klasse-C-Netz.

Obwohl damit theoretisch etwa 4 Milliarden unterschiedliche Rechner angesprochen werden können, reichen die Adressen in der Praxis nicht aus. Durch die starren Grenzen sind bereits viele mittlere Unternehmen gezwungen, ein Klasse-B-Netz zu betreiben, weil sie die 256-Rechner-Grenze knapp überschreiten oder damit rechnen, sie demnächst zu überschreiten. Dadurch wird ein fester Block von 65536 Adressen vergeben. Um diese Probleme in Zukunft zu umgehen, werden Internet-Adressen demnächst nach dem Standard *IPv6* definiert werden, der eine Adresslänge von 128 Bit vorsieht.

Domain-Namen

Während IP-Adressen für Computer sehr leicht zu verarbeiten sind, gilt das nicht unbedingt für die Menschen, die damit arbeiten müssen. Wer kennt schon die Telefonnummern und Ortsnetzkennzahlen von allen Leuten, mit denen er Telefonate zu führen pflegt? Um die Handhabung der IP-Adressen zu vereinfachen, wurde daher das *Domain Name System* eingeführt (kurz *DNS*), das numerischen IP-Adressen sprechende Namen wie *www.gkrueger.com* oder *java.sun.com* zuordnet.

Anstelle der IP-Adresse können bei den Anwendungsprotokollen nun wahlweise die symbolischen Namen verwendet werden. Sie werden mit Hilfe von *Name-Servern* in die zugehörige IP-Adresse übersetzt, bevor die Verbindung aufgebaut wird. Zwar kann sich hinter ein und derselben IP-Adresse mehr als ein Name-Server-Eintrag befinden. In umgekehrter Richtung ist die Zuordnung aber eindeutig, d.h. zu jedem symbolischen Namen kann eindeutig die zugehörige IP-Adresse (und damit das Netz und der Host) bestimmt werden, zu der der Name gehört.

45.1.4 Ports und Applikationen

Die Kommunikation zwischen zwei Rechnern läuft oft auf der Basis einer *Client-Server-Beziehung* ab. Dabei kommen den beteiligten Rechnern unterschiedliche Rollen zu:

- Der Server stellt einen Dienst zur Verfügung, der von anderen Rechnern genutzt werden kann. Er läuft im Hintergrund und wartet darauf, daß ein anderer Rechner eine Verbindung zu ihm aufbaut. Der Server definiert das Protokoll, mit dessen Hilfe der Datenaustausch erfolgt.

- Ein Client ist der Nutzer von Diensten eines oder mehrerer Server. Er kennt die verfügbaren Server und ihre Adressen und baut bei Bedarf die Verbindung zu ihnen auf. Der Client hält sich an das vom Server vorgegebene Protokoll, um die Daten auszutauschen.

Ein typisches Beispiel für eine Client-Server-Verbindung ist der Seitenabruf im World Wide Web. Der Browser fungiert als Client, der nach Aufforderung durch den Anwender eine Verbindung zum Web-Server aufbaut und eine Seite anfordert. Diese wird vom Server von seiner Festplatte geladen oder dynamisch generiert und an den Browser übertragen. Dieser analysiert die Seite und stellt sie auf dem Bildschirm dar. Enthält die Seite Image-, Applet- oder Frame-Dateien, werden sie in gleicher Weise beim Server abgerufen und in die Seite integriert.

> In der Praxis ist die Kommunikationsbeziehung nicht immer so einfach wie hier dargestellt. Es gibt insbesondere auch symmetrische Kommunikationsbeziehungen, die nicht dem Client-Server-Modell entsprechen. Zudem kann ein Server auch Client eines anderen Servers sein. Auf diese Weise können mehrstufige Client-Server-Beziehungen entstehen.

Auf einem Host laufen meist unterschiedliche Serveranwendungen, die noch dazu von mehreren Clients gleichzeitig benutzt werden können. Um die Server voneinander unterscheiden zu können, gibt es ein weiteres Adressmerkmal, die *Port-Nummer*. Sie wird oberhalb von IP auf der Ebene des Transportprotokolls definiert (also in TCP bzw. UDP) und gibt die Server-Anwendung an, mit der ein Client kommunizieren will. Port-Nummern sind positive Ganzzahlen im Bereich von 0 bis 65535. Port-Nummern im Bereich von 0 bis 1023 sind für Anwendungen mit Superuser-Rechten reserviert. Jeder Servertyp hat seine eigene Port-Nummer, viele davon sind zu Quasi-Standards geworden. So läuft beispielsweise ein SMTP-Server meist auf Port 25, ein FTP-Server auf Port 21 und ein HTTP-Server auf Port 80. Tabelle 45.2 gibt eine Übersicht der auf den meisten UNIX-Systemen verfügbaren Server und ihrer Port-Nummern.

Tabelle 45.2: Standard-Port-Nummern

Name	Port	Transport	Beschreibung
echo	7	tcp/udp	Gibt jede Zeile zurück, die der Client sendet
discard	9	tcp/udp	Ignoriert jede Zeile, die der Client sendet
daytime	13	tcp/udp	Liefert ASCII-String mit Datum und Uhrzeit
chargen	19	tcp/udp	Generiert ununterbrochen Zeichen
ftp	21	tcp	Versenden und Empfangen von Dateien
telnet	23	tcp	Interaktive Session mit entferntem Host
smtp	25	tcp	Versenden von E-Mails
time	37	tcp/udp	Liefert die aktuelle Uhrzeit als Anzahl der Sekunden seit 1.1.1900
whois	43	tcp	Einfacher Namensservice
tftp	69	udp	Vereinfachte Variante von FTP auf UDP-Basis
gopher	70	tcp/udp	Quasi-Vorgänger von WWW
finger	79	tcp	Liefert Benutzerinformationen
www	80	tcp/udp	Der Web-Server
pop3	110	tcp/udp	Übertragen von Mails
nntp	119	tcp	Übertragen von Usenet-News
snmp	161	udp	Netzwerkmanagement
rmi	1099	tcp	Remote Method Invocation

45.1.5 Request for Comments

Die meisten der allgemein zugänglichen Protokolle sind in sogenannten *Request For Comments* (kurz *RFCs*) beschrieben. RFCs sind Dokumente des *Internet Activity Board* (*IAB*), in denen Entwürfe, Empfehlungen und Standards zum Internet beschrieben sind. Auch Anmerkungen, Kommentare oder andere informelle Ergänzungen sind darin zu finden.

Insgesamt gibt es derzeit etwa 2500 RFCs, einige von ihnen wurden zu Internet-Standards erhoben. Alle bekannten Protokolle, wie beispielsweise FTP, SMTP, NNTP, MIME, DNS, HMTL oder HTTP, sind in einschlägigen RFCs beschrieben. Sie sind nicht immer einfach zu lesen, aber oftmals die einzige verläßliche Quelle für die Implementierung eines bestimmten Protokolls. Es gibt viele Server im Internet, die RFCs zur Verfügung stellen. Bekannte Beispiele sind `http://rfc.fh-koeln.de/`, `http://www.cis.ohio-state.edu/hypertext/information/rfc.html`. Um beispielsweise an der FH Köln nicht immer den kompletten Index laden zu müssen, kann man über die Adresse `http://rfc.fh-koeln.de/rfc/html/`

rfcXXXX.html auch direkt zur gewünschten Seite springen. XXXX steht dabei für die gesuchte RFC-Nummer (also beispielsweise 0868 oder 1436).

Protokoll/Dokument	Zuständige RFCs
IP	RFC791, RFC1060
ICMP	RFC792
TCP	RFC793
UDP	RFC768
DNS	RFC1034, RFC1035, RFC2136, RFC974, RFC1101, RFC1812
ARP / RARP	RFC826, RFC903
SMTP	RFC821, RFC822
MIME	RFC2045 – RFC2049
Content Types	RFC1049
POP3	RFC1939
NNTP	RFC977
HTML 3.2	Internal Draft
HTML 2.0	RFC1866
HTTP 1.0 / 1.1	RFC1945, RFC2068
FTP	RFC959, RFC765
TFTP	RFC1782, RFC1783, RFC1350
TELNET	RFC854
SNMP	RFC1157
X11	RFC1013
NTP	RFC1305
FINGER	RFC1288
WHOIS	RFC954
GOPHER	RFC1436
ECHO	RFC862
DISCARD	RFC863
CHARGEN	RFC864
DAYTIME	RFC867
TIME	RFC868
Assigned Numbers	RFC1700
Internet Protocol Standards	RFC2400
Hitchhikers Guide to the Internet	RFC1118

Tabelle 45.3: Liste wichtiger RFCs

> Die hier aufgelisteten RFCs finden sich auch auf der CD-ROM zum Buch. Sie liegen als Textdateien im Verzeichnis \rfc. Zusätzlich findet sich dort eine Datei INDEX_rfc.html mit einer Übersicht über alle RFCs (Stand: November 1998).

45.1.6 Firewalls und Proxys

Nicht alle Server in einem Netzwerk sind für alle Clients sichtbar. Aufgrund von Sicherheitserwägungen wird insbesondere die Verbindung zwischen einem lokalen Unternehmensnetz und der Außenwelt (z.B. dem Internet) besonders geschützt. Dazu wird meist eine *Firewall* verwendet, also ein spezielles Gateway mit Filterfunktion, das Netzwerkverkehr nur in bestimmten Richtungen und in Abhängigkeit von Port-Nummern, IP-Adressen und anderen Informationen zuläßt. Mit einer Firewall kann beispielsweise dafür gesorgt werden, daß nicht *von außen* auf den Mail-Server (Port 25) des Unternehmens zugegriffen werden kann. Oder es kann verhindert werden, daß die firmeninternen Anwender bestimmte Web-Server im Internet besuchen usw.

Normalerweise ist es insbesondere nicht erlaubt, IP-Daten zwischen einem beliebigen Arbeitsplatzrechner und einem außerhalb des Unternehmens liegenden Server hin- und herzusenden. Um dennoch beispielsweise das Anfordern von Web-Seiten von beliebigen Servern zu ermöglichen, kommuniziert der Web-Browser auf dem Arbeitsplatz mit einem *Proxy-Server* (kurz *Proxy*), der *innerhalb* der Firewall liegt. Anstatt die Seitenanfrage direkt an den Server zu schicken, wird sie an den Proxy übergeben, der sie an den Server weiterleitet. Die Antwort des Servers wird nach Erhalt vom Proxy an den anfordernden Arbeitsplatz gesendet. Die Firewall muß also lediglich dem Proxy eine HTTP-Verbindung ins Internet gestatten, nicht allen Arbeitsplätzen.

Ein Proxy ist also eine Art »Handlungsbevollmächtigter« (so lautet die wörtliche Übersetzung), der Aufgaben erledigt, die dem einzelnen Arbeitsplatz nicht erlaubt sind. Proxys gibt es auch für andere Zwecke, etwa zum Zugriff auf Datenbanken. Da beispielsweise ein Applet aus Sicherheitsgründen nur zu dem Server eine TCP/IP-Verbindung aufbauen darf, von dem es geladen wurde, kann es auf Daten aus einer Datenbank nur zugreifen, wenn die Datenbank auf demselben Host liegt wie der Web-Server. Ist dies nicht der Fall, kann man sich mit einem Datenbankproxy auf dem Web-Host behelfen, der alle entsprechenden Anfragen an die Datenbank weiterleitet.

45.2 Client-Sockets

45.2.1 Adressierung

Zur Adressierung von Rechnern im Netz wird die Klasse InetAddress des Pakets java.net verwendet. Ein InetAddress-Objekt enthält sowohl eine IP-Adresse als auch den symbolischen Namen des jeweiligen Rechners. Die beiden Bestandteile können mit den Methoden `getHostName` und `getHostAddress` abgefragt werden. Mit Hilfe von `getAddress` kann die IP-Adresse auch direkt als `byte`-Array mit vier Elementen beschafft werden:

```
String getHostName()

String getHostAddress()

byte[] getAddress()
```
java.net.
InetAddress

Um ein `InetAddress`-Objekt zu generieren, stehen die beiden statischen Methoden `getByName` und `getLocalHost` zur Verfügung:

```
public static InetAddress getByName(String host)
  throws UnknownHostException

public static InetAddress getLocalHost()
  throws UnknownHostException
```
java.net.
InetAddress

`getByName` erwartet einen String mit der IP-Adresse oder dem Namen des Hosts als Argument, `getLocalHost` liefert ein `InetAddress`-Objekt für den eigenen Rechner. Beide Methoden lösen eine Ausnahme des Typs `UnknownHostException` aus, wenn die Adresse nicht ermittelt werden kann. Das ist insbesondere dann der Fall, wenn kein DNS-Server zur Verfügung steht, der die gewünschte Namensauflösung erledigen könnte (beispielsweise weil die Dial-In-Verbindung zum Provider gerade nicht besteht).

Das folgende Listing zeigt ein einfaches Programm, das zu einer IP-Adresse den symbolischen Namen des zugehörigen Rechners ermittelt und umgekehrt:

```
001 /* Listing4501.java */
002
003 import java.net.*;
004
005 public class Listing4501
006 {
007   public static void main(String[] args)
008   {
009     if (args.length != 1) {
010       System.err.println("Usage: java Listing4501 <host>");
011       System.exit(1);
012     }
013     try {
014       //Get requested address
015       InetAddress addr = InetAddress.getByName(args[0]);
016       System.out.println(addr.getHostName());
017       System.out.println(addr.getHostAddress());
```
Listing 45.1:
IP-Adressen-
auflösung

Listing 45.1:
IP-Adressen-
auflösung
(Forts.)

```
018      } catch (UnknownHostException e) {
019        System.err.println(e.toString());
020        System.exit(1);
021      }
022    }
023  }
```

Wird das Programm mit `localhost` als Argument aufgerufen, ist seine Ausgabe:

```
localhost
127.0.0.1
```

> *localhost* ist eine Pseudo-Adresse für den eigenen Host. Sie ermöglicht das Testen von Netzwerkanwendungen, auch wenn keine wirkliche Netzwerkverbindung besteht (TCP/IP muß allerdings korrekt installiert sein). Sollen wirkliche Adressen verarbeitet werden, muß natürlich eine Verbindung zum Netz (insbesondere zum DNS-Server) aufgebaut werden können.

Die nachfolgende Ausgabe zeigt die Ausgabe des Beispielprogramms, wenn es nacheinander mit den Argumenten java.sun.com, www.gkrueger.com und www.addison-wesley.de aufgerufen wird:

```
java.sun.com
192.18.97.71

www.gkrueger.com
213.221.123.45

www.addison-wesley.de
194.163.213.76
```

45.2.2 Aufbau einer einfachen Socket-Verbindung

Als *Socket* bezeichnet man eine streambasierte Programmierschnittstelle zur Kommunikation zweier Rechner in einem TCP/IP-Netz. Sockets wurden Anfang der achtziger Jahre für die Programmiersprache C entwickelt und mit Berkeley UNIX 4.1/4.2 allgemein eingeführt. Das Übertragen von Daten über eine Socket-Verbindung ähnelt dem Zugriff auf eine Datei:

▶ Zunächst wird eine Verbindung aufgebaut.

▶ Dann werden Daten gelesen und/oder geschrieben.

▶ Schließlich wird die Verbindung wieder abgebaut.

Client-Sockets

Während die Socket-Programmierung in C eine etwas mühsame Angelegenheit war, ist es in Java recht einfach geworden. Im wesentlichen sind dazu die beiden Klassen `Socket` und `ServerSocket` erforderlich. Sie repräsentieren Sockets aus der Sicht einer Client- bzw. Server-Anwendung. Nachfolgend wollen wir uns mit den Client-Sockets beschäftigen, die Klasse `ServerSocket` wird im nächsten Abschnitt behandelt.

Die Klasse `Socket` besitzt verschiedene Konstruktoren, mit denen ein neuer Socket erzeugt werden kann. Die wichtigsten von ihnen sind:

```
public Socket(String host, int port)
  throws UnknownHostException, IOException

public Socket(InetAddress address, int port)
  throws IOException
```
java.net.
Socket

Beide Konstruktoren erwarten als erstes Argument die Übergabe des Hostnamens, zu dem eine Verbindung aufgebaut werden soll. Dieser kann entweder als Domainname in Form eines Strings oder als Objekt des Typs `InetAddress` übergeben werden. Soll eine Adresse mehrfach verwendet werden, ist es besser, die zweite Variante zu verwenden. In diesem Fall kann das übergebene `InetAddress`-Objekt wiederverwendet werden, und die Adressauflösung muß nur einmal erfolgen. Wenn der Socket nicht geöffnet werden konnte, gibt es eine Ausnahme des Typs `IOException` bzw. `UnknownHostException` (wenn das angegebene Zielsystem nicht angesprochen werden konnte).

Der zweite Parameter des Konstruktors ist die Portnummer. Wie in Abschnitt 45.1.4 auf Seite 1063 erwähnt, dient sie dazu, den Typ des Servers zu bestimmen, mit dem eine Verbindung aufgebaut werden soll. Die wichtigsten Standard-Portnummern sind in Tabelle 45.2 auf Seite 1064 aufgelistet.

Nachdem die Socket-Verbindung erfolgreich aufgebaut wurde, kann mit den beiden Methoden `getInputStream` und `getOutputStream` je ein Stream zum Empfangen und Versenden von Daten beschafft werden:

```
public InputStream getInputStream()
  throws IOException

public OutputStream getOutputStream()
  throws IOException
```
java.net.
Socket

Diese Streams können entweder direkt verwendet oder mit Hilfe der Filterstreams in einen bequemer zu verwendenden Streamtyp geschachtelt werden. Nach Ende der Kommunikation sollten sowohl die Eingabe- und Ausgabestreams als auch der Socket selbst mit `close` geschlossen werden.

Als erstes Beispiel wollen wir uns ein Programm ansehen, das eine Verbindung zum *DayTime*-Service auf Port 13 herstellt. Dieser Service läuft auf fast allen UNIX-Maschinen und kann gut zu Testzwecken verwendet werden. Nachdem der Client die Verbindung aufgebaut hat, sendet der DayTime-Server einen String mit dem aktuellen Datum und der aktuellen Uhrzeit und beendet dann die Verbindung.

Listing 45.2: Abfrage des DayTime-Services

```
001 /* Listing4502.java */
002
003 import java.net.*;
004 import java.io.*;
005
006 public class Listing4502
007 {
008   public static void main(String[] args)
009   {
010     if (args.length != 1) {
011       System.err.println("Usage: java Listing4502 <host>");
012       System.exit(1);
013     }
014     try {
015       Socket sock = new Socket(args[0], 13);
016       InputStream in = sock.getInputStream();
017       int len;
018       byte[] b = new byte[100];
019       while ((len = in.read(b)) != -1) {
020         System.out.write(b, 0, len);
021       }
022       in.close();
023       sock.close();
024     } catch (IOException e) {
025       System.err.println(e.toString());
026       System.exit(1);
027     }
028   }
029 }
```

Das Programm erwartet einen Hostnamen als Argument und gibt diesen an den Konstruktor von `Socket` weiter, der eine Verbindung zu diesem Host auf Port 13 erzeugt. Nachdem der Socket steht, wird der `InputStream` beschafft. Das Programm gibt dann so lange die vom Server gesendeten Daten aus, bis durch den Rückgabewert -1 angezeigt wird, daß keine weiteren Daten gesendet werden. Nun werden der Eingabestream und der Socket geschlossen und das Programm beendet. Die Ausgabe des Programms ist beispielsweise:

```
Sat Nov  7 22:58:37 1998
```

Client-Sockets Kapitel 45

Um in Listing 45.2 auf Seite 1070 den Socket alternativ mit einem InetAddress-Objekt zu öffnen, wäre Zeile 015 durch den folgenden Code zu ersetzen:

```
InetAddress addr = InetAddress.getByName(args[0]);
Socket sock = new Socket(addr, 13);
```

45.2.3 Lesen und Schreiben von Daten

Nachdem wir jetzt wissen, wie man lesend auf einen Socket zugreift, wollen wir in diesem Abschnitt auch den schreibenden Zugriff vorstellen. Dazu schreiben wir ein Programm, das eine Verbindung zum *ECHO-Service* auf Port 7 herstellt. Das Programm liest so lange die Eingaben des Anwenders und sendet sie an den Server, bis das Kommando QUIT eingegeben wird. Der Server liest die Daten zeilenweise und sendet sie unverändert an unser Programm zurück, von dem sie auf dem Bildschirm ausgegeben werden. Um Lese- und Schreibzugriffe zu entkoppeln, verwendet das Programm einen separaten Thread, der die eingehenden Daten liest und auf dem Bildschirm ausgibt. Dieser läuft unabhängig vom Vordergrund-Thread, in dem die Benutzereingaben abgefragt und an den Server gesendet werden.

```
001  /* EchoClient.java */
002
003  import java.net.*;
004  import java.io.*;
005
006  public class EchoClient
007  {
008    public static void main(String[] args)
009    {
010      if (args.length != 1) {
011        System.err.println("Usage: java EchoClient <host>");
012        System.exit(1);
013      }
014      try {
015        Socket sock = new Socket(args[0], 7);
016        InputStream in = sock.getInputStream();
017        OutputStream out = sock.getOutputStream();
018        //Timeout setzen
019        sock.setSoTimeout(300);
020        //Ausgabethread erzeugen
021        OutputThread th = new OutputThread(in);
022        th.start();
023        //Schleife für Benutzereingaben
024        BufferedReader conin = new BufferedReader(
025                         new InputStreamReader(System.in));
026        String line = "";
027        while (true) {
028          //Eingabezeile lesen
029          line = conin.readLine();
```

Listing 45.3: Lesender und schreibender Zugriff auf einen Socket

Listing 45.3:
Lesender und
schreibender
Zugriff auf
einen Socket
(Forts.)

```
030         if (line.equalsIgnoreCase("QUIT")) {
031           break;
032         }
033         //Eingabezeile an ECHO-Server schicken
034         out.write(line.getBytes());
035         out.write('\r');
036         out.write('\n');
037         //Ausgabe abwarten
038         th.yield();
039       }
040       //Programm beenden
041       System.out.println("terminating output thread...");
042       th.requestStop();
043       th.yield();
044       try {
045         Thread.sleep(1000);
046       } catch (InterruptedException e) {
047       }
048       in.close();
049       out.close();
050       sock.close();
051     } catch (IOException e) {
052       System.err.println(e.toString());
053       System.exit(1);
054     }
055   }
056 }
057
058 class OutputThread
059 extends Thread
060 {
061   InputStream in;
062   boolean     stoprequested;
063
064   public OutputThread(InputStream in)
065   {
066     super();
067     this.in = in;
068     stoprequested = false;
069   }
070
071   public synchronized void requestStop()
072   {
073     stoprequested = true;
074   }
075
076   public void run()
077   {
078     int len;
079     byte[] b = new byte[100];
080     try {
```

```
081        while (!stoprequested) {
082          try {
083            if ((len = in.read(b)) == -1) {
084              break;
085            }
086            System.out.write(b, 0, len);
087          } catch (InterruptedIOException e) {
088            //nochmal versuchen
089          }
090        }
091      } catch (IOException e) {
092        System.err.println("OutputThread: " + e.toString());
093      }
094    }
095  }
```

Listing 45.3: Lesender und schreibender Zugriff auf einen Socket (Forts.)

Eine Beispielsession mit dem Programm könnte etwa so aussehen (Benutzereingaben sind fettgedruckt):

```
guido_k@pc1:/home/guido_k/nettest > java EchoClient localhost
hello
hello
world
world
12345
12345
quit
closing output thread...
```

Wie im vorigen Beispiel wird zunächst ein Socket zu dem als Argument angegebenen Host geöffnet. Das Programm beschafft dann Ein- und Ausgabestreams zum Senden und Empfangen von Daten. Der Aufruf von setSoTimeout gibt die maximale Wartezeit bei einem lesenden Zugriff auf den Socket an (300 ms.). Wenn bei einem read auf den InputStream nach Ablauf dieser Zeit noch keine Daten empfangen wurden, terminiert die Methode mit einer InterruptedIOException; wir kommen darauf gleich zurück. Nun erzeugt das Programm den Lesethread und übergibt ihm den Eingabestream. In der nun folgenden Schleife (Zeile 027) werden so lange Eingabezeilen gelesen und an den Server gesendet, bis der Anwender das Programm mit QUIT beendet.

Das Programm wurde auf einer LINUX-Version entwickelt, die noch kein präemptives Multithreading unterstützt. Die verschiedenen Aufrufe von yield dienen dazu, die Kontrolle an den Lesethread zu übergeben. Ohne diesen Aufruf würde der Lesethread gar nicht zum Zuge kommen und das Programm würde keine Daten vom Socket lesen. Auf Systemen, die präemptives Multithreading unterstützen, sind diese Aufrufe nicht notwendig.

Die Klasse `OutputThread` implementiert den Thread zum Lesen und Ausgeben der Daten. Da die Methode `stop` der Klasse `Thread` im JDK 1.2 als `deprecated` markiert wurde, müssen wir mit Hilfe der Variable `stoprequested` etwas mehr Aufwand treiben, um den Thread beenden zu können. `stoprequested` steht normalerweise auf `false` und wird beim Beenden des Programms durch Aufruf von `requestStop` auf `true` gesetzt. In der Hauptschleife des Threads wird diese Variable periodisch abgefragt, um die Schleife bei Bedarf abbrechen zu können (Zeile 081).

Problematisch bei dieser Technik ist lediglich, daß der Aufruf von `read` normalerweise so lange blockiert, bis weitere Zeichen verfügbar sind. Steht das Programm also in Zeile 083, so hat ein Aufruf `requestStop` zunächst keine Wirkung. Da das Hauptprogramm in Zeile 048 die Streams und den Socket schließt, würde es zu einer `SocketException` kommen. Unser Programm verhindert das durch den Aufruf von `setSoTimeout` in Zeile 019. Dadurch wird ein Aufruf von `read` nach spätestens 300 ms. mit einer `InterruptedIOException` beendet. Diese Ausnahme wird in Zeile 087 abgefangen, um anschließend vor dem nächsten Schleifendurchlauf die Variable `stoprequested` erneut abzufragen.

45.2.4 Zugriff auf einen Web-Server

Die Kommunikation mit einem Web-Server erfolgt über das HTTP-Protokoll, wie es in den RFCs 1945 und 2068 beschrieben wurde. Ein Web-Server läuft normalerweise auf TCP-Port 80 (manchmal läuft er zusätzlich auch auf dem UDP-Port 80) und kann wie jeder andere Server über einen Client-Socket angesprochen werden. Wir wollen an dieser Stelle nicht auf Details eingehen, sondern nur die einfachste und wichtigste Anwendung eines Web-Servers zeigen, nämlich das Übertragen einer Seite. Ein Web-Server ist in seinen Grundfunktionen ein recht einfaches Programm, dessen Hauptaufgabe darin besteht, angeforderte Seiten an seine Clients zu versenden. Kompliziert wird er vor allem durch die Vielzahl der mittlerweile eingebauten Zusatzfunktionen, wie beispielsweise Logging, Server-Scripting, Server-Side-Includes, Security- und Tuning-Features usw.

Fordert ein Anwender in seinem Web-Browser eine Seite an, so wird diese Anfrage vom Browser als `GET`-Transaktion an den Server geschickt. Um beispielsweise die Seite http://www.javabuch.de/index.html zu laden, wird folgendes Kommando an den Server www.javabuch.de gesendet:

```
GET /index.html
```

Der erste Teil gibt den Kommandonamen an, dann folgt die gewünschte Datei. Die Zeile muß mit einer CRLF-Sequenz abgeschlossen werden, ein einfaches '\n' reicht nicht aus. Der Server versucht nun die angegebene Datei zu laden und überträgt sie an den Client. Ist der Client ein Web-Browser, wird er den darin befindlichen HTML-Code interpretieren und auf dem Bildschirm anzeigen. Befinden sich in der Seite Verweise auf Images, Applets oder Frames, so fordert der Browser die fehlenden Seiten in weiteren GET-Transaktionen von deren Servern ab.

Die Struktur des GET-Kommandos wurde mit der Einführung von HTTP 1.0 etwas erweitert. Zusätzlich werden nun am Ende der Zeile eine Versionskennung und wahlweise in den darauffolgenden Zeilen weitere Headerzeilen mit Zusatzinformationen mitgeschickt. Nachdem die letzte Headerzeile gesendet wurde, folgt eine leere Zeile (also ein alleinstehendes CRLF), um das Kommandoende anzuzeigen. HTTP 1.0 ist weit verbreitet, und das obige Kommando würde von den meisten Browsern in folgender Form gesendet werden (jede der beiden Zeilen muß mit CRLF abgeschlossen werden):

```
GET /index.html HTTP/1.0
```

Wird HTTP/1.0 verwendet, ist auch die Antwort des Servers etwas komplexer. Anstatt lediglich den Inhalt der Datei zu senden, liefert der Server seinerseits einige Headerzeilen mit Zusatzinformationen, wie beispielsweise den Server-Typ, das Datum der letzten Änderung oder den MIME-Typ der Datei. Auch hier ist jede Headerzeile mit einem CRLF abgeschlossen, und nach der letzten Headerzeile folgt eine Leerzeile. Erst dann beginnt der eigentliche Dateiinhalt.

Das folgende Programm kann dazu verwendet werden, eine Datei von einem Web-Server zu laden. Es wird mit einem Host- und einem Dateinamen als Argument aufgerufen und lädt die Seite vom angegebenen Server. Das Ergebnis wird (mit allen Headerzeilen) auf dem Bildschirm angezeigt.

```
001  /* Listing4504.java */
002
003  import java.net.*;
004  import java.io.*;
005
006  public class Listing4504
007  {
008    public static void main(String[] args)
009    {
010      if (args.length != 2) {
011        System.err.println(
012          "Usage: java Listing4504 <host> <file>"
013        );
014        System.exit(1);
015      }
016      try {
017        Socket sock = new Socket(args[0], 80);
018        OutputStream out = sock.getOutputStream();
019        InputStream in = sock.getInputStream();
020        //GET-Kommando senden
```

Listing 45.4:
Laden einer
Seite von einem
Web-Server

Listing 45.4:
Laden einer
Seite von einem
Web-Server
(Forts.)

```
021      String s = "GET " + args[1] + " HTTP/1.0" + "\r\n\r\n";
022      out.write(s.getBytes());
023      //Ausgabe lesen und anzeigen
024      int len;
025      byte[] b = new byte[100];
026      while ((len = in.read(b)) != -1) {
027        System.out.write(b, 0, len);
028      }
029      //Programm beenden
030      in.close();
031      out.close();
032      sock.close();
033    } catch (IOException e) {
034      System.err.println(e.toString());
035      System.exit(1);
036    }
037  }
038 }
```

Wird das Programm beispielsweise auf einem SUSE-Linux 5.2 mit frisch installiertem *Apache-Server* mit `localhost` und `/index.html` als Argument aufgerufen, so beginnt seine Ausgabe wie folgt:

```
HTTP/1.1 200 OK
Date: Sun, 08 Nov 1998 18:26:13 GMT
Server: Apache/1.2.5 S.u.S.E./5.1
Last-Modified: Sun, 24 May 1998 00:46:46 GMT
ETag: "e852-45c-35676df6"
Content-Length: 1116
Accept-Ranges: bytes
Connection: close
Content-Type: text/html

<HTML>
<HEAD>
<TITLE>Apache HTTP Server - Beispielseite</TITLE>
</HEAD>
<BODY bgcolor=#ffffff>
<H1> Der Apache WWW Server </H1> <BR>
Diese Seite soll nur als Beispiel dienen.
Die <A HREF="./manual/">Dokumentation zum
Apache-Server</A> finden Sie hier.
<P>
...
```

45.3 Server-Sockets

45.3.1 Die Klasse ServerSocket

In den bisherigen Abschnitten hatten wir uns mit dem Entwurf von *Netzwerk-Clients* beschäftigt. Nun wollen wir uns das passende Gegenstück ansehen, uns also mit der Entwicklung von *Servern* beschäftigen. Glücklicherweise ist auch das in Java recht einfach. Der wesentliche Unterschied liegt in der Art des Verbindungsaufbaus, für den es eine spezielle Klasse ServerSocket gibt. Diese Klasse stellt Methoden zur Verfügung, um auf einen eingehenden Verbindungswunsch zu warten und nach erfolgtem Verbindungsaufbau einen Socket zur Kommunikation mit dem Client zurückzugeben. Bei der Klasse ServerSocket sind im wesentlichen der Konstruktor und die Methode accept von Interesse:

```
public ServerSocket(int port)
  throws IOException

public Socket accept()
  throws IOException
```

java.net.
ServerSocket

Der Konstruktor erzeugt einen ServerSocket für einen bestimmten Port, also einen bestimmten Typ von Serveranwendung (siehe Abschnitt 45.1.4 auf Seite 1063). Anschließend wird die Methode accept aufgerufen, um auf einen eingehenden Verbindungswunsch zu warten. accept blockiert so lange, bis sich ein Client bei der Serveranwendung anmeldet (also einen Verbindungsaufbau zu unserem Host unter der Portnummer, die im Konstruktor angegeben wurde, initiiert). Ist der Verbindungsaufbau erfolgreich, liefert accept ein Socket-Objekt, das wie bei einer Client-Anwendung zur Kommunikation mit der Gegenseite verwendet werden kann. Anschließend steht der ServerSocket für einen weiteren Verbindungsaufbau zur Verfügung oder kann mit close geschlossen werden.

Wir wollen uns die Konstruktion von Servern an einem Beispiel ansehen. Dazu soll ein einfacher ECHO-Server geschrieben werden, der auf Port 7 auf Verbindungswünsche wartet. Alle eingehenden Daten sollen unverändert an den Client zurückgeschickt werden. Zur Kontrolle sollen sie ebenfalls auf die Konsole ausgegeben werden:

```
001 /* SimpleEchoServer.java */
002
003 import java.net.*;
004 import java.io.*;
005
006 public class SimpleEchoServer
007 {
008   public static void main(String[] args)
009   {
010     try {
```

Listing 45.5:
Ein ECHO-
Server für Port 7

Listing 45.5:
Ein ECHO-
Server für Port 7
(Forts.)

```
011      System.out.println("Warte auf Verbindung auf Port 7...");
012      ServerSocket echod = new ServerSocket(7);
013      Socket socket = echod.accept();
014      System.out.println("Verbindung hergestellt");
015      InputStream in = socket.getInputStream();
016      OutputStream out = socket.getOutputStream();
017      int c;
018      while ((c = in.read()) != -1) {
019        out.write((char)c);
020        System.out.print((char)c);
021      }
022      System.out.println("Verbindung beenden");
023      socket.close();
024      echod.close();
025    } catch (IOException e) {
026      System.err.println(e.toString());
027      System.exit(1);
028    }
029  }
030 }
```

Wird der Server gestartet, kann via Telnet oder mit dem `EchoClient` aus Listing 45.3 auf Seite 1071 auf den Server zugegriffen werden:

```
telnet localhost 7
```

Wenn der Server läuft, werden alle eingegebenen Zeichen direkt vom Server zurückgesendet und als Echo in Telnet angezeigt. Läuft er nicht, gibt es beim Verbindungsaufbau eine Fehlermeldung.

> Wird das Programm unter UNIX gestartet, kann es möglicherweise Probleme geben. Einerseits kann es sein, daß bereits ein ECHO-Server auf Port 7 läuft. Er könnte nötigenfalls per Eintrag in `inetd.conf` oder ähnlichen Konfigurationsdateien vorübergehend deaktiviert werden. Andererseits dürfen Server auf Ports kleiner 1024 nur mit Root-Berechtigung gestartet werden. Ein normaler Anwender darf dagegen nur Server-Ports größer 1023 verwenden.

45.3.2 Verbindungen zu mehreren Clients

Wir wollen das im vorigen Abschnitt vorgestellte Programm nun in mehrfacher Hinsicht erweitern:

▶ Der Server soll mehr als einen Client gleichzeitig bedienen können. Die Clients sollen zur besseren Unterscheidung durchnumeriert werden.

Server-Sockets   Kapitel 45

- ▶ Beim Verbindungsaufbau soll der Client eine Begrüßungsmeldung erhalten.
- ▶ Für jeden Client soll ein eigener Thread angelegt werden.

Um diese Anforderungen zu erfüllen, verändern wir das obige Programm ein wenig. Im Hauptprogramm wird nun nur noch der ServerSocket erzeugt und in einer Schleife jeweils mit accept auf einen Verbindungswunsch gewartet. Nach dem Verbindungsaufbau erfolgt die weitere Bearbeitung nicht mehr im Hauptprogramm, sondern es wird ein neuer Thread mit dem Verbindungs-Socket als Argument erzeugt. Dann wird der Thread gestartet und erledigt die gesamte Kommunikation mit dem Client. Beendet der Client die Verbindung, wird auch der zugehörige Thread beendet. Das Hauptprogramm braucht sich nur noch um den Verbindungsaufbau zu kümmern und ist von der eigentlichen Client-Kommunikation vollständig befreit.

```
001 /* EchoServer.java */
002
003 import java.net.*;
004 import java.io.*;
005
006 public class EchoServer
007 {
008   public static void main(String[] args)
009   {
010     int cnt = 0;
011     try {
012       System.out.println("Warte auf Verbindungen auf Port 7...");
013       ServerSocket echod = new ServerSocket(7);
014       while (true) {
015         Socket socket = echod.accept();
016         (new EchoClientThread(++cnt, socket)).start();
017       }
018     } catch (IOException e) {
019       System.err.println(e.toString());
020       System.exit(1);
021     }
022   }
023 }
024
025 class EchoClientThread
026 extends Thread
027 {
028   private int    name;
029   private Socket socket;
030
031   public EchoClientThread(int name, Socket socket)
032   {
033     this.name   = name;
```

Listing 45.6:
Eine verbesserte Version des Echo-Servers

Listing 45.6:
Eine verbesserte
Version des
Echo-Servers
(Forts.)

```
034       this.socket = socket;
035     }
036
037     public void run()
038     {
039       String msg = "EchoServer: Verbindung " + name;
040       System.out.println(msg + " hergestellt");
041       try {
042         InputStream in = socket.getInputStream();
043         OutputStream out = socket.getOutputStream();
044         out.write((msg + "\r\n").getBytes());
045         int c;
046         while ((c = in.read()) != -1) {
047           out.write((char)c);
048           System.out.print((char)c);
049         }
050         System.out.println("Verbindung " + name + " wird beendet");
051         socket.close();
052       } catch (IOException e) {
053         System.err.println(e.toString());
054       }
055     }
056   }
```

Zur besseren Übersicht werden alle Client-Verbindungen durchnumeriert und als erstes Argument an den Thread übergeben. Unmittelbar nach dem Verbindungsaufbau wird diese Meldung auf der Server-Konsole ausgegeben und an den Client geschickt. Anschließend wird in einer Schleife jedes vom Client empfangene Zeichen an diesen zurückgeschickt, bis er von sich aus die Verbindung unterbricht. Man kann den Server leicht testen, indem man mehrere Telnet-Sessions zu ihm aufbaut. Jeder einzelne Client sollte eine Begrüßungsmeldung mit einer eindeutigen Nummer erhalten und autonom mit dem Server kommunizieren können. Der Server sendet alle Daten zusätzlich an die Konsole und gibt sowohl beim Starten als auch beim Beenden eine entsprechende Meldung auf der Konsole aus.

45.3.3 Entwicklung eines einfachen Web-Servers

In Abschnitt 45.2.4 auf Seite 1074 war schon angeklungen, daß ein Web-Server in seinen Grundfunktionen so einfach aufgebaut ist, daß wir uns hier eine experimentelle Implementierung ansehen können. Diese ist nicht nur zu Übungszwecken nützlich, sondern wird uns in Kapitel 46 auf Seite 1091 bei der RMI-Programmierung behilflich sein, Bytecode "on demand" zwischen Client und Server zu übertragen.

Server-Sockets　　　　　　　　　　　　　　　　　　　　　　　　Kapitel 45

Die Kommunikation zwischen einem Browser und einem Web-Server entspricht etwa folgendem Schema:

▶ Der Web-Browser baut eine Verbindung zum Server auf.

▶ Er schickt eine Seitenanforderung und ein paar zusätzliche Informationen in Form eines *Requests gemäß HTTP-Spezifikation*.

▶ Der Server analysiert den Request und schickt die gewünschte Datei (bzw. eine Fehlermeldung) an den Browser.

▶ Der Server beendet die Verbindung.

Hat der Browser auf diese Weise eine HTML-Seite erhalten, interpretiert er den HTML-Code und zeigt die Seite formatiert auf dem Bildschirm an. Enthält die Datei IMG-, APPLET- oder ähnliche Elemente, werden diese in derselben Weise vom Server angefordert und in die Seite eingebaut. Die wichtigste Aufgabe des Servers besteht also darin, eine Datei an den Client zu übertragen. Wir wollen uns zunächst das Listing ansehen und dann auf Details der Implementierung eingehen:

```
001 /* ExperimentalWebServer.java */
002
003 import java.io.*;
004 import java.util.*;
005 import java.net.*;
006
007 /**
008  * Ein ganz einfacher Web-Server auf TCP und einem
009  * beliebigen Port. Der Server ist in der Lage,
010  * Seitenanforderungen lokal zu dem Verzeichnis,
011  * aus dem er gestartet wurde, zu bearbeiten. Wurde
012  * der Server z.B. im Verzeichnis c:\tmp gestartet, so
013  * würde eine Seitenanforderung
014  * http://localhost:80/test/index.html die Datei
015  * c:\tmp\test\index.html laden. CGIs, SSIs, Servlets
016  * oder ähnliches wird nicht unterstützt.
017  * <p>
018  * Die Dateitypen .htm, .html, .gif, .jpg und .jpeg werden
019  * erkannt und mit korrekten MIME-Headern übertragen, alle
020  * anderen Dateien werden als "application/octet-stream"
021  * übertragen. Jeder Request wird durch einen eigenen
022  * Client-Thread bearbeitet, nach Übertragung der Antwort
023  * schließt der Server den Socket. Antworten werden mit
024  * HTTP/1.0-Header gesendet.
025  */
026 public class ExperimentalWebServer
027 {
```

Listing 45.7:
Ein experimenteller Web-Server

Listing 45.7:
Ein experimenteller Web-Server (Forts.)

```
028   public static void main(String[] args)
029   {
030     if (args.length != 1) {
031       System.err.println(
032         "Usage: java ExperimentalWebServer <port>"
033       );
034       System.exit(1);
035     }
036     try {
037       int port = Integer.parseInt(args[0]);
038       System.out.println("Listening to port " + port);
039       int calls = 0;
040       ServerSocket httpd = new ServerSocket(port);
041       while (true) {
042         Socket socket = httpd.accept();
043         (new BrowserClientThread(++calls, socket)).start();
044       }
045     } catch (IOException e) {
046       System.err.println(e.toString());
047       System.exit(1);
048     }
049   }
050 }
051
052 /**
053  * Die Thread-Klasse für die Client-Verbindung.
054  */
055 class BrowserClientThread
056 extends Thread
057 {
058   static final String[][] mimetypes = {
059     {"html", "text/html"},
060     {"htm",  "text/html"},
061     {"txt",  "text/plain"},
062     {"gif",  "image/gif"},
063     {"jpg",  "image/jpeg"},
064     {"jpeg", "image/jpeg"},
065     {"jnlp", "application/x-java-jnlp-file"}
066   };
067
068   private Socket      socket;
069   private int         id;
070   private PrintStream out;
071   private InputStream in;
072   private String      cmd;
073   private String      url;
074   private String      httpversion;
075
076   /**
```

```
077      * Erzeugt einen neuen Client-Thread mit der angegebenen
078      * id und dem angegebenen Socket.
079      */
080     public BrowserClientThread(int id, Socket socket)
081     {
082       this.id     = id;
083       this.socket = socket;
084     }
085
086     /**
087      * Hauptschleife für den Thread.
088      */
089     public void run()
090     {
091       try {
092         System.out.println(id + ": Incoming call...");
093         out = new PrintStream(socket.getOutputStream());
094         in = socket.getInputStream();
095         readRequest();
096         createResponse();
097         socket.close();
098         System.out.println(id + ": Closed.");
099       } catch (IOException e) {
100         System.out.println(id + ": " + e.toString());
101         System.out.println(id + ": Aborted.");
102       }
103     }
104
105     /**
106      * Liest den nächsten HTTP-Request vom Browser ein.
107      */
108     private void readRequest()
109     throws IOException
110     {
111       //Request-Zeilen lesen
112       Vector request = new Vector(10);
113       StringBuffer sb = new StringBuffer(100);
114       int c;
115       while ((c = in.read()) != -1) {
116         if (c == '\r') {
117           //ignore
118         } else if (c == '\n') { //line terminator
119           if (sb.length() <= 0) {
120             break;
121           } else {
122             request.addElement(sb);
123             sb = new StringBuffer(100);
124           }
125         } else {
```

Listing 45.7:
Ein
experimenteller
Web-Server
(Forts.)

Listing 45.7:
Ein experimenteller Web-Server (Forts.)

```
126       sb.append((char)c);
127     }
128   }
129   //Request-Zeilen auf der Konsole ausgeben
130   Enumeration e = request.elements();
131   while (e.hasMoreElements()) {
132     sb = (StringBuffer)e.nextElement();
133     System.out.println("< " + sb.toString());
134   }
135   //Kommando, URL und HTTP-Version extrahieren
136   String s = ((StringBuffer)request.elementAt(0)).toString();
137   cmd = "";
138   url = "";
139   httpversion = "";
140   int pos = s.indexOf(' ');
141   if (pos != -1) {
142     cmd = s.substring(0, pos).toUpperCase();
143     s = s.substring(pos + 1);
144     //URL
145     pos = s.indexOf(' ');
146     if (pos != -1) {
147       url = s.substring(0, pos);
148       s = s.substring(pos + 1);
149       //HTTP-Version
150       pos = s.indexOf('\r');
151       if (pos != -1) {
152         httpversion = s.substring(0, pos);
153       } else {
154         httpversion = s;
155       }
156     } else {
157       url = s;
158     }
159   }
160 }
161
162 /**
163  * Request bearbeiten und Antwort erzeugen.
164  */
165 private void createResponse()
166 {
167   if (cmd.equals("GET") || cmd.equals("HEAD")) {
168     if (!url.startsWith("/")) {
169       httpError(400, "Bad Request");
170     } else {
171       //MIME-Typ aus Dateierweiterung bestimmen
172       String mimestring = "application/octet-stream";
173       for (int i = 0; i < mimetypes.length; ++i) {
174         if (url.endsWith(mimetypes[i][0])) {
```

```
175              mimestring = mimetypes[i][1];
176              break;
177            }
178          }
179          //URL in lokalen Dateinamen konvertieren
180          String fsep = System.getProperty("file.separator", "/");
181          StringBuffer sb = new StringBuffer(url.length());
182          for (int i = 1; i < url.length(); ++i) {
183            char c = url.charAt(i);
184            if (c == '/') {
185              sb.append(fsep);
186            } else {
187              sb.append(c);
188            }
189          }
190          try {
191            FileInputStream is = new FileInputStream(sb.toString());
192            //HTTP-Header senden
193            out.print("HTTP/1.0 200 OK\r\n");
194            System.out.println("> HTTP/1.0 200 OK");
195            out.print("Server: ExperimentalWebServer 0.5\r\n");
196            System.out.println(
197              "> Server: ExperimentalWebServer 0.5"
198            );
199            out.print("Content-type: " + mimestring + "\r\n\r\n");
200            System.out.println("> Content-type: " + mimestring);
201            if (cmd.equals("GET")) {
202              //Dateiinhalt senden
203              byte[] buf = new byte[256];
204              int len;
205              while ((len = is.read(buf)) != -1) {
206                out.write(buf, 0, len);
207              }
208            }
209            is.close();
210          } catch (FileNotFoundException e) {
211            httpError(404, "Error Reading File");
212          } catch (IOException e) {
213            httpError(404, "Not Found");
214          } catch (Exception e) {
215            httpError(404, "Unknown exception");
216          }
217        }
218      } else {
219        httpError(501, "Not implemented");
220      }
221    }
222
223    /**
```

Listing 45.7:
Ein
experimenteller
Web-Server
(Forts.)

Listing 45.7:
Ein experimenteller Web-Server (Forts.)

```
224     * Eine Fehlerseite an den Browser senden.
225     */
226    private void httpError(int code, String description)
227    {
228      System.out.println("> ***" + code + ": " + description + "***");
229      out.print("HTTP/1.0 " + code + " " + description + "\r\n");
230      out.print("Content-type: text/html\r\n\r\n");
231      out.println("<html>");
232      out.println("<head>");
233      out.println("<title>ExperimentalWebServer-Error</title>");
234      out.println("</head>");
235      out.println("<body>");
236      out.println("<h1>HTTP/1.0 " + code + "</h1>");
237      out.println("<h3>" + description + "</h3>");
238      out.println("</body>");
239      out.println("</html>");
240    }
241 }
```

Der Web-Server besteht aus den beiden Klassen ExperimentalWebServer und BrowserClientThread, die nach dem in Abschnitt 45.3.2 auf Seite 1078 vorgestellten Muster aufgebaut sind. Nachdem in ExperimentalWebServer eine Verbindung aufgebaut wurde, wird ein neuer Thread erzeugt und die weitere Bearbeitung des Requests an ein Objekt der Klasse BrowserClientThread delegiert. Der in run liegende Code beschafft zunächst die Ein- und Ausgabestreams zur Kommunikation mit dem Socket und ruft dann die beiden Methoden readRequest und createResponse auf. Anschließend wird der Socket geschlossen und der Thread beendet.

In readRequest wird der HTTP-Request des Browsers gelesen, der aus mehreren Zeilen besteht. In der ersten wird die eigentliche Dateianforderung angegeben, die übrigen liefern Zusatzinformationen wie den Typ des Browsers, akzeptierte Dateiformate und ähnliches. Alle Zeilen werden mit CRLF abgeschlossen, nach der letzten Zeile des Requests wird eine Leerzeile gesendet. Entsprechend der Empfehlung in RFC1945 ignoriert unser Parser die '\r'-Zeichen und erkennt das Zeilenende anhand eines '\n'. So arbeitet er auch dann noch korrekt, wenn ein Client die Headerzeilen versehentlich mit einem einfachen LF abschließt.

Ein typischer Request könnte etwa so aussehen (in diesem Beispiel wurde er von Netscape 4.04 unter Windows 95 generiert):

```
GET /ansisys.html HTTP/1.0
Connection: Keep-Alive
User-Agent: Mozilla/4.04 [en] (Win95; I)
Host: localhost:80
Accept: image/gif, image/x-xbitmap, image/jpeg, image/pjpeg, image/png, */*
```

```
Accept-Language: en
Accept-Charset: iso-8859-1,*,utf-8
HTTP/1.0 200 OK
Server: ExperimentalWebServer 0.5
Content-type: text/html
```

Unser Web-Server liest den Request zeilenweise in den `Vector` `request` ein und gibt alle Zeilen zur Kontrolle auf der Konsole aus. Anschließend wird das erste Element extrahiert und in die Bestandteile *Kommando*, *URL* (Dateiname) und *HTTP-Version* zerlegt. Diese Informationen werden zur weiteren Verarbeitung in den Membervariablen `cmd`, `url` und `httpversion` gespeichert.

Nachdem der Request gelesen wurde, wird in `createResponse` die Antwort erzeugt. Zunächst prüft die Methode, ob es sich um ein `GET`- oder `HEAD`-Kommando handelt (HTTP kennt noch mehr). Ist das nicht der Fall, wird durch Aufruf von `httpError` eine Fehlerseite an den Browser gesendet. Andernfalls fährt die Methode mit der Bestimmung des Dateityps fort. Der Dateityp wird mit Hilfe der Arraykonstante `mimetypes` anhand der Dateierweiterung bestimmt und in einen passenden *MIME-Typ* konvertiert, der im Antwortheader an den Browser übertragen wird. Der Browser entscheidet anhand dieser Information, was mit der nachfolgend übertragenen Datei zu tun ist (Anzeige als Text, Anzeige als Grafik, Speichern in einer Datei usw.). Wird eine Datei angefordert, deren Erweiterung nicht bekannt ist, sendet der Server sie als `application/octet-stream` an den Browser, damit dieser dem Anwender die Möglichkeit geben kann, die Datei auf der Festplatte zu speichern.

> Der Mime-Typ `application/x-java-jnlp-file` wird für den Betrieb von *Java Web Start* benötigt. Dieses seit dem JDK 1.4 verfügbare Werkzeug zum Laden, Aktualisieren und Starten von Java-Programmen über Internet-Verbindungen wird ausführlich in Abschnitt 13.5 auf Seite 294 erläutert.

Nun wandelt der Server den angegebenen Dateinamen gemäß den Konventionen seines eigenen Betriebssystems um. Dazu wird das erste "/" aus dem Dateinamen entfernt (alle Dateien werden lokal zu dem Verzeichnis geladen, aus dem der Server gestartet wurde) und alle "/" innerhalb des Pfadnamens werden in den lokalen Pfadseparator konvertiert (unter MS-DOS ist das beispielsweise der Backslash). Dann wird die Datei mit einem `FileInputStream` geöffnet und der HTTP-Header und der Dateiinhalt an den Client gesendet. Konnte die Datei nicht geöffnet werden, wird eine Ausnahme ausgelöst und der Server sendet eine Fehlerseite.

Der vom Server gesendete Header ist ähnlich aufgebaut wie der Request-Header des Clients. Er enthält mehrere Zeilen, die durch CRLF-Sequenzen voneinander getrennt sind. Nach der letzten Headerzeile folgt eine Leerzeile, also zwei aufeinanderfolgende CRLF-Sequenzen. HTTP 1.0 und 1.1 spezifizieren eine ganze Reihe von (optionalen) Headerelementen, von denen wir lediglich die Versionskennung, unseren Servernamen und den MIME-Bezeichner mit der Typkennung der gesendeten Datei an den Browser übertragen. Unmittelbar nach dem Ende des Headers wird der Dateiinhalt übertragen. Eine Umkodierung erfolgt dabei normalerweise nicht, alle Bytes werden unverändert übertragen.

Unser Server kann sehr leicht getestet werden. Am einfachsten legt man ein neues Unterverzeichnis an und kopiert die übersetzten Klassendateien und einige HTML-Dateien in dieses Verzeichnis. Nun kann der Server wie jedes andere Java-Programm gestartet werden. Beim Aufruf ist zusätzlich die Portnummer als Argument anzugeben:

```
java ExperimentalWebServer 80
```

Nun kann ein normaler Web-Browser verwendet werden, um Dateien vom Server zu laden. Befindet sich beispielsweise eine Datei `index.html` im Server-Verzeichnis und läuft der Server auf derselben Maschine wie der Browser, kann die Datei über die Adresse `http://localhost/index.html` im Browser geladen werden. Auch über das lokale Netz des Unternehmens oder das Internet können leicht Dateien geladen werden. Hat der Host, auf dem der Server läuft, keinen Nameserver-Eintrag, kann statt dessen auch direkt seine IP-Adresse im Browser angegeben werden.

> Auf einem UNIX-System darf ein Server die Portnummer 80 nur verwenden, wenn er Root-Berechtigung hat. Ist das nicht der Fall, kann der Server alternativ auf einem Port größer 1023 gestartet werden:
>
> ```
> java ExperimentalWebServer 7777
> ```

Im Browser muß die Adresse dann ebenfalls um die Portnummer ergänzt werden: `http://localhost:7777/index.html`.

45.4 Daten mit Hilfe der Klasse URL lesen

Die Klasse URL wurde bereits in Abschnitt 40.1.1 auf Seite 909 behandelt. Neben den dort beschriebenen Möglichkeiten besitzt sie Methoden, um Daten von der Quelle zu lesen, die durch den URL adressiert wird:

`java.net.URL`
```
public final InputStream openStream()
   throws IOException

public final Object getContent()
   throws IOException

public URLConnection openConnection()
   throws IOException
```

Daten mit Hilfe der Klasse URL lesen   Kapitel 45

Mit `openStream` wird ein `InputStream` geliefert, der wie die Methode `getInputStream` der Klasse `Socket` zum Lesen der Quelldaten verwendet werden kann. `getContent` versucht darüber hinaus, die Daten zu interpretieren. Dazu können *Content Handler Factories* registriert werden, die beispielsweise Text-, Image- oder Archivdateien interpretieren und ein dazu passendes Java-Objekt liefern. Die Methode `openConnection` stellt eine Vorstufe von `getContent` dar. Sie liefert ein Objekt des Typs `URLConnection`, das eine Abstraktion einer protokollspezifischen Verbindung zwischen einem Java-Programm und einem URL darstellt.

Als einfaches Beispiel wollen wir uns das folgende Programm `SaveURL` ansehen. Es wird mit einem URL und einer Datei als Argument aufgerufen. Mit Hilfe der Klasse `URL` stellt das Programm eine Verbindung zur angegebenen URL her und beschafft durch Aufruf von `openStream` einen `InputStream`. Mit seiner Hilfe wird die Quelle gelesen und das Ergebnis in die als zweites Argument angegebene Datei geschrieben:

```
001 /* SaveURL.java */
002
003 import java.net.*;
004 import java.io.*;
005
006 public class SaveURL
007 {
008   public static void main(String[] args)
009   {
010     if (args.length != 2) {
011       System.err.println(
012         "Usage: java SaveURL <url> <file>"
013       );
014       System.exit(1);
015     }
016     try {
017       URL url = new URL(args[0]);
018       OutputStream out = new FileOutputStream(args[1]);
019       InputStream in = url.openStream();
020       int len;
021       byte[] b = new byte[100];
022       while ((len = in.read(b)) != -1) {
023         out.write(b, 0, len);
024       }
025       out.close();
026       in.close();
027     } catch (MalformedURLException e) {
028       System.err.println(e.toString());
029       System.exit(1);
030     } catch (IOException e) {
031       System.err.println(e.toString());
```

Listing 45.8:
Daten von einem URL lesen

Listing 45.8:
Daten von
einem URL
lesen
(Forts.)

```
032        System.exit(1);
033    }
034  }
035 }
```

Das Programm kann nun leicht verwendet werden, um den Inhalt beliebiger URLs auf der Festplatte abzuspeichern. Die folgenden beiden Aufrufe zeigen den Download der Hauptseite des Java-Servers von SUN und das Laden einer Testseite von unserem in Abschnitt 45.3.3 auf Seite 1080 vorgestellten Web-Server:

```
java SaveURL http://java.sun.com x.html
```

```
java SaveURL http://localhost/index.html y.html
```

45.5 Zusammenfassung

In diesem Kapitel wurden folgende Themen behandelt:

- Grundlagen und Anwendungen der Netzwerkprogrammierung
- Das ISO/OSI-7-Schichten-Modell und das vereinfachte Vier-Ebenen-Modell
- Grundlagen der Protokolle TCP und IP
- IP-Adressen, Netztypen und Domain-Namen
- Portnummern und Applikationen
- Request For Comments
- Das Konzept der Sockets
- Die Klasse `InetAddress` zur Adressierung von Socket-Verbindungen
- Die besonderen Adressen `localhost` und `127.0.0.1`
- Aufbau einer Client-Socket-Verbindung mit Hilfe der Klasse `Socket` und dem streambasierten Zugriff auf die Daten
- Kommunikation mit dem DayTime- und Echo-Server
- Lesender Zugriff auf einen Web-Server
- Konstruktion von Serverdiensten mit der Klasse `ServerSocket`
- Konstruktion mehrbenutzerfähiger Server mit Threads
- Entwurf eines experimentellen Web-Servers
- Daten mit Hilfe der Klasse `URL` lesen

46 Remote Method Invocation

46.1 Einleitung

46.1.1 Prinzipielle Arbeitsweise

Im vorigen Kapitel wurde die Netzwerkprogrammierung mit Hilfe von Sockets und URL-Objekten erläutert. Dabei wurden im wesentlichen Dienste verwendet, deren Aufgabe es war, *Daten* zwischen zwei Netzwerkknoten zu übertragen. Höhere Anwendungen, wie etwa das Kopieren von Dateien, die Manipulation von Verzeichnissen oder das Starten von Programmen auf dem Server, wurden mit zusätzlichen Anwendungsprotokollen wie FTP oder HTTP realisiert.

Neben der reinen Übertragung von Daten besteht eine weitere wichtige Anwendung von Netzwerkstrukturen darin, Programmcode zu verteilen und von unterschiedlichen Arbeitsplätzen im Netz aufzurufen. Auf diese Weise können spezielle Aufgaben einer Applikation (wie etwa der Datenbankzugriff oder die Kommunikation mit externen Systemen) an geeignete Server delegiert und so die Applikationslast gleichmäßiger verteilt und die Skalierbarkeit des Systems erhöht werden.

Mit RMI (*Remote Method Invocation*) stellt das JDK seit der Version 1.1 einen Mechanismus zur Verfügung, der es ermöglicht, Objekte auf einfache Weise im Netz zu verteilen und ihre Dienste anderen Arbeitsplätzen zur Verfügung zu stellen. Die prinzipielle Arbeitsweise von RMI läßt sich wie folgt skizzieren (siehe Abbildung 46.1 auf Seite 1092):

▶ In einem *Remote-Interface* werden eine oder mehrere Methoden definiert, die als aufrufbare Dienste anderen Arbeitsplätzen zur Verfügung gestellt werden sollen.

▶ Eine Serverklasse implementiert das Interface und erzeugt eine oder mehrere Instanzen, die als *Remote-Objekte* bezeichnet werden.

▶ Die Remote-Objekte werden bei einem *Namens-Service* registriert, der von potentiellen Clients abgefragt werden kann. Mit der *RMI-Registry* ist ein einfacher Namens-Service bereits Bestandteil des RMI-Pakets.

▶ Clients beschaffen mit Hilfe der RMI-Registry Referenzen auf die benötigten Objekte und rufen die gewünschten Methoden auf. Die beim Aufruf übergebenen Parameter werden an das Remote-Objekt übertragen, und die passende Methode wird dort ausgeführt. Der Rückgabewert wird an den Client zurückübertragen. Die Referenzen auf die Remote-Objekte werden als *Remote-Referenzen* bezeichnet.

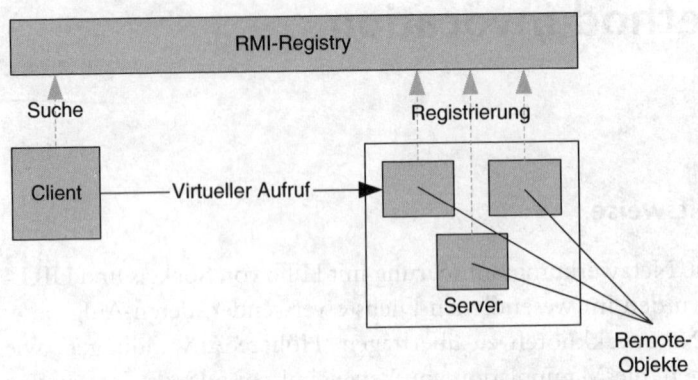

Abbildung 46.1: Prinzipielle Arbeitsweise von RMI

RMI etabliert also eine Client-Server-Architektur zwischen lokalen Java-Objekten und den von ihnen aufgerufenen Remote-Objekten. Die eigentliche Kommunikation zwischen den Teilnehmern ist fast vollständig unsichtbar.

Die Rollen von Client und Server sind dabei keineswegs statisch festgelegt. So kann ein Client durchaus Server-Funktionalitäten implementieren oder ein Server kann zur Ausführung eines Client-Calls die Hilfe eines anderen Remote-Objekts in Anspruch nehmen. Eine interessante Eigenschaft von RMI besteht auch darin, fehlenden Code dynamisch nachzuladen. Benötigt beispielsweise ein Server zur Ausführung eines Auftrags eine bis dato unbekannte Klasse vom Client (die natürlich ein ihm zur Compilezeit bekanntes Interface implementiert), so kann er diese dynamisch vom Client laden und – dank der Plattformunabhängigkeit von Java – auf dem Server ausführen.

46.1.2 Einzelheiten der Kommunikation

Bei der Kommunikation mit RMI hat der Client den Eindruck, Methoden von Objekten aufzurufen, die auf dem Server liegen. In Wirklichkeit liegen die Dinge natürlich etwas komplizierter, denn der Client hat von der RMI-Registry lediglich ein *Stub*-Objekt erhalten, und das Remote-Objekt hat den Server nicht wirklich verlassen. Ein Stub ist eine Klasse, die – wie das implementierende Remote-Objekt – das Remote-Interface implementiert und daher für den Client als Platzhalter für den Zugriff auf das Remote-Objekt dient.

Der Stub kommuniziert über eine TCP-Verbindung mit dem als *Skeleton* bezeichneten Gegenstück auf der Server-Seite. Das Skeleton kennt das tatsächliche Applikationsobjekt, leitet die Anfragen des Stubs an dieses weiter und gibt den Rückgabewert an ihn zurück. Stub und Skeleton werden während der Entwicklung mit Hilfe eines Tools generiert und verbergen die komplizierten Details der Kommunikation zwischen Server und Client.

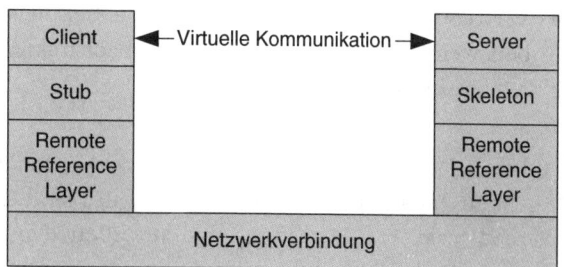

Abbildung 46.2: Stubs und Skeletons

RMI verfolgt mit der Verteilung von Objekten im Netz einen ähnlichen Ansatz wie *CORBA* (die *Common Object Request Broker Architecture*, siehe beispielsweise http://www.omg.org). Da auch CORBA von Java sehr gut unterstützt wird, muß man sich als Entwickler natürlich die Frage stellen, welche der beiden Architekturen in einem entsprechenden Projekt die bessere Wahl ist. Für CORBA spricht die Vielzahl der verfügbaren Implementierungen, die größere Verbreitung und die Tatsache, daß neben Java auch andere Programmiersprachen unterstützt werden (etwa C++). Es ist daher ideal für heterogene Projekte, deren Größe eine gewisse kritische Masse überschreiten.

RMI ist dagegen einfacher zu erlernen, bietet dynamischen Code-Austausch, erfordert keine zusätzlichen Lizenzen und kommt mit insgesamt weniger Aufwand aus. Für reine Java-Projekte könnte es sich daher als geeignete Wahl erweisen. Seit der Version 1.3 unterstützt das JDK die RMI-Kommunikation auch auf der Basis des CORBA-Protokolls *IIOP* und erleichtert so die Integration von RMI- und CORBA-Anwendungen.

Bei der Kommunikation zwischen Client und Server (wenn also der Client eine Methode auf einem Remote-Objekt aufruft) sind drei Arten von Datentypen zu unterscheiden:

▶ Werden beim Aufruf einer Methode primitive Datentypen übergeben oder zurückgegeben (`int`, `char`, `boolean`, usw.), werden sie wie gewöhnlich per Wert übergeben (*call by value*). In diesem Fall besteht also überhaupt kein Unterschied zu lokalen Java-Programmen.

▶ Lokale *Objekte* können dagegen nur dann als Parameter oder Rückgabewert verwendet werden, wenn sie serialisierbar sind. Sie werden bei der Übertragung kopiert und somit ebenfalls per Wert übergeben (siehe Kapitel 41 auf Seite 929). Viele Klassen des JDK, wie etwa `String`, `Calendar`, die numerischen Wrapper-Klassen oder die Collection-Klassen sind bereits serialisierbar und können direkt verwendet werden. Eigene Klassen müssen das Interface `Serializable` implementieren.

- Verweise auf Remote-Objekte, wie sie beispielsweise vom Namens-Service zurückgegeben werden, haben dagegen Referenzcharakter und werden wie gewöhnliche Objektreferenzen behandelt.

Objekte, die weder Remote-Referenzen noch serialisierbar sind, können per RMI nicht ausgetauscht werden. Beispiele dafür sind die Klassen `Thread`, `System` oder `RandomAccessFile`. Derartige Objekte haben allerdings auch meist nur lokale Bedeutung, und die Übertragung an eine andere virtuelle Maschine macht wenig Sinn.

46.2 Aufbau eines einfachen Uhrzeit-Services

46.2.1 Vorgehensweise

In diesem Abschnitt wollen wir eine einfache Client-Server-Anwendung entwickeln und dabei die wichtigsten Eigenschaften von RMI vorstellen. Dazu soll ein Remote-Interface `TimeService` geschrieben werden, das zwei Methoden `getTime` und `storeTime` definiert. Mit `getTime` kann ein Client die aktuelle Uhrzeit auf dem Server ermitteln und sie sich als `String` zurückgeben lassen. `storeTime` erledigt prinzipiell dieselbe Aufgabe, speichert die Uhrzeit aber in einem `TimeStore`-Objekt, an dem wir die Besonderheiten des Austauschs von Objekttypen zeigen wollen.

Der Server, der auf einem Computer mit dem Namen "ph01" läuft, wird ein einziges Remote-Objekt instanzieren und bei der ebenfalls auf "ph01" laufenden RMI-Registry unter dem Namen "TimeService" registrieren. Ein einfaches Client-Programm auf dem Rechner "ph02" wird bei der RMI-Registry eine Remote-Referenz auf das `TimeService`-Objekt beschaffen, mit seiner Hilfe die Uhrzeit des Servers abfragen und die Ergebnisse auf seiner eigenen Console ausgeben.

Da insbesondere das Setup der Systeme einigen Aufwand erfordert, wollen wir die einzelnen Schritte genau erläutern:

- Zunächst wird das Remote-Interface erläutert.
- Anschließend stellen wir seine Implementierung vor und zeigen, wie Stub und Skeleton erzeugt werden.
- Danach erläutern wir, wie die RMI-Registry und der Server gestartet werden und welche Vorbereitungen dazu erforderlich sind.
- Schließlich implementieren wir eine Client-Klasse und zeigen, wie sie gestartet und zum Zugriff auf den Server verwendet wird.

46.2.2 Das Remote-Interface

Das Remote-Interface definiert die Schnittstelle zwischen Client und Server. Bei seiner Entwicklung müssen einige Regeln beachtet werden:

- Das Remote-Interface muß aus dem Interface `Remote` des Pakets `java.rmi` abgeleitet und als `public` deklariert werden.
- Jede Methode muß die Exception `RemoteException` (ebenfalls aus dem Paket `java.rmi`) deklarieren. Hiermit werden alle Arten von Netzwerkproblemen oder Verbindungsstörungen zwischen Client und Server angezeigt.

Nur die im Remote-Interface definierten Methoden stehen später den Clients zur Verfügung. Werden später bei der Implementierung des Servers weitere Methoden hinzugefügt, so bleiben sie für den Client unsichtbar. Das Remote-Interface für unseren Uhrzeit-Service sieht so aus:

```
001 /* TimeService.java */
002
003 import java.rmi.*;
004 import java.util.*;
005
006 public interface TimeService
007 extends Remote
008 {
009   public String getTime()
010     throws RemoteException;
011
012   public TimeStore storeTime(TimeStore store)
013     throws RemoteException;
014 }
```

Listing 46.1: Das Remote-Interface für den Uhrzeit-Service

Die Methode `getTime` liefert einen String mit der aktuellen Server-Uhrzeit im Format "h[h]:m[m]:s[s]". Die Methode `storeTime` erwartet ein Objekt vom Typ `TimeStore`, um den Uhrzeitstring dort hineinzuschreiben. Da Objekte (wegen der zur Übertragung erforderlichen Serialisierung) per Wert übergeben werden, würde jede Änderung an ihnen auf Client-Seite unsichtbar bleiben. `storeTime` gibt daher das `TimeStore`-Objekt mit der eingefügten Uhrzeit als Rückgabewert an den Client zurück.

`TimeStore` wird als Interface wie folgt definiert:

```
001 import java.io.Serializable;
002
003 public interface TimeStore
004 extends Serializable
005 {
```

Listing 46.2: Das TimeStore-Interface

Listing 46.2:
Das TimeStore-
Interface
(Forts.)

```
006    public void setTime(String time);
007
008    public String getTime();
009  }
```

Mit `setTime` wird ein als String übergebener Uhrzeitwert gespeichert, mit `getTime` kann er abgefragt werden.

> Der Grund dafür, `TimeStore` als Interface zu definieren, liegt darin, daß wir mit seiner Hilfe zeigen wollen, auf welche Weise Code dynamisch zwischen Client und Server übertragen werden kann. Auf der Client-Seite werden wir dazu später eine Implementierung `MyTimeStore` verwenden, deren Bytecode server-seitig zunächst nicht bekannt ist, sondern zur Laufzeit nachgeladen wird.

46.2.3 Implementierung des Remote-Interfaces

Die Implementierungsklasse

Nach der Definition des Remote-Interfaces muß dessen Implementierung (also die Klasse für die Remote-Objekte) realisiert werden. Dazu erstellen wir eine Klasse `TimeServiceImpl`, die aus `UnicastRemoteObject` abgeleitet ist und das Interface `TimeService` implementiert. `UnicastRemoteObject` stammt aus dem Paket `java.rmi.server` und ist für die Details der Kommunikation zwischen Client und Server verantwortlich. Zusätzlich überlagert sie die Methoden `clone`, `equals`, `hashCode` und `toString` der Klasse `Object`, um den Remote-Referenzen die Semantik von *Referenzen* zu verleihen.

> Der hier verwendete Suffix "Impl" ist lediglich eine Namenskonvention, die anzeigt, daß das Objekt eine Implementierung von "TimeService" ist. Wir hätten auch jeden anderen Namen wählen können. Die Klasse `TimeServiceImpl` wird später nur bei der Instanzierung der zu registrierenden Remote-Objekte benötigt, auf Client-Seite kommt sie überhaupt nicht vor.

Das folgende Listing zeigt die Implementierung:

Listing 46.3:
Implementie-
rung des Uhr-
zeit-Services

```
001  /* TimeServiceImpl.java */
002
003  import java.rmi.*;
004  import java.rmi.server.*;
005  import java.util.*;
006
007  public class TimeServiceImpl
008  extends UnicastRemoteObject
009  implements TimeService
```

Aufbau eines einfachen Uhrzeit-Services

Kapitel 46

```
010 {
011   public TimeServiceImpl()
012   throws RemoteException
013   {
014   }
015
016   public String getTime()
017   throws RemoteException
018   {
019     GregorianCalendar cal = new GregorianCalendar();
020     StringBuffer sb = new StringBuffer();
021     sb.append(cal.get(Calendar.HOUR_OF_DAY));
022     sb.append(":" + cal.get(Calendar.MINUTE));
023     sb.append(":" + cal.get(Calendar.SECOND));
024     return sb.toString();
025   }
026
027   public TimeStore storeTime(TimeStore store)
028   throws RemoteException
029   {
030     store.setTime(getTime());
031     return store;
032   }
033 }
```

Listing 46.3: Implementierung des Uhrzeit-Services (Forts.)

> Der parameterlose Konstruktor ist erforderlich, weil beim (ansonsten automatisch ausgeführten) Aufruf des Superklassenkonstruktors eine RemoteException ausgelöst werden könnte. Ebenso wie die zu implementierenden Methoden kann er also stets eine RemoteException auslösen.

In getTime wird ein GregorianCalendar-Objekt instanziert und mit der aktuellen Uhrzeit belegt. Aus den Stunden-, Minuten- und Sekundenwerten wird ein StringBuffer erzeugt und nach Konvertierung in einen String an den Aufrufer zurückgegeben. storeTime ist noch einfacher aufgebaut. Es erzeugt zunächst einen Uhrzeitstring, speichert diesen in dem als Parameter übergebenen TimeStore-Objekt und gibt es an den Aufrufer zurück.

Erzeugen von Stub und Skeleton

Nachdem die Implementierungsklasse angelegt wurde, müssen Stub und Skeleton erzeugt werden. Diese Arbeit braucht glücklicherweise nicht per Hand erledigt zu werden, sondern kann mit Hilfe des Programms rmic aus dem JDK ausgeführt werden. rmic erwartet den Namen der Implementierungsklasse als Argument (falls erforderlich, mit der vollen Paketbezeichnung) und erzeugt daraus die beiden Klassendateien für Stub und Skeleton. Aus der Klasse TimeServiceImpl werden die Klassen TimeServiceImpl_Stub und TimeServiceImpl_Skel erzeugt und als .class-Dateien zur Verfügung gestellt.

rmic ist ein Kommandozeilenprogramm, das ähnliche Optionen wie javac kennt. Im einfachsten Fall reicht es aus, den Namen der Implementierungsklasse anzugeben:

rmic TimeServiceImpl

> rmic analysiert den Bytecode der übergebenen Klasse und erzeugt daraus die angegebenen Klassendateien. Falls die Implememtierungsklasse noch nicht übersetzt war, wird dies automatisch erledigt. Wer sich einmal den Quellcode von Stub und Skeleton ansehen möchte, kann rmic mit der Option "-keep" anweisen, die temporären .java-Dateien nach dem Erzeugen der Klassendateien nicht zu löschen.

46.2.4 Registrieren der Objekte

Starten der RMI-Registry

Um den TimeService verwenden zu können, muß wenigstens eine Instanz von TimeServiceImpl erzeugt und bei der RMI-Registry registriert werden. Diese wird im JDK durch das Kommandozeilenprogramm rmiregistry zur Verfügung gestellt. Es wird auf dem Server gestartet und muß solange laufen, wie Remote-Objekte dieses Servers verwendet werden sollen. Der einzige Parameter von rmiregistry ist eine optionale TCP-Portnummer. Diese gibt an, auf welchem TCP-Port eingehende Anfragen empfangen werden sollen. Sie ist standardmäßig auf 1099 eingestellt, kann aber auch auf einen anderen Wert gesetzt werden.

Unter UNIX kann man die RMI-Registry im Hintergrund starten:

rmiregistry &

Unter Windows kann sie direkt von der Kommandozeile oder mit Hilfe des start-Kommandos in einer eigenen DOS-Box gestartet werden:

start rmiregistry

Das Programm zur Registrierung des Remote-Objekts

Nachdem rmiregistry läuft, können die zur Verfügung stehenden Remote-Objekte registriert werden. Wir verwenden dazu eine eigene Klasse TimeServiceRegistration, in deren main-Methode die Registrierung vorgenommen wird:

Listing 46.4: Registrierung von Remote-Objekten

```
001 /* TimeServiceRegistration.java */
002
003 import java.rmi.*;
004 import java.util.*;
005
006 public class TimeServiceRegistration
007 {
```

Aufbau eines einfachen Uhrzeit-Services — Kapitel 46

```
008   public static void main(String[] args)
009   {
010     System.setSecurityManager(new RMISecurityManager());
011     try {
012       System.out.println("Registering TimeService");
013       TimeServiceImpl tsi = new TimeServiceImpl();
014       Naming.rebind("TimeService", tsi);
015       System.out.println("  Done.");
016     } catch (Exception e) {
017       System.err.println(e.toString());
018       System.exit(1);
019     }
020   }
021 }
```

Listing 46.4: Registrierung von Remote-Objekten (Forts.)

Das Programm erzeugt eine neue Instanz von `TimeServiceImpl` und übergibt diese unter dem Namen "TimeService" an die RMI-Registry. Dazu wird die statische Methode `rebind` der Klasse `Naming` aufgerufen. `Naming` ist die Programmierschnittstelle zur RMI-Registry, sie stellt folgende Methoden zur Verfügung:

```
public static void bind(String name, Remote obj)
  throws AlreadyBoundException,
         MalformedURLException,
         RemoteException

public static void rebind(String name, Remote obj)
  throws RemoteException,
         MalformedURLException

public static void unbind(String name)
  throws RemoteException,
         MalformedURLException,
         NotBoundException

public static Remote lookup(String name)
  throws NotBoundException,
         MalformedURLException,
         RemoteException

public static String[] list(String name)
  throws RemoteException,
         MalformedURLException
```

java.rmi.Naming

Mit `bind` wird ein Remote-Objekt unter einem vorgegebenen Namen registriert. Gab es bereits ein Objekt dieses Namens, wird eine Ausnahme ausgelöst. `rebind` erledigt dieselbe Aufgabe, ersetzt jedoch ein eventuell vorhandenes gleichnamiges Objekt. Mit `unbind` kann ein registriertes Objekt aus der RMI-Registry entfernt werden. Die Methode `lookup` dient dazu, zu einem gegebenen Namen eine Remote-Referenz zu erhalten. Sie wird uns beim Client wiederbegegnen. Mit `list` kann eine Liste der Namen von allen registrierten Remote-Referenzen beschafft werden.

Die an `Naming` übergebenen Namen haben das Format von URLs (siehe Abschnitt 40.1.1 auf Seite 909). Die Dienstebezeichnung ist "rmi", der Rest entspricht einer HTTP-URL. Eine gültige rmi-URL wäre also beispielsweise:

```
rmi://ph01:1099/TimeService
```

Der Server heißt hier "ph01" und wird auf Port 1099 angesprochen, der Name des Remote-Objekts ist "TimeService". Servername und Portnummer sind optional. Fehlt der Server, wird "localhost" angenommen, fehlt die Portnummer, erfolgt die Kommunikation auf TCP-Port 1099. Aus diesem Grund haben wir bei der Registrierung des `TimeService-Impl`-Objekts mit "TimeService" lediglich den Namen des Remote-Objekts angegeben.

> Der Name, unter dem ein Remote-Objekt bei der RMI-Registry registriert werden soll, ist frei wählbar. Tatsächlich hat der in unserem Fall verwendete Begriff "TimeService" nichts mit dem Namen des Interfaces `TimeService` zu tun. Er stellt lediglich eine Vereinbarung zwischen Server und Client dar und hätte ebenso gut "ts", "TimeService1" oder "Blablabla" lauten können.

Ändern der Policy-Datei

Die in Zeile 010 stehende Installation der Klasse `RMISecurityManager` ist erforderlich, weil der Server den Code für die auf dem Client erzeugte `TimeStore`-Implementierung dynamisch laden soll. Aus Sicherheitsgründen ist das Laden von externem Bytecode aber nur dann erlaubt, wenn ein `SecurityManager` installiert ist. Um diesen mit den erforderlichen Rechten auszustatten, muß (ab dem JDK 1.2) die Policy-Datei auf dem Server um folgenden Eintrag ergänzt werden:

```
grant {
  permission java.net.SocketPermission "ph01:1099", "connect,resolve";
  permission java.net.SocketPermission "ph02:80", "connect";
};
```

Der erste Eintrag ermöglicht die TCP-Kommunikation mit der RMI-Registry auf Port 1099. Der zweite ermöglicht es dem Server, auf TCP-Port 80 eine Verbindung zu dem Rechner mit dem Namen "ph02" herzustellen. Dort wird später der Web-Server laufen, mit dem der Client die Klassendatei mit der `TimeStore`-Implementierung zur Verfügung stellt.

Aufbau eines einfachen Uhrzeit-Services Kapitel 46

Am besten ist es, die entsprechenden Einträge in der benutzerspezifischen Policy-Datei vorzunehmen. Sie liegt im Home-Verzeichnis des aktuellen Benutzers und heißt `.java.policy`. Auf Windows 95/98-Einzelplatzsystemen liegt sie im Windows-Verzeichnis (meist `c:\windows`). Weitere Informationen zur Policy-Datei sind im Kapitel über Sicherheit und Kryptographie in Abschnitt 47.3.4 auf Seite 1134 zu finden.

Registrierung des Remote-Objekts

Nach dem Ändern der Policy-Datei kann das Programm zur Registrierung des Remote-Objekts gestartet werden. Damit der Server später die dynamischen Klassendateien findet, muß das System-Property "java.rmi.server.codebase" gesetzt werden. In unserem Fall handelt es sich um eine http-Verbindung in das WebServer-Root-Verzeichnis auf dem Rechner "ph02".

Der Aufruf des Programms sieht damit wie folgt aus:

```
c:\--->java -Djava.rmi.server.codebase=http://ph02/ TimeServiceRegistration
Registering TimeService
  Done.
```

Er ist nur erfolgreich, wenn die RMI-Registry läuft und die entsprechenden Änderungen in der Policy-Datei vorgenommen wurden. Andernfalls wird eine Ausnahme ausgelöst und das Programm mit einer Fehlermeldung beendet. War die Registrierung erfolgreich, wird die `main`-Methode beendet, das Programm läuft aber trotzdem weiter. Das liegt daran, daß der Konstruktor von `UnicastRemoteObject` einen neuen Thread zur Kommunikation mit der RMI-Registry aufgebaut hat, in dem er unter anderem das soeben erzeugte Objekt vorhält.

> Die RMI-Kommunikation zwischen Client und Server könnte auch völlig ohne `SecurityManager`, Web-Server und Änderungen an den Policy-Dateien durchgeführt werden. In diesem Fall wäre es aber nicht möglich, zur Laufzeit Bytecode zwischen den beiden Maschinen zu übertragen. Alle benötigten Klassendateien müßten dann im lokalen Klassenpfad des Clients bzw. Servers liegen.

46.2.5 Zugriff auf den Uhrzeit-Service

Nach der Implementierung des Servers wollen wir uns nun die Realisierung der Client-Seite ansehen. Dazu soll das folgende Programm verwendet werden:

```
001 /* TimeServiceClient.java */
002
003 import java.rmi.*;
004
```

Listing 46.5: Der Time-Service-Client

1101

Listing 46.5: Der Time-Service-Client (Forts.)

```
005 public class TimeServiceClient
006 {
007   public static void main(String[] args)
008   {
009     try {
010       String host = "ph01";
011       String port = "1099";
012       String srv  = "TimeService";
013       String url  = "rmi://" + host + ":" + port + "/" + srv;
014       System.out.println("Looking-up TimeService " + url);
015       TimeService ts = (TimeService)Naming.lookup(url);
016       System.out.println("  Server time is " + ts.getTime());
017       System.out.print("  MyTimeStore contains ");
018       TimeStore tsd = new MyTimeStore();
019       tsd = ts.storeTime(tsd);
020       System.out.println(tsd.getTime());
021     } catch (Exception e) {
022       System.err.println(e.toString());
023       System.exit(1);
024     }
025
026   }
027 }
```

Das Programm erstellt zunächst den URL-String zur Suche in der RMI-Registry. Er lautet "rmi://ph01:1099/TimeService" und wird in Zeile 015 an die Methode lookup der Klasse Naming übergeben. Falls auf dem Rechner "ph01" eine RMI-Registry auf Port 1099 läuft und ein Objekt mit dem Namen "TimeService" vorhält, wird durch diesen Aufruf eine passende Remote-Referenz erzeugt und der Variablen ts zugewiesen.

Deren Methode getTime wird in Zeile 016 aufgerufen und über die Stub-Skeleton-Verbindung an das TimeServiceImpl-Objekt des Servers weitergeleitet. Der dort erzeugte Rückgabewert wird in umgekehrter Richtung an den Client zurückgegeben (die Klasse String ist standardmäßig serialisierbar) und auf dessen Console ausgegeben. Damit das Programm funktioniert, muß zuvor allerdings die Stub-Klasse TimeServiceImpl_Stub.class in das Startverzeichnis der Client-Klasse kopiert werden. Obwohl auch das dynamische Übertragen von Stubs leicht möglich wäre, haben wir es hier aus Gründen der Übersichtlichkeit nicht realisiert.

In Zeile 018 wird eine Instanz der Klasse MyTimeStore erzeugt und an die Methode storeTime des Remote-Objekts übergeben. Dort wird die aktuelle Uhrzeit des Servers eingetragen und das Objekt als Rückgabewert an den Aufrufer zurückgegeben. Vor der Rückübertragung wird es nun ebenfalls serialisiert und landet nach der Deserialisierung durch den Client in Zeile 019 in der Variablen tsd. Der darin enthaltene Uhrzeitstring wird dann ebenfalls auf der Console ausgegeben.

Aufbau eines einfachen Uhrzeit-Services   Kapitel 46

Die im Client verwendete Klasse `MyTimeStore` ist sehr einfach aufgebaut:

```
001  /* MyTimeStore.java */
002
003  import java.io.*;
004
005  public class MyTimeStore
006  implements TimeStore, Serializable
007  {
008    String time;
009
010    public void setTime(String time)
011    {
012      this.time = time;
013    }
014
015    public String getTime()
016    {
017      return this.time;
018    }
019  }
```

Listing 46.6:
Die Klasse
MyTimeStore

Sie implementiert das Interface `TimeStore`, um zu Parameter und Rückgabewert der `Time`-`Service`-Methode `storeTime` kompatibel zu sein. Das Interface `Serializable` implementiert sie dagegen, um vom RMI-Laufzeitsystem zwischen Client und Server übertragen werden zu können.

Die Klasse `MyTimeStore` ist zunächst nur auf dem Client bekannt und wird dort übersetzt. Wie eingangs erwähnt, besitzt RMI die Fähigkeit, Bytecode dynamisch nachzuladen. Dazu wird allerdings kein eigenes, sondern das aus dem World Wide Web bekannte HTTP-Protokoll verwendet. Wie ein Web-Browser fragt also einer der beiden Teilnehmer per HTTP-GET-Transaktion (siehe Abschnitt 45.2.4 auf Seite 1074) bei seinem Partner nach der benötigten Klassendatei.

Damit der Server den Bytecode für `MyTimeStore` laden kann, muß also auf dem Client ein Web-Server laufen, der den Bytecode auf Anfrage zur Verfügung stellt. Wir können dazu einfach den in Abschnitt 45.3.3 auf Seite 1080 entwickelten `ExperimentalWebServer` verwenden und vor dem Aufruf des Client-Programms in dem Verzeichnis mit der Datei `MyTimeStore.class` starten:

```
c:\--->start java ExperimentalWebServer 80
```

Nun kann das Client-Programm gestartet werden:

```
c:\--->java TimeServiceClient
```

Vorausgesetzt, daß die Server-Programme wie zuvor beschrieben gestartet wurden, die Klassendateien `MyTimeStore.class`, `TimeServiceClient.class` und `TimeServiceImpl_Stub.class` auf dem Client vorhanden sind und der Web-Server läuft, erhalten wir nun die Verbindung zum Server, und die Ausgabe des Clients sieht etwa so aus:

```
Looking-up TimeService rmi://ph01:1099/TimeService
  Server time is 21:37:47
  MyTimeStore contains 21:37:48
```

Abbildung 46.3 stellt die Zusammenhänge noch einmal bildlich dar:

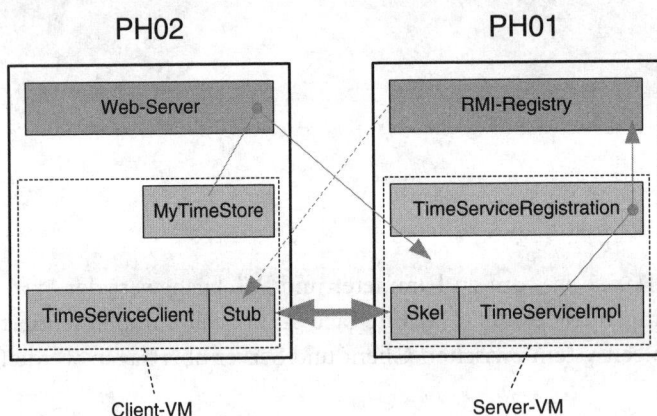

Abbildung 46.3: Kommunikation im RMI-Beispiel

46.2.6 Ausblick

Mit dem vorliegenden Beispiel wurden die grundlegenden Mechanismen von RMI vorgestellt. In der Praxis wird man meist etwas mehr Aufwand treiben müssen, um eine stabile und performante RMI-Applikation zu erstellen. Nachfolgend seien einige der Aspekte genannt, die dabei von Bedeutung sind:

▶ Zugriffe auf die RMI-Registry können je nach Konfiguration der Systeme recht kostspielig sein. Es ist daher sinnvoll, nur eines oder wenige Bootstrap-Objekte über die Registry zu laden und an sie das Beschaffen weiterer Remote-Referenzen zu delegieren.

▶ Die RMI-Registry bietet lediglich eine sehr einfache Abbildung von Namen auf Remote-Objekte. Hierarchische Namensräume, dynamische Objektsuche, Lastverteilung oder ähnliche Eigenschaften fehlen ihr dagegen. Möglicherweise ist es besser, einen anderen Namens-Service zu verwenden. Mit *JNDI* (*Java Naming and Directory Interface*) steht dabei seit dem JDK 1.3 bereits eine mögliche Alternative standardmäßig zur Verfügung.

- Das dynamische Laden von Bytecode wurde hier nur angedeutet. In der Praxis sollen möglicherweise auch Stubs dynamisch geladen werden. Andererseits kann vielleicht nicht jeder Client einen eigenen Web-Server zur Verfügung stellen. Die Verteilung des Bytecodes ist also ebenso zu organisieren wie die Verteilung der Objekte.

- Auch auf den konkurrierenden Zugriff mehrerer Clients auf ein und dasselbe Remote-Objekt sind wir nicht eingegangen. Tatsächlich ist es in der Regel so, daß das RMI-Laufzeitsystem für jeden Zugriff eines Clients einen eigenen Thread erzeugt und somit parallel auf das Remote-Objekt zugegriffen wird. Die RMI-Spezifikation schreibt konsequenterweise vor, die Remote-Objekte thread-sicher zu implementieren.

46.3 Zusammenfassung

In diesem Kapitel wurden folgende Themen behandelt:

- Die prinzipielle Arbeitsweise von RMI
- Die Bedeutung der Begriffe *Remote-Interface*, *Remote-Objekt*, *Remote-Referenz* und *RMI-Registry*
- Die Verwendung von Stubs und Skeletons zur Kommunikation zwischen Server und Client
- Die drei unterschiedlichen Parameterarten bei der Kommunikation zwischen Client und Server
- Entwurf des Remote-Interfaces `TimeService` und Bedeutung des Interfaces `Remote`
- Erstellen der Implementierungsklasse `TimeServiceImpl` durch Ableiten aus `UnicastRemoteObject`
- Erzeugen von Stub und Skeleton mit `rmic`
- Starten der RMI-Registry durch Aufruf von `rmiregistry`
- Erzeugen und Registrieren von Remote-Objekten und das Format der RMI-URLs
- Änderungen an den Policy-Dateien zum dynamischen Laden von Bytecode
- Entwurf eines Clients zum Zugriff auf den Uhrzeit-Service
- Verwendung eines Web-Servers zum dynamischen Laden von Bytecode

47 Sicherheit und Kryptographie

47.1 Kryptographische Grundlagen

47.1.1 Wichtige Begriffe

Thema dieses Kapitels ist es, die in Java verfügbaren Sicherheitsmechanismen vorzustellen. Wir werden dabei zunächst auf allgemeine Konzepte aus dem Gebiet der Kryptographie und ihre Implementierung in Java eingehen. Anschließend werden die eingebauten Sicherheitsmechanismen von Java vorgestellt. Zum Abschluß zeigen wir, wie signierte Applets erstellt und verwendet werden, und wie mit ihrer Hilfe eine fein differenzierte Sicherheitspolitik etabliert werden kann. Zunächst sollen allerdings wichtige Begriffe erläutert werden, die für das Verständnis der nachfolgenden Abschnitte von Bedeutung sind.

Angenommen, ein *Sender* will eine Nachricht an einen *Empfänger* übermitteln. Soll das geschehen, ohne daß ein Dritter, dem die Nachricht in die Hände fallen könnte, diese entziffern kann, könnte sie *verschlüsselt* werden. Der ursprüngliche Nachrichtentext (der als *Klartext* bezeichnet wird) wird dabei mit Hilfe eines dem Sender bekannten Verfahrens unkenntlich gemacht. Das als *Schlüsseltext* bezeichnete Ergebnis wird an den Empfänger übermittelt und mit Hilfe eines ihm bekannten Verfahrens wieder in den Klartext zurückverwandelt (was als *entschlüsseln* bezeichnet wird).

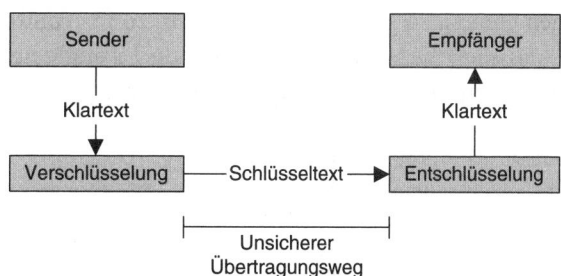

Abbildung 47.1: Verschlüsseln einer Nachricht

Solange der Algorithmus zum Entschlüsseln geheim bleibt, ist die Nachricht sicher. Selbst wenn sie auf dem Übertragungsweg entdeckt wird, kann kein Dritter sie entschlüsseln. Wird das Entschlüsselungsverfahren dagegen entdeckt, kann die Nachricht (und mit ihr alle anderen Nachrichten, die mit demselben Verfahren verschlüsselt wurden) entziffert werden.

Um den Schaden durch das Entdecken eines Verschlüsselungsverfahrens gering zu halten, werden die Verschlüsselungsalgorithmen in aller Regel parametrisiert. Dazu wird beim Verschlüsseln eine als *Schlüssel* bezeichnete Ziffern- oder Zeichenfolge angegeben, mit der die Nachricht verschlüssel wird. Der Empfänger benötigt dann zusätzlich zur Kenntnis des Verfahrens noch den vom Sender verwendeten Schlüssel, um die Nachricht entziffern zu können.

Die Wissenschaft, die sich mit dem Verschlüsseln und Entschlüsseln von Nachrichten und eng verwandten Themen beschäftigt, wird als *Kryptographie* bezeichnet. Liegt der Schwerpunkt mehr auf dem Entschlüsseln, (insbesondere dem Entziffern geheimer Botschaften), wird dies als *Kryptoanalyse* bezeichnet. Die *Kryptologie* schließlich bezeichnet den Zweig der Mathematik, der sich mit den formal-mathematischen Aspekten der Kryptographie und Kryptoanalyse beschäftigt.

47.1.2 Einfache Verschlüsselungen

Substitution

Seit dem Altertum sind einfache Verschlüsselungsverfahren bekannt. Zu ihnen zählen beispielsweise die Substitutions-Verschlüsselungen, bei denen einzelne Buchstaben systematisch durch andere ersetzt werden. Angenommen, Klartexte bestehen nur aus den Buchstaben A bis Z, so könnte man sie dadurch verschlüsseln, daß jeder Buchstabe des Klartextes durch den Buchstaben ersetzt wird, der im Alphabet um eine feste Anzahl Zeichen verschoben ist. Als Schlüssel *k* kann beispielsweise die Länge der Verschiebung verwendet werden. Ist *k* beispielsweise 3, so würde jedes A durch ein D, jedes B durch ein E, jedes W durch ein Z, jedes X durch ein A usw. ersetzt werden.

Dieses einfache Verfahren wurde beispielsweise bereits von Julius Cäsar verwendet, um seinen Generälen geheime Nachrichten zu übermitteln. Es wird daher auch als *Cäsarische Verschlüsselung* bezeichnet. Das folgende Listing zeigt eine einfache Implementierung dieses Verfahrens, bei dem Schlüssel und Klartext als Argument übergeben werden müssen:

Listing 47.1:
Verschlüsselung durch Substitution

```
001 /* Listing4701.java */
002
003 public class Listing4701
004 {
005   public static void main(String[] args)
006   {
007     int key = Integer.parseInt(args[0]);
008     String msg = args[1];
009     for (int i = 0; i < msg.length(); ++i) {
010       int c = (msg.charAt(i) - 'A' + key) % 26 + 'A';
011       System.out.print((char)c);
012     }
013   }
014 }
```

Kryptographische Grundlagen

Um die Nachricht zu entschlüsseln, verwendet der Empfänger dasselbe Verfahren, allerdings mit dem Schlüssel 26 - k:

```
--->java Test2 3 HALLO
KDOOR
--->java Test2 23 KDOOR
HALLO
```

Exklusiv-ODER

Ein ähnlich weitverbreitetes Verfahren besteht darin, jedes Zeichen des Klartexts mit Hilfe des Exklusiv-ODER-Operators mit dem Schlüssel zu verknüpfen. Durch dessen Anwendung werden alle Bits invertiert, die zu einem gesetztem Bit im Schlüssel korrespondieren, alle anderen bleiben unverändert. Das Entschlüsseln erfolgt durch erneute Anwendung des Verfahrens mit demselben Schlüssel.

> Ein Verfahren, bei dem Ver- und Entschlüsselung mit demselben Algorithmus und Schlüssel durchgeführt werden, wird als *symmetrische Verschlüsselung* bezeichnet.

Eine einfache Implementierung der Exklusiv-ODER-Verschlüsselung zeigt folgendes Listing:

```java
001 /* Listing4702.java */
002
003 public class Listing4702
004 {
005   public static void main(String[] args)
006   {
007     int key = Integer.parseInt(args[0]);
008     String msg = args[1];
009     for (int i = 0; i < msg.length(); ++i) {
010       System.out.print((char)(msg.charAt(i) ^ key));
011     }
012   }
013 }
```

Listing 47.2: Verschlüsselung mit Exklusiv-ODER

Ein Anwendungsbeispiel könnte so aussehen:

```
--->java Test2 65 hallo
) --.
--->java Test2 65 ") --."
hallo
```

Daß die Rückkonvertierung über die Kommandozeile hier geklappt hat, liegt daran, daß die Verschlüsselung keine nicht-darstellbaren Sonderzeichen produziert hat (der Schlüssel 65 kippt lediglich 2 Bits in jedem Zeichen). Im allgemeinen sollte der zu ver- oder entschlüsselnde Text aus einer Datei gelesen und das Resultat auch wieder in eine solche geschrieben werden. Dann können alle 256 möglichen Bitkombinationen je Byte zuverlässig gespeichert und übertragen werden.

Vorsicht!

Derart einfache Verschlüsselungen wie die hier vorgestellten sind zwar weit verbreitet, denn sie sind einfach zu implementieren. Leider bieten sie aber nicht die geringste Sicherheit gegen ernsthafte Krypto-Attacken. Einige der in letzter Zeit bekannt gewordenen (und für die betroffenen Unternehmen meist peinlichen, wenn nicht gar kostspieligen) Fälle von Einbrüchen in Softwaresysteme waren darauf zurückzuführen, daß zu einfache Sicherheitssysteme verwendet wurden.

Wir wollen diesen einfachen Verfahren nun den Rücken zuwenden, denn seit dem JDK 1.2 gibt es in Java Möglichkeiten, professionelle Sicherheitskonzepte zu verwenden. Es ist ein großer Vorteil der Sprache, daß auf verschiedenen Ebenen Sicherheitsmechanismen fest eingebaut wurden, und eine mißbräuchliche Anwendung der Sprache erschwert wird. In den folgenden Abschnitten werden wir die wichtigsten dieser Konzepte vorstellen.

Allerdings sollte dieser Abschnitt nicht als umfassende Einführung in die Grundlagen der Kryptographie mißverstanden werden. Das Thema ist ausgesprochen vielschichtig, mathematisch anspruchsvoll, und es erfordert in seiner Detailfülle weitaus mehr Raum als hier zur Verfügung steht. Wir werden neue Begriffe nur soweit einführen, wie sie für das Verständnis der entsprechenden Abschnitte erforderlich sind. Für Details sei auf weiterführende Literatur verwiesen. Ein sehr gelungenes Buch ist »Applied Cryptography« von Bruce Schneier. Es bietet einen umfassenden und dennoch verständlichen Einblick in die gesamte Materie und ist interessant zu lesen. Gleichermaßen unterhaltsam wie lehrreich ist auch die in »Geheime Botschaften« von Simon Singh dargestellte Geschichte der Kryptographie.

47.1.3 Message Digests

Ein *Message Digest* ist eine Funktion, die zu einer gegebenen Nachricht eine Prüfziffer berechnet. Im Gegensatz zu ähnlichen Verfahren, die keine kryptographische Anwendung haben (siehe z.B. `hashCode` in Abschnitt 8.1.2 auf Seite 164), muß ein Message Digest zusätzlich folgende Eigenschaften besitzen:

Kryptographische Grundlagen

▶ Die Wahrscheinlichkeit, daß zwei unterschiedliche Nachrichten dieselbe Prüfsumme haben, muß vernachlässigbar gering sein.

▶ Es muß praktisch unmöglich sein, aus der berechneten Prüfsumme auf die ursprüngliche Nachricht zurückzuschließen.

Ein Message Digest wird daher auch als *Einweg-Hashfunktion* bezeichnet. Er ist meist 16 oder 20 Byte lang und kann als eine Art komplizierte mathematische *Zusammenfassung* der Nachricht angesehen werden. Message Digests haben Anwendungen im Bereich digitaler Unterschriften und bei der Authentifizierung. Allgemein gesprochen werden sie dazu verwendet, sicherzustellen, daß eine Nachricht nicht verändert wurde. Bevor wir auf diese Anwendungen in den nächsten Abschnitten zurückkommen, wollen wir uns ihre Implementierung im JDK 1.2 ansehen.

Praktisch alle wichtigen Sicherheitsfunktionen sind im Paket `java.security` oder einem seiner Unterpakete untergebracht. Ein Message Digest wird durch die Klasse `MessageDigest` implementiert. Deren Objekte werden nicht direkt instanziert, sondern mit der Methode `getInstance` erstellt:

```
public static MessageDigest getInstance(String algorithm)
  throws NoSuchAlgorithmException
```
java.security.MessageDigest

Als Argument wird dabei die Bezeichnung des gewünschten Algorithmus angegeben. Im JDK 1.2 sind beispielsweise folgende Angaben möglich:

▶ "SHA": Der 160-Bit lange "Secure Hash Algorithm" des amerikanischen *National Institute of Standards and Technology*

▶ "MD5": Der 128-Bit lange "Message Digest 5" von Ron L. Rivest

Nachdem ein `MessageDigest`-Objekt erzeugt wurde, bekommt es die Daten, zu denen die Prüfziffer berechnet werden soll, in einzelnen Bytes oder Byte-Arrays durch fortgesetzten Aufruf der Methode `update` übergeben:

```
public void update(byte input)
public void update(byte[] input)
public void update(byte[] input, int offset, int len)
```
java.security.MessageDigest

Wurden alle Daten übergeben, kann durch Aufruf von `digest` das Ergebnis ermittelt werden:

```
public byte[] digest()
```
java.security.MessageDigest

Zurückgegeben wird ein Array von 16 bzw. 20 Byte (im Falle anderer Algorithmen möglicherweise auch andere Längen), in dem der Message Digest untergebracht ist. Ein Aufruf führt zudem dazu, daß der Message Digest zurückgesetzt, also auf den Anfangszustand initialisiert, wird.

Das folgende Listing zeigt, wie ein Message Digest zu einer beliebigen Datei erstellt wird. Sowohl Algorithmus als auch Dateiname werden als Kommandozeilenargumente übergeben:

Listing 47.3:
Erstellen eines
Message Digests

```
001  /* Listing4703.java */
002
003  import java.io.*;
004  import java.security.*;
005
006  public class Listing4703
007  {
008    /**
009     * Konvertiert ein Byte in einen Hex-String.
010     */
011    public static String toHexString(byte b)
012    {
013      int value = (b & 0x7F) + (b < 0 ? 128 : 0);
014      String ret = (value < 16 ? "0" : "");
015      ret += Integer.toHexString(value).toUpperCase();
016      return ret;
017    }
018
019    public static void main(String[] args)
020    {
021      if (args.length < 2) {
022        System.out.println(
023          "Usage: java Listing4703 md-algorithm filename"
024        );
025        System.exit(0);
026      }
027      try {
028        //MessageDigest erstellen
029        MessageDigest md = MessageDigest.getInstance(args[0]);
030        FileInputStream in = new FileInputStream(args[1]);
031        int len;
032        byte[] data = new byte[1024];
033        while ((len = in.read(data)) > 0) {
034          //MessageDigest updaten
035          md.update(data, 0, len);
036        }
037        in.close();
038        //MessageDigest berechnen und ausgeben
039        byte[] result = md.digest();
```

Kryptographische Grundlagen Kapitel 47

```
040        for (int i = 0; i < result.length; ++i) {
041          System.out.print(toHexString(result[i]) + " ");
042        }
043        System.out.println();
044      } catch (Exception e) {
045        System.err.println(e.toString());
046        System.exit(1);
047      }
048    }
049  }
```

Listing 47.3:
Erstellen eines
Message Digests
(Forts.)

Im Paket `java.security` gibt es zwei Klassen, die einen Message Digest mit einem Stream kombinieren. `DigestInputStream` ist ein Eingabe-Stream, der beim Lesen von Bytes parallel deren Message Digest berechnet; `DigestOutputStream` führt diese Funktion beim Schreiben aus. Beide übertragen die eigentlichen Bytes unverändert und können dazu verwendet werden, in einer Komposition von Streams "nebenbei" einen Message Digest zu berechnen.

Authentifizierung

Ein wichtiges Anwendungsgebiet von Message Digests ist die Authentifizierung, d.h. die Überprüfung, ob die Person oder Maschine, mit der kommuniziert werden soll, tatsächlich "echt" ist (also die ist, die sie vorgibt zu sein). Eine Variante, bei der ein Anwender sich mit einem Benutzernamen und Paßwort autorisiert, kann mit Hilfe eines Message Digests in folgender Weise realisiert werden:

▶ Zunächst wird vom System ein Benutzername vergeben.

▶ Beim ersten Anmelden gibt der Anwender den Benutzernamen und ein von ihm vergebenes Paßwort ein.

▶ Das System berechnet den Message Digest für das Paßwort und speichert ihn zusammen mit dem Benutzernamen in der Benutzerdatenbank ab.

▶ Bei jedem weiteren Anmeldeversuch berechnet das System den Message Digest zum eingegebenen Paßwort und vergleicht ihn mit dem in der Benutzerdatenbank zu diesem Benutzernamen gespeicherten. Sind beide identisch, wird der Zugang gewährt, andernfalls wird er verweigert.

Bemerkenswert daran ist, daß das System nicht die Paßwörter selbst speichert, auch nicht in verschlüsselter Form. Ein Angriff auf die Benutzerdatenbank mit dem Versuch, gespeicherte Paßwörter zu entschlüsseln, ist daher nicht möglich. Eine bekannte (und leider schon oft erfolgreich praktizierte) Methode des Angriffs besteht allerdings darin, Message Digests zu allen Einträgen in großen Wörterbüchern berechnen zu lassen, und sie mit den

Einträgen der Benutzerdatenbank zu vergleichen. Das ist einer der Gründe dafür, weshalb als Paßwörter niemals Allerweltsnamen oder einfache, in Wörterbüchern verzeichnete, Begriffe verwendet werden sollten.

"Unwissende" Beweise

Eine weitere Anwendung von Message Digests besteht darin, die Existenz von Geheimnissen oder den Nachweis der Kenntnis bestimmter Sachverhalte nachzuweisen, ohne deren Inhalt preiszugeben – selbst nicht eigentlich vertrauenswürdigen Personen. Dies wird in Bruce Schneier's Buch als *Zero-Knowledge Proof* bezeichnet und funktioniert so:

- ▶ A speichert das Geheimnis in elektronischer Form und berechnet den Message Digest dazu.
- ▶ A deponiert das Geheimnis an einer Stelle, die für Dritte unerreichbar ist.
- ▶ A übergibt den Message Digest zum Zeitpunkt X einem Notar, der Inhalt und Eingangsdatum bestätigt und urkundlich festhält. Alternativ kann A den Message Digest auch in der regionalen Tagespresse veröffentlichen und sich den Zeitungsausschnitt an die Wand hängen.

Das Geheimnis ist nicht veröffentlicht, der Nachweis für seine Existenz zum Zeitpunkt X aber erbracht. Muß A Jahre später die Existenz dieser Informationen nachweisen, holt es die Diskette mit dem Geheimnis aus dem Tresor, berechnet den Message Digest erneut und zeigt dessen Übereinstimmung mit dem seinerzeit in der Zeitung veröffentlichten.

Fingerprints

Eine weitere Anwendung von Message Digests besteht im Erstellen von Fingerprints (also digitalen Fingerabdrücken) zu öffentlichen Schlüsseln (was das genau ist, wird in Abschnitt 47.1.5 auf Seite 1117 erklärt). Um die Korrektheit eines öffentlichen Schlüssels nachzuweisen, wird daraus ein Message Digest berechnet und als digitaler Fingerabdruck an prominenter Stelle veröffentlicht (beispielsweise in den Signaturen der E-Mails des Schlüsselinhabers).

Soll vor der Verwendung eines öffentlichen Schlüssel überprüft werden, ob dieser auch wirklich dem gewünschten Inhaber gehört, ist lediglich der (durch das Schlüsselverwaltungsprogramm adhoc berechnete) Fingerprint des öffentlichen Schlüssels mit dem in der E-Mail veröffentlichten zu vergleichen. Stimmen beide überein, erhöht sich das Vertrauen in die Authentizität des öffentlichen Schlüssels und er kann verwendet werden. Stimmen sie nicht überein, sollte der Schlüssel auf keinen Fall verwendet werden. Wir werden in Abschnitt 47.1.7 auf Seite 1126 noch einmal auf diese Problematik zurückkommen.

47.1.4 Kryptographische Zufallszahlen

Zufallszahlen wurden bereits in Abschnitt 16.1 auf Seite 351 vorgestellt. In kryptographischen Anwendungen werden allerdings bessere Zufallszahlengeneratoren benötigt, als in den meisten Programmiersprachen implementiert sind. Einerseits sollte die Verteilung der Zufallszahlen besser sein, andererseits wird eine größere Periodizität gefordert (das ist die Länge der Zahlensequenz, nach der sich eine Folge von Zufallszahlen frühestens wiederholt). Zudem muß die nächste Zahl der Folge praktisch unvorhersagbar sein – selbst wenn deren Vorgänger bekannt sind.

> Es ist bekannt, daß sich mit deterministischen Maschinen (wie Computerprogramme es beispielsweise sind) keine *echten* Zufallszahlen erzeugen lassen. Eigentlich müßten wir daher von *Pseudo-Zufallszahlen* sprechen, um darauf hinzuweisen, daß unsere Zufallszahlengeneratoren stets deterministische Zahlenfolgen erzeugen. Mit der zusätzlichen Forderung kryptographischer Zufallszahlen, praktisch unvorhersagbare Zahlenfolgen zu generieren, wird diese Unterscheidung an dieser Stelle unbedeutend. Tatsächlich besteht der wichtigste Unterschied zu "echten" Zufallsgeneratoren nur noch darin, daß deren Folgen nicht zuverlässig *reproduziert* werden können (was bei unseren Pseudo-Zufallszahlen sehr wohl der Fall ist). Wir werden im folgenden daher den Begriff "Zufallszahl" auch dann verwenden, wenn eigentlich "Pseudo-Zufallszahl" gemeint ist.

Die Klasse `SecureRandom` des Pakets `java.security` implementiert einen Generator für kryptographische Zufallszahlen, der die oben genannten Eigenschaften besitzt. Er wird durch Aufruf der Methode `getInstance` ähnlich instanziert wie ein Message Digest:

```
public static SecureRandom getInstance(String algorithm)
  throws NoSuchAlgorithmException
```
java.security.MessageDigest

Als Algorithmus ist beispielsweise "SHA1PRNG" im JDK 1.2 implementiert. Hierbei entstehen die Zufallszahlen aus der Berechnung eines Message Digests für eine Pseudonachricht, die aus einer Kombination aus Initialwert und fortlaufendem Zähler besteht. Die Klasse `SecureRandom` stellt weiterhin die Methoden `setSeed` und `nextBytes` zur Verfügung:

```
public void setSeed(long seed)

public void nextBytes(byte[] bytes)
```
java.security.MessageDigest

Mit `setSeed` wird der Zufallszahlengenerator initialisiert. Die Methode sollte nach der Konstruktion einmal aufgerufen werden, um den Initialwert festzulegen (andernfalls macht es der Generator selbst). Gleiche Initialwerte führen auch zu gleichen Folgen von Zufallszahlen. Mit `nextBytes` wird eine beliebig lange Folge von Zufallszahlen erzeugt und in dem als Argument übergebenen Byte-Array zurückgegeben.

Sicherheit und Kryptographie

Das folgende Listing instanziert einen Zufallszahlengenerator und erzeugt zehn Folgen zu je acht Bytes Zufallszahlen, die dann auf dem Bildschirm ausgegeben werden:

Listing 47.4:
Erzeugen kryptographischer Zufallszahlen

```java
001  /* Listing4704.java */
002
003  import java.security.*;
004
005  public class Listing4704
006  {
007    /**
008     * Konvertiert ein Byte in einen Hex-String.
009     */
010    public static String toHexString(byte b)
011    {
012      int value = (b & 0x7F) + (b < 0 ? 128 : 0);
013      String ret = (value < 16 ? "0" : "");
014      ret += Integer.toHexString(value).toUpperCase();
015      return ret;
016    }
017
018    public static void main(String[] args)
019    {
020      try {
021        //Zufallszahlengenerator erstellen
022        SecureRandom rand = SecureRandom.getInstance("SHA1PRNG");
023        byte[] data = new byte[8];
024        //Startwert initialisieren
025        rand.setSeed(0x123456789ABCDEF0L);
026        for (int i = 0; i < 10; ++i) {
027          //Zufallszahlen berechnen
028          rand.nextBytes(data);
029          //Ausgeben
030          for (int j = 0; j < 8; ++j) {
031            System.out.print(toHexString(data[j]) + " ");
032          }
033          System.out.println();
034        }
035      } catch (Exception e) {
036        System.err.println(e.toString());
037        System.exit(1);
038      }
039    }
040  }
```

47.1.5 Public-Key-Verschlüsselung

Eines der Hauptprobleme bei der Anwendung symmetrischer Verschlüsselungen ist das der *Schlüsselübertragung*. Eine verschlüsselte Nachricht kann nämlich nur dann sicher übertragen werden, wenn der Schlüssel auf einem sicheren Weg vom Sender zum Empfänger gelangt. Je nach räumlicher, technischer oder organisatorischer Distanz zwischen beiden Parteien kann das unter Umständen sehr schwierig sein.

Mit der Erfindung der Public-Key-Kryptosysteme wurde dieses Problem Mitte der siebziger Jahre entscheidend entschärft. Bei einem solchen System wird nicht ein einzelner Schlüssel verwendet, sondern diese treten immer paarweise auf. Einer der Schlüssel ist öffentlich und dient dazu, Nachrichten zu verschlüsseln. Der anderen Schlüssel ist privat. Er dient dazu, mit dem öffentlichen Schlüssel verschlüsselte Nachrichten zu entschlüsseln.

Das Schlüsselübertragungsproblem wird nun dadurch gelöst, daß ein potentieller Empfänger verschlüsselter Nachrichten seinen öffentlichen Schlüssel an allgemein zugänglicher Stelle publiziert. Seinen privaten Schlüssel hält er dagegen geheim. Will ein Sender eine geheime Nachricht an den Empfänger übermitteln, verwendet er dessen allgemein bekannten öffentlichen Schlüssel und überträgt die verschlüsselte Nachricht an den Empfänger. Nur mit Hilfe seines privaten Schlüssels kann dieser nun die Nachricht entziffern.

Das Verfahren funktioniert natürlich nur, wenn der öffentliche Schlüssel nicht dazu taugt, die mit ihm verschlüsselte Nachricht zu entschlüsseln. Auch darf es nicht möglich sein, mit vertretbarem Aufwand den privaten Schlüssel aus dem öffentlichen herzuleiten. Beide Probleme sind aber gelöst, und es gibt sehr leistungsfähige und sichere Verschlüsselungsverfahren, die auf dem Prinzip der Public-Key-Kryptographie beruhen. Bekannte Beispiele für solche Systeme sind *RSA* (benannt nach ihren Erfindern Rivest, Shamir und Adleman) und *DSA* (*Digital Signature Architecture*).

Asymmetrische Kryptosysteme haben meist den Nachteil, sehr viel langsamer zu arbeiten als symmetrische. In der Praxis kombiniert man daher beide Verfahren und kommt so zu hybriden Kryptosystemen . Um eine geheime Nachricht von A nach B zu übertragen, wird dabei in folgenden Schritten vorgegangen:

▶ Mit Hilfe eines kryptographischen Zufallszahlengenerators erzeugt A einen Einmalschlüssel (der auch als *Session Key* bezeichnet wird).

▶ A verschlüsselt die geheime Nachricht mit Hilfe des Session Keys und eines (schnellen) symmetrischen Verfahrens.

▶ A verschlüsselt den Session-Key mit dem öffentlichen Schlüssel von B auf der Basis des vereinbarten Public-Key-Kryptoverfahrens und sendet ihn zusammen mit der verschlüsselten Nachricht an B.

- B entschlüsselt den Session-Key mit seinem privaten Schlüssel.
- B entschlüsselt die geheime Nachricht mit dem Session Key.

Fast alle Public-Key-Kryptosysteme arbeiten in dieser Weise als Hybridsysteme. Andernfalls würde das Ver- und Entschlüsseln bei großen Nachrichten viel zu lange dauern. Ein bekanntes Beispiel für ein solches System ist *PGP* (*Pretty Good Privacy*) von Phil Zimmermann. Es wird vorwiegend beim Versand von E-Mails verwendet und gilt als sehr sicher. Freie Implementierungen stehen für viele Plattformen zu Verfügung.

> Das Ver- und Entschlüsseln von Daten mit Hilfe von asymmetrischen Verfahren war bis zur Version 1.3 nicht im JDK enthalten. Zwar gab es als Erweiterung zum JDK die *JCE* (*JAVA Cryptography Extension*), doch diese durfte nur in den USA und Kanada verwendet werden. Mit dem JDK 1.4 wurden die JCE, sowie die *Java Secure Socket Extension* (*JSSE*) und der *Java Authentication and Authorization Service* (*JAAS*) fester Bestandteil des JDK. Dennoch gibt es nach wie vor einige Einschränkungen in der Leistungsfähigkeit der einzelnen Pakete, die auf US-Exportbeschränkungen zurückzuführen sind. Details können in der Dokumentation zum JDK 1.4 nachgelesen werden.

47.1.6 Digitale Unterschriften

Ein großer Vorteil der Public-Key-Kryptosysteme ist es, daß sie Möglichkeiten zum Erstellen und Verifizieren von *digitalen Unterschriften* bieten. Eine digitale Unterschrift besitzt folgende wichtige Eigenschaften:

- Sie stellt sicher, daß eine Nachricht von einem ganz bestimmten und eindeutig identifizierbaren Absender stammt.
- Sie stellt sicher, daß die Nachricht intakt ist und nicht während der Übertragung verändert wurde.

Beide Eigenschaften sind für den elektronischen Datenverkehr so fundamental wie die Verschlüsselung selbst. Technisch basieren sie darauf, daß die Funktionsweise eines Public-Key-Kryptosystems sich umkehren läßt. Daß es also möglich ist, Nachrichten, die mit einem privaten Schlüssel verschlüsselt wurden, mit Hilfe des korrespondierenden öffentlichen Schlüssels zu entschlüsseln.

Im Prinzip funktioniert eine digitale Unterschrift so:

Will A eine Nachricht signieren, so verschlüsselt er sie mit seinem privaten Schlüssel. Jeder, der im Besitz des öffentlichen Schlüssel von A ist, kann sie entschlüsseln. Da nur A seinen eigenen privaten Schlüssel kennt, *muß* die Nachricht von ihm stammen. Da es keinem

Dritten möglich ist, die entschlüsselte Nachricht zu modifizieren und sie erneut mit dem privaten Schlüssel von A zu verschlüsseln, ist auch die Integrität der Nachricht sichergestellt. Den Vorgang des Überprüfens der Integrität und Authentizität bezeichnet man als *Verifizieren* einer digitalen Unterschrift.

In der Praxis sind die Dinge wieder einmal etwas komplizierter, denn die Langsamkeit der asymmetrischen Verfahren erfordert eine etwas aufwendigere Vorgehensweise. Statt die komplette Nachricht zu verschlüsseln, berechnet A zunächst einen Message Digest der Nachricht. Diesen verschlüsselt A mit seinem privaten Schlüssel und versendet ihn als Anhang zusammen mit der Nachricht. Ein Empfänger wird die Nachricht lesen, ihren Message Digest bilden, und diesen dann mit dem (mit Hilfe des öffentlichen Schlüssels von A entschlüsselten) Original-Message-Digest vergleichen. Stimmen beide überein, ist die Signatur gültig. Die Nachricht stammt dann sicher von A und wurde nicht verändert. Stimmen sie nicht überein, wurde sie ver- oder gefälscht.

Das JDK stellt Klassen zum Erzeugen und Verifizieren digitaler Unterschriften zur Verfügung. Wir wollen uns beide Verfahren in den folgenden Abschnitten ansehen. Zuvor wird allerdings ein Schlüsselpaar benötigt, dessen Generierung im nächsten Abschnitt besprochen wird.

Erzeugen und Verwalten von Schlüsseln mit dem JDK

Um digitale Unterschriften erzeugen und verifizieren zu können, müssen Schlüsselpaare erzeugt und verwaltet werden. Seit dem JDK 1.2 wird dazu eine Schlüsseldatenbank verwendet, auf die mit Hilfe des Hilfsprogramms `keytool` zugegriffen werden kann. `keytool` kann Schlüsselpaare erzeugen, in der Datenbank speichern und zur Bearbeitung wieder herausgeben. Zudem besitzt es die Fähigkeit, Zertifikate (siehe Abschnitt 47.1.7 auf Seite 1126) zu importieren und in der Datenbank zu verwalten. Die Datenbank hat standardmäßig den Namen ".keystore" und liegt im Home-Verzeichnis des angemeldeten Benutzers (bzw. im Verzeichnis \windows eines Windows-95/98-Einzelplatzsystems).

`keytool` ist ein kommandozeilenbasiertes Hilfsprogramm, das eine große Anzahl an Funktionen bietet. Wir wollen hier nur die für den Umgang mit digitalen Unterschriften benötigten betrachten. Eine vollständige Beschreibung findet sich in der Tool-Dokumentation des JDK.

> Im JDK 1.1 gab es `keytool` noch nicht. Statt dessen wurde das Programm `javakey` zur Schlüsselverwaltung verwendet. Hier soll nur das Security-API des JDK 1.2 und darüber betrachtet werden. Wir wollen daher auf `javakey` und andere Eigenschaften der Prä-1.2-JDKs nicht eingehen.

Um ein neues Schlüsselpaar zu erzeugen, ist `keytool` mit dem Kommando `-genkey` aufzurufen. Zusätzlich müssen weitere Parameter angegeben werden:

- Mit `-alias` wird der Aliasname des neu zu generierenden Eintrags angegeben. Er dient als eindeutiger Bezeichner und wird künftig immer dann gebraucht, wenn auf diesen Eintrag zugegriffen werden soll.

- Mit `-dname` wird ein strukturierter Name für den Schlüsselbesitzer angegeben. Er besteht aus mehreren Teilen, die durch Kommata voneinander getrennt sind. Jeder einzelne Teil besteht aus einer mnemonischen Bezeichnung, gefolgt von einem Gleichheitszeichen und dem zugehörigen Wert. Einzelne Bestandteile können ausgelassen werden. Der strukturierte Name kann folgende Teile enthalten:

- CN: Üblicher Name (Common Name)

- OU: Organisatorische Einheit (Organisational Unit)

- O: Unternehmen/Organisation (Organisation)

- L: Stadt (Location)

- S: Bundesstaat (State)

- C: Land (Countrycode)

Die Optionen für den Schlüssel- und Signaturtyp (`-keyalg` und `-sigalg`) sowie die Schlüssellänge (`-keysize`) und die Gültigkeitsdauer (`-validity`) sollen unspezifiziert bleiben (und daher gemäß den eingebauten Voreinstellungen belegt werden). Zusätzlich besitzt jede Schlüsseldatenbank ein Zugriffspaßwort, das mit der Option `-storepass` (oder alternativ in der Eingabezeile) angegeben wird. Schließlich besitzt jeder private Schlüssel ein Schlüsselpaßwort, das mit der Option `-keypass` (oder über die Eingabezeile) angegeben wird.

Wir wollen zunächst ein Schlüsselpaar mit dem Aliasnamen "hjp3" erzeugen und mit dem Paßwort "hjp3key" vor unberechtigtem Zugriff schützen. Die Schlüsseldatenbank wird beim Anlegen des ersten Schlüssel automatisch erzeugt und bekommt das Paßwort "hjp3ks" zugewiesen. Wir verwenden dazu folgendes Kommando (bitte haben Sie etwas Geduld, das Programm benötigt eine ganze Weile):

```
c:\-->keytool -genkey -alias hjp3 -dname        "CN=Guido Krueger,O=Computer Books,C=de"
Enter keystore password:  hjp3ks
Enter key password for <hjp3>
        (RETURN if same as keystore password):  hjp3key
```

Nun wird ein DSA-Schlüsselpaar der Länge 1024 mit einer Gültigkeitsdauer von 90 Tagen erzeugt. Zur Überprüfung kann das Kommando `-list` (in Kombination mit `-v`) angegeben werden:

Kryptographische Grundlagen

```
C:\--->keytool -alias hjp3 -list -v
Enter keystore password:  hjp3ks
Alias name: hjp3
Creation date: Sun Dec 26 17:11:36 GMT+01:00 1999
Entry type: keyEntry
Certificate chain length: 1
Certificate[1]:
Owner: CN=Guido Krueger, O=Computer Books, C=de
Issuer: CN=Guido Krueger, O=Computer Books, C=de
Serial number: 38663e2d
Valid from: Sun Dec 26 17:11:25 GMT+01:00 1999 until: Sat Mar 25 17:11:25 GMT+01:00 2000
Certificate fingerprints:
      MD5:  D5:73:AB:06:25:16:7F:36:27:DF:CF:9D:C9:DE:AD:35
      SHA1: E0:A4:39:65:60:06:48:61:82:5E:8C:47:8A:2B:04:A4:6D:43:56:05
```

Gleichzeitig wird ein *Eigenzertifikat* für den gerade generierten öffentlichen Schlüssel erstellt. Es kann dazu verwendet werden, digitale Unterschriften zu verifizieren. Jedes Zertifikat in der Schlüsseldatenbank (und damit jeder eingebettete öffentliche Schlüssel) gilt im JDK automatisch als vertrauenswürdig.

Erstellen einer digitalen Unterschrift

Wie erwähnt, entsteht eine digitale Unterschrift zu einer Nachricht durch das Verschlüsseln des Message Digests der Nachricht mit dem privaten Schlüssel des Unterzeichnenden. Nachdem wir nun ein Schlüsselpaar erstellt haben, können wir es nun dazu verwenden, beliebige Dateien zu signieren.

Dazu wird die Klasse `Signature` des Pakets `java.security` verwendet. Ihre Programmierschnittstelle ähnelt der der Klasse `MessageDigest`: zunächst wird ein Objekt mit Hilfe einer Factory-Methode beschafft, dann wird es initialisiert, und schließlich werden die Daten durch wiederholten Aufruf von `update` übergeben. Nachdem alle Daten angegeben wurden, berechnet ein letzter Methodenaufruf das Resultat.

Ein `Signature`-Objekt kann wahlweise zum Signieren oder zum Verifizieren verwendet werden. Welche der beiden Funktionen aktiviert wird, ist nach der Instanzierung durch den Aufruf einer Initialisierungsmethode festzulegen. Ein Aufruf von `initSign` initialisiert das Objekt zum Signieren, ein Aufruf von `initVerify` zum Verifizieren.

```
public static Signature getInstance(String algorithm)
   throws NoSuchAlgorithmException

public final void initSign(PrivateKey privateKey)
   throws InvalidKeyException

public final void initVerify(PublicKey publicKey)
   throws InvalidKeyException
```

java.security.Signature

> Als Argument von getInstance wird der gewünschte Signier-Algorithmus übergeben. Auch hier wird – wie an vielen Stellen im Security-API des JDK – eine Strategie verfolgt, nach der die verfügbaren Algorithmen konfigurier- und austauschbar sind. Dazu wurde ein *Provider-Konzept* entwickelt, mit dessen Hilfe dem API Klassenpakete zur Verfügung gestellt werden können, die Funktionalitäten des Security-Pakets teilweise oder ganz austauschen. Falls der Provider beim Aufruf von getInstance nicht angegeben wird, benutzt die Methode den Standard-Provider "SUN", der zusammen mit dem JDK ausgeliefert wird. Der zu dem von uns generierten Schlüssel passende Algorithmus ist "SHA/DSA".

Die zum Aufruf der init-Methoden benötigten Schlüssel können aus der Schlüsseldatenbank beschafft werden. Auf sie kann mit Hilfe der Klasse KeyStore des Pakets java.security zugegriffen werden. Dazu wird zunächst ein KeyStore-Objekt instanziert und durch Aufruf von load mit den Daten aus der Schlüsseldatenbank gefüllt. Mit getKey kann auf einen privaten Schlüssel zugegriffen werden, mit getCertificate auf einen öffentlichen:

java.security.KeyStore

```
public static KeyStore getInstance(String type)
  throws KeyStoreException

public final Key getKey(String alias, char[] password)
  throws KeyStoreException,
         NoSuchAlgorithmException,
         UnrecoverableKeyException

public final Certificate getCertificate(String alias)
  throws KeyStoreException
```

> Das von getCertificate zurückgegebene Objekt vom Typ Certificate stammt nicht aus dem Paket java.security, sondern java.security.cert. Das in java.security vorhandene gleichnamige Interface wurde bis zum JDK 1.1 verwendet, ab 1.2 aber als deprecated markiert. Wenn nicht mit qualifizierten Klassennamen gearbeitet wird, muß daher die import-Anweisung für java.security.cert.Certificate im Quelltext *vor* der import-Anweisung von java.security.Certificate stehen.

Die Klasse Certificate besitzt eine Methode getPublicKey, mit der auf den im Zertifikat enthaltenen öffentlichen Schlüssel zugegriffen werden kann:

java.security.cert.Certificate

```
public PublicKey getPublicKey()
```

Ist das Signature-Objekt initialisiert, wird es durch Aufruf von update mit Daten versorgt. Nachdem alle Daten übergeben wurden, kann mit sign die Signatur abgefragt werden. Wurde das Objekt zum Verifizieren initialisiert, kann das Ergebnis durch Aufruf von verify abgefragt werden:

Kryptographische Grundlagen Kapitel 47

```
public final byte[] sign()
  throws SignatureException

public final boolean verify(byte[] signature)
  throws SignatureException
```
java.
security.
Signature

Nach diesen Vorüberlegungen können wir uns nun das Programm zum Erstellen einer digitalen Unterschrift ansehen. Es erwartet zwei Kommandozeilenargumente: den Namen der zu signierenden Datei und den Namen der Datei, in den die digitale Unterschrift ausgegeben werden soll.

```
001 /* DigitalSignature.java */
002
003 import java.io.*;
004 import java.security.cert.Certificate;
005 import java.security.*;
006
007 public class DigitalSignature
008 {
009   static final String KEYSTORE = "c:\\windows\\.keystore";
010   static final char[] KSPASS   = {'h','j','p','3','k','s'};
011   static final String ALIAS    = "hjp3";
012   static final char[] KEYPASS  = {'h','j','p','3','k','e','y'};
013
014   public static void main(String[] args)
015   {
016     try {
017       //Laden der Schlüsseldatenbank
018       KeyStore ks = KeyStore.getInstance("JKS");
019       FileInputStream ksin = new FileInputStream(KEYSTORE);
020       ks.load(ksin, KSPASS);
021       ksin.close();
022       //Privaten Schlüssel "hjp3" lesen
023       Key key = ks.getKey(ALIAS, KEYPASS);
024       //Signatur-Objekt erstellen
025       Signature signature = Signature.getInstance("SHA/DSA");
026       signature.initSign((PrivateKey)key);
027       //Eingabedatei einlesen
028       FileInputStream in = new FileInputStream(args[0]);
029       int len;
030       byte[] data = new byte[1024];
031       while ((len = in.read(data)) > 0) {
032         //Signatur updaten
033         signature.update(data, 0, len);
034       }
035       in.close();
036       //Signatur berechnen
037       byte[] result = signature.sign();
```

Listing 47.5:
Erstellen einer digitalen Unterschrift

Listing 47.5:
Erstellen einer
digitalen
Unterschrift
(Forts.)

```
038        //Signatur ausgeben
039        FileOutputStream out = new FileOutputStream(args[1]);
040        out.write(result, 0, result.length);
041        out.close();
042      } catch (Exception e) {
043        System.err.println(e.toString());
044        System.exit(1);
045      }
046    }
047  }
```

Will beispielsweise der Benutzer, dessen privater Schlüssel unter dem Aliasnamen "hjp3" in der Schlüsseldatenbank gespeichert wurde, die Datei DigitalSignature.java signieren und das Ergebnis in der Datei ds1.sign abspeichern, so ist das Programm wie folgt aufzurufen:

```
C:\--->java DigitalSignature DigitalSignature.java ds1.sign
```

Die Laufzeit des Programms ist beträchtlich. Das Verschlüsseln des Message Digest kann auf durchschnittlichen Rechnern durchaus etwa 30 Sekunden dauern. Glücklicherweise ist die Laufzeit nicht nennenswert von der Dateilänge abhängig, denn das Berechnen des Message Digests erfolgt sehr schnell.

Verifizieren einer digitalen Unterschrift

Das Programm zum Verifizieren arbeitet ähnlich wie das vorige. Statt mit initSign wird das Signature-Objekt nun mit initVerify initialisiert und das Ergebnis wird nicht durch Aufruf von sign, sondern durch Aufruf von verify ermittelt.

Listing 47.6:
Verifizieren
einer digitalen
Unterschrift

```
001  /* VerifySignature.java */
002
003  import java.io.*;
004  import java.security.cert.Certificate;
005  import java.security.*;
006
007  public class VerifySignature
008  {
009    static final String KEYSTORE = "c:\\windows\\.keystore";
010    static final char[] KSPASS   = {'h','j','p','3','k','s'};
011    static final String ALIAS    = "hjp3";
012
013    public static void main(String[] args)
014    {
015      try {
016        //Laden der Schlüsseldatenbank
017        KeyStore ks = KeyStore.getInstance("JKS");
018        FileInputStream ksin = new FileInputStream(KEYSTORE);
```

Kryptographische Grundlagen

```
019      ks.load(ksin, KSPASS);
020      ksin.close();
021      //Zertifikat "gk22" lesen
022      Certificate cert = ks.getCertificate(ALIAS);
023      //Signature-Objekt erstellen
024      Signature signature = Signature.getInstance("SHA/DSA");
025      signature.initVerify(cert.getPublicKey());
026      //Eingabedatei lesen
027      FileInputStream in = new FileInputStream(args[0]);
028      int len;
029      byte[] data = new byte[1024];
030      while ((len = in.read(data)) > 0) {
031        //Signatur updaten
032        signature.update(data, 0, len);
033      }
034      in.close();
035      //Signaturdatei einlesen
036      in = new FileInputStream(args[1]);
037      len = in.read(data);
038      in.close();
039      byte[] sign = new byte[len];
040      System.arraycopy(data, 0, sign, 0, len);
041      //Signatur ausgeben
042      boolean result = signature.verify(sign);
043      System.out.println("verification result: " + result);
044    } catch (Exception e) {
045      System.err.println(e.toString());
046      System.exit(1);
047    }
048  }
049 }
```

Listing 47.6: Verifizieren einer digitalen Unterschrift (Forts.)

Soll die Datei `DigitalSignature.java` mit der im vorigen Beispiel erstellten Signatur verifiziert werden, kann das durch folgendes Kommando geschehen:

```
C:\--->java VerifySignature DigitalSignature.java ds1.sign
verification result: true
```

Wird nur ein einziges Byte in `DigitalSignature.java` verändert, ist die Verifikation negativ und das Programm gibt `false` aus. Durch eine erfolgreich verifizierte digitale Unterschrift können wir sicher sein, daß die Datei nicht verändert wurde. Zudem können wir sicher sein, daß sie mit dem privaten Schlüssel von "hjp3" signiert wurde, denn wir haben sie mit dessen öffentlichen Schlüssel verifiziert.

47.1.7 Zertifikate

Ein großes Problem bei der Public-Key-Kryptographie besteht darin, die Authentizität von öffentlichen Schlüsseln sicherzustellen. Würde beispielsweise B einen öffentlichen Schlüssel publizieren, der glaubhaft vorgibt, A zu gehören, könnte dies zu verschiedenen Unannehmlichkeiten führen:

- Angenommen, C will eine verschlüsselte Nachricht an A schicken und verwendet dazu versehentlich den öffentlichen Schlüssel von B (den es für den von A hält). B kann nun mit seinem eigenen privaten Schlüssel die vertrauliche Nachricht lesen. Um weiterhin unentdeckt zu bleiben, könnte B die Nachricht anschließend sogar mit dem echten öffentlichen Schlüssel von A verschlüsseln und an A weitersenden.

- Noch folgenreicher ist die Umkehrung. B könnte (als A getarnt) Dokumente mit einer digitalen Unterschrift versenden, die für die von A gehalten wird und so im Namen von A beispielsweise geschäftliche oder rechtlich relevante Transaktionen auslösen. A wäre anschließend in der unangenehmen Situation, nachweisen zu müssen, daß ihm der von B verwendete private Schlüssel nie gehörte und bekannt war.

Einen Schutz gegen derartigen Mißbrauch bringen *Zertifikate*. Ein Zertifikat ist eine Art Echtheitsbeweis für einen öffentlichen Schlüssel, das damit ähnliche Aufgaben erfüllt wie ein Personalausweis oder Reisepass. Ein Zertifikat besteht meist aus folgenden Teilen:

- Dem öffentlichen Schlüssel des Zertifikatsinhabers.
- Identitätsmerkmalen des Inhabers (beispielsweise Name, Wohnort, Firma, einem Photo etc...).
- Der Bezeichnung des Zertifikatsausstellers.
- Der digitalen Signatur des Ausstellers.
- Der digitalen Signatur des Inhabers.

Die Glaubwürdigkeit des Zertifikats hängt von der Glaubwürdigkeit des Ausstellers ab. Wird dieser als vertrauenswürdig angesehen, d.h. kann man seiner digitalen Unterschrift trauen, so wird man auch dem Zertifikat trauen und den darin enthaltenen öffentlichen Schlüssel akzeptieren.

Dieses Vertrauen kann einerseits darauf basieren, daß der Aussteller eine anerkannte Zertifizierungsautorität ist (auch *Certification Authority*, kurz *CA*, genannt), deren öffentlicher Schlüssel bekannt und deren Seriösität institutionell manifestiert ist. Mit anderen Worten: dessen eigenes Zertifikat in der eigenen Schlüsselverwaltung bekannt und als vertrauenswürdig deklariert ist. Andererseits kann das Vertrauen in das Zertifikat daher stammen, daß der Aussteller persönlich bekannt ist, sein öffentlicher Schlüssel eindeutig nachgewiesen ist, und seiner Unterschrift Glauben geschenkt wird.

Der erste Ansatz wird beispielsweise bei X.509-Zertifikaten verfolgt. Institute, die derartige Zertifikate ausstellen, werden meist staatlich authorisiert und geprüft. Beispiele dafür sind *VeriSign*, *Thawte* oder das *TA Trustcenter*. Der zweite Ansatz liegt beispielsweise den Zertifikaten in PGP zugrunde. Hier ist es sogar möglich, öffentliche Schlüssel mit mehreren digitalen Unterschriften unterschiedlicher Personen zu signieren und so die Glaubwürdigkeit (bzw. ihre Reichweite) zu erhöhen.

Zertifizierungsinstitute stellen meist auch Schlüsseldatenbanken zur Verfügung, aus denen Zertifikate abgerufen werden können. Diese dienen auch als Anlaufstelle, um ungültig gewordene oder unbrauchbare Zertifikate zu registrieren. Lokale Schlüsselverwaltungen können sich mit diesen Informationen synchronisieren, um ihren eigenen Schlüsselbestand up-to-date zu halten.

47.2 Sicherheitsmechanismen in Java

47.2.1 Sprachsicherheit

Java wurde von Anfang an mit höheren Sicherheitsansprüchen entworfen, als dies üblicherweise bei Programmiersprachen der Fall ist. Einer der Hauptgründe dafür war der Wunsch, den Aufruf von Applets, die aus dem Internet geladen wurden, so sicher wie möglich zu machen. Selbst bösartige Applets sollten nicht in der Lage sein, ernsthafte Angriffe auf den Computer, das Betriebssystem oder die Ressourcen des Anwenders auszuführen.

Sicherheit beginnt in Java schon bei der Implementierung der Sprache. Anders als in C oder C++ gibt es beispielsweise keine direkten Zugriffe auf den Hauptspeicher und keine Pointerarithmetik. Das Memory-Management arbeitet vollautomatisch. Sicherheitslücken, die durch (provozierte) Speicherüberläufe verursacht werden, sind damit nicht ohne weiteres möglich.

Alle Typkonvertierungen werden zur Laufzeit geprüft und unerlaubte Umwandlungen von vorne herein ausgeschlossen. Auch Zugriffe auf Array-Elemente und Strings werden grundsätzlich auf Einhaltung der Bereichsgrenzen geprüft. Zugriffe, die außerhalb des erlaubten Bereichs liegen, führen nicht zu undefiniertem Verhalten, sondern werden definiert abgebrochen und lösen eine Ausnahme aus.

Beim Laden von Bytecode über das Netz wird dieser vor der Ausführung von einem *Bytecode-Verifier* untersucht. Auf diese Weise wird beispielsweise sichergestellt, daß nur gültige Opcodes verwendet werden, daß alle Sprunganweisungen auf den Anfang einer Anweisung zeigen, daß alle Methoden mit korrekten Signaturen versehen sind und daß Ausdrücke korrekt typisiert sind. Zudem implementiert der Klassenlader einen lokalen Namensraum, der verhindert, daß bestehende Klassen verändert oder ersetzt werden können.

47.2.2 Das Sandbox-Konzept

Traditionell wurde in Java zwischen lokalem Code und solchem, der aus dem Netz geladen wird, bezüglich seiner Sicherheitsanforderungen rigoros unterschieden. Während lokalem Code (also Applikationen und von der Festplatte geladenen Applets) der Zugriff auf alle verfügbaren Ressourcen gestattet ist, dürfen Applets, die aus dem Netz geladen wurden, nur einen kleinen Teil davon verwenden. Sie halten sich gewissermaßen in einem Sandkasten auf, in dem sie nur ungefährliche Spielzeuge verwenden und keinen ernsthaften Schaden anrichten können (daher der Name »Sandbox«).

Zu den "gefährlichen Spielzeugen", die nicht verwendet werden dürfen, zählen:

- der lesende und schreibende Zugriff auf Dateien des lokalen Computers,
- das Öffnen von TCP/IP-Verbindungen zu einem anderen als dem Host, von dem das Applet geladen wurde,
- das Akzeptieren von TCP/IP-Verbindungen auf privilegierten Portnummern,
- das Lesen benutzerbezogener System-Properties wie "user.name", "user.home", "user.dir" oder "java.home",
- das Erzeugen eines Top-Level-Fensters ohne Warnhinweis,
- das Ausführen externer Programme,
- das Laden von System-Libraries,
- das Beenden der virtuellen Maschine.

> Benötigte ein Applet Zugriff auf diese Ressourcen, gab es im JDK 1.0 die Möglichkeit, die zugehörigen Dateien auf der lokalen Festplatte abzulegen. Denn wenn das Applet zur Ausführung nicht aus dem Netz, sondern aus den lokalen Dateien gestartet wurde, galt es automatisch als vertrauenswürdig und hatte Zugriff auf alle ansonsten verbotenen Ressourcen.

47.2.3 Veränderungen im JDK 1.1 und 1.2

Mit dem JDK 1.1 wurde eine neue Möglichkeit eingeführt, Applets Zugriff auf geschützte Ressourcen zu ermöglichen. Dazu müssen alle zum Applet gehörenden Dateien in eine jar-Datei verpackt und mit einer digitalen Unterschrift versehen werden. Wird der Unterzeichner auf dem ausführenden Computer als vertrauenswürdig angesehen (indem sein öffentlicher Schlüssel an geeigneter Stelle bekanntgemacht wurde), kann das Applet die Sandbox verlassen und hat Zugriff auf alle geschützten Ressourcen.

Mit dem JDK 1.2 wurde dieses Konzept weiter verfeinert. Während es im JDK 1.1 schwierig war, die Zugriffsbeschränkungen schrittweise zu lockern, ist das nun viel einfacher. Die Zugriffsbeschränkungen sind konfigurierbar und können mit Hilfe einer *Policy-Datei* auch ohne Programmänderungen angepaßt werden. Sie können wahlweise davon abhängig gemacht werden, von wem die Signatur stammt, als auch davon, woher das Applet geladen wurde. Zudem wurde die prinzipielle Unterscheidung zwischen lokalem und netzwerkbasiertem Code aufgegeben. Obwohl die Sicherheitseinstellungen so konfiguriert werden könnten, daß lokalem Code voller Zugriff auf alle Ressourcen gewährt wird, ist das standardmäßig nicht mehr der Fall.

47.3 Signierte Applets

In diesem Abschnitt wird beschrieben, wie einem Applet der Zugriff auf geschützte Ressourcen gewährt werden kann. Wir gehen dazu in folgenden Schritten vor:

1. Zunächst wird ein Applet entwickelt, das auf einige beschränkte Ressourcen zugreift. Ohne weitere Vorkehrungen ist es nicht lauffähig, sondern wird mit einer Security Exception abgebrochen.
2. Anschließend zeigen wir, wie das Applet mit Hilfe des in Abschnitt 47.1.6 auf Seite 1118 erzeugten Schlüsselpaars signiert wird.
3. Danach demonstrieren wir die Weitergabe von Zertifikaten.
4. Schließlich zeigen wir, wie die Sicherheitseinstellungen so angepaßt werden, daß das Applet Zugriff auf die gewünschten Ressourcen erhält.

47.3.1 Ein »unerlaubtes« Applet

Wir wollen uns die Aufgabe stellen, ein Applet zu schreiben, das einige Sicherheitsverstöße begeht. Zunächst soll es eine Datei auf dem lokalen Computer erzeugen und einen Zeitstempel hineinschreiben. Zusätzlich soll es auf einige geschützte System-Properties zugreifen und deren Inhalt in die Datei schreiben. Das Applet hat folgenden Aufbau:

Listing 47.7:
Ein "unerlaubtes" Applet

```
001  /* TrustedApplet.java */
002
003  import java.awt.*;
004  import java.applet.*;
005  import java.util.*;
006  import java.io.*;
007
008  public class TrustedApplet
009  extends Applet
010  {
011    static final String ALLOWED_DIR = "c:\\tmp\\applets\\";
012    static final String FNAME       = "TrustedApplet.log";
013    static final String LOGMSG      = "Erzeugt von Applet: ";
014    String msg;
015
016    public void init()
017    {
018      msg = "Uninitialisiert";
019      FileWriter out = null;
020      try {
021        //Ausgabedatei erzeugen
022        out = new FileWriter(ALLOWED_DIR + FNAME);
023        //Logmessage schreiben
024        out.write(LOGMSG);
025        //Zeitstempel schreiben
026        GregorianCalendar cal = new GregorianCalendar();
027        out.write(cal.get(Calendar.DATE) + ".");
028        out.write((cal.get(Calendar.MONTH) + 1) + ".");
029        out.write(cal.get(Calendar.YEAR) + " ");
030        out.write(cal.get(Calendar.HOUR_OF_DAY) + ":");
031        out.write(cal.get(Calendar.MINUTE) + ":");
032        out.write(cal.get(Calendar.SECOND) + "");
033        out.write(System.getProperty("line.separator"));
034        //System-Properties lesen und in Datei schreiben
035        out.write(getProp("user.name"));
036        out.write(getProp("user.home"));
037        out.write(getProp("user.dir"));
038        //Datei schließen
039        msg = "Alle Sicherheitshuerden ueberwunden!";
040      } catch (Exception e) {
041        msg = e.toString();
042      } finally {
043        if (out != null) {
044          try {
045            out.close();
046          } catch (IOException e) {
047            //silently ignore
048          }
049        }
050      }
```

Signierte Applets — Kapitel 47

```
051    }
052
053    public void paint(Graphics g)
054    {
055       g.drawString(msg, 20, 20);
056    }
057
058    private String getProp(String prop)
059    {
060       return prop + "=" +
061              System.getProperty(prop) +
062              System.getProperty("line.separator");
063    }
064 }
```

Listing 47.7: Ein "unerlaubtes" Applet (Forts.)

Es versucht zunächst eine Datei `c:\tmp\applets\TrustedApplet.log` zu erzeugen. Wenn dies gelingt, instanziert es ein aktuelles `GregorianCalendar`-Objekt und schreibt dessen Werte in die Datei. Schließlich versucht es, die System-Properties "user.name", "user.home" und "user.dir" zu lesen und deren Werte ebenfalls in die Datei zu schreiben. Sind all diese Versuche erfolgreich, gibt das Applet die Meldung "Alle Sicherheitshuerden ueberwunden!" aus. Tritt eine Ausnahme auf, wird deren Text ausgegeben.

> Um das Schreiben der Datei zu ermöglichen, ist ein Verzeichnis `c:\tmp\applets` anzulegen. Andernfalls gibt es eine `IOException` – selbst wenn alle Sicherheitshürden genommen sind.

Das Applet kann mit folgender HTML-Datei gestartet werden:

```
001 <html>
002 <head>
003 <title>TrustedApplet Demo</title>
004 </head>
005
006 <body>
007 <h1>TrustedApplet Demo</h1>
008
009 <applet
010    code="TrustedApplet.class"
011    width=600
012    height=200
013 >
014 TrustedApplet Demo
015 </applet>
016
017 </body>
018 </html>
```

Listing 47.8: Vorläufige HTML-Datei zum Aufruf des unerlaubten Applets

Das Applet kann nun beispielsweise mit dem `appletviewer` gestartet werden:

```
appletviewer TrustedApplet.html
```

Wird es ohne weitere Vorkehrungen gestartet, scheitert es bereits am Erzeugen der Ausgabedatei und gibt eine `SecurityException` auf dem Bildschirm aus.

47.3.2 Signieren des Applets

Zum Signieren ist es zunächst erforderlich, alle für den Betrieb des Applets nötigen Dateien in ein jar-File zu packen. Signiert wird also nicht eine einzelne .class-Datei, sondern alle Dateien innerhalb des jar-Archivs. Dazu verwenden wir folgendes Kommando:

```
jar cvf trapp.jar TrustedApplet.class
```

Jetzt wird ein jar-Archiv `trapp.jar` erstellt, das die Klassendatei `TrustedApplet.class` enthält. Dieses Archiv muß nun signiert werden. Dazu steht im JDK das Hilfsprogramm `jarsigner` zur Verfügung. Es arbeitet kommandozeilenbasiert und wird folgendermaßen aufgerufen:

```
jarsigner -signedjar outjar injar alias
```

Die einzelnen Elemente haben folgende Bedeutung:

- *injar* ist der Name des zu signierenden jar-Archivs.
- *outjar* ist der Name der Ausgabedatei, also des signierten Archivs.
- *alias* ist der Aliasname des Eintrags in der Schlüsseldatenbank, dessen privater Schlüssel zum Signieren verwendet werden soll.

Nachdem wir in Abschnitt 47.1.6 auf Seite 1118 bereits ein Schlüsselpaar mit dem Alias "hjp3" erzeugt und in der Schlüsseldatenbank abgelegt haben, muß der Aufruf von `jarsigner` so erfolgen:

```
C:\--->jarsigner -signedjar strapp.jar trapp.jar hjp3
Enter Passphrase for keystore: hjp3ks
Enter key password for hjp3: hjp3key
```

Die beiden Paßwörter zum Zugriff auf die Schlüsseldatenbank und den Schlüssel werden auf Nachfrage in der Kommandozeile angegeben. Nachdem das Programm einige Zeit gerechnet hat, erzeugt es das signierte Archiv mit dem Namen `strapp.jar`.

`jarsigner` bietet neben den hier erwähnten noch weitere Optionen, auf die wir nicht weiter eingehen wollen. Das Programm wird zusammen mit den anderen Hilfsprogrammen in der Tool-Dokumentation des JDK ausführlich beschrieben.

Bisher wurde das Applet direkt aus der `.class`-Datei geladen. Um es aus einem jar-Archiv zu laden, muß das `APPLET`-Tag der HTML-Datei um das `archive`-Argument erweitert werden:

```
001 <-- TrustedApplet.html -->
002
003 <html>
004 <head>
005 <title>TrustedApplet Demo</title>
006 </head>
007
008 <body>
009 <h1>TrustedApplet Demo</h1>
010
011 <applet
012   archive="strapp.jar"
013   code="TrustedApplet.class"
014   width=600
015   height=200
016 >
017 TrustedApplet Demo
018 </applet>
019
020 </body>
021 </html>
```

Listing 47.9: Aufruf des signierten Applets

Wir könnten das Applet jetzt wie zuvor starten, würden aber immer noch dieselbe `SecurityException` erhalten. Es ist zwar signiert und das Zertifikat ist auf diesem Rechner bekannt (denn hier wurde es erstellt). Die Policy-Datei ist aber noch nicht angepaßt, und daher lehnt der `SecurityManager` des JDK die Ausführung der gefährlichen Operationen nach wie vor ab.

47.3.3 Ex- und Import von Zertifikaten

Soll das signierte Applet auf anderen Arbeitsplätzen laufen, ist es erforderlich, das Zertifikat des Schlüssels, mit dem es signiert wurde, dort zu installieren. Soll es dagegen nur auf dem Arbeitsplatz laufen, auf dem auch der Schlüssel generiert wurde, ist das nicht erforderlich. Bei der Generierung des Schlüssels wurde ja auch ein (selbstsigniertes) Zertifikat erzeugt.

Um das Zertifikat weitergeben zu können, muß es zunächst unter Verwendung der Option `-export` von `keytool` aus der lokalen Schlüsseldatenbank exportiert werden:

```
keytool -export -alias hjp3 -file hjp3.cert
```

Es liegt nun in der Datei `hjp3.cert` und kann auf das Zielsystem kopiert werden. Mit der `-import`-Option von `keytool` kann es dort in die Schlüsseldatenbank aufgenommen werden:

```
C:\--->keytool -import -alias hjp3 -file hjp3.cert
Enter keystore password:  hjp3ks
Owner: CN=Guido Krueger, O=Computer Books, C=de
Issuer: CN=Guido Krueger, O=Computer Books, C=de
Serial number: 38663e2d
Valid from: Sun Dec 26 17:11:25 GMT+01:00 1999 until: Sat Mar 25 17:11:25 GMT+01
:00 2000
Certificate fingerprints:
         MD5:  D5:73:AB:06:25:16:7F:36:27:DF:CF:9D:C9:DE:AD:35
         SHA1: E0:A4:39:65:60:06:48:61:82:5E:8C:47:8A:2B:04:A4:6D:43:56:05
Trust this certificate? [no]:  y
Certificate was added to keystore
```

Nach dem Aufruf muß zunächst das Paßwort der Schlüsseldatenbank angegeben werden. Dann zeigt das Programm die Eigenschaften des Zertifikats an und erwartet, daß die Informationen bestätigt werden. Anschließend wird das Zertifikat in die Schlüsseldatenbank aufgenommen.

47.3.4 Anpassen der Policy-Datei

Policy-Dateien

Der letzte Schritt besteht darin, die Sicherheitseinstellungen auf dem Zielsystem anzupassen. Applets, die mit dem Zertifikat verifiziert werden können, das unter dem Alias "hjp3" in der Schlüsseldatenbank abgelegt wurde, sollen Dateien im Verzeichnis `c:\tmp\applets` lesen und schreiben und auf die System-Properties "user.name", "user.home" und "user.dir" zugreifen können.

Die Sicherheitseinstellungen des JDK werden mit Hilfe von Policy-Dateien definiert. Es gibt zwei Stellen im Dateisystem, von denen das JDK sie standardmäßig einliest:

▶ Die System-Policies befinden sich in der Datei `java.policy` im Unterverzeichnis `jre\lib\security` des JDK-Installationsverzeichnisses. Diese Datei braucht normalerweise nicht verändert zu werden, sie enthält die globalen Sicherheitseinstellungen.

▶ Die benutzerbezogenen Sicherheitseinstellungen können in der Datei `.java.policy` abgelegt werden. Sie liegt im Home-Verzeichnis des aktuellen Benutzers. Auf Windows-95/98-Einzelplatzsystemen liegt sie (wie die Schlüsseldatenbank) im Verzeichnis c:\windows. Diese Datei ist standardmäßig nicht vorhanden, kann aber leicht selbst angelegt werden.

Policy-Dateien können auch an beliebigen anderen Stellen im Dateisystem liegen. In diesem Fall muß beim Aufruf des Java-Interpreters das System-Property "java.security.policy" mit dem Namen der zu verwendenen Policy-Datei angegeben werden. Wäre beispielsweise hjp3policy die zu verwendende Policy-Datei, so müßte der Appletviewer mit der Option "-J-Djava.security.policy=hjp3policy" aufgerufen werden.

Das Format einer Policy-Datei

Policy-Dateien sind zeilenorientierte Textdateien, die mit einem gewöhnlichen Texteditor bearbeitet werden können. Alternativ stellt das JDK ein einfaches GUI-basiertes Hilfsprogramm mit dem Namen policytool zur Verfügung, mit dem Policy-Dateien erstellt und bearbeitet werden können. Auf seine Verwendung wollen wir aber nicht weiter eingehen.

Eine Policy-Datei enthält zwei Arten von Einträgen. Beide sind optional:

- Einen "keystore"-Eintrag, der die Lage der Schlüsseldatenbank angibt.
- Beliebig viele "grant"-Einträge, mit denen Berechtigungen definiert werden.

Alle Einträge werden mit einem Semikolon beendet. Kommentare können an beliebiger Stelle durch // oder /* ... */ angelegt werden.

Der "keystore"-Eintrag erwartet als Argument einen URL, der auf die Schlüsseldatenbank verweist. Auf einem Windows-98-Einzelplatzsystem sieht er beispielsweise so aus:

```
keystore "file:/c:/windows/.keystore";
```

Die "grant"-Einträge haben folgende Syntax:

```
grant [SignedBy "signer"] [, CodeBase "URL"] {
  permission permission_class [ "target" ] [, "action"]
            [, SignedBy "signers"];
  ...
};
```

Eine Berechtigung kann wahlweise an einen Unterzeichner oder eine Ladeadresse (oder beide) vergeben werden. Die Option "SignedBy" führt eine Liste von Aliasnamen auf, deren Zertifikate vorhanden sein müssen, damit die Berechtigung gewährt wird. Die Option "CodeBase" spezifiziert die Adresse, von der ein Applet geladen werden darf, um die Berechtigung zu halten. Fehlt die CodeBase-Klausel, wird nur die Unterzeichnerliste verwendet; fehlt die SignedBy-Klausel, ist es nur die Ladeadresse.

Nach einer öffnenden geschweiften Klammer folgen beliebig viele Berechtigungen, die jeweils durch das Schlüsselwort "permission" eingeleitet werden. Anschließend wird der Eintrag mit einer schließenden geschweiften Klammer abgeschlossen. Der zuvor spezifizierte Berechtigte erhält alle Berechtigungen, die zwischen den beiden Klammern angegeben sind.

Jede Berechtigung muß als erstes Argument den Namen einer Berechtigungsklasse angeben. Daneben kann sie zwei weitere Argumente *target* und *action* haben, mit denen Details spezifiziert werden. Tabelle 47.1 listet die gebräuchlichsten Berechtigungen und ihre Argumente auf. Details können (und müssen) in dem Dokument "Java Security Architecture" nachgelesen werden, das Bestandteil der JDK-Dokumentation ist.

Klasse	Zugriff auf	Target	Action
java.io.FilePermission	Dateien und Verzeichnisse	Datei- oder Verzeichnisnamen. Wird als letztes Zeichen ein "*" angegeben, so gilt die Berechtigung für das komplette Verzeichnis. Steht dort ein "-", so gilt sie zusätzlich für alle Unterverzeichnisse. Wird "<<ALL FILES>>" angegeben, gilt die Berechtigung für alle Dateien in allen Verzeichnissen!	read, write, delete, execute
java.net.SocketPermission	TCP/IP-Verbindungen	Hostname oder IP-Adresse, gefolgt von Portnummern-Bereich	accept, connect, listen, resolve
java.util.PropertyPermission	System-Properties	Names des Properties	read, write
java.lang.RuntimePermission	Die Klasse Runtime	exitVM, stopThread, loadLibrary, queuePrintJob, ...	-
java.awt.AWTPermission	Window-Ressourcen	accessClipboard, showWindowWithoutWarningBanner, ...	-
java.security.AllPermission	Alle Ressourcen	-	-

Tabelle 47.1: Wichtige Permission-Klassen

Erstellen der Policy-Datei

Nach diesen Vorbemerkungen können wir die Policy-Datei `\windows\.java.policy` erstellen. Sie hat folgenden Inhalt:

```
keystore "file:/c:/windows/.keystore";

grant SignedBy "hjp3" {
  permission java.io.FilePermission "c:\\tmp\\applets\\*", "read,write";

  permission java.util.PropertyPermission "user.name", "read";
```

```
    permission java.util.PropertyPermission "user.home", "read";
    permission java.util.PropertyPermission "user.dir", "read";
};
```

Im ersten Eintrag geben wir die Position der Schlüsseldatenbank an, sie liegt im Verzeichnis `c:\windows`. Anschließend definieren wir die Berechtigungen für alle Applets, die mit dem Zertifikat "hjp3" signiert wurden. Zunächst erhalten sie Schreib- und Leseberechtigung im Verzeichnis `c:\tmp\applets`. Dort können sie ohne weitere Einschränkungen Dateien anlegen, überschreiben und lesen. Zusätzlich erlauben wir den so signierten Applets, die drei System-Properties "user.name", "user.home" und "user.dir" zu lesen.

Nun läßt sich unser signiertes Applet ohne `SecurityException` aufrufen und gibt die erlösende Meldung "Alle Sicherheitshuerden ueberwunden" aus. Im Verzeichnis `c:\tmp\applets` sollte sich anschließend eine Datei `TrustedApplet.log` befinden und etwa folgenden Inhalt haben:

```
Erzeugt von Applet: 30.12.1999 20:50:40
user.name=Guido Krüger
user.home=C:\WINDOWS
user.dir=C:\arc\doku\hjp3\misc
```

47.3.5 Die Klasse SecurityManager

Die Prüfung der Zugriffsberechtigungen wird mit Hilfe der Klasse `SecurityManager` aus dem Paket `java.lang` vorgenommen. Der `SecurityManager` ist ein Objekt, das entweder gar nicht oder genau einmal im laufenden Java-Programm vorhanden ist. Nach der ersten Instanzierung kann es nicht mehr geändert oder entfernt werden.

Zugriffe auf den `SecurityManager` sind an den Stellen der Laufzeitbibliothek eingebaut, an denen auf gefährliche Ressourcen zugegriffen wird. Ein Beispiel aus der Klasse `FileInputStream` sieht etwa so aus:

```
...
SecurityManager security = System.getSecurityManager();
if (security != null) {
  security.checkRead(name);
}
//Gefährlicher Code
...
```

Zunächst wird geprüft, ob ein `SecurityManager` installiert wurde. Ist das nicht der Fall, fährt das Programm ohne Einschränkung fort. Gibt es dagegen einen `SecurityManager`, wird dessen `checkRead`-Methode aufgerufen. Sie löst eine `SecurityException` aus, wenn die gewünschte Berechtigung fehlt. Der Code hinter dem `checkRead` wird in diesem Fall nicht mehr erreicht. Ist die Berechtigung dagegen vorhanden, wird `checkRead` ohne weitere Aktionen beendet und der dahinter liegende Code ausgeführt.

Applets besitzen grundsätzlich einen `SecurityManager`. Der AppletViewer bzw. Web-Browser sorgen während der Initialisierung für dessen Instanzierung. Applikationen dagegen haben normalerweise keinen `SecurityManager` (das ist der Grund, weshalb in Applikationen alle gefährlichen Operationen erlaubt sind). Soll eine Applikation einen `SecurityManager` erhalten, so kann sie entweder mit der Option "-Djava.security.manager" gestartet werden, oder der `SecurityManager` kann im Programm selbst installiert werden:

```
...
System.setSecurityManager(new SecurityManager());
...
```

Das folgende Beispielprogramm gibt den Inhalt des System-Properties "user.name" aus. Normalerweise kann es ohne Fehler ausgeführt werden:

```
001 /* SecuMgrTest.java */
002
003 public class SecuMgrTest
004 {
005   public static void main(String[] args)
006   {
007     System.out.println(
008       "user.name is " + System.getProperty("user.name")
009     );
010   }
011 }
```

Listing 47.10: Ausgeben des System-Properties "user.name"

Läuft es dagegen unter Kontrolle eines SecurityManagers, so führt der Aufruf zu einer `SecurityException`:

```
C:\--->java -Djava.security.manager SecuMgrTest
Exception in thread "main"
  java.security.AccessControlException: access denied
  (java.util.PropertyPermission user.name read)
        at java.security.AccessControlContext.checkPermission(
          AccessControlContext.java:276)
        at java.security.AccessController.checkPermission(
          AccessController.java:403)
        at java.lang.SecurityManager.checkPermission(
          SecurityManager.java:549)
        at java.lang.SecurityManager.checkPropertyAccess(
          SecurityManager.java:1242)
        at java.lang.System.getProperty(System.java:555)
        at Test1.main(SecuMgrTest.java:7)
```

Bei Bedarf kann man Applikationen auf diese Weise mit denselben Sicherheitsmechanismen ausstatten wie Applets. jar-Dateien, aus denen Applikationen geladen werden, lassen sich ebenso signieren wie solche, aus denen Applets geladen werden. Die in der Policy-Datei definierten Rechte gelten dann für die daraus gestartete Applikation.

47.4 Zusammenfassung

In diesem Kapitel wurden folgende Themen behandelt:

- Einfache Verschlüsselungen wie Ziffernsubstitution oder Exklusiv-ODER.
- Message Digests und die Klasse `MessageDigest`.
- Kryptographische Zufallszahlen und die Klasse `SecureRandom`.
- Public-Key-Kryptosysteme und Hybrid-Kryptosysteme.
- Erzeugen und Verifizieren von digitalen Unterschriften mit der Klasse `Signature`.
- Verwalten von Schlüsseln, der Umgang mit dem Programm `keytool` und der Zugriff auf die Schlüsseldatenbank mit der Klasse `KeyStore`.
- Die Bedeutung von Zertifikaten in der Public-Key-Kryptographie.
- Die eingebauten Sicherheitsmechanismen der verschiedenen Java-Versionen und das Sandbox-Konzept.
- Das Signieren eines Applets mit `jarsigner`, der Ex- und Import von Zertifikaten und das Erstellen einer Policy-Datei.
- Die Klasse `SecurityManager`.

48 Sound

48.1 Grundlagen und Konzepte

Seit der Version 1.3 besitzt das JDK Sound-Fähigkeiten, die weit über die in Abschnitt 39.3 auf Seite 897 erläuterten Möglichkeiten hinausgehen. Mit Hilfe des Sound-APIs können Samples abgespielt oder aufgenommen werden. Es können Midi-Dateien erzeugt oder wiedergegeben werden, und es ist möglich, direkt auf angeschlossene oder eingebaute Tonerzeuger zuzugreifen. Das API abstrahiert alle für das Erzeugen und Bearbeiten von Sounds wesentlichen Konzepte und unterstützt die Erkennung und Verwendung unterschiedlichster Hardware-Komponenten.

Das Sound-API ist allerdings nicht ganz leicht zu bedienen und wird in der Literatur sehr stiefmütterlich behandelt. Die Schwierigkeiten haben mehrere Ursachen:

- Einerseits handelt es sich um ein Low-Level-API, also eines, bei dem schon zur Erzielung relativ einfacher Effekte recht viel Programmieraufwand nötig ist.

- Andererseits kann das API wenig Annahmen über standardmäßig verfügbare Hardware machen. Soll beispielsweise eine Flötenmelodie erklingen, muß das Programm erst einmal herausfinden, ob ein Synthesizer eingebaut oder über einen der Midi-Ports erreichbar ist. Zudem muß er das entsprechende Instrument zur Verfügung stellen können. Erst dann kann dieser konfiguriert und mit den entsprechenden Tonerzeugungs-Kommandos beschickt werden.

- Zu guter Letzt erfordert der Umgang mit dem Sound-API ein grundlegendes Verständnis für viele der auf diesem Gebiet relevanten Konzepte. Das API ist sehr eng an Begriffe angelehnt, die direkte Pendants in der elektronischen oder elektronikunterstützten Musik haben. Ohne ein Basiswissen in Themenbereichen wie *Samples*, *Midi*, *Tracks*, *Timecodes*, *Sequencer*, *Synthesizer Soundbanks* oder *Mixer* sind die korrespondierenden Klassen und Interfaces schwerlich korrekt zu verwenden.

Wir wollen deshalb in diesem Kapitel einen sehr pragmatischen Ansatz wählen. Erforderliche Begriffe werden, wo nötig, lediglich kurz erklärt, denn wir gehen davon aus, daß beim Leser bereits ein Grundstock an einschlägigen Grundkenntnissen vorhanden ist. Oder wenigstens die Bereitschaft, sich diese während des Lesens und Experimentierens anzueignen. Auch werden wir die APIs nur ansatzweise erläutern, denn mehr ist aus Platzgründen nicht möglich.

Die Beispielprogramme wurden so gewählt, daß sie einen unmittelbaren Praxisnutzen haben. Sie stellen leicht einzusetzende Routinen zum Abspielen von Samples sowie zum

Erzeugen einfacher Midi-Sequenzen und zum Abspielen von Midi-Files zur Verfügung. Damit werden die wichtigsten Standardfälle beim Einsatz von Sound abgedeckt.

Das Sound-API dient als Basis für alle Arten von Sound-Support in Java. Seine Anwendungsgebiete reichen von interaktiven Applikationen oder Spielen mit Sound-Unterstützung über Media-Player und Musik-Tools bis hin zu Telefonie- und Konferenz-Applikationen. Des weiteren ist das Sound-API Basis höherer Programmierschnittstellen, wie etwa des *Java Media Framework*, das eine Schnittstelle zum Abspielen und Erzeugen einer ganzen Reihe von Audio- und Videoformaten zur Verfügung stellt.

> Die Beispiele in diesem Buch funktionieren natürlich nur dann, wenn auf dem Computer, an dem sie nachvollzogen werden sollen, eine geeignete (und vom Java-Sound-API unterstützte) Sound-Hardware vorhanden ist. Dabei handelt es sich typischerweise um eine Sound-Karte, es kann aber (wenigstens beim Midi-API) auch eine Midi-Schnittstelle mit angeschlossenem Synthesizer verwendet werden. Ist eine solche Hardware nicht verfügbar, erklingt beim Ausführen der Beispielprogramme entweder gar nichts (oder das Falsche) oder es wird eine Ausnahme ausgelöst.

48.2 Gesampelter Sound

48.2.1 Was ist Sampling?

Das Sound-API macht eine sehr grundlegende Unterscheidung zwischen *gesampeltem Sound* und *Midi-Sound*. Beim Sampling, das wir in diesem Abschnitt behandeln wollen, wird ein Audio-Signal in viele kleine Stücke zerlegt, deren Amplitude in sehr kurzen Abständen mit Hilfe eines Analog-Digital-Konverters gemessen wird:

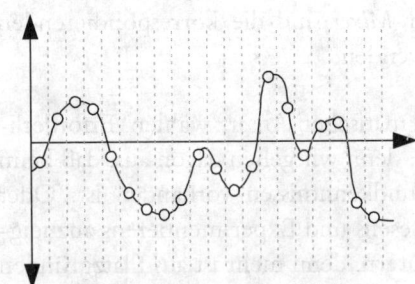

Abbildung 48.1: Samplen eines Audio-Signals

Die Frequenz, mit der die Abtastung geschieht, bezeichnet man als *Sampling Rate*, und sie sollte mindestens doppelt so hoch sein wie die größte aufzuzeichnende Frequenz. Bei Audio-CDs beträgt sie 44100 Hz, und die Auflösung des A/D-Konverters beträgt 16 Bit. Speichert man die so entstehenden Amplitudenwerte fortlaufend ab, so kann man bei Kenntnis der Sampling-Rate daraus später das Originalsignal näherungsweise rekonstruieren. Sind Sampling-Rate und Auflösung hoch genug, kann das menschliche Ohr keinen Unterschied zwischen gesampeltem und Originalsignal feststellen:

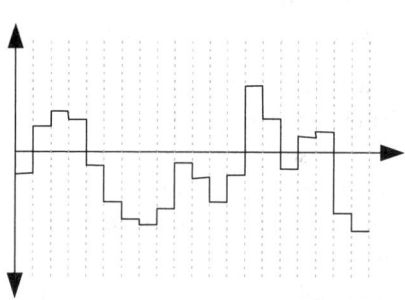

Abbildung 48.2: Ein gesampeltes Audio-Signal

48.2.2 Das Sampling-API

Das Sound-API macht keine Annahmen über vorhandene Hardware oder angeschlossene Geräte. Statt dessen stellt es Methoden zur Verfügung, mit denen die vorhandene Hardware zur Laufzeit ermittelt und Objekte zum Zugriff darauf beschafft werden können. Im Falle von gesampeltem Sound dient dazu die Klasse `AudioSystem` aus dem Paket `javax.sound.sampled`. Sie besitzt eine Reihe von statischen Methoden, mit denen die grundlegenden Hilfsmittel für den Umgang mit gesampeltem Sound beschafft werden können:

▶ Die Klasse `AudioFormat` beschreibt das Format von gesampeltem Sound. Sie enthält unter anderem Informationen über das Kodierungsverfahren, die Anzahl der Kanäle, die Sampling Rate oder die Auflösung der einzelnen Samples.

▶ Die Klasse `AudioFileFormat` beschreibt das Format von Dateien, die gesampelten Sound enthalten. Im wesentlichen wird dazu ein eingebettetes `AudioFormat`-Objekt verwendet, das mit einigen Zusatzinformationen versehen ist. Die wichtigsten Dateiformate, die seit dem JDK 1.3 standardmäßig unterstützt werden, sind *wav*, *aiff* und *au*.

▶ Eine weitere wichtige Abstraktion ist die der `Line`. Sie repräsentiert die verschiedenen, miteinander verbundenen Elemente der Audio-Pipeline, mit denen die Sound-Daten erzeugt, transportiert oder modifiziert werden. Die abstrakten Eigenschaften einer `Line` sind, daß sie entweder geöffnet oder geschlossen ist und daß sie eine Reihe von `Control`-

- Objekten haben kann, um etwa die Lautstärke, das Stereo-Panorama oder den Hall zu verändern. Zudem sendet eine `Line` bei wichtigen Statusänderungen Events an registrierte Listener.

- Wichtige Subinterfaces von `Line` sind `Port` und `Mixer`. Ein `Port` ist ein *Endpunkt* der Audio-Pipeline, also etwa ein Mikrophon oder CD-Laufwerk auf der Eingabeseite oder ein Kopfhörer- oder Verstärkerausgang auf der Ausgabeseite. Ein `Mixer` ist ein Audio-Element mit mehreren Ein-/Ausgabeleitungen. Er dient typischerweise dazu, verschiedene Eingangssignale getrennt aufzubereiten und zu einem Summensignal zusammenzumischen. Ein `Mixer` kann auch Veränderungen an den Eingangssignalen vornehmen, etwa einen Halleffekt hinzufügen oder mit Hilfe eines Equalizers den Klang verändern.

- Mit `DataLine` kommt das dritte Subinterface von `Line` ins Spiel. Eine `DataLine` ist das Vaterinterface für alle Lines, die explizit mit Datenströmen umgehen. Eine `SourceDataLine` versorgt einen `Mixer` mit Eingabedaten, und eine `TargetDataLine` empfängt Daten von ihm. Ein `Clip` ist eine spezielle Datenquelle, die vor der Weitergabe alle Daten in einem Stück liest und fortan im Hauptspeicher hält. Ein `Clip` kann dadurch wahlfrei auf die Daten zugreifen und beispielsweise nur einen Teil des Signals wiedergeben oder Ausschnitte beliebig oft wiederholen. Allerdings kommt er nur für relativ kleine Datenmengen in Betracht.

Zugriff auf Audio-Dateien

Die Klasse `AudioSystem` stellt einige Methoden zum Zugriff auf Dateien mit gesampeltem Sound zur Verfügung:

javax.sound.sampled.AudioSystem

```
public static AudioFileFormat getAudioFileFormat(File file)
    throws UnsupportedAudioFileException, IOException

public static AudioFileFormat getAudioFileFormat(InputStream stream)
    throws UnsupportedAudioFileException, IOException

public static AudioFileFormat getAudioFileFormat(URL url)
    throws UnsupportedAudioFileException, IOException


public static AudioInputStream getAudioInputStream(File file)
    throws UnsupportedAudioFileException, IOException

public static AudioInputStream getAudioInputStream(InputStream stream)
    throws UnsupportedAudioFileException, IOException

public static AudioInputStream getAudioInputStream(URL url)
    throws UnsupportedAudioFileException, IOException
```

Gesampelter Sound — Kapitel 48

```
public static boolean isConversionSupported(
  AudioFormat targetFormat,
  AudioFormat sourceFormat
)

public static AudioInputStream getAudioInputStream(
  AudioFormat targetFormat,
  AudioInputStream sourceStream
)
```

Mit `getAudioFileFormat` kann das `AudioFileFormat` einer Sound-Datei ermittelt werden. Die Eingabedatei kann entweder als `File`, `InputStream` oder `URL` übergeben werden. Mit `getAudioInputStream` kann ein `AudioInputStream` beschafft werden, mit dem der Inhalt der Sound-Datei gelesen werden kann. Auch hier darf der Parameter wahlweise vom Typ `File`, `InputStream` oder `URL` sein.

Die Klasse `AudioSystem` unterstützt sogar Konvertierungen zwischen verschiedenen Formaten. Ob eine bestimmte Konvertierung verfügbar ist, kann mit `isConversionSupported` abgefragt werden. Wird `getAudioInputStream` mit einem Zielformat und einem anderen `AudioInputStream` als Parameter aufgerufen, führt die Methode die Konvertierung durch und liefert einen `AudioInputStream`, der das gewünschte Zielformat hat.

Audio-Geräte beschaffen

Die Klasse `AudioSystem` stellt auch Methoden zum Zugriff auf Audio-Geräte zur Verfügung:

```
public static Mixer.Info[] getMixerInfo()

public static Mixer getMixer(Mixer.Info info)

public static Line getLine(Line.Info info)
  throws LineUnavailableException
```

javax.sound. sampled. AudioSystem

Um herauszufinden, welche `Mixer` verfügbar sind, muß zunächst `getMixerInfo` aufgerufen werden. Der Rückgabewert ist ein Array mit `Mixer.Info`-Objekten, das je vorhandenem `Mixer` ein Element enthält. Durch Übergabe eines `Mixer.Info`-Objekts an `getMixer` kann der zugehörige `Mixer` beschafft werden. Man kann allerdings auch ohne explizite Verwendung eines Mixers gesampelten Sound ausgegeben, wenn mit `getLine` direkt ein geeignetes Audio-Gerät beschafft wird. Dazu muß ein `Line.Info`-Objekt übergeben werden, das dessen Eigenschaften beschreibt. Wir werden in Listing 48.1 auf Seite 1147 zeigen, wie das `Line.Info`-Objekt konstruiert werden muß, um einen `Clip` zu erzeugen.

Die Steuerelemente eines Audio-Geräts

Wir hatten eingangs erwähnt, daß eine Line eine Reihe von Steuerlementen zur Verfügung stellt, mit denen Parameter wie Lautstärke, Stereo-Panorama oder Hall eingestellt werden können. Auf diese kann mit folgenden Methoden zugegriffen werden:

javax.sound.sampled.Line

```
public Control[] getControls()

public boolean isControlSupported(Control.Type control)

public Control getControl(Control.Type control)
```

getControls liefert ein Array aller verfügbaren Steuerelemente, die durch Instanzen der Klasse Control repräsentiert werden. Mit isControlSupported kann durch Übergabe eines Control.Type-Objekts festgestellt werden, ob ein bestimmter Typ vorhanden ist. Mit getControl kann dieser schließlich beschafft werden.

Control ist die Basisklasse einer ganzen Gruppe von Kontrollelementen, die sich durch den Datentyp des zu verändernden Parameters unterscheiden. Es gibt die Unterklassen BooleanControl, EnumControl, FloatControl und CompoundControl. Ein FloatControl beispielsweise dient zur Veränderung eines Fließkommawerts (wie etwa der Lautstärke), während ein BooleanControl einen An-/Aus-Wert verändern kann (beispielsweise die Stummschaltung eines Elements). Die wichtigsten Methoden der Klasse FloatControl sind:

javax.sound.sampled.FloatControl

```
public float getMaximum()
public float getMinimum()

public float getValue()
public void setValue(float newValue)
```

Mit getMinimum und getMaximum können der kleinste und größte einstellbare Wert abgefragt werden, mit getValue der aktuelle. Mit setValue kann der Wert des Controls verändert werden.

Die Type-Klassen der einzelnen Steuerelemente besitzen jeweils eine Reihe von vordefinierten Konstanten, die an getControl übergeben werden können. Für FloatControl.TYPE sind das beispielsweise MASTER_GAIN zur Einstellung der Lautstärke oder PAN zur Veränderung des Stereo-Panoramas.

Ein Steuerelement des Typs MASTER_GAIN bestimmt die Gesamtverstärkung, die das Audio-Element dem Ursprungssignal hinzufügt. Ihr Wert wird in *Dezibel* (*dB*) angegeben, wobei positive Werte eine Verstärkung und negative eine Abschwächung des Eingangssignals anzeigen. Das Dezibel ist eine logarithmische Maßeinheit, die den Verstärkungsfaktor durch die Formel $10^{dB/20}$ ausdrückt. 20 dB entsprechen also einer 10-fachen Verstärkung,

-40 dB einer 100-fachen Abschwächung. 0 dB bedeutet, daß die Stärke des Ausgangs- im Verhältnis zum Eingangssignal unverändert bleibt.

Ein Steuerelement des Typs `PAN` bestimmt die Lage des Audio-Signals im Stereo-Panorama. Es kann Werte von -1.0 (ganz links) bis +1.0 (ganz rechts) annehmen. Ein Wert von 0 legt das Signal in die Mitte.

Der Clip

Ein `Clip` ist eine besondere Form einer `DataLine`, der alle Audiodaten komplett im Hauptspeicher hält. Wie jede `Line` muß er vor der Verwendung durch Aufruf von `open` geöffnet werden und nach Gebrauch mit `close` geschlossen werden. Zum Abspielen stellt er folgende Methoden zur Verfügung:

```
public void start()
public void stop()

public boolean isRunning()
```
javax.sound.sampled.Clip

Ein Aufruf von `start` startet das Abspielen des Clips, mit `stop` wird es angehalten. Mit `isRunning` kann überprüft werden, ob die Wiedergabe noch läuft oder bereits beendet wurde.

> Die Methode `start` ist nicht *modal*, d.h. sie wartet beim Aufruf nicht, bis der Clip vollständig abgespielt ist. Sie initiiert lediglich den Abspielvorgang und kehrt dann sofort zum Aufrufer zurück. Falls dieser auf das Ende warten will, muß er entweder durch wiederholten Aufruf von `isRunning` den Status des Clips abfragen oder sich bei diesem als Listener registrieren und auf das STOP-Signal warten.

48.2.3 Abspielen einer Sample-Datei

Nach den Erklärungen der vorangegangenen Abschnitte wollen wir nun das Beispielprogramm zum Abspielen einer Sample-Datei vorstellen:

```
001 /* Listing4801.java */
002
003 import java.io.*;
004 import javax.sound.sampled.*;
005
006 public class Listing4801
007 {
008   private static void playSampleFile(String name, float pan, float gain)
009   throws Exception
010   {
```
Listing 48.1: Abspielen einer Sample-Datei

Listing 48.1:
Abspielen einer
Sample-Datei
(Forts.)

```
011    //AudioInputStream öffnen
012    AudioInputStream ais = AudioSystem.getAudioInputStream(
013      new File(name)
014    );
015    AudioFormat format = ais.getFormat();
016    //ALAW/ULAW samples in PCM konvertieren
017    if ((format.getEncoding() == AudioFormat.Encoding.ULAW) ||
018        (format.getEncoding() == AudioFormat.Encoding.ALAW))
019    {
020      AudioFormat tmp = new AudioFormat(
021        AudioFormat.Encoding.PCM_SIGNED,
022        format.getSampleRate(),
023        format.getSampleSizeInBits() * 2,
024        format.getChannels(),
025        format.getFrameSize() * 2,
026        format.getFrameRate(),
027        true
028      );
029      ais = AudioSystem.getAudioInputStream(tmp, ais);
030      format = tmp;
031    }
032    //Clip erzeugen und öffnen
033    DataLine.Info info = new DataLine.Info(
034      Clip.class,
035      format,
036      ((int) ais.getFrameLength() * format.getFrameSize())
037    );
038    Clip clip = (Clip)AudioSystem.getLine(info);
039    clip.open(ais);
040    //PAN einstellen
041    FloatControl panControl = (FloatControl)clip.getControl(
042      FloatControl.Type.PAN
043    );
044    panControl.setValue(pan);
045    //MASTER_GAIN einstellen
046    FloatControl gainControl = (FloatControl)clip.getControl(
047      FloatControl.Type.MASTER_GAIN
048    );
049    gainControl.setValue(gain);
050    //Clip abspielen
051    clip.start();
052    while (true) {
053      try {
054        Thread.sleep(100);
055      } catch (Exception e) {
056        //nothing
057      }
058      if (!clip.isRunning()) {
059        break;
```

```
060        }
061      }
062      clip.stop();
063      clip.close();
064    }
065
066    public static void main(String[] args)
067    {
068      try {
069        playSampleFile(
070          args[0],
071          Float.parseFloat(args[1]),
072          Float.parseFloat(args[2])
073        );
074      } catch (Exception e) {
075        e.printStackTrace();
076        System.exit(1);
077      }
078      System.exit(0);
079    }
080  }
```

Listing 48.1: Abspielen einer Sample-Datei (Forts.)

Die Methode `playSampleFile` öffnet zunächst einen `AudioInputStream` und bestimmt dessen `AudioFormat`. Ist dessen Kodierung `ULAW` oder `ALAW`, konvertiert es den Stream in das `PCM`-Format, denn die anderen beiden Formate werden standardmäßig nicht unterstützt. Anschließend wird ein `DataLine.Info`-Objekt instanziiert und in Zeile 038 ein `Clip` damit erzeugt. Dieser wird geöffnet und `MASTER_GAIN` und `PAN` werden auf die als Methodenparameter übergebenen Werte eingestellt. In Zeile 051 wird der `Clip` gestartet und anschließend gewartet, bis er vollständig abgespielt ist.

Das Programm wird mit dem Namen der Datei und den Werten für `PAN` und `MASTER_GAIN` als Kommandozeilenparameter aufgerufen. Es kann zum Abspielen von *wav*-, *aiff*- und *au*-Dateien verwendet werden.

48.3 Midi

48.3.1 Was ist Midi?

In den siebziger Jahren standen Musiker, die sich mit elektronischer Musik beschäftigten, vor einigen Herausforderungen. Zwar gab es gut klingende Synthesizer, die unzählige Sounds und Erweiterungsmöglichkeiten boten. Doch schwierig wurde es, wenn zwei von ihnen miteinander verbunden werden sollten. Es gab nämlich keinen einheitlichen Standard zur Übertragung der Daten zwischen ihnen. Mit den ersten digitalen Synthesizern der 80er Jahre wurde dieses Problem durch die Schaffung des *Midi*-Standards behoben. Midi steht für *Musical Instrument Digital Interface* und bezeichnet einen Standard, der die

Übertragung von Daten zwischen zwei oder mehr elektronischen Musikinstrumenten beschreibt. Neben der Standardisierung der Hardware (Kabel und Stecker) wurde dabei insbesondere festgelegt, welche Daten übertragen und wie sie kodiert werden sollten.

Midi war ursprünglich eine serielle Schnittstelle, auf der die Daten byteweise übertragen werden. Drückte der Musiker auf seinem Keyboard die Taste C, wurde diese Information in eine drei Byte lange Nachricht verpackt (Status-/Kanalinformation, Tonhöhe, Lautstärke) und in Echtzeit an die angeschlossenen Synthesizer verschickt. Auch beim Loslassen der Taste wurde eine entsprechende Nachricht verschickt. Die angeschlossenen Synthesizer wurden also über die Midi-Schnittstelle *ferngesteuert*. Neben Notendaten können dabei auch Statusinformationen und Einstellungen von Reglern (Lautstärke, Effekte, Pitch-Bend etc.) übertragen werden. Auch die Übertragung proprietärer Daten ist vorgesehen, um die Kommunikation nichtstandardisierter, gerätespezifischer Informationen in kontrollierter Weise zu ermöglichen.

> Es ist wichtig zu verstehen, daß beim Midi-Protokoll nicht die Audiosignale an sich übertragen werden, sondern lediglich die Ereignisse, die zur ihrer Entstehung führen. Midi-Daten können also in einem gewissen Sinne als die Partitur eines Stückes angesehen werden. Was dann tatsächlich erklingt, wird durch die dadurch angesteuerten Synthesizer und ihre klanglichen Eigenschaften bestimmt.

Zunächst war Midi ein reines »Wire«-Protokoll, das die Übertragung von Echtzeit-Daten über eine elektrische Verbindung beschrieb. Später wollte man Midi-Datenströme auch aufzeichnen und in Dateien speichern können, und man entwickelte dazu die Midi-Dateiprotokolle. Darin werden die eigentlichen Midi-Nachrichten mit *Zeitstempeln* versehen, um sie später mit Hilfe eines *Sequenzers* in ihrer exakten zeitlichen Abfolge wiedergeben zu können. Im Sound-API werden Midi-Daten ohne Zeitstempel als *Midi-Nachrichten* (*Midi-Messages*) und solche mit Zeitstempel als *Midi-Ereignisse* (*Midi-Events*) bezeichnet. Der Inhalt einer Midi-Datei wird üblicherweise als *Sequenz* bezeichnet. Eine Sequenz enthält eine Reihe von *Spuren*, die ihrerseits die Midi-Events enthalten. Meist repräsentieren die Spuren die unterschiedlichen Instrumente eines Stücks, so daß etwa in Spur eins das Piano liegt, in Spur zwei der Bass usw. Die verschiedenen Spuren werden innerhalb der Midi-Events durch *Kanäle* repräsentiert, von denen es maximal 16 pro Midi-Schnittstelle gibt.

48.3.2 Grundlegende Klassen des Midi-APIs

Ähnlich wie im Sampling-API gibt es eine Reihe von Klassen und Interfaces, mit denen die zuvor beschriebenen Konzepte innerhalb des Midi-APIs umgesetzt werden. Sie befinden sich im zweiten großen Bestandteil des Java Sound-APIs, dem Paket `javax.sound.midi`. Wir wollen die wichtigsten von ihnen kurz vorstellen:

- Analog zur Klasse `AudioSystem` gibt es im Paket `javax.sound.midi` eine Klasse `MidiSystem`, mit der Midi-Geräte und Midi-Dateien beschafft und Informationen über sie abgefragt werden können.

- Ein Midi-Gerät wird durch die Klasse `MidiDevice` repräsentiert. Ein `MidiDevice` kann entweder geöffnet oder geschlossen sein und besitzt eine Reihe von Ein- und Ausgabeelementen. Die Eingabeelemente werden durch das Interface `Receiver`, die Ausgabeelemente durch das Interface `Transmitter` dargestellt. Ein `MidiDevice` kennt die Anzahl seiner `Receiver` und `Transmitter` und stellt diese auf Anfrage zur Verfügung.

- Die wichtigsten Unterklassen von `MidiDevice` sind `Synthesizer` und `Sequencer`. Gegenüber seiner Vaterklasse besitzt ein `Synthesizer` zusätzlich Informationen über die verfügbaren Instrumente und ihre Zuordnung auf die verschiedenen Kanäle. Ein `Sequencer` besitzt dagegen Methoden, um eine Sequenz abzuspielen oder anzuhalten und Parameter wie Tempo, Synchronisierung oder Positionierung zu beeinflussen.

- Eine Midi-Nachricht wird durch die Klasse `MidiMessage` und deren Unterklassen `ShortMessage`, `MetaMessage` und `SysexMessage` repräsentiert. Ein Midi-Ereignis wird durch die Klasse `MidiEvent` dargestellt, die zusätzlich zur `MidiMessage` einen Zeitstempel enthält. Eine Sequenz wird durch die Klasse `Sequence` repräsentiert. Sie enthält neben einigen globalen Informationen zum Timing der Daten eine Reihe von `Tracks`, die ihrerseits die `MidiEvents` enthalten.

Weitere Details zu den genannten Klassen werden in den folgenden Abschnitten vorgestellt.

48.3.3 Alle meine Entchen - Erster Versuch

In diesem Abschnitt wollen wir uns die Aufgabe stellen, das allseits bekannte "Alle meine Entchen" mit Hilfe des Midi-APIs wiederzugeben. Zuerst wollen wir einen sehr einfachen Ansatz wählen, bei dem die Midi-Nachrichten in Echtzeit an einen Synthesizer geschickt werden, wobei das Timing mit Hilfe von `Thread.sleep`-Aufrufen manuell gesteuert wird.

Zunächst wird also ein Synthesizer benötigt, den wir von der Klasse `MidiSystem` beziehen können:

```
public static Synthesizer getSynthesizer()
  throws MidiUnavailableException
```

`javax.sound.midi.MidiSystem`

`getSynthesizer` liefert den Default-Synthesizer der installierten Sound-Hardware, typischerweise den auf der Soundkarte eingebauten. Ist mehr als ein Synthesizer vorhanden, muß die Liste aller verfügbaren Synthesizer durch Aufruf von `getMidiDeviceInfo` durchsucht und mit `getMidiDevice` der gewünschte ausgewählt werden. Wir wollen zunächst davon ausgehen, daß ein Default-Synthesizer vorhanden ist, der unseren Ansprüchen genügt.

Nachdem der `Synthesizer` verfügbar ist, muß er geöffnet und zur Übergabe von Midi-Nachrichten ein `Receiver` beschafft werden:

javax.sound.
midi.Synthe-
sizer

```
public void open()
  throws MidiUnavailableException

public void close()

public boolean isOpen()

public int getMaxReceivers()

public Receiver getReceiver()
  throws MidiUnavailableException
```

Das Öffnen und Schließen eines Midi-Geräts wird mit `open` und `close` erledigt, und mit `isOpen` kann sein aktueller Status herausgefunden werden. Ein `Receiver` kann durch Aufruf von `getReceiver` beschafft werden, die Gesamtzahl aller vorhandenen `Receiver` kann mit `getMaxReceivers` abgefragt werden.

Um an ein Midi-Gerät Daten zu senden, werden diese einfach an einen seiner `Receiver` geschickt. Dazu besitzt dieser eine Methode `send`, an die beim Aufruf die gewünschte `MidiMessage` übergeben wird:

javax.sound.
midi.
Receiver

```
public void send(MidiMessage message, long timeStamp)
```

Das zweite Argument `timeStamp` ist zur Feinsynchronisierung der Midi-Nachrichten vorgesehen. Damit soll ein `Synthesizer` in der Lage sein, *leichte* Timing-Schwankungen beim Anliefern der Daten auszugleichen. Ob ein Gerät dieses Feature unterstützt, kann durch Aufruf von `getMicrosecondPosition` bestimmt werden. Ist dessen Rückgabewert -1, werden derartige Timestamps nicht unterstützt:

javax.sound.
midi.Midi-
Device

```
public long getMicrosecondPosition()
```

Aber auch, wenn diese Timestamps unterstützt werden, sollte man keine Wunder von ihnen erwarten. Die Spezifikation weist ausdrücklich darauf hin, daß damit nur *kleinere* Timing-Schwankungen ausgeglichen werden können. Liegt ein Zeitstempel dagegen weit in der Zukunft (oder gar in der Vergangenheit), ist das Midi-Gerät nicht verpflichtet, diesen korrekt zu behandeln. Wird -1 an das `timeStamp`-Argument von `send` übergeben, ignoriert das entsprechende Gerät den Zeitstempel und bearbeitet die Midi-Nachricht, so schnell es kann.

Um eine `MidiMessage` zu konstruieren, wird diese zunächst mit `new` erzeugt und durch Aufruf von `setMessage` mit Daten gefüllt. Da wir weder Meta- noch Sysex-Daten benötigen, wollen wir uns lediglich die Konstruktion einer `ShortMessage` mit Hilfe der folgenden `setMessage`-Methode ansehen:

```
public void setMessage(
  int command,
  int channel,
  int data1,
  int data2
)
  throws InvalidMidiDataException
```

javax.sound.
midi.Short-
Message

Als erstes Argument muß das gewünschte Midi-Kommando übergeben werden. Die für uns relevanten Kommandos sind `NOTE_ON` (Taste wird gedrückt), `NOTE_OFF` (Taste wird losgelassen) und `PROGRAM_CHANGE` (Instrumentenwechsel). Sie werden als Konstanten in der Klasse `ShortMessage` definiert. Als zweites Argument wird der Kanal angegeben, auf den sich das Kommando auswirken soll. Anschließend folgen zwei Datenbytes, die kommandospezifisch sind. Das `NOTE_ON`-Kommando erwartet darin beispielsweise die Tonhöhe (die verfügbaren Noten sind als Ganzzahlen durchnumeriert) und die relative Lautstärke (Anschlagsdynamik) der Note. `NOTE_OFF` erwartet die Tonhöhe als erstes Datenbyte und ignoriert das zweite. `PROGRAM_CHANGE` erwartet die gewünschte Programmnummer und ignoriert das zweite Datenbyte.

Nach diesen Vorbemerkungen wollen wir uns nun ein Beispielprogramm ansehen:

```
001 /* Listing4802.java */
002
003 import javax.sound.midi.*;
004
005 public class Listing4802
006 {
007   private static void playAlleMeineEntchen()
008   throws Exception
009   {
010     //Partitur {{Tonhoehe, DauerInViertelNoten, AnzahlWdh},...}
011     final int DATA[][] = {
012       {60, 1, 1}, //C
013       {62, 1, 1}, //D
014       {64, 1, 1}, //E
015       {65, 1, 1}, //F
016       {67, 2, 2}, //G,G
017       {69, 1, 4}, //A,A,A,A
018       {67, 4, 1}, //G
019       {69, 1, 4}, //A,A,A,A
020       {67, 4, 1}, //G
021       {65, 1, 4}, //F,F,F,F
```

Listing 48.2:
Alle meine
Entchen –
Erster Versuch

Listing 48.2:
Alle meine -
Entchen -
Erster Versuch
(Forts.)

```
022      {64, 2, 2}, //E,E
023      {62, 1, 4}, //D,D,D,D
024      {60, 4, 1}  //C
025    };
026    //Synthesizer öffnen und Receiver holen
027    Synthesizer synth = MidiSystem.getSynthesizer();
028    synth.open();
029    Receiver rcvr = synth.getReceiver();
030    //Melodie spielen
031    ShortMessage msg = new ShortMessage();
032    for (int i = 0; i < DATA.length; ++i) {
033      for (int j = 0; j < DATA[i][2]; ++j) { //Anzahl Wdh. je Note
034        //Note an
035        msg.setMessage(ShortMessage.NOTE_ON, 0, DATA[i][0], 64);
036        rcvr.send(msg, -1);
037        //Pause
038        try {
039          Thread.sleep(DATA[i][1] * 400);
040        } catch (Exception e) {
041          //nothing
042        }
043        //Note aus
044        msg.setMessage(ShortMessage.NOTE_OFF, 0, DATA[i][0], 0);
045        rcvr.send(msg, -1);
046      }
047    }
048    //Synthesizer schließen
049    synth.close();
050  }
051
052  public static void main(String[] args)
053  {
054    try {
055      playAlleMeineEntchen();
056    } catch (Exception e) {
057      e.printStackTrace();
058      System.exit(1);
059    }
060    System.exit(0);
061  }
062 }
```

Ab Zeile 027 wird ein Synthesizer aktiviert und zur Übergabe von Midi-Nachrichten auf einen seiner Receiver zugegriffen. Anschließend wird die Melodie durch wiederholten Aufruf seiner send-Methode abgespielt. Die Melodie ist in dem Array DATA in Zeile 011 versteckt. Für jede einzelne Note wird dort die Tonhöhe, die Tondauer in Viertelnoten und die Anzahl der Wiederholungen angegeben. Die jeweilige Noteninformation wird mit setMessage an die vorinstanzierte ShortMessage übergeben und als NOTE_ON-Nachricht an den

Synthesizer geschickt. In Zeile 039 pausiert das Programm, um die Note entsprechend ihrer Länge erklingen zu lassen (in unserem Beispiel 400 ms. je Viertelnote). Anschließend wird die NOTE_OFF-Nachricht geschickt, um den Ton zu beenden.

> Wenn wir das Programm mit dem Java-Interpreter starten und eine passende Sound-Hardware vorhanden ist, hören wir tatsächlich "Alle meine Entchen". Bei unveränderter Standard-Instrumentierung sollte die Melodie auf einem Klavier gespielt werden. Wenn wir genau hinhören, stellen wir allerdings ein Problem fest: Das Timing des Stücks ist nicht präzise, sondern schwankt während der Darbietung. Manche Noten werden etwas zu kurz, andere dagegen zu lang gespielt. Das liegt daran, daß die mit Thread.sleep erzeugten Notenlängen bei weitem nicht präzise genug sind. Die beim Aufruf erzeugten Schwankungen sind für das menschliche Ohr sehr gut hörbar und führen dazu, daß das Musikstück ungenießbar wird. Obwohl das Verfahren *prinzipiell* funktioniert, benötigen wir also ein präziseres Wiedergabewerkzeug. Und das ist das Thema des nächsten Abschnitts.

48.3.4 Alle meine Entchen mit dem Sequenzer

Neben dem Synthesizer ist der Sequencer das zweite wichtige MidiDevice. Er dient dazu, Midi-Sequenzen entsprechend der darin enthaltenen Timing-Information *präzise* wiederzugeben. Das hört sich zunächst einmal einfach an, ist es aber nicht. Einerseits benötigt ein Sequencer einen Zeitgeber, der genauer ist als die üblicherweise vom Betriebssystem zur Verfügung gestellten Timer. Zweitens muß dieser möglichst immun gegen Schwankungen der CPU-Last sein, d.h. der Sequencer sollte auch dann noch stabil arbeiten, wenn im Hintergrund CPU-intensive Operationen ablaufen. Drittens muß ein Sequencer nicht nur, wie in unserem Beispiel, eine einzige Spur mit verhältnismäßig langsamen Viertelnoten abspielen, sondern möglicherweise ein Dutzend von ihnen, mit Achteln, Sechzehnteln oder noch kürzeren Noten, wie sie beispielsweise bei Schlagzeugspuren auftreten. Zudem enthalten die Spuren oft immense Mengen an Controller-Daten (z.B. Pitch-Bend), die ebenfalls präzise wiedergegeben werden müssen. Zu guter Letzt besitzt ein Sequencer Zusatzfunktionen, wie das Ändern der Abspielgeschwindigkeit, das Ausblenden einzelner Spuren oder das Synchronisieren mit externen Taktgebern, und er besitzt in aller Regel einen Aufnahmemodus, mit dem Mididaten in Echtzeit aufgenommen werden können.

Wir sehen also, daß die Implementierung eines guten Sequenzers gar nicht so einfach ist. Glücklicherweise stellt das MidiSystem einen eigenen Sequencer zur Verfügung, dessen Standardimplementierung durch einen Aufruf von getSequencer beschafft werden kann:

```
public static Sequencer getSequencer()
  throws MidiUnavailableException
```

javax.sound. midi.Midi-System

Beim Abspielen einer Melodie mit dem `Sequencer` werden die Midi-Nachrichten nicht mehr direkt an den `Synthesizer` geschickt, sondern zunächst in eine `Sequence` verpackt. Diese kann wie folgt konstruiert werden:

`javax.sound.`
`midi.`
`Sequence`

```
public Sequence(float divisionType, int resolution)
   throws InvalidMidiDataException
```

Das erste Argument gibt die Art und Weise an, wie das Timing erzeugt werden soll. Hier gibt es im wesentlichen die Möglichkeiten, einen internen Timer zu verwenden, der auf Bruchteilen von Viertelnoten basiert, oder mit externer Synchronisation zu arbeiten, bei der die Timing-Informationen im *SMPTE-Format* zur Verfügung gestellt werden. Wir wollen die erste Variante wählen und übergeben dazu die Konstante `Sequence.PPQ` als erstes Argument. Das zweite Argument `resolution` bezieht sich auf das erste und gibt die Auflösung des Timers an. In unserem Fall würde es also die Anzahl der Zeitimpulse je Viertelnote angeben.

Um eine `Sequence` mit Daten zu füllen, wird mindestens ein `Track` benötigt, der durch Aufruf von `createTrack` erzeugt werden kann:

`javax.sound.`
`midi.`
`Sequence`

```
public Track createTrack()
```

Ein `Track`-Objekt ist zunächst leer und wird durch wiederholte Aufrufe von `add` mit Midi-Ereignissen versehen:

`javax.sound.`
`midi.Track`

```
public boolean add(MidiEvent event)
```

Nachdem die `Sequence` fertiggestellt ist, kann sie durch Aufruf von `setSequence` an den `Sequencer` übergeben werden:

`javax.sound.`
`midi.`
`Sequencer`

```
public void setSequence(Sequence sequence)
   throws InvalidMidiDataException

public void setTempoInBPM(float bpm)

public void start()
public void stop()
public boolean isRunning()
```

Mit `setTempoInBPM` kann das Abspieltempo in »Beats Per Minute« (kurz *BPM*), also in Viertelnoten pro Minute, angegeben werden. `start` startet das Abspielen der Sequenz, `stop` beendet es. Mit `isRunning` kann geprüft werden, ob der Sequencer gerade läuft.

Bevor eine `Sequence` abgespielt werden kann, müssen `Synthesizer` und `Sequencer` miteinander verbunden werden. Dies geschieht, indem ein `Transmitter` des Sequenzers an einen

Midi
Kapitel 48

Receiver des Synthesizers angeschlossen wird. Der Transmitter verfügt dazu über eine Methode setReceiver, an die der empfangende Receiver übergeben wird:

public void setReceiver(Receiver receiver)

javax.sound.
midi.Trans-
mitter

Nach diesen Vorbemerkungen können wir uns nun ansehen, wie "Alle meine Entchen" mit Hilfe eines Sequenzers wiedergegeben werden kann.

```
001 /* Listing4803.java */
002
003 import javax.sound.midi.*;
004
005 public class Listing4803
006 {
007   private static void playAlleMeineEntchen()
008   throws Exception
009   {
010     //Partitur {{Tonhoehe, DauerInViertelNoten, AnzahlWdh},...}
011     final int DATA[][] = {
012       {60, 1, 1}, //C
013       {62, 1, 1}, //D
014       {64, 1, 1}, //E
015       {65, 1, 1}, //F
016       {67, 2, 2}, //G,G
017       {69, 1, 4}, //A,A,A,A
018       {67, 4, 1}, //G
019       {69, 1, 4}, //A,A,A,A
020       {67, 4, 1}, //G
021       {65, 1, 4}, //F,F,F,F
022       {64, 2, 2}, //E,E
023       {62, 1, 4}, //D,D,D,D
024       {60, 4, 1}  //C
025     };
026     //Sequence bauen
027     final int PPQS = 16;
028     final int STAKKATO = 4;
029     Sequence seq = new Sequence(Sequence.PPQ, PPQS);
030     Track track = seq.createTrack();
031     long currentTick = 0;
032     ShortMessage msg;
033     //Kanal 0 auf "EnsembleStrings" umschalten
034     msg = new ShortMessage();
035     msg.setMessage(ShortMessage.PROGRAM_CHANGE, 0, 48, 0);
036     track.add(new MidiEvent(msg, currentTick));
037     //Partiturdaten hinzufügen
038     for (int i = 0; i < DATA.length; ++i) {
039       for (int j = 0; j < DATA[i][2]; ++j) { //Anzahl Wdh. je Note
040         msg = new ShortMessage();
```

Listing 48.3:
Alle meine
Entchen mit
dem Sequenzer

Listing 48.3:
Alle meine
Entchen mit
dem Sequenzer
(Forts.)

```java
041      msg.setMessage(ShortMessage.NOTE_ON, 0, DATA[i][0], 64);
042      track.add(new MidiEvent(msg, currentTick));
043      currentTick += PPQS * DATA[i][1] - STAKKATO;
044      msg = new ShortMessage();
045      msg.setMessage(ShortMessage.NOTE_OFF, 0, DATA[i][0], 0);
046      track.add(new MidiEvent(msg, currentTick));
047      currentTick += STAKKATO;
048    }
049  }
050  //Sequencer und Synthesizer initialisieren
051  Sequencer sequencer = MidiSystem.getSequencer();
052  Transmitter trans = sequencer.getTransmitter();
053  Synthesizer synth = MidiSystem.getSynthesizer();
054  Receiver rcvr = synth.getReceiver();
055  //Beide öffnen und verbinden
056  sequencer.open();
057  synth.open();
058  trans.setReceiver(rcvr);
059  //Sequence abspielen
060  sequencer.setSequence(seq);
061  sequencer.setTempoInBPM(145);
062  sequencer.start();
063  while (true) {
064    try {
065      Thread.sleep(100);
066    } catch (Exception e) {
067      //nothing
068    }
069    if (!sequencer.isRunning()) {
070      break;
071    }
072  }
073  //Sequencer anhalten und Geräte schließen
074  sequencer.stop();
075  sequencer.close();
076  synth.close();
077 }
078
079 public static void main(String[] args)
080 {
081   try {
082     playAlleMeineEntchen();
083   } catch (Exception e) {
084     e.printStackTrace();
085     System.exit(1);
086   }
087   System.exit(0);
088 }
089 }
```

Die Partiturdaten stimmen mit denen des vorigen Beispiels überein, werden allerdings anders verwendet. Zunächst wird ab Zeile 027 eine `Sequence` mit einem einzelnen `Track` angelegt, deren Auflösung 16 Ticks per Viertelnote beträgt. Ab Zeile 038 werden die Daten in `ShortMessage`-Objekte übertragen und dem `Track` hinzugefügt. Anders als im vorigen Beispiel lassen wir die Note allerdings nicht während der kompletten Notenlänge an, sondern beenden sie `STAKKATO` Ticks früher als vorgesehen. Diese Zeit zählen wir in Zeile 047 zu der anschließenden Pause hinzu. Durch diese Maßnahme gehen die Noten nicht direkt ineinander über, sondern werden mit einem hörbaren Abstand gespielt. In Zeile 034 wird eine `ShortMessage` zur Programmumschaltung generiert, um Kanal 0 auf Instrument 48 umzuschalten. Dadurch erklingt die Sequenz nicht mit einem Piano- sondern mit einem Streichersound.

Ab Zeile 051 werden `Sequencer` und `Synthesizer` initialisiert und miteinander verbunden. Anschließend wird die `Sequence` an den Sequenzer übergeben, die Abspielgeschwindigkeit eingestellt und das Stück gespielt. In der nachfolgenden Schleife wartet das Programm durch wiederholten Aufruf von `isRunning`, bis die Sequenz vollständig abgespielt ist. Anschließend stoppt es den Sequenzer und schließt alle Geräte.

48.3.5 Zugriff auf Midi-Dateien

Lesen und Abspielen einer Midi-Datei

Als letztes Beispiel zum Thema Midi wollen wir uns ansehen, wie eine Midi-Datei gelesen und abgespielt werden kann. Dazu benötigen wir nur noch eine zusätzliche Methode, nämlich `getSequence` aus der Klasse `MidiSystem`:

```
public static Sequence getSequence(File file)
  throws InvalidMidiDataException, IOException
```

javax.sound. midi.Midi- System

`getSequence` erwartet ein `File`-Objekt als Argument, mit dem die abzuspielende Midi-Datei angegeben wird. Es liefert als Rückgabewert eine `Sequence`, die an den Sequenzer übergeben und von diesem abgespielt werden kann. Ein Beispielprogramm zur Widergabe einer Midi-Datei ist nun sehr einfach zu konstruieren. Mit Ausnahme der expliziten Konstruktion der `Sequence` entspricht es vollkommen dem Beispielprogramm des vorigen Abschnitts:

```
001 /* Listing4804.java */
002
003 import java.io.*;
004 import javax.sound.midi.*;
005
006 public class Listing4804
007 {
008   private static void playMidiFile(String name)
009   throws Exception
```

Listing 48.4: Abspielen einer Midi-Datei

Listing 48.4:
Abspielen einer
Midi-Datei
(Forts.)

```
010  {
011    //Sequencer und Synthesizer initialisieren
012    Sequencer sequencer = MidiSystem.getSequencer();
013    Transmitter trans = sequencer.getTransmitter();
014    Synthesizer synth = MidiSystem.getSynthesizer();
015    Receiver rcvr = synth.getReceiver();
016    //Beide öffnen und verbinden
017    sequencer.open();
018    synth.open();
019    trans.setReceiver(rcvr);
020    //Sequence lesen und abspielen
021    Sequence seq = MidiSystem.getSequence(new File(name));
022    sequencer.setSequence(seq);
023    sequencer.setTempoInBPM(145);
024    sequencer.start();
025    while (true) {
026      try {
027        Thread.sleep(100);
028      } catch (Exception e) {
029        //nothing
030      }
031      if (!sequencer.isRunning()) {
032        break;
033      }
034    }
035    //Sequencer anhalten und Geräte schließen
036    sequencer.stop();
037    sequencer.close();
038    synth.close();
039  }
040
041  public static void main(String[] args)
042  {
043    try {
044      playMidiFile(args[0]);
045    } catch (Exception e) {
046      e.printStackTrace();
047      System.exit(1);
048    }
049    System.exit(0);
050  }
051 }
```

Das Programm erwartet in der Kommandozeile den Namen der abzuspielenden Midi-Datei. Wird es mit der (ebenfalls im Verzeichnis der Beispieldateien befindlichen) Datei ame.mid als Argument aufgerufen, ertönt das altbekannte »Alle meine Entchen«.

Abspeichern einer Sequenz in einer Midi-Datei

Das Abspeichern einer `Sequence` in einer Midi-Datei ist fast so einfach wie ihr Abspielen. Die Klasse `MidiSystem` besitzt dazu eine Methode `write`, die drei Parameter erwartet:

```
public static int write(Sequence in, int type, File out)
   throws IOException
```

javax.sound.midi.MidiSystem

Als erstes Argument wird die zu speichernde `Sequence` übergeben, als zweites der Midi-Dateityp und als letztes ein `File`-Objekt mit dem Namen der Ausgabedatei. Für einfache Experimente kann als Midi-Dateityp einfach 0 übergeben werden. Ein Array mit allen unterstützten Dateitypen kann durch Aufruf von `getMidiFileTypes` beschafft werden.

48.4 Zusammenfassung

In diesem Kapitel wurden folgende Themen behandelt:

- Grundlagen des Samplings
- Die Klasse `AudioSystem` zur Beschaffung von Audio-Ressourcen
- Sampling-Formate und die Klassen `AudioFormat` und `AudioFileFormat`
- Zugriff auf Audio-Dateien mit der Klasse `AudioInputStream`
- Die Audio-Geräte `Mixer`, `Line` und `Clip`
- Die Steuerelemente eines Audio-Geräts sowie die Klasse `Control` und ihre Unterklassen
- Verwendung der Klasse `Clip` zum Abspielen einer Sound-Datei
- Grundlagen von Midi
- Die Klasse `MidiSystem` zur Beschaffung von Midi-Ressourcen
- Die Midi-Geräte-Klassen `MidiDevice`, `Synthesizer` und `Sequencer` sowie ihre Verbindungselemente `Transmitter` und `Receiver`
- Direkter Zugriff auf einen Synthesizer zum Abspielen einer Folge von Midi-Nachrichten
- Erstellen von Sequenzen und Abspielen derselben mit dem Sequenzer
- Lesen und Abspielen von Midi-Dateien
- Abspeichern einer `Sequence` in eine Midi-Datei

Teil IX
Verschiedenes

49 Performance-Tuning

49.1 Einleitung

Java gilt gemeinhin als Sprache, die mit Performance-Problemen zu kämpfen hat. Nicht nur die Ablaufgeschwindigkeit des Compilers und anderer Entwicklungswerkzeuge, sondern vor allem die der eigenen Programme läßt oft zu wünschen übrig. Aufgrund der Plattformunabhängigkeit des vom Compiler generierten Bytecodes kann dieser normalerweise nicht direkt auf dem jeweiligen Betriebssystem ausgeführt werden. Er verwendet statt dessen einen eigenen Interpreter, die *Virtuelle Maschine* (kurz: VM), zur Ausführung der erstellten Programme.

Interpretierter Code wird naturgemäß langsamer ausgeführt als kompilierter, selbst wenn er in Form von Bytecodes vorliegt. Zwar ist es prinzipiell möglich, auch Java-Programme in Native-Code zu übersetzen (es gibt sogar einige kommerzielle Tools, die das tun), aber dann ist es mit der Plattformunabhängigkeit aus, und das fertige Programm läuft nur noch auf einem Betriebssystem. Während das für *Applikationen* in bestimmten Fällen akzeptabel sein mag, verbietet sich diese Vorgehensweise für *Applets*, die im Internet auf vielen verschiedenen Browsern und Betriebssystemen laufen müssen, von selbst. Zudem konterkarieren native-kompilierte Programme die Grundidee der plattformübergreifenden Binärkompatibilität, die eine der herausragenden Eigenschaften von Java ist.

Eine Alternativlösung bieten *Just-In-Time-Compiler* (kurz: *JIT*), deren Entwicklung in großen Schritten voranschreitet. Ein JIT ist ein Programm, das den Bytecode von Methoden während der Ausführung des Programms in Maschinencode der aktuellen Plattform übersetzt und so beim nächsten Aufruf wesentlich schneller ausführen kann. Vorteilhaft ist dabei, daß die Klassendateien mit dem Bytecode unverändert ausgeliefert werden können und das Programm seinen plattformübergreifenden Charakter erhält. Nur der Just-In-Time-Compiler ist plattformspezifisch und an ein bestimmtes Betriebssystem gebunden. Nahezu alle Hersteller kommerzieller Java-Produkte haben mittlerweile einen JIT als festen Bestandteil ihres Java-Entwicklungssystems eingebunden. Auch SUN liefert seit dem JDK 1.1.6 den Just-In-Time-Compiler von Symantec als festen Bestandteil des JDK aus.

Leider ist auch ein Just-In-Time-Compiler kein Allheilmittel gegen Performanceprobleme. Zwar ist er in der Lage, bestimmte Codeteile so stark zu beschleunigen, daß ihre Ablaufgeschwindigkeit der von kompiliertem C-Code nahekommt. Andererseits gibt es nach wie vor genügend Möglichkeiten, Programme zu schreiben, die *inhärent langsamen* Code enthalten, der auch von einem Just-In-Time-Compiler nicht entscheidend verbessert werden kann. Zudem ensteht durch den Einsatz des JIT ein gewisser Overhead, der möglicherweise einen Netto-Performancegewinn verhindert, denn das Kompilieren des Bytecodes kostet Zeit und zusätzlichen Speicher.

Des weiteren ist zu bedenken, daß zur Laufzeit eine Vielzahl von Checks durchgeführt werden müssen, die die Ablaufgeschwindigkeit von Java-Programmen vermindert:

- Array- und String-Zugriffe werden auf Bereichsüberschreitungen geprüft.
- Zeiger werden vor der Dereferenzierung gegen `null` gecheckt.
- Zuweisungen von Objektinstanzen werden auf korrekte Typisierung geprüft.
- Es gibt Checks zu vielen arithmetischen Operationen (Überläufe, Teilen durch Null usw.).

Am besten ist es daher, bereits während der Entwicklung der Programme auf die Ablaufgeschwindigkeit des erzeugten Codes zu achten. Wir wollen uns in diesem Kapitel einige typische Java-Konstrukte ansehen, die bei unachtsamer Verwendung zu Performance-Problemen führen können. Gleichzeitig wollen wir Möglichkeiten aufzeigen, wie man mit alternativem Code den Engpaß umgehen und die Ablaufgeschwindigkeit des Programms verbessern kann. Wenn man diese Regeln beachtet, ist es durchaus möglich, in Java größere Programme zu schreiben, deren Laufzeitverhalten auf aktuellen Rechnern absolut akzeptabel ist.

> Wir wollen uns in diesem Kapitel nicht mit grundlegenden Techniken der Codeoptimierung beschäftigen. Auch wenn sie zeitweilig kurz angedeutet werden, können diese Themen besser in Büchern über Programmiersprachen, Algorithmen oder Optimierungstechniken für Compiler nachgelesen werden. Auch Tips & Tricks, die in aller Regel nur marginale Verbesserungen bringen, oder langsamer Code, für den keine einfach anzuwendenden Alternativen bekannt sind, sollen hier nicht behandelt werden. Statt dessen wollen wir uns auf einige große Themenkomplexe konzentrieren, die leicht umzusetzen sind und in der Praxis schnell zu Verbesserungen führen.

49.2 Tuning-Tips

49.2.1 String und StringBuffer

String-Verkettung

In Java gibt es zwei unterschiedliche Klassen `String` und `StringBuffer` zur Verarbeitung von Zeichenketten, deren prinzipielle Eigenschaften in Kapitel 11 auf Seite 245 erläutert wurden. Java-Anfänger verwenden meist hauptsächlich die Klasse `String`, denn sie stellt die meisten Methoden zur Zeichenkettenextraktion und -verarbeitung zur Verfügung und bietet mit dem +-Operator eine bequeme Möglichkeit, Zeichenketten miteinander zu verketten.

Tuning-Tips   Kapitel 49

Daß diese Bequemlichkeit ihren Preis hat, zeigt folgender Programmausschnitt:

```
001 String s;
002 s = "";
003 for (int i = 0; i < 20000; ++i) {
004   s += "x";
005 }
```

Listing 49.1: Langsame String-Verkettung

Das Programmfragment hat die Aufgabe, einen String zu erstellen, der aus 20000 aneinandergereihten "x" besteht. Das ist zwar nicht sehr praxisnah, illustriert aber die häufig vorkommende Verwendung des +=-Operators auf Strings. Der obige Code ist sehr ineffizient, denn er läuft langsam und belastet das Laufzeitsystem durch 60000 temporäre Objekte, die alloziert und vom Garbage Collector wieder freigegeben werden müssen. Der Compiler übersetzt das Programmfragment etwa so:

```
001 String s;
002 s = "";
003 for (int i = 0; i < 20000; ++i) {
004   s = new StringBuffer(s).append("x").toString();
005 }
```

Listing 49.2: Wie der Java-Compiler String-Verkettungen übersetzt

Dieser Code ist in mehrfacher Hinsicht unglücklich. Pro Schleifendurchlauf wird ein temporäres StringBuffer-Objekt alloziert und mit dem zuvor erzeugten String initialisiert. Der Konstruktor von StringBuffer erzeugt ein internes Array (also eine weitere Objektinstanz), um die Zeichenkette zu speichern. Immerhin ist dieses Array 16 Byte größer als eigentlich erforderlich, so daß der nachfolgende Aufruf von append das Array nicht neu allozieren und die Zeichen umkopieren muß. Schließlich wird durch den Aufruf von toString ein neues String-Objekt erzeugt und s zugewiesen. Auf diese Weise werden pro Schleifendurchlauf drei temporäre Objekte erzeugt, und der Code ist durch das wiederholte Kopieren der Zeichen im Konstruktor von StringBuffer sehr ineffizient.

Eine eminente Verbesserung ergibt sich, wenn die Klasse StringBuffer und ihre Methode append direkt verwendet werden:

```
001 String s;
002 StringBuffer sb = new StringBuffer(1000);
003 for (int i = 0; i < 20000; ++i) {
004   sb.append("x");
005 }
006 s = sb.toString();
```

Listing 49.3: Performante String-Verkettungen mit StringBuffer.append

Hier wird zunächst ein StringBuffer erzeugt und mit einem 1000 Zeichen großen Puffer versehen. Da die StringBuffer-Klasse sich die Länge der gespeicherten Zeichenkette merkt, kann der Aufruf append("x") meist in konstanter Laufzeit erfolgen. Dabei ist ein Umkopieren nur dann erforderlich, wenn der interne Puffer nicht mehr genügend Platz bietet, um die an `append` übergebenen Daten zu übernehmen. In diesem Fall wird ein größeres Array alloziert und der Inhalt des bisherigen Puffers umkopiert. In der Summe ist die letzte Version etwa um den Faktor 10 schneller als die ersten beiden und erzeugt 60000 temporäre Objekte weniger.

Interessant ist dabei der Umfang der Puffervergrößerung, den das `StringBuffer`-Objekt vornimmt, denn er bestimmt, wann bei fortgesetztem Aufruf von `append` das nächste Mal umkopiert werden muß. Anders als beispielsweise bei der Klasse `Vector`, die einen veränderbaren *Ladefaktor* besitzt, *verdoppelt* sich die Größe eines `StringBuffer`-Objekts bei jeder Kapazitätserweiterung. Dadurch wird zwar möglicherweise mehr Speicher als nötig alloziert, aber die Anzahl der Kopiervorgänge wächst höchstens logarithmisch mit der Gesamtmenge der eingefügten Daten. In unserem Beispiel kann der interne Puffer zunächst 1000 Zeichen aufnehmen, wird beim nächsten Überlauf auf etwa 2000 Zeichen vergrößert, dann auf 4000, 8000, 16000 und schließlich auf 32000 Zeichen. Hätten wir die initiale Größe auf 20000 Zeichen gesetzt, wäre sogar überhaupt kein Kopiervorgang erforderlich geworden und das Programm hätte 12000 Zeichen weniger alloziert.

> Bei der Verwendung der Operatoren + und += auf `String`-Objekten sollte man zusätzlich bedenken, daß deren Laufzeit nicht konstant ist (bzw. ausschließlich von der Länge des anzuhängenden Strings abhängt). Tatsächlich hängt sie auch stark von der Länge des Strings ab, an den angehängt werden soll, denn die Laufzeit eines Kopiervorgangs wächst nun einmal proportional zur Länge des zu kopierenden Objekts. Damit wächst das Laufzeitverhalten der Schleife in Listing 49.1 auf Seite 1167 nicht linear, sondern annähernd quadratisch. Es verschlechtert sich also mit zunehmender Länge der Schleife überproportional.

Einfügen und Löschen in Strings

Ein immer noch deutlicher, wenn auch nicht ganz so drastischer Vorteil bei der Verwendung von `StringBuffer` ergibt sich beim Einfügen von Zeichen *am vorderen Ende* des Strings:

Listing 49.4:
Langsames
Einfügen in
einen String

```
001 String s;
002 s = "";
003 for (int i = 0; i < 10000; ++i) {
004   s = "x" + s;
005 }
```

In diesem Beispiel wird wiederholt ein Zeichen vorne in den String eingefügt. Der Compiler wandelt das Programm auch hier in wiederholte Aufrufe von `StringBuffer`-Methoden um, wobei unnötig viele Zwischenobjekte entstehen und unnötig oft kopiert werden muß. Eine bessere Lösung kann man auch hier durch direkte Verwendung eines `StringBuffer`-Objekts erzielen:

```
001 String s;
002 StringBuffer sb = new StringBuffer(1000);
003 for (int i = 0; i < 10000; ++i) {
004   sb.insert(0, "x");
005 }
006 s = sb.toString();
```

Listing 49.5: Schnelles Einfügen in einen String

Im Test war die Laufzeit dieser Variante etwa um den Faktor vier besser als die der ersten Version. Außerdem wird nicht ein einziges temporäres Objekt erzeugt, so daß zusätzlich das Memory-Subsystem und der Garbage Collector entlastet werden.

Seit dem JDK 1.2 gibt es in der Klasse StringBuffer eine Methode delete, mit der ein Teil der Zeichenkette gelöscht werden kann. Dadurch können beispielsweise Programmteile der folgenden Art beschleunigt werden:

```
String sub1 = s.substring(0, 1000) + s.substring(2000);
```

Anstatt hier die ersten 1000 Zeichen mit allen Zeichen ab Position 2000 zu verbinden, kann unter Verwendung eines StringBuffers auch direkt das gewünschte Stück gelöscht werden:

```
String sub2 = sb.delete(1000, 2000).toString();
```

Die Methode toString der Klasse StringBuffer

Den vorangegangenen Abschnitten kann man entnehmen, daß die Verwendung der Klasse StringBuffer meist dann sinnvoll ist, wenn die Zeichenkette zunächst aus vielen kleinen Teilen *aufgebaut* werden soll oder wenn sie sich häufig ändert. Ist der String dagegen fertig konstruiert oder muß auf einen vorhandenen String lesend zugegriffen werden, geht dies im allgemeinen mit den vielseitigeren Methoden der Klasse String besser. Um einen StringBuffer in einen String zu konvertieren, wird die Methode toString aufgerufen, die durch einen kleinen Trick sehr effizient arbeitet. Anstatt beim Aufruf von toString einen Kopiervorgang zu starten, teilen sich String- und StringBuffer-Objekt nach dem Aufruf das interne Zeichenarray, d.h. beide Objekte verwenden ein- und denselben Puffer. Normalerweise wäre diese Vorgehensweise indiskutabel, denn nach der nächsten Änderung des StringBuffer-Objekts hätte sich dann auch der Inhalt des String-Objekts verändert (was per Definition nicht erlaubt ist).

Um das zu verhindern, wird vom Konstruktor der String-Klasse während des Aufrufs von toString ein *shared*-Flag im StringBuffer-Objekt gesetzt. Dieses wird bei allen *verändernden* StringBuffer-Methoden abgefragt und führt dazu, daß – wenn es gesetzt ist – der Pufferinhalt vor der Veränderung kopiert und die Änderung auf der Kopie vorgenommen wird. Ein echter Kopiervorgang wird also solange nicht erforderlich, wie auf den StringBuffer nicht schreibend zugegriffen wird.

Die Unveränderlichkeit von String-Objekten

Da die Klasse `String` keine Möglichkeit bietet, die gespeicherte Zeichenkette nach der Instanzierung des Objekts zu verändern, können einige Operationen auf Zeichenketten sehr effizient implementiert werden. So erfordert beispielsweise die einfache Zuweisung zweier `String`-Objekte lediglich das Kopieren eines Zeigers, ohne daß durch *Aliasing* die Gefahr besteht, beim Ändern eines Strings versehentlich weitere Objekte zu ändern, die auf denselben Speicherbereich zeigen.

Soll ein `String` physikalisch kopiert werden, kann das mit Hilfe eines speziellen Konstruktors erreicht werden:

```
String s2 = new String(s1);
```

Da der interne Puffer hierbei kopiert wird, ist der Aufruf natürlich ineffizienter als die einfache Zuweisung.

Auch die Methode `substring` der Klasse `String` konnte sehr effizient implementiert werden. Sie erzeugt zwar ein neues `String`-Objekt, aber den internen Zeichenpuffer teilt es sich mit dem bisherigen Objekt. Lediglich die Membervariablen, in denen die Startposition und relevante Länge des Puffers festgehalten werden, müssen im neuen Objekt angepaßt werden. Dadurch ist auch das Extrahieren von langen Teilzeichenketten recht performant. Dasselbe gilt für die Methode `trim`, die ebenfalls `substring` verwendet und daher keine Zeichen kopieren muß.

Durchlaufen von Zeichenketten

Soll ein `String` durchlaufen werden, so kann mit der Methode `length` seine Länge ermittelt werden, und durch wiederholten Aufruf von `charAt` können alle Zeichen nacheinander abgeholt werden. Alternativ könnte man auch zunächst ein Zeichenarray allozieren und durch Aufruf von `getChars` alle Zeichen hineinkopieren. Beim späteren Durchlaufen wäre dann kein Methodenaufruf mehr erforderlich, sondern die einzelnen Array-Elemente könnten direkt verwendet werden. Die Laufzeitunterschiede zwischen beiden Varianten sind allerdings minimal und werden in der Praxis kaum ins Gewicht fallen (da die Klasse `String` als `final` deklariert wurde und die Methode `charAt` nicht `synchronized` ist, kann sie sehr performant aufgerufen werden).

49.2.2 Methodenaufrufe

Eine der häufigsten Operationen in objektorientierten Programmiersprachen ist der Aufruf einer Methode an einer Klasse oder einem Objekt. Generell werden Methodenaufrufe in Java recht performant ausgeführt. Ihr Laufzeitverhalten ist jedoch stark von ihrer Signatur und ihren Attributen abhängig. Tabelle 49.1 auf Seite 1171 gibt einen Überblick über die

Laufzeit (in msec.) von 10 Millionen Aufrufen einer trivialen Methode unter unterschiedlichen Bedingungen. Alle Messungen wurden mit dem JDK 1.2 Beta 4 auf einem PentiumII-266 unter Windows 95 vorgenommen.

Signatur/Attribute	Ohne JIT	Mit JIT
public	5650	280
public, mit 4 Parametern	7800	390
public static	5060	110
protected	5770	280
private	5820	50
public synchronized	9500	4660
public final	6260	50

Tabelle 49.1: Geschwindigkeit von Methodenaufrufen

Dabei fallen einige Dinge auf:

- In jedem Fall bringt der JIT einen erheblichen Geschwindigkeitsvorteil. Er liegt (mit Ausnahme der synchronized-Methode) in diesem Beispiel durchweg bei über einer Zehnerpotenz.
- Methoden des Typs final und private werden am schnellsten ausgeführt, insbesondere bei aktiviertem JIT.
- Klassenmethoden werden schneller ausgeführt als Instanzmethoden.
- Die Übergabe von Parametern erfordert zusätzliche Zeit. In unserem Beispiel wurden vier Argumente (int, String, double und boolean) übergeben.
- Mit Abstand am langsamsten ist der Aufruf von Methoden, die das synchronized-Attribut verwenden, denn der Zugriff auf die Sperre zur Synchronisation in Multi-Threading-Umgebungen kostet erhebliche Zeit. Auch der Just-In-Time-Compiler bringt hier keine nennenswerten Vorteile.

Weiterhin ist zu beachten, daß der polymorphe Aufruf von Methoden Zeit kostet (was nicht aus dieser Tabelle abgelesen werden kann). Ist beispielsweise aus einer Klasse *A* eine weitere Klasse *B* abgeleitet, so ist der Aufruf von Methoden auf einem Objekt des Typs *A* kostspieliger als der auf einem Objekt des Typs B.

Aus diesen Ergebnissen allgemeingültige Empfehlungen abzuleiten, ist schwierig. Zwar empfiehlt es sich offensichtlich, Methoden als private bzw. final zu deklarieren, wenn sicher ist, daß sie in abgeleiteten Klassen nicht aufgerufen bzw. überlagert werden sollen. Auch könnte man versuchen, verstärkt Klassenmethoden zu verwenden oder zur Vermeidung von polymorphen Aufrufen die Vererbungshierachie zu beschränken oder mit Hilfe des Attributs `final` ganz abzuschneiden. All diese Entscheidungen hätten aber einen starken Einfluß auf das Klassendesign der Anwendung und könnten sich leicht an anderer Stelle als Sackgasse herausstellen.

Der einzig wirklich allgemeingültige Rat besteht darin, Methoden nur dann als `synchronized` zu deklarieren, wenn es wirklich erforderlich ist. Eine Methode, die keine Membervariablen verwendet, die gleichzeitig von anderen Threads manipuliert werden, braucht auch nicht synchronisiert zu werden. Eine Anwendung, die nur einen einzigen Thread besitzt und deren Methoden nicht von Hintergrundthreads aufgerufen werden, braucht überhaupt keine synchronisierten Methoden in eigenen Klassen.

49.2.3 Vektoren und Listen

Ein `Vector` ist ein bequemes Hilfsmittel, um Listen von Objekten zu speichern, auf die sowohl sequentiell als auch wahlfrei zugriffen werden kann. Aufgrund seiner einfachen Anwendung und seiner Flexibilität bezüglich der Art und Menge der zu speichernden Elemente wird er in vielen Programmen ausgiebig verwendet. Bei falschem Einsatz können Vektoren durchaus zum Performance-Killer werden, und wir wollen daher einige Hinweise zu ihrer Verwendung geben.

Zunächst einmal ist der Datenpuffer eines Vektors als Array implementiert. Da die Größe von Arrays nach ihrer Initialisierung nicht mehr verändert werden kann, erfordert das Einfügen neuer Elemente möglicherweise das Allozieren eines neuen Puffers und das Umkopieren der vorhandenen Elemente. Ein `Vector` besitzt dazu die beiden Attribute *Kapazität* und *Ladefaktor*. Die Kapazität gibt an, wie viele Elemente insgesamt aufgenommen werden können, also wie groß der interne Puffer ist. Der Ladefaktor bestimmt, um wie viele Elemente der interne Puffer erweitert wird, wenn beim Einfügen eines neuen Elements nicht mehr ausreichend Platz vorhanden ist. Je kleiner die anfängliche Kapazität und der Ladefaktor sind, desto häufiger ist beim fortgesetzten Einfügen von Elementen ein zeitaufwendiges Umkopieren erforderlich.

Wird ein `Vector` ohne Argumente instanziert, so hat sein Puffer eine anfängliche Kapazität von 10 Objekten und der Ladefaktor ist 0. Letzteres bedeutet, daß die Kapazität bei jeder Erweiterung *verdoppelt* wird (analog zur Klasse `StringBuffer`, s. Abschnitt 49.2.1 auf Seite 1166). Alternativ kann die Kapazität oder auch beide Werte beim Instanzieren an den Konstruktor übergeben werden. Durch die folgende Deklaration wird ein `Vector` mit einer anfänglichen Kapazität von 100 Elementen und einem Ladefaktor von 50 angelegt:

```
Vector v = new Vector(100, 50);
```

Tuning-Tips

Ein weiteres Problem der Klasse Vector ist, daß die meisten ihrer Methoden als synchronized deklariert wurden. Dadurch kann ein Vector zwar sehr einfach als gemeinsame Datenstruktur mehrerer Threads verwendet werden. Die Zugriffsmethoden sind aber leider auch ohne Multi-Threading-Betrieb entsprechend langsam.

> Seit der Version 1.2 des JDK stehen mit den Klassen LinkedList und ArrayList auch alternative Listenimplementierungen zur Verfügung, die anstelle von Vector verwendet werden können. Hier ist jedoch Vorsicht geboten, soll das Programm nicht langsamer laufen als vorher. Die Klasse LinkedList implementiert die Datenstruktur in klassischer Form als doppelt verkettete Liste ihrer Elemente. Zwar entfallen dadurch die Kopiervorgänge, die beim Erweitern des Arrays erforderlich waren. Durch die Vielzahl der allozierten Objekte, in denen die Listenelemente und die Zeiger gespeichert werden müssen, und die teilweise ineffiziente Implementierung einiger Grundoperationen (insbesondere add) hat sich LinkedList jedoch im Test als relativ ineffizient herausgestellt. Wesentlich bessere Ergebnisse gab es mit der Klasse ArrayList. Sie ist ähnlich wie Vector implementiert, verzichtet aber (wie die meisten 1.2er Collections) auf die synchronized-Attribute und ist daher – insbesondere bei aktiviertem JIT und Zugriff mit add und get sehr – performant.

Listing 49.6 auf Seite 1173 zeigt drei Methoden, die jeweils ein String-Array übergeben bekommen und daraus eine bestimmte Anzahl von Elementen zurückgeben. Die erste Version verwendet einen Vector, die zweite eine LinkedList und die dritte eine ArrayList zur Datenspeicherung. Im Test war die dritte Version eindeutig die schnellste. Bei aktiviertem JIT und Übergabe von 100000 Elementen, von denen jeweils die Hälfte zurückgegeben wurden, war das Verhältnis der Laufzeiten der drei Methoden etwa 3:18:1.

```
001 public static String[] vtest1(String el[], int retsize)
002 {
003   //Verwendet Vector
004   Vector v = new Vector(el.length + 10);
005   for (int i = 0; i < el.length; ++i) {
006     v.addElement(el[i]);
007   }
008   String[] ret = new String[retsize];
009   for (int i = 0; i < retsize; ++i) {
010     ret[i] = (String)v.elementAt(i);
011   }
012   return ret;
013 }
014
015 public static String[] vtest2(String el[], int retsize)
016 {
017   //Verwendet LinkedList
018   LinkedList l = new LinkedList();
```

Listing 49.6:
Vergleich von
Listen und
Vektoren

Listing 49.6: Vergleich von Listen und Vektoren (Forts.)

```
019   for (int i = 0; i < el.length; ++i) {
020     l.add(el[i]);
021   }
022   String[] ret = new String[retsize];
023   Iterator it = l.iterator();
024   for (int i = 0; i < retsize; ++i) {
025     ret[i] = (String)it.next();
026   }
027   return ret;
028 }
029
030 public static String[] vtest3(String el[], int retsize)
031 {
032   //Verwendet ArrayList
033   ArrayList l = new ArrayList(el.length + 10);
034   for (int i = 0; i < el.length; ++i) {
035     l.add(el[i]);
036   }
037   String[] ret = new String[retsize];
038   for (int i = 0; i < retsize; ++i) {
039     ret[i] = (String)l.get(i);
040   }
041   return ret;
042 }
```

Ist es dagegen erforderlich, viele Einfügungen und Löschungen innerhalb der Liste vorzunehmen, sollte im allgemeinen eine zeigerbasierte Implementierung der arraybasierten vorgezogen werden. Während es bei letzterer stets erforderlich ist, einen Teil des Arrays umzukopieren, wenn ein Element eingefügt oder gelöscht wird, brauchen bei den verzeigerten Datenstrukturen lediglich ein paar Verweise aktualisiert zu werden.

49.2.4 Dateizugriffe

Schreiben von Streams

Seit dem JDK 1.1 gibt es die Writer-Klassen, mit denen *Character-Streams* verarbeitet werden können. Passend zur internen Darstellung des char-Typs in Java verwenden sie 16-Bit breite UNICODE-Zeichen zur Ein- und Ausgabe. Um eine Datei zu erzeugen, kann ein FileWriter-Objekt angelegt werden, und die Zeichen werden mit den write-Methoden geschrieben. Um die Performance zu erhöhen, kann der FileWriter in einen BufferedWriter gekapselt werden, der mit Hilfe eines internen Zeichenpuffers die Anzahl der Schreibzugriffe reduziert. Im Test ergab sich dadurch ein Geschwindigkeitszuwachs um den Faktor drei bis vier gegenüber dem ungepufferten Zugriff. Die von BufferedWriter verwendete Standard-Puffergröße von 8 kByte ist in aller Regel ausreichend, weitere Vergrößerungen bringen keine nennenswerten Beschleunigungen.

Das Dilemma der `Writer`-Klassen besteht darin, daß die meisten externen Dateien mit 8-Bit-Zeichen arbeiten, statt mit 16-Bit-UNICODE-Zeichen. Ein `FileWriter` führt also vor der Ausgabe eine Konvertierung der UNICODE-Zeichen durch, um sie im korrekten Format abzuspeichern. Der Aufruf der dazu verwendeten Methoden der Klasse `CharToByteConverter` aus dem Paket `sun.io` kostet natürlich Zeit und vermindert die Performance der `Writer`-Klasse. Wesentlich schneller sind die (älteren) `OutputStream`-Klassen, die nicht mit Zeichen, sondern mit Bytes arbeiten. Sie führen keine aufwendige Konvertierung durch, sondern geben je Zeichen einfach dessen niederwertige 8 Bit aus. Das spart viel Zeit und führte im Test zu einer nochmals um den Faktor drei bis vier beschleunigten Ausgabe (wenn auch der `FileOutputStream` in einen `BufferedOutputStream` eingeschlossen wurde).

Die `OutputStream`-Klassen sind also immer dann den `Writer`-Klassen vorzuziehen, wenn entweder sowieso Binärdaten ausgegeben werden sollen oder wenn sichergestellt ist, daß keine UNICODE-Zeichen verwendet werden, die durch das simple Abschneiden der oberen 8 Bit falsch ausgegeben würden. Da der UNICODE-Zeichensatz in den ersten 256 Zeichen zum ISO-8859-1-Zeichensatz kompatibel ist, sollten sich für die meisten europäischen und angelsächsischen Sprachen keine Probleme ergeben, wenn zur Ausgabe von Zeichen die `OutputStream`-Klassen verwendet werden.

Listing 49.7 auf Seite 1175 zeigt das Erzeugen einer etwa 300 kByte großen Datei, bei der zunächst die `Writer`- und dann die `OutputStream`-Klassen verwendet wurden. Im Test lag die Ausführungsgeschwindigkeit der zweiten Variante um etwa eine Zehnerpotenz über der ersten.

```
001 public static void createfile1()
002 throws IOException
003 {
004   Writer writer = new FileWriter(FILENAME);
005   for (int i = 0; i < LINES; ++i) {
006     for (int j = 0; j < 60; ++j) {
007       writer.write('x');
008     }
009     writer.write(NL);
010   }
011   writer.close();
012 }
013
014 public static void createfile4()
015 throws IOException
016 {
017   OutputStream os = new BufferedOutputStream(
018     new FileOutputStream(FILENAME)
019   );
020   for (int i = 0; i < LINES; ++i) {
021     for (int j = 0; j < 60; ++j) {
```

Listing 49.7:
Performance
von Writer und
OutputStream

Listing 49.7: Performance von Writer und OutputStream (Forts.)

```
022     os.write('x');
023   }
024   os.write('\r');
025   os.write('\n');
026 }
027 os.close();
028 }
```

Lesen von Streams

Die Performance des sequentiellen Lesens von Zeichen- oder Byte-Streams zeigt ein ähnliches Verhalten wie die des sequentiellen Schreibens. Am langsamsten war der ungepufferte Zugriff mit der Klasse `FileReader`. Die größten Geschwindigkeitsgewinne ergaben sich durch das Kapseln des `FileReader` in einen `BufferedReader`, die Performance lag um etwa eine Zehnerpotenz höher als im ungepufferten Fall. Der Umstieg auf das byte-orientierte Einlesen mit den Klassen `FileInputStream` und `BufferedInputStream` brachte dagegen nur noch geringe Vorteile. Möglicherweise muß der zur Eingabekonvertierung in den `Reader`-Klassen verwendete `ByteToCharConverter` weniger Aufwand treiben, als ausgabeseitig nötig war.

RandomAccess-Dateien

Der wahlfreie Zugriff auf eine Datei zum Lesen oder Schreiben erfolgt in Java mit der Klasse `RandomAccessFile`. Da sie nicht Bestandteil der `Reader`- `Writer`-, `InputStream`- oder `OutputStream`-Hierarchien ist, besteht auch nicht die Möglichkeit, sie zum Zweck der Pufferung zu schachteln. Tatsächlich ist der ungepufferte byteweise Zugriff auf ein `RandomAccessFile` sehr langsam, er liegt etwa in der Größenordnung des ungepufferten Zugriffs auf Character-Streams. Wesentlich schneller kann mit Hilfe der `read`- und `write`-Methoden gearbeitet werden, wenn nicht nur ein einzelnes, sondern ein ganzes Array von Bytes verarbeitet wird. Je nach Puffergröße und Verarbeitungsaufwand werden dann Geschwindigkeiten wie bei gepufferten Bytestreams oder höher erzielt. Das folgende Beispiel zeigt, wie man mit einem 100 Byte großen Puffer eine Random-Access-Datei bereits sehr schnell lesen kann.

Listing 49.8: Gepufferter Zugriff auf Random-Access-Dateien

```
001 public static void randomtest2()
002 throws IOException
003 {
004   RandomAccessFile file = new RandomAccessFile(FILENAME, "rw");
005   int cnt = 0;
006   byte[] buf = new byte[100];
007   while (true) {
008     int num = file.read(buf);
009     if (num <= 0) {
010       break;
011     }
012     cnt += num;
```

```
013   }
014   System.out.println(cnt + " Bytes read");
015   file.close();
016 }
```

Listing 49.8: Gepufferter Zugriff auf Random-Access-Dateien (Forts.)

Das Programm liest die komplette Datei in Stücken von jeweils 100 Byte ein. Der Rückgabewert von read gibt die tatsächliche Zahl gelesener Bytes an. Sie entspricht normalerweise der Puffergröße, liegt aber beim letzten Datenpaket darunter, wenn die Dateigröße nicht zufällig ein Vielfaches der Puffergröße ist. Die Performance von randomtest2 ist sehr gut, sie lag auf dem Testrechner (Pentium II, 266 MHz, 128 MB, UW-SCSI) bei etwa 5 MByte pro Sekunde, was für ein Java-Programm sicherlich ein respektabler Wert ist. Ein wesentlicher Grund ist darin zu suchen, daß durch den programmeigenen Puffer ein Großteil der Methodenaufrufe zum Lesen einzelner Bytes vermieden werden (in diesem Fall sind es um den Faktor 100 weniger). Auf die gleiche Weise lassen sich auch die streamorientierten Dateizugriffe beschleunigen, wenn die Anwendung nicht unbedingt darauf angewiesen ist, *zeichenweise* zu lesen bzw. zu schreiben.

49.2.5 Speicher-Optimierung

Neben den direkten Prozessoraktivitäten hat auch die Art und Weise, in der das Programm mit dem Hauptspeicher umgeht, einen erheblichen Einfluß auf dessen Performance. Einige der Aspekte, die dabei eine Rolle spielen, sind:

▶ Jede Allozierung von Speicher kostet Rechenzeit. Der Speicher muß entweder vom Betriebssystem oder vom Laufzeitsystem der VM beschafft werden. Auch das (automatische) Initialisieren des Speichers kostet Zeit. Das Anlegen eines Arrays mit 1000 Elementen dauert wesentlich länger als das eines mit 10 Elementen.

▶ Objekte mit aufwendigen Konstruktoren benötigen möglicherweise viel Zeit zur Initialisierung. Bei ihnen kann es sinnvoll sein, sie zu »recyceln«. Dazu werden sie nach Gebrauch in einer geeigneten Datenstruktur gesammelt und können dem nächsten Interessenten (alternativ zur Erzeugung eines neuen Objekts) zur Verfügung gestellt werden. Vor der Verwendung muß dieser das Objekt natürlich geeignet initialisieren.

▶ Nicht mehr referenzierter Speicher belastet den Garbage Collector und erfordert CPU-Zeit, um dem Programm wieder zugeführt werden zu können.

▶ In ungünstigen Fällen kann es sein, daß die VM den benötigten Speicher schrittweise in relativ kleinen Stücken beim Betriebssystem anfordert. Das kostet unter Umständen sehr viel Zeit. In diesem Fall kann es sinnvoll sein, mit Hilfe des Schalters -Xms den beim Start der VM anzufordernden Speicher auf einen höheren Wert einzustellen.

- Große Mengen an temporären, kurzlebigen Objekten belasten die VM ebenfalls. Derartige Allokationsszenarien entstehen beispielsweise beim Modifizieren von Strings oder wenn primitive Typen mit Hilfe ihrer Wrapperklassen in Collections gespeichert werden sollen. In Abschnitt 49.3 zeigen wir ein harmlos aussehendes Programm, das beim Anlegen von 10 kByte Nutzdaten 75 MByte Datenmüll erzeugt.

- Werden Referenzen auf Objekte nicht gelöscht, bleibt der zugeordnete Speicher belegt und der Garbage Collector kann ihn nicht wieder freigeben. Das belastet nicht nur die VM, die zunehmend neuen Speicher beim Betriebssystem anfordern muß, sondern führt früher oder später zum Absturz des Programms mit einem `OutOfMemoryError`.

- Derartige Speicherlecks entstehen, wenn eigentlich nicht mehr benötigte Objekte an »lebenden« Referenzen hängen (also an Variablen, die im Programm noch benötigt werden). Lebende Referenzen sind die lokalen Variablen auf den Stacks aller laufenden Threads plus alle statischen Variablen des Programms. Zudem natürlich alle Variablen, die indirekt daran hängen. Als Programmierer sollte man diesbezüglich den statischen Variablen (insbesondere wenn sie auf Collections verweisen) besonderes Augenmerk schenken.

- Um dem Garbage Collector die Arbeit zu erleichtern, kann es sinnvoll sein, ihn in Programmpausen von Zeit zu Zeit durch Aufruf der Methode `gc` der Klasse `System` explizit aufzurufen. Das Programm kann ihm auch dadurch helfen, daß nicht mehr benötigten Objektvariablen explizit der Wert `null` zugewiesen wird.

49.3 Einsatz eines Profilers

49.3.1 Grundlagen

Die bisher vorgestellten Tips und Tricks sind sicherlich eine Hilfe, um bereits während der Entwicklung eines Programms grundsätzliche Performance-Probleme zu vermeiden. Läuft das fertige Programm dann trotzdem nicht mit der gewünschten Geschwindigkeit (was in der Praxis häufig vorkommt), helfen pauschale Hinweise leider nicht weiter. Statt dessen gilt es herauszufinden, welche Teile des Programms für dessen schlechte Performance verantwortlich sind. Bei größeren Programmen, die aus vielen tausend Zeilen Quellcode bestehen, ist das eine komplizierte Aufgabe, die nur mit Hilfe eines guten *Profilers* bewältigt werden kann. Der Profiler ist ein Werkzeug, mit dessen Hilfe im laufenden Programm *Performanceparameter*, wie beispielsweise die verbrauchte CPU-Zeit, die Anzahl der allozierten Objekte oder die Anzahl der Aufrufe bestimmter Methoden, überwacht und gemessen werden können. Durch manuelle Inspektion der erzeugten Logdateien oder mit Hilfe eines Auswertungsprogramms kann dann festgestellt werden, welche Teile des Programms die größte Last erzeugen und daher verbesserungsbedürftig sind.

Einsatz eines Profilers — Kapitel 49

Das Standard-JDK enthält bereits seit der Version 1.0 einen eingebauten Profiler, der Informationen über Laufzeit und Aufrufhäufigkeit von Methoden geben kann. Im JDK 1.2 wurde er erweitert und kann seither den Speicherverbrauch messen und Profiling-Informationen *threadweise* ausgeben. Mit dem JDK 1.3 wurde er erneut verbessert und mit einem offenen Profiler-API versehen (*JVMPI, Java Virtual Machine Profiler Interface*). Mit dessen Hilfe ist es möglich, eigene Profiling-Werkzeuge zu schreiben. Fester Bestandteil des JDK ist eine Beispielimplementierung `hprof`, die für einfache Profiling-Aufgaben verwendet werden kann.

Im Vergleich zu spezialisierten Produkten sind die Fähigkeiten des eingebauten Profilers etwas rudimentär. Insbesondere die vom Profiler erzeugte Ausgabedatei erfordert einigen Nachbearbeitungsaufwand. Zudem gibt es keine grafischen Auswertungen wie bei kommerziellen Profilern. Dennoch ist der JDK-Profiler ein brauchbares und hilfreiches Instrument, mit dem Performanceprobleme und Speicherengpässe analysiert werden können. Wir wollen uns in diesem Abschnitt mit den Grundlagen seiner Bedienung vertraut machen.

Als Beispiel für die Anwendung des Profiler wollen wir ein Programm verwenden, dessen simple Aufgabe darin besteht, einen `String` mit 10000 Punkten zu erzeugen und auf dem Bildschirm auszugeben. Statt die Ratschläge aus dem vorigen Abschnitt zu beherzigen, verwendet das Programm den Operator +=, um den `String` zeichenweise in einer Schleife zusammenzusetzen. Auf langsameren Rechnern kann es durchaus einige Sekunden dauern, bis der String erzeugt und vollständig auf dem Bildschirm ausgegeben wurde:

```
001 /* ProfTest1A.java */
002
003 import java.util.*;
004
005 public class ProfTest1A
006 {
007   public static String dots(int len)
008   {
009     String ret = "";
010     for (int i = 0; i < len; ++i) {
011       ret += ".";
012     }
013     return ret;
014   }
015
016   public static void main(String[] args)
017   {
018     String s = dots(10000);
019     System.out.println(s);
020   }
021 }
```

Listing 49.9: Ein Beispielprogramm zum Testen des Profilers

Nachfolgend wollen wir uns eine Beispielsitzung mit dem Profiler ansehen. Ähnlich wie bei einem Debugger besteht die typische Vorgehensweise darin, schrittweise Informationen über Rechenzeit- und Speicherverbrauch zu gewinnen und das Programm mit diesen Informationen nach und nach zu optimieren. Für gewöhnlich gibt es dabei kein Patentrezept, das direkt zum Erfolg führt. Statt dessen ähnelt der Umgang mit dem Profiler einer Detektivarbeit, bei der die einzelnen Teile der Lösung nach und nach gefunden werden.

49.3.2 Eine Beispielsitzung mit dem Profiler

Erzeugen der Profiling-Informationen

Zunächst muß das Programm wie gewöhnlich übersetzt werden:

```
javac ProfTest1A.java
```

Um das Programm unter Kontrolle des Profilers zu starten, ist die Option -Xrunhprof zu verwenden und nach einem Doppelpunkt mit den erforderlichen Parametrisierungen zu versehen. Die Parameter werden als kommaseparierte Liste von Argumenten der Form "Name=Wert" angegeben. Die wichtigsten Parameter von hprof sind:

Tabelle 49.2: Parameter von hprof

Name	Mögliche Werte
cpu	samples, times, old
heap	dump, sites, all
file	Name der Ausgabedatei
depth	Maximale Tiefe der Stacktraces

Mit der Option cpu wird der CPU-Profiler aktiviert. Er kennt die Modi "samples", "times" und "old". Im Modus "samples" werden die Profiling-Informationen dadurch gewonnen, daß das laufende Programm mit Hilfe eines separaten Threads regelmäßig unterbrochen wird. Bei jeder Unterbrechung wird ein Stacktrace gezogen, der dem Profiler Auskunft darüber gibt, welche Methode gerade ausgeführt wird, in welcher Quelltextzeile das Programm steht und wie die Kette ihrer Aufrufer aussieht. Jeder derartige Schnappschuß wird als *Sample* bezeichnet.

Die unterschiedlichen Stacktraces werden mit einem Aufrufzähler versehen, der immer dann um 1 erhöht wird, wenn bei einer Unterbrechung ein entsprechender Stacktrace gefunden wird. Aus dem Endwert der Zähler kann dann abgeleitet werden, wo das Programm die meiste Rechenzeit verbraucht hat. Denn je höher der Zähler war, desto öfter wurde das Programm an der zugehörigen Programmstelle »angetroffen« und desto wahrscheinlicher ist es, daß dort nennenswert Rechenzeit verbraucht wird.

> Natürlich ist diese Vorgehensweise nicht sehr präzise, und es sind Fälle denkbar, bei denen sie ganz versagt. Aber sie ist einfach zu implementieren und beeinträchtigt die Laufzeit des Programms nur unwesentlich. In der Praxis sollten die Ergebnisse mit der nötigen Vorsicht betrachtet werden. Sie dürfen nicht als absolute Meßwerte angesehen werden, sondern sind vorwiegend dazu geeignet, Tendenzen zu erkennen und Programmteile mit besonders hoher Rechenzeit ausfindig zu machen.

Der zweite Modus "times" arbeitet etwas anders. Statt lediglich die Anzahl der Stacktraces zu zählen, misst er tatsächlich die innerhalb der einzelnen Methoden verbrauchte Rechenzeit. Allerdings wird dadurch auch die Laufzeit des Programms stärker erhöht als im Modus "samples". In der Praxis kann eine gemischte Vorgehensweise sinnvoll sein, bei der zunächst per "samples" die größten Performancefresser eliminiert werden und dann per "times" das Feintuning vorgenommen wird. Die Option "old" erstellt die Ausgabedatei in einem Format, wie sie von den Profilern der Prä-1.2-Versionen verwendet wurde. Wir wollen hier nicht weiter darauf eingehen.

Bei der Verwendung des CPU-Profilers sind weiterhin die Optionen `file` und `depth` von Bedeutung. Mit `file` kann der Name der Ausgabedatei angegeben werden, er ist standardmäßig `java.hprof.txt`. Mit `depth` wird festgelegt, mit welcher maximalen Tiefe die Stacktraces aufgezeichnet werden (standardmäßig 4). Ist die Aufrufkette einer Methode länger als der angegebene Wert, wird der Stacktrace abgeschnitten, und bei der Analyse ist nicht mehr bis ins letzte Detail erkennbar, von welcher Stelle aus der Aufruf erfolgte. Wird `depth` auf 1 gesetzt, sind nur noch die Aufrufstellen sichtbar, die Aufrufer selbst bleiben unsichtbar.

Wir wollen einen ersten Lauf mit dem CPU-Profiler im Modus "samples" und mit einer maximalen Stacktiefe von 10 machen und rufen das Programm daher wie folgt auf:

```
java -Xint -Xrunhprof:cpu=samples,depth=10 ProfTest1A
```

> Die Option `-Xint` geben wir an, um das Programm im Interpreter-Modus laufen zu lassen und mögliche Verfälschungen durch den Hotspot-Compiler zu vermeiden.

Das CPU-Profile

Das Programm erzeugt nun die Ausgabedatei `java.hprof.txt` mit den Profiling-Informationen. Sie besteht aus drei Teilen:

▶ Im oberen Teil werden allgemeine Informationen zur Struktur der Datei und den darin verwendeten Einträgen gegeben.

▶ Im mittleren Teil befinden sich die Stacktraces.

▶ Im unteren Teil werden die Sampling-Ergebnisse ausgegeben.

Die Analyse beginnt im unteren Teil. Er sieht bei unserer Beispielsitzung so aus (die Samples ab Position 11 wurden aus Gründen der Übersichtlichkeit entfernt):

```
CPU SAMPLES BEGIN (total = 246) Sun Jun 18 17:56:28 2000
rank   self  accum    count  trace method
   1 53.66% 53.66%     132     9 java.lang.StringBuffer.expandCapacity
   2 17.48% 71.14%      43    13 java.lang.System.arraycopy
   3 17.07% 88.21%      42    11 java.lang.System.arraycopy
   4  1.63% 89.84%       4    10 java.lang.StringBuffer.toString
   5  1.22% 91.06%       3    17 java.lang.StringBuffer.append
   6  0.81% 91.87%       2    19 java.lang.StringBuffer.append
   7  0.81% 92.68%       2    24 sun.io.CharToByteSingleByte.convert
   8  0.81% 93.50%       2    12 java.lang.StringBuffer.<init>
   9  0.41% 93.90%       1    20 java.lang.StringBuffer.append
  10  0.41% 94.31%       1    14 java.lang.String.getChars
   ...
CPU SAMPLES END
```

Die Ausgabe ist nach Aufrufhäufigkeit geordnet. Von den insgesamt 246 Samples, die während des Programmlaufs gezogen wurden, waren 132 in der Methode expandCapacity der Klasse StringBuffer und 43 und noch einmal 42 in der Methode arraycopy der Klasse System. Damit fielen insgesamt 88.21 Prozent aller Samples in diese Methoden.

Da beide Methoden nicht selbstgeschrieben sind und sich damit unseren Optimierungsversuchen entziehen, kann eine Performance-Verbesserung lediglich dadurch erreicht werden, daß die Anzahl ihrer Aufrufe vermindert wird. Um die Aufrufer herauszufinden, müssen wir uns die in der fünften Spalten angegebenen Stacktraces ansehen. Der Stacktrace zu expandCapacity hat die Nummer 9 und sieht so aus:

```
TRACE 9:
    java.lang.StringBuffer.expandCapacity(StringBuffer.java:202)
    java.lang.StringBuffer.append(StringBuffer.java:401)
    ProfTest1A.dots(ProfTest1A.java:11)
    ProfTest1A.main(ProfTest1A.java:18)
```

Er besagt, daß der Sample in Zeile 202 der Methode expandCapacity der Klasse StringBuffer erzeugt wurde. Diese wurde von append aufgerufen, das von unserer eigenen Methode dots in Zeile 11 aufgerufen wurde. In Zeile 11 steht zwar kein Aufruf von append, dort befindet sich aber der +=-Operator zur Verkettung der Strings. Dieser wird vom Compiler in entsprechende Methoden- und Konstruktorenaufrufe der Klassen String und StringBuffer übersetzt.

Als erste Erkenntnis stellen wir also fest, daß offensichtlich der +=-Operator zur String-Verkettung interne StringBuffer-Objekte erzeugt, die einen erheblichen Teil der CPU-Zeit benötigen, um während des Anfügens von Zeichen vergrößert zu werden.

Die Stacktraces 11 und 13 der nächsten beiden Kandidaten verstärken den Eindruck, daß der +=-Operator in unserem Programm CPU-intensiven Code erzeugt:

```
TRACE 11:
  java.lang.System.arraycopy(System.java:Native method)
  java.lang.String.getChars(String.java:553)
  java.lang.StringBuffer.append(StringBuffer.java:402)
  ProfTest1A.dots(ProfTest1A.java:11)
  ProfTest1A.main(ProfTest1A.java:18)
TRACE 13:
  java.lang.System.arraycopy(System.java:Native method)
  java.lang.StringBuffer.expandCapacity(StringBuffer.java:203)
  java.lang.StringBuffer.append(StringBuffer.java:401)
  ProfTest1A.dots(ProfTest1A.java:11)
  ProfTest1A.main(ProfTest1A.java:18)
```

Beide Arten von Samples gehen letztlich auf Zeile 11 unseres Programmes zurück und zeigen Rechenzeitverbräuche, die durch die vom +=-Operator ausgelöste Verarbeitung temporärer Strings und StringBuffer verursacht werden. Obwohl die Samples in beiden Fällen in arraycopy gezogen wurden, gibt es zwei unterschiedliche Stacktraces, weil die Aufruferkette in beiden Fällen unterschiedlich ist. Einerseits wird arraycopy aus getChars aufgerufen (da Strings immutable sind, muß getChars bei jedem Aufruf eine Kopie des Zeichenarrays erstellen), andererseits wird arraycopy in expandCapacity benötigt, um das bei einer Verlängerung des StringBuffers erforderliche Umkopieren der Zeichen zu erledigen.

Unsere erste Vermutung hat sich also bestätigt: Der harmlos aussehende Aufruf des +=-Operators in Zeile 11 unseres Programms erzeugt temporäre String- und StringBuffer-Objekte, in der ein Großteil der Rechenzeit durch das Anhängen und Kopieren von Zeichen und das Erhöhen der Kapazität verbraucht wird.

Das Heap-Profile

Einen noch deutlicheren Eindruck vermittelt ein Heap-Profile. Wir erstellen es, indem wir das Programm mit der Option heap=sites erneut unter Profiler-Kontrolle laufen lassen:

```
java -Xint -Xrunhprof:heap=sites,depth=10 ProfTest1A
```

Die Ausgabe besteht wie beim CPU-Profiling aus drei Teilen. Die ersten beiden entsprechen dem CPU-Profiler, der dritte enthält Informationen zur dynamischen Heap-Belegung:

```
SITES BEGIN (ordered by live bytes) Sun Jun 18 18:37:28 2000
          percent          live         alloc'ed   stack class
 rank   self  accum     bytes  objs   bytes  objs  trace name
    1 48.27% 48.27%    189974    25 75074238 19950    471 [C
```

```
 2  38.00%  86.27%    149524   157   149524   157     1 [I
 3   4.91%  91.17%     19304   741    19364   747     1 [C
 4   2.44%  93.61%      9588   153     9588   153     1 [B
 5   2.29%  95.90%      9010  1550     9022  1552     1 <Unknown>
 6   1.13%  97.03%      4460   199     4460   199     1 [S
 7   1.06%  98.09%      4164   253     4220   260     1 [L<Unknown>;
 8   0.06%  98.15%       238     3      238     3   403 [B
 9   0.04%  98.20%       172     1      172     1   396 [B
10   0.04%  98.24%       170    10      170    10   390 [C
...
SITES END
```

Auch hier geben die erste Spalte die Rangordnung und die nächsten beiden die einzelnen und kumulierten Prozentanteile am Gesamtverbrauch an. die Spalten 4 und 5 geben einen Überblick über die aktiven Objekte, die nächsten beiden über die insgesamt allozierten Objekte (jeweils mit der Gesamtzahl allozierter Bytes und der Anzahl der Objekte). Die letzte Spalte stellt den Datentyp des Objekts dar. [C steht beispielsweise für ein Zeichen-Array, [I für ein Integer-Array.

Am auffälligsten ist die oberste Zeile und die darin ersichtliche Diskrepanz zwischen aktiven und allozierten Objekten. Dort steht, daß unser Programm 19950 Zeichen-Arrays mit insgesamt 75 MByte Speicher alloziert hat, davon aber nur noch 25 Objekte mit kaum 200 kByte Speicher aktiv sind. Hier wurden also in erheblichen Umfang kurzlebige Objekte erzeugt und anschließend wieder fallengelassen. Stacktrace 471 sieht so aus:

```
TRACE 471:
  java.lang.StringBuffer.expandCapacity(StringBuffer.java:202)
  java.lang.StringBuffer.append(StringBuffer.java:401)
  ProfTest1A.dots(ProfTest1A.java:11)
  ProfTest1A.main(ProfTest1A.java:18)
```

Wieder liegt der Verursacher in Zeile 11 unseres Programmes, und wir sehen, daß der +=-Operator nicht nur viel Rechenzeit verbraucht, sondern zudem eine große Anzahl temporärer Objekte erzeugt und damit das Laufzeitsystem und den Garbage Collector belastet.

Die optimierte Version des Programms

Da wir auf die Interna der Klassen String und StringBuffer keinen Einfluß haben, kann die Optimierung nur darin bestehen, die Verwendung des +=-Operators einzuschränken oder eine besser geeignete Alternative zu wählen. Diese ist natürlich schon aus Abschnitt 49.2.1 auf Seite 1166 bekannt und besteht darin, direkt mit StringBuffer-Objekten zu arbeiten. Die verbesserte Version unseres Programms sieht dann so aus:

Einsatz eines Profilers — Kapitel 49

```
001 /* ProfTest1B.java */
002
003 import java.util.*;
004
005 public class ProfTest1B
006 {
007   public static String dots(int len)
008   {
009     StringBuffer sb = new StringBuffer(len + 10);
010     for (int i = 0; i < len; ++i) {
011       sb.append('.');
012     }
013     return sb.toString();
014   }
015
016   public static void main(String[] args)
017   {
018     String s = dots(10000);
019     System.out.println(s);
020   }
021 }
```

Listing 49.10: Das verbesserte Programm nach der Profiler-Sitzung

Wird nun ein CPU-Profiling durchgeführt, ergibt sich ein gänzlich anderes Bild:

```
CPU SAMPLES BEGIN (total = 15) Sun Jun 18 19:03:56 2000
rank   self    accum    count trace method
   1 26.67%  26.67%       4     9 sun.io.CharToByteSingleByte.convert
   2  6.67%  33.33%       1     2 java.io.InputStreamReader.<init>
   3  6.67%  40.00%       1    12 sun.io.CharToByteSingleByte.getNative
   4  6.67%  46.67%       1    11 sun.io.CharToByteSingleByte.convert
   5  6.67%  53.33%       1    13 java.io.FileOutputStream.writeBytes
   6  6.67%  60.00%       1     4 sun.security.provider.PolicyFile.getPermissions
   7  6.67%  66.67%       1     5 sun.net.www.protocol.file.FileURLConnection.getPermission
   8  6.67%  73.33%       1    10 java.io.FileOutputStream.writeBytes
   9  6.67%  80.00%       1     1 sun.misc.URLClassPath$FileLoader.getResource
  10  6.67%  86.67%       1     6 java.net.URLClassLoader.getPermissions
  11  6.67%  93.33%       1     3 java.security.Security.loadProviders
  12  6.67% 100.00%       1     8 java.lang.StringBuffer.append
CPU SAMPLES END
```

Statt 246 gab es nur noch 15 Samples (die Laufzeit des Programms hat sich also auf ein Sechzehntel reduziert), und nur noch ein einziger von ihnen wurde durch den Aufruf der Methode dots verursacht. Alle anderen sind auf den Aufruf von println in Zeile 019 zurückzuführen. Der Heap-Profiler liefert ein ähnliches Bild: der gesamte Speicherverbrauch des Programms liegt nun in der Größenordnung von 150 kByte, und es gibt keine nennenswerten temporären Objektallokationen mehr.

In früheren JDKs wurde der Profiler nicht mit der Option -Xrunhprof, sondern mit -Xprof bzw. mit -prof aufgerufen. Zudem durfte nicht der normale Interpreter verwendet werden, sondern mit java_g mußte dessen Debug-Version aufgerufen werden. Auch das Deaktivieren des Just-In-Time-Compilers hat sich im Laufe der Versionen geändert. Während es seit dem JDK 1.3 mit dem Schalter -Xint erledigt wird, mußte zuvor die Umgebungsvariable JAVA_COMPILER auf den Wert NONE gesetzt werden. Soll der Profiler bei einem Applet verwendet werden, kann die Aufrufoption mit dem Schalter -J an den Appletviewer übergeben werden.

49.3.3 Ausblick

Egal, ob mit dem eingebauten Profiler das Laufzeitverhalten oder der Speicherverbrauch der Anwendung untersucht werden soll, die prinzipielle Vorgehensweise ist stets gleich:

- Zunächst wird das Programm mit der Option -Xrunhprof gestartet und eine Datei mit Profiling-Informationen erstellt.
- Die größten Rechenzeit- und Speicherverbraucher werden ermittelt, und über ihre Stacktraces wird bestimmt, woher sie aufgerufen werden und in welcher Weise sie zum Programmergebnis beitragen.
- Stehen genügend Erkenntnisse zur Verfügung, kann das Programm verbessert werden und ein erneuter Profilerlauf durchgeführt werden.
- Sind die Ergebnisse zufriedenstellend, kann der Profiler deaktiviert werden, andernfalls beginnt das Spiel von vorne.

Ist der Anteil von lokalem Code am Rechenzeitverbrauch hoch, kann versucht werden, diesen zu verringern. Typische Ansatzpunkte dafür sind das Vermindern der Anzahl von Schleifendurchläufen (durch bessere Algorithmen), die Verwendung von Ganz- statt Fließkommazahlen, das Herausziehen von schleifeninvariantem Code, das Vermeiden der Doppelauswertung von gemeinsamen Teilausdrücken, das Wiederverwenden bekannter Teilergebnisse, die Verwendung alternativer Datenstrukturen, das Eliminieren von unbenutztem Code oder das Reduzieren der Stärke von Ausdrücken, indem sie durch algebraisch gleichwertige, aber schnellere Ausdrücke ersetzt werden. Wird ein großer Anteil der Rechenzeit dagegen in Aufrufen von Untermethoden verbraucht, kann versucht werden, deren Aufrufhäufigkeit zu vermindern, sie durch performantere Aufrufe zu ersetzen, oder – im Falle eigener Methoden – ihre Ablaufgeschwindigkeit zu erhöhen.

Der zielgerichtete Einsatz dieser Techniken erfordert gute Werkzeuge, namentlich einen guten Profiler. Bei kleineren Problemen mag es ausreichend sein, die Ablaufgeschwindigkeit mit Ausgabeanweisungen und System.currentTimeMillis zu ermitteln, und auch der

JDK-Profiler kann mit Erfolg eingesetzt werden. Daneben gibt es einige kommerzielle und experimentelle Produkte mit wesentlich erweiterten Fähigkeiten. Beispiele für solche Profiler sind *JProbe* (http://www.klg.com), der auch für Teile der Software zu diesem Buch verwendet wurde, *OptimizeIt* (http://www.optimizeit.com) oder *JInsight* (http://www.alphaWorks.ibm.com). Zu ihren Fähigkeiten zählen beispielsweise:

- Die graphische Darstellung der Aufrufhierarchie mit Laufzeitinformationen zu Methoden und Aufrufen.

- Das Ermitteln von Profiling-Informationen bis auf die Ebene einzelner Quelltextzeilen hinab.

- Das Erstellen dynamischer Profile, um die Veränderung wichtiger Parameter bereits während des laufenden Programms beobachten zu können.

- Die Rückverfolgung von alloziertem Speicher sowohl zu den Programmstellen, die den Speicher belegt haben, als auch zu den Variablen, in denen die zugehörigen Objekte gehalten werden.

- Das Vergleichen von Profiling-Läufen, um die Auswirkungen von Optimierungsversuchen studieren zu können.

- Die Ausgabe von Reports und HTML-Dateien zu Vergleichs- und Dokumentationszwecken.

49.4 Zusammenfassung

In diesem Kapitel wurden folgende Themen behandelt:

- Allgemeine Bemerkungen zur Geschwindigkeit von Java-Programmen
- Interpretierter Code, kompilierter Code und Just-In-Time-Compiler
- Tuning von String-Zugriffen und Anwendung der Klasse `StringBuffer`
- Die Performance von Methodenaufrufen
- Hinweise zur Verwendung von Vektoren und Listen
- Tuning von Dateizugriffen
- Aspekte der Speicherzuordnung in Java
- Anwendung des Profilers und Auswerten der Profiling-Informationen

50 Hilfsprogramme des JDK

In diesem Kapitel wollen wir die wichtigsten Hilfsprogramme des Java Development Kit bzw. Java Runtime Environment vorstellen. Die meisten Programme arbeiten kommandozeilenorientiert und werden aus einer DOS-Box oder einer Shell heraus aufgerufen. Einige von ihnen sind interaktiv und haben eine einfache grafische Oberfläche. Wir wollen die Aufrufsyntax und wichtigsten Optionen der folgenden Programme vorstellen:

- javac – Der Compiler
- java – Der Interpreter
- appletviewer – Der Applet-Interpreter
- jdb – Der Debugger
- javadoc – Der Dokumentationsgenerator
- jar – Das Archivierungswerkzeug
- javap – Der Disassembler
- serialver – Zugriff auf die serialVersionUID
- keytool – Verwaltung von kryptografischen Schlüsseln
- policytool – Bearbeiten von Policy-Dateien
- jarsigner – Signieren von Archiven
- rmic – Erzeugen von RMI-Stubs und -Skeletons
- rmiregistry – RMI-Namensservice

50.1 javac – Der Compiler

50.1.1 Aufruf

javac [options] [@filelist | { filename.java }]

50.1.2 Beschreibung

Der Compiler javac übersetzt Sourcecode in Bytecode. Zu jeder Klasse, die innerhalb einer .java-Datei definiert wurde, wird eine eigene .class-Datei erzeugt. Der Compiler wacht automatisch über die Abhängigkeiten zwischen den Quelldateien. Wird beispielsweise in einer Klasse X in der Datei X.java eine Klasse Y, die in Y.java liegt, verwendet, so wird

Y.java automatisch mit übersetzt, wenn es erforderlich ist. Anstelle der Liste von Dateinamen kann nach einem @ auch eine Textdatei angegeben werden, in der die zu übersetzenden Dateien durch Whitespaces getrennt angegeben werden.

50.1.3 Optionen

Tabelle 50.1: Optionen von javac

Option	Bedeutung
-classpath path	Gibt die Liste der Pfade zur Suche von Klassendateien an. Dieser Schalter übersteuert den Wert einer eventuell gesetzten Umgebungsvariable CLASSPATH. Bezüglich der Auswirkungen des Klassenpfades in den unterschiedlichen JDK-Versionen lesen Sie bitte Abschnitt 13.2.2 auf Seite 277.
-g	Aktiviert die Erzeugung von Debug-Informationen. Dieser Schalter sollte aktiviert werden, bevor ein Programm debugt wird.
-nowarn	Deaktiviert die Ausgabe von Warnungen.
-O	Schaltet den Code-Optimierer an. Dessen Fähigkeiten waren allerdings nie besonders ausgeprägt und beschränkten sich bis zum JDK 1.2 vorwiegend auf das Expandieren von Methodenaufrufen. In der Dokumentation zum JDK 1.3 steht sogar die Anmerkung *Note: the -O option does nothing in the current implementation of javac and oldjavac*, und im JDK 1.4 ist der Schalter gar nicht mehr dokumentiert.
-verbose	Aktiviert die Ausgabe von Meldungen über geladene Quell- und Klassendateien während der Übersetzung.
-depend	Normalerweise wird eine Quelldatei neu kompiliert, wenn das Datum der letzten Änderung nach dem Änderungsdatum der Klassendatei liegt oder wenn die Klassendatei ganz fehlt. Mit Hilfe dieses Schalters wird diese Entscheidung auf der Basis von Headerinformationen in der Klassendatei auf eine zuverlässigere Weise getroffen. Der Übersetzungsvorgang wird aber unter Umständen langsamer. Dieser Schalter war bis zum JDK 1.1 vorhanden, wird aber mittlerweile nicht mehr unterstützt. Die neueren Compiler erkennen die Abhängigkeiten weitgehend automatisch.
-deprecation	Sorgt dafür, daß bei jedem Aufruf einer als deprecated markierten Methode (@deprecated-Marke im Dokumentationskommentar) zusätzliche Informationen über mögliche Workarounds ausgegeben werden. Alle Methoden aus älteren JDKs, die im aktuellen JDK nicht mehr verwendet werden sollen, werden mit diesem Flag markiert.
-target version	Es wird Bytecode erstellt, der zu der angegebenen Version des Laufzeitsystems kompatibel ist.
-source version	Es wird Sourcecode akzeptiert, der zu der angegebenen Version kompatibel ist. Dieser Schalter ist ab JDK-Version 1.4 verfügbar, er wird in Abschnitt 6.4.1 auf Seite 132 erläutert.

50.2 java – Der Interpreter

50.2.1 Aufruf

```
java [ options ] classname [{ args }]
javaw [ options ] classname [{ args }]
```

50.2.2 Beschreibung

Der Interpreter `java` dient dazu, kompilierte Java-Programme auszuführen, die als Bytecode in `.class`-Dateien vorliegen. `javaw` erfüllt denselben Zweck, erzeugt aber kein Terminalfenster beim Start des Programms und erlaubt nicht die Verwendung der Standard-Streams `System.in`, `System.out` und `System.err`. Beim Aufruf beider Programme wird der Name einer Klassendatei erwartet (ohne die Erweiterung `.class`). Damit sie ausgeführt werden kann, muß sie eine Klassenmethode `main` mit folgender Signatur enthalten:

```
public static void main(String[] args)
```

Alle Argumente, die nach dem Namen der Klassendatei an `java` übergeben werden, stehen nach dem Aufruf von `main` in `args` zur Verfügung. Der Java-Interpreter wird nach dem Rücksprung aus `main` beendet, wenn keine eigenen Threads erzeugt wurden. Falls weitere Threads erzeugt wurden, wird er verlassen, nachdem der letzte Vordergrund-Thread beendet wurde.

Da während der Ausführung eines Java-Programms meist weitere Klassendateien benötigt werden, muß der Interpreter wissen, wo diese zu finden sind. Standardmäßig sucht er dabei im systemspezifischen Installationsverzeichnis und im aktuellen Verzeichnis. Die Suchstrategie kann durch Setzen der Umgebungsvariable `CLASSPATH` oder mit Hilfe der Option `-classpath` verändert werden. Sollen nur die Standardbibliotheken des JDK verwendet werden, sind weder `CLASSPATH` noch `-classpath` erforderlich. Weitere Informationen zu `CLASSPATH`-Einstellungen finden Sie in Abschnitt 13.2.2 auf Seite 277.

> In der Windows-Version des JDK 1.2 ist ein *Just-In-Time-Compiler* (kurz *JIT*) enthalten, der standardmäßig aktiviert ist. Der JIT übersetzt zur Laufzeit des Programmes häufig benötigte Bytecodes in Maschinencode und beschleunigt so die weitere Ausführung des Programms. Soll der JIT deaktiviert werden, kann die Umgebungsvariable `JAVA_COMPILER` oder die Systemeigenschaft `java.compiler` auf den Wert NONE gesetzt werden.

Seit dem JDK 1.3 ist der adaptive Just-In-Time-Compiler *HotSpot* fester Bestandteil der Auslieferung. Er kann mit der Option `-Xint` aus- und mit `-Xmixed` angeschaltet werden. Standardmäßig ist er aktiviert. Soll im JDK 1.3 anstelle von HotSpot der JIT des JDK 1.2 verwendet werden, kann dieser mit der Option `-Xclassic` aktiviert werden. Seit der Version 1.3.1 ist zusätzlich der bis dahin nur separat erhältliche *Server-Hotspot* im JDK enthalten. Er führt weitergehende (und kostspieligere) Optimierungen aus als der *Client-Hotspot* und ist vorwiegend für langlaufende Applikationen ohne direkte Benutzeroberfläche gedacht. Er kann mit der Option `-server` aktiviert werden, während der Client-Hotspot auf `-client` reagiert.

50.2.3 Optionen

Tabelle 50.2: Optionen des Java-Interpreters

Option	Bedeutung
`-classpath path`	Gibt die Liste der Pfade zur Suche von Klassendateien an. Alternativ kann auch die Abkürzung `-cp` verwendet werden.
`-prof`	Aktiviert in Prä-1.2-Versionen des JDK den *Profiler* im Interpreter, der Informationen über das Laufzeitverhalten der Anwendung in die Datei `java.prof` schreibt. Ab dem JDK 1.2 wird der Profiler mit der Option `-Xprof` bzw. `-Xrunhpof` aktiviert. Genaue Informationen zur Verwendung des Profilers sind in Abschnitt 49.3 auf Seite 1178 zu finden.
`-version`	Ausgabe der Versionsnummer.
`-help`	Ausgabe eines kurzen Hilfetextes.
`-verbose`	Gibt bei jedem Laden einer Klasse eine Meldung auf der Console aus. Seit dem JDK 1.3 können wahlweise die Schalter `:class`, `:gc` oder `:jni` angehängt werden. `:class` entspricht dabei der Voreinstellung, `:gc` dokumentiert die Garbage-Collector-Aufrufe und `:jni` zeigt die Verwendung von *Native Methods*.
`-verbosegc`	Veranlaßt den Garbage Collector bei jedem Aufruf zur Ausgabe einer Nachricht.
`-DpropName=value`	Weist dem Property `propName` den Wert `value` zu.
`-Xms n`	Spezifiziert die Größe des beim Start allozierten Speichers. *n* ist dabei eine Ganzzahl mit einer der Erweiterungen »k« oder »m«. Die Buchstaben stehen für die Größenordnungen *kilo* und *mega*. Die Standardeinstellung ist versions- und betriebssystemabhängig, typische Werte sind *1m* oder *2m*.
`-Xmx n`	Spezifiziert die Größe des maximal allozierbaren Speichers. *n* ist dabei eine Ganzzahl mit einer der Erweiterungen »k« oder »m«. Die Standardeinstellung ist versions- und betriebssystemabhängig, typische Werte sind *16m* oder *64m*.
`-enableassertions`	Schaltet Assertions an (Abkürzung `-ea`). Dieser Schalter wird ausführlich in Abschnitt 6.4.1 auf Seite 132 erklärt.
`-disableassertions`	Schaltet Assertions aus (Abkürzung `-da`). Dieser Schalter wird ausführlich in Abschnitt 6.4.1 auf Seite 132 erklärt.

In den 1.1er Versionen des JDK gab es ein Programm `jre`, das dazu diente, den Interpreter des Laufzeitsystems zu starten (*Java Runtime Environment*). Dieses Programm ist in der aktuellen JDK-Version nicht mehr vorhanden, sondern wird durch das Programm `java` ersetzt. Auch der in früheren Versionen vorhandene debugging-fähige Interpreter `java_g` existiert seit dem JDK 1.2 nicht mehr.

50.3 appletviewer – Der Appletviewer

50.3.1 Aufruf

appletviewer [options] { url }

50.3.2 Beschreibung

appletviewer ist ein Hilfsprogramm zum Ausführen von Applets. Er interpretiert dazu die als Argument übergebenen (und auf HTML-Dokumente zeigenden) URLs und öffnet für jedes darin gefundene APPLET-Tag ein Fenster, in dem das zugehörige Applet gestartet wird. Alle übrigen HTML-Befehle werden ignoriert. Details zur Struktur der HTML-Dateien und zur Ausführung von Applets finden sich in Kapitel 39 auf Seite 887.

50.3.3 Optionen

Option	Bedeutung
-debug	Startet den Appletviewer unter Kontrolle des Debuggers und erlaubt so die Fehlersuche in Applets.

Tabelle 50.3: Optionen von appletviewer

50.4 jdb – Der Debugger

50.4.1 Aufruf

jdb [classfile]

50.4.2 Beschreibung

jdb ist der Debugger des JDK. Er bietet die Möglichkeit, Programme kontrolliert ablaufen zu lassen und dabei Breakpoints zu setzen, im Einzelschrittmodus den nächsten Befehl ausführen zu lassen oder den Inhalt von Variablen oder Objekten zu inspizieren. Man sollte allerdings nicht zu große Erwartungen an jdb stellen, denn das Programm ist ein Kommandozeilendebugger in schönster UNIX-Tradition. Mit den grafischen Debuggern der integrierten Java-Entwicklungsumgebungen hat er nur wenig gemeinsam. Leider ist er nicht nur umständlicher zu bedienen, sondern läßt (insbesondere in Prä-1.2-JDKs) auch einige wichtige Features moderner Debugger vermissen.

Seit der Version 1.3 besitzt das JDK eine neue Debugging-Architektur. Sie wird als *JPDA (Java Platform Debugger Architecture)* bezeichnet und erlaubt es, Debugger komplett in Java zu schreiben. Zwar wird nach wie vor kein ausgefeilter GUI-Debugger mit dem JDK ausgeliefert. Doch befindet sich im Unterverzeichnis jpda des Demo-Verzeichnisses

Kapitel 50 — Hilfsprogramme des JDK

des JDK ein Beispielprogramm javadt, daß als Prototyp eines GUI-Debuggers angesehen werden kann. Hinweise zu seiner Verwendung finden sich in der JDK-Dokumentation. Auch integrierte Entwicklungsumgebungen verwenden diese Schnittstelle, um ihre eigenen Debugger einzubinden.

50.4.3 Vorbereitungen

Damit ein Programm debugt werden kann, sollte es mit der Option -g übersetzt werden. Dadurch werden symbolische Informationen in die Klassendatei geschrieben, die der Debugger zur Interpretation von lokalen Variablen benötigt. Beim Aufruf des Debuggers kann die zu untersuchende Klassendatei als Argument angegeben werden:

```
jdb classfile
```

Damit jdb überhaupt startet, muß ein laufender TCP/IP-Stack vorhanden sein. Dies ist für Anwender unangenehm, die nur eine Wählverbindung zu ihrem Provider haben, denn bei jedem Starten des Debuggers die Verbindung aufzubauen ist nicht nur umständlich, sondern auch kostspielig. Die übliche Empfehlung im Usenet lautet in diesem Fall, eine Datei hosts anzulegen und den folgenden Eintrag einzufügen:

```
127.0.0.1      localhost
```

Unter Windows 95 muß die Datei im Windows-Installationsverzeichnis (typischerweise c:\windows) angelegt werden, meist gibt es dort schon eine Kopiervorlage hosts.sam, die verwendet werden kann. In aktuellen JDKs kann auf das Anlegen der Datei unter Umständen verzichtet werden. Falls der Debugger nicht starten will, kann es sinnvoll sein, zusätzlich die *DNS-Konfiguration* zu deaktivieren. Dazu ist in der Systemsteuerung im Bereich »Netzwerk« das TCP/IP-Protokoll auszuwählen und nach Klick auf »Eigenschaften« im Registerblatt »DNS-Konfiguration« der Button »DNS deaktivieren« anzuklicken.

Bei dieser Anpassung ist allerdings Vorsicht geboten, denn Veränderungen an den Netzwerkeinstellungen können die Netzwerkanbindung des Rechners unbrauchbar machen. Es empfiehlt sich in jedem Fall, vor der Veränderung der Parameter die alte Konfiguration zu notieren, um sie nötigenfalls wieder restaurieren zu können. Veränderungen sollte sowieso nur derjenige vornehmen, der genau weiß, was er tut.

Nachdem der Debugger gestartet wurde, meldet er sich mit seiner Kommandozeile und ist bereit, Befehle entgegenzunehmen. Die wichtigsten von ihnen werden in Tabelle 50.4 auf Seite 1195 vorgestellt und kurz erläutert.

jdb – Der Debugger

Tabelle 50.4: Kommandos von jdb

Kommando	Bedeutung
?	Liefert eine Übersicht aller Kommandos. Alternativ kann auch das Kommando `help` verwendet werden.
!!	Wiederholt das letzte Kommando.
load classname	Lädt eine Klassendatei in den Debugger. Falls `jdb` bereits mit einer Klassendatei als Argument aufgerufen wurde, muß dieses Kommando nicht mehr aufgerufen werden.
run	Startet das geladene Programm. Falls die Klassendatei mit `load` geladen wurde, müssen zusätzlich der Klassenname und ggfs. weitere Parameter des Programms übergeben werden. Nach Ausführung dieses Programms läuft das Programm bis zum nächsten Breakpoint oder bis es mit dem `suspend`-Kommando angehalten wird.
quit	Beendet den Debugger. Alternativ kann auch das Kommando `exit` verwendet werden.
stop in	Setzt einen Breakpoint auf den Anfang einer Methode. Das Kommando erwartet den Namen der Klasse, einen Punkt und den Namen der Methode als Argument. Beispiel: `stop in JDBBeispiel.actionPerformed`
stop at	Setzt einen Breakpoint auf eine vorgegebene Zeile. Dazu müssen der Name der Klasse, ein Doppelpunkt und die Zeilennummer innerhalb der Quelldatei angegeben werden. Beispiel: `stop at JDBBeispiel:48`
clear	Löscht einen Breakpoint. Als Argument müssen der Klassenname, gefolgt von einem Doppelpunkt und der Zeilennummer, in der sich der Breakpoint befindet, angegeben werden. Es gibt keine Möglichkeit, eine Liste der aktuellen Breakpoints anzeigen zu lassen.
list	Zeigt den aktuellen Ausschnitt des Quelltextes an, an dem das Programm angehalten wurde. Die als nächstes auszuführende Zeile wird durch einen Pfeil markiert. Alternativ kann auch der Name einer Methode oder eine Zeilennummer an das Kommando übergeben werden.
step	Nachdem ein Programm angehalten wurde, kann es mit diesem Kommando im Einzelschrittmodus fortgeführt werden. Befindet sich an der Aufrufstelle ein Methodenaufruf, springt das Kommando in die Methode hinein und bleibt bei der ersten ausführbaren Anweisung stehen.
next	Wie `step`, springt dabei aber nicht in einen Methodenaufruf hinein, sondern führt die Methode als Ganzes aus und bleibt beim nächsten Kommando nach dem Methodenaufruf stehen. Dieses Kommando steht erst ab dem JDK 1.2 zur Verfügung.
step up	Führt die aktuelle Methode bis zum Ende aus.
cont	Führt das Programm nach einem Breakpoint fort. Es läuft dann bis zum nächsten Breakpoint oder bis es mit dem `suspend`-Kommando angehalten wird.
print	Zeigt den Inhalt der Variablen an, die als Argument übergeben wurde. `print` verwendet dazu die Methode `toString`, die in allen Objektvariablen implementiert ist. Damit eine Variable angezeigt werden kann, muß sie an der Aufrufstelle sichtbar sein. Es gibt leider keine Möglichkeit, den Inhalt einer Variablen aus dem Debugger heraus zu verändern.

Tabelle 50.4:
Kommandos
von jdb
(Forts.)

Kommando	Bedeutung
dump	Zeigt den Inhalt der Objektvariable, die als Argument übergeben wurde, inklusive aller Membervariablen an. Damit eine Variable angezeigt werden kann, muß sie an der Aufrufstelle sichtbar sein.
locals	Gibt eine Liste aller lokalen Variablen und ihrer aktuellen Inhalte aus.
where	Zeigt einen Stacktrace an.

50.5 javadoc – Der Dokumentationsgenerator

50.5.1 Aufruf

```
javadoc [ options ] { package | sourcefile }
```

50.5.2 Beschreibung

javadoc ist ein Programm, das aus Java-Quelltexten Dokumentationen im HTML-Format erstellt. Dazu verwendet es die öffentlichen Klassen-, Interface- und Methodendeklarationen und fügt zusätzliche Informationen aus eventuell vorhandenen Dokumentationskommentaren hinzu. Zu jeder Klassendatei xyz.java wird eine HTML-Seite xyz.html generiert, die über verschiedene Querverweise mit den anderen Seiten desselben Projekts in Verbindung steht. Zusätzlich generiert javadoc diverse Index- und Hilfsdateien, die das Navigieren in den Dokumentationsdateien erleichtern.

50.5.3 Dokumentationskommentare

Bereits ohne zusätzliche Informationen erstellt javadoc aus dem Quelltext eine brauchbare Beschreibung aller Klassen und Interfaces. Durch das Einfügen von Dokumentationskommentaren kann die Ausgabe zusätzlich bereichert werden. Ein Dokumentationskommentar beginnt mit /** und endet mit */ und ähnelt damit einem gewöhnlichen Kommentar. Er muß im Quelltext immer unmittelbar vor dem zu dokumentierenden Item plaziert werden (einer Klassendefinition, einer Methode oder einer Instanzvariable). Er kann aus mehreren Zeilen bestehen. Die erste Zeile des Kommentars wird später als Kurzbeschreibung verwendet.

> Zur Erhöhung der Übersichtlichkeit darf am Anfang jeder Zeile ein Sternchen stehen, es wird später ignoriert. Innerhalb der Dokumentationskommentare dürfen neben normalem Text auch HTML-Tags vorkommen. Sie werden unverändert in die Dokumentation übernommen und erlauben es damit, bereits im Quelltext die Formatierung der späteren Dokumentation vorzugeben. Die Tags <h1> und <h2> sollten möglichst nicht verwendet werden, da sie von javadoc selbst zur Strukturierung der Ausgabe verwendet werden.

`javadoc` erkennt des weiteren *markierte Absätze* innerhalb von Dokumentationskommentaren. Die Markierung muß mit dem Zeichen @ beginnen und – abgesehen von Leerzeichen – am Anfang der Zeile stehen. Jede Markierung leitet einen eigenen Abschnitt innerhalb der Beschreibung ein, alle Markierungen eines Typs müssen hintereinanderstehen. Tabelle 50.5 auf Seite 1197 gibt eine Übersicht der wichtigsten Markierungen und beschreibt, wie sie verwendet werden.

Markierung und Parameter	Dokumentation	Verwendung in
`@author name`	Erzeugt einen Autoreneintrag.	Klasse, Interface
`@version version`	Erzeugt einen Versionseintrag. Darf höchstens einmal je Klasse oder Interface verwendet werden.	Klasse, Interface
`@since jdk-version`	Beschreibt, seit wann das beschriebene Feature existiert.	Klasse, Interface
`@see reference`	Erzeugt einen Querverweis auf eine andere Klasse, Methode oder einen beliebigen anderen Teil der Dokumentation. Gültige Verweise sind: ▶ `@see java.util.Vector` ▶ `@see Vector` ▶ `@see Vector#addElement` ▶ `@see <a href="Spez.html">Spez</a>`	Klasse, Interface, Instanzvariable, Methode
`@param name description`	Parameterbeschreibung einer Methode	Methode
`@return description`	Beschreibung des Rückgabewerts einer Methode	Methode
`@exception classname description`	Beschreibung einer Ausnahme, die von dieser Methode ausgelöst wird	Methode
`@deprecated description`	Markiert eine veraltete Methode, die zukünftig nicht mehr verwendet werden sollte.	Methode

Tabelle 50.5: Markierungen in Dokumentationskommentaren

50.5.4 Aufruf von javadoc

Um `javadoc` aufzurufen, sollte zunächst in das Verzeichnis gewechselt werden, in dem sich die zu dokumentierenden Quelldateien befinden. Anschließend kann durch Eingabe des folgenden Kommandos die Erzeugung der Dokumentationen für alle Quelldateien gestartet werden:

```
javadoc *.java
```

Das Programm erzeugt eine Reihe von HMTL-Dateien, die die zu den jeweiligen Quellen korrespondierenden Dokumentationen enthalten. Zusätzlich werden eine Reihe von Hilfsdateien zur Darstellung und Indexierung der Dokumentationsdateien erstellt.

Alternativ zum Aufruf mit einer Reihe von Quelldateien kann javadoc auch mit Paketnamen als Argument aufgerufen werden. Wenn der Klassenpfad korrekt gesetzt ist, spielt es dann keine Rolle mehr, aus welchem Verzeichnis das Programm gestartet wird, denn die Klassendateien werden automatisch korrekt gefunden. Wenn nicht per Schalter -d etwas anderes angegeben wurde, erzeugt javadoc die Dokumentationsdateien im aktuellen Verzeichnis.

In den JDKs 1.0 und 1.1 erzeugt javadoc zwei unterschiedliche Arten von Standardverweisen. Bei der ersten Art werden Grafiken eingebunden, um Überschriften für die verschiedenen Dokumentationsabschnitte zu generieren. Damit diese im Browser korrekt angezeigt werden, muß ein Unterverzeichnis images angelegt und die erforderlichen Grafikdateien dorthin kopiert werden (beispielsweise aus \jdk1.1.2\docs\api\images). Ab dem JDK 1.2 werden dagegen keine Grafikdateien mehr benötigt.

Die zweite Art von Verweisen ist die auf Klassen oder Methoden der Java-Klassenbibliothek (z.B. java.lang.String). Im JDK 1.1 geht javadoc davon aus, daß sich die Dokumentationsdateien zu allen externen Klassen und Methoden im selben Verzeichnis wie die zu erstellenden Dokumentationsdateien befinden. Damit also externe Verweise funktionieren, müßte man die HTML-Files der Originaldokumentation des JDK in sein eigenes Dokumentationsverzeichnis kopieren, was sicherlich nicht immer praktikabel ist.

Mit dem JDK 1.2 wurde die Option -link eingeführt, mit der ein Pfad auf die Dokumentation der Standardklassen angegeben werden kann. Der Pfad muß als URL angegeben werden und das Verzeichnis beschreiben, in dem die Datei package-list der Dokumentationsdateien liegt. In der Dokumentation zu javadoc gibt SUN folgendes Beispiel an:

```
javadoc -link http://java.sun.com/products/jdk/1.2/docs/api ...
```

Dadurch wird bei Standard-Klassennamen auf die auf dem SUN-Server liegende Originaldokumentation verwiesen. Soll dagegen auf eine lokal installierte Dokumentation verwiesen werden, kann auch ein file-URL angegeben werden. Liegt die Dokumentation des JDK beispielsweise im Verzeichnis c:\jdk1.4\docs (und somit die API-Dokumentation im Verzeichnis c:\jdk1.4\docs\api), kann javadoc wie folgt aufgerufen werden:

```
javadoc -link file:///c:/jdk1.4/docs/api ...
```

50.5.5 Optionen

Option	Bedeutung
-classpath path	Gibt die Liste der Pfade zur Suche von Klassendateien an.
-public	Nur Elemente des Typs public werden dokumentiert.
-protected	Elemente des Typs public und protected werden dokumentiert (das ist die Voreinstellung).
-package	Elemente des Typs package, public und protected werden dokumentiert.
-private	Alle Elemente werden dokumentiert.
-version	Versionseintrag generieren
-author	Autoreneintrag generieren
-sourcepath path	Pfad mit den Quelldateien
-d directory	Verzeichnis, in dem die generierten Dokumentationsdateien abgelegt werden. Standardmäßig werden sie im aktuellen Verzeichnis angelegt.
-verbose	Ausgabe zusätzlicher Meldungen während der Dokumentationserstellung

Tabelle 50.6: Einige Optionen von javadoc

Neben den hier erwähnten Schaltern kennt javadoc (insbesondere seit dem JDK 1.2) eine ganze Reihe zusätzlicher Optionen, mit denen die Codeerzeugung beeinflußt werden kann. Bemerkenswert ist dabei auf jeden Fall das Konzept der *Doclets*, mit denen das Verhalten von javadoc und das Aussehen der generierten Dokumentationsdateien weitgehend verändert werden kann. Doclets sind Zusatzmodule für javadoc, deren Aufgabe es ist, auf der Basis des Doclet-APIs und der geparsten Quelltexte die Ausgabedateien zu erzeugen. Ob der generierte Code dabei im HTML-, RTF- oder einem anderen Format erzeugt wird, spielt keine Rolle. Das seit dem JDK 1.2 ausgelieferte Standard-Doclet erzeugt die Dokumentationsdateien im HTML-Format.

50.6 jar – Das Archivierungswerkzeug

50.6.1 Aufruf

jar [commands] archive { input-file }

50.6.2 Beschreibung

jar ist ein Archivierungsprogramm, das Dateien und komplette Unterverzeichnisse komprimieren und in eine gemeinsame Archivdatei packen kann. Es verwendet ein Kompressionsformat, das den diversen zip-/unzip-Programmen ähnelt, und wird analog dem UNIX-Tool tar bedient. Ein Vorteil von jar ist seine Portabilität, die sowohl für das erzeugte Dateiformat als auch für das (in Java geschriebene) Programm selbst gilt.

Wichtigster Einsatzzweck von jar ist es, alle zu einem Java-Programm gehörenden Dateien (.class-, Image-, Sound-Dateien usw.) in einer einzigen Datei zusammenzufassen. Neben den organisatorischen Vorteilen, die diese Möglichkeit zweifellos bietet, wurden jar-Dateien vor allem eingeführt, um das Laden von Applets aus dem Internet zu beschleunigen. Dadurch müssen Web-Browser nämlich nicht mehr für jede einzelne Datei, die in einem Applet benötigt wird, eine eigene GET-Transaktion absetzen, sondern können alle erforderlichen Files in einem Schritt laden. Die Ladezeit von Applets wird dadurch drastisch verringert, insbesondere, wenn viele kleine Dateien benötigt werden.

50.6.3 Kommandos

Im Gegensatz zu den übrigen Programmen, die in diesem Kapitel vorgestellt wurden, kennt jar keine Optionsparameter, sondern erwartet *Kommandos* an ihrer Stelle. Ein Kommando besteht aus einem Buchstaben, der ohne den Präfix - angegeben wird. Sollen mehrere Kommandos kombiniert werden, so werden die zugehörigen Buchstaben ohne Lücken direkt hintereinander geschrieben. Diese abweichende Syntax stammt von dem Kommando tar, das auf UNIX-Rechnern zur Archivierung von Dateien eingesetzt wird. Tabelle 50.7 auf Seite 1200 gibt eine Übersicht der verfügbaren Kommandos.

Tabelle 50.7: Kommandos von jar

Kommando	Bedeutung
c	Erzeugt eine neue Archivdatei (*create*). Kann nicht zusammen mit t oder x verwendet werden.
t	Gibt das Inhaltsverzeichnis der Archivdatei aus (*table of contents*). Kann nicht zusammen mit c oder x verwendet werden.
x file	Extrahiert eine oder mehrere Dateien aus dem Archiv (*extract*). Kann nicht zusammen mit c oder t verwendet werden.
u	Fügt die angegebenen Dateien in die bestehende Archivdatei ein.
f	Gibt an, daß der nächste Parameter der Name der Archivdatei ist. Wird das Kommando f nicht angegeben, verwendet jar statt dessen die Standardein- und -ausgabe.
v	Gibt zusätzliche Informationen aus (*verbose*). Kann zusätzlich zu einem der anderen Kommandos verwendet werden.
0	Die Dateien werden ohne Kompression gespeichert.

Sollen beispielsweise alle .java-Dateien des aktuellen Verzeichnisses in ein Archiv mit der Bezeichnung xyz.jar gepackt werden, so kann dazu folgendes Kommando verwendet werden:

```
jar cf xyz.jar *.java
```

Das Inhaltsverzeichnis des Archivs kann folgendermaßen abgerufen werden:

```
jar tf xyz.jar
```

Etwas ausführlicher geht es mit:

```
jar tvf xyz.jar
```

Um die Datei `Test.java` aus dem Archiv zu extrahieren, kann das folgende Kommando verwendet werden (das natürlich auch ohne den Zusatz v funktioniert):

```
jar xvf xyz.jar Test.java
```

50.6.4 Verwendung von jar-Dateien in Applets

Die Verwendung von `jar`-Dateien in Applets erfolgt mit Hilfe des ARCHIVE-Parameters des APPLET-Tags (siehe Kapitel 39 auf Seite 887). Soll beispielsweise das »Hello, World«-Programm `HWApplet.java` aus Listing 39.7 auf Seite 898 aus einem `jar`-Archiv `hello.jar` ausgeführt werden, so ist in den folgenden Schritten vorzugehen.

Zunächst werden die Dateien `HWApplet.class`, `hello.au` und `world.au` in ein `jar`-Archiv gepackt:

```
jar cvf hello.jar HWApplet.class hello.au world.au
```

Anschließend wird die HTML-Datei `HWApplet.html` zum Aufruf des Applets erstellt:

```
001  <html>
002  <head>
003  <title>HWApplet</title>
004  </head>
005  <body>
006  <h1>HWApplet</h1>
007  <applet
008      code=HWApplet.class
009      archive=hello.jar
010      width=300
011      height=200>
012  Hier steht das Applet HWApplet.class
013  </applet>
014  </body>
015  </html>
```

Listing 50.1: HTML mit ARCHIVE-Tag

Nun kann das Applet wie bisher gestartet werden, benötigt aber zum Laden aller Dateien nur noch eine einzige HTTP-Transaktion.

> Leider unterstützen noch nicht alle Browser das `jar`-Format, so daß seine Verwendung zum heutigen Zeitpunkt überlegt sein will. Für die nahe Zukunft ist es aber ein wichtiger Schritt zur Verbesserung der Ladezeiten von Applets.

50.7 javap – Der Disassembler

50.7.1 Aufruf

```
javap [ options ] classname
```

50.7.2 Beschreibung

Der Disassembler `javap` liest den übersetzten Code einer Klasse und gibt Informationen darüber auf der Standardausgabe aus. Dabei können entweder nur Informationen über Variablen und Methoden oder der komplette Bytecode der Klasse ausgegeben werden. `javap` ist nicht in der Lage, den Java-Quellcode einer Klassendatei wieder herzustellen. Beim Aufruf ist der Name der Klasse ohne die Erweiterung `.class` anzugeben, also beispielsweise:

```
javap -c java.lang.String
```

50.7.3 Optionen

Tabelle 50.8: Optionen von javap

Option	Bedeutung
-classpath path	Gibt die Liste der Pfade zur Suche von Klassendateien an.
-public	Nur die Klassenelemente des Typs `public` werden angezeigt.
-protected	Nur die Klassenelemente des Typs `public` und `protected` werden angezeigt.
-package	Die Klassenelemente des Typs `public`, `protected` und die Elemente mit Paketsichtbarkeit werden angezeigt. Das ist die Voreinstellung.
-private	Alle Klassenelemente werden angezeigt.
-c	Disassemblieren des Codes.
-s	Ausgabe der Methodensignaturen.
-l	Ausgabe von Zeilennummern.

50.8 serialver – Zugriff auf die serialVersionUID

50.8.1 Aufruf

```
serialver -show | classname
```

50.8.2 Beschreibung

Mit `serialver` kann auf die `serialVersionUID` einer Klasse zugegriffen werden (siehe Abschnitt 41.2.1 auf Seite 937). Wenn das Programm mit einem Klassennamen aufgerufen wird, gibt es die `serialVersionUID` auf der Console aus. Wird es mit der Option `-show` (und ohne Klassennamen) aufgerufen, erfolgt der Aufruf mit einer einfachen grafischen Oberfläche.

50.8.3 Optionen

Option	Bedeutung
-show	Aufruf mit grafischer Oberfläche

Tabelle 50.9: Optionen von serialver

50.9 keytool – Verwaltung von kryptografischen Schlüsseln

50.9.1 Aufruf

```
keytool [ commands ]
```

50.9.2 Beschreibung

`keytool` ist ein Hilfsprogramm zum Erzeugen und Verwalten von Schlüsseln für Public-Key-Kryptosysteme. Das Programm bietet eine große Anzahl von Funktionen, von denen die wichtigsten bereits in Abschnitt 47.1.6 auf Seite 1118 erklärt wurden. Weitere Details können in der Tool-Dokumentation des JDK nachgelesen werden.

50.10 policytool – Bearbeiten von Policy-Dateien

50.10.1 Aufruf

```
policytool
```

50.10.2 Beschreibung

`policytool` ist ein interaktives Programm zum Bearbeiten von Policy-Dateien (siehe Abschnitt 47.3.4 auf Seite 1134). Mit seiner Hilfe können neue Policy-Dateien erstellt oder vorhandene geändert werden. Es versucht zunächst, die benutzerbezogene Policy-Datei zu öffnen (unter Windows `c:\windows\.java.policy`, unter UNIX `$HOME/.java.policy`), kann aber auch für beliebige andere Policy-Dateien verwendet werden. In einer Listbox zeigt das

Programm alle vorhandenen Einträge an. Sie können editiert oder gelöscht oder es können neue hinzugefügt werden.

Wenn ein Policy-Eintrag bearbeitet wird, werden alle Berechtigungen auf dem Bildschirm angezeigt. Auch sie können bearbeitet, gelöscht oder hinzugefügt werden. Beim Hinzufügen können die möglichen Varianten – ohne die Gefahr von Tippfehlern, wie sie beim manuellen Editieren leicht entstehen können – bequem im Dialog ausgewählt werden. Nach dem Bearbeiten können die Änderungen in die ursprüngliche oder eine andere Policy-Datei geschrieben werden.

50.11 jarsigner – Signieren von Archiven

50.11.1 Aufruf

```
jarsigner [ options ] jarfile alias
```

50.11.2 Beschreibung

jarsigner dient zum Zugriff auf die Signatur von jar-Archiven. Dazu wird der Schlüssel verwendet, der unter dem als Argument angegebenen Alias in der Schlüsseldatenbank gespeichert ist. Seine wichtigste Anwendung, das Signieren von Archiven wurde bereits in Abschnitt 47.3.2 auf Seite 1132 erläutert.

50.11.3 Optionen

Tabelle 50.10: Optionen von jarsigner

Option	Bedeutung
-signedjar file	Name des beim Signieren erzeugten Archivs
-keystore url	Name der Schlüsseldatenbank
-storetype type	Typ der Schlüsseldatenbank
-storepass pass	Passwort der Schlüsseldatenbank (falls nicht angegeben, wird es interaktiv abgefragt)
-keypass pass	Passwort des Schlüssels (falls nicht angegeben, wird es interaktiv abgefragt)
-verify	Wird diese Option angegeben, so wird das Archiv nicht signiert, sondern verifiziert

50.12 rmic – Erzeugen von RMI-Stubs und -Skeletons

50.12.1 Aufruf

rmic [options] classname

50.12.2 Beschreibung

rmic dient dazu, aus der Implementierung eines Remote-Objekts die zugehörigen RMI-Stubs und -Skeletons zu erzeugen. Seine Anwendung wurde in Abschnitt 46.2.3 auf Seite 1096 erläutert.

50.12.3 Optionen

Option	Bedeutung
-classpath path	Klassenpfad zur Suche der angegebenen Klasse
-d directory	Wurzel des Zielverzeichnisses für die zu erzeugenden Klassen
-g	Erzeugen von Debug-Code
-keepgenerated	Die temporären .java-Dateien werden nicht gelöscht.
-vcompat	Erzeugt Stubs und Skeletons, die zu den Stub-Protokollen 1.1 und 1.2 kompatibel sind (Voreinstellung).
-v1.1	Erzeugt Stubs und Skeletons, die zum Stub-Protokoll 1.1 kompatibel sind.
-v1.2	Erzeugt Stubs und Skeletons, die zum Stub-Protokoll 1.2 kompatibel sind.

Tabelle 50.11: Optionen von rmic

50.13 rmiregistry – Der RMI-Namensservice

50.13.1 Aufruf

rmiregistry [port]

50.13.2 Beschreibung

rmiregistry ist der Standard-Namensservice für RMI. Er dient als Hintergrund dazu, RMI-Objekte zu registrieren und auf Anfrage Clients zur Verfügung zu stellen. rmiregistry wurde in Abschnitt 46.2.4 auf Seite 1098 erläutert. Seine einzige Option ist die TCP-Portnummer. Wird sie nicht angegeben, gilt 1099 als Voreinstellung.

50.14 Zusammenfassung

In diesem Kapitel wurden folgende Themen behandelt:

- Aufruf des Java-Compilers javac zum Übersetzen von .java- in .class-Dateien
- Aufruf des Java-Interpreters java zum Ausführen von Java-Applikationen
- Die Bedeutung der CLASSPATH-Umgebungsvariable
- Aufruf des Applet-Viewers appletviewer zum Ausführen von Java-Applets
- Vorbereiten eines Programms zum Debuggen und Aufruf des Debuggers jdb
- Die wichtigsten Kommandos des Debuggers
- Erzeugen von Quelltextdokumentationen mit Hilfe von javadoc
- Die Struktur von Dokumentationskommentaren und die Markierungen @author, @version, @since, @see, @param, @return, @exception und @deprecated
- Die Bedienung des Archivierungsprogramms jar
- Verwendung von jar-Dateien in Applets
- Aufruf des Disassemblers javap
- Zugriff auf die serialVersionUID mit serialver
- Verwaltung von kryptografischen Schlüsseln mit keytool
- Verwendung von policytool zum Bearbeiten von Policy-Dateien
- Signieren von Archiven mit jarsigner
- Erzeugen von RMI-Stubs und -Skeletons mit rmic
- Der RMI-Namensservice rmiregistry

Stichwortverzeichnis

!
-author 1199
-c 1202
-classpath 68, **289**, 1190, 1192, 1199, 1202, 1205
-client 1192
-cp 68, **289**, 1192
-D 1192
-d **290**, 1199, 1205
-da 134
-debug 1193
-depend 1190
-deprecation 1190
-disableassertions 134, 1192
-ea 134
-enableassertions 134, 1192
-g 1190, 1194, 1205
-help 1192
-J 1186
-jar 290
-keepgenerated 1205
-keypass 1204
-keystore 1204
-l 1202
-nowarn 1190
-O 1190
-package 1199, 1202
-private 1199, 1202
-prof 1186, 1192
-protected 1199, 1202
-public 1199, 1202
-s 1202
-server 1192
-show 1203
-source 1.4 133
-sourcepath 1199
-storepass 1204
-storetype 1204
-target 1190
-v1.1 1205
-v1.2 1205
-vcompat 1205
-verbose 1190, 1192, 1199
-verbosegc 1192
-verify 1204

-Xclassic 1192
-Xint 1181, 1186, 1191
-Xmixed 1191
-Xms 1177, 1192
-Xmx 1192
-Xprof 1186
-Xrunhprof 1180, 1186
[C 1184
[I 1184
.class-Dateien 283f., 286, 1189
    Format 448
.class-Notation für Klassenobjekte 1000
.java.policy 1134
.java-Dateien **53**, 56, 283, 1189
.keystore 1119
.TYPE-Objekte 995
/* 87
/** 87, 1196
// 87
<APPLET> 892
@author 88, 1197
@deprecated 1190, 1197
@exception 88, 1197
@param 88, 1197
@return 88, 1197
@see 88, 1197
@since 1197
@version 88, 1197
_blank 911
_parent 911
_self 911
_top 911
100 % Pure Java Initiative 34
2D-API 519, 753
7-Segment-Anzeige 706

A
Abgeleitete Klasse **146**
Abhängigkeiten zwischen den Quelldateien 1189
Ableiten einer Klasse 163
Ableitungsbäume **146**
abs 352, 382f.
absbottom 894
absmiddle 894

abstract **177**, 186
Abstract Windowing Toolkit **40**, 497
AbstractButton 760, 816
AbstractList 322, 325
AbstractMap **340**
AbstractSet **336**
AbstractSpinnerModel 814
AbstractTableModel 860
Abstrakte Factory 220
Abstrakte Klassen und Polymorphismus 177
Abstraktion **144**
Accelerator-Taste **781**
accept 456, 1077
Accessibility-API **753**
acos 381
action 575
ACTION_EVENT_MASK 594
Action-Ereignisse 583
ActionEvent 577, 583, 633, 679
Action-Events 632
ActionListener 583, 622, 633, 679
actionPerformed 583, 633, 679
activeCaption 533
activeCaptionBorder 533
activeCaptionText 533
activeCount **492**
Adapterklasse 576, **580**
add
    BigInteger 383
    ButtonGroup 786
    Calendar 360
    Choice 689
    Container 646, 648, 675
    DefaultMutableTreeNode 873
    JMenu 780
    JMenuBar 780
    JPopupMenu 789
    List 324
    ListIterator 329
    Menu 622
    MenuBar 622
    Track 1156
addActionListener 583, 633
    Button 679
    JMenuItem 782
addAdjustmentListener 584, 695, 830
addAll 324
addChangeListener 833

addColumnSelectionInterval 857
addComponentListener 582, 599
addContainerListener 582
addElement 309
addFocusListener 581, 610
addImage 719
addItem 689, 827
addItemListener 584, 681, 690
Addition **109**
addJMenuBar 780
addKeyListener 567, 581, 587, 613
addListSelectionListener 824
addMouseListener 581
addMouseMotionListener 582
addPoint 507
addPropertyChangeListener 1032
addRowSelectionInterval 857
addSelectionInterval 824
addSelectionPath 878
addSelectionPaths 878
addSeparator 623, 780, 789
addTab 849
addTableModelListener 860
addTextListener 584, 686
addTreeSelectionListener 876
addVetoableChangeListener 1037
addWindowListener 502, 504, 583, 597
Adjustable 695, 699
ADJUSTMENT_EVENT_MASK 594
Adjustment-Ereignisse 583, **695**
AdjustmentEvent 577, 583, 696
AdjustmentListener 583, 695
adjustmentValueChanged 584, 696
Adler32 441
after 359
Aggregation **148**
aiff-Format 41, 897, **1143**
ALAW 1149
Alexander, Christopher **213**
Aliasing **1170**
ALIGN 894
ALL 986
AllPermission 1136
ALT 894
ALTER TABLE 983
AM_PM 355
anchor 657
AND 985

Stichwortverzeichnis

and 317
andNot 318
Andreessen, Marc 33
Anhalten eines Threads 471
Animation 723
   in Applets 900
Anlegen eines Fensters 498
Anonyme Klassen **589**
Anonyme lokale Klasse 334
ant 287
Anweisungen **123**, 269
Anweisungsobjekt **957**
Anwendungsprotokolle **1060**
ANY 986
Apache-Server **1076**
API **74**
append **254**, 549, 688, 1167
APPLET 1193
Applet 273, 561, **887**
AppletContext 302, 910
Applet-Kontext 910
Applets 39, 273, **887**, 909
   initialisieren 889
   starten 889
   stoppen 890
   zerstören 890
AppletSecurityException 920
APPLET-Tag 39, **892**, 1201
Appletviewer 273, **896**, 910, 1193
appletviewer 57, **1193**
Application Programming Interface **74**
application/octet-stream 1087
application/x-java-jnlp-file 295, 299, 1087
Applikationen **273**
Applikations-Server **955**
applyPattern 391
ARCHIVE 894, 1201
archive 1133
Archivierungswerkzeug 1199
Arial 520
ArithmeticException 267
Arithmetische Operatoren 109
Array **95**
   Mehrdimensionales 98
Array 1008
arraycopy 369
ArrayIndexOutOfBoundsException 369
ArrayList 322, **325**, 1173
Arrays 376f.

ArrayStoreException 369
ASC 987
asin 381
assert 36, 38, 132
assert-Anweisung 132
AssertionError 133
Assoziationen **148**
Assoziativitätsregeln **107**
atan 381
ATM **1060**
Attribute **144**
au-Dateien **41**
AudioClip 898
AudioFileFormat 1143
AudioFormat 1143
AudioInputStream 1145
AudioSystem 1143
au-Format 897, **1143**
Aufruf einer Methode 153
Ausdrücke 38
Ausdrucksanweisungen 124
Ausführungszeitpunkt **1015**
Ausgabe von Sound 897
Ausgaben, einfache 59
Ausgabe-Streams 406
Auslösen einer Ausnahme **257**, 266
Ausnahmen **257**
Auswertungsreihenfolge **108**
AUTO_RESIZE_ALL_COLUMNS 856
AUTO_RESIZE_LAST_COLUMN 856
AUTO_RESIZE_NEXT_COLUMN 856
AUTO_RESIZE_OFF 856
AUTO_RESIZE_SUBSEQUENT_COLUMNS 856
Auto-Commit-Modus **978**
Automatisches Speichermanagement 39
available 436
AWT 40, **497**
AWTEvent 577, 594
AWTPermission 1136

B

Baratz, Alan 33
baseline 894
BasicService 302
Basisklasse **146**
BDK **1024**
Bean Development Kit **1024**
Beanbox 1024
Bean-Customizer **1052**

BeanInfo 1047
BeanInfo-Klasse **1047**
Beans **1015**
Bedingtes Kompilieren 127
before 359
Behandeln einer Ausnahme **257**
Beschleunigertasten 626, **781**
BETWEEN 986
BevelBorder 792
Bezeichner 88
BigDecimal **382**
BigInteger **382**
Bildschirmflackern reduzieren 736
binäre Suche **348**
binarySearch 348, 376
bind 1099
Bindungsregeln **107**
Bitmap laden und anzeigen 717
BitmapComponent 721
BitSet 317
Bitweise Operatoren 111
black 530
Blobs **953**
Block **123**, 269
BLOCK_DECREMENT 696
BLOCK_INCREMENT 696
blue 530
bmp-Format **717**
BOLD 520
Book 549
Boolean 210
boolean **90**, 90, 102, 126, 210
Boolean.TYPE 995
BooleanControl 1146
booleanValue 211
Bootstrap Classes **278**
Bootstrap Loader **1018**
Border 759
BorderFactory 759, 769
BorderLayout **653**
Borland 33
BOTH 657
BOTTOM 785
bottom 894
Bound Properties **1031**
BPM **1156**
break 38, 264
 in Schleifen 130
 in switch-Anweisung 128

Breite eines Zeichens **524**
BUFFERED_OPTION 794
BufferedInputStream 439, 1176
BufferedOutputStream 430, 1175
BufferedReader 60, 419, **422**
BufferedWriter 407, 411, 1174
Bug Parade 47, **77**
Button **679**
ButtonGroup 786, 820
ButtonModel 820
Byte **210**
byte 90, **92**, 210
Byte.TYPE 995
ByteArrayInputStream 437, 949
ByteArrayOutputStream 429, 949
Bytecode 285
Bytecode-Verifier **1128**
Byte-Streams **405**
ByteToCharConverter 420, 1176

C

CA **1126**
Cafe **34**
CAFEBABE 448
Calendar **353**, 362
call by reference 154, **212**
call by value **154**
Callback-Methoden **273**
Call-Level-Interface **953**
cancel 544
CancelButton 816
canRead 304, 455
Canvas 700, **705**, 721
canWrite 304, 455
capacity **255**
Card API 34
CardLayout 646
CaretListener 808
Cäsarische Verschlüsselung **1108**
case **128**
catch 258
catch-or-throw-Regel 265
ceil 382
CENTER 646
 FlowLayout 649
 GridBagConstraints 657
 Label 678
 SwingConstants 785
Certificate 1122

Stichwortverzeichnis

Certification Authority **1126**
CGI-Script **909**
ChangeEvent 833, 850
ChangeListener 833, 850
char **90**, 90, 210, 245
    Literale 91
CHAR_UNDEFINED 615
Character **210**
Character.TYPE 995
Character-Streams **406**, 1174
CharArrayReader 419
CharArrayWriter 407, 409f.
charAt 246
CharToByteConverter 408, 1175
charValue 211
charWidth 525
Checkbox **680**
CheckboxGroup **682**
CheckboxMenuItem 621, 624
CheckedInputStream 441
CheckedOutputStream 435
checkRead 1137
Checksum 441
Choice **689**
Class 291, **990**
class **150**
ClassCastException 641, 990
classes.zip 278
Classloader 40, **992**, 1018
ClassNotFoundException 990
CLASSPATH 51, 66, 279ff.
    Bis zum JDK 1.1 277
    seit dem JDK 1.2 278
clear 317, 338
clearRect 513
clearSelection 824, 857, 878
Client-Hotspot **1192**
Client-Server-Beziehung **1063**
Clip 1144
Clipboard 640
ClipboardOwner 642
ClipboardService 302
Clipping-Region 514
clipRect 514
clone 100, 155, **165**, 194, 948
Cloneable 948
CloneNotSupportedException 194
close

Connection 957
    Line 1147
    MidiDevice 1152
    OutputStream 427
    RandomAccessFile 446
    Reader 419
    Writer 407
Cluster **975**
CODE 893
CODEBASE 894
Coding Conventions 63
collapsePath 878
Collection 322
Collection-API 35, 43, **321**
Collections **346**
Color **529**
columnAtPoint 870
com.sun.image.codec.jpeg 277
Comboboxen **689**
commit 977
CommPort 556
CommPortIdentifier 556
Community Source Licence **35**
comp.lang.java **76**
Comparable 188
Comparable 188, **342**
Comparator **342**, 377
compare 342
compareTo 188, **249**, 342
Compiler 1189
Component **561**
COMPONENT_EVENT_MASK 594, 708
COMPONENT_SHOWN 709
ComponentAdapter 580
componentAdded 583
Component-Ereignisse 582
ComponentEvent 577, 582, **599**
Component-Events 599
componentHidden 582, 599
ComponentListener 582, 599
componentMoved 582, 599
componentRemoved 583
componentResized 582, 599
componentShown 582, 599
ComponentUI 794
Composite-Pattern 230
CompoundBorder 792
CompoundControl 1146

1211

connect 489
Connection 957
Constrained Properties **1036**
Constraints-Objekt **646**
Constructor 1002
Container **561**, 646
ContainerAdapter 580
Container-Ereignisse 582
ContainerEvent 582
ContainerListener 582
contains 313, 323
containsAll 323
containsKey 313, 339
containsValue 339
Content Handler Factories **1089**
ContentPane **758**, 764
CONTIGUOUS_TREE_SELECTION 875
continue 38, **130**, 264
Control 1143, 1146
control 533
Control.Type 1146
controlDkShadow 533
controlHighlight 533
controlLtHighlight 533
controlShadow 533
controlText 533
CoolEdit 897
copyArea 513
CORBA 44, 277, **1093**
cos 381
Courier 520
Courier New 520
CRC32 441
CREATE INDEX 983
CREATE TABLE 983
createBevelBorder 769
createCompoundBorder 769
createCustomCursor 570
createEmptyBorder 792
createEtchedBorder 769
createImage 294, 717, 741
createLineBorder 792
createNewFile 463
createStatement 957
createTempFile 462
createToolTip 793
createTrack 1156
CROSSHAIR_CURSOR 570
currentTimeMillis 366

Cursor 569
cyan 530

D

Dämon **467**
Dangling else 126
darkGray 530
Data Definition Language **960**
DatabaseMetaData 966
DataFlavor 641
DataFlavors **640**
DatagramPacket 1061
DatagramSocket 1061
DataInput 439
DataInputStream 430, 439
DataLine 1144
DataLine.Info 1149
DataOutput 430
DataOutputStream 430
Date 353, 362
    java.sql 362
DateFormat 394
Datei- und Verzeichnis-Handling 453
Dateiformate
    aiff 41, 897
    au 897
    class 286
    gif 717
    jar 1199
    java 53
    jpeg 717
    Midi 897
    wav 41, 897
Datenbankzugriffe mit JDBC 953
Datenflußanalyse **90**, 108
Datentypen **87**
    Primitive 89
    Referenz- 100
Datums-/Zeitarithmetik 359
Datumswerte 353
DAY_OF_MONTH 355
DAY_OF_WEEK 355f.
DAY_OF_WEEK_IN_MONTH 355
DAY_OF_YEAR 355
DayTime **1070**
dB **1146**
Debugger 1193
Debug-Grafik **750**, 794
DebugGraphics 794

Stichwortverzeichnis

DecimalFormat 391
deep copy 194, **948**
DEFAULT 395
default **128**
DEFAULT_CURSOR 570
DefaultButton 816
DefaultDesktopManager 776
Default-Implementierung **198**
Default-Konstruktor 158, 167
DefaultListModel 824
DefaultMutableTreeNode 872
defaultPage 546
Default-Paket 283
defaultReadObject 1022
DefaultTableCellRenderer 867
DefaultTableColumnModel 864
DefaultTreeModel 872, 879
DefaultTreeSelectionModel 875
Definite Assignment 90, **108**
DeflaterOutputStream 433
Deklaration von Variablen 94, 123
Dekrement-Operator 94
Delegate **227**
Delegate-Pattern 227, 348
Delegation 199, **227**
Delegation Based Event Handling 242, 498, **575**
Delegator **228**
delete
    File 446, 460
    StringBuffer 255, 1169
DELETE FROM 960, 984
deleteCharAt **255**
deleteOnExit 463
deleteShortCut 628
delItem 692
Denial-of-Service-Attacken **302**
deprecated 58, **1190**
    Certificate 1122
    List.addItem 689
    PrintStream 430
    Properties.save 316
    Schriften 520
    StringBufferInputStream 438
    Thread.stop 468
    Thread.suspend/resume 471
    Toolkit.getFontList 522
DESC 987
deselect 692
Design-Patterns 213
    Composite 230
    Delegate 227
    Factory 217
    Immutable 215
    Interface 217
    Iterator 224
    Mediator 593
    Observer 238
    Singleton 214
    Visitor 233
Designzeitpunkt **1015**
Desktop **776**
desktop 533f.
DesktopManager 776
destroy 372, 774, 890
Destruktoren 160
Device-Kontext **500**
Dezibel **1146**
Dialog 499, **561**, 645, 666
Dialog, modaler 665
Dictionary 312
digest 1111
DigestInputStream 435
DigestOutputStream 435
Digital Signature Architecture **1117**
Digitale Unterschrift 1118
Digitaler Fingerabdruck 1114
Dimension 707
Disassembler 1202
DISCONTIGUOUS_TREE_SELECTION 875
dispose 538, 564
DISPOSE_ON_CLOSE 778
divide 383
Division **109**
DNS **1062**
DNS-Konfiguration **1194**
do 38, 129f.
DO_NOTHING_ON_CLOSE 778
Doclets **1199**
doClick 816
Document 808
DocumentListener 808
Dokumentation des JDK 51, 73
Dokumentationsgenerator 1196
Dokumentationskommentare **87**, 87, 1196
Domain Name System **1062**
Doppelpufferung 741
Double 93, **210**
double 90, **92**, 210

1213

Double.TYPE 995, 1000
doubleValue 211
DownloadService 302
Dr. Dobb's Journal **79**
Drag-and-Drop API **35**, 753
drawArc 510
drawBytes 517
drawChars 517
drawImage 717f., 741
drawLine 505
drawOval 508
drawPolygon 507
drawPolyline 507
drawRect 506
drawRoundRect 506
drawString 517
DriverManager 956
DROP INDEX 983
DROP TABLE 983
Drop-Down-Listboxen **689**
Drucken 537
DSA **1117**
DST_OFFSET 355f.
Duff's Device **128**
Dynamische Datenstrukturen 89, 272
Dynamische Methodensuche 166
Dynamisches Binden **166**
Dynamisches Laden von Klassen 990

E
EAST 646
    GridBagConstraints 658
    SwingConstants 785
ECHO-Service **1071**
editCellAt 859
Eiffel **136**
Eigenzertifikat **1121**
Einerkomplement **111**
Einfache Vererbung **163**
Eingaben, einfache 60
Eingabe-Streams 418
Einschränkende Konvertierungen **101**
Einweg-Hashfunktion **1111**
Einzeilige Kommentare **87**
elementAt 309
elements 310, 314
else 62, 126
EMBED 923
Embedded SQL **954**

empty 311
EmptyBorder 792
EmptyStackException 312
enableEvents 594, 637, 708
end 538
Ende des Programms 467
endsWith **249**
Entry 339
entrySet 339
Entschlüsseln **1107**
Entwicklungszyklus 58, 284
Entwurfsmuster **213**
EnumControl 1146
enumerate **492**
Enumeration 43, 309, 327
equals 101, **165**
    Schlüsselvergleich 313
    String 117, 249
equalsIgnoreCase **249**
ERA 355f.
Ereignisempfänger **575**, 578
Ereignisquellen **575**, 579
Ereignistypen 576
Ergebnistyp eines Ausdrucks 109
err 365
erreichbare Anweisungen **127**
Error 261
ERROR_MESSAGE 771
Ersetzen von Zeichenketten 251
Erste Gehversuche 52
Erstellen eigener Pakete 281
Erweiternde Konvertierungen **101**
Escape-Kommandos **977**
Escape-Sequenzen 91
ESQL **954**
EtchedBorder 792
Ethernet **1060**
Event 576
Event Sources **575**
EventListener **575**
EventListener 575, 578
EventObject 576f., 1031
Exception **261**
Exceptions 39, 257
exec 370
executeQuery **957f.**
executeUpdate 957, **960**
EXISTS 986
exists 455

Stichwortverzeichnis

exit 365
exitValue 372
EXKLUSIV-ODER-Operator **111**
exp 382
expandCapacity 1182
expandPath 878
ExperimentalWebServer 1086
Exponentialfunktion 382
extends **163**
Extension Framework **35**
Externalizable 939

F
Factory
    -Klasse 218
    -Methode 217
Factory-Pattern 217
false 88, **90**, 90
FDDI **1060**
Fehlerobjekt 260
Fensterklassen 561
Fenstertitel 568
Field 1004
FieldPosition 396
File 409, **453**
file.separator 363, 406
FileContents 303
FileDescriptor 409
FileDialog **561**
FileInputStream 436, 935
FilenameFilter **456**
FileNotFoundException 420, 436, 445
FileOpenService 302f.
FileOutputStream 428, 929, 1175
FilePermission 1136
FileReader 419
FileSaveService 302
FileWriter **407f.**
fill 376, 657
fillArc 511
fillOval 511
fillPolygon 511
fillRect 511
fillRoundRect 511
FilterInputStream 438
FilterOutputStream 429
FilterReader 419, **424**
FilterWriter 407, 411, 415
final 164, 166, **171**, 174, 1171

finalize **160**
finally **264**
Fingerprint 1114
firePropertyChange 1033
Firewall **1066**
first 343
First Person, Inc. **32**
firstElement 309
FLASH_OPTION 794
Fließkommazahlen 92
Float 93, **210**
float 90, **92**, 210
Float.TYPE 995
FloatControl 1146
FloatControl.TYPE 1146
floatValue 211
floor 382
FlowLayout **649**
flush
    BufferedOutputStream 430
    BufferedWriter 411
    OutputStream 427
    Writer 407
Focus Model Specification **799**
FOCUS_EVENT_MASK 708
FOCUS_GAINED 708
FOCUS_LOST 708
FocusAdapter 580
Focus-Ereignisse 581
FocusEvent 581
Focus-Events 610
focusGained 581, 610
FocusListener 581
focusLost 581, 610
Fokus-Subsystem **709**
Font **519**
font.properties 521
Font-Informationen 523
FontMetrics **525**
Font-Metriken 524
for 38, 129f.
format 392, 394
Formatierung
    Datum-/Uhrzeit- 394
    Zahlen- 391
forName 990, 1000
for-Schleife 129
Fragezeichenoperator 113
Frame 499, 524, **561**, 645

friend 39
FULL 395
Füllmodus 511
Funktionstasten **613**
Funktionszeiger
    mit Interfaces 195
    mit Reflection 998

G

Gamelan 33
Gamma, Erich **213**
Garbage Collector **101**, 365
gc 365, 1178
gcd 383
Gebundene Eigenschaften 1031
Generizität **190**
Gesampelter Sound 1142
Geschachtelte Schleifen 130
GET 1074, 1087
get
    Array 1010
    BitSet 317
    Calendar 355
    Field 1005
    Hashtable 313
    Map 339
getAbsolutePath 454
getActionCommand 632, 679, 685
getAddress 1067
getAdjustable 696
getAdjustmentType 696
getAnchorSelectionIndex 824
getApplet 910, 915
getAppletContext **910**
getAppletInfo 892
getApplets 910, 915
getAscent 525
getAsText 1052
getAudioClip 898
getAudioFileFormat 1145
getAudioInputStream 1145
getAvailableFontFamilyNames 522
getBestCursorSize 570
getBlockIncrement 695, 830
getBlue 530
getBoolean 959, 1010
getBounds 515, 565
getBuffer 410
getBundle 396

getByName 1067
getByte 959, 1010
getBytes 959
getCaretPosition 685, 808
getCertificate 1122
getChar 1010
getChars 1170
getCheckboxGroup 682
getChecksum 435, 441
getChildAt 872
getChildCount 872
getClass 482, 990
getClickCount 603
getClip 515
getClipBounds 515
getCodeBase 897
getColor 530
getColumnClass 860
getColumnCount 858, 860, 977
getColumnModel 870
getColumnName 860, 977
getColumns 684
getColumnType 977
getComponent 599, 647
getComponentAt 849
getComponentCount 647
getComponents 647
getConnection 956
getConstructor 1002
getConstructors 1002
getContent 1089
getContentPane 758, 765
getContents 642
getControl 1146
getControls 1146
getCopies 544
getCountry 390
getCurrent 682
getCustomEditor 1055
getDate 959
getDateInstance 395
getDateTimeInstance 395
getDeclaredField 1004
getDeclaredFields 1004
getDeclaredMethods 994
getDefault 359, 390
getDefaultRenderer 866
getDefaultToolkit 521
getDescent 525

Stichwortverzeichnis

getDocument 808
getDocumentBase 897
getDouble 959, 1005, 1010
getEchoCharacter 688
getEditingColumn 859
getEditingRow 859
getElements 820
getEnabled 782
getErrorCode 960
getErrorStream 372
getFamily 523
getField 1004
getFields 1004
getFilePointer 446
getFloat 959, 1010
getFont 519
getFontList 521
getFontMetrics 525
getGlassPane 765
getGraphics 538, 741
getGreen 530
getHAdjustable 699
getHeight 525, 544, 722
getHorizontalAlignment 805, 815
getHorizontalTextPosition 805, 815
getHostAddress 1067
getHostName 1067
getIcon 1048
getID 578, 597
getImage 717
getImageableHeight 544
getImageableWidth 544
getImageableX 544
getImageableY 544
getInputStream
    CommPort 557
    FileContents 304
    Process 372
    Socket 1069
getInsets 500, **518**
getInstance 1115
getInt
    Array 1010
    Field 1005
    ResultSet 959
getItem 623, 689f.
getItemCount 623, 689
getItemSelectable 681, 690

getJobName 544
getKey 339
getKeyChar 578, 614f., 709
getKeyCode 586, 614f.
getKeys 397
getKeyStroke 782
getLabel 624, 679f.
getLanguage 390
getLastPathComponent 875
getLayeredPane 765
getLeading 525
getLeadSelectionIndex 824
getLeadSelectionPath 875
getLeadSelectionRow 876
getLength 304, 1010
getLine 1145
getLineCount 811
getLineEndOffset 811
getLineNumber 423
getLineOfOffset 811
getLineStartOffset 811
getLineWrap 811
getLocalGraphicsEnvironment 522
getLocalHost 1067
getLocation 565, 669
getLong 959, 1010
getMajorTickSpacing 833
getMaximum 695, 830, 1146
getMaximumCursorColors 570
getMaximumSize 707, 797
getMaxReceivers 1152
getMenu 622
getMessage 260
getMetaData 966, 976
getMethod 1000
getMethodDescriptors 1049
getMethods 993
getMicrosecondPosition 1152
getMidiDevice 1151
getMidiDeviceInfo 1151
getMidiFileTypes 1161
getMinimum 695, 830, 1146
getMinimumSize 706, 797
getMinorTickSpacing 833
getMixer 1145
getMixerInfo 1145
getMnemonic 781, 816
getModel 825
getModifiers 578, 994, 1002

getName
    Clipboard 642
    CommPortIdentifier 556
    Constructor 1002
    File 454
    FileContents 304
    Method 994
    Thread 491
getNewLeadSelectionPath 876
getNewValue 1032
getNextException 960
getNumberInstance 391
getNumberOfPages 549
getObject 399
getOldLeadSelectionPath 876
getOldValue 1032
getOrientation 545
getOutputStream
    CommPort 557
    FileContents 304
    Process 372
    Socket 1069
getPageDimension 539
getPageFormat 549
getPageResolution 539
getPaper 545
getParameter 894
getParameterInfo 891
getParameterTypes 994, 1002
getParent 454, **492**, 872
getPath 454, 875
getPathToRoot 879
getPoint 578
getPortIdentifier 556
getPortIdentifiers 556
getPortType 556
getPosition 603
getPreferredSize 698, 706, 797
getPrintable 549
getPrinterJob 543
getPrintJob 537
getPriority 491
getProperties 364
getProperty 315, 363
getPropertyDescriptors 1048
getPropertyName 1032
getPublicKey 1122
getReceiver 1152
getRed 530

getResource 1018
getResourceAsStream 291
getRootPane 765
getRowCount 858, 860
getRuntime 370
getScreenResolution 539
getScreenSize 566
getScrollPosition 699
getSelectedColumn 857
getSelectedColumns 857
getSelectedComponent 850
getSelectedIndex
    Choice 689
    JComboBox 827
    JList 823
    JTabbedPane 850
getSelectedIndexes 692
getSelectedIndices 823
getSelectedItem 689, 827
getSelectedItems 692
getSelectedRow 857
getSelectedRows 857
getSelectedText 684, 808
getSelectedValue 823
getSelectedValues 823
getSelection 820
getSelectionEnd 684, 808
getSelectionMode 823
getSelectionModel 870, 874
getSelectionPath 875
getSelectionPaths 875
getSelectionRows 876
getSelectionStart 684, 808
getSequence 1159
getSequencer 1155
getShort 959, 1010
getSize 518, 523, 565
getSource 577, 597, 685
getSQLState 960
getState 786
    Checkbox 680f.
    CheckboxMenuItem 624
    Frame 567
getString 399, 959
getStringArray 399
getStyle 523
getSuperClass 1007
getSynthesizer 1151
getSystemClipboard 641

Stichwortverzeichnis

getTabCount 849
getTableCellRendererComponent 868
getTableName 977
getTabPlacement 849
getTabSize 811
getTags 1053
getter-Methoden **1019**
getText 678, 684, 808
getThreadGroup **492**
getTime 362, 959
getTimeInstance 395
getTimestamp 959
getTitle 569
getToolkit 717
getToolTipText 793
getTransactionIsolation 978
getTransferData 640
getTransferDataFlavors 640
getType 1005
getTypeInfo 979
getUnitIncrement 695, 830
getUserName 544
getUserObject 873
getVAdjustable 699
getValue 1146
    AdjustmentEvent 696
    JProgressBar 836
    JScrollBar 830
    Map 339
    PropertyEditor 1052
    Scrollbar 695
getValueAt 858, 860
getValueIsAdjusting 833
getValueIsAdjusting() 830
getVariant 390
getVerticalAlignment 805, 815
getViewportSize 699
getVisibleAmount 695, 830
getWhen 604
getWidth 544, 722
getWindow 597
getWrapStyleWord 811
getX 603
getY 603
gif-Format **717**
gk.util 965
    installieren 280
GlassPane **764**
Gleichheits-Operator **110**

Globale Funktionen **152**
GoF - Gang of Four 214
GoldWave 897
Gosling, James 31
Grafikkontext **500**
Graphical User Interface **1015**
Graphics 500
Graphics2D 548
GraphicsEnvironment 522
gray 530
green 530
Green-OS 32
Green-Projekt **31**
GregorianCalendar 353
GridBagConstraints 656
GridBagLayout **656**
gridheight 657
GridLayout **651**
gridwidth 657
gridx 657
gridy 657
Größergleich-Operator **110**
Größer-Operator **110**
GROUP BY 986
Grundlinie **524**
GUI-Designer **1015**
GZIPInputStream 442
GZIPOutputStream 433

H

handleEvent 575
handleGetObject 397
Hardware-Voraussetzungen 49
hasBeenExpanded 878
hashCode **165**, 323, 1110
Hash-Funktion **312**, 340
HashMap 337, **340**
HashSet **336**
Hashtable 43, 312, 340
hasMoreElements 43, 310
hasMoreTokens 380
hasNext 328
hasPrevious 329
HAVING 986
HEAD 1087
headSet 343
Heavyweight Components **750**
HEIGHT 892f.
Helm, Richard **213**

Helvetica 520
HIDE_ON_CLOSE 778
Himmelsrichtungen **653**
Hintergrundfarbe 568
Hintergrund-Thread **467**
Höhe einer Zeile **524**
HORIZONTAL
    GridBagConstraints 657
    Scrollbar 695
    SwingConstants 785
HORIZONTAL_SCROLLBAR_ALWAYS 841
HORIZONTAL_SCROLLBAR_AS_NEEDED 841
HORIZONTAL_SCROLLBAR_NEVER 841
HORIZONTAL_SPLIT 845
Host-ID **1061**
Host-Namen **909**
hosts 1194
Host-Variablen **954**
HotJava **33**
HotJava Views **34**
HotSpot 35, **1191**
HOUR 355
HOUR_OF_DAY 355
hprof 1179
HSPACE 894
HSQLDB **962**
HTML-Adresse 909
HTML-Ausgabe des Buchs 79
HTMLConverter 924
HTML-Dokument 892
http **909**
Hybride Kryptosysteme 1117
Hypersonic SQL **967**

I
I18N **389**
IAB **1064**
IBM 33
ICMP **1060**
Icon **568**
Icon 785
ICON_COLOR_16x16 1048
ICON_COLOR_32x32 1048
ICON_MONO_16x16 1048
ICON_MONO_32x32 1048
ICONIFIED 567
if 38, 125, **125**
if-Anweisung 125
if-else 125

IIOP **1093**
IllegalArgumentException **135**, 324
IllegalThreadStateException 372
Image 717
ImageIcon 785
ImageObserver 718
immutable 212, **336**
Immutable-Pattern 215
Implementierung eines Interfaces 183
implements **184**
import 61, 274f.
Import von java.lang 275
IN 986
in 365
inactiveCaption 533
inactiveCaptionBorder 533
inactiveCaptionText 533
indexOf **250**
IndexOutOfBoundsException 263
Indizierte Eigenschaft **1020**
InetAddress 1066
inetd.conf 1078
InflaterInputStream 442
info 533
INFORMATION_MESSAGE 771
Informationen im Internet 76
infoText 533
init 774, 887, 889
Initialisieren
    eines Arrays 97
    von Variablen 95
initSign 1121
initVerify 1121
Inkrement-Operator 94
Inner Classes **203**
Input Method Framework **753**
InputEvent 578, 613
InputStream **427**
InputStream 427, 435
InputStreamReader **60, 419f.**
insert **255**, 688, 873
INSERT INTO 960, 970, 984
insertElementAt 309
insertItemAt 827
insertNodeInto 879
insertSeparator 623
insertTab 849
insets 658
Installation 49

Stichwortverzeichnis

instanceof **117**, 308, 685
InstantDB **962**
Instanzmerkmale **144**
Instanzvariablen **93**, 95, 144
int 90, **92**, 210
Integer **210**
Integer.TYPE 995
Integrale Typen 92
interface **183**
Interfaces **163**, 183
    Design-Pattern 217
Internationalisierung 388
Internet 76
Internet Activity Board **1064**
Interpreter 1191
interrupt **469**
interrupted **469**
InterruptedException 471, 719
InterruptedIOException 1073
Introspection 989, **1016**
Introspector 1047
intValue 211
invalidate 798
InvalidClassException 938
Invalidierung 797
Invariante **133**
invoke 995, 1001
IOException 316, **409**, 445
IP-Adresse **1061**
ipadx 658
ipady 658
IP-Protokoll **1060**
IPv6 **1062**
IS NOT NULL 986
IS NULL 986
isAbsolute 455
isAbstract 994
isAlive 472, **472**
isAltDown 614
isCancelled 544
isCellEditable 860
isCollapsed 878
isControlDown 614
isControlSupported 1146
isConversionSupported 1145
isDataFlavorSupported 640
isDirectory 455
isDoubleBuffered 797
isEditable 685, 827

isEditing 859
isEmpty 308, 323, 338
isEnabled 565, 624, 816
isEnabledAt 850
isExpanded 878
isExplicit 994
isFile 455
isFinal 994
isFocusable 709
isFocusTraversable 709
isHidden 455
isIndeterminate 838
isInterface 994
isInterrupted **469**
isLeaf 872
isMetaDown 614
isModal 666
isNative 994
ISO/OSI-7-Schichten-Modell **1060**
ISO-3166 **389**
ISO-639 **389**
ISO-8859-1 87
isOpen 1152
isPaintable 1055
isPathSelected 875
isPopupTrigger 637, 789
isPrivate 994
isProtected 994
isPublic 994
isResizable 667
isRootVisible 872
isRunning 1147, 1156
isSelected 786, 819
isSelectedIndex 823
isSelectionEmpty 823, 875
isShiftDown 614
isStatic 994
isStrict 994
isSynchronized 994
isTemporary 610
isTransient 994
isVisible 878
isVolatile 994
ITALIC 520
Item-Ereignisse **584**, 690
ItemEvent 577, 584, 681, 690
ItemListener 584, 681, 690
itemStateChanged 584, 681, 690
Iterator 43, **327**

iterator 328, 334
Iterator-Pattern 224

J
J++ **34**
J2EE **37**
J2ME **37**
J2SE **37**
JAAS **1118**
Jakarta **287**
JApplet 758, 774
jar **1199**
JAR-Archiv 894
JarOutputStream 433
jarsigner 1132, **1204**
java 57, **1191**
Java 2 Enterprise Edition **37**
Java 2 Micro Edition **37**
Java 2 Platform 35
Java 2 SDK **37**
Java 2 Standard Edition **37**
Java 2D API 35, **41**
Java Authentication and Authorization Service **1118**
Java Beans Homepage **1024**
Java Communications API 537, **555**
Java Community Process **36**
JAVA Cryptography Extension **1118**
Java Database Connectivity 44, **953**
Java Developer's Connection 34, **77**
Java Developer's Journal **79**
Java Development Kit **33**
Java Foundation Classes 35, **40**, 749
Java Media Framework **1142**
Java Naming and Directory Interface **1104**
Java Network Launching Protocol **296**
Java Platform Debugger Architecture **1193**
Java Report Online **79**
Java Runtime Environment **50**, 1192
Java Secure Socket Extension **1118**
Java Server Pages **47**
Java Spektrum **79**
Java Virtual Machine Profiler Interface **1179**
Java Web Start 294, 1087
Java Workstations **294**
Java World **79**
java.applet 276
java.awt 276, 498
java.awt.datatransfer 640
java.awt.event 577
java.awt.image 42
java.awt.print 542
java.beans 276, 1031
java.class.path 363
java.class.version 363
java.compiler 1191
java.home 363
java.io 276, 405
java.lang 275f.
java.lang.ref 276
java.lang.reflect 276, 998
java.math 276, **382**
java.net 276, 1066
java.nio 276
java.policy 1134
java.rmi 276, 1095
java.rmi.server 1096
java.security 276
java.security.cert 1122
java.specification.name 363
java.specification.vendor 363
java.specification.version 363
java.sql 276, 955
java.text 276, 391
java.util 276, 321, 576
java.util.jar 433
java.util.zip 433
java.vendor 363
java.vendor.url 363
java.version 363
java.vm.name 363
java.vm.specification.name 363
java.vm.specification.vendor 363
java.vm.specification.version 363
java.vm.vendor 363
java.vm.version 363
JAVA_COMPILER 1186, 1191
java_g 1186, 1192
JavaBeans **33**, 44
javac **55f.**, **1189**
javadoc 87, **1196**
javadt 1194
javaidl 44
javakey 1119
JavaLobby **78**
JavaOne **34**
JavaOS 1.0 **34**
javap **1202**

Stichwortverzeichnis

Java-Plugin **752**, 922
JavaScript 40
JavaSoft **33**, 77
JavaStation **34**
Java-Usergruppen 34
javaw **65**, 1191
javax.accessibility 276
javax.comm 556
javax.crypto 276
javax.imageio 276
javax.jnlp 303
javax.naming 276
javax.print 276
javax.security.auth 276
javax.sound 276
javax.sound.midi 1150
javax.sound.sampled 1143
javax.swing 276, 757
javax.swing.event 824, 833
javax.swing.plaf 794
javax.swing.table 859
javax.swing.text 807
javax.swing.tree 872
javax.xml 276
javax-Pakete 276
JButton 760, 815
JCE **1118**
JCheckBox 818
JCheckBoxMenuItem 786
JComboBox 826
JComponent 758, 791
jdb **1193**
JDBC 34, 44, 953, **953**
JDBC-ODBC-Bridge **954**
JDC **77**
    Newsletter 77
JDesktopPane 776
JDialog 758, 769
JDK 33
JEditorPane 811
JFC **40**
JFormattedTextField 810
JFrame 227, 758, **763**
JInsight **1187**
JInternalFrame 776
JIT 1165, **1191**
JLabel 759, 805
JLayeredPane 764f., 802

JList 759, 822
JMenu 780
JMenuBar 764
JMenuItem 781
JNDI **1104**
jnlp-Datei 297
Johnson, Ralph **213**
join **471f.**
JOptionPane 770
Joy, Bill 32
JPanel 758, 801
JPasswordField 759, 810
JPDA **1193**
jpeg-Format **717**
JPopupMenu 789
JProbe **1187**
JProgressBar 836
JRadioButton 820
JRadioButtonMenuItem 786
JRE **50**
jre 1192
JRootPane 764
JScrollBar 829
JScrollPane 760, 812, 841
JSlider 832
JSpinner 813
JSplitPane 845
JSSE **1118**
JTabbedPane 848
JTable 852
JTextArea 810
JTextComponent 807
JTextField 807
JTextPane 811
JToggleButton 818
JToolTip 793
JTree 871
Just-In-Time-Compiler 1165, **1191**
JVMPI **1179**
JWindow 758, 767

K
Kapselung **145**
Kestrel **35**
KEY_EVENT_MASK 708
KEY_PRESSED 709
KeyAdapter 580, **588f.**
Key-Ereignisse 581

KeyEvent 578, 581, 586, 613
Key-Events 613
KeyListener 581, 586, 588, 613
keyPressed 581, 586, 589, 613, 615
keyReleased 581, 586, 614
keys 314
keySet 339
KeyStore 1122
KeyStroke 782
keytool 1119, 1134, **1203**
keyTyped 581, 586, 613, 615
Klammerung 108
Klartext **1107**
Klassen 272
Klassendiagramme **82**
Klassenmethoden 174, **272**
Klassenobjekt **990**
Klassenvariablen **93**, 95, 172
Kleinergleich-Operator 110
Kleiner-Operator 110
Kommentare 87
Komposition **147**
Konstanten 174
  in Interfaces 193
Konstruktoren 157
Konstruktorenverkettung 158, 167
Kontextmenüs
  im AWT 637
  in Swing 789
Kontext-URL **911**
Konvertierungen auf primitiven Datentypen 102
Konvertierungsfunktionen 251
Koordinatensystem 500
Kopieren einer Datei 437
Kopieren von Flächen 512
Kopieren von Objekten 948
Kreisbögen zeichnen 510
Kreise zeichnen 508
Kritischer Bereich **481**
Kryptoanalyse **1108**
Kryptographie **1107f.**
Kryptologie **1108**

L
L10N **389**
Label **678**
Ladefaktor **1168**
LANDSCAPE 545

Länge der Zeichenkette 247
last 343
lastElement 309
lastIndexOf **250**
lastModified 455
Late Binding **149**
Laufzeitfehler 257
LayeredPane **764**
Layoutmanager 648
LEADING 785
Lebensdauer 95, **168**
Leere Anweisung 123
LEFT
  FlowLayout 649
  Label 678
  SwingConstants 785
left 894
length
  Array 98, 100
  RandomAccessFile 447
  String **247f.**
  StringBuffer **255**
Lexikalische Elemente 87
LIFO-Prinzip **311**
lightGray 530
Lightweight Components **750**
LIKE 985
Line 1143
Line.Info 1145
line.separator 363, 406, 411
Lineare Liste **308**
LineBorder 792
LineNumberReader 419, **424**
Linien- oder Füllmodus 511
Linien zeichnen 505
LinkedList 322, 325, 1173
List
  Collection 321, 324
  Dialogelement 691
list 456, 1100
Listboxen **691**
ListDataEvent 824
Listener **241**
Listenstrukturen mit Zeigern 330
listFiles **459**, 968
ListIterator **329**
ListModel 759, 822, 824
listRoots 456
ListSelectionEvent 824

Stichwortverzeichnis

ListSelectionListener 824
ListSelectionModel 823, 853, 856
Literale
    für Fließkommazahlen 92
    für integrale Typen 92
    für logische Typen 90
    für Zeichentypen 91
load 316
loadImage 1048
Locale 389
localhost **1068**
Lockdateien 463
log 382
LOG_OPTION 794
Logarithmus 382
Logische Operatoren 110
Logischer Typ 90
Lokale Klassen 588
Lokale Variable **93**, 124
Lokalisierung 388
LONG 395
Long **210**
long 90, **92**, 210
Long.TYPE 995
longValue 211
Look-and-Feel 750
    Umschalten 760
lookup 303, 1099, 1102
loop 898
Löschen von Flächen 512
lostOwnership 642
Lotus 33
LOWER_LEFT_CORNER 842
LOWER_RIGHT_CORNER 842
lowerCase 418

M

magenta 530
main 53, **175**, 273, 887, 1191
Main-Class 290
make 287
makefile 287
makeVisible 878
MalformedURLException 910
Manifest-Datei 290, **1028**
Map 321, **338**
Map.Entry 339
mark 419, 436
markSupported 419, 436

MASTER_GAIN 1146
Math 353, **381**, 403
Mauscursor 568f.
max 381
MAX_PRIORITY 491
MAX_VALUE **93**, 212
McNealy, Scott 31
MD5 1111
MDI 776
Mediator-Pattern **593**
MediaTracker 719
MEDIUM 395
Mehrdimensionale Arrays 98
Mehrfachselektion **692**
Mehrfachvererbung 147, **163**, 183
Mehrfachverzweigung 127
Mehrstufige Client-Server-Architekturen 954
Mehrzeilige Kommentare **87**
Membervariablen **144**, 151
Member-Zugriff 117
Menu 621
Menü 568
menu 533
MenuBar 621
Menüeinträge 623
MenuItem 621, **624**
Menüleiste 621
MenuShortcut 627
menuText 533
Message Digest 435, 1110
Message Queue **429**
MessageDigest 1111
meta-inf 290
Metal-Look-and-Feel **754**
MetaMessage 1151
Meta-Ressourcen 77
Method 994, 1049
MethodDescriptor 1049
Methoden 144, **152**, 271
    -aufruf 118
    -überlagerung 165
Metriken für Fonts 524
Meyer, Bertrand 136
Microsoft Internet Explorer 39
middle 894
Middleware **954**
Midi **1141**, 1149
Midi-Dateien 41
MidiDevice 1151

1225

Midi-Ereignisse **1150**
MidiEvent 1151
Midi-Format 897
MidiMessage 1151
Midi-Nachrichten **1150**
MidiSystem 1151
MILLISECOND 355
MIME-Spezifikation **640**
MIME-Typ **1087**
min 381
MIN_VALUE **93**, 212
Minimum und Maximum 381
MINUTE 355
MissingResourceException 397
Mixer **1141**
Mixer 1144
Mixer.Info 1145
mkdir 460
mkdirs 460
Modale Dialoge 665
Model-Delegate-Prinzip **751**
Model-View-Controller-Prinzip **751**
Modifier 152, 168
Modifier 994
Modulo-Operator 109
Monitor **465**
Monospaced 520
MONTH 355
MOUSE_EVENT_MASK 708
MOUSE_PRESSED 708
MouseAdapter 580
mouseClicked 581
mouseDragged 582
mouseEntered 581
Mouse-Ereignisse 581
MouseEvent 578, 581f., 602
Mouse-Events 602
mouseExited 581
MouseListener 581, 602
MouseMotionAdapter 580
MouseMotion-Ereignisse 582
MouseMotion-Events 606
MouseMotionListener 582
mouseMoved 582
mousePressed 582
mouseReleased 582
MOVE_CURSOR 570
moveCaretPosition 808
MS-Access **962**

Multiple Document Interface **776**
MULTIPLE_INTERVAL_SELECTION 823, 856
Multiplikation **109**
multiply 383
Multi-Tier-Architekturen **955**
mutable **336**
MutableTreeNode 872
MVC 593, **751**

N
NAME 894
Namenskonventionen 63
Namens-Service **1091**
Name-Server **1062**
Naming 1099
NaN **93**, 93, 212
National Institute of Standards and Technology **1111**
Natürliche Ordnung **341**
Naughton, Patrick 31
NCSA Mosaic 32
Nebeneffekte **107**, 125
Nebenläufigkeit **465**
negate 383
NEGATIVE_INFINITY **93**, 93, 212
Netscape 33
  Navigator 39
Network Information Center **1061**
Networking-API **44**
Netzwerk-ID **1061**
Netzwerkprogrammierung 1059
Netzwerkschicht **1060**
new 101, 117, **151**
  bei Arrays 96
New I/O Package **276**
newAudioClip 899
newInstance
  Array 1008
  Class 990
  Constructor 1002
newLine 411
Newsgroups 47, 76
next 328, 958
nextBytes 1115
nextDouble 351
nextElement 43, 310
nextFloat 351
nextGaussian 353
nextIndex 329

Stichwortverzeichnis

nextInt 351
nextLong 351
nextToken 380
NIC **1061**
NICHT-Operator **111**
NO_SUCH_PAGE 548
NoClassDefFoundError **55**, 57, 59
nodeChanged 879
NONE 657
NONE_OPTION 794
NORM_PRIORITY 491
NORMAL 567
NORTH 646
    GridBagConstraints 658
    SwingConstants 785
NORTH_EAST 785
NORTH_WEST 785
NORTHEAST 658
NORTHWEST 658
NoSuchElementException 328
NoSuchMethodException 1000
NOT 985
NOTE_OFF 1153
NOTE_ON 1153
notify **485**
NotSerializableException 932, 944
NULL 959
null 88, **100**, 151
Null-Layout 649, **661**
null-Objekt **148**
NullPointerException 1001
NumberFormat 391
NumberFormatException 258

O

Oak 32
Oberlänge **524**
OBJECT 894
Object 164
Object **164**
ObjectInputStream 438, 933
ObjectOutputStream 429, 929
Objektorientierte Programmierung 143
Objektvariable **148**
Observer-Pattern 238
ODBC-Treiber **954**
ODER-Operator **111**
Offscreen-Image **741**

OK_CANCEL_OPTION 772
Online-Dokumentationen 79
OOP 38, **143**
open 556
    Line 1147
    MidiDevice 1152
openConnection 1089
openStream 1089
Operatoren
    Arithmetische 109
    Bitweise 111
    für Objekte 114
    Logische 110
    Relationale 110
    Sonstige 113
    Zuweisungs- 112
Operator-Vorrangregeln 119
OptimizeIt **1187**
OR 985
or 317
Oracle 33
orange 530
ORDER BY 987
org.omg 277
org.w3c 277
org.xml 277
os.arch 363
os.name 363
os.version 363
out 42, 364
OutOfMemoryError 1178
OutputStream **427**
OutputStream 427, 1175
OutputStreamWriter **407f.**

P

pack 647, 707
package 281
package scoped **169**, 171
package-list 1198
PAGE_EXISTS 548
Pageable 543, 549
pageDialog 546
PageFormat 544
paint **500**, 570
paintBorder 794
paintChildren 794
paintComponent 794

paintValue 1055
Pakete 272, **274**
    Selbst erstellen 281
PAN 1146
Panel **561**, 663, 1042
Paper 544
ParallelPort 556
Parameter von Methoden 154
PARAM-Tag **893**
parse 394
parseByte 211
parseDouble 211
parseFloat 211
parseInt 211
parseLong 211
PATH 66
path.separator 363
PCM 1149
peek 311
Performance-Tuning 1165
PersistenceService 302
Persistenz **929**
PGP **1118**
PicoJava **34**
pink 530
Pipe **488**
PipedInputStream 438, 488
PipedOutputStream 429, 488
PipedReader 407, 419, 490
PipedWriter 407f., 419, 490
pkunzip 433
PLAIN 520
PLAIN_MESSAGE 771
plainTextFlavor 641
play 897f.
Pluggable Look-and-Feel 40, **750**
Plugin für HTML-Browser 922
Point 603
Policy-Datei **1129**, 1134
policytool 1135, **1203**
Polygon 507
Polygone zeichnen 507
Polymorphismus **149**, 178
pop 311
PopupMenu 637
Popup-Menüs
    im AWT 637
    in Swing 789
Port 1144

PORT_PARALLEL 556
PORT_SERIAL 556
Port-Nummer 909, **1063**
PORTRAIT 545
Positionierung des Dateizeigers 446
POSITIVE_INFINITY **93**, 93, 212
Postconditions **136**
Postdekrement **109**
Postinkrement **109**
pow 382f.
PPQ 1156
Prädekrement **109**
Präinkrement **109**
Präprozessor 89
Preconditions **136**
Prepared Statements **981**
PreparedStatement 981
prepareStatement 981
Pretty Good Privacy **1118**
previous 329
previousIndex 329
Primitive Datentypen 89
Primitive Variable 148
print
    Component 539
    PrinterJob 547
    PrintStream 430
    PrintWriter 413
Printable 543, 547
printAll 539
printDialog 546f.
PrinterException 548
PrinterJob 542f.
PrintGraphics 538
PrintJob 538
println 364, 413, 430
PrintService 302
printStackTrace 260f.
PrintStream 42, 364, 430
PrintWriter 407, 411, **413**
private 39, **166**, 169, 1171
Process 371
processActionEvent 593
processComponentEvent 709
processEvent 593
processFocusEvent 708
processKeyEvent 594, 709
processMouseEvent 593, 637, 708
Producer/Consumer-Beispiel **486**

Stichwortverzeichnis

Profiler **1178**, 1192
PROGRAM_CHANGE 1153
Programmende 467
Projektverwaltung 286
Properties **315**, 363
propertyChange 1032
PropertyChangeEvent 1031
PropertyChangeListener 1032
PropertyChangeSupport 1032
PropertyDescriptor 1048
PropertyEditorSupport 1051
propertyNames 315, 364
PropertyPermission 1136
PropertyResourceBundle 402
PropertyVetoException 1037
protected **39**, 169f.
Protokoll **1060**
Provider für Security-API 1122
Proxy-Server **1066**
Pseudo-Zufallszahlen **1115**
public 39, 168, 171, **284**
    Klassen in Datei 286
Public-Key-Verschlüsselung 1117
push 311
PushbackInputStream 439
PushbackReader 419, **425**
put 313, 338
putAll 338

Q
QUESTION_MESSAGE 771
Queue **330**

R
Radiobuttons **682**
Random 44, 351
RandomAccessFile 433, **445**, 1176
Random-Access-I/O 445
read 418, 436
readBoolean 447, 933
readByte 447, 933
readChar 447, 933
readDouble 447, 933
Reader **418**
readFloat 447, 933
readFully 447
readInt 447, 933
readLine 422, 447
readLong 447, 933

read-Methoden 448
readObject 933
readShort 447, 933
readUnsignedByte 447
readUnsignedShort 440, 447
readUTF 447, 933
ready 419
rebind 1099
Receiver 1151
Rechtecke zeichnen 506
Rechtsschiebeoperator **112**
Rectangle 730
red 530
Red-Black-Tree **343**
Referenzgleichheit und -ungleichheit 116
Referenztypen 100
Reflection 44, **931**, 989
regionMatches **249**
registerKeyboardAction 799
Registry 51
Relationale Operatoren 110
remainder 383
Remote 1095
Remote Method Invocation **44**, 1091
RemoteException 1095
Remote-Interface **1091**
Remote-Objekte **1091**
Remote-Referenzen **1091**
remove
    Container 646
    DefaultMutableTreeNode 873
    Iterator 328
    List 325, 692
    Map 338
    Menu 622
    MenuBar 622
removeActionListener 782
removeAll 325, 849
removeAllChildren 873
removeAllItems 827
removeColumnSelectionInterval 857
removeItem 827
removeItemAt 827
removeNodeFromParent 879
removePropertyChangeListener 1032
removeRowSelectionInterval 857
removeSelectionInterval 824
removeTabAt 849
removeTableModelListener 860

removeVetoableChangeListener 1037
renameTo 460
Rendering von Tabellen 866
repaint 600, 708
repaint-Schleife 724
replace 253
    String 251
    StringBuffer 255
replaceItem 692
replaceRange 688
Request For Comments **1064**
requestDefaultFocus 850
requestFocus 610, 708
RESERVED_ID_MAX 578
reset
    CharArrayWriter 410
    InputStream 436
    ObjectOutputStream 943
    Reader 419
ResourceBundle 396
Ressourcen 396
Ressourcendatei **621**
Ressourcen-Dateien **291**
Restwertoperator **109**
ResultSet 958
ResultSetMetaData 976
resume 471
retainAll 325
return 118, **155**, 264
revalidate 798
REVERSE_LANDSCAPE 545
RFC **1064**
RFC 1521 640
RFC 1522 640
RGB-Farbmodell **529**
RIGHT
    FlowLayout 649
    Label 678
    SwingConstants 785
right 894
Rivest, Ron 1111
rmf-Format 897
RMI 1091
rmic 1097, **1205**
RMI-Registry **1091**
rmiregistry 1098, **1205**
RMISecurityManager 1100
rollback 977

RootPane **764**
RootPaneContainer 765
round 382
ROUND_CEILING 386
ROUND_DOWN 386
ROUND_FLOOR 386
ROUND_HALF_DOWN 386
ROUND_HALF_EVEN 386
ROUND_HALF_UP 386
ROUND_UNNECESSARY 386
ROUND_UP 386
rowAtPoint 870
RSA **1117**
rt.jar 279
Rückgabewert einer Methode 155
run **465**, 472
Runden und Abschneiden 382
Runnable 465, 473f.
Runtime 370
RuntimeException **266**
RuntimePermission 1136

S

Samples **1141**
Sampling 1142
Sandbox-Konzept 1128
SansSerif 520
save 316
scale 386
Schachteln
    von Ausgabe-Streams 411
    von Eingabe-Streams 422
    von Layoutmanagern 663
Schiebeoperationen **111**
Schieberegler 694
Schleifen 128
Schleifeninvarianten **136**
Schließen eines Fensters 501
Schlüssel **1107**
Schlüsseltext **1107**
Schlüsseltransformation **312**
Schlüsselwörter 88
Schneier, Bruce 1110
Schnittstellen (Interfaces) 183
Schriftarten 519
Scrollbar **694**
scrollbar 533
SCROLLBARS_ALWAYS 698

Stichwortverzeichnis

SCROLLBARS_AS_NEEDED 698
SCROLLBARS_BOTH 687
SCROLLBARS_HORIZONTAL_ONLY 687
SCROLLBARS_NEVER 698
SCROLLBARS_NONE 687
SCROLLBARS_VERTICAL_ONLY 687
ScrollPane 535, **697**
search 311
SECOND 355
SecureRandom 1115
SecurityException 1129
SecurityManager 1137
seek 446
Segment7 706
SELECT 984
select 684, 690, 692
selectAll 684, 857
SELECT-Anweisung **958**
semidynamische Arrays 38
send, Receiver 1152
Separatoren **623**
Sequence 1151
SequenceInputStream 438
Sequencer **1141**
Sequencer 1151
Sequenz **1150**
Sequenzer **1150**
Serialisierte Beans 1029
Serialisierung 44, **929**
Serializable 931, 935
SerialPort 556
serialver 938, **1203**
serialVersionUID 937
Serif 520
Server-Hotspot **1192**
ServerSocket 1069, **1077**
ServiceManager 303
Services 301
Servlet-API **47**
Set 321, **336**
set 66
    Array 1010
    BitSet 317
    Calendar 355
    Field 1005
    ListIterator 329
setAccelerator 782
setActionCommand

    Button 679
    MenuItem 628, 633
setAsText 1052
setAutoCommit 977
setAutoResizeMode 855
setBackground **504**, 570
setBlockIncrement 695, 830
setBoolean 1010
setBorder 759, 792
setBounds 565, 661
setByte 1010
setCaretPosition 685, 808
setCellSelection 856
setChar 1010
setCharAt **255**
setCheckboxGroup 682
setClip 514
setClosable 778
setColor 530
setColumnHeaderView 842
setColumns 684
setColumnSelectionAllowed 856
setColumnSelectionInterval 857
setComponentAt 849
setConstraints 656
setContentPane 769
setContents 642
setCopies 544
setCorner 842
setCurrent 682
setCursor 569
setDebugGraphicsOptions 794
setDecimalSeparatorAlwaysShown 394
setDefaultButton 816
setDefaultCloseOperation 778
setDefaultRenderer 866
setDouble 1005, 1010
setDoubleBuffered 797
setEchoChar 810
setEchoCharacter 685, 759
setEditable 685, 827
setEnabled
    Component 565
    JButton 816
    JMenuItem 782
    MenuItem 624
setEnabledAt 850
setErr 365, 430

Stichwortverzeichnis

setFlashCount 795
setFlashTime 795
setFloat 1010
setFont 519, 570
setForeground 570
setGridColor 855
setGroupingSize 394
setHeaderValue 864
setHorizontalAlignment 805, 815
setHorizontalTextPosition 785, 805, 815
setIcon 785
setIconifiable 778
setIconImage 569
setIn 365
setIndeterminate 838
setInt 1005, 1010
setIntercellSpacing 855
setJMenuBar 783
setJobName 544
setLabel 624, 679f.
setLayout 646, 648
setLength 447
setLineNumber 423
setLineWrap 811
setLocation 565
setLong 1010
setLookAndFeel 760
setMajorTickSpacing 833
setMaximizable 778
setMaximum 830
setMaximumSize 797
setMenuBar 622
setMessage 1153
setMinimum 830
setMinimumSize 797, 846
setMinorTickSpacing 833
setMnemonic 781, 816
setModal 666
setName 491
setNextFocusableComponent 798
setOneTouchExpandable 846
setOpaque 795
setOut 365, 430
setPage 549
setPaintLabels 833
setPaintTicks 833
setPreferredSize 797
setPrintable 547
setPriority 491

setPropertyEditorClass 1049
setReceiver 1157
setResizable 667, 778
setRootPaneCheckingEnabled 767
setRootVisible 872
setRowHeaderView 842
setRowHeight 855
setRowMargin 855
setRowSelectionAllowed 856
setRowSelectionInterval 857
setScale 386
setScrollPosition 699
setSeed 1115
setSelected 786, 819
setSelectedIndex 824, 827, 850
setSelectedIndices 824
setSelectedItem 827
setSelectionBackground 855
setSelectionEnd 808
setSelectionForeground 855
setSelectionInterval 824
setSelectionMode 823, 856, 875
setSelectionModel 874
setSelectionPath 878
setSelectionPaths 878
setSelectionStart 808
setSequence 1156
setShort 1010
setShortCut 628
setShowGrid 855
setShowHorizontalLines 855
setShowVerticalLines 855
setSize 565, 661, 698
setSnapToTicks 833
setSoTimeout 1073
setState
    Checkbox 680
    CheckboxMenuItem 624
    Frame 567
    JCheckBoxMenuItem 786
setStringPainted 836
setTabPlacement 849
setTabSize 811
setTempoInBPM 1156
setter-Methoden **1019**
setText 678, 684, 808
setTime 362, 455
setTimeZone 359
setTitle 568, 778

1232

Stichwortverzeichnis

setToolTipText 759, 793
setTransactionIsolation 978
setUnitIncrement 695, 830
setUserObject 873
setValue 1146
    JProgressBar 836
    JScrollBar 830
    PropertyEditor 1052
    Scrollbar 695
setValueAt 858, 860
setVerticalAlignment 805, 815
setVisible **499**, 563, 647
setVisibleAmount 830
setWindowAdapter 921
setWrapStyleWord 811
SHA **1111**
shallow copy **194**, 948
Shape 515
Shell **65**
Sheridan, Mike 31
SHORT 395
Short **210**
short 90, **92**, 210
Short.TYPE 995
Short-Circuit-Evaluation **111**
ShortMessage 1151, 1153
show 637, 789
showConfirmDialog 771
showDocument 910
showInputDialog 772
showMessageDialog 770
showStatus 891
Sicherheit 40, 1107
Sichtbarkeit 95, 168
    von Blöcken 270
sign 1122
Signatur einer Methode 156
Signature 1121
signedjar 1204
signierte Applets **887**
signum 383
SimpleBeanInfo 1047
sin 381
SINGLE_INTERVAL_SELECTION 823, 856
SINGLE_SELECTION 823, 856
SINGLE_TREE_SELECTION 875
Singleton-Pattern 214

size
    CharArrayWriter 410
    Collection 323
    Map 338
    Vector 308
Skeleton **1092**
skip 419, 436
skipBytes 446
sleep 367, **471**
SMPTE-Format **1156**
Socket **1068**
Socket 1069
SocketException 1074
SocketPermission 1136
Sonstige Operatoren 113
sort 346, 376
SortedMap 323, **346**
SortedSet 323, **342**
Sortierte Collections 341
Sound 1141
Soundausgabe 41, **897**
Soundbanks **1141**
source 1190
SourceDataLine 1144
SOUTH 646
    GridBagConstraints 658
    SwingConstants 785
SOUTH_EAST 785
SOUTH_WEST 785
SOUTHEAST 658
SOUTHWEST 658
Speichermanagement **101**, 101
SpinnerDateModel 814
SpinnerListModel 814
SpinnerModel 813
SpinnerNumberModel 814
SplashScreen **767**
Sprachmerkmale 37
Sprunganweisungen **132**
SQL-2 Entry-Level **955**
SQLException 957, 960
sqrt 382
Stack 311
Standarderweiterungen **276**
Standard-Font **568**
Standardschriftarten 521
Standard-Sichtbarkeit **169**

Standardwert 90
Star Seven **32**
start
    Applet 887, 889
    Clip 1147
    JApplet 774
    Sequencer 1156
    Thread 466
Starten der Beispielprogramme 56
startsWith **249**
stateChanged 835
Statement 957
static 166, 171f., **174**
    Statischer Initialisierer 176
Statische Initialisierer 176
statische Methoden **174**
Statische Variable **172**
Statuszeile des HTML-Browsers 891
Stelligkeit eines Operators **107**
stop
    Applet 890
    AudioClip 898
    Clip 1147
    JApplet 774
    Sequencer 1156
    Thread 467
store 316
Stored Procedures **953**
Stream **405**
StreamTokenizer 381
String 43, 100, **245**
    Literale 91
String einlesen 61
String.intern 117
StringBuffer 43, 100, **254**
StringBufferInputStream 438
stringFlavor 641
StringIndexOutOfBoundsException 246, **255**
String-Literale 252
StringReader 419, **421**
Strings 245
StringSelection 641
StringTokenizer 379, 670
String-Verkettung **114**, 248, 1166
stringWidth 525
StringWriter 407, **409**
Stub **1092**
Subqueries **986**
subSet 343

substring 247, **247**, 253, 1170
subtract 383
Subtraktion **109**
Suchen in Zeichenketten 250
SUN HotJava 39
sun.boot.class.path 278
sun.io 408, 420
sun.jdbc.odbc.JdbcOdbcDriver 956
SunWorld '95 **33**
super **167**
super.clone 194
Superklassenkonstruktor 167
Superklassenmethoden 167
supportsCustomEditor 1055
supportsTransactionIsolationLevel 978
suspend 471
Swing 35, 40, **498**, 749
SwingConstants 785
SwingUtilities 760
switch 38, 125, **127**
Symantec 33
Symboldarstellung 567
symmetrische Verschlüsselung **1109**
Synchronisieren
    von Collections 348
    von Threads 479
synchronized 321, 468, **481**, 1172
Synthesizer **1141**
Synthesizer 1151
SysexMessage 1151
System 362
System.currentTimeMillis 1186
System.err 1191
System.in 42, 60, 1191
System.out 1191
System.out.print 59
System.out.println 59, 364
SystemColor 532
Systemfarben 532
System-Properties 362

T
TA Trustcenter **1127**
TableCellRenderer 866
tableChanged 870
TableColumn 864
TableColumnModel 853, 864
TableModel 853, 859
TableModelListener 860

Stichwortverzeichnis

tailSet 343
tan 381
TargetDataLine 1144
TCP/IP **1060**
TCP/UDP **1060**
Temporäre Dateien 462
text 533f.
TEXT_CURSOR 570
TextArea **687**
Textausgaben 42
TextComponent 684
TextEvent 577, 584, 686
TextField **683**
textHighlight 533f.
textHighlightText 533f.
textInactiveText 533
TextListener 584, 686
textText 533f.
texttop 894
textValueChanged 584, 686
Thawte **1127**
this **153**, 158, 167, 270
Thread **465**
ThreadGroup **492**
Thread-Gruppen 491
Threads **465**
    für Animationen 725
    in Swing 838
Thread-Synchronisation 479
throw **267**
Throwable **260f.**
throws 211, 266f.
Time 959
Timecodes **1141**
Times New Roman 520
TimesRoman 520
Timestamp 959
TimeZone 389
Titelleiste **568**
TitledBorder 792
toArray 323
toCharArray 410
toLowerCase **251**
Toolkit **521**, 717
Toolkit-Pattern **220**
Tooltips **750**, 759, 793
TOP 785
top 894
toString 114, **165**

CharArrayWriter 410
StringBuffer 256, 1169
StringWriter 410
Throwable 260
Wrapper-Klassen 211
toUpperCase **251**, 417
TRACK 696
Track 1151, 1156
Tracks **1141**
TRAILING 785
Transaction Isolation Level **978**
TRANSACTION_NONE 978
TRANSACTION_READ_COMMITTED 978
TRANSACTION_READ_UNCOMMITTED 978
TRANSACTION_REPEATABLE_READ 978
TRANSACTION_SERIALIZABLE 978
Transaktionen 977
Transferable 640
transient 930, 940
Transmitter 1151
Transparente Komponente 795
Transportschicht **1060**
TreeMap 343, **346**
TreeModel 871
TreeModelEvent 879
TreeModelListener 879
TreeNode 872
TreePath 875
TreeSelectionEvent 876
TreeSelectionListener 876
TreeSelectionModel 874
TreeSet **343**
Treibermanager **956**
Trigger **953**
trim **247**, 1170
true 88, **90**, 90
try 258
try-catch-Anweisung 258
TYPE 994
Type-Cast-Operator 114
Types 977
Typkonvertierungen 101
Typsicherheit 287
Typüberprüfungen 94

U
Überladen von Methoden 156
Überlagern von Methoden **149**, 165
Übersetzen des Quelltextes 55

UDP **1061**
UI Delegate **751**
`UIManager` 760
ULAW 1149
UML 82
Umrandungen 759
`UnavailableServiceException` 303
unbind 1099
UND-Operator **111**
Ungarische Notation 63
Ungleichheits-Operator **110**
`UnicastRemoteObject` 1096
Unicode **87**, 91
    Escape-Sequenzen 91
Unified Modeling Language **82**
Uniform Resource Locator **909**
`UNION` 986
`UNIT_DECREMENT` 696
`UNIT_INCREMENT` 696
`UNKNOWN_NUMBER_OF_PAGES` 549
`UnknownHostException` 1067
unread 425, 439
`UnsupportedLookAndFeelException` 760
`UnsupportedOperationException` 323
Unterlänge **524**
Untermenüs 630
Unveränderliche Collections 348
unwrapping **995**
`UPDATE` 960, 984
update 738, 1111
`updateComponentTreeUI` 760
`UPPER_LEFT_CORNER` 842
`UPPER_RIGHT_CORNER` 842
URL **909**
    relativer 911
URL 910, 1088
`URLConnection` 1089
Usenet-Newsgroups 76
User Datagram Protocol **1061**
`user.dir` 363
`user.home` 363
`user.name` 363
`user.timezone` 359
UTF-8-Codierung **431**

V

validate 798
Validierung 797
valueChanged 824, 876

valueOf **251**
values 339
van Hoff, Arthur 33
Variablen **93**, 123
Vaterklasse **146**
`Vector` 43, **308**, 325, 1172
Veränderbarkeit **168**
veränderliche Objekte **336**
Verdecken von Variablen 270
Vererbung **146**, 163
Vergleichen von Zeichenketten 248
verify 1122
VeriSign **1127**
Verkettung
    von Konstruktoren 158
    von Strings 114
Verknüpfung auf dem Desktop 64
Verschlüsseln **1107**
-version 1192, 1199
Versionierung von Klassen **937**
`VERTICAL`
    GridBagConstraints 657
    Scrollbar 695
    SwingConstants 785
`VERTICAL_SCROLLBAR_ALWAYS` 841
`VERTICAL_SCROLLBAR_AS_NEEDED` 841
`VERTICAL_SCROLLBAR_NEVER` 841
`VERTICAL_SPLIT` 845
Verwalten von Threads 491
Verweise auf andere Seiten 909
Verzeichniszugriffe 456
Verzweigungen 125
vetoableChange 1037
`VetoableChangeListener` 1036
`VetoableChangeSupport` 1037
View einer Collection **339**
Viewport **698**
virtuelle Ausgabefläche **697**
Virtuelle Maschine 39, **1165**
Visitor-Pattern 233
Visual Cafe **34**
`VK_0` 614
`VK_9` 614
`VK_A` 614
`VK_BACK_SPACE` 614
`VK_DELETE` 614
`VK_DOWN` 615
`VK_END` 614
`VK_ENTER` 614

Stichwortverzeichnis

VK_ESCAPE 586, 614
VK_F1 614
VK_F12 614
VK_HOME 614
VK_INSERT 614
VK_LEFT 615
VK_PAGE_DOWN 614
VK_PAGE_UP 614
VK_RIGHT 615
VK_SPACE 614
VK_TAB 614
VK_UNDEFINED 615
VK_UP 615
VK_Z 614
Vlissides, John **213**
VM **39**
Void **210**
void 118, **155**, 210
Void.TYPE 995
volatile 172
Vordefinierte Pakete 275
Vordergrundfarbe 568
Vorrangregeln 119
VSPACE 894

W
Wahlfreier Zugriff auf Dateien 445
wait 471, **485**
WAIT_CURSOR 570
waitFor 371
waitForAll 719
WARNING_MESSAGE 771
Warteliste **485**
wasNull 959
wav-Format 41, 897, **1143**
WebRunner **32**
WebStart **295**
WEEK_OF_MONTH 355
WEEK_OF_YEAR 355
weightx 658
weighty 658
Weitergabe einer Exception 266
WEST 646
    GridBagConstraints 658
    SwingConstants 785
WHEN_ANCESTOR_OF_FOCUSED_COMPONENT 799
WHEN_FOCUSED 799
WHEN_IN_FOCUSED_WINDOW 799
WHERE 985

while 38, 129f.
white 530
WIDTH 892
Wiederverwendung **145**
Window 499, **561**
window 533
windowActivated 583, 597
WindowAdapter 580, 598
windowBorder 533
windowClosed 583, 597
windowClosing 502, 583, 597
WindowClosingAdapter 57, 501
windowDeactivated 583, 597
windowDeiconified 583, 597
Window-Ereignisse 583
WindowEvent 583, 597
Window-Events 597
windowIconified 583, 597
WindowListener 501, 583, 597
windowOpened 583, 597
windowText 533
Winkelfunktionen 381
winzip 433
Wrapper-Klassen 209
write 407, 427
writeBoolean 450, 930
writeByte 450, 930
writeBytes 450, 930
writeChar 450, 930
writeChars 450, 930
writeDouble 450, 930
writeFloat 450, 930
writeInt 450, 930, 933
writeLong 450, 930
write-Methoden 450
writeObject 930
Writer 406, 1174
writeShort 450, 930
writeTo 410
writeUTF 431, 450, 930

X
X.509-Zertifikat 1127
XML-Dateien 277
XML-Unterstützung 36
xor 318

Y

YEAR 355
yellow 530
YES_NO_CANCEL_OPTION 772
YES_NO_OPTION 772
yield 1073

Z

ZapfDingbats **523**
Zeichenextraktion 246
Zeichenketten 43, **245**
Zeichentasten **613**
Zeichentyp 90
Zeilenabstand **524**
Zeitzonen 354
Zeitzonenangabe 359
Zero-Knowledge Proof **1114**
Zertifikat **1126**
ZipEntry 434
ZipInputStream 442
ZipOutputStream 433
ZONE_OFFSET 355f.
Zufallszahlen 44, **351**
Zuweisung 94
Zuweisungsoperatoren 112
Zwischenablage 640

Sun Microsystems, Inc. Binary Code License Agreement

Sun Confidential Agreement No. 109964

Sun Microsystems, Inc. Binary Code License Agreement

EXHIBIT C-1

READ THE TERMS OF THIS AGREEMENT AND ANY PROVIDED SUPPLEMENTAL LICENSE TERMS (COLLECTIVELY "AGREEMENT") CAREFULLY BEFORE OPENING THE SOFTWARE MEDIA PACKAGE. BY OPENING THE SOFTWARE MEDIA PACKAGE, YOU AGREE TO THE TERMS OF THIS AGREEMENT. IF YOU ARE ACCESSING THE SOFTWARE ELECTRONICALLY, INDICATE YOUR ACCEPTANCE OF THESE TERMS BY SELECTING THE "ACCEPT" BUTTON AT THE END OF THIS AGREEMENT. IF YOU DO NOT AGREE TO ALL THESE TERMS, PROMPTLY RETURN THE UNUSED SOFTWARE TO YOUR PLACE OF PURCHASE FOR A REFUND OR, IF THE SOFTWARE IS ACCESSED ELECTRONICALLY, SELECT THE "DECLINE" BUTTON AT THE END OF THIS AGREEMENT.

1. LICENSE TO USE. Sun grants you a non - exclusive and non - transferable license for the internal use only of the accompanying software and documentation and any error corrections provided by Sun (collectively "Software"), by the number of users and the class of computer hardware for which the corresponding fee has been paid.

2. RESTRICTIONS Software is confidential and copyrighted. Title to Software and all associated intellectual property rights is retained by Sun and/or its licensors. Except as specifically authorized in any Supplemental License Terms, you may not make copies of Software, other than a single copy of Software for archival purposes. Unless enforcement is prohibited by applicable law, you may not modify, decompile, or reverse engineer Software. You acknowledge that Software is not designed, licensed or intended for use in the design, construction, operation or maintenance of any nuclear facility. Sun disclaims any express or implied warranty of fitness for such uses. No right, title or interest in or to any trademark, service mark, logo or trade name of Sun or its licensors is granted under this Agreement.

3. LIMITED WARRANTY. Sun warrants to you that for a period of ninety (90) days from the date of purchase, as evidenced by a copy of the receipt, the media on which Software is furnished (if any and if provided by Sun) will be free of defects in materials and workmanship under normal use. Except for the foregoing, Software is provided "AS IS". Your exclusive remedy and Sun's entire liability under this limited warranty will be at Sun's option to replace Software media or refund the fee paid for Software, if any.

4. DISCLAIMER OF WARRANTY. **UNLESS SPECIFIED IN THIS AGREEMENT, ALL EXPRESS OR IMPLIED CONDITIONS, REPRESENTATIONS AND WARRANTIES, INCLUDING ANY IMPLIED WARRANTY OF MERCHANTABILITY, FITNESS FOR A PARTICULAR PURPOSE OR NON - INFRINGEMENT ARE DISCLAIMED, EXCEPT TO THE EXTENT THAT THESE DISCLAIMERS ARE HELD TO BE LEGALLY INVALID.**

5. LIMITATION OF LIABILITY. **TO THE EXTENT NOT PROHIBITED BY LAW, IN NO EVENT WILL SUN OR ITS LICENSORS BE LIABLE FOR ANY LOST REVENUE, PROFIT OR DATA, OR FOR SPECIAL, INDIRECT, CONSEQUENTIAL, INCIDENTAL OR PUNITIVE DAMAGES, HOWEVER CAUSED REGARDLESS OF THE THEORY OF LIABILITY, ARISING OUT OF OR RELATED TO THE USE OF OR INABILITY TO USE SOFTWARE, EVEN IF SUN HAS BEEN ADVISED OF THE POSSIBILITY OF SUCH DAMAGES.** In no event will Sun's liability to you, whether in contract, tort (including negligence), or otherwise, exceed the amount paid by you for Software under this Agreement. The foregoing limitations will apply even if the above stated warranty fails of its essential purpose.

Sun Microsystems, Inc. Binary Code License Agreement

6. Termination. This Agreement is effective until terminated. You may terminate this Agreement at any time by destroying all copies of Software. This Agreement will terminate immediately without notice from Sun if you fail to comply with any provision of this Agreement. Upon Termination, you must destroy all copies of Software.

7. Export Regulations. All Software and technical data delivered under this Agreement are subject to US export control laws and may be subject to export or import regulations in other countries. You agree to comply strictly with all such laws and regulations and acknowledge that you have the responsibility to obtain such licenses to export, re - export, or import as may be required after delivery to you.

8. U.S. Government Restricted Rights. If Software is being acquired by or on behalf of the U.S. Government or by a U.S. Government prime contractor or subcontractor (at any tier), then the Government's rights in Software and accompanying documentation will be only as set forth in this Agreement; this is in accordance with 48 CFR 227.7201 through 227.7202 - 4 (for Department of Defense (DOD) acquisitions) and with 48 CFR 2.101 and 12.212 (for non - DOD acquisitions).

9. Governing Law. Any action related to this Agreement will be governed by California law and controlling U. S. federal law. No choice of law rules of any jurisdiction will apply.

10. Severability. If any provision of this Agreement is held to be unenforceable, this Agreement will remain in effect with the provision omitted, unless omission would frustrate the intent of the parties, in which case this Agreement will immediately terminate.

11. Integration. This Agreement is the entire agreement between you and Sun relating to its subject matter. It supersedes all prior or contemporaneous oral or written communications, proposals, representations and warranties and prevails over any conflicting or additional terms of any quote, order, acknowledgment, or other communication between the parties relating to its subject matter during the term of this Agreement. No modification of this Agreement will be binding, unless in writing and signed by an authorized representative of each party.

For inquiries please contact: Sun Microsystems, Inc. 901 San Antonio Road, Palo Alto, California 94303

JAVATM 2 SOFTWARE DEVELOPMENT KIT STANDARD EDITION VERSION 1.4.0 SUPPLEMENTAL LICENSE TERMS

These supplemental license terms ("Supplemental Terms") add to or modify the terms of the Binary Code License Agreement (collectively, the "Agreement"). Capitalized terms not defined in these Supplemental Terms shall have the same meanings ascribed to them in the Agreement. These Supplemental Terms shall supersede any inconsistent or conflicting terms in the Agreement, or in any license contained within the Software.

1. Internal Use and Development License Grant. Subject to the terms and conditions of this Agreement, including, but not limited to, Section 2 (Redistributables) and Section 4 (Java Technology Restrictions) of these Supplemental Terms, Sun grants you a non - exclusive, non - transferable, limited license to reproduce the Software for internal use only for the sole purpose of development of your JavaTM applet and application ("Program"), provided that you do not redistribute the Software in whole or in part, either separately or included with any Program.

2. Redistributables. In addition to the license granted in Paragraph 1 above, Sun grants you a non - exclusive, non - transferable, limited license to reproduce and distribute, only as part of your separate copy of JAVA(TM) 2 RUNTIME ENVIRONMENT STANDARD EDITION VERSION 1.3 software, those files specifically

Sun Microsystems, Inc. Binary Code License Agreement

identified as redistributable in the JAVA(TM) 2 RUNTIME ENVIRONMENT STANDARD EDITION VERSION 1.3 "README" file (the "Redistributables") provided that: (a) you distribute the Redistributables complete and unmodified (unless otherwise specified in the applicable README file), and only bundled as part of the JavaTM applets and applications that you develop (the "Programs:); (b) you do not distribute additional software intended to supersede any component(s) of the Redistributables; (c) you do not remove or alter any proprietary legends or notices contained in or on the Redistributables; (d) you only distribute the Redistributables pursuant to a license agreement that protects Sun's interests consistent with the terms contained in the Agreement, and (e) you agree to defend and indemnify Sun and its licensors from and against any damages, costs, liabilities, settlement amounts and/or expenses (including attorneys' fees) incurred in connection with any claim, lawsuit or action by any third party that arises or results from the use or distribution of any and all Programs and/or Software.

3. Separate Distribution License Required. You understand and agree that you must first obtain a separate license from Sun prior to reproducing or modifying any portion of the Software other than as provided with respect to Redistributables in Paragraph 2 above.

4. Java Technology Restrictions. You may not modify the Java Platform Interface ("JPI", identified as classes contained within the "java" package or any subpackages of the "java" package), by creating additional classes within the JPI or otherwise causing the addition to or modification of the classes in the JPI. In the event that you create an additional class and associated API(s) which (i) extends the functionality of a Java environment, and (ii) is exposed to third party software developers for the purpose of developing additional software which invokes such additional API, you must promptly publish broadly an accurate specification for such API for free use by all developers. You may not create, or authorize your licensees to create additional classes, interfaces, or subpackages that are in any way identified as "java", "javax", "sun" or similar convention as specified by Sun in any class file naming convention. Refer to the appropriate version of the Java Runtime Environment binary code license (currently located at http://www.java.sun.com/jdk/index.html) for the availability of runtime code which may be distributed with Java applets and applications.

5. Trademarks and Logos. You acknowledge and agree as between you and Sun that Sun owns the Java trademark and all Java - related trademarks, service marks, logos and other brand designations including the Coffee Cup logo and Duke logo ("Java Marks"), and you agree to comply with the Sun Trademark and Logo Usage Requirements currently located at http://www.sun.com/policies/trademarks. Any use you make of the Java Marks inures to Sun's benefit.

6. Source Code. Software may contain source code that is provided solely for reference purposes pursuant to the terms of this Agreement.

7. Termination. Sun may terminate this Agreement immediately should any Software become, or in Sun's opinion be likely to become, the subject of a claim of infringement of a patent, trade secret, copyright or other intellectual property right.

Sun Microsystems, Inc. Binary Code License Agreement

EXHIBIT C-2

License Agreement:
Java(TM) Network Launching Protocol (JNLP) Developer's Pack 1.0.1_01
Sun Microsystems, Inc.
Binary Code License Agreement

READ THE TERMS OF THIS AGREEMENT AND ANY PROVIDED SUPPLEMENTAL LICENSE TERMS (COLLECTIVELY "AGREEMENT") CAREFULLY BEFORE OPENING THE SOFTWARE MEDIA PACKAGE. BY OPENING THE SOFTWARE MEDIA PACKAGE, YOU AGREE TO THE TERMS OF THIS AGREEMENT. IF YOU ARE ACCESSING THE SOFTWARE ELECTRONICALLY, INDICATE YOUR ACCEPTANCE OF THESE TERMS BY SELECTING THE "ACCEPT" BUTTON AT THE END OF THIS AGREEMENT. IF YOU DO NOT AGREE TO ALL THESE TERMS, PROMPTLY RETURN THE UNUSED SOFTWARE TO YOUR PLACE OF PURCHASE FOR A REFUND OR, IF THE SOFTWARE IS ACCESSED ELECTRONICALLY, SELECT THE "DECLINE" BUTTON AT THE END OF THIS AGREEMENT.

1. LICENSE TO USE. Sun grants you a non - exclusive and non - transferable license for the internal use only of the accompanying software and documentation and any error corrections provided by Sun (collectively "Software"), by the number of users and the class of computer hardware for which the corresponding fee has been paid.

2. RESTRICTIONS Software is confidential and copyrighted. Title to Software and all associated intellectual property rights is retained by Sun and/or its licensors. Except as specifically authorized in any Supplemental License Terms, you may not make copies of Software, other than a single copy of Software for archival purposes. Unless enforcement is prohibited by applicable law, you may not modify, decompile, or reverse engineer Software. You acknowledge that Software is not designed, licensed or intended for use in the design, construction, operation or maintenance of any nuclear facility. Sun disclaims any express or implied warranty of fitness for such uses. No right, title or interest in or to any trademark, service mark, logo or trade name of Sun or its licensors is granted under this Agreement.

3. LIMITED WARRANTY. Sun warrants to you that for a period of ninety (90) days from the date of purchase, as evidenced by a copy of the receipt, the media on which Software is furnished (if any and if provided by Sun) will be free of defects in materials and workmanship under normal use. Except for the foregoing, Software is provided "AS IS". Your exclusive remedy and Sun's entire liability under this limited warranty will be at Sun's option to replace Software media or refund the fee paid for Software, if any.

4. DISCLAIMER OF WARRANTY. **UNLESS SPECIFIED IN THIS AGREEMENT, ALL EXPRESS OR IMPLIED CONDITIONS, REPRESENTATIONS AND WARRANTIES, INCLUDING ANY IMPLIED WARRANTY OF MERCHANTABILITY, FITNESS FOR A PARTICULAR PURPOSE OR NON - INFRINGEMENT ARE DISCLAIMED, EXCEPT TO THE EXTENT THAT THESE DISCLAIMERS ARE HELD TO BE LEGALLY INVALID.**

5. LIMITATION OF LIABILITY. **TO THE EXTENT NOT PROHIBITED BY LAW, IN NO EVENT WILL SUN OR ITS LICENSORS BE LIABLE FOR ANY LOST REVENUE, PROFIT OR DATA, OR FOR SPECIAL, INDIRECT, CONSEQUENTIAL, INCIDENTAL OR PUNITIVE DAMAGES, HOWEVER CAUSED REGARDLESS OF THE THEORY OF LIABILITY, ARISING OUT OF OR RELATED TO THE USE OF OR INABILITY TO USE SOFTWARE, EVEN IF SUN HAS BEEN ADVISED OF THE POSSIBILITY OF SUCH DAMAGES.** In no event will Sun's liability to you, whether in contract, tort (including negligence), or otherwise, exceed the amount paid by

Sun Microsystems, Inc. Binary Code License Agreement

you for Software under this Agreement. The foregoing limitations will apply even if the above stated warranty fails of its essential purpose.

6. Termination. This Agreement is effective until terminated. You may terminate this Agreement at any time by destroying all copies of Software. This Agreement will terminate immediately without notice from Sun if you fail to comply with any provision of this Agreement. Upon Termination, you must destroy all copies of Software.

7. Export Regulations. All Software and technical data delivered under this Agreement are subject to US export control laws and may be subject to export or import regulations in other countries. You agree to comply strictly with all such laws and regulations and acknowledge that you have the responsibility to obtain such licenses to export,re - export, or import as may be required after delivery to you.

8. U.S. Government Restricted Rights. If Software is being acquired by or on behalf of the U.S. Government or by a U.S. Government prime contractor or subcontractor (at any tier), then the Government's rights in Software and accompanying documentation will be only as set forth in this Agreement; this is in accordance with 48 CFR 227.7201 through 227.7202 - 4 (for Department of Defense (DOD) acquisitions) and with 48 CFR 2.101 and 12.212 (for non - DOD acquisitions).

9. Governing Law. Any action related to this Agreement will be governed by California law and controlling U. S. federal law. No choice of law rules of any jurisdiction will apply.

10. Severability. If any provision of this Agreement is held to be unenforceable, this Agreement will remain in effect with the provision omitted, unless omission would frustrate the intent of the parties, in which case this Agreement will immediately terminate.

11. Integration. This Agreement is the entire agreement between you and Sun relating to its subject matter. It supersedes all prior or contemporaneous oral or written communications, proposals, representations and warranties and prevails over any conflicting or additional terms of any quote, order, acknowledgment, or other communication between the parties relating to its subject matter during the term of this Agreement. No modification of this Agreement will be binding, unless in writing and signed by an authorized representative of each party.

For inquiries please contact: Sun Microsystems, Inc. 901 San Antonio Road, Palo Alto, California

JAVA(TM) NETWORK LAUNCHING PROTOCOL (JNLP) DEVELOPMENT TOOLS DEVELOPER'S PACK, VERSION 1.0.1 SUPPLEMENTAL LICENSE TERMS

These supplemental license terms ("Supplemental Terms") add to or modify the terms of the Binary Code License Agreement (collectively, the "Agreement"). Capitalized terms not defined in these Supplemental Terms shall have the same meanings ascribed to them in the Agreement. These Supplemental Terms shall supersede any inconsistent or conflicting terms in the Agreement, or in any license contained within the Software.

1. Software Internal Use and Development License Grant. Subject to the terms and conditions of this Agreement, including, but not limited to Section 3 (Java(TM) Technology Restrictions) of these Supplemental Terms, Sun grants you a non - exclusive, non - transferable, limited license to reproduce internally and use internally the binary form of the Software complete and unmodified for the sole purpose of designing, developing and testing your Java applets and applications intended to run on the Java platform ("Programs").

2. License to Distribute Software. In addition to the license granted in Section 1 (Software Internal Use and Development License Grant) of these Supplemental Terms, subject to the terms and conditions of this Agree-

ment, including but not limited to Section 3 (Java Technology Restrictions) of these Supplemental Terms, Sun grants you a non-exclusive, non - transferable, limited license to reproduce and distribute the Software in binary code form only, provided that you (i) distribute the Software complete and unmodified and only bundled as part of your Programs, (ii) do not distribute additional software intended to replace any component(s) of the Software, (iii) do not remove or alter any proprietary legends or notices contained in the Software, (iv) only distribute the Software subject to a license agreement that protects Sun's interests consistent with the terms contained in this Agreement, and (v) agree to defend and indemnify Sun and its licensors from and against any damages, costs, liabilities, settlement amounts and/or expenses (including attorneys' fees) incurred in connection with any claim, lawsuit or action by any third party that arises or results from the use or distribution of any and all Programs and/or Software.

3. Java Technology Restrictions. You may not modify the Java Platform Interface ("JPI", identified as classes contained within the "java" package or any subpackages of the "java" package), by creating additional classes within the JPI or otherwise causing the addition to or modification of the classes in the JPI. In the event that you create an additional class and associated API(s) which (i) extends the functionality of the Java platform, and (ii) is exposed to third party software developers for the purpose of developing additional software which invokes such additional API, you must promptly publish broadly an accurate specification for such API for free use by all developers. You may not create, or authorize your licensees to create, additional classes, interfaces, or subpackages that are in any way identified as "java", "javax", "sun" or similar convention as specified by Sun in any naming convention designation.

4. Java Runtime Availability. Refer to the appropriate version of the Java Runtime Environment binary code license (currently located at http://www.java.sun.com/jdk/index.html) for the availability of runtime code which may be distributed with Java applets and applications.

5. Trademarks and Logos. You acknowledge and agree as between you and Sun that Sun owns the SUN, SOLARIS, JAVA, JINI, FORTE, and iPLANET trademarks and all SUN, SOLARIS, JAVA, JINI, FORTE, and iPLANET - related trademarks, service marks, logos and other brand designations ("Sun Marks"), and you agree to comply with the Sun Trademark and Logo Usage Requirements currently located at http://www.sun.com/policies/trademarks. Any use you make of the Sun Marks inures to Sun's benefit.

6. Source Code. Software may contain source code that is provided solely for reference purposes pursuant to the terms of this Agreement. Source code may not be redistributed unless expressly provided for in this Agreement.

7. Termination for Infringement. Either party may terminate this Agreement immediately should any Software become, or in either party's opinion be likely to become, the subject of a claim of infringement of any intellectual property right.

For inquiries please contact: Sun Microsystems, Inc. 901 San Antonio Road, Palo Alto, California 94303 (LFI#87271/Form ID#011801)

BLRA/ Pearson Education Deutschland GmbH 01/16/02 HB/lm

... aktuelles Fachwissen rund um die Uhr – zum Probelesen, Downloaden oder auch auf Papier.

www.InformIT.de

InformIT.de, Partner von **Addison-Wesley**, ist unsere Antwort auf alle Fragen der IT-Branche.

In Zusammenarbeit mit den Top-Autoren von Addison-Wesley, absoluten Spezialisten ihres Fachgebiets, bieten wir Ihnen ständig hochinteressante, brandaktuelle Informationen und kompetente Lösungen zu nahezu allen IT-Themen.

wenn Sie mehr wissen wollen ... **www.InformIT.de**

THE SIGN OF EXCELLENCE

Die Programmiersprache Java

Ken Arnold, James Gosling, David Holmes

Von den Erfindern von Java! Diese umfassende Einführung richtet sich auf professionellem Niveau gleichermaßen an Einsteiger und an Java-Profis. Java-Neulinge erhalten durch die prägnanten Beispiele und detaillierten Erläuterungen der Features ein tiefes Verständnis der mächtigen Möglichkeiten von Java. Fortgeschrittene und Profis können das Buch als Referenz für ihre tägliche Arbeit, insbesondere für die Spezialitäten von Java 2 (JDK 1.3), verwenden. Alle wichtigen Aspekte wie Klassen, Bibliotheken, APIs, Garbage Collection etc. werden eingehend behandelt und erklärt.

Programmer's Choice

640 Seiten
€ 59,95 [D] / € 61,70 [A]
ISBN 3-8273-1821-1

www.addison-wesley.de